妙眞——著

一本書

讀懂
所有佛經

目錄

一本書

讀懂所有佛經

一本書

讀懂所有佛經

一本書

讀懂所有佛經

第一章　不可輕視人，要對一切人都恭敬有禮

　　這是我親身經歷、聽到和見到的，有個時候，佛陀住在舍衛城的祇樹林給孤獨園。那個時候驕薩羅國的波斯匿王來到佛陀的住所，與佛陀相互問候之後，波斯匿王在佛陀旁邊坐下，對佛陀說：「喬達摩（佛陀），你自稱：『我已經證悟了宇宙間至高無上真正平等普遍的覺悟。』是這樣的嗎？這個是真的嗎？這句話是你自己說的嗎？』」

　　佛陀說：「大王，是的，這句話是如來說的，如來確實已經證悟了宇宙間至高無上真正平等普遍的覺悟。」

　　波斯匿王說：「喬達摩，你說的這些話，我無法相信，為什麼呢？因為我曾經見過很多德高望重的長老、開宗大師，以及大眾公認道德高尚的精神導師，比如：富蘭那迦葉、末迦利瞿舍羅、尼乾陀若提子、散惹耶毘羅梨子、浮陀迦旃延、阿夷多翅舍欽婆羅，這些長老、大德、大師、精神導師。都沒有自稱他們已經證悟了宇宙間至高無上真正平等普遍的覺悟。然而，喬達摩，你一個出家修行不久的年輕人，如何能夠證悟宇宙間至高無上真正平等普遍的覺悟呢？所以你說的話，我不敢相信！年輕人還是踏實一點好，不要說一些讓人無法相信的大話。」

　　佛陀說：「大王，世間有四種事物不可輕視、不可瞧不起，是哪四種事物呢？

　　第一種，剛出生的王子，高貴有名聲不可輕視、不可瞧不起他，因為王子一旦繼承王位，他就是國王，如果有誰觸犯了國家法令就會讓他憤怒，他就會用國家的律法來懲罰這個違法的人。因此為了保護好自己的身體和生命不受到傷害，就應該遵紀守法，不去做違法的事情以此避免被國王懲罰。

　　第二種，在田野、樹林、村莊中見到的毒蛇不可因為它幼小就輕視它，就瞧不起它，毒蛇會以不同的形態爬行，它會攻擊和咬傷靠近

它的人，因此想要保護好自己的身體和生命不受到傷害，就應該遠離毒蛇經常出沒的地方，避免被毒蛇攻擊和咬傷。

第三種，卷起黑煙的星星小火不可輕視、不可瞧不起它，因為星星小火，一旦遇見可燃燒的柴薪、燃料就會變成熊熊大火。如果有人靠近大火就會被傷害，因此為了保護好自己的身體和生命不受到傷害，就應該在星星小火的時候就將火撲滅，避免星星小火變成熊熊大火傷害到自己。如果火勢已經很大了就應該遠離大火的包圍，才可避免被大火傷害。大火焚燒森林的時候，樹林全部都會被燒成黑木炭，大火過後要等很久，大地才會再次長出幼芽。

第四種，受持具足戒的出家人不可因為他們年輕就輕視、瞧不起他們，他們用戒火燃燒自己，使自己沒有子孫後代，使自己沒有任何財物可以被繼承。受持具足戒的出家人沒有自己的孩子，沒有繼承人，就不會再由此產生煩惱和痛苦，就像被砍成一節一節的多羅樹那樣，不會再生根發芽。受持具足戒的出家人不會再產生出煩惱和痛苦，他們的煩惱和痛苦除盡後就不會再生死輪迴。

因此有智慧的人是不會輕視幼小的王子的，是不會輕視幼小的毒蛇的，是不會輕視受持具足戒的出家人的，他們明白自己的傲慢無禮只會讓自己失去開啟智慧的機會，失去教導自己的老師。大王，不應該輕視世間一切的人，應該對世間一切的人都恭敬有禮。」

這時，佛陀說偈言：

「善生而有譽，具足尊貴姓。
　如是剎帝利，生年青少人。
　勿以輕低視，勿以藐視他。
　得彼剎帝位，成為人王時。
　忿怒而強烈，有加于王罰。
　是故守己命，以避遭繩罰。
　于村或森林，在此見蛇時。
　以為是幼少，勿輕勿藐視。
　或高或低貌，持炎蛇彷徨。
　若愚男女近，即直受彼咬。
　是故守己命，以避遭傷害。

一本書

讀懂所有佛經

熾燃火黑煙，雖然是細小，
勿輕勿藐視，只要得柴薪，
其火大炎出，若愚男女近，
當即遭燃燒，是故守己命，
以避受火害，火燒于森林，
火盡成黑炭，日夜以過後，
於此出草萌。
持戒之比丘，若以戒炎燒。
其人無生子，不富於子孫。
無子無相續，彼等切斷芽。
如截多羅樹，是故賢智人。
自己以見利，小蛇與細火。
有譽剎帝利，具戒之比丘。
以善於正行。」

　　波斯匿王聽到佛陀說法後對佛陀說：「大德，您說的太好了！您說的太好了！大德，您說的法猶如將歪倒的東西扶正，將隱藏的東西顯現出來。您說法猶如告訴迷路的人正確的道路，猶如在黑暗中點亮一盞明燈，讓人能夠看見腳下的路。大德您說的法，應該都是這樣的吧！大德，請讓我皈依您、皈依您的法、皈依您的僧團。大德請讓我今天就成為您在家修行的弟子，我從今天開始終生皈依為您的在家修行弟子。」

　　佛陀點頭接受了波斯匿王的皈依。

第二章 殺害生命的供養有福德可言嗎？

　　有個時候，驕薩羅國的波斯匿王準備舉辦爲國家祈福的祭祀大會，波斯匿王爲此預備好了五百頭公牛、五百頭小公牛、五百頭小母牛、五百隻公山羊、五百隻母山羊，他準備在祭祀大典上將這些公牛、山羊全部都捆綁到祭壇的大石柱上殺害掉作爲對上天的供養。

　　波斯匿王還爲此預備好了很多奴隸、在戰場上抓獲的敵軍戰將以及很多年輕的女子，他也準備在祭祀大典上將這些人全部都捆綁到祭壇的大石柱上殺害掉作爲對上天的供養。這些人恐懼死亡、無法忘懷對親人的思念因此而痛哭流涕。

　　那個時候，有很多出家人，在中午前穿好法衣，拿著飯缽到舍衛城中不分貧富貴賤，挨家挨戶的化緣飯食，他們化緣飯食，吃完飯食後，就來到佛陀的住所，頂禮佛陀後，他們就在一旁坐下，他們當中的一位長老對佛陀說：「世尊，我們這裡將要舉行一個爲國家祈福的祭祀大典，驕薩羅國的波斯匿王已經爲這個祭祀大典預備好了五百頭公牛、五百頭小公牛、五百頭小母牛、五百隻公山羊、五百隻母山羊，他準備在祭祀大典上將這些公牛、山羊全部都殺害掉作爲對上天的供養。

　　波斯匿王也預備好了很多奴隸、在戰爭中抓獲的敵軍戰將以及很多年輕的女子，他也準備在祭祀大典上將這些人全部都殺害掉作爲對上天的供養。我們看見這些人因爲恐懼死亡，思念親人的緣故，都痛哭流涕。」

　　佛陀知道了波斯匿王準備舉行祭祀大典的事情，就對前來求法的出家人說到：「殺害馬的馬祭；殺害人的人祭；通過投擲棍棒來裁判輸贏，由此殺害人或眾生的擲棒祭；供奉美酒，殺害人或者眾生的酒祭；爲國家或者爲天下的眾生布施供養祈福，殺害人或者眾生的無遮祭。這些殺害人或眾生的祭祀是沒有功德可言的，是沒有祈福效果可

言的，是無法得到好的果報的，是會為舉辦這些祭祀的國家或者個人造下大罪業的。這些殺害人、公牛、母牛、小牛、山羊，這些殺害種種眾生的祭祀大會，世間的聖人是不會去參加這樣的祭祀大典的，因為太過殘忍，想要通過殺害眾生來獲得福德，來獲得幸福的果報那是不可能的。世間的聖人只會參加那些不殺害眾生，沒有眾生血肉供奉的祭祀大典，因為這樣的祭祀大典，不傷害任何的人，不傷害任何的眾生，不會給任何眾生帶來痛苦，有智慧的人應該多舉辦和參加這樣不殺害眾生，沒有眾生血肉供奉的祭祀大典。舉辦和參加這樣的祭祀大典可以獲得很多福德，可以獲得很多功德，可以獲得幸福的大果報。因為這樣的祭祀大典不會給任何的眾生帶來痛苦，不會傷害任何的眾生，不會殺害任何的眾生，這樣的祭祀大典是對上天最恭敬虔誠供養。不殺害眾生、不傷害眾生、不供奉眾生血肉的祭祀就是最好的祭祀大典，天神們是最喜歡這樣清淨，不給眾生帶來痛苦的祭祀大典的，他們也將由此賜福給世間的人，讓世間的人幸福快樂。只有愛護生命的人，才可能得到天神們的護佑和賜福。」

這時，佛陀說偈言：

「馬犧人供犧，投擲之棒賽。

　勝利者之飲，舉行大罪業。

　此等之供犧，事多無大果。

　山羊及羊牛，種種加殺害。

　如此之供犧，大聖不行為。

　事少常行此，山羊及羊牛。

　於此不殺害，而於此供犧。

　以行正道者，大聖亦行之。

　賢者行此供，此供有大果。

　以行此行者，有善而無空。

　偉大之供犧，諸天之賞贊。」

佛陀對出家弟子說法的事情傳到了波斯匿王的耳中，波斯匿王立刻就將所有的奴隸、戰俘、年輕女子、公牛、母牛、小牛、公羊、母羊都釋放了。波斯匿王賞賜給奴隸、戰俘、年輕女子錢財，並讓他們獲得自由。波斯匿王將公牛、母牛、小牛、公羊、母羊全部都放入了

森林，讓它們隨意自在的在森林中生活。

　　波斯匿王許諾再也不舉辦殺害人或眾生的祭祀大典，並將此次祭祀上天的供品改成了素齋供養。這次祭祀大典供養上天的供品全部都是蔬菜和素食。

　　佛陀知道波斯匿王的做法後，讚歎到：「波斯匿王，真是善根福慧深厚的人呀。」

第三章　不可隨便相信人

　　有一天，佛陀住在舍衛城的東園鹿母講堂，傍晚的時候，佛陀停止靜坐觀想，起座來到屋外安坐，那時，驕薩羅國的波斯匿王來到佛陀的住所，他頂禮佛陀後，在一旁坐下。

　　這時，有七位留著頭髮修行的人，有七位尼乾陀教徒，有七位裸體修行人，有七位只穿一件衣服的修行人，有七位其他教派遊歷四方的修行人。這些修行人他們身上的腋毛、體毛以及指甲都很長，他們已經很久都沒有修剪、洗浴了，他們帶著修行必需的生活用具，從不遠處經過佛陀的住所。

　　這時，驕薩羅國的波斯匿王從座位中站起來，將上衣整理到肩膀的一邊，右腿跪在地上，向那些路過佛陀住所的修行人合掌鞠躬，三次恭敬的報上自己的名字：「大德！我是驕薩羅國的波斯匿王。大德！我是驕薩羅國的波斯匿王。大德！我是驕薩羅國的波斯匿王。」

　　這些修行人離開後不久，波斯匿王就對佛陀說：「世尊，剛才路過這裡的修行人，他們是阿羅漢聖者嗎？他們是已經證悟到達阿羅漢境界的修行人嗎？」

　　佛陀說：「大王，對於在家享受各種欲樂，擁有眾多孩子，享用各種檀香，戴各種花環，塗抹各種香料、香膏，擁有無數金銀的你來說，誰是阿羅漢聖者？誰是已經證悟到達阿羅漢境界的修行人？是難以分辨出來的，是難以知道和理解的。

　　大王，要與這些修行人住在一起，去體驗和感受他們的修行，並且與他們住在一起的時間要長，短時間也是無法體驗和感受到他們是受持戒律的，還是不受持戒律的；他們是經常生起念想的，還是不生起念想的；他們是有智慧的人，還是愚昧的人。

　　大王，同樣的道理，要與這些修行人住在一起，並且與他們住在一起的時間要長，短時間也是無法體驗和感受他們的修行是清淨的，還是不清淨的。

大王，只有在災難禍患中，人的勇敢、剛強、堅毅才能表現出來，而且要長時間的觀察才可能知道這個人真正的品質如何？短時間是無法看清楚一個人的。

　　大王，同樣的道理，一個人有沒有智慧只有與他經常的交談、交流，與他經常的接觸才可能從他們的日常行為、言語中知道他是不是有真正智慧的人。與他交談、交流、接觸的時間要長，短時間還是無法知道他是否是真正有智慧的人。」

　　波斯匿王說：「世尊，您說的很對，很多事情不能只看表面，要長時間的觀察，要長時間的與這些修行人接觸，最好是與他們一同修行，在他們旁邊長時間的觀察他們，才可能知道他們是不是真正的阿羅漢聖者，才可能知道他們是不是真正已經證悟達到了阿羅漢境界的修行人。」

　　波斯匿王指著在站在遠處保護自己的護衛們對佛陀說：「世尊，這些護衛很多都是訓練有素的密探，他們武藝高強，善於偵察和收集各國的情報，我將會派他們去祕密調查和觀察這些修行人真實修行的情況。看他們是不是真正的受持戒律，看他們每天的日常行為和言語是什麼，看他們的修行是不是清淨的。如果這些修行人他們到了一個沒有人認識他們的地方，就洗浴掉身上的污垢塵土，換上乾淨的衣服。他們洗浴後再在身上塗抹上各種香料、香膏，整理梳好自己的頭髮，享用各種美妙的食物，享受各種欲樂，他們就已經被他們自己的欲望所束縛和捆綁了，那麼他們之前滿身污垢塵土、灰頭土臉假扮修行人的行為，就是欺騙信眾、詐騙信眾財物供養的無恥行徑。我將在調查、觀察他們後，再來決定是否以詐騙罪抓捕他們，懲罰他們。」

　　佛陀說：「大王，短時間內想要通過一個人外在的身體形貌、打扮、行為、言談來判斷他是不是真正的修行人，是不容易的事情，是很難的事情。不能因為看見他們表面的身體形貌、打扮、行為、言談就立刻的信賴他們是真正的修行人。

　　因為世間很多人善於將自己偽裝成那些大聖者、大修行人、大善人。這些人從表面的形貌打扮、行為和言談舉止上看起來好像是修行人，可是他們有可能是不受持任何戒律，沒有任何智慧，讓內心肆無忌憚、毫無拘束、胡作非為的人。要長時間的觀察他們的行為、言

一本書

讀懂所有佛經

語。他們是不是長時間的受持戒律，他們是不是長時間的清淨修行，以他們長時間清淨修行的行為、言語作為分辨他們是否真正修行人的依據，而不是只看他們當時的衣著形貌打扮，不是只看他們短時間表現出來的清淨修行的行為，要長時間的觀察他們。就如同內部混有泥土，不是真材實料的假耳環一樣。也如同在黃銅外面鍍上一層金的假黃金一樣。這些假耳環、假黃金表面上看起來漂亮，好像是真的，然而它們的內部卻是虛假的、不真實的。世間人用這些假的耳環、假的黃金裝點門面欺騙人，實際上這些假耳環、假黃金卻沒有真材實料。表面上光鮮亮麗是沒有什麼用的，因為裡面是虛假不真實的填充物。

　　同樣的道理，大王，世間的一些人短時間內，表面上模仿、假扮世間的大聖人、大修行人、大善人的形貌打扮、行為、言語。他們在別人面前假意的去受持戒律，假意的去做一些清淨修行，以此來欺騙信眾的財物供養，然而當他們來到一個陌生的地方，來到一個沒有人認識他們的地方，他們就會用詐騙得來的財物供養，肆無忌憚的來滿足自己的私欲。他們在欲望中沉迷，在貪欲中迷失，這些人表面上光鮮亮麗，表面上假扮成修行人的樣子，他們實際上是沒有真材實料的空心裝飾物，他們如同內部混有泥土的假耳環，他們如同在黃銅外面鍍上金的假黃金，他們是枯芽敗種！他們到處招搖撞騙，他們的內心污垢不堪、品質惡劣，卻通過外在形貌的打扮、行為、言語來冒充道德高尚、清淨無染的修行人。他們會被眾人發現、唾棄、懲罰，他們最終會墮落到地獄、餓鬼、畜生三惡道中去，被永無止境的煩惱和痛苦折磨的苦不堪言。」

　　這時，佛陀說偈言：

「色貌之於人，實是不易知。
　即刻見勿信，善制者其相。
　非為制禦人，此世普橫行。
　如似是而非，泥土之耳環。
　鍍金銅半錢，人人裝飾美。
　內懷於不淨，外面美橫行。」

第四章　搶劫別人就是搶劫自己

　　有個時候，摩揭陀國的阿闍世王率領軍隊突襲占領了迦屍國，並且率領軍隊入侵驕薩羅國，驕薩羅國的波斯匿王倉促應戰，由於準備不足，波斯匿王的軍隊出師不利，被阿闍世王的軍隊擊敗。波斯匿王退守驕薩羅國的首都舍衛城。

　　波斯匿王在舍衛城中與大臣們緊急的召開軍事會議，以此來想辦法應對阿闍世王軍隊的繼續入侵。在各位大臣和謀士的建議下，波斯匿王派出信使到各個與驕薩羅國已經結盟的國家，請求援兵。並與一些與他自己關係密切的國王，附上救援驕薩羅國的策略。

　　沒有過多久，八個國家的國王承諾出兵幫助波斯匿王擊退阿闍世王的軍隊，其中四個國家乘阿闍世王率兵在外，摩揭陀國國內軍隊空虛，占領了摩揭陀國的大片領土，並包圍了摩揭陀國的首都，另外的四個國家，偷襲並燒毀了阿闍世王軍隊的大量糧草。

　　阿闍世王的軍隊一下子陷入了絕境，軍心渙散，士兵為了爭搶糧食而互相爭鬥，逃兵也越來越多。波斯匿王抓住機會，在一天夜裡偷襲了在舍衛城外駐紮的阿闍世王的軍隊，在混戰中，阿闍世王被活捉，第二天，獲得勝利的波斯匿王對將帥、大臣、百姓們說：「這個阿闍世王，我沒有做什麼對不起他的事情，他還是我的外甥，可是他這個不知天高地厚的小子，居然敢去占領迦屍國，還膽大妄為的來入侵我的國土，簡直是大逆不道，他的父親都不敢這樣做，到底是誰給了他這樣大的膽子？我要將他所有的大象軍團、騎兵軍團、戰車軍團、步兵軍團全部都收編在我的麾下，看在他父親的分上，看在他是我外甥的分上，我饒他不死，可是死罪可免，活罪難逃，我將會把他流放到邊城，讓他也嘗嘗流離失所的痛苦滋味。」

　　那個時候，有很多出家人，他們中午前穿好法衣，拿著飯缽到舍衛城裡化緣飯食，吃完飯食後，他們就來到佛陀的住所，頂禮佛陀後，其中的一位長老對佛陀說：「世尊，我們今天到舍衛城裡化緣飯

一本書

讀懂所有佛經

食，聽到別人說，波斯匿王的軍隊已經打敗了阿闍世王的軍隊，波斯匿王活捉了阿闍世王，波斯匿王對將帥、大臣、百姓們說，將要把阿闍世王所有的軍隊全部都收歸他自己的麾下，他還要將阿闍世王流放到偏遠的地方去，讓阿闍世王嘗嘗流離失所的滋味。」

那時，佛陀已經知道了這件事情，就對前來求法的出家人說：「世間的人為了自己的利益，就去搶劫、掠奪別人的財物、土地、人事。當別人被搶劫、掠奪後就會想辦法奪回本來就屬於自己的東西。這些搶劫、掠奪別人的人，也將被別人搶劫和掠奪。愚昧無知的人以為他們搶劫、掠奪得來的東西是他們自己的，在他們自己的控制之中，他們不相信什麼因緣果報，不相信搶劫、掠奪別人，自己也將被別人搶劫、掠奪，不相信給別人帶來煩惱和痛苦，自己也將會去承受相同的煩惱和痛苦，認為這些惡報是虛假不真實的。還認為搶劫、掠奪別人，霸占別人的財物、土地、人事是理所當然的事情。可是他們卻是在為自己播下仇恨罪惡的種子，當這些怨恨、仇恨、罪惡的種子結出痛苦悲慘果實的時候，這些過去搶劫、掠奪別人財物、土地、人事的人就會被自己種植出來的惡果折磨，這些人將會失去所有過去搶劫、掠奪來的財物、土地、人事，甚至於失去本來屬於自己的財物、土地、人事，變得一無所有。當他們失去一切的時候，被別人奴役、拷打的時候，那種痛心切骨、心如刀割、摧心剖肝的感受是非常痛苦的。

殺害傷害別人，就是殺害傷害自己；殺害傷害別人的人也將被別人殺害傷害。

擊敗別人獲得勝利，就是擊敗自己讓別人獲得勝利；擊敗別人讓別人煩惱痛苦的人，也將被別人擊敗讓自己也煩惱和痛苦。

諷刺、挖苦、侮辱、誹謗別人，就是諷刺、挖苦、侮辱、誹謗自己。諷刺、挖苦、侮辱、誹謗別人，別人也將諷刺、挖苦、侮辱、誹謗自己。

給別人製造麻煩和障礙，讓別人煩惱和痛苦，就是給自己製造麻煩和障礙讓自己煩惱和痛苦。給別人製造麻煩和障礙，讓別人煩惱和痛苦，別人也將給自己製造麻煩和障礙，讓自己煩惱和痛苦。

這就是罪業的輪迴互換，這就是因緣果報的輪迴互換，世間沒有哪一個人是能夠逃脫出罪業的輪迴互換的，世間沒有哪一個人是能夠逃過因緣果報的輪迴互換的，這個是世間的真相和規則。搶劫、掠奪別人的人，也將會被別人搶劫和掠奪。」

　　這時，佛陀說偈言：

　　「人為己利時，即以掠奪他。
　　　他之被奪時，彼亦為所奪。
　　　愚者惡不實，雖思為當然。
　　　惡之成即時，即受於苦惱。
　　　若以殺他人，即得殺己者。
　　　若以勝他人，即得勝己者。
　　　以譏他人者，即得誹己者。
　　　以惱他人者，即得惱己者。
　　　如是業輪轉，奪人當被奪。」

　　佛陀為出家弟子說法的事情，很快就傳到了波斯匿王的耳中，波斯匿王立刻就改變了主意，他將阿闍世王釋放，並將繳獲的得來的所有大象、馬匹、戰車、俘虜、黃金珠寶等等的一切都歸還給了阿闍世王，還送給阿闍世王大量的糧食，以便讓阿闍世王的軍隊能夠填飽肚子，波斯匿王送給幫助他擊敗阿闍世王軍隊的八個國家大量的財物，以此來感謝他們出兵相救，並且勸說已經占領摩揭陀國大片領土、圍困摩揭陀國首都的國家退兵，這些占領摩揭陀國大片土地，圍困摩揭陀國首都的國家，得知波斯匿王已經釋放了阿闍世王，並且已經歸還了阿闍世王所有的軍械、士兵、大象、馬匹。他們知道阿闍世王的軍隊勢不可擋，很不情願的率領軍隊退出了摩揭陀國，交還了所有之前占領的土地。

　　阿闍世王來到佛陀的住所，頂禮佛陀後，感謝佛陀的救命之恩，他將所有出征前帶出的財物全部都供養給了佛陀，阿闍世王向佛陀承諾再也不會向驕薩羅國挑起戰爭，之後阿闍世王依依不捨的離開了佛陀，率領他的軍隊踏上了回國之路。

第五章　要與善友、善人、善的群體在一起

　　有個時候，驕薩羅國的波斯匿王，來到佛陀的住所，頂禮佛陀後，他在一旁坐下，波斯匿王對佛陀說：「世尊，我獨自靜坐的時候，心中生起了這樣的念想：世尊您曾經說過，要與善的團體、善的朋友、善的伴侶、善人在一起，不要與惡的團體、惡的朋友、惡的伴侶、惡人在一起。」

　　佛陀說：「大王，正如你所說，確實是這樣的，如來曾經說過，要與善人、善友、善的群體在一起，不要與惡人、惡友、惡的群體在一起。

　　大王，有個時候，如來住在釋迦族人聚居的城市，那時，阿難尊者來到如來的住所，他頂禮如來後坐在一旁，對如來說：『世尊，與善人、善的朋友、善的群體在一起，修行就成功了一半，也就是說修行的成功一半是靠善人、善友、善的群體的幫助，一半是靠自己的努力』。

　　大王，那個時候，如來對阿難尊者說：『阿難，不是這樣的，阿難，不是這樣的，阿難，與善人、善友、善的群體在一起，是修行成功的關鍵，是修行成功的全部，也就是說，修行的成功全部來自于善人、善友、善的群體對自己正知正見的教導，自己的努力也是建立在正確的見解上的，沒有正確的修行方法，沒有正確的見解，是不可能修行成功的，所以如來說修行的成功全部都是因爲與善人、善友、善的群體在一起，接受到了正確的見解，知道了正確的修行方法，有了正確的修行方法和正確的見解才可能修行成功的。

　　當修行人與善人、善的朋友、善的群體在一起的時候，他必定會去修習八正道，他必定會被善人、善的朋友、善的群體影響和薰陶去經常的修行八正道。

　　阿難，這些與善友、善人、善的群體在一起的人，他們是如何去

修習八正道？他們是如何經常的去修行八正道的呢？

　　阿難，這些善友、善人、善的群體他們依靠內心的念想不生起、念想停止不動讓自己的內心遠離世間的煩惱和痛苦，依靠內心的念想不生起、念想停止不動遠離內心的貪欲，依靠內心的念想不生起、念想停止不動滅除一切的煩惱和痛苦，依靠內心的念想不生起、念想停止不動從而不被世間任何的事物事情所捆綁、束縛，逐漸進入沒有絲毫煩惱和痛苦的涅槃境界。

　　阿難要逐漸達到如來剛才所說的沒有絲毫煩惱和痛苦的涅槃境界，就得去修習：正見、正思惟、正語、正業、正命、正精進、正念、正定這八種正道。

　　什麼是正見？阿難，正見就是正確的知見，哪些是正確的知見？如來所說的苦集滅道四聖諦、因緣果報等等正法就是正確的知見，什麼是四聖諦？四聖諦中的「苦」諦，是說世間的人是很痛苦的，有身體和內心產生的內苦，比如生病身體產生的痛苦，親人遇見災禍後死亡由此內心產生的痛苦；有外界，比如災難、戰亂等等逼迫自己的外苦；還有與自己不喜歡的人，與自己有恩怨的人在一起產生的痛苦；自己所愛的人被傷害、死亡產生的痛苦；世間的一切事物都無法永恆的保持不變，世間的一切事物都隨時在變化，自己無法永遠擁有某一樣東西，無法永遠的不生病、不衰老、不死亡，自己的親人以及自己所愛的人也無法永遠不生病、不衰老、不死亡。由此在自己喜歡的東西損壞、失去，在自己的親人、愛人生病、衰老、死亡的時候就會產生痛苦。

　　世間還有出生、衰老、生病、死亡的痛苦；與珍愛的朋友、親人離別的痛苦；與仇人、冤家相見的痛苦；得不到自己想要事物的痛苦，比如得不到想要的財物、愛人等等；由接觸世間的事物產生的痛苦，比如看見自己的房子因為地震垮塌，想到自己無家可歸後產生的痛苦；由身體、感受、念想、行為、認識判斷產生的痛苦，比如身體生病產生痛苦；被別人辱罵、誹謗內心產生痛苦的感受；做了壞事害怕別人發現，害怕自己被別人報復，內心天天去想這件事情，由於這個念想而產生痛苦；自己因為貪心去偷盜財物，被抓住關進監獄，因為自己的行為而產生痛苦；自己的錢財被別人偷盜，做出錯誤的認識

一本書

讀懂所有佛經

和判斷，去懷疑是自己的親人所為，由此去報復懲罰親人，最後發現是其他人盜竊的財物，不是親人所為，因此為自己錯誤的認識判斷產生痛苦。

由喜怒哀樂產生的痛苦，喜樂為什麼會產生痛苦？因為世間沒有永恆存在的事物事情，世間的一切事物事情隨時都在變化，當自己喜歡的事物事情開始衰敗，甚至於自己失去這些事物事情的時候，之前的喜樂就會變成痛苦，比如自己愛自己的孩子，自己的孩子健康安全的時候，就會開心、歡喜，當自己的孩子遇上災禍，或者生重病，或者死去，就會產生巨大的痛苦，所以喜樂最終也是痛苦的。

由貪欲、憤怒、愚癡產生的痛苦，比如貪得無厭去偷盜別人的財物被抓住產生的痛苦；暴跳如雷去報復別人，傷害別人，結果鬧出人命，自己去償命產生的痛苦；愚昧無知、不信因果殺害生命來為自己祈福，結果被殺害的人或者眾生的親人朋友前來報復自己，奪取自己的性命產生的痛苦。

四聖諦的「苦、集、滅、道」，「苦」諦是說世間人或眾生是痛苦的，「集」諦是說世間人或眾生產生痛苦的根源是貪愛、渴愛，比如自己因為愛自己的孩子，所以當自己的孩子受到傷害，甚於死去的時候，就會產生痛苦，都是因為自己深愛自己孩子的緣故所以才會產生痛苦，如果是陌生人、不認識人的孩子，就不會產生痛苦，最多就是同情。「滅」諦是說世間的人或眾生要滅除痛苦，就要先除滅對世間一切事物事情的貪愛、渴愛，「道」諦是說除滅痛苦的方法，也就是修行的方法，這個修行方法就是「八正道」，也就是修習八種正道。

阿難，正見，還要深信善有善報，惡有惡報，相信因果報應，相信做善事能夠得到福德功德得到好的果報，做惡事會造下罪業得到痛苦的罪報，阿難，正確的見解還要深信有過去世、現在世、未來世。相信有生死輪迴，相信由於無盡的生死輪迴世間的人或眾生都曾經做過自己的父母，相信世間有通過多行善事而上生到善道的人；相信通過精進的修行去惡向善是能夠最終從生死輪迴的束縛捆綁中永遠的解脫出來的。阿難這些就是正確的見解。

什麼是正思惟？就是正確的思考，就是做任何的事情之前，都要去想自己的身體行為、口說言語、內心生起的念想是不是合乎如來之

前所說的正見，也就是說，如果自己當前的身體行為不是殺害傷害別人，不是偷盜搶劫、巧取豪奪別人的財物，不是與別人的妻子、女兒或丈夫、兒子發生不正當的男女關係。自己說的言語，不是欺騙傷害別人的言語，不是挑撥離間別人和睦關係的言語，不是粗暴、誹謗、中傷別人的言語，不是毫無意義、不正經的言語。自己內心生起的念想，不是貪心，不是憤怒的心，不是錯亂因果、愚癡的心。那麼就可以去做這些事情，如果做的事情是之前說的這些傷害別人的行為、言語、念想的事情就不能去做，也就是說做任何的事情前都要用如來所說的正法來核驗一下，看所做的事情合不合乎如來所說的正法，如果不合乎就不要去做。

什麼是正語？就是正當的言語，也就是不說假話欺騙人，不說粗暴、惡意誹謗、中傷的話，不說毫無意義、不正經的話，不說挑撥離間破壞別人和睦關係的話。要積極的說真實的言語，說寬慰、勸慰、柔順的言語，說教導別人去惡向善的言語，說讓別人內心除滅貪欲、憤怒、愚癡的言語。說讓別人免除煩惱和痛苦的言語。說讓別人從煩惱和痛苦中解脫出來的言語。說對別人有益的言語。

什麼是正業？就是正當的行為，不做傷害人或眾生的行為，不做殺生害命的行為，不做偷盜搶劫的行為，不做與別人發生不正當男女關係的行為。要積極的愛護生命，布施幫助有困難的人，做給別人帶來快樂幸福，拔除別人痛苦的事情，做教導人去惡向善的事情，做遵紀守法的事情，做教導別人遵紀守法的事情。自己遵守社會道德，也教導別人遵守社會道德。

什麼是正命？就是要有正當的生活，不從事非法的職業，不從事殺生害命的工作，不從事偷盜搶劫、巧取豪奪的工作，不從事與他人發生不正當男女關係的工作，不從事幫助別人與其他人發生不正當男女關係的工作，不從事欺騙別人的工作，不從事挑撥離間破壞別人和睦關係的工作，不從事惡意誹謗、中傷、辱罵、咒罵別人的工作，不從事說毫無意義、不正經言語的工作，不從事讓自己或別人產生、增加貪欲的工作，不從事讓自己或別人產生、增加憤怒的工作，不從事讓自己或別人產生、增加愚癡的工作。不做非法的工作，不做道德所不允許的工作。每天的生活要有規律，不論睡覺、飲食、工作、運

動、休息等等都要合理，都要有規律。

　　什麼是正精進？就是正當的努力，也就是按如來的正法持之以恆、堅持不懈的去修行，讓自己正在做的善事繼續堅持做下去，讓自己所做的善事持續不斷的增長；讓自己儘快去做還沒有開始做的善事；讓自己立刻停止正在做的惡事，還沒有做的惡事，永遠不要去做，讓自己不再去做任何的惡事。這樣去修行，善法就會日益增長，惡法就會最終消除殆盡。

　　什麼是正念？就是正確的觀念，也就是時刻都要在內心中憶念如來的正法，不做傷害人的事情，要時常都告誡自己：不要去做殺生害命的事情，不要去做偷盜搶劫的事情，不要去做與別人發生不正當男女關係的事情，不要說假話欺騙人，不要說挑撥離間的話，不要去說誹謗、辱罵別人的話，不要去說毫無意義、不正經的話。不要生起貪欲，不要生氣發怒，不要錯亂因果愚昧無知，要深信因果報應，深信做善事得善果，做惡事得惡果。並且內心中還要經常生起愛護生命，布施幫助別人的念想，生起帶給別人快樂幸福，拔除別人煩惱和痛苦的念想，生起教導別人去惡向善的念想，生起遵紀守法的念想，生起教導別人遵紀守法的念想，生起自己遵守社會道德的念想，生起教導別人也遵守社會道德的念想。

　　當然也要時常的憶念如來四聖諦的修法：世間的人或眾生是很痛苦的，痛苦的根源是貪愛、渴愛，要除滅痛苦就要先除盡對世間一切事物事情的貪愛、渴愛。而要除滅世間一切的貪愛、渴愛就要修習如來的正法，就要修習八正道。

　　要經常的想，自己對別人做的事情，如果轉換一下角色，自己變成別人，自己會接受別人對自己同樣的做法嗎？自己會因為同樣的做法產生煩惱和痛苦嗎？如果確定對別人的做法強加在自己身上的時候，自己會產生煩惱和痛苦，那就應該立刻停止這樣的做法，如果這些做法能夠讓別人獲得好處，讓別人獲得快樂和幸福，那就應該放手去做這些事情，當然不管是什麼樣的事情首先都要以不傷害別人的身體、感情，以及不違反所在國家的法律為前提。

　　什麼是正定？就是讓內心隨時都保持清淨寧靜、明鏡止水的境界，不管遇見世間任何的事物事情，都能夠控制自己的內心不被遇見

的這些事物事情所捆綁、束縛，不會掛念和執著這些世間的事物和事情，因為這些世間的事物事情隨時都在變化，沒有永恆不變的事物和事情，連自己都是要生病、衰老、死亡的，自己得到的事物隨時都可能會失去，就算能夠擁有比較長的時間，這些事物也是會老舊破損的，自己的親人也是會生病、衰老、死亡的，當自己死去後這些自己曾經擁有的事物就將全部捨離，沒有一件東西是可以在死後帶走的，因此不再掛念和執著這些世間的事物，這些世間的事物不過是雨水打在水面上的水泡，很快就消失不見了，只有在世間所做善事種植下的福德功德，所做惡事造下的罪業才能在死後帶走。福德功德深厚的人未來世生在富貴之家享福，或者上生到天界享福，甚至於從生死輪迴中永遠的解脫出來；福德功德薄弱、罪業深重的人下墮到貧賤之家，甚至於墮落到地獄、餓鬼、畜生三惡道去償還罪債、痛苦煎熬、無有出期。明瞭了只有福德、功德、罪業才能在死後帶走，世間一切的事物事情都是虛妄不真實的，就可以由此斷惡修善，不再去貪愛那些世間虛假不真實的事物。內心就不會由此產生喜怒哀樂等等的念想，就不會被貪欲所束縛、捆綁。

內心不再掛念和執著世間的任何事物事情，內心不再生起任何的念想、無念無想，煩惱和痛苦就無法附著在念想上，就如同在虛空中作畫的畫師，無法在空中作畫，他畫畫的顏料全部都會掉在地上。內心不再掛念和執著世間任何的事物事情，內心不生起任何的念想，一切的煩惱和痛苦就會被除滅殆盡。沒有煩惱和痛苦了，內心也就清淨安寧了，這就是正定。

阿難，當修行人與善友、善人、善的群體在一起，他就會被耳濡目染的去修行這八種正道。善友、善人、善的群體會用他們的言傳身教來實踐的教導與他們為伍的人，這些接觸善友、善人、善的群體的人，就會以他們為榜樣學習他們的善行。所以，阿難，如來說與善友、善人、善的群體在一起就是修行成功的關鍵，就是修行成功的全部，如果沒有正確的見解，自己就算再努力修行也可能會步入歧途。

阿難，這些與善友、善人、善的群體在一起的人，他們就是因為在善友、善人、善的群體的身邊薰陶、影響、耳濡目染的緣故而去修習八正道的，他們就是因為以善友、善人、善的群體為榜樣、為學習

的對象的緣故而去經常修行八正道的。

阿難，眾生與如來為善友，如來就會教導他們從出生、衰老、生病、死亡的無盡生死輪回中永遠的解脫出來，如來也會教導他們從煩惱和痛苦中永遠的解脫出來。

阿難，你要知道，與善友、善人、善的群體在一起是修行成功的關鍵，是修行成功的全部，正確的見解非常重要，正確的言傳身教也非常的重要。』

大王，那時，如來就是這樣教導阿難的。

大王，你應該這樣去修行，首先就要與善友、善人、善的群體在一起，你在與善友、善人、善的群體在一起的時候，要控制和管束好自己的身體行為不去做惡事，口不說惡語，內心不生起惡念，要讓自己的身體多做善事，多說善言，內心多生起善念，要斷惡修善，修行一切的善法，斷除一切的惡法，讓自己不放逸，讓自己由此除滅一切的貪欲、憤怒、愚癡。修行一切善法後不求回報、無所求，如同呼吸空氣一樣平常，這樣修行善法獲得的就是無漏的功德。所謂無漏，就是無所求、不求回報的做善事獲得的福德沒有損耗出去，如果內心有所求、貪求回報、掛念福德果報，就如同裝滿水的水缸底部有縫隙、漏洞。由於底部有縫隙、漏洞，水缸中的水最終會流光，自己所修的福德，也會因為自己有所求，想要獲得回報的緣故而如同漏水的水缸一樣全部都會耗盡。修行善法後，不見自己所修的善法，不見由此獲益的人，不見自己由此付出的財物、心力等等事物，如同沒有發生的事情一樣，如同呼吸空氣一樣平常，就能獲得無漏的功德。持之以恆的這樣去修行善法，就能圓滿成就無量的功德，就能最終從生死輪回中永遠的解脫出來。

大王，當你斷惡修善，身體行為，口說言語，內心念想不放逸的時候，當你的身體行為做善事，口說善語，內心生起善念的時候，你的宮女、隨從就會這樣想：「連大王如此尊貴，有權威的人都能約束和管束好他自己的身體行為，口說言語，內心生起的念想，大王都要身體行為做善事，口說善語，內心生起善念，大王都能不放逸自己，我們這些侍奉他的人就更應該以他為榜樣，以他為學習的物件，讓我們自己的身體行為也去做善事，也去說善語，也讓內心生起善念，我

們更應該管束好自己，不放逸自己。」

　　大王，當你斷惡修善，身體行為做善事，口說善語，內心生起善念，不放逸自己的時候，你的王族親戚、親人、大臣就會這樣想：「大王，如此尊貴，有權威的人都要約束和管束好自己的身體行為，口說言語，內心生起的念想，不去做惡事，多做善事，我們這些王族、大王的親人、大臣還有什麼理由不以大王為榜樣和學習的對象呢？大王，以身作則，用他的言行來教導我們，我們也要像大王一樣，身體行為都要去做善事，口中言語都要說善言，內心都要生起善念，我們要經常的去做善事利益百姓和國家，我們也應該不放逸自己。」

　　大王，當你斷惡修善，身體行為做善事，口說善語，內心生起善念，不放逸自己的時候，你軍隊裡的將帥士兵會這樣想：「大王，是全軍的統帥，他用言行來教導我們，我們也要以大王為榜樣，為學習的物件，我們也要像大王一樣約束和管束好自己，不去做惡事，多做善事。我們也要學習大王，身體行為做善事，口說善語，內心生起善念。大王的言行就是我們的軍令，我們將會嚴格的執行大王的軍令，不放逸自己的行為、言語、念想。」

　　大王，當你斷惡修善，身體行為做善事，口說善語，內心生起善念，不放逸自己的時候，你所管理城市和村莊中的民眾，以及你國家的所有民眾就會這樣想：「大王，如此尊貴，如此有權威的人，都要約束和管理好自己的行為、言語、念想，不去做惡事，要去做善事。我們這些老百姓還有什麼理由再去做惡事呢？我們應該以大王為榜樣，為我們學習的物件，我們也要身體行為做善事，口說善語，內心生起善念，不放逸自己。大王如此的管束自己，我們老百姓有好日子過了。」

　　大王，當你斷惡修善，身體行為做善事，口說善語，內心生起善念，不放逸自己的時候，你自己必將被保護和守護，這些保護和守護是由內而外的保護和守護，是由身體行為做的善事，口說的善語，內心生起的善念所構建而成的保護和守護，這樣的保護和守護堅固而長久。你的宮女和隨從以你為榜樣，他們也不放逸，他們也將受到保護和守護；你的王族親戚、親人、大臣、將帥士兵、百姓他們以你為榜

一本書

讀懂所有佛經

樣，學習你，他們也不放逸，他們也將受到保護和守護，這樣你國家的財產、寶庫，你民眾的財產和安全也將受到保護和守護。你的整個國家由上到下，上至國王、王族親戚、親人，下至大臣、將帥士兵、百姓都身體行為做善事，口說善語，內心生起善念，不放逸自己，國家就受到了保護和守護，國家就能長治久安，百姓就能安居樂業。

世間人對富貴都不懈的追求，都希望自己富貴榮華，有智慧和才德的人知道只有斷惡修善、多行善事種植出來的福德和功德才能讓自己富貴榮華，而種植獲得福德和功德的方法就是身體行為做善事，口說善語，內心生起善念，斷惡修善，不放逸自己，所以有智慧和才德的人在稱讚不放逸的修行方法能為自己種植福德和功德的同時，他們自己也會身體力行的去實踐身體行為做善事，口說善語，內心生起善念，斷惡修善的不放逸修行。不放逸自己，斷惡修善的人可以在現在世和未來世都獲得利益和好處的，能夠持之以恆、長時間讓自己斷惡修善，不放逸自己的人，甚至於永遠斷惡修善，不放逸自己的人，他們將獲得無數的利益，他們將獲得無數的好處，他們才是世間真正有大智慧和才德的人。」

這時，佛陀說偈言：

「繼續負願望，欲待至大富。

　賢者行功德，以贊不放逸。

　賢者不放逸，以得二種利。

　現世之益利，以及未來利。

　依得於此義，英雄謂賢者。」

第六章　如何正確合理的使用財富

有個時候，驕薩羅國的波斯匿王中午來到佛陀的住所，頂禮佛陀後，他在一旁坐下。佛陀對波斯匿王說：「大王，你今天這麼早，中午就到如來這裡來了，你從什麼地方趕過來的呢？」

波斯匿王說：「世尊，是這樣的，舍衛城中最大錢莊的老闆剛剛過世了，他是個孤人，沒有孩子和親人繼承他的財產，按照我們國家的規定沒有繼承人的財產是要收歸國庫的，我剛才正在辦理接收錢莊老闆財產的事情，正在讓下屬搬運他的財產到國庫裡。世尊，你不知道，這個錢莊的老闆他擁有的黃金就價值八百萬，更不用說其他的什麼白銀和珠寶了，他這樣的富有，可是我們發現這個老闆吃的卻是發酸變臭米糠熬成的粥，他穿的是打上了三個大補丁的麻布衣服，他坐是老舊不堪，用樹葉當傘蓋的牛車，我們實在是想不通，他這樣的富有，為什麼要去過如此寒酸的生活，他的財產最後也被國家全部接收了，他實在是不值呀。」

佛陀說：「大王，正如你所說，確實是這樣的，大王，當一些人他們獲得大量財富後，既不讓自己享用獲得快樂和喜悅，也不讓父母享用獲得快樂和喜悅；既不讓妻子孩子享用獲得快樂和喜悅，也不讓自己的僕人、工人、傭人享用獲得快樂和喜悅；既不讓朋友、同事享用獲得快樂和喜悅，也不供養出家人、修行人來為自己種植上生天界，甚至於解脫生死輪回的福德和功德。當他們的財富還沒有正確合理使用的時候，就被國王沒收了，就被盜賊偷盜搶劫了，就被大火燒毀了，就被洪水淹沒沖走了，就被不孝子孫搶奪去了，大王，他們的這些財富還沒有被正確合理的使用就被國王、大火、洪水、盜賊、不孝子孫沒收、毀滅、搶奪去了，他們的這些財富沒有為他們種植下半點的福德和功德就耗盡了是非常可惜的。

大王，猶如人跡罕至，沒有人去的地方有一個大湖泊，湖水碧波蕩漾、清澈無暇、清爽甘甜，湖中有冰清玉潔的蓮花在盛開，湖泊兩

岸的景色美不勝收，可是卻沒有人去取用湖泊中的水，既沒有人會去喝湖泊中的水，也沒有人會到湖泊中沐浴，當然就更沒有人會用湖水做其他的事情了，大王，當這些湖水沒有被取用就全部乾涸消失掉了，這些湖水就沒有正確合理的使用，這些湖水就變成了毫無意義的擺設。同樣的道理，大王，當一些人他們獲得大量財富後，他們既不讓自己享用獲得快樂和喜悅，也不讓父母享用獲得快樂和喜悅；既不讓妻子孩子享用獲得快樂和喜悅，也不讓自己的僕人、工人、傭人享用獲得快樂和喜悅；既不讓朋友、同事享用獲得快樂和喜悅，也不供養出家人、修行人為自己種植上生到天界，甚至於解脫生死輪回的福德和功德。那他們的這些財富就沒有正確合理的使用，當他們的財富被國王沒收，被盜賊偷盜搶劫，被大火燒毀，被洪水淹沒沖走，被不孝子孫搶奪去，他們的這些財富就如同沒有取用就乾涸消失掉的湖水一樣，沒有為自己種植下半點的福德和功德就耗盡了，他們的財富就變成了毫無意義的擺設，這些財富沒有被正確合理的使用就耗盡了，是非常可惜的。

而，大王，當一些人他們獲得大量的財富後，既讓自己享用獲得快樂和喜悅，也讓父母享用獲得快樂和喜悅；既讓妻子孩子享用獲得快樂和喜悅，也讓自己的僕人、工人、傭人享用獲得快樂和喜悅；既讓朋友、同事享用獲得快樂和喜悅，也供養出家人、修行人為自己種植上生天界的福德和功德，甚至於為解脫生死輪回種植福德和功德，他們如果這樣去使用自己的財富，就是正確合理的使用了財富，當他們這樣去使用自己的財富的時候，他們由此獲得的福德和功德，國王無法沒收，盜賊無法偷盜搶劫，大火無法燒毀，洪水無法淹沒沖走，不孝子孫無法搶奪去，這些財富的正確使用給他們種植出來的福德和功德是任何人、任何事物都無法沒收、搶奪、損壞掉的，他們的財富被轉換成為了福德和功德，這些福德和功德將會隨時都陪伴在他們的左右，讓他們生在富貴之家，讓他們上生到天界享福，甚至於讓他們永遠的從生死輪回中解脫出來。

大王，猶如在村莊和城市的不遠處有一個大湖泊，湖水碧波蕩漾、清澈無暇、清爽甘甜，湖中有冰清玉潔的蓮花在盛開，湖泊兩岸的景色美不勝收，周邊的人會取用湖水，他們會飲用甘甜爽口的湖

水，他們會在湖泊中沐浴，他們會用湖水灌溉稻田，他們會按心中所想需要用到水的事情去取用湖水。大王，這樣當湖泊裡的水被正確合理的取用後，這些湖水就能利益周邊的人，就算以後湖泊乾涸消失了，在它乾涸消失之前它也利益了很多在周邊生活的人，也起到了很大的作用，而不是沒有使用就乾涸消失掉了，不是毫無作用的擺設。

同樣的道理，大王，當一些人他們獲得大量財富後，他們既讓自己享用獲得快樂和喜悅，也讓父母享用獲得快樂和喜悅；既讓妻子孩子享用獲得快樂和喜悅，也讓自己的僕人、工人、傭人享用獲得快樂和喜悅；既讓朋友、同事享用獲得快樂和喜悅，也供養出家人、修行人為自己種植上生天界的福德和功德，甚至於為自己種植下解脫出生死輪回的福德和功德。當他們的財富這樣正確合理的使用後，他們用這些財富種植出來的福德和功德，國王無法沒收，盜賊無法偷盜搶劫，大火無法燒毀，洪水無法淹沒沖走，不孝子孫無法搶奪去，他們這樣正確使用財富種植出來的福德和功德，是任何人、任何事物都無法沒收、搶奪、損壞掉的，這些福德和功德會隨時都陪伴在他們的左右，他們種植出來的這些福德和功德，會讓他們生在富貴之家，上生到天界享福，甚至於讓他們永遠的從生死輪回中解脫出來，他們的這些財富轉換成為了福德和功德，他們的財富被正確合理的使用了，就如同被大眾取用的湖水一樣，利益了很多的人，他們的這些財富在利益大眾的同時，也為他們自己種植下了很多福德和功德。他們的財富不是沒有正確使用就耗散掉了，不是毫無作用的擺設。

如同沒有人去的深山密林，甘甜爽口的水沒有人飲用就乾涸掉了，這些獲得大量財富、愚昧無知的人，他們自己不享用，也不給他人享用；有智慧和才德的人，他們獲得大量的財富後，自己享用也供給他人享用，他們把這些財富供給親人、大眾使用，他們的行為是無可挑剔的，是不會受到大眾譴責的，他們最終會因為供給親人、大眾使用自己的財富而種植出大量的福德和功德，這些福德和功德會讓他們上生到天界享福，甚至於讓他們從生死輪回中永遠的解脫出來。」

這時，佛陀說偈言：

一本書

讀懂所有佛經

「如無人山野清水，無人飲用自行滅。

　若猶卑人得富者，不自用亦不與他。

　英雄識者以得富，自用並供其他事。

　彼賢者養親族群，無被非難行天界。」

第七章　世間有四種人

　　有個時候，驕薩羅國的波斯匿王來到佛陀的住所，頂禮佛陀後，他在一旁坐下，佛陀對波斯匿王說：「大王，世間有四種人，是那四種人呢？就是從黑暗走到黑暗的人，從黑暗走到光明的人，從光明走到黑暗的人，從光明走到光明的人。

　　大王，什麼是從黑暗走到黑暗的人呢？大王，世間有一些人他們出生在地位低下的貧賤之家，比如他們出生在奴隸之家、獵人之家、屠宰之家、搬運屍體之家、工匠之家、清潔工之家，他們出生在等等地位卑微貧困的家庭。他們貧困潦倒、少衣缺食，生活非常的困難，他們經常沒有飯吃饑腸轆轆，穿的是破爛不堪的衣服。他們的長相非常的難看和醜陋，他們的身材非常的矮小，並且他們還滿身是病：或者瞎了一隻眼睛，或者手臂彎曲畸形，或者瘸了一條腿，或者癱瘓在床無法動彈，他們身體殘疾、疾病纏身。他們無法獲得充足美妙的飲食，無法獲得嶄新漂亮的衣服，無法獲得花環、香料、塗抹油等等裝扮自己的物品，無法獲得好的臥床、房屋、燈燭等等日常的生活用品，更沒有出行的車架。他們生活這樣的困難，可是他們卻還在身體行為做惡事，口說惡語，內心生起惡念，由於他們在世的時候沒有為自己種植半點福德，他們在世時的行為、言語、念想又做惡行的緣故，他們死後將會生到更加痛苦的地方，將會生到更加貧賤的家庭，甚至將會下墮到地獄、餓鬼、畜生三惡到去承受痛苦和煎熬。這些人就猶如從黑暗之處走到更加黑暗的地方，從血污之處走向血海的人，他們越陷越深。大王，這些出生卑微貧賤之家的人，他們不知道為自己種植福德，還繼續身體行為做惡事，口說惡言，內心生起惡念，如來說他們就是從黑暗走向黑暗的人。

　　大王，什麼是從黑暗走到光明的人呢？大王，世間有一些人，他們出生在卑微貧賤的家庭，比如他們出生在奴隸之家、獵人之家、屠宰之家、搬運屍體之家、工匠之家、清潔工之家，他們出生在等等地

位卑微貧困的家庭。他們貧困潦倒、少衣缺食，生活非常的困難，他們經常沒有飯吃饑腸轆轆，穿的是破爛不堪的衣服。他們的長相非常的難看和醜陋，他們的身材非常的矮小，並且他們還滿身是病：或者瞎了一隻眼睛，或者手臂彎曲畸形，或者瘸了一條腿，或者癱瘓在床無法行動，他們身體殘疾、疾病纏身。他們無法獲得充足美妙的飲食，無法獲得嶄新漂亮的衣服，無法獲得花環、香料、塗抹油等等裝扮自己的物品，無法獲得好的臥床、房屋、燈燭等等日常的生活用品，更沒有出行的車架。他們知道自己的生活之所以如此的困難是因為自己沒有福德的緣故，於是，他們的身體行為去做善事，口說善言，內心生起善念，由於他們在世時的善行為他們種植下了很多的福德，他們在世時的行為、言語、念想做善事的緣故，他們死後將會投生到好的地方，將會投生在富貴之家，或者上生到天界享福。大王，這些人就猶如從地面登上轎子，從轎子登上馬背，從馬背登上象背，從象背登上高樓，步步高升，他們的生活會過得越來越好。大王，如來說這些出生卑微貧賤之家的人，他們的身體行為做善事，口說善言，內心生起善念就是從黑暗走到光明的人。

大王，什麼是從光明走到黑暗的人呢？大王，世間有一些人，他們出生在富貴之家，比如出生在王族貴戚之家，出生在王公貴族之家，出生在宰相重臣之家，出生在英雄烈士之家，出生在祭司學者之家，出生在富豪、富翁之家，他們有很多金銀珠寶、土地、房屋，他們有很多僕人、馬匹、糧食，他們有很多財富、財產。他們長的英俊漂亮、端正標誌，他們高大威武、魁梧健壯。他們氣宇軒昂、英姿煥發。他們很容易就能獲得各種美妙的飲食、嶄新漂亮的衣服、華麗的車架、花環、香料、塗抹油、寬大的臥床、富麗堂皇的房屋樓閣、裝飾華麗的燈燭。他們的生活如此的養尊處優、富貴榮華。可是他們的身體行為卻去做惡事，口說惡言，內心生起惡念，當他們的福報耗盡之後，當他們死去後就將生到痛苦的地方，生到卑微貧賤的家庭，甚至於下墮生到地獄、餓鬼、畜生三惡道去受無盡的痛苦和煎熬。大王，這些人猶如從高樓上下到象背，由象背上下到馬背，由馬背上下到轎子，由轎子上下到地面上，由地面上掉進黑暗的深坑中，他們每況愈下、步步下墮。大王，如來說這些出生富貴之家，身體行為做惡

事，口說惡言，內心生起惡念的人就是從光明走向黑暗的人。

　　大王，什麼是從光明走向光明的人呢？大王，世間有一些人，他們出生在富貴之家，比如出生在王族貴戚之家，出生在王公貴族之家，出生在宰相重臣之家，出生在英雄烈士之家，出生在祭司學者之家，出生在富豪、富翁之家，他們有很多金銀珠寶、土地、房屋，他們有很多僕人、馬匹、糧食，他們有很多財富、財產。他們長的英俊漂亮、端正標誌，他們高大威武、魁梧健壯。他們氣宇軒昂、英姿煥發。他們很容易就能獲得各種美妙的飲食、嶄新漂亮的衣服、華麗的車架、花環、香料、塗抹油、寬大的臥床、富麗堂皇的房屋樓閣、裝飾華麗的燈燭。他們知道自己養尊處優、富貴榮華的生活是自己過去多行善事種植出來的福德果報。於是，他們身體的行為繼續去做善事，口說善言，內心生起善念，他們的善行為他們繼續種植下了很多福德，當他們死去後就將生到更好的地方，生到更加尊貴富有的家庭，甚至於上生到天界去享福。大王，這些人猶如從小轎子換乘到大轎子，從矮小的馬匹換乘到高大的馬匹，從小象背換乘到大象背上，從小樓閣登上更高的大樓閣，他們步步高升、扶搖直上。大王，這些出生富貴之家，身體行為做善事，口說善言，內心生起善念的人，如來就說他們就是從光明走向光明的人。

　　大王，這就是如來所說的：世間的四種人。

　　大王，那些出生在貧賤之家的人，他們已經生活的如此困難了，還不知道做善事為自己種植福德，他們不做善事反而做惡事，他們對出家人、修行人以及世間的人惡語相加、辱罵、誹謗，他們讓其他人產生煩惱和痛苦，他們阻礙、破壞別人做善事，他們阻礙、破壞別人供養出家人、修行人。大王像這樣的人，他們死後將會下墮到恐怖的地獄中去受苦，他們將會掉入黑暗的深淵之中，他們是從黑暗走向黑暗的人。

　　大王，那些出生在貧賤之家的人，他們知道自己生於貧賤之家，生活困難是因為自己沒有福德的緣故，於是，他們不做惡事只做善事，他們樂善好施，他們樂於幫助別人，他們恭敬的對待世間的任何人，他們的內心清淨安寧。他們對出家人、修行人恭敬有禮，他們盡自己的所能供養出家人、修行人。他們不會阻礙、破壞別人供養出家

人、修行人，相反的他們會幫助別人達成供養出家人、修行人的善行。大王，像這樣的人，他們死後將會上生到三十三天界處享受福樂，這些人就是從黑暗走向光明的人。

大王，那些出生在富貴之家的人，他們過著養尊處優、富貴榮華的生活，卻不做善事反而做惡事。他們對出家人、修行人以及世間的人惡語相加、辱罵、誹謗，他們讓其他人產生煩惱和痛苦，他們阻礙、破壞別人做善事，他們阻礙、破壞別人供養出家人、修行人。大王像這樣的人，當他們的福報耗盡後，死去後將會下墮到恐怖的地獄中去受苦，他們將會掉入黑暗的深淵之中，他們就是從光明走向黑暗的人。

大王，那些出生在富貴之家的人，他們雖然過著養尊處優、富貴榮華的生活，可是他們知道自己現在錦衣玉食、富貴榮華的生活是自己過去多行善事種植出來的福德果報，於是，他們不做惡事只做善事，他們樂善好施，他們樂於幫助別人，他們恭敬的對待別人，他們的內心清淨安寧，他們對出家人、修行人恭敬有禮，他們用自己的財富供養出家人、修行人，他們不會阻礙、破壞別人供養出家人、修行人，相反的他們會幫助別人達成供養出家人、修行人的善行。大王，像這樣的人，他們死後將會上生到三十三天界處享受福樂，這些人就是從光明走向光明的人。」

這時，佛陀說偈言：

「貧者無信仰，心卑而吝惜。

慳嗇有惡思，邪見無敬心。

嘲罵乞食者，沙門婆羅門。

惱不爲人思，妨與乞食者。

如是人死後，往恐懼地獄。

此由暗入暗，貧窮有信仰。

無有卑吝心，行施思崇高。

心靜不混亂，對他乞食者。

沙門婆羅門，從座立敬禮。

平安行修身，乞食不妨食。

如是人死後，生於忉利天。

此由暗入明，雖富無信仰。
心卑心吝惜，慳嗇有惡思。
邪見無敬心，嘲罵乞食者。
沙門婆羅門，惱不為人思。
妨與乞食者，如是人死後。
往恐懼地獄，此由明入暗。
富貴有信仰，無有卑吝心。
行施思崇高，心靜不混亂。
對他乞食者，沙門婆羅門。
從座立敬禮，平安行修身。
對於乞食者，不妨與之食。
如是人死後，生於忉利天。
此由明入明。」

第八章　沒有誰可以逃過死亡

　　有個時候，驕薩羅國的波斯匿王來到佛陀的住所，頂禮佛陀後，波斯匿王在一旁坐下，佛陀對波斯匿王說：「大王，你爲什麼臉上掛著淚珠？發生了什麼事情？你從何而來？」

　　波斯匿王回答：「世尊，我慈祥的老祖母過世了，我正在王宮爲老祖母舉行喪禮，每當我想到老祖母在世時對我無微不至的關懷和慈愛，我就忍不住淚流滿面，雖然我的老祖母已經一百二十歲了，在別人的眼中，她已經是福壽雙全了，可是到現在爲止我還是無法接受老祖母已經離我而去的事實。

　　世尊，如果可能的話，我願意用我所有的大象軍團去換取老祖母不要離世，去換取老祖母長生不老、萬壽無疆。

　　世尊，如果可能的話，我願意用我所有的騎兵軍團去換取老祖母不要離世，去換取老祖母長生不老、萬壽無疆。

　　世尊，如果可能的話，我願意用我所有的村莊、城市、國土去換取老祖母不要離世，去換取老祖母長生不老、萬壽無疆。」

　　佛陀說：「大王，請你節哀順變，大王，世間一切的人或眾生最終都會死去，沒有哪一個人或眾生是可以逃過死亡的。大王，有生就有死，無生就無死，要想不死就要不生。」

　　波斯匿王說：「世尊，這個道理您在過去曾經教導過我，您曾經對我說：世間一切的人或眾生最後都會死去，沒有誰是可以超越死亡的，就算是已經證悟解脫果位的修行人，他們在世間的這個身體也是脆弱不堪的，他們也只有在不掛念和執著這個在世間的身體後，才能最終從生死的輪回中永遠的解脫出來。」

　　佛陀說：「大王，確實是這樣的，出生在世間的人或眾生，沒有哪一個是可以免除死亡的。沒有哪一個是可以超越死亡的。他們最終全部都會死去。大王，就猶如陶匠燒制出來的陶瓷器具，它們最終都是會被打碎的，就算是放置時間再久的陶瓷器具，最終也是會破碎

的。沒有哪一件陶瓷器具是可以永遠不破碎，不破裂的。大王，同樣的道理，世間的一切人或眾生最終也是要死去的，沒有誰是可以免除死亡的，沒有誰是可以超越死亡的。

　　大王，世間的一切人或眾生最後都將死去，因為有生就必有死，要想不死就要不生，不生就不死。這些死去的人或眾生他們依靠在世間種植出來的福德，造下的罪業投生到不同的地方去，做惡事造下罪業的人或眾生投生到不好的地方，做善事種植了很多福德的人或眾生投生到好的地方，所以一切在世的人或眾生都應該多做善事，不做惡事，以此為自己的未來世積聚福德，因為福德的多少決定了未來世投生的地方和類別。福德深厚的人或眾生投生到富貴之家，上生到天界享福，甚至於從生死輪回中永遠的解脫出來。福德薄弱、罪業深重的人或眾生，投生到貧賤之家，下墮到地獄、餓鬼、畜生三惡道受苦。」

　　這時，佛陀說偈言：

　　　「眾生皆必死，生者無不死。
　　　　應如依其業，隨行功罪果。
　　　　依惡墮地獄，功德生天界。
　　　　然者行善事，積善為未來。
　　　　功德實眾人，後世渡津場。」

一本書

讀懂所有佛經

第九章　供養誰獲得的福德果報最大？

　　有個時候，驕薩羅國的波斯匿王來到佛陀的住所，頂禮佛陀後他在一旁坐下，波斯匿王對佛陀說：「世尊，應該將自己的財物施捨給哪些人呢？應該布施供養什麼人呢？」

　　佛陀說：「大王，施捨、布施供養那些真正需要幫助的人，施捨、布施供養那些能夠讓你斷惡修善，解除煩惱和痛苦，生起堅固修行信心的人。」

　　波斯匿王說：「世尊，施捨哪些人會獲得大的果報呢？布施供養什麼人可以種植出大的福德果報呢？」

　　佛陀說：「大王，應該施捨誰、布施供養誰？這個是一個問題。施捨誰、布施供養誰能夠獲得大的福德果報，這是另一個問題。大王，這是兩個不同的問題。

　　大王，施捨、布施供養那些受持戒律的修行人能夠獲得大的福德果報，而不要去施捨、布施供養那些不受持戒律，破戒的人。大王，如來現在問你一些問題，你就按你心中所想的來回答如來吧。

　　大王，如果你的國家與別的國家發生戰爭，你為此徵召士兵入伍，那些從來都沒有上過戰場，沒有訓練過，不會武藝，不會射箭，不會用武器與人搏鬥，身體虛弱，弱不禁風，並且還膽小如鼠，貪生怕死，可能會臨陣脫逃的人，如果這樣的人出生于王公貴族之家，你會接收他們並讓他們上戰場抵禦別國的軍隊嗎？」

　　波斯匿王說：「世尊，我如果徵召這樣的士兵入伍，不是讓他們去送死嗎？我的軍隊也會立刻潰敗的，我不會要這樣的人當我的士兵的。就算他們是王公貴族出生又怎麼樣？無法達到我徵召士兵的要求，我一樣不會接收他們的。」

　　佛陀說：「大王，如果祭司家族的孩子，平頭百姓家的孩子，奴隸家庭的孩子，這些孩子仍然從來都沒有上過戰場，沒有訓練過，不會任何武藝，不會騎射，不會使用武器與人搏鬥，他們身體虛弱，弱

不禁風，並且還膽小如鼠，貪生怕死，看見別國大軍衝殺的氣勢就會臨陣脫逃。大王，你會徵召這樣的年輕人入伍嗎？」

波斯匿王說：「世尊，我不需要這些孩子，這些人他們什麼都不會，到戰場上只是待宰的羔羊，不管他們是什麼家族階層的孩子，只要達不到我徵召士兵的要求，我都不會接收他們的。」

佛陀說：「大王，如果有王公貴族的孩子，祭司家族的孩子，平頭百姓的孩子，奴隸家庭的孩子，他們武藝高強，射箭百發百中，熟悉騎射，熟練使用武器，精通搏鬥之術，他們身體強壯，虎背熊腰，霸氣十足。他們勇往直前，無所畏懼，他們衝鋒陷陣，浴血奮戰，所向無敵。大王你會接收他們成為你的士兵嗎？」

波斯匿王說：「世尊，我的軍隊就需要這樣的人才，有多少我要多少！不管他們出生於什麼家族、家庭、階層。只要他們立下戰功，我就會論功行賞。」

佛陀說：「大王，同樣的道理，不論出生於什麼家族、家庭、階層，如果有一些人，他們離開家族、家庭出家修行，並且他們已經舍斷了五支，具足了五支。那麼布施供養這些人就能獲得大的福德果報。

舍斷哪五支呢？就是已經舍斷除滅了貪欲的煩惱，舍斷除滅了憤怒的煩惱，舍斷除滅了昏沉迷糊的煩惱，舍斷除滅了浮躁和後悔這些讓內心不安的煩惱，舍斷除滅了猶豫不決、疑心重重的煩惱。這個就是舍斷的五支。

具足哪五支呢？就是已經斷盡一切的煩惱，學道圓滿，已經受持了一切的戒律成就了戒身；已經遠離了一切的妄想雜念，內心清淨無染，不被外界一切的事物事情影響而改變心念，如如不動，成就了定身。已經明瞭了如來的正法，開啟了智慧，成就了慧身。已經從世間一切的事物事情中解脫出來，不會再被它們束縛和捆綁，成就瞭解脫身。已經證悟自己本身無垢無染，沒有功德、罪業等等的掛念和執著，沒有解脫、不解脫等等的分別念想，內心不會再生起妄想雜念，成就了解脫知見身。這個就是具足的五支。

大王，如果施捨、布施供養已經舍斷除滅五支，已經具足圓滿五支的聖者，就能獲得大的福德果報。

國王大戰之前會徵召武藝高強，熟悉騎射，熟練使用武器，精通搏鬥術，身體強壯的人當士兵。不會接收那些什麼都不會，膽小如鼠，身體虛弱的人當士兵，不管他們出生在王公大臣之家，還是出生在平頭百姓、奴隸之家，只要他們有本事，有能力，能夠為國效力，為國建功，國王就會重用他們。

同樣的道理，世間的修行人，不管他們出生富貴，還是出生貧賤，只要他們能夠嚴格的受持戒律，讓內心安定不散亂，開啟了智慧，就應該尊敬他們，就應該布施供養他們。應該在荒蕪人煙的地方多建小屋，在小屋中多準備能長久存儲的乾糧，讓迷路的人有遮風擋雨的地方，讓他們有食物可以用來充饑。多在沒有樹林的地方開鑿水池，澆灌土地，植樹造林，造福後人。多在地勢險要的地方修建道路，方便大眾行走。美妙的飲食、衣服、住所應該布施供養給那些善心正直的人，應該布施供養給那些清淨無染的修行人。美妙的飲食、衣服、住所應該布施供養給那些教導大眾斷惡修善，教導大眾除滅煩惱和痛苦，教導大眾開啟智慧，引導大眾從生死輪迴的煩惱中永遠解脫出來的聖者。應該以一顆恭敬、虔誠、清淨的心布施供養那些善心正直的人，供養那些修行人、出家人。就如同閃電雷鳴交加，無數的雲朵聚集起來，之後天降大雨滋潤大地上的萬事萬物一樣。有智慧和才德的人，用他們自己準備好的財物、飲食布施供養那些善心正直的人，布施供養那些受持戒律的修行人、出家人，布施供養那些教導大眾斷惡修善，教導大眾除滅煩惱和痛苦，教導大眾開啟智慧，引導大眾從生死輪迴的煩惱中永遠解脫出來的聖者。這些有智慧和才德的人他們一邊施捨、布施自己的財物、飲食，一邊歡喜的說到：「給您，給您」。他們說的話就如同下雨前的雷鳴，他布施的財物和飲食就如同天降的大雨，他們恭敬、虔誠的布施供養就像天空中降下來的福德大雨，這些福德大雨將會利益到很多善心正直的人，將會利益到很多修行人、出家人。這些施捨、布施供養財物、飲食給別人的人將會獲得十倍、百倍、千倍、萬倍、無量倍的回報和功德利益。施捨、布施供養別人，越是無所求、不求回報的人，越是不掛念和執著自己所布施供養財物和飲食的人，越是不分高低貴賤平等布施供養的人，越是不分喜歡怨恨、喜怒哀樂等等沒有分別心布施供養的人，他們獲得的

福德果報就越大。」

這時，佛陀說偈言：

「王爲戰生貴，不扶持怯者。
　善選巧弓術，勇氣力青年。
　如是之智者，其生雖卑劣。
　忍辱有慈悲，善供聖跡人。
　善住多聞者，欣樂作小屋。
　無水林設池，險處與設道。
　食物飲堅食，衣服及住居。
　以信樂之心，善施直心人。
　如受電華鬘，轟百鳥冠雲。
　雨降於大地，高低皆潤濕。
　有信而多聞，賢者以集富。
　食物及飲料，惠於乞食者。
　心喜而播散，言予之予之。
　此乃彼之轟，如天之降雨。
　廣大功德水，以注眾人上。」

第十章　衰老死亡來臨的時候怎麼辦？

　　有個時候，驕薩羅國的波斯匿王來到佛陀的住所，頂禮佛陀後，他在一旁坐下，佛陀對波斯匿王說：「大王，你今天風塵僕僕的來到如來這裡，你是從什麼地方而來呢？」

　　波斯匿王說：「世尊，我剛剛巡視地方而來，我作為驕薩羅國的國王，每天都要處理很多國家大事，當然我有時也會沉醉迷戀那種聲勢顯赫、權傾天下、生殺予奪的感覺，沉醉迷戀那種占領別國領土後傲視天下、所向無敵的感覺，沉醉迷戀那種軍隊將帥、士兵、平頭百姓頂禮跪拜、高呼萬歲的感覺。我是他們的主宰，我讓他們安居樂業，我帶領他們開疆拓土，我讓他們揚眉吐氣，我讓驕薩羅國成為周邊國家中的霸主！」

　　佛陀說：「大王，如果有個你信賴的人，你的親信，他從東方而來，他跪拜你後，對你說：『大王，我剛從東方而來，看見那裡有個高聳如雲、巨大無邊的大石山向我們這裡滾動過來了，大石山滾過的地方，一切的人、動物、村床、城市全部都被碾壓成了粉末，沒有任何人、動物、植物可以倖免于難，大王，您趕快想想辦法吧，不然我們都會被大石山壓死的。』

　　大王，那時，又有一些人，他們也是你信賴的人，他們也是你的親信，他們從南方、西方、北方而來，他們異口同聲的跪下稟報你：『大王，不好了！不好了！南方、西方、北方都有一個巨大無邊的大石山滾動著向我們這裡而來，這些大石山到過的地方，一切的人、動物、植物、村莊、城市全部都會被碾壓成粉末，全部都會被毀滅。大王，我們該怎麼辦呢？大王，請您趕快想想辦法吧！我們該怎麼辦呢？』

　　大王，如果你遇上這樣危急，讓人恐怖的事情，你和你的民眾、國家很快就會被大石山碾壓死去、毀滅，你在這樣的情況下會做什麼事情呢？你該怎麼辦呢？」

波斯匿王驚訝的睜大了眼睛說到：「世尊，如果真的有一個巨大無邊的大石山向我的國家碾壓過來，我也沒有什麼辦法，我知道很快這個大石山就會將我和我的民眾、國家壓碎、毀滅。世尊您曾經說過：『人死後能夠帶走的只有自己在世做善事種植下的福德，做惡事造下的罪業，福德深厚的生到富貴之家，上生到天界享福，甚至於從生死輪回中永遠的解脫出來；福德薄弱、罪業深重的生到貧賤之家，生到地獄、餓鬼、畜生三惡道受苦。』

我面對這個大石山無能為力，只好盡我的所能，在我活著的時候，多按世尊您說的正法去修行，多去做善事，多為自己種植福德。我會將國庫、王宮裡面所有的財物、飲食、衣服等等的一切全部都拿出來施捨、布施給我國家裡的所有民眾，反正大家都快被大石山壓死了，這些東西對於我來說已經毫無意義可言，我全部拿出來與民眾分享，讓大家在死前享用一下，這樣至少在死前大家都能開心快樂一下，能有一個短暫的喜悅和幸福。世尊，除此之外，我也幹不了什麼事情了，最多再安慰一下我的家人、臣民，讓他們不那麼害怕，向他們講說世尊您的正法，希望他們在最後的時刻能由此開啓智慧，為他們自己種植下解脫生死的福德。世尊我能想到的，能做到的事情就是這些了。」

佛陀說：「大王，如來告訴你，這個向你和你的國家滾動碾壓而來的大石山，就是人的衰老和死亡，衰老和死亡就是向世間的人滾動碾壓而來的大石山！世間沒有人可以逃過衰老和死亡這個大石山的碾壓的。大王，當衰老和死亡向你滾動碾壓而來的時候，你會做什麼呢？你該做什麼呢？」

波斯匿王說：「世尊，這真是一個恰到好處的比喻呀，將衰老和死亡比喻成向世間人滾動碾壓而來的大石山，世尊當衰老和死亡向我滾動碾壓而來的時候，我將會盡我自己的全力，按世尊您所說的正法去修行。我會盡可能的在有生之年斷惡修善，多做善事，多為自己種植福德。除此之外，我還能做什麼呢？世間的每個人都會死去，除了按世尊您的正法去修行，除了斷惡修善，多行善事，為我自己多種植福德之外，我還能做什麼呢？

世尊，我剛才在您這裡傲慢的說：『我作為國王，每天都要處理

很多國家的大事，我沉醉迷戀那種聲勢顯赫、權傾天下、生殺予奪的感覺，沉醉迷戀那種占領別國領土後傲視天下、所向無敵的感覺，沉醉迷戀那種軍隊將帥、士兵、平頭百姓頂禮跪拜、高呼萬歲的感覺。我是他們的主宰，我讓他們安居樂業，我帶領他們開疆拓土，我讓他們揚眉吐氣，我讓驕薩羅國成為周邊國家中的霸主！』

世尊，請您原諒我剛才對您說出的這些不可一世、驕傲自大的言語，世尊，當衰老和死亡來臨的時候，我的這些軍隊，我的這些大象軍團、騎兵軍團、戰車軍團、步兵軍團根本就不頂用，他們自己都會衰老和死亡，他們連進攻戰鬥的對象都找不到，我的這些謀士、大臣他們也想不出什麼計策和辦法來對抗衰老和死亡，衰老和死亡就在他們自己的身上，他們永遠都法戰勝衰老和死亡。

我有無數的黃金珠寶、玉器珍玩、金幣金條，我有無數的財物；我還有無數的土地、美女、僕人、糧食。當我的敵國來入侵我的國家，來占領我的領土，我的軍隊無法抵禦他們的時候，我的大臣、謀士無計可施的時候，我就會用這些財物、土地、美女、僕人、糧食等等我擁有的東西去賄賂他們，讓他們退兵，他們得到好處後就會撤兵。但是，世尊，我卻無法用這些財物、土地、美女、僕人、糧食等等我擁有的東西去賄賂衰老和死亡，當衰老和死亡滾動碾壓而來的時候，我就算有無數的黃金珠寶、玉器珍玩、金幣金條，有無數的財物也無法買通衰老和死亡，讓它們放過我，讓它們恩賜我長生不死。就算我有無數的土地、美女、僕人、糧食等等世間人想要得到的東西也無法收買衰老和死亡，讓它們停止或者減緩對我身體的折磨和摧殘。就算給它們我擁有的一切東西，請求它們哪怕只是多給予我半點的青春和丁點的壽命，它們都不會滿足我的願望。

世尊，我知道世間任何的人都會衰老和死亡，沒有一個人可以例外，我知道這個是世間的真相和規律，我只好按世尊您說的正法去修行，斷惡修善，多行善事，為自己的未來世多種植福德，我雖然很無奈，可是想到未來世，我可以再次出生在王族之家，繼續擁有無上的權勢，或者上生到天界享受無盡的福樂，甚至於從生死輪回中永遠的解脫出來，我就有了修行的力量。世尊，我知道，我這樣有所求的念想是不正確的，不是一個修行人應該有的心態，可是沒有所求就沒有

動力，我會慢慢在修行中淡化有所求的念想，從剛開始對福德果報強烈的貪求中慢慢的解脫出來，慢慢淡化消除對於福德果報、幸福生活的期待和渴望。雖然很難，不過我相信按世尊您的正法去修行，我最後能夠做到無念無求的去做善事，我知道這樣無所求做下的善事，獲得的福德和功德才是無量無邊的，當然我最後連求福德功德的念想都不會在內心中生起，只問耕耘，不問收穫。」

佛陀說：「大王，正如你所說，確實是這樣的，當衰老和死亡的大石山滾動碾壓而來的時候，世間任何的人都無法抵擋，不管是高貴的國王、王親國戚、公卿貴族、將帥重臣，還是士兵、平頭百姓、僕人奴隸，甚至於一切眾生都無法抵擋衰老和死亡的逼迫和摧殘，所以在世的時候，要儘快的按如來所說的正法去修行，斷惡修善，多行善事，為自己多種植福德，這樣種植的福德多了，自然可以在未來世投生在富貴之家，上生到天界享福，甚至於從生死輪迴中永遠的解脫出來。大王，這些就是在世的人應該做的事情，不要把寶貴的時間和生命用在增加自己貪欲、憤怒、愚癡的地方，不要去肆意妄為的做惡事，這樣只會讓自己下墮到惡道，讓自己的未來世生到貧賤之家，生到地獄、餓鬼、畜生三惡道去受苦。

就如同高聳入雲、巨大無邊的大石山，從四面八方向自己滾動碾壓而來一樣，世間人的衰老和死亡也會滾動碾壓自己的身體，不管是國王、王親國戚、公卿貴族、將帥重臣、祭司學者，還是士兵百姓、僕人奴隸、罪犯囚徒等等各個階層的人，世間任何的人都會被衰老和死亡滾動碾壓，世間一切的眾生都無法逃過衰老和死亡的折磨和摧殘，都會被衰老和死亡逼迫恐嚇，再多再強大的大象軍團、騎兵軍團、戰車軍團、步兵軍團都無法打敗衰老和死亡，再高明的大臣和謀士面對衰老和死亡都無計可施，他們也想不出戰勝衰老和死亡的辦法和計策。再多的財物、土地、美女、僕人、糧食也無法收買衰老和死亡，讓它們停止對自己身體的折磨和摧殘。

因此賢德善良的人，他們明白世間任何的人都會衰老和死亡，這是世間的真相和規律，他們對佛法僧三寶生起堅固的信心，他們深信因果，他們的身體行為做善事，口說善言，內心生起善念，他們按如來的正法去修行，他們種植出了大量的福德，他們在世的時候由於多

行善事的緣故受到世人的稱頌和讚美。他們死後將會生到富貴之家，上生到天界享福，甚至於從生死的輪迴中解脫出來，永遠的免除衰老和死亡。」

這時，佛陀說偈言：

「穿空大岩山，猶四方迫來。

老死之強迫，臨眾人頭上。

剎帝婆羅門，毗舍首陀羅。

乃至旃陀羅，下水清掃人。

任何人難免，一切皆被迫。

象軍無餘地，車軍及步軍。

亦為無餘地，謀術亦無濟。

富亦無術勝，故賢為己思。

佛法及僧伽，以植於信仰。

身口以至心，如法之行人。

此世承讚譽，未來生天界。」

第十一章　如何面對辱罵和指責？

有個時候，佛陀住在王舍城栗鼠飼養處的竹林中，有一個叫婆羅墮婆闍的婆羅門，他聽說婆羅墮若婆羅門已經皈依佛陀，並出家修行，就非常的生氣和憤怒，他氣急敗壞的來到佛陀的住所，對佛陀破口大罵、惡語中傷。

婆羅墮婆闍婆羅門怒罵佛陀很長一段時間後，他感覺口乾舌燥，準備休息一會再繼續的辱罵誹謗佛陀。這時，佛陀對婆羅墮婆闍婆羅門說：「婆羅門！你是否舉辦過宴會，邀請過自己的朋友、親人、同事在你的家裡面做客？」

婆羅墮婆闍婆羅門回答：「喬達摩（佛陀），你怎麼問我這樣奇怪的問題，你難道被我罵傻了嗎？我這麼有身分地位的人，當然舉辦過宴會邀請過朋友、親人、同事來家裡面做客。」

佛陀說：「婆羅門！你用什麼招待他們呢？」

婆羅墮婆闍婆羅門回答：「那還用說，當然是用美味佳餚招待他們，我家裡面有個廚師做的菜，那叫一個好吃。」

佛陀說：「婆羅門！如果你的朋友、親人、同事他們沒有吃你準備好的美味佳餚，這些可口的飯菜歸誰所有呢？」

婆羅墮婆闍婆羅門說：「那還用說，當然歸我自己所有哦。」

佛陀說：「婆羅門！同樣的道理，你今天到如來這裡來，對如來破口大罵、惡語中傷。如來沒有接受，你心中生起的怒火以及你說的這些污言穢語，都歸你自己所有。

婆羅門！什麼是接受？所謂接受就是面對憤怒指責自己的人也生起怒火。面對辱罵誹謗自己的人也對他們辱罵和誹謗。婆羅門！這個就是接受，互相交換怒火，互相交換辱罵和誹謗。也就相當於在宴會上共同享用美味佳餚一樣。

什麼是不接受？就是面對憤怒指責自己的人不生起怒火，面對惡意辱罵和誹謗自己的人不對他們還以辱罵和誹謗，不和他們交換怒

火，不和他們交換辱罵和誹謗。就相當於參加宴會的賓客，他們不享用主人準備好的美味佳餚，那麼這些美味佳餚就全部都歸主人自己所有。」

婆羅墮婆闍婆羅門頓時心有所悟的說：「喬達摩，想不到你說的話還有些道理，我們國家的王公貴族、平頭百姓中的大部分人都知道：「出家人喬達摩是已經證悟無上正等正覺的聖者」。我想憤怒的煩惱應該無法再侵害到你吧。」

佛陀說：「內心沒有生起憤怒的念想，就能調教和駕馭好自己的內心，就能控制和管束好自己的內心。內心不生起憤怒念想的人就不會被憤怒煩惱困擾和侵害，就能保持內心的安寧和清淨。有智慧的人和已經解脫的人，對於他們這樣內心清淨的人來說，面對那些憤怒、辱罵、指責自己的人，如果他們內心中也生起了憤怒，用辱罵和惡言回應別人，就會破壞他們清淨安寧的修行，就會讓他們下墮、造下惡業。不以牙還牙，不辱罵指責那些誹謗、侮辱、惡意中傷自己的人，不憤怒，保持內心清淨的人，他們就是獲得勝利的人，他們讓自己和辱罵指責自己的人都獲得了安寧，都獲得了好處，他們知道誹謗中傷自己的人已經在憤怒之中，只有自己不回應別人的辱罵指責，讓自己安靜下來，才可能讓別人的內心也慢慢的平靜下來，這樣別人的憤怒才可能慢慢的消解。讓自己的內心平靜下來，又讓憤怒的人內心平靜下來，就是自己和別人最好的醫師。這些有智慧和已經解脫的人，他們能治好別人憤怒的疾病。當遇見這些憤怒的人，遇到這些對自己辱罵指責的人，有智慧和已經解脫的人內心就會想：「這些人他們已經被憤怒的惡疾所纏繞，他們真是可憐無知的人呀，他們現在正在被烈火焚燒，苦不堪言。我要保持內心的平靜，不要讓自己的內心也被傳染上憤怒的疾病，我不要回應他們的惡行、惡言、惡念，不要去加重他們的病情，我不回應他們，他們的內心自己都會慢慢平靜下來，他們自己都能擺脫憤怒疾病的折磨。」

這時，佛陀說偈言：

「無恚自調禦，是爲正生活。

　有正智解脫，寂靜如是人。

　恚由何處起，以恚還恚者。

　更爲是惡事，不以恚還恚。

　戰得二勝利，知他之所恚。

　靜己正念人，自及他兩方。

　皆行於利益，彼乃自與他。

　兩方之醫師，于法無知者。

　以此爲愚人。」

　　佛陀說法後，婆羅墮婆闍婆羅門對佛陀說：「大德，您說的太好了，我剛才就是被憤怒蒙蔽了心智，既然來辱罵您。哎呀，我眞的是太愚蠢了，我自己跳進大火中被焚燒還不知道要逃離出來！我患上了憤怒的重病還不知道要趕快治療，我眞的是太愚癡了，請大德您原諒我剛才愚昧無知的行爲。我在您這裡懺悔，我以後再也不會對您、對任何人無端的辱罵和指責了，我以後也會管束好自己的內心不會再去隨意生氣發怒了。大德，請您讓我皈依您，在您的面前出家，做您的出家修行弟子吧，我願意受持具足戒，按您所說的正法去修行。」

　　佛陀接受了婆羅墮婆闍婆羅門的皈依，婆羅墮婆闍婆羅門就在佛陀的面前皈依，受持具足戒。

　　婆羅墮婆闍出家後不久，就獨自隱居，不放逸他自己的行爲、言語、念想，斷惡修善，並且夜以繼日的按佛陀的正法去精進修行。一段時間後，尊者婆羅墮婆闍就證悟了解脫的果位。離開俗世的纏縛，出家修行，就是爲了成就圓滿的解脫果位。已經證悟解脫果位的人，他們自己明白：「自己從這世開始已經不再繼續的投生輪迴轉世了，自己的修行已經圓滿，自己該做的事情也已經做好了，自己不會再有生死輪迴的煎熬和痛苦了，自己已經永遠的從生死輪迴中解脫出來了。」

　　尊者婆羅墮婆闍成爲了佛陀眾多阿羅漢弟子中的一位。

第十二章　祭祀心中的解脫火

　　有個時候，佛陀住在驕薩羅國的孫陀利迦河邊。那個時候，有個婆羅門在孫陀利迦河邊供養火神。他舉行完祭祀火神的儀式後，就站起來，四處觀望，他心裡想：「給誰吃這些供養火神後的祭品呢？」

　　婆羅門看見佛陀坐在一棵大樹下，當時佛陀用毛巾包裹著頭，婆羅門就左手拿著祭祀火神後的供品，右手拿著長口的水瓶，走到佛陀的身旁。佛陀聽到有人走近的腳步聲，就將包裹在頭上的毛巾摘去。

　　這時，婆羅門驚訝的站在原地一動不動。他心裡想：「這個人既然是個禿頭」。於是他正準備轉身離開，他此時又想：「有些婆羅門教的長老、大師也是剃光了頭髮的。我還是問問他到底是不是出生於婆羅門階層（地位高於國王的祭師階層）吧，我還是問問他是不是婆羅門教徒吧」。這個婆羅門想完後，就恭敬的對佛陀說：「尊師，您出生於哪個階層呢？您是婆羅門教徒嗎？」

　　佛陀說：「不要問我出生於哪個階層，不要問我是不是婆羅門教徒。你只需要問我的行為就可以了。廉價、不值錢的的柴木可以生出火來，出生卑微的人也可能會有萬馬奔騰的大智慧，他們對自己犯下的錯誤、缺點感到不安，他們對自己做下的惡事有敬畏心、羞恥心。他們斷惡修善，改正自己的缺點、錯誤，懺悔自己過去做下的惡事，不會再去做同樣的惡事，不會再去犯同樣的錯誤。這些人就是世間尊貴的人，世間人的尊貴與否，不是看他們出生的階層，不是看他們出生在富貴之家，還是貧賤之家。而是看他們的行為是不是身體行為做善事，口說善言，內心生起善念，如果他們的行為、言語、念想都做善行，那麼就是世間尊貴的人，他們就是善於管束自己行為的人。他們不讓自己的行為放逸去做惡行，因為他們知道做惡事會給他們造下罪業，讓他們下墮到惡道，只有做善事才能讓他們安住在善道，他們用身體行為做善事，口說善言，內心生起善念來調教駕馭自己的行為，受持戒律，讓內心清淨安定，由此開啟智慧，他們持之以恆的精

進修行、毫不懈怠，因為他們知道只有從生死輪回中永遠的解脫出來，才能遠離煩惱和痛苦的侵害和折磨。他們是邁向聖者解脫大道的人。對於那些管束好自己的行為、言語、念想不做惡事，廣行善事，斷惡修善的人，對於那些已經證悟解脫果位的聖者，對於那些已經修行圓滿的人，就應該恭敬虔誠的供養他們。」

這時，佛陀說偈言：

「勿以問出生，唯問其行為。
　微木亦生火，雖然生為卑。
　智慧有駿敏，止惡有慚愧。
　是為聖者生，依真所調順。
　以具悉調順，到達於聖道。
　成就梵行人，是人值供養。」

婆羅門說：「尊師，我在這裡祭祀火神，我經常的布施供養，我是善於修行施捨和布施的人。我今天見到您這位有大智慧的聖者是我的福氣，您的教導我以前從來都沒有聽說過。請您接受我恭敬虔誠的供養吧。」

這時，婆羅門說偈言：

「於我此供犧，善為於供養。
　今見如師者，昔未見所教。
　我虔供于師，敬請受此食。」

佛陀說：「婆羅門，如來對你說法是為了讓你開啟智慧，讓你明白正確的修行方法，不是為了獲得飲食供養。既然已經對你說法，就不應該再接受你的供養。過去的諸佛如來也是這樣的，外出化緣飯食，為眾生說法後，就不會再接受眾生的供養。諸佛如來隨順因緣，眾生見到如來沒有直接供養，說明因緣不具足，如來為他們說法是為了讓他們開啟智慧，讓他們斷惡修善，除滅他們內心的煩惱和痛苦，不是為了獲得供養。婆羅門，你可以將這些飲食供養給其他受持戒律的出家人、修行人。你不正確的見解已經被如來除去，你已經明白一個人尊貴與否是要看他的行為的，而不是看他出生的環境。你錯誤的見解已經被平息，已經被糾正。身體行為做善事，口說善言，內心生起善念，斷惡修善，受持戒律，讓內心清淨安定，由此開啟了智慧的

出家人和修行人，就是值的供養的人，他們是世間人的福田，供養這些人就可以為自己種植下很多福德和功德。」

這時，佛陀說偈言：

「我唱此偈者，非為得食者。

婆羅門於此，知見者非法。

諸佛之唱偈，以斥其代價。

如來順因緣，說法不為利。

婆羅門供養，廣施正行人。

依事奉飲食，是為功德田。」

婆羅門說：「尊師，感謝您今天慈悲的開示。」

佛陀說：「婆羅門，你祭祀供養火神，就是想通過祭祀火神的儀式來讓自己的念想全部都關注在祭祀的事情上去，這樣你自己的念想就不會胡思亂想，關注祭祀火神的儀式，內心沒有其他的雜念，由此讓內心清淨無染。

然而，婆羅門，聖者認為一切通過外面的事物事情來讓內心清淨的辦法都只是暫時讓內心清淨的方法，無法永遠的讓內心清淨，比如你舉行的祭祀儀式一旦結束，過不了多久你的內心又會被各種念想所污染。這些借用外面的事物事情來讓內心清淨的方法是不長久的，聖者不認為這樣的方法是切實有效的，是能讓內心持久清淨的修行方法。

婆羅門，你要離開這些祭祀火神燃燒起來的外部火焰。要在你自己的心中燃起修行的火焰。你要注意你在心中、念想中燃起的火焰，觀想它們，關注它們。不要讓你自己的念想再去想其他的事情，不讓你自己再胡思亂想，讓你的心關注內心生起的火焰。讓你的心由於關注內心的火焰而安定平靜下來，婆羅門這就是阿羅漢聖者的修行方法。

婆羅門，你要明白內心的驕傲自大、傲慢無禮就是自己的負擔，內心的憤怒就是燃燒時放出的濃煙，說假話就是燃燒後產生出來的灰燼，舌頭就是祭祀時舀供品用的勺子，心就是祭祀燃燒用的火爐。身體行為做善事，口說善言，內心生起善念，斷惡修善，受持戒律，管束好自己的行為就是善於控制祭祀火勢的人。

婆羅門，如來的正法以戒律來管束世間人的行為、言語、念想不去做惡行，斷惡修善，以此讓世間人內心清淨安定，開啟智慧，就如同廣大無邊的湖泊，在裡面沐浴的人能夠洗去身上的污垢，而如來的正法可以用戒律洗去世間人行為、言語、念想中惡行的污垢。洗去他們行為、言語、念想惡行的污穢後，就能讓他們的行為、言語、念想安住在善行的清淨中。他們行為、言語、念想清淨的善行就會得到世間人的稱頌和讚美。世間有智慧的聖者都會來這個湖泊沐浴，世間人他們除去行為、言語、念想的污垢後，就能清淨無染的來到解脫的彼岸。世間真正的修行和正法就是管束、約束自己的行為、言語、念想不去做惡行，而要去做善行，斷惡修善。然而，婆羅門，身體行為做善行，口說善言，內心生起善念，斷惡修善後，不可掛念和執著這些修行的方法和行為。過去的惡行不可掛念和執著，現在除滅惡行，修行善法的行為也不可掛念和執著，由此，在斷惡修善的同時，不掛念和執著行為、言語、念想中污垢的惡行；不掛念和執著行為、言語、念想中清淨的善行；不掛念和執著污垢的罪業、清淨的功德。離開善惡、清淨污垢兩邊的掛念和執著，就能最後證悟解脫的果位，就能達到最高的解脫境界。世間清淨正直的人就會皈依剛才如來說的正法，並按這個正法去修行。當遇見講說這些正法的人就應該尊敬他們，就應該按他們說的這些正法去修行，如來說，這些按正法實踐修行的人就是世間真正依法修行的人，就是真正可以最終證悟解脫果位的人，就是真正能夠達到最高解脫境界的人。」

　　這時，佛陀說偈言：

「婆羅門事火，勿思得清淨。
　智雲此外事，依外求清淨。
　依是不得淨，婆羅門我止。
　事火而內燃，依常火常靜。
　聖者阿羅漢，常行於梵行。
　婆羅門汝慢，是名為重擔。
　恚煙妄語灰，舌即是木杓。

心供犧火處，善以自調順。

始爲是人火，婆羅門有戒。

渡津法之湖，澄清無染汙。

常爲善人贊，聖者來此浴。

體清渡彼岸，眞實與正法。

自製是梵行，婆羅門依此。

中道得最勝，直心者歸命。

我謂此等人，爲隨法行者。」

佛陀說法後，婆羅門感動的跪倒在地上，他對佛陀說：「大德，尊師，您的教導我從來都沒有聽到過，您的教導讓我如同醍醐灌頂，您的教導讓我在黑暗中看見了光明，請您讓我皈依您，請您讓我做您的出家修行弟子，我願意受持您制定的戒律，我願意按您的正法去修行。」

佛陀接受了婆羅門的皈依，不久後這位婆羅門就證悟了阿羅漢的解脫果位。

第十三章　丟失十四頭牛的憂愁

　　有個時候，佛陀住在驕薩羅國的某個密林中。那個時候，有個婆羅門丟失了十四頭牛，他到處尋找這些自己丟失的牛，不知不覺的來到佛陀的住所，他看見佛陀正在密林中靜坐。就對靜坐中的佛陀說到：「我的十四頭牛在六天前丟失了，我心急如焚、愁眉苦臉。然而在這裡打坐的出家人，他沒有十四頭牛，他卻是安寧快樂的。

　　這個打坐的出家人，他沒有種菜，當別人菜地裡的蔬菜全部枯死，沒有收成的時候，他不會痛苦不堪。別人的菜地遇上災年欠收，或者沒有收成，別人心如刀絞、憂心忡忡。他不會心急如麻、叫苦連天，他還是能保持安寧與快樂。

　　這個打坐的出家人，他沒有穀倉，當別人穀倉裡的糧食全部都被老鼠偷吃完了，他也不會痛苦不堪。別人的穀倉裡的糧食被老鼠全部都偷吃光了，別人由此暴跳如雷、火冒三丈。他不會勃然大怒、苦不堪言。他還是能保持安寧與快樂。

　　這個打坐的出家人，他沒有蓋的被子和毯子，當到七月的時候，那些跳蚤和蝨子鑽進別人的被子和毯子啃咬別人身體的時候，他不會痛苦不堪。別人的床上、被子、毯子裡全部都是跳蚤和蝨子，別人被跳蚤蝨子侵擾啃咬的夜不能眠、叫苦連天。這個出家人不會寢不安席、痛苦不堪。他還是能保持安寧與快樂。

　　這個打坐的出家人，沒有個兒子，也沒有妻子女兒在他的身邊陪伴，當別人的兒子、妻子女兒遇見災禍，患上重病，或者死去，或者女兒的丈夫死去變成寡婦，別人呼天喚地、痛心切骨。他不會呼天號地、心如刀鋸。他還是能保持安寧與快樂。

　　這個打坐的出家人，沒有黃臉婆、糟糠之妻在他的身邊陪伴，當別人晚上睡覺打呼嚕的時候，被黃臉婆、糟糠之妻踢醒昏昏沉沉、悶悶不樂的時候。他不會夜不安眠、鬱鬱寡歡。他還是能保持安寧與快樂。

一本書

讀懂所有佛經

這個打坐的出家人，沒有討要錢財的債主。當別人的債主早上站在別人的大門外，堵截大叫：『還錢，還錢』，讓別人寢食不安、焦眉愁眼的時候，他不會焦思苦慮、憂心如焚。他還是能保持安寧與快樂。」

　　這時，婆羅門說偈言：

「到此沙門處，十四頭之牛，
　至今尋六日，不見其蹤影。
　然而此沙門，是爲最安樂。
　撒菜種于田，收穫之最惡，
　非一莖二莖。然而此沙門，
　是爲最安樂。穀倉盡而空，
　鼠盛於其中，暴怒如烈火。
　然而此沙門，是爲最安樂。
　敷席盡七月，床臥滿蚤蝨。
　然而此沙門，是爲最安樂。
　一兒及二兒，亦有女七人，
　非如成寡婦。然而此沙門，
　是爲最安樂。蹴褐色黑白，
　斑點婦眠足。然而此沙門，
　是爲最安樂。債主朝來等，
　立門以苛責。然而此沙門。
　是爲最安樂。」

　　佛陀說：「婆羅門，如來沒有十四頭牛，就不會丟失這些牛。當別人的十四頭牛全部生病，或者全部丟失的時候，如來不會心急如焚、愁眉苦臉。別人到處尋找已經丟失六天的十四頭牛，心如刀絞、憂心忡忡的時候，如來不會心急如麻、叫苦連天。如來能夠保持內心的清淨和安寧，既不會產生痛苦，也不會產生快樂，不會被這些事情束縛捆綁，不會被這些事情侵擾和困惑，就如同沒有發生這些事情一樣，內心不會生起喜怒哀樂等等一切的念想。

　　如來沒有菜地，不種菜，當別人菜地裡的蔬菜全部枯死，沒有收成的時候，如來不會痛苦不堪。別人的菜地遇上災年欠收，或者沒有

收成，別人心如刀絞、憂心忡忡。如來不會心急如麻、叫苦連天。如來能夠保持內心的清淨和安寧，既不會產生痛苦，也不會產生快樂，不會被這些事情束縛捆綁，不會被這些事情侵擾和困惑，就如同沒有發生這些事情一樣，內心不會生起喜怒哀樂等等一切的念想。

如來沒有穀倉，當別人穀倉裡的糧食全部都被老鼠偷吃完了，如來不會痛苦不堪。別人的穀倉裡的糧食被老鼠全部都偷吃光了，別人由此暴跳如雷、火冒三丈。如來不會勃然大怒、苦不堪言。如來能夠保持內心的清淨和安寧，既不會產生痛苦，也不會產生快樂，不會被這些事情束縛捆綁，不會被這些事情侵擾和困惑，就如同沒有發生這些事情一樣，內心不會生起喜怒哀樂等等一切的念想。

如來沒有蓋的被子和毯子，當到七月的時候，那些跳蚤和蝨子鑽進別人的被子和毯子啃咬別人身體的時候，如來不會痛苦不堪。別人的床上、被子、毯子裡全部都是跳蚤和蝨子，別人被跳蚤蝨子侵擾啃咬的夜不能眠、叫苦連天。如來不會寢不安席、痛苦不堪。如來能夠保持內心的清淨和安寧，既不會產生痛苦，也不會產生快樂，不會被這些事情束縛捆綁，不會被這些事情侵擾和困惑，就如同沒有發生這些事情一樣，內心不會生起喜怒哀樂等等一切的念想。

如來沒有妻子、兒子、女兒在身邊陪伴，當別人的妻子、兒子、女兒發生災禍，患上重病，或者死去，或者女兒的丈夫死去變成寡婦，別人呼天喚地、痛心切骨。如來不會呼天號地、心如刀銼。如來能夠保持內心的清淨和安寧，既不會產生痛苦，也不會產生快樂，不會被這些事情束縛捆綁，不會被這些事情侵擾和困惑，就如同沒有發生這些事情一樣，內心不會生起喜怒哀樂等等一切的念想。

如來沒有黃臉婆、糟糠之妻在身邊陪伴，當別人晚上睡覺打呼嚕的時候，被黃臉婆、糟糠之妻踢醒昏昏沉沉、悶悶不樂的時候。如來不會夜不安眠、鬱鬱寡歡。如來能夠保持內心的清淨和安寧，既不會產生痛苦，也不會產生快樂，不會被這些事情束縛捆綁，不會被這些事情侵擾和困惑，就如同沒有發生這些事情一樣，內心不會生起喜怒哀樂等等一切的念想。

如來沒有討要錢財的債主。當別人的債主早上站在別人的大門外，堵截大叫：『還錢，還錢』，讓別人寢食不安、焦眉愁眼的時候，

如來不會焦思苦慮、憂心如焚。如來能夠保持內心的清淨和安寧，既不會產生痛苦，也不會產生快樂，不會被這些事情束縛捆綁，不會被這些事情侵擾和困惑，就如同沒有發生這些事情一樣，內心不會生起喜怒哀樂等等一切的念想。」

這時，佛陀說偈言：

「婆羅門憂苦，失牛十四頭，
至今尋六日，不見其蹤影。
然而婆羅門，如來無悲喜。
婆羅門憂苦，撒菜種于田。
收穫之最惡，非一莖二莖。
然而婆羅門，如來無悲喜。
婆羅門憂苦，穀倉盡而空，
鼠盛於其中，暴怒如烈火。
然而婆羅門，如來無悲喜。
婆羅門憂苦，敷席盡七月，
床臥滿蚤虱。然而婆羅門，
如來無悲喜。婆羅門憂苦。
有一兒二兒，亦有女七人，
非如成寡婦。然而婆羅門，
如來無悲喜。婆羅門憂苦，
無蹤褐黑白，斑點婦眠足。
然而婆羅門，如來無悲喜。
婆羅門憂苦，債主朝來等，
迫取於欠債，立門以苛責。
然而婆羅門，如來無悲喜。」

佛陀說法後，婆羅門對佛陀說：「大德，哎呀，您說的太好了，看來我認為的快樂也是煩惱和痛苦呀，我明白了，當這些讓我快樂的事物衰敗、損壞的時候，我就會產生痛苦。當我失去這些讓我快樂的事物的時候，我就會產生痛苦。我之前擁有這些事物產生了多大的快樂，當這些事物衰敗、損壞，我失去這些的事物的時候，我就會產生多大的痛苦。

大德，您說的法猶如將歪倒的東西扶正，將隱藏的東西顯現出來。您說的法猶如告訴迷路的人正確的道路，猶如在黑夜中點亮燈燭，讓在黑暗中行走的人能夠看見周圍的東西。您說的其他法也是這樣的吧，請您讓我皈依您，皈依您的正法，皈依您的僧團。我願意受持您制定的戒律，我願意按您的正法去修行，我願意在您這裡出家修行。」

　　佛陀接受了婆羅門的皈依。婆羅門受具足戒後，就獨自隱居，不放逸身體行為，口說言語，內心生起的念想，不去做惡行，他斷惡修善，按佛陀的正法精進的修行。這個婆羅門之所以出家修行，就是想要通過對身體行為，口說言語，內心生起念想的修行，來讓自己內心清淨安寧，由此開啟智慧，最終證悟圓滿解脫的果位。不久後這位婆羅門證悟得知：「自己從這一世開始就不會再投生轉世了，自己的修行已經圓滿。該做的事情已經做好了，自己不會再有生死輪回的煎熬和痛苦了，自己已經從生死輪回中永遠的解脫出來。」

　　這位婆羅門證悟了阿羅漢的解脫果位，他成為佛陀眾多阿羅漢弟子中的一位。

第十四章　耕種解脫的田地

　　有個時候，佛陀住在摩揭陀國一那羅的村莊中，有一天，婆羅墮若婆羅門正在讓僕人趕著五百頭牛犁地，播種。

　　那時，佛陀中午前穿好法衣，拿著飯缽，來到婆羅墮若婆羅門耕田的地方化緣飯食。到了飯點，農作的僕人們拿著盆碗打菜吃飯。婆羅墮若婆羅門看見佛陀也在排隊，就走過去對佛陀說：「你是誰？你是我的僕人嗎？你有農作耕田嗎？在這裡排隊吃飯的都是幹過活的人，你如果想吃這裡的飯，就的去幫我耕田，你耕種田地後，就可以在這裡吃飯。我們這裡不提供白食，沒有耕田的人，不能在這裡吃飯，你聽清楚了沒有！」

　　佛陀說：「婆羅門，如來已經耕田，播種。所以可以在這裡排隊吃飯。」

　　婆羅墮若婆羅門說：「哦喲，你還是個出家人，睜眼說瞎話呀，我剛才一直在監督他們耕田播種，沒有看見你的身影呀，你說你耕田播種了，你耕田播種的農具：軛、鋤、犁、鑱、刺棒在哪裡？還有你的耕牛在哪裡？你自稱已經耕過田了，已經播過種了，可是我根本就沒有看見你耕田播種，那麼你這位辛勤的農夫，請你告訴我們，如何讓我們知道你已經耕過田，播過種了？出家人！別說瞎話！我可不是被騙大的！你想在我這裡騙吃騙喝，沒門，我不信你們那套，我還是那句話，要吃這裡的飯，就要先去耕田播種。你要麼老老實實的去耕田播種，要麼趕快從我面前消失，不然我就叫人收拾你了，聽到沒有！」

　　這時，婆羅門說偈言：

　　「汝自雲農夫，我不見汝耕。

　　　我問農夫語，何知汝耕種。」

　　佛陀說：「如來以清淨的信心為種子。以管束好自己的行為，言語，念想不去做惡行，斷惡修善，受持好戒律作為雨水。智慧是如來

的耕地用的鋤與犁。羞恥心，自省心是如來推動犁向前移動的犁頭鑱。以內心清淨安定為捆綁耕牛的繩子。以內心生起正念，善念為驅趕耕牛前進的棍棒。以守護好身體行為，口說言語不做惡行，來控制胃裡食物的消耗，保證耕田的體力。如來用正確的修行來割去田裡的雜草，得到清淨無染的解脫。持之以恆，精進的修行是如來耕作時的耐力和持久力。放下世間的一切負擔，重荷，解除世間一切的束縛捆綁就是如來的耕牛。如來的內心已經不會再生起或掛念善惡的念想，不會在生起或掛念功德和罪業的念想，不會再生起或掛念世間一切的事物事情，這就是耕地農作持續平穩的運行。這樣持之以恆，長久的去修行，這樣持之以恆，長久的去耕地，不會再回頭，不會再後退。持續的向前修行，持續的向前耕地也不會產生喜怒哀樂等等一切掛念和執著的念想。這就是如來耕作的田，用這樣的方法耕田，播種，能夠解除世間一切煩惱和痛苦的摧殘和折磨。用這樣的方法耕田，播種，能夠從生死輪回的煎熬和痛苦中永遠的解脫出來。用這樣的方法耕田，播種，能夠獲得不生不滅的解脫果實。」

這時，佛陀說偈言：

「信仰是種子，鍛煉是甘雨。

智慧犁為鋤，慚乃為犁鑱。

定為是其繩，正念我刺棒。

守身及守語，以知食之量，

正行割雜草，清淨無污染。

精進乃我負，重荷立牡牛。

無著運安穩，行而無有歸，

行前亦無悲，如是我耕耘，

不死是果實，以為此耕耘，

我悉脫苦惱。」

佛陀說法後，婆羅墮若婆羅門驚訝的看著佛陀說：「大德，您耕種的可不是一般的田地呀，您收穫的不是一般的果實呀！請您原諒我剛才對您的無禮行為。大德，這裡給僕人吃的飯菜太難吃了，請您到我的住處去吃飯，我將會為您準備好上等的飯菜，供您享用。」

佛陀說：「婆羅門，如來已經為你說法，就不應該再接受你的飲

一本書

讀懂所有佛經

食供養，如來不是爲了你的飲食供養才說法的，如來是想讓你開啓智慧，具足正確的修行觀念。如果你執意要在如來說法後，供養如來飲食，那就是不如法的行爲。因爲過去的諸佛如來外出化緣飯食，如果眾生沒有在如來說法之前供養如來，那麼如來就不會再接受眾生的供養，諸佛如來隨順因緣，眾生沒有第一時間供養如來，說明因緣不具足，諸佛如來爲眾生說法爲的是讓他們解除煩惱和痛苦，爲的是讓他們開啓智慧，不是爲了獲得供養而說法。婆羅門，你可以將這些飲食供養給其他的出家人，修行人。你不用爲沒有供養飲食給如來而感到自責，因爲你內心中不正確的見解已經被如來除滅，你內心中由此產生出來的煩惱也已經被如來除滅，你現在已經知道如來是如何耕種田地的，已經知道如何耕種田地才能獲得不生不滅解脫生死輪回的果實，你內心不正確的見解已經被如來糾正，你錯誤的見解已經被如來平息，除滅。受持戒律的出家人，修行人，就是世間人獲得福德的田地，布施供養受持戒律的出家人，修行人就能爲自己種植出很多福德和功德，而福德功德的多少決定了投生的類別，福德功德深厚的眾生投生到富貴之家，上生到天界享福，甚至於從生死輪回的煎熬和痛苦中永遠的解脫出來。福德薄弱，罪業深重的眾生投生到貧賤之家，下墮到地獄，餓鬼，畜生三惡道受苦。因此世間的人，眾生都應該儘快的爲自己的現在世，未來世積聚福德功德，不要等到臨死的時候才來後悔沒有種植福德和功德。」

這時，佛陀說偈言：

「唱偈非爲食，婆羅門有此。
　知見者非法，諸佛之唱偈。
　非爲獲供養，如來順因緣，
　說法不爲利，婆羅門供養，
　廣施正行人，以事奉飲食，
　爲求功德田。」

第十五章　世間的聖者也不能免除病痛

　　有個時候，佛陀患上了重感冒，那時尊者優波哇那侍奉在佛陀的左右，佛陀對尊者優波哇那說：「優波哇那，請你為如來找些熱水來。」

　　尊者優波哇那回答：「世尊，好的，我現在就去為您找熱水。」於是，尊者優波哇那穿上法衣，拿著飯缽，挨家挨戶，不分貧富貴賤的化緣熱水，他來到提婆西多婆羅門的家門外，尊者優波哇那就默默的站在那裡。

　　提婆西多婆羅門看見有個出家人站在自己家門外，於是就對尊者優波哇那說：「尊者，您剃光頭，穿上法衣在我家門外默默的站立想幹什麼呢？您到我家想要求我幹什麼事情吧？您為什麼事情而來呢？」

　　這時，提婆西多婆羅門說偈言：
　　「禿頭僧伽梨，尊者默然立。
　　　何欲及何求，為乞何而來。」

　　尊者優波哇那回答：「已經證悟無上正等正覺佛果的世尊患上了重感冒，我到您這裡來，是想請您供養世尊一些熱水，如果您有熱水就請您給我一點，我好帶回去給世尊，世尊是世間最值得供養的人，世尊是世間最值得尊敬和恭敬的人。世間人應該虔誠的供養世尊，世間人應該尊敬和敬重世尊，我願意將熱水送到世尊的身邊。」

　　這時，尊者優波哇那說偈言：
　　「正遍知善逝，聖者患感冒。
　　　若有溫水者，婆羅門與佛。
　　　供養應供人，尊崇可尊人。
　　　敬于可敬人，我願齎予彼。」

　　那時，提婆西多婆羅門就吩咐家中的僕人挑出一擔熱水，拿出一袋蜜糖送給尊者優波哇那。

一本書

讀懂所有佛經

尊者優波哇那挑著熱水，拿著蜜糖就來到佛陀的住所，尊者優波哇那先將一些熱水倒入佛陀的飯缽，並放入幾顆蜜糖搖勻。佛陀用熱水沐浴後。尊者優波哇那就將蜜糖水恭敬的送到佛陀的面前，請佛陀飲用。佛陀的重感冒就這樣慢慢的痊癒了。

幾天後，提婆西多婆羅門來到佛陀的住所探望佛陀。提婆西多婆羅門頂禮佛陀後，就在一旁坐下，他對佛陀說：「世尊，看見您已經康復，我很高興，世尊，我現在有一些疑問想要請您為我解答。」

佛陀說：「婆羅門，你有什麼問題，請說。」

提婆西多婆羅門說：「世尊，我們國家大部分的人都知道，您是已經證悟了無上正等正覺佛果的聖者，然而對於您這位已經證悟解脫果位的聖者來說，為什麼您還會生病呢？這個我無法理解，按道理您已經不會再生死輪回了，為什麼您會生病呢？請您為我解除疑惑。」

佛陀說：「婆羅門，只要出生在這個世間，就沒有人可以避免生病、衰老、死亡。也就是說世間一切的人、眾生都會生病、衰老、死亡，沒有一個人，沒有一眾生是可以例外的。就算是已經證悟解脫果位的聖者，對於他們來說，這個在世間的身體也是如同陶瓷器一樣的脆弱，隨時都可能被打碎，他們在世間的身體隨時都可能會生病、死亡，當然也無法避免衰老。這些已經證悟解脫果位的聖者，只有在他們涅槃之後，才不會生病、衰老、死亡。為什麼呢？婆羅門，你要明白：不生就不死，不生就不會生病、衰老、死亡。要想不生病、衰老、死亡就要先不投生在這個世間。

而如何才能不生呢？那就是對世間一切的事物事情都不再掛念和執著，不會再貪愛世間任何的事物事情，從世間一切的煩惱和痛苦中解脫了出來，並且已經償還完了所有之前自己做惡事，造下的罪業，這樣就不會再次投生了。這樣的聖者涅槃後就不會再投生了，這樣就從生死輪回的煎熬和痛苦中永遠的解脫了出來。既然不生，那裡還會生病、衰老、死亡，這樣的聖者不生不滅。」

提婆西多婆羅門說：「世尊，感謝您，我已經明白了，只要出生在這個世間，沒有人可以免除生病、衰老、死亡，就算是已經證悟解脫果位的聖者，他們在世間的這個身體也是非常脆弱的，他們也是要生病、衰老、死亡的。只有他們進入涅槃後，不再出生在世間，才能

免除生病、衰老、死亡。只有不生才能不死，只有不投生在這個世間才能不生病、衰老、死亡。

世尊，我還有一個問題想要請問您。」

佛陀說：「婆羅門，你還有什麼問題，請說。」

提婆西多婆羅門說：「世尊，世間的人應該將自己的財物布施到什麼地方呢？他們布施到什麼地方可以獲得大的福德果報呢？他們應該供養到什麼地方才能獲得巨大的回報呢？他們供養到什麼地方才算供養成功了呢？」

這時，提婆西多婆羅門說偈言：

「應布施何處，施何有大果。

　　何處于供養，其施果榮盛。」

佛陀說：「婆羅門，明白多做善事可以為自己種植下很多福德功德，多做惡事會為自己造下很多罪業，福德深厚的眾生投生到富貴之家，上生到天界享福，甚至於從生死輪回的煎熬和痛苦中永遠的解脫出來，福德薄弱、罪業深重的眾生下墮到地獄、餓鬼、畜生三惡道受苦，那些明瞭了因緣果報、深信因果，並持之以恆、斷惡修善、受持戒律、實踐修行的人。

那些已經償還完了自己在世間做惡事造下的所有罪業，已經不會再掛念和執著世間一切事物事情的人，已經從生死輪回的煎熬和痛苦中永遠解脫出來的人，那些已經證得了宇宙間至高無上真正平等普遍的覺悟，究竟圓滿了解脫果位的聖者。

這些人就是布施供養的地方。世間人應該布施供養這些人，他們布施供養這些人就能獲得無數的福德果報。他們布施供養這些人就能獲得巨大的回報，他們的財物布施供養給這些人就是成功的布施供養。」

這時，佛陀說偈言：

「若了知因果，見天界惡趣。

　　達生之滅盡，滿通力聖者。

　　應布施于此，施此有大果。

　　如是而供養，其施果榮盛。」

佛陀說法後，提婆西多婆羅門對佛陀說：「世尊，感謝您，您解

一本書

讀懂所有佛經

除了我多年的疑惑，請您讓我皈依您，讓我做您的在家修行弟子吧，我願意受持您制定的戒律，我願意按您的正法去修行。」

佛陀接受了提婆西多婆羅門的皈依。

第十六章　不孝的孩子不如拐杖

有個時候，舍衛城中一位家財萬貫的婆羅門，他穿著破爛的衣服，灰頭土臉的來到佛陀的住所，頂禮佛陀後這位婆羅門在一旁坐下。

佛陀對這位婆羅門說：「婆羅門，你穿的衣服為何如此的破爛？如來看你好像很久都沒有洗過澡了。你應該是舍衛城中的富翁吧，你怎麼會變成這樣？」

婆羅門說：「世尊，是這樣的，我的四個兒子與兒媳婦，他們八個人合謀將我趕出了家門，他們認為我現在老了，什麼事情也幹不了，是家裡面的累贅，浪費家裡面的糧食。」

佛陀說：「婆羅門，如來給你說一些法，當你們婆羅門教徒舉行聚會的時候，你就可以講給參與聚會的大眾聽，你的兒子和兒媳也會參加婆羅門教徒的聚會吧？」

婆羅門回答：「世尊，我的兒子和兒媳，他們也是婆羅門教徒，他們肯定也會參加婆羅門教徒的聚會的，因為婆羅門階層的人在我們的國家地位是很崇高的。世尊，您準備為我說什麼法，您請說。」

佛陀說：「婆羅門，你聽好了：我親愛的孩子，當你們出生的時候我歡天喜地，我細心照顧你們，養育你們慢慢長大成人，我希望你們長大後能夠幹一番大事業。可是你們卻與兒媳婦合謀將我趕出家門，就如同趕走狗和豬那樣，毫不留情。你們是不孝順、品行低劣的孩子，你們雖然喊我：「老爹，老爹」。可是你們的行為卻如同兇暴的惡鬼，你們看見我白髮蒼顏、老態龍鍾，如同衰老無用的馬，於是就不再奉養我，就將白髮蒼蒼、老眼昏花的我趕出家門。我有四個兒子，我有四個兒媳婦，既然會流落街頭、無家可歸，我家財萬貫、富甲一方卻要沿街乞討、風吹雨淋。我的這些兒子還比不上我手上拿著的拐杖，我可以用拐杖驅趕走兇猛的牛，驅趕走兇惡的狗。在黑夜中，拐杖能為我在前面探路，渡溪流的時候，拐杖還可以為我判斷溪

流的深淺，讓我找到合適的站立點。這個拐杖的威神力真大，它能夠將跌倒的我扶起來，它是我的依靠，實在是比我親生的兒子還要好呀。」

這時，佛陀說偈言：

「我素喜其生，我希其生長。
彼等與妻謀，逐我如豚犬。
雖非喜賢者，亦呼我為父。
唯子夜叉形，舍去我年老。
如老哀弱馬，不予飲食物。
我乃此子父，雖身為長者。
但乞他家食，有此不孝子。
不如我拐杖，可拂逐猛牛。
亦可逐猛犬，暗中能導我。
在於深溪時，並作定足基。
依此拐杖力，倒而又得起。」

佛陀說法後，婆羅門說：「世尊，您說的太好了，您能為我再說一遍嗎？世尊，我年紀大了，一下子記不住這麼多法語偈言。」

佛陀於是又為婆羅門重複幾遍的說法，直到婆羅門記下了所有的法語偈言後，佛陀才停止了重複說法。

婆羅門再次頂禮佛陀，歡喜的離開了。

當婆羅門教徒舉行聚會大典的時候，這位婆羅門就在聚會大典上講說佛陀的法語偈言，在座的所有婆羅門都稱讚他說的好，甚至於聚會大典上德高望重的婆羅門長老都恭敬的邀請他坐在最尊貴的位置上。這些婆羅門長老親自記錄下他說出的這些法語偈言，準備作為婆羅門教的經典流通世間。這位婆羅門的兒子、兒媳坐在台下，聽到父親如此的指責他們，又看見德高望重的婆羅門長老如此的恭敬父親，頓時羞愧難當、無地自容。聚集大會舉行完畢後，這位婆羅門的兒子、兒媳就將老父親請回家，讓老父親洗澡，給老父親準備可口的飯菜，還為老父親買了幾套新衣服。這位婆羅門吃完可口的飯菜，穿上新買的衣服，就再次來到佛陀的住所，他頂禮佛陀後，在一旁坐下，這位婆羅門對佛陀說：「世尊，感謝您！感謝您！我在聚會大典上講

說您的法語偈言，得到了大眾的稱讚，連德高望重的婆羅門長老都親自邀請我坐到最尊貴的位置上，我的兒子、兒媳在舉行完聚會大典後，就將我接回家中，他們現在對我非常的恭敬，他們讓我洗澡，爲我做可口的飯菜吃，爲我買嶄新的衣服穿。世尊，我無法用言語來表達對您的感激之情。世尊，我現在帶來了一些新衣服和一些財物，請您接受我對您最恭敬的供養吧，請您讓我做您的在家修行弟子吧，我願意受持您制定的戒律，我願意按您的正法去修行，您就是我最尊貴的老師，請老師您收下我對您最恭敬的供養吧，我無法報答您對我的教導之恩，只是想用這些微薄的供養表達對您的崇敬之情。」

佛陀看見婆羅門如此的恭敬虔誠，於是就接受了他的皈依和供養。

一本書

讀懂所有佛經

第十七章　世間的河水無法洗去罪惡

有個時候，有一個叫僧伽羅婆的婆羅門住在舍衛城，他是一個相信水能夠洗去身上罪業的人，這個婆羅門他每天的早上和晚上都會到河裡去沐浴，想要洗去他自己身上的罪惡。

那個時候，阿難尊者，中午前穿好法衣，拿著飯缽，到舍衛城中挨家挨戶，不分貧富貴賤的化緣飯食。他化緣的時候，聽說了僧伽羅婆婆羅門早晚沐浴想要除去身上罪惡的事情。於是阿難尊者吃完化緣來的飯食後，就來到佛陀的住所，頂禮佛陀後，阿難尊者對佛陀說：「世尊，舍衛城裡有一位叫僧伽羅婆的婆羅門，他是一個相信水能夠洗去身上罪業的人，他每天早晚都會到河裡去沐浴，以此想要除去他身上的罪惡。世尊，我認為他這樣的修行方法很愚癡，我今天到世尊您這裡來，希望世尊您能夠憐憫僧伽羅婆婆羅門，到他的住處為他慈悲的說法。糾正他不正確的修行方法。」

佛陀點頭同意了阿難尊者的請求。

第二天，佛陀就在中午前，穿上法衣，拿著飯缽，前往僧伽羅婆婆羅門的住所。

僧伽羅婆婆羅門看見佛陀來到自己的住處，於是就請佛陀進入自己的家中，他鋪好座位，請佛陀坐下。僧伽羅婆婆羅門頂禮佛陀後，也在一旁坐下。

佛陀對僧伽羅婆婆羅門說：「婆羅門，如來聽說你早晚都會到河裡面去沐浴，你把每天到河裡沐浴當成是修行的方法，這件事情是真的嗎？」

僧伽羅婆婆羅門回答：「世尊，確實是這樣的，我確實是早晚都會到河裡去沐浴，我也確實將這樣的行為當成是修行的方法。」

佛陀說：「婆羅門，你為什麼要早晚到河裡沐浴呢？你為什麼要將早晚到河裡沐浴的行為當成是修行的方法呢？你每天早晚到河裡面沐浴能夠獲得什麼好處和利益呢？」

僧伽羅婆婆羅門回答：「世尊，是這樣的，我白天做惡事造下的惡業，可以通過晚上到河裡面沐浴除去。而我晚上做惡事造下的罪業，可以通過早上到河裡沐浴除去。這樣我白天和晚上做惡事造下的罪業，都可以通過到河裡沐浴來除去，我每天早晚到河裡沐浴就可以讓我除去一切的罪惡，讓我自己清淨無染。世尊，這就是我為什麼要早晚到河裡沐浴的原因，也是我為什麼以這樣的行為當成修行方法的原因。」

　　佛陀說：「世間人應該身體行為做善事，口說善言，內心生起善念，斷惡修善，受持戒律。以行為、言語、念想做善事來作為沐浴的湖泊。用做善事，斷惡修善，受持戒律作為清淨的湖水來洗乾淨身上罪惡的污垢。世間的河水只能洗乾淨身上塵土汗漬的污垢，而無法洗乾淨罪惡的污垢，只有身體行為做善事，口說善言，內心生起善念，斷惡修善，受持戒律，以此來管束自己的行為、言語、念想不做惡事，多行善事，才能洗乾淨身上罪惡的污垢。這些受持戒律，身體行為做善事，口說善言，內心生起善念，斷惡修善，多做善事的人，他們才是清淨無染的人，他們會受到世人的稱頌和讚美。連聖者都要用行為、言語、念想做善事，斷惡修善，受持戒律的湖水來沐浴，來洗乾淨身上罪惡的污垢，聖者都要用這樣的修行方法來除去身上的罪業。只有身體行為做善事，口說善言，內心生起善念，斷惡修善，多做善事，受持戒律，才能除去身上一切的罪業，清淨無染的渡到解脫的彼岸。」

　　這時，佛陀說偈言：

　　「婆羅門戒律，渡津之法湖。

　　　澄清無污穢，常受善人讚。

　　　聖者浴其處，體淨渡彼岸。」

　　佛陀說法後，僧伽羅婆婆羅門立刻就跪在地上頂禮佛陀，他對佛陀說：「世尊，我真是太愚癡了，以為早晚到河裡沐浴可以除去我身上的罪業，正如您所說，世間的河水只能除去我身體上塵土汗漬的污垢，而無法除去我做惡事造下的罪業。我現在想起來，都感覺自己是多麼的可笑和無知。世尊，我現在知道了只有身體行為做善事，口說善言，內心生起善念，斷惡修善，多行善事，受持戒律，以此管束好

一本書

讀懂所有佛經

自己的行為、言語、念想不做惡事，而做善事，才能除去自己身上罪惡的污垢，讓自己清淨無染。世尊，請您讓我皈依您，我願意做您的在家修行弟子，我願意受持您的戒律，我願意按您的正法去修行。」

　　佛陀接受了僧伽羅婆婆羅門的皈依。

第十八章　如何除滅生死的輪回

　　有個時候，佛陀住在舍衛城的祇樹林給孤獨園，那時，佛陀召集出家弟子們坐在他的身邊，佛陀對出家弟子們說：「弟子們，我現在要對你們說因緣法，你們要認真的聽，你們要仔細的思考。」

　　出家弟子們回答：「世尊，我們會認真的聽，我們會仔細的思考，恭請世尊您說法。」

　　佛陀說：「弟子們，什麼是因緣法呢？弟子們，因為不明白出生在世間有生命的眾生都是很痛苦的，不明白痛苦的根源是貪愛，不明白要滅盡痛苦就要先滅盡貪愛，不明白要滅盡貪愛就要修習八正道（八正道解釋，見第五章），不明白苦集滅道四聖諦就叫做無明，以無明為前提條件就會產生身體行為，口說言語，內心念想。這些行為、言語、念想的行為，簡稱為「行」。也就是說以「無明」為前提條件就會產生出「行」。

　　以身體行為，口說言語，內心念想的行為為前提條件就會在眼睛、耳朵、鼻子、舌頭、身體觸摸感覺、內心產生出各種認識、分別、判斷，簡稱這些認識、分別、判斷為「識」，也就是以「行」為前提條件就會產生出「識」。

　　以眼睛、耳朵、鼻子、舌頭、身體觸摸感覺、內心產生出各種認識、分別、判斷為前提條件就會產生出精神思想和世間的物質事物，這些產生出來的精神思想簡稱為「名」，這些世間的物質事物簡稱為「色」，總稱精神和物質為「名色」。前面已經說過了，眼睛、耳朵、鼻子、舌頭、身體觸摸感覺、內心產生出來的各種認識、分別、判斷簡稱為「識」。簡要的說就是：以「識」為前提條件就會產生出「名色」。

　　以精神思想和物質事物為前提條件，就會產生出接觸外界事物事情進入內心的地方，也就是會產生出眼睛、耳朵、鼻子、舌頭、身體觸摸、內心接觸外界的地方，簡稱它們為「六處」：眼處、耳處、鼻

處、舌處、身處、意處。前面說過了精神思想和物質事物簡稱爲「名色」，再將眼處、耳處、鼻處、舌處、身處、意處簡稱爲「六處」。所以就可以簡要的說成：以「名色」爲前提條件就會產生出「六處」。

以眼睛、耳朵、鼻子、舌頭、身體觸摸、內心接觸外界的地方爲前提條件，當外界的事物事情，被眼睛、耳朵、鼻子、舌頭、身體觸摸、內心感知後，也就是眼睛看見事物後，耳朵聽到聲音後，鼻子聞到氣味後，舌頭嘗到味道後，身體觸摸到東西後，內心由接觸外面的事物事情生起思想後，就會產生出來認知。這些眼睛、耳朵、鼻子、舌頭、身體觸摸、內心由接觸外面的事物產生出的各種認知稱爲眼觸、耳觸、鼻觸、舌觸、身觸、意觸，簡稱爲「六觸」。要注意「六觸」與之前說的「六處」不同，「六處」說的是眼睛、耳朵、鼻子、舌頭、身體觸摸、內心接觸外界事物的地方，是接觸的地方而不是接觸外界事物後產生的認知，一定要注意它們之間的區別。眼睛、耳朵、鼻子、舌頭、身體觸摸、內心接觸外界事物的地方也就是還沒有與外界的事物接觸產生認知。一定不要與「六觸」弄混淆了。之前說，眼睛、耳朵、鼻子、舌頭、身體觸摸、內心接觸外界的地方，稱它們爲：眼處、耳處、鼻處、舌處、身處、意處，簡稱爲「六處」。眼睛、耳朵、鼻子、舌頭、身體觸摸、內心由接觸外面的事物產生出的各種認知稱爲眼觸、耳觸、鼻觸、舌觸、身觸、意觸，簡稱爲「六觸」。那麼可以簡要的描述爲：以「六處」爲前提條件就會產生出「六觸」。

以眼睛、耳朵、鼻子、舌頭、身體觸摸、內心由接觸外面的事物產生出的各種認知爲前提條件就會產生出喜怒哀樂等等各種感受，簡稱這些感受爲「受」，前面說過眼睛、耳朵、鼻子、舌頭、身體觸摸、內心由接觸外面的事物產生出的各種認知稱爲眼觸、耳觸、鼻觸、舌觸、身觸、意觸，簡稱爲「六觸」。那麼簡要的說：以「六觸」爲前提條件就會產生出各種感受。

以各種感受作爲前提條件就會產生出各種貪愛，眼睛看見事物，對看見的事物產生貪愛；耳朵聽到聲音，對聽到的聲音產生貪愛；鼻子聞到氣味，對聞到的氣味產生貪愛；舌頭嘗到味道，對嘗到的味道產生貪愛；身體觸摸到事物，對觸摸到事物的感覺產生貪愛；內心接

觸外面的事物，對接觸事物生起的思想產生貪愛；以及內心接觸各種思想、修行的方法後在內心產生貪愛，這些都簡稱爲「愛」。簡要的說就是：以各種感受爲前提條件就會產生出各種愛。

以各種貪愛爲前提條件就會產生出執著、執取，對這些產生的欲望、不合乎因果的見解、與解脫無關的禁戒與禁忌、有我眞實存在的論點，執著不舍、堅持不放，產生了追求獲得這些事物的行爲、言語、念想，就被稱爲「取」。簡要的說就是：以「愛」爲前提條件就會產生出「取」。

以對欲望、不合乎因果的見解、與解脫無關的禁戒與禁忌、有我眞實存在的論點，執著不舍、堅持不放，有了追求獲得這些事物的行爲、言語、念想作爲前提條件就會產生因緣果報，做善事得善報，做惡事得惡報。對欲望執著和追求，對世間事物執著和追求，對內心思想念想執著和追求，做出了具體實際的行爲、言語、念想就會產生出因緣果報。有了追求獲得這些欲望、事物、思想念想的行爲、言語、念想就會產生出來各種因緣果報，這個就稱爲「有」，也就是產生了因緣果報。前面說過了，對這些產生的欲望、不合因果的見解、與解脫無關的禁戒與禁忌、有我眞實存在的論點，執著不舍、堅持不放，有了追求獲得這些事物的行爲、言語、念想，就被稱爲「取」，那麼就可以簡要的說：以「取」爲前期條件就會產生出「有」。

以因緣果報爲前提條件世間有生命的眾生就會出生、投胎、再次的出生到不同的地方，也會顯現和生起世間的物質、身體、感受、念想、行爲、認識分別判斷，這些簡稱爲「生」。之前說因緣果報簡稱爲「有」，那麼就可以簡要的說：以「有」爲前提條件就會出現各種「生」。

以出生、投胎、再次的出生到不同的地方，顯現和生起世間的物質、身體、感受、念想、行爲、認識分別判斷爲前提條件世間有生命的眾生就會有衰老、牙齒掉落、頭髮變白、皮膚老化生皺紋、死亡、滅亡、消失。那些顯現和生起的世間物質、身體、感受、念想、行爲、認識分別判斷也會崩塌瓦解、衰老死亡、逐漸消失不見，這些簡稱爲「老死」。也就是說以出生、投胎、再次的出生到不同的地方，顯現和生起世間的物質、身體、感受、念想、行爲、認識分別判斷爲

前提條件就會有憂愁、悲傷、苦悶、憂慮、絕望、衰老、死亡等等痛苦和煩惱的產生。簡要的說就是以「生」為前提條件就會有憂愁、悲傷、苦悶、憂慮、絕望、衰老、死亡等等煩惱和痛苦的產生。弟子們，這些就是世間煩惱和痛苦聚集的過程，這些就是世間人生死輪回的原因，這就是因緣法。

弟子們，如來再來重複簡要的說一遍：以不明白出生在世間有生命的眾生都是很痛苦的，不明白痛苦的根源是貪愛，不明白要滅盡痛苦就要先滅盡貪愛，不明白要滅盡貪愛就要修習八正道（八正道解釋，見第五章），不明白苦集滅道四聖諦的無明為前提條件就會產生行為、言語、念想的行為。

以身體行為，口說言語，內心念想的行為為前提條件就會在眼睛、耳朵、鼻子、舌頭、身體觸摸感覺、內心產生各種認識、分別、判斷。

以眼睛、耳朵、鼻子、舌頭、身體觸摸感覺、內心產生各種認識、分別、判斷為前提條件就會產生出精神思想和世間的物質事物。

以精神思想和物質事物為前提條件，就會產生出接觸外界事物事情進入內心的地方，也就是會產生出眼睛、耳朵、鼻子、舌頭、身體觸摸、內心接觸外界的地方。

以眼睛、耳朵、鼻子、舌頭、身體觸摸、內心接觸外界的地方為前提條件，當外界的事物事情，被眼睛、耳朵、鼻子、舌頭、身體觸摸、內心感知後，也就是眼睛看見事物後，耳朵聽到聲音後，鼻子聞到氣味後，舌頭嘗到味道後，身體觸摸到東西後，內心由接觸外面的事物事情生起思想後，就會產生出認知。

以眼睛、耳朵、鼻子、舌頭、身體觸摸、內心由接觸外面的事物產生出的各種認知為前提條件就會產生出喜怒哀樂等等各種感受。

以各種感受作為前提條件就會產生出各種貪愛，眼睛看見事物，對看見的事物產生貪愛；耳朵聽到聲音，對聽到的聲音產生貪愛；鼻子聞到氣味，對聞到的氣味產生貪愛；舌頭嘗到味道，對嘗到的味道產生貪愛；身體觸摸到事物，對觸摸到事物的感覺產生貪愛；內心接觸外面的事物，對接觸事物後生起的思想產生貪愛；以及內心接觸各種思想、修行的方法後在內心產生貪愛。

以各種貪愛爲前提條件就會產生出執著、執取，對這些產生的欲望、不合乎因果的見解、與解脫無關的禁戒與禁忌、有我眞實存在的論點，執著不捨、堅持不放，就會產生追求獲得這些事物的行爲、言語、念想。

以對欲望、不合乎因果的見解、與解脫無關的禁戒與禁忌、有我眞實存在的論點，執著不捨、堅持不放，有了追求獲得這些事物的行爲、言語、念想爲前提條件就會產生出因緣果報。

以因緣果報爲前提條件世間有生命的眾生就會出生、投胎、再次的出生到不同的地方，也會顯現和生起世間的物質、身體、感受、念想、行爲、認識分別判斷。

以出生、投胎、再次的出生到不同的地方，顯現和生起世間的物質、身體、感受、念想、行爲、認識分別判斷爲前提條件世間有生命的眾生就會有衰老、牙齒掉落、頭髮變白、皮膚老化生皺紋、死亡、滅亡、消失。那些顯現和生起的世間物質、身體、感受、念想、行爲、認識分別判斷也會崩塌瓦解、衰老死亡、逐漸消失不見。就會有憂愁、悲傷、苦悶、憂慮、絕望、衰老、死亡等等痛苦和煩惱的產生。

如來再簡要一點來說，之前說：不明白出生在世間有生命的眾生都是很痛苦的，不明白痛苦的根源是貪愛，不明白要滅盡痛苦就要先滅盡貪愛，不明白要滅盡貪愛就要修習八正道（八正道解釋，見第五章），不明白苦集滅道四聖諦就叫做「無明」。

身體行爲，口說言語，內心念想，這些行爲、言語、念想的行爲，簡稱爲「行」。

眼睛、耳朵、鼻子、舌頭、身體觸摸的感覺、內心產生出的各種認識、分別、判斷，簡稱這些認識、分別、判斷爲「識」。

精神思想和世間的物質事物，精神思想簡稱爲「名」，世間的物質事物簡稱爲「色」，總稱精神和物質爲「名色」。

眼睛、耳朵、鼻子、舌頭、身體觸摸、內心接觸外界的地方。眼處、耳處、鼻處、舌處、身處、意處，簡稱爲「六處」。

眼睛、耳朵、鼻子、舌頭、身體觸摸、內心由接觸外面的事物產生出的各種認知稱爲眼觸、耳觸、鼻觸、舌觸、身觸、意觸，簡稱爲

一本書

讀懂所有佛經

「六觸」可以更簡要的稱爲「觸」。

喜怒哀樂等等各種感受，簡稱這些感受爲「受」。

各種貪愛，眼睛看見事物，對看見的事物產生貪愛；耳朵聽到聲音，對聽到的聲音產生貪愛；鼻子聞到氣味，對聞到的氣味產生貪愛；舌頭嘗到味道，對嘗到的味道產生貪愛；身體觸摸到事物，對觸摸到事物的感覺產生貪愛；內心接觸外面的事物，對接觸事物後生起的思想產生貪愛；以及內心接觸各種思想、修行的方法後在內心產生的貪愛，這些簡稱爲「愛」。

執著、執取，對這些欲望、不合乎因果的見解、與解脫無關的禁戒與禁忌、有我真實存在的論點，執著不舍、堅持不放，產生了追求獲得這些事物的行爲、言語、念想，就簡稱爲「取」。

執著不舍、堅持不放，對世間事物執著和追求，對內心思想念想執著和追求，表現出行爲、言語、念想。有了追求獲得這些欲望、事物、思想念想的行爲、言語、念想就會產生出來各種因緣果報，這個就稱爲「有」。

世間有生命的眾生出生、投胎、再次的出生到不同的地方，也會顯現和生起世間的物質、身體、感受、念想、行爲、認識分別判斷，這些簡稱爲「生」。

世間有生命的眾生衰老、牙齒掉落、頭髮變白、皮膚老化生皺紋、死亡、滅亡、消失。那些顯現和生起的世間物質、身體、感受、念想、行爲、認識分別判斷也會崩塌瓦解、衰老死亡、逐漸消失不見，這些就簡稱爲「老死」。

那麼就可以更加簡要的說成是：以「無明」爲前提條件就會產生出「行」，以「行」爲前提條件就會產生出「識」，以「識」爲前提條件就會產生出「名色」，以「名色」爲前提條件就會產生出「六處」，以「六處」爲前提條件就會產生出「觸」，以「觸」爲前提條件就會產生出「受」，以「受」爲前提條件就會產生出「愛」，以「愛」爲前提條件就會產生出「取」，以「取」爲前提條件就會產生出「有」，以「有」爲前提條件就會產生出「生」，以「生」爲前提條件就會產生出憂愁、悲傷、苦悶、憂慮、絕望、衰老、死亡等等的煩惱和痛苦。

弟子們這就是因緣法。

所以弟子們，明白了出生在世間有生命的眾生都是很痛苦的，明白了痛苦的根源是貪愛，明白了要滅盡痛苦就要先滅盡貪愛，明白了要滅盡貪愛就要修習八正道（八正道解釋，見第五章），明白了苦集滅道四聖諦，那麼這個無明就被除滅了，就不會產生行為、言語、念想的行為。

　　因為身體行為，口說言語，內心念想的行為沒有了就不會在眼睛、耳朵、鼻子、舌頭、身體觸摸感覺、內心產生各種認識、分別、判斷。

　　因為眼睛、耳朵、鼻子、舌頭、身體觸摸感覺、內心沒有各種認識、分別、判斷那麼就不會產生出精神思想和世間的物質事物。

　　因為精神思想和物質事物沒有了，就不會產生出接觸外界事物事情進入內心的地方，也就是不會產生出眼睛、耳朵、鼻子、舌頭、身體觸摸、內心接觸外界的地方。

　　因為眼睛、耳朵、鼻子、舌頭、身體觸摸、內心沒有接觸外界的地方，那麼外界的事物事情，就不會被眼睛、耳朵、鼻子、舌頭、身體觸摸、內心感知，也就是耳朵不會聽到聲音，鼻子不會聞到氣味，舌頭不會嘗到味道，身體不會觸摸到東西，內心沒有接觸外面的事物事情，就不會生起思想，就不會產生出來各種認知。

　　因為眼睛、耳朵、鼻子、舌頭、身體觸摸、內心沒有接觸外面的事物產生各種認知，就不會產生出喜怒哀樂等等各種感受。

　　因為沒有各種感受，就不會產生出各種貪愛，眼睛沒有看見事物，就不會對事物產生貪愛；耳朵沒有聽到聲音，就不會對聲音產生貪愛；鼻子沒有聞到氣味，就不會對聞到的氣味產生貪愛；舌頭沒有嘗到味道，就不會對嘗到的味道產生貪愛；身體沒有觸摸到事物，就不會對觸摸到事物的感覺產生貪愛；內心沒有接觸外面的事物，就不會由這些外面的事物產生思想，不會貪愛這些產生的思想；以及內心沒有接觸各種思想、修行的方法就不會貪愛這些思想和修行的方法。

　　沒有各種貪愛就不會產生出執著、執取，就不會產生欲望、不合乎因果的見解、與解脫無關的禁戒與禁忌、有我真實存在的論點，當然也不會對它們執著不捨、堅持不放，不會產生追求獲得這些事物的行為、言語、念想。

一本書

讀懂所有佛經

沒有對欲望、不合乎因果的見解、與解脫無關的禁戒與禁忌、有我真實存在的論點，執著不舍、堅持不放，沒有追求獲得這些事物的行為、言語、念想就不會產生因緣果報。

　　沒有因緣果報，世間有生命的眾生就不會出生、投胎、再次的出生到不同的地方，也不會顯現和生起世間的物質、身體、感受、念想、行為、認識分別判斷。

　　沒有出生、投胎、再次的出生到不同的地方，沒有顯現和生起世間的物質、身體、感受、念想、行為、認識分別判斷，世間有生命的眾生就不會衰老、牙齒掉落、頭髮變白、皮膚老化生皺紋、死亡、滅亡、消失。也就沒有這些世間物質、身體、感受、念想、行為、認識分別判斷的顯現和生起，既然沒有顯現和生起它們，它們也就不會崩塌瓦解、衰老死亡、逐漸消失不見。就不會有憂愁、悲傷、苦悶、憂慮、絕望、衰老、死亡等等痛苦和煩惱產生。

　　弟子們簡要的說就是：「無明」滅除後就不會產生出「行」，「行」滅盡後就不會產生出「識」，「識」滅盡後就不會產生出「名色」，「名色」滅盡後就不會產生出「六處」，「六處」滅盡後就不會產生出「觸」，「觸」滅盡後就不會產生出「受」，「受」滅盡後就不會產生出「愛」，「愛」滅盡後就不會產生出「取」，「取」滅盡後就不會產生出「有」，「有」滅盡後就不會產生出「生」，「生」滅盡後就不會產生出憂愁、悲傷、苦悶、憂慮、絕望、衰老、死亡等等痛苦和煩惱，這樣就從世間一切的煩惱和痛苦中解脫了出來，這樣就從生死輪回中永遠的解脫了出來。

　　弟子們這些就是世間煩惱和痛苦除滅殆盡的過程，這些就是世間人或眾生生死輪回除滅的過程，這些就是從生死輪回中解脫出來的修行方法。」

　　佛陀說法後，聽法的出家弟子們都再次的頂禮佛陀，隨喜讚歎佛陀說法的無量功德，他們都按佛陀所說的法去修行。

第十九章　煩惱和痛苦除滅的方法

　　有個時候，佛陀住在舍衛城的祇樹林給孤獨園，有一天佛陀對出家弟子們說：「弟子們，如來今天再來為你們講說因緣法，你們要認真的聽，你們要仔細的思考。」

　　出家弟子們回答：「世尊，我們會認真的聽您說法的，我們會仔細的思考的。」

　　佛陀說：「弟子們，什麼是因緣法呢？弟子們，以「無明」為前提條件就會產生「行」，以「行」為前提條件就會產生「識」，以「識」為前提條件就會產生「名色」，以「名色」為前提條件就會產生「六處」，以「六處」為前提條件就會產生「觸」，以「觸」為前提條件就會產生「受」，以「受」為前提條件就會產生「愛」，以「愛」為前提條件就會產生「取」，以「取」為前提條件就會產生「有」，以「有」為前提條件就會產生「生」，以「生」為前提條件就會產生憂愁、悲傷、苦悶、憂慮、絕望、衰老、死亡。弟子們這就是世間人痛苦和煩惱聚集的過程。

　　然而，弟子們，什麼是「無明」呢？就是不明白苦集滅道四聖諦叫做「無明」，什麼是苦集滅道四聖諦呢？就是出生在世間的眾生是很痛苦的，痛苦的根源是貪愛，只有先滅除了貪愛才能滅除痛苦，而滅除痛苦的方法就是修習八正道（八正道解釋，見第五章）弟子們，不明白苦集滅道四聖諦就叫做「無明」。

　　什麼是「行」呢？所謂「行」就是三種行為：身體行為，口說言語，內心生起念想，弟子們有行為、言語、念想的造作和產生就是「行」。

　　什麼是「識」呢？就是對外界事物事情，以及精神思想的認識、分別、判斷，比如眼睛認識、分別、判斷事物，耳朵認識、分別、判斷聲音，鼻子認識、分別、判斷氣味，舌頭認識、分別、判斷味道，身體認識、分別、判斷觸摸的感覺，內心認識、分別、判斷思想。弟

一本書

讀懂所有佛經

子們對於外面事物事情，精神思想的認識、分別、判斷就叫做「識」。

什麼是「名色」呢？精神、思想、心理就稱爲「名」，物質事物、身體就稱爲「色」。精神、思想、心理和物質事物，包括人或眾生的身體就統稱爲「名色」。

什麼是「六處」呢？就是外界的事物事情，外界的精神思想，與世間眾生的身體和內心接觸的地方，「六處」有：眼處、耳處、鼻處、舌處、身處、意處，也就是眼睛接觸事物的地方，耳朵接觸聲音的地方，鼻子接觸氣味的地方，舌頭接觸味道的地方，身體接觸事物的地方，內心接觸外界事物、精神思想的地方。要注意只是接觸的地方，還沒有接觸。也就是說外界的事物事情，精神思想是從這些地方被世間眾生的身體和內心接觸到的。這些眾生身體和內心接觸外界事物事情，精神思想的地方就叫做「六處」。

什麼是「觸」呢？就是外界的事物事情，精神思想被世間眾生的身體和內心接觸到產生認知，也就是眼睛接觸到事物，看見事物；耳朵接觸到聲音，聽到聲音；鼻子接觸到氣味，聞到氣味；舌頭接觸到食物，嘗到味道；身體觸摸到事物，產生觸覺；內心接觸到精神思想，開始思慮。這些就叫做「觸」。

什麼是「受」？就是世間的眾生接觸外界的事物事情，精神思想後產生的感受。眼睛看見事物後產生的感受，耳朵聽到聲音後產生的感受，鼻子聞到氣味後產生的感受，舌頭嘗到味道後產生的感受，身體觸摸到事物後產生的感受，內心接觸到精神思想後產生的感受。弟子們這些就稱爲「受」。

什麼是「愛」？也就是貪愛，就是世間人對物質事物的貪愛，對身體的貪愛，對聲音的貪愛，對氣味的貪愛，對味道的貪愛，對觸摸感覺的貪愛，內心對各種精神思想的貪愛，弟子們，這些就被稱爲「愛」。

什麼是「取」？就是執著、執取，對世間的事物事情產生了貪欲執著不捨、堅持不放；執著不合乎因果的錯誤見解；執著與解脫無關的禁戒與禁忌；執著世間有眞實的我存在的論點，爲了追求和獲得這些貪戀執著的事物和思想而產生了身體行爲，口說言語，內心生起念

想的實際行為。這個就叫做「取」。

　　什麼是「有」？就是有了因緣果報的產生，做善事得善報，做惡事得惡報。如果是為了滿足欲望產生了行為、言語、念想的實際行為，那麼就會有欲望方面的因緣果報；如果是對世間的事物事情產生了行為、言語、念想的實際行為，那麼就會有物質事物方面的因緣果報。如果是對精神思想方面產生了行為、言語、念想的實際行為，那麼就會有精神思想方面的因緣果報，總之破壞、損害、傷害事物、眾生，那麼做出這些行為的人或眾生就會同樣受到破壞、損害、傷害的果報。弟子們有了因緣果報的產生就是「有」。

　　什麼是「生」？就是世間有了不同類別的眾生產生，有了眾生的出生、投胎、再次出生，以及有了世間事物、身體、感受、思想、行為、認識分別判斷的顯現和產生，有了各個容納眾生生存、生活地方的產生。弟子們這些就稱為「生」。

　　什麼是「老死」？就是世間一切的眾生都會衰老，比如世間的人衰老的時候會牙齒掉落、頭髮變白、皮膚產生皺紋，隨著時間的推移，眼睛、耳朵、鼻子、舌頭、身體觸覺、內心，以及身體中的各個器官會慢慢的退化，壽命也會慢慢的減少，這個就是「老」。世間一切的眾生，都會過世、死亡、身體都會腐爛消失。世間一切的眾生，他們的眼睛、耳朵、鼻子、舌頭、身體觸覺、內心，以及身體中的各個器官全部都會失去作用，全部都會腐爛消失，這些就叫做「死」。衰老和死亡就統稱為「老死」。

　　弟子們，你們要認真仔細的思考，如來再說一遍因緣法：以「無明」為前提條件就會產生「行」，以「行」為前提條件就會產生「識」，以「識」為前提條件就會產生「名色」，以「名色」為前提條件就會產生「六處」，以「六處」為前提條件就會產生「觸」，以「觸」為前提條件就會產生「受」，以「受」為前提條件就會產生「愛」，以「愛」為前提條件就會產生「取」，以「取」為前提條件就會產生「有」，以「有」為前提條件就會產生「生」，以「生」為前提條件就會產生憂愁、悲傷、苦悶、憂慮、絕望、衰老、死亡。弟子們這就是世間人痛苦和煩惱聚集的過程。

　　弟子們，「無明」滅除後就不會產生「行」，「行」除滅後就不會

產生「識」,「識」滅除後就不會產生「名色」,「名色」除滅後就不會產生「六處」,「六處」除滅後就不會產生「觸」,「觸」除滅後就不會產生「受」,「受」除滅後就不會產生「愛」,「愛」除滅後就不會產生「取」,「取」除滅後就不會產生「有」,「有」除滅後就不會產生「生」,「生」除滅後就不會產生憂愁、悲傷、苦悶、憂慮、絕望、衰老、死亡。弟子們這就是世間人痛苦和煩惱除滅的過程。

弟子們只有按這樣的方法去修行才能從生死輪回的煎熬和痛苦中永遠的解脫出來。」

佛陀說法後,聽法的出家弟子們都再次的頂禮佛陀,隨喜讚歎佛陀說法的無量功德,他們都按著佛陀所說的法去修行。

第二十章　如何到達解脫的彼岸？

　　有個時候，佛陀住在舍衛城的祇樹林給孤獨園。祇陀太子是祇樹林過去的擁有者，給孤獨長者是過去給孤獨園的所有者，祇陀太子將祇樹林供養給佛陀，給孤獨長者將孤獨園供養給佛陀，作為佛陀講經說法的地方，所以佛陀講經說法的地方就被稱為祇樹林給孤獨園。有一天，給孤獨長者來到佛陀的住所，他頂禮佛陀後在一旁坐下。

　　佛陀對給孤獨長者說：「長者，聖弟子五種恐怖的罪業被消除、熄滅了。具備了達到初果聖者境界的四個要素。以正確的智慧，明瞭了世間的真相、規則，知道了正確的解脫修行方法。他們就能依據自己修行的真實體悟，明白：「我墮到地獄道的罪業已經滅盡了，我墮到畜生道的罪業已經滅盡了，我墮到餓鬼道的罪業已經滅盡了，我墮到痛苦、不好、卑賤地方的罪業已經滅盡了。我不會墮到地獄、畜生、餓鬼三惡道，我不會墮到痛苦、不好、卑賤的地方。我已經證悟初果聖者的境界，不會再墮落到惡道裡面去了，我必定會在以後證悟無上正等正覺到達解脫的彼岸。」

　　長者，是哪五種恐怖的罪業已經被消除、熄滅了呢？長者！那些殺生害命的人，他們因為殺生害命的緣故而造下恐怖的殺生罪業。他們造下的這些殺生害命的罪業會讓他們現在世和未來世都背負上償還殺生罪業的重負，他們也將被別人殺害，以此來償還他們殺生害命的罪業。在償還殺生罪業的時候，他們內心也會產生很多憂愁和痛苦。只有當他們償還完殺生害命的所有罪業後，他們才能從這些恐怖的罪業中解脫出來。所以，長者！那些不殺生害命，戒殺放生，保護生命的人，那些勸說別人也愛護生命，保護生命的人，他們殺生的罪業就被消除、熄滅了。

　　長者！那些沒有經過別人的允許就霸占別人財物的人，那些偷盜別人財物的人，他們因為強占、偷盜別人財物的緣故而造下恐怖的強占偷盜罪業。他們造下的這些強占偷盜罪業會讓他們現在世和未來世

都背負上償還強占偷盜罪業的重負。他們的財物也會被別人霸占，被別人偷盜，以此來償還他們強占偷盜的罪業。在償還強占偷盜罪業的時候，他們內心也會產生很多憂愁和痛苦。只有當他們償還完強占偷盜的所有罪業後，他們才能從這些恐怖的罪業中解脫出來。所以，長者！那些不霸占別人財物，不偷盜別人財物，保護別人財物安全的人，勸說別人也不要強占、偷盜別人財物的人，他們強占偷盜的罪業就被消除、熄滅了。

長者！那些生活行為不檢點的男女，那些背叛自己妻子、丈夫的男女，那些發生不正當關係的男女。他們因為不檢點自己行為的緣故而造下恐怖的邪淫罪業。他們造下的這些邪淫的罪業會讓他們現在世和未來世都背負上償還邪淫罪業的重負。他們的丈夫、妻子、親人也將對他們不忠，也將與別人發生不正當的男女關係，以此來償還他們邪淫的罪業。在償還邪淫罪業的時候，他們內心也會產生很多憂愁和痛苦。只有當他們償還完邪淫的所有罪業後，他們才能從這些恐怖的罪業中解脫出來。所以，長者！那些行為端正，愛護丈夫，愛護妻子，勸說別人糾正不檢點行為的人，他們邪淫的罪業就被消除、熄滅了。

長者！那些說假話欺騙別人的人，他們因為說謊欺騙人的緣故而造下恐怖的妄語罪業。他們造下的這些說謊騙人的罪業會讓他們現在世和未來世都背負上償還妄語罪業的重負。他們也將被別人說假話欺騙，以此來償還他們說假話欺騙人的罪業。在償還妄語罪業的時候，他們內心也會產生很多憂愁和痛苦。只有當他們償還完說假話欺騙人的所有罪業後，他們才能從這些恐怖的罪業中解脫出來。所以，長者！那些不說假話欺騙人，說真實言語的人，那些勸說別人不說假話，說真實言語的人，他們妄語的罪業就被消除、熄滅了。

長者！那些喝酒的人，那些吃有迷醉性藥物、毒品的人。他們因為喝酒，吃迷醉性藥物、毒品的緣故而造下恐怖的昏沉迷醉罪業。他們造下的這些昏沉迷醉的罪業會讓他們現在世和未來世都背負上償還昏沉迷醉罪業的重負。他們因為喝酒，吃迷醉性的藥物、毒品而昏沉迷醉，他們昏沉迷醉時的行為、言語、念想給別人造成傷害、損失。他們也將因為導致別人傷害、損失的嚴重後果而受到傷害、損失，他

們也將因爲別人昏沉迷醉時的行爲、言語、念想而受到傷害、損失，以此來償還他們昏沉迷醉的罪業。在償還昏沉迷醉罪業的時候，他們內心也會產生很多憂愁和痛苦。只有當他們償還完昏沉迷醉的所有罪業後，他們才能從這些恐怖的罪業中解脫出來。所以，長者！那些不喝酒，不吃有迷醉性藥物、毒品的人，那些勸說別人也不喝酒，不吃迷醉性藥物、毒品的人，他們昏沉迷醉的罪業就被消除、熄滅了。

長者！達到初果聖者的境界要具備哪四個要素呢？聖弟子要對如來生起堅固的淨信心，他們應該這樣想：「世尊是已經證悟無上正等正覺的聖者，是修行圓滿的正覺者，是已經明瞭了世間一切眞相和規則的聖者，是教導一切眾生邁向解脫的老師，是已經達到不生不滅涅槃境界的聖者。我應該遵循世尊的教導，我應該堅信按世尊的教導去修行就能從生死輪回的煩惱和痛苦中永遠的解脫出來，我也一定能夠證悟與世尊一樣的解脫果位。」

聖弟子要對如來所說的正法生起堅固的淨信心，他們應該這樣的想：「這個法是世尊對我說的，是世尊眞實修行的體悟，是世尊用自己的實踐證悟的修行方法，世尊就是這樣修行證悟無上正等正覺的解脫果位的，世尊就是這樣達到不生不滅涅槃境界的。我堅信我按世尊所說的法去修行一定能夠除滅我一切的煩惱和痛苦，一定能夠讓我也證悟無上正等正覺的解脫果位，一定也能讓我達到不生不滅涅槃的境界。」

聖弟子要對如來出家弟子們聚集的僧團生起堅固的淨信心，他們應該這樣去想：「世尊出家弟子們聚集的僧團是按世尊的正法實踐修行的團體，他們受持世尊制定的戒律，他們按世尊的正法去修行，他們中的一些人證悟了由淺入深的各種解脫果位。世尊出家弟子們聚集的僧團是應該被世間人尊敬的，是應該有資格接受世間人供養的，是應該被世間人讚歎的，是世間人種植福德、功德的大福田。我應該盡自己的能力去供養這些出家人，供養僧團，以此來爲自己種植無數、無量的福德和功德。」

聖弟子要對如來制定的戒律生起堅固的淨信心，他們應該這樣去想：「受持世尊制定的戒律，我就不會再去做惡事，我就不會再造惡業，我的行爲、言語、念想就不會傷害到別人，就不會給自己和別人

帶來煩惱和痛苦。我的行為、言語、念想也會變得純淨，沒有任何的污點。世間有智慧的人都會稱讚我純淨的行為、言語、念想，都會稱讚我不掛念和執著世間一切事物的修行。都會稱讚我受持戒律，管束好自己行為、言語、念想的修行能夠讓我的內心不胡思亂想，能夠讓我的內心不散亂，能夠讓我的內心保持清淨。」

　　長者，聖弟子就是要對如來，對如來所說的正法，對如來出家弟子們聚集的僧團，對如來制定的戒律生起堅固的淨信心，這樣就具備了達到初果聖者境界的四個要素。

　　長者，什麼是以正確的智慧，明瞭了世間的真相、規則，知道了正確的解脫修行方法呢？那就是明白了：當這個存在了，以這個的存在為前提條件，那個也會形成存在；當這個產生出現了，以這個的產生出現為前提條件，那個也會產生出現。當這個不存在了，則那個也無法形成存在；當這個不產生出現了，則那個也不會產生出現，也就是這個滅盡了，那個也就被除滅了。這個就是緣起法（緣起法解釋，見第十八章、第十九章）的簡要描述，也就是：以「無明」為前提條件產生出「行」，以「行」為前提條件產生出「識」，以「識」為前提條件產生出「名色」，以「名色」為前提條件產生出「六處」，以「六處」為前提條件產生出「觸」，以「觸」為前提條件產生出「受」，以「受」為前提條件產生出「愛」，以「愛」為前提條件產生出「取」，以「取」為前提條件產生出「有」，以「有」為前提條件產生出「生」，這樣有「生」就會產生出憂愁、悲傷、苦悶、憂慮、絕望、衰老、死亡。這就是世間人或眾生痛苦和煩惱產生、出現、聚集的過程，世間的人或眾生按緣起法順行就會繼續的在生死輪迴中煎熬沉淪，受盡折磨和痛苦。

　　「無明」沒有生起「行」就滅除了，「行」沒有生起「識」就滅除了，「識」沒有生起「名色」就滅除了，「名色」沒有生起「六處」就滅除了，「六處」沒有生起「觸」就滅除了，「觸」沒有生起「受」就滅除了，「受」沒有生起「愛」就滅除了，「愛」沒有生起「取」就滅除了，「取」沒有生起「有」就滅除了，「有」沒有生起「生」就滅除了，「生」沒有生起，憂愁、悲傷、苦悶、憂慮、絕望、衰老、死亡就滅除了。這就是世間人或眾生痛苦和煩惱除滅的過程。世間的人

或眾生按緣起法的逆行就能從生死輪迴的煩惱和痛苦中永遠的解脫出來。

長者，明白了緣起法（緣起法解釋，見第十八章、第十九章）就開啟了正確的智慧，就明瞭了世間的真相、規則，就知道了正確的解脫修行方法。

長者，當聖弟子他們五種恐怖的罪業已經被消除、熄滅，也就是他們殺生害命，強占偷盜，不檢點邪淫，說假話欺騙人，昏沉迷醉的罪業已經被消除、熄滅。他們已經具備了四種堅固的淨信心，也就是對如來，對如來所說的正法，對如來出家弟子們聚集的僧團，對如來制定的戒律生起了堅固的淨信心，就具備了達到初果聖者境界的四個要素。他們已經明白了緣起法，已經開啟了正確的智慧，明瞭了世間的真相、規則，知道了正確的解脫修行方法。那麼他們就能依據自己修行的真實體悟，明白：「我墮到地獄道的罪業已經滅盡了，我墮到畜生道的罪業已經滅盡了，我墮到餓鬼道的罪業已經滅盡了，我墮到痛苦、不好、卑賤地方的罪業已經滅盡了。我不會墮到地獄、畜生、餓鬼三惡道，我不會墮到痛苦、不好、卑賤的地方。我已經證悟初果聖者的境界，不會再墮落到惡道裡面去，我必定會在以後證悟無上正等正覺到達解脫的彼岸。」

佛陀說法後，給孤獨長者再次的頂禮佛陀，隨喜讚歎佛陀說法的無量功德，並按著佛陀所說的正法去修行。

一本書

讀懂所有佛經

第二十一章　痛苦如同給樹苗澆水施肥

　　有個時候，佛陀住在舍衛城的祇樹林給孤獨園。有一天，佛陀對出家弟子們說：「弟子們，當被世間的事物束縛捆綁，沉迷於獲得、擁有、享受這些事物帶來的快樂、喜悅、滿足的感受之中的時候，就會讓貪愛增長，以「貪愛」為前提條件就會產生出「取」，以「取」為前提條件就會產生出「有」，以「有」為前提條件就會產生出「生」，這樣有「生」就會產生出憂愁、悲傷、苦悶、憂慮、絕望、衰老、死亡。這就是世間人或眾生痛苦和煩惱聚集、出現的過程，世間的人或眾生按緣起法（緣起法解釋，見第十八章、第十九章）的順行就會繼續的在生死輪迴中煎熬沉淪，受盡折磨和痛苦。

　　弟子們，就如同剛剛栽種在大地上的樹苗，如果有個男子經常的為樹苗鬆土培土，並且經常的給樹苗澆水施肥，那麼樹苗就會慢慢的生長，最後長成參天大樹。同樣的道理，弟子們，當被世間的事物束縛捆綁，沉迷於獲得、擁有、享受這些事物帶來的快樂、滿足、喜悅的感受之中的時候，就如同給剛栽種在大地上的樹苗經常的鬆土培土、澆水施肥，那麼貪愛就會持續的增長，以「貪愛」為前提條件就會產生出「取」，以「取」為前提條件就會產生出「有」，以「有」為前提條件就會產生出「生」，這樣有「生」就會產生出憂愁、悲傷、苦悶、憂慮、絕望、衰老、死亡。這就是世間人或眾生痛苦和煩惱聚集、出現的過程，世間的人或眾生按緣起法（緣起法解釋，見第十八章、第十九章）的順行就會繼續的在生死輪迴中煎熬沉淪，受盡折磨和痛苦。

　　弟子們，當不被世間的事物束縛捆綁，不沉迷於獲得、擁有、享受這些事物帶來的快樂、喜悅、滿足的感受之中的時候，明白世間一切的事物給自己帶來的，最終都是痛苦的感受，那麼貪愛就會逐漸的褪去、滅盡、消失。當「貪愛」滅盡了，「取」就滅除了。「取」滅盡了，「有」就滅除了。「有」滅盡了，「生」就滅除了。「生」滅盡了，

憂愁、悲傷、苦悶、憂慮、絕望、衰老、死亡就滅除了。這就是世間人或眾生痛苦和煩惱滅除、滅盡的過程。世間的人或眾生按緣起法（緣起法解釋，見第十八章、第十九章）的逆行就能從生死輪迴的煩惱和痛苦中解脫出來。

　　弟子們，就如同剛剛栽種在大地上的樹苗，如果有個男子不僅不給樹苗鬆土培土，也不給樹苗澆水施肥，他還拿著挖土的鏟子和裝土的竹簍，來到這棵樹苗的旁邊，他奮力的挖土，將這顆樹苗的所有根部，包括細小的根須都挖斷了，他將這顆樹苗連根挖出，然後他用斧頭、鋸子將樹苗分割成無數的小木塊，又將這些小木塊壓成粉末，放在太陽下面曝曬，除去木粉末中的水分，之後這個男子將乾燥的木粉末投入大火中焚燒，木粉末燃燒成灰後，這些灰燼或者被大風吹走，或者被投入湍急流淌的大江、大河之中被沖走。弟子們，像這樣，這顆樹苗被連根挖出，被斧頭、鋸子分割成無數的小木塊，又被壓成木粉末，被曝曬除去水分，被焚燒成灰燼，最後這些灰燼被大風吹走，被投入大江、大河中被沖走，這樣這顆樹苗就不存在了，就消失了，以後也不可能再生根發芽，未來這棵樹苗已經不可能再出現，它已經完全滅盡、消失了。同樣的道理，弟子們，當不被世間的事物束縛捆綁，不再沉迷於獲得、擁有、享受這些事物帶來的快樂、喜悅、滿足的感受之中的時候，明白世間一切的事物給自己帶來的，最終都是痛苦的感受，就如同不給樹苗鬆土培土、澆水施肥。樹苗被連根挖出，被斧頭、鋸子分割成無數的小木塊，被壓成木粉末，被曝曬除去水分，被大火焚燒成灰燼，被大風吹走，被投入大江、大河中被沖走一樣，貪愛也會逐漸褪去、滅盡、消失。「貪愛」滅盡了，「取」就滅除了。「取」滅盡了，「有」就滅除了。「有」滅盡了，「生」就滅除了。「生」滅盡了，憂愁、悲傷、苦悶、憂慮、絕望、衰老、死亡就滅除了。這就是世間人或眾生痛苦和煩惱滅除、滅盡的過程。世間的人或眾生按緣起法（緣起法解釋，見第十八章、第十九章）的逆行就能從生死輪迴的煩惱和痛苦中解脫出來。」

　　佛陀說法後，聽法的出家弟子們都再次的頂禮佛陀，隨喜讚歎佛陀說法的無量功德，他們都按著佛陀所說的法去修行。

一本書

讀懂所有佛經

第二十二章　念想的變化如同猴子爬樹

　　有個時候，佛陀住在舍衛城的祇樹林給孤獨園。有一天，佛陀對出家弟子們說：「弟子們，如來現在來為你們說法，你們要認眞的聽，你們要仔細的思考。」

　　出家弟子們回答：「世尊，我們會認眞聽您說法的，我們會仔細的思考的，恭請世尊您為我們說法。」

　　佛陀說：「弟子們，什麼是四大呢？四大就是構成世間一切事物的四個要素，也就是說世間一切的事物都是由這四個要素組成的，是那四大呢？就是地大、水大、火大、風大。什麼是地大呢？就是具有堅固的性質，有承載保持的作用，比如大地堅固，承載萬物，有保持不動的作用，又比如世間人的毛髮、指甲、牙齒、皮肉、骨頭等等也具有堅固、承載、保持的作用，也被稱為人身體上的地大。

　　什麼是水大呢？就是具有潮濕的的性質，有聚集、凝結的作用，比如世間的雨水滋潤世間萬物，讓萬物濕潤，這些水還能聚集成江河、湖泊、海洋。又比如世間人的血液、淚水、口水、鼻涕、尿液等等也具有潮濕、聚集、滋潤的作用，也被稱為人身體上的水大。

　　什麼是火大呢？就是具有溫暖的性質，有催生、成熟的作用，比如世間春夏的氣候，溫暖讓萬物開始復蘇、生長、成熟。又比如世間人的身體溫度，以及身體中的各種暖氣等等也具有溫暖、催生、成熟的作用，也被稱為人身體上的火大。

　　什麼是風大呢？就是具有流動的性質，有傳遞、傳播的作用，比如世間的各種風，讓各種氣互相流通，世間萬物因為氣的流通而得以生長、生存。又比如世間人呼吸空氣，獲取能夠讓自己持續生存下去的氣，由於呼吸而讓身體內的氣與外界的氣流通，也具有流動、傳遞、傳播的作用，也被稱為人身體上的風大。

　　弟子們，世間的一切事物都是由地大、水大、火大、風大所構成的，它們是世間一切事物構成的四個基本元素。

弟子們，世間還沒有受到如來教導的人，他們有可能不會掛念和執著這些四大元素構成的事物，有可能從這些四大元素構成的事物中解脫出來，爲什麼呢？因爲這些由四大元素構成的事物看的見，摸得著，能被世間人獲得、擁有。這些事物也會衰敗、消失，擁有它們的人也會失去它們。這些由四大元素構成的身體會生長、衰老、死亡。世間人獲得、失去世間的事物，或者無法獲得世間的事物，或者看著自己獲得的事物慢慢的衰敗，就會明白世間一切的事物都是隨時在變化的，都是無法永恆保持不變的，都是無法永遠存在的，由此就能從對這些事物的沉迷中清醒過來，不會再被這些事物迷惑，不會再掛念和執著這些事物，從對這些事物的沉迷中解脫出來。同樣的道理，世間人感受自己或者看到別人的身體成長、衰老、死亡，就會明白自己和別人的身體是無法青春永駐的，是無法長生不死的，自己和別人的身體是隨時都在變化的，是無法永恆保持不變的，是無法永遠在世間存在的，就會從對自己和別人身體的沉迷中清醒過來，就不會再被自己或是別人的身體所迷惑，不會再掛念和執著自己或是別人的身體，就能從對自己或是別人身體的沉迷中解脫出來。

　　弟子們，然而沒有受到如來教導的人，他們卻很難從自己的心境、念想、分別中解脫出來，爲什麼呢？因爲長久以來，他們內心會有這樣的想法：「這個是我的，這個是我擁有的，我就是這個，這個就是永遠不變的眞我」。這些就是世間人執著不捨的心境、念想、分別。他們很難從這些心境、念想、分別中解脫出來。

　　世間人對於四大元素構成的身體執著和掛念還可以被理解，畢竟世間人的身體可以在世間存在一年、二年、三年、四年、五年、十年、二十年、三十年、四十年、五十年、一百年，或者更久，這些都是他們看得見，摸得著的，並且他們的身體每年不會有多大變化，是慢慢在變化的，而且他們周圍的人也是在慢慢變化的，讓他們在短時間內無法察覺到自己身體和別人身體的微妙變化，就算是察覺到了自己身體和別人身體細微的變化，他們也會覺的理所當然：「我衰老了，別人也衰老了，我生病了，別人也生病了」，不會覺得有什麼不對，因爲周圍的人都會與自己一樣會生病、衰老。就如同將一隻魚放進裝滿冷水的鍋中，並緩慢的加熱鍋中的水，當鍋中水的溫度慢慢上

升的時候，鍋中的魚是沒有什麼感覺的。直到鍋中的水熱到了一定的程度，危害到了鍋中的魚，這條魚才會發現自己已經在危險之中，就如同世間的人臨死的時候才會恍然醒悟，明白自己擁有的一切全部都要在死後捨棄一樣。然而，弟子們，世間人對心境、念想、分別的執著和掛念更加的難以解脫，世間人被心境、念想、分別束縛捆綁的更加嚴實牢固，因為世間人的心境、念想、分別是隨時都在變化的，是隨時都在改變的。這個心境、念想、分別生起了，那個心境、念想、分別就滅盡了；那個心境、念想、分別生起了，這個心境、念想、分別就滅盡了；生生滅滅、循環往復、無有窮盡，世間人的心境、念想、分別隨著他們遇見的事物事情時時刻刻都在不停的改變。

弟子們，就如同森林裡面，攀爬在樹上的猴子，它的手抓住一個樹枝，又放開一個樹枝，又抓住一個樹枝，又放開一個樹枝，這樣無數次的抓住樹枝，無數次的放開樹枝，猴子就是這樣穿梭於樹林之間的，同樣的道理，弟子們，世間人的心境、念想、分別也是這樣無數次的生起，又無數次的滅盡，生生滅滅、循環往復、無有窮盡。世間人的心境、念想、分別隨著他們遇見的事物事情時時刻刻都在發生變化，生起了又滅盡了，滅盡了又生起了，無數次的生滅變化。

弟子們，已經受到如來教導的聖弟子們，應該這樣去觀想：當這個生起、存在了，則那個也會生起、存在；以這個的生起、存在為前提條件，就會有那個的生起、存在；當這個不存在了，則那個也會消失不見；以這個的滅盡、消失為前提條件，那個也會滅盡、消失。也就是：以「無明」為前提條件產生出「行」，以「行」為前提條件產生出「識」，以「識」為前提條件產生出「名色」，以「名色」為前提條件產生出「六處」，以「六處」為前提條件產生出「觸」，以「觸」為前提條件產生出「受」，以「受」為前提條件產生出「愛」，以「愛」為前提條件產生出「取」，以「取」為前提條件產生出「有」，以「有」為前提條件產生出「生」，這樣有「生」就會產生出憂愁、悲傷、苦悶、憂慮、絕望、衰老、死亡。這就是世間人或眾生痛苦和煩惱聚集、出現的過程，世間的人或眾生按緣起法（緣起法解釋，見第十八章、第十九章）的順行就會繼續的在生死輪回中煎熬沉淪，受盡折磨和痛苦。

「無明」完全褪去、消除、滅盡的時候，「行」就滅除了。「行」滅盡了，「識」就滅除了。「識」滅盡了，「名色」就滅除了。「名色」滅盡了，「六處」就滅除了。「六處」滅盡了，「觸」就滅除了。「觸」滅盡了，「受」就滅除了。「受」滅盡了，「愛」就滅除了。「愛」滅盡了，「取」就滅除了。「取」滅盡了，「有」就滅除了。「有」滅盡了，「生」就滅除了。「生」滅盡了，憂愁、悲傷、苦悶、憂慮、絕望、衰老、死亡就滅除了。這就是世間人或眾生痛苦和煩惱滅除、滅盡的過程。世間的人或眾生按緣起法（緣起法解釋，見第十八章、第十九章）的逆行就能從生死輪迴的煩惱和痛苦中解脫出來。

　　弟子們，當你們這樣去觀想的時候，就不會掛念和執著世間的一切事物，就不會掛念和執著一切的感受，就不會掛念和執著一切的念想。就不會掛念和執著一切的行為，就不會掛念和執著一切的認識、分別、判斷。沒有執著和掛念，你們就不會被任何的事物、感受、念想、行為、認識、分別、判斷束縛捆綁，這樣沒有執著和掛念，你們就從世間的煩惱和痛苦中解脫了出來。當你們解脫的時候，就會證悟解脫的智慧和果位，你們就會明白：「從這一世開始，我已經不會出生在世間，我行為、言語、念想的修行已經圓滿，我應該做的事情已經做好，我不會再有生死輪迴的狀態，我不會再出生在這個世間，我已經永遠從生死輪迴中解脫出來。」

　　佛陀說法後，聽法的出家弟子們都再次的頂禮佛陀，隨喜讚歎佛陀說法的無量功德，他們都按著佛陀所說的法去修行。

第二十三章　被長矛刺穿三百次的痛苦

　　有個時候，佛陀住在舍衛城的祇樹林給孤獨園。有一天，佛陀對出家弟子們說：「弟子們，世間的人或眾生要在世間持續的生存下去，或者未來世繼續的投生在這個世間，就需要不斷的吃四種食物。他們需要吃哪四種食物呢？第一種是或粗、或細能夠填飽肚子的物質食物。第二種是眼睛、耳朵、鼻子、舌頭、身體、內心接觸外界的事物事情產生了認知和感受，比如眼睛看見事物，耳朵聽到聲音，鼻子聞到氣味，舌頭嘗到味道，身體觸摸事物後的觸覺，內心接觸外界事物後的念想，對這些接觸到的外界事物事情產生了認知和感受，這就叫做觸食。第三種食物是內心生起的思想，期待達成的願望等等精神方面的思想，叫做意思食。第四種食物是感知外界事物事情存在與否、不同形象性質的認識、判斷、分別能力，這種能力叫做識食。

　　弟子們，世間的人或眾生吃這四種食物，就會讓他們在世間長久的生存下去，或者讓他們在未來世繼續的投生在這個世間。

　　弟子們，應該如何看待物質食物呢？弟子們，就如同有一對夫婦，他們帶著自己幼小的孩子，來到荒蕪人煙的沙漠，他們在沙漠中迷失了方向，他們的食物吃光了，已經很多天都沒有吃到東西了，弟子們，那個時候，這對夫婦心裡想：「我們現在已經沒有食物吃了，並且我們已經在沙漠中迷失了方向，我們如果想要活命，想要從沙漠中走出去的話，就只有殺了我們心愛的孩子，把他做成肉乾，吃他的肉來填飽肚子，只有這樣我們才可能有機會走出沙漠，不然我們三個人都會死在沙漠裡面。」

　　那對夫婦為了生存下去，就殺死了他們心愛的孩子，他們將孩子做成肉乾，吃著孩子的肉，走出了沙漠。他們吃著自己孩子肉的時候，就會痛心疾首的錘著胸膛、悲痛欲絕、淚流滿面的哀嚎：『這個是我孩子的肉呀！是我可愛孩子的肉呀！我可憐的孩子，我對不起你呀，你在哪裡呀？你在哪裡呀？我真不該殺了你，我現在內心好痛

苦。殺你，還不如殺我自己呀。我不該這樣做，我眞是該死呀』。

弟子們，你們現在是如何想的？這對夫婦難道是爲了享受快樂而吃肉的嗎？是爲了滿足欲望而吃肉的嗎？是爲了保持自己的身材美貌而吃肉的嗎？是爲了鮮美多汁、美味可口而吃肉的嗎？是爲了自己的身分地位莊重而吃肉的嗎？」

出家弟子們回答：「世尊，肯定不是這樣的，吃自己心愛孩子的肉，那是迫不得已的。」

佛陀說：「弟子們，他們是爲了走出沙漠，是爲了生存下去出於無奈才殺死自己心愛的孩子，吃孩子肉的。」

出家弟子們回答：「世尊，確實是這樣的，世間那個父母不愛自己的孩子呢？父母殺死自己的孩子，還吃他的肉，那肯定是在沒有辦法的情況下才會發生的事情。」

佛陀說：「弟子們，同樣的道理，你們要這樣的看待你們吃的物質食物，你們是爲了生存下去才迫不得已的去吃世間的物質食物的。你們吃物質食物的時候要觀想那對爲了生存下去，爲了走出沙漠而吃自己孩子肉的夫婦，你們吃物質食物也和他們一樣，是在萬般無奈的情況下，才吃這些物質食物的。

弟子們，當物質食物被完全的理解後，那麼就完全理解了對五種欲望的貪愛，是對哪五種欲望的貪愛呢？也就是當眼睛看見事物，耳朵聽見聲音，鼻子聞到氣味，舌頭嘗到味道，身體觸摸到觸覺之後對事物、聲音、氣味、味道、觸覺生起了貪愛。就是對事物、聲音、氣味、味道、觸覺產生了貪愛。弟子們，你們要知道一旦對五欲生起了貪愛那麼就如同那對夫婦爲了生存下去，爲了走出沙漠殺害自己的孩子，吃自己孩子的肉一樣，最終會讓自己產生出無數的痛苦和煩惱。弟子們不掛念和執著對五種欲望的貪愛，那麼就從對五種欲望的貪愛中解脫了出來，這樣就不會被世間一切的事物束縛捆綁，就從一切的煩惱和痛苦中解脫了出來。就不會再投生在這個世間，就不會再生死輪回了，就從這個世間永遠的解脫出來。

弟子們，應該如何看待觸食呢？就如同一頭被剝了皮的牛，如果這頭牛它靠著牆壁站立，那麼在牆壁上生活的各種動物就會啃食牛的身體，如果這頭牛靠著一棵樹站立，那麼在這顆樹上生活的動物就會

啃食牛的身體，如果這頭牛潛入水中，那麼在水中生活的動物就會啃食牛的身體，如果這頭牛站在開闊空曠的地方，那麼在這些開闊空曠地方生活的動物就會前來啃食牛的身體。弟子們，不論這頭被剝了皮的牛站在什麼地方，都會有生物會去啃食它的身體。弟子們，同樣的道理，你們應該這樣的去觀想觸食，一旦與外界的事物事情接觸產生認知和感受，就會陷入煩惱和痛苦之中，就如同被剝去皮的牛被其他的生物啃食一樣。

　　弟子們，當觸食被完全理解後，當痛苦、快樂、不苦不樂的感受被完全理解後，那麼就會明白以「觸」為前提條件就會產生出各種不同的感受，當「觸」被滅盡、除滅了，各種感受就被滅盡、除滅了。當「觸」完全的被滅盡後，痛苦、快樂、不苦不樂的各種感受就全部被滅除、滅盡了。所以弟子們，你們不要掛念和執著一切的「觸」，這樣你們就從痛苦、快樂、不苦不樂的各種感受中解脫了出來。就從世間一切的煩惱和痛苦中解脫了出來。

　　弟子們，應該如何的看待意思食呢？就如同有個深不見底的火坑，火坑裡面流淌著炙熱的岩漿，有個想活命，不想死的男子，他喜歡享受快樂，討厭各種痛苦。當他路過這個火坑的時候，有兩個身強力壯的武士抓住了這個男子的兩隻手臂，他們將這個男子強行的拉到火坑旁邊，準備要將他推進火坑。弟子們，這個時候，那個被武士抓住雙臂的男子，肯定是想遠離火坑的，肯定是想逃出武士的押解的。那個男子一定會這樣的想：「我如果被他們推進這個火坑裡面，肯定會非常痛苦的，我肯定會被火坑裡面的岩漿燒死、燙死的，我肯定會屍骨無存的。我不想死，我不想這樣被活活的燒死、燙死，太痛苦了！救命呀！誰來救救我」。弟子們，同樣的道理，當內心生起了各種念想、思想的時候，生起了各種期待達成的願望等等念想、思想的時候就會如同這個將要被武士推進火坑被燒死、燙死的男子一樣，內心的念想、思想一旦生起，煩惱和痛苦就會隨之而來，也就是一旦吃進意思食，那麼煩惱和痛苦就會伴隨在自己的左右，無法的解脫出來。

　　弟子們，當意思食完全被理解後，就會明白三種愛，是哪三種愛呢？第一種是欲愛，對五欲的貪愛，也就是眼睛看見事物，耳朵聽見

聲音，鼻子聞到氣味，舌頭嘗到味道，身體觸摸到事物生起觸覺之後，對事物、聲音、氣味、味道、觸覺產生了貪愛。第二種是有愛，對生存的貪愛，對生命的貪愛。第三種是無有愛，對從世間解脫出來的貪愛，對解脫生死輪迴的貪愛，對涅槃的貪愛，對不生不滅的貪愛。弟子們，當心中生起念想、思想的時候，就會陷入欲愛、有愛、無有愛這三種愛的陷阱中，就如同那個將要被武士推進火坑，被燒死、燙死的男子一樣，一旦生起念想、思想就會被各種念想、思想束縛捆綁，就會陷入其中不得解脫。所以弟子們，你們不要掛念和執著一切的念想、思想，這樣你們就從欲愛、有愛、無有愛這三種愛的陷阱中解脫了出來。就從世間一切的煩惱和痛苦中解脫了出來。

弟子們，應該如何看待識食呢？就如同有個人抓捕到了一個強盜、罪犯後，他將這個強盜、罪犯交給了國王，並對國王說：『陛下，我將這個作惡多端的強盜抓住了，請您用國家的法律來處決這個罪犯吧。』

國王立刻對這個人說：『勇士，感謝您抓住了這個強盜，這個強盜燒殺搶掠無惡不作，我早已向全國發布了通緝令，派出了無數的官兵都沒有抓住他，我將會在明天早上命令士兵用長矛在這個罪犯的身體上穿刺百次，以此來解除百姓對他的憤怒之心。』

於是，第二天清晨，士兵們就遵照國王的命令，用長矛在這個罪犯的身體上刺殺了百次。

中午的時候，國王詢問執行刑罰的士兵：『這個罪犯，怎麼樣了？死了嗎？』

士兵回答：『陛下，他生命力還很強，被我們刺殺了百次，居然還活著。』

國王對士兵說：『他居然還沒有死，他罪大惡極，必須處死，你們現在立刻再去用長矛刺殺他百次。』

傍晚的時候，國王又問士兵：『怎麼樣？那個罪犯死了嗎？』

士兵回答：『陛下，這個罪犯中午被我們刺殺了百次，還是沒有死。』

國王有點發怒的說到：『你們在幹什麼？早上沒有刺死他，中午還是沒有刺死他，你們想違抗軍令嗎？』

士兵回答：『陛下，不是這樣的，圍觀行刑的百姓們都高呼：「讓這個罪犯就這樣被刺死了，太便宜他了」，因為很多百姓的家人都被這個罪犯殺死了，百姓們要求我們：「讓這個罪犯多受點痛苦，不要那麼快將他刺死，讓他被長矛刺中幾百次不死，讓他體會被殺之前痛苦的感受，這樣做才最讓他們解氣。」』

國王說：『原來是這樣，你們現在再用長矛去刺他百次，這次將他刺死，他雖然最大惡極，但是法律的尊嚴不容踐踏，我的命令不可兒戲！這次看在百姓的面上，我赦免你們的罪，下一次，你們必須遵照我的命令來執行刑法，否則我就會懲罰你們的過失！你們現在再去刺這個罪犯百次，這次一定要刺死他。』

士兵於是就再次來到刑場，將這個罪犯刺死。

弟子們，你們想想看，這個強盜一日之內被士兵的長矛刺殺了三百次，他的身體被長矛刺穿的時候，他痛苦嗎？」

出家弟子們回答：「世尊，被長矛穿刺一次就會痛苦不堪，更何況一天之內連續的被長矛穿刺三百次呢？哪種痛苦的感受真的是無法想像的。」

「弟子們，同樣的道理，你們就應該這樣的看待識食。當感知到外界事物事情的存在與否、不同形象性質後，產生了認識、判斷、分別，就如同這個一日之內被長矛刺殺三百次的罪犯。一旦認識、判斷、分別生起，就會被束縛捆綁。

弟子們，當識食被完全理解後，名色就會被完全理解，也就是說當認識、判斷、分別生起來的時候，物質事物，精神思想、念想就會被了知，也就是以「識」為前提條件就會產生出「名色」，當「識」被滅盡、除滅了，「名色」就會被滅盡、除滅。所以弟子們，你們不要掛念和執著一切的「識」，這樣你們就從物質事物，精神念想、思想中解脫了出來。就從世間一切的煩惱和痛苦中解脫了出來。弟子們這就是緣起法（緣起法解釋，見第十八章、第十九章）。」

佛陀說法後，聽法的出家弟子們都再次的頂禮佛陀，隨喜讚歎佛陀說法的無量功德，他們都按著佛陀所說的法去修行。

第二十四章　早上的陽光會照到什麼地方？

　　有個時候，佛陀住在舍衛城的祇樹林給孤獨園。有一天，佛陀對出家弟子們說：「弟子們，已經出生在世間的人或眾生，他們要在世間生存下去，或者未來繼續的投生到世間，就需要吃四種食物，是哪四種食物呢？第一種是或粗、或細能夠填飽肚子的物質食物。第二種是眼睛、耳朵、鼻子、舌頭、身體、內心接觸外界的事物事情產生了認知和感受，比如眼睛看見事物，耳朵聽到聲音，鼻子聞到氣味，舌頭嘗到味道，身體觸摸事物後的觸覺，內心接觸外界事物後的念想，對這些接觸到的外界事物事情產生了認知和感受，這就叫做觸食。第三種食物是內心生起的思想，期待達成的願望等等精神方面的思想，叫做意思食。第四種食物是感知外界事物事情存在與否、不同形象性質的認識、判斷、分別能力，這種能力叫做識食。

　　弟子們，吃這四種食物，能夠讓已經出生在世間的人或眾生在這個世間生存下去，能夠讓他們未來繼續的出生在世間。

　　弟子們，如果對物質食物產生了貪求、歡喜、愛戀、渴愛，那麼「識」就會生起、出現、增長；當「識」生起、出現、增長的時候，「名色」就會出現、顯現。當「名色」出現、顯現的時候，就會有身體行為、口說言語、內心念想的生起、造作、產生、增長。當有行為、言語、念想的生起、造作、產生、增長的時候，那麼就會有未來世的存在，就會在未來再次的投生在世間；未來再次的投生在世間，那麼未來就會再次的出生、生病、衰老、死亡。當未來再次的出生、生病、衰老、死亡的時候，弟子們，如來就說：「那未來就會繼續再次的產生憂愁、悲傷、煩惱、痛苦」，弟子們這就是緣起法（緣起法解釋，見第十八章、第十九章）。

　　弟子們，同樣的道理，如果對觸食、意思食、識食產生了貪求、歡喜、愛戀、渴愛，那麼「識」就會生起、出現、增長；當「識」生

一本書

<hr />
讀懂所有佛經

起、出現、增長的時候，「名色」就會出現、顯現。當「名色」出現、顯現的時候，就會有身體行爲、口說言語、內心念想的生起、造作、產生、增長。當有行爲、言語、念想的生起、造作、產生、增長的時候，那麼就會有未來世的存在，就會在未來再次的投生在世間；未來再次的投生在世間，那麼未來就會再次的出生、生病、衰老、死亡。當未來再次的出生、生病、衰老、死亡的時候，弟子們，如來就說：「那未來就會繼續再次的產生憂愁、悲傷、煩惱、痛苦」，弟子們這就是緣起法（緣起法解釋，見第十八章、第十九章）。

　　弟子們，就如同染布的工人用各種顏色的染料：紅色、黃色、藍色、深紅色等等的染料將白布染成他們想要的顏色，也如同畫師在畫板上或是在牆壁上創作男子、女子的畫像，或是創作各種風景、山水、慶典的畫面。弟子們，同樣的道理，如果對物質食物、觸食、意思食、識食產生了貪求、歡喜、愛戀、渴愛，那麼「識」就會生起、出現、增長；當「識」生起、出現、增長的時候，「名色」就會出現、顯現。當「名色」出現、顯現的時候，就會有身體行爲、口說言語、內心念想的生起、造作、產生、增長。當有行爲、言語、念想的生起、造作、產生、增長的時候，那麼就會有未來世的存在，就會在未來再次的投生在世間；未來再次的投生在世間，那麼未來就會再次的出生、生病、衰老、死亡。當未來再次的出生、生病、衰老、死亡的時候，弟子們，如來就說：「那未來就會繼續再次的產生憂愁、悲傷、煩惱、痛苦」。這就如同工人染布，畫師繪圖一樣。

　　弟子們，如果對物質食物、觸食、意思食、識食不產生貪求、歡喜、愛戀、渴愛，那麼「識」就不會生起、出現、增長；當「識」沒有生起、出現、增長的時候，「名色」就不會出現、顯現。當「名色」沒有出現、顯現的時候，就不會有身體行爲、口說言語、內心念想的生起、造作、產生、增長。當沒有行爲、言語、念想的生起、造作、產生、增長的時候，那麼就不會有未來世的存在，就不會在未來再次的投生在世間；未來沒有再次的投生在世間，那麼未來就不會再次的出生、生病、衰老、死亡。當未來沒有再次的出生、生病、衰老、死亡的時候，弟子們，如來就說：「那未來就不會繼續再次的產生憂愁、悲傷、煩惱、痛苦」，弟子們這就是緣起法（緣起法解釋，

見第十八章、第十九章）。

　　弟子們，就如同高大雄偉的宮殿，如果這個宮殿的東、南、西、北四個方位上都有窗戶，那麼當早晨太陽升起的時候，陽光穿過窗戶會照到什麼地方？」

　　出家弟子們回答：「世尊，陽光會照到西邊的牆壁上。」

　　佛陀說：「弟子們，如果西邊沒有牆壁，那麼陽光將會照到什麼地方？」

　　出家弟子們回答：「世尊，如果西邊沒有牆壁，那麼陽光將會照到地面上。」

　　佛陀說：「弟子們，如果沒有地面，那麼陽光將會照到什麼地方？」

　　出家弟子們回答：「世尊，如果沒有地面，陽光將會照到水面上。」

　　佛陀說：「弟子們，如果沒有水面，陽光將會照到什麼地方？」

　　出家弟子們回答：「世尊，如果沒有水面，這個陽光就會照到虛空中，然而虛空中沒有任何的東西，所以陽光就照不到任何有形的東西。」

　　佛陀說：「弟子們，同樣的道理，如果對物質食物、觸食、意思食、識食不產生貪求、歡喜、愛戀、渴愛，那麼「識」就不會生起、出現、增長；當「識」沒有生起、出現、增長的時候，「名色」就不會出現、顯現。當「名色」沒有出現、顯現的時候，就不會有身體行為、口說言語、內心念想的生起、造作、產生、增長。當沒有行為、言語、念想的生起、造作、產生、增長的時候，那麼就不會有未來世的存在，就不會在未來再次的投生在世間；未來沒有再次的投生在世間，那麼未來就不會再次的出生、生病、衰老、死亡。當未來沒有再次的出生、生病、衰老、死亡的時候，弟子們，如來就說：「那未來就不會繼續再次的產生憂愁、悲傷、煩惱、痛苦」。就如同陽光照到虛空中，無法照到任何有形體的東西一樣。」

　　佛陀說法後，聽法的出家弟子們都再次的頂禮佛陀，隨喜讚歎佛陀說法的無量功德，他們都按著佛陀所說的法去修行。

一本書
讀懂所有佛經

第二十五章　發現古城的道路

　　有個時候，佛陀住在舍衛城的祇樹林給孤獨園。有一天，佛陀對出家弟子們說：「弟子們，如來過去還沒有證悟無上正等正覺的時候，還在修行菩薩道的時候，就經常的想：這個世間是如此的讓人痛苦和煩惱，一旦出生在這個世間就會衰老、死亡。死後又會再次的出生，如此生生死死、循環往復、無有窮盡，受盡折磨。然而卻不知道如何從衰老和死亡的痛苦中解脫出來，如何才能明白從衰老和死亡中解脫出來的修行方法呢？」

　　弟子們，如來還是菩薩的時候，就經常這樣的想：當什麼存在了，就會有「老死」？以什麼爲前提條件就會有「老死」的產生？

　　弟子們，如來過去經過仔細的思考，以及自己修行的實際體會，用自己已經證悟的智慧解釋到：當「生」存在了，就會有「老死」，以「生」爲前提條件就會有「老死」的產生。弟子們這就是緣起法（緣起法解釋，見第十八章、第十九章）。

　　弟子們，過去如來還是菩薩的時候，就經常的這樣想：當「有」存在了，就會有「生」，以「有」爲前提條件就會有「生」的產生。

　　當「取」存在了，就會有「有」，以「取」爲前提條件就會有「有」的產生。

　　當「愛」存在了，就會有「取」，以「愛」爲前提條件就會有「取」的產生。

　　當「受」存在了，就會有「愛」，以「受」爲前提條件就會有「愛」的產生。

　　當「觸」存在了，就會有「受」，以「觸」爲前提條件就會有「受」的產生。

　　當「六處」存在了，就會有「觸」，以「六處」爲前提條件就會有「觸」的產生。

　　當「名色」存在了，就會有「六處」，以「名色」爲前提條件就

會有「六處」的產生。

當「識」存在了，就會有「名色」，以「識」為前提條件就會有「名色」的產生。

弟子們，一旦「識」生起、存在了，「名色」就會出現、顯現。一旦「識」存在了，就無法超越「名色」，也就是說一旦「識」存在了，就會了知物質事物和精神思想，就無法從物質世界和精神世界中解脫出來，就這樣出生在世間，衰老、死去，又再次的出生在世間，又衰老、死去，如此生生死死、循環往復、無有窮盡。如此：以「識」為前提條件產生出「名色」，以「名色」為前提條件產生出「六處」，以「六處」為前提條件產生出「觸」，以「觸」為前提條件產生出「受」，以「受」為前提條件產生出「愛」，以「愛」為前提條件產生出「取」，以「取」為前提條件產生出「有」，以「有」為前提條件產生出「生」，這樣有「生」就會產生出憂愁、悲傷、苦悶、憂慮、絕望、衰老、死亡。這就是世間人或眾生痛苦和煩惱聚集、出現的過程，世間的人或眾生按緣起法（緣起法解釋，見第十八章、第十九章）的順行就會繼續的在生死輪回中煎熬沉淪，受盡折磨和痛苦。

弟子們，生死輪回就是這樣發生的，世間人或眾生的生、老、病、死就是這樣生起、出現的。

弟子們，過去如來還是菩薩的時候，就是這樣通過自己實踐修行的體悟，開啟了智慧，明白了世間人或眾生煩惱和痛苦聚集、出現的過程。

弟子們，如來過去繼續的想：當什麼不存在了，就不會有「老死」？以什麼的滅盡為前提條件，就能將「老死」滅盡？

弟子們，如來過去經過仔細的思考，以及自己修行的實踐體會，用自己已經證悟的智慧解釋到：當「生」不存在了，就不會有「老死」，以「生」的滅盡為前提條件就能滅盡「老死」。

弟子們，如來過去繼續的想到：當「有」不存在了，就不會有「生」，以「有」的滅盡為前提條件就能滅盡「生」。

當「取」不存在了，就不會有「有」，以「取」的滅盡為前提條件就能滅盡「有」。

當「愛」不存在了，就不會有「取」，以「愛」的滅盡為前提條

件就能滅盡「取」。

　　當「受」不存在了，就不會有「愛」，以「受」的滅盡爲前提條件就能滅盡「愛」。

　　當「觸」不存在了，就不會有「受」，以「觸」的滅盡爲前提條件就能滅盡「受」。

　　當「六處」不存在了，就不會有「觸」，以「六處」的滅盡爲前提條件就能滅盡「觸」。

　　當「名色」不存在了，就不會有「六處」，以「名色」的滅盡爲前提條件就能滅盡「六處」。

　　當「識」不存在了，就不會有「名色」，以「識」的滅盡爲前提條件就能滅盡「名色」。

　　弟子們，「識」滅盡、滅除了，「名色」也會被滅盡、滅除。一旦「識」滅盡了，就超越了「名色」，也就是說一旦「識」滅盡了，就不會再了知物質事物和精神思想，就從物質世界和精神世界中解脫出來，這樣就不會無數次的出生在世間，衰老、死去，就不會循環往復、無有窮盡的生、老、病、死。

　　如來過去心裡想：我已經證悟了這條通向無上正等正覺的康莊大道，這條通往解脫的道路是什麼呢？那就是：「識」滅盡了，「名色」就滅除了。「名色」滅盡了，「六處」就滅除了。「六處」滅盡了，「觸」就滅除了。「觸」滅盡了，「受」就滅除了。「受」滅盡了，「愛」就滅除了。「愛」滅盡了，「取」就滅除了。「取」滅盡了，「有」就滅除了。「有」滅盡了，「生」就滅除了。「生」滅盡了，憂愁、悲傷、苦悶、憂慮、絕望、衰老、死亡就滅除了。這就是世間人或眾生痛苦和煩惱滅除、滅盡的過程。世間的人或眾生按緣起法（緣起法解釋，見第十八章、第十九章）的逆行就能從生死輪回的煩惱和痛苦中解脫出來。

　　弟子們，生死輪回就是這樣被滅盡的，世間人或眾生的生、老、病、死就是這樣被滅盡、滅除的。

　　弟子們，過去如來還是菩薩的時候，就是這樣通過自己實踐修行的體悟，開啓了智慧，明白了世間人或眾生煩惱和痛苦滅除、滅盡的過程。

弟子們，就如同有一個男子來到深山密林之中，他無意間發現了一條古道，他於是沿著這條古老的道路前行，他行進的過程中，看見了過去古人居住的房屋、園林，看見了美麗的蓮花池，看見了過去古人建造的城池、宮殿樓閣。

　　弟子們，這個男子發現隱藏在深山密林中的古城之後，他在古城裡面閒逛了一段時間，就跑回他所在的國家，稟報了國王和公卿大臣們，他對國王和公卿大臣們說：『陛下，各位大人，我到深山裡面砍柴的時候，發現了一條古道，我於是沿著這條古老的道路前行，我在前行的過程中，看見了很多古人過去居住的房屋，我看見了廣大的林園，我看見了漂亮的蓮花池，我還看見了高大的城牆，我激動的跑進古城裡，發現古城的中心有華麗莊嚴的宮殿樓閣，我走進宮殿，登上樓閣，沒有看見任何人在那裡，可是宮殿樓閣卻保存的很好，沒有受到破壞，完全可以再次居住和使用，我估計可能是過去的人為了躲避戰亂，全城的人都遷離了古城，我還發現古城裡面有無數的房屋，有寬大的街道、廣場，甚至於還很有多遺棄的鍋碗瓢盆。陛下，各位大人，你們可以派人跟我一起去這個古城，你們可以接管這個古城，這座古城保存的非常完好，只要稍加修復，就可以再次使用。』

　　國王和公卿大臣們聽後，非常的心動，於是就派出一百個士兵跟隨這個男子前去古城，沒過多久，派出的士兵回來稟報國王和公卿大臣，確實有一座保存完好的古城。

　　於是國王就下令：修復古城，開闢道路，建立市場，允許國內的百姓遷徙過去居住，允許商人前去做買賣，沒有過多久，這座古城就被修復一新，前往古城的道路也被鋪平擴大，古城裡人頭攢動、車水馬龍。各國的商人們絡繹不絕的來到這個古城，他們帶來各地的貨物互相做生意。百姓們修復和建造好了很多房屋，並長久的在古城定居。古城外也開墾出了無數多的田地，用來種植糧食和蔬菜。國王和公卿大臣們看見古城比自己現在居住的首都還要繁華，古城裡面的宮殿樓閣比首都的宮殿樓閣還要高大華麗，於是就將國家的首都遷到了古城，僅僅三年的時間，古城就成為了這個國家政治、經濟、文化的中心，人口的數量達到了百萬以上，成為了周邊最大的城市。國王授予這個發現古城的男子官職，並給了他豐厚的獎賞，感謝他引路的功

一本書

讀懂所有佛經

勞。

　　弟子們，什麼是證悟無上正等正覺的古道呢？過去的人，他們是沿著哪一條修行的古道，才證悟無上正等正覺，證悟解脫果位的呢？

　　弟子們，如來告訴你們，這條通往無上正等正覺果位，通向解脫的古道就是八正道（八正道解釋，見第五章），也就是：正見、正思惟、正語、正業、正命、正精進、正念、正定這八種正道。

　　弟子們，這條古道早就已經存在了，如來就是沿著這條古道前行，才證悟了「老死」，才證悟了「老死」的聚集、起因。才證悟了「老死」的滅盡、滅除，才證悟了「老死」滅盡、滅除的修行方法的。

　　弟子們，如來沿著八正道這條古道前行，才證悟了「生」、「有」、「取」、「愛」、「受」、「觸」、「六處」、「名色」、「識」、「行」、「無明」。才證悟了「生」、「有」、「取」、「愛」、「受」、「觸」、「六處」、「名色」、「識」、「行」、「無明」的聚集、起因。才證悟了「生」、「有」、「取」、「愛」、「受」、「觸」、「六處」、「名色」、「識」、「行」、「無明」的滅盡、滅除。才證悟了「生」、「有」、「取」、「愛」、「受」、「觸」、「六處」、「名色」、「識」、「行」、「無明」滅盡、滅除的修行方法的。

　　弟子們，如來就是因為沿著八正道這條古道而行，才證悟了無上正等正覺，才證悟了解脫生死的智慧和果位，才能在這裡為出家修行的男女弟子，在家修行的男女弟子講述如來實踐修行證悟的整個過程，講述如來證悟無上正等正覺，證悟解脫智慧和果位的修行歷程和經驗。

　　弟子們，你們按著八正道去修行，你們身體行為、口說言語、內心念想的修行就能圓滿，你們也能從生死的輪迴中解脫出來，你們也能證悟無上正等正覺，你們也能證悟解脫的智慧和果位，你們也能達到不生不滅涅槃的境界。就如同沿著古道發現古城，古城被修復重建，古城的經濟開始繁榮，古城成為國家的首都，古城成為政治、經濟、文化中心，古城的人口數量達到百萬以上，成為周邊最大的城市一樣，你們按著八正道去修行，就能逐漸從不好痛苦的地方投生到富貴之家，從富貴之家再投生到天界享福，從低階層的天界，投生到高

階層的天界，福德越來越大，最後直接從生死輪回中永遠的解脫出來，證悟不同層次的解脫果位，最終證悟無上正等正覺成就佛果，達到不生不滅最高的涅槃境界。

弟子們，你們應該按著八正道去修行，這是過去如來用自己的實踐修行驗證過的，是完全正確的修行方法，如來就是通過修行八正道才逐漸的證悟無上正等正覺，達到不生不滅最高涅槃境界的。」

佛陀說法後，聽法的出家弟子們都再次的頂禮佛陀，隨喜讚歎佛陀說法的無量功德，他們都按著佛陀所說的法去修行。

第二十六章　貪愛的產生如同吃毒藥

　　有個時候，佛陀住在俱盧國一個叫葛馬沙達馬的城鎮上，有一天，佛陀對出家弟子們說：「弟子們，你們的內心進行了正確的觀想了嗎？」

　　這時有個出家人，就對佛陀講述他內心觀想的情況，可是那位出家人所說的觀想情況無法讓佛陀滿意，這時，阿難尊者就對佛陀說：「世尊，恭請您為我們講解，內心該如何的觀想才是正確的觀想，我們會按您所說的方法去修行的。」

　　佛陀說：「阿難，弟子們，你們要認真的聽，你們要仔細的思考，如來現在要為你們說法了。」

　　阿難尊者和其他出家弟子們異口同聲的回答：「世尊，我們會認真聽您說法的，我們會仔細的思考的，恭請世尊您為我們說法。」

　　佛陀說：「弟子們，內心應該如何去觀想呢？什麼樣的觀想才是正確的觀想呢？弟子們你們應該這樣去觀想：「出生在世間生起的這些衰老、死亡等等種種不同種類的痛苦，這些痛苦產生的起因是什麼？什麼讓它們聚集、形成？是什麼讓它們生起？什麼是它們產生的根源？當什麼存在了，就會有老死的產生？當什麼不存在了，老死就滅盡了，就沒有了？」

　　弟子們，當你們這樣去觀想的時候，就應該告訴自己：「出生在世間生起的這些衰老、死亡等等種種不同種類的痛苦，執著和掛念是痛苦產生的原因，執著和掛念讓痛苦聚集、形成。執著和掛念讓痛苦生起，執著和掛念是痛苦產生的根源，當執著和掛念存在了，就會有老死，當執著和掛念不存在了，老死就滅盡了，就沒有了。」

　　弟子們，這樣你們就明白了老死，明白了老死的聚集、形成，明白了老死的滅盡，明白了滅盡老死的修行方法。這樣去觀想就是正確的觀想。

　　弟子們，這樣去觀想就被稱為是：「為了滅除、滅盡一切痛苦，

為了滅除、滅盡老死而去修行的出家人。」

弟子們，你們這樣觀想後，就應該更進一步觀想，如何觀想呢？你們應該這樣想：「那麼，這個執著和掛念，什麼是它們產生的起因呢？什麼讓它們聚集、形成。什麼讓它們生起？什麼是它們的根源？當什麼存在了，就會有執著和掛念的產生？當什麼不存在了，執著和掛念就滅盡了，就沒有了？」

弟子們，當你們這樣觀想的時候，就應該告訴自己：「貪愛是執著和掛念產生的起因，貪愛讓執著和掛念聚集、形成，貪愛讓執著和掛念生起，貪愛是執著和掛念產生的根源，當貪愛存在了，就會有執著和掛念。當貪愛不存在了，執著和掛念就滅盡了，就沒有了。」弟子們，你們這樣去觀想，就明白了執著和掛念，就明白了執著和掛念的聚集、形成，就明白了執著和掛念的滅盡，就明白了滅盡執著和掛念的修行方法。這樣去觀想就是依法修行的人。

弟子們，這樣去觀想修行的人，就被稱為：「為了滅盡一切的痛苦，為了滅盡一切的執著和掛念而修行的出家人。」

弟子們，這樣觀想後，你們應該更進一步的觀想，你們應該這樣繼續的觀想：「那麼，貪愛是從什麼地方生起來的呢？貪愛根植於什麼地方呢？貪愛以什麼為依靠呢？」

弟子們當你們這樣觀想的時候，就應該告訴自己：「那些世間中讓自己喜歡、快樂、滿意的事物就是貪愛生起的地方，貪愛根植於這些讓自己喜歡、快樂、滿意的事物上，貪愛就是依靠這些讓自己喜歡、快樂、滿意的事物生起來的。

弟子們，這些事物是如何讓自己生起貪愛的呢？當眼睛看見讓自己喜歡、快樂、滿意的事物的時候，貪愛就會生起，貪愛就會根植於這些事物上。

當耳朵聽見讓自己喜歡、快樂、滿意的聲音的時候，貪愛就會生起，貪愛就會根植於這些聲音上。

當鼻子聞到讓自己喜歡、快樂、滿意的氣味的時候，貪愛就會生起，貪愛就會根植於這些氣味上。

當舌頭嘗到讓自己喜歡、快樂、滿意的味道的時候，貪愛就會生起，貪愛就會根植於這些味道上。

當身體觸摸到或是感受到讓自己喜歡、快樂、滿足的觸覺、冷熱舒適的環境中的時候，貪愛就會生起，貪愛就會根植於這些觸覺、冷熱舒適的環境之中。

　　當內心想到讓自己喜歡、快樂、滿足的思想、念想的時候，貪愛就會生起，貪愛就會根植於這些思想、念想上。

　　弟子們，過去、現在、未來的一些出家人、修行人，以及世間的人，他們會認為世間這些讓自己喜歡、快樂、滿意的事物（包括自己的身體）是可以永遠存在的，是讓人樂此不疲的，是我所擁有的，是我的真實存在，是沒有災禍病痛的，是平安穩當的。他們讓貪愛滋生，他們養育貪愛，讓貪愛增長。凡是滋生、養育、增長貪愛的人，他們就是在滋生、養育、增長執著和掛念。凡是滋生、養育、增長執著和掛念的人，他們就是在滋生、養育、增長痛苦。凡是滋生、養育、增長痛苦的人，他們就無法從出生、衰老、死亡、愁悶、悲傷、難受、憂慮、絕望中解脫出來。如來就說：「他們沒有從世間的痛苦中解脫出來。」

　　弟子們，就如同有一杯顏色漂亮、芳香四溢、香甜可口的飲料，可是這杯飲料卻被加入了毒藥，那個時候，有一個商人，他幾天都沒有喝到水了，口渴難耐，於是，有個國王就對他說：『你很口渴嗎？我這裡有一杯顏色漂亮、芳香四溢、香甜可口的飲料，你可以用來解渴，不過我告訴你，這杯飲料已經被加入了毒藥，你如果喝了就會被毒死。如果你想喝的話，就拿去喝吧。』這個商人認為國王是在騙他，不相信這杯飲料有毒，於是就不加思索的喝下了這杯飲料，沒過多久，這個商人就感覺到渾身疼痛難忍，尤其是自己的肚子如同被萬蟲啃食一樣痛楚，商人於是在痛苦中死去。弟子們，同樣的道理，過去、現在、未來的一些出家人、修行人，以及世間的人，他們會認為世間這些讓自己喜歡、快樂、滿意的事物（包括自己的身體）是可以永遠存在的，是讓人樂此不疲的，是我所擁有的，是我的真實存在，是沒有災禍病痛的，是平安穩當的。他們讓貪愛滋生，他們養育貪愛，讓貪愛增長。凡是滋生、養育、增長貪愛的人，他們就是在滋生、養育、增長執著和掛念。凡是滋生、養育、增長執著和掛念的人，他們就是在滋生、養育、增長痛苦。凡是滋生、養育、增長痛苦

的人，他們就無法從出生、衰老、死亡、愁悶、悲傷、難受、憂慮、絕望中解脫出來。如來就說：『他們沒有從世間的痛苦中解脫出來。』弟子們，這個就如同國王給商人喝的那杯飲料，雖然這杯飲料看起來顏色漂亮，聞起來芳香四溢，嘗起來香甜可口，可是卻被加入了毒藥，一旦將這杯飲料喝入身體中，就會渾身疼痛難忍，肚子猶如被萬蟲啃食，就會被錐心的痛苦折磨到死。

　　但是，弟子們，過去、現在、未來的一些出家人、修行人，以及世間的人，他們會認為世間這些讓自己喜歡、快樂、滿意的事物（包括自己的身體）是無法永遠存在的，是讓人痛苦不堪的，不是我所擁有的，不是我的真實存在，是災禍病痛的降臨，是讓人恐怖畏懼的。他們由此捨棄、斷除、滅盡貪愛。凡是捨棄、斷除、滅盡貪愛的人，他們就是在捨棄、斷除、滅盡執著和掛念。凡是捨棄、斷除、滅盡執著和掛念的人，他們就是在捨棄、斷除、滅盡痛苦。凡是捨棄、斷除、滅盡痛苦的人，他們就從出生、衰老、死亡、愁悶、悲傷、難受、憂慮、絕望中解脫出來。如來就說：「他們從世間的痛苦中解脫出來了。」

　　弟子們，就如同有一杯顏色漂亮、芳香四溢、香甜可口的飲料，可是這杯飲料卻被加入了毒藥，那個時候，有一個商人，他幾天都沒有喝到水了，口渴難耐，於是，有個國王就對他說：『你很口渴嗎？我這裡有一杯顏色漂亮、芳香四溢、香甜可口的飲料，你可以用來解渴，不過我告訴你，這杯飲料已經被加入了毒藥，你如果喝了就會被毒死。如果你想喝的話，就拿去喝吧。』於是這個商人就對國王說：『我不想死，既然這杯飲料加入了毒藥，不管它的顏色有多麼的漂亮，也不管它有多麼的芳香四溢、香甜可口，我都不會喝它。陛下，您有其他解渴的東西嗎？比如沒有添加毒藥的水，沒有添加毒藥的乳酪、米粥，或者沒有加入毒藥的各種湯。有毒的飲料我不會喝的，有毒的食物我也不會吃的，請您給我沒有毒的水、飲料、食物。』弟子們，這個商人他拒絕喝有毒藥的飲料，這樣這個商人就不會因為喝下有毒的飲料而導致渾身疼痛難忍，也不會讓他自己的肚子猶如被萬蟲啃食一樣痛楚，這樣商人就不會在痛苦中死去。

　　弟子們，同樣的道理，過去、現在、未來的一些出家人、修行

一本書

讀懂所有佛經

人，以及世間的人，他們會認爲世間這些讓自己喜歡、快樂、滿意的事物（包括自己的身體）是無法永遠存在的，是讓人痛苦不堪的，不是我所擁有的，不是我的眞實存在，是災禍病痛的降臨，是讓人恐怖畏懼的。他們由此捨棄、斷除、滅盡貪愛。凡是捨棄、斷除、滅盡貪愛的人，他們就是在捨棄、斷除、滅盡執著和掛念。凡是捨棄、斷除、滅盡執著和掛念的人，他們就是在捨棄、斷除、滅盡痛苦。凡是捨棄、斷除、滅盡痛苦的人，他們就從出生、衰老、死亡、愁悶、悲傷、難受、憂慮、絕望中解脫出來。如來就說：『他們從世間的痛苦中解脫出來了。』弟子們，這個就如同國王讓商人喝的那杯飲料，雖然這杯飲料看起來顏色漂亮，聞起來芳香四溢，嘗起來香甜可口，可是卻被加入了毒藥，商人拒絕喝這杯有毒的飲料，他就不會因爲喝下有毒的飲料而渾身疼痛難忍，他的肚子也不會感受到猶如被萬蟲啃食一樣的痛楚，他也不會被錐心的痛苦折磨到死。」

佛陀說法後，聽法的出家弟子們都再次的頂禮佛陀，隨喜讚歎佛陀說法的無量功德，他們都按著佛陀所說的法去修行。

第二十七章　證悟解脫果位後會有神通嗎？

　　有個時候，佛陀住在王舍城栗鼠飼養處的竹林中。那時佛陀被世人尊敬、恭敬、尊重，世人都禮敬、崇敬佛陀和他的出家弟子們，他們供養給佛陀和他的出家弟子們衣服、食物、藥品，臥床、住宿的地方、生活日用品等等的物品。世人都盡自己的能力去供養佛陀，去供養佛陀的出家弟子們。然而其他教派的一些修行人卻沒有受到世人的尊敬、恭敬。世人沒有供養給他們衣服、食物、藥品、臥床等等物品。那個時候有個叫蘇屍摩的外教修行人，他與他所在教派的修行人們住在王舍城。

　　這些外教的修行人對蘇屍摩說：「蘇屍摩學友，你到喬達摩（佛陀）那裡去向他學習佛法，學成後再回來教給我們，這樣我們也可以向世人講說佛法了，這樣我們也可以受到世人的尊敬、恭敬、尊重了，這樣我們也可以獲得世人供養的衣服、食物、藥品、臥床、住宿的地方、生活日用品等等的物品了。」

　　蘇屍摩回答：「學友們，你們說的很有道理，那我現在就去喬達摩（佛陀）那裡學習佛法。」

　　於是蘇屍摩就去拜見阿難尊者，他來到阿難尊者的住處後，與阿難尊者互相問候後，就在一旁坐下，蘇屍摩對阿難尊者說：「阿難學友，我想皈依世尊，我想皈依世尊的正法，我想皈依僧團，我想修習世尊所說的法，我想受持世尊所制定的戒律。」

　　阿難尊者聽完蘇屍摩的請求後，就帶他去見佛陀，來到佛陀的住處，阿難尊者和蘇屍摩一同頂禮佛陀，之後他們就在一旁坐下，阿難尊者對佛陀說：「世尊，這位外教的修行人蘇屍摩，他想皈依您，他想皈依您的正法，他想皈依僧團，他想修習您所說的正法，他想受持您制定的戒律。」

　　佛陀說：「阿難！如果蘇屍摩想修習如來的正法，想要受持如來

一本書

讀懂所有佛經

制定的戒律，想要皈依如來，皈依正法，皈依僧團，那你就先讓他出家吧。」

於是蘇屍摩就在佛陀和阿難尊者的面前出家，並受持了具足戒。那時，有很多出家人來到佛陀的面前講述自己證悟的體會，他們說到：「我們已經完全明白了：從這一世開始，我們已經不會再出生在世間，我們行為、言語、念想的修行已經圓滿，應該做的事情已經做好，不會再有輪迴的狀態了，我們不會再出生在世間了。」

蘇屍摩看到這麼多的出家人來到佛陀面前講說一樣的言語，感覺很迷惑。於是他就當著佛陀的面，問這些出家人：「你們在世尊面前說同樣的言語是什麼意思呢？我弄不懂哦，你們能告訴我嗎？」

這些出家人異口同聲的說到：「我們只是在對世尊說我們修行的體悟，讓世尊印證我們已經證悟解脫的果位。」

蘇屍摩說：「那也沒有必要說同樣的話呀。」

出家人們回答：「學友，不管用什麼樣的言語回答世尊，要表達的意思都是一樣的，我們已經在世尊的身邊修行了很長的時間，世尊可以通過觀察我們在他身邊長時間行為、言語、念想的修行來確定我們是否已經證悟了解脫的果位。言語只是表達的方式而已，不可執著和掛念。」

蘇屍摩說：「學友們，您們已經證悟了解脫的果位，那麼您們證悟解脫果位的時候，是不是就會有很多神通了？比如：你們能把一個東西變成多個，把多東西個變成一個嗎？你們能隱身讓別人看不見你們嗎？你們能變成不同人的樣子，讓別人看見不同樣子的你們嗎？你們能穿牆、穿過房屋堡壘、穿越高山巨石，如同這些牆壁、房屋堡壘、高山巨石都不存在一樣，如同在虛空中行走一樣嗎？你們能夠隨意出入大地，走入地下，走出地面，如同在水中一樣可以上下的潛入和浮出嗎？你們能夠在水面上行走而不沉沒，就如同在平地上行走一樣嗎？你們能夠盤著腿漂浮在空中，如同在天空中飛行的鳥一樣嗎？你們有用手觸摸到太陽、月亮的大神通力、大威神力嗎？你們能夠自由自在的出入梵天界嗎？」

這些出家人回答：「學友，沒有這樣的事情，你多想了，這些都是你自己的幻想。」

蘇屍摩說：「學友們，那你們證悟解脫果位的時候，是不是通過清淨的修行就具有了千里眼、順風耳，能夠看見世間遠近一切的事物，能夠聽見世間遠近一切的聲音？」

　　這些出家人回答：「學友，這是沒有的事情，都是你自己幻想出來的，這種事情根本就不存在。」

　　蘇屍摩說：「學友們，那你們證悟解脫果位的時候，是不是就能知道別人心裡面想的是什麼？比如：世間人內心生起了貪心、憤怒的心、愚昧無知的心，你們就立刻知道他們生起了貪心、憤怒的心、愚昧無知的心，世間人的貪心、憤怒的心、愚昧無知的心熄滅了，你們也知道他們的貪心、憤怒的心、愚昧無知的心熄滅了。

　　世間人內心生起了集中的心、散亂的心、博大的心、狹隘的心、努力上進的心、頹廢墮落的心、清淨寂靜的心、渾濁的心、已經解脫的心、還沒有解脫的心。你們就立刻知道他們生起了集中的心、散亂的心、博大的心、狹隘的心、努力上進的心、頹廢墮落的心、清淨寂靜的心、渾濁的心、已經解脫的心、還沒有解脫的心。世間人集中的心、散亂的心、博大的心、狹隘的心、努力上進的心、頹廢墮落的心、清淨寂靜的心、渾濁的心、已經解脫的心、還沒有解脫的心熄滅了，你們也知道他們集中的心、散亂的心、博大的心、狹隘的心、努力上進的心、頹廢墮落的心、清淨寂靜的心、渾濁的心、已經解脫的心、還沒有解脫的心熄滅了。

　　學友們，是不是這樣呢？你們就能立刻知道世間人內心中想的什麼嗎，你們能夠知道世間人內心生起的不同種類的心念嗎？」

　　這些出家人回答：「學友，沒有這回事情，這樣的事情是不存在的，那只是你自己的幻想而已。」

　　蘇屍摩說：「學友們，那你們證悟解脫果位的時候，能夠回憶起你們過去世住在什麼地方嗎？比如，你們過去投生在世間的，一生、二生、三生、四生、五生、十生、二十生、三十生、四十生、五十生、百生、千生、十萬生、無數生，以及我們生活的這個世界出現、形成、發展、衰敗、消失的漫長時間中：你們無數次的出生在這個世間，每次投生在世間後叫什麼名字？有什麼樣的容貌？吃什麼樣的食物？有什麼痛苦快樂的感受和經歷？有多長的壽命？在什麼地方死去

一本書

讀懂所有佛經

又在什麼地方出生？再次出生後又叫什麼名字，又有什麼樣的容貌？又吃什麼食物？又有什麼痛苦快樂的感受和經歷？又有多長的壽命，又在什麼地方死去，在什麼地方出生？就像這樣，你們能夠回憶起你們過去世無數次出生後在世間的住處、經歷，各種行爲、言語、念想，各種不同的境遇嗎？」

這些出家人回答：「學友，過去世的事情那裡還記的，沒有這回事情，那些都是幻想出來的事情。」

蘇屍摩說：「學友們，那你們證悟解脫果位的時候，就能通過你們清淨的修行獲得天眼，這個天眼能夠看見世間的人或眾生出生、死亡、再次投生時候的狀況，知道他們是卑賤的還是高貴的，知道他們是漂亮的還是醜陋的，知道他們是幸運的還是悲慘的，知道世間一切人或眾生過去、現在、未來造出來的行爲、言語、念想而導致的各種善惡果報。比如，這些世間的人或眾生他們身體行爲做惡事，口說惡言，內心生起惡念，他們惡意中傷、誹謗聖者，他們不信因果，沒有正確的見解，胡作非爲，做出了很多傷害別人的事情，他們由於做惡事造下無數罪業的緣故，而在死後投生到痛苦的地方，投生到畜生、餓鬼、地獄三惡道，投生到受苦的地方，投生到悲慘的地方。或者這些世間的人或眾生他們身體行爲做善事，口說善言，內心生起善念，不惡意的中傷、誹謗聖者，他們深信因果，具有正確的見解，做了很多善事，他們死後將會投生到好的地方，投生到富貴之家，投生到天界享福。學友們，就像這樣，你們通過清淨的修行獲得了天眼，能夠看見世間的人或眾生出生、死亡、再次投生的狀況，知道他們是貧賤的還是高貴的。知道他們是漂亮的還是醜陋的，知道他們是幸運的還是悲慘的，知道世間一切人或眾生過去、現在、未來造出來的行爲、言語、念想而導致的各種善惡果報。你們證悟解脫果位後有這樣的能力嗎？」

這些出家人回答：「學友，沒有什麼天眼，你說的這個天眼是你自己幻想出來的，沒有這回事情。」

蘇屍摩說：「學友們，當你們證悟解脫果位的時候，能夠隨意離開自己的身體，不再依靠這個身體而生存嗎？你們能夠立刻進入到那種不依靠物質事物而生存、生活的高階天界之中嗎？你們可以通過隨

意觸摸任何人或眾生的身體，從而占有他們的身體，在他們的身上生活、生存嗎？」

這些出家人回答：「學友，沒有這回事情，這都是沒有的事情，都是你自己幻想出來的事情。」

蘇屍摩很迷惑的說：「學友們，你們證悟了解脫的果位，還不具備我剛才說的這些能力，這怎麼可能呢？我實在是弄不明白。」

這些出家人回答：「學友，我們是通過開啓智慧而得到解脫的。」

蘇屍摩說：「學友們，我實在是弄不明白，我越來越迷糊。」

這些出家人說：「學友，不管你明白也好，不明白也好，我們都是通過開啓智慧而獲得解脫的。」

蘇屍摩迷惑的對佛陀說：「世尊，我剛才與學友們的對話，相信您已經聽到了，我不知道他們是通過開啓什麼智慧而獲得解脫的，恭請世尊您為我講解。」

佛陀說：「蘇屍摩！明白如來所說的正法之後，依法修行就能證悟解脫的果位，就能達到涅槃的境界。

蘇屍摩！如來問你：世間一切的事物是永恆存在、永遠保持不變的，還是隨時在變化，是會出現、衰敗、消失的？」

蘇屍摩回答：「世尊，世間一切的事物隨時都在變化，沒有永恆存在的事物，沒有永遠不變的事物，世間一切的事物都會出現、衰敗、消失，世間一切的事物隨時都在發生變化。」

佛陀說：「蘇屍摩！既然世間一切的事物隨時都在變化，那麼世間的人或眾生是痛苦的，還是快樂的呢？」

蘇屍摩說：「世間的人或眾生最終都是痛苦的，為什麼這麼說呢？得不到自己想要的事物就會產生痛苦；獲得了自己想要的事物就會產生短暫的快樂，可是當這些給自己帶來快樂的事物衰敗、滅亡、消失的時候，就會給自己帶來痛苦。就算擁有這些讓自己快樂的事物很長的一段時間，然而世間每一個人或眾生最後都會死去，當臨死的那一刻，捨棄自己所有的親人、財物的時候也是非常痛苦的。所以我說世間的人或眾生最終都是痛苦的。因為世間一切的事物隨時都在變化，無法永恆的存在。無法永遠擁有這些讓自己快樂的事物。」

一本書

讀懂所有佛經

佛陀說：「蘇屍摩！凡是無法永恆存在的事物，凡是隨時在變化的事物，就會最終導致痛苦。蘇屍摩！你是如何想的？世間的事物（包括自己的身體）是我的嗎？我就是這個物質身體和精神思想嗎？世間的我是真實不變的我嗎？」

蘇屍摩回答：「世尊，不是這樣的，世間的事物（包括自己的身體）是隨時在變化的，無法永恆的存在，我無法永遠的擁有這些事物。物質身體隨時在變化，會生病、衰老、死亡；精神思想也是遇見外界的事物後才產生出來的，內心念想時刻都在變化，當死亡的時候這些精神思想就不存在了，所以說物質事物和精神思想都不是我的。世間的這個我也無法青春永駐，無法長生不死，不是真實不變的我，不是永恆存在的我。」

佛陀說：「蘇屍摩！感受、念想、行為、認識、分別、判斷是永恆存在，永遠保持不變的，還是隨時在變化，是會生起、褪去、消失的？」

蘇屍摩回答：「世尊，感受、念想、行為、認識、分別、判斷隨時都在變化，沒有永恆存在的感受、念想、行為、認識、分別、判斷，沒有永遠不變的感受、念想、行為、認識、分別、判斷，世間一切的感受、念想、行為、認識、分別、判斷都會生起、褪去、消失，世間一切的感受、念想、行為、認識、分別、判斷隨時都在發生變化。」

佛陀說：「蘇屍摩！既然感受、念想、行為、認識、分別、判斷隨時都在變化，那麼世間的人或眾生是痛苦的，還是快樂的呢？」

蘇屍摩說：「世間的人或眾生最終都是痛苦的。」

佛陀說：「蘇屍摩！凡是無法永恆存在的感受、念想、行為、認識、分別、判斷，凡是隨時在變化的感受、念想、行為、認識、分別、判斷，就會最終導致痛苦。蘇屍摩！你是如何想的？感受、念想、行為、認識、分別、判斷是我的嗎？我就是感受、念想、行為、認識、分別、判斷嗎？世間的我是真實不變的我嗎？」

蘇屍摩回答：「世尊，不是這樣的，感受、念想、行為、認識、分別、判斷是隨時在變化的，無法永恆的存在，世間的這個我也無法青春永駐，無法長生不死，不是真實不變的我，不是永恆存在的

我。」

佛陀說：「蘇屍摩！不論過去、現在、未來，不管物質事物（包括自己的身體）是內部的、外部的，是粗的、細的，還是劣質的、優質的，遠處的、近處的，對於世間一切的物質事物應該用正確的智慧這樣的觀想：「這不是我的，我不是這個，這不是真實不變的我。」

蘇屍摩！同樣道理，不論過去、現在、未來，對於一切的感受、念想、行為、認識、分別、判斷都應該用正確的智慧這樣的觀想：「這不是我的，我不是這個，這不是真實不變的我。」

蘇屍摩！這樣去修行，這樣去觀想的，就是在按如來的正法修行。這樣就不會執著和掛念世間一切的事物，就不會執著和掛念一切的感受、念想、行為、認識、分別、判斷。這樣就能除滅一切的貪愛，除滅一切的煩惱和痛苦，從世間解脫出來。當明白了這些解脫的智慧就能證悟：「從這一世開始已經不會再次的出生在世間，行為、言語、念想的修行已經圓滿，應該做的事情已經做好，不會再有輪迴的狀態，不會再出生在世間了」。

蘇屍摩！緣起法（緣起法解釋，見第十八章、第十九章）你已經明白了嗎？以「生」為前提條件就會產生出「老死」嗎？」

蘇屍摩回答：「世尊，緣起法（緣起法解釋，見第十八章、第十九章）我已經明白了，確實是這樣的。」

佛陀說：「蘇屍摩！以「有」為前提條件就會產生出「生」嗎？以「取」為前提條件就會產生出「有」嗎？以「愛」為前提條件就會產生出「取」嗎？以「受」為前提條件就會產生出「愛」嗎？以「觸」為前提條件就會產生出「受」嗎？以「六處」為前提條件就會產生出「觸」嗎？以「名色」為前提條件就會產生出「六處」嗎？以「識」為前提條件就會產生出「名色」嗎？以「行」為前提條件就會產生出「識」嗎？以「無明」為前提條件就會產生出「行」嗎？」

蘇屍摩回答：「世尊，確實是這樣的。」

佛陀說：「「生」滅盡了，「老死」就滅盡了嗎？「有」滅盡了，「生」就滅盡了嗎？「取」滅盡了，「有」就滅盡了嗎？「愛」滅盡了，「取」就滅盡了嗎？「受」滅盡了，「愛」就滅盡了嗎？「觸」滅盡了，「受」就滅盡了嗎？「六處」滅盡了，「觸」就滅盡了嗎？「名

一本書

讀懂所有佛經

色」滅盡了，「六處」就滅盡了嗎？「識」滅盡了，「名色」就滅盡了嗎？「行」滅盡了，「識」就滅盡了嗎？「無明」滅盡了，「行」就滅盡了嗎？」

蘇屍摩回答：「世尊，確實是這樣的。」

佛陀說：「蘇屍摩！當你明白了剛才如來所說的法理，還會認為：「證悟解脫的果位後，就會有很多神通了。比如：能把一個東西變成多個，把多東西個變成一個。能隱身讓別人看不見自己。能變成不同人的樣子，讓別人看見不同樣子的自己。能穿牆、穿過房屋堡壘、穿越高山巨石，如同這些牆壁、房屋堡壘、高山巨石都不存在一樣，如同在虛空中行走一樣。能夠隨意出入大地，走入地下，走出地面，如同在水中一樣可以上下的潛入和浮出。能夠在水面上行走而不沉沒，就如同在平地上行走一樣。能夠盤著腿漂浮在空中，如同在天空中飛行的鳥一樣。有用手觸摸到太陽、月亮的大神通力、大威神力。能夠自由自在的出入梵天界。」。你還會有這些不切實際的幻想，還會有這些不正確的見解嗎？」

蘇屍摩回答：「世尊，證悟了解脫的果位，那是指除滅一切的煩惱和痛苦，那些什麼神通都是子虛烏有的東西，這些所謂的神通根本都不存在，都是世間的人編造出來的，有些別有用心的人會打著神通的旗號到處坑蒙拐騙、詐騙錢財。其實根本就沒有神通這回事情，都是詐騙錢財的小把戲而已。」

佛陀說：「蘇屍摩！當你明白了剛才如來所說的法理，還會認為：「證悟解脫的果位後，就能通過清淨的修行具有千里眼、順風耳，就能夠看見世間遠近一切的事物，就能夠聽見世間遠近一切的聲音。」。你還會有這些不切實際的幻想，還會有這些不正確的見解嗎？」

蘇屍摩回答：「世尊，什麼千里眼、順風耳，這些都是不存的事情，證悟解脫的果位那是除滅自己一切的煩惱和痛苦，不被世間一切的事物束縛捆綁。說什麼通過清淨的修行就具有了千里眼、順風耳這都是騙人的假話，有些人靠這些假話詐騙信眾的錢財，這些都是不存在、沒有的事情。」

佛陀說：「蘇屍摩！當你明白了剛才如來所說的法理，還會認

為：「證悟解脫的果位後，就能知道別人心裡面想的是什麼。比如：世間人內心生起了貪心、憤怒的心、愚昧無知的心，就能立刻知道他們生起了貪心、憤怒的心、愚昧無知的心，世間人的貪心、憤怒的心、愚昧無知的心熄滅了，也能知道他們的貪心、憤怒的心、愚昧無知的心熄滅了。

世間人內心生起了集中的心、散亂的心、博大的心、狹隘的心、努力上進的心、頹廢墮落的心、清淨寂靜的心、渾濁的心、已經解脫的心、還沒有解脫的心，就能立刻知道他們生起了集中的心、散亂的心、博大的心、狹隘的心、努力上進的心、頹廢墮落的心、清淨寂靜的心、渾濁的心、已經解脫的心、還沒有解脫的心。世間人集中的心、散亂的心、博大的心、狹隘的心、努力上進的心、頹廢墮落的心、清淨寂靜的心、渾濁的心、已經解脫的心、還沒有解脫的心熄滅了，也能知道他們集中的心、散亂的心、博大的心、狹隘的心、努力上進的心、頹廢墮落的心、清淨寂靜的心、渾濁的心、已經解脫的心、還沒有解脫的心熄滅了。

證悟解脫果位的人能立刻知道世間人內心中想的是什麼。能夠知道世間人內心生起的不同種類的心念。」。你還會有這些不切實際的幻想，還會有這些不正確的見解嗎？」

蘇屍摩回答：「世尊，沒有這樣的事情，那些說證悟解脫果位後就能知道別人心裡想什麼，就能知道別人內心生起了什麼心念，熄滅了什麼心念的人，根本就是騙子嘛！沒有這樣的事情，說這些話的人是想通過提高自己的地位來詐騙信眾的錢財。」

佛陀說：「蘇屍摩！當你明白了剛才如來所說的法理，還會認為：「證悟解脫的果位後，就能夠回憶起過去世住在什麼地方。比如，過去投生在世間的，一生、二生、三生、四生、五生、十生、二十生、三十生、四十生、五十生、百生、千生、十萬生、無數生，以及我們生活的這個世界出現、形成、發展、衰敗、消失的漫長時間中：無數次的出生在這個世間，每次投生在世間後叫什麼名字？有什麼樣的容貌？吃什麼樣的食物？有什麼痛苦快樂的感受和經歷？有多長的壽命？在什麼地方死去又在什麼地方出生？再次出生後又叫什麼名字，又有什麼樣的容貌？又吃什麼食物？又有什麼痛苦快樂的感受

一本書

讀懂所有佛經

和經歷？又有多長的壽命，又在什麼地方死去，在什麼地方出生？就像這樣，能夠回憶起過去世無數次出生後在世間的住處、經歷，各種行爲、言語、念想，各種不同的境遇。」你還會有這些不切實際的幻想，還會有這些不正確的見解嗎？」

蘇屍摩回答：「世尊，沒有這樣的事情，雖然生死輪回存在，但是過去世的事情又有誰會記得，說證悟解脫果位後的人有回憶過去世的能力本身就是在騙人，沒有這樣的事情，世間有些人靠預測別人過去世從什麼地方來的，靠預測別人過去世的生活狀況和境遇來詐騙信眾的錢財。根本就沒有預測過去世能力的存在，全部都是世間的人瞎編亂造出來騙人的勾當。」

佛陀說：「蘇屍摩！當你明白了剛才如來所說的法理，還會認爲：「證悟解脫的果位後，能通過清淨的修行獲得天眼，這個天眼能夠看見世間的人或眾生出生、死亡、再次投生時候的狀況，知道他們是卑賤的還是高貴的，知道他們是漂亮的還是醜陋的，知道他們是幸運的還是悲慘的，知道世間一切人或眾生過去、現在、未來造出來的行爲、言語、念想而導致的各種善惡果報。比如，這些世間的人或眾生他們身體行爲做惡事，口說惡言，內心生起惡念，他們惡意中傷、誹謗聖者，他們不信因果，沒有正確的見解，胡作非爲，做出了很多傷害別人的事情，他們由於做惡事造下無數罪業的緣故，而在死後投生到痛苦的地方，投生到畜生、餓鬼、地獄三惡道，投生到受苦的地方，投生到悲慘的地方。或者這些世間的人或眾生他們身體行爲做善事，口說善言，內心生起善念，不惡意的中傷、誹謗聖者，他們深信因果，具有正確的見解，做了很多善事，他們死後將會投生到好的地方，投生到富貴之家，投生到天界享福。就像這樣，通過清淨的修行獲得了天眼，能夠看見世間的人或眾生出生、死亡、再次投生的狀況，知道他們是貧賤的還是高貴的。知道他們是漂亮的還是醜陋的，知道他們是幸運的還是悲慘的，知道世間一切人或眾生過去、現在、未來造出來的行爲、言語、念想而導致的各種善惡果報。證悟解脫果位後就有這樣的能力。」你還會有這些不切實際的幻想，還會有這些不正確的見解嗎？」

蘇屍摩回答：「世尊，沒有天眼這回事情，這些還是世間別有用心的人編造出來的，他們的目的是為了通過一個根本不存在的天眼來提高自己的地位，來詐騙錢財，沒有這回事情。完全是騙人的。」

佛陀說：「蘇屍摩！當你明白了剛才如來所說的法理，還會認為：「證悟解脫的果位後，就能夠隨意離開自己的身體，不再依靠這個身體而生存。就能夠立刻進入到那種不依靠物質事物而生存、生活的高階天界之中。就可以通過隨意觸摸任何人或眾生的身體，從而占有他們的身體，在他們的身上生活、生存。」。你還會有這些不切實際的幻想，還會有這些不正確的見解嗎？」

蘇屍摩回答：「世尊，這些都是子虛烏有、不存在的事情，都是世間的人編造出來的，實際上根本都是不存在的，全部都是謊言！全部都是騙人、騙錢的把戲。」

蘇屍摩將自己的頭落到佛陀的腳上，慚愧的對佛陀說：「世尊，我犯了一個嚴重的錯誤，我真是太愚昧無知了，我現在在您這裡懺悔。世尊，是這樣的，我其實來皈依您，皈依您的正法，皈依僧團，是帶著目的而來的，我對外教的學友們承諾，學到您的正法後，就回去傳授給他們，讓我們外教的修行人也能給信眾們講述您的正法，這樣我們就可以獲得信眾們供養的錢財、衣服、食物、藥品、臥床、住宿的地方、生活日用品等等物品。就能像您和您的出家弟子們一樣受到信眾的尊敬、恭敬、尊重。我如果這樣去做就造下了盜取正法的罪業，這樣做完全是為了獲得信眾的供養，出發點都是有問題的。世尊，我現在在您這裡虔誠的懺悔。」

佛陀說：「蘇屍摩！如來在不知道的情況下，你如果就將如來的正法傳授給了這些外教的修行人，確實就犯了盜法之罪。這些外教的修行人，他們沒有皈依如來，沒有皈依如來的正法，沒有皈依僧團，完全是為了獲得信眾的供養而去說法，他們也會造下盜法的罪業。蘇屍摩！就如同有個罪犯被抓捕了，執行刑罰的官員對國王說：『陛下，這個人是殺人越貨的強盜，我們好不容易才抓住了他，請您用國家的法律來處決他吧。』

國王說：『你這樣，你先用牢固的繩索將這個罪犯捆綁起來，並反綁他的雙手，剃光他的頭髮，然後敲著鼓，讓士兵們押著他遊街，

讓百姓們都知道這個罪大惡極的強盜即將被斬首了，由此消除百姓心中的怒氣，遊街完畢後，就將他押到城南去砍頭。』

這個執行刑罰的官員於是就按國王的命令，用牢固的繩索將這個罪犯捆綁，將他的雙手反綁，並剃光了他的頭髮，讓士兵們押著這個罪犯遊街示眾，最後將這個罪犯押到城南砍掉了他的頭顱。

蘇屍摩！你現在是怎麼想的？這個罪犯在遊街的過程中，在被士兵押解的過程中，在被斬首的過程中，他會產生憂慮和痛苦嗎？」

蘇屍摩回答：「世尊，這個罪犯肯定會產生很多憂慮和痛苦的。」

佛陀說：「蘇屍摩，這個罪犯他被士兵押解遊街，被斬首的時候會產生出很多憂慮和痛苦。而那些盜取正法的人，他們以後受到的果報會更加的憂慮和痛苦，為什麼呢？因為他們盜取正法的目的只是為了獲得信眾的供養，他們將會在貪欲中迷失，他們為了獲得信眾更多的供養就會胡編亂造一些新法出來，將信眾們導向不好的地方，導向痛苦的地方。甚至於將信眾們導向地獄、餓鬼、畜生三惡道，他們將會由此傷害到供養的信眾，他們會在未來世償還信眾的供養，並去承受信眾們由於誤導而所受到的一切傷害。他們未來的痛苦是無法用言語來形容的。有多少信眾被他們矇騙而供養他們，他們就要去償還多少供養，有多少信眾被他們誤導受到傷害，他們就要去承受信眾被誤導傷害後產生的一切痛苦。

蘇屍摩，雖然你犯了盜法之罪，可是你現在已經意識到了自己的錯誤，並在如來和如來的出家弟子面前虔誠的懺悔，如來原諒你，如來的出家弟子們也會原諒你，蘇屍摩對自己犯下的罪業虔誠的懺悔，以後不再去犯同樣的錯誤，那麼就是受持好了如來制定的戒律，由於沒有繼續的犯錯誤，沒有繼續的造下罪業，那麼修行的功德就會增長，過去犯下的錯誤，造下的罪業也會慢慢的消除。蘇屍摩，你可以讓你外教的學友都到如來這裡來，如來會為他們講述正法，會讓他們走上正確的修行道路，最終將他導向解脫，導向不生不滅的涅槃境界，讓他們徹底的從生死輪迴中解脫出來，讓他們也證悟解脫的果位。」

佛陀說法後，蘇屍摩和聽法的出家弟子們都再次的頂禮佛陀，隨喜讚歎佛陀說法的無量功德，他們都按著佛陀所說的法去修行。

第二十八章 界是什麼意思？

有個時候，佛陀住在舍衛城的祇樹林給孤獨園。有一天，佛陀對出家弟子們說：「弟子們，如來現在來為你們講說種種界的義理，你們要認真的聽，你們要仔細的思考，如來現在要開始說法了。」

出家弟子們回答：「世尊，我們會認真聽您說法的，我們會仔細的思考的，恭請世尊您說法。」

佛陀說：「弟子們，什麼是種種界呢？就是各種不同特性的分類。界有：眼界、色界、眼識界，耳界、聲界、耳識界，鼻界、氣味界、鼻識界，舌界、味道界、舌識界，身界、所觸界、身識界，意界、法界、意識界。弟子們，這就是種種界。

弟子們，什麼是眼界呢？就是眼睛能夠持續看見外界事物的範圍。什麼是色界呢？就是有形事物、物質世界的範圍。什麼是眼識界？就是眼睛感知、分別、判斷不同外界物質事物的大小、形狀、高低等等特性，區分辨別不同的外界物質事物。

什麼是耳界？就是耳朵能夠持續聽見外界聲音的範圍。什麼是聲界？就是外界聲音傳播的範圍。什麼是耳識界？就是耳朵感知、分別、判斷不同外界聲音的大小、遠近、高低等等特性，區分辨別不同的外界聲音。

什麼是鼻界？就是鼻子能夠持續聞到外界氣味的範圍。什麼是氣味界？就是外界氣味傳播的範圍。什麼是鼻識界？就是鼻子感知、分別、判斷不同外界氣味的香臭、濃淡、腥臊等等特性，區分辨別不同的外界氣味。

什麼是舌界？就是舌頭能夠持續嘗到外界味道的範圍。什麼是味道界？就是外界味道傳播的範圍。什麼是舌識界？就是舌頭感知、分別、判斷不同外界味道的苦甜、酸鹹、鮮辣等等特性，區分辨別不同的外界味道。

什麼是身界？就是身體能夠持續觸摸、感受到外界事物、環境變化（冷熱、舒適等等環境）的範圍。什麼是所觸界？就是外界能夠被觸摸、感受到的物質事物、環境範圍。什麼是身識界？就是身體感知、分別、判斷不同外界事物、環境的細滑、柔嫩、冷熱、舒適等等特性，區分辨別不同的外界事物、環境。

　　什麼是意界？就是內心能夠持續生起念想、思想的領域、範圍。什麼是法界？就是遇見外界事物、思想而生起的各種念想、思想。什麼是意識界？就是內心感知、分別、判斷不同念想、思想的喜厭、善惡、美醜等等特性，區分辨別不同的念想、思想。

　　弟子們，這就是種種不同的界。」

　　佛陀說法後，聽法的出家弟子們都再次的頂禮佛陀，隨喜讚歎佛陀說法的無量功德，他們都按著佛陀所說的法去修行。

第二十九章　蜂蜜會與蜂蜜聚集到一起

　　有個時候，佛陀住在舍衛城的祇樹林給孤獨園。有一天，佛陀對出家弟子們說：「弟子們，世間的眾生如同界（界解釋，見第二十八章）一樣，相同特性的事物會聚集、合流到一起，也就是兇惡歹毒的人會與卑劣惡毒的念想聚集、合流到一起，惡人會與惡人聚集、合流到一起。

　　弟子們，過去世、現在世、未來世的眾生也如同界一樣，相同特性的事物會聚集、合流到一起，也就是過去世、現在世、未來世兇惡歹毒的眾生會與卑劣惡毒的念想聚集、合流到一起，過去世、現在世、未來世惡毒的眾生會與惡毒的眾生聚集、合流到一起。

　　弟子們，就如同屎糞與屎糞聚集、合流到一起；尿與尿聚集、合流到一起；口痰與口痰聚集、合流到一起；濃血與濃血聚集、合流到一起；汙血與汙血聚集、合流到一起。弟子們，同樣的道理，過去世、現在世、未來世的眾生也如同界一樣，相同特性的事物會聚集、合流到一起，也就是過去世、現在世、未來世兇惡歹毒的眾生會與卑劣惡毒的念想聚集、合流到一起，過去世、現在世、未來世惡毒的眾生會與惡毒的眾生聚集、合流到一起。

　　弟子們，世間的眾生如同界一樣，相同特性的事物會聚集、合流到一起，也就是善良溫和的人會與高尚仁慈的念想聚集、合流到一起，善人會與善人聚集、合流到一起。

　　弟子們，過去世、現在世、未來世的眾生也如同界一樣，相同特性的事物會聚集、合流到一起，也就是過去世、現在世、未來世善良溫和的眾生會與高尚仁慈的念想聚集、合流到一起，過去世、現在世、未來世善良的眾生會與善良的眾生聚集、合流到一起。

　　弟子們，就如同乳汁與乳汁聚集、合流到一起；油與油聚集、合流到一起；奶酥與奶酥聚集、合流到一起；蜂蜜與蜂蜜聚集、合流到一起；糖漿與糖漿聚集、合流到一起。弟子們，同樣的道理，過去

世、現在世、未來世的眾生也如同界一樣，相同特性的事物會聚集、合流到一起，也就是過去世、現在世、未來世善良溫和的眾生會與高尚仁慈的念想聚集、合流到一起，過去世、現在世、未來世善良的眾生會與善良的眾生聚集、合流到一起。

弟子們，眼睛、耳朵、鼻子、舌頭、身體、內心接觸到物質事物、聲音、氣味、味道、觸覺、念想的時候就會生起欲望，當欲望生起的時候，就會在欲望的森林中迷失。不接觸外界的事物，欲望就被切斷了，欲望就無法生起。

如同在洶湧澎湃的大海上行駛的小舟，隨時都可能被海浪吞噬沉沒一樣。鬆懈、懶惰的修行人隨時都可能被欲望的大海吞噬沉沒，從而喪失掉之前清淨的境界。因此要遠離那些鬆懈、懶惰的修行人。要親近精進修行的聖者，並且要以這些聖者爲榜樣，讓自己的內心不被外界的事物所迷惑，讓自己的內心不再胡思亂想，不再散亂，讓自己的內心保持清淨的境界，讓自己的內心不生起任何的念想，這樣就不會迷失在欲望的森林之中，這樣就不會被煩惱和痛苦束縛和捆綁。這樣經常與聖者在一起修行，經常保持內心的清淨境，不讓內心生起任何的念想，那麼就能除滅一切的煩惱和痛苦，就能從生死輪回中永遠的解脫出來，就能最終達到不生不滅涅槃的境界。」

這時，佛陀說偈言：

「欲情之下生，由觸而發生，
　若無觸則斷。如于大海上，
　乘小舟必沒，如是入懈怠，
　淨命亦沉沒。然彼懈怠者，
　離無精進者，親近賢聖者，
　俱與賢聖住，常於勤精進，
　專注禪思者，終達涅槃境。」

佛陀說法後，聽法的出家弟子們都再次的頂禮佛陀，隨喜讚歎佛陀說法的無量功德，他們都按著佛陀所說的法去修行。

第三十章　水界是什麼？

　　有個時候，佛陀住在舍衛城的祇樹林給孤獨園。有一天，佛陀對出家弟子們說：「弟子們，世間有四界，是哪四界呢？就是地界、水界、火界、風界。什麼是地界呢？就是世間具有堅固性質的領域、範圍，地界也被稱爲地大，什麼是地大呢？就是具有堅固的性質，有承載保持的作用，比如大地堅固，承載萬物，有保持不動的作用，又比如世間人的毛髮、指甲、牙齒、皮肉、骨頭等等也具有堅固、承載、保持的作用，也被稱爲人身體上的地大。

　　什麼是水界呢？就是世間具有濕潤性質的領域、範圍，水界也被稱爲水大，什麼是水大呢？就是具有潮濕的性質，有聚集、凝結的作用，比如世間的雨水滋潤世間萬物，讓萬物濕潤，這些水還能聚集成江河、湖泊、海洋。又比如世間人的血液、淚水、口水、鼻涕、尿液等等也具有潮濕、聚集、滋潤的作用，也被稱爲人身體上的水大。

　　什麼是火界呢？就是世間具有溫熱性質的領域、範圍，火界也被稱爲火大，什麼是火大呢？就是具有溫暖的性質，有催生、成熟的作用，比如世間春夏的氣候，溫暖讓萬物開始復蘇、生長、成熟。又比如世間人的身體溫度，以及身體中的各種暖氣等等也具有溫暖、催生、成熟的作用，也被稱爲人身體上的火大。

　　什麼是風界呢？就是世間具有移動、流通性質的領域、範圍，風界也被稱爲風大，什麼是風大呢？就是具有流動的性質，有傳遞、傳播的作用，比如世間的各種風，讓各種氣互相流通，世間萬物因爲氣的流通而得以生長、生存。又比如世間人呼吸空氣，獲取能夠讓自己持續生存下去的氣，由於呼吸而讓身體內的氣與外界的氣流通，也具有流動、傳遞、傳播的作用，也被稱爲人身體上的風大。」

　　佛陀說法後，聽法的出家弟子們都再次的頂禮佛陀，隨喜讚歎佛陀說法的無量功德，他們都按著佛陀所說的法去修行。

第三十一章　一劫有多長的時間？

有個時候，佛陀住在舍衛城的衹樹林給孤獨園，有一天，有一位出家弟子來到佛陀的住所，他頂禮佛陀後，就在一旁坐下，他對佛陀說：「世尊，一劫有多長時間呢？」

佛陀說：「比丘（出家人），一劫代表很長的時間，是不太容易被估計的，劫是時間長度的計數單位，比如像幾年、幾百年、幾千年、幾十萬年。由於劫代表的時間非常的長，不太好描述它具體指代的時間有多長。」

這位出家人繼續問：「世尊，您能為我說一個比喻嗎？用這個比喻來描述劫代表的時間長度。」

佛陀說：「比丘，這是可以的。比丘，就比如有一個長四十裡、寬四十裡、高四十裡的大岩石，這個大岩石沒有裂縫，沒有孔洞，非常的堅硬牢固，有一個男子每過一百年，就用自己的衣服擦拭一次大岩石，他這樣堅持每一百年就用衣服擦一次大岩石，一直到大岩石被擦的光滑透亮，被擦的小如棗核，被擦的不見了蹤跡，滅盡消失了。

他每一百年就用衣服擦拭一次大岩石，他這樣將大岩石擦的不見蹤跡，擦的滅盡消失所用的時間就是一劫，一劫就有那麼長的時間。比丘，你要明白世間的眾生，他們生死輪回的時間長度不只是一劫，不只是百劫，不只是千劫，不只是十萬劫。他們生死輪回的時間長度那是無數劫，是無法用時間來計量的。為什麼呢？比丘，生死輪回是迴圈不止的，是無窮無盡的！這些不明白世間的真相、規則，被無知障礙，被貪愛束縛捆綁的眾生，他們的生死輪回也是迴圈不止的，也是無窮無盡的，他們是無法知道他們自己生死輪回的起點在什麼地方的。

比丘，你無數次的生死輪回，無數次的承受痛苦，無數次的經歷不幸，無數次的憂愁、悲傷、苦悶、憂慮、絕望。無數次的死後埋入墓地。比丘，你要從世間解脫出來，要從生死輪回中解脫出來，就不

要再掛念和執著世間一切的事物，就不要再執著和掛念自己一切的行為、言語、念想。這樣你就不會被世間一切的事物束縛捆綁，這樣你就不會被自己的行為、言語、念想束縛捆綁。這樣你就能最終從生死輪回中永遠的解脫出來。」

佛陀說法後，這位聽法的出家弟子再次的頂禮佛陀，他隨喜讚歎佛陀說法的無量功德，並按著佛陀所說的法去修行。

第三十二章　什麼才是清淨的說法

　　有個時候，佛陀住在舍衛城的祇樹林給孤獨園，有一天，佛陀對出家弟子們說：「弟子們，你們到世間人的家中去的時候，要像月亮那樣的皎潔清淨，要像剛出家那個時候一樣的謙虛有禮，一定不要生起傲慢之心。

　　弟子們，就如同一個男子他看著深不見底的水井，站在高聳如雲的懸崖旁邊，在浩瀚的海洋深處划船一樣，他會調整好自己的身心，不會有絲毫的懈怠和粗心，因為他一旦懈怠，一旦粗心大意就可能會失去生命。弟子們，同樣的道理，你們到世間人的家中去的時候也要保持一顆謙虛謹慎的心，要調整好自己的身心，不要驕傲自大。

　　弟子們，你們現在是如何想的？什麼樣的出家人才有資格到世間人的家中去呢？」

　　出家弟子們回答：「世尊您是我們的皈依，您是我們的導師，我們按您所說的法去修行，如果世尊您能夠為我們講解：『什麼樣的出家人才有資格到世間人的家中去？』我們會在聽您說法後，按您所說的去做的，去修行的，我們會時刻都受持世尊您對我們所說的正法的。」

　　這時，佛陀在空中揮動著自己的一隻手，對出家弟子們說：「弟子們，就如同如來這隻在空中揮動的手一樣，如來的這隻手因為是在虛空中揮動，所以就不會被束縛捆綁，就不會被阻礙、阻攔，就不會被任何事物粘住、黏住，就不會被任何人或事物捉住、抓住。同樣的道理，弟子們，如果有一位出家人，他到世間人的家裡去的時候，他的內心也不被任何的事物束縛捆綁，阻礙阻攔，粘住黏住，捉住抓住，他的內心不胡思亂想、不散亂，他的內心能夠保持清淨。並且他對於世間人的各種供養不會生起貪求的念想，當世間人供養他的時候，他也會接受供養，以此來為世間供養他的人種植福德。當這些供養他的世間人獲得福德的時候，他不會由此開心歡喜；當這些世間人

不供養他的時候，他也不會由此悲傷痛苦。他不會產生喜怒哀樂等等任何的念想，弟子們，這位出家人不會因為任何事物或人的影響而改變清淨的境界，他就是有資格到世間人家裡面去的出家人。

弟子們，迦葉尊者就是這樣的修行人，他到世間人家裡去的時候，他的內心不會被任何的事物束縛捆綁，阻礙阻攔，粘住黏住，捉住抓住，他的內心不會胡思亂想，不會散亂，他的內心能夠保持清淨。並且他對於世間人的各種供養不會生起貪求的念想，當世間人供養他的時候，他也會接受供養，以此來為世間供養他的人種植福德。當這些供養他的世間人獲得福德的時候，他不會由此開心歡喜；當這些世間人不供養他的時候，他也不會由此悲傷痛苦。他不會產生喜怒哀樂等等任何的念想，弟子們，迦葉尊者不會因為任何事物或人的影響而改變清淨的境界，他就是有資格到世間人家裡面去的出家人。

弟子們，你們現在是怎麼想的？對世間人如何的說法是不清淨的說法？對世間人如何的說法是清淨的說法？」

出家弟子們回答：「世尊您是我們的皈依，您是我們的導師，我們按您所說的法去修行，如果世尊您能夠為我們講解：「什麼樣的說法是不清淨的說法？什麼樣的說法才是清淨的說法？」我們會在聽您說法後，按您所說的去做的，去修行的，我們會時刻都受持世尊您對我們所說的正法的。」

佛陀說：「弟子們，那你們就要認真的聽如來說法了，那你們就要仔細的思考了。」

出家弟子們回答：「世尊，我們會認真聽您說法的，我們會仔細思考的。」

佛陀說：「弟子們，任何的出家人，他們對世間人說法的時候，內心是這樣想的：「啊，希望他們從我這裡聽到法，希望他們在聽我說法後，能夠生起歡喜心，能夠對我說的法生起堅固的信心，由此讓他們對我也生起歡喜心，對我也生起堅固的信心。他們聽我說法後，會更加尊敬我，會拿出更多的物品來供養我。」弟子們，如果說法的出家人是這樣想的，不管他們對世間人說的法有多麼的好，都是不清淨的說法。

弟子們，任何的出家人，他們對世間人說法的時候，內心這樣的想：「這個法是如來所說的，我只是代如來來爲世間人講解，我一定要講的淺顯易懂，我一定要用最簡單易懂的言語來爲世間人講解如來的正法，讓聽法的世間人能夠立刻、直接、即時的明白如來所說正法的義理。這些已經聽法的世間人能夠由此按照如來的正法去修行，他們能夠因此開啓智慧，並身體力行的去實踐修行。我也是沿著如來的正法去修行才有了現在的清淨境界，我會告訴世間人：不要迷信和迷戀任何口中說出來的各種清淨境界，要以自己實踐的修行體悟來驗證如來所說正法中的各種清淨境界，要用自己的實踐來驗證而不是毫無理由的堅信任何口中說出的各種清淨境界。祈願他們聽聞我代如來說法後，能夠生起對如來正法的堅固信心，能夠持之以恆的去實踐修行，能夠由此除滅一切的煩惱和痛苦，能夠由此從生死輪回中解脫出來，能夠由此最終達到不生不滅涅槃的境界。」弟子們，像這樣，完全是出於對世間人的慈悲，完全是爲了讓如來的正法能夠簡單明瞭、淺顯易懂的被世間人理解和接受，完全是想讓聽法的世間人從煩惱和痛苦中解脫出來，完全是爲了讓世間人從生死輪回中永遠的解脫出來，完全是爲了讓世間人能夠達到不生不滅涅槃的境界，除此之外，沒有其他的貪求心，沒有其他爲自己獲得利益的念想，弟子們，這樣的說法就是清淨的說法。

　　弟子們，迦葉尊者也是這樣爲世間人講解如來的正法的，迦葉尊者對世間人說法的時候會這樣的想：「這個法是如來所說的，我只是代如來來爲世間人講解，我一定要講的淺顯易懂，一定要用最簡單易懂的言語來爲世間人講解如來的正法，讓聽法的世間人能夠立刻、直接、即時的明白如來所說正法的義理。這些已經聽法的世間人能夠由此按照如來的正法去修行，他們能夠因此開啓智慧，並身體力行的去實踐修行。我也是沿著如來的正法去修行才有了現在的清淨境界，我會告訴世間人：不要迷信和迷戀任何口中說出來的各種清淨境界，要以自己實踐的修行體悟來驗證如來所說正法中的各種清淨境界，要用自己的實踐來驗證而不是毫無理由的堅信任何口中說出的各種清淨境界。祈願他們聽聞我代如來說法後，能夠生起對如來正法的堅固信心，能夠持之以恆的去實踐修行，能夠由此除滅一切的煩惱和痛苦，

能夠由此從生死輪迴中解脫出來，能夠由此最終達到不生不滅涅槃的境界。」弟子們，像這樣，迦葉尊者完全是出於對世間人的慈悲，完全是為了讓如來的正法能夠簡單明瞭、淺顯易懂的被世間人理解和接受，完全是想讓聽法的世間人從煩惱和痛苦中解脫出來，完全是為了讓世間人從生死輪迴中永遠的解脫出來，完全是為了讓世間人能夠達到不生不滅涅槃的境界，除此之外，迦葉尊者沒有其他的貪求心，沒有其他為自己獲得利益的念想。

弟子們，你們應該以迦葉尊者為榜樣，應該以這樣清淨說法的出家人們為榜樣，如來其實是在用迦葉尊者和清淨說法出家人們的修行實踐在教導你們，你們應該按這樣的方法去實踐的修行。」

佛陀說法後，聽法的出家弟子們都再次的頂禮佛陀，隨喜讚歎佛陀說法的無量功德，他們都按著佛陀所說的法去修行。

第三十三章 如來的正法不是用來比試的

有個時候，佛陀住在舍衛城的竹林中，有一天，迦葉尊者來到佛陀的住所，他頂禮佛陀後，就在一旁坐下，佛陀對迦葉尊者說：「迦葉！你可以教導僧團裡面的出家人，你可以給這些出家人說法，你可以像如來一樣對僧團裡面的出家人說法，教導他們。」

迦葉尊者說：「世尊，現在僧團裡面的出家人是很難教導的，就算我對他們說法了，他們也不會聽我的，也不會去糾正他們自己的錯誤的，現在僧團裡面能夠直面自己錯誤，坦率接受別人正確的建議，並去懺悔改錯的出家人已經很少了。

世尊，我就曾經看見阿難尊者的弟子班達比丘（出家人），他與阿那律尊者的弟子阿賓吉伽比丘，互相的比試、挑戰誰說的法更多，誰說的法更好，誰說法的時間更長。

我前去制止他們愚昧的行為，他們還反過來譏諷我不學無術，他們還說：「如果迦葉你有真本事的話，就與我們比試說法。」我見他們不接受我的建言，於是就離開了。」

那時，佛陀聽完迦葉尊者的言語，就叫來一位出家人，對他說：「比丘（出家人）！你以如來的名義去叫阿難尊者的弟子班達比丘和阿那律尊者的弟子阿賓吉伽比丘，到如來這裡來。」

那位出家人回答：「世尊，好的，我現在就去叫他們來。」

沒有過多長時間，班達比丘和阿賓吉伽比丘就來到佛陀的住所，他們頂禮佛陀後，就在一旁坐下。

佛陀對他們說：「班達！阿賓吉伽！這件事情是真的嗎？你們兩人在互相比試、挑戰誰說的法更多，誰說的法更好，誰說法的時間更長，是這樣嗎？」

班達比丘和阿賓吉伽比丘回答：「世尊，我們確實在互相比試、挑戰說法，我們想這樣能夠分出學法的高下，能夠分清楚誰學法學的

更好。」

　　佛陀說：「班達！阿賓吉伽！你們回想一下，如來曾經教導過你們：「來，我們來互相比試、挑戰誰說的法更多，誰說的法更好，誰說法的時間更長」嗎？如來對你們說過這樣的法嗎？」

　　班達比丘和阿賓吉伽比丘回答：「世尊，你沒有這樣說過法。」

　　佛陀說：「班達！阿賓吉伽！如來並沒有說過讓比丘互相比試、挑戰說法的法，你們這樣去做只會讓自己陷入爭鬥的陷阱之中，只會讓你們生起爭鬥的煩惱。如來的正法是用來除滅煩惱和痛苦的，而不是用來增加煩惱和痛苦的，你們現在陷入爭鬥的陷阱之中，你們現在在爭鬥的煩惱中掙扎還不自知。你們真是愚癡的人，你們已經忘失如來的教導，已經離如來的正法越來越遠了。」

　　班達比丘和阿賓吉伽比丘這時，立刻就將他們的頭頂禮在佛陀的腳上，請求佛陀的原諒，他們對佛陀說：「世尊，我們是如此的愚昧無知，陷入爭鬥的陷阱中，我們沉浸在爭鬥的煩惱中還不自知，還自認為高明，還自認為在精進的修行。敬請世尊您原諒我們，我們會立刻糾正我們錯誤的行為，我們將會在僧團裡面虔誠的懺悔我們錯誤的行為的。」

　　佛陀說：「班達！阿賓吉伽！你們確實犯了過錯，你們確實被無知障礙，你們互相比試、挑戰誰說的法更多，誰說的法更好，誰說法的時間更長，讓很多僧團裡面的出家人效法、學習，讓很多出家人都陷入了爭鬥的陷阱中，讓很多的出家人都生起了爭鬥的煩惱，不過你們現在在如來這裡虔誠的懺悔，你們也準備到僧團中去虔誠的懺悔，並糾正你們錯誤的行為。如來原諒你們，僧團也會原諒你們的。班達！阿賓吉伽！你們要明白，認識到了自己的錯誤，並虔誠的懺悔，以後不再去犯同樣的錯誤，就是回到了正確的修行道路上，這樣就是受持好了如來制定的戒律，雖然你們曾經犯過錯誤，但是你們知道糾正自己的錯誤，知道用如來制定的戒律去制止這樣的錯誤不再發生，你們犯錯造下的罪業將會慢慢的消退，你們虔誠懺悔糾正錯誤，不再犯同樣的錯誤，並按如來的正法去修行種植下的功德將會持續的增長。」

佛陀說法後，班達比丘和阿賓吉伽比丘，以及在場聽法的出家弟子們都再次的頂禮佛陀，隨喜讚歎佛陀說法的無量功德，他們都按著佛陀所說的法去修行。

第三十四章　月亮的陰晴圓缺

　　有個時候，佛陀住在舍衛城的竹林中，有一天，佛陀正在爲出家弟子們說法，這時，佛陀對迦葉尊者說：「迦葉！你現在來爲比丘們（出家人），說一些法，就像如來爲他們說法那樣。」

　　迦葉尊者說：「世尊，諸位學友們，任何的修行人，如果他們不相信善法；不反省、不檢查自己的行爲、言語、念想是否合乎於善法；當他們的行爲做下惡事，犯下錯誤的時候不會感到羞愧、慚愧；他們不用善法作爲自己行爲做事的準則；這樣的人就是愚昧無知的人，就是沒有智慧的人，當然也可以預知，他們將會因爲這樣的行爲離善法越來越遠，他們將會忘失善法，離善道越來越遠，他們將會由此墮入惡法黑暗的深淵之中，他們將會陷入無盡的煩惱和痛苦之中。

　　世尊，諸位學友們，就如同月亮由圓月變成月芽，最後消失不見一樣。月亮在這個階段，由滿月變成凸月，由凸月變成下弦月，由下弦月變成娥眉月，由娥眉月變成新月消失不見，月亮能夠看見的形體、容貌在逐漸的減損，月亮的圓相在逐漸的減損，月亮的光明在逐漸的消退，月亮能夠看見的圓周和直徑面積在減損，同樣的道理，任何的修行人，如果他們不相信善法；不反省、不檢查自己的行爲、言語、念想是否合乎於善法；當他們的行爲做下惡事，犯下錯誤的時候不會感到羞愧、慚愧；他們不用善法作爲自己行爲做事的準則；這樣的人就是愚昧無知的人，就是沒有智慧的人，當然也可以預知，他們將會因爲這樣的行爲離善法越來越遠，他們將會忘失善法，離善道越來越遠，他們將會由此墮入惡法黑暗的深淵之中，他們將會陷入無盡的煩惱和痛苦之中。就如同月亮由圓月變成月芽，最後消失不見一樣。

　　世尊，諸位學友們，不相信善法的人，這就是減損，這就消退；沒有羞恥心，不反省自己，不懺悔自己錯誤行爲的人，這就是減損，這就消退；鬆懈懶惰的人，這就是減損，這就消退；內心充滿邪見，

充滿不正確見解的人，這就是減損，這就消退；容易生氣、憤怒的人，這就是減損，這就消退；喜歡怨恨的人，這就是減損，這就消退；不接受正確教導，不接受正確勸解的人，這就是減損，這就消退。

世尊，諸位學友們，任何的修行人，如果他們相信善法；經常反省、檢查自己的行為、言語、念想是否合乎於善法；當他們的行為做下惡事，犯下錯誤的時候就會感到羞愧、慚愧；他們用善法作為行為做事的準則；這樣的人就是有智慧的人，當然也可以預知，他們將會因為這樣的行為長久的安住在善法之中，他們將會走在帶來幸福和快樂的善道之上，他們不會墮入惡法黑暗的深淵之中，他們不會陷入無盡的煩惱和痛苦之中。

世尊，諸位學友們，就如同月亮從無到有，由月芽變成圓月一樣，月亮在這個階段，由新月變成娥眉月，由娥眉月變成上弦月，由上弦月變成凸月，由凸月變成滿月照亮黑夜，月亮能夠看見的形體、容貌在逐漸的增長，月亮的圓相在逐漸的增長，月亮的光明在逐漸的增進，月亮能夠看見的圓周和直徑面積在增長，同樣的道理，任何的修行人，如果他們相信善法；經常反省、檢查自己的行為、言語、念想是否合乎於善法；當他們的行為做下惡事，犯下錯誤的時候會感到羞愧、慚愧；他們用善法作為自己行為做事的準則，這樣的人就是有智慧的人，當然也可以預知，他們將會因為這樣的行為長久的安住在善法之中，他們將會走在帶來幸福和快樂的善道之上，他們不會墮入惡法黑暗的深淵之中，他們不會陷入無盡的煩惱和痛苦之中。就如同月亮從無到有，由月芽變成圓月一樣。

世尊，諸位學友們，相信善法的人，這就是增長，這就增進；有羞恥心，經常反省自己，經常懺悔自己錯誤行為的人，這就是增長，這就增進；精進努力的人，這就是增長，這就增進；內心充滿智慧，充滿正確見解的人，這就是增長，這就增進；不生氣、不憤怒的人，這就是增長，這就增進；不怨恨的人，這就是增長，這就增進；接受正確教導，接受正確勸解的人，這就是增長，這就增進。」

迦葉尊者說法後，佛陀說：「迦葉！你說的很好，弟子們，你們要按迦葉尊者所說的法去實踐的修行，如來在這裡印證他所說法的正

一本書

讀懂所有佛經

確性，他現在所說的法，就如同如來所說的法一樣，你們不要有任何的疑慮，應該按迦葉尊者所說的法去修行。」

　　佛陀和迦葉尊者說法後，聽法的出家弟子們都再次的頂禮佛陀和迦葉尊者，隨喜讚歎佛陀和迦葉尊者說法的無量功德，他們都按著佛陀和迦葉尊者所說的法去修行。

第三十五章　迦葉尊者的境界

　　有個時候，佛陀住在舍衛城的竹林中，有一天，佛陀對出家弟子們說：「弟子們，遠離欲望，舍離不善法後，就能進入喜樂的清淨境界，在這個清淨境界中還會對外界的事物有細微的分別、區別，這樣的清淨境界就是初禪。

　　弟子們，進入初禪境界後，平息對外界事物細微的分別、區別。不再分別、區別外界的事物，將心安住在一處，安住在一境、不散亂，由此進入喜樂的清淨境界，這樣的清淨境界就是二禪。

　　弟子們，進入二禪後，遠離禪定中喜樂的感受，保持修行的正念正知，不忘失修行的正知正念，進入清淨的境界，這樣的清淨境界就是三禪。

　　弟子們，進入三禪後，滅盡喜樂、痛苦、憂愁等等喜怒哀樂的感受，進入不苦不樂的清淨境界，這樣的清淨境界就是四禪。

　　弟子們，不再掛念和執著世間一切的物質事物，不再執著和掛念物質世界，不再執著和掛念由物質事物生起的一切念想，明白虛空是無邊無界的，這時就進入空無邊處的境界。

　　弟子們，進入空無邊處境界後，明白了虛空是無邊無界的，進一步明白了自己的念想、認識、分別、判斷也如同虛空一樣是無邊無界、永無止境的，這樣就進入了識無邊處的境界。

　　弟子們，進入識無邊處境界後，明白了無邊無界的虛空，自己無邊無界、永無止境的念想、認識、分別、判斷全部都是虛假不真實的，全部都是不存在的。其實什麼也沒有，其實什麼也不是真實存在的，內心認爲無邊無界的虛空，認爲自己無邊無界、永無止境的念想、認識、分別、判斷全部都是不存在的，由此就進入了無所有處的境界。

　　弟子們，進入無所有處境界後，明白了無邊無界的虛空是不存在的，明白了自己無邊無界、永無止境的念想、認識、分別、判斷也是

一本書

讀懂所有佛經

不存在的，就不會再在內心中生起任何的念想，雖然如此，可是內心中偶爾也會閃出一些微小的雜念，這些雜念非常的微小，就如同大海海面上漂浮著一滴荼油一樣，已經可以忽略不計了。內心除了偶爾出現的極微小的雜念外，已經不會再生起任何的念想，這樣就進入了非想非非想處的境界。

　　弟子們，你們要明白這就是逐級升高的各個階層天界中的境界，其中空無邊處、識無邊處、無所有處、非想非非想處這四處的境界是高層次天界中的境界，非想非非想處是最高階天界中的境界。

　　弟子們，進入非想非非想處的境界後，為了除滅極微小的雜念，就要滅盡一切的因緣條件，就要去修習緣起法（緣起法解釋，見第十八章、第十九章）。也就是：「無明」完全褪去、消除、滅盡的時候，「行」就滅除了。「行」滅盡了，「識」就滅除了。「識」滅盡了，「名色」就滅除了。「名色」滅盡了，「六處」就滅除了。「六處」滅盡了，「觸」就滅除了。「觸」滅盡了，「受」就滅除了。「受」滅盡了，「愛」就滅除了。「愛」滅盡了，「取」就滅除了。「取」滅盡了，「有」就滅除了。「有」滅盡了，「生」就滅除了。「生」滅盡了，憂愁、悲傷、苦悶、憂慮、絕望、衰老、死亡就滅除了。修習緣起法，滅盡一切的因緣條件後，就不會產生任何的感受、念想，連最微細的雜念都不會產生。無念想、無感受、無微細的雜念就不會有任何的煩惱和痛苦，這樣就進入了想受滅的境界，這樣的境界其實就是不生不滅涅槃的境界，由此世間一切的煩惱和痛苦就滅盡了，生死輪迴也由此永遠的滅盡，再也不會出生在世間。

　　弟子們，迦葉尊者在證悟這些境界後，他自己就明白了：「從這一世開始已經不會再次的出生在世間，行為、言語、念想的修行已經圓滿，應該做的事情已經做好，不會再有輪迴的狀態，不會再出生在世間了」。你們也應該這樣去實踐的修行，你們也應該去證悟這些境界。」

　　佛陀說法後，聽法的出家弟子們都再次的頂禮佛陀，隨喜讚歎佛陀說法的無量功德，他們都按著佛陀所說的法去修行。

第三十六章　一片葉子遮蓋不住大象

　　有個時候，迦葉尊者住在舍衛城的祇樹林給孤獨園，有一天，阿難尊者穿好法衣，拿著飯缽來到迦葉尊者的住處，他對迦葉尊者說：「迦葉尊者，我們一起到比丘尼們（女性出家人）修行的地方去說法吧。」

　　迦葉尊者說：「阿難尊者，你還是自己去吧，你去為她們說法吧，她們已經熟悉了你說法的方式，你說法的方式最容易讓她們接受。」

　　阿難尊者接二連三的恭請迦葉尊者與他一同到比丘尼的修行場所說法。

　　迦葉尊者最終答應了阿難尊者的請求，於是，迦葉尊者就在清晨穿好法衣，拿著飯缽與阿難尊者一起到比丘尼修行的場所去。到達後，他們與比丘尼們互相問候。這些比丘尼請阿難尊者和迦葉尊者坐下，之後她們就在一旁坐下，阿難尊者恭請迦葉尊者為這比丘尼說法，迦葉尊者就對這些比丘尼們講解如來的正法，解除她們在修行上遇到的疑惑和問題，迦葉尊者認真細緻的教導、鼓勵這些比丘尼，讓她們由於得聞如來的正法，由於解除了修行上的疑惑和問題而生起歡喜心。迦葉尊者說法後，就站起來離開了。

　　那個時候，有個叫偷羅低舍的比丘尼內心不滿的說到：「迦葉怎麼可以在阿難尊者面前說法？他在阿難尊者面前說法簡直就是：賣針的商人想要將針賣給製作針的工匠，製作針的工匠自己會做針，他那裡還需要這個愚蠢的商人賣針給他。迦葉就是這樣，他在阿難尊者面前說法，難道阿難尊者不明白這些法嗎？說不定阿難尊者比他理解的還透徹，迦葉簡直就是個愚蠢的人。」

　　阿難尊者聽到偷羅低舍比丘尼說這樣的話後，就對她說：「偷羅低舍，不要說這樣的話，世尊也曾經請迦葉尊者在眾比丘（出家人）的面前說法，難道世尊是製作針的工匠，迦葉尊者是賣針的商人？又

或者在場聽法的比丘們他們是製作針的工匠，迦葉尊者是賣針的商人？

偷羅低舍，你要明白，世尊已經印證迦葉尊者已經證悟達到初禪、二禪、三禪、四禪、空無邊處、識無邊處、無所有處、非想非非想處（初禪、二禪、三禪、四禪、空無邊處、識無邊處、無所有處、非想非非想處解釋，見第三十五章）這些天界中的境界，已經證悟達到了涅槃的境界，他從這一世開始已經不會再次的出生在世間，他行為、言語、念想的修行已經圓滿，應該做的事情已經做好，不會再有輪迴的狀態，不會再出生在世間了，這是世尊親口說的，你剛才說的那些話，讓你自己生起了傲慢之心，你輕視迦葉尊者，實際上就是在輕視如來的正法，因為迦葉尊者是代如來在說法，他講解的是如來的正法，你被傲慢的煩惱束縛捆綁，你陷入到傲慢的沼澤之中，無法解脫出來，還不自知，你的修行在退失，你清淨的境界已經被傲慢擾亂。

偷羅低舍，你剛才輕慢的言語，就如同想用多羅樹的一片葉子遮住、覆蓋住一頭大象，這是不可能的事情，迦葉尊者不可能因為你輕慢的言語失去已經證悟的境界，然而你自己卻會為此受到傷害，你自己的修行卻會因此而退失，你自己清淨的境界卻會因此而被擾亂。你的內心被傲慢的煩惱攪動的如同暴風雨中洶湧澎湃的大海。偷羅低舍，你應該虔誠的懺悔，不要再對任何人生起輕慢的念想，這樣才不會讓你的修行退失。」

偷羅低舍比丘尼慚愧的對阿難尊者說：「阿難尊者，我現在在您面前虔誠的懺悔，我剛才輕慢的言語確實是讓我背離了修行，確實是讓我退失了修行，我以後再也不輕慢任何人了，我再也不會犯同樣的錯誤了，我也會向迦葉尊者虔誠的致歉的，我也會向他虔誠的懺悔的，我以後不會再生起輕慢別人的心，我以後再也不會去犯同樣的錯誤了。」

阿難尊者說：「偷羅低舍，你現在認識到了自己的錯誤，並在我的面前虔誠的懺悔，你也承諾會到迦葉尊者面前虔誠的懺悔，並尋求他的諒解，我現在原諒你，我相信迦葉尊者也會原諒你的。偷羅低舍，你要明白當你虔誠懺悔自己過錯的時候，當你不再去犯同樣錯誤

的時候，你就是在消除由於自己愚癡的行為造下的罪業，你最終能夠滅盡這些罪業。隨著你持之以恆精進的修行，你獲得的功德利益也會持續的增長，你應該按著今天迦葉尊者說的法去實踐的修行，這樣你就能夠像迦葉尊者一樣證悟達到各個階層天界中的境界，你最終也能夠證悟達到不生不滅涅槃的境界，從生死輪回中永遠的解脫出來。」

　　阿難尊者說法後，在場的比丘尼們都隨喜讚歎阿難尊者說法的無量功德，他們都按著阿難尊者所說的法去修行。

一本書

讀懂所有佛經

第三十七章　迦葉尊者求法的經歷

　　有個時候，迦葉尊者住在王舍城栗鼠飼養處的竹林中，有一天，阿難尊者與僧團一起在南山遊化、行腳修行，那時，阿難尊者的三十位出家弟子都還俗成爲了在家修行人，這些人大多數都是年輕人，他們無法忍受在僧團裡面受持戒律的修行生活。

　　阿難尊者帶著僧團來到迦葉尊者的住處，他們與迦葉尊者互相問候後就全部都坐下，迦葉尊者對阿難尊者說：「阿難學友，爲什麼世尊會制定這樣的戒律就是：出家人到世間人的家裡面化緣飯食後，不能讓三個人及以上人數的出家人在一起進食、用餐、吃飯食？」

　　阿難尊者回答：「迦葉學友，世尊制定不能讓三個及以上人數的出家人在一起進食、用餐、吃飯食這條戒律，那是爲了管束降伏僧團裡面還有惡念的出家人；是爲了管束降伏那些破戒的出家人；是爲了讓出家人們能夠清淨安寧的進食；是爲了讓貪欲重、惡念叢生、破戒的出家人不會由此聚集起來結成團體攻擊、破壞僧團的戒律和世尊所說的正法，不讓出家人們被世間的惡俗、壞習慣污染，不讓他們被嘈雜的環境所污染，是世尊慈悲憐憫他們的表現。就是因爲這些原因，世尊才會制定這樣的戒律。」

　　迦葉尊者說：「阿難學友，既然如此，那你爲什麼與這些不管束自己眼睛、耳朵、鼻子、舌頭、身體、內心六根，胡思亂想、胡作非爲的人在一起呢？你爲什麼與這些進食毫無節制，完全憑著自己喜好暴飲暴食、吃喝玩樂的人在一起呢？你爲什麼與這些沒有虔誠心，不精進修行，不靜坐讓內心清淨下來的人在一起呢？你與這些人在外遊化、行腳，自認爲是在修行，其實他們當成是郊遊，當成是旅遊。完全已經忘記了自己是在修行。世間人看見你們這麼多的人一起化緣，一起吃飯，看見你們悠閒快樂、談笑風生的樣子。他們沒有看到半點出家人修行的威儀，就會認爲你們是一些不勞而獲、浪費糧食的社會蛀蟲。世間的人會認爲你們是在敗壞僧團的名譽，你們是在禍害世間

供養你們的人。你們這樣悠閒快樂、談笑風生的旅遊就如同撲面而來的蝗蟲一樣，一下子就把稻田裡面的糧食吃光了，這些供養你們的人，他們沒有看見你們身體力行的修行，他們不會讚歎你們，他們無法對如來的正法，對你們生起堅固的信心，他們無法以你們為榜樣去實踐的修行，他們沒有聽聞到如來的正法，無法由此開啟智慧，除滅他們自己的煩惱和痛苦，他們也無法從生死輪迴中解脫出來，無法達到不生不滅涅槃的境界，他們供養給你們豐厚的飲食、物品，你們卻無法讓他們獲得功德法益，供養你們的世間人真是太可憐了。

阿難學友，你看看你帶出來的這些人，既然已經有三十個年輕人已經還俗了，他們根本就沒有把出家修行當成一回事，阿難學友，你帶領的僧團戒律已經被破壞掉了，這些還俗的年輕也忘失了如來的正法，他們正在退失清淨的境界，他們正在被世間的欲望所吞噬絞殺，然而他們到現在為止都還沒有意識到問題的嚴重性。他們到現在都還不知道自己做錯了什麼。」

阿難尊者說：「迦葉學友，我頭上已經長出了白髮，在這樣長的出家修行時間中，我竟然還能聽到迦葉學友你如同孩童一般純潔無暇的言語，你從出家到現在如此長的時間裡還不忘初心，還沒有忘記自己最初出家時的那種精進修行的狀態，真的是很難得呀！我在這裡隨喜讚歎您不忘記最初精進修行的心態。」

這時，偷羅難陀比丘尼（女性出家人），聽到迦葉尊者的言語後，大為不滿，她對迦葉尊者說：「你這個無恥的迦葉，你既然敢在阿難尊者面前大放闕詞，你既然敢當面的指責阿難尊者，你既然打著不忘初心的旗號，用孩童般幼稚的言語來批評阿難尊者，你應該想想，你以前到底是什麼人！你不要忘了，我來提醒你一下，你以前不過是外教的修行人，是個外道而已。你現在皈依世尊了就囂張了，你以前只是個外道，只是個外教的修行人而已！你批評阿難尊者的時候，先用鏡子照照自己是什麼人！」

阿難尊者，聽見偷羅難陀比丘尼的言語後，就立刻制止她繼續的詆毀迦葉尊者。

迦葉尊者說：「阿難學友，你的弟子既然在這裡說出如此粗暴的言語，想必她內心中的怒火已經燃燒起來了，她提到了我過去的修

行，那麼我就這裡為各位學友們，說說我過去的修行。

學友們，當我皈依世尊、皈依僧團、皈依世尊的正法後，我離開世俗的家庭，出家修行，我剃除頭髮，穿上法衣，在世尊的教導下，我證悟了解脫的果位，世尊是我唯一的老師，我只認可世尊是我的老師。

學友們，過去，我還沒有出家，我還是在家人的時候，我經常這樣的想：「居家生活會帶來很多障礙，會讓自己染上世間人的很多習氣，會被喜怒哀樂等等念想束縛捆綁。會讓自己走上沉浸在欲望海洋之中無法解脫出來的沉溺之路。出家修行就能站到海洋中的各個島嶼、陸地上面。被家庭拘束著、束縛捆綁著，是不容易修行圓滿的。」為了獲得像海螺那樣光滑潔淨的修行，我就離開家庭與外教的修行人在一起，我與他們交流各種修行的方法，我嘗試了無數多的修行方法，還是無法除滅自己所有的煩惱和痛苦，我也像世尊僧團裡面的出家人一樣剃除了頭髮，並以一些長老比丘（出家人）作為榜樣實踐的修行，我喜歡自由自在的修行，不想被僧團束縛，於是就沒有加入僧團的修行，我模仿出家人的法衣，也為自己做了一件嶄新漂亮的法衣。我穿上法衣自認為已經是出家人了，我到處遊化、行腳與不同教派的修行人交流修行的方法，分享彼此的修行經驗和體悟。

有一天，我來到那爛陀的一間塔廟中，看見一位相貌莊嚴的修行人正在塔廟中靜坐，那個相貌莊嚴的修行人其實就是世尊，我那個時候，還不知道他就是世尊，我於是就走進塔廟。我與世尊相互的問候後，就在一旁坐下，世尊問我是誰的弟子，我說我不是任何人的弟子，我是學著出家人的樣子在修行。世尊也問了我的名字，他對我說：『迦葉！如果自己不知道除滅一切煩惱和痛苦的修行方法卻對別人說：「我知道」。自己沒有證悟解脫的果位，沒有通過實踐的修行證悟各種解脫的境界卻對別人說：「我已經證悟了解脫的境界」。那麼這個人將會被自己的謊言謀害。同樣的道理，如果一個人他沒有皈依佛法僧三寶，卻自己剃除頭髮，穿上法衣，讓別人誤認為他是出家人，那麼這個人也將被自己的無知所謀害。當別人效法他修行的方法，向他學習除滅一切煩惱和痛苦的修行方法的時候，別人也將被他錯誤的教導謀害，走到錯誤的修行道路上去。

迦葉！知道除滅一切煩惱和痛苦的修行方法就對別人說：「我知道」。證悟了解脫的果位，通過實踐的修行證悟了各種解脫的境界，就對別人如實的說：「我已經證悟了解脫的境界」。同樣的道理，迦葉！皈依了佛法僧三寶，得到了僧團的認可後，再去剃除頭髮，穿上法衣，出家修行，這樣當別人效法這個人修行的方法，向這個人學習除滅一切煩惱和痛苦的修行方法的時候，這個人就能教導給別人正確的修行方法，讓別人走到正確的修行道路上去。

　　迦葉！自己知道就知道，不知道就不知道，自己明白就明白，不明白就不明白，證悟了就證悟了，沒有證悟就沒有證悟，自己皈依了佛法僧三寶就皈依了佛法僧三寶，沒有皈依佛法僧三寶就沒有皈依佛法僧三寶，自己是什麼樣的就是什麼樣的，不要去欺騙自己，不要去欺騙別人，不要讓別人產生誤解。

　　迦葉！你應該向這些出家修行二十年以上的長老比丘（出家人），出家修行十年到二十年的資深比丘，剛剛出家不久的新學比丘懺悔，你應該感到深深的愧疚和慚愧，畢竟你沒有皈依佛法僧三寶，沒有得到僧團的認可，就自己剃除了頭髮，穿上了法衣，並效法出家人的樣子修行了，迦葉！你現在應該這樣的去修行：「任何我聽聞到的善法，任何我聽聞到的與善法相關的一切法，我都要認真的聽，我都要仔細的思考，這些善法的核心是什麼？我去行這樣的善法後能夠獲得什麼法益？要用我的心認真的聽，仔細的思考，這些善法的核心是什麼，當我明白這些善法的核心後，我就應該虔誠恭敬的去實踐」。迦葉！你就應該這樣的去修習、學習。

　　迦葉！你遠離欲望，捨離不善法後，就能進入喜樂的清淨境界，在這個清淨境界中你還會對外界的事物有細微的分別、區別，你要好好的體會一下這種清淨喜樂的感覺，這樣的清淨境界就是初禪。』

　　這位相貌莊嚴的修行人對我說法後，我立刻就意識到我遇見的人是世尊，我於是就虔誠的將自己的頭頂禮在世尊的腳上，對世尊說：『大德，您是我的老師，請您讓我皈依您，請您讓我皈依您的僧團，請您讓我皈依您的正法，我願意終身都受持您制定的戒律，出家修行。』

　　世尊，接受了我的皈依，之後世尊就離開了，我於是也像其他出

一本書

讀懂所有佛經

家人一樣，中午的時候穿上法衣，拿著飯缽，挨家挨戶，不分貧富貴賤的化緣飯食，為這些供養我飲食的世間人種植福田，我按著世尊的教導修行，證悟開啟了很多智慧。

八天后，我在道路旁邊的一顆大樹下看見了世尊，我於是將我身上的法衣脫下來，折疊四次後，放在這顆大樹下，恭請世尊坐上去，我對世尊說：『世尊，恭請您坐在這件法衣上面，讓我由此獲得長久的功德利益和內心的清淨安寧。』

世尊，為了給我種植下無量的功德，就坐在了我鋪好的法衣上，世尊對我說：『迦葉！你的這件法衣很柔軟，並且看見起來很新，不像是用別人遺棄、不要的衣服、布料裁剪而成的法衣。』

我於是如實的告訴世尊：『世尊，這件法衣是我仿照出家人的法衣製作的，並不是用別人遺棄、不要的衣服、布料裁剪而成的。』

我接著對世尊說：『世尊，請您慈悲憐憫我，請您接受我這件衣服的供養。』

世尊對我說：『迦葉！如來剛才化緣飯食的時候，看見有一位沿街乞討的母親剛剛生了小孩，她正需要用這件法衣來包裹她的孩子，我們現在就將這件法衣給她送去。』

我於是就與世尊一起將這件法衣送給了那個沿街乞討的母親，這位母親就用這件法衣包裹好了她剛出生的孩子，我忽然發現世尊的飯缽就放在這位母親的身邊，原來世尊，到現在為止還沒有吃飯，他將自己化緣來的飯食全部都給了這位母親，之後，世尊為這位乞討的母親找到了一分洗衣服的工作，並囑咐、拜託那位提供工作的人家，讓這位母親多休息一段時間後，再讓她工作，我那時看著世尊慈悲的行為，深深的感動，我也將自己化緣來的飯食全部都送給了這對母子。

在回去的路上，世尊看見我穿的衣服單薄，就脫下自己的法衣對我說：『迦葉！如來的這件法衣給你穿，你要記住出家人要穿別人遺棄、不要的衣服、布料裁剪而成的法衣，不要去穿那些嶄新漂亮的法衣，這些嶄新漂亮的法衣只會增長修行人的貪欲。』

我於是感恩的對世尊說：『世尊，你要將你的法衣賜予我嗎？那你穿什麼呢？』

世尊說：『迦葉！你已經是如來的弟子了，你應該接受如來的法

衣。你穿上這件法衣去爲世間的人講解如來的正法吧。』

　　我於是對世尊說：『世尊，我是您的孩子，我是從你的口中出生的孩子，我是從你口中所說的正法中出生的孩子。聽聞您的正法後，我開啓了智慧，我從你的正法中獲得了新生，我就是您智慧和正法的繼承人，我接受您的法衣，我爲世間的人講解您的正法，世間的人也將因爲聽聞到您的正法而獲得新生，他們將會用您的正法除滅一切的煩惱和痛苦，他們將會用您的正法解除對世間一切事物的束縛和捆綁，他們將會用你的正法從生死輪回中永遠的解脫出來，他們將會用你的正法去證悟不生不滅涅槃的境界。』

　　這件事情後，我無數次的去聽聞世尊說法，我證悟達到了初禪、二禪、三禪、四禪、空無邊處、識無邊處、無所有處、非想非非想處（初禪、二禪、三禪、四禪、空無邊處、識無邊處、無所有處、非想非非想處解釋，見第三十五章）這些天界中的境界，我證悟達到了不生不滅涅槃的境界，我明白了：「從這一世開始已經不會再次的出生在世間，行爲、言語、念想的修行已經圓滿，應該做的事情已經做好，不會再有輪回的狀態，不會再出生在世間了」。我是依靠世尊的正法才開啓了智慧，我明白了這些智慧後，通過實踐的修行才證悟了解脫的果位，我已經滅盡了一切的煩惱和痛苦，我已經從自己一切的念想中解脫出來，我已經從生死輪回中解脫了出來，我已經證悟了涅槃的境界。

　　阿難學友，如果有個人想用多羅樹的一片葉子遮住、覆蓋住大象，想讓別人看不見大象的話，那這個人一定是很愚癡的人。就算是手掌大的一片葉子也是無法遮蓋住整個大象的。我證悟的解脫境界，是我實踐修行的結果。不會因爲各種非議和誹謗就會喪失。非議者、誹謗者他們只能讓自己陷入憤怒、煩惱的沼澤中無法解脫出來，他們離世尊的正法越來越遠。我雖然看見這些患重病的病人想要救治他們，可是他們卻因爲我開出的藥太苦，而拒絕吃藥。對於一個藥師來說，我只能爲他們惋惜，病人不吃下這些苦口的良藥，就無法擺脫病痛的折磨。

世尊是我唯一的老師，他是我最尊敬的人，因此我用孩童般純潔無暇的言語來教導僧團裡的出家人，就像世尊對我那樣認真細緻的教導。我想讓他們直面自己的錯誤，並去改正他們自己的錯誤，以免他們背離了自己的修行，以免他們喪失掉自己清淨的境界。至於這些對我的誹謗、非議、惡口又算什麼呢，我根本就不會在意這些言語，病人拒絕吃藥，他們的病痛就無法治好，藥師並不會受到病痛的折磨，被折磨的是這些不吃藥的病人呀！」

　　迦葉尊者說法後，偷羅難陀比丘尼慚愧的低下了頭，在場的出家人們都隨喜讚歎迦葉尊者說法的無量功德，他們都按著迦葉尊者所說的法去修行。

第三十八章　純正的黃金

有個時候，佛陀住在舍衛城的祇樹林給孤獨園，有一天，迦葉尊者來到佛陀的住處，頂禮佛陀後，迦葉尊者在一旁坐下，迦葉尊者對佛陀說：「世尊，爲什麼過去您制定的、管束修行人行爲、言語、念想的戒律不多，卻有很多修行人開啓智慧，證悟各種不同的解脫果位呢？世尊，爲什麼現在您制定的戒律越來越多，可是開啓智慧，證悟各種解脫果位的修行人卻越來越少了呢？怎麼您制定的戒律越多，這些修行人反而成就的更少了呢？我實在是想不明白，按道理來說戒律越多，開啓智慧，證悟解脫果位的人應該越多呀，怎麼會越變越少了呢？請世尊您爲我講解一下，爲我排解疑惑。」

佛陀說：「迦葉！是這樣的，因爲修行的眾生越來越少了，正法也在口口相傳中逐漸的喪失了本來的面目。既然如此，因爲世間誘惑、迷惑眾生，讓眾生生起欲望的事物越來越多，每時每刻都可能會產生新的、誘惑、迷惑眾生的事物，每時每刻都可能會產生新的、讓眾生生起欲望的事物，所以如來制定的戒律變的越來越多，目的是想通過戒律來管束眾生的行爲、言語、念想，以此讓眾生從這些事物中解脫出來，熄滅他們內心中的欲望之火，讓他們的內心進入清淨的境界。如來的正法是通過口口相傳的，由於口傳如來正法的時間長久後，或者口傳如來正法的人沒有領略到其中的義理，他們就會錯傳、錯解如來的正法。更有一些人爲了獲得世間人的豐厚供養，就借用如來的名義，講說一些如來從來都沒有說過的法，他們按自己內心中的想像胡亂編造出一些毫無依據、毫無修行實踐、不合乎因緣果報的神話、童話。他們已經把自己當成了如來。

迦葉！如來把這些錯誤的口傳，沒有正確理解如來正法義理的口傳記錄，甚至於這些爲了獲得世間人供養胡編亂造出來的毫無依據、毫無修行實踐、不合乎因緣果報的神話、童話、虛假不眞實的假法，都稱爲像法，也就是表面上看起來好像是如來的正法，實際上卻不

是，他們只是冒用了如來的名字，在講說他們自己內心中想像出來的法。

迦葉！你要明白，一旦像法出現了，如來的正法就會慢慢的消失不見。如果像法大行其道，被世間所有的人接受、認可，那麼如來的正法就會被滅盡。世間人會去相信那些包裹著漂亮裝飾物的假法，去相信那些子虛烏有的神話、童話，不會再去傳揚真實的如來正法，他們會陷入這些假法描述的境界之中，他們會被這些虛假的神話、童話所欺騙。從而喪失掉接觸、聽聞如來正法的機會。這樣如來的正法就會滅盡、消失。

迦葉！就如同如果世間出現了摻入各種金屬不純正的黃金，出現了只有表面才覆蓋有黃金的鍍金，出現了形象像黃金、不是黃金卻冒充黃金的金屬。那些真正純正的黃金就會逐漸消失不見。世間將會充斥著各種不純正的黃金、各種鍍金、各種根本不含有黃金卻冒充黃金的金屬。迦葉！同樣的道理，當這些虛假的像法在世間廣為流傳的時候，如來的正法就會被替換掉，就不會再有人會接觸、聽聞到如來的正法，就不會再有人去弘揚如來的正法。這些弘揚虛假像法的人，他們還以為自己是在弘揚如來的正法，他們還會認為自己弘揚虛假像法的功德是無量無邊的。他們那裡知道，他們弘揚虛假像法的行為其實是在破壞如來的正法。無數多的人因為他們弘揚虛假像法的行為，而被虛假像法毒害、污染。當這些被虛假像法毒害、污染的人無意中接觸、聽聞到如來真正的正法的時候，他們就會惡口誹謗、中傷如來的正法，因為如來的正法與他們接觸到的虛假像法不一樣、不相同，他們會拋棄如來的正法，繼續沉浸在虛假的像法之中，他們會繼續按虛假像法中錯誤的方法去修行。如來的正法沒有人聽聞，沒有人弘揚，被虛假的像法替代掉，如來的正法就會由此逐漸的消失、滅盡。

迦葉！你要知道地界、水界、火界、風界（地界、水界、火界、風界解釋，見第三十章）無法讓如來的正法消失、滅盡，因為如來只是將世間的規則、真相說出來了而已。這些世間的規則、真相不管如來說不說，他們都是真實存在的。如來的正法說的就是這些世間的規則、真相。如來的正法只會在世間人或眾生的念想、思想中消失、滅盡。這些愚昧無知的眾生，他們錯傳如來的正法，他們錯解如來的正

法，他們胡編亂造出毫無依據、毫無修行實踐、不合乎因緣果報的神話、童話、虛假不真實的假法。讓世間人的念想、思想中污染了這些虛假的像法，讓世間人的念想、思想中裝入了這些虛假的像法，在他們的念想、思想中如來的正法已經消失，已經滅盡了，就算他們偶然聽聞到了如來的正法，他們也會用這些虛假像法中的義理來破斥、反駁、拒絕接受如來的正法。如來的正法就被這些冒用如來的名字、身分，錯傳、錯解、胡編亂造的虛假像法替代掉了，如來的正法就是這樣在世間人的念想、思想中逐漸消失、滅盡的。

迦葉！如來正法的消失、滅盡不是立刻發生的，而是逐漸慢慢的發生的，就如同在江河上，海洋上行駛的船是慢慢沉入江河底的，是慢慢沉入海底的。世間的眾生因為五種行為加速了如來正法的消失、滅盡，是那五種行為呢？就是比丘（男性出家人）、比丘尼（女性出家人）、優婆塞（男性在家修行人）、優婆夷（女性在家修人）他們對講解如來正法的人不尊敬、不遵從；他們對如來的正法不尊敬、不遵從；他們對僧團不尊敬、不遵從；他們不認真的學習和理解如來的正法，不實踐的去修行如來的正法；他們不讓自己的內心集中安住在清淨的境界之中，他們胡思亂想、內心散亂。迦葉！這五種行為會導致如來的正法在世間眾生的念想、思想中加速的消失、滅盡。

迦葉！有五種行為能夠讓如來的正法長久的保留在世間，並持續的弘揚下去，是哪五種行為呢？就是比丘（男性出家人）、比丘尼（女性出家人）、優婆塞（男性在家修行人）、優婆夷（女性在家修人）他們尊敬、遵從講解如來正法的人；他們尊敬、遵從如來的正法；他們尊敬、遵從僧團；他們認真的學習和理解如來的正法，並實踐的去修行如來的正法；他們讓自己的內心集中安住在清淨的境界之中，他們不胡思亂想，他們不讓自己的內心散亂。迦葉！這五種行為會讓如來的正法在世間眾生的念想、思想中長久的駐留，並持續的弘揚下去。世間的眾生也將會獲得無數的功德法益，他們將會解除對世間一切事物的束縛捆綁，他們將會滅盡一切的煩惱和痛苦，他們將會從生死輪迴中永遠的解脫出來，他們將會達到不生不滅涅槃的境界。」

佛陀說法後，迦葉尊者再次的頂禮佛陀，隨喜讚歎佛陀說法的無量功德，並按著佛陀所說的法去修行。

第三十九章　分裂僧團

　　有個時候，佛陀住在舍衛城的祇樹林給孤獨園，有一天，佛陀對出家弟子們說：「弟子們，世間人豐厚的供養，富貴舒適的生活，世間人虔誠的尊敬、恭敬，家喻戶曉的名譽聲望，這些是讓人內心顫抖恐怖的，這些是讓人內心激烈攪動的，這些是讓人內心暴躁不安的，這些是修行人內心達到清淨安穩的障礙，這些是修行人內心掙脫束縛捆綁的阻礙。

　　弟子們，提婆達多就是因為貪求世間人豐厚的供養，貪求富貴舒適的生活，貪求世間人虔誠的尊敬、恭敬，貪求家喻戶曉的名譽聲望，才會做出分裂僧團、破壞僧團和睦的事情來。他的智慧由此退失，他之前種植下的善根由此被斷絕、斷盡。他之前修習的善法也由此忘失殆盡、消失滅盡。他將會跌入愚癡黑暗的深淵之中，他再也見不到智慧的光明。

　　弟子們，世間人豐厚的供養，富貴舒適的生活，世間人虔誠的尊敬、恭敬，家喻戶曉的名譽聲望就是這樣的讓人內心顫抖恐怖，就是這樣的讓人內心激烈攪動，就是這樣的讓人內心暴躁不安。

　　世間人豐厚的供養，富貴舒適的生活，世間人虔誠的尊敬、恭敬，家喻戶曉的名譽聲望是修行人內心達到清淨安穩的障礙，是修行人內心掙脫束縛捆綁的阻礙。弟子們，因此，你們應該這樣去修行：「我們要捨離、放棄已經獲得的豐厚供養，我們要捨離、放棄已經獲得的富貴舒適的生活，我們要捨離、放棄已經獲得的世間人虔誠的尊敬、恭敬，我們要捨離、放棄已經獲得的家喻戶曉的名譽聲望。而且我們不要執著和掛念這些已經獲得的豐厚供養，不要執著和掛念這些已經獲得的富貴舒適的生活，不要執著和掛念這些已經獲得的世間人虔誠的尊敬、恭敬，不要執著和掛念這些已經獲得的家喻戶曉的名譽聲望。我們不要讓豐厚供養，富貴舒適的生活，世間人虔誠的尊敬、恭敬，家喻戶曉的名譽聲望擾亂我們的內心；不要讓豐厚供養，富貴

一本書

讀懂所有佛經

舒適的生活，世間人虔誠的尊敬、恭敬，家喻戶曉的名譽聲望讓我們胡思亂想、內心散亂。」弟子們，你們就應該這樣的去修行。」

　　佛陀說法後，聽法的出家弟子們都再次的頂禮佛陀，隨喜讚歎佛陀說法的無量功德，他們都按著佛陀所說的法去修行。

第四十章　水稻被割斷

有個時候，佛陀住在王舍城的耆闍崛山，有一天，提婆達多分裂僧團、破壞僧團的和睦後，就帶著一些被他迷惑的出家人離開了佛陀。眾多的出家人聚集在佛陀的身邊，他們對提婆達多分裂僧團、破壞僧團和睦的事情很氣憤。佛陀對他們說：「弟子們，你們不要情緒激憤，你們不要生氣憤怒，這樣會障礙你們的修行。你們應該熄滅內心中的怒火，你們應該除滅內心中憤怒的煩惱。提婆達多貪求世間人豐厚的供養，貪求富貴舒適的生活，貪求世間人虔誠的尊敬、恭敬，貪求家喻戶曉的名譽聲望，他清淨的修行將會因為貪欲而凋謝，他將會被這些貪欲謀害，他將會因為貪欲而敗亡。

弟子們，就如同結出果實的芭蕉樹，將會被世間的人爭搶、採摘芭蕉果實一樣，這些想吃芭蕉果實或者想將芭蕉果實拿去賣的人，他們為了獲得芭蕉果實將會割斷芭蕉樹的葉子，砍斷芭蕉樹的莖幹，甚至於挖斷芭蕉根。芭蕉樹因為結出果實而被世間的人摧殘、傷害，最後導致芭蕉樹凋落、滅亡。同樣的道理，提婆達多貪求世間人豐厚的供養，貪求富貴舒適的生活，貪求世間人虔誠的尊敬、恭敬，貪求家喻戶曉的名譽聲望，他清淨的修行將會因為貪欲而凋謝，他將會被這些貪欲謀害，他將會因為貪欲而敗亡。

弟子們，就如同一些竹子一旦開花結果就會枯萎死亡。同樣的道理，提婆達多貪求世間人豐厚的供養，貪求富貴舒適的生活，貪求世間人虔誠的尊敬、恭敬，貪求家喻戶曉的名譽聲望，他清淨的修行將會因為貪欲而凋謝，他將會被這些貪欲謀害，他將會因為貪欲而敗亡。

弟子們，就如同結出成熟果實的水稻，世間的人會為了獲得稻穀而割斷水稻的莖杆，水稻將會由此被割斷死亡。同樣的道理，提婆達多貪求世間人豐厚的供養，貪求富貴舒適的生活，貪求世間人虔誠的尊敬、恭敬，貪求家喻戶曉的名譽聲望，他清淨的修行將會因為貪欲

而凋謝，他將會被這些貪欲謀害，他將會因為貪欲而敗亡。

　　弟子們，就如同馬與驢子生出來的騾子無法繁衍後代一樣，騾子無法生育下一代，它的後代將會滅亡、滅盡。同樣的道理，提婆達多貪求世間人豐厚的供養，貪求富貴舒適的生活，貪求世間人虔誠的尊敬、恭敬，貪求家喻戶曉的名譽聲望，他清淨的修行將會因為貪欲而凋謝，他將會被這些貪欲謀害，他將會因為貪欲而敗亡。

　　芭蕉樹因為果實而被世間的人摧殘、傷害走向滅亡，竹子因為開花結果而枯萎死亡，水稻因為稻穀而被世間的人割斷死亡，騾子因為無法繁育後代而斷子絕孫。貪婪的人、惡人因為利益而敗亡。」

　　這時，佛陀說偈言：

　　　「芭蕉為果滅，

　　　　水稻為果亡，

　　　　竹子開花死，

　　　　騾子無子孫，

　　　　惡人為利殁。」

　　佛陀繼續對出家弟子們說：「弟子們，世間人豐厚的供養，富貴舒適的生活，世間人虔誠的尊敬、恭敬，家喻戶曉的名譽聲望就是這樣的讓人內心顫抖恐怖，就是這樣的讓人內心激烈攪動，就是這樣的讓人內心暴躁不安。

　　世間人豐厚的供養，富貴舒適的生活，世間人虔誠的尊敬、恭敬，家喻戶曉的名譽聲望是修行人內心達到清淨安穩的障礙，是修行人內心掙脫束縛捆綁的阻礙。弟子們，因此，你們應該這樣去修行：「我們要捨離、放棄已經獲得的豐厚供養，我們要捨離、放棄已經獲得的富貴舒適的生活，我們要捨離、放棄已經獲得的世間人虔誠的尊敬、恭敬，我們要捨離、放棄已經獲得的家喻戶曉的名譽聲望。而且我們不要執著和掛念這些已經獲得的豐厚供養，不要執著和掛念這些已經獲得的富貴舒適的生活，不要執著和掛念這些已經獲得的世間人虔誠的尊敬、恭敬，不要執著和掛念這些已經獲得的家喻戶曉的名譽聲望。我們不要讓豐厚供養，富貴舒適的生活，世間人虔誠的尊敬、恭敬，家喻戶曉的名譽聲望擾亂我們的內心；不要讓豐厚供養，富貴舒適的生活，世間人虔誠的尊敬、恭敬，家喻戶曉的名譽聲望讓我們

胡思亂想、內心散亂。」弟子們，你們就應該這樣的去修行。」

　　佛陀說法後，聽法的出家弟子們都再次的頂禮佛陀，隨喜讚歎佛陀說法的無量功德，他們都按著佛陀所說的法去修行。

第四十一章　五百車黃金珠寶

　　有個時候，佛陀住在王舍城栗鼠飼養處的竹林中，那個時候，阿闍世王子早晚都供養給提婆達多五百車的黃金珠寶，並且早晚都供養給提婆達多美妙的飲食，阿闍世王子還送給了提婆達多一座大宅子，並派去了無數多的僕人侍奉他。

　　眾多的出家人來到佛陀的住所，他們頂禮佛陀後，就對佛陀說：「世尊，阿闍世王子早上和晚上都會送給提婆達多五百車的黃金珠寶，並且早晚都會給提婆達多送去美妙的飲食。阿闍世王子還送給了提婆達多一棟華麗的大宅子，並派出了無數多的僕人侍奉提婆達多。」

　　佛陀說：「弟子們，你們不要羨慕提婆達多，提婆達多他貪求世間人豐厚的供養，貪求富貴舒適的生活，貪求世間人虔誠的尊敬、恭敬，貪求家喻戶曉的名譽聲望。他接受阿闍世王子早晚五百車黃金珠寶的供養；他接受阿闍世王子早晚美妙飲食的供養，不外出沿街化緣飯食；他接受阿闍世王子供養的華麗大宅院和無數僕人的侍奉。弟子們，提婆達多清淨的修行將會退失、滅盡。可以預知，他修習的善法將會因為貪欲的生起而減損殆盡，他將會遠離善法，忘失善法，失去清淨的境界，而不是增進善法、增長清淨的功德利益。提婆達多將會陷入貪欲的沼澤中無法自拔。

　　弟子們，就如同向兇惡的狗投向生鮮的肉骨，這樣做只會讓這只惡狗更加窮凶極惡的爭搶肉骨。同樣的道理，阿闍世王子給提婆達多豐厚的供養，給提婆達多提供富貴舒適的生活，對提婆達多虔誠的尊敬、恭敬，讓提婆達多獲得家喻戶曉的名譽聲望，這樣只會讓提婆達多更加的貪得無厭，這樣只會讓貪欲控制和奴役提婆達多，這樣只會讓提婆達多遠離善法，忘失善法，失去清淨的境界。這樣只會讓提婆達多陷入貪欲的沼澤中無法自拔。而無法讓提婆達多增進善法、增長清淨的功德利益。

弟子們，世間人豐厚的供養，富貴舒適的生活，世間人虔誠的尊敬、恭敬，家喻戶曉的名譽聲望就是這樣的讓人內心顫抖恐怖，就是這樣的讓人內心激烈攪動，就是這樣的讓人內心暴躁不安。

　　世間人豐厚的供養，富貴舒適的生活，世間人虔誠的尊敬、恭敬，家喻戶曉的名譽聲望是修行人內心達到清淨安穩的障礙，是修行人內心掙脫束縛捆綁的阻礙。弟子們，因此，你們應該這樣去修行：「我們要捨離、放棄已經獲得的豐厚供養，我們要捨離、放棄已經獲得的富貴舒適的生活，我們要捨離、放棄已經獲得的世間人虔誠的尊敬、恭敬，我們要捨離、放棄已經獲得的家喻戶曉的名譽聲望。而且我們不要執著和掛念這些已經獲得的豐厚供養，不要執著和掛念這些已經獲得的富貴舒適的生活，不要執著和掛念這些已經獲得的世間人虔誠的尊敬、恭敬，不要執著和掛念這些已經獲得的家喻戶曉的名譽聲望。我們不要讓豐厚供養，富貴舒適的生活，世間人虔誠的尊敬、恭敬，家喻戶曉的名譽聲望擾亂我們的內心；不要讓豐厚供養，富貴舒適的生活，世間人虔誠的尊敬、恭敬，家喻戶曉的名譽聲望讓我們胡思亂想、內心散亂。」弟子們，你們就應該這樣的去修行。」

　　佛陀說法後，聽法的出家弟子們都再次的頂禮佛陀，隨喜讚歎佛陀說法的無量功德，他們都按著佛陀所說的法去修行。

第四十二章　從眼識中解脫出來

有個時候，佛陀住在舍衛城的祇樹林給孤獨園，有一天，羅侯羅尊者來到佛陀的住所，他頂禮佛陀後，就在一旁坐下，佛陀對羅侯羅尊者說：「羅侯羅！你是怎麼想的？眼識是永恆存在的，永遠保持不變的，還是隨時在變化的，無法永恆存在，無法永遠保持不變的？羅侯羅！什麼是眼識呢？就是當眼睛與事物相遇的時候，通過光線的傳遞就會分別出外界事物的存在和不同，這就是眼識。眼識能分別、判斷事物的有無、不同。」

羅侯羅尊者回答：「世尊，眼識是隨時都在變化的，是無法永恆存在的，是無法永遠保持不變的。」

佛陀說：「羅侯羅！耳識、鼻識、舌識、身識、意識是永恆存在的，永遠保持不變的，還是隨時在變化的，無法永恆存在，無法永遠保持不變的？

羅侯羅！什麼是耳識呢？就是當耳朵與聲音相遇的時候，通過各種介質的傳遞就會分別出外界聲音的存在和不同，這就是耳識。耳識能分別、判斷聲音的有無、不同。

什麼是鼻識呢？就是當鼻子與氣味相遇的時候，通過各種介質的傳遞就會分別出外界氣味的存在和不同，這就是鼻識。鼻識能分別、判斷氣味的有無、不同。

什麼是舌識呢？就是當舌頭與味道相遇的時候，就會分別出外界味道的存在和不同，這就是舌識。舌識能分別、判斷味道的有無、不同。

什麼是身識呢？就是當身體觸摸到事物、感受到環境變化（冷熱、舒適等等環境）的時候，就會分別出事物觸摸感覺、環境變化感覺的存在和不同，這就是身識。身識能分別、判斷事物觸摸感覺的有無、不同。

什麼是意識呢？就是當內心與物質事物、精神思想相遇的時候，就會分別出外界物質事物、精神思想的存在和不同，這就是意識。意識能分別、判斷物質事物、精神思想的有無、不同。」

　　羅侯羅尊者回答：「世尊，耳識、鼻識、舌識、身識、意識是隨時都在變化的，是無法永恆存在的，是無法永遠保持不變的。」

　　佛陀說：「羅侯羅！已經受到如來教導的聖弟子們，他們將會逐漸的除滅對眼識、耳識、鼻識、舌識、身識、意識的貪欲，他們不會再執著和掛念眼識、耳識、鼻識、舌識、身識、意識，他們從眼識、耳識、鼻識、舌識、身識、意識中解脫出來，他們由此證悟了解脫的智慧，證悟了解脫的果位，他們徹底的明白：「從這一世開始已經不會再次的出生在世間。行為、言語、念想的修行已經圓滿，應該做的事情已經做好，不會再有輪回的狀態，不會再出生在世間了。」」

　　佛陀說法後，羅侯羅尊者再次的頂禮佛陀，他隨喜讚歡佛陀說法的無量功德，並按著佛陀所說的法去修行。

第四十三章　從眼觸中解脫出來

　　有個時候，佛陀住在舍衛城的祇樹林給孤獨園，有一天，羅侯羅尊者來到佛陀的住所，他頂禮佛陀後，就在一旁坐下，佛陀對羅侯羅尊者說：「羅侯羅！你是怎麼想的？眼觸是永恆存在的，永遠保持不變的，還是隨時在變化的，無法永恆存在，無法永遠保持不變的？

　　羅侯羅！什麼是眼觸呢？就是當眼睛與事物相遇的時候，通過光線的傳遞就會分別出外界事物的存在和不同，並且產生對外界事物的認知，這就是眼觸。

　　羅侯羅！眼識與眼觸有什麼區別呢？眼識是分別、判斷事物的有無、不同。而眼觸是直接確定和認知事物。也就是眼睛與事物相遇，通過光線傳遞，就會分別各種事物光線的不同，最後確定認知自己看見的事物。」

　　羅侯羅尊者回答：「世尊，眼觸是隨時都在變化的，是無法永恆存在的，是無法永遠保持不變的。」

　　佛陀說：「羅侯羅！耳觸、鼻觸、舌觸、身觸、意觸是永恆存在的，永遠保持不變的，還是隨時在變化的，無法永恆存在，無法永遠保持不變的？

　　什麼是耳觸呢？就是當耳朵與聲音相遇的時候，通過各種介質的傳遞就會分別出外界聲音的存在和不同，並且產生對外界聲音的認知，這就是耳觸。耳識與耳觸有什麼區別呢？耳識是分別、判斷聲音的有無、不同。而耳觸是直接確定和認知聲音。也就是耳朵與聲音相遇，通過各種介質傳遞，就會分別出各種不同的聲音，最後確定認知自己聽見的聲音。

　　什麼是鼻觸呢？就是當鼻子與氣味相遇的時候，通過各種介質的傳遞就會分別出外界氣味的存在和不同，並且產生對外界氣味的認知，這就是鼻觸。鼻識與鼻觸有什麼區別呢？鼻識是分別、判斷氣味的有無、不同。而鼻觸是直接確定和認知氣味。也就是鼻子與氣味相

遇，通過各種介質傳遞，就會分別出各種不同的氣味，最後確定認知自己聞到的氣味。

　　什麼是舌觸呢？就是當舌頭與味道相遇的時候，就會分別出外界味道的存在和不同，並且產生對外界味道的認知，這就是舌觸。舌識與舌觸有什麼區別呢？舌識是分別、判斷味道的有無、不同。而舌觸是直接確定和認知味道。也就是舌頭與味道相遇，就會分別出各種不同的味道，最後確定認知自己嘗到的味道。

　　什麼是身觸呢？就是當身體觸摸到事物、接觸到環境變化（冷熱、舒適等等環境）的時候，就會分別出事物觸摸感覺、環境變化感覺的存在和不同，並且產生對事物觸摸感覺、環境變化感覺的認知，這就是身觸。身識與身觸有什麼區別呢？身識是分別、判斷事物觸摸感覺、環境變化感覺的有無、不同。而身觸是直接確定和認知事物觸摸感覺、環境變化感覺。也就是身體觸摸到事物、感受到環境變化的時候，就會分別出各種不同的事物觸摸感覺、環境變化感覺，最後確定認知自己摸到事物的觸摸感覺，確定認知自己接觸到的環境變化感覺。

　　什麼是意觸呢？就是當內心與物質事物、精神思想相遇的時候，就會分別出外界物質事物、精神思想的存在和不同，並且產生對外界物質事物、精神思想的認知開始思索，這就是意觸。意識與意觸有什麼區別呢？意識是分別、判斷物質事物、精神思想的有無、不同。而意觸是直接確定和認知物質事物、精神思想後開始思索。也就是內心與物質事物、精神思想相遇，就會分別出各種不同的物質事物、精神思想，最後確定認知自己接觸的物質事物、精神思想開始思索。」

　　羅侯羅尊者回答：「世尊，耳觸、鼻觸、舌觸、身觸、意觸是隨時都在變化的，是無法永恆存在的，是無法永遠保持不變的。」

　　佛陀說：「羅侯羅！已經受到如來教導的聖弟子們，他們將會逐漸的除滅對眼觸、耳觸、鼻觸、舌觸、身觸、意觸的貪欲，他們不會再執著和掛念眼觸、耳觸、鼻觸、舌觸、身觸、意觸，他們從眼觸、耳觸、鼻觸、舌觸、身觸、意觸中解脫出來，他們由此證悟了解脫的智慧，證悟了解脫的果位，他們徹底的明白：「從這一世開始已經不會再次的出生在世間。行為、言語、念想的修行已經圓滿，應該做的

事情已經做好，不會再有輪迴的狀態，不會再出生在世間了。」

　　佛陀說法後，羅侯羅尊者再次的頂禮佛陀，他隨喜讚歎佛陀說法的無量功德，並按著佛陀所說的法去修行。

第四十四章　修建地基

有個時候，佛陀住在舍衛城的祇樹林給孤獨園，有一天，佛陀對出家弟子們說：「弟子們，就如同任何的宮殿樓閣，修建它們之前都要先打好地基，這樣才能最終修建好各種宮殿樓閣，如果地基沒有打好，再高大的宮殿樓閣都不會穩固，都可能隨時坍塌。

同樣的道理，弟子們，任何的不善法、惡法，它們都是由無明生起的，一旦除滅了無明，任何的不善法、惡法就能夠根除殆盡。什麼是無明呢？就是不明白出生在世間有生命的眾生都是很痛苦的，不明白痛苦的根源是貪愛，不明白要滅盡痛苦就要先滅盡貪愛，不明白要滅盡貪愛就要修習八正道（八正道解釋，見第五章），不明白苦集滅道四聖諦，沒有真實的智慧，沉迷於各種欲望之中，被各種煩惱和痛苦束縛捆綁不得解脫就叫做「無明」。

弟子們，你們應該這樣去修行：「我們要精進的修習一切善法，斷除一切惡法，我們要身體行為做善事，口說善言，內心生起善念，我們要管束好自己的身體行為不做惡事，不說惡言，內心不生起惡念，如此持之以恆的不放逸自己的行為、言語、念想做惡行。如此持之以恆的堅持自己的行為、言語、念想做善行。我們要安住在善法之中，我們要安住在不放逸的清淨境界之中。」弟子們，你們就應該這樣的去修行。」

佛陀說法後，聽法的出家弟子們都再次的頂禮佛陀，隨喜讚歎佛陀說法的無量功德，他們都按著佛陀所說的法去修行。

第四十五章　小鼓換鼓皮

　　有個時候，佛陀住在舍衛城的祇樹林給孤獨園，有一天，佛陀對出家弟子們說：「弟子們，過去達沙羅哈人有一個名叫阿能訶的小鼓，他們準備聚會的時候，就會敲擊這個小鼓。為了把這個小鼓裝飾的更加漂亮好看，達沙羅哈人就將原來的鼓皮換掉了。弟子們，這個小鼓除了鼓架之外，原來的鼓皮被撕裂、丟棄掉了。這個小鼓發出的鼓聲也不是原來的鼓聲了。弟子們，同樣的道理，未來世的修行人、出家人，當有人講解如來正法的時候，他們不想聽、不會按如來的正法去修行，他們認為如來所說的正法太單調，文辭言語太過樸實。他們認為這些口語、簡單語言表述出來的正法太過粗陋，無法表現出他們高雅的品味，無法表現出他們深厚的文化修養，於是他們就會去聽聞、修習那些文辭優美、詞藻華麗的外教學說，修習那些被神化、被曲解的假法，他們沉浸在優美的言辭之中，他們沉溺在幻想的神話傳說之中，他們迷戀那些吹噓出來根本不存在的神通，他們修習那些曲解、錯解如來正法的假法，他們想要獲得那些根本不存在的神通、境界。他們不再聽聞、修習那些用口語，用簡單言語講解出來的如來正法，他們不再去聽聞、修習那些他們認為講解語言粗鄙不堪、樸實無華的如來正法。他們迷戀文辭優美、詞藻華麗的外教學說，迷戀被神化、被曲解的假法，迷戀根本不存在的神通、境界，如來的正法就會從他們的思想、念想中消失，如來這些導向他們除滅一切煩惱和痛苦，導向他們從生死輪中永遠解脫出來，導向他們證悟不生不滅涅槃境界的言說、經典就會在世間消失殆盡。

　　弟子們，你們要知道。不是如來的正法真正的消失殆盡了，如來的正法講述的是世間的真相、規則，這些世間的真相、規則不論如來講不講都是存在的，如來這裡所說的消失殆盡，指的是從這些修行人、出家人的思想中、念想中消失殆盡，他們將會忘失如來的正法，他們將會被這些文辭華美的外教典籍迷惑，他們將會被這些幻想出來

的神化典籍，曲解吹噓出來的假法謀害，他們無法除滅自己一切的煩惱和痛苦，他們無法從生死輪迴中永遠的解脫出來，他們無法證悟不生不滅涅槃的境界。

弟子們，因此，你們應該這樣去修行：「我們要認真的聽聞、修習如來的正法，我們不要因為如來的正法是用口語、簡單的言語講說出來的，就輕視它，就不重視它。我們不要被文辭華麗的外教典籍迷惑，我們不要沉浸在那些幻想出來的神話之中，我們不要去相信那些曲解如來正法的假法吹噓出來的境界，不要相信那些假法吹噓出來的所謂神通，這些都是不存在的，都是騙人的，如來的正法是實實在在的，不是神話，如來的正法裡沒有所謂的神通，這些所謂的神通全部都是世間別有用心的人胡編亂造出來哄騙世人的，我們應該時刻都憶念如來的正法，我們應該時刻都按著如來的正法去修行。」弟子們，你們就應該這樣去修行。」

佛陀說法後，聽法的出家弟子們都再次的頂禮佛陀，隨喜讚歎佛陀說法的無量功德，他們都按著佛陀所說的法去修行。

第四十六章　入侵國土的大軍

　　有個時候，佛陀住在毘舍離大林重閣講堂，有一天，佛陀對出家弟子們說：「弟子們，現在離車族人他們用木塊作爲睡覺的枕頭，他們的臥床也非常的簡陋，他們每天很早就會起床訓練武藝，並專心認眞的完成每天的任務，他們不會放縱自己的行爲，他們不會沉浸在各種欲望的海洋之中，這樣摩揭陀國的阿闍世王就找不到入侵離車族人國家的機會，阿闍世王看見離車族人每天都如此努力奮進的訓練武藝，每天都如此的遵守軍令，他會擔心自己的軍隊是否是離車族人軍隊的對手。阿闍世王看見離車族人不貪求各種舒適的生活，不會沉浸在各種欲望之中，他就會擔心無法賄賂培植離車族中貪圖富貴的反叛者。如此阿闍世王在多種顧慮之下，就不敢對離車族人的國家用兵，不敢入侵離車族人的國土。

　　弟子們，未來，離車族人，他們不會再用木塊做枕頭，他們將會用包裹著羽毛、毛絨的布袋做枕頭，他們的臥床非常的柔軟，他們蓋的被子也非常的講究。太陽高高升起的時候，他們都還賴在床上不起來。他們已經不會再在早上訓練武藝了，他們的手腳纖細、嬌嫩、白皙。他們的身體弱不禁風，握不穩刀劍武器，他們軍紀渙散、吃喝玩樂。這時，摩揭陀國的阿闍世王就找到了入侵離車族人國家的機會，阿闍世王看見離車族人荒廢武藝、軍紀渙散，就知道他的軍隊一定能夠打敗離車族人的軍隊，他看見離車族人貪求各種舒適的生活，沉浸在各種欲望之中，他就知道可以賄賂培植離車族中貪圖富貴的反叛者。如此阿闍世王就會毫無顧慮，他會率領大軍入侵離車族人的國土，占領離車族人的城池，砍殺離車族人的武士，奴役離車族人的民眾，將離車族人的國土併入他的國土之中。

　　弟子們，同樣的道理，現在的修行人、出家人，他們用木塊作爲睡覺用的枕頭，他們的臥床也非常的簡陋，他們每天很早就會起床精進的修行，他們能夠管束好自己的行爲、言語、念想。他們不會身體

行為做惡事，不會口說惡言，不會內心生起惡念，他們不會讓自己胡思亂想、胡作非為，他們會讓自己安住在清淨的境界之中，這樣魔王波旬就找不到引誘、控制、奴役、折磨他們的機會。魔王波旬是什麼呢？魔王波旬就是內心中生起的各種欲望，也就是說這些欲望就無法束縛捆綁這些修行人、出家人。

　　未來的修行人、出家人，他們不會用木塊作為睡覺用的枕頭，他們將會用包裹著羽毛、毛絨的布袋做枕頭，他們的臥床非常的柔軟，他們蓋的被子也非常的講究。太陽高高升起的時候，他們都還賴在床上不起來。他們已經不會再精進的修行如來的正法了，他們的手腳纖細、嬌嫩、白皙。他們的身體弱不禁風，走幾步路都會喘氣。他們不受持戒律、吃喝玩樂。這時，魔王波旬就找到了引誘、控制、奴役、折磨他們的機會，魔王波旬是什麼呢？魔王波旬就是內心中生起的各種欲望，這些欲望就能束縛捆綁這些修行人、出家人。

　　弟子們，因此，你們應該這樣去修行：「我們要用木塊作為枕頭，我們不要貪求舒適的生活，我們要管束好自己的行為、言語、念想。我們要讓身體行為做善事，口說善言，內心生起善念，我們要讓身體行為不做惡事，不說惡言，內心不生起惡念，我們不要胡思亂想、胡作非為，我們要將自己安住在清淨的境界之中，我們要按如來的正法持之以恆、精進努力的去修行。」弟子們，你們就應該這樣去修行。」

　　佛陀說法後，聽法的出家弟子們都再次的頂禮佛陀，隨喜讚歎佛陀說法的無量功德，他們都按著佛陀所說的法去修行。

第四十七章　大象吃蓮藕

　　有個時候，佛陀住在舍衛城的祇樹林給孤獨園，那個時候，有一位剛出家不久的年輕比丘（出家人），他除了中午化緣飯食的時候到世間人的家裡，其他本來應該是他修行的時間，他也經常的到世間人的家裡面去。於是僧團裡面的長老比丘們就對他說：「尊者！除了中午化緣飯食的時候您可以到世間人的家裡面去，其他時間您還是儘量少去、不去世間人的家裡。」可是這位出家不久的年輕比丘卻回答長老比丘們說：「你們少來管我，我想幹什麼，就幹什麼，你們是羨慕我被城裡面富貴的人家供養吧！你們也想去獲得這些豐厚的供養吧，可是那家人卻不供養你們！你們看見我帶回來的這些豐厚供養眼紅吧、嫉妒吧。別人供養了我這麼多的飲食、物品，我不經常到別人家裡面去行嗎？我不經常去，別人就會認為我是忘恩負義的人。我就是要經常到別人家裡面去說法，你們能把我怎麼樣？現在是個人修行個人的，你們管不到我！」

　　這些長老比丘實在是沒有辦法勸說這個年輕的比丘，於是就來到佛陀的住所，他們頂禮佛陀後，就在一旁坐下，他們對佛陀說：「世尊，僧團裡面最近皈依了一個年輕的比丘，他除了中午化緣飯食的時間到世間人的家裡面去外，其他時間還經常到世間人的家裡面去，我們勸說他，讓他要受持世尊您制定的戒律，不要經常到世間人的家裡去，他卻說我們羨慕、嫉妒他獲得的豐厚供養，他還說他想怎麼樣，就怎麼樣，我們沒有權利去管理他的行為！我們拿他實在是沒有辦法，他不聽我們的勸解。」

　　佛陀說：「弟子們，從前森林的深處有一個大湖泊，在這個湖泊的周圍生活著一群大象，一些身強力壯的大象潛入湖泊中，用象鼻拔出蓮藕，並用自己的鼻子卷住蓮藕，用力的在湖水中清洗蓮藕上的淤泥，由於它們身強力壯，所以它們能夠徹底的將蓮藕上的淤泥清洗乾淨。這樣它們吃到肚子裡的蓮藕就是不含淤泥的乾淨蓮藕，它們就會

由此增加自己的體力，讓自己的身體獲得蓮藕的滋養。

然而一些年輕的小象，它們也想吃到蓮藕，於是就模仿、學習大象們的樣子，也潛入到湖泊中，它們也用象鼻拔出湖泊裡的蓮藕，它們也用鼻子卷住蓮藕在湖水中用力的清洗蓮藕上的淤泥，因為它們是小象力氣很小，無法將蓮藕上的淤泥徹底的清洗乾淨，它們又想立刻吃到美味的蓮藕，於是就將包含著淤泥的蓮藕吃到了肚子裡面，由於它們吃到肚子裡面的蓮藕不乾淨，就會給它們帶來各種病痛，這些病痛就會折磨它們，讓它們痛苦不堪，甚至於奪走它們的生命。

同樣的道理，弟子們，出家十年以上的比丘（出家人），他們中午的時候，穿上法衣，拿著飯缽，到鄉村或是城鎮裡面化緣飯食，他們為世間人講說如來的正法，這些世間人也拿出各種飲食、物品，虔誠的供養他們。這些出家十年以上的比丘，他們不會被世間人的供養束縛捆綁，他們不會貪愛迷戀世間人的供養，他們不會執著和掛念世間人的供養，他們知道貪愛執著這些供養會帶來禍患，他們能夠用解脫的智慧讓自己的內心安住在清淨的境界之中。這樣他們就不會因為世間人的供養胡思亂想、胡作非為，就不會因為世間人的供養生起喜怒哀樂等等的念想，不會讓自己的內心散亂，他們能夠一直都安住在清淨的境界之中不受影響。這樣世間人在為自己種植下福田的同時，這些比丘也滋養了他們的身體，讓他們能夠繼續的精進修行。這些比丘這一世後就不會再次的出生在世間，他們就不會再次的產生憂愁、悲傷、苦悶、憂慮、絕望等等無數多的煩惱和痛苦，他們就不會再次的去承受出生、生病、衰老、死亡等等的煩惱和痛苦，他們就能從生死輪回中永遠的解脫出來，他們就能最終達到不生不滅涅槃的境界。

弟子們，一些出家不久的年輕比丘，他們也模仿、學習那些出家十年以上比丘的樣子，他們中午的時候，也穿上法衣，拿著飯缽，到鄉村或是城鎮裡面化緣飯食，他們也為世間人講說如來的正法，這些世間人也拿出各種飲食、物品，虔誠的供養他們。這些剛出家不久的比丘，他們會被世間人的豐厚供養束縛捆綁，他們會貪愛迷戀世間人的供養，他們會執著和掛念世間人的供養，他們不知道貪愛執著這些供養會帶來禍患，他們不能用解脫的智慧讓自己的心安住在清淨的境界之中。這樣他們就會因為世間人的供養胡思亂想、胡作非為，就會

因為世間人的供養生起喜怒哀樂等等的念想，會讓自己的內心散亂，他們不能一直都安住在清淨的境界中不受影響。這樣世間人供養這些出家不久比丘的行為就是在敗壞這些比丘的修行，他們無法通過供養這些比丘獲得巨大的福田。這些比丘雖然也滋養了自己的身體，可是他們卻退失了清淨的境界，忘失了如來的正法，他們無法繼續的精進修行。這些比丘這一世後還會再次的出生在世間，他們還會再次的產生憂愁、悲傷、苦悶、憂慮、絕望等等無數多的煩惱和痛苦，他們還會再次的去承受出生、生病、衰老、死亡等等的煩惱和痛苦，他們不能從生死輪回中永遠的解脫出來，他們不能最終達到不生不滅涅槃的境界。

弟子們，因此，你們應該這樣的去修行：「我們不要被世間人的供養束縛捆綁，我們不要貪愛迷戀世間人的供養，我們不要執著和掛念世間人的供養。貪愛執著這些供養會帶來禍患，我們要時刻憶念世尊的正法，我們要用解脫的智慧讓自己的心安住在清淨的境界之中。」弟子們，你們就應該這樣去修行。」

佛陀說法後，聽法的出家弟子們都再次的頂禮佛陀，隨喜讚歎佛陀說法的無量功德，他們都按著佛陀所說的法去修行。

第四十八章　不要輕視矮小醜陋的人

　　有個時候，佛陀住在舍衛城的祇樹林給孤獨園，有一天，有一位身材矮小、相貌醜陋的拔提亞尊者來到佛陀的住處，佛陀的一些出家弟子看見這個身材矮小、相貌醜陋的拔提亞尊者就忍不住嘲笑、挖苦他。他們中一些人打趣的對拔提亞尊者說：「小孩子，別到這裡來玩，這裡是大人們修行的地方，小孩子應該到母親懷裡去吃奶。」

　　一些出家人故意陰陽怪氣的反駁到：「他吃什麼奶哦，你們不知道他的母親都被他嚇的不敢見人了嗎！真是醜出了境界。」

　　這時，佛陀從屋裡走出來，聽見這些出家人的言語後，就對他們說：「弟子們，你們不要輕視、瞧不起拔提亞尊者，他是已經證悟解脫果位的聖者，他已經滅除了一切的煩惱和痛苦，他已經證悟達到了涅槃的境界，你們出家修行是為了滅除一切的煩惱和痛苦，從生死輪回中永遠的解脫出來，最終達到不生不滅涅槃的境界。你們出家這麼久了還是無法證悟解脫的果位。可是拔提亞尊者他已經證悟了解脫的果位，你們不感到慚愧嗎？你們如此的詆毀他，只會讓你們自己陷入無盡的煩惱和痛苦之中。

　　天鵝、白鷺、孔雀、梅花鹿、大象，它們長的漂亮，長的高大，可是它們卻畏懼害怕森林之王獅子！不要因為身材的高低，長相的美醜就輕視、瞧不起任何人。一個人他能力、本事的大小不在於他身材的高低、長相的美醜。同樣的道理，弟子們，就算是身材矮小、長相醜陋的出家人、修行人，他們也可能是已經開啟智慧，已經證悟解脫果位的大聖者。如果沒有開啟智慧，沒有證悟解脫果位，光是身材高大、長相漂亮又有什麼用呢？不過是一個身材高大、相貌漂亮的愚癡之人而已。世間的人會讚歎那些已經開啟智慧，已經除滅一切煩惱和痛苦，已經證悟解脫果位的人，會讚歎那些已經達到涅槃境界的人，就算他們身材矮小、長相醜陋世間人也會稱讚他們。世間人不會稱讚那些沒有開啟智慧，沒有除滅煩惱和痛苦，沒有證悟解脫果位的人，

一本書

讀懂所有佛經

不會稱讚那些沒有達到涅槃境界的人，就算他們身體高大、長相漂亮世間人也不會稱讚他們，世間人會認為他們是愚昧無知的人。」

這時，佛陀說偈言：

「鵝白鷺孔雀，
　大象與斑鹿，
　悉皆畏獅子，
　身無相等者。
　如是于人中，
　矮醜證解脫，
　讚歎彼為聖，
　非贊大愚身。」

佛陀說法後，這些嘲笑、挖苦拔提亞尊者的出家人們都慚愧的低下了頭，在場聽法的出家弟子們都虔誠的頂禮佛陀，隨喜讚歎佛陀說法的無量功德，他們都按著佛陀所說的法去修行。

第四十九章　偈語的意思

有個時候，迦旃延尊者住在阿槃提國的拘留歡喜山中，有一天，訶梨迪迦尼來到迦旃延尊者的住處，他與迦旃延尊者互相問候後，就在一旁坐下，他對迦旃延尊者說：「尊者！世尊在《摩犍提所問而說義品經》中說到：

> 「牟尼無家無住處，
>
> 無絕近習於聚落。
>
> 以空諸欲無希望，
>
> 何不與人事諍論。」

我反復的閱讀都沒有辦法弄明白他說的意思，尊者，應該如何去理解世尊說的這段偈語呢？請您為我解說。」

迦旃延尊者說：「訶梨迪迦尼！色界是識的家（色界解釋，見第二十八章；「識」就是眼識、耳識、鼻識、舌識、身識、意識。眼識、耳識、鼻識、舌識、身識、意識解釋，見第四十二章），識被由色界生起的貪欲束縛捆綁就叫做「有家有住處」；感受界是識的家，識被由感受界生起的貪欲束縛捆綁就叫做「有家有住處」；念想界是識的家，識被由念想界生起的貪欲束縛捆綁就叫做「有家有住處」；行為界是識的家，識被由行為界生起的貪欲束縛捆綁就叫做「有家有住處」；什麼是感受界呢？就是能夠感受到的範圍，有感受生起就進入感受界。什麼是念想界呢？就是能夠想到的範圍，有念想生起就進入念想界。什麼是行為界？就是行為的範圍，有行為生起就進入行為界。識被由色界、感受界、念想界、行為界生起的貪欲束縛捆綁就叫做「有家有住處」，色界、感受界、念想界、行為界就是識的家。

訶梨迪迦尼！什麼是無家無住處呢？就是對於色界、感受界、念想界、行為界的欲望、貪求、喜歡、渴愛、攀附、束縛、獲取、依戀、執著、煩惱的潛在趨勢，這些貪愛、喜怒哀樂等等的煩惱，已經徹底的除滅、舍斷，就如同被連根拔起，又被節節砍斷的多羅樹那

一本書

讀懂所有佛經

樣，已經無法再生根發芽，已經無法再繼續的生長，已經完全滅盡，未來已經不復存在，這些煩惱和痛苦不會再次的生起，也已經完全徹底的滅盡，這樣就叫做「無家無住處」。

訶梨迪迦尼！什麼是「有住處」呢？就是被物質事物、物質身體、聲音、氣味、味道、觸覺、環境感覺（冷熱、舒適等等）、念想、思想束縛捆綁；被物質事物、物質身體、聲音、氣味、味道、觸覺、環境感覺（冷熱、舒適等等）、念想、思想影響無法管束好自己的行為、言語、念想，被這些事物影響胡作非為、胡思亂想。這就是「有住處」。

訶梨迪迦尼！什麼是「無住處」呢？就是物質事物、物質身體、聲音、氣味、味道、觸覺、環境感覺（冷熱、舒適等等）、念想、思想的束縛捆綁已經完全被解除、捨斷。物質事物、物質身體、聲音、氣味、味道、觸覺、環境感覺（冷熱、舒適等等）、念想、思想無法影響到自己的行為、言語、念想，能夠管束好自己的行為、言語、念想，不會胡作非為，不會胡思亂想，能夠安住在清淨的境界之中。對物質事物、物質身體、聲音、氣味、味道、觸覺、環境感覺（冷熱、舒適等等）、念想、思想的執著和掛念已經完全捨斷、除滅、滅盡，就如同被連根拔起，又被節節砍斷的多羅樹那樣，已經無法再生根發芽，已經無法再繼續的生長，已經完全滅盡，未來已經不復存在。物質事物、物質身體、聲音、氣味、味道、觸覺、環境感覺（冷熱、舒適等等）念想、思想的束縛捆綁已經完全被解除、捨斷；行為、言語、念想已經不會再肆意妄為，不會再胡思亂想，不會再胡作非為，能夠一直安住在清淨的境界之中。這就是如來所說的「無住處」。

訶梨迪迦尼！什麼是「近習於聚落」？就是除了中午到鄉村或是城鎮化緣飯食，為世間人隨緣說法外，其他時間還經常與世間人來往、交往、接觸。與世間人的人際交往非常的頻繁。介入、干涉世間人的生活，與他們同歡樂，與他們同憂愁，在他們快樂的時候跟著他們快樂，在他們痛苦的時候跟著他們痛苦。介入、干涉世間人的家庭事務、工作事務、學習事務；介入、干涉世間人在世間的一切事務和義務，訶梨迪迦尼！這就是「近習於聚落」。

訶梨迪迦尼！什麼是「無絕近習於聚落」？就是除了中午到鄉村或是城鎮化緣飯食，為世間人隨緣說法外，其他時間不與世間人來往、交往、接觸。遠離人際交往，不介入、不干涉世間人的生活，不與他們同歡樂，不與他們同憂愁，不在他們快樂的時候跟著他們快樂，不在他們痛苦的時候跟著他們痛苦；不介入、不干涉他們的家庭事務、工作事務、學習事務；不介入、不干涉他們在世間的一切事務和義務，訶梨迪迦尼！這就是「無絕近習於聚落」。

　　訶梨迪迦尼！什麼是有「諸欲」？就是某一個人他沒有除滅對世間的物質事物、物質身體、感受、念想、行為、認識、分別、判斷的貪求、欲望、情愛、渴望、熱愛、渴愛、貪愛；他沒有離貪、離欲、離情愛、離渴望、離熱愛、離渴愛、離貪愛，仍然執著和掛念物質事物、物質身體、感受、念想、行為、認識、分別、判斷。那麼他就是有很多欲望的人，那麼他就是有「諸欲」的人。

　　訶梨迪迦尼！什麼是「空諸欲」？就是某一個人他除滅了對世間的物質事物、物質身體、感受、念想、行為、認識、分別、判斷的貪求、欲望、情愛、渴望、熱愛、渴愛、貪愛；他已經離貪、離欲、離情愛、離渴望、離熱愛、離渴愛、離貪愛，不會再執著和掛念物質事物、物質身體、感受、念想、行為、認識、分別、判斷。那麼他就是除滅欲望、滅盡欲望的人，那麼他就是「空諸欲」的人。

　　訶梨迪迦尼！什麼是「希望」？就是某一個人這樣的想：「希望我以後或者未來世，還能夠擁有這些物質事物，還能擁有讓我自己滿意的物質身體；希望我的以後或未來世，還能有這些讓我滿意的感受、念想、行為、認識、分別、判斷。」訶梨迪迦尼！對以後未來還懷著期待、期望，這個就是「希望」。

　　訶梨迪迦尼！什麼是「無希望」？就是某一個人，他不會這樣的想：「希望我以後或者未來世，還能夠擁有這些物質事物，還能擁有讓我自己滿意的物質身體；希望我的以後或未來世，還能有這些讓我滿意的感受、念想、行為、認識、分別、判斷。」甚至於他內心中都不會生起期待、期盼的念想，訶梨迪迦尼！對以後未來不懷有期待、期望，這個就是「無希望」。

訶梨迪迦尼！什麼是「與人事諍論」？就是某個人他與別人爭論：「你根本不明白如來的正法是什麼，你根本不明白如來制定的戒律是什麼；我知道如來的正法是什麼，我知道如來制定的戒律是什麼。你對如來的正法和戒律什麼都不知道，簡直一竅不通。你現在知道的這些法根本就不是如來的正法，你知道的這些戒律也不是如來制定的戒律，你根本就不是如來的弟子，你的錯誤修行只能讓你走上邪道，而我按如來的正法去修行一定能走上解脫的正道；你不應該這樣說法，你應該先說這個法，再說那個法，你說顛倒了；我說的才是正確的，你在亂說，你說錯了；你現在自認為熟練掌握的修行方法，實際上是錯誤的，是顛倒的，你應該按我說的方法去修行，我說的法才是完全正確的；你說的法早就被證明是不合乎修行實踐的，早就被證明是不可行的，你還在我面前大言不慚的吹噓這個法，你還在這裡巧言令色的詭辯，你還想挽回敗局，還想拯救你那個已經被無數人拋棄、丟棄的法，真是太可笑了；你已經無法回答我的問題了，你已經被我打敗了，你如果有本事的話，請用你認為最有說服力的法來拆解我剛才說的正法，隨便你怎麼說都可以，前提是你做的到的話，我想你多半也無計可施了吧，你趕快滾下講壇吧，不要在這裡丟人現眼了。」訶梨迪迦尼！一旦與人產生了爭論、爭辯、爭鬥，一旦與人比試高下、優劣，有了爭鬥的心，就是「與人事諍論」。

　　訶梨迪迦尼！什麼是「不與人事諍論」？就是不與任何的世間人比試、比較各種修行方法的高下、優劣，不去指責別人的修行方法，也不去抬高自己的修行方法，只是平心靜氣的去講解弘揚如來的正法，別人對自己誹謗、指責也不在意，也不去與別人爭論、爭辯、爭鬥，沒有了爭鬥的心，就是「不與人事諍論」。

　　訶梨迪迦尼！這就是世尊在《摩犍提所問而說義品經》中說到的：

> 「牟尼無家無住處，
> 　無絕近習於聚落。
> 　以空諸欲無希望，
> 　何不與人事諍論。」

偈語的詳細的法義，你應該這樣的去理解世尊偈語的意思。」

迦旃延尊者說法後，訶梨迪迦尼頂禮迦旃延尊者，隨喜讚歎迦旃延尊者說法的無量功德，並按著迦旃延尊者所說的法去修行。

第五十章　應該明白的事情

有個時候，佛陀住在舍衛城的祇樹林給孤獨園，有一天，佛陀對出家弟子們說：「比丘們（出家人）！如來現在將要爲你們講說：什麼是修行人應該完全理解和明白的事情？什麼是只有證悟解脫果位的聖者才明白和理解的事情？你們要認眞的聽，你們要仔細的思考。」

出家弟子們回答：「世尊，我們會認眞聽您說法的，我們會仔細的思考的。恭請世尊您爲我們說法。」

佛陀說：「物質事物、物質身體、感受、念想、行爲、認識、分別、判斷是修行人應該完全理解和明白的事情。它們的生起、形成、存續、發展、衰敗、滅亡、消失是修行人應該完全理解和明白的事情。你們明白了緣起法（緣起法解釋，見第十八章、第十九章），就能完全理解和明白物質事物、物質身體、感受、念想、行爲、認識、分別、判斷，就能完全理解和明白它們的生起、形成、存續、發展、衰敗、滅亡、消失。這就是修行人應該完全理解和明白的事情。

比丘們！什麼是只有證悟解脫果位的聖者才明白和理解的事情呢？那就是知道滅盡貪欲、憤怒、愚癡等等煩惱和痛苦的修行方法，也就是明白苦集滅道四聖諦，什麼是苦集滅道四聖諦呢？就是出生在世間的眾生是很痛苦的，痛苦的根源是貪愛，只有先滅除了貪愛才能滅除痛苦，而滅除痛苦的方法就是修習八正道（八正道解釋，見第五章），比丘們！這就是只有證悟解脫果位的聖者才明白和理解的事情。」

佛陀說法後，聽法的出家弟子們都再次的頂禮佛陀，隨喜讚歎佛陀說法的無量功德，他們都按著佛陀所說的法去修行。

第五十一章　沉迷的滋味

　　有個時候，佛陀住在舍衛城的祇樹林給孤獨園，有一天，佛陀對出家弟子們說：「比丘們（出家人）！如來證悟無上正等正覺之前，還是菩薩的時候，經常想這樣的問題：「沉迷於物質事物、物質身體的滋味是什麼？物質事物、物質身體的禍患是什麼？如何從物質事物、物質身體中解脫出來？沉迷於感受、念想、行為、認識、分別、判斷的滋味是什麼？感受、念想、行為、認識、分別、判斷的禍患是什麼？如何從感受、念想、行為、認識、分別、判斷中解脫出來？」

　　比丘們！如來那時是這樣解答這個問題的：「由物質事物、物質身體生起快樂、喜悅，這就是沉迷於物質事物、物質身體的滋味。物質事物、物質身體是無法永遠存在的，是無法永恆保持不變的，是隨時在變化的，是最終帶來痛苦的，這就是物質事物、物質身體的禍患。降伏熄滅對物質事物、物質身體的欲望、貪愛，除滅捨斷對物質事物、物質身體的欲望、貪愛，不再執著和掛念物質事物、物質身體，這就是從物質事物、物質身體中解脫出來的方法。

　　由感受、念想、行為、認識、分別、判斷生起快樂、喜悅，這就是沉迷於感受、念想、行為、認識、分別、判斷的滋味。感受、念想、行為、認識、分別、判斷是無法永遠存在的，是無法永恆保持不變的，是隨時在變化的，是最終帶來痛苦的，這就是感受、念想、行為、認識、分別、判斷的禍患。降伏熄滅對感受、念想、行為、認識、分別、判斷的欲望、貪愛，除滅捨斷對感受、念想、行為、認識、分別、判斷的欲望、貪愛，不再執著和掛念感受、念想、行為、認識、分別、判斷，這就是從感受、念想、行為、認識、分別、判斷中解脫出來的方法。」

　　比丘們！如來如果沒有證悟明白由物質事物、物質身體、感受、念想、行為、認識、分別、判斷生起的煩惱，沒有徹底明白：「沉迷於物質事物、物質身體的滋味是什麼？物質事物、物質身體的禍患是

一本書
讀懂所有佛經

什麼？如何從物質事物、物質身體中解脫出來？沉迷於感受、念想、行為、認識、分別、判斷的滋味是什麼？感受、念想、行為、認識、分別、判斷的禍患是什麼？如何從感受、念想、行為、認識、分別、判斷中解脫出來？」那麼如來就無法證悟無上正等正覺，也就不能在人界、天界、魔界、梵天界等等眾生所處的世間自稱已經證悟了無上正等正覺的佛果，世間的普通人、出家人、修行人、天神、魔王、梵天王等等一切的眾生也不會認可如來已經證悟了無上正等正覺，他們也不會接受如來的教導。

　　就是因為如來已經證悟明白了由物質事物、物質身體、感受、念想、行為、認識、分別、判斷生起的煩惱，已經徹底明白了：「沉迷於物質事物、物質身體的滋味是什麼？物質事物、物質身體的禍患是什麼？如何從物質事物、物質身體中解脫出來？沉迷於感受、念想、行為、認識、分別、判斷的滋味是什麼？感受、念想、行為、認識、分別、判斷的禍患是什麼？如何從感受、念想、行為、認識、分別、判斷中解脫出來？」如來才能證悟無上正等正覺，才能在人界、天界、魔界、梵天界等等眾生所處的世間自稱已經證悟了無上正等正覺的佛果，世間的普通人、出家人、修行人、天神、魔王、梵天王等等一切的眾生才會認可如來已經證悟了無上正等正覺，他們才會接受如來的教導。

　　比丘們！如來用開啟的智慧去實踐修行，向所有世間的眾生證明了按著這樣的方法去修行可以從世間生死輪迴的煩惱和痛苦中永遠的解脫出來，如來已經不會再被世間任何的事物所困擾、迷惑，如來內心已經不會再被世間一切的事物所束縛捆綁，如來已經徹底永遠的從世間解脫出來，如來知道自己這一世是最後一次出生在世間，如來以後不會再投生在世間，已經完全從世間的生死輪迴中解脫出來。」

　　佛陀說法後，聽法的出家弟子們都再次的頂禮佛陀，隨喜讚歎佛陀說法的無量功德，他們都按著佛陀所說的法去修行。

第五十二章　破壞樹林

有個時候，佛陀住在舍衛城的祇樹林給孤獨園，有一天，佛陀對出家弟子們說：「比丘們（出家人）！不是你們的東西，不是你們能夠永遠擁有的東西，你們不要執著和掛念，你們不要對它們生起貪欲、渴愛。只要你們不對這些不屬於你們的東西生起貪欲、渴愛，不對你們無法永遠擁有的東西生起貪欲、渴愛，不執著和掛念它們，那麼你們就能獲得功德利益，你們就不會因為它們產生煩惱和痛苦，你們就能夠讓內心清淨安寧。比丘們！什麼不是屬於你們的東西，什麼是你們無法永遠擁有的東西？

比丘們！物質事物、物質身體、感受、念想、行為、認識、分別、判斷不是你們的，不是你們能夠永遠擁有的事物。物質事物、物質身體、感受、念想、行為、認識、分別、判斷隨時在變化，無法永遠的存在，無法永恆的保持不變，不能永遠的屬於你們，不是你們能夠永遠擁有的事物。你們不要執著和掛念它們，你們不要對它們生起貪欲、渴愛。只要你們不對這些不屬於你們的物質事物、物質身體、感受、念想、行為、認識、分別、判斷生起貪欲、渴愛，不對你們無法永遠擁有的物質事物、物質身體、感受、念想、行為、認識、分別、判斷生起貪欲、渴愛，不執著和掛念它們，那麼你們就能獲得功德利益，你們就不會因為它們產生煩惱和痛苦，你們就能夠讓內心清淨安寧。

比丘們！如果有一群人，他們來到深山密林之中，他們隨意的割掉野草、砍伐樹木、燒掉樹林，在深山密林裡面想幹什麼就幹什麼，對深山密林裡面的樹木、植被為所欲為、隨意破壞，比丘們！你們內心會這樣想嗎：「這群人割掉了我們的野草，砍伐了我們的樹木，燒掉了我們的樹林，在我們的樹林裡面想幹什麼就幹什麼，對我們樹林裡面的樹木、植被為所欲為、隨意破壞。」比丘們！你們會這樣想嗎？」

一本書

讀懂所有佛經

出家弟子們回答：「世尊，我們不會這樣的想，因為深山密林裡面的這些樹木、野草、植被等等的一切根本就不屬於我們，不是我們所擁有的東西，既然不是我們所有的東西，這一群人他們割掉野草、砍伐樹木、燒掉樹林，對樹林想幹什麼就幹什麼，對樹林裡面的樹木、植被為所欲為、隨意破壞，我們都不會在意，我們都不會在乎，我們也不會因為他們的這些行為產生煩惱和痛苦，本來樹林裡面的樹木、野草、植被就不是我們的，他們怎麼對待樹林都跟我們無關。」

　　「比丘們！同樣的道理，物質事物、物質身體、感受、念想、行為、認識、分別、判斷不是你們的，不是你們能夠永遠擁有的事物。物質事物、物質身體、感受、念想、行為、認識、分別、判斷隨時在變化，無法永遠的存在，無法永恆的保持不變，不能永遠的屬於你們，不是你們能夠永遠擁有的事物。你們不要執著和掛念它們，你們不要對它們生起貪欲、渴愛。只要你們不對這些不屬於你們的物質事物、物質身體、感受、念想、行為、認識、分別、判斷生起貪欲、渴愛，不對你們無法永遠擁有的物質事物、物質身體、感受、念想、行為、認識、分別、判斷生起貪欲、渴愛，不執著和掛念它們，那麼你們就能獲得功德利益，你們就不會因為這些事物產生煩惱和痛苦，你們就能夠讓內心保持長久的清淨安寧。」

　　佛陀說法後，聽法的出家弟子們都再次的頂禮佛陀，隨喜讚歎佛陀說法的無量功德，他們都按著佛陀所說的法去修行。

第五十三章　沒有名稱

有個時候，佛陀住在舍衛城的祇樹林給孤獨園，有一天，有一位出家人來到佛陀的住所，他頂禮佛陀後，就在一旁坐下，他對佛陀說：「世尊，請您簡要的教導我，讓我聽聞您說法後，能夠獨自清淨的修行，能夠由此管束好自己的行為、言語、念想，讓我不胡思亂想，不胡作非為，讓我的內心能夠長時間的保持清淨，讓我能夠精進努力的按您的正法去修行。世尊，如果您為我說的法能夠讓我這樣的話，那就很好了。」

佛陀說：「比丘！有執著和掛念，有煩惱的產生，就會被命名，就會被安立名稱，什麼是被命名和被安立名稱呢？就是會用一些名字、詞語來描述形容這些執著、掛念、煩惱的狀態，比如貪愛美女，就會被描述為好色；貪愛快樂的感受，就會被描述為享樂；貪愛念想、思想，就會被描述為幻想、夢想；貪愛各種行為就會被描述為行動、主動、搶奪；貪愛認識、分別、判斷就會被描述為鑒別、猶豫、果斷。

比丘！沒有執著和掛念，沒有煩惱的產生，就不會被命名，就不會被安立名稱，就無法用一些名字、詞語來描述形容當前的狀態，就處於無法描述，沒有名字的狀態。」

這位出家人說到：「世尊，我已經明白了，感謝世尊您為我說法。」

佛陀說：「比丘！如來剛才只是簡要的講說了一下法理，你已經明白了嗎？如來剛才講說的法義你能詳細的描述一下嗎？」

這位出家弟子回答：「世尊，如果對物質事物、物質身體生起了煩惱；執著和掛念物質事物、物質身體，那麼就會被命名，就會被安立名稱，比如貪愛物質事物，就會被描述為貪得無厭，貪愛物質身體會被描述為沉溺美色。

如果對感受、念想、行為、認識、分別、判斷生起了煩惱；執著和掛念感受、念想、行為、認識、分別、判斷，那麼就會被命名，就會被安立名稱，比如貪愛快樂的感受，就會被描述為尋歡作樂；貪愛念想、思想就會被描述為異想天開；貪愛行為就會被描述為肆意妄為；貪愛認識、分別、判斷就會被描述為優柔寡斷。

　　世尊，如果不對物質事物、物質身體、感受、念想、行為、認識、分別、判斷生起煩惱；不執著和掛念物質事物、物質身體、感受、念想、行為、認識、分別、判斷，那麼就不會被命名，就不會被安立名稱，就無法用一些名字、詞語來描述形容當前的狀態，就處於無法描述，沒有名字的狀態。」

　　佛陀說：「比丘！你已經完全明白如來所說的法義。」

　　佛陀說法後，這位出家人再次的頂禮佛陀，隨喜讚歎佛陀說法的無量功德，他站起來向右圍繞著佛陀轉圈，以此表示他對佛陀的最高敬意，之後他就離開了。

　　這位出家人，他按著佛陀所說的正法獨自的去修行，他管束好了自己的行為、言語、念想，不讓自己胡思亂想、胡作非為，他讓自己的內心安住在清淨的境界之中，不讓自己產生會被命名、會被安立名稱的煩惱、執著、掛念，沒有過多久，這位出家人他就開啟了解脫的智慧，他就證悟了解脫的果位，他自己徹底明白：「從這一世開始已經不會再出生在世間了。行為、言語、念想的修行已經圓滿，應該做的事情已經做好，不會再有喜怒哀樂等等煩惱和痛苦的輪回狀態了，不會再出生的世間了，已經徹底從生死輪回中解脫出來。」

　　這位出家人成為了佛陀阿羅漢弟子中的一員。

第五十四章　修行以自己為依靠

有個時候，佛陀住在舍衛城的祇樹林給孤獨園，有一天，佛陀對出家弟子們說：「比丘們（出家人）！你們要以自己為依靠，不要依靠其他人，不要依靠其他事物，在洶湧澎湃的煩惱大海中，你們要以自己為清淨安寧的島嶼。你們要以自己為皈依，不要皈依其他人，不要皈依其他事物，不要皈依，不要相信，不要迷信那些自稱有大神通的人，不要相信，不要迷信那些自稱是神、佛、菩薩的人，不要相信，不要迷信那些自稱是某個神、佛菩薩、大修行人轉世的人，不要相信，不要迷信那些自稱能夠立刻讓你們解脫的人，不要相信，不要迷信那些被神化的典籍，不要相信，不要迷信那些胡編亂造出來、毫無修行實踐的幻想境界。你們要相信自己，你們要明白自己的欲望就是魔王波旬，修行就是除滅自己的欲望，就是除滅自己對世間一切事物的貪愛、執著、掛念，從而讓自己的內心清淨安寧；你們要以如來的正法為依靠，你們要皈依如來的正法，不要依靠其他的惡法、邪法，不要皈依其他的惡法、邪法。你們要按如來的正法去修行，去實踐的證悟各種清淨的境界，去驗證如來所說的各種清淨境界，而不要去聽信別人口中說出來的境界，你們要自己去證悟這些境界。不要依靠，不要相信，不要迷信別人吹噓出來的清淨境界。

比丘們！當你們依靠自己，以自己為皈依，依靠如來的正法，以如來的正法為皈依，以自己的實踐修行去證悟、驗證如來所說的各種清淨境界的時候，你們就應該去想這個問題：「憂愁、悲傷、苦悶、憂慮、絕望是因為什麼生起來的？它們是如何產生出來的？」

比丘們！那些沒有受到聖者教導的人，他們不知道聖者的正法是什麼，他們不會按聖者的正法去修行；那些沒有受到善人教導的人，他們不知道善人的善法是什麼，他們不會按善人的善法去修行。這些沒有受到聖者教導的人，他們就會自認為：「物質身體就是我，我擁有物質事物」，或者他們會認為：「物質身體是我的一部分」，或者認

一本書

讀懂所有佛經

爲：「我是物質身體的一部分」，當他們的物質身體發生變化，生病、衰老、臨死的時候，當他們失去物質事物，或者他們擁有的物質事物衰敗、滅亡、消失的時候，他們就會產生憂愁、悲傷、苦悶、憂慮、絕望，爲什麼呢？因爲他們錯誤的認爲：「世間有永遠存在的我，有真實不變的我存在」，實際上這個世間的我無法永遠的存在。他們錯誤的認爲：「自己擁有的物質事物可以永遠的擁有」，實際上這些他們擁有的物質事物，只是暫時歸他們管理而已，他們無法永遠的擁有這些物質事物。

比丘們！同樣的道理，這些沒有受到聖者教導的人，他們就會自認爲：「感受、念想、行爲、認識、分別、判斷就是我，我擁有感受、念想、行爲、認識、分別、判斷」，或者他們會認爲：「感受、念想、行爲、認識、分別、判斷是我的一部分」，或者認爲：「我是感受、念想、行爲、認識、分別、判斷的一部分」，當他們的感受、念想、行爲、認識、分別、判斷發生變化的時候，當讓他們滿意、快樂、開心的感受、念想、行爲、認識、分別、判斷消退、滅盡、消失的時候，當感受、念想、行爲、認識、分別、判斷讓他們不滿意、不開心、不快樂的時候，他們就會產生憂愁、悲傷、苦悶、憂慮、絕望，爲什麼呢？因爲他們錯誤的認爲：「世間有永遠存在的我，有真實不變的我存在」，實際上這個世間的我無法永遠的存在。他們錯誤的認爲：「這些讓他們滿意、快樂、開心的感受、念想、行爲、認識、分別、判斷可以永遠的存在」，實際上這些讓他們滿意、快樂、開心的感受、念想、行爲、認識、分別、判斷，只能出現一段時間，無法永遠的存在，他們無法永遠的沉浸在滿意、快樂、開心的感受、念想、行爲、認識、分別、判斷之中。

比丘們！當這些人受到了聖者的教導，他們明白了物質事物、物質身體、感受、念想、行爲、認識、分別、判斷是隨時在變化的，是無法永遠存在的，是無法永恆保持不變的，是無法永遠擁有的。物質事物是會衰敗、滅亡、消失的，物質身體是會生病、衰老、死亡的。感受、念想、行爲、認識、分別、判斷是會消退、滅盡、消失的，那麼他們就能開啓正確的智慧：「過去、現在、未來一切的物質事物、物質身體、感受、念想、行爲、認識、分別、判斷都是隨時在變化

的，都是無法永遠存在的，都是無法永恆保持不變的，都是無法永遠擁有的。世間一切的物質事物、物質身體、感受、念想、行爲、認識、分別、判斷最終給世間的人、眾生帶來的都是痛苦。」那麼，他們就不會再去貪愛、貪求世間的物質事物、物質身體、感受、念想、行爲、認識、分別、判斷，他們就不會再去執著和掛念世間的物質事物、物質身體、感受、念想、行爲、認識、分別、判斷，這樣他們就能舍離、斷除、除滅一切的憂愁、悲傷、苦悶、憂慮、絕望，他們的內心就不會被物質事物、物質身體、感受、念想、行爲、認識、分別、判斷擾動、困惑，他們就不會因爲物質事物、物質身體、感受、念想、行爲、認識、分別、判斷而生起無數的念想，他們就能除滅一切的煩惱和痛苦，他們就能讓內心安住在清淨的境界之中，這些內心不被物質事物、物質身體、感受、念想、行爲、認識、分別、判斷擾動、困惑，不執著和掛念物質事物、物質身體、感受、念想、行爲、認識、分別、判斷，不因爲物質事物、物質身體、感受、念想、行爲、認識、分別、判斷生起念想的修行人，沒有任何煩惱和痛苦的修行人，他們就進入了不生不滅涅槃的境界。不生不滅涅槃的境界是什麼意思呢？就是指修行人，他們內心不生起煩惱和痛苦，就沒有煩惱和痛苦，就不用再去除滅煩惱和痛苦，沒有執著和掛念，沒有任何的念想生起，這樣寂靜無煩惱、無痛苦、無念想的境界就是涅槃的境界。」

佛陀說法後，聽法的出家弟子們都再次的頂禮佛陀，隨喜讚歎佛陀說法的無量功德，他們都按著佛陀所說的法去修行。

第五十五章　世間的五類種子

　　有個時候，佛陀住在舍衛城的祇樹林給孤獨園，有一天，佛陀對出家弟子們說：「比丘們（出家人），世間有五種類型的種子，是哪五種類型的種子呢？由根部繁衍生長的根種子，由莖部繁衍生長的莖種子，由枝幹繁衍生長的枝種子，由莖節繁衍生長的節種子，由胚發育而成的顆粒狀物繁衍生長的顆粒種子。

　　比丘們！如果這些種子是完好無損的，沒有大地泥土和水，這些種子能夠生根發芽嗎？」

　　出家弟子們回答：「世尊，就算這些種子是完好無損的，沒有大地泥土和水，這些種子也根本不可能生根發芽。」

　　佛陀說：「比丘們！如果將這些完好無損的種子，播種到有大地泥土和水的環境中，這些環境也適合這些種子生長，那麼它們能生根發芽嗎？」

　　出家弟子們回答：「世尊，如果將這些完好無損的種子，播種到有大地泥土和水的環境中，這些環境又適合它們生長的話，它們肯定能夠生根發芽的，不僅如此它們還能慢慢的長大。」

　　佛陀說：「讓「識」（識就是眼識、耳識、鼻識、舌識、身識、意識。眼識、耳識、鼻識、舌識、身識、意識解釋，見第四十二章）生起的物質事物、感受、念想、行為。「識」的立足點物質事物、感受、念想、行為，就應該被看作是地界（地界解釋，見第三十章）。歡喜、貪欲就應該看作是水界（水界解釋，見第三十章），比丘們！對物質事物、感受、念想、行為、認識、分別、判斷的執著和掛念就應該看作是「識」的種子。

　　比丘們！「識」的生起、存在。就如同樹木花草栽種在大地上，要用雨露澆灌才能生長、存在一樣，「識」栽種在物質事物、物質身體、感受、念想、行為、認識、分別、判斷上，要用歡喜、貪欲澆灌才能生起、存在。對物質事物、物質身體、感受、念想、行為、認

識、分別、判斷生起歡喜、貪欲就是攀附、攀纏。攀附、攀纏物質事物、物質身體、感受、念想、行為、認識、分別、判斷就會生起「識」，就會讓「識」生長、增長。

比丘們！如果世間有人說：「離開物質事物、物質身體、感受、念想、行為、認識、分別、判斷的攀附、攀纏，不對物質事物、物質身體、感受、念想、行為、認識、分別、判斷生起歡喜、貪欲，不執著和掛念物質事物、物質身體、感受、念想、行為、認識、分別、判斷，我要找到「識」的來去、生滅、增減、有無」，那是不可能的，就如同將栽種在大地上的樹木花草，全部連根拔起，切割成小塊，壓成粉末，又用大火焚燒成灰燼後，拋入大海，這些被連根拔起，切割成小塊，壓成粉末，大火焚燒，拋入大海的樹木花草早就無法繼續生根發芽了，早就不存在了。同樣的道理，如果世間人，他們除滅對色界、感受界、念想界、行為界、識界（色界解釋，見第二十八章；感受界、念想界、行為界解釋，見第四十九章；識界就是眼識、耳識、鼻識、舌識、身識、意識，眼識、耳識、鼻識、舌識、身識、意識解釋，見第四十二章）的貪欲，當他們對色界、感受界、念想界、行為界、識界的貪欲滅盡的時候，生起「識」的前提條件就沒有了，「識」的立足點就沒有了，就如同被連根拔起，切割成小塊，壓成粉末，大火焚燒，拋入大海的樹木花草那樣，早就無法繼續生根發芽了，早就不存在了。沒有歡喜、貪欲的澆灌，沒有立足點的「識」就不會生起、成長、存在，沒有「識」的產生就解脫出來。解脫後就能保持內心長久的清淨安寧，內心清淨安寧後就不會被世間一切的事物擾動、困惑、影響，就不會執著和掛念任何的念想，就不會生起任何的念想，沒有執著，沒有掛念，沒有念想，就進入沒有煩惱和痛苦的涅槃境界，就能徹底明白：「從這一世開始已經不會再出生在世間了。行為、言語、念想的修行已經圓滿，應該做的事情已經做好，不會再有喜怒哀樂等等煩惱和痛苦的輪迴狀態了，不會再出生的世間了，已經徹底從生死輪迴中解脫出來。」

佛陀說法後，聽法的出家弟子們都再次的頂禮佛陀，隨喜讚歎佛陀說法的無量功德，他們都按著佛陀所說的法去修行。

一本書

讀懂所有佛經

第五十六章　正覺者與智慧解脫者的區別

　　有個時候，佛陀住在舍衛城的祇樹林給孤獨園，有一天，佛陀對出家弟子們說：「比丘們（出家人），已經證悟無上正等正覺的聖者們，他們已經不會再去執著和掛念世間一切的物質事物、物質身體、感受、念想、行為、認識、分別、判斷了，他們已經除滅對世間一切物質事物、物質身體、感受、念想、行為、認識、分別、判斷的貪欲、渴愛了，他們已經滅盡一切的煩惱和痛苦了。他們由於不沉迷於世間一切的物質事物、物質身體、感受、念想、行為、認識、分別、判斷之中的緣故，不執著和掛念世間一切物質事物、物質身體、感受、念想、行為、認識、分別、判斷的緣故而從世間完全的解脫出來。他們被稱為：「已經證悟無上正等正覺解脫果位的聖者」。

　　比丘們！那些通過開啟智慧證悟解脫果位的修行人，他們也已經不會再去執著和掛念世間一切的物質事物、物質身體、感受、念想、行為、認識、分別、判斷了，他們也已經除滅對世間一切物質事物、物質身體、感受、念想、行為、認識、分別、判斷的貪欲、渴愛了，他們也已經滅盡一切的煩惱和痛苦了。他們也由於不沉迷於世間一切的物質事物、物質身體、感受、念想、行為、認識、分別、判斷之中的緣故，不執著和掛念世間一切物質事物、物質身體、感受、念想、行為、認識、分別、判斷的緣故而從世間完全的解脫出來。他們被稱為：「由開啟智慧而證悟解脫果位的聖者」。

　　比丘們！證悟無上正等正覺解脫果位的聖者與由開啟智慧而證悟解脫果位的聖者，他們之間有什麼不同呢？簡單的說就是：無上正覺者與智慧解脫者有什麼不同呢？」

　　出家弟子們回答：「世尊，您說的正法是我們修行的根本，您是我們修行的引路人，是您慈悲的教導我們，我們才知道如何去修行的，我們以世尊您為皈依。世尊，如果您能為我們解說：無上正覺者

與智慧解脫者有什麼不同。我們就會時刻憶念您的教導，並按您所說的去修行的，恭請世尊您為我們說法。」

佛陀說：「比丘們！已經證悟無上正等正覺解脫果位的聖者們，他們通過自己的實踐修行證悟去創立、建立修行的方法，開闢出一條通向解脫的大道，讓世間的人明白這些修行的方法，讓世間的人能夠走上解脫的大道；他們對世間的眾生宣講、講解除滅煩惱和痛苦的修行方法，宣講、講解從生死輪回中永遠解脫出來的修行方法。已經證悟無上正等正覺解脫果位的聖者們，他們知道世間的真相、規則，他們由世間的真相、規則創立、建立出從世間徹底解脫出來的修行方法，他們熟悉世間的真相、規則，他們熟悉各種清淨解脫的境界。簡單的說就是：無上正覺者通過自己的實踐修行證悟創立、建立出修行的方法，讓世間的眾生通過修行他們創立、建立的修行方法，循序漸進的從世間徹底的解脫出來。

比丘們！由開啟智慧而證悟解脫果位的聖者們，他們按照無上正覺者創立、建立的修行方法去實踐的修行，才逐漸的開啟智慧，證悟各種清淨的解脫境界的，他們是由實踐修習無上正覺者創立、建立的修行方法而滅盡一切煩惱和痛苦，證悟解脫果位的。簡單的說就是：智慧解脫者，他們是沿著無上正覺者創立、建立的修行方法去實踐的修行，才滅盡一切煩惱和痛苦，從世間徹底永遠的解脫出來，證悟解脫果位的。

比丘們！這個就是無上正覺者與智慧解脫者之間的差別和不同。

比丘們！你們要明白無上正覺者們創立、建立的修行正法，是他們暫時安立出來的修行方法，你們證悟解脫果位後，連這些無上正覺者們創立、建立的修行正法都不要去執著和掛念。你們證悟解脫果位後，從生死輪回中永遠解脫出來的時候，從世間徹底解脫出來的時候，連無上正覺者們創立、建立的修行正法都會滅除殆盡，你們證悟解脫果位的時候內心念想中都不會再生起這些修行正法。念想的生起，就是煩惱的生起。這些無上正覺者們創立、建立的修行正法也是煩惱，不過是用清淨的煩惱來滅除污穢的煩惱而已。證悟解脫果位後，不可再執著和掛念無上正覺者們創立、建立的修行正法，不可再在內心中生起無上正覺者們創立、建立的修行正法。」

一本書

讀懂所有佛經

佛陀說法後，聽法的出家弟子們都再次的頂禮佛陀，隨喜讚歎佛陀說法的無量功德，他們都按著佛陀所說的法去修行。

第五十七章　魔王波旬是誰？

　　有個時候，佛陀住在舍衛城的祇樹林給孤獨園，有一天，一位比丘（出家人），來到佛陀的住所，他頂禮佛陀後，就在一旁坐下，這位比丘對佛陀說：「世尊，請您教導給我一個簡要的修行方法，讓我獨自修行的時候，能夠管束好自己的行爲、言語、念想，讓我不放逸自己的行爲、言語、念想肆意妄爲、胡作非爲，讓我不胡思亂想，能長久的安住在清淨的境界之中，讓我能夠精進努力的去修行，世尊，如果您教導給我的正法能夠讓我這樣的話，那就很好了。」

　　佛陀說：「比丘！世間執著掛念的眾生，他們就被魔王波旬束縛捆綁了；世間不執著和掛念的眾生，他們就從魔王波旬的魔掌中解脫出來。」

　　這位比丘歡喜的說到：「世尊，我已經明白了，我已經明白您給我說的正法了。」

　　佛陀說：「比丘！你既然明白了如來所說的法義，那麼你現在就在如來面前詳細的講說這個法義吧。」

　　這位比丘說：「世尊，執著和掛念物質事物、物質身體、感受、念想、行爲、認識、分別、判斷，對物質事物、物質身體、感受、念想、行爲、認識、分別、判斷生起貪欲、渴愛，就會沉浸在物質事物、物質身體、感受、念想、行爲、認識、分別、判斷之中無法解脫出來。就會由物質事物、物質身體、感受、念想、行爲、認識、分別、判斷生起的喜怒哀樂等等的念想束縛捆綁，內心就會無數次循環往復的生起歡樂、開心、舒暢、安心、期望、憂愁、悲傷、苦悶、憂慮、恐怖、絕望等等喜怒哀樂的念想。

　　物質事物、物質身體、感受、念想、行爲、認識、分別、判斷就是魔王波旬設下的陷阱，一旦對物質事物、物質身體、感受、念想、行爲、認識、分別、判斷生起貪欲、渴愛，一旦沉浸在物質事物、物質身體、感受、念想、行爲、認識、分別、判斷之中，就會墮入魔王

波旬的陷阱，就會被魔王波旬的刑具拷打，這些刑具就是：歡樂、開心、舒暢、安心、期望、憂愁、悲傷、苦悶、憂慮、恐怖、絕望等等喜怒哀樂的念想。世尊，魔王波旬其實也只是一個比喻而已。魔王波旬其實就是世間眾生的欲望，魔王波旬拷打世間眾生的刑具其實就是歡樂、開心、舒暢、安心、期望、憂愁、悲傷、苦悶、憂慮、恐怖、絕望等等喜怒哀樂的念想。

世尊，不執著和掛念物質事物、物質身體、感受、念想、行爲、認識、分別、判斷，不對物質事物、物質身體、感受、念想、行爲、認識、分別、判斷生起貪欲、渴愛，就不會沉浸在物質事物、物質身體、感受、念想、行爲、認識、分別、判斷之中。就不會由物質事物、物質身體、感受、念想、行爲、認識、分別、判斷生起的喜怒哀樂等等的念想束縛捆綁，就不會無數次循環往復的生起歡樂、開心、舒暢、安心、期望、憂愁、悲傷、苦悶、憂慮、恐怖、絕望等等喜怒哀樂的念想。就不會墮入魔王波旬設下的物質事物、物質身體、感受、念想、行爲、認識、分別、判斷的陷阱之中，就不會被魔王波旬歡樂、開心、舒暢、安心、期望、憂愁、悲傷、苦悶、憂慮、恐怖、絕望等等喜怒哀樂的刑具拷打，魔王波旬其實也只是一個比喻而已。魔王波旬其實就是世間眾生的欲望，魔王波旬拷打世間眾生的刑具其實就是歡樂、開心、舒暢、安心、期望、憂愁、悲傷、苦悶、憂慮、恐怖、絕望等等喜怒哀樂的念想。

世尊，我剛才對您所說的正法非常的歡喜，那是因爲，我明白了魔王波旬不是世間眾生想像出來的那種，在神話中有大神通、有大威神力的魔神，而是世間眾生內心的欲望。世尊，實際上我對您所說的正法生起了歡喜心，也是在被魔王波旬拷打，被那種開啓智慧後開心、快樂的感覺拷打，這就是魔王波旬的刑具。

魔王波旬的陷阱就是物質事物、物質身體、感受、念想、行爲、認識、分別、判斷；墮入魔王波旬的陷阱就是對物質事物、物質身體、感受、念想、行爲、認識、分別、判斷生起貪欲、渴愛。魔王波旬拷打世間眾生的刑具就是由物質事物、物質身體、感受、念想、行爲、認識、分別、判斷生起的歡樂、開心、舒暢、安心、期望、憂愁、悲傷、苦悶、憂慮、恐怖、絕望等等喜怒哀樂的念想。

不對物質事物、物質身體、感受、念想、行為、認識、分別、判斷生起貪欲、渴愛，就不會墮入魔王波旬的陷阱，不由物質事物、物質身體、感受、念想、行為、認識、分別、判斷生起歡樂、開心、舒暢、安心、期望、憂愁、悲傷、苦悶、憂慮、恐怖、絕望等等喜怒哀樂的念想，就不會被魔王波旬的刑具拷打，魔王波旬就是世間眾生的欲望。」

佛陀說：「比丘！很好！很好！你已經完全明白如來對你所說正法的法義了，你應該按著這樣的方法去修行。」

佛陀說法後，這位出家人再次的頂禮佛陀，隨喜讚歎佛陀說法的無量功德，他站起來向右圍繞著佛陀轉圈，以此表示他對佛陀的最高敬意，之後他就離開了。

這位出家人，他按著佛陀所說的正法獨自的去修行，他管束好了自己的行為、言語、念想，不讓自己胡思亂想、胡作非為，他讓自己的內心安住在清淨的境界之中，沒有過多久，這位出家人他就開啟了解脫的智慧，他就證悟了解脫的果位，他自己徹底明白：「從這一世開始已經不會再出生在世間了。行為、言語、念想的修行已經圓滿，應該做的事情已經做好，不會再有喜怒哀樂等等煩惱和痛苦的輪回狀態了，不會再出生的世間了，已經徹底從生死輪回中解脫出來。」

這位出家人成為了佛陀阿羅漢弟子中的一員。

第五十八章　獅子的吼叫聲

　　有個時候，佛陀住在舍衛城的祇樹林給孤獨園，有一天，佛陀對出家弟子們說：「比丘們（出家人）！獸中之王獅子傍晚的時候從棲息的地方走出來，它環顧四周後，就三次大聲的吼叫，之後，獅子就準備開始獵殺各種動物。比丘們！任何的飛禽走獸聽到獅子的吼叫聲，都會感覺到害怕、恐懼，它們都會想辦法躲藏起來，它們的內心被獅子的吼聲嚇的顫抖。居住在洞穴中的動物，它們會躲進洞穴中；生活在水中的動物，它們會潛入水中；居住在樹林裡的動物，它們有的會爬上大樹躲藏，它們有的會躲入密林草叢之中；有翅膀的動物，它們或者飛在空中翱翔，或者站在離地面很高的樹枝、岩壁上，避免被獅子傷害。比丘們！即使那些在鄉村、城鎮、王城裡面被堅固的韁繩系住的大象、戰馬，它們聽到獅子的吼叫聲後，也會因為害怕、恐懼而奮力的掙脫、扯斷韁繩，躲藏到它們認為安全的地方，甚至於一些大象、戰馬還會被嚇的大小便失禁。比丘們！獸中之王獅子對飛禽走獸就有這麼大的威懾力，獅子的吼叫聲就能讓飛禽走獸膽戰心驚、惶惶不安。

　　比丘們！同樣的道理，如來教導世間的眾生：「什麼是物質事物、物質身體、感受、念想、行為、認識、分別、判斷；物質事物、物質身體、感受、念想、行為、認識、分別、判斷的生起、形成、起因；物質事物、物質身體、感受、念想、行為、認識、分別、判斷的消退、滅盡。」，這些已經受到如來教導的世間眾生，不管他們是住在高大華麗宮殿、府院中大權在握、享受各種欲樂的國王、王族貴戚、公卿大臣，還是富可敵國的富翁，一般的平民百姓、販夫走卒。他們聽聞如來的正法後，大部分的人都會害怕、恐懼、內心顫抖。他們會說：「哎呀，還真是這樣的，我們是無法永遠不死的，我們是無法永遠存在的，我們是會生病、衰老、死亡的。我們擁有的財物是無法永遠擁有的，我們會失去這些財物，我們擁有的財物會衰敗、滅

亡、消失。然而我們根本沒有去想這個問題，或者我們一直忙於享樂、賺錢、工作等等的事情，還沒有意識到我們是會生病、衰老、死亡的，還沒有意識到我們最終會離開這個世間，無法永遠的長生不死，無法永遠的存在。我們還沒有意識到我們苦苦經營的國家、事業，掙回來的財物是會失去的，還沒有意識到我們擁有的財物是無法永遠擁有的，還沒有意識到我們會失去這些財物，還沒有意識到我們擁有的財物會衰敗、滅亡、消失。

我們好像有一種錯覺，有一種可以青春永駐、長生不死的錯覺，我們沒有生病、衰老、臨死的時候，那種青春永駐、長生不死的錯覺就更加的嚴重，當我生病、衰老、臨死的時候，我們好像一下子就回到了現實之中，我們這個時候才會意識到自己是無法永遠不死的，才會意識到自己是會生病、衰老、死亡的。一旦意識到我們自己是會生病、衰老、死亡的時候，我們就會害怕，我們就會恐懼，我們的內心就會顫抖。

我們好像有一種錯覺，有一種可以永遠擁有財物的錯覺，有一種可以永遠享樂，永遠擁有權力的錯覺，我們擁有財物、權力，我們樂在其中的時候，那種可以永遠擁有財物、權力，可以永遠享樂的錯覺就更加的嚴重。當我們失去財物，我們的財物衰敗、滅亡、消失的時候，當我們失去權力，快樂的感受消退、滅盡，無法再享樂的時候，當我們產生煩惱和痛苦的時候，我們好像一下子就回到了現實，我們這個時候才會意識到自己無法永遠擁有這些財物，才會意識到自己無法永遠的擁有這些權利，才會意識到快樂的感受是會消退、滅盡的，無法永遠的享樂。一旦意識到我們無法永遠的擁有財物、權力，無法永遠的享樂的時候，我們就會害怕，我們就會恐懼，我們的內心就會顫抖。」比丘們！如來的正法就有這麼大的威懾力，如來的正法能夠讓世間的眾生意識到自己所處的現實情況，讓他們面對這些讓自己膽戰心驚、惶惶不安的世間真相、規則，如來的正法就如同獸中之王獅子的吼叫聲一樣，讓這些沉迷於世間貪欲、渴愛之中的眾生由於明白事實的真相而內心顫抖、恐懼，進而按如來的正法去修行，由此除滅他們一切的貪欲、渴愛，除滅他們一切的煩惱和痛苦，讓他們證悟解脫的果位，讓他們從生死輪迴中永遠的解脫出來，最終達到不生不滅

涅槃的境界。

　　如來已經開啟了解脫的智慧，證悟明白了世間的真相、規則，並用自己實踐的修行驗證了這些解脫的智慧。如來對世間的眾生講說這些解脫的智慧，受到如來教導的眾生，他們明白了原來世間的一切事物是會生起、形成、存續、發展、衰敗、滅亡、消失的，是無法永遠存在的，是隨時在變化的。身體是會生病、衰老、死亡的，擁有的物質事物是會失去的，是會衰敗、滅亡、消失的，感受、念想、行為、認識、分別、判斷是會消退、滅盡的。有條件就會生起出現，有條件就會滅盡消失。修習八正道（八正道解釋，見第五章）就能逐漸的滅盡一切的煩惱和痛苦，那些世間長壽，長相漂亮、俊美，名聲廣大，權傾天下，富甲一方的眾生，那些壽命普通，長相普通，名聲普通，權力普通，財富普通的眾生，那些短命，長相醜陋，沒有名聲，沒有權力，沒有財富的眾生，以及世間一切的眾生，他們聽聞如來的正法後會害怕，會恐懼，就如同森林裡的飛禽走獸聽到獸中之王獅子的吼叫聲後會害怕、恐懼一樣，這些聽聞到如來正法的眾生他們會認識到：「原來自己是無法永遠不死的，原來自己是會生病、衰老、死亡的。原來自己無法永遠的擁有財物、權力，原來自己無法永遠的享樂。」他們的內心會由此害怕、恐懼，這樣他們就能從夢境中蘇醒過來，他們就能從永遠不死、永遠存在、永遠擁有、永遠不變的錯覺中走出來，他們就能明白世間事實的真相，回到現實中來，他們就會按如來的正法去修行，並由此除滅他們自己一切的貪欲、渴愛，除滅他們自己一切的煩惱和痛苦，這樣他們就能證悟解脫的果位，他們就能從生死輪迴中永遠的解脫出來，他們就能最終達到不生不滅涅槃的境界。」

　　這時，佛陀說偈言：

　　「佛於現證知，

　　　於人天世間，

　　　常啟解脫慧。

　　　如是有身滅，

　　　如是有身生。

　　　八支之聖道，

乃滅苦之道。
形體勝有譽，
長壽之諸天，
聞法則戰慄，
似獸見獅子。
聞如來教言，
此乃無常身，
我等超有身。」

佛陀說法後，聽法的出家弟子們都再次的頂禮佛陀，隨喜讚歎佛陀說法的無量功德，他們都按著佛陀所說的法去修行。

第五十九章　給幼苗施肥澆水

　　有個時候，佛陀住在舍衛城的祇樹林給孤獨園，有一天，佛陀靜坐後，心裡就想：「僧團裡最近皈依了一些新學的比丘（出家人），如來應該去教導他們，如果他們沒有及時聽聞到如來的正法，就可能會退失修行的信心，就可能舍戒還俗，又回到世俗人的生活中去，被喜怒哀樂等等的煩惱和痛苦折磨、拷打。就如同小孩子見不到母親，就會哭鬧，也如同栽種在田地中的幼苗，如果不經常的照料，不按時的澆水施肥，這些幼苗就可能會枯萎死去，這些新學比丘沒有及時的聽聞到如來的正法，他們也不知道如何的去修行，他們也會退失修行的信心，甚至於還可能舍戒還俗，又回到世俗人的生活中去，繼續承受無數的煩惱和痛苦。

　　如來現在應該去為他們說法，就如同過去如來為僧團裡的其他比丘說法那樣，讓他們及時的明白如來的正法，讓他們能夠受持好如來制定的戒律，並按如來的正法去修行。這樣他們就能滅盡貪欲、渴愛，除滅一切的煩惱和痛苦，證悟解脫的果位，最終達到不生不滅涅槃的境界。」

　　於是，佛陀就在傍晚的時候，來到新學比丘們居住的尼拘律園。新學比丘們看見佛陀來了，都虔誠恭敬的頂禮佛陀，佛陀坐下後，就對新學比丘們說：「比丘們！出家後中午到鄉村或是城鎮拿著飯缽化緣飯食，穿別人不要的衣服、布料裁剪而成的法衣，這是為了維持最基本的生存。

　　比丘們！你們出家修行，既不是奉國王的詔書出家，也不是為了躲避強盜的傷害而出家，既不是為了躲避償還債主的高額欠款而出家，也不是因為害怕其他什麼事物事情而出家。你們出家是因為你們意識到：「我已經陷入生、老、病、死、憂愁、悲傷、苦悶、憂慮、恐怖、絕望等等的煩惱和痛苦之中，我已經被煩惱和痛苦征服，如果能通過修行除滅所有這些聚集在我身上和內心裡的煩惱和痛苦那就好

了。我要出家修行除滅自己一切的煩惱和痛苦。」

　　比丘們！一些世間人，他們出家後，沒有按如來的正法去修行，他們還是像以前那樣貪得無厭，他們仍然背負著貪欲、渴愛的沉重負擔，他們仍然經常的生氣、憤怒。他們仍然經常生起惡行、惡言、惡念。他們內心混亂、散亂，他們胡思亂想、胡作非爲。他們無法安住在正念之中，他們無法讓內心清淨寧靜下來，他們的眼睛、耳朵、鼻子、舌頭、身體、內心沉迷於事物、聲音、氣味、味道、觸覺、環境變化感覺（冷熱、舒適等等）、思想、見解、念想之中。比丘們！就猶如火葬場中，放在屍體下面的木材，這些木材兩邊已經燃燒成灰燼，可是中間部分因爲放上了屍體的緣故而無法完全的燃燒。剩下的這些沾染上屍體燃燒殘骸的木材，它們既不可能被鄉村或城鎮的人拿回去建房屋，也不可能再種植到樹林中重新生長。比丘們！這些出家後，仍然貪得無厭，仍然背負著貪欲、渴愛的沉重負擔，仍然經常的生氣、憤怒的比丘，仍然經常生起惡行、惡言、惡念，仍然內心混亂、散亂，胡思亂想、胡作非爲的比丘，眼睛、耳朵、鼻子、舌頭、身體、內心仍然沉迷於事物、聲音、氣味、味道、觸覺、環境變化感覺（冷熱、舒適等等）、思想、見解、念想之中的比丘。如來就說他們：「既沒有享受到俗世間的各種欲樂，也沒有達成出家的目標。」出家的目標是什麼？就是除滅一切的煩惱和痛苦，證悟解脫的果位，從生死輪回中永遠的解脫出來，最終達到不生不滅涅槃的境界。這些不受持如來制定的戒律，不按如來的正法去修行的比丘們就如同火葬場中，沾染了屍體燃燒殘骸，無法再被鄉村或是城鎮的人拿去修建房屋，也不能重新種植到樹林中繼續生長的木材一樣，他們兩邊都失去了，什麼都沒有得到，這是非常可惜的。

　　比丘們！不要生起三種不善的念想：欲望的念想，憤怒的念想，惡意加害的念想。比丘們！這三種不善的念想，如何滅盡呢？就是要修行四念住，或者修習無相定。比丘們什麼是四念住呢？就是將自己當前的注意力集中在身體、感受、念想、思索的事物事情上，這樣就不會沉浸在當前的煩惱和痛苦之中，也就是用轉移注意力的方法來除滅已經生起的煩惱和痛苦。

當喜歡別人的身體或是自己的身體的時候，就觀想：「世間人的身體是污穢不乾淨的，世間人出生的時候滿身是各種母親身體內的體液、汗血。剖開世間人的皮肉，就會聞到血腥的惡臭，鮮紅的血會流滿地面。世間人身體內部的各個器官也是非常難聞的，如果將世間人的各個器官拿到鼻子前聞的話，就會噁心的嘔吐不止。世間人長時間不洗澡就會臭氣熏天。世間人是會生病、衰老、死亡的，當這些我喜歡人的身體，我自己的身體由於生病、衰老、死亡而殘缺不全、雞皮鶴髮、老態龍鍾的時候；由於生病、衰老、死亡而滿身濃血、血肉模糊的時候；由於生病、衰老、死亡而面目全非、恐怖嚇人的時候，我還會喜歡這些人的身體嗎？我還會喜歡自己的身體嗎？

　　世間人的身體會排出、流出無數多的污穢之物，比如世間人的身體會排出、流出淚水、眼屎、耳屎、鼻涕、口水、口痰、汗液、濃血、尿液、大便等等污穢之物。世間人的身體沒有一處是乾淨的。世間人死亡的時候，身體會腐爛，會惡臭難聞，會被無數的蛆蟲啃食，會變的面目全非、恐怖嚇人。世間人的身體有什麼好貪愛的，有什麼好喜歡的呢？由此不再貪愛別人的身體，不再貪愛自己的身體，不再執著和掛念任何眾生的身體。」

　　當喜歡某一種感受的時候，就要觀想：「快樂的感受最終會導致痛苦，比如得到了黃金珠寶，生起了開心、快樂的感受，就要觀想：「這些黃金珠寶我無法永遠的擁有，當我失去這些黃金珠寶，當我的黃金珠寶被搶劫、偷盜的時候，我就會產生煩惱和痛苦。我是無法永遠不死的，我臨死的時候，看著這些我一輩子積攢下來的黃金珠寶無法帶走那種感受也是非常痛苦的。」

　　又比如我非常愛我的孩子，當我的孩子健康、成功、學業有成的時候我就會非常的開心，可是當我的孩子不孝順我，虐待我的時候。當我的孩子不走正道，坑蒙拐騙被抓進監獄的時候，當我的孩子生病、受到傷害，死亡的時候，我就會產生煩惱和痛苦。世間的各種感受最終都會導致痛苦。因為世間沒有永遠存在的事物，沒有永遠保持不變的事物，沒有永遠擁有的事物。沒有什麼好喜歡的，沒有什麼好開心的，由此滅除讓自己喜歡、開心、快樂的感受。不再執著和掛念任何的感受。」

當喜歡某一種念想的時候，就要觀想：「我內心中的念想是隨時在變化的，無法永遠保持不變，比如我擁有了財物，擁有了房屋，內心中就會生起與妻子、孩子、家人一同幸福生活的念想，當我失去財物，房屋倒塌，妻離子散，家破人亡的時候，我就會生起絕望的念想。

　　又比如，我借來大量的錢款，準備與人合夥做生意，內心生起以後能夠賺大錢，過上富貴快樂日子的念想，可是這些我借來的錢卻全部都被合夥人騙走了，我沒有賺回來一分錢，還欠了一身債，這時的我就會生起悲傷、絕望的念想。念想是隨時在變化的，念想是會隨著世間的事物而變化的，沒有永恆不變的念想，因此不要貪愛、喜歡任何的念想，這些念想無法永遠的存在，就算是讓人快樂的念想也很快就會消失、滅盡。由此不再執著和掛念任何的念想。」

　　當思索自己喜歡的事物事情的時候，就要觀想：「世間一切的事物事情都是在一定的條件下生起、出現、存續、發展、衰敗、滅亡、消失的。世間沒有永遠存在的事物，沒有永恆保持不變的事物，比如我的身體是由父母所生的，我會慢慢的長大，我也會生病、衰老、死亡。我的身體無法永遠不死，無法青春永駐，無法永遠在世間存在。

　　又比如我擁有的房屋，我修建好房屋的時候，自認為很堅固，可是我的房屋一旦著火，或者遇上大地震，很快就會被損壞。就算沒有遇到什麼災禍，我的房屋也會隨著時間的推移慢慢的老化，最後垮塌，沒有永遠存在的房屋，沒有永遠擁有的房屋。

　　我思索到的所有事物，有形的物質事物，無形的思想、概念、見解也是這樣的，是會在一定的條件下生起、出現、存續、發展的，也會在一定的條件下衰敗、消退、滅盡、消失。這些有形的物質事物，無形的思想、概念、見解無法永遠的存在，因此世間沒有永遠存在的我，沒有永遠不死的我，沒有青春永駐的我，沒有我永遠擁有的事物，世間的這個我是在一定的條件下出生、成長、長大的，也會在一定的條件下生病、衰老、死亡，世間根本就沒有永遠存在的我，沒有我能夠永遠擁有的事物。由此除滅對世間一切事物的貪欲、渴愛，從世間一切的事物中解脫出來。」

比丘們！你們生起煩惱和痛苦的時候，也可以將注意力集中在一些不會生起貪欲、渴愛，不會生起煩惱和痛苦的事物事情上，比如當你們生起煩惱和痛苦的時候，可以將注意力集中在身體上或是身體的某個行為上，比如觀察自己一隻手上的五個手指的不同，觀察自己的頭髮、眼睛、大腿各個地方，或者注意洗臉的行為，注意跑步的行為，注意握拳的行為，注意各種鍛煉的行為。

　　也可以將注意力集中在各種感受之中，比如感受手指觸摸皮膚的感覺，感受腳底接觸地面凹凸的感覺，感受行走時腿部和腳的感覺。

　　也可以將注意力集中在各種念想之中，比如數呼吸的次數，自己呼出多少次氣，自己吸進多少次氣。數眨眼的次數，自己睜開眼睛多少次，自己閉上眼睛多少次。閱讀讓自己清淨的書籍。

　　也可以思索一些事物事情，比如在內心中長時間思索一片綠葉，觀察這片綠葉的細節。在內心中思索一隻梅花鹿，觀察梅花鹿的細節，在內心中思索下雨時的情景，觀察雨滴掉落在地面上的細節。

　　比丘們！將注意力集中在這些不會生起貪欲、渴愛，不會生起煩惱和痛苦的事物事情上面，無非就是轉移你們的注意力，讓你們內心的念想不再去想那些讓你們煩惱和痛苦的事物事情。讓你們的注意力專注在這些看起來好像毫無意義的事物事情上面，實際上是為了替換掉你們內心那些讓你們產生煩惱和痛苦的念想。你們經常這樣去修行，就能讓自己安住在清淨安寧的境界之中，就不會產生煩惱和痛苦。

　　比丘們！什麼是無相定呢？就是因為明白了物質事物、物質身體、感受、念想、行為、認識、分別、判斷無法永遠的存在，無法永遠的保持不變，無法永遠的擁有，是最終帶來痛苦的，因此不再執著和掛念物質事物、物質身體、感受、念想、行為、認識、分別、判斷，不會因為物質事物、物質身體、聲音、氣味、味道、觸覺、環境變化感覺（冷熱、舒適等等）、思想、見解以及世間一切事物的擾動、污染、影響而在內心中生起任何的念想，這種不生起念想的無念想境界就是無相定。

　　比丘們，四念住與無相定比較起來，無相定的修行更適合你們。比丘們，你們經常去修習無相定就能獲得無量的功德法益，就能長久

的安住在清淨安寧的境界之中。

比丘們！有兩種見解，一種是真實存在的見解，一種是無法永遠真實存在的見解。

比丘們！已經受到如來教導的聖弟子們應該這樣去深思：「在這個世間中，有那些我貪愛、執著、掛念後不會產生煩惱和痛苦的事物嗎？」

如果這些聖弟子由於聽聞如來的正法而開啟了智慧，他們就會明白：「在這個世間，沒有我貪愛、執著、掛念後不會產生煩惱和痛苦的事物。我貪愛、執著、掛念世間的任何事物最終都會產生煩惱和痛苦。因為我貪愛、執著、掛念物質事物、物質身體、感受、念想、行為、認識、分別、判斷的時候就叫做「取」，以「取」為前提條件產生出「有」，以「有」為前提條件產生出「生」，這樣有「生」就會產生出憂愁、悲傷、苦悶、憂慮、絕望、生病、衰老、死亡。比丘們！這就是世間人或眾生痛苦和煩惱聚集的過程，世間的人或眾生按緣起法（緣起法解釋，見第十八章、第十九章）順行就會繼續的在生死輪回中煎熬沉淪，受盡折磨和痛苦。

比丘們！你們是怎麼想的？物質事物、物質身體是永遠存在，永恆保持不變，是能夠永遠擁有的，還是隨時在變化，無法永遠存在，無法永恆保持不變，無法永遠擁有的？」

新學比丘們回答：「世尊，物質事物、物質身體是隨時在變化，無法永遠存在，無法永恆保持不變，無法永遠擁有的，物質事物是會衰敗、滅亡、消失的，物質身體是會生病、衰老、死亡的。」

佛陀說：「比丘們！既然物質事物、物質身體是隨時在變化，無法永遠存在，無法永恆保持不變，無法永遠擁有的，那麼是最終帶來痛苦的，還是最終帶來快樂的呢？」

新學比丘們回答：「世尊，物質事物、物質身體最終帶來的是痛苦，為什麼這麼說呢？因為就算物質事物、物質身體帶來了快樂，那都是短暫的。世間一切的物質事物、物質身體隨時都在變化，無法永遠的存在，無法永恆的保持不變，無法永遠的擁有，當失去這些物質事物的時候，當這些物質事物衰敗、滅亡、消失的時候，當物質身體生病、衰老、臨死的時候，就會帶來痛苦，之前這些物質事物、物質

身體帶來了多少的快樂，當失去這些物質事物的時候，當這些物質事物衰敗、滅亡、消失的時候，當物質身體生病、衰老、臨死的時候，就會帶來多少痛苦，所以世間的物質事物、物質身體帶來的最終都是痛苦。」

佛陀說：「比丘們！世間的物質事物、物質身體是隨時在變化，無法永遠存在，無法永恆保持不變，無法永遠擁有，是最終帶來痛苦的。那麼你們會認為：「物質事物是我所擁有的，我就是這個物質身體，這個物質身體就是真實不變、永遠存在的我。」嗎？簡單的說就是，你們會認為：「這是我的，我是這個，這是真實不變、永遠存在的我。」嗎？」

新學比丘們回答：「世尊，我們不會這樣認為，我們不會有這樣的見解。」

佛陀說：「比丘們！你們是怎麼想的？感受、念想、行為、認識、分別、判斷是永遠存在，永恆保持不變，是能夠永遠擁有的，還是隨時在變化，無法永遠存在，無法永恆保持不變，無法永遠擁有的？」

新學比丘們回答：「世尊，感受、念想、行為、認識、分別、判斷是隨時在變化，無法永遠存在，無法永恆保持不變，無法永遠擁有的，感受、念想、行為、認識、分別、判斷是會消退、滅盡、消失的。」

佛陀說：「比丘們！既然感受、念想、行為、認識、分別、判斷是隨時在變化，無法永遠存在，無法永恆保持不變，無法永遠擁有的，那麼是最終帶來痛苦的，還是最終帶來快樂的呢？」

新學比丘們回答：「世尊，感受、念想、行為、認識、分別、判斷最終帶來的是痛苦，為什麼這麼說呢？因為就算感受、念想、行為、認識、分別、判斷帶來了快樂，那都是短暫的。世間一切的感受、念想、行為、認識、分別、判斷隨時都在變化，無法永遠的存在，無法永恆的保持不變，無法永遠的擁有，當失去這些讓世間人、眾生滿意、開心、快樂的感受、念想、行為、認識、分別、判斷的時候，當這些讓世間人、眾生滿意、開心、快樂的感受、念想、行為、認識、分別、判斷消退、滅盡、消失的時候，當感受、念想、行為、

認識、分別、判斷讓世間人、眾生不滿意、不開心、不快樂的時候，就會帶來痛苦，之前這些讓世間人、眾生滿意、開心、快樂的感受、念想、行為、認識、分別、判斷帶來了多少的快樂，當失去這些讓世間人、眾生滿意、開心、快樂的感受、念想、行為、認識、分別、判斷的時候，當這些讓世間人、眾生滿意、開心、快樂的感受、念想、行為、認識、分別、判斷消退、滅盡、消失的時候，當感受、念想、行為、認識、分別、判斷讓世間人、眾生不滿意、不開心、不快樂的時候，就會帶來多少痛苦，所以世間的感受、念想、行為、認識、分別、判斷帶來的最終都是痛苦。」

佛陀說：「比丘們！世間的感受、念想、行為、認識、分別、判斷是隨時在變化，無法永遠存在，無法永恆保持不變，無法永遠擁有的，是最終帶來痛苦的。那麼你們會認為：「感受、念想、行為、認識、分別、判斷是我所擁有的，我就是這個感受、念想、行為、認識、分別、判斷，這個感受、念想、行為、認識、分別、判斷就是真實不變、永遠存在的我。」嗎？簡單的說就是，你們會認為：「這是我的，我是這個，這是真實不變、永遠存在的我。」嗎？」

新學比丘們回答：「世尊，我們不會這樣認為，我們不會有這樣的見解。」

佛陀說：「比丘們！對於物質事物、物質身體、感受、念想、行為、認識、分別、判斷，不論是過去、現在、未來，或者內部，或者外部；或者粗糙，或者細滑；或者低劣，或者優質；或者遙遠，或者鄰近等等世間一切的物質事物、物質身體、感受、念想、行為、認識、分別、判斷都應該用正確的智慧，這樣來看待：「物質事物、物質身體、感受、念想、行為、認識、分別、判斷不是我所擁有的，我不是這個物質事物、物質身體、感受、念想、行為、認識、分別、判斷，這個物質事物、物質身體、感受、念想、行為、認識、分別、判斷不是真實不變、永遠存在的我。」簡單的說就是：「這不是我的，我不是這個，這不是真實不變、永遠存在的我。」

比丘們！當你們有了這個正確的見解，那就是已經受到了如來的教導。已經受到如來教導的聖弟子們，他們不會執著和掛念物質事物、物質身體、感受、念想、行為、認識、分別、判斷，當他們不執

著和掛念這些事物的時候，就不會被這些事物束縛捆綁，就不會因為這些事物胡思亂想、胡作非為，就不會讓這些事物污染自己內心清淨的境界。當他們徹底從這些事物中解脫出來的時候，徹底的滅盡一切煩惱和痛苦的時候，他們就開啟了解脫的智慧，他們就證悟了解脫的果位，他們自己就明白了：「從這一世開始已經不會再出生在世間了。行為、言語、念想的修行已經圓滿，應該做的事情已經做好，不會再有喜怒哀樂等等煩惱和痛苦的輪回狀態了，不會再出生的世間了，已經徹底從生死輪回中解脫出來。」

佛陀說法後，新學比丘們再次的頂禮佛陀，他們隨喜讚歎佛陀說法的無量功德，並按著佛陀所說的法去修行。

第六十章　熟悉路況的人

　　有個時候，佛陀住在舍衛城的祇樹林給孤獨園，有一天，低舍尊者對僧團裡的比丘們（出家人）說：「學友們！我現在很疲憊，也很迷惑、迷茫。我不知道我未來的發展方向是什麼？世尊的正法我也不太想繼續修習了，要用那麼長的時間來受持戒律，來按世尊的正法去修行，真的不是一件容易的事情，太難堅持下來了，我想好好的休息一下，我想好好的放鬆一下自己，我想要找點樂子讓沉悶的自己開心、快樂一下，我要每天睡到自然醒，我要想吃什麼就吃什麼，我要喜歡幹什麼就幹什麼。出家修行太難受了，這個不能做，那個也不能做，天天拿著一個飯缽中午的時候去化緣那些難以下嚥的飯菜，天天要穿這些破爛不堪的法衣，天天要去靜坐讓內心保持清淨，我快受不了了，我不想再繼續的出家修行了。難道世尊的正法就是這樣來折磨人的嗎？為什麼我不可以像世間人那樣，穿著漂亮的衣服，吃上美味可口的飯菜，在閒暇的時候找些娛樂活動讓自己開心快樂呢？我現在已經對世尊的正法產生懷疑了，我想要捨戒還俗了！日復一日的出家生活太單調了，我快忍受不下去了，我出家之前可是王族哦，每天錦衣玉食、美女環繞，還住在華麗高大的宮殿裡面，想幹什麼就幹什麼，可是我現在卻在過這種乞丐的生活，我為什麼要過這種苦日子呢？為什麼呢？」

　　這些聽過低舍尊者抱怨的比丘們，他們就來到佛陀的住所，頂禮佛陀後，他們就在一旁坐下，這些比丘對佛陀說：「世尊，您姑媽的兒子低舍尊者，他在僧團裡面說：『我現在很疲憊，也很迷惑、迷茫。我不知道我未來的發展方向是什麼？世尊的正法我也不太想繼續修習了，……我想要捨戒還俗了！日復一日的出家生活太單調了，我快忍受不下去了，我出家之前可是王族哦，每天錦衣玉食、美女環繞，還住在華麗高大的宮殿裡面，想幹什麼就幹什麼，可是我現在卻在過這種乞丐的生活，我為什麼要過這種苦日子呢？為什麼呢？』

佛陀聽完比丘們的講述，就對旁邊站立的一位比丘說：「比丘，你用如來的名義去叫低舍比丘來見如來。」

　　這位比丘回答：「世尊，我現在就去叫低舍尊者來見您。」

　　沒有過多久，低舍尊者就來到佛陀的住所，他頂禮佛陀後，就在一旁坐下，佛陀對低舍尊者說：「低舍！這是真的嗎？你在僧團裡面對其他的比丘說：『我現在很疲憊，也很迷惑、迷茫。我不知道我未來的發展方向是什麼？世尊的正法我也不太想繼續修習了，……我想要舍戒還俗了！日復一日的出家生活太單調了，我快忍受不下去了，我出家之前可是王族哦，每天錦衣玉食、美女環繞，還住在華麗高大的宮殿裡面，想幹什麼就幹什麼，可是我現在卻在過這種乞丐的生活，我為什麼要過這種苦日子呢？為什麼呢？』低舍！你說過這些話嗎？」

　　低舍尊者回答：「世尊，我確實說過這些話。」

　　佛陀說：「低舍！你現在是怎麼想的？如果對物質事物、物質身體、感受、念想、行為、認識、分別、判斷生起貪求、欲望、情愛、渴望、熱愛、渴愛、貪愛，當物質事物、物質身體、感受、念想、行為、認識、分別、判斷發生變化的時候，當物質事物衰敗、滅亡、消失的時候，當物質身體生病、衰老、臨死的時候，當失去這些讓人滿意、開心、快樂的感受、念想、行為、認識、分別、判斷的時候，當這些讓人滿意、開心、快樂的感受、念想、行為、認識、分別、判斷消退、滅盡、消失的時候，當感受、念想、行為、認識、分別、判斷讓人不滿意、不開心、不快樂的時候，會產生憂愁、悲傷、苦悶、憂慮、恐怖、絕望等等的煩惱和痛苦嗎？」

　　低舍尊者回答：「世尊，那肯定是會產生煩惱和痛苦的！我知道這個法義。」

　　佛陀說：「低舍！既然你知道這個法義，那就很好！低舍！如果對物質事物、物質身體、感受、念想、行為、認識、分別、判斷不生起貪求、欲望、情愛、渴望、熱愛、渴愛、貪愛。離貪、離欲、離情愛、離渴望、離熱愛、離渴愛、離貪愛，不執著和掛念物質事物、物質身體、感受、念想、行為、認識、分別、判斷。當物質事物、物質身體、感受、念想、行為、認識、分別、判斷發生變化的時候，當物

質事物衰敗、滅亡、消失的時候，當物質身體生病、衰老、臨死的時候，當失去這些讓人滿意、開心、快樂的感受、念想、行為、認識、分別、判斷的時候，當這些讓人滿意、開心、快樂的感受、念想、行為、認識、分別、判斷消退、滅盡、消失的時候，當感受、念想、行為、認識、分別、判斷讓人不滿意、不開心、不快樂的時候，會產生憂愁、悲傷、苦悶、憂慮、恐怖、絕望等等的煩惱和痛苦嗎？」

低舍尊者回答：「世尊，如果是這樣的話，那肯定是不會產生煩惱和痛苦了，我也知道這個法義的。」

佛陀說：「低舍！你也知道這個法義，很好！低舍！你是怎麼想的？物質事物、物質身體是永遠存在，永恆保持不變，是能夠永遠擁有的，還是隨時在變化，無法永遠存在，無法永恆保持不變，無法永遠擁有的？」

低舍尊者回答：「世尊，物質事物、物質身體是隨時在變化，無法永遠存在，無法永恆保持不變，無法永遠擁有的，物質事物是會衰敗、滅亡、消失的，物質身體是會生病、衰老、死亡的。」

佛陀說：「低舍！既然物質事物、物質身體是隨時在變化，無法永遠存在，無法永恆保持不變，無法永遠擁有的，那麼是最終帶來痛苦的，還是最終帶來快樂的呢？」

低舍尊者回答：「世尊，物質事物、物質身體最終帶來的是痛苦，為什麼這麼說呢？因為就算物質事物、物質身體帶來了快樂，那都是短暫的。世間一切的物質事物、物質身體隨時都在變化，無法永遠的存在，無法永恆的保持不變，無法永遠的擁有，當失去這些物質事物的時候，當這些物質事物衰敗、滅亡、消失的時候，當物質身體生病、衰老、臨死的時候，就會帶來痛苦，之前這些物質事物、物質身體帶來了多少的快樂，當失去這些物質事物的時候，當這些物質事物衰敗、滅亡、消失的時候，當物質身體生病、衰老、臨死的時候，就會帶來多少痛苦，所以世間的物質事物、物質身體帶來的最終都是痛苦。」

佛陀說：「低舍！世間的物質事物、物質身體是隨時在變化，無法永遠存在，無法永恆保持不變，無法永遠擁有，是最終帶來痛苦的。那麼你會認為：「物質事物是我所擁有的，我就是這個物質身

一本書
讀懂所有佛經

224

體，這個物質身體就是真實不變、永遠存在的我。」嗎？簡單的說就是，你會認為：「這是我的，我是這個，這是真實不變、永遠存在的我。」嗎？」

低舍尊者回答：「世尊，我不會這樣認為，我不會有這樣的見解。」

佛陀說：「低舍！你是怎麼想的？感受、念想、行為、認識、分別、判斷是永遠存在，永恆保持不變，是能夠永遠擁有的，還是隨時在變化，無法永遠存在，無法永恆保持不變，無法永遠擁有的？」

低舍尊者回答：「世尊，感受、念想、行為、認識、分別、判斷是隨時在變化，無法永遠存在，無法永恆保持不變，無法永遠擁有的，感受、念想、行為、認識、分別、判斷是會消退、滅盡、消失的。」

佛陀說：「低舍！既然感受、念想、行為、認識、分別、判斷是隨時在變化，無法永遠存在，無法永恆保持不變，無法永遠擁有的，那麼是最終帶來痛苦的，還是最終帶來快樂的呢？」

低舍回答：「世尊，感受、念想、行為、認識、分別、判斷最終帶來的是痛苦，為什麼這麼說呢？因為就算感受、念想、行為、認識、分別、判斷帶來了快樂，那都是短暫的。世間一切的感受、念想、行為、認識、分別、判斷隨時都在變化，無法永遠的存在，無法永恆的保持不變，無法永遠的擁有，當失去這些讓世間人、眾生滿意、開心、快樂的感受、念想、行為、認識、分別、判斷的時候，當這些讓世間人、眾生滿意、開心、快樂的感受、念想、行為、認識、分別、判斷消退、滅盡、消失的時候，當感受、念想、行為、認識、分別、判斷讓世間人、眾生不滿意、不開心、不快樂的時候，就會帶來痛苦，之前這些讓世間人、眾生滿意、開心、快樂的感受、念想、行為、認識、分別、判斷帶來了多少的快樂，當失去這些讓世間人、眾生滿意、開心、快樂的感受、念想、行為、認識、分別、判斷的時候，當這些讓世間人、眾生滿意、開心、快樂的感受、念想、行為、認識、分別、判斷消退、滅盡、消失的時候，當感受、念想、行為、認識、分別、判斷讓世間人、眾生不滿意、不開心、不快樂的時候，就會帶來多少痛苦，所以世間的感受、念想、行為、認識、分別、判

斷帶來的最終都是痛苦。」

佛陀說：「低舍！世間的感受、念想、行為、認識、分別、判斷是隨時在變化，無法永遠存在，無法永恆保持不變，無法永遠擁有的，是最終帶來痛苦的。那麼你會認為：「感受、念想、行為、認識、分別、判斷是我所擁有的，我就是這個感受、念想、行為、認識、分別、判斷，這個感受、念想、行為、認識、分別、判斷就是真實不變、永遠存在的我。」嗎？簡單的說就是，你會認為：「這是我的，我是這個，這是真實不變、永遠存在的我。」嗎？」

低舍尊者回答：「世尊，我不會這樣認為，我不會有這樣的見解。」

佛陀說：「低舍！對於物質事物、物質身體、感受、念想、行為、認識、分別、判斷，不論是過去、現在、未來，或者內部，或者外部；或者粗糙，或者細滑；或者低劣，或者優質；或者遙遠，或者鄰近等等世間一切的物質事物、物質身體、感受、念想、行為、認識、分別、判斷都應該用正確的智慧，這樣來看待：「物質事物、物質身體、感受、念想、行為、認識、分別、判斷不是我所擁有的，我不是這個物質事物、物質身體、感受、念想、行為、認識、分別、判斷，這個物質事物、物質身體、感受、念想、行為、認識、分別、判斷不是真實不變、永遠存在的我。」簡單的說就是：「這不是我的，我不是這個，這不是真實不變、永遠存在的我。」

低舍！當你有了這個正確的見解，那就是已經受到了如來的教導。已經受到如來教導的聖弟子們，他們不會執著和掛念物質事物、物質身體、感受、念想、行為、認識、分別、判斷，當他們不執著和掛念這些事物的時候，就不會被這些事物束縛捆綁，就不會因為這些事物胡思亂想、胡作非為，就不會讓這些事物污染自己內心清淨的境界。當他們徹底從這些事物中解脫出來的時候，徹底的滅盡一切煩惱和痛苦的時候，他們就開啟了解脫的智慧，他們就證悟了解脫的果位，他們自己就明白了：「從這一世開始已經不會再出生在世間了。行為、言語、念想的修行已經圓滿，應該做的事情已經做好，不會再有喜怒哀樂等等煩惱和痛苦的輪迴狀態了，不會再出生的世間了，已經徹底從生死輪迴中解脫出來。」

低舍！就如同有兩個男子在深山密林中行走，其中一個男子不熟悉路況，另一個男子經常在深山密林中行走，他熟悉這座山，這片密林的路況。那個不熟悉路況的男子就會在深山密林中迷路，他如果遇到了那個熟悉路況的男子，就會向他問路。那個熟悉路況的男子會這樣為迷路的男子指路：『你往前面走大概幾裡路的時候，就會看見兩條岔路，你不要走左邊的那條路，你應該走右邊的那條路，左邊那條路比較兇險的，我為什麼說左邊的路兇險呢？如果你走左邊的路的話，你就會進入一片密林之中，這片密林是非常危險的，因為這片密林的深處就隱藏著一大片沼澤地，你一不小心就可能會陷入沼澤地中無法動彈，還可能會被沼澤地吞噬失去生命。如果你運氣好的話，會走出這片密林，走出沼澤地，可是這片密林和沼澤地的前面就是懸崖斷壁，根本就沒有路可走了，你又得原路返回，還要經過密林和沼澤地。

　　如果你走右邊的那條路的話，走不了多久，最多二裡路，就能走到平坦寬廣的大道上，那是附近城鎮的民眾修建的車馬道，非常的安全，你如果運氣好的話，還可以搭乘到牛車和馬車，今天晚上就可以在城鎮裡面過夜。』

　　低舍！剛才如來所說的那兩個男子的故事只是一個比喻，是用來讓你明白法義的，如來現在來詳細為你講解這個比喻的法義：低舍！不熟悉路況的男子，比喻的是還沒有受到聖者教導的世間人。熟悉路況的男子，比喻的是已經明白世間真相、規則的聖者、如來，已經受到聖者教導的世間人。低舍！兩條分岔路，一條是沉迷在各種欲望之中產生煩惱和痛苦的道路，另一條是聖者們滅盡貪欲、渴愛，除滅一切煩惱和痛苦的解脫道。如果世間的人對這個兩條道路的選擇猶豫不決，那麼他們就是對聖者的解脫法產生了懷疑。

　　低舍！左邊兇險的道路比喻的是八邪道，也就是：邪見、邪思惟、邪語、邪業、邪命、邪精進、邪念、邪定。

　　右邊平安的道路比喻的就是八正道（八正道解釋，見第五章），即是：正見、正思惟、正語、正業、正命、正精進、正念、正定這八種正道。與八正道相反的就是八邪道。

低舍！密林比喻無明，什麼是無明呢？就是不明白出生在世間有生命的眾生都是很痛苦的，不明白痛苦的根源是貪愛，不明白要滅盡痛苦就要先滅盡貪愛，不明白要滅盡貪愛就要修習八正道（八正道解釋，見第五章），不明白苦集滅道四聖諦，沒有真實的智慧，沉迷於各種欲望之中，被各種煩惱和痛苦束縛捆綁不得解脫就叫做「無明」。

　　低舍！沼澤地比喻各種欲望。懸崖斷壁比喻高傲、傲慢、生氣、憤怒、憂愁、悲傷、苦悶、憂慮、恐怖、絕望等等煩惱。

　　低舍！平坦寬廣的大道比喻滅盡貪欲、渴愛，除滅一切煩惱和痛苦，沒有任何煩惱和痛苦的涅槃境界。

　　低舍！你應該好好的按如來所說的正法去修行，修行既不能過分的鬆懈懶惰，也不能過分的努力奮進。恰到好處、水到渠成的修行是最好不過的，既不懈怠也不奮進，如此循序漸進的修行，就能夠逐漸從一切煩惱和痛苦中解脫出來，最終證悟達到涅槃的境界。」

　　佛陀說法後，低舍尊者慚愧的低下了頭，低舍尊者再次的頂禮佛陀，隨喜讚歎佛陀說法的無量功德，並按著佛陀所說的法去修行。

一本書

讀懂所有佛經

第六十一章　死後什麼都不存在了嗎？

　　有個時候，舍利弗尊者住在舍衛城的祇樹林給孤獨園，那個時候，有個叫焰摩迦的比丘，他錯誤理解佛陀的正法後，就對僧團裡的比丘們說：「學友們！我已經完全明白世尊教導的正法是什麼了，那些煩惱和痛苦已經滅盡的比丘們，那些已經證悟解脫果位的修行人，隨著他們身體的衰敗、崩解，他們死後就完全不存在了。這個和世間的人有什麼不同嘛！世間人他們的身體也會衰敗、崩解，他們死後也完全不存在了。」

　　僧團裡的比丘們聽到焰摩迦比丘錯誤的見解後，雖然知道他說的不正確，可是卻無法說服他，於是這些比丘就來到舍利弗尊者的住所，他們與舍利弗尊者互相問候後，就在一旁坐下，他們對舍利弗尊者說：「尊者！焰摩迦比丘對僧團裡的比丘們說：『我已經完全明白世尊教導的正法是什麼了，那些煩惱和痛苦已經滅盡的比丘們，那些已經證悟解脫果位的修行人，隨著他們身體的衰敗、崩解，他們死後就完全不存在了。這個和世間的人有什麼不同嘛！世間人他們的身體也會衰敗、崩解，他們死後也完全不存在了。』我們知道他說的不對，可是卻無法說服他。」

　　舍利弗尊者說：「學友們！我們一同到焰摩迦比丘的住處去，我會讓他真正明白世尊的正法的，我會糾正他錯誤的見解的。」

　　於是，舍利弗尊者和眾比丘就來到焰摩迦比丘的住處，他們與焰摩迦比丘互相問候後，就在一旁坐下。舍利弗尊者對焰摩迦比丘說：「焰摩迦學友！真是這樣的嗎？你對僧團裡的比丘們說：『我已經完全明白世尊教導的正法是什麼了，那些煩惱和痛苦已經滅盡的比丘們，那些已經證悟解脫果位的修行人，隨著他們身體的衰敗、崩解，他們死後就完全不存在了。這個和世間的人有什麼不同嘛！世間人他們的身體也會衰敗、崩解，他們死後也完全不存在了。』這些話是你說的嗎？」

焰摩迦比丘回答：「尊者，沒錯，這句話確實是我說的，我覺得世尊的正法就是這個意思。世尊說的就是這樣的法。」

舍利弗尊者說：「焰摩迦學友！你不要誹謗世尊，不要誹謗世尊的正法，世尊可沒有這樣說法，世尊的正法可不是這樣的，是你自己的理解出現了問題。」

焰摩迦比丘說：「尊者，我這個人只認法，不認人，如果你認為我理解錯誤，請你用正確的見解來說服我，如果你無法說服我的話，那說明我的理解就是正確的。」

舍利弗尊者說：「焰摩迦學友！你是怎麼想的？物質事物、物質身體是永遠存在，永恆保持不變，是能夠永遠擁有的，還是隨時在變化，無法永遠存在，無法永恆保持不變，無法永遠擁有的？」

焰摩迦比丘回答：「尊者，物質事物、物質身體是隨時在變化，無法永遠存在，無法永恆保持不變，無法永遠擁有的，物質事物是會衰敗、滅亡、消失的，物質身體是會生病、衰老、死亡的。」

舍利弗尊者說：「焰摩迦學友！既然物質事物、物質身體是隨時在變化，無法永遠存在，無法永恆保持不變，無法永遠擁有的，那麼是最終帶來痛苦的，還是最終帶來快樂的呢？」

焰摩迦比丘回答：「尊者，物質事物、物質身體最終帶來的是痛苦，為什麼這麼說呢？因為就算物質事物、物質身體帶來了快樂，那都是短暫的。世間一切的物質事物、物質身體隨時都在變化，無法永遠的存在，無法永恆的保持不變，無法永遠的擁有，當失去這些物質事物的時候，當這些物質事物衰敗、滅亡、消失的時候，當物質身體生病、衰老、臨死的時候，就會帶來痛苦，之前這些物質事物、物質身體帶來了多少的快樂，當失去這些物質事物的時候，當這些物質事物衰敗、滅亡、消失的時候，當物質身體生病、衰老、臨死的時候，就會帶來多少痛苦，所以世間的物質事物、物質身體帶來的最終都是痛苦。」

舍利弗尊者說：「尊者！世間的物質事物、物質身體是隨時在變化，無法永遠存在，無法永恆保持不變，無法永遠擁有，是最終帶來痛苦的。那麼你會認為：「物質事物是我所擁有的，我就是這個物質身體，這個物質身體就是真實不變、永遠存在的我。」嗎？簡單的說

就是，你會認為：「這是我的，我是這個，這是真實不變、永遠存在的我。」嗎？」

焰摩迦比丘回答：「尊者，我不會這樣認為，我不會有這樣的見解。」

舍利弗尊者說：「焰摩迦學友！你是怎麼想的？感受、念想、行為、認識、分別、判斷是永遠存在，永恆保持不變，是能夠永遠擁有的，還是隨時在變化，無法永遠存在，無法永恆保持不變，無法永遠擁有的？」

焰摩迦比丘回答：「尊者，感受、念想、行為、認識、分別、判斷是隨時在變化，無法永遠存在，無法永恆保持不變，無法永遠擁有的，感受、念想、行為、認識、分別、判斷是會消退、滅盡、消失的。」

舍利弗尊者說：「焰摩迦學友！既然感受、念想、行為、認識、分別、判斷是隨時在變化，無法永遠存在，無法永恆保持不變，無法永遠擁有的，那麼是最終帶來痛苦的，還是最終帶來快樂的呢？」

焰摩迦比丘回答：「尊者，感受、念想、行為、認識、分別、判斷最終帶來的是痛苦，為什麼這麼說呢？因為就算感受、念想、行為、認識、分別、判斷帶來了快樂，那都是短暫的。世間一切的感受、念想、行為、認識、分別、判斷隨時都在變化，無法永遠的存在，無法永恆的保持不變，無法永遠的擁有，當失去這些讓世間人、眾生滿意、開心、快樂的感受、念想、行為、認識、分別、判斷的時候，當這些讓世間人、眾生滿意、開心、快樂的感受、念想、行為、認識、分別、判斷消退、滅盡、消失的時候，當感受、念想、行為、認識、分別、判斷讓世間人、眾生不滿意、不開心、不快樂的時候，就會帶來痛苦，之前這些讓世間人、眾生滿意、開心、快樂的感受、念想、行為、認識、分別、判斷帶來了多少的快樂，當失去這些讓世間人、眾生滿意、開心、快樂的感受、念想、行為、認識、分別、判斷的時候，當這些讓世間人、眾生滿意、開心、快樂的感受、念想、行為、認識、分別、判斷消退、滅盡、消失的時候，當感受、念想、行為、認識、分別、判斷讓世間人、眾生不滿意、不開心、不快樂的時候，就會帶來多少痛苦，所以世間的感受、念想、行為、認識、分

別、判斷帶來的最終都是痛苦。」

舍利弗尊者說：「焰摩迦學友！世間的感受、念想、行為、認識、分別、判斷是隨時在變化，無法永遠存在，無法永恆保持不變，無法永遠擁有的，是最終帶來痛苦的。那麼你會認為：「感受、念想、行為、認識、分別、判斷是我所擁有的，我就是這個感受、念想、行為、認識、分別、判斷，這個感受、念想、行為、認識、分別、判斷就是真實不變、永遠存在的我。」嗎？簡單的說就是，你會認為：「這是我的，我是這個，這是真實不變、永遠存在的我。」嗎？」

焰摩迦比丘回答：「尊者，我不會這樣認為，我不會有這樣的見解。」

舍利弗尊者說：「焰摩迦學友！對於物質事物、物質身體、感受、念想、行為、認識、分別、判斷，不論是過去、現在、未來，或者內部，或者外部；或者粗糙，或者細滑；或者低劣，或者優質；或者遙遠，或者鄰近等等世間一切的物質事物、物質身體、感受、念想、行為、認識、分別、判斷都應該用正確的智慧，這樣來看待：「物質事物、物質身體、感受、念想、行為、認識、分別、判斷不是我所擁有的，我不是這個物質事物、物質身體、感受、念想、行為、認識、分別、判斷，這個物質事物、物質身體、感受、念想、行為、認識、分別、判斷不是真實不變、永遠存在的我。」簡單的說就是：「這不是我的，我不是這個，這不是真實不變、永遠存在的我。」

焰摩迦學友！當你有了這個正確的見解，那就是已經受到了如來的教導。已經受到如來教導的聖弟子們，他們不會執著和掛念物質事物、物質身體、感受、念想、行為、認識、分別、判斷，當他們不執著和掛念這些事物的時候，就不會被這些事物束縛捆綁，就不會因為這些事物胡思亂想、胡作非為，就不會讓這些事物污染自己內心清淨的境界。當他們徹底從這些事物中解脫出來的時候，徹底的滅盡一切煩惱和痛苦的時候，他們就開啟了解脫的智慧，他們就證悟了解脫的果位，他們自己就明白了：「從這一世開始已經不會再出生在世間了。行為、言語、念想的修行已經圓滿，應該做的事情已經做好，不會再有喜怒哀樂等等煩惱和痛苦的輪迴狀態了，不會再出生的世間

一本書

讀懂所有佛經

了，已經徹底從生死輪迴中解脫出來。」」

舍利弗尊者繼續說：「焰摩迦學友！你是怎麼想的？物質身體就是世尊嗎？物質身體就是如來嗎？」

焰摩迦比丘回答：「尊者，物質身體不是世尊，物質身體不是如來。」

舍利弗尊者說：「感受、念想、行為、認識、分別、判斷是世尊嗎？感受、念想、行為、認識、分別、判斷是如來嗎？」

焰摩迦比丘回答：「尊者，感受、念想、行為、認識、分別、判斷不是世尊。感受、念想、行為、認識、分別、判斷不是如來。」

舍利弗尊者說：「焰摩迦學友！你是怎麼想的？你會認為「物質身體是世尊的一部分，物質身體在世尊中」，或者認為：「世尊是物質身體的一部分，世尊在物質身體中」嗎？

你會認為「物質身體是如來的一部分，物質身體在如來中」，或者認為：「如來是物質身體的一部分，如來在物質身體中」嗎？

焰摩迦比丘回答：「尊者，我不會有這樣的見解。」

舍利弗尊者說：「焰摩迦學友！你會認為：世尊在物質身體之外的地方嗎？如來在物質身體之外的地方嗎？也就是你會認為：「感受、念想、行為、認識、分別、判斷就是世尊，世尊擁有感受、念想、行為、認識、分別、判斷」，或者認為：「感受、念想、行為、認識、分別、判斷是世尊的一部分，感受、念想、行為、認識、分別、判斷在世尊中」，或者認為：「世尊是感受、念想、行為、認識、分別、判斷的一部分，世尊在感受、念想、行為、認識、分別、判斷中」嗎？

你會認為：「感受、念想、行為、認識、分別、判斷就是如來，如來擁有感受、念想、行為、認識、分別、判斷」，或者認為：「感受、念想、行為、認識、分別、判斷是如來的一部分，感受、念想、行為、認識、分別、判斷在如來中」，或者認為：「如來是感受、念想、行為、認識、分別、判斷的一部分，如來在感受、念想、行為、認識、分別、判斷中嗎？」」

焰摩迦比丘回答：「尊者，我不會有這樣的見解。尊者，我已經明白了，我錯誤的將那些隨時在變化，無法永遠存在，無法永遠擁有

的物質事物、物質身體、感受、念想、行為、認識、分別、判斷當成是真實不變、永遠存在的我了，這個我實際上是隨著條件而變化的。就是因為我錯認為物質事物、物質身體、感受、念想、行為、認識、分別、判斷是真實不變、永遠存在的我，才會認為隨著身體的衰敗、崩解，死後就完全不存在了。因為我認為物質事物、物質身體、感受、念想、行為、認識、分別、判斷就是我。所以才會認為物質事物、物質身體、感受、念想、行為、認識、分別、判斷滅盡了，我就不存在了，實際上既不能認為我不存在，也不能認為我能夠永遠的存在，這個我是由一定的條件生起、出現、成長、存續、生病、衰老、死亡的，是隨著條件變化的，是緣生緣滅的。這個我本來就是執著和掛念物質事物、物質身體、感受、念想、行為、認識、分別、判斷的結果。把隨時在變化，無法永遠存在，無永遠擁有，生滅變化的物質事物、物質身體、感受、念想、行為、認識、分別、判斷當成是我，才會有隨著身體的衰敗、崩解，死後就完全不存在的見解。」

舍利弗尊者說：「焰摩迦學友！還沒有真正明白世尊的正法，能這樣的說嗎？「我已經完全明白世尊教導的正法是什麼了，那些煩惱和痛苦已經滅盡的比丘們，那些已經證悟解脫果位的修行人，隨著他們身體的衰敗、崩解，他們死後就完全不存在了。這個和世間的人有什麼不同嘛！世間人他們的身體也會衰敗、崩解，他們死後也完全不存在了。」你能這樣說嗎？」

焰摩迦比丘回答：「尊者，我之前確實是沒有完全弄明白世尊的正法是什麼，所以才會有這樣的錯誤見解，現在我聽尊者您說法後，已經完全明白世尊的正法是什麼了。我之前那種錯誤的見解也已經徹底瓦解了。我現在才弄明白世尊的正法是什麼。」

舍利弗尊者說：「焰摩迦學友！如果以後有人問你：「焰摩迦學友！那些煩惱和痛苦已經完全滅盡的比丘們，已經證悟解脫果位的修行人，隨著他們身體的衰敗、崩解，他們死後會怎麼樣呢？他們會到什麼地方去呢？」你會怎麼回答他們呢？」

焰摩迦比丘回答：「尊者，我會這樣回答他們提出的問題：「學友們！物質事物、物質身體、感受、念想、行為、認識、分別、判斷隨時在變化，無法永遠存在，無法永恆保持不變，無法永遠擁有，最終

帶來的是痛苦。這些已經證悟解脫果位的修行人，他們在世的時候，煩惱和痛苦就滅盡了，他們在世的時候不會再次的生起歡樂、開心、舒暢、安心、期望、憂愁、悲傷、苦悶、憂慮、恐怖、絕望等等喜怒哀樂的念想，他們不會再由物質事物、物質身體、感受、念想、行為、認識、分別、判斷生起煩惱和痛苦。隨著他們身體的衰敗、崩解，他們死後就不會再次的投生在世間，就不會再次到世間來承受歡樂、開心、舒暢、安心、期望、憂愁、悲傷、苦悶、憂慮、恐怖、絕望等等的煩惱和痛苦，因為他們的貪欲、渴望已經滅盡，所以不會再來世間。他們將會永遠安住在沒有煩惱和痛苦的涅槃境界之中。

　　然而世間人與這些證悟解脫果位的比丘們有什麼不同呢？世間人在世的時候會無數次的生起歡樂、開心、舒暢、安心、期望、憂愁、悲傷、苦悶、憂慮、恐怖、絕望等等喜怒哀樂的念想，他們會由物質事物、物質身體、感受、念想、行為、認識、分別、判斷生起無數的煩惱和痛苦。隨著他們身體的衰敗、崩解，他們的死亡就意味著：他們這一世煩惱和痛苦的滅盡、消失，可是他們因為對物質事物、物質身體、感受、念想、行為、認識、分別、判斷還有貪欲、渴愛，他們捨不得離開世間，捨不得放手世間的事物，所以他們還會無數次的投生到這個世間，還會再次到世間來承受歡樂、開心、舒暢、安心、期望、憂愁、悲傷、苦悶、憂慮、恐怖、絕望等等煩惱和痛苦，就如同某個人，他喜歡某一件物品一樣，因為他非常喜歡這件物品，所以，他就會經常的在內心中掛念、想起這件物品。說的形象一點，比如父母非常愛自己的孩子，所以他們就會經常在內心中掛念自己的孩子。孩子的事情他們會掛在心上，無法捨離，無法放下。他們就會無數次的為孩子的事情生起歡樂、開心、舒暢、安心、期望、憂愁、悲傷、苦悶、憂慮、恐怖、絕望等等的念想，並由此產生無數的煩惱和痛苦。這些世間人他們在世的時候無法從循環往復的喜怒哀樂等等的煩惱和痛苦中解脫出來，他們死後也會由於貪欲、渴愛的緣故無數次的到世間投生，去達成他們的願望，去滿足他們的欲望，去償還他們欠下的各種債務。他們無法安住在沒有煩惱和痛苦的涅槃境界之中。

　　另外這些已經證悟解脫果位的修行人，這些不再生死輪回，達到不生不滅涅槃境界的聖者們，他們死後不會到什麼地方去，就如同火

堆中火焰的熄滅一樣，不能說火焰到什麼地方去了，只能說火焰的熄滅可能是燃燒用的柴薪、燃料沒有了所以熄滅了，或者是火焰被大風吹熄滅了，或者火焰被雨水澆熄滅了，或者火焰被其他的方式撲熄滅了。而不能說火焰熄滅後到什麼地方去了，火焰熄滅了不會到什麼地方去。

　　而世間的人，由於他們在世的時候，貪欲、渴愛沒有滅盡，所以就如同他們還有很多柴薪、燃料沒有燃燒完，他們這一世的生命結束那只是說火焰暫時熄滅了，當滿足一定的條件的時候，那些還沒有燃燒完的柴薪、燃料還會被點燃，還會繼續的燃燒產生火焰，什麼時候才能徹底熄滅火焰呢？當所有的柴薪、燃料都沒有的時候，當貪欲、渴愛的柴薪、燃料滅盡的時候，如果還對世間的事物生起貪欲、渴愛，那就相當於持續不斷的向火堆中放入新的柴薪、燃料，火焰永遠都不可能熄滅。就算用一些特殊的方法，比如大風吹，用水澆，等等其他的方法將火焰暫時熄滅了，如果不根除掉貪欲、渴愛的柴薪、燃料。條件合適的時候火堆還是會被點燃，還是會燃燒產生火焰，還是會產生煩惱和痛苦，這些特殊的方法比喻的就是那些苦行的修行方法，各種轉移注意力的修行方法，比如那些什麼很多天不吃飯，不穿衣服，長時間不喝水等等苦行；數呼吸的數目，數眨眼睛的次數，感覺身體的各種觸摸感覺等等轉移注意力的修行方法，如果不從根本上除滅貪欲、渴愛，遇到一定的條件還是會對世間的事物生起貪欲、渴愛。這些修行方法只能短時間起到作用，只有開啓瞭解脫的智慧，並在實踐的修行中去驗證這些智慧，才能最終由於開啓智慧而證悟解脫的果位。證悟解脫果位的人，他們就如同柴薪、燃料已經耗盡了，無法再次被點燃，無法再繼續的燃燒，他們也不會再對世間的事物生起貪欲、渴愛了，因此就相當於不繼續的添加柴薪、燃料。沒有柴薪、燃料，又不繼續的添加柴薪、燃料，那麼火焰永遠都不可能被點燃，永遠都不可能再燃燒。」

　　舍利弗尊者說：「焰摩迦學友！很好！很好！你已經完全明白我剛才所說的法義。為了讓你更深入的明白世尊的正法，我現在給你講一個比喻。

焰摩迦學友！就如同有一位非常有錢、富甲天下的大富翁。他身邊有非常多武功高強的護衛、保鏢。如果想要對這位大富翁不利，想要傷害、殺害這位大富翁，不是那麼容易的事情。這個大富翁的仇人就想出了一個辦法，他們從收養的孤兒裡面挑選出一個長的非常漂亮的年輕女子，並嚴格的訓練、教給她各種勾引男子的招數，當然還教給她做家務的本領。之後大富翁的仇人用特別的方法，讓大富翁與這個漂亮的女子見面，讓大富翁錯認為自己是偶然遇到這個女子的。這個漂亮的女子也假裝不知道大富翁是特別有錢的人，她穿的衣服也非常的樸素，不過她那種樸實無華，將家務事做的井井有條，努力上進的吸引力卻深深的讓大富翁無法自拔。大富翁先是假扮成一個窮小子，去考驗這個漂亮的女子，這個女子也事先做好了準備，拒絕掉大富翁故意安排的公子哥錢財的誘惑，毅然的選擇嫁給假扮窮人的大富翁。大富翁非常的開心，在護衛和保鏢的保護下與這個漂亮的女子在破爛的房子裡面生活了一年多，這個時候這個女子懷孕了，大富翁放鬆了警惕，徹底向這個女子公開了自己的身分，這個漂亮的女子假裝非常的生氣，強烈要求要離開大富翁，因為大富翁欺騙了她，想以此來證明她不是一個貪愛錢財的女人。大富翁多次用甜言蜜語哄騙這個女子，外加這個女子肚子裡孩子親情的打動，這個女子假裝原諒了大富翁，於是大富翁就將這個女子帶回了自己高大華麗的大宅子裡。這個女子不久就生下了一個男孩，大富翁更加的喜歡這個女子了，準備讓這個女子的孩子來繼承自己龐大的家產和事業。他對這個女子更加的放心了。不管什麼時候都與這個女子在一起，形影不離，這個女子也很懂事。遇到任何事情，她的各種行為、言語都順著大富翁做和說，都為大富翁著想，這個女子早上比大富翁起來的早，晚上比大富翁更遲熟睡，細心服侍大富翁的生活起居，就像一個僕人對主人那樣的用心對待，又因為大富翁其他的妻子只給他生了些女兒出來，只有這個女子才給他生了個兒子，所以大富翁更加的寵愛她。有一天，大富翁與這個女子親熱，第一次讓旁邊保護他的護衛、保鏢離開了，過去就算是他與女子親熱的時候，他的旁邊也會站著女護衛、女保鏢保護他的安全，大富翁認為這個女子是他無意中遇見的，又不在乎他的錢財，還給他生下了一個兒子，所以就完全放下心來。

當大富翁的護衛、保鏢離開後，大富翁與這個女子親熱之後，熟睡的時候，這個漂亮的女子就拿出一把利刀直插進大富翁的心臟，取了大富翁的性命，之後她按事先安排好的計畫，打著大富翁兒子的旗號，在大富翁仇人的幫助下直接接管了大富翁所有的產業。原來這個大富翁過去殺死了這個女子的父母，把她家裡面的其他女眷全部都賣到了妓院，這個女子她是僥倖才被大富翁的仇人救出來，才沒有淪落去當妓女的，這個女子小時候就立志要為父母和家裡人報仇。

　　焰摩迦學友！你是怎麼想的，當大富翁無意中遇見樸實無華，會做家務，努力上進的漂亮女子的時候，雖然這個女子是來殺害大富翁的人，還沒有實施殺害大富翁的行為，一直潛伏在大富翁的身邊，大富翁不知道這個女子是想殺他的人，那麼這個女子就不是想要殺害大富翁的人了嗎？

　　當這個漂亮的女子拒絕各種誘惑，執意要嫁給假扮窮人的大富翁，雖然這個女子是來殺大富翁的人，她還沒有實施殺害大富翁的行為，大富翁不知道這個女子是想殺他的人，那麼這個女子就不是想要殺害大富翁的人了嗎？

　　當這個漂亮的女子她為大富翁生下兒子，讓大富翁開心的認為自己有繼承人了，這個漂亮女子的各種行為、言語都順著大富翁做和說，都為大富翁著想，早上比大富翁起來的早，晚上比大富翁更遲熟睡，細心服侍大富翁的生活起居，就像一個僕人對主人那樣的用心對待，雖然這個女子是來殺大富翁的人，她還沒有實施殺害大富翁的行為，大富翁不知道這個女子是想殺他的人，那麼這個女子就不是想要殺害大富翁的人了嗎？

　　當大富翁完全信任這個漂亮的女子，與她親熱的時候，讓保護自己的護衛、保鏢離開，熟睡的時候，雖然這個女子是來殺大富翁的人，她還沒有實施殺大富翁的行為，大富翁不知道這個女子是想殺他的人，那麼這個女子就不是想要殺害大富翁的人了嗎？

　　當這個漂亮的女子拿出利刀插進大富翁的心臟，實施了殺害大富翁的行為，大富翁在熟睡中死去，一直到死都不知道是誰殺了他，還沉浸在美夢之中，不是很可悲嗎？」

焰摩迦比丘回答：「尊者，這確實是很可悲的事情，居然被一個為自己生下兒子的女子殺害了，實在是無法想像。」

　　舍利弗尊者說：「焰摩迦學友，同樣的道理，那些還沒有受到聖者教導的世間人，他們不知道聖者的正法是什麼，他們不會按聖者的正法去修行；那些還沒有受到善人教導的世間人，他們不知道善人的善法是什麼，他們不會按善人的善法去修行。這些沒有受到聖者教導的世間人，他們會認為：「物質身體就是我，我擁有物質事物」，或者認為：「物質身體是我的一部分，物質身體在我中」，或者認為：「我是物質身體的一部分，我在物質身體中」。他們會認為：「感受、念想、行為、認識、分別、判斷就是我，我擁有感受、念想、行為、認識、分別、判斷」，或者認為：「感受、念想、行為、認識、分別、判斷是我的一部分，感受、念想、行為、認識、分別、判斷在我中」，或者認為：「我是感受、念想、行為、認識、分別、判斷的一部分，我在感受、念想、行為、認識、分別、判斷中」。

　　他們不知道物質事物、物質身體、感受、念想、行為、認識、分別、判斷是隨時在變化的，是無法永遠存在的，是無法永恆保持不變的，是無法永遠擁有的。物質事物是會衰敗、滅亡、消失的，物質身體是會生病、衰老、死亡的。感受、念想、行為、認識、分別、判斷是會消退、滅盡、消失的。

　　他們不知道物質事物、物質身體、感受、念想、行為、認識、分別、判斷最終帶來的是痛苦。因為就算物質事物、物質身體帶來了快樂，那都是短暫的。世間一切的物質事物、物質身體隨時都在變化，無法永遠的存在，無法永恆的保持不變，無法永遠的擁有，當失去這些物質事物的時候，當這些物質事物衰敗、滅亡、消失的時候，當物質身體生病、衰老、臨死的時候，就會帶來痛苦，之前這些物質事物、物質身體帶來了多少的快樂，當失去這些物質事物的時候，當這些物質事物衰敗、滅亡、消失的時候，當物質身體生病、衰老、臨死的時候，就會帶來多少痛苦，所以世間的物質事物、物質身體帶來的最終都是痛苦。

　　因為就算感受、念想、行為、認識、分別、判斷帶來了快樂，那都是短暫的。世間一切的感受、念想、行為、認識、分別、判斷隨時

都在變化，無法永遠的存在，無法永恆的保持不變，無法永遠的擁有，當失去這些讓世間人、眾生滿意、開心、快樂的感受、念想、行為、認識、分別、判斷的時候，當這些讓世間人、眾生滿意、開心、快樂的感受、念想、行為、認識、分別、判斷消退、滅盡、消失的時候，當感受、念想、行為、認識、分別、判斷讓世間人、眾生不滿意、不開心、不快樂的時候，就會帶來痛苦，之前這些讓世間人、眾生滿意、開心、快樂的感受、念想、行為、認識、分別、判斷帶來了多少的快樂，當失去這些讓世間人、眾生滿意、開心、快樂的感受、念想、行為、認識、分別、判斷的時候，當這些讓世間人、眾生滿意、開心、快樂的感受、念想、行為、認識、分別、判斷消退、滅盡、消失的時候，當感受、念想、行為、認識、分別、判斷讓世間人、眾生不滿意、不開心、不快樂的時候，就會帶來多少痛苦，所以世間的感受、念想、行為、認識、分別、判斷帶來的最終都是痛苦。

他們不知道沒有永遠存在的物質事物、物質身體、感受、念想、行為、認識、分別、判斷。他們不知道沒有真實不變的我，沒有永遠存在的我。

他們不知道物質事物、物質身體、感受、念想、行為、認識、分別、判斷是被條件所支配的，是由條件而生起的，是會生起、存續、變化、衰敗、滅亡的。

他們不知道物質事物、物質身體、感受、念想、行為、認識、分別、判斷會滅盡、消失。

他們不知道物質事物、物質身體、感受、念想、行為、認識、分別、判斷會加害自己，會讓自己煩惱和痛苦。

他們攀附、攀纏、執著、掛念、緊握、固執的認為物質身體就是真實不變的我。攀附、攀纏、執著、掛念、緊握、固執的認為感受、念想、行為、認識、分別、判斷就是真實不變的我。攀附、攀纏、執著、掛念、緊握、固執的認為物質事物、物質身體、感受、念想、行為、認識、分別、判斷就是我真實所擁有的事物。

他們攀附、攀纏、執著、掛念、緊握、貪愛物質事物、物質身體、感受、念想、行為、認識、分別、判斷就會無數次循環往復的生起歡樂、開心、舒暢、安心、期望、憂愁、悲傷、苦悶、憂慮、恐

怖、絕望等等喜怒哀樂的念想，這將讓他們長久的沉浸在各種煩惱和痛苦的循環往復之中，讓他們長久的沉浸在各種煩惱和痛苦的輪迴之中。

就如同之前故事中那個大富翁一樣，面對那個漂亮女子各種對自己有利的行為，就忘記了防範她，最後完全信任這個女子，最後導致被這個女子殺害。大富翁無意中遇見樸實無華，會做家務，努力上進的漂亮女子的時候，就放鬆了警惕。當這個漂亮的女子拒絕各種誘惑，執意要嫁給假扮窮人的大富翁的時候，大富翁又一次放鬆了警惕。當這個漂亮的女子為大富翁生下男孩，讓大富翁開心的認為自己有繼承人了，這個漂亮女子的各種行為、言語都順著大富翁做和說，都為大富翁著想，早上比大富翁起來的早，晚上比大富翁更遲熟睡，細心服侍大富翁的生活起居，就像一個僕人對主人那樣的用心對待的時候，大富翁實際上已經被這個女子俘虜、控制了。當大富翁完全信任這個漂亮的女子，與她親熱的時候，讓保護自己的護衛、保鏢離開，熟睡的時候，大富翁的防線徹底崩潰，最後在熟睡的過程中被這個女子殺害，到死都沒有弄明白是怎麼回事。

物質事物、物質身體、感受、念想、行為、認識、分別、判斷也是如此，世間的人自認為物質事物、物質身體、感受、念想、行為、認識、分別、判斷給他們帶來了快樂、開心、喜悅就忘記、忽略了物質事物、物質身體、感受、念想、行為、認識、分別、判斷最終帶來的是痛苦，它們帶來的快樂是短暫的，因為世間一切的物質事物、物質身體、感受、念想、行為、認識、分別、判斷隨時都在變化，無法永遠的存在，無法永恆的保持不變，無法永遠的擁有，當失去這些物質事物的時候，當這些物質事物衰敗、滅亡、消失的時候，當物質身體生病、衰老、臨死的時候，就會帶來痛苦，之前這些物質事物、物質身體帶來了多少的快樂，當失去這些物質事物的時候，當這些物質事物衰敗、滅亡、消失的時候，當物質身體生病、衰老、臨死的時候，就會帶來多少痛苦，所以世間的物質事物、物質身體帶來的最終都是痛苦。當失去這些讓世間人、眾生滿意、開心、快樂的感受、念想、行為、認識、分別、判斷的時候，當這些讓世間人、眾生滿意、開心、快樂的感受、念想、行為、認識、分別、判斷消退、滅盡、消

失的時候，當感受、念想、行為、認識、分別、判斷讓世間人、眾生不滿意、不開心、不快樂的時候，就會帶來痛苦，之前這些讓世間人、眾生滿意、開心、快樂的感受、念想、行為、認識、分別、判斷帶來了多少的快樂，當失去這些讓世間人、眾生滿意、開心、快樂的感受、念想、行為、認識、分別、判斷的時候，當這些讓世間人、眾生滿意、開心、快樂的感受、念想、行為、認識、分別、判斷消退、滅盡、消失的時候，當感受、念想、行為、認識、分別、判斷讓世間人、眾生不滿意、不開心、不快樂的時候，就會帶來多少痛苦，所以世間的感受、念想、行為、認識、分別、判斷帶來的最終都是痛苦。

　　焰摩迦學友！那些已經受到聖者教導的世間人，他們知道聖者的正法是什麼，他們會按聖者的正法去修行；那些已經受到善人教導的世間人，他們知道善人的善法是什麼，他們會按善人的善法去修行。這些已經受到聖者教導的世間人，他們不會認為：「物質身體就是我，我擁有物質事物」，不會認為：「物質身體是我的一部分，物質身體在我中」，不會認為：「我是物質身體的一部分，我在物質身體中」。他們不會認為：「感受、念想、行為、認識、分別、判斷就是我，我擁有感受、念想、行為、認識、分別、判斷」，不會認為：「感受、念想、行為、認識、分別、判斷是我的一部分，感受、念想、行為、認識、分別、判斷在我中」，不會認為：「我是感受、念想、行為、認識、分別、判斷的一部分，我在感受、念想、行為、認識、分別、判斷中」。

　　他們知道物質事物、物質身體、感受、念想、行為、認識、分別、判斷是隨時在變化的，是無法永遠存在的，是無法永恆保持不變的，是無法永遠擁有的。物質事物是會衰敗、滅亡、消失的，物質身體是會生病、衰老、死亡的。感受、念想、行為、認識、分別、判斷是會消退、滅盡、消失的。

　　他們知道物質事物、物質身體、感受、念想、行為、認識、分別、判斷最終帶來的是痛苦。

　　他們知道沒有永遠存在的物質事物、物質身體、感受、念想、行為、認識、分別、判斷。他們知道沒有真實不變的我，沒有永遠存在的我。

他們知道物質事物、物質身體、感受、念想、行為、認識、分別、判斷是被條件所支配的，是由條件而生起的，是會生起、存續、變化、衰敗、滅亡的。

　　他們知道物質事物、物質身體、感受、念想、行為、認識、分別、判斷會滅盡、消失。

　　他們知道物質事物、物質身體、感受、念想、行為、認識、分別、判斷會加害自己，會讓自己煩惱和痛苦。

　　他們不攀附、不攀纏、不執著、不掛念、不緊握、不固執的認為物質身體就是真實不變的我。不攀附、不攀纏、不執著、不掛念、不緊握、不固執的認為感受、念想、行為、認識、分別、判斷就是真實不變的我。不攀附、不攀纏、不執著、不掛念、不緊握、不固執的認為物質事物、物質身體、感受、念想、行為、認識、分別、判斷就是我真實所擁有的事物。

　　他們不攀附、不攀纏、不執著、不掛念、不緊握、不貪愛物質事物、物質身體、感受、念想、行為、認識、分別、判斷就不會無數次循環往復的生起歡樂、開心、舒暢、安心、期望、憂愁、悲傷、苦悶、憂慮、恐怖、絕望等等喜怒哀樂的念想，就不會讓他們沉浸在各種煩惱和痛苦的循環往復之中，就不會讓他們沉浸在各種煩惱和痛苦的輪迴之中，他們就能長久的安住在清淨安寧的境界之中，獲得無量的功德利益。」

　　焰摩迦比丘說：「舍利弗學友！確實是這樣的，那些受持世尊所制定的戒律，按世尊所說的正法去修行的人，他們就能滅盡對世間一切事物的貪欲、渴愛，他們就能除滅自己的一切煩惱和痛苦，從生死輪迴中永遠的解脫出來，最終達到不生不滅涅槃的境界。

　　舍利弗學友，您今天慈悲的為我說法，消除了我內心中的邪見，讓我開啟了智慧，讓我真正明白了世尊的正法是什麼，我將會按您所說的法去修行，我相信，我持之以恆的受持好世尊制定的戒律，並按世尊的正法去修行，我的內心就不會再執著和掛念世間一切的物質事物、物質身體、感受、念想、行為、認識、分別、判斷，從而讓我徹底的從自己的一切煩惱和痛苦中解脫出來。」

舍利弗尊者說法後，焰摩迦比丘和在場聽法的比丘們都虔誠的頂禮舍利弗尊者，隨喜讚歎舍利弗尊者說法的無量功德，他們都按著舍利弗尊者所說的法去修行。

第六十二章　如來死後存在嗎？

　　有個時候，佛陀住在舍衛城的祇樹林給孤獨園，那個時候，阿奴羅度尊者住在離佛陀不遠處的密林茅草棚中。有一天眾多的外教修行人來到阿奴羅度尊者的住處，他們與阿奴羅度尊者互相問候後，就在一旁坐下，那些外教修行人對阿奴羅度尊者說：「阿奴羅度學友！我們現在有一些問題想要問你，就是那些已經證悟無上正等正覺佛果的如來們，那些已經達到不生不滅涅槃境界的如來們，他們死後還存在的嗎？他們死後就不存在了嗎？他們死後既存在也不存在嗎？他們死後既不存在也不是不存在的嗎？」

　　這些外教修行人提出這些問題的時候，阿奴羅度尊者對他們說：「學友們！都不是！你們問的不恰當，已經證悟無上正等正覺佛果的如來們，已經達到不生不滅涅槃境界的如來們，如果用死後存在與不存在來描述是不合適的，如來們不在你們問的這四種狀態之中。」

　　當阿奴羅度尊者這樣回答外教修行人的問題的時候，這些外教修行人就非常的不滿，他們對阿奴羅度尊者說：「阿奴羅度！你剛出家沒有多久嗎？怎麼連最基本的問題都不明白，我們這四個問題可是包含了世間所有眾生死後的狀態，怎麼可能沒有包含那些已經證悟無上正等正覺佛果的如來們，已經達到不生不滅涅槃境界的如來們死後的狀態呢？我們把所有眾生死後可能的狀態都融入這四個問題之中了，你既然說都不是！你是個愚蠢、笨拙、無智的傢伙，你無法回答我們的問題，就直接說不知道就可以了，為什麼還要在我們面前故作高明，裝出一副高深莫測的樣子。虧你還是出家修行二十年以上的上座長老，在我們看來你就是一個不學無術、好吃懶做混飯吃的騙子。」

　　這些外教修行人，用各種尖酸刻薄的語言挖苦、侮辱、誹謗、貶低阿奴羅度尊者，之後他們就憤憤不平的離開了。

　　外教修行人離開後不久，阿奴羅度尊者心裡想：「我剛才回答這些外教修行人的言語是正確的嗎？我剛才回答他們的言語沒有誹謗世

尊和世尊的正法吧？我剛才對這些外教修行人說的言語是否是按著世尊正法的法義在講說呢？」

　　阿奴羅度尊者心裡沒有底，於是就來到佛陀的住所，他頂禮佛陀後，就在一旁坐下，阿奴羅度尊者對佛陀說：「世尊，今天有一群外教的修行人，他們問了我一些問題，這些問題是：『如來死後還存在的嗎？如來死後就不存在了嗎？如來死後既存在也不存在嗎？如來死後既不存在也不是不存在嗎？』世尊我是這樣回答他們的：『都不是！你們問的不恰當，用死後存在與不存在來描述如來是不合適的，如來不在你們問的這四種狀態之中。』之後這些外教修行人對我的回答非常的不滿，他們說他們已經將世間所有眾生死後的狀態都包含在這四個問題之中，如來死後的狀態也應該在這些狀態之中，他們還辱罵我是愚蠢、笨拙、無智的人，世尊我心裡還是沒有底，所以到您這裡來請問您，我的回答是正確的嗎？我回答的這些言語沒有誹謗世尊您和您的正法吧？我的回答合乎您所說的正法嗎？恭請世尊您為我說法，讓我徹底的解除心中的疑惑。」

　　佛陀說：「阿奴羅度！你是怎麼想的？物質事物、物質身體是永遠存在，永恆保持不變，是能夠永遠擁有的，還是隨時在變化，無法永遠存在，無法永恆保持不變，無法永遠擁有的？」

　　阿奴羅度尊者回答：「世尊，物質事物、物質身體是隨時在變化，無法永遠存在，無法永恆保持不變，無法永遠擁有的，物質事物是會衰敗、滅亡、消失的，物質身體是會生病、衰老、死亡的。」

　　佛陀說：「阿奴羅度！既然物質事物、物質身體是隨時在變化，無法永遠存在，無法永恆保持不變，無法永遠擁有的，那麼是最終帶來痛苦的，還是最終帶來快樂的呢？」

　　阿奴羅度尊者回答：「世尊，物質事物、物質身體最終帶來的是痛苦，為什麼這麼說呢？因為就算物質事物、物質身體帶來了快樂，那都是短暫的。世間一切的物質事物、物質身體隨時都在變化，無法永遠的存在，無法永恆的保持不變，無法永遠的擁有，當失去這些物質事物的時候，當這些物質事物衰敗、滅亡、消失的時候，當物質身體生病、衰老、臨死的時候，就會帶來痛苦，之前這些物質事物、物質身體帶來了多少的快樂，當失去這些物質事物的時候，當這些物質

事物衰敗、滅亡、消失的時候，當物質身體生病、衰老、臨死的時候，就會帶來多少痛苦，所以世間的物質事物、物質身體帶來的最終都是痛苦。」

佛陀說：「阿奴羅度！世間的物質事物、物質身體是隨時在變化，無法永遠存在，無法永恆保持不變，無法永遠擁有，是最終帶來痛苦的。那麼你會認為：「物質事物是我所擁有的，我就是這個物質身體，這個物質身體就是真實不變、永遠存在的我嗎？」簡單的說就是，你會認為：「這是我的，我是這個，這是真實不變、永遠存在的我嗎？」

阿奴羅度尊者回答：「世尊，我不會這樣認為，我不會有這樣的見解。」

佛陀說：「阿奴羅度！你是怎麼想的？感受、念想、行為、認識、分別、判斷是永遠存在，永恆保持不變，是能夠永遠擁有的，還是隨時在變化，無法永遠存在，無法永恆保持不變，無法永遠擁有的？」

阿奴羅度尊者回答：「世尊，感受、念想、行為、認識、分別、判斷是隨時在變化，無法永遠存在，無法永恆保持不變，無法永遠擁有的，感受、念想、行為、認識、分別、判斷是會消退、滅盡、消失的。」

佛陀說：「阿奴羅度！既然感受、念想、行為、認識、分別、判斷是隨時在變化，無法永遠存在，無法永恆保持不變，無法永遠擁有的，那麼是最終帶來痛苦的，還是最終帶來快樂的呢？」

阿奴羅度尊者回答：「世尊，感受、念想、行為、認識、分別、判斷最終帶來的是痛苦，為什麼這麼說呢？因為就算感受、念想、行為、認識、分別、判斷帶來了快樂，那都是短暫的。世間一切的感受、念想、行為、認識、分別、判斷隨時都在變化，無法永遠的存在，無法永恆的保持不變，無法永遠的擁有，當失去這些讓世間人、眾生滿意、開心、快樂的感受、念想、行為、認識、分別、判斷的時候，當這些讓世間人、眾生滿意、開心、快樂的感受、念想、行為、認識、分別、判斷消退、滅盡、消失的時候，當感受、念想、行為、認識、分別、判斷讓世間人、眾生不滿意、不開心、不快樂的時候，

就會帶來痛苦，之前這些讓世間人、眾生滿意、開心、快樂的感受、念想、行為、認識、分別、判斷帶來了多少的快樂，當失去這些讓世間人、眾生滿意、開心、快樂的感受、念想、行為、認識、分別、判斷的時候，當這些讓世間人、眾生滿意、開心、快樂的感受、念想、行為、認識、分別、判斷消退、滅盡、消失的時候，當感受、念想、行為、認識、分別、判斷讓世間人、眾生不滿意、不開心、不快樂的時候，就會帶來多少痛苦，所以世間的感受、念想、行為、認識、分別、判斷帶來的最終都是痛苦。」

佛陀說：「阿奴羅度！世間的感受、念想、行為、認識、分別、判斷是隨時在變化，無法永遠存在，無法永恆保持不變，無法永遠擁有的，是最終帶來痛苦的。那麼你會認為：「感受、念想、行為、認識、分別、判斷是我所擁有的，我就是這個感受、念想、行為、認識、分別、判斷，這個感受、念想、行為、認識、分別、判斷就是真實不變、永遠存在的我嗎？」簡單的說就是，你會認為：「這是我的，我是這個，這是真實不變、永遠存在的我嗎？」」

阿奴羅度尊者回答：「世尊，我不會這樣認為，我不會有這樣的見解。」

佛陀說：「阿奴羅度！對於物質事物、物質身體、感受、念想、行為、認識、分別、判斷，不論是過去、現在、未來，或者內部，或者外部；或者粗糙，或者細滑；或者低劣，或者優質；或者遙遠，或者鄰近等等世間一切的物質事物、物質身體、感受、念想、行為、認識、分別、判斷都應該用正確的智慧，這樣來看待：「物質事物、物質身體、感受、念想、行為、認識、分別、判斷不是我所擁有的，我不是這個物質事物、物質身體、感受、念想、行為、認識、分別、判斷，這個物質事物、物質身體、感受、念想、行為、認識、分別、判斷不是真實不變、永遠存在的我。」簡單的說就是：「這不是我的，我不是這個，這不是真實不變、永遠存在的我。」

阿奴羅度！當你有了這個正確的見解，那就是已經受到了如來的教導。已經受到如來教導的聖弟子們，他們不會執著和掛念物質事物、物質身體、感受、念想、行為、認識、分別、判斷，當他們不執著和掛念這些事物的時候，就不會被這些事物束縛捆綁，就不會因為

這些事物胡思亂想、胡作非爲，就不會讓這些事物污染自己內心清淨的境界。當他們徹底從這些事物中解脫出來的時候，徹底的滅盡一切煩惱和痛苦的時候，他們就開啟了解脫的智慧，他們就證悟了解脫的果位，他們自己就明白了：「從這一世開始已經不會再出生在世間了。行爲、言語、念想的修行已經圓滿，應該做的事情已經做好，不會再有喜怒哀樂等等煩惱和痛苦的輪迴狀態了，不會再出生的世間了，已經徹底從生死輪迴中解脫出來。」

佛陀繼續說：「阿奴羅度！你是怎麼想的？物質身體就是如來嗎？」

阿奴羅度尊者回答：「世尊，物質身體不是如來。」

佛陀說：「感受、念想、行爲、認識、分別、判斷是如來嗎？」

阿奴羅度尊者回答：「世尊，感受、念想、行爲、認識、分別、判斷不是如來。」

佛陀說：「阿奴羅度！你是怎麼想的？你會認爲「物質身體是如來的一部分，物質身體在如來中」，或者認爲：「如來是物質身體的一部分，如來在物質身體中嗎？」

阿奴羅度尊者回答：「世尊，我不會有這樣的見解。」

佛陀說：「阿奴羅度！你會認爲：如來在物質身體之外的地方嗎？也就是你會認爲：「感受、念想、行爲、認識、分別、判斷就是如來，如來擁有感受、念想、行爲、認識、分別、判斷」，或者認爲：「感受、念想、行爲、認識、分別、判斷是如來的一部分，感受、念想、行爲、認識、分別、判斷在如來中」，或者認爲：「如來是感受、念想、行爲、認識、分別、判斷的一部分，如來在感受、念想、行爲、認識、分別、判斷中嗎？」」

阿奴羅度尊者回答：「世尊，我不會有這樣的見解。」

佛陀說：「阿奴羅度！你是怎麼想的？物質身體、感受、念想、行爲、認識、分別、判斷合在一起就是如來嗎？」

阿奴羅度尊者回答：「世尊，我不會有這樣的見解。」

佛陀說：「阿奴羅度！你是怎麼想的？沒有物質身體、感受、念想、行爲、認識、分別、判斷就是如來嗎？」

阿奴羅度尊者回答：「世尊，我不會有這樣的見解。」

佛陀說：「阿奴羅度！那麼對於外教修行人問你的這些問題：『如來死後還存在的嗎？如來死後就不存在了嗎？如來死後既存在也不存在嗎？如來死後既不存在也不是不存在的嗎？』你還有疑惑嗎？」

阿奴羅度尊者回答：「世尊，我已經完全明白了，他們把物質身體、感受、念想、行為、認識、分別、判斷當成是如來了。他們把那些由條件生起、形成、存續、衰敗、滅亡、消失的物質身體、感受、念想、行為、認識、分別、判斷當成是如來了。所以才會去問如來死後存在與不存在的問題。」

佛陀說：「阿奴羅度！很好！很好！你已經明白如來剛才所說的法義了。阿奴羅度！如來的正法裡只有煩惱和痛苦的生起、形成與煩惱和痛苦的消退、滅盡。包括這個如來的名字，都是暫時取出來的假名，世間的一切事物隨時都在變化，沒有永遠存在的事物，沒有永遠保持不變的事物，沒有永恆能夠擁有的事物。這個我也是在一定條件下生起、出現、成長、存續、生病、衰老、死亡、消失的。我是由條件生起來的。條件滅盡了，我就消失不見了，條件生起了我又出現了，這個我也只是暫時取個名字叫我而已。如果說這個我不存在那是斷滅見，滿足一定條件的時候，我就會出現；如果說這個我真實存在，滿足一定條件的時候我也會消失不見；不可執著這個生滅變化的我。我的生起就是煩惱和痛苦的生起，不執著和掛念這個我就是煩惱和痛苦的滅盡。這些外教修行人，他們將生滅變化的物質身體、感受、念想、行為、認識、分別、判斷錯當成是如來，所以才會沉浸在這四個問題之中，他們由這四個問題生起了爭鬥的煩惱和痛苦。合乎他們心意的解答他們就歡喜，不合乎他們心意的解答他們就會憤怒反駁，他們已經陷入歡樂、開心、舒暢、安心、期望、憂愁、悲傷、苦悶、憂慮、恐怖、絕望等等循環往復的念想之中，他們已經沉浸在各種煩惱和痛苦的輪迴之中，他們無法長久的安住在清淨安寧的境界之中，他們已經被無數的念想繞動、污染。他們已經被無數的煩惱和痛苦加害。」

佛陀說法後，阿奴羅度尊者再次的頂禮佛陀，隨喜讚歎佛陀說法的無量功德，並按著佛陀所說的法去修行。

第六十三章　衣服的殘留氣味

　　有個時候，眾多出家二十年以上的上座長老比丘們住在拘睒彌瞿師羅園，那個時候住在棗樹園的差摩尊者身患重病，被疾病折磨的痛苦不堪。一些上座長老比丘，就到棗樹園探望病重的差摩尊者。上座長老比丘們來到差摩尊者的住所，看見差摩尊者已經臥病在床，於是就走到他的床邊坐下，上座長老比丘們對差摩尊者說：「差摩學友！你現在是不是很痛苦？我們祈願你病情好轉、早日康復。你現在的病情是在惡化加重，還是在消退好轉？」

　　差摩尊者回答：「學友們！我現在很難受，我無法忍受病痛的折磨。感謝你們對我的祈福，我現在的病情不僅沒有消退好轉，還在惡化加重。」

　　上座長老比丘們說：「差摩學友！你還記得世尊所說的五取蘊嗎？也就是你還記得世尊所說的色取蘊、受取蘊、想取蘊、行取蘊、識取蘊嗎？你還記得嗎：由物質事物、物質身體生起的煩惱就稱為「色取蘊」，由感受生起的煩惱就稱為「受取蘊」，由念想生起的煩惱就稱為「想取蘊」，由行為生起的煩惱就稱為「行取蘊」，由認識、分別、判斷生起的煩惱就稱為「識取蘊」。這五種取蘊哪一個是能夠永遠存在、永恆保持不變的我呢？這五種取蘊哪一個是能夠永遠擁有的呢？」

　　差摩尊者回答：「學友們！世尊所說五取蘊的法義，我還記得。五取蘊不是永遠存在的我，不是永恆保持不變的我，五取蘊也無法永遠的擁有。」

　　上座長老比丘們說：「差摩學友！既然你明白五取蘊不是永遠存在的我，不是永恆保持不變的我，不是我能夠永遠擁有的事物。那麼你就應該是已經滅盡一切煩惱和痛苦，已經證悟解脫果位的聖者了呀！」

差摩尊者回答：「學友們！雖然我明白了五取蘊不是永遠存在的我，不是永恆保持不變的我，不是我能夠永遠擁有的事物。我的煩惱和痛苦還是沒有滅盡，我還是沒有證悟解脫的果位。有「我」真實存在的習慣性觀念和見解還沒有完全的消除，我仍然會有「我」真實存在的輕微執著和掛念，雖然我知道這個「我」是無法永遠存在的，是無法永恆保持不變的，知道「我」不能永遠擁有事物。」

　　上座長老比丘們說：「差摩學友！物質身體是我嗎？物質身體能夠永遠存在、永恆保持不變嗎？物質事物能夠永遠擁有嗎？物質事物能夠永恆保持不變嗎？物質身體之外的事物是我嗎？感受、念想、行為、認識、分別、判斷是我嗎？感受、念想、行為、認識、分別、判斷能夠永遠存在、永恆保持不變嗎？」

　　差摩尊者回答：「學友們！我剛才已經對你們說過了，我知道，我明白：物質身體、感受、念想、行為、認識、分別、判斷不是我。感受、念想、行為、認識、分別、判斷不是能夠永遠存在、永恆保持不變的我，我也已經知道和明白了物質事物也是無法永遠擁有的，物質事物也是無法永遠保持不變的。世尊說的這些法義我也是明白的。我的意思是：我雖然明白這些法義，可是我平常的習慣性思維還是會有：「我」真實存在的觀念和見解，這些都是過去養成的習慣，我還沒有完全消除有「我」真實存在的習性。但是呢如果我內心中生起了世尊的正法，就會意識到這些習慣性的思維觀念是一種對「我」的執著和掛念，學友們！簡單的說就是：我知道這個所謂的「我」是無法永遠存在的，是無法永恆保持不變的，可是由於過去習慣和習氣的問題，還是會習慣性的認為有「我」的真實存在，還是會習慣性的去執著和掛念這個無法永遠存在，無法永恆保持不變的我，並不是我不知道、不明白世尊的法義，你們明白了吧。

　　學友們！就如同青蓮花、紅蓮花、白蓮花等等的花，如果有人這樣說：「是這些花的葉子散發出來的香味，或者說是這些花的莖幹散發出來的香味，或者說是這些花的根鬚散發出來的香味」，如果這樣去描述就不太恰當了。」

　　上座長老比丘們說：「差摩學友！如果說這些花的香味是從根鬚、莖幹、葉子散發出來的香味，確實是不太恰當的。」

差摩尊者說：「學友們！確切的說，應該是開出來的花朵本身散發出來的香味。這應該是大部分花散發出香味的地方。並不是花的根須、葉子、莖幹散發出來的香味。是開出來的花朵本身散發出來的香味。學友們！同樣的道理，我也已經明白了世尊所說的正法，明白這個我是無法永遠存在的，無法永恆保持不變的，也明白了我無法永遠的擁有事物。就如同花的根須、葉子、莖幹不會散發出香味一樣，可是我會習慣性的生起有「我」真實存在觀念和見解，習慣性的用有「我」真實存在的觀念和見解去處理事情，就如同散發香味的花朵一樣。

學友們，即使是已經受到世尊教導的聖弟子們，他們除滅了無數多的煩惱和痛苦，可是他們仍然會習慣性的生起有「我」真實存在的觀念和見解。他們仍然會有：輕微有「我」真實存在的執著和掛念，仍然會由這個「我」生起一些細微的煩惱和痛苦。他們還需要經常這樣的去觀想：「物質身體、物質事物、感受、念想、行為、認識、分別、判斷是隨時在變化的，是會生起、形成、存續、發展的，是會衰敗、滅盡、消失的，是無法永遠存在的，是無法永恆保持不變的，是無法永遠擁有的。」他們要經常的觀想世間一切的事物都是生滅變化的，都是無法永遠存在、無法永恆保持不變、無法永遠擁有的，才能逐漸的除滅這些習慣性生起的有「我」真實存在的觀念和見解，才能除滅這些輕微有「我」真實存在的執著和掛念，才能除滅由這個「我」生起的一些細微的煩惱和痛苦，最終徹底滅盡他們一切的煩惱和痛苦。

學友們，就猶如那些污穢不堪的衣服需要清洗一樣。洗衣服的人，他們將那些被各種塵垢、污泥、汗漬污染的衣服清洗乾淨，甚至於將那些混雜有屎尿的衣服清洗乾淨，就算這些衣服被清洗乾淨了，可是這些衣服上還是會殘留各種塵垢、污泥、汗漬等等的氣味，還是會殘留屎尿的氣味，雖然這樣的氣味很淡，如果不認真的去聞，似乎是無法察覺出來，但是這樣的氣味仍然是存在的。這些氣味沒有完全被除盡。於是清洗衣服的人，就將這些已經清洗過的衣服放入一個箱子中，並在箱子裡面放入一些香料，用香料的香味來覆蓋這些幾乎無法察覺的塵垢、污泥、汗漬、屎尿的氣味。用香料去薰染這些衣服。

過不了多久，這些衣服上就會沾染上香料的氣味，再也聞不到塵垢、污泥、汗漬、屎尿的氣味。

學友們，同樣的道理，即使是已經受到世尊教導的聖弟子們，他們除滅了無數多的煩惱和痛苦，可是他們仍然會習慣性的生起有「我」真實存在的觀念和見解。他們仍然會有：輕微有「我」真實存在的執著和掛念，仍然會由這個「我」生起一些細微的煩惱和痛苦。就如同清洗乾淨的衣服上還是會殘留有塵垢、污泥、汗漬、屎尿的氣味一樣。他們需要經常這樣的去觀想：「物質身體、物質事物、感受、念想、行為、認識、分別、判斷是隨時在變化的，是會生起、形成、存續、發展的，是會衰敗、滅盡、消失的，是無法永遠存在的，是無法永恆保持不變的，是無法永遠擁有的。」他們要經常的觀想世間一切的事物都是生滅變化的，都是無法永遠存在、無法永恆保持不變、無法永遠擁有的，才能逐漸的除滅這些習慣性生起的有「我」真實存在的觀念和見解，才能除滅這些輕微有「我」真實存在的執著和掛念，才能除滅由這個「我」生起的一些細微的煩惱和痛苦，最終徹底滅盡他們一切的煩惱和痛苦。就如同將清洗乾淨的衣服放入箱子中，再在箱子裡面放入香料，用香料薰染這些衣服，讓這些衣服都沾染上香料的氣味，這樣過一段時間後，就再也聞不到衣服上塵垢、污泥、汗漬、屎尿的氣味了。

學友們！世尊曾經多次的教導我們，他的正法是清淨的煩惱，不過是用清淨的煩惱去除滅污穢的煩惱，念想的生起就是煩惱的生起，同樣的道理，一般人無法忍受臭氣熏天的氣味，喜歡芳香四溢的氣味，無法忍受被人傷害殘害的行為，喜歡被人保護愛護的行為，無法忍受惡口誹謗的言語，喜歡真誠讚美的言語，無法忍受被人惡意的仇視，喜歡別人恭敬有禮的尊敬。於是世尊就教導我們：「想要別人怎樣對待自己，就要先對別人怎麼樣」，想要受到別人保護愛護，就要先保護愛護別人，想要受到別人的真誠讚美，就要真心待人也真誠的讚美別人，想要得到別人恭敬有禮的尊敬，就要先恭敬有禮的尊敬別人。自己對別人釋放善行、善語、善念，別人也會回應自己善行、善語、善念，就如同照鏡子的人，他對鏡子中的人做出惡狠狠仇視的表情，鏡子中的人也會惡狠狠仇視的看著他。他對鏡子中的人做出善意

的微笑，鏡子中的人也會對他善意的微笑。想要別人怎樣對待自己，就要先對別人怎麼樣，這就是八正道（八正道解釋，見第五章）的簡要內容。

世尊的正法實際上是在除滅那些讓人厭惡的污穢煩惱和痛苦，而世尊的正法也是清淨的煩惱，但是沒有這些清淨的煩惱也無法讓自己擺脫污穢煩惱和痛苦的侵擾和惱害，當用世尊的正法去修行，除滅了自己惡行、惡言、惡念污穢的等等行為後，安住在清淨安寧的境界之中的時候，連這些清淨的煩惱都不要去生起，內心中不生起任何的念想，不生起清淨的善法，不生起污穢的惡法，那才是真正的清淨無染。不被善法污染，不被惡法污染，不被世尊的正法污染。世尊曾經說過：他所說的正法，不過是暫時安立出來教導世間眾生除滅他們自己一切煩惱和痛苦的修行方法。當這些世間的眾生除滅自己一切煩惱和痛苦的時候，對於他安立出來的正法都不要去執著和掛念，就如同從此岸坐船渡江到對岸，到了江的對岸下船後，就不再需要渡船，已經除滅一切煩惱和痛苦的眾生，既然已經來到了解脫的對岸，那麼世尊正法的這艘大船就不需要再執著和掛念了，滅盡一切煩惱和痛苦的時候，連世尊的正法都不要在內心中生起。不被善法污染，不被惡法污染，不被世尊的正法污染，內心不生起任何的念想，那才是真正的清淨無染。」

上座長老比丘們說：「差摩學友！我們本來想來開導你，想不到你詳細的告知、教導、安立、建立、開顯、解釋、闡明了世尊的正法，我們聽你說法後，更深入的明白了世尊的正法，並由此開啟了智慧，我們之前的那些言說，希望沒有障礙到你的修行。」

上座長老比丘們隨喜讚歎差摩尊者說法的無量功德，他們聽聞差摩尊者說法後，不再執著和掛念自己殘留細微的煩惱和痛苦，他們內心一切的煩惱和痛苦已經被滅盡，他們已經從世間一切的事物中徹底的解脫出來。

第六十四章　如同水泡一樣無法永遠存在

　　有個時候，佛陀住在阿毗陀的恒河邊，有一天，佛陀對出家弟子們說：「比丘們（出家人）！就如同流淌的恒河產生了大量的泡沫，如果一個有智慧的男子他仔細的觀察，認真的思考，就能明白，這些恒河裡的泡沫是暫時產生出來的，只能存在很短的時間，過不了多久就會消失不見，是無法永遠存在的，是無法永恆保持不變的。比丘們！恒河裡的泡沫，哪裡能夠永遠存在，永恆保持不變呢？同樣的道理，比丘們！世間任何的物質事物、物質身體，不論是過去、現在、未來，或者內部，或者外部；或者粗糙，或者細滑；或者低劣，或者優質；或者遙遠，或者鄰近等等一切的物質事物、物質身體，你們都應該用正確的智慧這樣去觀想：「物質事物、物質身體是暫時產生出來的，與這個世間存在的時間長度相比，物質事物、物質身體只能存在很短的時間，過不了多久就會消失不見，是無法永遠存在的，是無法永恆保持不變的。」比丘們！物質事物、物質身體哪裡能夠永遠存在，永恆保持不變呢？

　　比丘們！如同秋天下起了大雨，雨滴打擊在水面上，生起又破滅的水泡，如果一個有智慧的男子他仔細的觀察，認真的思考，就能明白，這些水面上形成的水泡是暫時產生出來的，只能存在很短的時間，過不了多久就會消失不見，是無法永遠存在的，是無法永恆保持不變的。比丘們！水面上形成的水泡，哪裡能夠永遠存在，永恆保持不變呢？同樣的道理，比丘們！世間任何的感受，不論是過去、現在、未來，或者內部，或者外部；或者粗糙，或者細滑；或者低劣，或者優質；或者遙遠，或者鄰近等等一切的感受，你們都應該用正確的智慧這樣去觀想：「感受是暫時產生出來的，與這個世間存在的時間長度相比，感受只能存在很短的時間，過不了多久就會消失不見，是無法永遠存在的，是無法永恆保持不變的。」比丘們！感受哪裡能

夠永遠存在，永恆保持不變呢？

比丘們！如同在天空中出現的海市蜃樓，如果一個有智慧的男子他仔細的觀察，認真的思考，就能明白，這些海市蜃樓中的宮殿樓閣是虛幻不真實的，是暫時產生出來的，只能存在很短的時間，過不了多久就會消失不見，是無法永遠存在的，是無法永恆保持不變的。比丘們！海市蜃樓中的宮殿樓閣，哪裡能夠永遠存在，永恆保持不變呢？同樣的道理，比丘們！世間任何的念想，不論是過去、現在、未來，或者內部，或者外部；或者粗糙，或者細滑；或者低劣，或者優質；或者遙遠，或者鄰近等等一切的念想，你們都應該用正確的智慧這樣去觀想：「念想是暫時產生出來的，與這個世間存在的時間長度相比，念想只能存在很短的時間，過不了多久就會消失不見，是無法永遠存在的，是無法永恆保持不變的。」比丘們！念想哪裡能夠永遠存在，永恆保持不變呢？

比丘們！如同一個木匠，他到處尋找堅固可用的建築材料，他拿著斧頭來到深山密林之中，看見了一顆高大的芭蕉樹，他看見芭蕉樹的莖幹如此的粗壯，以為芭蕉樹的莖幹就是他要找的可用之材。於是他就砍斷芭蕉樹剝開芭蕉樹莖幹的皮想要獲得堅固的建築材料，可是他忙活了很久才發現芭蕉樹的莖幹根本就沒有堅固的實心，全部都是些柔軟不堪的莖柱，斧頭稍微碰一下就爛掉了。如果一個有智慧的男子他仔細的觀察，認真的思考，就能明白，這些芭蕉樹的莖幹是沒有堅固實心的，是不能用來做建築材料的，芭蕉樹也是暫時生長出來的，與這個世間存在的時間長度相比芭蕉樹存在的時間很短，過不了多久就會消失不見，是無法永遠存在的，是無法永恆保持不變的。比丘們！芭蕉樹不僅沒有堅固的實心，還不能永遠存在，不能永恆保持不變！同樣的道理，比丘們！世間任何的行為，不論是過去、現在、未來，或者內部，或者外部；或者粗糙，或者細滑；或者低劣，或者優質；或者遙遠，或者鄰近等等一切的行為，你們都應該用正確的智慧這樣去觀想：「行為是暫時產生出來的，與這個世間存在的時間長度相比，行為只能存在很短的時間，過不了多久就會消失不見，是無法永遠存在的，是無法永恆保持不變的。」比丘們！行為哪裡能夠永遠存在，永恆保持不變呢？

比丘們！就如同表演魔術的魔術師和他的徒弟們，這些魔術本來就是虛假不真實的障眼法，如果一個有智慧的男子他仔細的觀察，認真的思考，就能明白，這些魔術師和他的徒弟們變化出來的物品都是他們事先準備好的，不是他們憑空變出來的。魔術實際上就是障眼法，只是用特別的方法欺騙了觀眾的眼睛，讓觀眾做出了錯誤的判斷，魔術是虛假不真實的，欺騙觀眾眼睛的方法是暫時產生出來的，只能存在很短的時間，過不了多久就會被觀眾識破，消失不見，是無法永遠存在的，是無法永恆保持不變的。比丘們！魔術哪裡是真實的？魔術欺騙觀眾眼睛的方法哪裡能夠永遠存在，永恆保持不變呢？同樣的道理，比丘們！世間任何的認識、分別、判斷，不論是過去、現在、未來，或者內部，或者外部；或者粗糙，或者細滑；或者低劣，或者優質；或者遙遠，或者鄰近等等一切的認識、分別、判斷，你們都應該用正確的智慧這樣去觀想：「認識、分別、判斷是暫時產生出來的，與這個世間存在的時間長度相比，認識、分別、判斷只能存在很短的時間，過不了多久就會消失不見，是無法永遠存在的，是無法永恆保持不變的。」比丘們！認識、分別、判斷哪裡能夠永遠存在，永恆保持不變呢？

　　比丘們！當你們有了這些正確的見解，那就是已經受到了如來的教導。已經受到如來教導的聖弟子們，他們不會執著和掛念物質事物、物質身體、感受、念想、行為、認識、分別、判斷，當他們不執著和掛念這些事物的時候，就不會被這些事物束縛捆綁，就不會因為這些事物胡思亂想、胡作非為，就不會讓這些事物污染自己內心清淨的境界。當他們徹底從這些事物中解脫出來的時候，徹底的滅盡一切煩惱和痛苦的時候，他們就開啟了解脫的智慧，他們就證悟了解脫的果位，他們自己就明白了：「從這一世開始已經不會再出生在世間了。行為、言語、念想的修行已經圓滿，應該做的事情已經做好，不會再有喜怒哀樂等等煩惱和痛苦的輪回狀態了，不會再出生的世間了，已經徹底從生死輪回中解脫出來。」

　　物質事物、物質身體如同泡沫一樣稍縱即逝；感受如同水泡一樣瞬間消散；念想如同海市蜃樓一樣虛幻不真實，轉眼消失；行為如同芭蕉樹一樣沒有堅固的實心，短暫存在；認識、分別、判斷如同魔術

一樣虛假不眞實，片刻顯現。有智慧的人認眞的觀察，仔細的思考就會明白：「物質事物、物質身體、感受、念想、行爲、認識、分別、判斷是隨時在變化的，是無法永遠存在的，是無法永恆保持不變的，是無法永遠擁有的。」有這樣正確見解的人才是眞正有智慧的人，才是眞正已經受到如來教導的聖弟子們。有這樣見解的人，他們不會再執著和掛念物質事物、物質身體、感受、念想、行爲、認識、分別、判斷，因爲他們明白對物質事物、物質身體、感受、念想、行爲、認識、分別、判斷生起貪欲、渴愛，就會讓自己產生煩惱和痛苦，當死亡的時候，當壽命耗盡，體溫消失，沒有認識、分別、判斷的時候，就將成爲一具沒有任何念想、思想，沒有任何感覺的冰冷屍體，成爲其他生物的食物。這些物質事物、物質身體、感受、念想、行爲、認識、分別、判斷的生起、形成、存續、衰敗、滅亡、消失，就好像是魔術師用魔術變化物品一樣，是欺騙眾生的障眼法，讓世間的眾生產生了有我眞實存在的錯覺。讓世間的眾生隨著物質事物、物質身體、感受、念想、行爲、認識、分別、判斷的變化而循環往復的產生出歡樂、開心、舒暢、安心、期望、憂愁、悲傷、苦悶、憂慮、恐怖、絕望等等喜怒哀樂的煩惱和痛苦。實際上世間沒有永遠存在的事物，沒有永恆保持不變的事物，沒有能夠永遠擁有的事物。世間一切的名稱、名字都是世間人暫時安立出來的，包括出生、生病、衰老、死亡的名稱也是如此，這些事物事情本來是沒有名稱、名字的，爲了區別、分別世間事物事情的不同，世間的人才會取出這些名稱、名字。然而這些名稱、名字也只能暫時的存在，也是隨時變化，無法永遠存在，無法永恆保持不變的。

精進修行的出家人、修行人他們應該日夜、時刻都生起正確的見解，他們應該經常觀想：「物質事物、物質身體、感受、念想、行爲、認識、分別、判斷是隨時變化，無法永遠存在，無法永恆保持不變，無法永遠擁有的。」他們應該經常按如來的正法去修行，以此除滅他們自己一切的煩惱和痛苦，他們應該依靠自己，皈依自己，他們要像頭上燃燒起大火，迫切想要撲滅頭上大火的人那樣積極、精進的去修行，因爲世間人就像在大火中掙扎的人那樣的痛苦，應該儘快撲滅貪欲、渴愛的大火，讓自己從生死輪回的熊熊大火中解脫出來，

讓自己進入沒有煩惱和痛苦的涅槃境界。」

這時，佛陀說偈言：

「色乃如聚沫，

受乃如水泡，

想乃如陽焰，

行則如芭蕉，

識則如幻事，

如來法所說。

若周匝而觀，

如理察諸法，

如理觀見時，

無常亦無實，

此身始皆然，

大慧者所說。

若以離三法，

三爲壽暖識，

若以離此身，

棄之無回顧，

無思他食物。

如是身相續，

此愚說幻事。

分別始稱名，

恒常此處無。

比丘勤精進，

觀察是諸蘊，

晝固比日夜，

有正知繫念，

一切結應斷，

爲己歸依處，

猶如燃頭想，

應希涅槃境。」

一本書

讀懂所有佛經

佛陀說法後，聽法的出家弟子們都再次的頂禮佛陀，隨喜讚歎佛陀說法的無量功德，他們都按著佛陀所說的法去修行。

第六十五章　拴在木樁上的狗

　　有個時候，佛陀住在舍衛城的祇樹林給孤獨園，有一天，佛陀對出家弟子們說：「比丘們（出家人）！生死輪回是找不到起點的，是無窮無盡、循環往復的，被無明覆蓋纏繞，被貪欲、渴愛束縛捆綁的眾生，他們的生死輪回是無窮無盡、循環往復的，他們生死輪回的起點和終點都是不知道在什麼地方的，他們的生死輪回是沒有盡頭的。

　　比丘們！世間所有的海洋有乾枯、枯竭、不存在的時候，然而，比丘們！那些被無明覆蓋纏繞，被貪欲、渴愛束縛捆綁的眾生，他們的生死輪回卻是無窮無盡、循環往復的，他們的生死輪回是沒有盡頭的，他們歡樂、開心、舒暢、安心、期望、憂愁、悲傷、苦悶、憂慮、恐怖、絕望等等喜怒哀樂的煩惱和痛苦會循環往復的誘惑、奴役、折磨、拷打他們，他們的煩惱和痛苦沒有滅盡結束的時候。

　　比丘們！喜馬拉雅大雪山有崩塌、毀滅、不存在的時候，然而，比丘們！那些被無明覆蓋纏繞，被貪欲、渴愛束縛捆綁的眾生，他們的生死輪回卻是無窮無盡、循環往復的，他們的生死輪回是沒有盡頭的，他們歡樂、開心、舒暢、安心、期望、憂愁、悲傷、苦悶、憂慮、恐怖、絕望等等喜怒哀樂的煩惱和痛苦會循環往復的誘惑、奴役、折磨、拷打他們，他們的煩惱和痛苦沒有滅盡結束的時候。

　　比丘們！大地有破裂、毀滅、不存在的時候，然而，比丘們！那些被無明覆蓋纏繞，被貪欲、渴愛束縛捆綁的眾生，他們的生死輪回卻是無窮無盡、循環往復的，他們的生死輪回是沒有盡頭的，他們歡樂、開心、舒暢、安心、期望、憂愁、悲傷、苦悶、憂慮、恐怖、絕望等等喜怒哀樂的煩惱和痛苦會循環往復的誘惑、奴役、折磨、拷打他們，他們的煩惱和痛苦沒有滅盡結束的時候。

　　比丘們！就如同頭上戴著皮項圈的狗被拴在了堅固的木樁上，這只狗它只能在木樁周圍活動，它只能圍著木樁轉圈、玩耍，超過狗鏈長度的地方，這只狗是去不了的。比丘們！同樣的道理，那些還沒有

一本書

讀懂所有佛經

受到聖者教導的世間人，他們不知道聖者的正法是什麼，他們不會按聖者的正法去修行；那些還沒有受到善人教導的世間人，他們不知道善人的善法是什麼，他們不會按善人的善法去修行。這些沒有受到聖者教導的世間人，他們會認爲：「物質身體就是我，我擁有物質事物」，或者認爲：「物質身體是我的一部分，物質身體在我中」，或者認爲：「我是物質身體的一部分，我在物質身體中」。他們會認爲：「感受、念想、行爲、認識、分別、判斷就是我，我擁有感受、念想、行爲、認識、分別、判斷」，或者認爲：「感受、念想、行爲、認識、分別、判斷是我的一部分，感受、念想、行爲、認識、分別、判斷在我中」，或者認爲：「我是感受、念想、行爲、認識、分別、判斷的一部分，我在感受、念想、行爲、認識、分別、判斷中」。這些世間人，他們只能繞著物質事物、物質身體、感受、念想、行爲、認識、分別、判斷打轉，他們只能圍著物質事物、物質身體、感受、念想、行爲、認識、分別、判斷轉圈，他們只能被束縛捆綁在物質事物、物質身體、感受、念想、行爲、認識、分別、判斷之中。他們只能被物質事物、物質身體、感受、念想、行爲、認識、分別、判斷拘束控制。

當他們繞著物質事物、物質身體、感受、念想、行爲、認識、分別、判斷打轉的時候，當他們圍著物質事物、物質身體、感受、念想、行爲、認識、分別、判斷轉圈的時候，當他們被束縛捆綁在物質事物、物質身體、感受、念想、行爲、認識、分別、判斷之中的時候，當他們被物質事物、物質身體、感受、念想、行爲、認識、分別、判斷拘束控制的時候，他們就無法從物質事物、物質身體、感受、念想、行爲、認識、分別、判斷中解脫出來，他們就無法獲得徹底的釋放，他們就無法從歡樂、開心、舒暢、安心、期望、憂愁、悲傷、苦悶、憂慮、恐怖、絕望、出生、衰老、死亡等等喜怒哀樂的刑具中釋放出來，他們就無法從無窮無盡、循環往復生死輪回的監獄中釋放出來，他們就無法獲得徹底的自由，就如同被拴在堅固木樁旁邊的那只狗那樣，只能圍著木樁打轉、轉圈、活動、玩耍。如來就說這些世間人：「他們無法從煩惱和痛苦中徹底的解脫出來，他們無法獲得徹底的自由。」

比丘們！那些已經受到聖者教導的世間人，他們知道聖者的正法是什麼，他們會按聖者的正法去修行；那些已經受到善人教導的世間人，他們知道善人的善法是什麼，他們會按善人的善法去修行。這些已經受到聖者教導的世間人，他們不會認為：「物質身體就是我，我擁有物質事物」，不會認為：「物質身體是我的一部分，物質身體在我中」，不會認為：「我是物質身體的一部分，我在物質身體中」。他們不會認為：「感受、念想、行為、認識、分別、判斷就是我，我擁有感受、念想、行為、認識、分別、判斷」，不會認為：「感受、念想、行為、認識、分別、判斷是我的一部分，感受、念想、行為、認識、分別、判斷在我中」，不會認為：「我是感受、念想、行為、認識、分別、判斷的一部分，我在感受、念想、行為、認識、分別、判斷中」。這些世間人，他們不會繞著物質事物、物質身體、感受、念想、行為、認識、分別、判斷打轉，不會圍著物質事物、物質身體、感受、念想、行為、認識、分別、判斷轉圈，不會被束縛捆綁在物質事物、物質身體、感受、念想、行為、認識、分別、判斷之中。不會被物質事物、物質身體、感受、念想、行為、認識、分別、判斷拘束控制。

　　當他們不繞著物質事物、物質身體、感受、念想、行為、認識、分別、判斷打轉的時候，當他們不圍著物質事物、物質身體、感受、念想、行為、認識、分別、判斷轉圈的時候，當他們不被束縛捆綁在物質事物、物質身體、感受、念想、行為、認識、分別、判斷之中的時候，當他們不被物質事物、物質身體、感受、念想、行為、認識、分別、判斷拘束控制的時候，他們就能從物質事物、物質身體、感受、念想、行為、認識、分別、判斷中解脫出來，他們就能獲得徹底的釋放，他們就能從歡樂、開心、舒暢、安心、期望、憂愁、悲傷、苦悶、憂慮、恐怖、絕望、出生、衰老、死亡等等喜怒哀樂的刑具中釋放出來，他們就能從無窮無盡、循環往復生死輪回的監獄中釋放出來，他們就能獲得徹底的自由，就如同被拴在堅固木樁旁邊的那只狗，它如果咬斷了那根綁在它頭上皮項圈裡的繩子，它就能獲得自由，到更遠的地方活動、玩耍。如來就說這些世間人：「他們已經從煩惱和痛苦中徹底的解脫出來，他們已經獲得徹底的自由。」

佛陀說法後，聽法的出家弟子們都再次的頂禮佛陀，隨喜讚歎佛陀說法的無量功德，他們都按著佛陀所說的法去修行。

第六十六章　畫師作畫

　　有個時候，佛陀住在舍衛城的祇樹林給孤獨園，有一天，佛陀對出家弟子們說：「比丘們（出家人）！生死輪回是找不到起點的，是無窮無盡、循環往復的，被無明覆蓋纏繞，被貪欲、渴愛束縛捆綁的眾生，他們的生死輪回是無窮無盡、循環往復的，他們生死輪回的起點和終點都是不知道在什麼地方的，他們的生死輪回是沒有盡頭的。

　　比丘們！就如同頭上戴著皮項圈的狗被拴在了堅固的木樁上，這只狗它只能在木樁周圍活動，它只能在木樁的旁邊行走、坐下、臥躺，它無法去狗鏈長度之外的地方活動。比丘們！同樣的道理，那些還沒有受到聖者教導的世間人，他們不知道聖者的正法是什麼，他們不會按聖者的正法去修行；那些還沒有受到善人教導的世間人，他們不知道善人的善法是什麼，他們不會按善人的善法去修行。這些沒有受到聖者教導的世間人，他們會認爲：「物質事物是我所擁有的，我就是這個物質身體，這個物質身體就是眞實不變、永遠存在的我。」簡單的說就是，他們會認爲：「這是我的，我是這個，這是眞實不變、永遠存在的我。」，他們會認爲：「感受、念想、行爲、認識、分別、判斷是我所擁有的，我就是這個感受、念想、行爲、認識、分別、判斷，這個感受、念想、行爲、認識、分別、判斷就是眞實不變、永遠存在的我。」簡單的說就是，他們會認爲：「這是我的，我是這個，這是眞實不變、永遠存在的我。」這些沒有受到聖者教導的世間人，他們行走、坐下、臥躺都會執著和掛念物質事物、物質身體、感受、念想、行爲、認識、分別、判斷。他們日常的行住坐臥等等的行爲都會執著和掛念物質事物、物質身體、感受、念想、行爲、認識、分別、判斷。

　　比丘們！因此你們要經常這樣的去觀想：「我們的心經常被貪愛、憤怒、愚癡的念想所污染。」比丘們！世間的眾生被污染指的就是他們的心被各種念想、思想污染了。世間眾生的心被澄清、寂靜

一本書
讀懂所有佛經

了，他們內心生起的各種念想、思想熄滅了，他們就被淨化了。

比丘們！你們曾經看過因緣果報的那幅畫嗎？就是前幾天有個修行人，他為了教導世間的眾生斷惡修善，就將各種惡行導致的惡果，各種善行能獲得的善果畫成了因果行為報應圖，比丘們！內心念想的變化比那幅畫中行為的變化還要多。在很短的時間之內，內心就能生起很多的念想，各種身體行為雖然變化的也很快，可是與內心的念想變化速度比較起來可以忽略不計。」

出家弟子們回答：「世尊，確實是這樣的，念想的變化快的驚人。」

佛陀說：「比丘們！你們看那幅畫上勾勒出來的不同類別的人，他們在不同的環境之中，產生了不同的行為，那些人的衣服顏色，那些人的表情神態都不一樣，還有他們所處環境的背景顏色，接觸到的其他人也不一樣，他們做各種行為的表情神態，以及這些行為導致惡果、善果時的那種情景也是不相同的，比丘們！你們想想看，光是這幅畫就有這麼多變化，色彩的變化，人物表情的變化，行為的變化，不同結果的變化，你們要知道這幅畫也是由人心畫出來的，這幅畫畫的如此精美，畫的如此細緻入微。如果畫畫的人沒有用心，他是畫不出這麼精美複雜的畫面的，這幅畫是由心勾勒畫出來的，用畫畫的方式將心中所想的景象畫到了錦繡上，也可以說是內心念想的顯現。這幅畫被畫的如此精細複雜，這位畫師在作畫的時候，內心也應該想到了很多東西。他作畫時的構思應該比這幅畫更加的精細複雜，他作畫時念想的變化應該比這幅畫表現出來的變化更加的變化無窮。

比丘們！因此你們要經常這樣去觀想：「我們的心經常被貪愛、憤怒、愚癡的念想所污染。」比丘們！世間的眾生被污染指的就是他們的心被各種念想、思想污染了。世間眾生的心被澄清、寂靜了，他們內心生起的各種念想、思想熄滅了，他們就被淨化了。

比丘們！世間眾生的種類很多，有天上飛的，有陸上跑的，有水裡游的。即使世間有如此種類繁多、不同類型的眾生，都還比不上內心生起的念想多，就算那些不是人類的眾生，諸如牛、羊、狗、雞、鵝等等眾生，它們內心都會生起無數的念想。

比丘們！因此你們要經常這樣去觀想：「我們的心經常被貪愛、

憤怒、愚癡的念想所污染。」比丘們！世間的眾生被污染指的就是他們的心被各種念想、思想污染了。世間眾生的心被澄清、寂靜了，他們內心生起的各種念想、思想熄滅了，他們就被淨化了。

比丘們！如同染布的工人，畫畫的畫師，他們會用各種染料、顏料，比如他們會用胭脂紅、鬱金黃、靛藍、深紅等等的染料、顏料在布料上、在畫布上創作各種男女的肖像，創作各種風景的畫像。比丘們！同樣的道理，那些沒有受到聖者教導的世間人，他們也會用物質事物、物質身體、感受、念想、行為、認識、分別、判斷的染料、顏料在內心中的布料、畫布上染布、作畫，當他們對物質事物、物質身體、感受、念想、行為、認識、分別、判斷生起貪欲、渴愛的時候，當他們沉迷在物質事物、物質身體、感受、念想、行為、認識、分別、判斷之中的時候，他們內心潔淨無瑕的布料、畫布就是被物質事物、物質身體、感受、念想、行為、認識、分別、判斷的染料、顏料污染了。他們由物質事物、物質身體、感受、念想、行為、認識、分別、判斷生起的念想、思想就會讓他們產生無數的煩惱和痛苦。

比丘們！你們是怎麼想的？物質事物、物質身體是永遠存在，永恆保持不變，是能夠永遠擁有的，還是隨時在變化，無法永遠存在，無法永恆保持不變，無法永遠擁有的？」

出家弟子們回答：「世尊，物質事物、物質身體是隨時在變化，無法永遠存在，無法永恆保持不變，無法永遠擁有的，物質事物是會衰敗、滅亡、消失的，物質身體是會生病、衰老、死亡的。」

佛陀說：「比丘們！既然物質事物、物質身體是隨時在變化，無法永遠存在，無法永恆保持不變，無法永遠擁有的，那麼是最終帶來痛苦的，還是最終帶來快樂的呢？」

出家弟子們回答：「世尊，物質事物、物質身體最終帶來的是痛苦，為什麼這麼說呢？因為就算物質事物、物質身體帶來了快樂，那都是短暫的。世間一切的物質事物、物質身體隨時都在變化，無法永遠的存在，無法永恆的保持不變，無法永遠的擁有，當失去這些物質事物的時候，當這些物質事物衰敗、滅亡、消失的時候，當物質身體生病、衰老、臨死的時候，就會帶來痛苦，之前這些物質事物、物質身體帶來了多少的快樂，當失去這些物質事物的時候，當這些物質事

一本書

讀懂所有佛經

物衰敗、滅亡、消失的時候，當物質身體生病、衰老、臨死的時候，就會帶來多少痛苦，所以世間的物質事物、物質身體帶來的最終都是痛苦。」

佛陀說：「比丘們！世間的物質事物、物質身體是隨時在變化，無法永遠存在，無法永恆保持不變，無法永遠擁有，是最終帶來痛苦的。那麼你們會認為：「物質事物是我所擁有的，我就是這個物質身體，這個物質身體就是真實不變、永遠存在的我。」嗎？簡單的說就是，你們會認為：「這是我的，我是這個，這是真實不變、永遠存在的我。嗎？」」

出家弟子們回答：「世尊，我們不會這樣認為，我們不會有這樣的見解。」

佛陀說：「比丘們！你們是怎麼想的？感受、念想、行為、認識、分別、判斷是永遠存在，永恆保持不變，是能夠永遠擁有的，還是隨時在變化，無法永遠存在，無法永恆保持不變，無法永遠擁有的？」

出家弟子們回答：「世尊，感受、念想、行為、認識、分別、判斷是隨時在變化，無法永遠存在，無法永恆保持不變，無法永遠擁有的，感受、念想、行為、認識、分別、判斷是會消退、滅盡、消失的。」

佛陀說：「比丘們！既然感受、念想、行為、認識、分別、判斷是隨時在變化，無法永遠存在，無法永恆保持不變，無法永遠擁有的，那麼是最終帶來痛苦的，還是最終帶來快樂的呢？」

出家弟子們回答：「世尊，感受、念想、行為、認識、分別、判斷最終帶來的是痛苦，為什麼這麼說呢？因為就算感受、念想、行為、認識、分別、判斷帶來了快樂，那都是短暫的。世間一切的感受、念想、行為、認識、分別、判斷隨時都在變化，無法永遠的存在，無法永恆的保持不變，無法永遠的擁有，當失去這些讓世間人、眾生滿意、開心、快樂的感受、念想、行為、認識、分別、判斷的時候，當這些讓世間人、眾生滿意、開心、快樂的感受、念想、行為、認識、分別、判斷消退、滅盡、消失的時候，當感受、念想、行為、認識、分別、判斷讓世間人、眾生不滿意、不開心、不快樂的時候，

就會帶來痛苦，之前這些讓世間人、眾生滿意、開心、快樂的感受、念想、行為、認識、分別、判斷帶來了多少的快樂，當失去這些讓世間人、眾生滿意、開心、快樂的感受、念想、行為、認識、判斷的時候，當這些讓世間人、眾生滿意、開心、快樂的感受、念想、行為、認識、分別、判斷消退、滅盡、消失的時候，當感受、念想、行為、認識、分別、判斷讓世間人、眾生不滿意、不開心、不快樂的時候，就會帶來多少痛苦，所以世間的感受、念想、行為、認識、分別、判斷帶來的最終都是痛苦。」

佛陀說：「比丘們！世間的感受、念想、行為、認識、分別、判斷是隨時在變化，無法永遠存在，無法永恆保持不變，無法永遠擁有的，是最終帶來痛苦的。那麼你們會認為：「感受、念想、行為、認識、分別、判斷是我所擁有的，我就是這個感受、念想、行為、認識、分別、判斷，這個感受、念想、行為、認識、分別、判斷就是真實不變、永遠存在的我。」嗎？簡單的說就是，你們會認為：「這是我的，我是這個，這是真實不變、永遠存在的我。」嗎？」

出家弟子們回答：「世尊，我們不會這樣認為，我們不會有這樣的見解。」

佛陀說：「比丘們！對於物質事物、物質身體、感受、念想、行為、認識、分別、判斷，不論是過去、現在、未來，或者內部，或者外部；或者粗糙，或者細滑；或者低劣，或者優質；或者遙遠，或者鄰近等等世間一切的物質事物、物質身體、感受、念想、行為、認識、分別、判斷都應該用正確的智慧，這樣來看待：「物質事物、物質身體、感受、念想、行為、認識、分別、判斷不是我所擁有的，我不是這個物質事物、物質身體、感受、念想、行為、認識、分別、判斷，這個物質事物、物質身體、感受、念想、行為、認識、分別、判斷不是真實不變、永遠存在的我。」簡單的說就是：「這不是我的，我不是這個，這不是真實不變、永遠存在的我。」

比丘們！當你們有了這個正確的見解，那就是已經受到了如來的教導。已經受到如來教導的聖弟子們，他們不會執著和掛念物質事物、物質身體、感受、念想、行為、認識、分別、判斷，當他們不執著和掛念這些事物的時候，就不會被這些事物束縛捆綁，就不會因為

這些事物胡思亂想、胡作非為，就不會讓這些事物污染自己內心清淨的境界。當他們徹底從這些事物中解脫出來的時候，徹底的滅盡一切煩惱和痛苦的時候，他們就開啓了解脫的智慧，他們就證悟了解脫的果位，他們自己就明白了：「從這一世開始已經不會再出生在世間了。行為、言語、念想的修行已經圓滿，應該做的事情已經做好，不會再有喜怒哀樂等等煩惱和痛苦的輪回狀態了，不會再出生的世間了，已經徹底從生死輪回中解脫出來。」

佛陀說法後，聽法的出家弟子們都再次的頂禮佛陀，隨喜讚歎佛陀說法的無量功德，他們都按著佛陀所說的法去修行。

第六十七章　母雞孵蛋

有個時候，佛陀住在舍衛城的祇樹林給孤獨園，有一天，佛陀對出家弟子們說：「比丘們（出家人）！如來說滅盡一切煩惱和痛苦的修行人，他們明白如來的正法是什麼。他們明白物質事物、物質身體、感受、念想、行爲、認識、分別、判斷的起因，明白物質事物、物質身體、感受、念想、行爲、認識、分別、判斷的滅盡（明白物質事物、物質身體、感受、念想、行爲、認識、分別、判斷的起因、滅盡就是明白緣起法，緣起法解釋，見第十八章、第十九章），明白物質事物、物質身體、感受、念想、行爲、認識、分別、判斷的生起、形成、存續、發展、衰敗、滅亡、消失。比丘們！明白這些法義的修行人，他們的煩惱和痛苦就能被全部滅盡。

比丘們！如果世間的修行人他們不專心致志、精進努力的去修行，就算他們內心生起了這樣的念想：「哦！希望我能熄滅貪欲、渴愛，希望我的內心不再執著和掛念世間一切的事物，並由此從一切的煩惱和痛苦中解脫出來。」但是這些修行人他們始終無法熄滅貪欲、渴愛，始終無法除滅對世間一切事物的執著和掛念，始終無法從他們的一切煩惱和痛苦中解脫出來，這是爲什麼呢？因爲這些修行人他們光是空想而已，「他們還沒有親自實踐去修行，他們還沒有修行的具體行爲。」他們還沒有親自實踐修行什麼呢？他們還沒有親自實踐去修行四念住（四念住解釋，見第五十九章）、四正勤、四神足、五根、五力、七覺支、八正道（八正道解釋，見第五章）。

比丘們！什麼是四正勤呢？就是精進努力的除滅已經生起的惡行、惡言、惡念，精進努力的不要讓還沒有生起的惡行、惡言、惡念再次生起，精進努力的讓還沒有生起的善行、善言、善念生起，精進努力的讓已經生起的善行、善言、善念持續的增長、增進。比丘們，這就是四正勤。

比丘們！什麼是四神足呢？就是欲三摩地斷行成就神足、心三摩

一本書

讀懂所有佛經

地斷行成就神足、勤三摩地斷行成就神足、觀三摩地斷行成就神足。

什麼是欲三摩地斷行成就神足呢？就是由想獲得各種事物事情的欲望而精進努力的修行進入清淨安寧境界的修行方法，比如想要從生死輪回中永遠的解脫出來，就精進的去修行，從而達到讓內心清淨安寧的境界，由這種想要永遠從生死輪回中解脫出來的欲望而達到內心清淨無染的境界。簡單的說就是由各種想要得到的欲望而達到清淨安寧境界的修行方法就是欲三摩地斷行成就神足。

什麼是心三摩地斷行成就神足呢？就是由控制內心的念想，熄滅內心的念想，不讓內心的念想生起而精進努力的修行進入清淨安寧境界的修行方法，比如內心想到了自己喜歡的黃金、錢財、美女，這個時候就立刻不再去想黃金、錢財、美女，不再內心中生起黃金、錢財、美女的念想，不想的時間一長，自然就進入清淨安寧的境界。簡單的說就是控制、熄滅念想，不生起念想而達到清淨安寧境界的修行方法就是心三摩地斷行成就神足。

什麼是勤三摩地斷行成就神足呢？就是由持續除滅惡行、惡言、惡念的行為，精進努力的去生起善行、善言、善念的行為而進入清淨安寧境界的修行方法，比如有個人說謊話欺騙別人，他意識到這樣做是錯誤的，於是他就開誠布公的向別人說明實情，懇請別人原諒他，這個人以後也不再說假話欺騙別人，他由於斷惡修善的緣故讓自己的內心坦坦蕩蕩、光明磊落而進入清淨安寧的境界。簡單的說就是持續的斷惡修善而達到清淨安寧境界的修行方法就是勤三摩地斷行成就神足。

什麼是觀三摩地斷行成就神足呢？由經常觀想、憶念如來所說正法的法義而進入清淨安寧境界的修行方法，比如有一個修行人，他經常的觀想世間一切的事物隨時在變化，無法永遠的存在，無法永恆的保持不變，無法永遠的擁有，他由此不再執著和掛念世間一切的事物，進入清淨安寧的境界。簡單的說就是通過經常觀想、憶念如來的正法而達到清淨安寧境界的修行方法就是觀三摩地斷行成就神足。

比丘們！這就是四神足的法義。

比丘們！什麼是五根呢？就是信根、精進根、念根、定根、慧根。

什麼是信根呢？就是對如來，對如來所說的正法，對如來出家弟子們聚集的僧團，對如來制定的戒律生起堅固的信心！這也叫做四不壞淨。

　　什麼是精進根呢？就是勤修善法，不行惡法，精進努力的去斷惡修善，四正勤就是精進根的一種。

　　什麼是念根？就是對如來的正法念念不忘、時刻憶念，四念住（四念住解釋，見第五十九章）就是念根的一種。

　　什麼是定根呢？就是內心不胡思亂想，讓內心保持清淨安寧的境界，四禪（四禪解釋，見第三十五章）就是定根的一種。

　　什麼是慧根呢？明白如來所說的正法，並由此開啓了智慧，四聖諦（四聖諦解釋，見第五十章）就是慧根的一種。

　　比丘們！這就是五根的法義。

　　什麼是五力呢？就是信力、精進力、念力、定力、慧力。也就是實踐去修行信根、精進根、念根、定根、慧根而產生出來的維持修行、達到解脫的力量。五力能夠破除煩惱和痛苦，五力能夠破除惡法、邪法，五力能夠解除內心對世間一切事物的疑惑、困惑。五力是由循序漸進、實踐的去修行五根而獲得的五種力量，也就是說五力是由五根的持續增長而達成的，五力是持之以恆實踐修行五根的結果。

　　什麼是信力？就是由信根的增長而破除一切邪信、惡信。比如修行四不壞淨就能破除一切的邪信、惡信。

　　什麼是精進力？就是由精進根的增長，破除修行的懶惰、懈怠；增進善法，破除一切惡法。比如修習四正勤就能增進善法，除滅一切惡法。

　　什麼是念力？就是由念根的增長，安住在正念之中，破除一切惡念、邪念。比如修行四念住（四念住解釋，見第五十九章）就能安住在正念之中。

　　什麼是定力？就是由定根的增長，破除內心念想的散亂，讓內心不再胡思亂想，保持長久的清淨安寧。比如修行四禪（四禪解釋，見第三十五章）就能讓內心清淨安寧，不再胡思亂想。

　　什麼是慧力？就是由慧根的增長，解除對世間一切事物的疑惑、困惑，開啓智慧證悟解脫的果位，從世間一切的事物中徹底的解脫出

一本書

來。比如修行四聖諦（四聖諦解釋，見第五十章）就能開啓解脫的智慧，就不會再去執著和掛念世間一切的事物。

比丘們！這就是五力的法義。

什麼是七覺支呢？就是擇法覺支、念覺支、精進覺支、喜覺支、輕安覺支、舍覺支、定覺支。為什麼被稱為覺支呢？也就是七種能夠幫助修行人開啓智慧、覺悟的方法。

什麼是擇法覺支？就是依靠自己已經開啓的智慧，能夠分辨什麼是正法，什麼是惡法、邪法、虛假不眞實的法。選擇修行正法，舍除、拋棄惡法、邪法、虛假不眞實的法。

什麼是念覺支？就是能夠將自己的念想專注集中於正念、正法上，專注集中在能讓自己內心保持清淨安寧的修行方法上。

什麼是精進覺支？就是精進努力的去修習正法，堅持不懈、專心致志的修習正法不間斷。

什麼是喜覺支？就是在精進努力修行正法的時候，在持之以恆修行正法的時候，內心能夠由修行正法而生起歡喜、法喜，更加堅持不懈積極的去修行正法。

什麼是輕安覺支？就是由開啓智慧、持之以恆的修行正法而讓自己的身體和內心都體會到了輕鬆愉快、安穩的感覺。

什麼是舍覺支？內心不執著和掛念世間一切的事物事情，內心不再執著和掛念任何的念想。內心平靜不會被世間任何的事物、事情、思想擾動、影響而生起貪欲、渴愛。內心能一直保持平靜的狀態。

什麼是定覺支？就是內心一直安住在清淨安寧的境界之中，不會胡思亂想，不會生起妄想，不會生起煩惱和痛苦，內心不會隨著任何的事物散亂、混亂，內心不會生起任何的念想。

比丘們！這就是七覺支的法義。

比丘們！就如同有八個、十個、或者十二個雞蛋，如果生出這些雞蛋的母雞，它沒有好好的去孵化這些蛋，這只母雞什麼都不做，只是空想：「哦！我希望我的孩子們能夠在蛋裡面長出身體，長出腳爪，長出堅硬的尖嘴啄。我希望它們能夠平安的破殼而出。」但是小雞始終是無法從蛋裡面破殼而出的？為什麼呢？因為母雞它光是空想而沒有實際孵化雞蛋的行為，母雞沒有實踐的去孵化雞蛋，小雞怎麼

可能在蛋裡面成長呢？怎麼可能破殼而出呢？比丘們！同樣的道理，世間的修行人他們不去實踐的修行，光是空想：「哦！希望我能熄滅貪欲、渴愛，希望我的內心不再執著和掛念世間一切的事物，並由此從一切的煩惱和痛苦中解脫出來。」但是他們始終無法熄滅貪欲、渴愛，始終無法除滅對世間一切事物的執著和掛念，始終無法從他們的一切煩惱和痛苦中解脫出來，這是爲什麼呢？因爲這些修行人他們光是空想而已，「他們還沒有親自實踐去修行，他們還沒有修行的具體行爲。」他們還沒有親自實踐修行什麼呢？他還沒有親自實踐去修行四念住（四念住解釋，見第五十九章）、四正勤、四神足、五根、五力、七覺支、八正道（八正道解釋，見第五章）。

比丘們！就如同有八個、十個、或者十二個雞蛋，如果生出這些雞蛋的母雞，它好好的去孵化這些雞蛋，就算這只母雞它不生起這樣的念想：「哦！我希望我的孩子們能夠在蛋裡面長出身體，長出腳爪，長出堅硬的尖嘴啄。我希望它們能夠平安的破殼而出。」小雞也能從蛋裡面破殼而出的。爲什麼呢？因爲母雞它有實際孵化雞蛋的行爲，母雞已經實踐的去孵化雞蛋，小雞就能在蛋裡面成長，小雞就能破殼而出。比丘們！同樣的道理，世間的修行人專心致志、精進努力的去修行，即使他們的內心不生起這樣的念想：「哦！希望我能熄滅貪欲、渴愛，希望我的內心不再執著和掛念世間一切的事物，並由此從一切的煩惱和痛苦中解脫出來。」他們也能熄滅貪欲、渴愛，他們也能除滅對世間一切事物的執著和掛念，他們也能從自己的一切煩惱和痛苦中解脫出來，這是爲什麼呢？因爲這些修行人，「他們已經親自實踐去修行，他們已經有修行的具體行爲。」他們已經親自實踐修行什麼呢？他已經親自實踐去修行四念住（四念住解釋，見第五十九章）、四正勤、四神足、五根、五力、七覺支、八正道（八正道解釋，見第五章）。

比丘們！就如同木匠和他的徒弟們，他們長時間的使用斧頭，那麼他們經常抓握的斧頭木柄就會留下手掌、手指抓握凹進去的痕跡，雖然他們知道這些斧頭木柄上凹進去的痕跡是由自己的手長年累月抓握摩擦形成的，可是他們卻不知道：「我的斧頭木柄過去每天磨掉了多少？昨天被磨掉了多少？今天被磨掉了多少？明天還會磨掉多

少？」但是他們卻知道這些斧頭木柄凹進去的痕跡是自己長年累月使用斧頭磨掉的。同樣的道理，比丘們！當世間的修行人，他們專心致志、精進努力的去修行的時候，就算他們不知道：「我過去每天除滅了多少煩惱和痛苦？我昨天除滅了多少煩惱和痛苦？我今天除滅了多少煩惱和痛苦？我明天還能除滅多少煩惱和痛苦？」但是當他們的煩惱和痛苦全部滅盡的時候，他們就知道自己的一切煩惱和痛苦都滅盡了。

　　比丘們！如同用各種堅固的繩索將航海的船拴在港口裡的石柱上，這些堅固的繩索隨著季節的變化、時間的推移會被慢慢的損耗。堅固的繩索被風吹雨淋、烈日炙烤、雪霜冷凍，隨著時間的推移這些繩索就會腐朽損壞。同樣的道理，比丘們！當世間的修行人，他們專心致志、精進努力的去修行的時候，他們的貪欲、渴愛就會逐漸的熄滅、消失，他們的煩惱和痛苦就會逐漸的被除滅、滅盡。就如同堅固的繩索被風吹雨淋、烈日炙烤、雪霜冷凍，隨著時間的推移這些繩索就會腐朽損壞一樣。這些修行人持之以恆、專心致志、精進努力的去修行，他們一切的煩惱和痛苦都會被滅盡，他們最終能夠從生死輪迴中解脫出來，達到不生不滅的涅槃境界。」

　　佛陀說法後，聽法的出家弟子們都再次的頂禮佛陀，隨喜讚歎佛陀說法的無量功德，他們都按著佛陀所說的法去修行。

第六十八章　太陽的照耀

　　有個時候，佛陀住在舍衛城的祇樹林給孤獨園，有一天，佛陀對出家弟子們說：「比丘們（出家人）！經常修習「世間一切的事物無法永遠存在，無法永恆保持不變，無法永遠擁有」的觀想，就能滅盡貪愛，就能除滅對物質事物、物質身體、感受、念想、行為、認識、分別、判斷的貪欲、渴愛，就能滅盡無明（無明解釋，見第十九章），就能滅盡傲慢，就能滅盡有「我」真實、永遠存在的執著和掛念。

　　比丘們！就猶如秋天收穫完農作物後，農夫清理田地，準備下一次的耕種，就會用犁耕田地，犁將田地裡的所有野草、農作物的根都割斷、切斷了。同樣的道理，比丘們！經常修習「世間一切的事物無法永遠存在，無法永恆保持不變，無法永遠擁有」的觀想，就能滅盡貪愛，就能除滅對物質事物、物質身體、感受、念想、行為、認識、分別、判斷的貪欲、渴愛，就能滅盡無明（無明解釋，見第十九章），就能滅盡傲慢，就能滅盡有「我」真實、永遠存在的執著和掛念。

　　比丘們！就猶如拔燈芯草的人，他從地面拔出燈芯草的時候，會抓住燈芯草的一端上下左右的搖動、甩動燈芯草的根部，或者將燈芯草的根部狠狠的摔在地面上，以此除去燈芯草根部上殘留的泥土，同樣的道理，比丘們！經常修習「世間一切的事物無法永遠存在，無法永恆保持不變，無法永遠擁有」的觀想，就能滅盡貪愛，就能除滅對物質事物、物質身體、感受、念想、行為、認識、分別、判斷的貪欲、渴愛，就能滅盡無明（無明解釋，見第十九章），就能滅盡傲慢，就能滅盡有「我」真實、永遠存在的執著和掛念。

　　比丘們！就猶如砍下結有芒果的樹枝，那麼被砍斷樹枝上的芒果都會跟著樹枝掉到地面上，同樣的道理，比丘們！經常修習「世間一切的事物無法永遠存在，無法永恆保持不變，無法永遠擁有」的觀

想，就能滅盡貪愛，就能除滅對物質事物、物質身體、感受、念想、行為、認識、分別、判斷的貪欲、渴愛，就能滅盡無明（無明解釋，見第十九章），就能滅盡傲慢，就能滅盡有「我」真實、永遠存在的執著和掛念。

比丘們！就猶如挖掉、毀壞房屋的地基，房屋就沒有了支撐點，就會倒塌一樣。同樣的道理，比丘們！經常修習「世間一切的事物無法永遠存在，無法永恆保持不變，無法永遠擁有」的觀想，就能滅盡貪愛，就能除滅對物質事物、物質身體、感受、念想、行為、認識、分別、判斷的貪欲、渴愛，就能滅盡無明（無明解釋，見第十九章），就能滅盡傲慢，就能滅盡有「我」真實、永遠存在的執著和掛念。

比丘們！就猶如世間根部最香的植物是隨時檀一樣，無常的觀想也是除滅煩惱和痛苦最有效的修行方法，比丘們！經常修習「世間一切的事物無法永遠存在，無法永恆保持不變，無法永遠擁有」的觀想，就能滅盡貪愛，就能除滅對物質事物、物質身體、感受、念想、行為、認識、分別、判斷的貪欲、渴愛，就能滅盡無明（無明解釋，見第十九章），就能滅盡傲慢，就能滅盡有「我」真實、永遠存在的執著和掛念。

比丘們！就猶如世間核心材質最香的植物是紫檀一樣，無常的觀想也是除滅煩惱和痛苦最有效的修行方法，比丘們！經常修習「世間一切的事物無法永遠存在，無法永恆保持不變，無法永遠擁有」的觀想，就能滅盡貪愛，就能除滅對物質事物、物質身體、感受、念想、行為、認識、分別、判斷的貪欲、渴愛，就能滅盡無明（無明解釋，見第十九章），就能滅盡傲慢，就能滅盡有「我」真實、永遠存在的執著和掛念。

比丘們！就猶如世間最香的花是茉莉花一樣，無常的觀想也是除滅煩惱和痛苦最有效的修行方法，比丘們！經常修習「世間一切的事物無法永遠存在，無法永恆保持不變，無法永遠擁有」的觀想，就能滅盡貪愛，就能除滅對物質事物、物質身體、感受、念想、行為、認識、分別、判斷的貪欲、渴愛，就能滅盡無明（無明解釋，見第十九章），就能滅盡傲慢，就能滅盡有「我」真實、永遠存在的執著和掛

念。

比丘們！就猶如世間的國王都比不上轉輪聖王的權威、財富、土地一樣，轉輪聖王是王中之王，是國王中的領袖、首領，無常的觀想也是除滅煩惱和痛苦最有效的修行方法，比丘們！經常修習「世間一切的事物無法永遠存在，無法永恆保持不變，無法永遠擁有」的觀想，就能滅盡貪愛，就能除滅對物質事物、物質身體、感受、念想、行為、認識、分別、判斷的貪欲、渴愛，就能滅盡無明（無明解釋，見第十九章），就能滅盡傲慢，就能滅盡有「我」真實、永遠存在的執著和掛念。

比丘們！就猶如世間任何星辰的光亮都比不上月亮發出的光亮一樣，在夜晚月亮的光輝超過一切星辰的光輝，無常的觀想也是除滅煩惱和痛苦最有效的修行方法，比丘們！經常修習「世間一切的事物無法永遠存在，無法永恆保持不變，無法永遠擁有」的觀想，就能滅盡貪愛，就能除滅對物質事物、物質身體、感受、念想、行為、認識、分別、判斷的貪欲、渴愛，就能滅盡無明（無明解釋，見第十九章），就能滅盡傲慢，就能滅盡有「我」真實、永遠存在的執著和掛念。

比丘們！就猶如在秋天萬里無雲的天空上，太陽冉冉升起照耀大地，破除世間的黑暗一樣，太陽給世間的眾生帶來光明、溫暖，無常的觀想也是除滅煩惱和痛苦最有效的修行方法，比丘們！經常修習「世間一切的事物無法永遠存在，無法永恆保持不變，無法永遠擁有」的觀想，就能滅盡貪愛，就能除滅對物質事物、物質身體、感受、念想、行為、認識、分別、判斷的貪欲、渴愛，就能滅盡無明（無明解釋，見第十九章），就能滅盡傲慢，就能滅盡有「我」真實、永遠存在的執著和掛念。

比丘們！如何修習無常的觀想才能滅盡貪愛，才能除滅對物質事物、物質身體、感受、念想、行為、認識、分別、判斷的貪欲、渴愛，才能滅盡無明（無明解釋，見第十九章），才能滅盡傲慢，才能滅盡有「我」真實、永遠存在的執著和掛念呢？

比丘們！就是要觀想：「物質事物、物質身體、感受、念想、行為、認識、分別、判斷的起因、滅盡（觀想物質事物、物質身體、感

受、念想、行為、認識、分別、判斷的起因、滅盡就是觀想緣起法，緣起法解釋，見第十八章、第十九章）」，觀想：「物質事物、物質身體、感受、念想、行為、認識、分別、判斷的生起、形成、存續、發展、衰敗、滅亡、消失。」，觀想：「世間一切的物質事物、物質身體、感受、念想、行為、認識、分別、判斷隨時在變化，無法永遠存在，無法永恆保持不變，無法永遠的擁有。」比丘們！經常這樣的觀想，就能滅盡貪愛，就能除滅對物質事物、物質身體、感受、念想、行為、認識、分別、判斷的貪欲、渴愛，就能滅盡無明（無明解釋，見第十九章），就能滅盡傲慢，就能滅盡有「我」真實、永遠存在的執著和掛念。」

　　佛陀說法後，聽法的出家弟子們都再次的頂禮佛陀，隨喜讚歎佛陀說法的無量功德，他們都按著佛陀所說的法去修行。

第六十九章　世間的妖魔鬼怪是什麼？

　　有個時候，佛陀住在舍衛城的祇樹林給孤獨園，有一天，羅陀尊者來到佛陀的住所，他頂禮佛陀後就在一旁坐下，羅陀尊者對佛陀說：「世尊，我現在有個問題想要問您，就是世間人所說的魔王到底是誰？什麼情況就是被魔王控制、傷害、奴役了？什麼情況就是中魔了？當然世尊，也不一定是魔王，魔王可能說的大了點，魔王是眾魔中的領袖，我的意思是世間人害怕的那些妖魔鬼怪是誰？什麼情況就是被這些妖魔鬼怪控制、傷害、奴役了？什麼情況就是被妖魔鬼怪的邪術控制了？」

　　佛陀說：「羅陀！所謂魔王，所謂妖魔鬼怪，世間人已經將它們神化了，它們並不是那些在神話傳說中，有大神通，有大威神力的魔王、妖魔鬼怪。實際上它們就在我們的身邊、周圍。物質事物、物質身體就是魔王，就是妖魔鬼怪。為什麼這麼說呢？因為世間的人被物質事物、物質身體束縛捆綁，物質事物、物體身體讓世間的人生起貪欲、渴愛，讓世間的人沉迷於由物質事物、物體身體生起的欲望之中無法解脫出來，讓世間人產生歡樂、開心、舒暢、安心、期望、憂愁、悲傷、苦悶、憂慮、恐怖、絕望、出生、衰老、死亡等等喜怒哀樂的煩惱和痛苦。羅陀！對物質事物、物質身體生起貪欲、渴愛就是中魔了，就是被妖魔鬼怪的邪術控制了，就是被魔王、妖魔鬼怪控制、傷害、奴役了，沉迷於由物質事物、物體身體生起的欲望之中無法解脫出來就是中魔，就是被妖魔鬼怪的邪術控制了，就是被魔王、妖魔鬼怪控制、傷害、奴役了，產生了歡樂、開心、舒暢、安心、期望、憂愁、悲傷、苦悶、憂慮、恐怖、絕望、出生、衰老、死亡等等喜怒哀樂的煩惱和痛苦，就是中魔了，就是被妖魔鬼怪的邪術控制了，就是被魔王、妖魔鬼怪控制、傷害、奴役了。羅陀！你要明白所謂的魔王，所謂的妖魔鬼怪，實際上也只是一個比喻而已，簡單的說魔王、妖魔鬼怪就是世間人的欲望。至於那些被世間人神化的魔王、

一本書

讀懂所有佛經

妖魔鬼怪，那種有大神通，有大威神力的魔王、妖魔鬼怪，只是世間人不切實際的幻想而已，世間的一些人利用這些胡編亂造出來，被神化，有大神通，有大威神力的魔王、妖魔鬼怪來欺騙、哄騙世人，達到他們獲得各種好處和利益的目的，達到他們獲得豐厚供養的目的，達到他們獲得財物的目的。

羅陀！真正的魔王、妖魔鬼怪就是物質事物、物質身體，對物質事物、物質身體生起貪欲、渴愛就是中魔，就是被妖魔鬼怪的邪術控制了，就是被魔王、妖魔鬼怪控制、傷害、奴役了，沉迷於由物質事物、物體身體生起的欲望之中無法解脫出來就是中魔，就是被妖魔鬼怪的邪術控制了，就是被魔王、妖魔鬼怪控制、傷害、奴役了，產生了歡樂、開心、舒暢、安心、期望、憂愁、悲傷、苦悶、憂慮、恐怖、絕望、出生、衰老、死亡等等喜怒哀樂的煩惱和痛苦，就是中魔了，就是被妖魔鬼怪的邪術控制了，就是被魔王、妖魔鬼怪控制、傷害、奴役了。

羅陀！要如何才能除滅魔王、妖魔鬼怪呢？你應該經常這樣去觀想：「物質事物、物質身體是魔王、妖魔鬼怪；物質事物、物質身體是被殺害；物質事物、物質身體是死亡；物質事物、物質身體是疾病；物質事物、物質身體是腫瘤；物質事物、物質身體是被利劍刺穿；物質事物、物質身體是禍害；物質事物、物質身體是痛苦；物質事物、物質身體是煩惱和痛苦產生的地方；物質事物、物質身體是煩惱和痛苦產生的根源。」這樣經常去觀想的世間眾生就是已經受到如來教導的聖弟子。這樣經常去觀想的世間眾生，他們就是在正確的觀想，他們就會由此開啟智慧。

羅陀！同樣的道理，感受、念想、行為、認識、分別、判斷就是魔王，就是妖魔鬼怪。為什麼這麼說呢？因為世間的人被感受、念想、行為、認識、分別、判斷束縛捆綁，感受、念想、行為、認識、分別、判斷讓世間的人生起貪欲、渴愛，讓世間的人沉迷於由感受、念想、行為、認識、分別、判斷生起的欲望之中無法解脫出來，讓世間人產生歡樂、開心、舒暢、安心、期望、憂愁、悲傷、苦悶、憂慮、恐怖、絕望、出生、衰老、死亡等等喜怒哀樂的煩惱和痛苦。羅陀！對感受、念想、行為、認識、分別、判斷生起貪欲、渴愛就是中

魔了，就是被妖魔鬼怪的邪術控制了，就是被魔王、妖魔鬼怪控制、傷害、奴役了，沉迷於由感受、念想、行為、認識、分別、判斷生起的欲望之中無法解脫出來就是中魔，就是被妖魔鬼怪的邪術控制了，就是被魔王、妖魔鬼怪控制、傷害、奴役了，產生了歡樂、開心、舒暢、安心、期望、憂愁、悲傷、苦悶、憂慮、恐怖、絕望、出生、衰老、死亡等等喜怒哀樂的煩惱和痛苦，就是中魔，就是被妖魔鬼怪的邪術控制了，就是被魔王、妖魔鬼怪控制、傷害、奴役了。羅陀！你要明白所謂的魔王，所謂的妖魔鬼怪，實際上也只是一個比喻而已，簡單的說魔王、妖魔鬼怪就是世間人的欲望。至於那些被世間人神化的魔王、妖魔鬼怪，那種有大神通，有大威神力的魔王、妖魔鬼怪，只是世間人不切實際的幻想而已，世間的一些人利用這些胡編亂造出來，被神化，有大神通，有大威神力的魔王、妖魔鬼怪來欺騙、哄騙世人，達到他們獲得各種好處和利益的目的，達到他們獲得豐厚供養的目的，達到他們獲得財物的目的。

羅陀！真正的魔王、妖魔鬼怪就是感受、念想、行為、認識、分別、判斷，對感受、念想、行為、認識、分別、判斷生起貪欲、渴愛就是中魔，就是被妖魔鬼怪的邪術控制了，就是被魔王、妖魔鬼怪控制、傷害、奴役了，沉迷於由感受、念想、行為、認識、分別、判斷生起的欲望之中無法解脫出來就是中魔，就是被妖魔鬼怪的邪術控制了，就是被魔王、妖魔鬼怪控制、傷害、奴役了，產生了歡樂、開心、舒暢、安心、期望、憂愁、悲傷、苦悶、憂慮、恐怖、絕望、出生、衰老、死亡等等喜怒哀樂的煩惱和痛苦，就是中魔，就是被妖魔鬼怪的邪術控制了，就是被魔王、妖魔鬼怪控制、傷害、奴役了。

羅陀！要如何才能除滅魔王、妖魔鬼怪呢？你應該經常這樣去觀想：「感受、念想、行為、認識、分別、判斷是魔王、妖魔鬼怪；感受、念想、行為、認識、分別、判斷是被殺害；感受、念想、行為、認識、分別、判斷是死亡；感受、念想、行為、認識、分別、判斷是疾病；感受、念想、行為、認識、分別、判斷是腫瘤；感受、念想、行為、認識、分別、判斷是被利劍刺穿；感受、念想、行為、認識、分別、判斷是禍害；感受、念想、行為、認識、分別、判斷是痛苦；感受、念想、行為、認識、分別、判斷是煩惱和痛苦產生的地方；感

一本書

讀懂所有佛經

受、念想、行為、認識、分別、判斷是煩惱和痛苦產生的根源。」這樣經常去觀想的世間眾生就是已經受到如來教導的聖弟子。這樣經常去觀想的世間眾生，他們就是在正確的觀想，他們就會由此開啟智慧。」

羅陀尊者疑惑的對佛陀說：「世尊，這樣去觀想的目的是什麼呢？」

佛陀說：「羅陀！為什麼要這樣去觀想呢？這樣觀想是為了解除物質事物、物質身體、感受、念想、行為、認識、分別、判斷對自己的束縛捆綁，是為了除滅對物質事物、物質身體、感受、念想、行為、認識、分別、判斷生起的貪欲、渴愛，是為了不讓自己沉迷於由物質事物、物質身體、感受、念想、行為、認識、分別、判斷生起的欲望之中，是為了不讓自己產生歡樂、開心、舒暢、安心、期望、憂愁、悲傷、苦悶、憂慮、恐怖、絕望、出生、衰老、死亡等等喜怒哀樂的煩惱和痛苦，是為了不執著和掛念物質事物、物質身體、感受、念想、行為、認識、分別、判斷。這樣就從物質事物、物質身體、感受、念想、行為、認識、分別、判斷中徹底永遠的解脫出來，這樣就能除滅一切的煩惱和痛苦，從生死輪迴中解脫出來，進入不生不滅涅槃的境界。」

羅陀尊者說：「世尊，那涅槃的目的是什麼呢？進入涅槃又有什麼好處呢？」

佛陀說：「羅陀！你已經問跑題了，已經超出你之前所問的問題了，你問的是：『什麼是世間的魔王、妖魔鬼怪？什麼情況是被魔王、妖魔鬼怪控制、傷害、奴役？什麼情況是中魔？什麼情況是被妖魔鬼怪的邪術控制了？』羅陀！因為按如來的正法去實踐修行，就能滅盡貪欲、渴愛，就不會被世間的事物束縛捆綁，就不會產生歡樂、開心、舒暢、安心、期望、憂愁、悲傷、苦悶、憂慮、恐怖、絕望、出生、衰老、死亡等等喜怒哀樂的煩惱和痛苦，就能除滅一切的煩惱和痛苦，就能從生死輪迴中永遠的解脫出來，就能進入沒有煩惱，沒有痛苦，沒有念想，不生不滅的涅槃境界。不生貪欲、渴愛，不生煩惱、痛苦，不生任何念想，既然不生就不用再去除滅，這就是不生不滅的法義，生死的念想也是煩惱，既然不生起生死的念想，就不會有

生死的煩惱，生死的煩惱和痛苦也就滅盡了，念想的生起就是煩惱的生起。沒有煩惱，沒有痛苦，沒有念想，不生不滅的涅槃境界就是完全解脫的彼岸，一切的煩惱和痛苦滅盡後就進入涅槃的境界。」

　　佛陀說法後，羅陀尊者再次的頂禮佛陀，隨喜讚歎佛陀說法的無量功德，並按著佛陀所說的法去修行。

一本書

讀懂所有佛經

第七十章　沙子堆積起來的宮殿

　　有個時候，佛陀住在舍衛城的祇樹林給孤獨園，有一天，羅陀尊者來到佛陀的住所，他頂禮佛陀後就在一旁坐下，羅陀尊者對佛陀說：「世尊，我現在有一個問題想要請問您，就是：眾生是什麼呢？在什麼情況下就會被稱爲眾生呢？」

　　佛陀說：「羅陀！任何對物質事物、物質身體、感受、念想、行爲、認識、分別、判斷生起貪欲、渴愛，沉迷於各種欲望之中的生物；任何對物質事物、物質身體、感受、念想、行爲、認識、分別、判斷生起歡樂、開心、舒暢、安心、期望、憂愁、悲傷、苦悶、憂慮、恐怖、絕望等等喜怒哀樂煩惱和痛苦的生物；任何執著和掛念物質事物、物質身體、感受、念想、行爲、認識、分別、判斷的生物；任何被物質事物、物質身體、感受、念想、行爲、認識、分別、判斷擾動、污染內心而生起念想的生物；任何被物質事物、物質身體、感受、念想、行爲、認識、分別、判斷束縛捆綁的生物，就是眾生，就被稱爲眾生。

　　羅陀！就如同在沙灘上玩耍的孩子們，他們用沙灘上的沙子堆積出各種宮殿、樓閣、房屋，這些孩子們貪愛、喜歡自己堆積出來的宮殿、樓閣、房屋，對這些沙子堆積起來的宮殿、樓閣、房屋生起占有、擁有的欲望，對沙子堆積起來的宮殿、樓閣、房屋生起期待、渴望、熱愛。那麼他們就會珍惜、愛護這些用沙子堆積起來的宮殿、樓閣、房屋，他們就會被這些沙子宮殿、樓閣、房屋束縛捆綁、粘住黏著，他們就會沉迷於由沙子宮殿、樓閣、房屋生起的貪欲、渴愛之中。他們就會執著和掛念這些用沙子堆積起來的宮殿、樓閣、房屋，他們就會認爲這些用沙子堆積起來的宮殿、樓閣、房屋是屬於他們所有的。

　　但是，羅陀！當這些孩子們，他們準備回家的時候，那麼他們就會清楚的明白這些宮殿、樓閣、房屋不過是他們用沙子暫時堆積出來

玩耍的而已，不是真正的宮殿、樓閣、房屋。他們就不會再貪愛、喜歡自己用沙子堆積出來的宮殿、樓閣、房屋，他們就不會對這些沙子堆積起來的宮殿、樓閣、房屋生起占有、擁有的欲望，他們就不會對沙子堆積起來的宮殿、樓閣、房屋生起期待、渴望、熱愛。那麼他們就不會珍惜、愛護這些用沙子堆積起來的宮殿、樓閣、房屋，他們就不會被這些沙子宮殿、樓閣、房屋束縛捆綁、粘住黏著，他們就不會沉迷於由沙子宮殿、樓閣、房屋生起的貪欲、渴愛之中。他們就不會執著和掛念這些用沙子堆積起來的宮殿、樓閣、房屋，他們就不會認為這些用沙子堆積起來的宮殿、樓閣、房屋是屬於他們所有的。於是，他們就會用雙手推倒這些沙子宮殿、樓閣、房屋，他們就會用雙腳踩踏這些沙子宮殿、樓閣、房屋，他們就會打散、破壞、摧毀這些沙子宮殿、樓閣、房屋，不再繼續玩堆積沙子的遊戲了。

　　同樣的道理，羅陀！你也應該打散、破壞、摧毀生死，不再繼續玩生死輪回的遊戲了，如何才能打散、破壞、摧毀生死，不再繼續玩生死輪回的遊戲呢？那就是滅盡對物質事物、物質身體、感受、念想、行為、認識、分別、判斷生起的貪欲、渴愛，這樣就不會循環往復的產生歡樂、開心、舒暢、安心、期望、憂愁、悲傷、苦悶、憂慮、恐怖、絕望等等喜怒哀樂的煩惱和痛苦了，這樣就能滅盡一切的煩惱和痛苦，從生死輪回中永遠的解脫出來了，羅陀！因為滅盡對物質事物、物質身體、感受、念想、行為、認識、分別、判斷生起的貪欲、渴愛，滅盡一切的煩惱和痛苦，沒有任何煩惱，沒有任何痛苦，沒有任何念想的境界就是不生不滅涅槃的境界。」

　　佛陀說法後，羅陀尊者再次的頂禮佛陀，隨喜讚歎佛陀說法的無量功德，並按著佛陀所說的法去修行。

一本書

讀懂所有佛經

第七十一章　魔王、妖魔鬼怪的魔法神通

有個時候，佛陀住在舍衛城的祇樹林給孤獨園，有一天，羅陀尊者來到佛陀的住所，他頂禮佛陀後就在一旁坐下，羅陀尊者對佛陀說：「世尊，什麼是魔王、妖魔鬼怪的神通、魔法、邪術呢？什麼是被魔王、妖魔鬼怪的神通、魔法、邪術傷害、控制、奴役、殺害呢？為什麼世間的眾生會死亡呢？這難道也是魔王、妖魔鬼怪的神通、魔法、邪術嗎？」

佛陀說：「羅陀！讓世間眾生生起貪欲、渴愛，讓世間眾生執著和掛念，讓世間眾生沉迷其中，讓世間眾生循環往復產生歡樂、開心、舒暢、安心、期望、憂愁、悲傷、苦悶、憂慮、恐怖、絕望等等喜怒哀樂的煩惱和痛苦，就是魔王、妖魔鬼怪的神通、魔法、邪術，就是被魔王、妖魔鬼怪的神通、魔法、邪術傷害、控制、奴役、殺害了，其實魔王、妖魔鬼怪、神通、魔法、邪術不過就是一個比喻而已。

羅陀！有生就有死，不生就不死，如果你明白了如來所說的緣起法（緣起法解釋，見第十八章、第十九章）就會明白為什麼世間的眾生會死亡。

羅陀！已經受到如來教導的聖弟子們，應該這樣去觀想：當這個生起、存在了，則那個也會生起、存在；以這個的生起、存在為前提條件，就會有那個的生起、存在；當這個不存在了，則那個也會消失不見；以這個的滅盡、消失為前提條件，那個也會滅盡、消失。也就是：以「無明」為前提條件產生出「行」，以「行」為前提條件產生出「識」，以「識」為前提條件產生出「名色」，以「名色」為前提條件產生出「六處」，以「六處」為前提條件產生出「觸」，以「觸」為前提條件產生出「受」，以「受」為前提條件產生出「愛」，以「愛」為前提條件產生出「取」，以「取」為前提條件產生出「有」，以

「有」爲前提條件產生出「生」，這樣有「生」就會產生出憂愁、悲傷、苦悶、憂慮、絕望、生病、衰老、死亡。這就是世間人或眾生痛苦和煩惱聚集、出現的過程，世間的人或眾生按緣起法（緣起法解釋，見第十八章、第十九章）的順行就會繼續的在生死輪迴中煎熬沉淪，受盡折磨和痛苦。

羅陀！「無明」完全褪去、消除、滅盡的時候，「行」就滅除了。「行」滅盡了，「識」就滅除了。「識」滅盡了，「名色」就滅除了。「名色」滅盡了，「六處」就滅除了。「六處」滅盡了，「觸」就滅除了。「觸」滅盡了，「受」就滅除了。「受」滅盡了，「愛」就滅除了。「愛」滅盡了，「取」就滅除了。「取」滅盡了，「有」就滅除了。「有」滅盡了，「生」就滅除了。「生」滅盡了，憂愁、悲傷、苦悶、憂慮、絕望、生病、衰老、死亡就滅除了。這就是世間人或眾生痛苦和煩惱滅除、滅盡的過程。世間的人或眾生按緣起法（緣起法解釋，見第十八章、第十九章）的逆行就能從生死輪迴的煩惱和痛苦中解脫出來。

羅陀！如果物質事物、物質身體，它們讓世間眾生生起貪欲、渴愛，它們讓世間眾生執著和掛念，它們讓世間眾生沉迷其中，它們讓世間眾生循環往復產生歡樂、開心、舒暢、安心、期望、憂愁、悲傷、苦悶、憂慮、恐怖、絕望等等喜怒哀樂的煩惱和痛苦，那麼這些讓眾生生起貪欲、渴愛，執著掛念，產生煩惱和痛苦的物質事物、物質身體就是魔王、妖魔鬼怪的神通、魔法、邪術，就是被魔王、妖魔鬼怪的神通、魔法、邪術傷害、控制、奴役、殺害了。魔王、妖魔鬼怪、神通、魔法、邪術不過就是一個比喻而已。

羅陀！同樣的道理，如果感受、念想、行爲、認識、分別、判斷，它們讓世間眾生生起貪欲、渴愛，它們讓世間眾生執著和掛念，它們讓世間眾生沉迷其中，它們讓世間眾生循環往復產生歡樂、開心、舒暢、安心、期望、憂愁、悲傷、苦悶、憂慮、恐怖、絕望等等喜怒哀樂的煩惱和痛苦，那麼這些讓眾生生起貪欲、渴愛，執著掛念，產生煩惱和痛苦的感受、念想、行爲、認識、分別、判斷就是魔王、妖魔鬼怪的神通、魔法、邪術，就是被魔王、妖魔鬼怪的神通、魔法、邪術傷害、控制、奴役、殺害了。魔王、妖魔鬼怪、神通、魔

法、邪術不過就是一個比喻而已。

　　羅陀！當你有了這個正確的見解，那就是已經受到了如來的教導。已經受到如來教導的聖弟子們，他們不會執著和掛念物質事物、物質身體、感受、念想、行為、認識、分別、判斷，當他們不執著和掛念這些事物的時候，就不會被這些事物束縛捆綁，就不會因為這些事物胡思亂想、胡作非為，就不會讓這些事物污染自己內心清淨的境界。當他們徹底從這些事物中解脫出來的時候，徹底的滅盡一切煩惱和痛苦的時候，他們就開啟了解脫的智慧，他們就證悟了解脫的果位，他們自己就明白了：「從這一世開始已經不會再出生在世間了。行為、言語、念想的修行已經圓滿，應該做的事情已經做好，不會再有喜怒哀樂等等煩惱和痛苦的輪迴狀態了，不會再出生的世間了，已經徹底從生死輪迴中解脫出來。」

　　佛陀說法後，羅陀尊者再次的頂禮佛陀，隨喜讚歎佛陀說法的無量功德，並按著佛陀所說的法去修行。

第七十二章　初禪的清淨境界

有個時候，舍利弗尊者住在舍衛城的祇樹林給孤獨園，有一天，舍利弗尊者中午的時候，穿好法衣，拿著飯缽，到舍衛城裡挨家挨戶，不分貧富貴賤的家庭化緣飯食，吃完化緣回來的飯食後，舍利弗尊者就來到安陀林的一棵大樹下靜坐，傍晚的時候，舍利弗尊者從靜坐中起來，就向祇樹林給孤獨園的方向走去，阿難尊者看見從遠處走來的舍利弗尊者，待舍利弗尊者走近後，他就對舍利弗尊者說：「舍利弗學友！我看您行走的動作自在平穩，您的臉色也非常的清淨安寧、寂靜柔和，我知道您的眼睛、耳朵、鼻子、舌頭、身體、內心這六根是清淨無染的，我知道您的心境也應該是寧靜平和的，舍利弗學友！您的心安住在什麼地方呢？」

舍利弗尊者說：「阿難學友！我遠離欲望，捨離不善法後，就將注意力集中在了一些不會產生欲望的事物事情上面，比如將注意力集中在數呼吸，注意、觀想樹葉、雨滴、河流等等的事物事情上面，這樣對外界的事物事情就只會有非常細微的分別、區別，因為內心對世間事物事情的執著和掛念在消退、消滅，這樣就能進入喜樂的清淨境界。阿難學友！這樣的喜樂的清淨境界，世尊稱為初禪，當然我進入這個喜樂清淨境界的時候，不會生起：「我進入初禪」，或者「我已經進入初禪」，或者「我已經從初禪的境界中出來」的念想，我不會去分別、區別初禪的有無和存在，因為在初禪境界中的我，會將注意力集中在那些不會產生欲望的事物事情上面，比如將注意力集中在數呼吸，注意、觀想樹葉、雨滴、河流等等的事物事情上面，不會去分別、區別是否已經進入或失去初禪的境界。」

阿難尊者說：「舍利弗學友！我明白了，您通過將注意力集中在一些無關緊要，不會生起貪欲、渴愛的事物事情上面，就能消減、消解有「我」真實、永遠存在的見解，就能消減、消解對「我」的執著和掛念，就能消減、消解對世間事物的執著和掛念，這其實是在用替

換的方法來除滅煩惱和痛苦，用一些無關緊要，不會生起貪欲、渴愛的事物事情替換掉那些會生起貪欲、渴愛的事物事情，由此逐漸滅除貪愛，在注意力集中關注那些不會生起貪欲、渴愛的事物事情的時候，就不會生起「我進入初禪」，或者「我已經進入初禪」，或者「我已經從初禪的境界中出來」的念想了。當然進入初禪境界後對這些不會生起貪欲、渴愛的事物事情還會有那麼一點點細微的分別、區別，而這些集中關注的無關緊要，不會生起欲望的事物事情又是由外界的事物事情生起的，所以說成是對外界事物事情的細微分別、區別也是可以的，這樣就進入了初禪的喜樂清淨境界。」

舍利弗尊者說：「阿難學友！確實如此，看來您也明白如何進入初禪的境界了。」

舍利弗尊者說法後，阿難尊者隨喜讚歎舍利弗尊者說法的無量功德，並按著舍利弗尊者所說的法去修行。

第七十三章　二禪的境界

有個時候，舍利弗尊者住在舍衛城的祇樹林給孤獨園，有一天，阿難尊者來到舍利弗尊者的住處，他與舍利弗尊者互相問候後，就對舍利弗尊者說：「舍利弗學友，如何進入二禪的境界呢？」

舍利弗尊者說：「阿難學友，如果想要進入二禪的境界，首先要先進入初禪的境界（初禪境界解釋，見第七十二章），阿難學友進入初禪境界後，平息、熄滅內心中集中關注的那些不會生起貪欲、渴愛事物事情的念想，比如平息、熄滅集中注意的數呼吸念想，平息注意、觀想樹葉、雨滴、河流等等事物事情的念想，也就是熄滅、平息那些不會生起貪欲、渴愛事物事情的念想，因爲內心集中關注的那些不會生起貪欲、渴愛事物事情的念想，是由外界的事物生起的，所以也可以說是將對外界事物細微的分別、區別也除滅掉了。平息對外界事物細微的分別、區別。不再分別、區別外界的事物，將心安住在一處，安住在一境、不散亂，由此進入喜樂的清淨境界，這樣的清淨境界，世尊稱爲二禪，當然我進入這個喜樂清淨境界的時候，不會生起：「我進入二禪」，或者「我已經進入二禪」，或者「我已經從二禪的境界中出來」的念想，我不會去分別、區別二禪的有無和存在。」

阿難尊者說：「舍利弗學友，我明白了，在初禪境界的基礎上，平息、熄滅掉初禪境界時爲了讓內心清淨集中關注的那些不會生起貪欲、渴愛的事物事情，也就是熄滅、平息對外界事物事情細微的分別、區別，這樣就能消滅、消解有「我」眞實、永遠存在的見解，就能消滅、消解對「我」的執著和掛念，就能消滅、消解對世間事物的執著和掛念。這其實是進一步將初禪境界中替換煩惱和痛苦的事物事情也熄滅、平息了，連對外界事物事情的細微分別、區別都除滅了，由此逐漸除滅貪愛，這樣當然就不會生起「我進入二禪」，或者「我已經進入二禪」，或者「我已經從二禪的境界中出來」的念想。」

舍利弗尊者說：「阿難學友！確實如此，看來您也明白如何進入二禪的境界了。」

　　舍利弗尊者說法後，阿難尊者隨喜讚歎舍利弗尊者說法的無量功德，並按著舍利弗尊者所說的法去修行。

第七十四章　三禪的境界

有個時候，舍利弗尊者住在舍衛城的祇樹林給孤獨園，有一天，阿難尊者來到舍利弗尊者的住處，他與舍利弗尊者互相問候後，就對舍利弗尊者說：「舍利弗學友，如何進入三禪的境界呢？」

舍利弗尊者說：「阿難學友，如果想要進入三禪的境界，首先要先進入二禪的境界（二禪境界解釋，見第七十三章），阿難學友！進入二禪境界後，逐漸熄滅、平息內心對清淨寧靜境界生起的喜樂，遠離禪定中喜樂的感受，保持修行的正念正知，不忘失修行的正知正念，進入清淨的境界，這樣的清淨境界，世尊稱爲三禪，我進入三禪的境界後，就會被世間的聖者們稱爲：「清靜、專心、安住于修行解脫的人」。當然我進入這個清淨境界的時候，不會生起：「我進入三禪」，或者「我已經進入三禪」，或者「我已經從三禪的境界中出來」的念想，我不會去分別、區別三禪的有無和存在。」

阿難尊者說：「舍利弗學友，我明白了，在二禪境界的基礎上，平息、熄滅掉二禪境界時對清淨寧靜境界生起的喜樂，也就是遠離禪定中喜樂的感受，並保持修行的正念正知，不忘失修行的正知正念，這樣就能消滅、消解有「我」眞實、永遠存在的見解，就能消滅、消解對「我」的執著和掛念，就能消滅、消解對世間事物的執著和掛念。這其實是進一步將二禪境界中清淨寧靜的喜樂感受也熄滅、平息了，但是仍然保持修行的正念正知，仍然不忘失修行的正知正念，由此逐漸除滅貪愛，這樣當然就不會生起「我進入三禪」，或者「我已經進入三禪」，或者「我已經從三禪的境界中出來」的念想。」

舍利弗尊者說：「阿難學友！確實如此，看來您也明白如何進入三禪的境界了。」

舍利弗尊者說法後，阿難尊者隨喜讚歎舍利弗尊者說法的無量功德，並按著舍利弗尊者所說的法去修行。

一本書

讀懂所有佛經

第七十五章　什麼是獨自安住？

　　有個時候，佛陀住在舍衛城的祇樹林給孤獨園，有一天，鹿網尊者來到佛陀的住所，他頂禮佛陀後就在一旁坐下，鹿網尊者對佛陀說：「世尊，什麼情況被稱爲獨自安住呢？獨自安住的境界是什麼樣的呢？什麼情況被稱爲與同伴、同行者住在一起呢？有同伴、同行者陪伴相隨的境界是什麼樣的呢？」

　　佛陀說：「鹿網！當眼睛看見物質事物生起了快樂、喜悅、開心，讓自己沉浸于滿意、舒服、合意的感覺之中的時候，就會進一步對眼睛看見的物質事物生起貪欲、渴愛。當對眼睛看見的物質事物生起快樂、喜悅、開心，讓自己沉浸于滿意、舒服、合意的感覺之中，並對眼睛看見的物質事物執著不捨、沉迷其中的時候，就被快樂、喜悅、開心、滿意、舒服、合意束縛捆綁了，就被貪欲、渴愛束縛捆綁了，就與快樂、喜悅、開心、滿意、舒服、合意住在一起了，就與貪欲、渴愛住在一起了，就有快樂、喜悅、開心、滿意、舒服、合意陪伴相隨了，就有貪欲、渴愛陪伴相隨了。鹿網！這就被稱爲與同伴、同行者住在一起，這就是有同伴、同行者陪伴相隨的境界。

　　當耳朵聽到聲音生起了快樂、喜悅、開心，讓自己沉浸于滿意、舒服、合意的感覺之中的時候，就會進一步對耳朵聽到的聲音生起貪欲、渴愛。當對耳朵聽到的聲音生起快樂、喜悅、開心，讓自己沉浸于滿意、舒服、合意的感覺之中，並對耳朵聽到的聲音執著不捨、沉迷其中的時候，就被快樂、喜悅、開心、滿意、舒服、合意束縛捆綁了，就被貪欲、渴愛束縛捆綁了，就與快樂、喜悅、開心、滿意、舒服、合意住在一起了，就與貪欲、渴愛住在一起了，就有快樂、喜悅、開心、滿意、舒服、合意陪伴相隨了，就有貪欲、渴愛陪伴相隨了。鹿網！這就被稱爲與同伴、同行者住在一起，這就是有同伴、同行者陪伴相隨的境界。

當鼻子聞到氣味生起了快樂、喜悅、開心，讓自己沉浸于滿意、舒服、合意的感覺之中的時候，就會進一步對鼻子聞到的氣味生起貪欲、渴愛。當對鼻子聞到的氣味生起快樂、喜悅、開心，讓自己沉浸于滿意、舒服、合意的感覺之中，並對鼻子聞到的氣味執著不舍、沉迷其中的時候，就被快樂、喜悅、開心、滿意、舒服、合意束縛捆綁了，就被貪欲、渴愛束縛捆綁了，就與快樂、喜悅、開心、滿意、舒服、合意住在一起了，就與貪欲、渴愛住在一起了，就有快樂、喜悅、開心、滿意、舒服、合意陪伴相隨了，就有貪欲、渴愛陪伴相隨了。鹿網！這就被稱爲與同伴、同行者住在一起，這就是有同伴、同行者陪伴相隨的境界。

當舌頭嘗到味道生起了快樂、喜悅、開心，讓自己沉浸于滿意、舒服、合意的感覺之中的時候，就會進一步對舌頭嘗到的味道生起貪欲、渴愛。當對舌頭嘗到的味道生起快樂、喜悅、開心，讓自己沉浸于滿意、舒服、合意的感覺之中，並對舌頭嘗到的味道執著不舍、沉迷其中的時候，就被快樂、喜悅、開心、滿意、舒服、合意束縛捆綁了，就被貪欲、渴愛束縛捆綁了，就與快樂、喜悅、開心、滿意、舒服、合意住在一起了，就與貪欲、渴愛住在一起了，就有快樂、喜悅、開心、滿意、舒服、合意陪伴相隨了，就有貪欲、渴愛陪伴相隨了。鹿網！這就被稱爲與同伴、同行者住在一起，這就是有同伴、同行者陪伴相隨的境界。

當身體觸摸到物質事物（觸覺）或者感覺到環境變化（冷熱、舒適等等）生起了快樂、喜悅、開心，讓自己沉浸于滿意、舒服、合意的感覺之中的時候，就會進一步對身體觸摸到的物質事物或者感覺到的環境變化生起貪欲、渴愛。當對身體觸摸到的物質事物或者感覺到的環境變化生起快樂、喜悅、開心，讓自己沉浸于滿意、舒服、合意的感覺之中，並對身體觸摸到的物質事物或者感覺到的環境變化執著不舍、沉迷其中的時候，就被快樂、喜悅、開心、滿意、舒服、合意束縛捆綁了，就被貪欲、渴愛束縛捆綁了，就與快樂、喜悅、開心、滿意、舒服、合意住在一起了，就與貪欲、渴愛住在一起了，就有快樂、喜悅、開心、滿意、舒服、合意陪伴相隨了，就有貪欲、渴愛陪伴相隨了。鹿網！這就被稱爲與同伴、同行者住在一起，這就是有同

伴、同行者陪伴相隨的境界。

當內心想到見解、思想、念想生起了快樂、喜悅、開心，讓自己沉浸于滿意、舒服、合意的感覺之中的時候，就會進一步對內心想到的見解、思想、念想生起貪欲、渴愛。當對內心想到的見解、思想、念想生起快樂、喜悅、開心，讓自己沉浸于滿意、舒服、合意的感覺之中，並對內心想到的見解、思想、念想執著不捨，沉迷其中的時候，就被快樂、喜悅、開心、滿意、舒服、合意束縛捆綁了，就被貪欲、渴愛束縛捆綁了，就與快樂、喜悅、開心、滿意、舒服、合意住在一起了，就與貪欲、渴愛住在一起了，就有快樂、喜悅、開心、滿意、舒服、合意陪伴相隨了，就有貪欲、渴愛陪伴相隨了。鹿網！這就被稱為與同伴、同行者住在一起，這就是有同伴、同行者陪伴相隨的境界。

鹿網！即使那些居住在深山密林、荒原邊地、戈壁沙漠等等人跡罕至地方的人，這些人居住的地方雖然沒有城鎮村落車水馬龍、人聲鼎沸的嘈雜聲音，沒有各種複雜的人際交往，沒有繁瑣的事情需要處理，他們所處的地方看起來好像是平靜安寧沒有人打攪的環境，可是這些人還是會被稱為與同伴、同行者住在一起，還是會進入有同伴、同行者陪伴相隨的境界。這是為什麼呢？因為居住在深山密林、荒原邊地、戈壁沙漠等等人跡罕至地方的人，他們仍然會生起快樂、喜悅、開心，仍然會產生讓自己滿意、舒服、合意的感覺，仍然會由此生起貪欲、渴愛，仍然會執著不捨、沉迷其中，那麼這些人還是會被快樂、喜悅、開心、滿意、舒服、合意束縛捆綁，還是會被貪欲、渴愛束縛捆綁，他們還是會與快樂、喜悅、開心、滿意、舒服、合意住在一起，他們還是會與貪欲、渴愛住在一起，他們還是有快樂、喜悅、開心、滿意、舒服、合意陪伴相隨，他們還是有貪欲、渴愛陪伴相隨。所以這些居住在深山密林、荒原邊地、戈壁沙漠等等人跡罕至地方的人，他們還是會被稱為與同伴、同行者住在一起，他們還是會進入有同伴、同行者陪伴相隨的境界。

鹿網！什麼情況被稱為獨自安住呢？獨自安住的境界是什麼樣的呢？

當眼睛看見物質事物不生起快樂、喜悅、開心，不讓自己沉浸于滿意、舒服、合意的感覺之中，就不會進一步對眼睛看見的物質事物生起貪欲、渴愛。當不對眼睛看見的物質事物生起快樂、喜悅、開心，不讓自己沉浸于滿意、舒服、合意的感覺之中的時候，就不會對眼睛看見的物質事物執著不捨、沉迷其中，那麼就不會被快樂、喜悅、開心、滿意、舒服、合意束縛捆綁了，就不會被貪欲、渴愛束縛捆綁了，就不會與快樂、喜悅、開心、滿意、舒服、合意住在一起了，就不會與貪欲、渴愛住在一起了，就不會有快樂、喜悅、開心、滿意、舒服、合意陪伴相隨了，就不會有貪欲、渴愛陪伴相隨了。當快樂、喜悅、開心、滿意、舒服、合意被滅盡了，貪欲、渴愛也就滅盡了；貪欲、渴愛滅盡了，執著和掛念也就滅盡了，這樣就沒有了任何的束縛捆綁。鹿網！從快樂、喜悅、開心、滿意、舒服、合意中解脫出來，不生起貪欲、渴愛，不被快樂、喜悅、開心、滿意、舒服、合意、貪欲、渴愛束縛捆綁的眾生就被稱爲獨自安住的眾生，就是進入獨自安住境界的眾生。

當耳朵聽到聲音不生起快樂、喜悅、開心，不讓自己沉浸于滿意、舒服、合意的感覺之中，就不會進一步對耳朵聽到的聲音生起貪欲、渴愛。當不對耳朵聽到的聲音生起快樂、喜悅、開心，不讓自己沉浸于滿意、舒服、合意的感覺之中的時候，就不會對耳朵聽到的聲音執著不捨、沉迷其中，那麼就不會被快樂、喜悅、開心、滿意、舒服、合意束縛捆綁了，就不會被貪欲、渴愛束縛捆綁了，就不會與快樂、喜悅、開心、滿意、舒服、合意住在一起了，就不會與貪欲、渴愛住在一起了，就不會有快樂、喜悅、開心、滿意、舒服、合意陪伴相隨了，就不會有貪欲、渴愛陪伴相隨了。當快樂、喜悅、開心、滿意、舒服、合意被滅盡了，貪欲、渴愛也就滅盡了；貪欲、渴愛滅盡了，執著和掛念也就滅盡了，這樣就沒有了任何的束縛捆綁。鹿網！從快樂、喜悅、開心、滿意、舒服、合意中解脫出來，不生起貪欲、渴愛，不被快樂、喜悅、開心、滿意、舒服、合意、貪欲、渴愛束縛捆綁的眾生就被稱爲獨自安住的眾生，就是進入獨自安住境界的眾生。

當鼻子聞到氣味不生起快樂、喜悅、開心，不讓自己沉浸于滿意、舒服、合意的感覺之中，就不會進一步對鼻子聞到的氣味生起貪欲、渴愛。當不對鼻子聞到的氣味生起快樂、喜悅、開心，不讓自己沉浸于滿意、舒服、合意的感覺之中的時候，就不會對鼻子聞到的氣味執著不捨、沉迷其中，那麼就不會被快樂、喜悅、開心、滿意、舒服、合意束縛捆綁了，就不會被貪欲、渴愛束縛捆綁了，就不會與快樂、喜悅、開心、滿意、舒服、合意住在一起了，就不會與貪欲、渴愛住在一起了，就不會有快樂、喜悅、開心、滿意、舒服、合意陪伴相隨了，就不會有貪欲、渴愛陪伴相隨了。當快樂、喜悅、開心、滿意、舒服、合意被滅盡了，貪欲、渴愛也就滅盡了；貪欲、渴愛滅盡了，執著和掛念也就滅盡了，這樣就沒有了任何的束縛捆綁。鹿網！從快樂、喜悅、開心、滿意、舒服、合意中解脫出來，不生起貪欲、渴愛，不被快樂、喜悅、開心、滿意、舒服、合意、貪欲、渴愛束縛捆綁的眾生就被稱為獨自安住的眾生，就是進入獨自安住境界的眾生。

　　當舌頭嘗到味道不生起快樂、喜悅、開心，不讓自己沉浸于滿意、舒服、合意的感覺之中，就不會進一步對舌頭嘗到的味道生起貪欲、渴愛。當不對舌頭嘗到的味道生起快樂、喜悅、開心，不讓自己沉浸于滿意、舒服、合意的感覺之中的時候，就不會對舌頭嘗到的味道執著不捨、沉迷其中，那麼就不會被快樂、喜悅、開心、滿意、舒服、合意束縛捆綁了，就不會被貪欲、渴愛束縛捆綁了，就不會與快樂、喜悅、開心、滿意、舒服、合意住在一起了，就不會與貪欲、渴愛住在一起了，就不會有快樂、喜悅、開心、滿意、舒服、合意陪伴相隨了，就不會有貪欲、渴愛陪伴相隨了。當快樂、喜悅、開心、滿意、舒服、合意被滅盡了，貪欲、渴愛也就滅盡了；貪欲、渴愛滅盡了，執著和掛念也就滅盡了，這樣就沒有了任何的束縛捆綁。鹿網！從快樂、喜悅、開心、滿意、舒服、合意中解脫出來，不生起貪欲、渴愛，不被快樂、喜悅、開心、滿意、舒服、合意、貪欲、渴愛束縛捆綁的眾生就被稱為獨自安住的眾生，就是進入獨自安住境界的眾生。

當身體觸摸到物質事物（觸覺）或者感覺到環境變化（冷熱、舒適等等）不生起快樂、喜悅、開心，不讓自己沉浸于滿意、舒服、合意的感覺之中，就不會進一步對身體觸摸到的物質事物或者感覺到的環境變化生起貪欲、渴愛。當不對身體觸摸到的物質事物或者感覺到的環境變化生起快樂、喜悅、開心，不讓自己沉浸于滿意、舒服、合意的感覺之中的時候，就不會對身體觸摸到的物質事物或者感覺到的環境變化執著不舍、沉迷其中，那麼就不會被快樂、喜悅、開心、滿意、舒服、合意束縛捆綁了，就不會被貪欲、渴愛束縛捆綁了，就不會與快樂、喜悅、開心、滿意、舒服、合意住在一起了，就不會與貪欲、渴愛住在一起了，就不會有快樂、喜悅、開心、滿意、舒服、合意陪伴相隨了，就不會有貪欲、渴愛陪伴相隨了。當快樂、喜悅、開心、滿意、舒服、合意被滅盡了，貪欲、渴愛也就滅盡了；貪欲、渴愛滅盡了，執著和掛念也就滅盡了，這樣就沒有了任何的束縛捆綁。鹿網！從快樂、喜悅、開心、滿意、舒服、合意中解脫出來，不生起貪欲、渴愛，不被快樂、喜悅、開心、滿意、舒服、合意、貪欲、渴愛束縛捆綁的眾生就被稱爲獨自安住的眾生，就是進入獨自安住境界的眾生。

　　當內心想到見解、思想、念想不生起快樂、喜悅、開心，不讓自己沉浸于滿意、舒服、合意的感覺之中，就不會進一步對內心想到的見解、思想、念想生起貪欲、渴愛。當不對內心想到的見解、思想、念想生起快樂、喜悅、開心，不讓自己沉浸于滿意、舒服、合意的感覺之中的時候，就不會對內心想到的見解、思想、念想執著不舍、沉迷其中，那麼就不會被快樂、喜悅、開心、滿意、舒服、合意束縛捆綁了，就不會被貪欲、渴愛束縛捆綁了，就不會與快樂、喜悅、開心、滿意、舒服、合意住在一起了，就不會與貪欲、渴愛住在一起了，就不會有快樂、喜悅、開心、滿意、舒服、合意陪伴相隨了，就不會有貪欲、渴愛陪伴相隨了。當快樂、喜悅、開心、滿意、舒服、合意被滅盡了，貪欲、渴愛也就滅盡了；貪欲、渴愛滅盡了，執著和掛念也就滅盡了，這樣就沒有了任何的束縛捆綁。鹿網！從快樂、喜悅、開心、滿意、舒服、合意中解脫出來，不生起貪欲、渴愛，不被快樂、喜悅、開心、滿意、舒服、合意、貪欲、渴愛束縛捆綁的眾生

就被稱為獨自安住的眾生，就是進入獨自安住境界的眾生。

　　鹿網！即使那些居住在王都、城市、鄉鎮、村莊等等車水馬龍、人聲鼎沸地方的人，就算他們還與各種比丘（男出家人）、比丘尼（女出家人）、優婆塞（男在家修行居士）、優婆夷（女在家修行居士）、國王、王親貴族、公卿大臣、將帥勇士、外教宗教領袖、外教修行人接觸交往，他們仍然被稱為是獨自安住的人，仍然是進入獨自安住境界的人，這是為什麼呢？因為這些居住在王都、城市、鄉鎮、村莊等等車水馬龍、人聲鼎沸地方的人，他們不會生起快樂、喜悅、開心，不會產生讓自己滿意、舒服、合意的感覺，不會由此生起貪欲、渴愛，不會執著不捨、沉迷其中，這些人不會被快樂、喜悅、開心、滿意、舒服、合意束縛捆綁，不會被貪欲、渴愛束縛捆綁，他們不會與快樂、喜悅、開心、滿意、舒服、合意住在一起，他們不會與貪欲、渴愛住在一起，他們沒有快樂、喜悅、開心、滿意、舒服、合意陪伴相隨，他們沒有貪欲、渴愛陪伴相隨。從快樂、喜悅、開心、滿意、舒服、合意中解脫出來，不生起貪欲、渴愛，不被快樂、喜悅、開心、滿意、舒服、合意、貪欲、渴愛束縛捆綁的眾生就被稱為獨自安住的眾生，就是進入獨自安住境界的眾生。所以這些居住在王都、城市、鄉鎮、村莊等等車水馬龍、人聲鼎沸地方的人，與各種比丘（男出家人）、比丘尼（女出家人）、優婆塞（男在家修行居士）、優婆夷（女在家修行居士）、國王、王親貴族、公卿大臣、將帥勇士、外教宗教領袖、外教修行人接觸交往的人，他們還是會被稱為獨自安住的人，他們還是進入獨自安住境界的人。

　　鹿網！這就是獨自安住，獨自安住境界的法義；這就是與同伴、同行者住在一起，有同伴、同行者陪伴相隨境界的法義。」

　　佛陀說法後，鹿網尊者再次的頂禮佛陀，隨喜讚歎佛陀說法的無量功德，並按著佛陀所說的法去修行。

第七十六章　魔王在什麼情況下會出現？

有個時候，佛陀住在王舍城栗鼠飼養處的竹林中，有一天，三彌離提尊者來到佛陀的住所，他頂禮佛陀後，就在一旁坐下，三彌離提尊者對佛陀說：「世尊，魔王波旬、魔羅是誰呢？妖魔鬼怪又是什麼呢？魔王波旬、魔羅、妖魔鬼怪到底都是些什麼？在什麼情況下魔王波旬、魔羅、妖魔鬼怪就出現了？在什麼情況下魔王波旬、魔羅、妖魔鬼怪就出來傷害人了？用什麼方法可以降伏、制伏、消滅魔王波旬、魔羅、妖魔鬼怪呢？世尊，恭請您為我說法，讓我不被魔王波旬、魔羅、妖魔鬼怪傷害。」

佛陀說：「三彌離提！魔王波旬、魔羅、妖魔鬼怪只是一個比喻而已，當執著和掛念眼睛、耳朵、鼻子、舌頭、身體、內心的時候，當由眼睛、耳朵、鼻子、舌頭、身體、內心生起貪欲、渴愛的時候，當由眼睛、耳朵、鼻子、舌頭、身體、內心生起歡樂、開心、舒暢、安心、期望、憂愁、悲傷、苦悶、憂慮、恐怖、絕望、出生、衰老、死亡等等喜怒哀樂的煩惱和痛苦的時候，魔王波旬、魔羅、妖魔鬼怪就出現了，就被魔王波旬、魔羅、妖魔鬼怪控制、奴役、拷打、折磨、傷害了。魔王波旬、魔羅、妖魔鬼怪就是貪欲、渴愛，魔王波旬、魔羅、妖魔鬼怪就是歡樂、開心、舒暢、安心、期望、憂愁、悲傷、苦悶、憂慮、恐怖、絕望、出生、衰老、死亡等等喜怒哀樂的煩惱和痛苦。

當執著和掛念眼處、耳處、鼻處、舌處、身處、意處的時候（眼處、耳處、鼻處、舌處、身處、意處簡稱六處，六處解釋，見第十九章），當由眼處、耳處、鼻處、舌處、身處、意處生起貪欲、渴愛的時候，當由眼處、耳處、鼻處、舌處、身處、意處生起歡樂、開心、舒暢、安心、期望、憂愁、悲傷、苦悶、憂慮、恐怖、絕望、出生、衰老、死亡等等喜怒哀樂的煩惱和痛苦的時候，魔王波旬、魔羅、妖

魔鬼怪就出現了，就被魔王波旬、魔羅、妖魔鬼怪控制、奴役、拷打、折磨、傷害了。魔王波旬、魔羅、妖魔鬼怪就是貪欲、渴愛，魔王波旬、魔羅、妖魔鬼怪就是歡樂、開心、舒暢、安心、期望、憂愁、悲傷、苦悶、憂慮、恐怖、絕望、出生、衰老、死亡等等喜怒哀樂的煩惱和痛苦。

當執著和掛念眼識、耳識、鼻識、舌識、身識、意識的時候（眼識、耳識、鼻識、舌識、身識、意識解釋，見第四十二章），當由眼識、耳識、鼻識、舌識、身識、意識生起貪欲、渴愛的時候，當由眼識、耳識、鼻識、舌識、身識、意識生起歡樂、開心、舒暢、安心、期望、憂愁、悲傷、苦悶、憂慮、恐怖、絕望、出生、衰老、死亡等等喜怒哀樂的煩惱和痛苦的時候，魔王波旬、魔羅、妖魔鬼怪就出現了，就被魔王波旬、魔羅、妖魔鬼怪控制、奴役、拷打、折磨、傷害了。魔王波旬、魔羅、妖魔鬼怪就是貪欲、渴愛，魔王波旬、魔羅、妖魔鬼怪就是歡樂、開心、舒暢、安心、期望、憂愁、悲傷、苦悶、憂慮、恐怖、絕望、出生、衰老、死亡等等喜怒哀樂的煩惱和痛苦。

當執著和掛念眼觸、耳觸、鼻觸、舌觸、身觸、意觸的時候（眼觸、耳觸、鼻觸、舌觸、身觸、意觸解釋，見第四十三章），當由眼觸、耳觸、鼻觸、舌觸、身觸、意觸生起貪欲、渴愛的時候，當由眼觸、耳觸、鼻觸、舌觸、身觸、意觸生起歡樂、開心、舒暢、安心、期望、憂愁、悲傷、苦悶、憂慮、恐怖、絕望、出生、衰老、死亡等等喜怒哀樂的煩惱和痛苦的時候，魔王波旬、魔羅、妖魔鬼怪就出現了，就被魔王波旬、魔羅、妖魔鬼怪控制、奴役、拷打、折磨、傷害了。魔王波旬、魔羅、妖魔鬼怪就是貪欲、渴愛，魔王波旬、魔羅、妖魔鬼怪就是歡樂、開心、舒暢、安心、期望、憂愁、悲傷、苦悶、憂慮、恐怖、絕望、出生、衰老、死亡等等喜怒哀樂的煩惱和痛苦。

當執著和掛念物質事物、物質身體、聲音、氣味、味道、觸覺、環境變化感覺（冷熱、舒適等等）、思想、見解、念想的時候，當由物質事物、物質身體、聲音、氣味、味道、觸覺、環境變化感覺（冷熱、舒適等等）、思想、見解、念想生起貪欲、渴愛的時候，當由物質事物、物質身體、聲音、氣味、味道、觸覺、環境變化感覺（冷熱、舒適等等）、思想、見解、念想生起歡樂、開心、舒暢、安心、

期望、憂愁、悲傷、苦悶、憂慮、恐怖、絕望、出生、衰老、死亡等等喜怒哀樂的煩惱和痛苦的時候，魔王波旬、魔羅、妖魔鬼怪就出現了，就被魔王波旬、魔羅、妖魔鬼怪控制、奴役、拷打、折磨、傷害了。魔王波旬、魔羅、妖魔鬼怪就是貪欲、渴愛，魔王波旬、魔羅、妖魔鬼怪就是歡樂、開心、舒暢、安心、期望、憂愁、悲傷、苦悶、憂慮、恐怖、絕望、出生、衰老、死亡等等喜怒哀樂的煩惱和痛苦。

　　三彌離提！如何降伏、制伏、消滅魔王波旬、魔羅、妖魔鬼怪呢？

　　三彌離提！當不執著和掛念眼睛、耳朵、鼻子、舌頭、身體、內心的時候，當不由眼睛、耳朵、鼻子、舌頭、身體、內心生起貪欲、渴愛的時候，當不由眼睛、耳朵、鼻子、舌頭、身體、內心生起歡樂、開心、舒暢、安心、期望、憂愁、悲傷、苦悶、憂慮、恐怖、絕望、出生、衰老、死亡等等喜怒哀樂的煩惱和痛苦的時候，魔王波旬、魔羅、妖魔鬼怪就被降伏、制伏、消滅了，就不會被魔王波旬、魔羅、妖魔鬼怪控制、奴役、拷打、折磨、傷害了。魔王波旬、魔羅、妖魔鬼怪就是貪欲、渴愛，魔王波旬、魔羅、妖魔鬼怪就是歡樂、開心、舒暢、安心、期望、憂愁、悲傷、苦悶、憂慮、恐怖、絕望、出生、衰老、死亡等等喜怒哀樂的煩惱和痛苦。除滅、滅盡了貪欲、渴愛，除滅、滅盡了歡樂、開心、舒暢、安心、期望、憂愁、悲傷、苦悶、憂慮、恐怖、絕望、出生、衰老、死亡等等喜怒哀樂的煩惱和痛苦，魔王波旬、魔羅、妖魔鬼怪就被降伏、制伏、消滅了。

　　當不執著和掛念眼處、耳處、鼻處、舌處、身處、意處的時候（眼處、耳處、鼻處、舌處、身處、意處簡稱六處，六處解釋，見第十九章），當不由眼處、耳處、鼻處、舌處、身處、意處生起貪欲、渴愛的時候，當不由眼處、耳處、鼻處、舌處、身處、意處生起歡樂、開心、舒暢、安心、期望、憂愁、悲傷、苦悶、憂慮、恐怖、絕望、出生、衰老、死亡等等喜怒哀樂的煩惱和痛苦的時候，魔王波旬、魔羅、妖魔鬼怪就被降伏、制伏、消滅了，就不會被魔王波旬、魔羅、妖魔鬼怪控制、奴役、拷打、折磨、傷害了。魔王波旬、魔羅、妖魔鬼怪就是貪欲、渴愛，魔王波旬、魔羅、妖魔鬼怪就是歡樂、開心、舒暢、安心、期望、憂愁、悲傷、苦悶、憂慮、恐怖、絕

望、出生、衰老、死亡等等喜怒哀樂的煩惱和痛苦。除滅、滅盡了貪欲、渴愛，除滅、滅盡了歡樂、開心、舒暢、安心、期望、憂愁、悲傷、苦悶、憂慮、恐怖、絕望、出生、衰老、死亡等等喜怒哀樂的煩惱和痛苦，魔王波旬、魔羅、妖魔鬼怪就被降伏、制伏、消滅了。

當不執著和掛念眼識、耳識、鼻識、舌識、身識、意識的時候（眼識、耳識、鼻識、舌識、身識、意識解釋，見第四十二章），當不由眼識、耳識、鼻識、舌識、身識、意識生起貪欲、渴愛的時候，當不由眼識、耳識、鼻識、舌識、身識、意識生起歡樂、開心、舒暢、安心、期望、憂愁、悲傷、苦悶、憂慮、恐怖、絕望、出生、衰老、死亡等等喜怒哀樂的煩惱和痛苦的時候，魔王波旬、魔羅、妖魔鬼怪就被降伏、制伏、消滅了，就不會被魔王波旬、魔羅、妖魔鬼怪控制、奴役、拷打、折磨、傷害了。魔王波旬、魔羅、妖魔鬼怪就是貪欲、渴愛，魔王波旬、魔羅、妖魔鬼怪就是歡樂、開心、舒暢、安心、期望、憂愁、悲傷、苦悶、憂慮、恐怖、絕望、出生、衰老、死亡等等喜怒哀樂的煩惱和痛苦。除滅、滅盡了貪欲、渴愛，除滅、滅盡了歡樂、開心、舒暢、安心、期望、憂愁、悲傷、苦悶、憂慮、恐怖、絕望、出生、衰老、死亡等等喜怒哀樂的煩惱和痛苦，魔王波旬、魔羅、妖魔鬼怪就被降伏、制伏、消滅了。

當不執著和掛念眼觸、耳觸、鼻觸、舌觸、身觸、意觸的時候（眼觸、耳觸、鼻觸、舌觸、身觸、意觸解釋，見第四十三章），當不由眼觸、耳觸、鼻觸、舌觸、身觸、意觸生起貪欲、渴愛的時候，當不由眼觸、耳觸、鼻觸、舌觸、身觸、意觸生起歡樂、開心、舒暢、安心、期望、憂愁、悲傷、苦悶、憂慮、恐怖、絕望、出生、衰老、死亡等等喜怒哀樂的煩惱和痛苦的時候，魔王波旬、魔羅、妖魔鬼怪就被降伏、制伏、消滅了，就不會被魔王波旬、魔羅、妖魔鬼怪控制、奴役、拷打、折磨、傷害了。魔王波旬、魔羅、妖魔鬼怪就是貪欲、渴愛，魔王波旬、魔羅、妖魔鬼怪就是歡樂、開心、舒暢、安心、期望、憂愁、悲傷、苦悶、憂慮、恐怖、絕望、出生、衰老、死亡等等喜怒哀樂的煩惱和痛苦。除滅、滅盡了貪欲、渴愛，除滅、滅盡了歡樂、開心、舒暢、安心、期望、憂愁、悲傷、苦悶、憂慮、恐怖、絕望、出生、衰老、死亡等等喜怒哀樂的煩惱和痛苦，魔王波

旬、魔羅、妖魔鬼怪就被降伏、制伏、消滅了。

　　當不執著和掛念物質事物、物質身體、聲音、氣味、味道、觸覺、環境變化感覺（冷熱、舒適等等）、思想、見解、念想的時候，當不由物質事物、物質身體、聲音、氣味、味道、觸覺、環境變化感覺（冷熱、舒適等等）、思想、見解、念想生起貪欲、渴愛的時候，當不由物質事物、物質身體、聲音、氣味、味道、觸覺、環境變化感覺（冷熱、舒適等等）、思想、見解、念想生起歡樂、開心、舒暢、安心、期望、憂愁、悲傷、苦悶、憂慮、恐怖、絕望、出生、衰老、死亡等等喜怒哀樂的煩惱和痛苦的時候，魔王波旬、魔羅、妖魔鬼怪就被降伏、制伏、消滅了，就不會被魔王波旬、魔羅、妖魔鬼怪控制、奴役、拷打、折磨、傷害了。魔王波旬、魔羅、妖魔鬼怪就是貪欲、渴愛，魔王波旬、魔羅、妖魔鬼怪就是歡樂、開心、舒暢、安心、期望、憂愁、悲傷、苦悶、憂慮、恐怖、絕望、出生、衰老、死亡等等喜怒哀樂的煩惱和痛苦。除滅、滅盡了貪欲、渴愛，除滅、滅盡了歡樂、開心、舒暢、安心、期望、憂愁、悲傷、苦悶、憂慮、恐怖、絕望、出生、衰老、死亡等等喜怒哀樂的煩惱和痛苦，魔王波旬、魔羅、妖魔鬼怪就被降伏、制伏、消滅了。」

　　佛陀說法後，三彌離提尊者再次的頂禮佛陀，隨喜讚歎佛陀說法的無量功德，並按著佛陀所說的法去修行。

一本書

讀懂所有佛經

308

第七十七章　什麼是有情眾生？

　　有個時候，佛陀住在王舍城栗鼠飼養處的竹林中，有一天，三彌離提尊者來到佛陀的住所，他頂禮佛陀後，就在一旁坐下，三彌離提尊者對佛陀說：「世尊，眾生是誰呢？有情眾生是什麼呢？什麼情況下眾生就出現了呢？什麼情況下就會被稱為有情眾生呢？」

　　佛陀說：「三彌離提！執著和掛念眼睛、耳朵、鼻子、舌頭、身體、內心的生物，由眼睛、耳朵、鼻子、舌頭、身體、內心生起貪欲、渴愛的生物，由眼睛、耳朵、鼻子、舌頭、身體、內心生起歡樂、開心、舒暢、安心、期望、憂愁、悲傷、苦悶、憂慮、恐怖、絕望、出生、衰老、死亡等等喜怒哀樂煩惱和痛苦的生物，就是眾生，因為眾生有喜怒哀樂等等的情感、感情，也稱眾生為有情眾生。也就是說有執著和掛念，有貪欲、渴愛的生起，有歡樂、開心、舒暢、安心、期望、憂愁、悲傷、苦悶、憂慮、恐怖、絕望、出生、衰老、死亡等等喜怒哀樂煩惱和痛苦的生起，眾生就出現了，有情眾生就出現了。

　　執著和掛念眼處、耳處、鼻處、舌處、身處、意處的生物（眼處、耳處、鼻處、舌處、身處、意處簡稱六處，六處解釋，見第十九章），由眼處、耳處、鼻處、舌處、身處、意處生起貪欲、渴愛的生物，由眼處、耳處、鼻處、舌處、身處、意處生起歡樂、開心、舒暢、安心、期望、憂愁、悲傷、苦悶、憂慮、恐怖、絕望、出生、衰老、死亡等等喜怒哀樂煩惱和痛苦的生物，就是眾生，因為眾生有喜怒哀樂等等的情感、感情，也稱眾生為有情眾生。也就是說有執著和掛念，有貪欲、渴愛的生起，有歡樂、開心、舒暢、安心、期望、憂愁、悲傷、苦悶、憂慮、恐怖、絕望、出生、衰老、死亡等等喜怒哀樂煩惱和痛苦的生起，眾生就出現了，有情眾生就出現了。

　　執著和掛念眼識、耳識、鼻識、舌識、身識、意識的生物（眼識、耳識、鼻識、舌識、身識、意識解釋，見第四十二章），由眼

識、耳識、鼻識、舌識、身識、意識生起貪欲、渴愛的生物，由眼識、耳識、鼻識、舌識、身識、意識生起歡樂、開心、舒暢、安心、期望、憂愁、悲傷、苦悶、憂慮、恐怖、絕望、出生、衰老、死亡等等喜怒哀樂煩惱和痛苦的生物，就是眾生，因為眾生有喜怒哀樂等等的情感、感情，也稱眾生為有情眾生。也就是說有執著和掛念，有貪欲、渴愛的生起，有歡樂、開心、舒暢、安心、期望、憂愁、悲傷、苦悶、憂慮、恐怖、絕望、出生、衰老、死亡等等喜怒哀樂煩惱和痛苦的生起，眾生就出現了，有情眾生就出現了。

執著和掛念眼觸、耳觸、鼻觸、舌觸、身觸、意觸的生物（眼觸、耳觸、鼻觸、舌觸、身觸、意觸解釋，見第四十三章），由眼觸、耳觸、鼻觸、舌觸、身觸、意觸生起貪欲、渴愛的生物，由眼觸、耳觸、鼻觸、舌觸、身觸、意觸生起歡樂、開心、舒暢、安心、期望、憂愁、悲傷、苦悶、憂慮、恐怖、絕望、出生、衰老、死亡等等喜怒哀樂煩惱和痛苦的生物，就是眾生，因為眾生有喜怒哀樂等等的情感、感情，也稱眾生為有情眾生。也就是說有執著和掛念，有貪欲、渴愛的生起，有歡樂、開心、舒暢、安心、期望、憂愁、悲傷、苦悶、憂慮、恐怖、絕望、出生、衰老、死亡等等喜怒哀樂煩惱和痛苦的生起，眾生就出現了，有情眾生就出現了。

執著和掛念物質事物、物質身體、聲音、氣味、味道、觸覺、環境變化感覺（冷熱、舒適等等）、思想、見解、念想的生物，由物質事物、物質身體、聲音、氣味、味道、觸覺、環境變化感覺（冷熱、舒適等等）、思想、見解、念想生起貪欲、渴愛的生物，由物質事物、物質身體、聲音、氣味、味道、觸覺、環境變化感覺（冷熱、舒適等等）、思想、見解、念想生起歡樂、開心、舒暢、安心、期望、憂愁、悲傷、苦悶、憂慮、恐怖、絕望、出生、衰老、死亡等等喜怒哀樂煩惱和痛苦的生物，就是眾生，因為眾生有喜怒哀樂等等的情感、感情，也稱眾生為有情眾生。也就是說有執著和掛念，有貪欲、渴愛的生起，有歡樂、開心、舒暢、安心、期望、憂愁、悲傷、苦悶、憂慮、恐怖、絕望、出生、衰老、死亡等等喜怒哀樂煩惱和痛苦的生起，眾生就出現了，有情眾生就出現了。」

佛陀說法後，三彌離提再次的頂禮佛陀，隨喜讚歎佛陀說法的無量功德，並按著佛陀所說的法去修行。

第七十八章　富樓那尊者的慈悲心

有個時候，佛陀住在舍衛城的祇樹林給孤獨園，有一天，富樓那尊者來到佛陀的住所，他頂禮佛陀後就在一旁坐下，富樓那尊者對佛陀說：「世尊，請您教導給我一個簡要的修行方法，讓我獨自修行的時候，能夠管束好自己的行為、言語、念想，讓我不放逸自己的行為、言語、念想肆意妄為、胡作非為，讓我不胡思亂想，能長久的安住在清淨的境界之中，讓我能夠精進努力的去修行，世尊，如果您教導給我的正法能夠讓我這樣的話，那就很好了。」

佛陀說：「富樓那！當眼睛看見物質事物生起了快樂、喜悅、開心，讓自己沉浸于滿意、舒服、合意的感覺之中的時候，就會進一步對眼睛看見的物質事物生起貪欲、渴愛。當對眼睛看見的物質事物生起快樂、喜悅、開心，讓自己沉浸于滿意、舒服、合意的感覺之中，並對眼睛看見的物質事物執著不捨、沉迷其中的時候，就會最終導致痛苦的產生，如來說：「快樂、喜悅、開心、滿意、舒服、合意的聚集、生起，就是煩惱和痛苦的聚集、生起；貪欲、渴愛的聚集、生起就是煩惱和痛苦的聚集、生起。」為什麼呢？因為眼睛與物質事物隨時在變化，無法永遠存在，無法永恆保持不變，無法永遠的擁有，當失去眼睛、物質事物的時候，當眼睛生病、衰老、喪失功能的時候，當物質事物衰敗、滅亡、消失的時候，就會帶來痛苦，之前眼睛、物質事物帶來了多少的快樂，當失去眼睛、物質事物的時候，當眼睛生病、衰老、喪失功能的時候，當物質事物衰敗、滅亡、消失的時候，就會帶來多少痛苦，所以眼睛、物質事物帶來的最終都是痛苦。

當耳朵聽到聲音生起了快樂、喜悅、開心，讓自己沉浸于滿意、舒服、合意的感覺之中的時候，就會進一步對耳朵聽到的聲音生起貪欲、渴愛。當對耳朵聽到的聲音生起快樂、喜悅、開心，讓自己沉浸于滿意、舒服、合意的感覺之中，並對耳朵聽到的聲音執著不捨、沉迷其中的時候，就會最終導致痛苦的產生，如來說：「快樂、喜悅、

一本書

讀懂所有佛經

開心、滿意、舒服、合意的聚集、生起，就是煩惱和痛苦的聚集、生起；貪欲、渴愛的聚集、生起就是煩惱和痛苦的聚集、生起。」為什麼呢？因為耳朵與聲音隨時在變化，無法永遠存在，無法永恆保持不變，無法永遠的擁有，當失去耳朵、聲音的時候，當耳朵生病、衰老、喪失功能的時候，當聲音消退、滅盡、消失的時候，就會帶來痛苦，之前耳朵、聲音帶來了多少的快樂，當失去耳朵、聲音的時候，當耳朵生病、衰老、喪失功能的時候，當聲音消退、滅盡、消失的時候，就會帶來多少痛苦，所以耳朵、聲音帶來的最終都是痛苦。

當鼻子聞到氣味生起了快樂、喜悅、開心，讓自己沉浸于滿意、舒服、合意的感覺之中的時候，就會進一步對鼻子聞到的氣味生起貪欲、渴愛。當對鼻子聞到的氣味生起快樂、喜悅、開心，讓自己沉浸于滿意、舒服、合意的感覺之中，並對鼻子聞到的氣味執著不捨、沉迷其中的時候，就會最終導致痛苦的產生，如來說：「快樂、喜悅、開心、滿意、舒服、合意的聚集、生起，就是煩惱和痛苦的聚集、生起；貪欲、渴愛的聚集、生起就是煩惱和痛苦的聚集、生起。」為什麼呢？因為鼻子與氣味隨時在變化，無法永遠存在，無法永恆保持不變，無法永遠的擁有，當失去鼻子、氣味的時候，當鼻子生病、衰老、喪失功能的時候，當氣味消退、滅盡、消失的時候，就會帶來痛苦，之前鼻子、氣味帶來了多少的快樂，當失去鼻子、氣味的時候，當鼻子生病、衰老、喪失功能的時候，當氣味消退、滅盡、消失的時候，就會帶來多少痛苦，所以鼻子、氣味帶來的最終都是痛苦。

當舌頭嘗到味道生起了快樂、喜悅、開心，讓自己沉浸于滿意、舒服、合意的感覺之中的時候，就會進一步對舌頭嘗到的味道生起貪欲、渴愛。當對舌頭嘗到的味道生起快樂、喜悅、開心，讓自己沉浸于滿意、舒服、合意的感覺之中，並對舌頭嘗到的味道執著不捨、沉迷其中的時候，就會最終導致痛苦的產生，如來說：「快樂、喜悅、開心、滿意、舒服、合意的聚集、生起，就是煩惱和痛苦的聚集、生起；貪欲、渴愛的聚集、生起就是煩惱和痛苦的聚集、生起。」為什麼呢？因為舌頭與味道隨時在變化，無法永遠存在，無法永恆保持不變，無法永遠的擁有，當失去舌頭、味道的時候，當舌頭生病、衰老、喪失功能的時候，當味道消退、滅盡、消失的時候，就會帶來痛

苦，之前舌頭、味道帶來了多少的快樂，當失去舌頭、味道的時候，當舌頭生病、衰老、喪失功能的時候，當味道消退、滅盡、消失的時候，就會帶來多少痛苦，所以舌頭、味道帶來的最終都是痛苦。

　　當身體觸摸感覺到觸覺，領納到環境變化感覺（冷熱、舒適等等）生起了快樂、喜悅、開心，讓自己沉浸于滿意、舒服、合意的感覺之中的時候，就會進一步對身體觸摸感覺到的觸覺，領納到的環境變化感覺生起貪欲、渴愛。當對身體觸摸感覺到的觸覺，領納到的環境變化感覺生起快樂、喜悅、開心，讓自己沉浸于滿意、舒服、合意的感覺之中，並對身體觸摸感覺到的觸覺，領納到的環境變化感覺執著不捨、沉迷其中的時候，就會最終導致痛苦的產生，如來說：「快樂、喜悅、開心、滿意、舒服、合意的聚集、生起，就是煩惱和痛苦的聚集、生起；貪欲、渴愛的聚集、生起就是煩惱和痛苦的聚集、生起。」為什麼呢？因為身體與觸覺、環境變化感覺（冷熱、舒適等等）隨時在變化，無法永遠存在，無法永恆保持不變，無法永遠的擁有，當失去身體、觸覺、環境變化感覺（冷熱、舒適等等）的時候，當身體生病、衰老、臨死的時候，當觸覺、環境變化感覺消退、滅盡、消失的時候，就會帶來痛苦，之前身體、觸覺、環境變化感覺帶來了多少的快樂，當失去身體、觸覺、環境變化感覺的時候，當身體生病、衰老、臨死的時候，當觸覺、環境變化感覺消退、滅盡、消失的時候，就會帶來多少痛苦，所以身體、觸覺、環境變化感覺帶來的最終都是痛苦。

　　當內心想到見解、思想、念想生起了快樂、喜悅、開心，讓自己沉浸于滿意、舒服、合意的感覺之中的時候，就會進一步對內心想到的見解、思想、念想生起貪欲、渴愛。當對內心想到的見解、思想、念想生起快樂、喜悅、開心，讓自己沉浸于滿意、舒服、合意的感覺之中，並對內心想到的見解、思想、念想執著不捨、沉迷其中的時候，就會最終導致痛苦的產生，如來說：「快樂、喜悅、開心、滿意、舒服、合意的聚集、生起，就是煩惱和痛苦的聚集、生起；貪欲、渴愛的聚集、生起就是煩惱和痛苦的聚集、生起。」為什麼呢？因為內心與見解、思想、念想隨時在變化，無法永遠存在，無法永恆保持不變，無法永遠的擁有，當失去內心、見解、思想、念想的時

一本書
讀懂所有佛經

候，當內心生病、衰老、喪失功能的時候，當見解、思想、念想消退、滅盡、消失的時候，就會帶來痛苦，之前內心、見解、思想、念想帶來了多少的快樂，當失去內心、見解、思想、念想的時候，當內心生病、衰老、喪失功能的時候，當見解、思想、念想消退、滅盡、消失的時候，就會帶來多少痛苦，所以內心、見解、思想、念想帶來的最終都是痛苦。

富樓那！如來已經簡要的為你說法。

富樓那！你是不是要準備遠行了？如來看你今天的這身打扮，好像是要遠行的樣子。」

富樓那尊者回答：「世尊，我準備到輸南巴蘭陀去弘揚您的正法，讓輸南巴蘭陀人也能聽聞到世尊您所說的正法，讓他們也能除滅貪欲、渴愛，從煩惱和痛苦中解脫出來。」

佛陀說：「富樓那！輸南巴蘭陀人粗暴、兇惡、好鬥。富樓那！如果輸南巴蘭陀人辱罵、誹謗、中傷你，你會怎麼想呢？」

富樓那尊者回答：「世尊，如果輸南巴蘭陀人辱罵、誹謗、中傷我，我會這樣想：「輸南巴蘭陀人還是很好的嘛，他們還是很友善的嘛，至少他們還沒有用拳頭來打我。」

佛陀說：「富樓那！如果輸南巴蘭陀人用拳頭來打你，你會怎麼想呢？」

富樓那尊者回答：「世尊，如果輸南巴蘭陀人用拳頭來打我，我會這樣想：「輸南巴蘭陀人還是很好的嘛，他們還是很友善的嘛，至少他們還沒有拿石頭來打我。」

佛陀說：「富樓那！如果輸南巴蘭陀人拿石頭來打你，你會怎麼想呢？」

富樓那尊者回答：「世尊，如果輸南巴蘭陀人拿石頭來打我，我會這樣想：「輸南巴蘭陀人還是很好的嘛，他們還是很友善的嘛，至少他們還沒有拿棍棒來打我。」

佛陀說：「富樓那！如果輸南巴蘭陀人拿棍棒來打你，你會怎麼想呢？」

富樓那尊者回答：「世尊，如果輸南巴蘭陀人拿棍棒來打我，我會這樣想：「輸南巴蘭陀人還是很好的嘛，他們還是很友善的嘛，至

少他們還沒有拿刀劍來砍刺我。」

佛陀說：「富樓那！如果輸南巴蘭陀人拿刀劍來砍刺你，你會怎麼想呢？」

富樓那尊者回答：「世尊，如果輸南巴蘭陀人拿刀劍來砍刺我，我會這樣想：「輸南巴蘭陀人還是很好的嘛，他們還是很友善的嘛，至少他們還沒有拿刀劍來殺死我。」

佛陀說：「富樓那！如果輸南巴蘭陀人拿刀劍來殺死你，你在臨死前會怎麼想呢？」

富樓那尊者回答：「世尊，輸南巴蘭陀人如果拿刀劍來殺死我，我在臨死前會這樣想：「輸南巴蘭陀人還是很好的嘛，他們還是很友善的嘛，他們拿刀劍來殺死我，正好幫助我進入不生不滅的涅槃境界，我這個在世間的身體和生命給我帶來了無數多的煩惱和痛苦，我早就想從世間徹底的解脫出來了，我早就想永遠的從生死輪回中解脫出來了，然而我又不能自殺，因為自殺是在造罪業，又不能故意授意、鼓動、收買別人，讓別人來殺死我，這同樣是在造罪業，造下罪業的人是無法進入不生不滅的涅槃境界的，現在他們用刀劍將我殺死了，我是為了弘揚世尊您的正法而犧牲的，這是為法獻身，能夠幫助我進入涅槃，我正求之不得呢，我還得感謝他們呢，不過可惜的是，他們還沒有聽聞到世尊您的正法，他們還無法滅盡他們自己的一切煩惱和痛苦，從生死輪回中解脫出來，進入不生不滅涅槃的境界，他們還要去承受無數喜怒哀樂的煩惱和痛苦，真是太可憐了。他們殺死了我就喪失了一次從生死輪回中永遠解脫出來的機會。」

佛陀說：「富樓那！很好，很好！富樓那，你不會因為輸南巴蘭陀人各種無禮、粗暴的言行而生氣、憤怒，你是善於控制自己情緒，讓自己內心保持寂靜，讓自己安住在清淨境界之中的人。富樓那！你現在隨時都可以出發到輸南巴蘭陀去弘揚如來的正法。」

佛陀說法後，富樓那尊者再次的頂禮佛陀，隨喜讚歎佛陀說法的無量功德，他站起來繞著佛陀向右轉圈，以表示他對佛陀的最高敬意！之後富樓那尊者就穿上法衣，拿著飯缽出發到輸南巴蘭陀去了。

富樓那尊者到了輸南巴蘭陀後，到處弘揚佛陀的正法，讓本來彪悍好鬥的輸南巴蘭陀民風得到了改善，當地人也逐漸變的有禮、和

善、仁慈了，當地民眾爭鬥的事情也越來越少，社會變的平和安定。有一千名輸南巴蘭陀人皈依成爲了在家修行弟子，其中有五百位優婆塞（男在家修行人），五百位優婆夷（女在家修行人）。

在某一年的雨季中，富樓那尊者的行爲、言語、念想修行圓滿，他證悟了解脫的果位，沒有過多久富樓那尊者就進入了涅槃的境界，徹底從生死輪回中解脫出來。富樓那尊者圓寂後，無數的輸南巴蘭陀人都痛哭流涕的悼念他們的導師富樓那尊者，並將富樓那尊者圓寂的日子定爲當地悼念聖者的節日。

富樓那尊者圓寂的消息傳到了舍衛城，無數的比丘來到佛陀的住所，他們頂禮佛陀後，其中的一位長老比丘對佛陀說：「世尊，那位受到您教導的富樓那比丘已經死去了。世尊，富樓那比丘死後會投生到什麼地方呢？是天界還是人間？他教化輸南巴蘭陀人的功德能夠讓他生到善道、幸福的地方嗎？他們未來的命運怎麼樣呢？世尊，簡單的說：「我們想知道富樓那比丘死後會投生到什麼地方？」

佛陀說：「比丘們！富樓那按著如來的正法循序漸進的修行，他行爲、言語、念想的修行已經圓滿，他已經滅盡一切的煩惱和痛苦，他已經證悟解脫的果位，從生死輪回中永遠的解脫出來，他不會再投生在世間，他已經進入不生不滅的涅槃境界。比丘們，簡單說就是：「富樓那已經般涅槃，不會再繼續投生在世間。」

佛陀說法後，聽法的出家弟子們都再次的頂禮佛陀，隨喜讚歎佛陀說法的無量功德，他們都按著佛陀所說的法去修行。

第七十九章　不是你們的東西

　　有個時候，佛陀住在舍衛城的祇樹林給孤獨園，有一天，佛陀對出家弟子們說：「比丘們（出家人）！不是你們的東西，你們不要執著和掛念它們，你們不要由它們生起貪欲、渴愛，你們要除滅、滅盡由它們生起的歡樂、開心、舒暢、安心、期望、憂愁、悲傷、苦悶、憂慮、恐怖、憤怒、絕望、出生、衰老、死亡等等喜怒哀樂的煩惱和痛苦，這樣你們就能獲得無數的好處和利益，這樣你們就能讓自己的內心保持長久的清淨和安寧。比丘們！世間的什麼東西不是你們的呢？

　　比丘們！眼睛、耳朵、鼻子、舌頭、身體、內心隨時在變化，無法永遠存在，無法永恆保持不變，無法永遠擁有，不是你們的東西，你們不要執著和掛念它們，你們不要由它們生起貪欲、渴愛，你們要除滅、滅盡由它們生起的歡樂、開心、舒暢、安心、期望、憂愁、悲傷、苦悶、憂慮、恐怖、憤怒、絕望、出生、衰老、死亡等等喜怒哀樂的煩惱和痛苦，這樣你們就能獲得無數的好處和利益，這樣你們就能讓自己的內心保持長久的清淨和安寧。

　　眼識、耳識、鼻識、舌識、身識、意識隨時在變化，無法永遠存在，無法永恆保持不變，無法永遠擁有，不是你們的東西（眼識、耳識、鼻識、舌識、身識、意識解釋，見第四十二章），你們不要執著和掛念它們，你們不要由它們生起貪欲、渴愛，你們要除滅、滅盡由它們生起的歡樂、開心、舒暢、安心、期望、憂愁、悲傷、苦悶、憂慮、恐怖、憤怒、絕望、出生、衰老、死亡等等喜怒哀樂的煩惱和痛苦，這樣你們就能獲得無數的好處和利益，這樣你們就能讓自己的內心保持長久的清淨和安寧。

　　眼觸、耳觸、鼻觸、舌觸、身觸、意觸隨時在變化，無法永遠存在，無法永恆保持不變，無法永遠擁有，不是你們的東西（眼觸、耳觸、鼻觸、舌觸、身觸、意觸解釋，見第四十三章），你們不要執著

和掛念它們，你們不要由它們生起貪欲、渴愛，你們要除滅、滅盡由它們生起的歡樂、開心、舒暢、安心、期望、憂愁、悲傷、苦悶、憂慮、恐怖、憤怒、絕望、出生、衰老、死亡等等喜怒哀樂的煩惱和痛苦，這樣你們就能獲得無數的好處和利益，這樣你們就能讓自己的內心保持長久的清淨和安寧。

物質事物、物質身體、聲音、氣味、味道、觸覺、環境變化感覺（冷熱、舒適等等）、思想、見解、念想隨時在變化，無法永遠存在，無法永恆保持不變，無法永遠擁有，不是你們的東西，你們不要執著和掛念它們，你們不要由它們生起貪欲、渴愛，你們要除滅、滅盡由它們生起的歡樂、開心、舒暢、安心、期望、憂愁、悲傷、苦悶、憂慮、恐怖、憤怒、絕望、出生、衰老、死亡等等喜怒哀樂的煩惱和痛苦，這樣你們就能獲得無數的好處和利益，這樣你們就能讓自己的內心保持長久的清淨和安寧。

由眼觸、耳觸、鼻觸、舌觸、身觸、意觸生起的快樂、痛苦、不苦不樂等等喜怒哀樂的感受隨時在變化，無法永遠存在，無法永恆保持不變，無法永遠擁有，不是你們的東西，你們不要執著和掛念它們，你們不要由它們生起貪欲、渴愛，你們要除滅、滅盡由它們生起的歡樂、開心、舒暢、安心、期望、憂愁、悲傷、苦悶、憂慮、恐怖、憤怒、絕望、出生、衰老、死亡等等喜怒哀樂的煩惱和痛苦，這樣你們就能獲得無數的好處和利益，這樣你們就能讓自己的內心保持長久的清淨和安寧。

比丘們，就如同在人跡罕至的深山密林之中，如果有人隨意的割掉野草、摘下鮮花、採摘野果，隨意的砍伐樹木、切割樹枝、清除樹葉，隨意的將各種乾草、樹枝、樹木搬回家，或者當柴薪、燃料燒掉，或者用來修建房子，或者用這些乾草、樹枝、樹木去做他們想做的事情，那麼這時，你們會這樣想嗎？就是你們會想：「這些人，他們將我割掉、摘下、採摘了，他們將我砍伐、切割、清除了，他們將我搬回家了，他們將我燒掉了，他們用我來修建房屋了，他們用我去做他們自己想要做的事情；這些人，他們在割掉、摘下、採摘我擁有的東西，他們把我擁有的東西砍伐、切割、清除了，他們把我擁有的東西搬回家了，他們把我擁有的東西燒掉了，他們用我擁有的東西

來修建他們自己的房屋了，他們用我擁有的東西去做他們自己想要做的事情了嗎？」

出家弟子們回答：「世尊，我們根本就不可能這樣去想的，為什麼呢？因為深山密林裡面的花草、樹木等等的一切都不是我們自己，都不是我們的物質身體，也不是我們所擁有的事物，既然如此，我們怎麼可能會認為這些東西是我們自己，是我們的物質身體，是我們所擁有的事物呢？我們怎麼可能會這樣去想呢？」

佛陀說：「比丘們，同樣的道理，眼睛、耳朵、鼻子、舌頭、身體、內心，眼觸、耳觸、鼻觸、舌觸、身觸、意觸，物質事物、物質身體、聲音、氣味、味道、觸覺、環境變化感覺（冷熱、舒適等等）、思想、見解、念想，由眼觸、耳觸、鼻觸、舌觸、身觸、意觸生起的快樂、痛苦、不苦不樂等等喜怒哀樂的感受，隨時在變化，無法永遠存在，無法永恆保持不變，無法永遠擁有，不是你們的東西，你們不要執著和掛念它們，你們不要由它們生起貪欲、渴愛，你們要除滅、滅盡由它們生起的歡樂、開心、舒暢、安心、期望、憂愁、悲傷、苦悶、憂慮、恐怖、憤怒、絕望、出生、衰老、死亡等等喜怒哀樂的煩惱和痛苦，這樣你們就能獲得無數的好處和利益，這樣你們就能讓自己的內心保持長久的清淨和安寧。」

佛陀說法後，聽法的出家弟子們都再次的頂禮佛陀，隨喜讚歎佛陀說法的無量功德，他們都按著佛陀所說的法去修行。

第八十章　煩惱和痛苦的生起與滅盡

　　有個時候，佛陀住在舍衛城的祇樹林給孤獨園，有一天，佛陀對出家弟子們說：「比丘們（出家人）！如來現在要教導你們煩惱和痛苦的聚集、生起與消退、滅盡，你們要認眞的聽，你們要仔細的思考，如來要開始說法了。」

　　出家弟子們回答：「世尊，我們會認眞聽您說法的，我們會仔細思考的，恭請世尊您爲我們說法。」

　　佛陀說：「比丘們，什麼是煩惱和痛苦的聚集、生起呢？眼睛與物質事物相遇的時候，通過光線的傳遞就會產生眼識，什麼是眼識呢？就是認識、分別、判斷物質事物。當眼睛、物質事物（通過光線傳遞）、眼識三者匯合、和合的時候，就會產生眼觸。什麼是眼觸呢？就是對物質事物的認知。比丘們也就是說：當眼睛與物質事物相遇的時候，通過光線的傳遞就會分別出物質事物的存在和不同，並且產生對物質事物的認知。眼識與眼觸有什麼區別呢？眼識是分別、判斷物質事物的有無、不同。而眼觸是直接確定和認知物質事物。也就是眼睛與物質事物相遇，通過光線傳遞，就會分別出各種物質事物光線的不同，最後確定認知自己看見的物質事物。以「觸」爲前提條件產生出各種「感受」，以「感受」爲前提條件產生出「貪愛」，以「貪愛」爲前提條件產生出「執著、執取」，以「執著、執取」爲前提條件產生出「有」，以「有」爲前提條件產生出「生」，這樣有「生」就會產生出憂愁、悲傷、苦悶、憂慮、絕望、生病、衰老、死亡等等無數的煩惱和痛苦。這就是世間人或眾生痛苦和煩惱聚集、出現的過程，世間的人或眾生按緣起法（緣起法解釋，見第十八章、第十九章）的順行就會繼續的在生死輪回中煎熬沉淪，受盡折磨和痛苦。比丘們，這就是煩惱和痛苦的聚集、生起。

　　耳朵與聲音相遇的時候，通過各種介質的傳遞就會產生耳識。什麼是耳識呢？就是認識、分別、判斷發出的聲響。當耳朵、聲音（通

過各種介質傳遞）、耳識三者匯合、和合的時候，就會產生耳觸。什麼是耳觸呢？就是對聲音的認知。比丘們也就是說：當耳朵與聲音相遇的時候，通過各種介質的傳遞就會分別出聲音的存在和不同，並且產生對聲音的認知。耳識與耳觸有什麼區別呢？耳識是分別、判斷聲音的有無、不同。而耳觸是直接確定和認知聲音。也就是耳朵與聲音相遇，通過各種介質傳遞，就會分別出各種不同的聲音，最後確定認知自己聽見的聲音。以「觸」為前提條件產生出各種「感受」，以「感受」為前提條件產生出「貪愛」，以「貪愛」為前提條件產生出「執著、執取」，以「執著、執取」為前提條件產生出「有」，以「有」為前提條件產生出「生」，這樣有「生」就會產生出憂愁、悲傷、苦悶、憂慮、絕望、生病、衰老、死亡等等無數的煩惱和痛苦。這就是世間人或眾生痛苦和煩惱聚集、出現的過程，世間的人或眾生按緣起法（緣起法解釋，見第十八章、第十九章）的順行就會繼續的在生死輪迴中煎熬沉淪，受盡折磨和痛苦。比丘們，這就是煩惱和痛苦的聚集、生起。

鼻子與氣味相遇的時候，通過各種介質的傳遞就會產生鼻識。什麼是鼻識呢？就是認識、分別、判斷散發出的氣味。當鼻子、氣味（通過各種介質傳遞）、鼻識三者匯合、和合的時候，就會產生鼻觸。什麼是鼻觸呢？就是對氣味的認知。比丘們也就是說：當鼻子與氣味相遇的時候，通過各種介質的傳遞就會分別出氣味的存在和不同，並且產生對氣味的認知。鼻識與鼻觸有什麼區別呢？鼻識是分別、判斷氣味的有無、不同。而鼻觸是直接確定和認知氣味。也就是鼻子與氣味相遇，通過各種介質傳遞，就會分別出各種不同的氣味，最後確定認知自己聞到的氣味。以「觸」為前提條件產生出各種「感受」，以「感受」為前提條件產生出「貪愛」，以「貪愛」為前提條件產生出「執著、執取」，以「執著、執取」為前提條件產生出「有」，以「有」為前提條件產生出「生」，這樣有「生」就會產生出憂愁、悲傷、苦悶、憂慮、絕望、生病、衰老、死亡等等無數的煩惱和痛苦。這就是世間人或眾生痛苦和煩惱聚集、出現的過程，世間的人或眾生按緣起法（緣起法解釋，見第十八章、第十九章）的順行就會繼續的在生死輪迴中煎熬沉淪，受盡折磨和痛苦。比丘們，這就是煩惱

和痛苦的聚集、生起。

舌頭與味道相遇的時候，就會產生舌識，什麼是舌識呢？就是認識、分別、判斷事物的味道。當舌頭、味道、舌識三者匯合、和合的時候，就會產生舌觸，什麼是舌觸呢？就是對味道的認知。比丘們也就是說：當舌頭與味道相遇的時候，就會分別出味道的存在和不同，並且產生對味道的認知。舌識與舌觸有什麼區別呢？舌識是分別、判斷味道的有無、不同。而舌觸是直接確定和認知味道。也就是舌頭與味道相遇，就會分別出各種不同的味道，最後確定認知自己嘗到的味道。以「觸」為前提條件產生出各種「感受」，以「感受」為前提條件產生出「貪愛」，以「貪愛」為前提條件產生出「執著、執取」，以「執著、執取」為前提條件產生出「有」，以「有」為前提條件產生出「生」，這樣有「生」就會產生出憂愁、悲傷、苦悶、憂慮、絕望、生病、衰老、死亡等等無數的煩惱和痛苦。這就是世間人或眾生痛苦和煩惱聚集、出現的過程，世間的人或眾生按緣起法（緣起法解釋，見第十八章、第十九章）的順行就會繼續的在生死輪回中煎熬沉淪，受盡折磨和痛苦。比丘們，這就是煩惱和痛苦的聚集、生起。

身體觸摸到事物，感覺到環境變化（冷熱、舒適等等）的時候，就會產生身識，什麼是身識呢？就是認識、分別、判斷事物的觸摸感覺，環境變化感覺（冷熱、舒適等等）。當身體、觸覺（或者環境變化感覺）、身識三者匯合、和合的時候，就會產生身觸，什麼是身觸呢？就是對事物觸摸感覺，環境變化感覺（冷熱、舒適等等）的認知。比丘們也就是說：當身體觸摸到事物，感覺到環境變化（冷熱、舒適等等）的時候，就會分別出事物觸摸感覺，環境變化感覺（冷熱、舒適等等）的存在和不同，並且產生對事物觸摸感覺，環境變化感覺（冷熱、舒適等等）的認知。身識與身觸有什麼區別呢？身識是分別、判斷事物觸摸感覺，環境變化感覺的有無、不同。而身觸是直接確定和認知觸覺、環境變化感覺。也就是身體觸摸到事物，感覺到環境變化的時候，就會分別出各種不同的觸摸感覺、環境變化感覺，最後確定認知自己摸到事物的觸摸感覺，確定認知自己所處環境的身體感覺。以「觸」為前提條件產生出各種「感受」，以「感受」為前提條件產生出「貪愛」，以「貪愛」為前提條件產生出「執著、執

取」，以「執著、執取」為前提條件產生出「有」，以「有」為前提條件產生出「生」，這樣有「生」就會產生出憂愁、悲傷、苦悶、憂慮、絕望、生病、衰老、死亡等等無數的煩惱和痛苦。這就是世間人或眾生痛苦和煩惱聚集、出現的過程，世間的人或眾生按緣起法（緣起法解釋，見第十八章、第十九章）的順行就會繼續的在生死輪回中煎熬沉淪，受盡折磨和痛苦。比丘們，這就是煩惱和痛苦的聚集、生起。

內心與物質事物、精神思想相遇的時候，就會產生意識，什麼是意識呢？就是認識、分別、判斷物質事物、精神思想。當內心，物質事物、精神思想，意識三者匯合、和合的時候，就會產生意觸，什麼是意觸呢？就是內心對物質事物、精神思想的認知。比丘們也就是說：當內心與物質事物、精神思想相遇的時候，就會分別出物質事物、精神思想的存在和不同，並且產生對物質事物、精神思想的認知開始思索。意識與意觸有什麼區別呢？意識是分別、判斷物質事物、精神思想的有無、不同。而意觸是直接確定和認知物質事物、精神思想後開始思索。也就是內心與物質事物、精神思想相遇，就會分別出各種不同的物質事物、精神思想，最後確定認知自己接觸的物質事物、精神思想開始思索。以「觸」為前提條件產生出各種「感受」，以「感受」為前提條件產生出「貪愛」，以「貪愛」為前提條件產生出「執著、執取」，以「執著、執取」為前提條件產生出「有」，以「有」為前提條件產生出「生」，這樣有「生」就會產生出憂愁、悲傷、苦悶、憂慮、絕望、生病、衰老、死亡等等無數的煩惱和痛苦。這就是世間人或眾生痛苦和煩惱聚集、出現的過程，世間的人或眾生按緣起法（緣起法解釋，見第十八章、第十九章）的順行就會繼續的在生死輪回中煎熬沉淪，受盡折磨和痛苦。比丘們，這就是煩惱和痛苦的聚集、生起。

比丘們，什麼是煩惱和痛苦的消退、滅盡呢？眼睛與物質事物相遇的時候，通過光線的傳遞就會產生眼識，當眼睛、物質事物（通過光線傳遞）、眼識三者匯合、和合的時候，就會產生眼觸。以「觸」為前提條件產生出各種「感受」，以「感受」為前提條件產生出「貪愛」。當「貪愛」生起的時候，除滅、滅盡「貪愛」，或者不由「感

受」生起「貪愛」，那麼「貪愛」就滅除了。「貪愛」滅盡了，「取」就滅除了。「取」滅盡了，「有」就滅除了。「有」滅盡了，「生」就滅除了。「生」滅盡了，憂愁、悲傷、苦悶、憂慮、絕望、生病、衰老、死亡等等無數的煩惱和痛苦就滅除了。這就是世間人或眾生痛苦和煩惱滅除、滅盡的過程。世間的人或眾生按緣起法（緣起法解釋，見第十八章、第十九章）的逆行就能從生死輪回的煩惱和痛苦中解脫出來。比丘們，這就是煩惱和痛苦的消退、滅盡。

耳朵與聲音相遇的時候，通過各種介質的傳遞就會產生耳識。當耳朵、聲音（通過各種介質傳遞）、耳識三者匯合、和合的時候，就會產生耳觸。以「觸」為前提條件產生出各種「感受」，以「感受」為前提條件產生出「貪愛」。當「貪愛」生起的時候，除滅、滅盡「貪愛」，或者不由「感受」生起「貪愛」，那麼「貪愛」就滅除了。「貪愛」滅盡了，「取」就滅除了。「取」滅盡了，「有」就滅除了。「有」滅盡了，「生」就滅除了。「生」滅盡了，憂愁、悲傷、苦悶、憂慮、絕望、生病、衰老、死亡等等無數的煩惱和痛苦就滅除了。這就是世間人或眾生痛苦和煩惱滅除、滅盡的過程。世間的人或眾生按緣起法（緣起法解釋，見第十八章、第十九章）的逆行就能從生死輪回的煩惱和痛苦中解脫出來。比丘們，這就是煩惱和痛苦的消退、滅盡。

鼻子與氣味相遇的時候，通過各種介質的傳遞就會產生鼻識。當鼻子、氣味（通過各種介質傳遞）、鼻識三者匯合、和合的時候，就會產生鼻觸。以「觸」為前提條件產生出各種「感受」，以「感受」為前提條件產生出「貪愛」。當「貪愛」生起的時候，除滅、滅盡「貪愛」，或者不由「感受」生起「貪愛」，那麼「貪愛」就滅除了。「貪愛」滅盡了，「取」就滅除了。「取」滅盡了，「有」就滅除了。「有」滅盡了，「生」就滅除了。「生」滅盡了，憂愁、悲傷、苦悶、憂慮、絕望、生病、衰老、死亡等等無數的煩惱和痛苦就滅除了。這就是世間人或眾生痛苦和煩惱滅除、滅盡的過程。世間的人或眾生按緣起法（緣起法解釋，見第十八章、第十九章）的逆行就能從生死輪回的煩惱和痛苦中解脫出來。比丘們，這就是煩惱和痛苦的消退、滅盡。

舌頭與味道相遇的時候，就會產生舌識，當舌頭、味道、舌識三者匯合、和合的時候，就會產生舌觸，以「觸」爲前提條件產生出各種「感受」，以「感受」爲前提條件產生出「貪愛」。當「貪愛」生起的時候，除滅、滅盡「貪愛」，或者不由「感受」生起「貪愛」，那麼「貪愛」就滅除了。「貪愛」滅盡了，「取」就滅除了。「取」滅盡了，「有」就滅除了。「有」滅盡了，「生」就滅除了。「生」滅盡了，憂愁、悲傷、苦悶、憂慮、絕望、生病、衰老、死亡等等無數的煩惱和痛苦就滅除了。這就是世間人或眾生痛苦和煩惱滅除、滅盡的過程。世間的人或眾生按緣起法（緣起法解釋，見第十八章、第十九章）的逆行就能從生死輪回的煩惱和痛苦中解脫出來。比丘們，這就是煩惱和痛苦的消退、滅盡。

身體觸摸到事物，感覺到環境變化（冷熱、舒適等等）的時候，就會產生身識，當身體、觸覺（或者環境變化感覺）、身識三者匯合、和合的時候，就會產生身觸，以「觸」爲前提條件產生出各種「感受」，以「感受」爲前提條件產生出「貪愛」。當「貪愛」生起的時候，除滅、滅盡「貪愛」，或者不由「感受」生起「貪愛」，那麼「貪愛」就滅除了。「貪愛」滅盡了，「取」就滅除了。「取」滅盡了，「有」就滅除了。「有」滅盡了，「生」就滅除了。「生」滅盡了，憂愁、悲傷、苦悶、憂慮、絕望、生病、衰老、死亡等等無數的煩惱和痛苦就滅除了。這就是世間人或眾生痛苦和煩惱滅除、滅盡的過程。世間的人或眾生按緣起法（緣起法解釋，見第十八章、第十九章）的逆行就能從生死輪回的煩惱和痛苦中解脫出來。比丘們，這就是煩惱和痛苦的消退、滅盡。

內心與物質事物、精神思想相遇的時候，就會產生意識，當內心，物質事物、精神思想，意識三者匯合、和合的時候，就會產生意觸，以「觸」爲前提條件產生出各種「感受」，以「感受」爲前提條件產生出「貪愛」。當「貪愛」生起的時候，除滅、滅盡「貪愛」，或者不由「感受」生起「貪愛」，那麼「貪愛」就滅除了。「貪愛」滅盡了，「取」就滅除了。「取」滅盡了，「有」就滅除了。「有」滅盡了，「生」就滅除了。「生」滅盡了，憂愁、悲傷、苦悶、憂慮、絕望、生病、衰老、死亡等等無數的煩惱和痛苦就滅除了。這就是世間人或

眾生痛苦和煩惱滅除、滅盡的過程。世間的人或眾生按緣起法（緣起法解釋，見第十八章、第十九章）的逆行就能從生死輪迴的煩惱和痛苦中解脫出來。比丘們，這就是煩惱和痛苦的消退、滅盡。

　　比丘們，這就是煩惱和痛苦聚集、生起與消退、滅盡的法義。」

　　佛陀說法後，聽法的出家弟子們都再次的頂禮佛陀，隨喜讚歎佛陀說法的無量功德，他們都按著佛陀所說的法去修行。

第八十一章　賓頭盧尊者對國王說法

有個時候，賓頭盧尊者住在拘睒彌城的瞿師羅園，有一天，優填那王來到賓頭盧尊者的住所，他與賓頭盧尊者互相問候後，就在一旁坐下，優填那王對賓頭盧尊者說：「尊者，我現在內心中有一個疑問，想要請教您一下。」

賓頭盧尊者說：「大王，請您將您的疑問告訴我。」

優填那王說：「尊者，是這樣的，我看見僧團裡面有些年輕的出家人，他們這個年紀正是血氣方剛、精力充沛的時候，他們如何做到不被女人誘惑的？我在他們這個年齡的時候，根本無法控制對女人的貪愛和誘惑，而這些年輕的出家人，他們卻能抗拒女人的誘惑，並且從他們出家的那一刻開始，他們一生都不能與女人親熱，對於我來說，這根本是不可能的事情，他們是如何做到的呢？我對這個問題非常的疑惑。」

賓頭盧尊者說：「大王，世尊曾經教導我們：『看見年紀與自己的母親差不多大的女子就把她看作是自己的母親；看見與自己年紀相仿的女子，把比自己年紀稍小的女子看作是自己的親妹妹，把比自己年紀稍大的女子看作是自己的親姐姐；看見比自己小很多的女子，就把她看作是自己的親女兒』。大王這就是僧團裡面年輕的出家人不會對女子生起貪欲、渴愛的原因。」

優填那王說：「尊者，人的心是浮動的，隨時都會發生變化，您剛才說的那種方法，可能有的時候管用，有的時候就不管用了，如果看見了絕色美女，看見了自己喜歡的女子，那麼就根本不管用了，那個時候心裡想的是如何與這個女子親熱，您剛才說的那種控制念想的方法，早就忘掉了。」

賓頭盧尊者說：「大王，世尊還教導給我們一個方法：『比丘們（出家人），你們要觀想：世間任何的人從腳底到頭頂都是污穢不乾淨的，世間人的身體從內到外都是污穢不乾淨的。頭髮、體毛、指

甲、牙齒、皮膚、肌肉、筋腱、骨骼、骨髓、腎臟、心臟、肝臟、胸膜、脾臟、肺臟、大腸、小腸、胃、糞便、膽汁、痰、膿、血、汗液、脂肪、眼淚、油脂、唾液、鼻涕、滑液、尿液、腦漿等等都是污穢不乾淨的』大王，您如果一個月不洗澡會怎麼樣？」

優填那王說：「尊者，一個月不洗澡簡直不敢想像，多半滿身體污垢、惡臭難聞吧，我每天都會洗兩次澡，早上起床後洗一次澡，晚上睡覺前洗一次澡。每天不洗澡我就渾身不舒服。」

賓頭盧尊者說：「大王，您看見過屍體嗎？您看見過那種被撕裂開、殘缺不全的屍體嗎？這些屍體散發出來的是什麼氣味呢？」

優填那王說：「尊者，我在戰場上看見過屍體，看見過被撕裂開、殘缺不全的屍體，那些屍體被無數的蛆蟲啃食，加上這些屍體腐爛散發出來的氣味，簡直可以讓人三個月嘔吐吃不下飯，我上戰場看見那些噁心的屍體後，一年時間都拒絕再看見肉類，拒絕吃肉，因為我看見肉就會想到那些屍體，到現在為止，我還是心有餘悸。我不想再去回想那種無法用言語描述的屍體腐爛散發出來的惡臭，那種惡臭可以讓戰場上最勇敢的猛士都為之動容掩面，連英雄都會遠離這些噁心的屍體。」

賓頭盧尊者說：「大王，您生吃過肉嗎？」

優填那王說：「尊者，我沒有生吃過肉，不過我知道生肉是很腥臭的，血淋淋的，看著都覺得噁心。」

賓頭盧尊者說：「大王，世間人的身體剝開後，看見的就是這些血淋淋的生肉，聞到的就是這些血腥的氣味。」

優填那王點點頭說：「尊者，我明白了，您是在用實例解釋「世間人的身體是污穢不乾淨的」這個法義，您剛才說的這個法義我接受，世間人的身體確實是污穢不乾淨的，世間人會排泄出、流出很多污穢的東西，比如排泄出糞便、尿液，流出鼻涕、眼淚、口水、汗液，吐出口痰等等，長時間不洗澡身體會變得污穢不堪。當然身體腐爛的時候就會惡臭難聞，身體受傷了也會流出膿血，在這些情況下身體也是污穢不乾淨的。」

賓頭盧尊者說：「大王，這就是僧團裡面的年輕出家人能夠不對女人生起貪欲、渴愛的原因。」

優填那王說：「尊者，首先我承認，您剛才講的這個污穢不乾淨的觀想確實是有一定的效果的，可是尊者，您剛才說的這個觀想應該對您們這些經常修習這個不淨觀想的人有效果，您們出家人受持戒律，就像我們國家的民眾遵紀守法一樣，您們看見女人知道去做不淨的觀想，可是對於一般人來說，誰會去做不淨的觀想呢？尊者就拿我自己來說，我看見漂亮的女子，看見她們全身上下，穿的衣服都是乾乾淨淨的，她們渾身都散發出女人特有誘人的幽香，我根本就無法抗拒哦，應該說是欲罷不能，她們確實是乾乾淨淨的，漂漂亮亮的，我如何去觀想她們是污穢不乾淨的嘛？我如何去將她們觀想成腐爛的屍體嘛？尊者，這就有一個問題，雖然我肯定您剛才所說的不淨觀想的作用，但是很難在實際的情況下將一位乾淨、漂亮、高貴的女子觀想成一個污穢不堪、惡臭難聞的屍體。尊者，您能夠教給我一個，對一般人都切實有效的，抗拒女人誘惑的方法嗎？」

賓頭盧尊者說：「大王，有這樣的方法。就是您就要守護好您的眼睛、耳朵、鼻子、舌頭、身體、內心這六個門戶。

如何守護好這六個門戶呢？當眼睛看見喜歡的物質事物，生起了貪欲、渴愛，或者離開這些物質事物所在的地方，或者用一些不會生起貪欲、渴愛的念想來替代貪欲、渴愛的念想。比如看見漂亮的女子，內心生起了貪欲、渴愛的念想，那麼這時或者離開那個地方，不再看見這些漂亮的女子，由此熄滅貪欲、渴愛，或者內心中觀想一些不會生起貪欲、渴愛的事情事物，比如：數呼吸的次數，觀想雨滴、流水、樹葉等等，用平靜安寧的念想來替代貪欲、渴愛的念想，這樣就能熄滅內心的貪欲、渴愛，這樣就能守護好眼睛這個門戶。

當眼睛看見物質事物的時候，不執著和掛念整個物質事物，也不執著和掛念物質事物中的某個單獨、特別、獨特的部位，因為一旦沒有守護好眼睛，執著和掛念眼睛與物質事物，沉迷於眼睛與物質事物之中，那麼貪欲、憂愁、惡法、不善法等等的念想就會在內心中持續不斷的流動，持續不斷的生起，無有窮盡。如果守護好了眼睛，就不會執著和掛念眼睛與物質事物，就不會在眼睛看見物質事物的時候，讓貪欲、憂愁、惡法、不善法等等的念想持續不斷的流動，持續不斷的生起，這樣就能讓內心保持清淨。不由眼睛與物質事物生起念想，

這就是守護好了眼睛。

當耳朵聽到喜歡的聲音，生起了貪欲、渴愛，或者離開這些聲音所在的地方，或者用一些不會生起貪欲、渴愛的念想來替代貪欲、渴愛的念想。比如聽到女子的聲音，內心生起了貪欲、渴愛的念想，那麼這時或者離開那個地方，不再聽到這些女子的聲音，由此熄滅貪欲、渴愛，或者內心中觀想一些不會生起貪欲、渴愛的事情事物，比如：數呼吸的次數，觀想雨滴、流水、樹葉等等，用平靜安寧的念想來替代貪欲、渴愛的念想，這樣就能熄滅內心的貪欲、渴愛，這樣就能守護好耳朵這個門戶。

當耳朵聽到聲音的時候，不執著和掛念整個聲音，也不執著和掛念聲音中夾雜著的某個單獨、特別、獨特的聲音，因為一旦沒有守護好耳朵，執著和掛念耳朵與聲音，沉迷於耳朵與聲音之中，那麼貪欲、憂愁、惡法、不善法等等的念想就會在內心中持續不斷的流動，持續不斷的生起，無有窮盡。如果守護好了耳朵，就不會執著和掛念耳朵與聲音，就不會在耳朵聽到聲音的時候，讓貪欲、憂愁、惡法、不善法等等的念想持續不斷的流動，持續不斷的生起，這樣就能讓內心保持清淨。不由耳朵與聲音生起念想，這就是守護好了耳朵。

當鼻子聞到喜歡的氣味，生起了貪欲、渴愛，或者離開這些氣味所在的地方，或者用一些不會生起貪欲、渴愛的念想來替代貪欲、渴愛的念想。比如聞到女子身上散發出來的幽香，內心生起了貪欲、渴愛的念想，那麼這時或者離開那個地方，不再聞到這些女子的香氣，由此熄滅貪欲、渴愛，或者內心中觀想一些不會生起貪欲、渴愛的事情事物，比如：數呼吸的次數，觀想雨滴、流水、樹葉等等，用平靜安寧的念想來替代貪欲、渴愛的念想，這樣就能熄滅內心的貪欲、渴愛，這樣就能守護好鼻子這個門戶。

當鼻子聞到氣味的時候，不執著和掛念整個氣味，也不執著和掛念氣味中夾雜著的某個單獨、特別、獨特的氣味，因為一旦沒有守護好鼻子，執著和掛念鼻子與氣味，沉迷於鼻子與氣味之中，那麼貪欲、憂愁、惡法、不善法等等的念想就會在內心中持續不斷的流動，持續不斷的生起，無有窮盡。如果守護好了鼻子，就不會執著和掛念鼻子與氣味，就不會在鼻子聞到氣味的時候，讓貪欲、憂愁、惡法、

不善法等等的念想持續不斷的流動，持續不斷的生起，這樣就能讓內心保持清淨。不由鼻子與氣味生起念想，這就是守護好了鼻子。

當舌頭嘗到喜歡的味道，生起了貪欲、渴愛，或者不再嘗這些味道，或者用一些不會生起貪欲、渴愛的念想來替代貪欲、渴愛的念想。比如嘗到美味可口的菜肴，內心生起了貪欲、渴愛的念想，那麼這時或者不再吃這些美味的菜肴，不再嘗到這些菜肴的味道，由此熄滅貪欲、渴愛，或者內心中觀想一些不會生起貪欲、渴愛的事情事物，比如：數呼吸的次數，觀想雨滴、流水、樹葉等等，用平靜安寧的念想來替代貪欲、渴愛的念想，這樣就能熄滅內心的貪欲、渴愛，這樣就能守護好舌頭這個門戶。

當舌頭嘗到味道的時候，不執著和掛念整個味道，也不執著和掛念味道中夾雜著的某個單獨、特別、獨特的味道，因爲一旦沒有守護好舌頭，執著和掛念舌頭與味道，沉迷於舌頭與味道之中，那麼貪欲、憂愁、惡法、不善法等等的念想就會在內心中持續不斷的流動，持續不斷的生起，無有窮盡。如果守護好了舌頭，就不會執著和掛念舌頭與味道，就不會在舌頭嘗到味道的時候，讓貪欲、憂愁、惡法、不善法等等的念想持續不斷的流動，持續不斷的生起，這樣就能讓內心保持清淨。不由舌頭與味道生起念想，這就是守護好了舌頭。

當身體觸摸感覺到，領納到喜歡的觸覺、環境變化感覺（冷熱、舒適等等），生起了貪欲、渴愛，或者不再觸摸這些事物，不由這些事物產生觸覺，離開這些產生環境變化感覺的地方，或者用一些不會生起貪欲、渴愛的念想來替代貪欲、渴愛的念想。比如觸摸感覺到女子肌膚的細滑柔嫩，內心生起了貪欲、渴愛的念想，那麼這時不再觸摸這些女子細滑柔嫩的肌膚，不由這些女子的肌膚產生觸覺；或者身處沉迷舒適的環境之中，離開那個地方，不由沉迷舒適的環境產生環境變化感覺，由此熄滅貪欲、渴愛。或者內心中觀想一些不會生起貪欲、渴愛的事情事物，比如：數呼吸的次數，觀想雨滴、流水、樹葉等等，用平靜安寧的念想來替代貪欲、渴愛的念想，這樣就能熄滅內心的貪欲、渴愛，這樣就能守護好身體這個門戶。

當身體觸摸感覺到觸覺，領納到環境變化感覺（冷熱、舒適等等）的時候，不執著和掛念整個觸覺、環境變化感覺，也不執著和掛

念觸覺、環境變化感覺中夾雜著的某個單獨、特別、獨特的觸覺、環境變化感覺，因為一旦沒有守護好身體，執著和掛念身體與觸覺、環境變化感覺，沉迷於身體與觸覺、環境變化感覺之中，那麼貪欲、憂愁、惡法、不善法等等的念想就會在內心中持續不斷的流動，持續不斷的生起，無有窮盡。如果守護好了身體，就不會執著和掛念身體與觸覺、環境變化感覺，就不會在身體觸摸感覺到觸覺，領納到環境變化感覺的時候，讓貪欲、憂愁、惡法、不善法等等的念想持續不斷的流動，持續不斷的生起，這樣就能讓內心保持清淨。不由身體與觸覺、環境變化感覺生起念想，這就是守護好了身體。

當內心想到喜歡的見解、思想、念想，生起了貪欲、渴愛，或者不再繼續的想這些見解、思想、念想，熄滅、停止這些見解、思想、念想，或者用一些不會生起貪欲、渴愛的念想來替代貪欲、渴愛的念想。比如想到漂亮的女子，內心生起了貪欲、渴愛的念想，那麼這時不再繼續的想這些漂亮的女子，熄滅、停止由漂亮女子生起的念想，由此熄滅貪欲、渴愛，或者內心中觀想一些不會生起貪欲、渴愛的事情事物，比如：數呼吸的次數，觀想雨滴、流水、樹葉等等，用平靜安寧的念想來替代貪欲、渴愛的念想，這樣就能熄滅內心的貪欲、渴愛，這樣就能守護好內心這個門戶。

當內心想到見解、思想、念想的時候，不執著和掛念整個見解、思想、念想，也不執著和掛念見解、思想、念想中夾雜著的某個單獨、特別、獨特的見解、思想、念想，因為一旦沒有守護好內心，執著和掛念內心與見解、思想、念想，沉迷於內心與見解、思想、念想之中，那麼貪欲、憂愁、惡法、不善法等等的念想就會在內心中持續不斷的流動，持續不斷的生起，無有窮盡。如果守護好了內心，就不會執著和掛念內心與見解、思想、念想，就不會在內心想到見解、思想、念想的時候，讓貪欲、憂愁、惡法、不善法等等的念想持續不斷的流動，持續不斷的生起，這樣就能讓內心保持清淨。不由內心與見解、思想、念想生起念想，這就是守護好了內心。

大王，這就是僧團裡年輕的出家人不對女人生起貪欲、渴愛的原因。按這樣的方法去修行就能守護好眼睛、耳朵、鼻子、舌頭、身體、內心這六個門戶。」

優塡那王說：「哎呀尊者，您說的簡直太好了，您剛才說的這個修行方法，我是有實際體驗的，我還記得，有一次我來到後宮，正準備與我的王妃親熱，這時，有位大臣急匆匆的來稟報我，說王太后過世了，我的母親過世了，我哪裡還什麼心情再去與王妃親熱，那幾天我過得渾渾噩噩的，我守在母親的靈堂前，想到母親含辛茹苦的撫養我長大，非常的不容易。我父親在我很小的時候就戰死沙場了，由於我那時還很小，無法管理國家，再加上連連的戰爭讓我們的國家很貧弱，周邊的國家都欺負我們。

尊者，我說簡單一點，其實一個國家就像一個家庭，你家裡面窮，別人就瞧不起你，甚至於一些惡霸還會來欺負你，我們國家那個時候就是那樣。我的父親戰敗身死，幾乎到了國破家亡的地步，我們要向戰勝的國家繳納高額的賠償金，還要供給他們無數的黃金、珍寶、美女，在這樣的情況下，我的母親與大臣們想盡了辦法才保全了我們的國家，他們忍受了常人無法忍受的恥辱。待我登基為王，我在他們的輔佐下，縱觀各個國家崛起的歷史，結合我們國家的實際情況，默默的發展國家的經濟，提升軍隊的戰鬥力，等待擺脫諸國控制奴役的機會。終於等到其中一些國家內亂，我就因地制宜，互相制衡、聯盟，最終擺脫了他們的控制，讓我們的國家獨立自主了。現在我們的國家經濟發達，軍力強大，這些國家再也不敢來欺負我們了。尊者，我的母親就是在國家危難的時刻撫養我長大的，真的是不容易呀，現在她老人家過世了，我真是心如刀絞。待母親下葬後，我連續三年都沒有心情再與王妃親熱，尊者，所以我剛才說我對您所說的修行方法有切身的體會，我的母親過世了，我內心悲痛不已，用悲痛的念想替代了對王妃喜愛的念想，當然，尊者我知道我這樣的替代並不徹底，畢竟我是從對王妃的喜愛念想之中又跌入了對母親過世的悲痛念想之中，是從一個煩惱墮入了另一個煩惱。不過當我為母親辦理後事的時候，確實沒有在再內心中生起對王妃的愛戀。這說明您說的這個替代念想的修行方法是切實可行的。

不過還是得用一些不讓自己生起貪欲、渴愛的念想來替代比較好，這樣就不會剛從一個陷阱中逃脫出來，又墮入另一個陷阱之中了。

我每天回到後宮的時候，就是沒有守護好自己的身體行為、口說言語，內心念想，所以被貪欲、渴愛征服奴役了，我有時甚至於為了與王妃親熱可以好幾天不上朝，國家無數的事情需要我來做決定，就如同一個家庭需要為生計奔波，光是知道享受生活，而不去掙錢養家，那會坐吃山空的，最後陷入貧困之中，國家也是一樣的，如果一個國王只知道自己享樂，而不為國家做好事，不為民眾做好事，最後也會與民眾離心離德的，國家也會慢慢衰亡的。只知道享樂的結果就如同我小時候那樣，自己的國家成為其他國家的屬國，成為其他國家的奴隸，如果是家庭只知道享樂，最後等待他們的只能是貧困，被人欺辱，任人宰割。尊者也許我說了很多對於您來說無用的話，請您諒解我，我在這個世間生活，就會歷經世間的各種變故，因此無法像您那樣自由自在的修行，因為我還有一個國家的負擔。不過您今天對我說的法非常的不錯，讓我知道了熄滅貪欲、渴愛的方法，我一直熱衷於絕色美女的追求，我的王妃就是我們國家最漂亮的女子，我現在知道要注意女色對自己的控制了，要知道節制，不能成為女色的奴隸。要熄滅對女色的貪欲、渴愛，要守護好自己的身體行為，口說言語，內心念想。

　　尊者，您今天對我說法，如同將歪斜的東西扶正，將隱藏的東西顯露出來，告訴迷路的人正確的道路，在黑暗中手持火把，讓眼睛能夠看見周圍的事物，避免摔倒。您說的其他法也應該是這樣的吧！

　　尊者，我知道您是在弘揚世尊的正法，請讓我皈依世尊，皈依世尊的正法，皈依世尊出家弟子們聚集的僧團，請讓我成為世尊的在家修行弟子，我願意終生都按世尊的正法去修行，我願意終生都護持世尊的正法。」

　　賓頭盧尊者點頭接受了優填那王的皈依，並用手輕輕的放在優填那王的頭上加持。

　　優填那王皈依後，虔誠的頂禮賓頭盧尊者，隨喜讚歎賓頭盧尊者的無量功德，並按著賓頭盧尊者所說的法去修行。

第八十二章　迦旃延尊者的教導

　　有個時候，迦旃延尊者住在阿槃提國摩揭羅迦多城外的森林小屋之中，有一天，魯西遮婆羅門的弟子們，砍柴來到迦旃延尊者所住的小屋附近，他們就在小屋的周圍玩起跳背的遊戲，就是一個人跳過另一個彎腰人背部的遊戲，這時，他們看見迦旃延尊者走出小屋，就大聲的叫到：「這裡居然住了一個禿頭，他多半是假冒的修行人，像他這種假修行人，多半是由梵天的腳生出來的，這些禿頭我們見的多了，他們是非常卑賤、醜陋、污穢、骯髒的，只有那些愚蠢的人才會尊重、恭敬、供養、稱讚、禮拜他們。」

　　這時，迦旃延尊者對這些惡意中傷他的人說：「年輕人，你們敢聽我說法嗎？」

　　這些年輕人說：「禿頭，我們有什麼不敢的，你還會說法了，你有本事就說出來給我們聽聽。」

　　迦旃延尊者說：「過去婆羅門的修行人，他們是善於受持戒律的，他們是最看重戒律的，他們把戒律放在第一位，他們能守護好自己的眼睛、耳朵、鼻子、舌頭、身體、內心這六個門戶，他們的身體行為，口說言語，內心念想不會胡思亂想、胡作非為。他們嚴格的受持戒律，守護好六個門戶，就不會生氣、憤怒，就算一時生氣、憤怒了，他們也會立刻的熄滅怒火。

　　過去的婆羅門修行人，他們是正法與禪定的護持者，他們身體行為做善事，口說善言，內心生起善念，他們讓自己的內心集中專注在不會生起貪欲、渴愛的地方，他們能讓自己的內心保持清淨安寧。他們牢記婆羅門經典的教導，並實踐的去修行。而現在那些自稱熟讀婆羅門經典的婆羅門修行人，他們卻認為婆羅門種姓是最高貴的，他們傲慢無禮將世間的人分成三六九等，他們瞧不起、看不起那些不是婆羅門種姓的人，他們的身體行為做惡事，口說惡語，內心生起惡念，還自詡、自誇是最高貴的人。

這些自稱是最高貴婆羅門種姓的人，他們已經被憤怒、怒火征服奴役了，他們拿著惡行、惡語、惡念的刀劍、木棒，欺負、誹謗、侵犯他們認爲是低賤、卑劣、污穢、骯髒的人。不守護好眼睛、耳朵、鼻子、舌頭、身體、內心這六個門戶對於他們的修行是沒有用的，就如同在夢境中得到錢財一樣，是虛假不眞實的，他們那種婆羅門種姓的高貴優越感也是虛假不眞實的。身體行爲做善事，口說善言，內心生起善念的人，他們才是眞正高貴、值得尊敬的人，如果身體行爲做惡事，口說惡言，內心生起惡念，不管是什麼階層的人，不管是什麼種姓的人，他們都是卑賤、醜陋、污穢、骯髒的，世間人的高貴低賤是與他們的行爲、言語、念想掛鉤的，而不是他們掌握的權勢大小與財富多少決定的，也不是他們自己建立出來的那套三六九等的等級制度決定的！做善行，說善語，生起善念的人不管他們處於什麼階層他們都是高貴、值得尊敬的人；做惡事，說惡言，生起惡念的人，不管他們處於什麼階層他們都是卑賤，讓人厭惡、討厭的人。

過去的婆羅門修行人，他們控制自己的飲食，甚至於長時間的不吃食物，躺在露天的大地上睡覺，早上用清水洗澡，誦念婆羅門典籍：《梨具吠陀》、《夜柔吠陀》、《沙摩吠陀》這三吠陀。他們不在乎自己的形象外表，穿粗陋破舊的衣服，甚至於穿野獸皮做成的衣服，不修剪頭髮把長髮紮成結，他們用污泥塗抹自己的身體，想以此消除對身體的貪愛。他們時刻都口念咒語，用各種咒語管束好自己的念想，不胡思亂想，他們受持戒律甚至到了非常苛刻的地步，他們有非常多的禁忌、禁制，他們以這樣的苦行來滅除自己的煩惱和痛苦。

然而這些婆羅門卻編造出了無數多的、被神化的典籍，以此來欺騙世間的人，把那些根本不存在的天神，根本不存在的魔王、妖魔鬼怪創造出來，用來欺騙世間人的供養和錢財，他們拿著彎曲的拐杖，冒充所謂的聖人、大師、得道者，用清水洗臉、洗身體來表示淨化自己或別人的罪業，這就是婆羅門的特徵。他們到處弘揚那些虛假的神化典籍，到處宣傳那些根本不存在的神、魔、妖魔鬼怪的傳說，宣傳那些胡編亂造出來的神話典籍，以此來欺騙世間人跟隨他們修行，欺騙世間人供養他們飲食、衣服、黃金、珠寶、錢財等等的物品。這些說假話的婆羅門，他們表現出來的那種假修行，那種欺騙世間人的行

為才是卑劣、下賤的行為，他們才不是什麼高貴的人，他們欺騙世間人的這種行為就是卑賤、醜陋、污穢、骯髒的行為！

洗清水怎麼可能淨化自己或別人的罪業，洗清水只能洗乾淨身體上的汗液、污垢。身體行為做善事，口說善語，內心生起善念，除滅一切的惡行、惡言、惡念，斷惡修善才能真正的淨化自己或別人的罪業，內心不被世間一切的事物擾動、污染、影響，不胡思亂想，不胡作非為，不傷害世間一切的人或眾生，那這些婆羅門才能到達他們所說的、清淨的梵天界。」

這些砍柴的年輕人聽了迦旃延尊者說法後，非常的不滿，他們憤怒的大聲怒罵迦旃延尊者，可是他們卻無法反駁迦旃延尊者的言語，這些年輕人非常的不服氣，他們就來到他們的導師魯西遮婆羅門的住處，他們對魯西遮婆羅門說：「尊師，有個叫迦旃延的傢伙，他在肆無忌憚的惡意中傷、誹謗我們婆羅門和婆羅門的典籍，非常的囂張、咄咄逼人。我們知道他說的不對，但是卻無法反駁他，所以想請尊師您去降伏他這個魔王。」

魯西遮婆羅門聽了弟子們的一面之詞，立刻怒火中燒，想要馬上前去與迦旃延尊者理論，可是他轉念一想：「迦旃延是一位長老，按道理他不會這樣的無禮，我應該先去問問他整個事情的來龍去脈，不能光是聽弟子們的一面之詞，本來我的這些弟子又很年輕，說不定他們做了些什麼過激的行為。」

魯西遮婆羅門想完後，就與弟子們一同來到迦旃延尊者的住處，魯西遮婆羅門迫不及待的對迦旃延尊者說：「迦旃延道友，我的弟子們剛才在砍柴，他們來過你這裡嗎？」

迦旃延尊者回答：「婆羅門！剛才確實有一群砍柴的年輕人在這裡玩耍。」

於是，迦旃延尊者就將事情的來龍去脈告訴了魯西遮婆羅門。

魯西遮婆羅門聽完迦旃延尊者的描述後，知道是自己的弟子們到迦旃延尊者的住處嬉戲玩耍，打擾迦旃延尊者修行不說，還辱罵迦旃延尊者，魯西遮婆羅門知道是自己的弟子們出言不遜、惡意誹謗迦旃延尊者在先，是自己的弟子們理虧。但是魯西遮婆羅門又不甘心自己的弟子白白被迦旃延尊者教訓，為了挽回顏面，魯西遮婆羅門就想從

迦旃延尊者所說的言語中去刁難他。

　　魯西遮婆羅門說：「迦旃延道友，你剛才說沒有守護好六個門戶，什麼情況是沒有守護好六個門戶呢？」

　　迦旃延尊者說：「婆羅門！世間的一些人，他們眼睛看見喜歡的物質事物後貪愛不捨、沉迷其中，他們眼睛看見不喜歡的物質事物後排斥抗拒、厭惡憎恨。他們眼睛看見物質事物後生起歡樂、開心、舒暢、安心、期望、憂愁、悲傷、苦悶、憂慮、恐怖、憤怒、絕望、出生、衰老、死亡等等喜怒哀樂的念想，他們無法讓內心集中關注在不會生起貪欲、渴愛的念想上，他們無法讓內心保持清淨，他們被眼睛與物質事物束縛捆綁了。他們不知道眼睛與物質事物隨時在變化，無法永遠存在，無法永恆保持不變，無法永遠擁有，他們無法讓內心得到解脫，他們無法開啓解脫的智慧。那麼他們就無法除滅、滅盡惡法、善法對自己的污染、影響，他們就無法除滅、滅盡自己的一切念想，他們就會由眼睛與物質事物生起念想，這就叫做沒有守護好眼睛的門戶。

　　世間的一些人，他們耳朵聽到喜歡的聲音後貪愛不捨、沉迷其中，他們耳朵聽到不喜歡的聲音後排斥抗拒、厭惡憎恨。他們耳朵聽到聲音後生起歡樂、開心、舒暢、安心、期望、憂愁、悲傷、苦悶、憂慮、恐怖、憤怒、絕望、出生、衰老、死亡等等喜怒哀樂的念想，他們無法讓內心集中關注在不會生起貪欲、渴愛的念想上，他們無法讓內心保持清淨，他們被耳朵與聲音束縛捆綁了。他們不知道耳朵與聲音隨時在變化，無法永遠存在，無法永恆保持不變，無法永遠擁有，他們無法讓內心得到解脫，他們無法開啓解脫的智慧。那麼他們就無法除滅、滅盡惡法、善法對自己的污染、影響，他們就無法除滅、滅盡自己的一切念想，他們就會由耳朵與聲音生起念想，這就叫做沒有守護好耳朵的門戶。

　　世間的一些人，他們鼻子聞到喜歡的氣味後貪愛不捨、沉迷其中，他們鼻子聞到不喜歡的氣味後排斥抗拒、厭惡憎恨。他們鼻子聞到氣味後生起歡樂、開心、舒暢、安心、期望、憂愁、悲傷、苦悶、憂慮、恐怖、憤怒、絕望、出生、衰老、死亡等等喜怒哀樂的念想，他們無法讓內心集中關注在不會生起貪欲、渴愛的念想上，他們無法

讓內心保持清淨，他們被鼻子與氣味束縛捆綁了。他們不知道鼻子與氣味隨時在變化，無法永遠存在，無法永恆保持不變，無法永遠擁有，他們無法讓內心得到解脫，他們無法開啓解脫的智慧。那麼他們就無法除滅、滅盡惡法、善法對自己的污染、影響，他們就無法除滅、滅盡自己的一切念想，他們就會由鼻子與氣味生起念想，這就叫做沒有守護好鼻子的門戶。

世間的一些人，他們舌頭嘗到喜歡的味道後貪愛不捨、沉迷其中，他們舌頭嘗到不喜歡的味道後排斥抗拒、厭惡憎恨。他們舌頭嘗到味道後生起歡樂、開心、舒暢、安心、期望、憂愁、悲傷、苦悶、憂慮、恐怖、憤怒、絕望、出生、衰老、死亡等等喜怒哀樂的念想，他們無法讓內心集中關注在不會生起貪欲、渴愛的念想上，他們無法讓內心保持清淨，他們被舌頭與味道束縛捆綁了。他們不知道舌頭與味道隨時在變化，無法永遠存在，無法永恆保持不變，無法永遠擁有，他們無法讓內心得到解脫，他們無法開啓解脫的智慧。那麼他們就無法除滅、滅盡惡法、善法對自己的污染、影響，他們就無法除滅、滅盡自己的一切念想，他們就會由舌頭與味道生起念想，這就叫做沒有守護好舌頭的門戶。

世間的一些人，他們身體觸摸感覺到，領納到喜歡的觸覺、環境變化感覺（冷熱、舒適等等）後貪愛不捨、沉迷其中，他們身體觸摸感覺到，領納到不喜歡的觸覺、環境變化感覺後排斥抗拒、厭惡憎恨。他們身體觸摸感覺到觸覺，領納到環境變化感覺後生起歡樂、開心、舒暢、安心、期望、憂愁、悲傷、苦悶、憂慮、恐怖、憤怒、絕望、出生、衰老、死亡等等喜怒哀樂的念想，他們無法讓內心集中關注在不會生起貪欲、渴愛的念想上，他們無法讓內心保持清淨，他們被身體與觸覺、環境變化感覺束縛捆綁了。他們不知道身體與觸覺、環境變化感覺隨時在變化，無法永遠存在，無法永恆保持不變，無法永遠擁有，他們無法讓內心得到解脫，他們無法開啓解脫的智慧。那麼他們就無法除滅、滅盡惡法、善法對自己的污染、影響，他們就無法除滅、滅盡自己的一切念想，他們就會由身體與觸覺、環境變化感覺生起念想，這就叫做沒有守護好身體的門戶。

世間的一些人，他們內心想到喜歡的見解、思想、念想後貪愛不

舍、沉迷其中，他們內心想到不喜歡的見解、思想、念想後排斥抗拒、厭惡憎恨。他們內心想到見解、思想、念想後生起歡樂、開心、舒暢、安心、期望、憂愁、悲傷、苦悶、憂慮、恐怖、憤怒、絕望、出生、衰老、死亡等等喜怒哀樂的念想，他們無法讓內心集中關注在不會生起貪欲、渴愛的念想上，他們無法讓內心保持清淨，他們被內心與見解、思想、念想束縛捆綁了。他們不知道內心與見解、思想、念想隨時在變化，無法永遠存在，無法永恆保持不變，無法永遠擁有，他們無法讓內心得到解脫，他們無法開啓解脫的智慧。那麼他們就無法除滅、滅盡惡法、善法對自己的污染、影響，他們就無法除滅、滅盡自己的一切念想，他們就會由內心與見解、思想、念想生起念想，這就叫做沒有守護好內心的門戶。」

魯西遮婆羅門說：「迦旃延道友，什麼情形是守護好了六個門戶？」

迦旃延尊者說：「婆羅門！真正修行的人，他們眼睛看見令人喜歡的物質事物後不會貪愛不捨、不會沉迷其中，他們眼睛看見令人不喜歡的物質事物後不會排斥抗拒、不會厭惡憎恨。他們眼睛看見物質事物後不會生起歡樂、開心、舒暢、安心、期望、憂愁、悲傷、苦悶、憂慮、恐怖、憤怒、絕望、出生、衰老、死亡等等喜怒哀樂的念想，他們能讓內心集中關注在不會生起貪欲、渴愛的念想上，他們能讓內心保持清淨，他們不會被眼睛與物質事物束縛捆綁。他們知道眼睛與物質事物隨時在變化，無法永遠存在，無法永恆保持不變，無法永遠擁有，他們讓內心得到解脫，他們開啓了解脫的智慧。那麼他們就能除滅、滅盡惡法、善法對自己的污染、影響，他們就能除滅、滅盡自己的一切念想，他們就不會由眼睛與物質事物生起念想，這就叫做守護好了眼睛的門戶。

真正修行的人，他們耳朵聽到令人喜歡的聲音後不會貪愛不捨、不會沉迷其中，他們耳朵聽到令人不喜歡的聲音後不會排斥抗拒、不會厭惡憎恨。他們耳朵聽到聲音後不會生起歡樂、開心、舒暢、安心、期望、憂愁、悲傷、苦悶、憂慮、恐怖、憤怒、絕望、出生、衰老、死亡等等喜怒哀樂的念想，他們能讓內心集中關注在不會生起貪欲、渴愛的念想上，他們能讓內心保持清淨，他們不會被耳朵與聲音

束縛捆綁。他們知道耳朵與聲音隨時在變化，無法永遠存在，無法永恆保持不變，無法永遠擁有，他們讓內心得到解脫，他們開啓了解脫的智慧。那麼他們就能除滅、滅盡惡法、善法對自己的污染、影響，他們就能除滅、滅盡自己的一切念想，他們就不會由耳朵與聲音生起念想，這就叫做守護好了耳朵的門戶。

真正修行的人，他們鼻子聞到令人喜歡的氣味後不會貪愛不捨、不會沉迷其中，他們鼻子聞到令人不喜歡的氣味後不會排斥抗拒、不會厭惡憎恨。他們鼻子聞到氣味後不會生起歡樂、開心、舒暢、安心、期望、憂愁、悲傷、苦悶、憂慮、恐怖、憤怒、絕望、出生、衰老、死亡等等喜怒哀樂的念想，他們能讓內心集中關注在不會生起貪欲、渴愛的念想上，他們能讓內心保持清淨，他們不會被鼻子與氣味束縛捆綁。他們知道鼻子與氣味隨時在變化，無法永遠存在，無法永恆保持不變，無法永遠擁有，他們讓內心得到解脫，他們開啓了解脫的智慧。那麼他們就能除滅、滅盡惡法、善法對自己的污染、影響，他們就能除滅、滅盡自己的一切念想，他們就不會由鼻子與氣味生起念想，這就叫做守護好了鼻子的門戶。

真正修行的人，他們舌頭嘗到令人喜歡的味道後不會貪愛不捨、不會沉迷其中，他們舌頭嘗到令人不喜歡的味道後不會排斥抗拒、不會厭惡憎恨。他們舌頭嘗到味道後不會生起歡樂、開心、舒暢、安心、期望、憂愁、悲傷、苦悶、憂慮、恐怖、憤怒、絕望、出生、衰老、死亡等等喜怒哀樂的念想，他們能讓內心集中關注在不會生起貪欲、渴愛的念想上，他們能讓內心保持清淨，他們不會被舌頭與味道束縛捆綁。他們知道舌頭與味道隨時在變化，無法永遠存在，無法永恆保持不變，無法永遠擁有，他們讓內心得到解脫，他們開啓了解脫的智慧。那麼他們就能除滅、滅盡惡法、善法對自己的污染、影響，他們就能除滅、滅盡自己的一切念想，他們就不會由舌頭與味道生起念想，這就叫做守護好了舌頭的門戶。

真正修行的人，他們身體觸摸感覺到，領納到令人喜歡的觸覺、環境變化感覺（冷熱、舒適等等）後不會貪愛不捨、不會沉迷其中，他們身體觸摸感覺到，領納到令人不喜歡的觸覺、環境變化感覺後不會排斥抗拒、不會厭惡憎恨。他們身體觸摸感覺到觸覺，領納到環境

變化感覺後不會生起歡樂、開心、舒暢、安心、期望、憂愁、悲傷、苦悶、憂慮、恐怖、憤怒、絕望、出生、衰老、死亡等等喜怒哀樂的念想，他們能讓內心集中關注在不會生起貪欲、渴愛的念想上，他們能讓內心保持清淨，他們不會被身體與觸覺、環境變化感覺束縛捆綁。他們知道身體與觸覺、環境變化感覺隨時在變化，無法永遠存在，無法永恆保持不變，無法永遠擁有，他們讓內心得到解脫，他們開啓了解脫的智慧。那麼他們就能除滅、滅盡惡法、善法對自己的污染、影響，他們就能除滅、滅盡自己的一切念想，他們就不會由身體與觸覺、環境變化感覺生起念想，這就叫做守護好了身體的門戶。

眞正修行的人，他們內心想到令人喜歡的見解、思想、念想後不會貪愛不捨、不會沉迷其中，他們內心想到令人不喜歡的見解、思想、念想後不會排斥抗拒、不會厭惡憎恨。他們內心想到見解、思想、念想後不會生起歡樂、開心、舒暢、安心、期望、憂愁、悲傷、苦悶、憂慮、恐怖、憤怒、絕望、出生、衰老、死亡等等喜怒哀樂的念想，他們能讓內心集中關注在不會生起貪欲、渴愛的念想上，他們能讓內心保持清淨，他們不會被內心與見解、思想、念想束縛捆綁。他們知道內心與見解、思想、念想隨時在變化，無法永遠存在，無法永恆保持不變，無法永遠擁有，他們讓內心得到解脫，他們開啓了解脫的智慧。那麼他們就能除滅、滅盡惡法、善法對自己的污染、影響，他們就能除滅、滅盡自己的一切念想，他們就不會由內心與見解、思想、念想生起念想，這叫做守護好了內心的門戶。」

迦旃延尊者說法後，魯西遮婆羅門虔誠的頂禮迦旃延尊者。

魯西遮婆羅門說：「尊者，您說的太好了，我以前從來沒有聽到過這樣好的說法，您說的簡直太好了！尊者您猶如將歪斜的東西扶正；將隱藏的東西顯現出來；將深奧的道理，用淺顯易懂的方式說出來；爲迷路的人指出正確的道路；在黑暗中拿著點燃的火把，讓在黑暗中的人能夠看清楚周圍的事物，看清楚腳下的路，避免摔倒。尊者，您說的其他法也是這樣的吧。

迦旃延尊者，我知道您是在弘揚世尊的正法，請您讓我皈依世尊，皈依世尊所說的法，皈依世尊出家弟子們聚集的僧團，我願意終生都皈依成爲世尊的在家修行弟子，成爲優婆塞（男在家修行居

士），我願意終生都按著世尊所說的法去修行，終生都受持世尊所制定的戒律。」

迦旃延尊者點頭，接受了魯西遮婆羅門的皈依，並用手放在魯西遮婆羅門的頭頂上加持他。

魯西遮婆羅門的弟子們聽了迦旃延尊者說法，又看見自己的導師皈依了佛法僧三寶，他們也虔誠的頂禮迦旃延尊者，請求迦旃延尊者讓他們皈依佛法僧三寶，迦旃延尊者也接受了他們的皈依。

魯西遮婆羅門對迦旃延尊者說：「尊者，請您到我的家裡來，我會像其他的皈依居士那樣虔誠的供養您的，我會告訴摩揭羅迦多城裡的男女老少們：『我們這裡來了一位聖者，他所說的法能夠除滅你們的煩惱和痛苦，你們都應該虔誠的供養他，弘揚他所說的正法。』尊者恭請您到摩揭羅迦多城裡去，為摩揭羅迦多城的大眾講說世尊的正法，讓他們也能由於聽聞到世尊的正法而獲得長久的利益和安樂，讓他們也能由於供養弘揚世尊正法的出家人而獲得無量的福德、功德。讓他們也能由於護持世尊的正法，按世尊的正法去修行而滅盡煩惱和痛苦，獲得清淨的解脫。」

迦旃延尊者於是就與魯西遮婆羅門和他的弟子們到摩揭羅迦多城裡弘揚世尊的正法去了。

第八十三章　地獄、天堂在什麼地方？

　　有個時候，佛陀住在舍衛城的祇樹林給孤獨園。有一天，佛陀對出家弟子們說：「比丘們（出家人），你們按如來的正法去修行，不會陷入地獄與天堂的陷阱之中，不會陷入痛苦與快樂的陷阱之中。

　　比丘們，什麼是地獄呢？地獄是由六觸所生起的（六觸就是：眼觸、耳觸、鼻觸、舌觸、身觸、意觸；眼觸、耳觸、鼻觸、舌觸、身觸、意觸解釋，見第八十章），可以將地獄稱為六觸地獄。比丘們，當眼睛看見物質事物後只讓自己生起了不喜歡的念想，當眼睛看見物質事物後只讓自己生起了不滿意、不舒服、不合意的念想，當眼睛看見物質事物後只讓自己生起了不快樂、不喜悅、不開心的念想，當眼睛看見物質事物後只讓自己生起了憂愁、悲傷、苦悶、憂慮、恐怖、憤怒、絕望、出生、衰老、死亡等等煩惱和痛苦的念想，那麼這個時候，就墮入地獄之中，就在六觸地獄中被拷打、折磨、煎熬了，這個地獄是由眼睛與物質事物形成的，一旦眼睛看見物質事物生起了不喜歡、不滿意、不舒服、不合意、不快樂、不喜悅、不開心的念想，一旦眼睛看見物質事物生起了憂愁、悲傷、苦悶、憂慮、恐怖、憤怒、絕望、出生、衰老、死亡等等煩惱和痛苦的念想，就墮入六觸地獄中受苦了。

　　當耳朵聽到聲音後只讓自己生起了不喜歡的念想，當耳朵聽到聲音後只讓自己生起了不滿意、不舒服、不合意的念想，當耳朵聽到聲音後只讓自己生起了不快樂、不喜悅、不開心的念想，當耳朵聽到聲音後只讓自己生起了憂愁、悲傷、苦悶、憂慮、恐怖、憤怒、絕望、出生、衰老、死亡等等煩惱和痛苦的念想，那麼這個時候，就墮入地獄之中，就在六觸地獄中被拷打、折磨、煎熬了，這個地獄是由耳朵與聲音形成的，一旦耳朵聽到聲音生起了不喜歡、不滿意、不舒服、不合意、不快樂、不喜悅、不開心的念想，一旦耳朵聽到聲音生起了憂愁、悲傷、苦悶、憂慮、恐怖、憤怒、絕望、出生、衰老、死亡等

等煩惱和痛苦的念想，就墮入六觸地獄中受苦了。

當鼻子聞到氣味後只讓自己生起了不喜歡的念想，當鼻子聞到氣味後只讓自己生起了不滿意、不舒服、不合意的念想，當鼻子聞到氣味後只讓自己生起了不快樂、不喜悅、不開心的念想，當鼻子聞到氣味後只讓自己生起了憂愁、悲傷、苦悶、憂慮、恐怖、憤怒、絕望、出生、衰老、死亡等等煩惱和痛苦的念想，那麼這個時候，就墮入地獄之中，就在六觸地獄中被拷打、折磨、煎熬了，這個地獄是由鼻子與氣味形成的，一旦鼻子聞到氣味生起了不喜歡、不滿意、不舒服、不合意、不快樂、不喜悅、不開心的念想，一旦鼻子聞到氣味生起了憂愁、悲傷、苦悶、憂慮、恐怖、憤怒、絕望、出生、衰老、死亡等等煩惱和痛苦的念想，就墮入六觸地獄中受苦了。

當舌頭嘗到味道後只讓自己生起了不喜歡的念想，當舌頭嘗到味道後只讓自己生起了不滿意、不舒服、不合意的念想，當舌頭嘗到味道後只讓自己生起了不快樂、不喜悅、不開心的念想，當舌頭嘗到味道後只讓自己生起了憂愁、悲傷、苦悶、憂慮、恐怖、憤怒、絕望、出生、衰老、死亡等等煩惱和痛苦的念想，那麼這個時候，就墮入地獄之中，就在六觸地獄中被拷打、折磨、煎熬了，這個地獄是由舌頭與味道形成的，一旦舌頭嘗到味道生起了不喜歡、不滿意、不舒服、不合意、不快樂、不喜悅、不開心的念想，一旦舌頭嘗到味道生起了憂愁、悲傷、苦悶、憂慮、恐怖、憤怒、絕望、出生、衰老、死亡等等煩惱和痛苦的念想，就墮入六觸地獄中受苦了。

當身體觸摸感覺到觸覺，領納到環境變化感覺（冷熱、舒適等等）後只讓自己生起了不喜歡的念想，當身體觸摸感覺到觸覺，領納到環境變化感覺後只讓自己生起了不滿意、不舒服、不合意的念想，當身體觸摸感覺到觸覺，領納到環境變化感覺後只讓自己生起了不快樂、不喜悅、不開心的念想，當身體觸摸感覺到觸覺，領納到環境變化感覺後只讓自己生起了憂愁、悲傷、苦悶、憂慮、恐怖、憤怒、絕望、出生、衰老、死亡等等煩惱和痛苦的念想，那麼這個時候，就墮入地獄之中，就在六觸地獄中被拷打、折磨、煎熬了，這個地獄是由身體與觸覺、環境變化感覺形成的，一旦身體觸摸感覺到觸覺，領納到環境變化感覺生起了不喜歡、不滿意、不舒服、不合意、不快樂、

不喜悅、不開心的念想，一旦身體觸摸感覺到觸覺，領納到環境變化感覺生起了憂愁、悲傷、苦悶、憂慮、恐怖、憤怒、絕望、出生、衰老、死亡等等煩惱和痛苦的念想，就墮入六觸地獄中受苦了。

當內心想到見解、思想、念想後只讓自己生起了不喜歡的念想，當內心想到見解、思想、念想後只讓自己生起了不滿意、不舒服、不合意的念想，當內心想到見解、思想、念想後只讓自己生起了不快樂、不喜悅、不開心的念想，當內心想到見解、思想、念想後只讓自己生起了憂愁、悲傷、苦悶、憂慮、恐怖、憤怒、絕望、出生、衰老、死亡等等煩惱和痛苦的念想，那麼這個時候，就墮入地獄之中，就在六觸地獄中被拷打、折磨、煎熬了，這個地獄是由內心與見解、思想、念想形成的，一旦內心想到見解、思想、念想生起了不喜歡、不滿意、不舒服、不合意、不快樂、不喜悅、不開心的念想，一旦內心想到見解、思想、念想生起了憂愁、悲傷、苦悶、憂慮、恐怖、憤怒、絕望、出生、衰老、死亡等等煩惱和痛苦的念想，就墮入六觸地獄中受苦了。

比丘們，什麼是天界、天堂呢？天界、天堂也是由六觸所生起的（六觸就是：眼觸、耳觸、鼻觸、舌觸、身觸、意觸；眼觸、耳觸、鼻觸、舌觸、身觸、意觸解釋，見第八十章），可以將天界、天堂稱為六觸天界、六觸天堂。比丘們，當眼睛看見物質事物後只讓自己生起了喜歡的念想，當眼睛看見物質事物後只讓自己生起了滿意、舒服、合意的念想，當眼睛看見物質事物後只讓自己生起了快樂、喜悅、開心的念想，當眼睛看見物質事物後只讓自己生起了歡樂、甜蜜、開心、舒暢、高興、愜意、歡快、歡暢等等愉快和幸福的念想，那麼這個時候，就迷失於天界、天堂之中，就在六觸天界、六觸天堂中沉醉、陷溺、沉淪了，這個天界、天堂是由眼睛與物質事物形成的，一旦眼睛看見物質事物生起了喜歡、滿意、舒服、合意、快樂、喜悅、開心的念想，一旦眼睛看見物質事物生起了歡樂、甜蜜、開心、舒暢、高興、愜意、歡快、歡暢等等愉快和幸福的念想，就沉迷於六觸天界、六觸天堂之中了。

當耳朵聽到聲音後只讓自己生起了喜歡的念想，當耳朵聽到聲音後只讓自己生起了滿意、舒服、合意的念想，當耳朵聽到聲音後只讓

自己生起了快樂、喜悅、開心的念想，當耳朵聽到聲音後只讓自己生起了歡樂、甜蜜、開心、舒暢、高興、愜意、歡快、歡暢等等愉快和幸福的念想，那麼這個時候，就迷失於天界、天堂之中，就在六觸天界、六觸天堂中沉醉、陷溺、沉淪了，這個天界、天堂是由耳朵與聲音形成的，一旦耳朵聽到聲音生起了喜歡、滿意、舒服、合意、快樂、喜悅、開心的念想，一旦耳朵聽到聲音生起了歡樂、甜蜜、開心、舒暢、高興、愜意、歡快、歡暢等等愉快和幸福的念想，就沉迷於六觸天界、六觸天堂之中了。

當鼻子聞到氣味後只讓自己生起了喜歡的念想，當鼻子聞到氣味後只讓自己生起了滿意、舒服、合意的念想，當鼻子聞到氣味後只讓自己生起了快樂、喜悅、開心的念想，當鼻子聞到氣味後只讓自己生起了歡樂、甜蜜、開心、舒暢、高興、愜意、歡快、歡暢等等愉快和幸福的念想，那麼這個時候，就迷失於天界、天堂之中，就在六觸天界、六觸天堂中沉醉、陷溺、沉淪了，這個天界、天堂是由鼻子與氣味形成的，一旦鼻子聞到氣味生起了喜歡、滿意、舒服、合意、快樂、喜悅、開心的念想，一旦鼻子聞到氣味生起了歡樂、甜蜜、開心、舒暢、高興、愜意、歡快、歡暢等等愉快和幸福的念想，就沉迷於六觸天界、六觸天堂之中了。

當舌頭嘗到味道後只讓自己生起了喜歡的念想，當舌頭嘗到味道後只讓自己生起了滿意、舒服、合意的念想，當舌頭嘗到味道後只讓自己生起了快樂、喜悅、開心的念想，當舌頭嘗到味道後只讓自己生起了歡樂、甜蜜、開心、舒暢、高興、愜意、歡快、歡暢等等愉快和幸福的念想，那麼這個時候，就迷失於天界、天堂之中，就在六觸天界、六觸天堂中沉醉、陷溺、沉淪了，這個天界、天堂是由舌頭與味道形成的，一旦舌頭嘗到味道生起了喜歡、滿意、舒服、合意、快樂、喜悅、開心的念想，一旦舌頭嘗到味道生起了歡樂、甜蜜、開心、舒暢、高興、愜意、歡快、歡暢等等愉快和幸福的念想，就沉迷於六觸天界、六觸天堂之中了。

當身體觸摸感覺到觸覺，領納到環境變化感覺（冷熱、舒適等等）後只讓自己生起了喜歡的念想，當身體觸摸感覺到觸覺，領納到環境變化感覺後只讓自己生起了滿意、舒服、合意的念想，當身體觸

摸感覺到觸覺，領納到環境變化感覺後只讓自己生起了快樂、喜悅、開心的念想，當身體觸摸感覺到觸覺，領納到環境變化感覺後只讓自己生起了歡樂、甜蜜、開心、舒暢、高興、愜意、歡快、歡暢等等愉快和幸福的念想，那麼這個時候，就迷失於天界、天堂之中，就在六觸天界、六觸天堂中沉醉、陷溺、沉淪了，這個天界、天堂是由身體與觸覺、環境變化感覺形成的，一旦身體觸摸感覺到觸覺，領納到環境變化感覺生起了喜歡、滿意、舒服、合意、快樂、喜悅、開心的念想，一旦身體觸摸感覺到觸覺，領納到環境變化感覺生起了歡樂、甜蜜、開心、舒暢、高興、愜意、歡快、歡暢等等愉快和幸福的念想，就沉迷於六觸天界、六觸天堂之中了。

當內心想到見解、思想、念想後只讓自己生起了喜歡的念想，當內心想到見解、思想、念想後只讓自己生起了滿意、舒服、合意的念想，當內心想到見解、思想、念想後只讓自己生起了快樂、喜悅、開心的念想，當內心想到見解、思想、念想後只讓自己生起了歡樂、甜蜜、開心、舒暢、高興、愜意、歡快、歡暢等等愉快和幸福的念想，那麼這個時候，就迷失於天界、天堂之中，就在六觸天界、六觸天堂中沉醉、陷溺、沉淪了，這個天界、天堂是由內心與見解、思想、念想形成的，一旦內心想到見解、思想、念想生起了喜歡、滿意、舒服、合意、快樂、喜悅、開心的念想，一旦內心想到見解、思想、念想生起了歡樂、甜蜜、開心、舒暢、高興、愜意、歡快、歡暢等等愉快和幸福的念想，就沉迷於六觸天界、六觸天堂之中了。

比丘們，這就是地獄、天界、天堂，這就是由六觸生起的地獄、天界、天堂，你們應該按如來的正法去精進的修行，這樣你們就能讓自己的內心保持清淨的境界，這樣你們就不會陷入地獄與天堂的陷阱之中，就不會陷入痛苦與快樂的陷阱之中，就不會讓自己的念想在喜怒哀樂中輪迴，你們最終能夠滅盡一切的煩惱和痛苦，永遠的從循環往復生起的歡樂、甜蜜、開心、舒暢、高興、愜意、歡快、歡暢、憂愁、悲傷、苦悶、憂慮、恐怖、憤怒、絕望、出生、衰老、死亡等等喜怒哀樂的念想中解脫出來，讓自己進入沒有煩惱，沒有痛苦，沒有執著，沒有掛念，沒有念想的涅槃境界，這就是從生死輪迴中永遠解脫出來的真正法義。」

佛陀說法後，聽法的出家弟子們都再次的頂禮佛陀，隨喜讚歎佛陀說法的無量功德，他們都按著佛陀所說的法去修行。

第八十四章　到達解脫的彼岸

　　有個時候，佛陀住在舍衛城的祇樹林給孤獨園，有一天，佛陀對出家弟子們說：「比丘們（出家人）！世間人稱爲「大海、海洋」的水域，不是聖者正法中所說的「大海、海洋」，世間人所說的「大海、海洋」那是由無數江河、湖泊等等水流聚集形成的寬闊水域。比丘們，聖者正法中所說的「大海、海洋」是什麼呢？

　　比丘們，聖者說：對於世間人來說，眼睛就是「大海、海洋」，看見的物質事物就是湍急流動的海水。不由眼睛與物質事物生起貪欲、渴愛；不由眼睛與物質事物生起歡樂、開心、舒暢、安心、期望、憂愁、悲傷、苦悶、憂慮、恐怖、憤怒、絕望、出生、衰老、死亡等等喜怒哀樂的念想；不執著和掛念眼睛與物質事物，就征服了由物質事物聚集形成的急流，就不會被眼睛與物質事物的大海與急流吞沒。比丘們，這就被如來稱爲：「渡過有波浪、漩渦、水怪、惡鬼出沒、威脅的眼睛大海。已經渡過眼睛大海的世間人站立在穩固的陸地上平靜而安寧。」

　　對於世間人來說，耳朵就是「大海、海洋」，聽到的聲音就是湍急流動的海水。不由耳朵與聲音生起貪欲、渴愛；不由耳朵與聲音生起歡樂、開心、舒暢、安心、期望、憂愁、悲傷、苦悶、憂慮、恐怖、憤怒、絕望、出生、衰老、死亡等等喜怒哀樂的念想；不執著和掛念耳朵與聲音，就征服了由聲音聚集形成的急流，就不會被耳朵與聲音的大海與急流吞沒。比丘們，這就被如來稱爲：「渡過有波浪、漩渦、水怪、惡鬼出沒、威脅的耳朵大海。已經渡過耳朵大海的世間人站立在穩固的陸地上平靜而安寧。」

　　對於世間人來說，鼻子就是「大海、海洋」，聞到的氣味就是湍急流動的海水。不由鼻子與氣味生起貪欲、渴愛；不由鼻子與氣味生起歡樂、開心、舒暢、安心、期望、憂愁、悲傷、苦悶、憂慮、恐怖、憤怒、絕望、出生、衰老、死亡等等喜怒哀樂的念想；不執著和

掛念鼻子與氣味，就征服了由氣味聚集形成的急流，就不會被鼻子與氣味的大海與急流吞沒。比丘們，這就被如來稱為：「渡過有波浪、漩渦、水怪、惡鬼出沒、威脅的鼻子大海。已經渡過鼻子大海的世間人站立在穩固的陸地上平靜而安寧。」

對於世間人來說，舌頭就是「大海、海洋」，嘗到的味道就是湍急流動的海水。不由舌頭與味道生起貪欲、渴愛；不由舌頭與味道生起歡樂、開心、舒暢、安心、期望、憂愁、悲傷、苦悶、憂慮、恐怖、憤怒、絕望、出生、衰老、死亡等等喜怒哀樂的念想；不執著和掛念舌頭與味道，就征服了由味道聚集形成的急流，就不會被舌頭與味道的大海與急流吞沒。比丘們，這就被如來稱為：「渡過有波浪、漩渦、水怪、惡鬼出沒、威脅的舌頭大海，已經渡過舌頭大海的世間人站立在穩固的陸地上平靜而安寧。」

對於世間人來說，身體就是「大海、海洋」，觸摸感覺到的觸覺，領納到的環境變化感覺（冷熱、舒適等等）就是湍急流動的海水。不由身體與觸覺、環境變化感覺生起貪欲、渴愛；不由身體與觸覺、環境變化感覺生起歡樂、開心、舒暢、安心、期望、憂愁、悲傷、苦悶、憂慮、恐怖、憤怒、絕望、出生、衰老、死亡等等喜怒哀樂的念想；不執著和掛念身體與觸覺、環境變化感覺，就征服了由觸覺、環境變化感覺聚集形成的急流，就不會被身體與觸覺、環境變化感覺的大海與急流吞沒。比丘們，這就被如來稱為：「渡過有波浪、漩渦、水怪、惡鬼出沒、威脅的身體大海。已經渡過身體大海的世間人站立在穩固的陸地上平靜而安寧。」

對於世間人來說，內心就是「大海、海洋」，想到的見解、思想、念想就是湍急流動的海水。不由內心與見解、思想、念想生起貪欲、渴愛；不由內心與見解、思想、念想生起歡樂、開心、舒暢、安心、期望、憂愁、悲傷、苦悶、憂慮、恐怖、憤怒、絕望、出生、衰老、死亡等等喜怒哀樂的念想；不執著和掛念內心與見解、思想、念想，就征服了由見解、思想、念想聚集形成的急流，就不會被內心與見解、思想、念想的大海與急流吞沒。比丘們，這就被如來稱為：「渡過有波浪、漩渦、水怪、惡鬼出沒、威脅的內心大海。已經渡過內心大海的世間人站立在穩固的陸地上平靜而安寧。」」

佛陀這樣說法後，又進一步說到：「凡是渡過眼睛、耳朵、鼻子、舌頭、身體、內心的大海，征服了由物質事物、物質身體、聲音、氣味、味道、觸覺、環境變化感覺、見解、思想、念想聚集形成的急流、波浪、漩渦、水怪、惡鬼，站立在穩固陸地上的人，就是證悟解脫智慧的人。他們除滅、滅盡了由眼睛與物質事物，耳朵與聲音，鼻子與氣味，舌頭與味道，身體與觸覺、環境變化感覺，內心與見解、思想、念想生起的貪欲、渴愛；他們除滅、滅盡了由眼睛與物質事物，耳朵與聲音，鼻子與氣味，舌頭與味道，身體與觸覺、環境變化感覺，內心與見解、思想、念想生起的歡樂、開心、舒暢、安心、期望、憂愁、悲傷、苦悶、憂慮、恐怖、憤怒、絕望、出生、衰老、死亡等等喜怒哀樂的念想；他們放下了對眼睛與物質事物，耳朵與聲音，鼻子與氣味，舌頭與味道，身體與觸覺、環境變化感覺，內心與見解、思想、念想的執著和掛念；他們不由眼睛與物質事物，耳朵與聲音，鼻子與氣味，舌頭與味道，身體與觸覺、環境變化感覺，內心與見解、思想、念想生起貪欲、渴愛；他們不由眼睛與物質事物，耳朵與聲音，鼻子與氣味，舌頭與味道，身體與觸覺、環境變化感覺，內心與見解、思想、念想生起歡樂、開心、舒暢、安心、期望、憂愁、悲傷、苦悶、憂慮、恐怖、憤怒、絕望、出生、衰老、死亡等等喜怒哀樂的念想；他們不執著和掛念眼睛與物質事物，耳朵與聲音，鼻子與氣味，舌頭與味道，身體與觸覺、環境變化感覺，內心與見解、思想、念想；這些就是他們清淨的修行。已經滅盡貪欲、渴愛，已經不會生起貪欲、渴愛，已經不會生起歡樂、開心、舒暢、安心、期望、憂愁、悲傷、苦悶、憂慮、恐怖、憤怒、絕望、出生、衰老、死亡等等喜怒哀樂的念想，已經不會執著和掛念的世間人或眾生，他們就被稱為：「站立在穩固大地上，已經到達解脫彼岸的人或眾生。」他們就是：「徹底從世間解脫出來的人或眾生」，他們就是：「從生死輪迴中永遠解脫出來，進入涅槃境界的人或眾生。」」

　　這時，佛陀說偈言：

　　「度波濤難海，

　　　水怪羅剎棲。

　　　得彼解脫智，

梵行已住立。

　　解除世之縛，

　　　到達於彼岸。」

　　佛陀說法後，聽法的出家弟子們都再次的頂禮佛陀，隨喜讚歎佛陀說法的無量功德，他們都按著佛陀所說的法去修行。

第八十五章　煩惱和痛苦的大海

　　有個時候，佛陀住在舍衛城的祇樹林給孤獨園，有一天，佛陀對出家弟子們說：「比丘們（出家人）！世間人稱爲「大海、海洋」的水域，不是聖者正法中所說的「大海、海洋」，世間人所說的「大海、海洋」那是由無數江河、湖泊等等水流聚集形成的寬闊水域。比丘們，聖者正法中所說的「大海、海洋」是什麼呢？

　　眼睛看見物質事物生起了快樂、喜悅、開心，沉浸于滿意、舒服、合意的感覺之中，並對眼睛看見的物質事物生起了貪欲、渴愛。由眼睛與物質事物循環往復的生起了歡樂、開心、舒暢、安心、期望、憂愁、悲傷、苦悶、憂慮、恐怖、憤怒、絕望、出生、衰老、死亡等等喜怒哀樂的念想，執著和掛念眼睛與物質事物，比丘們，這就是聖者所說的大海與急流、波浪、漩渦、水怪、惡鬼。在天界、魔界、梵天界等等的世間，包括世間的修行人、出家人、天神、魔王、普通人等等眾生在內，他們大多數已經在眼睛與物質事物的大海與急流、波浪、漩渦中沉沒，他們已經在貪欲、渴愛的大海與急流、波浪、漩渦中沉沒，他們已經在歡樂、開心、舒暢、安心、期望、憂愁、悲傷、苦悶、憂慮、恐怖、憤怒、絕望、出生、衰老、死亡等等喜怒哀樂念想的大海與急流、波浪、漩渦中沉沒，他們如同糾纏在一起的線頭，互相纏繞打結的線球，雜亂無章的野草一樣，無法從煩惱和痛苦的地方、不幸的地方解脫出來，無法從地獄、惡鬼、畜生等等惡道中解脫出來，無法從快樂和喜悅的地方、幸福的地方解脫出來，無法從享受種種福報的各個階層的天界中解脫出來，無法從生死輪回中解脫出來。

　　比丘們，同樣的道理，耳朵聽到聲音，鼻子聞到氣味，舌頭嘗到味道，身體觸摸感覺到觸覺，領納到環境變化感覺（冷熱、舒適等等），內心想到見解、思想、念想生起了快樂、喜悅、開心，沉浸于滿意、舒服、合意的感覺之中，並對耳朵聽到的聲音，鼻子聞到的氣

味，舌頭嘗到的味道，身體觸摸感覺到的觸覺，領納到的環境變化感覺（冷熱、舒適等等），內心想到的見解、思想、念想生起了貪欲、渴愛。由耳朵與聲音，鼻子與氣味，舌頭與味道，身體與觸覺、環境變化感覺，內心與見解、思想、念想循環往復的生起了歡樂、開心、舒暢、安心、期望、憂愁、悲傷、苦悶、憂慮、恐怖、憤怒、絕望、出生、衰老、死亡等等喜怒哀樂的念想，執著和掛念耳朵與聲音，鼻子與氣味，舌頭與味道，身體與觸覺、環境變化感覺，內心與見解、思想、念想，比丘們，這就是聖者所說的大海與急流、波浪、漩渦、水怪、惡鬼。在天界、魔界、梵天界等等的世間，包括世間的修行人、出家人、天神、魔王、普通人等等眾生在內，他們大多數已經在耳朵與聲音，鼻子與氣味，舌頭與味道，身體與觸覺、環境變化感覺，內心與見解、思想、念想的大海與急流、波浪、漩渦中沉沒，他們已經在貪欲、渴愛的大海與急流、波浪、漩渦中沉沒，他們已經在歡樂、開心、舒暢、安心、期望、憂愁、悲傷、苦悶、憂慮、恐怖、憤怒、絕望、出生、衰老、死亡等等喜怒哀樂念想的大海與急流、波浪、漩渦中沉沒，他們如同糾纏在一起的線頭，互相纏繞打結的線球，雜亂無章的野草一樣，無法從煩惱和痛苦的地方、不幸的地方解脫出來，無法從地獄、惡鬼、畜生等等惡道中解脫出來，無法從快樂和喜悅的地方、幸福的地方解脫出來，無法從享受種種福報的各個階層的天界中解脫出來，無法從生死輪回中解脫出來。

比丘們，凡是滅盡貪欲、渴愛、憤怒、無明的世間人或眾生（無明解釋，見第四十四章），他們就渡過了有急流、波浪、漩渦、水怪、惡鬼出沒、威脅，難以擺渡的大海。徹底放下執著和掛念，就不會生起歡樂、開心、舒暢、安心、期望、憂愁、悲傷、苦悶、憂慮、恐怖、憤怒、絕望、出生、衰老、死亡等等喜怒哀樂的念想，既然沒有生起念想，那麼生死的念想就沒有生起的條件和依靠，生死的念想也滅盡了。不執著和掛念眼睛與物質事物，耳朵與聲音，鼻子與氣味，舌頭與味道，身體與觸覺、環境變化感覺，內心與見解、思想、念想，就不會再去承受無數的煩惱和痛苦，煩惱和痛苦也不會循環往復的生起，既然沒有生起煩惱和痛苦，就不用再去除滅、滅盡煩惱和痛苦；歡樂、開心、舒暢、安心、期望、憂愁、悲傷、苦悶、憂慮、

恐怖、憤怒、絕望、出生、衰老、死亡等等喜怒哀樂的念想也不會循環往復的生起，既然沒有生起念想，就不用再去除滅、滅盡念想，那麼，煩惱、痛苦、念想沒有生起就不用再去除滅、滅盡，這就是不生不滅的真正法義，這樣煩惱、痛苦、念想就徹底的熄滅、消失了。生是煩惱、痛苦、念想的生起，死是煩惱、痛苦、念想的滅沒、消失，生死的煩惱和痛苦就這樣徹底滅盡了，這些滅盡煩惱、痛苦、念想的世間人或眾生，如來說他們：「已經徹底的從世間解脫出來，已經從死神的監獄中被釋放出來，已經徹底的到達解脫的彼岸。」」

這時，佛陀說偈言：

「超者以舍死，

　　以竭盡有質，

　　彼為不再生，

　　入舍苦滅沒，

　　余離死王獄，

　　到達於彼岸。」

佛陀說法後，聽法的出家弟子們都再次的頂禮佛陀，隨喜讚歎佛陀說法的無量功德，他們都按著佛陀所說的法去修行。

第八十六章　煩惱和痛苦如同樹汁的流出

　　有個時候，佛陀住在舍衛城的祇樹林給孤獨園，有一天，佛陀對出家弟子們說：「比丘們（出家人）！世間任何的人或眾生，如果他們眼睛看見物質事物的時候，生起了貪欲、渴愛、憤怒，愚癡的沉迷在眼睛與物質事物之中，愚癡的執著和掛念眼睛與物質事物，他們即使只是生起了極少、丁點的貪欲、渴愛、憤怒，他們即使只是短暫片刻愚癡的沉迷在眼睛與物質事物之中，他們即使只是短暫片刻愚癡的執著和掛念眼睛與物質事物，他們的內心也會被眼睛與物質事物占據，他們的內心也會被眼睛與物質事物擾動、污染、影響，更不用說那些極度、過度生起貪欲、渴愛、憤怒，長時間愚癡的沉迷在眼睛與物質事物之中，長時間愚癡的執著和掛念眼睛與物質事物的人或眾生了，這些世間人或眾生將會被歡樂、開心、舒暢、安心、期望、憂愁、悲傷、苦悶、憂慮、恐怖、憤怒、絕望、出生、衰老、死亡等等喜怒哀樂的念想折磨、拷打、奴役。為什麼呢？比丘們，因為他們還會生起貪欲、渴愛、憤怒，因為他們還會愚癡的沉迷在眼睛與物質事物之中，愚癡的執著和掛念眼睛與物質事物；他們沒有除滅、滅盡貪欲、渴愛、憤怒，他們沒有開啟智慧以此破除愚癡，從眼睛與物質事物的沉迷中解脫出來，他們沒有放下對眼睛與物質事物的執著和掛念。

　　比丘們，同樣的道理，世間任何的人或眾生，如果他們耳朵聽到聲音，鼻子聞到氣味，舌頭嘗到味道，身體觸摸感覺到觸覺，領納到環境變化感覺（冷熱、舒適等等），內心想到見解、思想、念想的時候，生起了貪欲、渴愛、憤怒，愚癡的沉迷在耳朵與聲音，鼻子與氣味，舌頭與味道，身體與觸覺、環境變化感覺，內心與見解、思想、念想之中，愚癡的執著和掛念耳朵與聲音，鼻子與氣味，舌頭與味道，身體與觸覺、環境變化感覺，內心與見解、思想、念想，他們即

一本書
讀懂所有佛經

使只是生起了極少、丁點的貪欲、渴愛、憤怒，他們即使只是短暫片刻愚癡的沉迷在耳朵與聲音，鼻子與氣味，舌頭與味道，身體與觸覺、環境變化感覺，內心與見解、思想、念想之中，他們即使只是短暫片刻愚癡的執著和掛念耳朵與聲音，鼻子與氣味，舌頭與味道，身體與觸覺、環境變化感覺，內心與見解、思想、念想，他們的內心也會被耳朵與聲音，鼻子與氣味，舌頭與味道，身體與觸覺、環境變化感覺，內心與見解、思想、念想占據，他們的內心也會被耳朵與聲音，鼻子與氣味，舌頭與味道，身體與觸覺、環境變化感覺，內心與見解、思想、念想擾動、污染、影響，更不用說那些極度、過度生起貪欲、渴愛、憤怒，長時間愚癡的沉迷在耳朵與聲音，鼻子與氣味，舌頭與味道，身體與觸覺、環境變化感覺，內心與見解、思想、念想之中，長時間愚癡的執著和掛念耳朵與聲音，鼻子與氣味，舌頭與味道，身體與觸覺、環境變化感覺，內心與見解、思想、念想的人或眾生了，這些世間人或眾生將會被歡樂、開心、舒暢、安心、期望、憂愁、悲傷、苦悶、憂慮、恐怖、憤怒、絕望、出生、衰老、死亡等等喜怒哀樂的念想折磨、拷打、奴役。爲什麼呢？比丘們，因爲他們還會生起貪欲、渴愛、憤怒，因爲他們還會愚癡的沉迷在耳朵與聲音，鼻子與氣味，舌頭與味道，身體與觸覺、環境變化感覺，內心與見解、思想、念想之中，愚癡的執著和掛念耳朵與聲音，鼻子與氣味，舌頭與味道，身體與觸覺、環境變化感覺，內心與見解、思想、念想；他們沒有除滅、滅盡貪欲、渴愛、憤怒，他們沒有開啓智慧以此破除愚癡，從耳朵與聲音，鼻子與氣味，舌頭與味道，身體與觸覺、環境變化感覺，內心與見解、思想、念想的沉迷中解脫出來，他們沒有放下對耳朵與聲音，鼻子與氣味，舌頭與味道，身體與觸覺、環境變化感覺，內心與見解、思想、念想的執著和掛念。

比丘們，這就如同幼小、年輕、成熟的菩提樹、榕樹、糙葉榕、芒果樹、無花果樹、蘋果樹等等的樹，如果有一個男子，他拿著鋒利的斧頭砍伐這些樹木的樹幹，這些樹木會流出樹汁、樹液嗎？」

出家弟子們回答：「世尊，如果這個男子拿著鋒利的斧頭去砍伐這些樹木的樹幹，這些樹木肯定會流出樹汁、樹液的。因爲這些樹木要依靠樹汁、樹液輸送水分和養料來維持自己的生存和生長。」

佛陀說：「比丘們，同樣的道理，世間任何的人或眾生，如果他們眼睛看見物質事物，耳朵聽到聲音，鼻子聞到氣味，舌頭嘗到味道，身體觸摸感覺到觸覺，領納到環境變化感覺（冷熱、舒適等等），內心想到見解、思想、念想的時候，生起了貪欲、渴愛、憤怒，愚癡的沉迷在眼睛與物質事物，耳朵與聲音，鼻子與氣味，舌頭與味道，身體與觸覺、環境變化感覺，內心與見解、思想、念想之中，愚癡的執著和掛念眼睛與物質事物，耳朵與聲音，鼻子與氣味，舌頭與味道，身體與觸覺、環境變化感覺，內心與見解、思想、念想，他們即使只是生起了極少、丁點的貪欲、渴愛、憤怒，他們即使只是短暫片刻愚癡的沉迷在眼睛與物質事物，耳朵與聲音，鼻子與氣味，舌頭與味道，身體與觸覺、環境變化感覺，內心與見解、思想、念想之中，他們即使只是短暫片刻愚癡的執著和掛念眼睛與物質事物，耳朵與聲音，鼻子與氣味，舌頭與味道，身體與觸覺、環境變化感覺，內心與見解、思想、念想，他們的內心也會被眼睛與物質事物，耳朵與聲音，鼻子與氣味，舌頭與味道，身體與觸覺、環境變化感覺，內心與見解、思想、念想占據，他們的內心也會被眼睛與物質事物，耳朵與聲音，鼻子與氣味，舌頭與味道，身體與觸覺、環境變化感覺，內心與見解、思想、念想擾動、污染、影響，更不用說那些極度、過度生起貪欲、渴愛、憤怒，長時間愚癡的沉迷在眼睛與物質事物，耳朵與聲音，鼻子與氣味，舌頭與味道，身體與觸覺、環境變化感覺，內心與見解、思想、念想之中，長時間愚癡的執著和掛念眼睛與物質事物，耳朵與聲音，鼻子與氣味，舌頭與味道，身體與觸覺、環境變化感覺，內心與見解、思想、念想的人或眾生了，這些世間人或眾生將會被歡樂、開心、舒暢、安心、期望、憂愁、悲傷、苦悶、憂慮、恐怖、憤怒、絕望、出生、衰老、死亡等等喜怒哀樂的念想折磨、拷打、奴役。為什麼呢？比丘們，因為他們還會生起貪欲、渴愛、憤怒，因為他們還會愚癡的沉迷在眼睛與物質事物，耳朵與聲音，鼻子與氣味，舌頭與味道，身體與觸覺、環境變化感覺，內心與見解、思想、念想之中，愚癡的執著和掛念眼睛與物質事物，耳朵與聲音，鼻子與氣味，舌頭與味道，身體與觸覺、環境變化感覺，內心與見解、思想、念想；他們沒有除滅、滅盡貪欲、渴愛、憤怒，他們

沒有開啟智慧以此破除愚癡，從眼睛與物質事物，耳朵與聲音，鼻子與氣味，舌頭與味道，身體與觸覺、環境變化感覺，內心與見解、思想、念想的沉迷中解脫出來，他們沒有放下對眼睛與物質事物，耳朵與聲音，鼻子與氣味，舌頭與味道，身體與觸覺、環境變化感覺，內心與見解、思想、念想的執著和掛念。就如同砍伐幼小、年輕、成熟的樹木，這些樹木還會流出樹汁、樹液一樣，這些生起貪欲、渴愛、憤怒，這些沉迷在眼睛與物質事物，耳朵與聲音，鼻子與氣味，舌頭與味道，身體與觸覺、環境變化感覺，內心與見解、思想、念想之中的人或眾生，他們會被無數的煩惱和痛苦折磨、拷打、摧殘，他們無法從世間解脫出來，無法從生死輪迴中解脫出來，無法進入不生不滅的涅槃境界。」

佛陀繼續對出家弟子們說到：「比丘們，如果有一個男子，他拿著鋒利的斧頭去砍伐已經乾枯死亡超過一年的菩提樹、榕樹、糙葉榕、芒果樹、無花果樹、蘋果樹等等樹的樹幹，這些已經枯萎死亡超過一年的樹木會流出樹汁、樹液嗎？」

出家弟子們回答：「世尊，如果這個男子拿著鋒利的斧頭去砍伐已經乾枯死亡超過一年的這些樹木的樹幹，這些樹木肯定不會流出樹汁、樹液了，因為這些樹木早就枯萎死亡了，既然已經乾枯死亡了，這些樹木就不可能再用樹汁、樹液來輸送水分和養料維持自己的生存和生長了。」

佛陀說：「比丘們，同樣的道理，世間任何的人或眾生，如果他們眼睛看見物質事物，耳朵聽到聲音，鼻子聞到氣味，舌頭嘗到味道，身體觸摸感覺到觸覺，領納到環境變化感覺（冷熱、舒適等等），內心想到見解、思想、念想的時候，不生起貪欲、渴愛、憤怒，不愚癡的沉迷在眼睛與物質事物，耳朵與聲音，鼻子與氣味，舌頭與味道，身體與觸覺、環境變化感覺，內心與見解、思想、念想之中，不愚癡的執著和掛念眼睛與物質事物，耳朵與聲音，鼻子與氣味，舌頭與味道，身體與觸覺、環境變化感覺，內心與見解、思想、念想。他們不會生起極度、過度的貪欲、渴愛、憤怒，他們甚至不會長時間愚癡的沉迷在眼睛與物質事物，耳朵與聲音，鼻子與氣味，舌頭與味道，身體與觸覺、環境變化感覺，內心與見解、思想、念想之

中，他們不會長時間愚癡的執著和掛念眼睛與物質事物，耳朵與聲音，鼻子與氣味，舌頭與味道，身體與觸覺、環境變化感覺，內心與見解、思想、念想，他們的內心不會被眼睛與物質事物，耳朵與聲音，鼻子與氣味，舌頭與味道，身體與觸覺、環境變化感覺，內心與見解、思想、念想占據，他們的內心不會被眼睛與物質事物，耳朵與聲音，鼻子與氣味，舌頭與味道，身體與觸覺、環境變化感覺，內心與見解、思想、念想擾動、污染、影響，他們連極少、丁點的貪欲、渴愛、憤怒都不會生起，他們不會短暫片刻愚癡的沉迷在眼睛與物質事物，耳朵與聲音，鼻子與氣味，舌頭與味道，身體與觸覺、環境變化感覺，內心與見解、思想、念想之中，他們不會短暫片刻愚癡的執著和掛念眼睛與物質事物，耳朵與聲音，鼻子與氣味，舌頭與味道，身體與觸覺、環境變化感覺，內心與見解、思想、念想，這些世間人或眾生不會被歡樂、開心、舒暢、安心、期望、憂愁、悲傷、苦悶、憂慮、恐怖、憤怒、絕望、出生、衰老、死亡等等喜怒哀樂的念想折磨、拷打、奴役。為什麼呢？比丘們，因為他們已經不會生起貪欲、渴愛、憤怒，因為他們已經不會愚癡的沉迷在眼睛與物質事物，耳朵與聲音，鼻子與氣味，舌頭與味道，身體與觸覺、環境變化感覺，內心與見解、思想、念想之中，已經不會愚癡的執著和掛念眼睛與物質事物，耳朵與聲音，鼻子與氣味，舌頭與味道，身體與觸覺、環境變化感覺，內心與見解、思想、念想；他們已經除滅、滅盡了貪欲、渴愛、憤怒，他們已經開啟智慧破除愚癡，從眼睛與物質事物，耳朵與聲音，鼻子與氣味，舌頭與味道，身體與觸覺、環境變化感覺，內心與見解、思想、念想的沉迷中解脫出來，他們已經放下對眼睛與物質事物，耳朵與聲音，鼻子與氣味，舌頭與味道，身體與觸覺、環境變化感覺，內心與見解、思想、念想的執著和掛念。就如同砍伐已經乾枯死亡超過一年的樹木，這些樹木不會流出樹汁、樹液一樣，這些滅盡貪欲、渴愛、憤怒，這些不會沉迷在眼睛與物質事物，耳朵與聲音，鼻子與氣味，舌頭與味道，身體與觸覺、環境變化感覺，內心與見解、思想、念想之中的人或眾生，他們已經滅盡一切的煩惱和痛苦，從世間永遠的解脫出來，從生死輪迴中永遠的解脫出來，進入了不生不滅的涅槃境界。」

佛陀說法後，聽法的出家弟子們都再次的頂禮佛陀，隨喜讚歎佛陀說法的無量功德，他們都按著佛陀所說的法去修行。

第八十七章　什麼才是被束縛捆綁了？

　　有個時候，舍利弗尊者與摩訶拘絺羅尊者住在波羅奈的鹿野苑，有一天傍晚的時候，摩訶拘絺羅尊者靜坐禪修完畢後，就來到舍利弗尊者的住處，他與舍利弗尊者互相問候後，就在一旁坐下，摩訶拘絺羅尊者對舍利弗尊者說：「舍利弗學友！到底是眼睛束縛捆綁了物質事物，還是物質事物束縛捆綁了眼睛？

　　到底是耳朵束縛捆綁了聲音，還是聲音束縛捆綁了耳朵？

　　到底是鼻子束縛捆綁了氣味，還是氣味束縛捆綁了鼻子？

　　到底是舌頭束縛捆綁了味道，還是味道束縛捆綁了舌頭？

　　到底是身體束縛捆綁了觸覺、環境變化感覺（冷熱、舒適等等），還是觸覺、環境變化感覺束縛捆綁了身體？

　　到底是內心束縛捆綁了見解、思想、念想，還是見解、思想、念想束縛捆綁了內心？」

　　舍利弗尊者說：「拘絺羅學友！不是眼睛束縛捆綁了物質事物，也不是物質事物束縛捆綁了眼睛，而是眼睛看見物質事物的時候生起了貪欲、渴愛，有貪欲、渴愛的生起這才叫做被束縛捆綁了，也就是眼睛與看見的物質事物這兩者相遇作為前提條件生起了貪欲、渴愛，這就是被束縛捆綁了。

　　不是耳朵束縛捆綁了聲音，也不是聲音束縛捆綁了耳朵，而是耳朵聽到聲音的時候生起了貪欲、渴愛，有貪欲、渴愛的生起這才叫做被束縛捆綁了，也就是耳朵與聽到的聲音這兩者相遇作為前提條件生起了貪欲、渴愛，這就是被束縛捆綁了。

　　不是鼻子束縛捆綁了氣味，也不是氣味束縛捆綁了鼻子，而是鼻子聞到氣味的時候生起了貪欲、渴愛，有貪欲、渴愛的生起這才叫做被束縛捆綁了，也就是鼻子與聞到的氣味這兩者相遇作為前提條件生起了貪欲、渴愛，這就是被束縛捆綁了。

　　不是舌頭束縛捆綁了味道，也不是味道束縛捆綁了舌頭，而是舌

頭嘗到味道的時候生起了貪欲、渴愛，有貪欲、渴愛的生起這才叫做被束縛捆綁了，也就是舌頭與嘗到的味道這兩者相遇作為前提條件生起了貪欲、渴愛，這就是被束縛捆綁了。

不是身體束縛捆綁了觸覺、環境變化感覺，也不是觸覺、環境變化感覺束縛捆綁了身體，而是身體觸摸感覺到觸覺，領納到環境變化感覺的時候生起了貪欲、渴愛，有貪欲、渴愛的生起這才叫做被束縛捆綁了，也就是身體與觸摸感覺到的觸覺，或領納到的環境變化感覺這兩者相遇作為前提條件生起了貪欲、渴愛，這就是被束縛捆綁了。

不是內心束縛捆綁了見解、思想、念想，也不是見解、思想、念想束縛捆綁了內心，而是內心想到見解、思想、念想的時候生起了貪欲、渴愛，有貪欲、渴愛的生起這才叫做被束縛捆綁了，也就是內心與想到的見解、思想、念想這兩者相遇作為前提條件生起了貪欲、渴愛，這就是被束縛捆綁了。

拘絺羅學友！就如同有兩頭牛，一頭黑牛，一頭白牛，如果用一條繩子或繩索的兩端分別捆綁在這兩頭牛的身上，如果有個人說：『是黑牛束縛捆綁了白牛』，或者說：『是白牛束縛捆綁了黑牛』，他這樣的說法正確嗎？」

摩訶拘絺羅尊者回答：「舍利弗學友，這兩種說法都不正確，因為這兩頭牛還是可以自由活動的，沒有將它們固定在某一個地方，談不上誰束縛捆綁誰。」

舍利弗尊者說：「拘絺羅學友！在這樣的情況下，既不是黑牛束縛捆綁了白牛，也不是白牛束縛捆綁了黑牛。如果用同一條繩子或繩索的一端捆綁住黑牛和白牛，再將這條繩子或繩索的另一端捆綁在了牢固，無法移動的大石柱上，那才叫做被束縛捆綁了，為什麼呢？因為黑牛和白牛無法自由活動了，它們只能在這條繩子或繩索的範圍內活動，超出繩子或繩索長度的地方，它們是去不了的，這才是真正的被束縛捆綁了。

拘絺羅學友！同樣的道理，不是眼睛、耳朵、鼻子、舌頭、身體、內心束縛捆綁了物質事物、聲音、氣味、味道、觸覺、環境變化感覺、見解、思想、念想，也不是物質事物、聲音、氣味、味道、觸覺、環境變化感覺、見解、思想、念想束縛捆綁了眼睛、耳朵、鼻

子、舌頭、身體、內心，而是眼睛看見物質事物，耳朵聽到聲音，鼻子聞到氣味，舌頭嘗到味道，身體觸摸感覺到觸覺，領納到環境變化感覺（冷熱、舒適等等），內心想到見解、思想、念想的時候生起了貪欲、渴愛，有貪欲、渴愛的生起這才叫做被束縛捆綁了，也就是眼睛與看見的物質事物這兩者相遇，耳朵與聽到的聲音這兩者相遇，鼻子與聞到的氣味這兩者相遇，舌頭與嘗到的味道這兩者相遇，身體與觸摸感覺到的觸覺、或領納到的環境變化感覺這兩者相遇，內心與想到的念想、思想、見解這兩者相遇，作爲前提條件生起了貪欲、渴愛，這就是被束縛捆綁了。

　　拘絺羅學友！如果眼睛、耳朵、鼻子、舌頭、身體、內心束縛捆綁了物質事物、聲音、氣味、味道、觸覺、環境變化感覺、見解、思想、念想，或者物質事物、聲音、氣味、味道、觸覺、環境變化感覺、見解、思想、念想束縛捆綁了眼睛、耳朵、鼻子、舌頭、身體、內心，那麼就不可能通過行爲、言語、念想的修行來除滅、滅盡煩惱和痛苦了，也不可能證悟解脫的果位，進入不生不滅的涅槃境界了，因爲行爲、言語、念想的修行仍然在眼睛、耳朵、鼻子、舌頭、身體、內心這六個感官之內，超不出這六個感官之外。行爲、言語、念想的修行實際上就是除滅、滅盡由眼睛與物質事物，耳朵與聲音，鼻子與氣味，舌頭與味道，身體與觸覺、環境變化感覺，內心與見解、思想、念想生起的貪欲、渴愛。當行爲、言語、念想的清淨修行圓滿的時候，就不會由眼睛與物質事物，耳朵與聲音，鼻子與氣味，舌頭與味道，身體與觸覺、環境變化感覺，內心與見解、思想、念想生起貪欲、渴愛了，就不會沉迷在眼睛與物質事物，耳朵與聲音，鼻子與氣味，舌頭與味道，身體與觸覺、環境變化感覺，內心與見解、思想、念想之中了，就不會執著和掛念眼睛與物質事物，耳朵與聲音，鼻子與氣味，舌頭與味道，身體與觸覺、環境變化感覺，內心與見解、思想、念想了，就不會由眼睛與物質事物，耳朵與聲音，鼻子與氣味，舌頭與味道，身體與觸覺、環境變化感覺，內心與見解、思想、念想生起歡樂、開心、舒暢、安心、期望、憂愁、悲傷、苦悶、憂慮、恐怖、憤怒、絕望、出生、衰老、死亡等等喜怒哀樂的念想了。這就叫做解除了束縛捆綁，不被束縛捆綁了。

一本書

讀懂所有佛經

拘絺羅學友！你應該好好的去體會一下剛才我所說的法義。

　　拘絺羅學友！世尊有眼睛，世尊的眼睛也能看見物質事物，但是世尊的眼睛看見物質事物的時候，他不會生起貪欲、渴愛。世尊不會沉迷在眼睛與物質事物之中，世尊不會執著和掛念眼睛與物質事物，世尊不會由眼睛與物質事物生起歡樂、開心、舒暢、安心、期望、憂愁、悲傷、苦悶、憂慮、恐怖、憤怒、絕望、出生、衰老、死亡等等喜怒哀樂的念想。世尊安住在清淨的境界之中，他的內心已經不會被眼睛與物質事物擾動、污染、影響，他的內心已經獲得了完全的解脫。

　　拘絺羅學友！同樣的道理，世尊有耳朵、鼻子、舌頭、身體、內心，世尊的耳朵也能聽到聲音，世尊的鼻子也能聞到氣味，世尊的舌頭也能嘗到味道，世尊的身體也能觸摸感覺到觸覺，領納到環境變化感覺，世尊的內心也能想到見解、思想、念想，但是世尊的耳朵聽到聲音，鼻子聞到氣味，舌頭嘗到味道，身體觸摸感覺到觸覺，領納到環境變化感覺，內心想到見解、思想、念想的時候，他不會生起貪欲、渴愛。世尊不會沉迷在耳朵與聲音，鼻子與氣味，舌頭與味道，身體與觸覺、環境變化感覺，內心與見解、思想、念想之中，世尊不會執著和掛念耳朵與聲音，鼻子與氣味，舌頭與味道，身體與觸覺、環境變化感覺，內心與見解、思想、念想，世尊不會由耳朵與聲音，鼻子與氣味，舌頭與味道，身體與觸覺、環境變化感覺，內心與見解、思想、念想生起歡樂、開心、舒暢、安心、期望、憂愁、悲傷、苦悶、憂慮、恐怖、憤怒、絕望、出生、衰老、死亡等等喜怒哀樂的念想。世尊安住在清淨的境界之中，他的內心已經不會被耳朵與聲音，鼻子與氣味，舌頭與味道，身體與觸覺、環境變化感覺，內心與見解、思想、念想擾動、污染、影響，他的內心已經獲得了完全的解脫。

　　拘絺羅學友！你應該這樣好好的去體會我剛才所說的法義：「不是眼睛、耳朵、鼻子、舌頭、身體、內心束縛捆綁了物質事物、聲音、氣味、味道、觸覺、環境變化感覺、見解、思想、念想，也不是物質事物、聲音、氣味、味道、觸覺、環境變化感覺、見解、思想、念想束縛捆綁了眼睛、耳朵、鼻子、舌頭、身體、內心，而是眼睛看

見物質事物，耳朵聽到聲音，鼻子聞到氣味，舌頭嘗到味道，身體觸摸感覺到觸覺，領納到環境變化感覺，內心想到見解、思想、念想的時候生起了貪欲、渴愛，有貪欲、渴愛的生起這才叫做被束縛捆綁了，也就是眼睛與看見的物質事物這兩者相遇，耳朵與聽到的聲音這兩者相遇，鼻子與聞到的氣味這兩者相遇，舌頭與嘗到的味道這兩者相遇，身體與觸摸感覺到的觸覺、或領納到的環境變化感覺這兩者相遇，內心與想到的念想、思想、見解這兩者相遇，作為前提條件生起了貪欲、渴愛，這就是被束縛捆綁了。」

舍利弗尊者說法後，摩訶拘絺羅尊者虔誠恭敬的頂禮舍利弗尊者，隨喜讚歎舍利弗尊者說法的無量功德，並按著舍利弗尊者所說的法去修行。

第八十八章　四條毒蛇的比喻

　　有個時候，佛陀住在舍衛城的祇樹林給孤獨園，有一天，佛陀對出家弟子們說：「比丘們（出家人）！猶如有四條毒性猛烈的毒蛇竄入屋內，那時有個女子對住在屋子裡的讀書人說：『你如果不想被這四條毒蛇咬到，不想被這四條毒蛇的毒液折磨的痛苦到死的話，那你就應該立刻離開這間屋子，不要讓毒蛇找到你。』屋子裡的讀書人害怕被毒蛇咬到，於是就立刻跑出了屋子。

　　讀書人剛跑出屋子，就有一個木匠對他說：「你有五個仇人正在到處找你，他們四處放言：『如果我們看見讀書人的話，就會立刻殺死他的。』」說完木匠指著遠處正在茶棚裡喝茶的五個人提醒讀書人趕快逃跑。讀書人認出了那五個人確實是自己的仇家，於是就急忙的逃走了。

　　當讀書人跑到深山密林之中躲避仇家追殺的時候，看見一個砍柴的樵夫，這個樵夫對讀書人說：「剛才有六個人，他們說：『我們是讀書人的同鄉，我們是讀書人最親密的朋友。』不過我看他們不懷好意，他們手中拿著大刀，我無意中聽到他們輕聲細語的說到：『一旦看見讀書人就要用刀砍掉他的腦袋』，你還是趕快離開這裡吧，很危險哦，我一個人也幫不上你什麼忙。」讀書人聽完樵夫的告誡後，就急匆匆的在樵夫的指引下向他同鄉、朋友相反的方向逃跑掉了。

　　讀書人在逃跑的過程中，看見了一座村莊，於是他就走進村子，想要在村子裡面躲一躲，他走進村莊後才發現，村莊裡空無一人，他走進村莊中的各個屋子裡面，想要尋找村民，可是卻發現，屋子裡面也沒有任何的人，這時他隱約聽見有人在叫他，他轉頭看見，有一個村民站在遠處的小山坡上正在向他喊話，這個村民喊到：「你還在村子裡面呆著幹什麼？強盜就要來村子裡搶劫了，你趕快逃跑，離開村子吧，不然到時強盜們來了，你就只有被殺死的分了，我走了，你好自為之，我提醒了你的，你被強盜殺死了不要怪我。」喊完話，村民

就跑掉了。

這時，讀書人看見遠處一大群拿著大刀，騎著馬的強盜正在向村子趕來，讀書人嚇的趕緊向村子後面跑去。這時讀書人才發現，村子的後面有一條大河，大河的河水湍急的流著，讀書人看見有一些村民還在大河的對岸釣魚，就大叫：「喂，你們還有心情釣魚，強盜來了，救救我呀。」其中一個釣魚的村民對讀書人喊到：「怕什麼嘛，大河這麼寬，河水又流的這麼急，這裡又沒有船，強盜來了也沒有辦法過河，他們如果敢強行渡河，我們就用石頭和竹篙打翻他們的船，往年也是這樣，這些強盜根本不敢渡河的，我們在這裡釣魚就是來羞辱他們的。至於你這個讀書人，我們也沒有辦法救你了，你看見了嗎，沒有船的嘛。」

讀書人大叫：「怎麼沒有船，有的！」讀書人於是立刻就跑到最近的屋子裡面搬出一個大鐵鍋，把幾大捆燒火用的木材綁在大鐵鍋上。讀書人將綁好木材的大鐵鍋推入河水中，雙手拿著兩個搓衣板奮力的劃著河水，想要渡到河的對岸去，對岸釣魚的村民說到：「這也行，不愧是讀書人，好嘛，那你好好的劃，河水流的很急，你要小心了，我們在這邊接應你。」

讀書人費勁了九牛二五之力，終於渡到了大河的對岸，村民們扶著劃水劃的筋疲力盡的讀書人上岸休息，強盜們看見讀書人躺在了對岸的大地上，怒氣衝衝的說到：「又白跑一趟，這幫村民越來越精明，我們都快沒有飯吃了，那個讀書人他的仇家懸賞的高額獎金，我們是拿不到了，到手的買賣泡湯了。」

比丘們，如來剛才講的是一個比喻，那四條毒性猛烈的毒蛇，比喻的就是四大（四大解釋，見第二十二章），這個由四大構成的身體要保持清醒，要洗浴，要吃東西，要睡覺，如果不保持清醒就無法做事情，不洗浴就會渾身惡臭，不吃東西就會餓死，不睡覺就會疲憊不堪，四大中的其中一個不協調了、出現問題了，就會給身體帶來煩惱和痛苦，甚至於失去生命，這不就如同被毒蛇咬到，被毒液折磨的痛苦不堪，甚至於毒發身亡一樣嗎？四大就如同四條毒蛇隨時陪伴在自己的左右，自己隨時都可能被咬到承受痛苦，甚至於失去生命。

一本書

讀懂所有佛經

比丘們，五個見面就要殺死讀書人的仇人比喻的就是五取蘊，什麼是五取蘊呢？即是：色取蘊、受取蘊、想取蘊、行取蘊、識取蘊，由物質事物、物質身體生起的煩惱就稱爲「色取蘊」，由感受生起的煩惱就稱爲「受取蘊」，由念想生起的煩惱就稱爲「想取蘊」，由行爲生起的煩惱就稱爲「行取蘊」，由認識、分別、判斷生起的煩惱就稱爲「識取蘊」。

　　比丘們，六個見面就要砍掉讀書人腦袋的同鄉、朋友比喻的就是喜悅、貪欲、渴愛。

　　比丘們，空無一人的村莊，比喻的就是眼睛、耳朵、鼻子、舌頭、身體、內心。比丘們，有智慧的人明白：眼睛、耳朵、鼻子、舌頭、身體、內心隨時在變化，無法永遠存在，無法永恆保持不變，無法永遠擁有。眼睛、耳朵、鼻子、舌頭、身體、內心是會生病、衰老、喪失功能的，因此眼睛、耳朵、鼻子、舌頭、身體、內心是空的，所謂空並不是說什麼都沒有，也不是虛空空無一物的意思，而是指無法永遠保持相同的狀態不發生變化。隨時在變化，無法永遠存在，無法永恆保持不變，無法永遠擁有就是空。

　　比丘們，到村子裡面搶劫的強盜比喻的是物質事物、物質身體、聲音、氣味、味道、觸覺、環境變化感覺（冷熱、舒適等等）、思想、見解、念想。比丘們，當眼睛看見物質事物的時候，生起了喜歡、不喜歡等等喜怒哀樂的感受，就被物質事物的強盜搶劫、傷害了。

　　當耳朵聽到聲音的時候，生起了喜歡、不喜歡等等喜怒哀樂的感受，就被聲音的強盜搶劫、傷害了。

　　當鼻子聞到氣味的時候，生起了喜歡、不喜歡等等喜怒哀樂的感受，就被氣味的強盜搶劫、傷害了。

　　當舌頭嘗到味道的時候，生起了喜歡、不喜歡等等喜怒哀樂的感受，就被味道的強盜搶劫、傷害了。

　　當身體觸摸感覺到觸覺，領納到環境變化感覺（冷熱、舒適等等）的時候，生起了喜歡、不喜歡等等喜怒哀樂的感受，就被觸覺、環境變化感覺的強盜搶劫、傷害了。

當內心想到見解、思想、念想的時候，生起了喜歡、不喜歡等等喜怒哀樂的感受，就被見解、思想、念想的強盜搶劫、傷害了。

　　比丘們，大河比喻的是四種煩惱和痛苦，因為這四種煩惱和痛苦猶如洪水一樣兇猛，也叫做暴流，即是又猛又急的水流，猛烈流動的水流。這四種煩惱和痛苦就如同暴流。是哪四種暴流呢？就是貪欲、渴愛的暴流，執著有、存在、擁有的暴流，執著見解、思想、念想的暴流，無明的暴流（無明解釋，見第四十四章）。

　　比丘們，讀書人還沒有渡河之前的河岸，也就是讀書人與強盜共同所在的河岸，比喻的是執著和掛念有物質身體的存在，這就沒有渡過大河。

　　比丘們，讀書人渡過大河到達村民所在的大河對岸，比喻的是進入沒有煩惱，沒有痛苦，沒有念想的涅槃境界。

　　比丘們，讀書人用幾大捆燒火用的木材綁在大鐵鍋上做成的船筏，比喻的就是八正道的修行方法（八正道解釋，見第五章），也即是：修習正見、正志、正語、正業、正命、正精進、正念、正定這八種正道。

　　比丘們，讀書人雙手拿著兩個搓衣板奮力的劃著河水，比喻的就是持之以恆精進的修行八正道。

　　比丘們，讀書人渡到了大河的對岸，村民們扶著劃水劃的筋疲力盡的讀書人上岸休息，比喻的就是證悟了解脫的果位，從世間永遠的解脫出來，從生死輪回中永遠的解脫出來，到達了解脫彼岸，進入了沒有煩惱，沒有痛苦，沒有念想，不生不滅的涅槃境界。」

　　佛陀說法後，聽法的出家弟子們都再次的頂禮佛陀，隨喜讚歎佛陀說法的無量功德，他們都按著佛陀所說的法去修行。

第八十九章　藏在殼中的烏龜

　　有個時候，佛陀住在舍衛城的祇樹林給孤獨園，有一天，佛陀對出家弟子們說：「比丘們（出家人）！過去有一隻烏龜，它在傍晚的時候沿著河岸邊尋找食物，這時有一隻野狼也在河岸邊尋找食物。烏龜看見野狼後就立刻將自己的頭部、尾巴以及四肢都縮進了龜殼。野狼看見烏龜後欣喜若狂，以為自己找到了食物，於是它就跑到龜殼的面前，卻發現無法下口吃烏龜，野狼這時想：「我就在這裡等待，如果烏龜露出了頭部、尾巴以及四肢中任何一個部位的時候，我就立刻咬住這些部位將烏龜扯出它的龜殼，飽餐一頓。」想完，野狼就美滋滋的躺在龜殼的旁邊等待烏龜從殼中出來。

　　可是，野狼等了很長時間，烏龜都沒有露出身體的任何部位，野狼餓的眼冒金星、滿身出汗，實在是沒有辦法繼續等下去了，它這時也明白了，自己是沒有機會抓到烏龜飽餐一頓的了，於是野狼只好垂頭喪氣的離開了烏龜。

　　比丘們，同樣的道理，魔王波旬也守候在世間人或眾生的身邊，魔王波旬經常這樣想：「或許我可以從他們的眼睛下手，在他們的眼睛那裡獲得抓住他們的機會，在他們執著和掛念眼睛與物質事物的時候，在他們由眼睛與物質事物生起貪欲、渴愛的時候，在他們由眼睛與物質事物生起歡樂、開心、舒暢、安心、期望、憂愁、悲傷、苦悶、憂慮、恐怖、憤怒、絕望、出生、衰老、死亡等等喜怒哀樂念想的時候，抓住他們；

　　或許我可以從他們的耳朵下手，在他們的耳朵那裡獲得抓住他們的機會，在他們執著和掛念耳朵與聲音的時候，在他們由耳朵與聲音生起貪欲、渴愛的時候，在他們由耳朵與聲音生起歡樂、開心、舒暢、安心、期望、憂愁、悲傷、苦悶、憂慮、恐怖、憤怒、絕望、出生、衰老、死亡等等喜怒哀樂念想的時候，抓住他們；

或許我可以從他們的鼻子下手，在他們的鼻子那裡獲得抓住他們的機會，在他們執著和掛念鼻子與氣味的時候，在他們由鼻子與氣味生起貪欲、渴愛的時候，在他們由鼻子與氣味生起歡樂、開心、舒暢、安心、期望、憂愁、悲傷、苦悶、憂慮、恐怖、憤怒、絕望、出生、衰老、死亡等等喜怒哀樂念想的時候，抓住他們；

　　或許我可以從他們的舌頭下手，在他們的舌頭那裡獲得抓住他們的機會，在他們執著和掛念舌頭與味道的時候，在他們由舌頭與味道生起貪欲、渴愛的時候，在他們由舌頭與味道生起歡樂、開心、舒暢、安心、期望、憂愁、悲傷、苦悶、憂慮、恐怖、憤怒、絕望、出生、衰老、死亡等等喜怒哀樂念想的時候，抓住他們；

　　或許我可以從他們的身體下手，在他們的身體那裡獲得抓住他們的機會，在他們執著和掛念身體與觸覺、環境變化感覺（冷熱、舒適等等）的時候，在他們由身體與觸覺、環境變化感覺生起貪欲、渴愛的時候，在他們由身體與觸覺、環境變化感覺生起歡樂、開心、舒暢、安心、期望、憂愁、悲傷、苦悶、憂慮、恐怖、憤怒、絕望、出生、衰老、死亡等等喜怒哀樂念想的時候，抓住他們；

　　或許我可以從他們的內心下手，在他們的內心那裡獲得抓住他們的機會，在他們執著和掛念內心與見解、思想、念想的時候，在他們由內心與見解、思想、念想生起貪欲、渴愛的時候，在他們由內心與見解、思想、念想生起歡樂、開心、舒暢、安心、期望、憂愁、悲傷、苦悶、憂慮、恐怖、憤怒、絕望、出生、衰老、死亡等等喜怒哀樂念想的時候，抓住他們。」

　　比丘們，因此你們要守護好諸根門戶，你們要守護好眼睛、耳朵、鼻子、舌頭、身體、內心這六個門戶。當眼睛看見物質事物的時候，不執著和掛念整個物質事物，也不執著和掛念物質事物中的某個單獨、特別、獨特的部位，因為一旦沒有守護好眼睛，執著和掛念眼睛與物質事物，沉迷於眼睛與物質事物之中，那麼貪欲、憂愁、惡法、不善法等等的念想就會在內心中持續不斷的流動，持續不斷的生起，無有窮盡。如果守護好了眼睛，就不會執著和掛念眼睛與物質事物，就不會在眼睛看見物質事物的時候，讓貪欲、憂愁、惡法、不善法等等的念想持續不斷的流動，持續不斷的生起，這樣就能讓內心保

持清淨。你們要受持好如來制定的戒律，要知道自製、控制、約束自己的行為、言語、念想，這樣你們就能逐漸放下對眼睛與物質事物的執著和掛念，這樣你們就能保護好自己的眼睛，就能守護好自己的眼睛。

　　當耳朵聽到聲音的時候，不執著和掛念整個聲音，也不執著和掛念聲音中夾雜著的某個單獨、特別、獨特的聲音，因為一旦沒有守護好耳朵，執著和掛念耳朵與聲音，沉迷於耳朵與聲音之中，那麼貪欲、憂愁、惡法、不善法等等的念想就會在內心中持續不斷的流動，持續不斷的生起，無有窮盡。如果守護好了耳朵，就不會執著和掛念耳朵與聲音，就不會在耳朵聽到聲音的時候，讓貪欲、憂愁、惡法、不善法等等的念想持續不斷的流動，持續不斷的生起，這樣就能讓內心保持清淨。你們要受持好如來制定的戒律，要知道自製、控制、約束自己的行為、言語、念想，這樣你們就能逐漸放下對耳朵與聲音的執著和掛念，這樣你們就能保護好自己的耳朵，就能守護好自己的耳朵。

　　當鼻子聞到氣味的時候，不執著和掛念整個氣味，也不執著和掛念氣味中夾雜著的某個單獨、特別、獨特的氣味，因為一旦沒有守護好鼻子，執著和掛念鼻子與氣味，沉迷於鼻子與氣味之中，那麼貪欲、憂愁、惡法、不善法等等的念想就會在內心中持續不斷的流動，持續不斷的生起，無有窮盡。如果守護好了鼻子，就不會執著和掛念鼻子與氣味，就不會在鼻子聞到氣味的時候，讓貪欲、憂愁、惡法、不善法等等的念想持續不斷的流動，持續不斷的生起，這樣就能讓內心保持清淨。你們要受持好如來制定的戒律，要知道自製、控制、約束自己的行為、言語、念想，這樣你們就能逐漸放下對鼻子與氣味的執著和掛念，這樣你們就能保護好自己的鼻子，就能守護好自己的鼻子。

　　當舌頭嘗到味道的時候，不執著和掛念整個味道，也不執著和掛念味道中夾雜著的某個單獨、特別、獨特的味道，因為一旦沒有守護好舌頭，執著和掛念舌頭與味道，沉迷於舌頭與味道之中，那麼貪欲、憂愁、惡法、不善法等等的念想就會在內心中持續不斷的流動，持續不斷的生起，無有窮盡。如果守護好了舌頭，就不會執著和掛念

舌頭與味道，就不會在舌頭嘗到味道的時候，讓貪欲、憂愁、惡法、不善法等等的念想持續不斷的流動，持續不斷的生起，這樣就能讓內心保持清淨。你們要受持好如來制定的戒律，要知道自製、控制、約束自己的行為、言語、念想，這樣你們就能逐漸放下對舌頭與味道的執著和掛念，這樣你們就能保護好自己的舌頭，就能守護好自己的舌頭。

當身體觸摸感覺到觸覺，領納到環境變化感覺（冷熱、舒適等等）的時候，不執著和掛念整個觸覺、環境變化感覺，也不執著和掛念觸覺、環境變化感覺中夾雜著的某個單獨、特別、獨特的觸覺、環境變化感覺，因為一旦沒有守護好身體，執著和掛念身體與觸覺、環境變化感覺，沉迷於身體與觸覺、環境變化感覺之中，那麼貪欲、憂愁、惡法、不善法等等的念想就會在內心中持續不斷的流動，持續不斷的生起，無有窮盡。如果守護好了身體，就不會執著和掛念身體與觸覺、環境變化感覺，就不會在身體觸摸感覺到觸覺，領納到環境變化感覺的時候，讓貪欲、憂愁、惡法、不善法等等的念想持續不斷的流動，持續不斷的生起，這樣就能讓內心保持清淨。你們要受持好如來制定的戒律，要知道自製、控制、約束自己的行為、言語、念想，這樣你們就能逐漸放下對身體與觸覺、環境變化感覺的執著和掛念，這樣你們就能保護好自己的身體，就能守護好自己的身體。

當內心想到見解、思想、念想的時候，不執著和掛念整個見解、思想、念想，也不執著和掛念見解、思想、念想中夾雜著的某個單獨、特別、獨特的見解、思想、念想，因為一旦沒有守護好內心，執著和掛念內心與見解、思想、念想，沉迷於內心與見解、思想、念想之中，那麼貪欲、憂愁、惡法、不善法等等的念想就會在內心中持續不斷的流動，持續不斷的生起，無有窮盡。如果守護好了內心，就不會執著和掛念內心與見解、思想、念想，就不會在內心想到見解、思想、念想的時候，讓貪欲、憂愁、惡法、不善法等等的念想持續不斷的流動，持續不斷的生起，這樣就能讓內心保持清淨。你們要受持好如來制定的戒律，要知道自製、控制、約束自己的行為、言語、念想，這樣你們就能逐漸放下對內心與見解、思想、念想的執著和掛念，這樣你們就能保護好自己的內心，就能守護好自己的內心。

比丘們，當你們守護好眼睛、耳朵、鼻子、舌頭、身體、內心這六個門戶的時候，魔王波旬就無法獲得抓住你們的機會，就如同野狼無法抓住縮進龜殼的烏龜一樣，魔王波旬只好如同饑腸轆轆的野狼一樣垂頭喪氣的離開。

　　比丘們，烏龜將自己的頭部、尾巴以及四肢都縮進了龜殼之中，避免了被野狼傷害，它保護好了自己。你們也要像烏龜一樣守護好自己的眼睛、耳朵、鼻子、舌頭、身體、內心這六個門戶，不要被魔王波旬傷害，你們也要保護好自己，你們不要執著和掛念眼睛與物質事物，耳朵與聲音，鼻子與氣味，舌頭與味道，身體與觸覺、環境變化感覺，內心與見解、思想、念想；不要由眼睛與物質事物，耳朵與聲音，鼻子與氣味，舌頭與味道，身體與觸覺、環境變化感覺，內心與見解、思想、念想生起貪欲、渴愛，不要由眼睛與物質事物，耳朵與聲音，鼻子與氣味，舌頭與味道，身體與觸覺、環境變化感覺，內心與見解、思想、念想生起歡樂、開心、舒暢、安心、期望、憂愁、悲傷、苦悶、憂慮、恐怖、憤怒、絕望、出生、衰老、死亡等等喜怒哀樂的念想；要讓你們自己安住在清淨的境界之中，這樣你們就能滅盡一切的煩惱和痛苦，從生死輪回中永遠的解脫出來，進入沒有煩惱，沒有痛苦，沒有念想的涅槃境界。」

　　這時，佛陀說偈言：

「如龜肢分藏殼中，
　比丘六根無依著，
　喜悲惱害皆除盡，
　生死輪回永熄滅，
　直達彼岸涅槃境。」

　　佛陀說法後，聽法的出家弟子們都再次的頂禮佛陀，隨喜讚歎佛陀說法的無量功德，他們都按著佛陀所說的法去修行。

第九十章　恒河上漂流的大樹

有個時候，佛陀住在拘睒彌城的恒河邊，有一天，佛陀看見有一棵大樹在恒河上漂流，於是佛陀就對出家弟子們說：「比丘們（出家人），你們看見那棵在恒河上漂流的大樹了嗎？」

出家弟子們回答：「世尊，我們看見那棵在恒河上漂流的大樹了。」

佛陀說：「比丘們！那棵在恒河上漂流的大樹，不靠近恒河的兩岸，不被恒河的兩岸阻擋前進，不在漂流的過程中沉沒在恒河底，不在恒河中的淺灘上擱淺，不被人拖上岸，不被非人拖上岸，不被恒河中的漩渦困住，這棵漂流的大樹內部也不腐爛，比丘們，如果恒河的水直接流向大海，那麼這棵大樹就能隨著恒河水漂流到大海。比丘們，同樣的道理，如果你們不靠近兩岸，不被兩岸阻擋前進，不在中途沉沒，不在淺灘擱淺，不被人拖上岸，不被非人拖上岸，不被漩渦困住，內部不腐爛，你們按著如來的正法去修行也能到達不生不滅的涅槃境界，為什麼呢？比丘們，因為如來的正法是通向不生不滅涅槃境界的康莊大道，沿著如來正法的康莊大道而行，就能最終到達涅槃的境界。」

佛陀這樣說法的時候，有一位比丘對佛陀說：「世尊，什麼是兩岸呢？什麼是被兩岸阻擋無法前進呢？什麼是不在中途沉沒呢？什麼是不在淺灘擱淺呢？什麼是不被人拖上岸呢？什麼是不被非人拖上岸呢？什麼是不被漩渦困住呢？什麼是內部不腐爛呢？」

佛陀說：「比丘們！兩岸分為此岸和彼岸，此岸比喻的是：眼睛、耳朵、鼻子、舌頭、身體、內心，彼岸比喻的是：物質事物、物質身體、聲音、氣味、味道、觸覺、環境變化感覺（冷熱、舒適等等）、思想、見解、念想，不被兩岸阻擋前進，就是不執著和掛念眼睛與物質事物，耳朵與聲音，鼻子與氣味，舌頭與味道，身體與觸覺、環境變化感覺，內心與見解、思想、念想。

一本書

讀懂所有佛經

不在中途沉沒，比喻的是：不由眼睛與物質事物，耳朵與聲音，鼻子與氣味，舌頭與味道，身體與觸覺、環境變化感覺，內心與見解、思想、念想生起歡樂、開心、舒暢、安心、期望、憂愁、悲傷、苦悶、憂慮、恐怖、憤怒、絕望、出生、衰老、死亡等等喜怒哀樂的念想；

不在淺灘擱淺，比喻的是：不驕傲自大、不傲慢無禮，不執著有個「我」能夠永遠、永恆的存在，不執著有「我」能夠永遠、永恆擁有的事物，不分別、不執著富貴貧賤，不由執著「我」而生起無數分別的念想。

不被人拖上岸，比喻的是：出家人除了中午外出化緣飯食與世間人接觸外，其他時間不與世間人接觸交際，不參與世間人的日常事務與義務，不參與他們的家庭事務，不與他們同歡同愁，不在他們快樂的時候也與他們一同快樂，不在他們煩惱痛苦的時候也與他們一同煩惱痛苦，這就是不被人抓住，簡單的說就是：「不參與世間人的日常事務，除了化緣飯食外，不與世間人交際來往，不由他們產生喜怒哀樂的煩惱和痛苦。」

不被非人拖上岸，比喻的是：修行不是爲了祈求上升到天界享福，如果有個修行人這樣想：「我要以受持戒律的功德；我要以不做惡事，只做善事，斷惡修善的功德；我要以種種苦行的功德，我要以等等這些清淨的修行來獲得上升到各個階層天界享福機會。」那麼這個修行人就被非人拖上岸，簡單的說就是：「修行有所求，修行求回報，就被這些天界的福報拖上岸了。」

不被漩渦困住，比喻的是：不由眼睛與物質事物，耳朵與聲音，鼻子與氣味，舌頭與味道，身體與觸覺、環境變化感覺，內心與見解、思想、念想生起貪欲、渴愛。

內部不腐爛，比喻的是：受持好如來制定的戒律，不破戒；身體行爲不做惡行，口不說惡言，內心不生起惡念，不行惡法；不因爲自己的行爲、言語、念想讓別人懷疑自己做了什麼惡事，也不懷疑別人的行爲、言語、念想做了什麼對自己不利的事情，不起疑心；行爲不隱隱藏藏、神神祕祕，或者行爲不讓人感覺到詭異；不是出家人不冒充、不假冒出家人，不是修行人不冒充、不假冒修行人；內心不被貪

欲、渴愛污染、影響，不被喜怒哀樂的念想污染、影響，不被煩惱和痛苦污染、影響；性格不惡劣、不敗壞，這就是內部不腐爛。」

佛陀說到這裡的時候，站在佛陀不遠處聽法的放牛人難陀感動的頂禮佛陀，他對佛陀說：「世尊，我也要不靠近兩岸，不被兩岸阻擋前進，不在中途沉沒，不在淺灘擱淺，不被人拖上岸，不被非人拖上岸，不被漩渦困住，內部不腐爛，我也要按著世尊您的正法去修行，我也要沿著世尊您正法的康莊大道而行，我也要到達不生不滅的涅槃境界，世尊請您讓我皈依您，請您讓我在您面前出家，成為您的出家修行弟子，我願意按世尊您的正法去修行，我願意終生都受持世尊您制定的戒律，我願意終生都受持世尊您出家弟子們應該受持的所有戒律，我願意受持具足戒。」

佛陀說：「難陀！你先將你主人家的牛趕回去。」

難陀迫不及待的說：「世尊，這些牛它們自己會回去的，它們知道回去的路，因為它們的孩子還在主人家，這些牛會因為尋找牛犢自己回到主人家的，請世尊您現在就讓我皈依您吧。」

佛陀說：「難陀，你還是先將這些牛趕回你主人家後，再到如來這裡來吧，這樣穩妥一些，這樣也讓你的主人更放心。」

難陀於是就將自己帶出來的牛都趕回了主人家，之後難陀再次來到佛陀說法的地方，他頂禮佛陀之後，就對佛陀說：「世尊，我已經將主人家的牛全部都趕回去了，世尊，請您讓我皈依您，我願意在您面前出家，成為您的出家修行弟子，我願意終生都按您的正法去修行，我願意終生都受持具足戒。」

佛陀接受了難陀的皈依，並將自己的手放在難陀的頭上加持他。

難陀出家後，他按著佛陀所說的正法獨自的去修行，他管束好了自己的行為、言語、念想，不讓自己胡思亂想、胡作非為，他讓自己的內心安住在清淨的境界之中，沒過多久，難陀比丘就開啟了解脫的智慧，他就證悟了解脫的果位，他自己徹底明白：「從這一世開始已經不會再出生在世間了。行為、言語、念想的修行已經圓滿，應該做的事情已經做好，不會再有喜怒哀樂等等煩惱和痛苦的輪迴狀態了，不會再出生在世間了，已經徹底從生死輪迴中解脫出來。」

難陀比丘成為了佛陀阿羅漢弟子中的一員。

一本書

讀懂所有佛經

第九十一章　欲望如同大火坑

　　有個時候，佛陀住在舍衛城的祇樹林給孤獨園，有一天，佛陀對出家弟子們說：「比丘們（出家人）！當世間人或眾生完全明白一切煩惱和痛苦的生起與滅沒，那麼當他們感知到將要生起欲望的時候，當他們知道將要生起欲望的時候，那些與欲望有關的事物，比如想要獲得的各種感官欲望，貪戀貪求的欲望，沉迷陶醉的欲望，渴愛熱愛的欲望，就會逐漸熄滅、滅除、消失，煩惱和痛苦就會被逐漸的滅除，連潛在的煩惱和痛苦也會被逐漸的滅除，當各種欲望滅除、滅沒、消失的時候，當隨時警醒欲望將會帶來煩惱和痛苦的時候，由貪愛、憂愁、惡法、不善法生起的煩惱和痛苦就滅除了，同樣的當各種欲望滅除、滅沒、消失的時候，當隨時警醒欲望將會帶來煩惱和痛苦的時候，由貪愛、憂愁、惡法、不善法生起的潛在煩惱和痛苦就滅除了。

　　比丘們，什麼是完全明白一切煩惱和痛苦的生起與滅沒呢？那就是完全明白：「物質事物、物質身體、感受、念想、行為、認識、分別、判斷的生起與滅沒（明白物質事物、物質身體、感受、念想、行為、認識、分別、判斷的生起與滅沒就是明白緣起法，緣起法解釋，見第十八章、第十九章）。」比丘們，這樣就能完全明白一切煩惱和痛苦的生起與滅沒。

　　比丘們，如何去修行才能在感知到將要生起欲望的時候，在知道將要生起欲望的時候，將那些與欲望有關的事物，比如將想要獲得的各種感官欲望，貪戀貪求的欲望，沉迷陶醉的欲望，渴愛熱愛的欲望，逐漸的熄滅、滅除，讓它們徹底消失，由此讓煩惱和痛苦也被逐漸的滅除，由此讓潛在的煩惱和痛苦也被逐漸的滅除呢？

　　比丘們，如來現在說一個比喻，就如同有一個大火坑，裡面布滿了通紅熾熱的木炭，如果將人推下去，這個人很快就會被燒得通紅的木炭埋沒不見，並且它們內部燃燒的時候沒有冒出多少火焰，也沒有

散發出多少煙塵，它們沒有向外耗損多少熱量，因此火坑裡木炭的溫度是非常高的，這個時候，如果有兩個大力士，他們的雙手分別押著某個犯人的左右手臂，他們將這個犯人押到大火坑旁邊，準備將這個犯人推下火坑，那麼當他們接近火坑的時候，這個犯人就會扭曲著身體用盡全力向後退，比丘們，這是為什麼呢？為什麼犯人會在接近火坑的時候扭曲身體用盡全力向後退呢？比丘們，因為這個犯人，他自己明白：「我如果被推入這個布滿通紅木炭的大火坑，肯定會被熾熱的木炭燙死的，並且我在被燙死之前，還要去承受巨大的痛苦，我被推下火坑的時候，不可能立刻死去，那種渾身肌膚被熾熱木炭灼燒的痛苦感覺，根本不是我能夠承受得住的。」比丘們，同樣的道理，你們要觀想：「欲望就如同布滿通紅熾熱木炭的大火坑，一旦生起欲望，就如同被推入布滿通紅木炭的大火坑，就將去承受熾熱木炭灼燒全身的痛苦。」當你們經常這樣的去觀想的時候，那麼當你們感知到將要生起欲望的時候，當你們知道將要生起欲望的時候，那些與欲望有關的事物，比如想要獲得的各種感官欲望，貪戀貪求的欲望，沉迷陶醉的欲望，渴愛熱愛的欲望，就會逐漸熄滅、滅除、消失，煩惱和痛苦就會被逐漸的滅除，連潛在的煩惱和痛苦也會被逐漸的滅除，比丘們，簡單的說就是：「欲望就是大火坑，生起欲望就會被欲望的通紅木炭燒傷、燙傷，甚至於被欲望的熾熱木炭燒死、燙死。」

　　比丘們，如何隨時警醒、警覺欲望將會帶來煩惱和痛苦呢？如何讓貪愛、憂愁、惡法、不善法不在內心中持續不斷的流動呢？如何讓貪愛、憂愁、惡法、不善法不生起呢？

　　比丘們，如來這裡也說一個比喻，當有個男子，他走入了布滿荊棘的森林之中，他的前面、後面是長滿尖刺的荊棘林，他的左邊、右邊也是長滿尖刺的荊棘林，甚至於他的頭上、腳下也是長滿尖刺的荊棘林，東南西北等等方向上全部都是長滿尖刺的荊棘林，不管他向哪個方向走都會被荊棘上的尖刺刺傷，這個男子，這時心想：「我該怎麼走呢？我該向哪個方向走才不會被荊棘上的尖刺刺傷呢？」比丘們，同樣的道理，那些令世間人或眾生喜歡、滿意、快樂的物質事物、物質身體、感受、念想、行為、認識、分別、判斷，就被聖者們稱為長滿尖刺的荊棘，你們要隨時警醒、警覺不要被欲望的尖刺刺

傷！你們明白了這個法理後，就要自製。

比丘們，什麼是不自製呢？當眼睛看見物質事物的時候，對於喜歡的物質事物沉迷其中、貪愛不捨，對於不喜歡的物質事物排斥抗拒、討厭憎惡，內心沒有集中專注在不會生起貪欲、渴愛的念想上，比如內心沒有集中專注在數呼吸的念想上，內心沒有集中專注在雙手互相觸摸感覺的念想上，內心沒有集中專注在腳底與地面接觸感覺的念想上，內心沒有集中專注在眨眼睛感覺的念想上，內心沒有集中關注在等等不會生起貪欲、渴愛的念想上，沒有用這些不會生起貪欲、渴愛的念想替換掉內心中那些貪欲、渴愛、喜歡、不喜歡、歡樂、開心、舒暢、安心、期望、憂愁、悲傷、苦悶、憂慮、恐怖、憤怒、絕望、出生、衰老、死亡等等喜怒哀樂的念想，或者內心沒有完全熄滅念想，沒有完全的不生起念想，內心沒有獲得完全的釋放和解脫，沒有開啟解脫的智慧，那些由眼睛與物質事物生起的惡法、不善法沒有全部滅除，那些由行為、言語、念想生起的惡法、不善法沒有全部滅除，這就叫做眼睛的不自製。

當耳朵聽到聲音的時候，對於喜歡的聲音沉迷其中、貪愛不捨，對於不喜歡的聲音排斥抗拒、討厭憎惡，內心沒有集中專注在不會生起貪欲、渴愛的念想上，比如內心沒有集中專注在數呼吸的念想上，內心沒有集中專注在雙手互相觸摸感覺的念想上，內心沒有集中專注在腳底與地面接觸感覺的念想上，內心沒有集中專注在眨眼睛感覺的念想上，內心沒有集中關注在等等不會生起貪欲、渴愛的念想上，沒有用不會生起貪欲、渴愛的念想替換掉內心中那些貪欲、渴愛、喜歡、不喜歡、歡樂、開心、舒暢、安心、期望、憂愁、悲傷、苦悶、憂慮、恐怖、憤怒、絕望、出生、衰老、死亡等等喜怒哀樂的念想，或者內心沒有完全熄滅念想，沒有完全的不生起念想，內心沒有獲得完全的釋放和解脫，沒有開啟解脫的智慧，那些由耳朵與聲音生起的惡法、不善法沒有全部滅除，那些由行為、言語、念想生起的惡法、不善法沒有全部滅除，這就叫做耳朵的不自製。

當鼻子聞到氣味的時候，對於喜歡的氣味沉迷其中、貪愛不捨，對於不喜歡的氣味排斥抗拒、討厭憎惡，內心沒有集中專注在不會生起貪欲、渴愛的念想上，比如內心沒有集中專注在數呼吸的念想上，

內心沒有集中專注在雙手互相觸摸感覺的念想上，內心沒有集中專注在腳底與地面接觸感覺的念想上，內心沒有集中專注在眨眼睛感覺的念想上，內心沒有集中關注在等等不會生起貪欲、渴愛的念想上，沒有用不會生起貪欲、渴愛的念想替換掉內心中那些貪欲、渴愛、喜歡、不喜歡、歡樂、開心、舒暢、安心、期望、憂愁、悲傷、苦悶、憂慮、恐怖、憤怒、絕望、出生、衰老、死亡等等喜怒哀樂的念想，或者內心沒有完全熄滅念想，沒有完全的不生起念想，內心沒有獲得完全的釋放和解脫，沒有開啓解脫的智慧，那些由鼻子與氣味生起的惡法、不善法沒有全部滅除，那些由行爲、言語、念想生起的惡法、不善法沒有全部滅除，這就叫做鼻子的不自製。

當舌頭嘗到味道的時候，對於喜歡的味道沉迷其中、貪愛不捨，對於不喜歡的味道排斥抗拒、討厭憎惡，內心沒有集中專注在不會生起貪欲、渴愛的念想上，比如內心沒有集中專注在數呼吸的念想上，內心沒有集中專注在雙手互相觸摸感覺的念想上，內心沒有集中專注在腳底與地面接觸感覺的念想上，內心沒有集中專注在眨眼睛感覺的念想上，內心沒有集中關注在等等不會生起貪欲、渴愛的念想上，沒有用不會生起貪欲、渴愛的念想替換掉內心中那些貪欲、渴愛、喜歡、不喜歡、歡樂、開心、舒暢、安心、期望、憂愁、悲傷、苦悶、憂慮、恐怖、憤怒、絕望、出生、衰老、死亡等等喜怒哀樂的念想，或者內心沒有完全熄滅念想，沒有完全的不生起念想，內心沒有獲得完全的釋放和解脫，沒有開啓解脫的智慧，那些由舌頭與味道生起的惡法、不善法沒有全部滅除，那些由行爲、言語、念想生起的惡法、不善法沒有全部滅除，這就叫做舌頭的不自製。

當身體觸摸感覺到觸覺，領納到環境變化感覺（冷熱、舒適等等）的時候，對於喜歡的觸覺、環境變化感覺沉迷其中、貪愛不捨，對於不喜歡的觸覺、環境變化感覺排斥抗拒、討厭憎惡，內心沒有集中專注在不會生起貪欲、渴愛的念想上，比如內心沒有集中專注在數呼吸的念想上，內心沒有集中專注在雙手互相觸摸感覺的念想上，內心沒有集中專注在腳底與地面接觸感覺的念想上，內心沒有集中專注在眨眼睛感覺的念想上，內心沒有集中關注在等等不會生起貪欲、渴愛的念想上，沒有用不會生起貪欲、渴愛的念想替換掉內心中那些貪

一本書

讀懂所有佛經

欲、渴愛、喜歡、不喜歡、歡樂、開心、舒暢、安心、期望、憂愁、悲傷、苦悶、憂慮、恐怖、憤怒、絕望、出生、衰老、死亡等等喜怒哀樂的念想，或者內心沒有完全熄滅念想，沒有完全的不生起念想，內心沒有獲得完全的釋放和解脫，沒有開啓解脫的智慧，那些由身體與觸覺、環境變化感覺生起的惡法、不善法沒有全部滅除，那些由行爲、言語、念想生起的惡法、不善法沒有全部滅除，這就叫做身體的不自製。

　　當內心想到見解、思想、念想的時候，對於喜歡的見解、思想、念想沉迷其中、貪愛不捨，對於不喜歡的見解、思想、念想排斥抗拒、討厭憎惡，內心沒有集中專注在不會生起貪欲、渴愛的念想上，比如內心沒有集中專注在數呼吸的念想上，內心沒有集中專注在雙手互相觸摸感覺的念想上，內心沒有集中專注在腳底與地面接觸感覺的念想上，內心沒有集中專注在眨眼睛感覺的念想上，內心沒有集中關注在等等不會生起貪欲、渴愛的念想上，沒有用不會生起貪欲、渴愛的念想替換掉內心中那些貪欲、渴愛、喜歡、不喜歡、歡樂、開心、舒暢、安心、期望、憂愁、悲傷、苦悶、憂慮、恐怖、憤怒、絕望、出生、衰老、死亡等等喜怒哀樂的念想，或者內心沒有完全熄滅念想，沒有完全的不生起念想，內心沒有獲得完全的釋放和解脫，沒有開啓解脫的智慧，那些由內心與見解、思想、念想生起的惡法、不善法沒有全部滅除，那些由行爲、言語、念想生起的惡法、不善法沒有全部滅除，這就叫做內心的不自製。

　　比丘們，什麼是自製呢？當眼睛看見物質事物的時候，對於令人喜歡的物質事物不沉迷其中、不貪愛不捨，對於令人不喜歡的物質事物不排斥抗拒、不討厭憎惡，內心集中專注在不會生起貪欲、渴愛的念想上，比如內心集中專注在數呼吸的念想上，內心集中專注在雙手互相觸摸感覺的念想上，內心集中專注在腳底與地面接觸感覺的念想上，內心集中專注在眨眼睛感覺的念想上，內心集中關注在等等不會生起貪欲、渴愛的念想上，已經用這些不會生起貪欲、渴愛的念想替換掉內心中那些貪欲、渴愛、喜歡、不喜歡、歡樂、開心、舒暢、安心、期望、憂愁、悲傷、苦悶、憂慮、恐怖、憤怒、絕望、出生、衰老、死亡等等喜怒哀樂的念想，或者內心已經完全熄滅念想，內心已

經不再生起念想，內心已經獲得了完全的釋放和解脫，已經開啓了解脫的智慧，那些由眼睛與物質事物生起的惡法、不善法已經全部滅除，那些由行為、言語、念想生起的惡法、不善法已經全部滅除，這就叫做眼睛的自製。

當耳朵聽到聲音的時候，對於令人喜歡的聲音不沉迷其中、不貪愛不捨，對於令人不喜歡的聲音不排斥抗拒、不討厭憎惡，內心集中專注在不會生起貪欲、渴愛的念想上，比如內心集中專注在數呼吸的念想上，內心集中專注在雙手互相觸摸感覺的念想上，內心集中專注在腳底與地面接觸感覺的念想上，內心集中專注在眨眼睛感覺的念想上，內心集中關注在等等不會生起貪欲、渴愛的念想上，已經用不會生起貪欲、渴愛的念想替換掉內心中那些貪欲、渴愛、喜歡、不喜歡、歡樂、開心、舒暢、安心、期望、憂愁、悲傷、苦悶、憂慮、恐怖、憤怒、絕望、出生、衰老、死亡等等喜怒哀樂的念想，或者內心已經完全熄滅念想，內心已經不再生起念想，內心已經獲得了完全的釋放和解脫，已經開啓解脫的智慧，那些由耳朵與聲音生起的惡法、不善法已經全部滅除，那些由行為、言語、念想生起的惡法、不善法已經全部滅除，這就叫做耳朵的自製。

當鼻子聞到氣味的時候，對於令人喜歡的氣味不沉迷其中、不貪愛不捨，對於令人不喜歡的氣味不排斥抗拒、不討厭憎惡，內心集中專注在不會生起貪欲、渴愛的念想上，比如內心集中專注在數呼吸的念想上，內心集中專注在雙手互相觸摸感覺的念想上，內心集中專注在腳底與地面接觸感覺的念想上，內心集中專注在眨眼睛感覺的念想上，內心集中關注在等等不會生起貪欲、渴愛的念想上，已經用不會生起貪欲、渴愛的念想替換掉內心中那些貪欲、渴愛、喜歡、不喜歡、歡樂、開心、舒暢、安心、期望、憂愁、悲傷、苦悶、憂慮、恐怖、憤怒、絕望、出生、衰老、死亡等等喜怒哀樂的念想，或者內心已經完全熄滅念想，內心已經不再生起念想，內心已經獲得了完全的釋放和解脫，已經開啓解脫的智慧，那些由鼻子與氣味生起的惡法、不善法已經全部滅除，那些由行為、言語、念想生起的惡法、不善法已經全部滅除，這就叫做鼻子的自製。

當舌頭嘗到味道的時候，對於令人喜歡的味道不沉迷其中、不貪

愛不捨，對於令人不喜歡的味道不排斥抗拒、不討厭憎惡，內心集中專注在不會生起貪欲、渴愛的念想上，比如內心集中專注在數呼吸的念想上，內心集中專注在雙手互相觸摸感覺的念想上，內心集中專注在腳底與地面接觸感覺的念想上，內心集中專注在眨眼睛感覺的念想上，內心集中關注在等等不會生起貪欲、渴愛的念想上，已經用不會生起貪欲、渴愛的念想替換掉內心中那些貪欲、渴愛、喜歡、不喜歡、歡樂、開心、舒暢、安心、期望、憂愁、悲傷、苦悶、憂慮、恐怖、憤怒、絕望、出生、衰老、死亡等等喜怒哀樂的念想，或者內心已經完全熄滅念想，內心已經不再生起念想，內心已經獲得了完全的釋放和解脫，已經開啓解脫的智慧，那些由舌頭與味道生起的惡法、不善法已經全部滅除，那些由行為、言語、念想生起的惡法、不善法已經全部滅除，這就叫做舌頭的自製。

　　當身體觸摸感覺到觸覺，領納到環境變化感覺（冷熱、舒適等等）的時候，對於令人喜歡的觸覺、環境變化感覺不沉迷其中、不貪愛不捨，對於令人不喜歡的觸覺、環境變化感覺不排斥抗拒、不討厭憎惡，內心集中專注在不會生起貪欲、渴愛的念想上，比如內心集中專注在數呼吸的念想上，內心集中專注在雙手互相觸摸感覺的念想上，內心集中專注在腳底與地面接觸感覺的念想上，內心集中專注在眨眼睛感覺的念想上，內心集中關注在等等不會生起貪欲、渴愛的念想上，已經用不會生起貪欲、渴愛的念想替換掉內心中那些貪愛、喜歡、不喜歡、歡樂、開心、舒暢、安心、期望、憂愁、悲傷、苦悶、憂慮、恐怖、憤怒、絕望、出生、衰老、死亡等等喜怒哀樂的念想，或者內心已經完全熄滅念想，內心已經不再生起念想，內心已經獲得了完全的釋放和解脫，已經開啓解脫的智慧，那些由身體與觸覺、環境變化感覺生起的惡法、不善法已經全部滅除，那些由行為、言語、念想生起的惡法、不善法已經全部滅除，這就叫做身體的自製。

　　當內心想到見解、思想、念想的時候，對於令人喜歡的見解、思想、念想不沉迷其中、不貪愛不捨，對於令人不喜歡的見解、思想、念想不排斥抗拒、不討厭憎惡，內心集中專注在不會生起貪欲、渴愛的念想上，比如內心集中專注在數呼吸的念想上，內心集中專注在雙

手互相觸摸感覺的念想上，內心集中專注在腳底與地面接觸感覺的念想上，內心集中專注在眨眼睛感覺的念想上，內心集中關注在等等不會生起貪欲、渴愛的念想上，已經用不會生起貪欲、渴愛的念想替換掉內心中那些貪欲、渴愛、喜歡、不喜歡、歡樂、開心、舒暢、安心、期望、憂愁、悲傷、苦悶、憂慮、恐怖、憤怒、絕望、出生、衰老、死亡等等喜怒哀樂的念想，或者內心已經完全熄滅念想，內心已經不再生起念想，內心已經獲得了完全的釋放和解脫，已經開啓解脫的智慧，那些由內心與見解、思想、念想生起的惡法、不善法已經全部滅除，那些由行為、言語、念想生起的惡法、不善法已經全部滅除，這就叫做內心的自製。

比丘們，你們這樣去修行的時候，這樣去讓內心保持清淨安寧的時候，如果偶爾生起了雜念、妄想，或者偶爾內心混亂、散亂了，由這些雜念、妄想、混亂的念想產生了煩惱和痛苦，被這些雜念、妄想、混亂的念想束縛捆綁了，行為、言語、念想生起了惡法、不善法，你們就應該立刻的將這些雜念、妄想、混亂的念想剷除、除滅、消滅，讓這些雜念、妄想、混亂的念想不再出現、不再生起。你們就應該立刻的將這些行為、言語、念想生起的惡法、不善法剷除、除滅、消滅，讓這些行為、言語、念想生起的惡法、不善法不再出現、不再生起。比丘們就如同在燒得通紅的鐵鍋上滴上二、三滴水珠，當這些水珠掉落到熾熱鐵鍋上的時候，這些水珠立刻就會變成水氣消失不見，同樣的道理，比丘們，當你們的內心偶爾生起了雜念、妄想、混亂的念想，並由此產生了煩惱和痛苦的時候，當你們的行為、言語、念想偶爾生起了惡法、不善法的時候，你們就應該立刻將這些內心偶爾生起雜念、妄想、混亂的念想剷除、除滅、消滅掉，你們就應該立刻將這些由行為、言語、念想生起的惡法、不善法剷除、除滅、消滅掉，讓這些雜念、妄想、混亂的念想在生起的那個時候就被滅除殆盡，讓這些雜念、妄想、混亂的念想在生起的那刻起就消失不見、不復存在，讓這些由行為、言語、念想生起的惡法、不善法在生起的那個時候就被滅除殆盡，讓這些由行為、言語、念想生起的惡法、不善法在生起的那刻起就消失不見、不復存在。要像通紅鐵鍋將水珠烤成水氣那樣的快速！不要有任何的遲疑和猶豫。這樣去修行的時候，

一本書

讀懂所有佛經

這樣去警醒、警覺自己的時候，貪愛、憂愁、惡法、不善法就不會在內心中持續不斷的流動；這樣去修行的時候，這樣去警醒、警覺自己的時候，貪愛、憂愁、惡法、不善法就不會循環往復的生起。

比丘們，世間人或眾生這樣去修行的時候，這樣讓自己的內心安住在清淨境界之中的時候，如果有國王、大臣，或者他的朋友、親人等等的人帶著豐厚的財物對這些正在修行的人說：「你為什麼要剃光頭髮，披上袈裟，挨家挨戶、不分貧富貴賤的家庭化緣飯食，出家修行呢？為什麼不能像我一樣享受世間的財富和各種欲望帶來的快樂呢？我現在帶來了豐厚的財物，你還是捨戒還俗與我一同享受財富和各種欲望帶來的快樂吧！只要不做壞事，只做善事，就不會下墮到痛苦的地方去，那麼你捨戒還俗後繼續堅持做善事種植福德就可以了，完全沒有必要出家修行嘛，出家那樣的辛苦，我看見你這樣實在是不忍心呀。」比丘們，就算這些人這樣苦口婆心的去勸說修行人，這些按剛才如來所說的方法去修行的人也不會捨戒還俗，也不會放棄出家修行的。這些國王、大臣，或者他的朋友、親人根本不可能說動正真的修行人，讓他們捨戒還俗，放棄出家修行的，為什麼呢？比丘們，就如同恒河由西向東流動，恒河的河水從西邊的高處流向東邊的低處，從西到東恒河的河道是逐漸向低處傾斜的，這時有一群人拿著鏟子和裝土用的簍子，他們心裡想：「我們要挖出一條河道來，我們要改變恒河的河水流向，我們要將恒河的河道挖成西邊低，東邊高，我們要讓恒河的河水從東邊向西邊流動」比丘們，你們認為這群人，他們能讓恒河的河水從東邊向西邊流動嗎？」

出家弟子們回答：「世尊，那是不可能的，不只恒河的河道是從西向東逐漸降低的，連恒河兩岸的陸地也是由西向東逐漸降低的，我們這裡陸地的大部分地方由西向東都是降低的，也就是說從西向東的陸地變化趨勢就是從高處到低處的變化，這群人想要通過挖恒河的河道來改變恒河河水的流向，那是費力不討好的，他們最終是既讓自己疲憊不堪，又讓自己產生煩惱和痛苦。達不到他們心中所想的目標。」

「比丘們，同樣的道理，當這些修行人按如來剛才說的方法去修行，那麼他們的貪欲、渴愛將會越來越少，他們知道生起貪欲、渴愛

會最終帶來煩惱和痛苦，他知道生起歡樂、開心、舒暢、安心、期望、憂愁、悲傷、苦悶、憂慮、恐怖、憤怒、絕望、出生、衰老、死亡等等喜怒哀樂的念想會最終帶來煩惱和痛苦，他們知道執著和掛念會最終帶來煩惱和痛苦，他們的煩惱和痛苦已經在修行的過程中逐漸的被除滅，那麼這個時候，如果有國王、大臣，或者他的朋友、親人等等的人帶著豐厚的財物對這些正在修行的人說：「你為什麼要剃光頭髮，披上袈裟，挨家挨戶、不分貧富貴賤的家庭化緣飯食，出家修行呢？為什麼不能像我一樣享受世間的財富和各種欲望帶來的快樂呢？我現在帶來了豐厚的財物，你還是舍戒還俗與我一同享受財富和各種欲望帶來的快樂吧！只要不做壞事，只做善事，就不會下墮到痛苦的地方去，那麼你舍戒還俗後繼續堅持做善事種植福德就可以了，完全沒有必要出家修行嘛，出家那樣的辛苦，我看見你這樣實在是不忍心呀。」這些修行人就明白，這些國王、大臣，或者他的朋友、親人等等的人勸說他們舍戒還俗，勸說他們放棄繼續出家修行，那就是讓他們重新陷入貪欲、渴愛的陷阱之中，就是繼續讓他們生起歡樂、開心、舒暢、安心、期望、憂愁、悲傷、苦悶、憂慮、恐怖、憤怒、絕望、出生、衰老、死亡等等喜怒哀樂的煩惱和痛苦，就是繼續讓他們被執著和掛念束縛捆綁，就是繼續將他們關進眼睛與物質事物，耳朵與聲音，鼻子與氣味，舌頭與味道，身體與觸覺、環境變化感覺，內心與見解、思想、念想的監獄服刑。要讓這些修行人舍戒還俗，放棄出家修行是不可能的，因為他們長時間的修行已經除滅了無數的貪欲、渴愛，已經除滅了無數的煩惱和痛苦，就如同恒河的河水從西邊的高處向東邊的低處流動，如果想要改變恒河的流向，讓恒河河水從東邊的低處向西邊的高處流動那是不可能的，這些想要改變恒河流向的挖掘行為都是徒勞的，這些勸說修行人舍戒還俗，放棄出家修行的言語也是徒勞的。修行人明白，這些國王、大臣，或者他的朋友、親人等等的人已經墮入貪欲、渴愛的陷阱之中，這些國王、大臣，或者他的朋友、親人等等的人已經被貪欲、渴愛的疾病控制、折磨、捶打多時了，對於一個沒有生病、身體健康的人來說，他怎麼可能還會吃下會傳染疾病的食物呢？這些國王、大臣，或者他的朋友、親人等等的人帶來的豐厚的財物，以及他們勸說的言語就是會傳染貪欲、渴愛

一本書

讀懂所有佛經

疾病的食物，修行人怎麼可能會將這些帶著貪欲、渴愛病魔的食物吃到肚子裡呢？所以如來說正真的修行人根本不可能捨戒還俗，放棄出家修行的。」

　　佛陀說法後，聽法的出家弟子們都再次的頂禮佛陀，隨喜讚歎佛陀說法的無量功德，他們都按著佛陀所說的法去修行。

第九十二章　緊叔迦樹的比喻

有個時候，有一位比丘（出家人），他來到另一位比丘的住處，他問這位比丘：「學友！如何才能讓自己的內心保持清淨呢？明白什麼才能讓自己的內心安住在清淨的境界之中呢？」

這位被問問題的比丘回答：「學友！當完全明白眼睛、耳朵、鼻子、舌頭、身體、內心的生起與滅沒的時候（明白眼睛、耳朵、鼻子、舌頭、身體、內心的生起與滅沒就是明白緣起法，緣起法解釋，見第十八章、第十九章），就能讓內心保持清淨，就能讓內心安住在清淨的境界之中。」

那位問問題的比丘對這個解答並不滿意，於是他又來到另一位比丘的住處，他問這位比丘：「學友！如何才能讓自己的內心保持清淨呢？明白什麼才能讓自己的內心安住在清淨的境界之中呢？」

這位比丘回答：「學友！當完全明白五取蘊的生起與滅沒的時候（明白五取蘊的生起與滅沒就是明白緣起法，緣起法解釋，見第十八章、第十九章），就能讓內心保持清淨，就能讓內心安住在清淨的境界之中。什麼是五取蘊呢？即是：色取蘊、受取蘊、想取蘊、行取蘊、識取蘊，由物質事物、物質身體生起的煩惱就稱爲「色取蘊」，由感受生起的煩惱就稱爲「受取蘊」，由念想生起的煩惱就稱爲「想取蘊」，由行爲生起的煩惱就稱爲「行取蘊」，由認識、分別、判斷生起的煩惱就稱爲「識取蘊」」

那位問問題的比丘對這樣解答仍然不滿意，於是他繼續來到另一位比丘的住處，他問這位比丘：「學友！如何才能讓自己的內心保持清淨呢？明白什麼才能讓自己的內心安住在清淨的境界之中呢？」

這位比丘回答到：「學友！當完全明白四大的生起與滅沒的時候（四大解釋，見第二十二章；明白四大的生起與滅沒就是明白緣起法，緣起法解釋，見第十八章、第十九章），就能讓內心保持清淨，就能讓內心安住在清淨的境界之中。」

一本書

讀懂所有佛經

那位問問題的比丘對這樣解答還是不滿意，於是他又來到另一位比丘的住處，他問這位比丘：「學友！如何才能讓自己的內心保持清淨呢？明白什麼才能讓自己的內心安住在清淨的境界之中呢？」

　　這位比丘回答到：「學友，當完全明白世間任何會生起的法都是會滅沒的法的時候（明白會生起的法都是會滅沒的法，就是明白緣起法，緣起法解釋，見第十八章、第十九章），就能讓內心保持清淨，就能讓內心安住在清淨的境界之中。」

　　那位問問題的比丘對這樣解答仍然還是不滿意，於是他就來到佛陀的住處，他頂禮佛陀後，就對佛陀說：「世尊，我剛才到幾位學友的住處，問他們：『學友！如何才能讓自己的內心保持清淨呢？明白什麼才能讓自己的內心安住在清淨的境界之中呢？』他們分別回答到：『當完全明白眼睛、耳朵、鼻子、舌頭、身體、內心的生起與滅沒的時候，就能讓內心保持清淨，就能讓內心安住在清淨的境界之中。』，『當完全明白五取蘊的生起與滅沒的時候，就能讓內心保持清淨，就能讓內心安住在清淨的境界之中。』，『當完全明白四大的生起與滅沒的時候，就能讓內心保持清淨，就能讓內心安住在清淨的境界之中。』，『當完全明白世間任何會生起的法都是會滅沒的法的時候，就能讓內心保持清淨，就能讓內心安住在清淨的境界之中。』可是世尊，我對他們的回答都不滿意，我認為他們沒有解答我的問題。世尊，如何才能讓自己的內心保持清淨呢？明白什麼才能讓自己的內心安住在清淨的境界之中呢？」

　　佛陀說：「比丘，對於從來都沒有看見過緊叔迦樹的男子，他去問曾經見過緊叔迦樹的人，並問這個人：『先生請問：緊叔迦樹是什麼樣子的呢？緊叔迦樹長的像什麼呢？』這位被問的人會這樣回答他：『哦，緊叔迦樹發芽時候的幼苗黑不溜秋的，看起來好像是被大火燒毀後剩下的黑木炭。』緊叔迦樹剛剛發芽時候的幼苗，確實長的很黑，猶如被燒毀的黑木炭，這位回答問題的人他是如實的在回答問題，他的回答是完全正確的。

　　那個問問題的人不滿意這個人的回答，於是他又去問另一個曾經見過緊叔迦樹的人，並問這個人：『先生請問：緊叔迦樹是什麼樣子的呢？緊叔迦樹長的像什麼呢？』，這個人回答到：『緊叔迦樹開花的

時候，它的花是紅色的，就像鮮紅色的生肉片一樣，它中間花瓣的樣子長的很像鸚鵡的嘴巴。』緊叔迦樹開花的時候，它的花瓣確實像鮮紅色的生肉片，它中間的花瓣確實長的很像鸚鵡的嘴巴，這位回答問題的人他是如實的在回答問題，他的回答是完全正確的。

那個問問題的人仍然不滿意這個人的回答，於是他又去問另一位曾經見過緊叔迦樹的人，並問這個人：『先生請問：緊叔迦樹是什麼樣子的呢？緊叔迦樹長的像什麼呢？』，這個人回答到：『緊叔迦樹結果的時候，它會生出下垂的樹枝，長出無數凸出的顆粒狀果子，猶如無數凸出的豆子長在了圓形的果子上，就像金合歡樹結的果子那樣。』緊叔迦樹結果的時候，它的果實確實是猶如無數凸出的豆子長在了圓形的果子上，確實是長的像金合歡樹結出的果實，這位回答問題的人他是如實的在回答問題，他的回答是完全正確的。

那個問問題的人還是不滿意這個人的回答，於是他又去問另一位曾經見過緊叔迦樹的人，並問這個人：『先生請問：緊叔迦樹是什麼樣子的呢？緊叔迦樹長的像什麼呢？』，這個人回答到：『緊叔迦樹長有茂密的樹枝、樹葉，並且它的樹枝、樹葉都緊挨著的，長的非常的濃密，就像榕樹的樹枝、樹葉那樣的茂密和緊湊。』成年的緊叔迦樹確實長有茂密的樹枝、樹葉，它的枝葉也確實挨的很緊密，確實如同榕樹的枝葉那樣茂密緊湊，這位回答問題的人他是如實的在回答問題，他的回答是完全正確的。

那些回答問題的人，他們確實已經看見了緊叔迦樹，只是他們回答問題的角度和方式不同而已。他們回答的是他們當時看到的緊叔迦樹的特徵、特性，可能由於他們看到的緊叔迦樹生長的階段不同，或者他們描述緊叔迦樹特徵、特性的角度不同而產生了不同的解答，這些解答都是正確的。

比丘，如來現在再來給你說一個比喻，猶如有個國王，他住在一座城市裡面，這座城市有堅固的城牆，不同方向的城牆中有六個進入城市的城門，六個城門都有幾個勇者守衛著，這些城門的衛士，他們會核驗進入城市的各色人等，避免那些陌生的、對城市有威脅的人進入城市。那時，有一位從邊關來送信的使者騎馬來到東邊的城門，他對城門的衛士說：『勇士，陛下在什麼地方？邊關有重要的信件要呈

給他御覽，並等他做出決定。』城門的衛士核驗了邊關使者的身分後就對他說：『陛下，現在在城市的中央廣場祭拜天地，大人您現在就可以去拜見他。』於是，這位使者就從東方城門進入城內，他趕到城市的中央廣場將邊關的信件交給了國王，國王看完信件後回批了信件，做出了決定，交給送信的使者，並交待了一些需要注意的事項後，使者就拿著國王回批的信件，原路返回了邊關，同樣的，邊關的送信使者從南方、西方、北方等等其他方向的城門經過城門守衛的核驗後進入城內，他們趕到城市的中央廣場將邊關的信件交給了國王，國王看完信件後回批了信件，做出了決定，交給送信的使者，並交待了一些需要注意的事項後，這些使者就拿著國王回批的信件，原路返回了邊關。

　　比丘，這座城市是對物質身體的比喻，這個身體是由父母所生，由米粥等等食物滋養慢慢長大的，這個身體是隨時在變化，無法永遠存在，無法永恆保持不變，無法永遠擁有的，這個由四大構成的物質身體是會生病、衰老、死亡的（四大解釋，見第二十二章），是壞滅、破散之法，不是永恆存在之法。

　　六個城門是對眼睛、耳朵、鼻子、舌頭、身體、內心的比喻。

　　守護城門的衛士是對熄滅、除滅混亂、散亂念想的比喻。

　　國王比喻的是眼識、耳識、鼻識、舌識、身識、意識（眼識、耳識、鼻識、舌識、身識、意識解釋，見第四十二章）。

　　城市的中央廣場比喻的是四大，即是：對地界、水界、火界、風界的比喻（地界、水界、火界、風界解釋，見第三十章）。

　　從不同方向而來的使者，他們所送信件中傳送的邊關重要實情比喻的是涅槃的境界。

　　送信使者拿到國王的回批信件之後，又原路返回比喻的是修習八正道進入涅槃的境界（八正道解釋，見第五章），八正道也即是：正見、正志、正語、正業、正命、正精進、正念、正定這八種正道。

　　比丘，雖然送信的使者從不同的方向而來，但是他們經過城門衛士的核驗後，都能將信件呈送給國王，國王都能在看完信件後回批信件，做出決定，這些信使都能帶著國王批復的信件原路返回邊關處理各項事務，因此，比丘，當你得聞如來的各種修行方法後，只要你精

進的去修行其中任何的一個法門，都能滅盡一切的貪欲、渴愛，都能滅盡一切的煩惱和痛苦，最終證悟解脫的果位，進入涅槃的境界。如來所說的正法要想全部都去實踐修行那是不可能的，因為如來是根據不同的世間人或眾生他們所處的環境，他們本身的根器來說法的。你只需要選擇如來正法中，其中一個最適合你的修行方法持之以恆的去精進修行就可以了，這樣你同樣能夠最終從生死輪回中永遠的解脫出來，這樣你同樣能夠最終進入涅槃的境界。」

　　佛陀說法後，這位聽法的出家弟子再次的頂禮佛陀，他隨喜讚歎佛陀說法的無量功德，並按著佛陀所說的法去修行。

第九十三章　琵琶彈出的音樂

　　有個時候，佛陀住在舍衛城的祇樹林給孤獨園，有一天，佛陀對出家弟子們說：「比丘們（出家人）！任何的世間人或眾生，當他們眼睛看見物質事物的時候，如果生起了欲望、貪愛、憤怒，愚癡的沉迷其中，或者排斥抗拒、討厭憎惡看見的物質事物，那麼就應該在這個時候控制、熄滅、降伏這些混亂、散亂、喜歡、不喜歡的心了，這時應該這樣去觀想：「眼睛看見物質事物生起了欲望、貪愛、憤怒，愚癡的沉迷其中，或者排斥抗拒、討厭憎惡看見的物質事物，就是走上了一條恐怖、危險、黑暗的歧路、邪道，這條道路上長滿了尖刺叢生的荊棘，有無數兇猛的野獸出沒，這條道路被密林覆蓋、暗無天日，到處是陷阱和災難，有各種殺人搶劫的強盜、土匪出沒，這條道路是惡人走的道路，不是善人應該走的道路，不適合善人和修行人，因此應該在眼睛看見物質事物的時候，就控制、熄滅、降伏這些混亂、散亂、喜歡、不喜歡的心，或者在眼睛看見物質事物的時候，不生起混亂、散亂、喜歡、不喜歡的心。

　　比丘們，同樣的，任何的世間人或眾生，當他們耳朵聽到聲音，鼻子聞到氣味，舌頭嘗到味道，身體觸摸感覺到觸覺，領納到環境變化感覺，內心想到見解、思想、念想的時候，如果生起了欲望、貪愛、憤怒，愚癡的沉迷其中，或者排斥抗拒、討厭憎惡聽到的聲音，聞到的氣味，嘗到的味道，觸摸感覺到的觸覺，領納到的環境變化感覺，想到的見解、思想、念想，那麼就應該在這個時候控制、熄滅、降伏這些混亂、散亂、喜歡、不喜歡的心了，這時應該這樣去觀想：「耳朵聽到聲音，鼻子聞到氣味，舌頭嘗到味道，身體觸摸感覺到觸覺，領納到環境變化感覺，內心想到見解、思想、念想生起了欲望、貪愛、憤怒，愚癡的沉迷其中，或者排斥抗拒、討厭憎惡聽到的聲音，聞到的氣味，嘗到的味道，觸摸感覺到的觸覺，領納到的環境變化感覺，想到的見解、思想、念想，就是走上了一條恐怖、危險、黑

暗的歧路、邪道，這條道路上長滿了尖刺叢生的荊棘，有無數兇猛的野獸出沒，這條道路被密林覆蓋、暗無天日，到處是陷阱和災難，有各種殺人搶劫的強盜、土匪出沒，這條道路是惡人走的道路，不是善人應該走的道路，不適合善人和修行人，因此應該在耳朵聽到聲音，鼻子聞到氣味，舌頭嘗到味道，身體觸摸感覺到觸覺，領納到環境變化感覺，內心想到見解、思想、念想的時候，就控制、熄滅、降伏這些混亂、散亂、喜歡、不喜歡的心。或者在耳朵聽到聲音，鼻子聞到氣味，舌頭嘗到味道，身體觸摸感覺到觸覺，領納到環境變化感覺，內心想到見解、思想、念想的時候，就控制、熄滅、降伏這些混亂、散亂、喜歡、不喜歡的心，或者不生起混亂、散亂、喜歡、不喜歡的心。

比丘們，這就猶如稻田裡的稻穀成熟後，如果看護稻穀的人粗心大意，不好好的守護稻田裡的稻穀，那麼如果有一頭牛跑入稻田之中，它就會在稻田裡面盡情的踩踏、損壞成熟的稻穀，同樣的，世間人或眾生如果沒有守護好眼睛、耳朵、鼻子、舌頭、身體、內心這六個門戶，那麼由眼睛與物質事物，耳朵與聲音，鼻子與氣味，舌頭與味道，身體與觸覺、環境變化感覺，內心與見解、思想、念想生起的貪欲、渴愛就會讓行為、言語、念想盡情的放縱，毫無約束，並由此造下無數的罪業，給自己帶來無盡的煩惱和痛苦。

比丘們，如果守護稻穀的人認真的看護稻田裡的稻穀，那麼當有牛闖入稻田中的時候，他就會拿著棍子跑入稻田之中，他會一邊用棍子敲打牛，一邊用手抓住系在牛鼻子上的繩子，控制住牛，將牛驅逐出稻田，避免稻穀被牛踩踏、損壞。

如果牛第二次闖入稻田，看護稻穀的人就會再次用同樣的方法將這頭牛驅逐出稻田，如果牛第三次闖入稻田，看護稻穀的人就會繼續用同樣的方法將這頭牛驅逐出稻田，比丘們，當牛接二連三多次的被看護稻穀的人用棍棒敲打，驅逐出稻田後，那麼這頭牛無論是走在鄉村道路上，或是走到山林之中的時候，還是站著，或是躺著的時候，它都會回憶起被棍棒敲打時渾身疼痛的感受，那麼這頭牛就會因為害怕被棍棒敲打，而不敢再次闖入稻田了，同樣的，比丘們，當世間人或眾生經常的觀想：「由眼睛與物質事物，耳朵與聲音，鼻子與氣

味，舌頭與味道，身體與觸覺、環境變化感覺，內心與見解、思想、念想生起貪欲、渴愛，放縱自己的行為、言語、念想肆意妄為，就會最終給自己帶來煩惱和痛苦。」那麼他們就能約束、克制、守護好眼睛、耳朵、鼻子、舌頭、身體、內心這六個門戶，讓自己的安住在清淨的境界之中，讓自己集中專注在不會生起貪欲、渴愛的念想之中，不讓自己胡思亂想，不讓自己的內心混亂、散亂，讓自己的內心寂靜安寧，甚至於連念想也不生起，進入沒有煩惱，沒有痛苦，沒有執著，沒有掛念的涅槃境界。

比丘們，就猶如過去有個國王，他在朝堂上與大臣們聽到了美妙絕倫的琴聲，於是國王就對大臣們說：『眾卿，這是什麼聲音，如此的好聽，如此的讓人陶醉？』

其中的一位大臣上奏國王說到：『陛下，這是琵琶演奏出來的音樂。』

國王說到：『愛卿，那請你將這個美妙絕倫的琵琶給朕拿過來。』

這位大臣於是就將琵琶琴拿到了國王的面前，國王疑惑的說到：『愛卿，這是什麼？朕要你拿來的是美妙的音樂，而不是你手中拿的那個物件。』

大臣對國王說：『陛下，您剛才聽見的美妙音樂就是這件琵琶琴演奏出來的。陛下，要想聽見美妙的琵琶音樂要滿足很多前提條件的。首先，得要有琵琶琴，這個琵琶琴又是由琴頭、琴頸、面板、背板(琴背)、弦軸(琴軫)、相、品、縛弦(複手)和琴弦等部件組成的，光是有琵琶琴還不行，還要有能熟練彈琵琶琴的樂師來演奏音樂，這樣您才能聽到美妙的琵琶音樂。』

國王說到：『愛卿，原來是這樣，我們剛才正在商議南方發大洪水，救濟災民的國事，卻被這個琵琶的音樂擾亂了商議的進程，我們雖然只是耽擱了一小段時間，可是又有多少災民已經在我們耽擱的時間中受到了傷害，甚至於失去了生命，這個琵琶的音樂真是一個迷惑人心，讓人沉迷、迷失的禍害，一定不要因為它玩物喪志，愛卿你趕快將這個琵琶琴，劈成木塊，然後用大火將它焚燒掉，讓它飛灰湮

滅，把它焚燒後的殘灰拋灑到大河之中，讓它徹底消失，王宮裡不需要這些迷惑心智的物件，王宮裡不需要這些玩物喪志、不務正業的物件，以免耽擱、拖延國家大政的商議和實施。』於是這位大臣就遵照國王的意願，將這把琵琶琴劈成了無數的木塊，丟入了火爐焚燒，並將焚燒後的灰燼拋灑到了大河之中。比丘們，同樣的，放下對物質事物、物質身體、感受、念想、行爲、認識、分別、判斷的執著和掛念；放下對眼睛與物質事物，耳朵與聲音，鼻子與氣味，舌頭與味道，身體與觸覺、環境變化感覺，內心與見解、思想、念想的執著和掛念；不由物質事物、物質身體、感受、念想、行爲、認識、分別、判斷生起貪欲、渴愛；不由眼睛與物質事物，耳朵與聲音，鼻子與氣味，舌頭與味道，身體與觸覺、環境變化感覺，內心與見解、思想、念想生起貪欲、渴愛；不由物質事物、物質身體、感受、念想、行爲、認識、分別、判斷生起歡樂、開心、舒暢、安心、期望、憂愁、悲傷、苦悶、憂慮、恐怖、憤怒、絕望、出生、衰老、死亡等等喜怒哀樂的念想；不由眼睛與物質事物，耳朵與聲音，鼻子與氣味，舌頭與味道，身體與觸覺、環境變化感覺，內心與見解、思想、念想生起歡樂、開心、舒暢、安心、期望、憂愁、悲傷、苦悶、憂慮、恐怖、憤怒、絕望、出生、衰老、死亡等等喜怒哀樂的念想；直到沒有：「我」，「這是我」，「我擁有這個」，「我在這個之中，我是這個的一部分」，「這個在我之中，這個是我的一部分」等等由執著「我」而生起的念想，那麼就滅盡了一切的貪欲、渴愛，就滅盡了一切的煩惱和痛苦。也就是說直到沒有：「我的分別」，「眼睛、耳朵、鼻子、舌頭、身體、內心就是我」，「我擁有眼睛與物質事物，耳朵與聲音，鼻子與氣味，舌頭與味道，身體與觸覺、環境變化感覺，內心與見解、思想、念想」，「我在眼睛、耳朵、鼻子、舌頭、身體、內心、物質身體、感受、念想、行爲、認識、分別、判斷之中，我是眼睛、耳朵、鼻子、舌頭、身體、內心、物質身體、感受、念想、行爲、認識、分別、判斷的一部分」，「眼睛、耳朵、鼻子、舌頭、身體、內心、物質身體、感受、念想、行爲、認識、分別、判斷在我之中，眼睛、耳

一本書

讀懂所有佛經

朵、鼻子、舌頭、身體、內心、物質身體、感受、念想、行為、認識、分別、判斷是我的一部分」等等這些由執著「我」而生起的念想，那麼就滅盡了一切的貪欲、渴愛，就滅盡了一切的煩惱和痛苦。對於這些已經滅盡一切貪欲、渴愛，已經滅盡一切煩惱和痛苦的聖者來說，他們一切的執著和掛念都已經放下，當然他們對於這個所謂的「我」也不會再執著和掛念了，他們這樣就證悟了解脫的果位，他們這樣就從生死輪回中永遠的解脫出來，進入了不生不滅的涅槃境界。」

佛陀說法後，聽法的出家弟子們都再次的頂禮佛陀，隨喜讚歎佛陀說法的無量功德，他們都按著佛陀所說的法去修行。

第九十四章　六種奮力逃跑的動物

　　有個時候，佛陀住在舍衛城的祇樹林給孤獨園，有一天，佛陀對出家弟子們說：「比丘們（出家人）！猶如有一個渾身長滿毒瘡並流出膿血的男子，如果他走入茂密的茅草叢，或是走進布滿尖刺的荊棘林中，這些茅草或是荊棘就會觸碰、刮擦、刺中他身體上正在流出膿血的毒瘡，他將會感覺到更加的疼痛難忍，他將會更加的憂愁和痛苦。同樣的，比丘們，比丘到鄉村、城鎮裡化緣飯食的時候，聽到了一些人讚美、讚歎、歌頌、誹謗、中傷、責備自己的言語，如果這些比丘此時生起了歡樂、開心、舒暢、安心、期望、憂愁、悲傷、苦悶、憂慮、恐怖、憤怒、絕望、出生、衰老、死亡等等喜怒哀樂的念想，那麼這些比丘，就如同被茅草觸碰到、刮擦到身體上的毒瘡，或是如同被荊棘的尖刺刺到身體上的毒瘡，這些比丘就被如來稱為：「被鄉村、城鎮的茅草叢刮傷的不清淨比丘」，或是被如來稱為：「被鄉村、城鎮的荊棘林刺傷的不清淨比丘」，如果這些比丘知道鄉村、城鎮是茅草叢，是荊棘林的話，他們就應該在到鄉村、城鎮裡化緣飯食之前就做好自製和防護，避免自己被傷害到，也就是說：他們應該知道什麼是自製，什麼是不自製。

　　比丘們，什麼是不自製呢？當眼睛看見物質事物的時候，對於喜歡的物質事物貪愛不捨、沉迷其中，對於不喜歡的物質事物排斥抗拒、厭惡憎恨，沒有將內心的念想集中專注在對身體的注意上，也就是：沒有將這些貪欲、渴愛、混亂、散亂的念想用集中專注身體的各種念想替換掉，比如沒有用數呼吸的念想替換掉貪欲、渴愛、混亂、散亂的念想，沒有用數眨眼睛的念想替換掉貪欲、渴愛、混亂、散亂的念想，沒有用雙手互相觸摸感覺的念想替換掉貪欲、渴愛、混亂、散亂的念想，沒有用腳底與地面接觸感覺的念想替換掉貪欲、渴愛、混亂、散亂的念想，沒有用集中關注身體各個部位的感覺等等不會生起貪欲、渴愛的念想替換掉貪欲、渴愛、混亂、散亂的念想，沒有用

集中關注身體各個部位的感覺等等不會生起貪欲、渴愛的念想替換掉內心中那些貪欲、渴愛、喜歡、不喜歡、歡樂、開心、舒暢、安心、期望、憂愁、悲傷、苦悶、憂慮、恐怖、憤怒、絕望、出生、衰老、死亡等等喜怒哀樂的念想，或者內心沒有完全熄滅念想，沒有完全的不生起念想，內心沒有獲得完全的釋放和解脫，沒有開啓解脫的智慧，那些由眼睛與物質事物生起的惡法、不善法沒有全部滅除，那些由行爲、言語、念想生起的惡法、不善法沒有全部滅除，這就叫做眼睛的不自製。

當耳朵聽到聲音的時候，對於喜歡的聲音貪愛不捨、沉迷其中，對於不喜歡的聲音排斥抗拒、厭惡憎恨，沒有將內心的念想集中專注在對身體的注意上，也就是：沒有將這些貪欲、渴愛、混亂、散亂的念想用集中專注身體的各種念想替換掉，比如沒有用數呼吸的念想替換掉貪欲、渴愛、混亂、散亂的念想，沒有用數眨眼睛的念想替換掉貪欲、渴愛、混亂、散亂的念想，沒有用雙手互相觸摸感覺的念想替換掉貪欲、渴愛、混亂、散亂的念想，沒有用腳底與地面接觸感覺的念想替換掉貪欲、渴愛、混亂、散亂的念想，沒有用集中關注身體各個部位的感覺等等不會生起貪欲、渴愛的念想替換掉貪欲、渴愛、混亂、散亂的念想，沒有用集中關注身體各個部位的感覺等等不會生起貪欲、渴愛的念想替換掉內心中那些貪欲、渴愛、喜歡、不喜歡、歡樂、開心、舒暢、安心、期望、憂愁、悲傷、苦悶、憂慮、恐怖、憤怒、絕望、出生、衰老、死亡等等喜怒哀樂的念想，或者內心沒有完全熄滅念想，沒有完全的不生起念想，內心沒有獲得完全的釋放和解脫，沒有開啓解脫的智慧，那些由耳朵與聲音生起的惡法、不善法沒有全部滅除，那些由行爲、言語、念想生起的惡法、不善法沒有全部滅除，這就叫做耳朵的不自製。

當鼻子聞到氣味的時候，對於喜歡的氣味貪愛不捨、沉迷其中，對於不喜歡的氣味排斥抗拒、厭惡憎恨，沒有將內心的念想集中專注在對身體的注意上，也就是：沒有將這些貪欲、渴愛、混亂、散亂的念想用集中專注身體的各種念想替換掉，比如沒有用數呼吸的念想替換掉貪欲、渴愛、混亂、散亂的念想，沒有用數眨眼睛的念想替換掉貪欲、渴愛、混亂、散亂的念想，沒有用雙手互相觸摸感覺的念想替

換掉貪欲、渴愛、混亂、散亂的念想，沒有用腳底與地面接觸感覺的念想替換掉貪欲、渴愛、混亂、散亂的念想，沒有用集中關注身體各個部位的感覺等等不會生起貪欲、渴愛的念想替換掉貪欲、渴愛、混亂、散亂的念想，沒有用集中關注身體各個部位的感覺等等不會生起貪欲、渴愛的念想替換掉內心中那些貪欲、渴愛、喜歡、不喜歡、歡樂、開心、舒暢、安心、期望、憂愁、悲傷、苦悶、憂慮、恐怖、憤怒、絕望、出生、衰老、死亡等等喜怒哀樂的念想，或者內心沒有完全熄滅念想，沒有完全的不生起念想，內心沒有獲得完全的釋放和解脫，沒有開啟解脫的智慧，那些由鼻子與氣味生起的惡法、不善法沒有全部滅除，那些由行為、言語、念想生起的惡法、不善法沒有全部滅除，這就叫做鼻子的不自製。

當舌頭嘗到味道的時候，對於喜歡的味道貪愛不捨、沉迷其中，對於不喜歡的味道排斥抗拒、厭惡憎恨，沒有將內心的念想集中專注在對身體的注意上，也就是：沒有將這些貪欲、渴愛、混亂、散亂的念想用集中專注身體的各種念想替換掉，比如沒有用數呼吸的念想替換掉貪欲、渴愛、混亂、散亂的念想，沒有用數眨眼睛的念想替換掉貪欲、渴愛、混亂、散亂的念想，沒有用雙手互相觸摸感覺的念想替換掉貪欲、渴愛、混亂、散亂的念想，沒有用腳底與地面接觸感覺的念想替換掉貪欲、渴愛、混亂、散亂的念想，沒有用集中關注身體各個部位的感覺等等不會生起貪欲、渴愛、混亂、散亂的念想，沒有用集中關注身體各個部位的感覺等等不會生起貪欲、渴愛的念想替換掉內心中那些貪欲、渴愛、喜歡、不喜歡、歡樂、開心、舒暢、安心、期望、憂愁、悲傷、苦悶、憂慮、恐怖、憤怒、絕望、出生、衰老、死亡等等喜怒哀樂的念想，或者內心沒有完全熄滅念想，沒有完全的不生起念想，內心沒有獲得完全的釋放和解脫，沒有開啟解脫的智慧，那些由舌頭與味道生起的惡法、不善法沒有全部滅除，那些由行為、言語、念想生起的惡法、不善法沒有全部滅除，這就叫做舌頭的不自製。

當身體觸摸感覺到觸覺，領納到環境變化感覺（冷熱、舒適等等）的時候，對於喜歡的觸覺、環境變化感覺貪愛不捨、沉迷其中，對於不喜歡的觸覺、環境變化感覺排斥抗拒、厭惡憎恨，沒有將內心

的念想集中專注在對身體的注意上，也就是：沒有將這些貪欲、渴愛、混亂、散亂的念想用集中專注身體的各種念想替換掉，比如沒有用數呼吸的念想替換掉貪欲、渴愛、混亂、散亂的念想，沒有用數眨眼睛的念想替換掉貪欲、渴愛、混亂、散亂的念想，沒有用雙手互相觸摸感覺的念想替換掉貪欲、渴愛、混亂、散亂的念想，沒有用腳底與地面接觸感覺的念想替換掉貪欲、渴愛、混亂、散亂的念想，沒有用集中關注身體各個部位的感覺等等不會生起貪欲、渴愛的念想替換掉貪欲、渴愛、混亂、散亂的念想，沒有用集中關注身體各個部位的感覺等等不會生起貪欲、渴愛的念想替換掉內心中那些貪欲、渴愛、喜歡、不喜歡、歡樂、開心、舒暢、安心、期望、憂愁、悲傷、苦悶、憂慮、恐怖、憤怒、絕望、出生、衰老、死亡等等喜怒哀樂的念想，或者內心沒有完全熄滅念想，沒有完全的不生起念想，內心沒有獲得完全的釋放和解脫，沒有開啟解脫的智慧，那些由身體與觸覺、環境變化感覺生起的惡法、不善法沒有全部滅除，那些由行為、言語、念想生起的惡法、不善法沒有全部滅除，這就叫做身體的不自製。

當內心想到見解、思想、念想的時候，對於喜歡的見解、思想、念想貪愛不捨、沉迷其中，對於不喜歡的見解、思想、念想排斥抗拒、厭惡憎恨，沒有將內心的念想集中專注在對身體的注意上，也就是：沒有將這些貪欲、渴愛、混亂、散亂的念想用集中專注身體的各種念想替換掉，比如沒有用數呼吸的念想替換掉貪欲、渴愛、混亂、散亂的念想，沒有用數眨眼睛的念想替換掉貪欲、渴愛、混亂、散亂的念想，沒有用雙手互相觸摸感覺的念想替換掉貪欲、渴愛、混亂、散亂的念想，沒有用腳底與地面接觸感覺的念想替換掉貪欲、渴愛、混亂、散亂的念想，沒有用集中關注身體各個部位的感覺等等不會生起貪欲、渴愛的念想替換掉貪欲、渴愛、混亂、散亂的念想，沒有用集中關注身體各個部位的感覺等等不會生起貪欲、渴愛的念想替換掉內心中那些貪欲、渴愛、喜歡、不喜歡、歡樂、開心、舒暢、安心、期望、憂愁、悲傷、苦悶、憂慮、恐怖、憤怒、絕望、出生、衰老、死亡等等喜怒哀樂的念想，或者內心沒有完全熄滅念想，沒有完全的不生起念想，內心沒有獲得完全的釋放和解脫，沒有開啟解脫的智

慧，那些由內心與見解、思想、念想生起的惡法、不善法沒有全部滅除，那些由行為、言語、念想生起的惡法、不善法沒有全部滅除，這就叫做內心的不自製。

比丘們，這就猶如一個男子，他從不同的環境，不同的地方捕捉住了六種不同的動物，他用堅固的繩索將他抓住的這六種動物捆綁起來：他抓住毒蛇的時候，就用堅固的繩索將毒蛇捆綁起來；他抓住鱷魚的時候，就用堅固的繩索將鱷魚捆綁起來；他抓住禿鷲鳥的時候，就用堅固的繩索將禿鷲鳥捆綁起來；他抓住惡狗的時候，就用堅固的繩索將惡狗捆綁起來；他抓住野狼的時候，就用堅固的繩索將野狼捆綁起來；他抓住猿猴的時候，就用堅固的繩索將猿猴捆綁起來；當他將這六種動物都捆綁起來後，又將捆綁這六種動物繩索的另一端，都系在了同一根堅固的繩子上，這根繩子位於六根繩索的中間，這時，他將這六種動物放開，比丘們，這六種動物會開始逃跑，毒蛇會拉著捆綁它的繩索爬向洞穴之中，鱷魚會拉著捆綁它的繩索爬入河水之中，禿鷲鳥會拉著捆綁它的繩索飛入高空，惡狗會拉著捆綁它的繩索跑入鄉村，野狼會拉著捆綁它的的繩索跑進叢林，猿猴會拉著捆綁它的繩索爬上大樹，由於這六種動物都被系在了中間的同一條繩子上，在它們逃跑的時候，就會產生力量的角逐和撕扯，中間的繩子就會向著拉扯力量更大的方向移動，也就是中間的繩子會向逃跑力量大的動物方向運動。這六種動物會因為急於逃命而用盡全力，這樣會讓它們筋疲力盡，到最後，當它們耗盡力氣的時候，它們就會隨著最有力的那個動物逃跑的方向而去，同樣的，比丘們，世間人或眾生當他們眼睛看見物質事物，耳朵聽到聲音，鼻子聞到氣味，舌頭嘗到味道，身體觸摸感覺到觸覺，領納到環境變化感覺，內心想到見解、思想、念想的時候，對於喜歡的物質事物、聲音、氣味、味道、觸覺、環境變化感覺、見解、思想、念想貪愛不捨、沉迷其中，對於不喜歡的物質事物、聲音、氣味、味道、觸覺、環境變化感覺、見解、思想、念想排斥抗拒、厭惡憎恨，沒有將內心中的念想集中專注在對身體的注意上，也就是：沒有將這些貪欲、渴愛、混亂、散亂的念想用集中專注身體的各種念想替換掉，比如沒有用數呼吸的念想替換掉貪欲、渴愛、混亂、散亂的念想，沒有用數眨眼睛的念想替換掉貪欲、渴愛、

混亂、散亂的念想，沒有用雙手互相觸摸感覺的念想替換掉貪欲、渴愛、混亂、散亂的念想，沒有用腳底與地面接觸感覺的念想替換掉貪欲、渴愛、混亂、散亂的念想，沒有用集中關注身體各個部位的感覺等等不會生起貪欲、渴愛的念想替換掉貪欲、渴愛、混亂、散亂的念想，沒有用集中關注身體各個部位的感覺等等不會生起貪欲、渴愛的念想替換掉內心中那些貪欲、渴愛、喜歡、不喜歡、歡樂、開心、舒暢、安心、期望、憂愁、悲傷、苦悶、憂慮、恐怖、憤怒、絕望、出生、衰老、死亡等等喜怒哀樂的念想，或者內心沒有完全熄滅念想，沒有完全的不生起念想，內心沒有獲得完全的釋放和解脫，沒有開啟解脫的智慧，那些由眼睛與物質事物，耳朵與聲音，鼻子與氣味，舌頭與味道，身體與觸覺、環境變化感覺，內心與見解、思想、念想生起的惡法、不善法沒有全部滅除，那些由行為、言語、念想生起的惡法、不善法沒有全部滅除，這就叫做眼睛、耳朵、鼻子、舌頭、身體、內心的不自製。當世間人或眾生，他們的眼睛、耳朵、鼻子、舌頭、身體、內心不自製的時候，他們沒有將注意力集中關注在身體的各個部位上，沒有用不會生起貪欲、渴愛的念想替換掉內心中那些貪欲、渴愛、喜歡、不喜歡、歡樂、開心、舒暢、安心、期望、憂愁、悲傷、苦悶、憂慮、恐怖、憤怒、絕望、出生、衰老、死亡等等喜怒哀樂的念想，沒有經常的靜坐禪修讓內心保持清淨的境界，沒有持之以恆精進的按如來的正法去修行，那麼他們的眼睛就會被那些他們喜歡的物質事物吸引、拉扯上，他們的眼睛就會回避、逃離他們不喜歡的物質事物；他們的耳朵就會被那些他們喜歡的聲音吸引、拉扯上，他們的耳朵就會回避、逃離他們不喜歡的聲音；他們的鼻子就會被那些他們喜歡的氣味吸引、拉扯上，他們的鼻子就會回避、逃離他們不喜歡的氣味；他們的舌頭就會被那些他們喜歡的味道吸引、拉扯上，他們的舌頭就會回避、逃離他們不喜歡的味道；他們的身體就會被那些他們喜歡的觸覺、環境變化感覺吸引、拉扯上，他們的身體就會回避、逃離他們不喜歡的觸覺、環境變化感覺；他們的內心就會被那些他們喜歡的見解、思想、念想吸引、拉扯上，他們的內心就會回避、逃離他們不喜歡的見解、思想、念想；就如同毒蛇拉著繩索爬入它喜歡、它認為安全的洞穴之中，鱷魚拉著繩索爬入它喜歡、它認為安全

的河水之中，禿鷲鳥拉著繩索飛向它喜歡、它認為安全的高空，惡狗拉著繩索跑向它喜歡、它認為安全的鄉村，野狼拉著繩索跑向它喜歡、它認為安全的叢林，猿猴拉著繩索爬上它喜歡、它認為安全的大樹，這六種動物，它們都積極的回避、逃離它們厭惡，它們認為危險的地方，一樣。

眼睛、耳朵、鼻子、舌頭、身體、內心就如同毒蛇、鱷魚、禿鷲鳥、惡狗、野狼、猿猴這六種動物一樣，奮力的向自己喜歡的地方拉扯，用盡全力的逃離厭惡、危險的地方。當眼睛與物質事物，耳朵與聲音，鼻子與氣味，舌頭與味道，身體與觸覺、環境變化感覺，內心與見解、思想、念想這六種配對事物中的其中一對事物誘惑、吸引、喜歡的力量更大的時候，世間人或眾生就會優先去貪愛、執著、掛念這些他們最喜歡的配對事物，就會優先去貪愛、執著、掛念這些最吸引他們的配對事物，就會優先沉迷、陶醉在他們最喜歡的配對事物之中，就會優先沉迷、陶醉在最吸引他們的配對事物之中，這就如同毒蛇、鱷魚、禿鷲鳥、惡狗、野狼、猿猴為了逃命用盡全力的互相拉扯繩子角逐、撕扯，它們拉扯繩子筋疲力盡的時候，只能隨著力量大的那個動物逃跑的方向移動一樣。

比丘們，什麼是自製呢？當眼睛看見物質事物的時候，對於令人喜歡的物質事物不貪愛不捨、不沉迷其中，對於令人不喜歡的物質事物不排斥抗拒、不厭惡憎恨，將內心的念想集中專注在對身體的注意上，也就是：將這些貪欲、渴愛、混亂、散亂的念想用集中專注身體的各種念想替換掉，比如用數呼吸的念想替換掉貪欲、渴愛、混亂、散亂的念想，用數眨眼睛的念想替換掉貪欲、渴愛、混亂、散亂的念想，用雙手互相觸摸感覺的念想替換掉貪欲、渴愛、混亂、散亂的念想，用腳底與地面接觸感覺的念想替換掉貪欲、渴愛、混亂、散亂的念想，用集中關注身體各個部位的感覺等等不會生起貪欲、渴愛的念想替換掉貪欲、渴愛、混亂、散亂的念想，用集中關注身體各個部位的感覺等等不會生起貪欲、渴愛的念想替換掉內心中那些貪欲、渴愛、喜歡、不喜歡、歡樂、開心、舒暢、安心、期望、憂愁、悲傷、苦悶、憂慮、恐怖、憤怒、絕望、出生、衰老、死亡等等喜怒哀樂的念想，或者內心已經完全熄滅念想，已經完全的不生起念想，內心已

經獲得了完全的釋放和解脫，已經開啓解脫的智慧，那些由眼睛與物質事物生起的惡法、不善法已經全部滅除，那些由行為、言語、念想生起的惡法、不善法已經全部滅除，這就叫做眼睛的自製。

當耳朵聽到聲音的時候，對於令人喜歡的聲音不貪愛不捨、不沉迷其中，對於令人不喜歡的聲音不排斥抗拒、不厭惡憎恨，將內心的念想集中專注在對身體的注意上，也就是：將這些貪欲、渴愛、混亂、散亂的念想用集中專注身體的各種念想替換掉，比如用數呼吸的念想替換掉貪欲、渴愛、混亂、散亂的念想，用數眨眼睛的念想替換掉貪欲、渴愛、混亂、散亂的念想，用雙手互相觸摸感覺的念想替換掉貪欲、渴愛、混亂、散亂的念想，用腳底與地面接觸感覺的念想替換掉貪欲、渴愛、混亂、散亂的念想，用集中關注身體各個部位的感覺等等不會生起貪欲、渴愛的念想替換掉貪欲、渴愛、混亂、散亂的念想，用集中關注身體各個部位的感覺等等不會生起貪欲、渴愛的念想替換掉內心中那些貪欲、渴愛、喜歡、不喜歡、歡樂、開心、舒暢、安心、期望、憂愁、悲傷、苦悶、憂慮、恐怖、憤怒、絕望、出生、衰老、死亡等等喜怒哀樂的念想，或者內心已經完全熄滅念想，已經完全的不生起念想，內心已經獲得了完全的釋放和解脫，已經開啓解脫的智慧，那些由耳朵與聲音生起的惡法、不善法已經全部滅除，那些由行為、言語、念想生起的惡法、不善法已經全部滅除，這就叫做耳朵的自製。

當鼻子聞到氣味的時候，對於令人喜歡的氣味不貪愛不捨、不沉迷其中，對於令人不喜歡的氣味不排斥抗拒、不厭惡憎恨，將內心的念想集中專注在對身體的注意上，也就是：將這些貪欲、渴愛、混亂、散亂的念想用集中專注身體的各種念想替換掉，比如用數呼吸的念想替換掉貪欲、渴愛、混亂、散亂的念想，用數眨眼睛的念想替換掉貪欲、渴愛、混亂、散亂的念想，用雙手互相觸摸感覺的念想替換掉貪欲、渴愛、混亂、散亂的念想，用腳底與地面接觸感覺的念想替換掉貪欲、渴愛、混亂、散亂的念想，用集中關注身體各個部位的感覺等等不會生起貪欲、渴愛的念想替換掉貪欲、渴愛、混亂、散亂的念想，用集中關注身體各個部位的感覺等等不會生起貪欲、渴愛的念想替換掉內心中那些貪欲、渴愛、喜歡、不喜歡、歡樂、開心、舒

暢、安心、期望、憂愁、悲傷、苦悶、憂慮、恐怖、憤怒、絕望、出生、衰老、死亡等等喜怒哀樂的念想，或者內心已經完全熄滅念想，已經完全的不生起念想，內心已經獲得了完全的釋放和解脫，已經開啓解脫的智慧，那些由鼻子與氣味生起的惡法、不善法已經全部滅除，那些由行為、言語、念想生起的惡法、不善法已經全部滅除，這就叫做鼻子的自製。

當舌頭嘗到味道的時候，對於令人喜歡的味道不貪愛不捨、不沉迷其中，對於令人不喜歡的味道不排斥抗拒、不厭惡憎恨，將內心的念想集中專注在對身體的注意上，也就是：將這些貪欲、渴愛、混亂、散亂的念想用集中專注身體的各種念想替換掉，比如用數呼吸的念想替換掉貪欲、渴愛、混亂、散亂的念想，用數眨眼睛的念想替換掉貪欲、渴愛、混亂、散亂的念想，用雙手互相觸摸感覺的念想替換掉貪欲、渴愛、混亂、散亂的念想，用腳底與地面接觸感覺的念想替換掉貪欲、渴愛、混亂、散亂的念想，用集中關注身體各個部位的感覺等等不會生起貪欲、渴愛的念想替換掉貪欲、渴愛、混亂、散亂的念想，用集中關注身體各個部位的感覺等等不會生起貪欲、渴愛的念想替換掉內心中那些貪欲、渴愛、喜歡、不喜歡、歡樂、開心、舒暢、安心、期望、憂愁、悲傷、苦悶、憂慮、恐怖、憤怒、絕望、出生、衰老、死亡等等喜怒哀樂的念想，或者內心已經完全熄滅念想，已經完全的不生起念想，內心已經獲得了完全的釋放和解脫，已經開啓解脫的智慧，那些由舌頭與味道生起的惡法、不善法已經全部滅除，那些由行為、言語、念想生起的惡法、不善法已經全部滅除，這就叫做舌頭的自製。

當身體觸摸感覺到觸覺，領納到環境變化感覺的時候，對於令人喜歡的觸覺、環境變化感覺不貪愛不捨、不沉迷其中，對於令人不喜歡的觸覺、環境變化感覺不排斥抗拒、不厭惡憎恨，將內心的念想集中專注在對身體的注意上，也就是：將這些貪欲、渴愛、混亂、散亂的念想用集中專注身體的各種念想替換掉，比如用數呼吸的念想替換掉貪欲、渴愛、混亂、散亂的念想，用數眨眼睛的念想替換掉貪欲、渴愛、混亂、散亂的念想，用雙手互相觸摸感覺的念想替換掉貪欲、渴愛、混亂、散亂的念想，用腳底與地面接觸感覺的念想替換掉貪

一本書

讀懂所有佛經

欲、渴愛、混亂、散亂的念想，用集中關注身體各個部位的感覺等等不會生起貪欲、渴愛的念想替換掉貪欲、渴愛、混亂、散亂的念想，用集中關注身體各個部位的感覺等等不會生起貪欲、渴愛的念想替換掉內心中那些貪欲、渴愛、喜歡、不喜歡、歡樂、開心、舒暢、安心、期望、憂愁、悲傷、苦悶、憂慮、恐怖、憤怒、絕望、出生、衰老、死亡等等喜怒哀樂的念想，或者內心已經完全熄滅念想，已經完全的不生起念想，內心已經獲得了完全的釋放和解脫，已經開啓解脫的智慧，那些由身體與觸覺、環境變化感覺生起的惡法、不善法已經全部滅除，那些由行為、言語、念想生起的惡法、不善法已經全部滅除，這就叫做身體的自製。

當內心想到見解、思想、念想的時候，對於令人喜歡的見解、思想、念想不貪愛不捨、不沉迷其中，對於令人不喜歡的見解、思想、念想不排斥抗拒、不厭惡憎恨，將內心的念想集中專注在對身體的注意上，也就是：將這些貪欲、渴愛、混亂、散亂的念想用集中專注身體的各種念想替換掉，比如用數呼吸的念想替換掉貪欲、渴愛、混亂、散亂的念想，用數眨眼睛的念想替換掉貪欲、渴愛、混亂、散亂的念想，用雙手互相觸摸感覺的念想替換掉貪欲、渴愛、混亂、散亂的念想，用腳底與地面接觸感覺的念想替換掉貪欲、渴愛、混亂、散亂的念想，用集中關注身體各個部位的感覺等等不會生起貪欲、渴愛的念想替換掉貪欲、渴愛、混亂、散亂的念想，用集中關注身體各個部位的感覺等等不會生起貪欲、渴愛的念想替換掉內心中那些貪欲、渴愛、喜歡、不喜歡、歡樂、開心、舒暢、安心、期望、憂愁、悲傷、苦悶、憂慮、恐怖、憤怒、絕望、出生、衰老、死亡等等喜怒哀樂的念想，或者內心已經完全熄滅念想，已經完全的不生起念想，內心已經獲得了完全的釋放和解脫，已經開啓解脫的智慧，那些由內心與見解、思想、念想生起的惡法、不善法已經全部滅除，那些由行為、言語、念想生起的惡法、不善法已經全部滅除，這就叫做內心的自製。

比丘們，這就猶如一個男子，他從不同的環境，不同的地方捕捉住了六種不同的動物，他用堅固的繩索將他抓住的這六種動物捆綁起來：他抓住毒蛇的時候，就用堅固的繩索將毒蛇捆綁起來；他抓住鱷

魚的時候，就用堅固的繩索將鱷魚捆綁起來；他抓住禿鷲鳥的時候，就用堅固的繩索將禿鷲鳥捆綁起來；他抓住惡狗的時候，就用堅固的繩索將惡狗捆綁起來；他抓住野狼的時候，就用堅固的繩索將野狼捆綁起來；他抓住猿猴的時候，就用堅固的繩索將猿猴捆綁起來；當他將這六種動物都捆綁起來後，又將捆綁這六種動物繩索的另一端，分別拴在了一根堅固的大石柱上，這時，他將這六種動物放開，比丘們，這六種動物會開始逃跑，毒蛇會拉著捆綁它的繩索爬向洞穴之中，鱷魚會拉著捆綁它的繩索爬入河水之中，禿鷲鳥會拉著捆綁它的繩索飛入高空，惡狗會拉著捆綁它的繩索跑入鄉村，野狼會拉著捆綁它的繩索跑進叢林，猿猴會拉著捆綁它的的繩索爬上大樹，由於捆綁這六種動物繩索的另一端都被拴在了堅固的大石柱上，這六種動物拉扯繩索一段時間後，就會明白自己是無法拖動大石柱的，它們也就不會白費力氣去拉扯繩索了，這六種動物只能在繩索長度範圍內活動，於是這六種動物，或者站立在大石柱周圍，或者坐在、躺在大石柱周圍，不會再妄想逃走了，它們也不會用盡全力來拉扯繩索了，也不會把自己弄的筋疲力盡了，因為它們知道憑藉自己的力量根本不可能拉動大石柱。同樣的，比丘們，世間人或眾生當他們眼睛看見物質事物，耳朵聽到聲音，鼻子聞到氣味，舌頭嘗到味道，身體觸摸感覺到觸覺，領納到環境變化感覺，內心想到見解、思想、念想的時候，對於令人喜歡的物質事物、聲音、氣味、味道、觸覺、環境變化感覺、見解、思想、念想不貪愛不捨、不沉迷其中，對於令人不喜歡的物質事物、聲音、氣味、味道、觸覺、環境變化感覺、見解、思想、念想不排斥抗拒、不厭惡憎恨，將內心中的念想集中專注在對身體的注意上，也就是：將這些貪欲、渴愛、混亂、散亂的念想用集中專注身體的各種念想替換掉，比如用數呼吸的念想替換掉貪欲、渴愛、混亂、散亂的念想，用數眨眼睛的念想替換掉貪欲、渴愛、混亂、散亂的念想，用雙手互相觸摸感覺的念想替換掉貪欲、渴愛、混亂、散亂的念想，用腳底與地面接觸感覺的念想替換掉貪欲、渴愛、混亂、散亂的念想，用集中關注身體各個部位的感覺等等不會生起貪欲、渴愛的念想替換掉貪欲、渴愛、混亂、散亂的念想，用集中關注身體各個部位的感覺等等不會生起貪欲、渴愛的念想替換掉內心中那些貪欲、渴

愛、喜歡、不喜歡、歡樂、開心、舒暢、安心、期望、憂愁、悲傷、
苦悶、憂慮、恐怖、憤怒、絕望、出生、衰老、死亡等等喜怒哀樂的
念想，或者內心已經完全熄滅念想，已經完全的不生起念想，內心已
經獲得了完全的釋放和解脫，已經開啓解脫的智慧，那些由眼睛與物
質事物，耳朵與聲音，鼻子與氣味，舌頭與味道，身體與觸覺、環境
變化感覺，內心與見解、思想、念想生起的惡法、不善法已經全部滅
除，那些由行爲、言語、念想生起的惡法、不善法已經全部滅除，這
就叫做眼睛、耳朵、鼻子、舌頭、身體、內心的自製。當世間人或眾
生，他們的眼睛、耳朵、鼻子、舌頭、身體、內心自製的時候，他們
將注意力集中關注在身體的各個部位上，用不會生起貪欲、渴愛的念
想替換掉內心中那些貪欲、渴愛、喜歡、不喜歡、歡樂、開心、舒
暢、安心、期望、憂愁、悲傷、苦悶、憂慮、恐怖、憤怒、絕望、出
生、衰老、死亡等等喜怒哀樂的念想，經常的靜坐禪修讓內心保持清
淨的境界，持之以恆精進的按如來的正法去修行，那麼他們的眼睛就
不會被那些他們喜歡的物質事物吸引、拉扯上，他們的眼睛就不會回
避、逃離他們不喜歡的物質事物；他們的耳朵就不會被那些他們喜歡
的聲音吸引、拉扯上，他們的耳朵就不會回避、逃離他們不喜歡的聲
音；他們的鼻子就不會被那些他們喜歡的氣味吸引、拉扯上，他們的
鼻子就不會回避、逃離他們不喜歡的氣味；他們的舌頭就不會被那些
他們喜歡的味道吸引、拉扯上，他們的舌頭就不會回避、逃離他們不
喜歡的味道；他們的身體就不會被那些他們喜歡的觸覺、環境變化感
覺吸引、拉扯上，他們的身體就不會回避、逃離他們不喜歡的觸覺、
環境變化感覺；他們的內心就不會被那些他們喜歡的見解、思想、念
想吸引、拉扯上，他們的內心就不會回避、逃離他們不喜歡的見解、
思想、念想；就如同將捆綁毒蛇繩索的另一端拴在了大石柱上，毒蛇
拉扯繩索一段時間後，知道自己無法拉動大石柱，於是毒蛇就徹底放
棄了逃走的計畫，毒蛇當然也就無法爬入它喜歡、它認爲安全的洞穴
之中；將捆綁鱷魚繩索的另一端拴在了大石柱上，鱷魚拉扯繩索一段
時間後，知道自己無法拉動大石柱，於是鱷魚就徹底放棄了逃走的計
畫，鱷魚當然也就無法爬入它喜歡、它認爲安全的河水之中；將捆綁
禿鷲鳥繩索的另一端拴在了大石柱上，禿鷲鳥拉扯繩索一段時間後，

知道自己無法拉動大石柱，於是禿鷲鳥就徹底放棄了逃走的計畫，禿鷲鳥當然也就無法飛向它喜歡、它認爲安全的高空；將捆綁惡狗繩索的另一端拴在了大石柱上，惡狗拉扯繩索一段時間後，知道自己無法拉動大石柱，於是惡狗就徹底放棄了逃走的計畫，惡狗當然也就無法跑向它喜歡、它認爲安全的鄉村；將捆綁野狼繩索的另一端拴在了大石柱上，野狼拉扯繩索一段時間後，知道自己無法拉動大石柱，於是野狼就徹底放棄了逃走的計畫，野狼當然也就無法跑向它喜歡、它認爲安全的叢林；將捆綁猿猴繩索的另一端拴在了大石柱上，猿猴拉扯繩索一段時間後，知道自己無法拉動大石柱，於是猿猴就徹底放棄了逃走的計畫，猿猴當然也就無法爬上它喜歡、它認爲安全的大樹；這六種動物，它們就都無法迴避、逃離它們厭惡，它們認爲危險的地方，一樣。

　　眼睛、耳朵、鼻子、舌頭、身體、內心就如同毒蛇、鱷魚、禿鷲鳥、惡狗、野狼、猿猴這六個動物一樣，當捆綁毒蛇、鱷魚、禿鷲鳥、惡狗、野狼、猿猴繩索的另一端被拴在了大石柱上，毒蛇、鱷魚、禿鷲鳥、惡狗、野狼、猿猴拉扯繩索一段時間後，就會明白自己是無法拉動大石柱的，自己是無法逃走的，於是它們只好或者站立，或者坐下，或者臥躺在大石柱的周圍，徹底放棄逃走的計畫，比丘們，這個堅固的大石柱是什麼呢？這個堅固的大石柱比喻的就是：將內心中的念想集中專注在對身體的注意上，也就是：將這些貪欲、渴愛、混亂、散亂的念想用集中專注身體的各種念想替換掉，比如用數呼吸的念想替換掉貪欲、渴愛、混亂、散亂的念想，用數眨眼睛的念想替換掉貪欲、渴愛、混亂、散亂的念想，用雙手互相觸摸感覺的念想替換掉貪欲、渴愛、混亂、散亂的念想，用腳底與地面接觸感覺的念想替換掉貪欲、渴愛、混亂、散亂的念想，用集中關注身體各個部位的感覺等等不會生起貪欲、渴愛的念想替換掉貪欲、渴愛、混亂、散亂的念想，用集中關注身體各個部位的感覺等等不會生起貪欲、渴愛的念想替換掉內心中那些貪欲、渴愛、喜歡、不喜歡、歡樂、開心、舒暢、安心、期望、憂愁、悲傷、苦悶、憂慮、恐怖、憤怒、絕望、出生、衰老、死亡等等喜怒哀樂的念想，或者內心已經完全熄滅念想，已經完全的不生起念想，簡單的說就是：將內心集中專注在不

會生起貪欲、渴愛、混亂、散亂、喜歡、不喜歡、歡樂、開心、舒暢、安心、期望、憂愁、悲傷、苦悶、憂慮、恐怖、憤怒、絕望、出生、衰老、死亡等等的念想上，或者內心不生起任何的念想，比丘們，這就是你們捆綁各種念想的大石柱，你們就應該這樣去修行，你們要這樣觀想：「我們要經常將內心集中關注在身體的各個部位上，我們要用集中關注身體各個部位的念想來替換掉內心中那些貪欲、渴愛、混亂、散亂、喜歡、不喜歡、歡樂、開心、舒暢、安心、期望、憂愁、悲傷、苦悶、憂慮、恐怖、憤怒、絕望、出生、衰老、死亡等等的念想，這是我們讓內心保持清淨境界的基礎，這是除滅煩惱和痛苦的基礎，這是我們渡過生死輪回大海時乘坐的航船、舟筏，這是我們到達不生不滅涅槃境界時乘坐的馬車、車駕。我們要這樣精進的去修行，我們要讓這樣的修行成為習慣，要讓這樣的修行如同吃飯喝水一樣的平常，要讓這樣的修行如同呼吸一樣的平常。我們這樣精進的去修行，就能滅盡我們一切的貪欲、渴愛，就能滅盡我們一切的煩惱和痛苦，就能讓我們永遠的從生死輪回中解脫出來，就能讓我們進入沒有煩惱，沒有痛苦，沒有執著，沒有掛念，沒有念想，不生不滅的涅槃境界。」

比丘們，你們就應該這樣去精進的修行。」

佛陀說法後，聽法的出家弟子們都再次的頂禮佛陀，隨喜讚歎佛陀說法的無量功德，他們都按著佛陀所說的法去修行。

第九十五章　被兩支箭射中

　　有個時候，佛陀住在舍衛城的祇樹林給孤獨園，有一天，佛陀對出家弟子們說：「比丘們（出家人）！還沒有受到聖者教導的世間人或眾生他們能感覺到快樂、痛苦、不苦不樂的感受；已經受到聖者教導的聖弟子們，他們也能感覺到快樂、痛苦、不苦不樂的感受。比丘們，既然如此，那麼已經受到聖者教導的聖弟子們與沒有受到聖者教導的世間人或眾生有什麼不同呢？有什麼區別呢？」

　　出家弟子們說：「世尊，我們以您所說的正法為修行的根本，您是帶領我們解脫的引路人、導師，您是我們的皈依，世尊，如果您能為我們解答剛才您所說的那個問題的話，那就很好了，我們聽聞您的教導後，就會時刻憶念您所說的正法，並按您的正法去修行的，恭請世尊您為我們說法。」

　　佛陀說：「比丘們，沒有受到聖者教導的世間人或眾生，他們接觸到痛苦的時候，會悲傷、疲憊、哭泣、捶胸哀嚎，他們會被這些悲哀的情緒迷惑、擾亂，他們有二種感受：身體的感受與內心的感受。

　　比丘們，就猶如有一支飛箭射穿了一個男子的身體，緊接著又有一支飛箭射穿了這個男子的身體，這個男子就被二支飛箭射中了兩次，身體感受與內心感受就如同射中那個男子的兩支飛箭。同樣的，比丘們，沒有受到聖者教導的世間人或眾生，他們接觸到痛苦的時候，就會悲傷、疲憊、哭泣、捶胸哀嚎，被悲哀的情緒迷惑、擾亂，被身體感受的飛箭與內心感受的飛箭射中，當然他們接觸到痛苦的時候，也會厭惡憎恨痛苦，也會生起厭惡憎恨的煩惱，或者潛在的厭惡憎恨煩惱也會伴隨在他們的左右，讓他們隨時都可能生起厭惡憎恨的煩惱。他們接觸到痛苦的時候，就會非常的喜歡那種給他們帶來快樂、喜悅的事物，就會非常喜歡那種帶給他們欲望滿足的事物。為什麼呢？比丘們，因為還沒有受到聖者教導的世間人或眾生，他們不知道、不明白除了沉迷、沉溺在欲望、快樂、喜悅之中，能夠暫時讓自

己緩解、忘記、擺脫痛苦的煩擾之外，還有根除、滅盡痛苦的解脫之法。當他們沉迷在欲望、快樂、喜悅之中的時候，他們就會生起貪欲、渴愛的煩惱，或者潛在的貪欲、渴愛煩惱就會伴隨在他們的左右，他們隨時都可能會生起貪欲、渴愛的煩惱。

這些世間人或眾生，他們不知道、不明白感受的生起、滅沒、滋味、禍患、解脫（明白感受的生起、滅沒就是明白緣起法，緣起法解釋，見第十八章、第十九章；感受的滋味、禍患、解脫解釋，見第五十一章），就算他們處於不苦不樂的感受之中，他們也會陷入無智、無明的煩惱之中（無明解釋，見第四十四章），這是為什麼呢？因為不苦不樂的感受是隨時在變化，無法永遠存在，無法永恆保持不變，無法永遠擁有的；他們沒有開啟熄滅、除滅煩惱和痛苦的解脫智慧，一旦他們生起快樂、痛苦的感受就會繼續的產生煩惱和痛苦。

他們感覺到快樂的感受就會被快樂的感受束縛捆綁，他們感覺到痛苦的感受就會被痛苦的感受束縛捆綁，他們感覺到不苦不樂的感受就會被無智、無明束縛捆綁，比丘們，如來就稱這些世間人或眾生為：「被出生、衰老、死亡、憂愁、悲傷、苦悶、憂慮、絕望束縛捆綁，被煩惱和痛苦束縛捆綁，沒有受到聖者教導的世間人或眾生。」

然而，比丘們，那些已經受到聖者教導的聖弟子們，他們接觸到痛苦的時候，不會悲傷，不會疲憊，不會哭泣，不會捶胸哀嚎，他們不會被悲哀的情緒迷惑、擾亂，他們只有一種感受，那就是身體的感受，也就是說：他們只有身體的感受，而沒有內心的感受。

比丘們，猶如有個男子，他被一支飛箭射穿身體，緊接著第二支飛箭竄過來卻沒有射中他，那個男子他只被身體感受的飛箭射中。同樣的，比丘們，已經受到聖者教導的聖弟子們，他們接觸到痛苦的時候，不會悲傷，不會疲憊，不會哭泣，不會捶胸哀嚎，他們不會被悲哀的情緒迷惑、擾亂，他們只有身體的感受，而沒有內心的感受，比如他們身體受傷的時候，只有身體疼痛的感受，而沒有內心痛苦的感受。他們只有一種感受，那就是身體的感受。當他們接觸到痛苦的時候，不會厭惡憎恨痛苦，不會生起厭惡憎恨的煩惱，或者不會有潛在的厭惡憎恨煩惱伴隨在他們的左右，他們不會由此生起厭惡憎恨的煩惱。當他們接觸到痛苦的時候，他們不會喜歡那些給他們帶來快樂、

喜悅的事物，也不會沉迷在給他們帶來欲望滿足的事物之中，這是為什麼呢？比丘們，已經受到聖者教導的聖弟子們，他們知道、明白除了那些給自己帶來快樂、喜悅的事物，除了那些給自己帶來欲望滿足的事物，能夠暫時讓自己緩解、忘記、擺脫痛苦的煩擾之外，還有能夠根除、滅盡煩惱和痛苦的解脫之法。當他們不執著和掛念快樂、喜悅、欲望的時候，就不會沉迷在快樂、喜悅、欲望之中，就不會生起貪欲、渴愛的煩惱，或者潛在的貪欲、渴愛煩惱就不會伴隨在他們的左右，他們就不會生起貪欲、渴愛。

他們知道、明白感受的生起、滅沒、滋味、禍患、解脫（明白感受的生起、滅沒就是明白緣起法，緣起法解釋，見第十八章、第十九章；感受的滋味、禍患、解脫解釋，見第五十一章），就算他們處於不苦不樂的感受之中，他們也不會陷入無智、無明的煩惱之中（無明解釋，見第四十四章），這是為什麼呢？因為他們知道、明白不苦不樂的感受是隨時在變化，無法永遠存在，無法永恆保持不變，無法永遠擁有的；他們已經開啓了熄滅、除滅煩惱和痛苦的解脫智慧，他們接觸到令人快樂、痛苦的感受不會產生煩惱和痛苦。

他們感覺到快樂的感受不會被快樂的感受束縛捆綁，他們感覺到痛苦的感受不會被痛苦的感受束縛捆綁，他們感覺到不苦不樂的感受不會被無智、無明束縛捆綁，比丘們，如來就稱這些聖弟子們為：「不會被出生、衰老、死亡、憂愁、悲傷、苦悶、憂慮、絕望束縛捆綁，不會被煩惱和痛苦束縛捆綁，已經受到聖者教導的聖弟子們。」

比丘們，這就是已經受到聖者教導的聖弟子與世間人或眾生的不同，這就是已經受到聖者教導的聖弟子與世間人或眾生的差別和區別。

經常聽聞聖者教導，已經開啓解脫智慧的聖弟子們，不會執著和掛念快樂、痛苦、不苦不樂的感受，這就是聖弟子與世間人或眾生的差別。

已經受到聖者教導的聖弟子們，不會喜歡令人快樂、喜悅的事物，也不會不喜歡令人厭惡、憎恨的事物，他們不會被快樂、喜悅、厭惡、憎恨等等喜怒哀樂的情緒擾亂內心，對於他們來說順利、滿意、舒服、挫折、失望、受苦都已經放下，都已經不再執著和掛念，

對於他們來說順利、滿意、舒服、挫折、失望、受苦都已經被摧毀、滅盡、消失，都已經不復存在。他們從喧囂嘈雜的世間解脫出來，他們從煩惱和痛苦中解脫出來，他們滅盡了生死輪迴，到達了解脫的彼岸，他們進入了沒有煩惱，沒有痛苦，沒有執著，沒有掛念，沒有念想的涅槃境界。」

　　佛陀說法後，聽法的出家弟子們都再次的頂禮佛陀，隨喜讚歎佛陀說法的無量功德，他們都按著佛陀所說的法去修行。

第九十六章 死後的體溫

　　有個時候，佛陀住在毘舍離的大林重閣講堂，有一天傍晚的時候，佛陀靜坐禪修完畢後，就來到講堂，佛陀坐好後，就對出家弟子們說：「比丘們（出家人），你們從現在開始到死去的那個時候，要一直保持正念、正知，也就是說你們在世間餘下的日子裡要保持正念、正知。這是如來對你們的教導。

　　比丘們，什麼是保持正念呢？就是你們要將注意力集中專注在身體上，專注在對身體的觀想上，這樣就是有正念，你們這樣精進的修行能夠熄滅、除滅、降伏對世間的貪欲與憂愁；你們要將注意力集中專注在感受上，專注在對感受的觀想上，這樣就是有正念，你們這樣精進的修行能夠熄滅、除滅、降伏對世間的貪欲與憂愁；你們要將注意力集中專注在內心上，專注在對內心的觀想上，這樣就是有正念，你們這樣精進的修行能夠熄滅、除滅、降伏對世間的貪欲與憂愁；你們要將注意力集中專注在念想上，專注在對念想的觀想上，這樣就是有正念，你們這樣精進的修行能夠熄滅、除滅、降伏對世間的貪欲與憂愁。

　　比丘們，什麼是保持正知呢？就是當你們走路前進、後退的時候，只關注前進、後退的身體行為，不關注其他的行為，這樣就是保持正知；

　　當你們眼睛前看、後看的時候，只關注前看、後看的身體行為，不關注其他的行為，這樣就是保持正知；

　　當你們的手臂或大腿伸展、收縮的時候，只關注肢體伸展、收縮的身體行為，不關注其他的行為，這樣就是保持正知；

　　當你們穿法衣、拿飯缽、外出化緣飯食的時候，只關注穿法衣、拿飯缽、外出化緣飯食當前正在做的那個行為，不關注其他的行為，這樣就是保持正知；

　　當你們喝水、吃食物、咀嚼食物、嘗味道的時候，只關注喝水、

一本書

讀懂所有佛經

吃食物、咀嚼食物、嘗味道當前正在做的那個行為，不關注其他的行為，這樣就是保持正知；

當你們上廁所解小便、大便的時候，只關注解小便、大便當前正在做的那個行為，不關注其他的行為，這樣就是保持正知；

當你們行走、住宿、坐下、臥躺、清醒、說話、沉默的時候，只關注行走、住宿、坐下、臥躺、清醒、說話、沉默當前正在做的那個行為，不關注其他的行為，這樣就是保持正知；

比丘們，這就是保持正念、正知的法義，你們從現在開始一直到死亡都要保持正念、正知，也就是說你們要保持正念、正知在世間度過餘下的日子。這就是如來對你們的教導。

比丘們，當修行人保持正念、正知，管束好自己的行為、言語、念想不放逸，精進的去修行的時候，如果這時，他生起了快樂的感受，他就會這樣的去觀想：「我現在生起了快樂的感受，這個快樂的感受是由條件生起來的，沒有前提條件這個快樂的感受是不會生起來的，這個生起快樂感受的前提條件是什麼呢？這個生起快樂感受的前提條件就是我的身體，然而我的身體是隨時在變化，無法永遠存在，無法永恆保持不變，無法永遠擁有的，我的身體是由各種條件生起的，是受到各種條件控制和支配的。那麼由這個無常，需要條件，並受到各種條件控制和支配的身體生起的快樂感受哪裡可能永遠存在，不發生變化，永恆保持不變，永遠擁有呢？」比丘們，什麼是無常呢？就是隨時在變化，無法永遠存在，無法永恆保持不變，無法永遠的擁有，這就叫無常。這些修行人，他們將身體與快樂的感受觀想成是無常的，是會衰敗、消散、滅盡的，他們由此從欲望中解脫出來，甚至於他們的內心連任何念想也不生起。他們經常這樣的去觀想、去修行就能最終滅盡由身體與快樂感受生起的一切煩惱和痛苦；他們經常這樣的去觀想、去修行就能最終滅盡由身體與快樂感受生起的潛在貪愛、喜悅煩惱。

當修行人保持正念、正知，管束好自己的行為、言語、念想不放逸，精進的去修行的時候，如果這時，他生起了痛苦的感受，他就會這樣的去觀想：「我現在生起了痛苦的感受，這個痛苦的感受是由條件生起來的，沒有前提條件這個痛苦的感受是不會生起來的，這個生

起痛苦感受的前提條件是什麼呢？這個生起痛苦感受的前提條件就是我的身體，然而我的身體是隨時在變化，無法永遠存在，無法永恆保持不變，無法永遠擁有的，我的身體是由各種條件生起的，是受到各種條件控制和支配的。那麼由這個無常，需要條件，並受到各種條件控制和支配的身體生起的痛苦感受哪裡可能永遠存在，不發生變化，永恆保持不變，永遠擁有呢？」這些修行人，他們將身體與痛苦的感受觀想成是無常的，是會衰敗、消散、滅盡的，他們由此從欲望中解脫出來，甚至於他們的內心連任何念想也不生起。他們經常這樣的去觀想、去修行就能最終滅盡由身體與痛苦感受生起的一切煩惱和痛苦；他們經常這樣的去觀想、去修行就能最終滅盡由身體與痛苦感受生起的潛在厭惡、憎恨煩惱。

當修行人保持正念、正知，管束好自己的行為、言語、念想不放逸，精進的去修行的時候，如果這時，他生起了不苦不樂的感受，他就會這樣的去觀想：「我現在生起了不苦不樂的感受，這個不苦不樂的感受是由條件生起來的，沒有前提條件這個不苦不樂的感受是不會生起來的，這個生起不苦不樂感受的前提條件是什麼呢？這個生起不苦不樂感受的前提條件就是我的身體，然而我的身體是隨時在變化，無法永遠存在，無法永恆保持不變，無法永遠擁有的，我的身體是由各種條件生起的，是受到各種條件控制和支配的。那麼由這個無常，需要條件，並受到各種條件控制和支配的身體生起的不苦不樂感受哪裡可能永遠存在，不發生變化，永恆保持不變，永遠擁有呢？」這些修行人，他們將身體與不苦不樂的感受觀想成是無常的，是會衰敗、消散、滅盡的，他們由此從欲望中解脫出來，甚至於他們的內心連任何念想也不生起。他們經常這樣的去觀想、去修行就能最終滅盡由身體與不苦不樂感受生起的一切煩惱和痛苦；他們經常這樣的去觀想、去修行就能最終滅盡由身體與不苦不樂感受生起的潛在無智、無明煩惱（無明解釋，見第四十四章）。

如果他們感覺到快樂的感受，他們就會立刻明白：「快樂的感受是無常的，不應該執著和掛念快樂的感受，不應該喜歡快樂的感受，不應該沉迷在快樂的感受之中」。

如果他們感覺到痛苦的感受，他們就會立刻明白：「痛苦的感受

是無常的，不應該執著和掛念痛苦的感受，不應該厭惡痛苦的感受，不應該逃避痛苦的感受」。

如果他們感覺到不苦不樂的感受，他們就會立刻明白：「不苦不樂的感受是無常的，不應該執著和掛念不苦不樂的感受，不應該陷入不苦不樂的感受之中，不應該被不苦不樂的感受迷惑」。

這樣，當修行人感覺到快樂感受的時候，就會立刻放下對快樂感受的執著和掛念，他們就不會被快樂的感受束縛捆綁。

當修行人感覺到痛苦感受的時候，就會立刻放下對痛苦感受的執著和掛念，他們就不會被痛苦的感受束縛捆綁。

當修行人感覺到不苦不樂感受的時候，就會立刻放下對不苦不樂感受的執著和掛念，他們就不會被不苦不樂的感受束縛捆綁。

修行人會經常去觀想自己身體死亡時的感受，他們會觀想：「我死亡時候的感受是怎麼樣的呢？我生命終結時候的感受是怎麼樣的呢？哦，隨著我身體的死亡，我的生命也將耗盡，當我身體死亡，生命耗盡的時候，我的一切感受，不管是快樂、痛苦的感受，還是不苦不樂的感受全部都將消失不見、不復存在，我這一生的全部感受都將熄滅、消失，就如同死亡後身體的溫度將會逐漸降低一樣，我死後的身體最後也將變得與外界的溫度一樣的冰涼。」

比丘們，猶如要有燈油與燈芯作為前提條件，油燈才能被點亮、燃燒，如果燈油與燈芯被燃燒耗盡，那麼油燈的火焰就會熄滅，同樣的，當修行人觀想自己身體死亡時的感受的時候，他們就會明白：「我死亡時候的感受是怎麼樣的呢？我生命終結時候的感受是怎麼樣的呢？哦，隨著我身體的死亡，我的生命也將耗盡，當我身體死亡，生命耗盡的時候，我的一切感受，不管是快樂、痛苦的感受，還是不苦不樂的感受全部都將消失不見、不復存在，我這一生的全部感受都將熄滅、消失，就如同死亡後身體的溫度將會逐漸降低一樣，我死後的身體最後也將變得與外界的溫度一樣的冰涼。」

佛陀說法後，聽法的出家弟子們都再次的頂禮佛陀，隨喜讚歎佛陀說法的無量功德，他們都按著佛陀所說的法去修行。

第九十七章　感受都是過去世帶來的嗎？

　　有個時候，佛陀住在王舍城栗鼠飼養處的竹林中，有一天有個叫屍婆迦的外教修行人來到佛陀的住所，他與佛陀互相問候後，就在一旁坐下，屍婆迦對佛陀說：「喬達摩（佛陀）！一些修行人，他們說：「世間人或眾生現在世的快樂、痛苦、不苦不樂等等的感受都是過去世行為、言語、念想造下的因果」，也就是說：「現在快樂、痛苦、不苦不樂等等的感受都是由過去世行為、言語、念想引發的、造成的」。喬達摩，對於這樣的見解，你如何看待呢？」

　　佛陀說：「屍婆迦！膽囊如果出現病症，就有可能會生起痛苦的感受，這個痛苦的感受是由膽囊生起的，這是世間大眾都基本上明白的道理，屍婆迦！如果有人這樣說：「世間人或眾生現在世的快樂、痛苦、不苦不樂等等的感受都是過去世行為、言語、念想造下的因果」，或是說：「現在快樂、痛苦、不苦不樂等等的感受都是由過去世行為、言語、念想引發的、造成的」，說這些話的人，他們並不知道自己所說的話是正確的，還是錯誤的，因為他們說的這些言語已經超過了他們所知道的範圍，他們又如何知道自己前世曾經做過什麼身體行為，說過什麼言語，生起過什麼念想呢？世間人或眾生都不知道自己前世到底做過什麼行為，說過什麼言語，生起過什麼言語，所以如來說已經超出了他們所知道的範圍，如果他們堅持說現在世自己一切的感受都是過去世行為、言語、念想造成的、引發的，那麼如來就會說：「你們這樣的說法是錯誤的，因為你們並不知道你們過去世曾經做過什麼，你們沒有證據證明你們現在世的所有感受都是過去世帶來的。」

　　屍婆迦！比如有的人咳嗽吐痰的痛苦感受是由感冒引發、造成的；有的人頭昏腦脹的痛苦是由吹涼風引發、造成的；有的人感覺到酷熱、寒冷等等的感受是由季節變化引發、造成的；有的人的感受是

由不正確的姿勢，不小心的行為引發、造成的，有的人的感受是由突然襲擊引發、造成的；有的人的感受是由多種條件出現、彙集在一起引發、造成的；有的人的感受是由他們過去行為、言語、念想導致的結果而生起的，如來這裡說的過去不是過去世，而是他們這一世的過去，比如有個人，他過去經常說假話，現在他說真話了，過去被他欺騙過的人就不會再相信他，這個人就會由此生起各種感受，這就是由過去言語導致的結果而生起的感受。

屍婆迦！如來剛才說的法理。世間人或眾生基本上都能接受，因為他們自己或者親身經歷過，或者親眼看見過同樣的事情發生，他們會認為這些法理在他們理解和明白的範圍之內。

屍婆迦！如何體驗因緣果報是真實不虛的呢？你就觀察一下你周邊的人，或者回想你自己親身經歷的一些事情。你觀察的這些人，他們過去的行為、言語、念想導致了什麼結果，回想你自己過去的各種行為、言語、念想導致了什麼結果，如來說：「善行、善語、善念會導致好的結果，惡行、惡語、惡念會導致不好的結果」，當然善行、善語、善念會帶來快樂、喜悅、舒適的感受，惡行、惡語、惡念會帶來痛苦、憂愁、難過的感受。你想想是不是這樣的。」

屍婆迦說：「喬達摩，你說的很有道理，如果我對黃金生起貪欲，為了快速獲得黃金我就可能會鋌而走險的去搶劫擁有黃金的人，那麼我最終會被國王抓捕入獄；如果我憤怒的用惡語咒罵別人，那麼別人也會同樣用惡語咒罵我；如果我迷戀漂亮的女人，我就可能會花掉很多錢財，我就可能被漂亮的女人欺騙；這些惡的行為、言語、念想導致的結果帶來是痛苦、憂愁、難過的感受。

如果我不對黃金生起貪欲，我就不可能去搶劫擁有黃金的人，那麼我就不會被國王抓捕入獄；如果我不憤怒的用惡語咒罵別人，那麼別人也不會用惡語咒罵我；如果我不迷戀漂亮的女人，我就不會為漂亮的女人花掉很多錢財，我就不會被漂亮的女人欺騙；這些止惡的行為、言語、念想不會導致不好的結果，這樣就不會給我帶來痛苦、憂愁、難過的感受。

如果我不僅不對黃金生起貪欲，還將自己的黃金布施給貧苦無依的人，改善他們的生活，我就會受到大眾的稱讚；如果我不奚落、不

挖苦、不嘲笑失意、失敗的人，反而經常對失意、失敗的人說鼓勵、寬慰的言語，他們受到我的鼓勵和寬慰後就會感謝我；如果我為兩個合適、愛慕的人牽線搭橋，破除他們之間的誤會、矛盾，讓他們終成眷屬，那麼這對情人成為夫妻後，他們也一定會感謝我的。這些善的行為、言語、念想會導致好的結果，這樣就會給我帶來快樂、喜悅、舒適的感受。

但是，喬達摩，我內心中還是有疑問，為什麼有的時候，我看見做善事的人不僅沒有得到好的結果，反而得到壞的結果呢？為什麼有的時候，我看見做惡事的人不僅沒有得到壞的結果，反而得到好的結果呢？這到底是為什麼呢？」

佛陀說：「屍婆迦，今天剛種植在稻田裡的稻苗，明天就能收穫稻穀嗎？」

屍婆迦說：「喬達摩，剛種到稻田裡的稻苗，怎麼可能明天就收穫稻穀，要等到秋天收穫的時候才能獲得稻穀的豐收哦。」

佛陀說：「屍婆迦，同樣的道理，做善事的人沒有得到好的結果，那是因為他們種植下的福德稻苗還沒有到成熟豐收的時候。他們當前不好的結果，那是他們過去惡行、惡語、惡念導致的壞結果。屍婆迦，如果你過去從來都沒有種植過稻苗，今年第一次種植稻苗，你去年能收穫稻穀嗎？」

屍婆迦說：「喬達摩，我過去從來都沒有種植過稻苗，今年才開始種植稻苗，怎麼可能在去年收穫稻穀呢？我去年都沒有種植過稻苗哦。」

佛陀說：「屍婆迦，同樣的道理，做善行沒有得到好的結果，反而得到壞的結果，一是因為他們種植下的福德稻苗還沒有到豐收的時節，二是因為他們過去惡行、惡言、惡念種植下的罪業稻穀已經到了收穫的時間，他們只能先吃下罪業的稻穀，去承受痛苦的惡報，待福德的稻穀成熟豐收的時候，他們就能享用到快樂福德的稻穀了。

屍婆迦，如果有個人，他有十個大糧倉，並且這十個大糧倉都裝滿了糧食，那麼這個人他如果一年都不種植糧食，他會餓死嗎？」

屍婆迦說：「喬達摩，既然這個人的十個大糧倉都裝滿了糧食，那他一、兩年不種植糧食都不會餓死哦。」

佛陀說：「屍婆迦，同樣的道理，做惡事不僅沒有得到壞的結果，反而得到好的結果，那是因為他們過去善行、善語、善念種植下的福德稻穀還有存留，還沒有吃完，如果他們繼續的做惡事，那麼他們的福德最終是會耗散完的，當他們的福德耗散完的時候，他們就會去承受惡行、惡語、惡念種植出來的罪業稻穀，這些惡行、惡語、惡念會給他們帶來痛苦、憂愁、難過的感受。

　　所以如果有人說：「世間人或眾生現在世的快樂、痛苦、不苦不樂等等的感受都是過去世行為、言語、念想造下的因果」，或是說：「現在快樂、痛苦、不苦不樂等等的感受都是由過去世行為、言語、念想引發的、造成的」，如來就會說：「你們這樣的說法是錯誤的，你們說的這些話已經超出了你們所知道的範圍，因為你們並不知道你們過去世曾經做過什麼，你們沒有證據證明你們現在世的所有感受都是過去世帶來的。」

　　佛陀這樣說法的時候，屍婆迦激動的對佛陀說：「大德，您說的太好了，您說的太妙了，我過去從來都沒有聽到過如此精彩的說法，您所說的法猶如將歪斜的東西扶正，將隱藏的東西顯現出來，將深奧的義理，淺顯易懂的講說出來，給迷路的人指出正確的道路，在黑暗中點燃火把，讓人能夠看見周圍的事物，避免行走的時候摔倒。大德，您所說的其他法也是這樣的吧，大德，請您讓我皈依您，皈依您的正法，皈依您出家弟子們聚集的僧團吧，我願意從今天開始，終生都按著您所說的正法去修行，我願意終生都成為您的在家修行弟子。」

　　佛陀點頭接受了屍婆迦的皈依，並將手放在屍婆迦的頭頂上加持他。

　　之後，屍婆迦虔誠恭敬的頂禮佛陀，隨喜讚歎佛陀說法的無量功德，並按著佛陀所說的法去修行。

第九十八章　演員會投生到什麼地方？

　　有個時候，佛陀住在王舍城的栗鼠飼養處的竹林中，有一天，一位名叫達拉普達的歌舞團團長來到佛陀的住所，他頂禮佛陀後，就在一旁坐下，達拉普達對佛陀說：「世尊，教給我們歌舞、戲劇的老師，以及我們歌舞、戲劇老師的老師，他們從非常久遠的過去就在流傳一句話：「演員在舞臺上或是在各種慶祝會上表演讓人開心、快樂的歌舞、戲劇，表演讓人捧腹大笑，悲歡離合的歌舞、戲劇，不管這些歌舞、戲劇是世間真實存在的，還是虛假編造出來的，這些表演歌舞、戲劇的演員們都能夠在死後上生到歡喜天界中享福，以此來酬謝他們為大眾表演歌舞、戲劇所付出的辛勞和耗費的心血。」世尊，真是這樣的嗎？演員在死後真的能夠生到歡喜天界中享福嗎？」

　　佛陀說：「達拉普達，不要問如來這個問題，讓這個問題隨它去吧。」

　　達拉普達不甘心，於是就接二連三的請問佛陀這個問題，達拉普達說：「世尊，請您一定要為我解答這個問題，如果您今天不為我解答這個問題，我就不離開您的住處了，一直到您為我解答完這個問題為止，我才會離開您的住處，世尊，不管是什麼解答我都會接受的，請世尊您為我解答。」

　　佛陀說：「達拉普達，如來不解答你的問題，是為了不增加你的煩惱和痛苦，既然你如此的執著，那如來就為你解說這個問題。

　　達拉普達，世間人沒有滅盡貪欲、渴愛，他們會被貪欲、渴愛束縛捆綁，那些演員在舞臺上或是在各種慶祝大會上表演歌舞、戲劇，這些歌舞、戲劇就會吸引、誘惑觀看的世間人，這些歌舞、戲劇就會增加觀看者的貪欲、渴愛，就如同口渴的人喝下海水一樣，他們不僅不能解渴，反而會越來越口渴。觀看歌舞、戲劇的世間人會由歌舞、戲劇生起貪欲、渴愛，會被貪欲、渴愛束縛捆綁。

　　世間人沒有滅盡惱怒、憤怒，他們會被惱怒、憤怒束縛捆綁，那

一本書

讀懂所有佛經

些演員在舞臺上或是在各種慶祝大會上表演歌舞、戲劇，這些歌舞、戲劇就會吸引、誘惑觀看的世間人，這些歌舞、戲劇中一些令人厭惡、憎恨的情景、情節，就會增加觀看者的惱怒、憤怒，就如同口渴的人喝下海水一樣，他們不僅不能解渴，反而會越來越口渴。觀看歌舞、戲劇的世間人會由歌舞、戲劇生起惱怒、憤怒，會被惱怒、憤怒束縛捆綁。

世間人沒有滅盡沉迷的愚癡，他們會被沉迷的愚癡束縛捆綁，那些演員在舞臺上或是在各種慶祝大會上表演歌舞、戲劇，這些歌舞、戲劇就會吸引、誘惑觀看的世間人，這些歌舞、戲劇中一些錯亂因果，令人陶醉、沉迷的情景、情節，就會增加觀看者的沉迷愚癡，就如同口渴的人喝下海水一樣，他們不僅不能解渴，反而會越來越口渴。觀看歌舞、戲劇的世間人會由歌舞、戲劇生起沉迷的愚癡，會被沉迷的愚癡束縛捆綁。什麼是錯亂因果呢？比如歌舞、戲劇中的一些情節，做善事反而得到惡報，做惡事反而得到善報，濫殺無辜的人被奉為英雄，保護老弱婦孺不受傷害的人被蔑稱為叛逆、怯弱者。如來曾經說過：「做善事反而得到惡報，那是因為做善事的時候，福德的種子剛剛播種下去不久，還沒有到收穫的時候，然而這些得到惡報的做善事者，他們過去惡行、惡言、惡念的罪業稻穀已經到了成熟收穫的時候，所以他們只好先吃下罪業的稻穀去承受自己過去惡行、惡言、惡念種植出來的惡果。待他們善行、善言、善念的福德稻穀豐收的時候，他們就能享受到幸福快樂的善報。

做惡事反而得到善報，那是因為做惡事的時候，罪業的種子剛剛播種下去不久，還沒有到收穫的時候，然而這些得到善報的做惡事者，他們過去善行、善言、善念的福德稻穀已經到了成熟收穫的時候，所以他們可以先吃到福德的稻穀去享受自己過去善行、善言、善念種植出來的善果。待他們惡行、惡言、惡念的罪業稻穀豐收的時候，他們就會去承受煩惱和痛苦的惡報。

濫殺無辜的人，他們以後也會被別人屠殺；保護老弱婦孺不受傷害的人，他們以後遇上危險的時候，別人也會保護他們。」

這些演員他們放逸自己的行為、言語、念想，去表演那些增加世間人貪欲、渴愛、惱怒、憤怒煩惱的歌舞、戲劇，去表演那些增加世

間人沉迷愚癡煩惱的歌舞、戲劇，去表演那些錯亂因果，誤導世間人價值觀的歌舞、戲劇，這些演員他們死後，會生到歡喜地獄裡面受苦，他們會在這個歡喜地獄裡面循環往復的表演歌舞、戲劇，沒有停歇、休息的時候，重複的表演相同的歌舞、戲劇幾十年、幾百年、甚至幾千年、幾萬年等等無限長的時間，他們在無限長的時間裡面，毫無停歇、休息的重複表演相同的歌舞、戲劇受苦、受折磨，以此來懲罰他們增加世間人貪欲、渴愛、惱怒、憤怒煩惱的罪業，以此來懲罰他們增加世間人沉迷愚癡煩惱的罪業，以此來懲罰他們錯亂因果，誤導世間人價值觀的罪業。

如果有人說：「演員在舞臺上或是在各種慶祝會上表演讓人開心、快樂的歌舞、戲劇，表演讓人捧腹大笑、悲歡離合的歌舞、戲劇，不管這些歌舞、戲劇是世間真實存在的，還是虛假編造出來的，這些表演歌舞、戲劇的演員們都能夠在死後上生到歡喜天界中享福，以此來酬謝他們為大眾表演歌舞、戲劇所付出的辛勞和耗費的心血。」說這些話的人，他們就是完全的不明白因果的人，就是在錯亂因果的人，他們就是生起邪見的人，達拉普達，如來曾經說過：「對於不信因果，錯亂因果，生起邪見的人，他們最終會因為自己的邪見而投生到地獄道或是畜生道中受苦，因為他們不信因果，錯亂因果就會放縱自己的行為、言語、念想去做惡事，他們會因為自己惡行、惡言、惡念所造下的罪業而投生到地獄道或是畜生道中去受苦。」

佛陀說法後，歌舞團團長達拉普達悲傷的哭泣起來，佛陀說：「達拉普達，如來之前不回答你的問題，是為了不增加你的煩惱和痛苦，如來說：「不要問如來這個問題，讓這個問題隨它去吧。」是為了先教給你一些修行的方法，再逐漸的讓你在修行中意識和體會到歌舞、戲劇給世間人帶來的煩惱和痛苦，讓你逐漸的遠離、放下歌舞、戲劇，讓你逐漸的明白修行熄滅、滅盡煩惱和痛苦的方法。然而你堅持要如來為你講解這個問題，當你完全明白這個問題後，又陷入了悲傷煩惱的陷阱之中。」

歌舞團團長達拉普達說：「世尊，我並不是因為您為我解說這個問題而悲傷哭泣的，也不是因為完全明白和理解這個問題而悲傷哭泣的，我是因為我如此崇敬、尊敬的歌舞、戲劇老師們，我如此崇敬、

一本書

讀懂所有佛經

尊敬的歌舞、戲劇前輩、先輩們，他們既然如此長時間的欺騙、欺瞞我們，居然還編出一個流傳了很久的謊言：「演員在舞臺上或是在各種慶祝會上表演讓人開心、快樂的歌舞、戲劇，表演讓人捧腹大笑、悲歡離合的歌舞、戲劇，不管這些歌舞、戲劇是世間真實存在的，還是虛假編造出來的，這些表演歌舞、戲劇的演員們都能夠在死後上生到歡喜天界中享福，以此來酬謝他們為大眾表演歌舞、戲劇所付出的辛勞和耗費的心血。」我們無數的演員、表演者被這些謊言欺騙，我們就如同被養在豬圈裡面的豬一樣，天天看見有人給我們豐厚的食物，還以為餵養我們的人是慈善的人，結果被拉到屠宰場才明白，原來這些餵養我們的人只是為了獲得我們的肉，只是為了賣我們的肉獲利才天天給我們豐厚的食物吃，我想起來就恨不得暴打他們一頓，把他們撕成碎片。」

佛陀說：「達拉普達，你的惱怒、憤怒煩惱生起來了，你不要去責怪這些教導給你歌舞、戲劇的老師，你不要去責怪這些創造歌舞、戲劇的前輩、先輩，他們與你一樣也是受害者，他們也被欺騙了。熄滅、平息你內心的惱怒、憤怒，熄滅、平息你內心的悲傷、哀愁，至少你現在明白了表演歌舞、戲劇是不能生到歡喜天界中享福的，至少你現在還沒有墮入歡喜地獄中受苦，就如同站在懸崖邊的人，還沒有從懸崖上跌落下去，這是值得慶倖的事情。」

歌舞團團長達拉普達說：「世尊，您剛才對我說的這些法，就如同將我從懸崖邊救回來呀，世尊，您所說的法猶如將歪斜的東西扶正，將隱藏的東西顯現出來，將深奧的義理，淺顯易懂的講說出來，給迷路的人指出正確的道路，在黑暗中點燃火把，讓人能夠看見周圍的事物，避免行走的時候摔倒。大德，您所說的其他法也是這樣的吧，大德，請您讓我皈依您，皈依您的正法，皈依您出家弟子們聚集的僧團吧，我願意從今天開始，終生都按著您所說的正法去修行，我願意終生都成為您的出家修行弟子，我願意受持您制定的所有戒律。」

佛陀點頭接受了達拉普達的皈依，並將手放在他的頭頂上加持他。就這樣，達拉普達就在佛陀面前受持了具足戒，出家修行了。

達拉普達出家後，他按著佛陀所說的正法獨自的去修行，他管束好了自己的行為、言語、念想，不讓自己胡思亂想、胡作非為，他讓自己的內心安住在清淨的境界之中，沒過多久，達拉普達比丘就開啓了解脫的智慧，他就證悟了解脫的果位，他自己徹底明白：「從這一世開始已經不會再出生在世間了。行為、言語、念想的修行已經圓滿，應該做的事情已經做好，不會再有喜怒哀樂等等煩惱和痛苦的輪迴狀態了，不會再出生在世間了，已經徹底從生死輪迴中解脫出來。」

　　達拉普達比丘成為了佛陀阿羅漢弟子中的一員。

第九十九章　毫無意義的祈願

有個時候，佛陀住在那爛陀波婆離的迦庵羅林之中，當地的村長是鍛造刀具的能手，被稱爲刀師：「鍛造刀具的師傅」，有一天，村長來到佛陀的住所，頂禮佛陀後，他就在一旁坐下，村長對佛陀說：「世尊，我們這裡的人死後，一些婆羅門（祭司）他們會爲死者舉行盛大的儀式，他們說這樣的儀式能夠引導死者投生到善道，他們說這樣的儀式能夠帶領死者進入天界，他們在這些儀式中會頭戴著用青蓮花製作的花環，雙手拿著水瓶，來到西瓦羅河邊洗浴，他們洗浴完畢後，就會將水瓶裝滿西瓦羅河的河水，並帶回放置死者屍體的地方，將水瓶中的水灑在死者的身上，並念誦各種婆羅門咒語，念誦各種讚頌天神的婆羅門經典，祈願死者能夠生到善道，祈願死者能夠上生到天界。世尊，他們爲死者舉行的這些儀式真的能夠引導、帶領死者生到善道，上生到天界嗎？恭請世尊您爲我說法解答。」

佛陀說：「村長，如來現在準備問你一些問題，你就按著你心中所想的來回答如來吧。」

村長回答：「世尊，您請問，只要我知道的，我都會如實的回答您的。」

佛陀說：「村長，你是怎麼想的，如果有個男子，他過世之前是殺生害命的人，他生前殺死了很多的生命；他過世之前是偷盜搶劫的人，他生前偷盜搶劫了別人很多財物；他過世之前是淫亂的人，他生前與有丈夫的女子通姦、淫亂，或者他生前沒有正式結婚就與未婚妻淫亂；他過世之前是說假話的人，他生前說假話欺騙人；他過世之前是挑撥離間的人，他生前挑撥破壞別人和睦的關係，讓別人互相產生矛盾；他過世之前是說粗暴、惡劣言語的人，他生前說粗暴惡劣的言語咒罵別人；他過世之前是說輕浮、浮誇、無意義語言的人，他生前說輕率、不正經的語言，說毫無意義的雜言穢語；他過世之前是生起貪欲、渴愛的人，他生前經常生起貪愛，對世間的事物貪愛不捨；他

過世之前是生起憤怒的人，他生前經常生氣、發怒；他過世之前是生起邪見的人，他生前不信因果，不信做善事得善報，不信做惡事得惡報，錯亂因果（錯亂因果解釋，見第九十八章），生起不正確的見解。那麼當這個男子過世了、死去了，有一群人圍繞著他誦念咒語、經典，讚頌天神，舉行盛大的儀式祈願這個男子生到善道，生到天界，這個男子會生到善道、天界嗎？」

村長回答：「世尊，如果我是天神我肯定不會讓這樣的罪人生到善道，生到天界的，像他這樣無惡不作的人，如果生到善道、天界，那不是污染了善道和天界嗎！我如果是天神我絕對不會讓這個惡貫滿盈的人生到善道、天界來禍害善道和天界中的人。就如同違反國家法律被國王抓進監獄的人，管理監獄的人不會因為有人在監獄外讚頌國王，誦念國家的法律，誦念國民應該遵守的義務，就將已經關押進監獄的犯人釋放出來，監獄中的犯人仍然要在監牢中服刑！也如同剛剛種植到稻田中的稻苗不會因為有人在稻田邊讚頌農夫，誦念培植、澆灌稻苗的方法，就在剛種植下稻苗的第二天就長出稻穀，就豐收稻穀。」

佛陀說：「村長，你剛才說的比喻恰到好處，確實如此，村長如果有個男子向深不見底的湖泊中丟入一塊大石頭，如果有一群人圍繞著湖泊轉圈，他們恭敬虔誠的讚頌天神，誦念各種咒語、經典，祈願的說到：「啊！大石頭，你快浮出湖面吧，你快自己飛到陸地上來吧」村長，你是怎麼想的？已經沉入湖底的大石頭能夠浮出湖面嗎？能夠自己飛到陸地上來嗎？」

村長說：「世尊，那根本是不可能的，已經沉入湖底的大石頭，怎麼可能會浮出湖面，怎麼可能自己飛到陸地上來呢。」

佛陀說：「村長，同樣的道理，如果有個男子，他生前殺生害命，偷盜搶劫，與別人的妻子通姦、淫亂，或者他沒有正式結婚就與未婚妻淫亂，說假話欺騙人，挑撥離間別人和睦的關係，說粗暴惡劣的語言咒罵別人，說輕浮、浮誇、淫穢、不正經、毫無意義的言語，經常生起貪欲、渴愛，經常生氣發怒，經常生起邪見，不信因果，錯亂因果，就算有一大群人在這個男子死後，為他舉行盛大的儀式，為他誦念讚頌天神的祭文，為他誦念咒語、經典，祈願他生到善道、天

界，這個男子死後也會投生到痛苦不幸的地方，也會投生到惡道，甚至於他還可能投生到地獄、餓鬼、畜生三惡道受苦，就如同沉入湖底的大石頭無法浮出湖面，無法飛到陸地上來一樣。

村長，你是怎麼想的，如果有個男子，他生前不僅不殺生害命，還保護救助生命；他生前不僅不偷盜搶劫，還拿出自己的財物幫助有困難的人；他生前不僅不與別人的妻子通姦、淫亂，還勸慰別人不要與妻子以外的女子通姦、淫亂，或者他生前沒有正式結婚不僅不與未婚妻淫亂，還勸慰別人沒有正式結婚不要與未婚妻淫亂；他生前不僅不說假話欺騙人，還教導別人不要說假話欺騙人；他生前不僅不挑撥離間別人和睦的關係，還勸解、緩和別人之間緊張矛盾的關係；他生前不僅不說粗暴惡劣的語言，還在別人失敗、失望的時候說寬慰、鼓勵的言語；他生前不僅不說輕浮、浮誇、淫穢、不正經、毫無意義的言語，還勸解、教導別人不說輕浮、浮誇、淫穢、不正經、毫無意義的言語；他生前不僅自己熄滅、除滅貪欲、渴愛，還教導別人熄滅、除滅貪欲、渴愛；他生前不僅自己熄滅、除滅憤怒，還教導別人熄滅、除滅憤怒；他生前不僅自己深信因果，按著因果辦事，多行善事，斷惡修善，具有正確的見解，還教導別人深信因果，按著因果辦事，多行善事，斷惡修善，讓別人也具有正確的見解。如果有一大群人在這個男子死後，為他舉行盛大的儀式，在讚頌天神的祭文中誹謗他，為他誦念咒語、經典，惡毒的詛咒他生到痛苦不幸的地方，生到惡道，生到地獄、餓鬼、畜生三惡道，這個男子在死後會因為這群人的惡毒詛咒而投生到痛苦的地方、惡道嗎？這個男子會投生到地獄、餓鬼、畜生三惡道嗎？」

村長回答：「世尊，這個男子，他不會因為這群人的惡毒詛咒就投生到痛苦不幸的地方、惡道，他不會因為這群人的惡毒詛咒就投生到地獄、餓鬼、畜生三惡道，就如同沒有違法犯罪的人，不管別人如何的咒罵他們，國王也不會將他們抓進監獄，反而國王還會懲罰這些惡意咒罵別人的人！也如同農夫辛勤的培植、澆灌稻苗，不管別人如何的詛咒農夫，詛咒農夫不會收穫稻穀，農夫也會在稻子成熟的時候獲得豐收。」

佛陀說：「村長，你的比喻很恰當，就如同有個男子，他將裝滿菜油或是酥油的瓶子丟入湖泊中一樣，如果這個油瓶沉入湖底後破裂了，油瓶中裝的菜油或是酥油就會浮到湖面上來，如果這時有一群人，他們圍繞著湖泊轉圈，他們恭敬虔誠的讚頌天神，誦念各種咒語、經典，祈願的說到：「啊！菜油，你快沉到湖底去吧，不要浮到湖面上來」或者他們說：「啊！酥油，你快沉到湖底去吧，不要浮到湖面上來」村長，你是怎麼想的？已經浮在湖面上的菜油或是酥油會沉入湖底嗎？」

村長說：「世尊，那根本是不可能的，已經浮在湖面上的菜油或是酥油，怎麼可能會沉入湖底呢？」

佛陀說：「村長，同樣的道理，如果有個男子，他生前不僅不殺生害命，還保護救助生命；他生前不僅不偷盜搶劫，還拿出自己的財物幫助有困難的人；他生前不僅不與別人的妻子通姦、淫亂，還勸慰別人不要與妻子以外的女子通姦、淫亂，或者他生前沒有正式結婚不僅不與未婚妻淫亂，還勸慰別人沒有正式結婚不要與未婚妻淫亂；他生前不僅不說假話欺騙人，還教導別人不要說假話欺騙人；他生前不僅不挑撥離間別人和睦的關係，還勸解、緩和別人之間緊張矛盾的關係；他生前不僅不說粗暴惡劣的語言，還在別人失敗、失望的時候說寬慰、鼓勵的言語；他生前不僅不說輕浮、浮誇、淫穢、不正經、毫無意義的言語，還勸解、教導別人不說輕浮、浮誇、淫穢、不正經、毫無意義的言語；他生前不僅自己熄滅、除滅貪欲、渴愛，還教導別人熄滅、除滅貪欲、渴愛；他生前不僅自己熄滅、除滅憤怒，還教導別人熄滅、除滅憤怒；他生前不僅自己深信因果，按著因果辦事，多行善事，斷惡修善，具有正確的見解，還教導別人深信因果，按著因果辦事，多行善事，斷惡修善，讓別人也具有正確的見解。如果有一大群人在這個男子死後，為他舉行盛大的儀式，在讚頌天神的祭文中誹謗他，為他誦念咒語、經典，惡毒的詛咒他生到痛苦不幸的地方，生到惡道，生到地獄、餓鬼、畜生三惡道。這個男子在死後還是會生到善道，還是會生到天界中享福，就如同浮在湖面上的菜油或是酥油不會沉到湖底一樣。」

一本書

讀懂所有佛經

佛陀這樣說法的時候，村長感動的對佛陀說：「世尊，您說的太好了，您所說的法猶如將歪斜的東西扶正，將隱藏的東西顯現出來，將深奧的義理，淺顯易懂的講說出來，給迷路的人指出正確的道路，在黑暗中點燃火把，讓人能夠看見周圍的事物，避免行走的時候摔倒。世尊，您所說的其他法也是這樣的吧，世尊，請您讓我皈依您，皈依您的正法，皈依您出家弟子們聚集的僧團吧，我願意從今天開始，終生都按著您所說的正法去修行，我願意終生都成為您的在家修行弟子。」

　　佛陀點頭接受了村長的皈依，並將手放在他的頭頂上加持他。

第一百章　三種田地你會先種哪個？

　　有個時候，佛陀住在那爛陀波婆離的迦庵羅林之中，當地的村長是鍛造刀具的能手，被稱爲刀師：「鍛造刀具的師傅」，刀師村長的兒子成功接任他父親的職位成爲下一任村長，有一天，刀師村長的兒子來到佛陀的住所，頂禮佛陀後，他就在一旁坐下，刀師村長的兒子對佛陀說：「世尊，您對世間一切有生命的眾生都一視同仁、不分貧富貴賤的慈悲幫助、救濟、教導他們嗎（眾生解釋，見第七十七章）？」

　　佛陀回答：「村長，如來對一切有生命的眾生都一視同仁、平等的對待，不會因爲他們所處的階層而區別對待他們。」

　　刀師村長的兒子說：「世尊，既然如此，那麼您爲什麼對有的人詳細詳盡的說法，對有的人只是簡單簡要的說法呢？您爲什麼不對世間所有的人都詳細詳盡的說法呢？您爲什麼只對一部分人詳細詳盡的說法，對另一部分人簡單簡要的說法呢？」

　　佛陀說：「村長，你要弄明白這個問題的話，要先回答如來一些問題，你就按著你心中所想的回答如來吧，村長，你是怎麼想的：如果有個農夫，他有三種田地，第一種是最肥沃的良田，第二種是一般中等的田地，第三種是惡劣種不出糧食的沙地、戈壁荒地、鹽鹼地。村長如果你是農夫，你會最先在什麼田地上播下種子、種植糧食呢？是在最肥沃的那塊田地上播下種子、種植糧食，還是在一般中等的田地，或是沙地、戈壁荒地、鹽鹼地播下種子、種植糧食呢？」

　　刀師村長的兒子說：「世尊，如果我是農夫，我肯定先在最肥沃的良田上播下種子、種植糧食，這樣我才能獲得糧食的大豐收嘛，當播種完了最好的良田，我才會考慮在一般中等的田地播種，雖然只是一般的田地，但是呢，至少還種植的出糧食，至少我忙活了一年還那麼一點糧食的收穫，總比沒有收穫好吧，我不會在惡劣種不出糧食的沙地、戈壁荒地、鹽鹼地上播種、種植糧食的，都知道種不出糧食

了，還去播種不是傻子嗎？那不是白忙活嗎？我還不如將準備播在沙地、戈壁荒地、鹽鹼地上的種子存留下來，作爲耕牛的食物哦，這樣至少還沒有浪費掉這些糧食種子哦。」

佛陀說：「村長，最肥沃的良田猶如跟隨如來出家修行的比丘（男出家人）、比丘尼（女出家人），如來詳細詳盡的教導他們：入門的修行方法是什麼；入門之後如何熟悉各種修行方法，如何提升自己修行的境界，如何持之以恆精進的修行；熟悉各種修行方法後，如何明白自己是否已經證悟解脫的果位，如何最終進入最清淨的涅槃境界，達成修行的目標和目的。如來會使用最通俗易懂的言語，對他們詳細詳盡的講述如來的正法，講述如來正法的修行方法，讓他們能夠循序漸進、一步步的明白和熟悉如來的正法，如來的修行方法，讓他們通過修行一步步的去親身驗證如來所說的各種清淨境界，最後讓他們修行進入最圓滿、最清淨的涅槃境界。村長爲什麼如來會如此詳細詳盡的對他們說法呢？因爲這些跟隨如來出家修行的比丘、比丘尼，他們以如來作爲解脫煩惱和痛苦大海的島嶼與陸地，他們以如來作爲他們躲避驚濤駭浪的避風港，他們以如來作爲他們遇到危險時的救護者，他們以如來作爲他們此生唯一的皈依。如來對他們所說的一切正法、修行方法，他們都會認眞的聽，認眞的學，並持之以恆精進實踐的去修行，因此他們最終能夠證悟解脫的果位，從生死輪回中徹底的解脫出來，進入不生不滅的涅槃境界。

村長，一般中等的田地猶如皈依如來的優婆塞（在家修行男居士）、優婆夷（在家修行女居士），雖然他們沒有出家跟隨如來修行，雖然他們會被世間的各種事情打攪、分心，無法完全專心修行，無法完全受持如來所說的正法，但是他們對如來有堅固的信心，他們堅信按著如來的正法去修行，能夠除滅自己的煩惱和痛苦，證悟解脫的果位，從生死輪回中徹底的解脫出來，最終進入不生不滅的涅槃境界，他們由此盡所能的去實踐如來所說的正法，去精進的修行，如來會詳細詳盡的教導他們：入門的修行方法是什麼；入門之後如何熟悉各種修行方法，如何提升自己修行的境界，如何持之以恆精進的修行；熟悉各種修行方法後，如何明白自己是否已經證悟解脫的果位，如何最終進入最清淨的涅槃境界，達成修行的目標和目的。如來會使用最通

俗易懂的言語，對他們詳細詳盡的講述如來的正法，講述如來正法的修行方法，讓他們能夠循序漸進、一步步的明白和熟悉如來的正法，如來的修行方法，讓他們通過修行一步步的去親身驗證如來所說的各種清淨境界，最後讓他們修行進入最圓滿、最清淨的涅槃境界。村長為什麼如來會如此詳細詳盡的對他們說法呢？因為這些皈依如來的優婆塞、優婆夷，他們以如來作為解脫煩惱和痛苦大海的島嶼與陸地，他們以如來作為他們躲避驚濤駭浪的避風港，他們以如來作為他們遇到危險時的救護者，他們以如來作為他們此生唯一的皈依。如來對他們所說的一切正法、修行方法，他們雖然無法全部都接收，無法全部都持之以恆精進實踐的去修行，至少他們對如來的堅固信心是不可動搖的，至少他們還會盡他們的所能去實踐修行如來的正法，他們修行達到解脫的時間可能會稍微長一點，但是他們按著如來的正法去修行最終能夠證悟解脫的果位，從生死輪回中徹底的解脫出來，進入不生不滅的涅槃境界。

　　村長，惡劣種不出糧食的沙地、戈壁荒地、鹽鹼地猶如各種外教修行人，他們來如來這裡聽法，有的是出於好奇；有的是想找出如來正法的破綻加以駁斥，以此提高他們自己所屬教派的地位；有的是想要偷盜如來正法裡對他們教派有利的法理，抄襲融入他們自己的教派，以此獲得更多信眾的擁護，獲得更多豐厚的供養；有的完全是來搞破壞、製造混亂的，讓如來無法給大眾說法。如來還是會詳細詳盡的教導他們：入門的修行方法是什麼；入門之後如何熟悉各種修行方法，如何提升自己修行的境界，如何持之以恆精進的修行；熟悉各種修行方法後，如何明白自己是否已經證悟解脫的果位，如何最終進入最清淨的涅槃境界，達成修行的目標和目的。如來會使用最通俗易懂的言語，對他們詳細詳盡的講述如來的正法，講述如來正法的修行方法，希望他們能夠循序漸進、一步步的明白和熟悉如來的正法，如來的修行方法，希望他們通過修行一步步的去親身驗證如來所說的各種清淨境界，希望他們最後修行進入最圓滿、最清淨的涅槃境界。村長為什麼如來會如此詳細詳盡的對他們說法呢？因為雖然這些外教徒到如來這裡來聽法是帶著不同的目的而來的，但是如來仍然希望他們能夠明白如來正法的法理，哪怕只是讓他們明白一句如來正法的法理，

一本書

y

讀懂所有佛經

也能讓他們獲得長久的功德利益，也能讓他們的內心獲得長久的清淨安寧。

村長，如來再做一個比喻，就如同有三種水瓶，第一種是完好無損的水瓶，第二種是有細小漏洞，會漏出少量水的水瓶，第三種是有大的裂縫，會漏出、流出大量水的水瓶。村長你是怎麼想的？你會用哪一種水瓶裝水呢？你會最先用哪一種水瓶裝水呢？是完好無損的水瓶，還是有細小漏洞的水瓶，或是有大裂縫的水瓶裝水呢？」

刀師村長的兒子回答：「世尊，我先將水裝在完好無損的水瓶中，如果完好無損的水瓶裝滿水了，我就會將剩下的水裝在有細小漏洞的水瓶之中，雖然有細小漏洞的水瓶會漏出水，但是它漏水的速度應該比較緩慢，我還是可以在一定的時間內存儲一些水的，這兩種水瓶裝滿後，我不太願意繼續將水裝在有大裂縫的水瓶中，為什麼呢？因為我裝進去的水，過不了多久就會漏完、流完的，既然如此那我不是白費工夫嗎？既費了我裝水的力氣，還浪費了水，我還不如將準備裝入有大裂縫水瓶中的水用來清洗我的衣服，這樣至少沒有白白浪費掉水。」

佛陀說：「村長，完好無損的水瓶猶如跟隨如來出家修行的比丘（男出家人）、比丘尼（女出家人），如來詳細詳盡的教導他們：入門的修行方法是什麼；入門之後如何熟悉各種修行方法，如何提升自己修行的境界，如何持之以恆精進的修行；熟悉各種修行方法後，如何明白自己是否已經證悟解脫的果位，如何最終進入最清淨的涅槃境界，達成修行的目標和目的。如來會使用最通俗易懂的言語，對他們詳細詳盡的講述如來的正法，講述如來正法的修行方法，讓他們能夠循序漸進、一步步的明白和熟悉如來的正法，如來的修行方法，讓他們通過修行一步步的去親身驗證如來所說的各種清淨境界，最後讓他們修行進入最圓滿、最清淨的涅槃境界。村長為什麼如來會如此詳細詳盡的對他們說法呢？因為這些跟隨如來出家修行的比丘、比丘尼，他們以如來作為解脫煩惱和痛苦大海的島嶼與陸地，他們以如來作為他們躲避驚濤駭浪的避風港，他們以如來作為他們遇到危險時的救護者，他們以如來作為他們此生唯一的皈依。如來對他們所說的一切正法、修行方法，他們都會認真的聽，認真的學，並持之以恆精進實踐

的去修行，就如同裝入完好無損水瓶中的水不會漏出、不會流出，被完好無損的水瓶完全接收存儲一樣，因此他們最終能夠證悟解脫的果位，從生死輪迴中徹底的解脫出來，進入不生不滅的涅槃境界。

村長，有細小漏洞的水瓶猶如皈依如來的優婆塞（在家修行男居士）、優婆夷（在家修行女居士），雖然他們沒有出家跟隨如來修行，雖然他們會被世間的各種事情打擾、分心，無法完全專心修行，無法完全受持如來所說的正法，但是他們對如來有堅固的信心，他們堅信按著如來的正法去修行，能夠除滅自己的煩惱和痛苦，證悟解脫的果位，從生死輪迴中徹底的解脫出來，最終進入不生不滅的涅槃境界，他們由此盡所能的去實踐如來所說的正法，去精進的修行，如來會詳細詳盡的教導他們：入門的修行方法是什麼；入門之後如何熟悉各種修行方法，如何提升自己修行的境界，如何持之以恆精進的修行；熟悉各種修行方法後，如何明白自己是否已經證悟解脫的果位，如何最終進入最清淨的涅槃境界，達成修行的目標和目的。如來會使用最通俗易懂的言語，對他們詳細詳盡的講述如來的正法，講述如來正法的修行方法，讓他們能夠循序漸進、一步步的明白和熟悉如來的正法，如來的修行方法，讓他們通過修行一步步的去親身驗證如來所說的各種清淨境界，最後讓他們修行進入最圓滿、最清淨的涅槃境界。村長為什麼如來會如此詳細詳盡的對他們說法呢？因為這些皈依如來的優婆塞、優婆夷，他們以如來作為解脫煩惱和痛苦大海的島嶼與陸地，他們以如來作為他們躲避驚濤駭浪的避風港，他們以如來作為他們遇到危險時的救護者，他們以如來作為他們此生唯一的皈依。如來對他們所說的一切正法、修行方法，他們雖然無法全部都接收，無法全部都持之以恆精進實踐的去修行，至少他們對如來的堅固信心是不可動搖的，至少他們還會盡他們的所能去實踐修行如來的正法，就如同裝入有細小漏洞水瓶中的水會少量漏出一樣，雖然有細小漏洞的水瓶會漏出少量的水，但是這個水瓶還是能夠接收存儲大部分的水，這些皈依如來的優婆塞、優婆夷，他們修行達到解脫的時間可能會稍微長一點，但是他們按著如來的正法去修行最終能夠證悟解脫的果位，從生死輪迴中徹底的解脫出來，進入不生不滅的涅槃境界。

村長，有大裂縫的水瓶猶如各種外教修行人，他們來如來這裡聽

法，有的是出於好奇；有的是想找出如來正法的破綻加以駁斥，以此提高他們自己所屬教派的地位；有的是想要偷盜如來正法裡對他們教派有利的法理，抄襲融入他們自己的教派，以此獲得更多信眾的擁護，獲得更多豐厚的供養；有的完全是來搞破壞、製造混亂的，讓如來無法給大眾說法。如來還是會詳細詳盡的教導他們：入門的修行方法是什麼；入門之後如何熟悉各種修行方法，如何提升自己修行的境界，如何持之以恆精進的修行；熟悉各種修行方法後，如何明白自己是否已經證悟解脫的果位，如何最終進入最清淨的涅槃境界，達成修行的目標和目的。如來會使用最通俗易懂的言語，對他們詳細詳盡的講述如來的正法，講述如來正法的修行方法，希望他們能夠循序漸進、一步步的明白和熟悉如來的正法，如來的修行方法，希望他們通過修行一步步的去親身驗證如來所說的各種清淨境界，希望他們最後修行進入最圓滿、最清淨的涅槃境界。村長為什麼如來會如此詳細詳盡的對他們說法呢？因為雖然這些外教徒到如來這裡來聽法是帶著不同的目的而來的，但是如來仍然希望他們能夠明白如來正法的法理，哪怕只是讓他們明白一句如來正法的法理，也能讓他們獲得長久的功德利益，也能讓他們的內心獲得長久的清淨安寧。就如同裝入有大裂縫水瓶中的水會大量漏出、流出一樣，雖然有大裂縫的水瓶會漏出、流出大量的水，但是這個水瓶還是能夠短時間的存儲一些水，在這個水瓶沒有裂縫的地方，也許還能存儲下一些殘留的水。」

佛陀這樣說法的時候，刀師村長的兒子感動的對佛陀說：「世尊，您說的太好了，您所說的法猶如將歪斜的東西扶正，將隱藏的東西顯現出來，將深奧的義理，淺顯易懂的講說出來，給迷路的人指出正確的道路，在黑暗中點燃火把，讓人能夠看見周圍的事物，避免行走的時候摔倒。世尊，您所說的其他法也是這樣的吧，世尊，請您讓我皈依您，皈依您的正法，皈依您出家弟子們聚集的僧團吧，我願意從今天開始，終生都按著您所說的正法去修行，我願意終生都成為您的在家修行弟子。」

佛陀點頭接受了刀師村長兒子的皈依，並將手放在他的頭頂上加持他。

第一百零一章　讓家庭受到傷害的原因

　　有個時候，佛陀與僧團行腳、遊走到憍薩羅國的那爛陀，並住在那爛陀波婆離迦的庵羅林之中。那個時候，那爛陀當地稻田中的水稻患上了白枯病，這導致當地稻穀的產量大幅度的降低，糧食越來越少，很多人都吃不飽飯了，當地大量的人都靠挖掘野菜來充饑了。

　　那時，外教宗教領袖尼乾陀若提子與他的信眾們也住在那爛陀，有一天，外教宗教領袖尼乾陀若提子的弟子，一位製造刀具的村長來到尼乾陀若提子的住處，他頂禮尼乾陀若提子後，就在一旁坐下，尼乾陀若提子對這位村長說：「村長！你等下去喬達摩那裡，駁斥他和他所說的法，如果你辯論戰勝了喬達摩，那麼你就能獲得廣大的名聲，無數多的人就會說：『村長辯論勝過了喬達摩（佛陀），簡直不簡單呀，喬達摩可是被很多人尊為已經證悟無上正等正覺的人呀！看來村長的見解比喬達摩的還要高明，我們要皈依村長，並跟著他修行』。」

　　這位村長說：「尊師，我如何才能辯論勝過喬達摩呢？」

　　外教宗教領袖尼乾陀若提子說：「村長，你這樣去問喬達摩：『世尊，您對世間人或眾生講說種種的法門，是為了救濟和幫助世間人或眾生嗎？是因為同情和憐憫世間人或眾生嗎？是為了保護世間人或眾生不再被煩惱和痛苦折磨嗎？』

　　村長，如果喬達摩回答：『村長，如來對世間人或眾生說法，確實是為了救濟和幫助他們，確實是因為同情和憐憫他們，確實是為了保護他們不再被煩惱和痛苦折磨。』你就這樣駁斥喬達摩：『世尊，那我有個問題就不明白了，既然您是為了救濟和幫助世間人或眾生而對他們說法，既然您是因為同情和憐憫世間人或眾生而對他們說法，既然您是為了保護他們不被煩惱和痛苦折磨而對他們說法，那為什麼現在那爛陀的水稻患上了白枯病，糧食減產了，大家都沒有飯吃了，都鬧饑荒了，您和您的出家弟子們，還在中午的時候挨家挨戶，不分

貧富貴賤的家庭化緣飯食呢？那爛陀的人都沒有飯吃了，都要靠挖野菜充饑了，您們現在這麼多人還在向他們索要食物，並且您們什麼也不幹，既不種植糧食，也不籌集糧食，光是向別人要糧食，您們這樣的行為是救濟幫助世間人或眾生嗎？您們這樣的行為是同情和憐憫世間人或眾生嗎？您們這樣的行為能夠讓世間人或眾生解除煩惱和痛苦嗎？我從您們的行為上就知道，世尊您剛才的那種為世間人或眾生謀福利的說法，不過是一種浮誇的假話，是一種為了獲得信眾供養的假話，因此我可以斷言：世尊您和您出家弟子們聚集的僧團是損害俗世家庭利益的人和團體，您與您出家弟子們聚集的僧團是傷害、禍害家庭利益的人和團體，我這樣說是有我的道理的，現在那爛陀鬧饑荒，您們什麼都不做，光是向那爛陀的人化緣飯食，本來糧食就少，您們還去讓那爛陀的人給您們糧食，他們自己的糧食都不夠吃，但是又害怕不供養您們飯食會讓自己下墮到惡道、地獄道、不幸痛苦的地方中受苦，只好硬著頭皮將自己本來就不多的口糧給了您們，這樣他們自己就要餓肚子了，世尊，您自己捫心自問，您們是不是在損害、傷害、禍害俗世家庭的利益呢？從您們的行為上，我就知道，實際上您們也只是自私自利的人，那些所謂的什麼為了救濟幫助世間人或眾生，那些所謂的什麼是為了同情和憐憫世間人或眾生，那些所謂的是為了解除世間人或眾生的煩惱和痛苦的等等說詞，都是些大話和假話，是為了獲得信眾的供養才編出來的假話！世尊，難道不是這樣的嗎？您還有什麼話要對我說的嗎？』

村長，只要你這樣的去問喬達摩，他絕對會處於兩難的境地之中。喬達摩，必定既想回答你的問題，又不知道該如何的回答你的問題，就如同吃飯的時候被食物卡住、噎住，既不能將吃到嘴中的食物吐出來，也不能將食物咽下去，吞到肚子裡面去。」

這位村長說：「尊師，您說的太好了，我確信喬達摩，無法回應這些問題，尊師，還有個問題哦，如果喬達摩反問：『為什麼您的導師尼乾陀若提子也在那爛陀鬧饑荒的時候接受當地人的供養呢？難道他也是損害、傷害、禍害俗世家庭利益的人嗎？』我該如何回答他呢？」

外教宗教領袖尼乾陀若提子說：「村長，你不用擔心，是你先問喬達摩問題的，如果他問你這樣的問題，說明他已經心虛了，他已經不知道該如何回答你的問題了，你就直接反復的說：『恭請世尊您先回答我的問題』。如果喬達摩多次的反問剛才你說的那個問題，那就表明你已經辯論勝過他了，如果大眾知道你們辯論的過程後都會認為是村長你辯論勝利了，這個你不用擔心。村長你只要按我說的去做，你肯定能夠辯論勝過喬達摩的。」

外教宗教領袖尼乾陀若提子囑咐村長完畢後，這位村長就站起來向右圍繞著尼乾陀若提子轉圈，以表示他對尼乾陀若提子的最高敬意。之後，這位村長就來到佛陀的住所，他頂禮佛陀後，就在一旁坐下，村長對佛陀說：「世尊，您對世間人或眾生講說種種的法門，是為了救濟和幫助世間人或眾生嗎？是因為同情和憐憫世間人或眾生嗎？是為了保護世間人或眾生不再被煩惱和痛苦折磨嗎？」

佛陀說：「村長，如來對世間人或眾生說法，確實是為了救濟和幫助他們，確實是因為同情和憐憫他們，確實是為了保護他們不再被煩惱和痛苦折磨。」

村長說：「世尊，那我有個問題就不明白了，既然您是為了救濟和幫助世間人或眾生而對他們說法，既然您是因為同情和憐憫世間人或眾生而對他們說法，既然您是為了保護他們不被煩惱和痛苦折磨而對他們說法，那為什麼現在那爛陀的水稻患上了白枯病，糧食減產了，大家都沒有飯吃了，都鬧饑荒了，您和您的出家弟子們，還在中午的時候挨家挨戶，不分貧富貴賤的家庭化緣飯食呢？那爛陀的人都沒有飯吃了，都要靠挖野菜充饑了，您們現在這麼多人還在向他們索要食物，並且您們什麼也不幹，既不種植糧食，也不籌集糧食，光是向別人要糧食，您們這樣的行為是救濟幫助世間人或眾生嗎？您們這樣的行為是同情和憐憫世間人或眾生嗎？您們這樣的行為能夠讓世間人或眾生解除煩惱和痛苦嗎？我從您們的行為上就知道，世尊您剛才的那種為世間人或眾生謀福利的說法，不過是一種浮誇的假話，是一種為了獲得信眾供養的假話，因此我可以斷言：世尊您和您出家弟子們聚集的僧團是損害俗世家庭利益的人和團體，您與您出家弟子們聚集的僧團是傷害、禍害家庭利益的人和團體，我這樣說是有我的道理

的，現在那爛陀鬧饑荒，您們什麼都不做，光是向那爛陀的人化緣飯食，本來糧食就少，您們還去讓那爛陀的人給您們糧食，他們自己的糧食都不夠吃，但是又害怕不供養您們飯食會讓自己下墮到惡道、地獄道、不幸痛苦的地方中受苦，只好硬著頭皮將自己本來就不多的口糧給了您們，這樣他們自己就要餓肚子了，世尊，您自己捫心自問，您們是不是在損害、傷害、禍害俗世家庭的利益呢？從您們的行為上，我就知道，實際上您們也只是自私自利的人，那些所謂的什麼為了救濟幫助世間人或眾生，那些所謂的什麼是為了同情和憐憫世間人或眾生，那些所謂的是為了解除世間人或眾生的煩惱和痛苦的等等說詞，都是些大話和假話，是為了獲得信眾的供養才編出來的假話！世尊，難道不是這樣的嗎？您還有什麼要對我說的嗎？」

佛陀說：「村長，那爛陀現在確實在鬧饑荒，很多人都沒有飯吃，村長，那爛陀不會因為今年鬧饑荒，就不繼續種植糧食了吧？他們明年還是會繼續種植糧食的吧。」

村長說：「世尊，那是，為了保證明年還有稻穀可以收穫，就算那爛陀現在如此的困難，很多人連飯都吃不飽，他們還是會保留下明年種植水稻所用的種子的，畢竟只要有種子在，明年就有豐收稻穀的希望，明年就有解除饑荒的機會。」

佛陀說：「村長，如果那爛陀的人明年不種植糧食，那爛陀的饑荒能夠解除嗎？」

村長說：「世尊，如果那爛陀的人明年不種植糧食，饑荒還會繼續下去。」

佛陀說：「村長，如來憶念過去九十一劫的事情（劫解釋，見第三十一章），明白沒有任何的家庭會因為供養食物給修行人會受到損害、傷害、禍害，就如同種植水稻的人，他們可能會在某個時候欠收糧食，但是他們還是會繼續的種植糧食，他們種植糧食的行為就是布施供養，用他們的辛勤勞動來布施供養大地，大地就會回饋他們，讓他們獲得糧食的豐收，同樣的道理，那些世間的富翁、有錢人，那些擁有大量財富、金銀珠寶的人，那些擁有大量財產、糧食、房產的家庭，他們的這些財物全部都是從布施供養中獲得的，布施供養是獲得財富的真正來源，布施供養是獲得大量財物的源泉，大量的財富、財

物就是由布施供養而獲得的，布施供養是財富的真正來源、源泉。財富也可以從控制、約束自己的行為不放逸中來，也就是財富能夠從身體行為不做惡事，口不說惡言，內心不生起惡念中來，財富可以從熄滅、滅除貪欲、渴愛中來，財富也可以從受持戒律、不胡作非為、不胡思亂想中來，財富還可以從善行、善言、善念中來。

村長，損害、傷害、禍害俗世家庭的原因有八種，也就是如果分別滿足八種條件，俗世家庭就會受到損害、傷害、禍害。是哪八種原因和條件呢？

違反國家法律的俗世家庭，國王就會用國家的律法懲罰他們，他們的家庭就會被損害、傷害、禍害，實際上是他們自作自受；

盜賊會偷盜財物，強盜會搶劫財物，俗世家庭會被盜賊和強盜損害、傷害、禍害；

火災會損害、傷害、禍害俗世家庭；

水災會損害、傷害、禍害俗世家庭；

存儲的錢財無緣無故的消失不見會損害、傷害、禍害俗世家庭；

策劃、計畫、經營各項事業或生意失敗會損害、傷害、禍害俗世家庭；

家裡面出了亂用錢財、好吃懶做、只知道享樂的敗家子，這個敗家子就會損害、傷害、禍害俗世家庭；

家裡面的頂樑柱、有本事、有能力、掙錢的人生病、死亡會損害、傷害、禍害俗世家庭，這個原因和條件也可以說成是無常會損害、傷害、禍害俗世家庭，什麼是無常呢？就是隨時在變化，無法永遠存在，無法永恆保持不變，無法永遠的擁有。家裡面的頂樑柱、有本事、有能力、掙錢的人無法永遠不生病，無法永遠不衰老，無法永遠不死亡這就是無常。

村長，這就是損害、傷害、禍害俗世家庭的八種原因和條件。滿足這些原因和條件中的任意一條都會損害、傷害、禍害俗世家庭。

村長，如果如來已經對前來求法的人講解了損害、傷害、禍害俗世家庭的八種原因和條件後，這些人還是說這樣的話：『世尊和世尊出家弟子們聚集的僧團，他們是損害、傷害、禍害俗世家庭的人和團體，他們對世間人或眾生說的是假話，他們對世間人或眾生說法的目

的就是爲了獲得信眾的供養』，那麼這些人就會因爲自己不正確的見解而遠離如來和如來出家弟子們聚集的僧團，他們就有可能接受不正確的見解，而去身體行爲做惡事，口說惡言，內心生起惡念，他們就會因爲自己惡行、惡言、惡念造出來的罪業而投生到不幸痛苦的地方中受苦，他們就會因爲自己惡行、惡言、惡念造出來的罪業而投生到惡道中受苦，甚至於投生到地獄、畜生、餓鬼三惡道中受苦。那都是因爲他們沒有正確見解的緣故，就如同在漆黑的夜晚走路的人，他們看不見黑暗道路中隱藏的各種泥坑、陡坡、懸崖，他們很可能會摔倒，甚至於跌到懸崖下面去，這時的他們就需要點燃一盞明燈，照亮前行的道路，這樣他們才能看見道路周圍的事物，避免自己摔倒，避免自己跌落到懸崖下面去，他們惡行、惡言、惡念的行爲就是隱藏在黑暗道路中的泥坑、陡坡、懸崖，如來講說的正法就是照亮他們前行道路的明燈，如來教導他們遠離、熄滅、除滅惡行、惡言、惡念，就如同他們在明燈的照耀下能夠看清楚泥坑、陡坡、懸崖在什麼地方，他們行走的時候就能避開泥坑、陡坡、懸崖，不至於摔倒，或跌落到懸崖下麵去。」

佛陀說法後，這位村長感動的對佛陀說：「世尊，您說的太好了，您說的太妙了，我從來都沒有聽過如此精妙絕倫的說法，您所說的法猶如將歪斜的東西扶正，將隱藏的東西顯現出來，將深奧的義理，淺顯易懂的講說出來，給迷路的人指出正確的道路，在黑暗中點燃火把，讓人能夠看見周圍的事物，避免行走的時候摔倒。世尊，您所說的其他法也是這樣的吧，世尊，請您讓我皈依您，皈依您的正法，皈依您出家弟子們聚集的僧團吧，我願意從今天開始，終生都按著您所說的正法去修行，我願意終生都成爲您的在家修行弟子。」

佛陀點頭接受了這位村長的皈依，並將手放在他的頭頂上加持他。

第一百零二章　修行人能接受財物供養嗎？

　　有個時候，佛陀住在王舍城栗鼠飼養處的竹林之中，有一天，國王與公卿大臣聚會談論關於修行的一些問題，其中一些大臣認為：「如來的聖弟子們是可以直接接受大眾的財物供養的，如來的聖弟子們是可以直接接受錢財、金銀珠寶的供養的」國王也同意這樣的見解。

　　然而丞相摩尼朱羅迦卻不同意這樣的見解，他對國王和在場聚會的公卿大臣們說：「陛下，諸位大人，我認為如來的聖弟子們不能直接接受大眾財物的供養，他們不能直接接受錢財、金銀珠寶的供養，我認為他們直接接受財物、錢財、金銀珠寶供養的行為是不恰當的，是不正確的。如來的聖弟子們早已經放下了對錢財、金銀珠寶的執著和掛念，他們早已經遠離錢財、金銀珠寶的束縛捆綁。」

　　國王和在場聚會的公卿大臣們都不同意丞相摩尼朱羅迦的說法，國王說：「愛卿，如果你說的是正確的話，我們以後如何為國家和自己種植福德呢？世尊曾經說過：『財富的來源是布施和供養，布施供養是獲得財富的源泉』，如果我們不直接供養給世尊和他的聖弟子們大量的錢財、金銀珠寶，我們如何獲得福德呢？沒有大量的財富，作為國王的我該如何治理國家呢？」

　　丞相摩尼朱羅迦說：「陛下，世尊確實說過：『財富的來源是布施和供養，布施供養是獲得財富的源泉』，但是並沒有說過要供養給他和他的聖弟子們錢財、金銀珠寶，據我所知，世尊和他的聖弟子們只接受食物、衣服、臥床、被褥、藥材等等日常生活用品的供養，而不接受錢財、金銀珠寶的供養，這應該是有原因的。」

　　國王說：「愛卿，或許你沒有看見世尊和他的聖弟子們接受錢財、金銀珠寶的行為，或許你剛好看見了他們接受日常生活用品的行為。」

一本書
讀懂所有佛經

丞相摩尼朱羅迦多次的與國王和公卿大臣們辯論，都無法說服他們，於是在聚會結束後，丞相摩尼朱羅迦就來到佛陀的住處，他頂禮佛陀後，就在一旁坐下，丞相摩尼朱羅迦對佛陀說：「世尊，今天國王與公卿大臣們聚會，討論了一些修行的問題，當我們討論到供養您和您聖弟子問題的時候，就產生和很多的分歧。世尊，具體的問題是這樣的，國王和很多公卿大臣認為：「如來的聖弟子們是可以直接接受大眾的財物供養的，如來的聖弟子們是可以直接接受錢財、金銀珠寶的供養的」，然而我的觀點是：「如來的聖弟子們不能直接接受大眾財物的供養，他們不能直接接受錢財、金銀珠寶的供養，我認為他們直接接受財物、錢財、金銀珠寶供養的行為是不恰當的，是不正確的。如來的聖弟子們早已經放下了對錢財、金銀珠寶的執著和掛念，他們早已經遠離錢財、金銀珠寶的束縛捆綁。」

　　我想用我的觀點去說服他們，可是國王和公卿大臣們並不接受我的觀點，我無法說服他們，世尊我這樣的觀點是正確的嗎？世尊您是否認同我的觀點？我的觀點是否誹謗中傷了世尊您和您的正法？我是按著世尊您的正法在勸解國王和公卿大臣嗎？我對國王和公卿大臣們說的這些言語是正確的嗎？我對國王和公卿大臣們說的這些言語是不應該受到訓斥和指責的嗎？」

　　佛陀說：「丞相，你的觀點是正確的，如來確實說過：『如來和如來的聖弟子們不能直接接受大眾錢財、金銀珠寶等等財物的供養』，你沒有誹謗中傷如來和如來的正法，你是按著如來的正法在教導國王和公卿大臣們，你對他們所說的這些言語不應該受到訓斥和指責。如來和如來的聖弟子們接受大眾錢財、金銀珠寶等等財物的供養是不正確的，是不恰當的，如來和如來的聖弟子們不應該接受大眾的錢財、金銀珠寶等等財物的供養，因為如來和如來的聖弟子們已經放下了對錢財、金銀珠寶等等財物的執著和掛念，已經解除了錢財、金銀珠寶等等財物的束縛捆綁。

　　丞相，如果有人說如來和如來的聖弟子們接受大眾錢財、金銀珠寶等等財物的供養是合理的，是正確的，那麼生起五種欲望也是正確，也是合理的了，沉迷在五種欲望中也是正確，也是合理的了。

什麼是五種欲望呢？就是由物質事物、物質身體生起貪欲、渴愛就叫做物欲；由聲音生起貪欲、渴愛就叫做聲欲；由氣味生起貪欲、渴愛就叫做嗅欲；由味道生起貪欲、渴愛就叫做味欲；由觸覺、環境變化感覺（冷熱、舒適等等）生起貪欲、渴愛就叫做觸欲。

錢財、金銀珠寶等等財物的供養會讓修行人生起貪欲、渴愛，會讓他們沉迷在貪欲、渴愛之中，如來和如來的聖弟子們只接受維持最基本生存的食物、衣服、臥床、被褥、藥材等等日常用品的供養，為的就是熄滅、除滅貪欲、渴愛，如果一些自稱是修行人的人，他們接受錢財、金銀珠寶等等財物的供養，他們就不是真正的修行人，他們就不是如來真正的聖弟子，他們是魔王波旬的弟子，魔王波旬的弟子才會直接接受大眾錢財、金銀珠寶等等財物的供養，因為所謂的魔王波旬也只是一個比喻而已，魔王波旬比喻的就是貪欲、渴愛，這些接受了大眾錢財、金銀珠寶等等財物供養的所謂修行人，他們就會生起貪欲、渴愛，他們就是貪欲、渴愛的弟子，他們就是魔王波旬的弟子。

丞相，如來還曾經說過：『搭建茅草屋的人，他們沒有茅草了就會到處尋找茅草；修建木質房屋的人，他們沒有木材的時候，就會到處尋找修建木質房屋所需的木材；沒有馬車，又急需馬車的人，他們就會到處尋找馬車；沒有工匠，又需要工匠幹活的人，他們就會四處尋找工匠。同樣的道理，想要滿足各種欲望的人，他們就會到處尋找那些能夠給他們帶來欲望滿足的事物，比如為了滿足五種欲望，世間人就會想方設法的獲得錢財、金銀珠寶等等財物，以此來滿足自己的各種欲望。』

丞相，如來從來都沒有說過：『如來和如來的聖弟子們可以直接接受大眾錢財、金銀珠寶等等財物的供養』，如來教導聖弟子和世間人熄滅、除滅、滅盡對世間一切事物的貪欲、渴愛，如來教導聖弟子和世間人要放下對世間一切事物的執著和掛念，這樣他們才能滅盡一切的煩惱和痛苦，從生死輪迴中解脫出來，進入沒有煩惱，沒有痛苦，沒有執著，沒有掛念，沒有念想的涅槃境界。如來不會教導聖弟子們和世間人去接受大眾錢財、金銀珠寶等等財物的供養。如果修行人直接接受大眾錢財、金銀珠寶等等財物的供養，他們就不是真正的

修行人，如果如來的聖弟子們，他們直接接受大眾錢財、金銀珠寶等等財物的供養，他們就不是如來真正的聖弟子！他們是魔王波旬的弟子，他們是貪欲、渴愛的弟子。」

　　佛陀說法後，丞相摩尼朱羅迦再次的頂禮佛陀，隨喜讚歎佛陀說法的無量功德，並按著佛陀所說的法去修行。

第一百零三章　煩惱和痛苦產生的根源

　　有個時候，佛陀住在摩羅達國一個叫屋盧吠羅迦巴的村莊裡面，有一天，村長薄羅迦來到佛陀的住所，他頂禮佛陀後，就在一旁坐下，村長薄羅迦對佛陀說：「世尊，如果您能夠教導我痛苦和煩惱是如何生起的，以及痛苦和煩惱是如何熄滅的就好了。您如果能夠為我講解這個問題的話，我就很開心了。」

　　佛陀說：「村長，如來如果對你講說你過去世煩惱和痛苦的生起與滅沒，你就會產生懷疑和疑惑，你可能就會想：「我都不知道我過去世到底幹過什麼，你為什麼就知道我過去世煩惱和痛苦生起和滅沒的過程呢？我如何判斷你說的是真話還是假話呢？我實在是無法相信你說的話」。

　　如來如果對你講說你未來世煩惱和痛苦的生起與滅沒，你也會產生懷疑和疑惑，你可能會想：「我都不知道我死後會投生到什麼地方，我都不知道我的未來世會怎麼樣，你為什麼就知道我未來世煩惱和痛苦生起和滅沒的過程呢？我如何判斷你說的是真話還是假話呢？我實在是無法相信你說的話」。」

　　村長薄羅迦回答：「世尊，確實如此，如果您對我講說我過去世、未來世煩惱和痛苦生起和滅沒的過程，我一定會產生懷疑和疑惑的，雖然我當著您的面不好說什麼，可是我的內心肯定不會相信您所說的話的，因為我根本就不知道我的過去世到底幹過什麼，也不知道我這一世死後到底會投生到什麼地方，既然如此我如何知道我未來世煩惱和痛苦生起和滅沒的過程呢？」

　　佛陀說：「村長，如來就以你現在能夠體會到的事情作為例子來為你解答煩惱和痛苦生起與滅沒的問題，你要認真的聽，你要仔細的思考。」

　　村長薄羅迦說：「世尊，我會認真聽您說法的，我會仔細的思考的，恭請世尊您為我說法。」

佛陀說：「村長，你是怎麼想的？屋盧吠羅迦巴村裡的哪些人被國王抓捕，或者哪些人被國王沒收財產，或者哪些人被國王處死，或者哪些人被國王訓斥責備，你會憂愁、悲傷、苦悶、憂慮、絕望呢？

屋盧吠羅迦巴村裡的哪些人被國王抓捕，或者哪些人被國王沒收財產，或者哪些人被國王處死，或者哪些人被國王訓斥責備，你不會憂愁、悲傷、苦悶、憂慮、絕望呢？」

村長薄羅迦說：「世尊，我的家人、親人，以及我熟悉敬愛的人，他們被國王抓捕，或者他們被國王沒收財產，或者他們被國王處死，或者他們被國王訓斥責備，我就會憂愁、悲傷、苦悶、憂慮、絕望。

屋盧吠羅迦巴村裡那些我不熟悉、不認識的人，那些我從來都沒有來往過的陌生人，當他們被國王抓捕，或者他們被國王沒收財產，或者他們被國王處死，或者他們被國王訓斥責備的時候，我不會憂愁、悲傷、苦悶、憂慮、絕望。」

佛陀說：「村長，因為你關愛你的家人、親人，敬愛你熟悉的人，所以當他們被國王抓捕，或者他們被國王沒收財產，或者他們被國王處死，或者他們被國王訓斥責備時候，你就會憂愁、悲傷、苦悶、憂慮、絕望。

因為你不認識、不熟悉屋盧吠羅迦巴村裡的一些人，或者你從來沒有接觸過屋盧吠羅迦巴村裡的那些陌生人，甚至於他們是誰你都不知道，你不瞭解他們，你不會關愛和敬愛他們，所以當他們被國王抓捕，或者他們被國王沒收財產，或者他們被國王處死，或者他們被國王訓斥責備時候，你就不會憂愁、悲傷、苦悶、憂慮、絕望。

你憂愁、悲傷、苦悶、憂慮、絕望等等煩惱和痛苦的生起，是以愛欲作為前提條件的，你愛你的家人、親人，你愛你熟悉的人，所以當他們發生不幸事情的時候，你就會憂愁、悲傷、苦悶、憂慮、絕望。

對於你不認識、不熟悉的那些人，對於那些素昧平生的陌生人，你都沒有和他們來往過，你都不知道他們是誰，甚至於連他們的面都沒有見過，你當然不會關愛和敬愛他們了，那麼你就沒有對他們生起愛欲，當他們發生不幸事情的時候，你就不會憂愁、悲傷、苦悶、憂

慮、絕望。

　　村長，簡單的說就是：「一切煩惱和痛苦的生起都是以愛欲爲根源的，以愛欲的生起作爲前提條件就會生起煩惱和痛苦，因爲愛欲就是生起煩惱和痛苦的根本、根基。」

　　村長，你可以用這個法理去推測過去與未來，也就是：「過去世一切煩惱和痛苦的生起都是以愛欲爲根源的，以愛欲的生起作爲前提條件就會生起煩惱和痛苦，因爲愛欲就是生起煩惱和痛苦的根本、根基。

　　未來世一切煩惱和痛苦的生起都是以愛欲爲根源的，以愛欲的生起作爲前提條件就會生起煩惱和痛苦，因爲愛欲就是生起煩惱和痛苦的根本、根基。」

　　村長薄羅迦說：「世尊，眞是不可思議呀！這眞是一個絕妙的說法方式呀！讓我一下子就明白了「生起煩惱和痛苦的根源就是愛欲，以愛欲的生起作爲前提條件就會生起煩惱和痛苦，愛欲就是生起煩惱和痛苦的根本、根基。」

　　世尊，我有個兒子名叫智羅瓦西，他現在在城裡面念書，我每周都會讓到城裡面辦事的下屬順道去探望一下智羅瓦西，給他帶點好吃的東西，給他一些生活費，並讓我的下屬囑咐我的寶貝兒子智羅瓦西要好好學習，不要荒廢了學業。

　　世尊，如果我的下屬到城裡面很長時間都沒有回來，我就會開始擔心了，我就會想：「我的寶貝兒子智羅瓦西，你是不是出什麼事情了？你是不是生病了哦，爲什麼我的下屬還沒有回來呢？我現在該怎麼辦呢？希望我的寶貝兒子智羅瓦西平平安安，不要有什麼不好的事情發生在他的身上。」」

　　佛陀說：「村長，如果你的兒子智羅瓦西被國王抓捕，或者他被國王懲罰，或者他被國王沒收非法所得的錢財，或者他被國王訓斥責備，或者他被國王處死，你會憂愁、悲傷、苦悶、憂慮、絕望嗎？」

　　村長薄羅迦說：「世尊，這不太可能吧，我的兒子，他還只是個孩子呀，他怎麼可能會違法犯罪呢？如果我的寶貝兒子智羅瓦西眞的被國王抓捕，或者他眞的被國王懲罰，或者他眞的被國王沒收非法所得的錢財，或者他眞的被國王訓斥責備，或者他眞的被國王處死，我

肯定會非常痛苦的，我都不知道我以後該如何生活了，我的兒子就是我的希望和一切呀，我肯定會絕望的，我都沒有繼續活下去的勇氣和動力了。」

佛陀說：「村長，因為你愛你的兒子智羅瓦西，所以當你的兒子智羅瓦西遭遇不幸的時候，你就會憂愁、悲傷、苦悶、憂慮、絕望，你就會生起煩惱和痛苦，村長，你可以由這個例子去體會一下：「一切煩惱和痛苦的生起都是以愛欲為根源的，以愛欲的生起作為前提條件就會生起煩惱和痛苦，因為愛欲就是生起煩惱和痛苦的根本、根基。」這句話的法理。

村長，在你從來沒有見過、不認識你妻子的時候，你會喜歡和愛慕她嗎？你會因為愛她而與她結婚嗎？她會為你生下智羅瓦西嗎？」

村長薄羅迦說：「世尊，既然我從來都沒有見過我現在的妻子，那我與她就是陌生人哦，我都不知道她長什麼樣子，我都不瞭解她，不知道她的性格和喜好是什麼，我怎麼可能會喜歡和愛慕她呢？我怎麼可能會與她結婚呢？既然沒有和她結婚，她怎麼可能會為我生下智羅瓦西呢？」

佛陀說：「村長，就是因為你見到了你現在的妻子，知道她長什麼樣子，瞭解了她，知道了她的性格和喜好，你才會逐漸的喜歡愛慕她吧，你才會由喜歡她、愛她而與她結婚吧，她與你結婚後才會為你生下智羅瓦西吧。」

村長薄羅迦說：「世尊，確實是這樣的。」

佛陀說：「村長，你是怎麼想的？如果你的妻子被國王抓捕，或者她被國王懲罰，或者她被國王沒收非法所得的錢財，或者她被國王訓斥責備，或者她被國王處死，你會憂愁、悲傷、苦悶、憂慮、絕望嗎？」

村長薄羅迦說：「世尊，如果智羅瓦西的母親被國王抓捕，或者她被國王懲罰，或者她被國王沒收非法所得的錢財，或者她被國王訓斥責備，或者她被國王處死，我都不知道我以後的日子該如何的度過了，我肯定會絕望的，我都沒有繼續活下去的勇氣了，我活著都沒有什麼意思了。」

佛陀說：「村長，你可以以此作爲例子再次體會：「生起煩惱和痛苦的根源就是愛欲，以愛欲的生起作爲前提條件就會生起煩惱和痛苦，愛欲就是生起煩惱和痛苦的根本、根基。」這句話表達出來的法理。

　　村長，愛的越多煩惱和痛苦也會越多，因爲世間一切的事物隨時在變化，無法永遠存在，無法永恆保持不變，無法永遠擁有，當所愛的物質事物衰敗、滅亡的時候，當所愛的人生病、衰老、死亡的時候，當失去所愛的事物的時候，就會產生憂愁、悲傷、苦悶、憂慮、絕望等等的煩惱和痛苦。熄滅、滅盡愛欲就能熄滅、滅盡煩惱和痛苦。也就是以愛欲的滅盡作爲前提條件，就能滅盡煩惱和痛苦。」

　　佛陀說法後，村長薄羅迦感動的對佛陀說：「世尊，您說的太好了，您說的太妙了，我從來都沒有聽過如此精妙絕倫的說法，您所說的法猶如將歪斜的東西扶正，將隱藏的東西顯現出來，將深奧的義理，淺顯易懂的講說出來，給迷路的人指出正確的道路，在黑暗中點燃火把，讓人能夠看見周圍的事物，避免行走的時候摔倒。世尊，您所說的其他法也是這樣的吧，世尊，請您讓我皈依您，皈依您的正法，皈依您出家弟子們聚集的僧團吧，我願意從今天開始，終生都按著您所說的正法去修行，我願意終生都成爲您的在家修行弟子。」

　　佛陀點頭接受了村長薄羅迦的皈依，並將手放在他的頭頂上加持他。

第一百零四章　修習四正勤進入無為境界

　　有個時候，佛陀住在舍衛城的祇樹林給孤獨園，有一天，佛陀對出家弟子們說：「比丘們（出家人），如來現在要教導你們什麼是無為法，以及進入無為境界的修行方法，你們要認真的聽，你們要仔細的思考，如來要開始說法了。」

　　出家弟子們回答：「世尊，我們會認真聽您說法的，我們會仔細思考的，恭請世尊您為我們說法。」

　　佛陀說：「比丘們，什麼是無為法呢？無為法就是貪欲、渴愛的除滅、滅盡，憤怒煩惱的除滅、滅盡，無智愚癡的除滅、滅盡，比丘們，這就被稱為無為法。

　　修行進入無為境界的方法是什麼呢？比丘們，修習四正勤就能進入無為的境界。

　　什麼是四正勤呢？就是精進努力的除滅已經生起的惡行、惡言、惡念，精進努力的不要讓還沒有生起的惡行、惡言、惡念再次生起，精進努力的讓還沒有生起的善行、善言、善念生起，精進努力的讓已經生起的善行、善言、善念持續的增長、增進。比丘們，這就是四正勤。比丘們，這就是進入無為境界的修行方法。」

　　佛陀說法後，聽法的出家弟子們都再次的頂禮佛陀，隨喜讚歎佛陀說法的無量功德，他們都按著佛陀所說的法去修行。

第一百零五章　修習四神足進入無為境界

　　有個時候，佛陀住在舍衛城的祇樹林給孤獨園，有一天，佛陀對出家弟子們說：「比丘們（出家人），如來現在要教導你們什麼是無為法，以及進入無為境界的修行方法，你們要認真的聽，你們要仔細的思考，如來要開始說法了。」

　　出家弟子們回答：「世尊，我們會認真聽您說法的，我們會仔細思考的，恭請世尊您為我們說法。」

　　佛陀說：「比丘們，什麼是無為法呢？無為法就是貪欲、渴愛的除滅、滅盡，憤怒煩惱的除滅、滅盡，無智愚癡的除滅、滅盡，比丘們，這就被稱為無為法。

　　修行進入無為境界的方法是什麼呢？比丘們，修習四神足就能進入無為的境界。

　　什麼是四神足呢？就是欲三摩地斷行成就神足、心三摩地斷行成就神足、勤三摩地斷行成就神足、觀三摩地斷行成就神足。

　　什麼是欲三摩地斷行成就神足呢？就是由想獲得各種事物事情的欲望而精進努力的修行進入清淨安寧境界的修行方法，比如想要從生死輪迴中永遠的解脫出來，就精進的去修行，從而達到讓內心清淨安寧的境界，由這種想要永遠從生死輪迴中解脫出來的欲望而達到內心清淨無染的境界。簡單的說就是由各種想要得到的欲望而達到清淨安寧境界的修行方法就是欲三摩地斷行成就神足。

　　什麼是心三摩地斷行成就神足呢？就是由控制內心的念想，熄滅內心的念想，不讓內心的念想生起而精進努力的修行進入清淨安寧境界的修行方法，比如內心想到了自己喜歡的黃金、錢財、美女，這個時候就立刻不再去想黃金、錢財、美女，不再內心中生起黃金、錢財、美女的念想，不想的時間一長，自然就進入清淨安寧的境界。簡單的說就是控制、熄滅念想，不生起念想而達到清淨安寧境界的修行

方法就是心三摩地斷行成就神足。

什麼是勤三摩地斷行成就神足呢？就是由持續除滅惡行、惡言、惡念的行為，精進努力的去生起善行、善言、善念的行為而進入清淨安寧境界的修行方法，比如有個人說謊話欺騙別人，他意識到這樣做是錯誤的，於是他就開誠布公的向別人說明實情，懇請別人原諒他，這個人以後也不再說假話欺騙別人，他由於斷惡修善的緣故讓自己的內心坦坦蕩蕩、光明磊落而進入清淨安寧的境界。簡單的說就是持續的斷惡修善而達到清淨安寧境界的修行方法就是勤三摩地斷行成就神足。

什麼是觀三摩地斷行成就神足呢？由經常觀想、憶念如來所說正法的法義而進入清淨安寧境界的修行方法，比如有一個修行人，他經常的觀想世間一切的事物隨時在變化，無法永遠的存在，無法永恆的保持不變，無法永遠的擁有，他由此不再執著和掛念世間一切的事物，進入清淨安寧的境界。簡單的說就是通過經常觀想、憶念如來的正法而達到清淨安寧境界的修行方法就是觀三摩地斷行成就神足。

比丘們！這就是四神足的法義，這就是進入無為境界的修行方法。」

佛陀說法後，聽法的出家弟子們都再次的頂禮佛陀，隨喜讚歎佛陀說法的無量功德，他們都按著佛陀所說的法去修行。

第一百零六章　修習五根進入無為境界

有個時候，佛陀住在舍衛城的祇樹林給孤獨園，有一天，佛陀對出家弟子們說：「比丘們（出家人），如來現在要教導你們什麼是無為法，以及進入無為境界的修行方法，你們要認真的聽，你們要仔細的思考，如來要開始說法了。」

出家弟子們回答：「世尊，我們會認真聽您說法的，我們會仔細思考的，恭請世尊您為我們說法。」

佛陀說：「比丘們，什麼是無為法呢？無為法就是貪欲、渴愛的除滅、滅盡，憤怒煩惱的除滅、滅盡，無智愚癡的除滅、滅盡，比丘們，這就被稱為無為法。

修行進入無為境界的方法是什麼呢？比丘們，修習五根就能進入無為的境界。

什麼是五根呢？就是信根、精進根、念根、定根、慧根。

什麼是信根呢？就是對如來，對如來所說的正法，對如來出家弟子們聚集的僧團，對如來制定的戒律生起堅固的信心！這也叫做四不壞淨。

什麼是精進根呢？就是勤修善法，不行惡法，精進努力的去斷惡修善，四正勤就是精進根的一種（四正勤解釋，見第一百零四章）。

什麼是念根？就是對如來的正法念念不忘、時刻憶念，四念住就是念根的一種（四念住解釋，見第五十九章）。

什麼是定根呢？就是內心不胡思亂想，讓內心保持清淨安寧的境界，四禪就是定根的一種（四禪解釋，見第三十五章）。

什麼是慧根呢？明白如來所說的正法，並由此開啓了智慧，四聖諦就是慧根的一種（四聖諦解釋，見第五十章）。

比丘們！這就是五根的法義，這就是進入無為境界的修行方法。」

佛陀說法後，聽法的出家弟子們都再次的頂禮佛陀，隨喜讚歎佛陀說法的無量功德，他們都按著佛陀所說的法去修行。

第一百零七章　修習五力進入無為境界

有個時候，佛陀住在舍衛城的祇樹林給孤獨園，有一天，佛陀對出家弟子們說：「比丘們（出家人），如來現在要教導你們什麼是無為法，以及進入無為境界的修行方法，你們要認真的聽，你們要仔細的思考，如來要開始說法了。」

出家弟子們回答：「世尊，我們會認真聽您說法的，我們會仔細思考的，恭請世尊您為我們說法。」

佛陀說：「比丘們，什麼是無為法呢？無為法就是貪欲、渴愛的除滅、滅盡，憤怒煩惱的除滅、滅盡，無智愚癡的除滅、滅盡，比丘們，這就被稱為無為法。

修行進入無為境界的方法是什麼呢？比丘們，修習五力就能進入無為的境界。

什麼是五力呢？就是信力、精進力、念力、定力、慧力。也就是實踐去修行信根、精進根、念根、定根、慧根這五根而產生出來的維持修行、達到解脫的力量（五根解釋，見第一百零六章）。五力能夠破除煩惱和痛苦，五力能夠破除惡法、邪法，五力能夠解除內心對世間一切事物的疑惑、困惑。五力是由循序漸進、實踐的去修行五根而獲得的五種力量，也就是說五力是由五根的持續增長而達成的，五力是持之以恆實踐修行五根的結果。

什麼是信力？就是由信根的增長而破除一切邪信、惡信。比如修行四不壞淨就能破除一切的邪信、惡信（四不壞淨解釋，見第一百零六章）。

什麼是精進力？就是由精進根的增長，破除修行的懶惰、懈怠；增進善法，破除一切惡法。比如修習四正勤就能增進善法，除滅一切惡法（四正勤解釋，見第一百零四章）。

什麼是念力？就是由念根的增長，安住在正念之中，破除一切惡念、邪念。比如修行四念住就能安住在正念之中（四念住解釋，見第五十九章）。

　　什麼是定力？就是由定根的增長，破除內心念想的散亂，讓內心不再胡思亂想，保持長久的清淨安寧。比如修行四禪就能讓內心清淨安寧，不再胡思亂想（四禪解釋，見第三十五章）。

　　什麼是慧力？就是由慧根的增長，解除對世間一切事物的疑惑、困惑，開啓智慧證悟解脫的果位，從世間一切的事物中徹底的解脫出來。比如修行四聖諦就能開啓解脫的智慧，就不會再去執著和掛念世間一切的事物（四聖諦解釋，見第五十章）。

　　比丘們！這就是五力的法義，這就是進入無爲境界的修行方法。」

　　佛陀說法後，聽法的出家弟子們都再次的頂禮佛陀，隨喜讚歎佛陀說法的無量功德，他們都按著佛陀所說的法去修行。

第一百零八章　修習七覺支進入無為境界

　　有個時候，佛陀住在舍衛城的祇樹林給孤獨園，有一天，佛陀對出家弟子們說：「比丘們（出家人），如來現在要教導你們什麼是無為法，以及進入無為境界的修行方法，你們要認真的聽，你們要仔細的思考，如來要開始說法了。」

　　出家弟子們回答：「世尊，我們會認真聽您說法的，我們會仔細思考的，恭請世尊您為我們說法。」

　　佛陀說：「比丘們，什麼是無為法呢？無為法就是貪欲、渴愛的除滅、滅盡，憤怒煩惱的除滅、滅盡，無智愚癡的除滅、滅盡，比丘們，這就被稱為無為法。

　　修行進入無為境界的方法是什麼呢？比丘們，修習七覺支就能進入無為的境界。

　　什麼是七覺支呢？就是擇法覺支、念覺支、精進覺支、喜覺支、輕安覺支、捨覺支、定覺支。為什麼被稱為覺支呢？也就是七種能夠幫助修行人開啟智慧、覺悟的方法。

　　什麼是擇法覺支？就是依靠自己已經開啟的智慧，能夠分辨什麼是正法，什麼是惡法、邪法、虛假不真實的法。選擇修行正法，捨除、拋棄惡法、邪法、虛假不真實的法。

　　什麼是念覺支？就是能夠將自己的念想專注集中於正念、正法上，專注集中在能讓自己內心保持清淨安寧的修行方法上。

　　什麼是精進覺支？就是精進努力的去修習正法，堅持不懈、專心致志的修習正法不間斷。

　　什麼是喜覺支？就是在精進努力修行正法的時候，在持之以恆修行正法的時候，內心能夠由修行正法而生起歡喜、法喜，更加堅持不懈積極的去修行正法。

什麼是輕安覺支？就是由開啓智慧、持之以恆的修行正法而讓自己的身體和內心都體會到了輕鬆愉快、安穩的感覺。

　　什麼是捨覺支？內心不執著和掛念世間一切的事物事情，內心不再執著和掛念任何的念想。內心平靜不會被世間任何的事物、事情、思想擾動、影響而生起貪欲、渴愛。內心能一直保持平靜的狀態。

　　什麼是定覺支？就是內心一直安住在清淨安寧的境界之中，不會胡思亂想，不會生起妄想，不會生起煩惱和痛苦，內心不會隨著任何的事物散亂、混亂，內心不會生起任何的念想。

　　比丘們！這就是七覺支的法義，這就是進入無爲境界的修行方法。」

　　佛陀說法後，聽法的出家弟子們都再次的頂禮佛陀，隨喜讚歎佛陀說法的無量功德，他們都按著佛陀所說的法去修行。

第一百零九章　修行進入無煩惱的境界

　　有個時候，佛陀住在舍衛城的祇樹林給孤獨園，有一天，佛陀對出家弟子們說：「比丘們（出家人），如來現在要教導你們什麼是究竟，以及進入究竟境界的修行方法；

　　什麼是無漏，以及進入無漏境界的修行方法；

　　什麼是真諦，以及進入真諦境界的修行方法；

　　什麼是彼岸，以及到達彼岸的修行方法；

　　什麼是微妙，以及進入微妙境界的修行方法；

　　什麼是極難見，以及進入極難見境界的修行方法；

　　什麼是不老，以及進入不老境界的修行方法；

　　什麼是堅牢，以及進入堅牢境界的修行方法；

　　什麼是照見，以及進入照見境界的修行方法；

　　什麼是無譬，以及進入無譬境界的修行方法；

　　什麼是不敗壞，以及進入不敗壞境界的修行方法；

　　什麼是無戲論，以及進入無戲論境界的修行方法；

　　什麼是寂靜，以及進入寂靜境界的修行方法；

　　什麼是甘露，以及進入甘露境界的修行方法；

　　什麼是勝妙，以及進入勝妙境界的修行方法；

　　什麼是吉祥，以及進入吉祥境界的修行方法；

　　什麼是安穩，以及進入安穩境界的修行方法；

　　什麼是愛盡，以及進入愛盡境界的修行方法；

　　什麼是不思議，以及進入不思議境界的修行方法；

　　什麼是稀有，以及進入稀有境界的修行方法；

　　什麼是無災，以及進入無災境界的修行方法；

　　什麼是無災法，以及進入無災法境界的修行方法；

　　什麼是涅槃，以及進入涅槃境界的修行方法；

　　什麼是無損，以及進入無損境界的修行方法；

什麼是離欲，以及進入離欲境界的修行方法；

什麼是清淨，以及進入清淨境界的修行方法；

什麼是解脫，以及進入解脫境界的修行方法；

什麼是非住，以及進入非住境界的修行方法；

什麼是燈明，以及進入燈明境界的修行方法；

什麼是洞窟，以及進入洞窟境界的修行方法；

什麼是庇護，以及進入庇護境界的修行方法；

什麼是皈依，以及進入皈依境界的修行方法；

你們要認眞的聽，你們要仔細的思考，如來要開始說法了。」

出家弟子們回答：「世尊，我們會認眞聽您說法的，我們會仔細思考的，恭請世尊您爲我們說法。」

佛陀說：「比丘們，什麼是究竟呢？究竟是徹底、完全、圓滿的意思，在什麼地方徹底、完全、圓滿呢？也就是徹底、完全、圓滿的除滅、滅盡貪欲、渴愛，徹底、完全、圓滿的除滅、滅盡憤怒煩惱，徹底、完全、圓滿的除滅、滅盡無智愚癡，比丘們，這就被稱爲究竟。

什麼是無漏呢？無漏是無煩惱的意思，要無煩惱就要除滅、滅盡貪欲、渴愛，就要除滅、滅盡憤怒煩惱，就要除滅、滅盡無智愚癡，比丘們，這就被稱爲無漏。

什麼是眞諦呢？眞諦是眞理的意思，要完全明白和理解眞理就要除滅、滅盡貪欲、渴愛，就要除滅、滅盡憤怒煩惱，就要除滅、滅盡無智愚癡，比丘們，這就被稱爲眞諦。

什麼是彼岸呢？彼岸是一個比喻，比喻從生死輪回中徹底的解脫出來。除滅、滅盡貪欲、渴愛，除滅、滅盡憤怒煩惱，除滅、滅盡無智愚癡，就到達彼岸，比丘們，這就被稱爲彼岸。

什麼是微妙呢？微妙的意思是只有深入瞭解才能弄清楚的，只有細心體會才能覺察的，除滅、滅盡貪欲、渴愛，除滅、滅盡憤怒煩惱，除滅、滅盡無智愚癡就能完全明白和理解微妙。比丘們，這就被稱爲微妙。

什麼是極難見呢？就是很難做到，很難達到，除滅、滅盡貪欲、渴愛，除滅、滅盡憤怒煩惱，除滅、滅盡無智愚癡很難做到，很難達

到。比丘們，這就被稱爲極難見。

　　什麼是不老呢？不老就是保持不變，保持相同的狀態不發生變化，除滅、滅盡貪欲、渴愛，除滅、滅盡憤怒煩惱，除滅、滅盡無智愚癡就能讓內心保持清淨、安寧的狀態不變化。比丘們，這就被稱爲不老。

　　什麼是堅牢呢？堅牢是堅固的意思，除滅、滅盡貪欲、渴愛，除滅、滅盡憤怒煩惱，除滅、滅盡無智愚癡就能讓清淨、安寧、寂靜的狀態堅固不變的保持下去。比丘們，這就被稱爲堅牢。

　　什麼是照見呢？照見就是通過親身體驗完全明白和理解解脫是什麼，除滅、滅盡貪欲、渴愛，除滅、滅盡憤怒煩惱，除滅、滅盡無智愚癡就能明白和理解解脫是什麼，比丘們，這就被稱爲照見。

　　什麼是無譬呢？無譬就是熄滅念想，不生起念想，沒有任何見解、思想、念想，除滅、滅盡貪欲、渴愛，除滅、滅盡憤怒煩惱，除滅、滅盡無智愚癡就能熄滅、滅盡一切見解、思想、念想，比丘們，這就被稱爲無譬。

　　什麼是不敗壞呢？不敗壞就是內心不隨著世間的事物而胡思亂想、混亂、散亂，除滅、滅盡貪欲、渴愛，除滅、滅盡憤怒煩惱，除滅、滅盡無智愚癡就能讓內心不隨著世間事物胡思亂想、混亂、散亂，比丘們，這就被稱爲不敗壞。

　　什麼是無戲論呢？無戲論就是沒有錯誤的行爲，沒有犯戒的行爲，沒有妄想。除滅、滅盡貪欲、渴愛，除滅、滅盡憤怒煩惱，除滅、滅盡無智愚癡就沒有錯誤的行爲，就沒有犯戒的行爲，就沒有妄想。比丘們，這就被稱爲無戲論。

　　什麼是寂靜呢？寂靜是平靜、安寧的意思，除滅、滅盡貪欲、渴愛，除滅、滅盡憤怒煩惱，除滅、滅盡無智愚癡就能讓內心平靜、安寧。比丘們，這就被稱爲寂靜。

　　什麼是甘露呢？甘露是不死的意思，也就是不生者就不死，解脫者不會再生，這個生不僅指死後繼續投生，這個生還指內心的見解、思想、念想不生起，內心不生起見解、思想、念想，煩惱和痛苦也不會生起。見解、思想、念想的生起就是煩惱和痛苦的生起。煩惱和痛苦不生起，就獲得了解脫。除滅、滅盡貪欲、渴愛，除滅、滅盡憤怒

煩惱，除滅、滅盡無智愚癡就能讓見解、思想、念想不生起，就能讓煩惱和痛苦不生起。比丘們，這就被稱爲甘露。

什麼是勝妙呢？勝妙是超越一切的解脫清淨境界，除滅、滅盡貪欲、渴愛，除滅、滅盡憤怒煩惱，除滅、滅盡無智愚癡就能超越一切進入解脫清淨的境界。比丘們，這就被稱爲勝妙。

什麼是吉祥呢？吉祥是幸運平安的意思，除滅、滅盡貪欲、渴愛，除滅、滅盡憤怒煩惱，除滅、滅盡無智愚癡就能幸運平安，比丘們，這就被稱爲吉祥。

什麼是安穩呢，安穩是安定平靜的意思，除滅、滅盡貪欲、渴愛，除滅、滅盡憤怒煩惱，除滅、滅盡無智愚癡就能讓內心安定平靜，比丘們，這就被稱爲安穩。

什麼是愛盡呢？愛盡是滅盡愛欲的意思，除滅、滅盡貪欲、渴愛，除滅、滅盡憤怒煩惱，除滅、滅盡無智愚癡就能滅盡愛欲，比丘們，這就被稱爲愛盡。

什麼是不思議呢？不思議是進入無法想像、無法言說的清淨解脫境界，除滅、滅盡貪欲、渴愛，除滅、滅盡憤怒煩惱，除滅、滅盡無智愚癡就能進入無法想像、無法言說的清淨解脫境界，比丘們，這就被稱爲不思議。

什麼是稀有，稀有是世間很少有人或眾生能夠親身體驗到的清淨境界，除滅、滅盡貪欲、渴愛，除滅、滅盡憤怒煩惱，除滅、滅盡無智愚癡就能親身體驗到極少人能夠體驗到的清淨境界，比丘們，這就被稱爲稀有。

什麼是無災，無災是沒有災難禍患的意思，除滅、滅盡貪欲、渴愛，除滅、滅盡憤怒煩惱，除滅、滅盡無智愚癡就不會給自己帶來災難和禍患，比丘們，這就被稱爲無災。

什麼是無災法呢？無災法是熄滅各種災難禍患的方法，除滅、滅盡貪欲、渴愛，除滅、滅盡憤怒煩惱，除滅、滅盡無智愚癡就是熄滅各種災難禍患的方法，比丘們，這就被稱爲無災法。

什麼是涅槃呢？涅槃是沒有煩惱，沒有痛苦，沒有執著，沒有掛念，沒有念想的意思，除滅、滅盡貪欲、渴愛，除滅、滅盡憤怒煩惱，除滅、滅盡無智愚癡就能進入沒有煩惱，沒有痛苦，沒有執著，

沒有掛念，沒有念想的清淨境界，比丘們，這就被稱為涅槃。

什麼是無損，無損是不被各種煩惱侵擾、纏繞，除滅、滅盡貪欲、渴愛，除滅、滅盡憤怒煩惱，除滅、滅盡無智愚癡就不會被各種煩惱侵擾、纏繞，比丘們，這就被稱為無損。

什麼是離欲，離欲是熄滅、平息貪欲的意思，除滅、滅盡貪欲、渴愛，除滅、滅盡憤怒煩惱，除滅、滅盡無智愚癡就能熄滅、平息貪欲，比丘們，這就被稱為離欲。

什麼是清淨，清淨是熄滅、平息煩惱和痛苦，讓內心寧靜、平和、安寧的意思，除滅、滅盡貪欲、渴愛，除滅、滅盡憤怒煩惱，除滅、滅盡無智愚癡就能熄滅、平息煩惱和痛苦，讓內心寧靜、平和、安寧，比丘們，這就被稱為清淨。

什麼是解脫，解脫是不貪愛世間一切的事物，不執著和掛念世間一切的事物，由此從煩惱和痛苦的束縛捆綁中徹底的釋放出來的意思。除滅、滅盡貪欲、渴愛，除滅、滅盡憤怒煩惱，除滅、滅盡無智愚癡就能解除煩惱和痛苦的束縛捆綁，獲得完全的釋放。比丘們，這就被稱為解脫。

什麼是非住，非住是不將內心關注在世間任何的事物上，不執著和掛念世間任何的事物，由此進入沒有執著，沒有掛念，沒有煩惱和痛苦的清淨境界，除滅、滅盡貪欲、渴愛，除滅、滅盡憤怒煩惱，除滅、滅盡無智愚癡就能不關注世間任何的事物，進入沒有執著，沒有掛念，沒有煩惱和痛苦的清淨境界，比丘們，這就被稱為非住。

什麼是燈明，燈明是內心開啟了智慧，猶如在黑暗中點亮了一盞明燈，除滅、滅盡貪欲、渴愛，除滅、滅盡憤怒煩惱，除滅、滅盡無智愚癡就能在黑暗中點亮智慧的明燈，比丘們，這就被稱為燈明。

什麼是洞窟，洞窟是遠離塵世的嘈雜紛擾，遠離世間各種事情、事務纏繞、打攪、污染的意思，簡單的說就是遠離世間煩惱和痛苦的污染、影響，除滅、滅盡貪欲、渴愛，除滅、滅盡憤怒煩惱，除滅、滅盡無智愚癡就能遠離世間煩惱和痛苦的污染、影響，比丘們，這就被稱為洞窟。

什麼是庇護，庇護是生起煩惱和痛苦的時候獲得救助，受到保護的意思，就如同在大海上遇到狂風暴雨，航船駛入避風港，得到避風

港的救助，受到避風港的保護一樣。除滅、滅盡貪欲、渴愛，除滅、滅盡憤怒煩惱，除滅、滅盡無智愚癡就能在產生煩惱和痛苦的時候獲得救助，受到保護。比丘們，這就被稱為庇護。

什麼是皈依，皈依是依靠、憑藉的意思，依靠、憑藉除滅、滅盡貪欲、渴愛，除滅、滅盡憤怒煩惱，除滅、滅盡無智愚癡就能熄滅、平息一切的煩惱和痛苦，進入清淨的境界，簡單的說就是依靠除滅、滅盡貪欲、渴愛、憤怒煩惱、無智愚癡的行為就能熄滅、平息一切的煩惱和痛苦，進入清淨的境界，比丘們，這就被稱為皈依。

進入究竟境界的修行方法是什麼呢？

進入無漏境界的修行方法是什麼呢？

進入真諦境界的修行方法是什麼呢？

到達彼岸的修行方法是什麼呢？

進入微妙境界的修行方法是什麼呢？

進入極難見境界的修行方法是什麼呢？

進入不老境界的修行方法是什麼呢？

進入堅牢境界的修行方法是什麼呢？

進入照見境界的修行方法是什麼呢？

進入無譬境界的修行方法是什麼呢？

進入不敗壞境界的修行方法是什麼呢？

進入無戲論境界的修行方法是什麼呢？

進入寂靜境界的修行方法是什麼呢？

進入甘露境界的修行方法是什麼呢？

進入勝妙境界的修行方法是什麼呢？

進入吉祥境界的修行方法是什麼呢？

進入安穩境界的修行方法是什麼呢？

進入愛盡境界的修行方法是什麼呢？

進入不思議境界的修行方法是什麼呢？

進入稀有境界的修行方法是什麼呢？

進入無災境界的修行方法是什麼呢？

進入無災法境界的修行方法是什麼呢？

進入涅槃境界的修行方法是什麼呢？

進入無損境界的修行方法是什麼呢？
進入離欲境界的修行方法是什麼呢？
進入清淨境界的修行方法是什麼呢？
進入解脫境界的修行方法是什麼呢？
進入非住境界的修行方法是什麼呢？
進入燈明境界的修行方法是什麼呢？
進入洞窟境界的修行方法是什麼呢？
進入庇護境界的修行方法是什麼呢？
進入皈依境界的修行方法是什麼呢？

比丘們，如來現在給你們講幾種修行進入究竟境界、無漏境界、真諦境界、到達彼岸、微妙境界、極難見境界、不老境界、堅牢境界、照見境界、無譬境界、不敗壞境界、無戲論境界、寂靜境界、甘露境界、勝妙境界、吉祥境界、安穩境界、愛盡境界、不思議境界、稀有境界、無災境界、無災法境界、涅槃境界、無損境界、離欲境界、清淨境界、解脫境界、非住境界、燈明境界、洞窟境界、庇護境界、皈依境界這三十二種境界的方法，你們按其中任何一種方法去修行，都能最終進入三十二種境界之中。

修習止與觀就能進入三十二種境界。止與觀的修行方法是什麼呢？就是先將內心集中專注在單個、純一不會生起貪欲、渴愛的念想之中，比如將內心集中專注在數呼吸的單一念想上，或者將內心集中專注在眨眼睛的單一念想上，或者將內心集中專注在身體某個部位感覺的單一念想上。以此熄滅各種雜念、妄想，不讓內心胡思亂想，不讓內心混亂、散亂，讓內心先安定、平靜、寂靜，之後觀想正法智慧，比如觀想：「世間一切的事物隨時在變化，無法永遠存在，無法永恆保持不變，無法永遠擁有；我的物質身體、感受、念想、行為、認識、分別、判斷也是隨時在變化，無法永遠存在，無法永恆保持不變，無法永遠擁有的。我的物質身體會生病、衰老、死亡；我的感受、念想、行為、認識、分別、判斷會消退、消失。我擁有的物質事物也會破損、衰敗、滅亡、消失，我也無法永遠的擁有物質事物，我也會失去物質事物。

我的眼睛、耳朵、鼻子、舌頭、身體、內心隨時在變化，無法永遠存在，無法永恆保持不變，無法永遠擁有，我的眼睛、耳朵、鼻子、舌頭、身體、內心會喪失功能，會衰敗、壞滅。」以此熄滅、滅盡由執著「我」而生起的煩惱和痛苦。

　　簡單的說就是：先熄滅、停止內心中的各種雜念、妄想，不讓內心胡思亂想，不讓內心混亂、散亂，讓內心安寧、平靜、寂靜下來，先控制住煩惱和痛苦，不讓煩惱和痛苦持續不斷的生起，這就是止。內心安寧、平靜、寂靜下來後，再觀想各種解脫的智慧，以此熄滅、除滅已經生起來的煩惱和痛苦，這就是觀。最終滅盡一切的煩惱和痛苦，證悟解脫的果位，進入沒有煩惱，沒有痛苦，沒有執著，沒有掛念，沒有念想的三十二種境界。這就是進入三十二種境界的修行方法。

　　修習有尋、有伺之定，無尋、小量伺之定，無尋、無伺之定就能進入三十二種境界。有尋、有伺之定，無尋、小量伺之定，無尋、無伺之定是什麼意思呢？就是先將注意力集中專注在多個清淨的念想上，然後逐漸熄滅多個念想，將注意力集中專注在單個、純一的清淨念想上，最後連集中專注的單個、純一的清淨念想也熄滅掉，不專注任何的念想，不生起任何的念想，比如先將注意力集中專注在數呼吸數目的念想與吸氣時胸部充滿空氣鼓起的念想上，之後熄滅，不再專注吸氣時胸部充滿空氣鼓起的念想，只集中專注在數呼吸數目的單個念想上，最後連數呼吸數目的單個念想都不再專注，不關注任何的念想，不生起任何的念想，這時就進入三十二種境界之中。比丘們，這就是進入三十二種境界的修行方法。

　　修習空定、無相定、無願定就能進入三十二種境界。由空定進入無相定，再由無相定進入無願定。也就是觀想：「我的物質身體、感受、念想、行為、認識、分別、判斷隨時在變化，無法永遠存在，無法永恆保持不變，無法永遠擁有，我無法永遠不生病，我無法永遠青春永駐，我無法永遠不衰老，我無法永遠不死，世間沒有永遠存在、永恆保持不變的我」，隨著時間的推移這個我無法保持相同的狀態，這個我隨著時間的推移隨時都在變化這就是空，所謂空並不是什麼都沒有，並不是什麼都不存在，而是隨著時間的推移無法保持完全相同

的狀態，隨時在變化這就叫做空。經常這樣的觀想就能進入空定的境界，也就是由觀想我是隨時在變化的，我是無法永遠存在的，我是隨著時間的推移隨時在變化的，我是空的而進入清淨、安寧的境界，這就是空定的境界。當進入空定的境界後，擴展開來，觀想世間一切的事物也是隨時在變化，無法永遠存在，無法永恆保持不變，無法永遠擁有的。世間一切的事物隨著時間的推移也無法保持完全相同的狀態，也是空的。由此明白世間一切的事物是無常的，什麼是無常呢？就是無法永遠存在，無法永恆保持不變，無法永遠擁有，隨時在變化這就叫無常。由此不再執著和掛念世間一切的事物，就進入無相定的境界。進入無相定的境界後，不再執著和掛念世間一切的事物，由此不再有任何的期待和想要達成的願望，因為自己已經明白世間一切的事物無法永遠存在，無法永恆保持不變，無法永遠擁有，隨時在變化，最終帶來的都是痛苦，為什麼說世間一切的事物最終帶來的是痛苦呢？當令人快樂、開心的物質事物衰敗、滅亡、消失的時候就會帶來痛苦，當物質身體生病、衰老、臨死的時候就會帶來痛苦，當令人快樂、喜悅的感受、念想、行為、認識、分別、判斷消退、消失的時候就會帶來痛苦，當失去令人快樂、開心的物質事物的時候就會帶來痛苦，當失去令人快樂、喜悅的感受、念想、行為、認識、分別、判斷的時候就會帶來痛苦，因為世間一切的事物都無法永遠存在，無法永恆保持不變，無法永遠擁有，隨時在變化，所以就沒有永遠的快樂和喜悅的存在，一旦失去這些帶來快樂和喜悅的事物，一旦這些令人快樂和喜悅的事物衰敗、消退、滅沒、消失的時候就會帶來痛苦。貪愛世間的事物就會最終被煩惱和痛苦包圍。不沉迷在那些最終帶來痛苦的事物之中，就能從世間解脫出來。

當不再執著和掛念世間一切的事物，對世間沒有任何的期待，沒有任何想要達成的願望的時候，就進入無願定。比丘們，這就是進入三十二種境界的修行方法。

修習四念住就能進入三十二種境界（四念住解釋，見第五十九章）。比丘們，這就是進入三十二種境界的修行方法。

修習四正勤就能進入三十二種境界。什麼是四正勤呢？就是精進努力的除滅已經生起的惡行、惡言、惡念，精進努力的不要讓還沒有

生起的惡行、惡言、惡念再次生起，精進努力的讓還沒有生起的善行、善言、善念生起，精進努力的讓已經生起的善行、善言、善念持續的增長、增進。比丘們，這就是四正勤。比丘們，這就是進入三十二種境界的修行方法。

修習四神足就能進入三十二種境界（四神足解釋，見第一百零五章）。比丘們，這就是進入三十二種境界的修行方法。

修習五根就能進入三十二種境界（五根解釋，見第一百零六章）。比丘們，這就是進入三十二種境界的修行方法。

修習五力就能進入三十二種境界（五力解釋，見第一百零七章）。比丘們，這就是進入三十二種境界的修行方法。

修習七覺支就能進入三十二種境界（七覺支解釋，見第一百零八章）。比丘們，這就是進入三十二種境界的修行方法。

修習八正道就能進入三十二種境界（八正道解釋，見第五章），也即是修習正見、正志、正語、正業、正命、正方便、正念、正定，這八種正道就能進入三十二種境界。

比丘們，你們修習如來剛才所說的任何一種方法，都能最終進入三十二種境界。如來已經教導給你們什麼是三十二種境界，如來已經教導給你們進入三十二種境界的修行方法。你們要按如來所說的修行方法去實踐的修行，不管是在大樹下、空屋中，還是在山林間、曠野中，在任何的地方你們都要用今天如來教給你的方法去禪修，什麼是禪修呢？就是讓內心不胡思亂想，讓內心不混亂、不散亂，讓內心集中專注在單個、純一的清淨念想上，讓內心平靜、安寧，這就是禪修。你們不要放逸自己的行為、言語、念想胡作非為，你們要管束好自己，要受持好如來制定的各項戒律，不要破戒了再來後悔，這就是如來今天對你們的教導。如來不希望你們沉迷在世間，不希望你們被煩惱和痛苦折磨、拷打，你們應該按如來所說的正法去實踐修行。」

佛陀說法後，聽法的出家弟子們都再次的頂禮佛陀，隨喜讚歎佛陀說法的無量功德，他們都按著佛陀所說的法去修行。

第一百一十章　如來死後的狀態是什麼？

　　有個時候，佛陀住在毘舍離的大林重閣講堂，有一位叫阿奴羅度的尊者也住在離佛陀不遠處的山林小屋之中。有一天，眾多的外教徒來到阿奴羅度尊者的住處，他們與阿奴羅度尊者互相問候後，就在一旁坐下，這些外教徒中的一位長老對阿奴羅度尊者說：「阿奴羅度道友！你們的導師，就是那位已經證悟無上正等正覺的如來，他死後會到什麼地方去呢？他死後會處於什麼狀態之中呢？我們認為有四種可能的情況：「如來死後存在」，「如來死後不存在」，「如來死後既存在，也不存在」，「如來死後既不存在，也不是不存在」，我們認為你們的導師如來死後只可能處於這四種狀態中的其中一個狀態之中。」

　　外教長老說完後，阿奴羅度尊者對外教徒們說：「道友們，如來死後不在你們所說的這四種狀態之中，你們用這四種狀態來形容如來死後的狀態是不恰當的，是不合適的。」

　　阿奴羅度尊者這樣回答的時候，外教徒們非常的不高興，他們都異口同聲的說：「道友，你一定是出家不久的新學比丘（出家人），或是非常愚蠢無智的上座長老，既然說出如此無知的言語，我們都將死後所有的狀態都說出來了，你既然說如來不會在這些狀態之中，你簡直就是一個愚昧無知的比丘。」

　　外教徒們用各種貶低阿奴羅度尊者的言語侮辱他。他們就這樣罵罵咧咧的離開了阿奴羅度尊者的住處。

　　當這些外教徒離開後，阿奴羅度尊者心裡想：「我回答外教徒們的這些言語正確嗎？我應該如何對這些外教徒說法才是按著世尊的正法在說法？我剛才對這些外教徒所說的言語沒有誹謗中傷世尊的正法吧？我剛才對外教徒所說的言語是不應該被質疑和訓斥的吧？」

　　為了解除心中的疑惑，阿奴羅度尊者就來到佛陀的住處，他頂禮佛陀後，就在一旁坐下，阿奴羅度尊者對佛陀詳細講述了他與外教徒

一本書

讀懂所有佛經

們的對話。並將自己的疑惑也告訴了佛陀。

佛陀對阿奴羅度尊者說：「阿奴羅度！你是怎麼想的？物質事物、物質身體是永遠存在，永恆保持不變，是能夠永遠擁有的，還是隨時在變化，無法永遠存在，無法永恆保持不變，無法永遠擁有的？」

阿奴羅度尊者回答：「世尊，物質事物、物質身體是隨時在變化，無法永遠存在，無法永恆保持不變，無法永遠擁有的，物質事物是會衰敗、滅亡、消失的，物質身體是會生病、衰老、死亡的。」

佛陀說：「阿奴羅度！既然物質事物、物質身體是隨時在變化，無法永遠存在，無法永恆保持不變，無法永遠擁有的，那麼是最終帶來痛苦的，還是最終帶來快樂的呢？」

阿奴羅度尊者回答：「世尊，物質事物、物質身體最終帶來的是痛苦，為什麼這麼說呢？因為就算物質事物、物質身體帶來了快樂，那都是短暫的。世間一切的物質事物、物質身體隨時都在變化，無法永遠的存在，無法永恆的保持不變，無法永遠的擁有，當失去這些物質事物的時候，當這些物質事物衰敗、滅亡、消失的時候，當物質身體生病、衰老、臨死的時候，就會帶來痛苦，之前這些物質事物、物質身體帶來了多少的快樂，當失去這些物質事物的時候，當這些物質事物衰敗、滅亡、消失的時候，當物質身體生病、衰老、臨死的時候，就會帶來多少痛苦，所以世間的物質事物、物質身體帶來的最終都是痛苦。」

佛陀說：「阿奴羅度！任何隨時在變化，無法永遠存在，無法永恆保持不變，無法永遠擁有的物質事物、物質身體，如果不對它們生起念想，不執著和掛念它們，不貪愛它們，還會認為：「物質事物是我所擁有的，我就是這個物質身體，這個物質身體就是真實不變、永遠存在的我」嗎？簡單的說就是還會認為：「這是我的，我是這個，這是真實不變、永遠存在的我嗎？」

阿奴羅度尊者回答：「世尊，不對物質事物、物質身體生起念想，不執著和掛念物質事物、物質身體，不貪愛物質事物、物質身體，就不會認為：「物質事物是我所擁有的，我就是這個物質身體，這個物質身體就是真實不變、永遠存在的我。」簡單的說就是不會認

爲：「這是我的，我是這個，這是眞實不變、永遠存在的我。」」

佛陀說：「阿奴羅度！你是怎麼想的？感受、念想、行爲、認識、分別、判斷是永遠存在，永恆保持不變，是能夠永遠擁有的，還是隨時在變化，無法永遠存在，無法永恆保持不變，無法永遠擁有的？」

阿奴羅度尊者回答：「世尊，感受、念想、行爲、認識、分別、判斷是隨時在變化，無法永遠存在，無法永恆保持不變，無法永遠擁有的，感受、念想、行爲、認識、分別、判斷是會消退、滅盡、消失的。」

佛陀說：「阿奴羅度！既然感受、念想、行爲、認識、分別、判斷是隨時在變化，無法永遠存在，無法永恆保持不變，無法永遠擁有的，那麼是最終帶來痛苦的，還是最終帶來快樂的呢？」

阿奴羅度尊者回答：「世尊，感受、念想、行爲、認識、分別、判斷最終帶來的是痛苦，爲什麼這麼說呢？因爲就算感受、念想、行爲、認識、分別、判斷帶來了快樂，那都是短暫的。世間一切的感受、念想、行爲、認識、分別、判斷隨時都在變化，無法永遠的存在，無法永恆的保持不變，無法永遠的擁有，當失去這些讓世間人、眾生滿意、開心、快樂的感受、念想、行爲、認識、分別、判斷的時候，當這些讓世間人、眾生滿意、開心、快樂的感受、念想、行爲、認識、分別、判斷消退、滅盡、消失的時候，當感受、念想、行爲、認識、分別、判斷讓世間人、眾生不滿意、不開心、不快樂的時候，就會帶來痛苦，之前這些讓世間人、眾生滿意、開心、快樂的感受、念想、行爲、認識、分別、判斷帶來了多少的快樂，當失去這些讓世間人、眾生滿意、開心、快樂的感受、念想、行爲、認識、分別、判斷的時候，當這些讓世間人、眾生滿意、開心、快樂的感受、念想、行爲、認識、分別、判斷消退、滅盡、消失的時候，當感受、念想、行爲、認識、分別、判斷讓世間人、眾生不滿意、不開心、不快樂的時候，就會帶來多少痛苦，所以世間的感受、念想、行爲、認識、分別、判斷帶來的最終都是痛苦。」

佛陀說：「阿奴羅度！任何隨時在變化，無法永遠存在，無法永恆保持不變，無法永遠擁有的感受、念想、行爲、認識、分別、判

一本書
讀懂所有佛經

斷，如果不對它們生起念想，不執著和掛念它們，不貪愛它們，還會認爲：「感受、念想、行爲、認識、分別、判斷是我所擁有的，我就是這個感受、念想、行爲、認識、分別、判斷，這個感受、念想、行爲、認識、分別、判斷就是眞實不變、永遠存在的我」嗎？簡單的說就是還會認爲：「這是我的，我是這個，這是眞實不變、永遠存在的我嗎？」

阿奴羅度尊者回答：「世尊，不對感受、念想、行爲、認識、分別、判斷生起念想，不執著和掛念感受、念想、行爲、認識、分別、判斷，不貪愛感受、念想、行爲、認識、分別、判斷，就不會認爲：「感受、念想、行爲、認識、分別、判斷是我所擁有的，我就是這個感受、念想、行爲、認識、分別、判斷，這個感受、念想、行爲、認識、分別、判斷就是眞實不變、永遠存在的我。」簡單的說就是不會認爲：「這是我的，我是這個，這是眞實不變、永遠存在的我。」」

佛陀說：「阿奴羅度！對於物質事物、物質身體、感受、念想、行爲、認識、分別、判斷，不論是過去、現在、未來，或者內部，或者外部；或者粗糙，或者細滑；或者低劣，或者優質；或者遙遠，或者鄰近等等世間一切的物質事物、物質身體、感受、念想、行爲、認識、分別、判斷都應該用正確的智慧，這樣來看待：「物質事物、物質身體、感受、念想、行爲、認識、分別、判斷不是我所擁有的，我不是這個物質事物、物質身體、感受、念想、行爲、認識、分別、判斷，這個物質事物、物質身體、感受、念想、行爲、認識、分別、判斷不是眞實不變、永遠存在的我。」簡單的說就是：「這不是我的，我不是這個，這不是眞實不變、永遠存在的我。」

阿奴羅度！當你有了這個正確的見解，那就是已經受到了如來的教導。已經受到如來教導的聖弟子們，他們不會執著和掛念物質事物、物質身體、感受、念想、行爲、認識、分別、判斷，當他們不執著和掛念這些事物的時候，就不會被這些事物束縛捆綁，就不會因爲這些事物胡思亂想、胡作非爲，就不會讓這些事物污染自己內心清淨的境界。當他們徹底從這些事物中解脫出來的時候，徹底的滅盡一切煩惱和痛苦的時候，他們就開啓了解脫的智慧，他們就證悟了解脫的果位，他們自己就明白了：「從這一世開始已經不會再出生在世間

了。行為、言語、念想的修行已經圓滿，應該做的事情已經做好，不會再有喜怒哀樂等等煩惱和痛苦的輪迴狀態了，不會再出生在世間了，已經徹底從生死輪迴中解脫出來。」

阿奴羅度！你是怎麼想的？物質身體就是如來嗎？」

阿奴羅度尊者回答：「世尊，物質身體不是如來。」

佛陀說：「感受、念想、行為、認識、分別、判斷是如來嗎？」

阿奴羅度尊者回答：「世尊，感受、念想、行為、認識、分別、判斷不是如來。」

佛陀說：「阿奴羅度！你是怎麼想的？你會認為「物質身體是如來的一部分，物質身體在如來中」，或者認為：「如來是物質身體的一部分，如來在物質身體中嗎？」」

阿奴羅度尊者回答：「世尊，我不會有這樣的見解。」

佛陀說：「阿奴羅度！你會認為：如來在物質身體之外的地方嗎？也就是你會認為：「感受、念想、行為、認識、分別、判斷就是如來，如來擁有感受、念想、行為、認識、分別、判斷」，或者認為：「感受、念想、行為、認識、分別、判斷是如來的一部分，感受、念想、行為、認識、分別、判斷在如來中」，或者認為：「如來是感受、念想、行為、認識、分別、判斷的一部分，如來在感受、念想、行為、認識、分別、判斷中」嗎？」

阿奴羅度尊者回答：「世尊，我不會有這樣的見解。」

佛陀說：「阿奴羅度！你是怎麼想的？物質身體、感受、念想、行為、認識、分別、判斷合在一起就是如來嗎？」

阿奴羅度尊者回答：「世尊，我不會有這樣的見解。」

佛陀說：「阿奴羅度！你是怎麼想的？沒有物質身體、感受、念想、行為、認識、分別、判斷就是如來嗎？」

阿奴羅度尊者回答：「世尊，我不會有這樣的見解。」

佛陀說：「阿奴羅度！還沒有弄明白如來是什麼的時候，還沒有完全理解如來是什麼的時候，就說：「如來死後還存在」，「如來死後就不存在了」，「如來死後既存在，也不存在」，「如來死後既不存在，也不是不存在」是恰當和合適的嗎？」

阿奴羅度尊者回答：「世尊，在還沒有明白如來是什麼，還沒有

完全理解如來是什麼的時候，不能隨便的說如來死後所處的狀態，有這些這些見解的世間人，他們把物質身體、感受、念想、行爲、認識、分別、判斷當成是眞實、永遠存在的自己了，當成是眞實、永遠存在的如來了。他們把物質事物、物質身體、感受、念想、行爲、認識、分別、判斷當成是自己眞實、永遠擁有的事物了，他們錯認爲世間的事物是可以眞實、永遠存在的，他們把那些由條件生起、形成、存續、衰敗、滅亡、消失的物質身體、感受、念想、行爲、認識、分別、判斷當成是眞實、永遠存在的自己，當成是眞實、永遠存在的如來了。他們把那些由條件生起、形成、存續、衰敗、滅亡、消失的物質事物、物質身體、感受、念想、行爲、認識、分別、判斷當成是自己眞實、永遠擁有的事物了。他們執著和掛念世間的物質事物、物質身體、感受、念想、行爲、認識、分別、判斷，才會生起無數多的見解，實際上世間的一切事物都是在一定的條件下生起、形成、存續、衰敗、滅亡、消失的。世間一切的事物隨時在變化，無法永遠存在，無法永恆保持不變，無法永遠的擁有，滿足條件就會生起、形成、存續、發展，滿足條件也會衰敗、滅亡、消失，是隨著各種條件變化的。」

佛陀說：「阿奴羅度！很好！很好！你已經明白如來剛才所說的法義了。阿奴羅度！如來的正法裡只有煩惱和痛苦的生起、形成與煩惱和痛苦的消退、滅盡。包括這個如來的名字，都是暫時取出來的假名，世間的一切事物隨時都在變化，沒有永遠存在的事物，沒有永遠保持不變的事物，沒有永恆能夠擁有的事物。這個我也是在一定的條件下生起、出現、成長、存續、生病、衰老、死亡、消失的。我是由條件生起來的。條件滅盡了，我就消失不見了，條件生起了我又出現了，這個我也只是暫時取個名字叫我而已。如果說這個我不存在那是斷滅見，滿足一定條件的時候，我就會出現；如果說這個我眞實存在，滿足一定條件的時候我也會消失不見；不可執著這個生滅變化的我。我的生起就是煩惱和痛苦的生起，不執著和掛念這個我就是煩惱和痛苦的滅盡。世間的人，他們將生滅變化的物質身體、感受、念想、行爲、認識、分別、判斷錯當成是眞實、永遠存在的我，錯當成是眞實、永遠存在的如來。世間的人，他們將生滅變化的物質事物、

物質身體、感受、念想、行為、認識、分別、判斷當成是自己能夠永遠擁有的事物，所以才會沉浸在無數多的見解之中，他們由這些見解生起了爭鬥的煩惱和痛苦。合乎他們心意的解答他們就歡喜，不合乎他們心意的解答他們就會憤怒反駁，他們已經陷入歡樂、開心、舒暢、安心、期望、憂愁、悲傷、苦悶、憂慮、恐怖、絕望等等循環往復的念想之中，他們已經沉浸在各種煩惱和痛苦的輪迴之中，他們無法長久的安住在清淨安寧的境界之中，他們已經被無數的念想擾動、污染。他們已經被無數的煩惱和痛苦加害。」

　　佛陀說法後，阿奴羅度尊者虔誠的頂禮佛陀，隨喜讚歎佛陀說法的無量功德，並按著佛陀所說的法去修行。

第一百一十一章　生死輪回的燃料是什麼？

有個時候，外教修行人婆蹉來到佛陀的住所，他與佛陀互相問候後，就在一旁坐下，外教修行人婆蹉對佛陀說：「喬達摩（佛陀），前幾天各種教派的出家人、修行人，他們在大講堂聚會，談論了一些話題：富蘭那迦葉這位開宗祖師，他是很多人的老師，他教導了很多人，有很多人追隨他，有很多人是他的弟子，他是大眾公認的德高望重的大師，富蘭那迦葉大師經常會記說他已經過世，已經死去的弟子將會投生到什麼地方，他也會記說在他教派裡面證悟最高成就果位的弟子會投生到什麼地方。

同樣的，末迦利瞿舍羅、尼乾陀若提子、散惹耶毘羅梨子、浮陀迦栴延、阿夷多翅舍欽婆羅這五位開宗祖師，他們是很多人的老師，他們教導了很多人，有很多人追隨他們，有很多人是他們的弟子，他們是大眾公認的德高望重的大師，這五位大師經常會記說他們已經過世，已經死去的弟子將會投生到什麼地方，他們也會記說在他們教派裡面證悟最高成就果位的弟子會投生到什麼地方。

然而，沙門喬達摩，他也是開宗祖師，他也是很多人的老師，他也教導了很多人，也有很多人追隨他，也有很多人是他的弟子，他也是大眾公認的德高望重的大師，可是沙門喬達摩卻從來都不會記說他已經過世，已經死去的弟子將會投生到什麼地方，他也不會記說在他教派裡面證悟最高成就果位的弟子會投生到什麼地方。沙門喬達摩對於這些已經死去，已經過世的弟子們只會說：「如果他滅盡了貪欲、渴愛，解除了世間一切事物對自己的束縛捆綁，滅盡了傲慢，滅盡了對自己的執著和掛念，不再由執著「我」而生起各種念想、思想、見解，那麼他的一切煩惱和痛苦就熄滅、平息、滅盡、結束了」喬達摩對於你說的這些話，我非常的疑惑，那些按你的法去修行的人，他們如何知道自己修行有所成就了呢？」

佛陀說：「婆蹉！你不明白如來的正法，所以才會有疑惑。

有執著和掛念的人才會在死後繼續的投生，不執著和掛念的人就不會在死後繼續投生，也就是說生死輪迴是建立在執著和掛念上的，對於不執著和掛念的人來說生死輪迴就停止、滅盡了。就如同熊熊燃燒的大火，是因為有燃料的緣故，有燃料大火才會持續的燃燒，燃料耗費完了，大火也不會繼續燃燒了。執著和掛念就相當於大火還有可供燃燒的燃料，不執著和掛念就相當於燃料已經耗盡，已經用完了。」

外教修行人婆蹉說：「喬達摩，如果燃料沒有用完，大火的火焰沒有顯露出來，火星隱藏在火堆的內部，這時吹起了大風，將埋藏在火堆內部的火星吹燃了，這個大風讓熄滅火焰的大火又燃燒起來，那麼這個大風叫做什麼呢？」

佛陀說：「婆蹉！大風也叫做燃料，幫助大火燃燒的條件燃料。」

外教修行人婆蹉說：「喬達摩，世間人或眾生在世、活著的時候，他們還沒有死的時候，什麼是他們的燃料呢？」

佛陀說：「世間人或眾生在世、活著的時候，他們還沒有死的時候，貪欲、渴愛就是他們的燃料，如果他們無法滅盡貪欲、渴愛，他們死後、過世後就還會繼續的生死輪迴。就如同大火的燃料沒有用完，滿足一定的條件還會繼續的燃燒，而滅盡貪欲、渴愛的世間人或眾生就如同大火的燃料已經耗盡、用完，不會再繼續的燃燒，大火就會熄滅、消失，如果要說這個熄滅的大火會到什麼地方去，這個大火會在熄滅後到東南西北等等的地方去，就不恰當了。所以這些已經滅盡貪欲、渴愛的世間人或眾生，當他們死後、過世後不能說他們投生到什麼地方去了，而只能說他們滅盡貪欲、渴愛就熄滅、平息、滅盡、結束了一切的煩惱和痛苦。

另外，婆蹉，說某人在死後、過世後會投生到什麼地方去，本來就已經超過了世間人或眾生的認知範圍，說這些話的人，他們自己都不知道自己說的話是真實的還是虛假的，因為他們說的這些話已經超過了他們所知的範圍。」

一本書

讀懂所有佛經

外教修行人婆蹉說：「大德，我明白了，滅盡了貪欲、渴愛，就能熄滅、平息、滅盡、結束一切的煩惱和痛苦，就能從生死輪回中解脫出來，那些按您的正法去修行的人，他們可以通過驗證自己除滅貪欲、渴愛的多少來判斷自己修行成就的大小和高低。也就是除滅的貪欲、渴愛越多，修行成就就越大、越高，看來我之前說的那幾位開宗大師，雖然他們德高望重，可是他們還是會說一些連他們自己都無法驗證的言語，說某某人會在死後投生到什麼地方去，本來就超過了他們的認知範圍，他們說這些話是想由此提高自己的地位，是想表示自己與一般人不同，是想讓大眾誤認為他們有什麼特別的神通，原來他們是在說假話。看來我以後修行還是要選對老師，對於那種說假話的老師還是得遠離他們。要選一個說真話的老師，這樣我才不會走錯路，我才不會被欺騙。」

佛陀說法後，外教修行人婆蹉虔誠的頂禮佛陀，隨喜讚歎佛陀說法的無量功德，並按著佛陀所說的法去修行。

第一百一十二章　修行什麼能夠不死？

　　有個時候，佛陀住在舍衛城的祇樹林給孤獨園，有一天，某位出家人來到佛陀的住所，他頂禮佛陀後，就在一旁坐下，他對佛陀說：「世尊，什麼是「降伏貪欲、渴愛，降伏憤怒煩惱，降伏無智愚癡」呢？它是誰的同義語呢？它還可以指什麼呢？」

　　佛陀說：「比丘（出家人），熄滅、平息、滅盡煩惱和痛苦就是「降伏貪欲、渴愛，降伏憤怒煩惱，降伏無智愚癡」，貪欲、渴愛、憤怒煩惱、無智愚癡就是煩惱和痛苦，這也是進入涅槃境界的同義語，什麼是進入涅槃境界呢？沒有煩惱，沒有痛苦，沒有執著，沒有掛念，沒有念想就是進入涅槃的境界。」

　　這位出家人繼續問佛陀：「世尊，什麼是不死呢？不死的修行方法是什麼？」

　　佛陀說：「比丘，滅盡貪欲、渴愛、憤怒煩惱、無智愚癡就叫做不死，不生就不死，這個不生不僅指不出生在世間，還指不生起貪欲、渴愛、憤怒煩惱、無智愚癡，既然沒有生起貪欲、渴愛、憤怒煩惱、無智愚癡，就不會循環往復的產生歡樂、開心、舒暢、安心、期望、憂愁、悲傷、苦悶、憂慮、恐怖、絕望等等喜怒哀樂的煩惱和痛苦，生死輪迴也不僅指循環往復的在世間出生又死去，還指行為、言語、念想循環往復的產生和消失，喜怒哀樂情感的產生和消失，這也是生死輪迴，生是產生、出現、顯現，死是結束、滅沒、消失。比如一件事情發生叫做生，這件事情結束叫做死。生死不僅是指身體的出生與死亡，還指世間一切事物的出現、顯現和滅沒、消失。

　　比丘，修習八正道就能不生（八正道解釋，見第五章）。不生什麼呢？不生貪欲、渴愛、憤怒煩惱、無智愚癡，不生任何念想，既然不生就不死，沒有產生、出現、顯現，就談不上結束、滅沒、消失。比如沒有生起行為、言語、念想，就不會有這些行為、言語、念想導致的結果；沒有貪欲、渴愛、憤怒煩惱、無智愚癡、念想的生起就不

會有歡樂、開心、舒暢、安心、期望、憂愁、悲傷、苦悶、憂慮、恐
怖、絕望等等喜怒哀樂煩惱和痛苦的生起。不生就不死。這個死不只
是指身體的死亡，還指世間事物事情的結束、滅沒、消失。世間的事
物事情沒有生起、發生、出現，就談不上滅沒、結束、消失。也即是
修習正見、正志、正語、正業、正命、正方便、正念、正定，這八種
正道就能不生，不生就不死。」

　　佛陀說法後，這位出家弟子再次的頂禮佛陀，隨喜讚歎佛陀說法
的無量功德，並按著佛陀所說的法去修行。

第一百一十三章　八邪道與八正道

　　有個時候，阿難尊者與跋陀羅尊者住在巴達弗色城的雞林精舍。有一天，傍晚的時候，跋陀羅尊者靜坐禪修完畢後，就來到阿難尊者的住處，他與阿難尊者互相問候後，就在一旁坐下，跋陀羅尊者對阿難尊者說：「阿難學友！什麼是不清淨的行為呢？哪些行為是不清淨的行為呢？」

　　阿難尊者回答：「跋陀羅學友，您問的這個問題非常的好，什麼是不清淨的行為呢？八邪道就是不清淨的行為，什麼是八邪道呢？就是：邪見、邪志、邪語、邪業、邪命、邪方便、邪念、邪定，八邪道正好與八正道相反。

　　什麼是邪見呢？就是不明白四聖諦，也即是不明白苦、集、滅、道這四種聖諦的法義，沒有開啟智慧。苦、集、滅、道四聖諦的法義是什麼呢？出生在世間的眾生是很痛苦的，這就是苦聖諦的法義；痛苦的根源是貪愛，這就是苦集聖諦的法義；只有先滅除了貪愛才能滅除痛苦，這就是苦滅聖諦的法義；滅除痛苦的方法就是修習八正道，這就是道聖諦的法義。跋陀羅學友，不明白四聖諦就可能會陷入邪見之中。

　　什麼是邪志呢？沒有遠離欲望的意向和願望，沒有遠離貪欲、渴愛的意向和願望；有惡意的意向和願望，有加害的意向和願望。跋陀羅學友，這就是邪志的法義。

　　什麼是邪語呢？說假話，說虛假不真實的言語，說挑撥離間的言語，說粗暴誹謗中傷的言語，說輕浮、浮誇、淫穢、不正經、毫無意義的言語，跋陀羅學友，這就是邪語的法義。

　　什麼是邪業呢？殺生害命，偷盜搶劫，剽竊抄襲，做任何傷害別人或自己的惡事，做任何不清淨的行為，跋陀羅學友，這就是邪業的法義。

一本書

讀懂所有佛經

什麼是邪命呢？做非法、不正當的工作或事業謀生、生活；不做合法、正當的工作或事業謀生、生活，跋陀羅學友，這就是邪命的法義。

　　什麼是邪方便呢？邪方便也叫做邪精進，也就是在非法、不正當的工作上去努力、去奮鬥，離善法越來越遠，在惡法中越陷越深，跋陀羅學友，這就是邪精進、邪方便的法義。

　　什麼是邪念呢？就是將注意力專注在不正確的念想、思想上，跋陀羅學友，這就是邪念的法義。

　　什麼是邪定呢？定是聚集的意思，經常將注意力專注在不正確的念想、思想上，就會聚集惡法，讓罪業與日俱增，當罪業聚集到一定的程度，必定會下墮到惡道、不幸痛苦的地方中去，甚至於下墮到地獄、畜生、餓鬼三惡道中受苦，跋陀羅學友，這就是邪定的法義。

　　跋陀羅學友，這就是八邪道的法義。

　　跋陀羅學友，什麼是八正道呢？正見、正志、正語、正業、正命、正方便、正念、正定，這八種正道就是八正道。

　　什麼是正見呢？就是明白四聖諦，也即是明白苦、集、滅、道這四種聖諦的法義，並由此開啓了智慧。苦、集、滅、道四聖諦的法義是什麼呢？出生在世間的眾生是很痛苦的，這就是苦聖諦的法義；痛苦的根源是貪愛，這就是苦集聖諦的法義；只有先滅除了貪愛才能滅除痛苦，這就是苦滅聖諦的法義；滅除痛苦的方法就是修習八正道，這就是道聖諦的法義。跋陀羅學友，明白四聖諦就是具有正見的人。

　　什麼是正志呢？遠離欲望的意向和願望，遠離貪欲、渴愛的意向和願望；沒有惡意的意向和願望，沒有加害的意向和願望。跋陀羅學友，這就是正志的法義。

　　什麼是正語呢？不說假話，不說虛假不眞實的言語，不說挑撥離間的言語，不說粗暴誹謗中傷的言語，不說輕浮、浮誇、淫穢、不正經、毫無意義的言語，跋陀羅學友，這就是正語的法義。

　　什麼是正業呢？不殺生害命，不偷盜搶劫，不剽竊抄襲，不做任何傷害別人或自己的惡事，不做任何不清淨的行爲，跋陀羅學友，這就是正業的法義。

什麼是正命呢？不做非法、不正當的工作或事業謀生、生活；做合法、正當的工作或事業謀生、生活，跋陀羅學友，這就是正命的法義。

什麼是正方便呢？正方便也叫做正精進，也就是四正勤的意思，什麼是四正勤呢？就是精進努力的除滅已經生起的惡行、惡言、惡念，精進努力的不要讓還沒有生起的惡行、惡言、惡念再次生起，精進努力的讓還沒有生起的善行、善言、善念生起，精進努力的讓已經生起的善行、善言、善念持續的增長、增進。跋陀羅學友，這就是四正勤的法義，這就是正精進、正方便的法義。

什麼是正念呢？就是將注意力集中專注在身體上，專注在對身體的觀想上，這樣就是有正念，這樣精進的修行能夠熄滅、除滅、降伏對世間的貪欲與憂愁；將注意力集中專注在感受上，專注在對感受的觀想上，這樣就是有正念，這樣精進的修行能夠熄滅、除滅、降伏對世間的貪欲與憂愁；將注意力集中專注在內心上，專注在對內心的觀想上，這樣就是有正念，這樣精進的修行能夠熄滅、除滅、降伏對世間的貪欲與憂愁；將注意力集中專注在念想上，專注在對念想的觀想上，這樣就是有正念，這樣精進的修行能夠熄滅、除滅、降伏對世間的貪欲與憂愁。跋陀羅學友，這就是正念的法義，這也被叫做四念住（四念住解釋，見第五十九章）。

什麼是正定呢？修行人除滅貪欲、渴愛、不善法，遠離欲望、不善法後，內心集中專注在清淨的念想上，就能進入喜樂清淨的初禪境界（初禪境界解釋，見第七十二章）；修行人在初禪境界的基礎上平息、熄滅多個集中專注的清淨念想，內心只集中專注單個、純一的清淨念想，就能進入喜樂清淨的二禪境界（二禪境界解釋，見第七十三章）；修行人在二禪境界的基礎上熄滅、平息由禪定生起的喜樂，並保持正知、正念（正知、正念解釋，見第九十六章），就能進入清淨的三禪境界（三禪境界解釋，見第七十四章），尊者們就會稱這些進入三禪境界的修行人為：『他們是集中專注修行，讓自己的內心平靜寂靜，安住在清淨境界之中的修行人』；修行人在三禪境界的基礎上平息、熄滅厭惡憎恨，滅盡厭惡、不喜歡，讓內心安住在不苦不樂的境界之中，讓內心平靜的集中專注在單個、一種、純淨的清淨念想之

中，就能進入清淨的四禪境界，也就是在四禪境界中苦悶、快樂、喜悅、憂愁等等喜怒哀樂的煩惱都被平息、熄滅了。跋陀羅學友，這就是正定的法義。

跋陀羅學友，這就是八正道的法義。」

阿難尊者說法後，跋陀羅尊者虔誠的頂禮阿難尊者，隨喜讚歎阿難尊者說法的無量功德，並按著阿難尊者所說的法去修行。

第一百一十四章　修習正法，走正道的徵兆

　　有個時候，佛陀住在舍衛城的祇樹林給孤獨園，有一天，佛陀對出家弟子們說：「比丘們（出家人），黎明的時候，天空會逐漸變亮，這是太陽升起的先兆、徵兆。同樣的，比丘們，與善良的人、好人在一起，與善人、好人做朋友，是修習八正道的先兆、徵兆（八正道解釋，見第一百一十三章）。

　　比丘們，當世間人或眾生與善人、好人在一起的時候，當世間人或眾生與善人、好人做朋友的時候，就能夠預見、預料，這些世間人或眾生必將修習八正道，他們必將經常修習八正道。

　　比丘們，為什麼與善人、好人在一起會修習八正道呢？為什麼與善人、好人做好朋友會經常修習八正道呢？比丘們，因為與善人、好人在一起的時候，就會被這些善人、好人的善行、善言、善念影響、薰陶而去做善事，因為當與善人、好人做好朋友的時候，一旦自己有什麼惡行、惡言出現，善人、好人就會提醒、勸解自己不要去做這些惡行，不要去說這些惡言，這樣就能熄滅、平息、滅盡自己內心生起的惡念，不再去做惡事。這樣就相當於靜坐禪修的修行一樣（禪修解釋，見第一百零九章），讓內心不胡思亂想，不混亂，不散亂，安住在清淨安寧的境界之中；這樣也相當於止與觀的修行方法，什麼是止與觀的修行方法呢？就是先將內心集中專注在單個、純一不會生起貪欲、渴愛的念想之中，比如將內心集中專注在數呼吸的單一念想上，或者將內心集中專注在眨眼睛的單一念想上，或者將內心集中專注在身體某個部位感覺的單一念想上，以此熄滅各種雜念、妄想，不讓內心胡思亂想，不讓內心混亂、散亂，讓內心先安定、平靜、寂靜，之後觀想正法智慧，比如觀想：「世間一切的事物隨時在變化，無法永遠存在，無法永恆保持不變，無法永遠擁有；我的物質身體、感受、念想、行為、認識、分別、判斷也是隨時在變化，無法永遠存在，無

法永恆保持不變，無法永遠擁有的。我的物質身體會生病、衰老、死亡；我的感受、念想、行為、認識、分別、判斷會消退、消失。我擁有的物質事物也會破損、衰敗、滅亡、消失，我也無法永遠的擁有物質事物，我也會失去物質事物。

我的眼睛、耳朵、鼻子、舌頭、身體、內心隨時在變化，無法永遠存在，無法永恆保持不變，無法永遠擁有，我的眼睛、耳朵、鼻子、舌頭、身體、內心會喪失功能，會衰敗、壞滅。」以此熄滅、滅盡由執著「我」而生起的煩惱和痛苦。

簡單的說就是：先熄滅、停止內心中的各種雜念、妄想，不讓內心胡思亂想，不讓內心混亂、散亂，讓內心安寧、平靜、寂靜下來，先控制住煩惱和痛苦，不讓煩惱和痛苦持續不斷的生起，這就是止。內心安寧、平靜、寂靜下來後，再觀想各種解脫的智慧，以此熄滅、除滅已經生起來的煩惱和痛苦，這就是觀。最終滅盡一切的煩惱和痛苦，證悟解脫的果位，進入沒有煩惱，沒有痛苦，沒有執著，沒有掛念，沒有念想的涅槃境界。比丘們，這就是止與觀的修行方法。

比丘們，與善人、好人在一起，與善人、好人做好朋友就能熄滅、平息、滅盡貪欲、渴愛、憤怒、無智愚癡、喜怒哀樂、執著、掛念等等煩惱和痛苦，就能圓滿的完成正見、正志、正語、正業、正命、正方便、正念、正定，這八種正道的修行，最終進入沒有煩惱，沒有痛苦，沒有執著，沒有掛念，沒有念想的涅槃清淨境界。

比丘們，你們要與善人、好人在一起，你們要與善人、好人做朋友，你們要經常修習八正道，這就是如來今天對你們的教導。」

佛陀說法後，聽法的出家弟子們都再次的頂禮佛陀，隨喜讚歎佛陀說法的無量功德，他們都按著佛陀所說的法去修行。

第一百一十五章　太陽與月亮的光輝

　　有個時候，佛陀住在舍衛城的祇樹林給孤獨園，有一天，佛陀對出家弟子們說：「比丘們（出家人），猶如在夜晚任何星辰的光輝都無法與月亮相比一樣，月亮就是世間夜晚最亮的星體。同樣的，比丘們，世間一切的善法都以不放逸法為根本，都向不放逸法靠攏、聚集，不放逸法就是世間第一的善法。

　　猶如在白天任何事物的光亮都無法與太陽相比一樣，太陽普照世間萬物，釋放光與熱，驅散世間的黑暗，溫暖世間的眾生（眾生解釋，見第七十七章），相對於地球來說，太陽是世間散發光與熱第一的星體。同樣的，比丘們，世間一切的善法都以不放逸法為根本，都向不放逸法靠攏、聚集，不放逸法就是世間第一的善法。

　　猶如世間任何材料編織的衣服的輕薄、平滑、光亮、細膩、平整都無法與絲綢編織的衣服相比一樣，絲綢編織的衣服就是世間輕薄、平滑、光亮、細膩、平整第一的衣服。同樣的，比丘們，世間一切的善法都以不放逸法為根本，都向不放逸法靠攏、聚集，不放逸法就是世間第一的善法。

　　比丘們，什麼是不放逸呢？就是不懈怠、不懶惰，集中專注在善法上，持之以恆、一心只做善事，不做惡事。管束好自己不做惡行、不說惡言、不生惡念。停止結束已經生起的惡行、惡言、惡念，沒有生起的惡行、惡言、惡念不再生起；還沒有生起的善行、善言、善念持續不斷的生起，已經生起的善行、善言、善念堅持不懈、持之以恆的執行、踐行，讓其增進、增長。堅持不懈、持之以恆的去斷惡修善，這就是不放逸。

　　比丘們，當世間人或眾生不放逸的時候，就可以預見、預料：這些不放逸的世間人或眾生必將修習八正道（八正道解釋，見第一百一十三章），必將經常修習八正道。比丘們，這些不放逸的世間人或眾生是如何修習八正道的呢？他們依靠止與觀的修行熄滅、平息、滅盡

一本書

讀懂所有佛經

貪欲、渴愛（止與觀解釋，見第一百一十四章），圓滿的完成正見、正志、正語、正業、正命、正方便、正念、正定，這八種正道的修行，進入沒有煩惱，沒有痛苦，沒有執著，沒有掛念，沒有念想的涅槃清淨境界。比丘們，不放逸的世間人或眾生就是這樣修習八正道的，就是這樣經常修習八正道的，你們也要這樣去經常修習八正道，這就是如來今天對你們的教導。」

佛陀說法後，聽法的出家弟子們都再次的頂禮佛陀，隨喜讚歎佛陀說法的無量功德，他們都按著佛陀所說的法去修行。

第一百一十六章　龍是什麼？

有個時候，佛陀住在舍衛城的祇樹林給孤獨園，有一天，有一位出家人來到佛陀的住所，他頂禮佛陀後，就在一旁坐下，這位出家人對佛陀說：「世尊，世間的人，他們有的人害怕龍，他們有的人恭敬的禮拜龍，龍到底是什麼呢？龍到底是哪一種生命形式呢？」

佛陀說：「比丘(出家人)，龍只是一個比喻，比喻的是世間循環往復變化的天氣，比如下雨、下雪、冰雹等等天氣變化，世間的天氣變化就是龍。世間人已經將龍神化了，惡劣的天氣就被比喻成惡龍，對世間人與眾生有利的天氣就被比喻成善龍。

比丘，龍是如何移動和運動的呢？比如在喜馬拉雅大雪山，雪龍的力量會很強大，因為雪龍依靠喜馬拉雅大雪山中無數的雪增強了自己的力量，而這個龍是對天氣變化的比喻。在喜馬拉雅大雪山中天氣是比較惡劣的，世間人或眾生是很難生存的。這個雪龍依靠喜馬拉雅大雪山得到了巨大的力量。當喜馬拉雅大雪山融化成雪水或是下雪、下雨，龍就會以雪水或是下雪、下雨的等等方式進入小溪、小河，再由小溪、小河匯入大河、大江、湖泊之中，最後匯入大海，龍就是以這種方式移動運動的。當然比丘，這只是喜馬拉雅大雪山雪龍的移動運動方式，各個地方龍的移動運動方式都不太相同。比丘，你只要明白：龍就是對天氣變化的比喻就可以了，世間循環往復生起的風、雲、霧、雨、閃電、雪、霜、雷、雹、霾等等天氣變化就是龍。天氣循環往復的運動變化軌跡就是龍移動運動的路徑。

比丘，如同喜馬拉雅大雪山中的雪龍，它通過融化成水或是下雪、下雨等等方式進入小溪、小河，再由小溪、小河匯入大河、大江、湖泊之中，最後匯入大海，在這個過程之中，雪龍的力量在逐漸的增強，並且它變成了水龍，雪龍指的就是與雪與冰凍有關的天氣變化，水龍指的就是與水與濕度有關的天氣變化，水聚集越多的地方龍的力量就越大，因此如來說喜馬拉雅大雪山中的雪在融入、匯入小

一本書

溪、小河、大河、大江、湖泊、大海的過程中，水量在逐漸的增加，水聚集越多的地方對天氣的影響力就越大，龍的力量也就越大。當喜馬拉雅大雪山中的雪經由小溪、小河、大河、大江、湖泊融匯入大海的時候，龍的力量就變得非常的廣大、巨大、強大，天氣的力量就變得異常的廣大、巨大、強大。

同樣的道理，比丘，世間人或眾生依靠受持戒律，以戒律作為修行的立足點，他們就會經常去修習八正道（八正道解釋，見第一百一十三章）。他們經常修習八正道就能讓他們善法、正法的力量逐漸的增加、增長，就能讓他們善法、正法的狀態、境界逐漸的提高、增進。就能讓他們善法、正法的力量變得非常的廣大、巨大、強大，就能讓他們善法、正法的狀態變得非常的穩固、堅固、牢固，就能讓他們善法、正法的境界達到圓滿的程度。就如同雪龍經由小溪、小河、大河、大江、湖泊融匯入大海的過程中，龍的力量逐漸的增強，最後變得非常的廣大、巨大、強大一樣。

比丘，世間人或眾生是如何依靠受持戒律，以戒律作為修行的立足點去經常修習八正道讓善法、正法的力量逐漸的增加、增長的呢？他們是如何讓善法、正法的狀態、境界逐漸的提高、增進的呢？他們是如何讓善法、正法的力量變得非常的廣大、巨大、強大，讓善法、正法的狀態變得非常的穩固、堅固、牢固，讓善法、正法的境界達到圓滿的程度的呢？

世間人或眾生依靠受持戒律熄滅、平息、滅盡貪欲、渴愛、憤怒、無智愚癡、喜怒哀樂、執著、掛念等等煩惱和痛苦，圓滿的完成正見、正志、正語、正業、正命、正方便、正念、正定，這八種正道的修行，進入沒有煩惱，沒有痛苦，沒有執著，沒有掛念，沒有念想的涅槃清淨境界。比丘，受持戒律，以戒律作為修行立足點的世間人或眾生就是這樣修習八正道讓善法、正法的力量逐漸的增加、增長的，就是這樣讓善法、正法的狀態、境界逐漸的提高、增進的，就是這樣讓善法、正法的力量變得非常的廣大、巨大、強大的，就是這樣讓善法、正法的狀態變得非常的穩固、堅固、牢固的，就是這樣讓善法、正法的境界達到圓滿的程度的。

比丘，你要受持戒律，你要經常修習八正道，這樣你善法、正法的力量就會逐漸的增加、增長，這樣你善法、正法的狀態、境界就會逐漸的提高、增進，這樣你善法、正法的力量就會變得非常的廣大、巨大、強大，這樣你善法、正法的狀態就會變得非常的穩固、堅固、牢固，這樣你善法、正法的境界就會達到圓滿的程度。這樣你就能最終圓滿完成八正道的修行，熄滅、平息、滅盡一切的煩惱和痛苦，從生死輪回中解脫出來（生死輪回解釋，見第一百一十二章），進入沒有煩惱，沒有痛苦，沒有執著，沒有掛念，沒有念想的涅槃清淨境界。」

　　佛陀說法後，這位聽法的出家人再次虔誠恭敬的頂禮佛陀，隨喜讚歎佛陀說法的無量功德，並按著佛陀所說的法去修行。

一本書

讀懂所有佛經

第一百一十七章　樹木向東方倒下

有個時候，佛陀住在舍衛城的祇樹林給孤獨園，有一天，佛陀對出家弟子們說：「比丘們（出家人），有一棵大樹向東邊傾斜、低斜，如果此時用斧頭砍斷這棵大樹，這棵大樹將會倒向什麼方向呢？」

出家弟子們回答：「世尊，這棵大樹會倒向它傾斜、低斜的方向，這棵大樹會倒向東方。」

佛陀說：「比丘們，同樣的道理，經常修習八正道的世間人或眾生（八正道解釋，見第一百一十三章），他們將會向涅槃傾斜、低斜，他們將會越來越接近、靠近涅槃，他們最終將會進入涅槃的境界。

比丘們，世間人或眾生是如何通過經常修習八正道向涅槃傾斜、低斜的呢？是如何通過經常修習八正道越來越接近、靠近涅槃，最終進入涅槃境界的呢？世間人或眾生依靠經常修習八正道熄滅、平息、滅盡貪欲、渴愛、憤怒、無智愚癡、喜怒哀樂、執著、掛念等等煩惱和痛苦，圓滿的完成正見、正志、正語、正業、正命、正方便、正念、正定，這八種正道的修行，進入沒有煩惱，沒有痛苦，沒有執著，沒有掛念，沒有念想的涅槃清淨境界。比丘們，世間人或眾生就是這樣經常修習八正道向涅槃傾斜、低斜的，就是這樣越來越接近、靠近涅槃的，就是這樣進入涅槃境界的。比丘們，你們要經常去修習八正道，這就是如來今天對你們的教導。」

佛陀說法後，聽法的出家弟子們都再次的頂禮佛陀，隨喜讚歎佛陀說法的無量功德，他們都按著佛陀所說的法去修行。

第一百一十八章　航船的繩索

　　有個時候，佛陀住在舍衛城的祇樹林給孤獨園，有一天，佛陀對出家弟子們說：「比丘們（出家人），用植物藤條製作的繩索將航船栓在港口，如果這個用藤條製作的繩索浸泡在海水中十二個月，並且露在海面上的繩索又經歷了寒冬的冷凍與酷夏的暴曬，在雨季到來的時候這個繩索又被大雨大風侵襲。在春夏秋冬四季的各種天氣變化中，這個繩索被風吹雨淋、冰凍暴曬，就很容易腐爛損壞，失去固定捆綁航船的功能。同樣的道理，比丘們，修習八正道，經常修習八正道就能解除煩惱痛苦繩索的束縛和捆綁（八正道解釋，見第一百一十三章）。八正道就如同摧毀、破壞煩惱和痛苦繩索束縛捆綁的冰凍、暴曬、大雨、大風等等各種四季的天氣變化。

　　比丘們，冰凍、暴曬、大雨、大風等等各種四季的天氣變化只有長時間的風吹雨淋、冰凍暴曬藤條繩索，這個繩索才可能腐爛損壞，僅僅一兩天的風吹雨淋、冰凍暴曬藤條繩索是無法損壞這個繩索的。因此比丘們，你們要持之以恆的去修習八正道，你們要經常去修習八正道，這樣你們煩惱痛苦的繩索就會逐漸的失去束縛捆綁你們的作用。就如同經常使用斧頭的木匠，他們手握斧頭的木柄會磨出凹陷進去的痕跡、印記，他們知道這些凹陷進去的痕跡、印記是自己經常使用斧頭造成的，可是他們卻不知道自己今天磨損了多少斧頭木柄，也不知道自己明天將會磨損多少斧頭木柄，更不知道過去每一天磨損了多少斧頭木柄，但是他們知道斧頭木柄上凹陷進去的痕跡、印記就是他們自己經常使用斧頭造成的結果。

　　同樣的比丘們，你們持之以恆的修習八正道，你們經常修習八正道，煩惱痛苦繩索對你們的束縛和捆綁就會逐漸的解除，雖然你們不知道今天解除了多少束縛捆綁，今天熄滅、平息了多少煩惱和痛苦，也不知道明天將會解除多少束縛捆綁，明天將會熄滅、平息多少煩惱和痛苦，更不知道過去每一天解除了多少束縛捆綁，過去每一天熄

一本書

滅、平息了多少煩惱和痛苦，但是當你們長時間堅持修習八正道的時候，你們就會知道自己已經解除了無數多的束縛捆綁，自己已經熄滅、平息了無數多的煩惱和痛苦，當你們徹底解除一切束縛捆綁的時候，當你們徹底滅盡一切煩惱和痛苦的時候，當你們證悟解脫果位的時候，你們就會明白原來堅持修習八正道的每天、每時、每刻，自己都在解除束縛捆綁，自己都在熄滅、平息煩惱和痛苦，就如同木匠使用斧頭，雖然他們不知道斧頭的木柄每天被磨損了多少，但是當他們看見斧頭木柄上被磨損的、凹陷進去的痕跡、印記的時候，他們就知道這些凹陷進去的痕跡、印記都是自己經常抓握斧頭木柄造成的結果一樣。

比丘們，修習八正道的世間人或眾生是如何破壞煩惱痛苦繩索的束縛捆綁的呢？是如何讓煩惱痛苦繩索腐爛敗壞的呢？是如何徹底解除煩惱痛苦繩索捆綁的呢？

比丘們，世間人或眾生通過熄滅、平息、滅盡貪欲、渴愛、憤怒、無智愚癡、喜怒哀樂、執著、掛念等等煩惱和痛苦，以此來破壞煩惱痛苦繩索的束縛捆綁，以此來讓煩惱痛苦的繩索腐爛敗壞，以此來解除煩惱痛苦繩索的捆綁。當世間人或眾生圓滿完成正見、正志、正語、正業、正命、正方便、正念、正定，這八種正道的修行，就能徹底解除煩惱痛苦繩索的捆綁，就能進入沒有煩惱，沒有痛苦，沒有執著，沒有掛念，沒有念想的涅槃清淨境界之中。

比丘們，世間人或眾生就是這樣依靠修習八正道來破壞煩惱痛苦繩索的束縛捆綁的，就是這樣依靠經常修習八正道來讓煩惱痛苦繩索腐爛敗壞，徹底解除煩惱痛苦繩索的捆綁的。

比丘們，你們要修習八正道，這樣你們就能破壞煩惱痛苦繩索的束縛捆綁，你們要經常修習八正道，這樣你們就能讓煩惱痛苦繩索腐爛敗壞，徹底解除煩惱痛苦繩索的捆綁，最終讓自己進入清淨涅槃的境界，這就是如來今天對你們的教導。」

佛陀說法後，聽法的出家弟子們都再次的頂禮佛陀，隨喜讚歎佛陀說法的無量功德，他們都按著佛陀所說的法去修行。

第一百一十九章　入住旅店、客棧的比喻

　　有個時候，佛陀住在舍衛城的祇樹林給孤獨園，有一天，佛陀對出家弟子們說：「比丘們（出家人），猶如在旅店、客棧住宿，從東方、西方、北方、南方來的人投宿來到旅店、客棧會入住；國王、王族、公卿大臣投宿來到旅店、客棧會入住；婆羅門（祭司、宗教師）投宿來到旅店、客棧會入住；毘舍（平民百姓）投宿來到旅店、客棧會入住；首陀羅（奴隸）投宿來到旅店、客棧會入住。比丘們，同樣的道理，修習八正道，經常修習八正道的世間人或眾生（八正道解釋，見第一百一十三章），他們修行的軌跡與路徑幾乎都是相同的，凡是能夠讓他們開啟智慧，讓他們明白和理解世間真相、真諦的正法，他們都會去修習；凡是讓他們生起貪欲、渴愛、憤怒、無智愚癡等等煩惱和痛苦的法，凡是讓他們沉迷、執著、掛念的法，他們都會除滅、滅盡；凡是應該親身體驗、切身體會印證各種清淨境界的正法，他們都會以自己的實際行動，去實踐的修行這些正法，去修習驗證、核驗這些正法所達到的各種清淨境界；凡是能夠讓他們證悟解脫果位，進入涅槃境界的正法，他們都會去修習。

　　比丘們，什麼是能夠開啟智慧，讓世間人或眾生明白和理解世間真相、真諦的法呢？五取蘊就是應該要完全明白的法。完全明白五取蘊就能開啟智慧，讓世間人或眾生明白和理解世間的真相、真諦。什麼是五取蘊呢？即是：色取蘊、受取蘊、想取蘊、行取蘊、識取蘊，由物質事物、物質身體生起的煩惱就稱為「色取蘊」，由感受生起的煩惱就稱為「受取蘊」，由念想生起的煩惱就稱為「想取蘊」，由行為生起的煩惱就稱為「行取蘊」，由認識、分別、判斷生起的煩惱就稱為「識取蘊」。當完全明白五取蘊的生起與滅沒的時候（明白五取蘊的生起與滅沒就是明白緣起法，緣起法解釋，見第十八章、第十九章），世間人或眾生就能明白和理解世間的真相、真諦。

一本書

讀懂所有佛經

什麼是讓世間人或眾生生起貪欲、渴愛、憤怒、無智愚癡等等煩惱和痛苦的法呢？什麼是讓世間人或眾生沉迷、執著、掛念的法呢？什麼是世間人或眾生應該除滅、滅盡的法呢？無明與有愛就是世間人或眾生應該除滅、滅盡的法。什麼是無明呢？就是不明白出生在世間有生命的眾生都是很痛苦的，不明白痛苦的根源是貪愛，不明白要滅盡痛苦就要先滅盡貪愛，不明白要滅盡貪愛就要修習八正道（八正道解釋，見第五章），不明白苦集滅道四聖諦，沒有真實的智慧，沉迷於各種欲望之中，被各種煩惱和痛苦束縛捆綁不得解脫就叫做「無明」。簡單的說：無明就是無智、無知，不明白善法、正法、解脫法，沒有開啓智慧。

　　什麼是有愛呢？就是對存在的貪愛，對擁有的貪愛，對生存的貪愛，對生命的貪愛。

　　除滅、滅盡了無明與有愛就能讓世間人或眾生熄滅、平息、滅盡貪欲、渴愛、憤怒、無智愚癡等等煩惱和痛苦，就能讓世間人或眾生不再沉迷、執著、掛念。

　　什麼是世間人或眾生應該親身體驗、切身體會印證的正法呢？什麼是世間人或眾生應該修習驗證、核驗的正法呢？「明」與「解脫」就是世間人或眾生應該親身體驗、切身體會印證的正法，就是世間人或眾生應該修習驗證、核驗的正法。

　　什麼是明呢？就是明白出生在世間有生命的眾生都是很痛苦的，明白痛苦的根源是貪愛，明白要滅盡痛苦就要先滅盡貪愛，明白要滅盡貪愛就要修習八正道（八正道解釋，見第五章），明白苦集滅道四聖諦，已經開啓真實的智慧，不會再沉迷於各種欲望之中，不會再被各種煩惱和痛苦束縛捆綁就叫做「明」。簡單的說：「明」就是明白善法、正法、解脫法，已經開啓智慧。

　　什麼是「解脫」呢？就是已經解除世間一切的束縛捆綁，已經滅盡一切的煩惱和痛苦，已經停止、結束生死輪回（生死輪回解釋，見第一百一十二章），不會再投生到世間，已經進入沒有煩惱，沒有痛苦，沒有執著，沒有掛念，沒有念想的涅槃清淨境界。

　　「明」與「解脫」就是世間人或眾生應該親身體驗、切身體會印證，修習驗證、核驗的正法。

什麼是能夠讓世間人或眾生證悟解脫果位，進入涅槃境界的正法呢？止與觀就是能夠讓世間人或眾生證悟解脫果位，進入涅槃境界的正法（止與觀解釋，見第一百一十四章）。止與觀就是世間人或眾生應該修習的正法。修習止與觀，世間人或眾生就能最終證悟解脫果位，進入清淨涅槃的境界。

　　比丘們，世間人或眾生是如何通過修習八正道，經常修習八正道來完全明白五取蘊，來除滅、滅盡無明與有愛，來體驗、印證「明」與「解脫」，來完成止與觀的修行的呢？世間人或眾生依靠修習八正道來熄滅、平息、滅盡貪欲、渴愛、憤怒、無智愚癡、喜怒哀樂、執著、掛念等等煩惱和痛苦，他們在修習八正道的過程中就能逐漸的明白五取蘊，就能逐漸的除滅無明與有愛，就能逐漸的體驗、印證「明」與「解脫」，就能逐漸的完成止與觀的修行。當世間人或眾生圓滿的完成正見、正志、正語、正業、正命、正方便、正念、正定，這八種正道的修行，他們就能完全明白五取蘊，他們就能滅盡無明與有愛，他們就能徹底體驗、印證「明」與「解脫」，他們就能圓滿完成止與觀的修行，最終進入沒有煩惱，沒有痛苦，沒有執著，沒有掛念，沒有念想的涅槃清淨境界。

　　比丘們，世間人或眾生就是這樣通過修習八正道，通過經常修習八正道來完全明白五取蘊，來除滅、滅盡無明與有愛，來體驗、印證「明」與「解脫」，來完成止與觀的修行的。比丘們，你們要修習八正道，你們要經常修習八正道，這樣你們也能完全明白五取蘊，你們也能除滅、滅盡無明與有愛，你們也能徹底體驗、印證「明」與「解脫」，你們也能圓滿完成止與觀的修行，你們也能最終進入沒有煩惱，沒有痛苦，沒有執著，沒有掛念，沒有念想的涅槃清淨境界。」

　　佛陀說法後，聽法的出家弟子們都再次的頂禮佛陀，隨喜讚歎佛陀說法的無量功德，他們都按著佛陀所說的法去修行。

一本書
讀懂所有佛經

第一百二十章　改變恒河的流向

　　有個時候，佛陀住在舍衛城的祇樹林給孤獨園，有一天，佛陀對出家弟子們說：「比丘們（出家人），恒河的河水由西向東流動，越往東方恒河的地勢越低，如果這時有一些人，他們拿著挖土的鏟子與裝土的簍子，在恒河裡面深挖河道，想要改變恒河的流向，想要讓恒河的河水由東向西流動，想要讓恒河的河道越往西方地勢越低，想要讓恒河逆流，比丘們，你們是怎麼想的？他們能夠辦到嗎？這可能嗎？」

　　出家弟子們回答：「世尊，這根本是不可能辦到的事情，恒河綿延幾千公里，要想改變恒河河水的流向，讓她由東向西流動，讓她越往西方河道的地勢越低，讓她逆流，那根本是在做白日夢，這些挖掘恒河河道的人是在白費力氣和精力，他們是在浪費時間和體力，他們永遠都無法達成這個妄想荒謬的目標。」

　　佛陀說：「比丘們，同樣的道理，經常修習八正道的出家人（八正道解釋，見第一百一十三章），如果世間的國王、王族貴戚、將相、公卿大臣，或是這個出家人的朋友、親人、族人、同鄉，他們帶著豐厚的財物來到這個出家人的身邊，對這個出家人說：『大德，為什麼您要出家呢？為什麼您要穿上破爛不堪的法衣耗費掉您的一生呢？為什麼您要剃光頭髮，拿著飯缽挨家挨戶的化緣難以下嚥的飯食呢？

　　我們看見您生活過得如此的艱辛、困苦實在是於心不忍呀，您如此慈悲的為我們講解世尊的正法，讓我們開啟智慧，讓我們遠離煩惱和痛苦。

　　大德，您看我們今天帶來了如此多的黃金珠寶，有了這些財物您就可以換上嶄新漂亮的衣服，吃上可口的飯菜，住上寬大的宅院了，您還是還俗吧，不要出家修行了，出家修行太苦了，一生都不能結婚，連自己的孩子都沒有，世間任何的欲望都要熄滅，那是非常痛苦

的，您想想看什麼欲望都無法享受，這是多麼的痛苦呀。

大德，只要您還俗後只做善事不做壞事，堅持不懈的修習世尊的正法，一樣能夠種植出無數的功德，一樣能證悟解脫的果位呀，為什麼您要如此的折磨自己呢？我們看見您生活過得如此的清苦，簡直不忍心呀！您還是還俗與我們一起來享受世間財富帶來的各種快樂吧！

大德，您為我們講解了那麼多世尊的正法，讓我們明白了那麼多的道理，讓我們開啟了解脫的智慧，我們給您的這點財物簡直是不值一提的，我們對您的這些財物供養就如同大海中的一滴水一樣，您給予我的正法智慧，如同無邊無際的大海，如同廣大無邊的虛空，讓我們從煩惱和痛苦中解脫出來，而我們供養您的這些財物就如同一滴水那樣的微薄，就如同一粒微塵那樣的微小。

大德還俗吧，與我們共同享用世間財富帶來的各種快樂的感受吧！這樣我們才能心安呀，不然我們住在高大雄偉的宮殿裡面，我們穿著華麗漂亮的衣服，我們享用著美味可口的飯菜，而我們恭敬的老師您，卻著過著如此艱苦、困苦的日子，我們一想到這些事情內心就不安，我們的老師最後連一個後代都沒有，就這樣孤獨的離開世間，哎呀，大德請換俗吧，您還俗了一樣是我們的導師，一樣可以為我們講解世尊的正法。』

比丘們，就算世間人如此苦口婆心的勸說這些已經出家，正在修行八正道的出家人還俗，這些出家人都不可能還俗回到世俗的世間中去了，為什麼呢？因為這些經常修習八正道的出家人，他們向著遠離煩惱和痛苦的方向前行，他們向著清淨解脫的方向前行，越靠近涅槃的地方，他們的煩惱和痛苦就越少，就如同一位生患重病的人對醫生說：『尊敬的醫生，感謝您為我治病，感謝您讓我遠離病痛的折磨，您看我們生病的時候，可以享用到家人給我提供的各種水果、飲食，可以享受到家人無微不至的照顧。尊敬的醫生，您還是與我一樣生重病吧，這樣我就可以將我的水果、飲食分給您，我也可以讓我的家人無微不至的照顧您，醫生我看見您每天如此辛苦的為各種患者治病，內心實在是不忍呀，您還是與我一起生病吧，不要這樣的操勞了，不要這樣勞累了。』

比丘們，健康的人不會想要生病，同樣的已經熄滅、平息、滅盡煩惱和痛苦的人，不會想要再次被煩惱和痛苦折磨和拷打。煩惱和痛苦就是內心的疾病。貪欲、渴愛、憤怒、無智愚癡、喜怒哀樂、執著、掛念等等煩惱和痛苦就是內心的疾病。一個已經治癒內心疾病的人，是不會想要再次被內心疾病折磨和拷打的。所以如來說：想要讓這些出家修行八正道的出家人還俗那是不可能的。這些拿著豐厚財物的人，他們以爲自己拿著的是帶來幸福快樂的源泉，實際上他們拿著的卻是傳染疾病的病菌，是什麼病菌呢？是貪欲、渴愛的病菌。如果這些出家人接受了錢財的供養，就會再次陷入貪欲、渴愛的疾病之中，他們將會繼續被貪欲、渴愛的疾病折磨和拷打。這些手捧著財物，準備供養財物給出家人的人，他們自己的內心都還在被貪欲、渴愛的疾病折磨。將疾病當成是珍貴的禮物，並想用疾病來感謝恩人的人是愚癡的人，是沒有智慧的人。

　　比丘們，世間人或眾生是如何通過修習八正道，經常修習八正道來完全明白五取蘊（五取蘊解釋，見第一百一十九章），來除滅、滅盡無明與有愛（無明與有愛解釋，見第一百一十九章），來體驗、印證「明」與「解脫」（明與解脫解釋，見第一百一十九章），來完成止與觀的修行的呢（止與觀解釋，見第一百一十四章）？世間人或眾生依靠修習八正道來熄滅、平息、滅盡貪欲、渴愛、憤怒、無智愚癡、喜怒哀樂、執著、掛念等等煩惱和痛苦，他們在修習八正道的過程中就能逐漸的明白五取蘊，就能逐漸的除滅無明與有愛，就能逐漸的體驗、印證「明」與「解脫」，就能逐漸的完成止與觀的修行。當世間人或眾生圓滿的完成正見、正志、正語、正業、正命、正方便、正念、正定，這八種正道的修行，他們就能完全明白五取蘊，他們就能滅盡無明與有愛，他們就能徹底體驗、印證「明」與「解脫」，他們就能圓滿完成止與觀的修行，最終進入沒有煩惱，沒有痛苦，沒有執著，沒有掛念，沒有念想的涅槃清淨境界。

　　比丘們，世間人或眾生就是這樣通過修習八正道，通過經常修習八正道來完全明白五取蘊，來除滅、滅盡無明與有愛，來體驗、印證「明」與「解脫」，來完成止與觀的修行的。比丘們，你們要修習八正道，你們要經常修習八正道，這樣你們也能完全明白五取蘊，你們

也能除滅、滅盡無明與有愛，你們也能徹底體驗、印證「明」與「解脫」，你們也能圓滿完成止與觀的修行，你們也能最終進入沒有煩惱，沒有痛苦，沒有執著，沒有掛念，沒有念想的涅槃清淨境界。」

佛陀說法後，聽法的出家弟子們都再次的頂禮佛陀，隨喜讚歎佛陀說法的無量功德，他們都按著佛陀所說的法去修行。

第一百二十一章　三種「有」是什麼？

有個時候，佛陀住在舍衛城的祇樹林給孤獨園，有一天，佛陀對出家弟子們說：「比丘們（出家人），有執著和掛念，就會生起三種「有」，什麼是「有」呢？「有」就是存在的意思。執著和掛念的時候會生起哪三種「有」呢？執著和掛念的時候會生起欲有、色有、無色有。

什麼是欲有呢？就是有感官欲望的存在，執著和掛念感官欲望，什麼是感官欲望呢？就是由眼睛與物質事物，耳朵與聲音，鼻子與氣味，舌頭與味道，身體與觸覺、環境變化感覺（冷熱、舒適等等），內心與見解、思想、念想生起欲望、貪欲、渴愛，這就是感官欲望。還會執著和掛念感官領域的存在，這就是欲有。

欲有也是有欲界存在的意思，什麼是欲界呢？也就是還有男女淫欲、食欲、睡眠欲等等感官欲望有情眾生居住的地方。

什麼是色有呢？就是有物質事物的存在，執著和掛念物質事物。

色有也是有色界存在的意思，什麼是色界呢？也就是沒有男女淫欲、食欲、睡眠欲等等感官的欲望，這些有情眾生的物質身體以及他們住的宮殿等等他們所在地方的物質事物非常的殊勝、精緻、淨妙，他們對這些殊勝、精緻、淨妙的物質事物還有微細的執著和掛念，他們還會被這些這些殊勝、精緻、淨妙的物質事物輕微的束縛捆綁，這就是色界，沒有欲望，還有對物質事物的輕微執著和掛念。

什麼是無色有呢？就是有念想、思想、見解的存在，執著和掛念念想、思想、見解。

無色有也是有無色界存在的意思，什麼是無色界呢？也就是沒有男女淫欲、食欲、睡眠欲等等感官欲望，也沒有對物質事物的執著和掛念，但是還有精神思想、念想的執著和掛念，這就是無色界，沒有欲望，沒有對物質事物的執著和掛念，但是還有對精神思想、念想的執著和掛念。

有執著和掛念，就會有欲界、色界、無色界的存在，就會有欲有、色有、無色有，就會陷入欲界、色界、無色界的狀態之中，就會在欲有、色有、無色有中生死輪迴（生死輪迴解釋，見第一百一十二章），就會有三界眾生的存在（眾生解釋，見第七十七章），就會有感官欲望、物質事物、思想、見解、念想領域、範圍的存在。

　　沒有執著和掛念，就沒有欲界、色界、無色界的存在，就沒有欲有、色有、無色有，就不會陷入欲界、色界、無色界的狀態之中，就不會在欲有、色有、無色有中生死輪迴（生死輪迴解釋，見第一百一十二章），就不會有三界眾生的存在（眾生解釋，見第七十七章），就不會有感官欲望、物質事物、思想、見解、念想領域、範圍的存在。

　　一旦執著和掛念，就會區別、分別感官欲望、物質事物、思想、見解、念想的存在與否。就會區別、分別欲界、色界、無色界的存在與否，就會區別、分別欲有、色有、無色有的不同狀態。

　　比丘們，如何直接體會和領悟三種「有」呢？如何徹底完全的明白和理解三種「有」呢？如何捨離、除滅、滅盡三種「有」呢？修習八正道就能直接體會和領悟三種「有」（八正道解釋，見第一百一十三章），修習八正道就能徹底完全的明白和理解三種「有」，修習八正道就能捨離、除滅、滅盡三種「有」。

　　比丘們，你們要修習八正道，這樣你們就能直接體會和領悟三種「有」，這樣你們就能徹底完全的明白和理解三種「有」，這樣你們就能捨離、除滅、滅盡三種「有」，最終讓自己進入清淨涅槃的境界，這就是如來今天對你們的教導。」

　　佛陀說法後，聽法的出家弟子們都再次的頂禮佛陀，隨喜讚歎佛陀說法的無量功德，他們都按著佛陀所說的法去修行。

第一百二十二章　什麼是暴流？

　　有個時候，佛陀住在舍衛城的祇樹林給孤獨園，有一天，佛陀對出家弟子們說：「比丘們（出家人），有四種暴流，是哪四種暴流呢？欲流、有流、見流、無明流。什麼是暴流呢？暴流是一種比喻，漲大水的時候，兇暴的洪水會衝垮淹沒房屋，會沖走毀壞財產，吞噬淹沒親人，同樣的，煩惱的洪水也能沖走由善行、善言、善念等等善法培植、聚集起來的福德、功德。煩惱的洪水也能淹沒衝垮清淨安寧的境界。

　　什麼是欲流呢？如同江河的水會循環往復的流動一樣，五種感官欲望也會循環往復的流動，是哪五種感官欲望呢？眼睛看見物質事物生起貪欲、渴愛；耳朵聽到聲音生起貪欲、渴愛；鼻子聞到氣味生起貪欲、渴愛；舌頭嘗到味道生起貪欲、渴愛；身體觸摸感覺到觸覺，領納到環境變化感覺（冷熱、舒適等等）生起貪欲、渴愛，這就是五種感官欲望。簡單的說就是：五種感官欲望循環往復的生起就是欲流。

　　什麼是有流呢？執著和掛念感官欲望，就會區別、分別各種欲望，就會有感官欲望循環往復的生起，如同循環往復流動的江河水一樣，感官欲望也會循環往復的流動起來。

　　執著和掛念物質事物，就會區別、分別物質事物，內心就會牽掛、惦記物質事物，對物質事物的牽掛、惦記就會循環往復的生起，如同循環往復流動的江河水一樣，對物質事物的牽掛、惦記也會循環往復的流動起來。

　　執著和掛念念想、見解、思想，就會區別、分別各種念想、見解、思想，就會有念想、見解、思想循環往復的生起，如同循環往復流動的江河水一樣，念想、見解、思想也會循環往復的流動起來。

　　有感官欲望的生起與流動，有對物質事物牽掛、惦記的生起與流動，有念想、見解、思想的生起與流動，就會循環往復的生起各種行

爲、言語、念想，這些生起的行爲、言語、念想就會循環往復的導致不同的結果，由此生死輪回就會流動起來，生死輪回不僅指循環往復的在世間出生又死去，還指行爲、言語、念想循環往復的產生和消失，還指歡樂、開心、舒暢、安心、期望、憂愁、悲傷、苦悶、憂慮、恐怖、絕望等等喜怒哀樂情感的產生和消失，這也是生死輪回，生是產生、出現、顯現，死是結束、滅沒、消失。比如一件事情發生叫做生，這件事情結束叫做死。生死不僅是指身體的出生與死亡，還指世間一切事物的出現、顯現和滅沒、消失。簡單的說：生死輪回流動起來，就被稱爲有流。

什麼是見流呢？就是錯誤的見解循環往復的生起，如同循環往復流動的江河水一樣，錯誤的見解也會循環往復的流動起來。八邪道就是錯誤的見解（八邪道解釋，見第一百一十三章）。簡單的說：錯誤見解循環往復的生起，就被稱爲見流。

什麼是無明流呢？什麼是無明呢？就是不明白出生在世間有生命的眾生都是很痛苦的，不明白痛苦的根源是貪愛，不明白要滅盡痛苦就要先滅盡貪愛，不明白要滅盡貪愛就要修習八正道（八正道解釋，見第五章），不明白苦集滅道四聖諦，沒有眞實的智慧，沉迷於各種欲望之中，被各種煩惱和痛苦束縛捆綁不得解脫就叫做「無明」。簡單的說：無明就是無智、無知，不明白善法、正法、解脫法，沒有開啓智慧。

無明流是什麼呢？由於無明循環往復的生起，如同循環往復流動的江河水一樣，無明、無智、無知就會循環往復的流動起來，由無明、無智、無知導致的貪欲、憤怒、沉迷、疑惑、浮躁、不安、後悔等等煩惱就會循環往復的生起與流動起來。簡單的說：無明循環往復的生起，由無明導致的各種煩惱循環往復的生起，就被稱爲無明流。

比丘們，這就是欲流、有流、見流、無明流，四種暴流的法義。

比丘們，如何直接體會和領悟四種「暴流」呢？如何徹底完全的明白和理解四種「暴流」呢？如何舍離、除滅、滅盡四種「暴流」呢？修習八正道就能直接體會和領悟四種「暴流」（八正道解釋，見第一百一十三章），修習八正道就能徹底完全的明白和理解四種「暴流」，修習八正道就能舍離、除滅、滅盡四種「暴流」。

比丘們，你們要修習八正道，這樣你們就能直接體會和領悟四種「暴流」，這樣你們就能徹底完全的明白和理解四種「暴流」，這樣你們就能捨離、除滅、滅盡四種「暴流」，最終讓自己進入清淨涅槃的境界，這就是如來今天對你們的教導。」

　　佛陀說法後，聽法的出家弟子們都再次的頂禮佛陀，隨喜讚歎佛陀說法的無量功德，他們都按著佛陀所說的法去修行。

第一百二十三章　四種束縛捆綁的軛

　　有個時候，佛陀住在舍衛城的祇樹林給孤獨園，有一天，佛陀對出家弟子們說：「比丘們（出家人），有四種軛，什麼是軛呢？軛是駕車的時候爲了控制牛、馬的行駛方向，而套在它們頭頸上的曲木。這個軛用來比喻束縛、捆綁、限制。是哪四種軛呢？是哪四種束縛、捆綁、限制呢？欲軛、有軛、見軛、無明軛。

　　什麼是欲軛呢？欲指的是五種感官的欲望，是哪五種感官欲望呢？眼睛看見物質事物生起貪欲、渴愛；耳朵聽到聲音生起貪欲、渴愛；鼻子聞到氣味生起貪欲、渴愛；舌頭嘗到味道生起貪欲、渴愛；身體觸摸感覺到觸覺，領納到環境變化感覺（冷熱、舒適等等）生起貪欲、渴愛，這就是五種感官欲望。

　　欲軛就是陷入五種感官欲望的狀態之中，沉迷在五種感官欲望之中，被五種感官欲望奴役、控制、限制，被五種感官欲望束縛捆綁無法解脫出來，被由五種感官欲望生起的煩惱和痛苦包圍、纏繞，陷入由五種感官欲望生起的煩惱和痛苦之中，如同牛、馬被車軛控制住，無法自由行動一樣。簡單的說：沉迷於各種欲望之中，被欲望束縛捆綁，就是欲軛。

　　什麼是有軛呢？執著和掛念感官欲望，就會區別、分別各種欲望，就會有感官欲望的生起，就會陷入欲望的狀態之中，就會沉迷在欲望之中，就會被欲望奴役、控制、限制，就會被欲望束縛捆綁無法解脫出來，就會被由欲望生起的煩惱和痛苦包圍、纏繞，陷入由欲望生起的煩惱和痛苦之中，如同牛、馬被車軛控制住，無法自由行動一樣。

　　執著和掛念物質事物，就會區別、分別物質事物，內心就會牽掛、惦記物質事物，對物質事物的牽掛、惦記就會生起，就會陷入牽掛、惦記物質事物的狀態之中，就會沉迷在物質事物之中，就會被物質事物奴役、控制、限制，就會被物質事物束縛捆綁無法解脫出來，

一本書

讀懂所有佛經

就會被由物質事物生起的煩惱和痛苦包圍、纏繞，陷入由物質事物生起的煩惱和痛苦之中，如同牛、馬被車軛控制住，無法自由行動一樣。

執著和掛念念想、見解、思想，就會區別、分別各種念想、見解、思想，就會有念想、見解、思想的生起，就會陷入念想、見解、思想的狀態之中，就會沉迷在念想、見解、思想之中，就會被念想、見解、思想奴役、控制、限制，就會被念想、見解、思想束縛捆綁無法解脫出來，就會被由念想、見解、思想生起的煩惱和痛苦包圍、纏繞，陷入由念想、見解、思想生起的煩惱和痛苦之中，如同牛、馬被車軛控制住，無法自由行動一樣。

有感官欲望的生起，有對物質事物牽掛、惦記的生起，有念想、見解、思想的生起，就會生起各種行為、言語、念想，這些生起的行為、言語、念想就會導致不同的結果，由此生死輪回就會成為束縛捆綁的大車軛、大枷鎖、大鎖鏈，生死輪回不僅指循環往復的在世間出生又死去，還指行為、言語、念想循環往復的產生和消失，還指歡樂、開心、舒暢、安心、期望、憂愁、悲傷、苦悶、憂慮、恐怖、絕望等等喜怒哀樂情感的產生和消失，這也是生死輪回，生是產生、出現、顯現，死是結束、滅沒、消失。比如一件事情發生叫做生，這件事情結束叫做死。生死不僅是指身體的出生與死亡，還指世間一切事物的出現、顯現和滅沒、消失。簡單的說：被生死輪回束縛捆綁，就叫做有軛。

什麼是見軛呢？就是一旦生起錯誤的見解，就會陷入錯誤見解的狀態之中，就會沉溺在錯誤的見解之中，就會被錯誤見解奴役、控制、限制，就會被錯誤見解束縛捆綁無法解脫出來，就會被由錯誤見解生起的煩惱和痛苦包圍、纏繞，陷入由錯誤見解生起的煩惱和痛苦之中，如同牛、馬被車軛控制住，無法自由行動一樣。八邪道就是錯誤的見解（八邪道解釋，見第一百一十三章）。簡單的說：被錯誤見解束縛捆綁，就被稱為見軛。

什麼是無明軛呢？什麼是無明呢？無明就是不明白出生在世間有生命的眾生都是很痛苦的，不明白痛苦的根源是貪愛，不明白要滅盡痛苦就要先滅盡貪愛，不明白要滅盡貪愛就要修習八正道（八正道解

釋，見第五章），不明白苦集滅道四聖諦，沒有真實的智慧，沉迷於各種欲望之中，被各種煩惱和痛苦束縛捆綁不得解脫就叫做「無明」。簡單的說：無明就是無智、無知，不明白善法、正法、解脫法，沒有開啓智慧。

無明軛是什麼呢？由於無明、無智、無知的生起，就會陷入無明、無智、無知的狀態之中，就會沉浸在無明、無智、無知之中，由無明、無智、無知導致的貪欲、憤怒、沉迷、疑惑、浮躁、不安、後悔等等煩惱就會循環往復的生起，就會被無明、無智、無知奴役、控制、限制，就會被無明、無智、無知束縛捆綁無法解脫出來，就會被由無明、無智、無知生起的煩惱和痛苦包圍、纏繞，陷入由無明、無智、無知生起的煩惱和痛苦之中，如同牛、馬被車軛控制住，無法自由行動一樣。簡單的說：被無明、無智、無知束縛捆綁，就叫做無明軛。

比丘們，這就是欲軛、有軛、見軛、無明軛，四種軛的法義。

比丘們，如何直接體會和領悟四種「軛」呢？如何徹底完全的明白和理解四種「軛」呢？如何捨離、除滅、滅盡四種「軛」呢？修習八正道就能直接體會和領悟四種「軛」（八正道解釋，見第一百一十三章），修習八正道就能徹底完全的明白和理解四種「軛」，修習八正道就能捨離、除滅、滅盡四種「軛」。

比丘們，你們要修習八正道，這樣你們就能直接體會和領悟四種「軛」，這樣你們就能徹底完全的明白和理解四種「軛」，這樣你們就能捨離、除滅、滅盡四種「軛」，最終讓自己進入清淨涅槃的境界，這就是如來今天對你們的教導。」

佛陀說法後，聽法的出家弟子們都再次的頂禮佛陀，隨喜讚歎佛陀說法的無量功德，他們都按著佛陀所說的法去修行。

第一百二十四章　隨眠是什麼意思？

　　有個時候，佛陀住在舍衛城的祇樹林給孤獨園，有一天，佛陀對出家弟子們說：「比丘們（出家人），有七種隨眠，什麼是隨眠呢？隨眠就是潛在的煩惱趨勢，潛伏的煩惱，比如種子埋在泥土裡面，還沒有發芽，這個種子就還在潛伏、隱藏的狀態。煩惱的習氣、習性、習慣存在，但是還沒有生起的時候，這個煩惱就處於潛伏、隱藏的狀態。如同還處於熟睡的狀態，還沒有蘇醒過來一樣，煩惱的習氣、習性、習慣存在，煩惱的種子存在，但是還沒有生起、出現的時候，就叫做隨眠。簡單的說隨眠就是：處於潛伏階段，還沒有生起的煩惱。

　　有哪七種隨眠呢？欲貪隨眠，瞋隨眠，見隨眠，疑隨眠，慢隨眠，有貪隨眠，無明隨眠。

　　什麼是欲貪隨眠呢？什麼是欲貪呢？「欲貪」就是由物質事物、聲音、氣味、味道、觸覺、環境變化感覺（冷熱、舒適等等）生起貪欲。

　　「欲貪隨眠」就是有、存在「由物質事物、聲音、氣味、味道、觸覺、環境變化感覺生起貪欲煩惱」的習氣、習性、習慣，有、存在生起「貪欲煩惱」的種子，不過當前還處於潛伏、隱藏的狀態，還沒有「由物質事物、聲音、氣味、味道、觸覺、環境變化感覺生起貪欲的煩惱」。「貪欲煩惱」的種子還處於潛伏、隱藏的狀態，還沒有發芽生起，「貪欲煩惱」還處於睡眠的狀態，還沒有蘇醒過來。

　　什麼是瞋隨眠？什麼是瞋？「瞋」就是不如意、反感、怨恨、憤怒的煩惱。

　　「瞋隨眠」就是有、存在生起「不如意、反感、怨恨、憤怒煩惱」的習氣、習性、習慣，有、存在生起「不如意、反感、怨恨、憤怒煩惱」的種子，不過當前還處於潛伏、隱藏的狀態，還沒有生起「不如意、反感、怨恨、憤怒的煩惱」。「不如意、反感、怨恨、憤怒煩惱」的種子還處於潛伏、隱藏的狀態，還沒有發芽生起，「不如

意、反感、怨恨、憤怒的煩惱」還處於睡眠的狀態，還沒有蘇醒過來。

　　什麼是見隨眠呢？什麼見呢？這裡的「見」指錯誤的見解，「見」又分為五種：身見、邊執見、邪見、見取見、戒禁取見。

　　什麼是身見？就是執著物質身體、感受、念想、行為、認識、分別、判斷，認為「我」是由物質身體、感受、念想、行為、認識、分別、判斷構成組成的，認為有一個真實、永恆存在的「我」。實際上物質身體、感受、念想、行為、認識、分別、判斷是隨著條件在變化的，無法永遠的存在，無法永恆的保持不變，無法永遠的擁有。隨著時間的推移，物質身體、感受、念想、行為、認識、分別、判斷無法保持完全相同的狀態。簡單的說身見就是：執著有真實、不變、永恆存在的「我」。

　　什麼是邊執見？「邊執見」分為「常見」與「斷滅見」，什麼是常見呢？「常見」也被稱為「常恆論」，就是認為有真實、永遠存在的「我」，有真實、永遠存在的事物。什麼是斷滅見呢？就是認為一旦人或眾生死後，就不會再投生、出生了，就徹底不存在了；一旦事物滅亡、消失後就不會再出現了，就徹底不存在了。比丘們，你們這裡要注意，如來這裡所說的生死不僅是指身體的出生與死亡，還指世間一切事物的出現、顯現和滅沒、消失。「生」是產生、出現、顯現，「死」是結束、滅沒、消失。比如一件事情發生叫做「生」，這件事情結束叫做「死」。

　　「常恆論」認為有真實、永遠存在的「我」，然而「我」隨時在變化，無法永遠存在，無法永恆保持不變，無法永遠擁有，當「我」衰老、死亡、消失的時候，就會明白「常恆論」的見解是不正確的。

　　「常恆論」認為世間有真實、永遠存在的事物，然而世間一切的事物隨時在變化，無法永遠存在，無法永恆保持不變，無法永遠擁有，當世間的事物衰敗、滅沒、消失的時候，就會明白「常恆論」的見解是不正確的。

　　「斷滅見」也被稱為「斷滅論」，「斷滅論」認為「我」是虛假不真實的，世間沒有真實存在的「我」，然而當「我」出生、長大、存在的時候，就會明白「斷滅論」的見解是不正確的，「我」確實存在

一本書

讀懂所有佛經

過一段時間，「我」確實在一段時間內是能感覺到自己的存在的。

「斷滅論」認為世間一切的事物都是虛假不真實的，世間沒有真實存在的事物。當世間的事物生起、形成、存續、發展的時候，就會明白「斷滅論」的見解是不正確的，世間的事物確實存在過一段時間，世間事物在一段時間內確實能夠感受到它們的存在。

比丘們，這就是「常見」與「斷滅見」的法義，這就是「邊執見」的法義。

比丘們，世間一切的事物都是在一定的條件下生起、形成、存續、發展、衰敗、滅沒、消失的，滿足一定的條件就會生起、形成、存續、發展，滿足一定的條件也會衰敗、滅沒、消失。

「常恒論」與「斷滅論」都只是看到了世間事物發展的某一個階段，「常恒論者」看到了世間事物生起、形成、存續、發展的階段，「斷滅論者」看到了世間事物衰敗、滅沒、消失的階段，有這兩種見解的世間人，他們沒有整體的來看待世間的事物，世間一切的事物是在一定的條件下生起、形成、存續、發展的，也會在一定的條件下衰敗、滅沒、消失。滿足條件就會生起、形成、出現，滿足條件就會衰敗、滅沒、消失，既不是真實、永遠存在的，也不是虛假、不真實的，是緣生緣滅的，是隨著各種條件變化的，這就是如來的見解「緣起論、條件論」（緣起論、條件論就是緣起法，緣起法解釋，見第十八章、第十九章）。

什麼是邪見呢？就是不正確的見解，不合乎善法、正法、解脫法的見解，顛倒善惡的行為，認為做惡行，說惡言，生惡念是正確的行為，認為做善行，說善言，生善念是錯誤的行為，認為做惡事是正確的行為，做善事是錯誤的行為，認為做惡事不會導致壞的結果，不會帶來煩惱和痛苦，認為做善事也不會帶來好的結果，也不會帶來吉祥和幸福。否定善惡行為會導致的不同結果，否定四聖諦（四聖諦解釋，見第五十章），否定善法、正法、解脫法。八邪道就是錯誤的見解（八邪道解釋，見第一百一十三章）。

什麼是見取見？執著自己的見解，不管這個見解是正確的還是錯誤的，都堅持認為自己的見解是正確的見解，都堅持認為自己的見解是世間最好的見解，不接受別人的見解，認為別人的見解都是錯誤

的，就算別人的見解是正確的也無法與自己的見解相提並論，輕視別人的見解，認為自己的見解就是世間第一正確的見解，認為自己的見解就是世間最好的見解，簡單的說「見取見」就是：堅持認為自己的見解是最好、最正確的，不接受別人的見解。

什麼戒禁取見？什麼是戒禁取呢？「戒禁取」就是執著堅持對解脫毫無關係，毫無幫助，毫無益處的禁戒、禁忌，比如長時間不吃飯，以為餓肚子不吃飯就能幫助修行；不穿衣服裸露身體以為這樣就能幫助修行；早晚用恒河的河水沐浴，以為這樣就能洗乾淨自己的罪業，這些行為就是對解脫毫無關係，毫無幫助，毫無益處的禁戒、禁忌，因為修行的主要目的是熄滅、平息、滅盡貪欲、渴愛，而不是摧殘、折磨自己的身體，河水也無法洗乾淨自己的罪業，只有善行、善言、善念的清水才能洗乾淨自己由惡行、惡言、惡念產生的罪業污垢。簡單說「戒禁取」就是：執著和堅持對解脫毫無幫助的禁戒、禁忌。

「戒禁取見」就是認為受持禁戒、禁忌，按照禁戒、禁忌的要求和方法持之以恆的去做，就能夠生到幸福、快樂的地方，就能夠生到天界（天界解釋，見第八十三章），就能夠進入清淨安寧的境界，就能夠獲得徹底完全的解脫。

比丘們，這就是身見、邊執見、邪見、見取見、戒禁取見，這五種「見」的法義。

「見隨眠」就是有、存在生起「身見、邊執見、邪見、見取見、戒禁取見煩惱」的習氣、習性、習慣，有、存在生起「身見、邊執見、邪見、見取見、戒禁取見煩惱」的種子，不過當前還處於潛伏、隱藏的狀態，還沒有生起「身見、邊執見、邪見、見取見、戒禁取見的煩惱」。「身見、邊執見、邪見、見取見、戒禁取見煩惱」的種子還處於潛伏、隱藏的狀態，還沒有發芽生起，「身見、邊執見、邪見、見取見、戒禁取見的煩惱」還處於睡眠的狀態，還沒有蘇醒過來。

什麼是疑隨眠呢？什麼是「疑」呢？「疑」就是懷疑、疑惑、狐疑不信。對善法、正法、解脫法懷疑、疑惑、狐疑不信，對於到底修不修習善法、正法、解脫法猶豫不決。擔心修行善法、正法、解脫法會給自己帶來不幸、不利。

「疑隨眠」就是有、存在生起「懷疑、疑惑、疑慮煩惱」的習氣、習性、習慣，有、存在生起「懷疑、疑惑、疑慮煩惱」的種子，不過當前還處於潛伏、隱藏的狀態，還沒有生起「懷疑、疑惑、疑慮的煩惱」。「懷疑、疑惑、疑慮煩惱」的種子還處於潛伏、隱藏的狀態，還沒有發芽生起，「懷疑、疑惑、疑慮的煩惱」還處於睡眠的狀態，還沒有蘇醒過來。

什麼是慢隨眠呢？什麼是「慢」呢？「慢」就是對自己的執著。

不比別人好，不比別人強，不比別人優秀卻認爲自己比別人好，比別人強，比別人優秀就叫「過慢」；

比別人好，比別人強，比別人優秀，但是驕傲自大就叫「慢過慢」；

執著和掛念物質身體、感受、念想、行爲、認識、分別、判斷，認爲「我」就是由物質身體、感受、念想、行爲、認識、分別、判斷構成的，認爲「我」就是物質身體、感受、念想、行爲、認識、分別、判斷，認爲「我」擁有物質身體、感受、念想、行爲、認識、分別、判斷，然而實際上物質身體、感受、念想、行爲、認識、分別、判斷隨時都在變化，無法永遠存在，無法永恆保持不變，無法永遠擁有，是由各種條件生起的。物質身體、感受、念想、行爲、認識、分別、判斷滿足一定的條件就會生起、出現、發展，物質身體、感受、念想、行爲、認識、分別、判斷滿足一定的條件也會衰敗、消退、滅沒，無法隨著時間的推移，保持完全相同的狀態。沒有永恆保持不變、永遠存在的「我」。這個「我」是隨著各種條件變化的。執著和掛念物質身體、感受、念想、行爲、認識、分別、判斷，認爲物質身體、感受、念想、行爲、認識、分別、判斷就是「我」，認爲「我」擁有物質身體、感受、念想、行爲、認識、分別、判斷，就叫做「我慢」。

沒有滅盡一切的煩惱和痛苦，沒有證悟解脫的果位，沒有進入涅槃的清淨境界，卻自認爲已經滅盡一切的煩惱和痛苦，已經證悟解脫的果位，已經進入涅槃的清淨境界，就叫做「增上慢」。

比別人好，比別人強，比別人優秀，比別人尊貴，卻認爲自己比別人差，比別人弱，比別人低劣，比別人卑微，就叫做「卑慢」。

自己的道德不高尚，品行不高潔，卻自認爲自己道德高尚，品行高潔，就叫做「邪慢」。

　　「慢隨眠」就是有、存在生起「慢、過慢、慢過慢、我慢、增上慢、卑慢、邪慢煩惱」的習氣、習性、習慣，有、存在生起「慢、過慢、慢過慢、我慢、增上慢、卑慢、邪慢煩惱」的種子，不過當前還處於潛伏、隱藏的狀態，還沒有生起「慢、過慢、慢過慢、我慢、增上慢、卑慢、邪慢的煩惱」。「慢、過慢、慢過慢、我慢、增上慢、卑慢、邪慢煩惱」的種子還處於潛伏、隱藏的狀態，還沒有發芽生起，「慢、過慢、慢過慢、我慢、增上慢、卑慢、邪慢的煩惱」還處於睡眠的狀態，還沒有蘇醒過來。

　　什麼是有貪隨眠呢？什麼是「有貪」？「有貪」就是對存在、擁有的貪欲、渴愛；對解脫、清淨境界的貪欲、渴愛；對欲有、色有、無色有的貪欲、渴愛（欲有、色有、無色有解釋，見第一百二十一章）。

　　「有貪隨眠」就是有、存在生起「有貪煩惱」的習氣、習性、習慣，有、存在生起「有貪煩惱」的種子，不過當前還處於潛伏、隱藏的狀態，還沒有生起「有貪的煩惱」。「有貪煩惱」的種子還處於潛伏、隱藏的狀態，還沒有發芽生起，「有貪的煩惱」還處於睡眠的狀態，還沒有蘇醒過來。

　　什麼是無明隨眠？什麼是無明？「無明」就是不明白出生在世間有生命的眾生都是很痛苦的，不明白痛苦的根源是貪愛，不明白要滅盡痛苦就要先滅盡貪愛，不明白滅盡貪愛就要修習八正道（八正道解釋，見第五章），不明白苦集滅道四聖諦，沒有真實的智慧，沉迷於各種欲望之中，被各種煩惱和痛苦束縛捆綁不得解脫就叫做「無明」。簡單的說：無明就是無智、無知，不明白善法、正法、解脫法，沒有開啓智慧。

　　「無明隨眠」就是有、存在生起「無明煩惱」的習氣、習性、習慣，有、存在生起「無明煩惱」的種子，不過當前還處於潛伏、隱藏的狀態，還沒有生起「無明的煩惱」。「無明煩惱」的種子還處於潛伏、隱藏的狀態，還沒有發芽生起，「無明」的煩惱還處於睡眠的狀態，還沒有蘇醒過來。

比丘們，這就是「欲貪隨眠」，「瞋隨眠」，「見隨眠」，「疑隨眠」，「慢隨眠」，「有貪隨眠」，「無明隨眠」，七種隨眠的法義。

　　比丘們，如何直接體會和領悟七種「隨眠」呢？如何徹底完全的明白和理解七種「隨眠」呢？如何捨離、除滅、滅盡七種「隨眠」呢？修習八正道就能直接體會和領悟七種「隨眠」（八正道解釋，見第一百一十三章），修習八正道就能徹底完全的明白和理解七種「隨眠」，修習八正道就能捨離、除滅、滅盡七種「隨眠」。

　　比丘們，你們要修習八正道，這樣你們就能直接體會和領悟七種「隨眠」，這樣你們就能徹底完全的明白和理解七種「隨眠」，這樣你們就能捨離、除滅、滅盡七種「隨眠」，最終讓自己進入清淨涅槃的境界，這就是如來今天對你們的教導。」

　　佛陀說法後，聽法的出家弟子們都再次的頂禮佛陀，隨喜讚歎佛陀說法的無量功德，他們都按著佛陀所說的法去修行。

第一百二十五章　什麼是五種蓋？

有個時候，佛陀住在舍衛城的祇樹林給孤獨園，有一天，佛陀對出家弟子們說：「比丘們（出家人），有五種蓋，什麼是蓋呢？「蓋」是修行障礙的意思，遮蔽、掩蓋、覆蓋、包裹內心，阻礙、障礙內心生起善法、正法、解脫法念想、見解、思想的煩惱。

是哪五種蓋呢？貪欲蓋，瞋恚蓋，睡眠蓋，掉悔蓋，疑蓋。

什麼是貪欲蓋呢？執著五欲，陷入五欲的狀態之中，內心被五欲遮蔽、掩蓋、覆蓋、包裹，無法生起善法、正法、解脫法的念想、見解、思想。什麼是五欲？就是由眼睛與物質事物生起的貪欲、渴愛；

由耳朵與聲音生起的貪欲、渴愛；

由鼻子與氣味生起的貪欲、渴愛；

由舌頭與味道生起的貪欲、渴愛；

由身體與觸覺，或環境變化感覺（冷熱、舒適等等）生起的貪欲、渴愛。

比丘們，這就是五欲。

「貪欲蓋」簡單的說就是：貪欲的煩惱障礙、阻礙善法、正法、解脫法的生起。

什麼是瞋恚蓋呢？陷入瞋恚的狀態之中，內心被瞋恚遮蔽、掩蓋、覆蓋、包裹，無法生起善法、正法、解脫法的念想、見解、思想。什麼是瞋恚呢？瞋恚就是不如意、反感、怨恨、憤怒。

「瞋恚蓋」簡單的說就是：不如意、反感、怨恨、憤怒的煩惱障礙、阻礙善法、正法、解脫法的生起。

什麼是睡眠蓋？陷入睡眠的狀態之中，內心被睡眠遮蔽、掩蓋、覆蓋、包裹，無法生起善法、正法、解脫法的念想、見解、思想。什麼是睡眠呢？睡眠是一種比喻，比喻的是沉迷的狀態，陷入沉迷的狀態之中如同熟睡一樣。對某一種境界、狀態入迷、沉醉、著迷、迷戀、陶醉就叫做睡眠。

「睡眠蓋」簡單的說就是：沉迷的煩惱障礙、阻礙善法、正法、解脫法的生起。

　　什麼是掉悔蓋？陷入掉悔的狀態之中，內心被掉悔遮蔽、掩蓋、覆蓋、包裹，無法生起善法、正法、解脫法的念想、見解、思想。什麼是掉悔呢？「掉」是心浮氣躁，內心混亂、散亂的意思；「悔」是對自己已經做過的事情憂慮不安、後悔不已。

　　「掉悔蓋」簡單的說就是：心浮氣躁與後悔不安的煩惱障礙、阻礙善法、正法、解脫法的生起。

　　什麼是疑蓋？陷入「疑」的狀態之中，內心被「疑」遮蔽、掩蓋、覆蓋、包裹，無法生起善法、正法、解脫法的念想、見解、思想。什麼是「疑」呢？「疑」就是懷疑、疑惑、疑慮、狐疑不信、猶豫不決。

　　「疑蓋」簡單的說就是：疑惑的煩惱障礙、阻礙善法、正法、解脫法的生起。

　　比丘們，這就是五種蓋的法義。

　　比丘們，如何直接體會和領悟五種「蓋」呢？如何徹底完全的明白和理解五種「蓋」呢？如何捨離、除滅、滅盡五種「蓋」呢？修習八正道就能直接體會和領悟五種「蓋」（八正道解釋，見第一百一十三章），修習八正道就能徹底完全的明白和理解五種「蓋」，修習八正道就能捨離、除滅、滅盡五種「蓋」。

　　比丘們，你們要修習八正道，這樣你們就能直接體會和領悟五種「蓋」，這樣你們就能徹底完全的明白和理解五種「蓋」，這樣你們就能捨離、除滅、滅盡五種「蓋」，最終讓自己進入清淨涅槃的境界，這就是如來今天對你們的教導。」

　　佛陀說法後，聽法的出家弟子們都再次的頂禮佛陀，隨喜讚歎佛陀說法的無量功德，他們都按著佛陀所說的法去修行。

第一百二十六章　五下分結是什麼意思？

　　有個時候，佛陀住在舍衛城的祇樹林給孤獨園，有一天，佛陀對出家弟子們說：「比丘們（出家人），有五種下分結，什麼是下分結呢？就是陷入欲界中生起的煩惱，為什麼會稱為「下」呢？因為欲界在色界、無色界的境界之下，欲界沒有色界、無色界所處的境界高，所以要用「下」來形容。

　　什麼是界呢？「界」是領域、範圍的意思，「界」是處於某種境界、狀態之中的意思。

　　什麼是欲界呢？就是處於感官欲望的境界、狀態之中，處於感官欲望的領域、範圍之內。

　　什麼是感官欲望呢？

　　由眼睛與看見的物質事物生起貪欲、渴愛；

　　由耳朵與聽見的聲音生起貪欲、渴愛；

　　由鼻子與聞到的氣味生起貪欲、渴愛；

　　由舌頭與嘗到的味道生起貪欲、渴愛；

　　由身體與觸摸感覺到的觸覺，或領納到的環境變化感覺（冷熱、舒適等等）生起貪欲、渴愛。

　　這些就是感官欲望，比如最常見的感官欲望就是男女之間產生的淫欲。一旦生起了感官欲望就會陷入感官欲望的境界、狀態之中，就會處於感官欲望的領域、範圍之內。

　　「欲界」簡單的說就是：處於感官欲望的境界、狀態之中。

　　比丘們，這就是欲界的法義。

　　什麼是色界呢？就是已經熄滅、平息了聲欲、嗅欲、味欲、觸欲、淫欲，已經沒有了聲欲、嗅欲、味欲、觸欲、淫欲，但是還有物欲。

　　什麼是物欲、聲欲、嗅欲、味欲、觸欲、淫欲呢？

由物質事物、物質身體生起貪欲、渴愛就叫做物欲；

由聲音生起貪欲、渴愛就叫做聲欲；

由氣味生起貪欲、渴愛就叫做嗅欲；

由味道生起貪欲、渴愛就叫做味欲；

由觸覺、環境變化感覺（冷熱、舒適等等）生起貪欲、渴愛就叫做觸欲。

由男女交合、結合生起貪欲、渴愛就叫做淫欲。

在色界的境界、狀態之中，已經沒有聲欲、嗅欲、味欲、觸欲、淫欲，但是還有物欲，還會由物質事物生起貪欲、渴愛，對物質事物的貪愛還存在；對物質事物、物質世界還有執著和掛念，還會分別、區別物質事物、物質世界的不同、存在與否，還處於分辨、識別物質事物、物質世界的境界、狀態之中，還處於區分、辨別物質事物、物質世界的領域、範圍之中，這就是色界的法義。

一旦對物質事物生起貪欲、渴愛，一旦執著和掛念物質事物、物質世界就會陷入色界的境界、狀態之中，就會處於色界的領域、範圍之內。

「色界」簡單的說就是：已經沒有聲欲、嗅欲、味欲、觸欲、淫欲，還有對物質事物的貪欲，還處於執著和掛念物質事物、物質世界的境界、狀態之中。

什麼是無色界呢？已經熄滅、平息物欲、聲欲、嗅欲、味欲、觸欲、淫欲，已經沒有了物欲、聲欲、嗅欲、味欲、觸欲、淫欲，但是還有對精神思想、見解、念想的執著和掛念，還會由見解、念想、思想生起欲望。

一旦對見解、念想、思想生起貪欲、渴愛，一旦執著和掛念見解、念想、思想就會陷入無色界的境界、狀態之中，就會處於無色界的領域、範圍之內。

「無色界」簡單的說就是：已經沒有了物欲、聲欲、嗅欲、味欲、觸欲、淫欲，但是還有對見解、念想、思想的貪欲，還處於執著和掛念見解、念想、思想的境界、狀態之中。

比丘們，這就是欲界、色界、無色界的法義。

比丘們，有哪五種下分結呢？身見、戒取、疑、貪欲、瞋恚，這五種下分結就是陷入欲界之中生起的煩惱。

　　什麼是身見呢？就是執著有永遠存在、永恆不變的「我」，對「我」執著掛念。由執著「我」生起各種見解、思想、念想。簡單的說身見就是：對「自我」的執著和掛念。

　　什麼是戒取呢？執著堅持對解脫毫無幫助、毫無益處的禁戒、禁忌，比如不穿衣服裸露身體，以為這樣就能獲得解脫；不吃飯、餓自己以為這樣就能獲得解脫；早晚用恒河水洗澡，以為這樣就能獲得解脫；學習動物的各種行為以為這樣就能獲得解脫；用各種苦行來折磨、摧殘自己的身體，以為這樣就能獲得解脫等等，這些就是對解脫毫無幫助、毫無益處的禁戒、禁忌。簡單的說戒取就是：執著堅持對修行解脫毫無幫助，毫無意義的禁戒、禁忌。

　　什麼是「疑」呢？就是懷疑、疑惑、疑慮、狐疑不信、猶豫不決。對善法、正法、解脫法懷疑、疑惑、疑慮、狐疑不信，對佛法僧三寶懷疑、疑惑、疑慮、狐疑不信。簡單的說「疑」就是：對善法、正法、解脫法懷疑、疑惑、疑慮、狐疑不信。

　　什麼是貪欲呢？就是生起物欲、聲欲、嗅欲、味欲、觸欲，這五種欲望。

　　由眼睛與看見的物質事物生起貪欲、渴愛；

　　由耳朵與聽見的聲音生起貪欲、渴愛；

　　由鼻子與聞到的氣味生起貪欲、渴愛；

　　由舌頭與嘗到的味道生起貪欲、渴愛；

　　由身體與觸摸感覺到的觸覺，或領納到的環境變化感覺生起貪欲、渴愛。

　　簡單的說貪欲就是：對物質事物、聲音、氣味、味道、觸覺、環境變化感覺生起貪欲、渴愛。

　　什麼是瞋恚呢？就是生起不如意、反感、怨恨、憤怒的情緒、情感。

　　簡單的說瞋恚就是：不如意、反感、怨恨、憤怒的情緒。

　　比丘們，這就是身見、戒取、疑、貪欲、瞋恚，這五種下分結的法義。

一本書

讀懂所有佛經

比丘們，如何直接體會和領悟五種「下分結」呢？如何徹底完全的明白和理解五種「下分結」呢？如何捨離、除滅、滅盡五種「下分結」呢？修習八正道就能直接體會和領悟五種「下分結」（八正道解釋，見第一百一十三章），修習八正道就能徹底完全的明白和理解五種「下分結」，修習八正道就能捨離、除滅、滅盡五種「下分結」。

　　比丘們，你們要修習八正道，這樣你們就能直接體會和領悟五種「下分結」，這樣你們就能徹底完全的明白和理解五種「下分結」，這樣你們就能捨離、除滅、滅盡五種「下分結」，最終讓自己進入清淨涅槃的境界，這就是如來今天對你們的教導。」

　　佛陀說法後，聽法的出家弟子們都再次的頂禮佛陀，隨喜讚歎佛陀說法的無量功德，他們都按著佛陀所說的法去修行。

第一百二十七章　七覺支是什麼意思？

有個時候，佛陀住在舍衛城的祇樹林給孤獨園，有一天，佛陀對出家弟子們說：「比丘們（出家人），猶如在喜馬拉雅大雪山，雪龍的力量會很強大，因為雪龍依靠喜馬拉雅大雪山中無數的雪增強了自己的力量，而這個龍只是一個比喻，比喻的是世間循環往復變化的天氣，世間循環往復生起的風、雲、霧、雨、閃電、雪、霜、雷、雹、霾等等天氣變化就是龍。天氣循環往復的運動變化軌跡就是龍移動運動的路徑。世間人已經將龍神化了，惡劣的天氣就被比喻成惡龍，對世間人與眾生有利的天氣就被比喻成善龍。

比丘們，如同喜馬拉雅大雪山中的雪龍，它通過融化成水或是下雪、下雨等等方式進入小溪、小河，再由小溪、小河匯入大河、大江、湖泊之中，最後匯入大海，在這個過程之中，雪龍的力量在逐漸的增強，並且它變成了水龍，雪龍指的就是與雪與冰凍有關的天氣變化，水龍指的就是與水與濕度有關的天氣變化，水聚集越多的地方龍的力量就越大，因此如來說喜馬拉雅大雪山中的雪在融入、匯入小溪、小河、大河、大江、湖泊、大海的過程中，水量在逐漸的增加，水聚集越多的地方對天氣的影響力就越大，龍的力量也就越大。當喜馬拉雅大雪山中的雪經由小溪、小河、大河、大江、湖泊融匯入大海的時候，龍的力量就變得非常的廣大、巨大、強大，天氣的力量就變得異常的廣大、巨大、強大。

同樣的道理，比丘們，世間人或眾生依靠受持戒律，以戒律作為修行的立足點，他們就會經常去修習七覺支。他們經常修習七覺支就能讓他們善法、正法、解脫法的力量逐漸的增加、增長，就能讓他們善法、正法、解脫法的狀態、境界逐漸的提高、增進。就能讓他們善法、正法、解脫法的力量變得非常的廣大、巨大、強大，就能讓他們善法、正法、解脫法的狀態變得非常的穩固、堅固、牢固，就能讓他們善法、正法、解脫法的境界達到圓滿的程度。就如同雪龍經由小

溪、小河、大河、大江、湖泊融匯入大海的過程中，龍的力量逐漸的增強，最後變得非常的廣大、巨大、強大一樣。

比丘們，什麼是七覺支呢？就是擇法覺支、念覺支、精進覺支、喜覺支、輕安覺支、舍覺支、定覺支。為什麼這七種覺支會被稱為「覺支」呢？「覺支」是什麼意思呢？「覺支」就是解脫需要滿足的條件、要素，七覺支就是七種開啓解脫智慧的條件、要素，七種幫助修行人開啓智慧、覺悟的方法。

什麼是擇法覺支呢？就是用已經開啓的智慧，能夠分辨出什麼是善法、正法、解脫法，什麼是邪法、惡法、不善法，能夠判斷出真法與假法，並且能夠選擇正確的法修行，能夠選擇善法、正法、解脫法修習，不選擇邪法、惡法、不善法修習。

什麼是念覺支呢？就是內心集中專注在清淨的念想上，四念住就屬於念覺支（四念住解釋，見第五十九章），修習四念住就是在修習念覺支。

什麼是精進覺支呢？就是持之以恆、堅持不懈、勇猛精進的熄滅、平息、滅盡已經生起的惡行、惡言、惡念，持之以恆、堅持不懈、勇猛精進的不讓還沒有生起的惡行、惡言、惡念再次生起，持之以恆、堅持不懈、勇猛精進的讓還沒有生起的善行、善言、善念生起，持之以恆、堅持不懈、勇猛精進的讓已經生起的善行、善言、善念持續的增長、增進。簡單的說精進覺支，就是持之以恆的修行善法、正法、解脫法，持之以恆的斷惡修善。四正勤就屬於精進覺支（四正勤解釋，見第一百零四章），修習四正勤就是在修習精進覺支。

什麼是喜覺支？就是持之以恆修習善法、正法、解脫法的時候，內心由於修習善法、正法、解脫法而變得光明磊落、坦坦蕩蕩、清淨安寧，由此生起歡喜、喜悅、欣喜。

什麼是輕安覺支？就是由於修行止與觀（止與觀解釋，見第一百一十四章），由於修行善法、正法、解脫法，熄滅、平息、滅盡了煩惱和痛苦，由此內心進入寧靜、安寧、安穩的狀態之中。

什麼是舍覺支？就是已經不再執著和掛念，內心平等，沒有分別、區別、差別，內心平靜、安寧、寧靜，能夠放下對世間一切事物

事情的執著和掛念，既不會陷入回憶過去的念想之中，也不會陷入期待未來的念想之中，更不會陷入現在當前的念想之中，內心平靜、坦蕩。

什麼是定覺支？內心不再混亂、散亂、胡思亂想，內心不會再生起煩惱和妄想，內心已經安住在單個、純一的清淨境界之中。定覺支也被稱為禪定，什麼是禪定呢？就是內心集中專注在某一種物件上，或者內心集中專注在某一種清淨的念想上，讓內心平靜、安寧、清淨，讓內心不混亂、不散亂、不胡思亂想，讓內心安住在單個、純一的清淨境界之中，這就叫做禪定。也就是說內心集中專注在某一種物件上，或者內心集中專注在某一種清淨的念想上就叫做「禪」，讓內心不散亂、不混亂、不胡思亂想，讓內心平靜、安寧、清淨，安住在單個、純一的清淨境界之中，就叫做「定」。

比丘們，世間人或眾生是如何依靠受持戒律，以戒律作為修行的立足點去經常修習七覺支讓善法、正法、解脫法的力量逐漸的增加、增長的呢？他們是如何讓善法、正法、解脫法的狀態、境界逐漸的提高、增進的呢？他們是如何讓善法、正法、解脫法的力量變得非常的廣大、巨大、強大，讓善法、正法、解脫法的狀態變得非常的穩固、堅固、牢固，讓善法、正法、解脫法的境界達到圓滿的程度的呢？

世間人或眾生依靠受持戒律熄滅、平息、滅盡貪欲、渴愛、憤怒、無智愚癡、喜怒哀樂、執著、掛念等等煩惱和痛苦，圓滿的完成擇法覺支、念覺支、精進覺支、喜覺支、輕安覺支、捨覺支、定覺支，這七種覺支的修行，進入沒有煩惱，沒有痛苦，沒有執著，沒有掛念，沒有念想的涅槃清淨境界。比丘們，受持戒律，以戒律作為修行立足點的世間人或眾生就是這樣修習七覺支讓善法、正法、解脫法的力量逐漸的增加、增長的，就是這樣讓善法、正法、解脫法的狀態、境界逐漸的提高、增進的，就是這樣讓善法、正法、解脫法的力量變得非常的廣大、巨大、強大的，就是這樣讓善法、正法、解脫法的狀態變得非常的穩固、堅固、牢固的，就是這樣讓善法、正法、解脫法的境界達到圓滿的程度的。

比丘們，你們要受持戒律，你們要經常修習七覺支，這樣你們善法、正法、解脫法的力量就會逐漸的增加、增長，這樣你們善法、正

法、解脫法的狀態、境界就會逐漸的提高、增進，這樣你們善法、正法、解脫法的力量就會變得非常的廣大、巨大、強大，這樣你們善法、正法、解脫法的狀態就會變得非常的穩固、堅固、牢固，這樣你們善法、正法、解脫法的境界就會達到圓滿的程度，這樣你們就能最終圓滿完成七覺支的修行，熄滅、平息、滅盡一切的煩惱和痛苦，從生死輪迴中解脫出來（生死輪迴解釋，見第一百一十二章），進入沒有煩惱，沒有痛苦，沒有執著，沒有掛念，沒有念想的涅槃清淨境界。」

佛陀說法後，聽法的出家弟子們都再次的頂禮佛陀，隨喜讚歎佛陀說法的無量功德，他們都按著佛陀所說的法去修行。

第一百二十八章　修習七覺支證悟的果位

　　有個時候，佛陀住在舍衛城的祇樹林給孤獨園，有一天，佛陀對出家弟子們說：「比丘們（出家人），如來說：「即使只是看見、聽到、接近、侍奉、回憶、跟隨戒具足、定具足、智具足、解脫具足、解脫智見具足的比丘就會對世間人或眾生有很大的幫助，就會對世間人或眾生有很多的好處和益處。」

　　什麼是具足呢？就是完全具備、全部具有的意思。

　　什麼是戒具足呢？就是遵守出家人的所有戒條，受持出家人的所有戒律。

　　什麼是定具足呢？什麼是定呢？「定」就是集中專注在某一種物件上，或是集中專注在清淨的念想上，內心保持安寧、平靜，內心安住在單個、純一的清淨境界之中。

　　「定具足」就是能夠長久的讓內心安住在單個、純一的清淨境界之中。

　　什麼是智具足呢？什麼是「智」呢？「智」就是有關解脫涅槃的道理和知識。

　　「智具足」就是完全明白獲得解脫，進入涅槃境界的道理、知識、修行方法。

　　什麼是解脫具足？什麼是解脫？「解脫」就是熄滅、停止生死輪回（生死輪回解釋，見第一百一十二章），解除了一切的束縛與捆綁。

　　「解脫具足」就是不執著和掛念眼睛與看見的物質事物，耳朵與聽到的聲音，鼻子與聞到的氣味，舌頭與嘗到的味道，身體與觸摸感覺到的觸覺、領納到的環境變化感覺（冷熱、舒適等等），內心與想到的念想、思想、見解，已經完全解除了世間對自己的束縛捆綁，已經熄滅、平息、滅盡貪欲、渴愛、憤怒、無智愚癡、喜怒哀樂、執

著、掛念等等煩惱和痛苦，已經從眼睛與物質事物，耳朵與聲音，鼻子與氣味，舌頭與味道，身體與觸覺、環境變化感覺，內心與見解、思想、念想中徹底的解脫出來。

什麼是解脫智見具足？什麼是解脫智見？「解脫智見」就是解脫的見解，體會、領悟到解脫。

「解脫智見具足」就是知道、明白解脫，有解脫的見解，已經親身體驗、體會、領悟到解脫。

比丘們，為什麼看見、聽到、接近、侍奉、回憶、跟隨戒具足、定具足、智具足、解脫具足、解脫智見具足比丘的世間人或眾生，他們能夠獲得很多好處和益處呢？

為什麼看見、聽到、接近、侍奉、回憶、跟隨戒具足、定具足、智具足、解脫具足、解脫智見具足的比丘會對世間人或眾生有很大幫助呢？

因為當世間人或眾生看見、聽到、接近、侍奉、回憶、跟隨戒具足、定具足、智具足、解脫具足、解脫智見具足比丘的時候，他們的內心就會生起清淨的念想，他們就會因為具足比丘的各種言行而在內心中浮現出清淨的念想，他們就會逐漸遠離身體與內心對自己的束縛和捆綁，當他們內心浮現出具足比丘的清淨形象、言語、行為的時候，他們就會隨著內心生起的念想去回憶、思索、思量具足比丘的清淨形象、言語、行為，他們就會集中專注在具足比丘清淨的形象、言語、行為上，具足比丘清淨的形象、言語、行為就會替換掉他們內心中對身體與內心的執著和掛念，清淨的念想就會替換掉他們的煩惱和痛苦。

比丘們，當世間人或眾生這樣去回憶、思索、思量的時候，他們的念覺支就生起了，他們此時就是在修習念覺支了。

什麼是念覺支呢？就是內心集中專注在清淨的念想上，四念住就屬於念覺支（四念住解釋，見第五十九章），修習四念住就是在修習念覺支。

當世間人或眾生修習念覺支圓滿的時候，他們就能安住在清淨的念想之中，他們就具備、具有、具足了正念（正念解釋，見第九十六章）。

當世間人或眾生具備、具有、具足了正念，他們就會用已經具備、具有、具足的正念，去分辨、區別善法與惡法，正法與邪法，解脫法與束縛法，勝妙法與低劣法，那麼此時，他們的擇法覺支就生起了。

　　什麼是擇法覺支呢？就是用已經開啟的智慧，能夠分辨出什麼是善法、正法、解脫法，什麼是邪法、惡法、不善法，能夠判斷出真法與假法，並且能夠選擇正確的法修行，能夠選擇善法、正法、解脫法修習，不選擇邪法、惡法、不善法修習。

　　當世間人或眾生修習擇法覺支圓滿的時候，他們就會生起不退轉的精進，什麼是不退轉的精進呢？不退轉就是不會再去行邪法、惡法、不善法，不會再去做惡事，這就叫做不退轉，不退轉的精進就是不做惡事，持之以恆、堅持不懈、勇猛精進的修習善法、正法、解脫法。

　　當世間人或眾生觸發、生起不退轉精進的時候，他們的精進覺支就生起了。

　　什麼是精進覺支呢？就是持之以恆、堅持不懈、勇猛精進的熄滅、平息、滅盡已經生起的惡行、惡言、惡念，持之以恆、堅持不懈、勇猛精進的讓還沒有生起的惡行、惡言、惡念不要再次生起，持之以恆、堅持不懈、勇猛精進的讓還沒有生起的善行、善言、善念生起，持之以恆、堅持不懈、勇猛精進的讓已經生起的善行、善言、善念持續的增長、增進。簡單的說精進覺支，就是持之以恆的修行善法、正法、解脫法，持之以恆的斷惡修善。四正勤就屬於精進覺支（四正勤解釋，見第一百零四章），修習四正勤就是在修習精進覺支。

　　當世間人或眾生修習精進覺支圓滿的時候，他們的內心就會由於光明磊落、光明正大、大公無私、坦坦蕩蕩而生起歡喜、喜悅。

　　當世間人或眾生由於持之以恆修習善法、正法、解脫法而讓內心生起歡喜、喜悅的時候，他們的喜覺支就生起了。

　　什麼是喜覺支？就是持之以恆修習善法、正法、解脫法的時候，內心由於修習善法、正法、解脫法而變得光明磊落、坦坦蕩蕩、清淨安寧，由此生起歡喜、喜悅、欣喜。

當世間人或眾生修習喜覺支圓滿的時候，他們的身體與內心就會寧靜、安寧、安穩。

當世間人或眾生的身體與內心寧靜、安寧、安穩的時候，他們的輕安覺支就生起了。

什麼是輕安覺支？就是由於修行止與觀（止與觀解釋，見第一百一十四章），由於修行善法、正法、解脫法，熄滅、平息、滅盡了煩惱和痛苦，由此內心進入寧靜、安寧、安穩的狀態之中。

當世間人或眾生修習輕安覺支圓滿的時候，他們的內心就會安住在清淨的境界之中，他們就會入「定」。

當世間人或眾生安住在清淨境界，入定的時候，他們的定覺支就生起了。

什麼是定覺支？內心不再混亂、散亂、胡思亂想，內心不會再生起煩惱和妄想，內心已經安住在單個、純一的清淨境界之中。定覺支也被稱為禪定，什麼是禪定呢？就是內心集中專注在某一種物件上，或者內心集中專注在某一種清淨的念想上，讓內心平靜、安寧、清淨，讓內心不混亂、不散亂、不胡思亂想，讓內心安住在單個、純一的清淨境界之中，這就叫做禪定。也就是說內心集中專注在某一種物件上，或者內心集中專注在某一種清淨的念想上就叫做「禪」，讓內心不散亂、不混亂、不胡思亂想，讓內心平靜、安寧、清淨，安住在單個、純一的清淨境界之中，就叫做「定」。

當世間人或眾生修習定覺支圓滿的時候，他們就會成為入定的旁觀者，什麼是入定的旁觀者呢？就如同有一處山林，一群人砍伐這片山林中的樹木，踩踏這片山林中的花草，甚至於燒毀這片山林，作為一個遠道而來的人來說，這片山林不屬於他，不管誰砍伐這片山林中的樹木，踩踏這片山林中的花草，燒毀這片山林中的一切，他都不會在意，因為這片山林不屬於他，他只是一個內心平靜、安寧的旁觀者。

當世間人或眾生成為內心平靜、安寧的旁觀者的時候，他們的捨覺支就生起了。

什麼是捨覺支？就是已經不再執著和掛念，內心平等，沒有分別、區別、差別，內心平靜、安寧、寧靜，能夠放下對世間一切事物

事情的執著和掛念，既不會陷入回憶過去的念想之中，也不會陷入期待未來的念想之中，更不會陷入現在當前的念想之中，內心平靜、坦蕩。

當世間人或眾生修習捨覺支圓滿的時候，他們就圓滿完成了七覺支的修行（七覺支解釋，見第一百二十七章）。

比丘們，這就是七覺支的修行過程，這就是圓滿完成七覺支修行的順序和過程（七覺支解釋，見第一百二十七章）。

比丘們，能夠預見、預料修習七覺支，經常修習七覺支的世間人或眾生，他們能證悟七種果位中的一種果位，他們能獲得七種功德中的一種功德。是哪七種果位呢？是哪七種功德呢？

在這一生就證悟完全智。什麼是完全智？就是完全的明白和理解世間、世界的真相、真諦；完全明白獲得解脫，進入涅槃境界的道理、知識、修行方法。

已經熄滅、停止生死輪迴（生死輪迴解釋，見第一百一十二章），解除了一切的束縛與捆綁。

已經熄滅、平息、滅盡貪欲、渴愛、憤怒、無智愚癡、喜怒哀樂、執著、掛念等等煩惱和痛苦，證悟解脫的果位，進入沒有煩惱，沒有痛苦，沒有執著，沒有掛念，沒有念想的涅槃清淨境界。

簡單的說「完全智」就是：已經解除一切的束縛捆綁，已經滅盡一切的煩惱和痛苦，已經進入涅槃清淨的境界。

這就是完全智的法義。

如果這一生沒有證悟完全智，那麼在臨命終、在死的時候，就達到完全智的境界，在死的時候就證悟完全智。

如果在死的時候還沒有證悟完全智，那麼在五下分結滅盡的時候就成為中般涅槃者（五下分結解釋，見第一百二十六章）。

什麼是中般涅槃？就是在死後到下一次投生這一段時間內證悟完全智。在這一生死後到下一生開始、出生這段時間內證悟完全智。

如果在五下分結滅盡的時候沒有成為中般涅槃者，那麼在五下分結滅盡的時候就成為生般涅槃者（五下分結解釋，見第一百二十六章）。

什麼是生般涅槃？就是在降生、出生的那一刻就證悟完全智。

一本書

讀懂所有佛經

如果在五下分結滅盡的時候沒有成為生般涅槃者，那麼在五下分結滅盡的時候就成為無行般涅槃者。

　　什麼是無行般涅槃者？就是降生、出生後，不需要努力、勤奮、勇猛、精進的修行，不需要勤修，時間長了自然就證悟完全智。

　　如果在五下分結滅盡的時候沒有成為無行般涅槃者，那麼在五下分結滅盡的時候就成為上流般涅槃者。

　　什麼是上流般涅槃呢？就是先進入低階的色界境界、狀態（色界解釋，見第一百二十六章），逐漸由低到高進入色究竟天的境界、狀態，最後證悟涅槃。

　　什麼是色究竟天呢？就是色界中最高的境界，是執著和掛念物質事物的臨界點，也就是如果再往上一層境界就不再執著和掛念物質事物了，再往上一層境界對物質事物的執著和掛念就徹底完全的滅盡了。

　　色究竟天是色界和無色界的分界點（界、色界、無色界解釋，見第一百二十六章），色究竟天往上是無色界，往下是色界，當然色究竟天仍然屬於色界，只是色究竟天中的眾生對物質事物的執著和掛念非常的細微，色究竟天中的眾生對物質事物的執著和掛念是色界中最微小的（眾生解釋，見第七十七章）。

　　色究竟天的境界就是第四禪的境界、狀態（第四禪解釋，見第三十五章）。

　　比丘們，這就是修行七覺支，經常修習七覺支，能預見、預料證悟的七種果位，這就是修行七覺支，經常修習七覺支能預見、預料獲得的七種功德。

　　比丘們，你們要去修習七覺支，你們要經常修習七覺支，這樣你們也能證悟七種果位中的其中一種果位，這樣你們也能獲得七種功德中的其中一種功德。這就是如來今天對你們的教導。」

　　佛陀說法後，聽法的出家弟子們都再次的頂禮佛陀，隨喜讚歎佛陀說法的無量功德，他們都按著佛陀所說的法去修行。

第一百二十九章　進入七覺支的境界如同穿衣服

有個時候，舍利弗尊者住在舍衛城的祇樹林給孤獨園，有一天，舍利弗尊者對比丘們（出家人）說：「學友們，有七種覺支，是哪七種覺支呢？就是念覺支、擇法覺支、精進覺支、喜覺支、輕安覺支、定覺支、捨覺支，這七種覺支，簡稱爲七覺支（七覺支解釋，見第一百二十七章）。

學友們，如同國王與公卿大臣們，他們有很多不同顏色的衣服，他們有很多適合不同場合穿的衣服，他們有很多套衣服。早上他們想穿哪種顏色的衣服，想穿適合哪種場合的衣服，想穿哪套衣服，他們就穿哪種顏色的衣服，就穿適合哪種場合的衣服，就穿哪套衣服。

中午他們想穿哪種顏色的衣服，想穿適合哪種場合的衣服，想穿哪套衣服，他們就穿哪種顏色的衣服，就穿適合哪種場合的衣服，就穿哪套衣服。

傍晚他們想穿哪種顏色的衣服，想穿適合哪種場合的衣服，想穿哪套衣服，他們就穿哪種顏色的衣服，就穿適合哪種場合的衣服，就穿哪套衣服。

同樣的道理，學友們，早上我想進入七覺支中的任意一種覺支的狀態、境界之中，我就進入哪一種覺支的狀態、境界之中，我就安住在哪一種覺支的狀態、境界之中；

中午我想進入七覺支中的任意一種覺支的狀態、境界之中，我就進入哪一種覺支的狀態、境界之中，我就安住在哪一種覺支的狀態、境界之中；

傍晚我想進入七覺支中的任意一種覺支的狀態、境界之中，我就進入哪一種覺支的狀態、境界之中，我就安住在哪一種覺支的狀態、境界之中。

學友們，我是如何穿念覺支、擇法覺支、精進覺支、喜覺支、輕

一本書

讀懂所有佛經

安覺支、定覺支、捨覺支，這七件覺支衣服中的任意一件衣服的呢？我是如何進入念覺支、擇法覺支、精進覺支、喜覺支、輕安覺支、定覺支、捨覺支，這七種覺支狀態、境界中的任意一種覺支狀態、境界的呢？

學友們，我內心是這樣想的：「生起念覺支，開啓念覺支的狀態，進入念覺支的境界」；

什麼是念覺支呢？就是內心集中專注在清淨的念想上，四念住就屬於念覺支（四念住解釋，見第五十九章），修習四念住就是在修習念覺支。

我想：「念覺支源源不斷的生起，無窮無盡，無量無邊，沒有限量，沒有止境」；

我想：「念覺支的狀態、境界，沒有停歇逐漸在升高，念覺支就如同勤奮、勇猛、精進的修行人，他在持之以恆、堅持不懈、勇猛精進的提高自己的境界、修爲」；

我想：「念覺支的狀態、境界已經升到最高的境界，並且這種最高的清淨境界在我的內心中保持不變，長時間的保持、維持，我已經進入這樣的清淨境界之中，我已經安住在這樣的清淨境界之中」。

如果念覺支的清淨狀態、境界消失不見了，我就會明白：「念覺支狀態、境界的消失，是因爲特定條件的發生，是因爲滿足了特定的條件，才從我的內心中消失不見的；念覺支的狀態、境界是由條件生起的，既然念覺支的狀態、境界是由條件生起的，那麼滿足一定的條件，念覺支的狀態、境界也會消失不見」。

學友們，同樣的道理，我也是這樣進入擇法覺支、精進覺支、喜覺支、輕安覺支、定覺支、捨覺支，這六種覺支中的任意一種覺支狀態、境界之中的；我也是這樣安住在擇法覺支、精進覺支、喜覺支、輕安覺支、定覺支、捨覺支，這六種覺支中的任意一種覺支狀態、境界之中的。

學友們，我內心是這樣想的：「生起擇法覺支，開啓擇法覺支的狀態，進入擇法覺支的境界」；

什麼是擇法覺支呢？就是用已經開啓的智慧，能夠分辨出什麼是善法、正法、解脫法，什麼是邪法、惡法、不善法，能夠判斷出眞法

與假法，並且能夠選擇正確的法修行，能夠選擇善法、正法、解脫法修習，不選擇邪法、惡法、不善法修習。

我想：「擇法覺支源源不斷的生起，無窮無盡，無量無邊，沒有限量，沒有止境」；

我想：「擇法覺支的狀態、境界，沒有停歇逐漸在升高，擇法覺支就如同勤奮、勇猛、精進的修行人，他在持之以恆、堅持不懈、勇猛精進的提高自己的境界、修為」；

我想：「擇法覺支的狀態、境界已經升到最高的境界，並且這種最高的清淨境界在我的內心中保持不變，長時間的保持、維持，我已經進入這樣的清淨境界之中，我已經安住在這樣的清淨境界之中」。

如果擇法覺支的清淨狀態、境界消失不見了，我就會明白：「擇法覺支狀態、境界的消失，是因為特定條件的發生，是因為滿足了特定的條件，才從我的內心中消失不見的；擇法覺支的狀態、境界是由條件生起的，既然擇法覺支的狀態、境界是由條件生起的，那麼滿足一定的條件，擇法覺支的狀態、境界也會消失不見」。

學友們，我內心是這樣想的：「生起精進覺支，開啟精進覺支的狀態，進入精進覺支的境界」；

什麼是精進覺支呢？就是持之以恆、堅持不懈、勇猛精進的熄滅、平息、滅盡已經生起的惡行、惡言、惡念，持之以恆、堅持不懈、勇猛精進的不讓還沒有生起的惡行、惡言、惡念再次生起，持之以恆、堅持不懈、勇猛精進的讓還沒有生起的善行、善言、善念生起，持之以恆、堅持不懈、勇猛精進的讓已經生起的善行、善言、善念持續的增長、增進。簡單的說精進覺支，就是持之以恆的修行善法、正法、解脫法，持之以恆的斷惡修善。四正勤就屬於精進覺支（四正勤解釋，見第一百零四章），修習四正勤就是在修習精進覺支。

我想：「精進覺支源源不斷的生起，無窮無盡，無量無邊，沒有限量，沒有止境」；

我想：「精進覺支的狀態、境界，沒有停歇逐漸在升高，精進覺支就如同勤奮、勇猛、精進的修行人，他在持之以恆、堅持不懈、勇猛精進的提高自己的境界、修為」；

我想：「精進覺支的狀態、境界已經升到最高的境界，並且這種最高的清淨境界在我的內心中保持不變，長時間的保持、維持，我已經進入這樣的清淨境界之中，我已經安住在這樣的清淨境界之中」。

如果精進覺支的清淨狀態、境界消失不見了，我就會明白：「精進覺支狀態、境界的消失，是因為特定條件的發生，是因為滿足了特定的條件，才從我的內心中消失不見的；精進覺支的狀態、境界是由條件生起的，既然精進覺支的狀態、境界是由條件生起的，那麼滿足一定的條件，精進覺支的狀態、境界也會消失不見」。

學友們，我內心是這樣想的：「生起喜覺支，開啟喜覺支的狀態，進入喜覺支的境界」；

什麼是喜覺支？就是持之以恆修習善法、正法、解脫法的時候，內心由於修習善法、正法、解脫法而變得光明磊落、坦坦蕩蕩、清淨安寧，由此生起歡喜、喜悅、欣喜。

我想：「喜覺支源源不斷的生起，無窮無盡，無量無邊，沒有限量，沒有止境」；

我想：「喜覺支的狀態、境界，沒有停歇逐漸在升高，喜覺支就如同勤奮、勇猛、精進的修行人，他在持之以恆、堅持不懈、勇猛精進的提高自己的境界、修為」；

我想：「喜覺支的狀態、境界已經升到最高的境界，並且這種最高的清淨境界在我的內心中保持不變，長時間的保持、維持，我已經進入這樣的清淨境界之中，我已經安住在這樣的清淨境界之中」。

如果喜覺支的清淨狀態、境界消失不見了，我就會明白：「喜覺支狀態、境界的消失，是因為特定條件的發生，是因為滿足了特定的條件，才從我的內心中消失不見的；喜覺支的狀態、境界是由條件生起的，既然喜覺支的狀態、境界是由條件生起的，那麼滿足一定的條件，喜覺支的狀態、境界也會消失不見」。

學友們，我內心是這樣想的：「生起輕安覺支，開啟輕安覺支的狀態，進入輕安覺支的境界」；

什麼是輕安覺支？就是由於修行止與觀（止與觀解釋，見第一百一十四章），由於修行善法、正法、解脫法，熄滅、平息、滅盡了煩惱和痛苦，由此內心進入寧靜、安寧、安穩的狀態之中。

我想：「輕安覺支源源不斷的生起，無窮無盡，無量無邊，沒有限量，沒有止境」；

　　我想：「輕安覺支的狀態、境界，沒有停歇逐漸在升高，輕安覺支就如同勤奮、勇猛、精進的修行人，他在持之以恆、堅持不懈、勇猛精進的提高自己的境界、修為」；

　　我想：「輕安覺支的狀態、境界已經升到最高的境界，並且這種最高的清淨境界在我的內心中保持不變，長時間的保持、維持，我已經進入這樣的清淨境界之中，我已經安住在這樣的清淨境界之中」。

　　如果輕安覺支的清淨狀態、境界消失不見了，我就會明白：「輕安覺支狀態、境界的消失，是因為特定條件的發生，是因為滿足了特定的條件，才從我的內心中消失不見的；輕安覺支的狀態、境界是由條件生起的，既然輕安覺支的狀態、境界是由條件生起的，那麼滿足一定的條件，輕安覺支的狀態、境界也會消失不見」。

　　學友們，我內心是這樣想的：「生起定覺支，開啟定覺支的狀態，進入定覺支的境界」；

　　什麼是定覺支？內心不再混亂、散亂、胡思亂想，內心不會再生起煩惱和妄想，內心已經安住在單個、純一的清淨境界之中。定覺支也被稱為禪定，什麼是禪定呢？就是內心集中專注在某一種物件上，或者內心集中專注在某一種清淨的念想上，讓內心平靜、安寧、清淨，讓內心不混亂、不散亂、不胡思亂想，讓內心安住在單個、純一的清淨境界之中，這就叫做禪定。也就是說內心集中專注在某一種物件上，或者內心集中專注在某一種清淨的念想上就叫做「禪」，讓內心不散亂、不混亂、不胡思亂想，讓內心平靜、安寧、清淨，安住在單個、純一的清淨境界之中，就叫做「定」。

　　我想：「定覺支源源不斷的生起，無窮無盡，無量無邊，沒有限量，沒有止境」；

　　我想：「定覺支的狀態、境界，沒有停歇逐漸在升高，定覺支就如同勤奮、勇猛、精進的修行人，他在持之以恆、堅持不懈、勇猛精進的提高自己的境界、修為」；

　　我想：「定覺支的狀態、境界已經升到最高的境界，並且這種最高的清淨境界在我的內心中保持不變，長時間的保持、維持，我已經

進入這樣的清淨境界之中，我已經安住在這樣的清淨境界之中」。

　　如果定覺支的清淨狀態、境界消失不見了，我就會明白：「定覺支狀態、境界的消失，是因為特定條件的發生，是因為滿足了特定的條件，才從我的內心中消失不見的；定覺支的狀態、境界是由條件生起的，既然定覺支的狀態、境界是由條件生起的，那麼滿足一定的條件，定覺支的狀態、境界也會消失不見」。

　　學友們，我內心是這樣想的：「生起舍覺支，開啟舍覺支的狀態，進入舍覺支的境界」；

　　什麼是舍覺支？就是已經不再執著和掛念，內心平等，沒有分別、區別、差別，內心平靜、安寧、寧靜，能夠放下對世間一切事物事情的執著和掛念，既不會陷入回憶過去的念想之中，也不會陷入期待未來的念想之中，更不會陷入現在當前的念想之中，內心平靜、坦蕩。

　　我想：「舍覺支源源不斷的生起，無窮無盡，無量無邊，沒有限量，沒有止境」；

　　我想：「舍覺支的狀態、境界，沒有停歇逐漸在升高，舍覺支就如同勤奮、勇猛、精進的修行人，他在持之以恆、堅持不懈、勇猛精進的提高自己的境界、修為」；

　　我想：「舍覺支的狀態、境界已經升到最高的境界，並且這種最高的清淨境界在我的內心中保持不變，長時間的保持、維持，我已經進入這樣的清淨境界之中，我已經安住在這樣的清淨境界之中」。

　　如果舍覺支的清淨狀態、境界消失不見了，我就會明白：「舍覺支狀態、境界的消失，是因為特定條件的發生，是因為滿足了特定的條件，才從我的內心中消失不見的；舍覺支的狀態、境界是由條件生起的，既然舍覺支的狀態、境界是由條件生起的，那麼滿足一定的條件，舍覺支的狀態、境界也會消失不見」。

　　學友們，我就是這樣穿念覺支、擇法覺支、精進覺支、喜覺支、輕安覺支、定覺支、舍覺支，這七件覺支衣服中的任意一件衣服的；我就是這樣進入念覺支、擇法覺支、精進覺支、喜覺支、輕安覺支、定覺支、舍覺支，這七種覺支狀態、境界中的任意一種覺支狀態、境界的。」

舍利弗尊者說法後，聽法的比丘們都虔誠恭敬的頂禮舍利弗尊者，隨喜讚歎舍利弗尊者說法的無量功德，並按著舍利弗尊者所說的法去修行。

第一百三十章　成為聖者的方法

　　有個時候，佛陀住在舍衛城的祇樹林給孤獨園，有一天，佛陀對出家弟子們說：「比丘們（出家人），修習七覺支（七覺支解釋，見第一百二十八章），經常修習七覺支的世間人或眾生，他們就能進入聖者們的境界之中，他們就能從煩惱和痛苦中解脫出來，他們就能放下執著和掛念，他們就能解除束縛捆綁。七覺支能指引、引導世間人或眾生熄滅、平息、滅盡一切的煩惱和痛苦，帶領他們進入清淨涅槃的境界，就如同在深山中迷路的人，遇見了熟悉路況的樵夫，好心的樵夫親自帶領著迷路的人，走出深山，並將迷路的人帶到了寬廣平坦的牛馬車道上。樵夫又告訴迷路人乘坐正確方向的馬車，迷路的人最終在好心樵夫的幫助下，平安的回到了家中。

　　比丘們，七覺支就如同那位好心引路的樵夫，過去的尊者、如來、聖者們就是修習七覺支證悟解脫果位的，他們就是沿著七覺支的大道前行才滅盡一切煩惱和痛苦，進入清淨解脫的涅槃境界的。

　　七覺支就如同慈悲的尊者、如來、聖者們等待著，在世間迷路的世間人或眾生向他們問路一樣，只要世間人或眾生開始修習七覺支，尊者、如來、聖者們就會親自指引、引導、帶領世間人或眾生躲避過貪欲、渴愛、憤怒、無智愚癡、喜怒哀樂的猛獸，跨過執著和掛念的沼澤、泥潭，走出世間深山的迷境，來到寬廣平坦的聖者大道，坐上解脫的馬車，到達沒有煩惱，沒有痛苦，沒有執著，沒有掛念，沒有念想的清淨涅槃之家。

　　比丘們，如來將七覺支比喻成指引、引導、帶領世間人或眾生從世間解脫出來的尊者、如來、聖者們。

　　比丘們，尊者、如來、聖者們比喻的就是七覺支修習的步驟和過程，尊者、如來、聖者們也比喻修習七覺支進入的各種清淨境界。

　　比丘們，是哪七種覺支呢？即是念覺支、擇法覺支、精進覺支、喜覺支、輕安覺支、定覺支、舍覺支，這七種覺支。

比丘們，你們要知道，只要你們明白了過去尊者、如來、聖者們修行的步驟、過程，只要你們明白了過去尊者、如來、聖者們修行的方法、軌跡、路徑，只要你們親身體驗、體會、領悟到了過去尊者、如來、聖者們證悟的各種清淨解脫境界，那麼按著這些修行的步驟、過程，按著這些修行的方法去實踐修行的你們就是未來的尊者、如來、聖者，沿著這些修行軌跡、路徑，逐一親身體驗、體會、領悟到由低到高的各種清淨解脫境界，那麼你們就是未來的尊者、如來、聖者，你們什麼時候成為真正的尊者、如來、聖者呢？當你們按著過去尊者、如來、聖者們修行的方法，滅盡一切的貪欲、渴愛、憤怒、無智愚癡、喜怒哀樂、執著、掛念等等煩惱痛苦的時候，你們就成為了真正的尊者、如來、聖者們，此時的你們就從生死輪迴中徹底的解脫出來（生死輪迴解釋，見第一百一十二章），進入沒有煩惱，沒有痛苦，沒有執著，沒有掛念，沒有念想的涅槃清淨境界。」

佛陀說法後，聽法的出家弟子們都再次的頂禮佛陀，隨喜讚歎佛陀說法的無量功德，他們都按著佛陀所說的法去修行。

一本書

讀懂所有佛經

第一百三十一章　內心的雜質、污垢是什麼？

　　有個時候，佛陀住在舍衛城的祇樹林給孤獨園，有一天，佛陀對出家弟子們說：「比丘們（出家人），黃金中可能會出現五種金屬雜質。含有金屬雜質的黃金是不夠柔軟的，是不適合鍛造成型的，是很難做成各種器具的，是不純淨、不純正的，是容易斷裂、破碎、脆斷的，是很難冶煉提純的，是很難有什麼大用處的。是哪五種金屬雜質呢？

　　鐵就是黃金的金屬雜質，如果黃金中混雜有鐵雜質，那麼這個含有鐵雜質的黃金就會不夠柔軟，就不適合鍛造成型，就很難做成各種器具，就不純淨、不純正，就容易斷裂、破碎、脆斷，就很難冶煉提純，就很難有什麼大用處。

　　銅就是黃金的金屬雜質，如果黃金中混雜有銅雜質，那麼這個含有銅雜質的黃金就會不夠柔軟，就不適合鍛造成型，就很難做成各種器具，就不純淨、不純正，就容易斷裂、破碎、脆斷，就很難冶煉提純，就很難有什麼大用處。

　　錫就是黃金的金屬雜質，如果黃金中混雜有錫雜質，那麼這個含有錫雜質的黃金就會不夠柔軟，就不適合鍛造成型，就很難做成各種器具，就不純淨、不純正，就容易斷裂、破碎、脆斷，就很難冶煉提純，就很難有什麼大用處。

　　鉛就是黃金的金屬雜質，如果黃金中混雜有鉛雜質，那麼這個含有鉛雜質的黃金就會不夠柔軟，就不適合鍛造成型，就很難做成各種器具，就不純淨、不純正，就容易斷裂、破碎、脆斷，就很難冶煉提純，就很難有什麼大用處。

　　銀就是黃金的金屬雜質，如果黃金中混雜有銀雜質，那麼這個含有銀雜質的黃金就會不夠柔軟，就不適合鍛造成型，就很難做成各種器具，就不純淨、不純正，就容易斷裂、破碎、脆斷，就很難冶煉提

純，就很難有什麼大用處。

比丘們，這就是黃金的五種金屬雜質，如果黃金中混雜有這五種金屬雜質，那麼含有這五種金屬雜質的黃金就會不夠柔軟，就不適合鍛造成型，就很難做成各種器具，就不純淨、不純正，就容易斷裂、破碎、脆斷，就很難冶煉提純，就很難有什麼大用處。

比丘們，同樣的道理，有五種內心的雜質、污垢，被這五種雜質、污垢污染的內心，對善法、正法、解脫法是不堅定的，對善法、正法、解脫法是搖擺不定的，隨時都可能會遠離善法、正法、解脫法，被貪欲、渴愛吸引、誘惑去行惡法、邪法、束縛法，內心會混亂、散亂、胡思亂想，無法持之以恆、堅持不懈的修行善法、正法、解脫法，由此就無法熄滅、平息煩惱和痛苦，無法進入單個、純一的清淨境界之中，無法親身體驗、體會、領悟到清淨解脫的境界，無法滅盡一切的煩惱和痛苦，從生死輪回中徹底的解脫出來（生死輪回解釋，見第一百一十二章），進入沒有煩惱，沒有痛苦，沒有執著，沒有掛念，沒有念想的涅槃清淨境界。有五種內心的雜質、污垢實際上連「入定」都很困難，更談不上進入涅槃清淨的境界了。

什麼是「入定」呢？「入定」又被稱為「禪定」，什麼是禪定呢？就是內心集中專注在某一種物件上，或者內心集中專注在某一種清淨的念想上，讓內心平靜、安寧、清淨，讓內心不混亂、不散亂、不胡思亂想，讓內心安住在單個、純一的清淨境界之中，這就叫做禪定。也就是說內心集中專注在某一種物件上，或者內心集中專注在某一種清淨的念想上就叫做「禪」，讓內心不散亂、不混亂、不胡思亂想，讓內心平靜、安寧、清淨，安住在單個、純一的清淨境界之中，就叫做「定」。

比丘們，是哪五種內心的雜質、污垢呢？就是欲貪隨眠，瞋隨眠，昏睡隨眠，掉悔隨眠，疑隨眠，這五種內心的雜質、污垢。什麼是隨眠呢？隨眠就是潛在的煩惱趨勢，潛伏的煩惱，比如種子埋在泥土裡面，還沒有發芽，這個種子就還在潛伏、隱藏的狀態。煩惱的習氣、習性、習慣存在，但是還沒有生起的時候，這個煩惱就處於潛伏、隱藏的狀態。如同還處於熟睡的狀態，還沒有蘇醒過來一樣，煩惱的習氣、習性、習慣存在，煩惱的種子存在，但是還沒有生起、出

現的時候，就叫做隨眠。簡單的說隨眠就是：處於潛伏階段，還沒有生起的煩惱。

　　什麼是欲貪隨眠呢？什麼是欲貪呢？「欲貪」就是由物質事物、聲音、氣味、味道、觸覺、環境變化感覺（冷熱、舒適等等）生起貪欲。

　　「欲貪隨眠」就是有、存在「由物質事物、聲音、氣味、味道、觸覺、環境變化感覺生起貪欲煩惱」的習氣、習性、習慣，有、存在生起「貪欲煩惱」的種子，不過當前還處於潛伏、隱藏的狀態，還沒有「由物質事物、聲音、氣味、味道、觸覺、環境變化感覺生起貪欲的煩惱」。「貪欲煩惱」的種子還處於潛伏、隱藏的狀態，還沒有發芽生起，「貪欲煩惱」還處於睡眠的狀態，還沒有蘇醒過來。

　　什麼是瞋隨眠？什麼是瞋？「瞋」就是不如意、反感、怨恨、憤怒的煩惱。

　　「瞋隨眠」就是有、存在生起「不如意、反感、怨恨、憤怒煩惱」的習氣、習性、習慣，有、存在生起「不如意、反感、怨恨、憤怒煩惱」的種子，不過當前還處於潛伏、隱藏的狀態，還沒有生起「不如意、反感、怨恨、憤怒的煩惱」。「不如意、反感、怨恨、憤怒煩惱」的種子還處於潛伏、隱藏的狀態，還沒有發芽生起，「不如意、反感、怨恨、憤怒的煩惱」還處於睡眠的狀態，還沒有蘇醒過來。

　　什麼是昏睡隨眠呢？昏睡又被稱為昏沉睡眠。什麼是昏沉睡眠呢？昏沉睡眠是一種比喻，比喻的是沉迷的狀態，陷入沉迷的狀態之中如同昏沉熟睡一樣。對某一種境界、狀態入迷、沉醉、著迷、迷戀、陶醉就叫做昏沉睡眠。

　　「昏睡隨眠」就是有、存在生起「昏沉睡眠煩惱」的習氣、習性、習慣，有、存在生起「昏沉睡眠煩惱」的種子，不過當前還處於潛伏、隱藏的狀態，還沒有生起「昏沉睡眠的煩惱」。「昏沉睡眠煩惱」的種子還處於潛伏、隱藏的狀態，還沒有發芽生起，「昏沉睡眠的煩惱」還處於睡眠的狀態，還沒有蘇醒過來。

　　什麼是掉悔隨眠呢？什麼是掉悔呢？「掉」是心浮氣躁，內心混亂、散亂的意思；「悔」是對自己已經做過的事情憂慮不安、後悔不

已。

「掉悔隨眠」就是有、存在生起「掉悔煩惱」的習氣、習性、習慣，有、存在生起「掉悔煩惱」的種子，不過當前還處於潛伏、隱藏的狀態，還沒有生起「掉悔的煩惱」。「掉悔煩惱」的種子還處於潛伏、隱藏的狀態，還沒有發芽生起，「掉悔的煩惱」還處於睡眠的狀態，還沒有蘇醒過來。

什麼是疑隨眠呢？什麼是「疑」呢？「疑」就是懷疑、疑惑、狐疑不信。對善法、正法、解脫法懷疑、疑惑、狐疑不信，對於到底修不修習善法、正法、解脫法猶豫不決。擔心修行善法、正法、解脫法會給自己帶來不幸、不利。

「疑隨眠」就是有、存在生起「懷疑、疑惑、疑慮煩惱」的習氣、習性、習慣，有、存在生起「懷疑、疑惑、疑慮煩惱」的種子，不過當前還處於潛伏、隱藏的狀態，還沒有生起「懷疑、疑惑、疑慮的煩惱」。「懷疑、疑惑、疑慮煩惱」的種子還處於潛伏、隱藏的狀態，還沒有發芽生起，「懷疑、疑惑、疑慮的煩惱」還處於睡眠的狀態，還沒有蘇醒過來。

比丘們，內心有「欲貪隨眠」的雜質、污垢，被「欲貪隨眠」的雜質、污垢污染內心，就會對善法、正法、解脫法不堅定，就會對善法、正法、解脫法搖擺不定，就可能會隨時遠離善法、正法、解脫法，就會被貪欲、渴愛吸引、誘惑去行惡法、邪法、束縛法，內心就會混亂、散亂、胡思亂想，就無法持之以恆、堅持不懈的修行善法、正法、解脫法，就無法熄滅、平息煩惱和痛苦，就無法進入單個、純一的清淨境界之中，就無法親身體驗、體會、領悟到清淨解脫的境界，就無法滅盡一切的煩惱和痛苦，從生死輪迴中徹底的解脫出來（生死輪迴解釋，見第一百一十二章），進入沒有煩惱，沒有痛苦，沒有執著，沒有掛念，沒有念想的涅槃清淨境界。內心有「欲貪隨眠」的雜質、污垢實際上連「入定」都很困難，更談不上進入涅槃清淨的境界了。

內心有「瞋隨眠」的雜質、污垢，被「瞋隨眠」的雜質、污垢污染內心，就會對善法、正法、解脫法不堅定，就會對善法、正法、解脫法搖擺不定，就可能會隨時遠離善法、正法、解脫法，就會被貪

欲、渴愛吸引、誘惑去行惡法、邪法、束縛法，內心就會混亂、散亂、胡思亂想，就無法持之以恆、堅持不懈的修行善法、正法、解脫法，就無法熄滅、平息煩惱和痛苦，就無法進入單個、純一的清淨境界之中，就無法親身體驗、體會、領悟到清淨解脫的境界，就無法滅盡一切的煩惱和痛苦，從生死輪迴中徹底的解脫出來（生死輪迴解釋，見第一百一十二章），進入沒有煩惱，沒有痛苦，沒有執著，沒有掛念，沒有念想的涅槃清淨境界。內心有「瞋隨眠」的雜質、污垢實際上連「入定」都很困難，更談不上進入涅槃清淨的境界了。

內心有「昏睡隨眠」的雜質、污垢，被「昏睡隨眠」的雜質、污垢污染內心，就會對善法、正法、解脫法不堅定，就會對善法、正法、解脫法搖擺不定，就可能會隨時遠離善法、正法、解脫法，就會被貪欲、渴愛吸引、誘惑去行惡法、邪法、束縛法，內心就會混亂、散亂、胡思亂想，就無法持之以恆、堅持不懈的修行善法、正法、解脫法，就無法熄滅、平息煩惱和痛苦，就無法進入單個、純一的清淨境界之中，就無法親身體驗、體會、領悟到清淨解脫的境界，就無法滅盡一切的煩惱和痛苦，從生死輪迴中徹底的解脫出來（生死輪迴解釋，見第一百一十二章），進入沒有煩惱，沒有痛苦，沒有執著，沒有掛念，沒有念想的涅槃清淨境界。內心有「昏睡隨眠」的雜質、污垢實際上連「入定」都很困難，更談不上進入涅槃清淨的境界了。

內心有「掉悔隨眠」的雜質、污垢，被「掉悔隨眠」的雜質、污垢污染內心，就會對善法、正法、解脫法不堅定，就會對善法、正法、解脫法搖擺不定，就可能會隨時遠離善法、正法、解脫法，就會被貪欲、渴愛吸引、誘惑去行惡法、邪法、束縛法，內心就會混亂、散亂、胡思亂想，就無法持之以恆、堅持不懈的修行善法、正法、解脫法，就無法熄滅、平息煩惱和痛苦，就無法進入單個、純一的清淨境界之中，就無法親身體驗、體會、領悟到清淨解脫的境界，就無法滅盡一切的煩惱和痛苦，從生死輪迴中徹底的解脫出來（生死輪迴解釋，見第一百一十二章），進入沒有煩惱，沒有痛苦，沒有執著，沒有掛念，沒有念想的涅槃清淨境界。內心有「掉悔隨眠」的雜質、污垢實際上連「入定」都很困難，更談不上進入涅槃清淨的境界了。

內心有「疑隨眠」的雜質、污垢，被「疑隨眠」的雜質、污垢污染內心，就會對善法、正法、解脫法不堅定，就會對善法、正法、解脫法搖擺不定，就可能會隨時遠離善法、正法、解脫法，就會被貪欲、渴愛吸引、誘惑去行惡法、邪法、束縛法，內心就會混亂、散亂、胡思亂想，就無法持之以恆、堅持不懈的修行善法、正法、解脫法，就無法熄滅、平息煩惱和痛苦，就無法進入單個、純一的清淨境界之中，就無法親身體驗、體會、領悟到清淨解脫的境界，就無法滅盡一切的煩惱和痛苦，從生死輪回中徹底的解脫出來（生死輪回解釋，見第一百一十二章），進入沒有煩惱，沒有痛苦，沒有執著，沒有掛念，沒有念想的涅槃清淨境界。內心有「疑隨眠」的雜質、污垢實際上連「入定」都很困難，更談不上進入涅槃清淨的境界了。

比丘們，這就是內心的五種雜質、污垢，有五種內心的雜質、污垢，被這五種雜質、污垢污染的內心，對善法、正法、解脫法是不堅定的，對善法、正法、解脫法是搖擺不定的，隨時都可能會遠離善法、正法、解脫法，被貪欲、渴愛吸引、誘惑去行惡法、邪法、束縛法，內心會混亂、散亂、胡思亂想，無法持之以恆、堅持不懈的修行善法、正法、解脫法，由此就無法熄滅、平息煩惱和痛苦，無法進入單個、純一的清淨境界之中，無法親身體驗、體會、領悟到清淨解脫的境界，無法滅盡一切的煩惱和痛苦，從生死輪回中徹底的解脫出來（生死輪回解釋，見第一百一十二章），進入沒有煩惱，沒有痛苦，沒有執著，沒有掛念，沒有念想的涅槃清淨境界。有五種內心的雜質、污垢實際上連「入定」都很困難，更談不上進入涅槃清淨的境界了。

比丘們，如何熄滅、平息、滅盡欲貪隨眠，瞋隨眠，昏睡隨眠，掉悔隨眠，疑隨眠，這五種內心的雜質、污垢呢？比丘們，修習七覺支（七覺支解釋，見第一百二十八章），經常修習七覺支就能熄滅、平息欲貪隨眠，瞋隨眠，昏睡隨眠，掉悔隨眠，疑隨眠，這五種內心的雜質、污垢，當圓滿完成念覺支、擇法覺支、精進覺支、喜覺支、輕安覺支、定覺支、捨覺支，這七種覺支的修行，就能徹底滅盡欲貪隨眠，瞋隨眠，昏睡隨眠，掉悔隨眠，疑隨眠，這五種內心的雜質、污垢，最終進入沒有煩惱，沒有痛苦，沒有執著，沒有掛念，沒有念

想的涅槃清淨境界。

比丘們，你們也要去修習七覺支，你們也要經常去修習七覺支，這樣你們也能熄滅、平息欲貪隨眠，瞋隨眠，昏睡隨眠，掉悔隨眠，疑隨眠，這五種內心的雜質、污垢，當你們圓滿完成念覺支、擇法覺支、精進覺支、喜覺支、輕安覺支、定覺支、舍覺支，這七種覺支的修行的時候，你們也能徹底滅盡欲貪隨眠，瞋隨眠，昏睡隨眠，掉悔隨眠，疑隨眠，這五種內心的雜質、污垢，最終進入沒有煩惱，沒有痛苦，沒有執著，沒有掛念，沒有念想的涅槃清淨境界。」

佛陀說法後，聽法的出家弟子們都再次的頂禮佛陀，隨喜讚歎佛陀說法的無量功德，他們都按著佛陀所說的法去修行。

第一百三十二章　大樹遮擋陽光與雨水的比喻

有個時候，佛陀住在舍衛城的祇樹林給孤獨園，有一天，佛陀對出家弟子們說：「比丘們（出家人），參天大樹是由微小的種子長大而成的，參天大樹如果枝葉過於茂盛，它的枝葉就會遮擋住陽光與雨水，讓生長在它下面的樹木無法獲得足夠的陽光與雨水，那麼這些生長在參天大樹下面，被參天大樹剝奪陽光與雨水的樹木就會因為失去養料的來源而逐漸的枯萎、凋謝、倒下。

比丘們，哪些樹木長大後會遮擋住陽光與雨水，讓生長在它們下面的樹木無法獲得足夠的陽光與雨水而逐漸的枯萎、凋謝、倒下呢？菩提樹、榕樹、糙葉榕、叢生榕、無花果樹、蘋果樹就是由微小的種子長大，當它們長成參天大樹的時候，它們的枝葉就會遮擋住陽光與雨水，讓生長在它們下面的樹木無法獲得足夠的陽光與雨水，讓生長在它們下面樹木因為失去養料的來源而逐漸的枯萎、凋謝、倒下。

比丘們，同樣的道理，當世間人或眾生為了熄滅、平息、滅盡欲望而在家修行，或者出家修行，那麼他們由欲望而生起的惡行、惡言、惡念就會被熄滅、平息、滅盡，他們由惡行、惡言、惡念而導致的悲慘、煩惱、痛苦的惡果、苦報就會被破壞、摧毀、剷除，就如同生長在參天大樹下的樹木無法獲得足夠的陽光與雨水就會逐漸的枯萎、凋謝、倒下一樣，這些經常修行善法、正法、解脫法的世間人或眾生，他們也無法獲得足夠的欲望養料讓惡行、惡言、惡念繼續維持、增加、生長，他們的惡行、惡言、惡念就會逐漸的被熄滅、平息、滅盡，既然他們的惡行、惡言、惡念逐漸被熄滅、平息、滅盡了，那麼他們由惡行、惡言、惡念而導致的悲慘、煩惱、痛苦的惡果、苦報就會被逐漸的破壞、摧毀、剷除掉。

比丘們，有障礙、遮蔽、覆蓋內心，讓善法、正法、解脫法的智慧減弱、衰退、消失的五種蓋。是哪五種蓋呢？即是貪欲蓋，瞋恚

蓋，睡眠蓋，掉悔蓋，疑蓋，這五種蓋。

什麼是蓋呢？「蓋」是修行障礙的意思，遮蔽、掩蓋、覆蓋、包裹內心，阻礙、障礙內心生起善法、正法、解脫法的煩惱。

什麼是貪欲蓋呢？執著五欲，陷入五欲的狀態之中，內心被五欲遮蔽、掩蓋、覆蓋、包裹，無法生起善法、正法、解脫法。什麼是五欲？就是由眼睛與物質事物生起的貪欲、渴愛；

由耳朵與聲音生起的貪欲、渴愛；

由鼻子與氣味生起的貪欲、渴愛；

由舌頭與味道生起的貪欲、渴愛；

由身體與觸覺，或環境變化感覺（冷熱、舒適等等）生起的貪欲、渴愛。

比丘們，這就是五欲。

「貪欲蓋」簡單的說就是：貪欲的煩惱障礙、阻礙善法、正法、解脫法的生起。

貪欲蓋會障礙、遮蔽、覆蓋內心，讓善法、正法、解脫法的智慧減弱、衰退、消失。

什麼是瞋恚蓋呢？陷入瞋恚的狀態之中，內心被瞋恚遮蔽、掩蓋、覆蓋、包裹，無法生起善法、正法、解脫法。什麼是瞋恚呢？瞋恚就是不如意、反感、怨恨、憤怒，對自己或別人心懷惡意、敵意、歹心，想要傷害自己或別人。

「瞋恚蓋」簡單的說就是：不如意、反感、怨恨、憤怒，對自己或別人心懷惡意、敵意、歹心，想要傷害自己或別人的煩惱障礙、阻礙善法、正法、解脫法的生起。

瞋恚蓋會障礙、遮蔽、覆蓋內心，讓善法、正法、解脫法的智慧減弱、衰退、消失。

什麼是睡眠蓋？陷入睡眠的狀態之中，內心被睡眠遮蔽、掩蓋、覆蓋、包裹，無法生起善法、正法、解脫法。什麼是睡眠呢？睡眠是一種比喻，比喻的是沉迷的狀態，陷入沉迷的狀態之中如同熟睡一樣。對某一種境界、狀態入迷、沉醉、著迷、迷戀、陶醉就叫做睡眠。

「睡眠蓋」簡單的說就是：沉迷的煩惱障礙、阻礙善法、正法、解脫法的生起。

睡眠蓋會障礙、遮蔽、覆蓋內心，讓善法、正法、解脫法的智慧減弱、衰退、消失。

什麼是掉悔蓋？陷入掉悔的狀態之中，內心被掉悔遮蔽、掩蓋、覆蓋、包裹，無法生起善法、正法、解脫法。什麼是掉悔呢？「掉」是心浮氣躁，內心混亂、散亂的意思；「悔」是對自己已經做過的事情憂慮不安、後悔不已。

「掉悔蓋」簡單的說就是：心浮氣躁與後悔不安的煩惱障礙、阻礙善法、正法、解脫法的生起。

掉悔蓋會障礙、遮蔽、覆蓋內心，讓善法、正法、解脫法的智慧減弱、衰退、消失。

什麼是疑蓋？陷入「疑」的狀態之中，內心被「疑」遮蔽、掩蓋、覆蓋、包裹，無法生起善法、正法、解脫法。什麼是「疑」呢？「疑」就是懷疑、疑惑、疑慮、狐疑不信、猶豫不決。

「疑蓋」簡單的說就是：疑惑的煩惱障礙、阻礙善法、正法、解脫法的生起。

疑蓋會障礙、遮蔽、覆蓋內心，讓善法、正法、解脫法的智慧減弱、衰退、消失。

比丘們，這就是五種蓋的法義，五種蓋會障礙、遮蔽、覆蓋內心，讓善法、正法、解脫法的智慧減弱、衰退、消失。

比丘們，修習七覺支（七覺支解釋，見第一百二十八章），經常修習七覺支能夠讓內心不被欲望污染，能夠讓內心不被妄想雜念污染，能夠讓內心不被貪欲、渴愛、憤怒、無智愚癡、喜怒哀樂、執著、掛念等等煩惱和痛苦污染。

修習七覺支，經常修習七覺支就能被指引、引導進入明與解脫的狀態、境界之中，就能不被煩惱和痛苦障礙、阻礙，就能不被煩惱和痛苦覆蓋、包裹，就能親身體驗、體會、領悟到清淨解脫的境界，證悟解脫的果位，從生死輪回中徹底的解脫出來（生死輪回解釋，見第一百一十二章），進入沒有煩惱，沒有痛苦，沒有執著，沒有掛念，沒有念想的涅槃清淨境界。

什麼是明呢？就是明白如來所說的正法，開啓了智慧；明白善法、正法、解脫法是什麼，知道自己該幹什麼，不該幹什麼。不會沉迷在各種欲望之中，不會被貪欲、渴愛、憤怒、愚癡等等煩惱包圍、束縛捆綁，不會由執著「我」而生起念想、見解、思想，簡單的說：明就是有智慧，「智慧光明」。

　　解脫的境界是什麼呢？不執著和掛念眼睛與看見的物質事物，耳朵與聽到的聲音，鼻子與聞到的氣味，舌頭與嘗到的味道，身體與觸摸感覺到的觸覺、領納到的環境變化感覺（冷熱、舒適等等），內心與想到的念想、思想、見解，從眼睛與物質事物，耳朵與聲音，鼻子與氣味，舌頭與味道，身體與觸覺、環境變化感覺，內心與見解、思想、念想中徹底的解脫出來。

　　熄滅、停止生死輪回（生死輪回解釋，見第一百一十二章），解除一切的束縛與捆綁。

　　熄滅、平息、滅盡貪欲、渴愛、憤怒、無智愚癡、喜怒哀樂、執著、掛念等等煩惱和痛苦，證悟解脫的果位，進入沒有煩惱，沒有痛苦，沒有執著，沒有掛念，沒有念想的涅槃清淨境界。

　　這就是解脫的境界。

　　比丘們，是哪七種覺支呢？即是念覺支、擇法覺支、精進覺支、喜覺支、輕安覺支、定覺支、舍覺支，這七種覺支。

　　什麼是念覺支呢？就是內心集中專注在清淨的念想上，四念住就屬於念覺支（四念住解釋，見第五十九章），修習四念住就是在修習念覺支。

　　比丘們，修習念覺支，經常修習念覺支能夠讓內心不被欲望污染，能夠讓內心不被妄想雜念污染，能夠讓內心不被貪欲、渴愛、憤怒、無智愚癡、喜怒哀樂、執著、掛念等等煩惱和痛苦污染。

　　修習念覺支，經常修習念覺支就能被指引、引導進入明與解脫的狀態、境界之中，就能不被煩惱和痛苦障礙、阻礙，就能不被煩惱和痛苦覆蓋、包裹，就能親身體驗、體會、領悟到清淨解脫的境界，證悟解脫的果位，從生死輪回中徹底的解脫出來，進入沒有煩惱，沒有痛苦，沒有執著，沒有掛念，沒有念想的涅槃清淨境界。

什麼是擇法覺支呢？就是用已經開啓的智慧，能夠分辨出什麼是善法、正法、解脫法，什麼是邪法、惡法、不善法，能夠判斷出真法與假法，並且能夠選擇正確的法修行，能夠選擇善法、正法、解脫法修習，不選擇邪法、惡法、不善法修習。

　　比丘們，修習擇法覺支，經常修習擇法覺支能夠讓內心不被欲望污染，能夠讓內心不被妄想雜念污染，能夠讓內心不被貪欲、渴愛、憤怒、無智愚癡、喜怒哀樂、執著、掛念等等煩惱和痛苦污染。

　　修習擇法覺支，經常修習擇法覺支就能被指引、引導進入明與解脫的狀態、境界之中，就能不被煩惱和痛苦障礙、阻礙，就能不被煩惱和痛苦覆蓋、包裹，就能親身體驗、體會、領悟到清淨解脫的境界，證悟解脫的果位，從生死輪回中徹底的解脫出來，進入沒有煩惱，沒有痛苦，沒有執著，沒有掛念，沒有念想的涅槃清淨境界。

　　什麼是精進覺支呢？就是持之以恆、堅持不懈、勇猛精進的熄滅、平息、滅盡已經生起的惡行、惡言、惡念，持之以恆、堅持不懈、勇猛精進的不讓還沒有生起的惡行、惡言、惡念再次生起，持之以恆、堅持不懈、勇猛精進的讓還沒有生起的善行、善言、善念生起，持之以恆、堅持不懈、勇猛精進的讓已經生起的善行、善言、善念持續的增長、增進。簡單的說精進覺支，就是持之以恆的修行善法、正法、解脫法，持之以恆的斷惡修善。四正勤就屬於精進覺支（四正勤解釋，見第一百零四章），修習四正勤就是在修習精進覺支。

　　比丘們，修習精進覺支，經常修習精進覺支能夠讓內心不被欲望污染，能夠讓內心不被妄想雜念污染，能夠讓內心不被貪欲、渴愛、憤怒、無智愚癡、喜怒哀樂、執著、掛念等等煩惱和痛苦污染。

　　修習精進覺支，經常修習精進覺支就能被指引、引導進入明與解脫的狀態、境界之中，就能不被煩惱和痛苦障礙、阻礙，就能不被煩惱和痛苦覆蓋、包裹，就能親身體驗、體會、領悟到清淨解脫的境界，證悟解脫的果位，從生死輪回中徹底的解脫出來，進入沒有煩惱，沒有痛苦，沒有執著，沒有掛念，沒有念想的涅槃清淨境界。

　　什麼是喜覺支？就是持之以恆修習善法、正法、解脫法的時候，內心由於修習善法、正法、解脫法而變得光明磊落、坦坦蕩蕩、清淨

安寧，由此生起歡喜、喜悅、欣喜。

比丘們，修習喜覺支，經常修習喜覺支能夠讓內心不被欲望污染，能夠讓內心不被妄想雜念污染，能夠讓內心不被貪欲、渴愛、憤怒、無智愚癡、喜怒哀樂、執著、掛念等等煩惱和痛苦污染。

修習喜覺支，經常修習喜覺支就能被指引、引導進入明與解脫的狀態、境界之中，就能不被煩惱和痛苦障礙、阻礙，就能不被煩惱和痛苦覆蓋、包裹，就能親身體驗、體會、領悟到清淨解脫的境界，證悟解脫的果位，從生死輪迴中徹底的解脫出來，進入沒有煩惱，沒有痛苦，沒有執著，沒有掛念，沒有念想的涅槃清淨境界。

什麼是輕安覺支？就是由於修行止與觀（止與觀解釋，見第一百一十四章），由於修行善法、正法、解脫法，熄滅、平息、滅盡了煩惱和痛苦，由此內心進入寧靜、安寧、安穩的狀態之中。

比丘們，修習輕安覺支，經常修習輕安覺支能夠讓內心不被欲望污染，能夠讓內心不被妄想雜念污染，能夠讓內心不被貪欲、渴愛、憤怒、無智愚癡、喜怒哀樂、執著、掛念等等煩惱和痛苦污染。

修習輕安覺支，經常修習輕安覺支就能被指引、引導進入明與解脫的狀態、境界之中，就能不被煩惱和痛苦障礙、阻礙，就能不被煩惱和痛苦覆蓋、包裹，就能親身體驗、體會、領悟到清淨解脫的境界，證悟解脫的果位，從生死輪迴中徹底的解脫出來，進入沒有煩惱，沒有痛苦，沒有執著，沒有掛念，沒有念想的涅槃清淨境界。

什麼是定覺支？內心不再混亂、散亂、胡思亂想，內心不會再生起煩惱和妄想，內心已經安住在單個、純一的清淨境界之中。定覺支也被稱為禪定，什麼是禪定呢？就是內心集中專注在某一種物件上，或者內心集中專注在某一種清淨的念想上，讓內心平靜、安寧、清淨，讓內心不混亂、不散亂、不胡思亂想，讓內心安住在單個、純一的清淨境界之中，這就叫做禪定。也就是說內心集中專注在某一種物件上，或者內心集中專注在某一種清淨的念想上就叫做「禪」，讓內心不散亂、不混亂、不胡思亂想，讓內心平靜、安寧、清淨，安住在單個、純一的清淨境界之中，就叫做「定」。

比丘們，修習定覺支，經常修習定覺支能夠讓內心不被欲望污染，能夠讓內心不被妄想雜念污染，能夠讓內心不被貪欲、渴愛、憤

怒、無智愚癡、喜怒哀樂、執著、掛念等等煩惱和痛苦污染。

修習定覺支，經常修習定覺支就能被指引、引導進入明與解脫的狀態、境界之中，就能不被煩惱和痛苦障礙、阻礙，就能不被煩惱和痛苦覆蓋、包裹，就能親身體驗、體會、領悟到清淨解脫的境界，證悟解脫的果位，從生死輪回中徹底的解脫出來，進入沒有煩惱，沒有痛苦，沒有執著，沒有掛念，沒有念想的涅槃清淨境界。

什麼是舍覺支？就是已經不再執著和掛念，內心平等，沒有分別、區別、差別，內心平靜、安寧、寧靜，能夠放下對世間一切事物事情的執著和掛念，既不會陷入回憶過去的念想之中，也不會陷入期待未來的念想之中，更不會陷入現在當前的念想之中，內心平靜、坦蕩。

比丘們，修習舍覺支，經常修習舍覺支能夠讓內心不被欲望污染，能夠讓內心不被妄想雜念污染，能夠讓內心不被貪欲、渴愛、憤怒、無智愚癡、喜怒哀樂、執著、掛念等等煩惱和痛苦污染。

修習舍覺支，經常修習舍覺支就能被指引、引導進入明與解脫的狀態、境界之中，就能不被煩惱和痛苦障礙、阻礙，就能不被煩惱和痛苦覆蓋、包裹，就能親身體驗、體會、領悟到清淨解脫的境界，證悟解脫的果位，從生死輪回中徹底的解脫出來，進入沒有煩惱，沒有痛苦，沒有執著，沒有掛念，沒有念想的涅槃清淨境界。

比丘們，修習七覺支（七覺支解釋，見第一百二十八章），經常修習七覺支能夠讓內心不被欲望污染，能夠讓內心不被妄想雜念污染，能夠讓內心不被貪欲、渴愛、憤怒、無智愚癡、喜怒哀樂、執著、掛念等等煩惱和痛苦污染。

修習七覺支，經常修習七覺支就能被指引、引導進入明與解脫的狀態、境界之中，就能不被煩惱和痛苦障礙、阻礙，就能不被煩惱和痛苦覆蓋、包裹，就能親身體驗、體會、領悟到清淨解脫的境界，證悟解脫的果位，從生死輪回中徹底的解脫出來，進入沒有煩惱，沒有痛苦，沒有執著，沒有掛念，沒有念想的涅槃清淨境界。

比丘們，你們也要修習七覺支，你們也要經常修習七覺支，這樣你們也能夠讓內心不被欲望污染，也能夠讓內心不被妄想雜念污染，也能夠讓內心不被貪欲、渴愛、憤怒、無智愚癡、喜怒哀樂、執著、

一本書

讀懂所有佛經

掛念等等煩惱和痛苦污染。

你們修習七覺支，經常修習七覺支也能被指引、引導進入明與解脫的狀態、境界之中，也能不被煩惱和痛苦障礙、阻礙，也能不被煩惱和痛苦覆蓋、包裹，也能親身體驗、體會、領悟到清淨解脫的境界，證悟解脫的果位，從生死輪回中徹底的解脫出來，進入沒有煩惱，沒有痛苦，沒有執著，沒有掛念，沒有念想的涅槃清淨境界。」

佛陀說法後，聽法的出家弟子們都再次的頂禮佛陀，隨喜讚歎佛陀說法的無量功德，他們都按著佛陀所說的法去修行。

第一百三十三章　如來出現的時候，七覺支就出現了

有個時候，佛陀住在舍衛城的祇樹林給孤獨園，有一天，佛陀對出家弟子們說：「比丘們（出家人），轉輪聖王出現的時候，七種寶也會出現。是哪七種寶呢？即是輪寶、象寶、馬寶、珠寶、玉女寶、主藏寶、典兵寶。

什麼是輪寶呢？輪寶比喻的是：統領、管轄、降服天下的權利、德行、善法、正法、文化，不需要使用暴力，天下自動歸順、服從，心甘情願接受教化、治理、統馭。

什麼是象寶？象寶比喻的是：運載工具，運輸貨物器材等等物品的交通工具。

什麼是馬寶？馬寶比喻的是：交通工具，主要以運載人或眾生為主，象寶是以運輸貨物器材等等物品為主，要注意它們之間的差別。

什麼是珠寶？珠寶比喻的是：照明工具、照明設備，夜晚的時候能夠驅除黑暗帶來光明。

什麼是玉女寶？玉女寶指的是：容貌漂亮，體態優美，性情端正溫柔，言語優雅、輕柔、溫情，舉止合乎禮儀，全身散發出幽香的女子，她們的道德品行如同潔白無瑕的玉一樣純淨、純潔。

什麼是主藏寶？主藏寶比喻的是：有使用不盡的財富，有巨大的財力，擁有無數的自然資源。並且有開發新財源、資源的能力。

什麼是典兵寶？典兵寶指的是：有勇猛強壯的士兵，有先進精良的武器與裝備，有智謀超群、能幹的大臣，有善於統領軍隊的將帥，並且士兵、大臣、將帥與轉輪聖王同心同德，士兵、大臣、將帥完全服從、效忠轉輪聖王，執行、貫徹轉輪聖王的各項命令。

比丘們，這就是七寶的法義。

比丘們，同樣的，阿羅漢、如來、已經證悟無上正等正覺的聖者們出現的時候，指引、引導世間人或眾生踏上慈善之道、解脫之道、

聖者之道的七覺支就出現了（七覺支解釋，見第一百二十八章）。讓世間人或眾生滅盡煩惱和痛苦，從生死輪迴中徹底解脫出來（生死輪迴解釋，見第一百一十二章），進入沒有煩惱，沒有痛苦，沒有執著，沒有掛念，沒有念想涅槃清淨境界的七覺支大道就出現了。是哪七種覺支呢？即是念覺支、擇法覺支、精進覺支、喜覺支、輕安覺支、定覺支、捨覺支，這七種覺支。

比丘們，什麼是無上正等正覺呢？就是已經完全證悟明白世間一切的真相、真諦，並由此開啟了圓滿的智慧，從世間徹底的解脫出來。

比丘們，阿羅漢、如來、已經證悟無上正等正覺的聖者們出現的時候，七覺支的慈善之道、解脫之道、聖者之道就會出現。

修習七覺支，經常修習七覺支的世間人或眾生，阿羅漢、如來、聖者們就會在他們的面前出現，為什麼呢？因為過去的阿羅漢、如來、聖者們就是通過七覺支的修行證悟解脫果位的，過去的阿羅漢、如來、聖者們就是沿著七覺支的大道滅盡一切煩惱和痛苦，從生死輪迴中徹底解脫出來，進入涅槃清淨境界的。

這些修習七覺支，經常修習七覺支的世間人或眾生，他們將會親身體驗、體會到過去阿羅漢、如來、聖者們體驗、體會到的由低到高的各種清淨境界，最終體驗、體會到涅槃的清淨境界，如來將由低到高的各種清淨境界，將涅槃的清淨境界比喻成了阿羅漢、如來、聖者們，當世間人或眾生通過修習七覺支，經常修習七覺支親身體驗、體會到由低到高的各種清淨境界，親身體驗、體會到涅槃清淨境界的時候，阿羅漢、如來、聖者們就出現了，過去阿羅漢、如來、聖者們曾經體驗、體會到的清淨境界就出現了，所以如來說修習七覺支，經常修習七覺支的世間人或眾生，阿羅漢、如來、聖者們就會在他們的面前出現。實際上是由低到高的各種清淨境界，涅槃的清淨境界在他們的內心中出現。

比丘們，你們要去修習七覺支，你們要去經常修習七覺支，這樣你們也能親身體驗、體會到由低到高的各種清淨境界，這樣你們也能最終親身體驗、體會到涅槃的清淨境界。你們修習七覺支，你們經常修習七覺支，就能滅盡煩惱和痛苦，從生死輪迴中徹底解脫出來，進

入沒有煩惱，沒有痛苦，沒有執著，沒有掛念，沒有念想的涅槃清淨境界，成為未來的阿羅漢、如來、聖者。」

佛陀說法後，聽法的出家弟子們都再次的頂禮佛陀，隨喜讚歎佛陀說法的無量功德，他們都按著佛陀所說的法去修行。

第一百三十四章　為什麼有時長時間誦經沒有效果？

有個時候，佛陀住在舍衛城的祇樹林給孤獨園，有一天，傷歌邏婆羅門來到佛陀的住所，他與佛陀互相問候後，就在一旁坐下，傷歌邏婆羅門對佛陀說：「喬達摩，為什麼有的時候長時間的誦讀經文，還是無法真正體驗、體會到經文中所描述的清淨境界呢？為什麼有的時候長時間的誦讀經文還是不明白、不清楚經文中所蘊含的法義呢？有的時候我雖然已經長時間的誦讀了經文，但是卻感覺如同沒有誦讀經文一樣。內心空空蕩蕩的，好像什麼也沒有明白，好像什麼也不清楚一樣。

喬達摩，到底是因為什麼導致我本來已經讀誦過經文，但是卻好像沒有誦讀過經文一樣呢？」

佛陀說：「婆羅門！當你的內心生起貪欲、渴愛，當你被貪欲、渴愛束縛捆綁、控制征服的時候，當你意識到自己已經生起貪欲、渴愛而不通過修行從貪欲、渴愛中解脫出來的時候，那麼，你就不知道自己修行的目的是為了什麼，自己誦讀經文是為了什麼，自己修行是為了獲得什麼益處。當然，你也就不知道尊重他人的利益了，你也不會顧及他人的利益了，你也不會在乎他人的利益了。當你不知道自己與他人兩者的利益是什麼的時候，很明顯你就會被貪欲、渴愛控制著去隨心所欲的做事情，你會因為自己的利益而去損害別人的利益。婆羅門！被貪欲、渴愛污染、包裹，就算誦讀無數遍經文，也無法真正體驗、體會到經文中所描述的清淨境界，就算無數次誦讀經文，也無法真正明白、清楚經文中所蘊含的法義。

內心充滿著貪欲、渴愛去誦讀經文，就算長時間的誦讀經文，也如同沒有誦讀一樣，什麼也不會明白，什麼也不會清楚，因為此時的內心早已被貪欲、渴愛裝滿，已經容不下清淨的境界、解脫的智慧。

婆羅門，就如同水缸中的水摻入了紅色、黃色、青色、綠色等等顏料，如果有一個男子，他想用水缸中混合了各種顏料的水照清楚自己的樣貌，那他是看不清楚自己的眞實樣貌的，因爲水缸中的水已經被各種顏色的顏料污染了，同樣的，婆羅門，當內心被貪欲、渴愛污染、充滿，被貪欲、渴愛束縛捆綁、控制征服的時候，就會不知道自己修行的目的是爲了什麼，就會不知道自己修行是爲了獲得什麼益處，就會不知道尊重他人的利益，就會不知道自己與他人兩者的利益是什麼，那麼此時誦讀經文，就無法眞正體驗、體會到經文中所描述的清淨境界，就無法眞正明白、清楚經文中所蘊含的法義。誦讀經文後就如同沒有誦讀一樣。因爲內心已經被貪欲、渴愛的顏料污染，無法眞正體驗到清淨的境界，無法開啓眞正的智慧。

　　婆羅門！當你的內心生起瞋恚，當你被瞋恚束縛捆綁、控制征服的時候，當你意識到自己已經生起瞋恚而不通過修行從瞋恚中解脫出來的時候，那麼，你就不知道自己修行的目的是爲了什麼，自己誦讀經文是爲了什麼，自己修行是爲了獲得什麼益處。當然，你也就不知道尊重他人的利益了，你也不會顧及他人的利益了，你也不會在乎他人的利益了。當你不知道自己與他人兩者的利益是什麼的時候，很明顯你就會被瞋恚控制著去隨心所欲的做事情，你會因爲自己的利益而去損害別人的利益。

　　什麼是瞋恚呢？瞋恚就是不如意、反感、怨恨、憤怒，對自己或別人心懷惡意、敵意、歹心，想要傷害自己或別人。

　　婆羅門！被瞋恚污染、包裹，就算誦讀無數遍經文，也無法眞正體驗、體會到經文中所描述的清淨境界，就算無數次誦讀經文，也無法眞正明白、清楚經文中所蘊含的法義。

　　內心充滿著瞋恚去誦讀經文，就算長時間的誦讀經文，也如同沒有誦讀一樣，什麼也不會明白，什麼也不會清楚，因爲此時的內心早已被瞋恚裝滿，已經容不下清淨的境界、解脫的智慧。

　　婆羅門，就如同將鍋中的水加熱燒開，如果這時有一個男子，他想用鍋中燒開沸騰的水來照清楚自己的樣貌，那他是看不清楚自己的眞實樣貌的，因爲鍋中的開水冒著熱氣，生起無數的水泡，四處奔流根本無法看清楚水中的倒影，同樣的，婆羅門，當內心被瞋恚加熱、

充滿，被瞋恚束縛捆綁、控制征服的時候，就會不知道自己修行的目的是為了什麼，就會不知道自己修行是為了獲得什麼益處，就會不知道尊重他人的利益，就會不知道自己與他人兩者的利益是什麼，那麼此時誦讀經文，就無法真正體驗、體會到經文中所描述的清淨境界，就無法真正明白、清楚經文中所蘊含的法義。誦讀經文後就如同沒有誦讀一樣。因為內心已經被瞋恚的熱氣、水泡、開水占據，無法真正體驗到清淨的境界，無法開啟真正的智慧。

婆羅門！當你的內心生起昏沉睡眠，當你被昏沉睡眠束縛捆綁、控制征服的時候，當你意識到自己已經生起昏沉睡眠而不通過修行從昏沉睡眠中解脫出來的時候，那麼，你就不知道自己修行的目的是為了什麼，自己誦讀經文是為了什麼，自己修行是為了獲得什麼益處。當然，你也就不知道尊重他人的利益了，你也不會顧及他人的利益了，你也不會在乎他人的利益了。當你不知道自己與他人兩者的利益是什麼的時候，很明顯你就會被昏沉睡眠控制著去隨心所欲的做事情，你會因為自己的利益而去損害別人的利益。

什麼是昏沉睡眠呢？昏沉睡眠是一種比喻，比喻的是沉迷的狀態，陷入沉迷的狀態之中如同昏沉熟睡一樣。對某一種境界、狀態入迷、沉醉、著迷、迷戀、陶醉就叫做昏沉睡眠。

婆羅門！被昏沉睡眠污染、包裹，就算誦讀無數遍經文，也無法真正體驗、體會到經文中所描述的清淨境界，就算無數次誦讀經文，也無法真正明白、清楚經文中所蘊含的法義。

內心充滿著昏沉睡眠去誦讀經文，就算長時間的誦讀經文，也如同沒有誦讀一樣，什麼也不會明白，什麼也不會清楚，因為此時的內心早已被昏沉睡眠裝滿，已經容不下清淨的境界、解脫的智慧。

婆羅門，就如同湖泊的湖面被大藻或水葫蘆等等水生植物完全覆蓋、遮蓋，如果這時有一個男子，他想用湖泊中的水來照清楚自己的樣貌，那他是看不清楚自己的真實樣貌的，因為湖泊中的水已經被大藻或水葫蘆等等水生植物完成遮蓋、掩蓋了，根本就看不見水中的倒影，同樣的，婆羅門，當內心被昏沉睡眠覆蓋、充滿，被昏沉睡眠束縛捆綁、控制征服的時候，就會不知道自己修行的目的是為了什麼，就會不知道自己修行是為了獲得什麼益處，就會不知道尊重他人的利

益，就會不知道自己與他人兩者的利益是什麼，那麼此時誦讀經文，就無法真正體驗、體會到經文中所描述的清淨境界，就無法真正明白、清楚經文中所蘊含的法義。誦讀經文後就如同沒有誦讀一樣。因爲內心已經被昏沉睡眠的大藻、水葫蘆等等水生植物完全覆蓋、遮蓋，無法真正體驗到清淨的境界，無法開啓真正的智慧。

婆羅門！當你的內心生起掉悔，當你被掉悔束縛捆綁、控制征服的時候，當你意識到自己已經生起掉悔而不通過修行從掉悔中解脫出來的時候，那麼，你就不知道自己修行的目的是爲了什麼，自己誦讀經文是爲了什麼，自己修行是爲了獲得什麼益處。當然，你也就不知道尊重他人的利益了，你也不會顧及他人的利益了，你也不會在乎他人的利益了。當你不知道自己與他人兩者的利益是什麼的時候，很明顯你就會被掉悔控制著去隨心所欲的做事情，你會因爲自己的利益而去損害別人的利益。

什麼是掉悔呢？「掉」是心浮氣躁，內心混亂、散亂的意思；「悔」是對自己已經做過的事情憂慮不安、後悔不已。

婆羅門！被掉悔污染、包裹，就算誦讀無數遍經文，也無法真正體驗、體會到經文中所描述的清淨境界，就算無數次誦讀經文，也無法真正明白、清楚經文中所蘊含的法義。

內心充滿著掉悔去誦讀經文，就算長時間的誦讀經文，也如同沒有誦讀一樣，什麼也不會明白，什麼也不會清楚，因爲此時的內心早已被掉悔裝滿，已經容不下清淨的境界、解脫的智慧。

婆羅門，就如同大海被狂風吹起，海面上生起大波大浪，大海變的洶湧澎湃，如果這時有一個男子，他想用大海的海面來照清楚自己的樣貌，那他是看不清楚自己的真實樣貌的，因爲海面已經被狂風吹的波濤洶湧，泡沫四濺，根本就看不清楚海面中的倒影，同樣的，婆羅門，當內心被掉悔搖動、充滿，被掉悔束縛捆綁、控制征服的時候，就會不知道自己修行的目的是爲了什麼，就會不知道自己修行是爲了獲得什麼益處，就會不知道尊重他人的利益，就會不知道自己與他人兩者的利益是什麼，那麼此時誦讀經文，就無法真正體驗、體會到經文中所描述的清淨境界，就無法真正明白、清楚經文中所蘊含的法義。誦讀經文後就如同沒有誦讀一樣。因爲內心已經被掉悔的大波

一本書

讀懂所有佛經

巨浪搖晃的混亂不堪，無法真正體驗到清淨的境界，無法開啟真正的智慧。

婆羅門！當你的內心生起疑惑，當你被疑惑束縛捆綁、控制征服的時候，當你意識到自己已經生起疑惑而不通過修行從疑惑中解脫出來的時候，那麼，你就不知道自己修行的目的是為了什麼，自己誦讀經文是為了什麼，自己修行是為了獲得什麼益處。當然，你也就不知道尊重他人的利益了，你也不會顧及他人的利益了，你也不會在乎他人的利益了。當你不知道自己與他人兩者的利益是什麼的時候，很明顯你就會被疑惑控制著去隨心所欲的做事情，你會因為自己的利益而去損害別人的利益。

什麼是「疑惑」呢？「疑惑」就是懷疑、疑慮、狐疑不信、猶豫不決。

婆羅門！被疑惑污染、包裹，就算誦讀無數遍經文，也無法真正體驗、體會到經文中所描述的清淨境界，就算無數次誦讀經文，也無法真正明白、清楚經文中所蘊含的法義。

內心充滿著疑惑去誦讀經文，就算長時間的誦讀經文，也如同沒有誦讀一樣，什麼也不會明白，什麼也不會清楚，因為此時的內心早已被疑惑裝滿，已經容不下清淨的境界、解脫的智慧。

婆羅門，就如同在裝滿水的水缸中混入污泥、泥漿，用力的搖動水缸，讓水與污泥、泥漿混雜在一起，並將這缸渾濁、搖晃的水放在黑暗的地方，如果這時有一個男子，他想用這缸水來照清楚自己的樣貌，那他是看不清楚自己的真實樣貌的，因為這缸水已經被污泥、泥漿污染，渾濁不清，再加上這缸水還被放在沒有光線的地方，在黑暗的地方那是看不清楚水中的倒影的，同樣的，婆羅門，當內心被疑惑混濁、充滿，被疑惑束縛捆綁、控制征服的時候，就會不知道自己修行的目的是為了什麼，就會不知道自己修行是為了獲得什麼益處，就會不知道尊重他人的利益，就會不知道自己與他人兩者的利益是什麼，那麼此時誦讀經文，就無法真正體驗、體會到經文中所描述的清淨境界，就無法真正明白、清楚經文中所蘊含的法義。誦讀經文後就如同沒有誦讀一樣。因為內心已經被疑惑的污泥、泥漿污染，弄的渾濁不清，內心已經被疑惑的黑暗包圍，無法真正體驗到清淨的境界，

無法開啓眞正的智慧。

　　婆羅門，這就是長時間誦讀經文，無法眞正體驗、體會到經文中所描述清淨境界的原因；這就是長時間誦讀經文還是不明白、不清楚經文中所蘊含法義的原因；這就是雖然已經長時間誦讀了經文了，但是還是如同沒有誦讀經文一樣，內心空空蕩蕩，好像什麼也沒有明白，好像什麼也不清楚的原因。

　　婆羅門！當你的內心沒有生起貪欲、渴愛，當你沒有被貪欲、渴愛束縛捆綁、控制征服的時候，當你意識到自己已經生起貪欲、渴愛並通過修行從貪欲、渴愛中解脫出來的時候，那麼，你就知道自己修行的目的是爲了什麼，自己誦讀經文是爲了什麼，自己修行是爲了獲得什麼益處。當然，你也就知道尊重他人的利益了，你也會顧及他人的利益了，你也會在乎他人的利益了。當你知道自己與他人兩者的利益是什麼的時候，很明顯你就不會被貪欲、渴愛控制著去隨心所欲的做事情，你不會因爲自己的利益而去損害別人的利益。婆羅門！沒有被貪欲、渴愛污染、包裹，就算長時間沒有誦讀經文，也能眞正體驗、體會到經文中所描述的清淨境界，就算沒有誦讀經文，也能眞正明白、清楚經文中所蘊含的法義。

　　內心沒有貪欲、渴愛的去誦讀經文，就算用極短的時間誦讀經文，那也是眞正的在誦讀經文，什麼都會明白，什麼都會清楚，因爲此時的內心沒有裝入貪欲、渴愛，此時的內心已經裝入清淨的境界、解脫的智慧。

　　婆羅門，就如同水缸中的水沒有摻入紅色、黃色、青色、綠色等等顏料，如果有一個男子，他想用水缸中的水照清楚自己的樣貌，那他是能夠看清楚自己的眞實樣貌的，因爲水缸中的水乾淨清澈，是能夠看清楚水中的倒影的，同樣的，婆羅門，當內心沒有被貪欲、渴愛污染、充滿，沒有被貪欲、渴愛束縛捆綁、控制征服的時候，就知道自己修行的目的是爲了什麼，就知道自己修行是爲了獲得什麼益處，就知道尊重他人的利益，就知道自己與他人兩者的利益是什麼，那麼此時誦讀經文，就能眞正體驗、體會到經文中所描述的清淨境界，就能眞正明白、清楚經文中所蘊含的法義。這樣誦讀經文才是眞正的誦讀經文，因爲內心沒有被貪欲、渴愛的顏料污染，能夠眞正體驗到清

淨的境界，能夠開啓眞正的智慧。

　　婆羅門！當你的內心沒有生起瞋恚，當你沒有被瞋恚束縛捆綁、控制征服的時候，當你意識到自己已經生起瞋恚並通過修行從瞋恚中解脫出來的時候，那麼，你就知道自己修行的目的是爲了什麼，自己誦讀經文是爲了什麼，自己修行是爲了獲得什麼益處。當然，你也就知道尊重他人的利益了，你也會顧及他人的利益了，你也會在乎他人的利益了。當你知道自己與他人兩者的利益是什麼的時候，很明顯你就不會被瞋恚控制著去隨心所欲的做事情，你不會因爲自己的利益而去損害別人的利益。婆羅門！沒有被瞋恚污染、包裹，就算長時間沒有誦讀經文，也能眞正體驗、體會到經文中所描述的清淨境界，就算沒有誦讀經文，也能眞正明白、清楚經文中所蘊含的法義。

　　什麼是瞋恚呢？瞋恚就是不如意、反感、怨恨、憤怒，對自己或別人心懷惡意、敵意、歹心，想要傷害自己或別人。

　　內心沒有瞋恚的去誦讀經文，就算用極短的時間誦讀經文，那也是眞正的在誦讀經文，什麼都會明白，什麼都會清楚，因爲此時的內心沒有裝入瞋恚，此時的內心已經裝入清淨的境界、解脫的智慧。

　　婆羅門，就如同鍋中的水沒有被加熱燒開，如果這時有一個男子，他想用鍋中的水來照清楚自己的樣貌，那他是能夠看清楚自己的眞實樣貌的，因爲鍋中的水沒有被加熱燒開，不會冒熱氣，不會生起無數的水泡，不會四處奔流，鍋中的水平靜清澈能夠看清楚水中的倒影，同樣的，婆羅門，當內心沒有被瞋恚加熱、充滿，沒有被瞋恚束縛捆綁、控制征服的時候，就知道自己修行的目的是爲了什麼，就知道自己修行是爲了獲得什麼益處，就知道尊重他人的利益，就知道自己與他人兩者的利益是什麼，那麼此時誦讀經文，就能眞正體驗、體會到經文中所描述的清淨境界，就能眞正明白、清楚經文中所蘊含的法義。這樣誦讀經文才是眞正的誦讀經文，因爲內心沒有被瞋恚的熱氣、水泡、開水占據，能夠眞正體驗到清淨的境界，能夠開啓眞正的智慧。

　　婆羅門！當你的內心沒有生起昏沉睡眠，當你沒有被昏沉睡眠束縛捆綁、控制征服的時候，當你意識到自己已經生起昏沉睡眠並通過修行從昏沉睡眠中解脫出來的時候，那麼，你就知道自己修行的目的

是為了什麼，自己誦讀經文是為了什麼，自己修行是為了獲得什麼益處。當然，你也就知道尊重他人的利益了，你也會顧及他人的利益了，你也會在乎他人的利益了。當你知道自己與他人兩者的利益是什麼的時候，很明顯你就不會被昏沉睡眠控制著去隨心所欲的做事情，你不會因為自己的利益而去損害別人的利益。婆羅門！沒有被昏沉睡眠污染、包裹，就算長時間沒有誦讀經文，也能真正體驗、體會到經文中所描述的清淨境界，就算沒有誦讀經文，也能真正明白、清楚經文中所蘊含的法義。

什麼是昏沉睡眠呢？昏沉睡眠是一種比喻，比喻的是沉迷的狀態，陷入沉迷的狀態之中如同昏沉熟睡一樣。對某一種境界、狀態入迷、沉醉、著迷、迷戀、陶醉就叫做昏沉睡眠。

內心沒有昏沉睡眠的去誦讀經文，就算用極短的時間誦讀經文，那也是真正的在誦讀經文，什麼都會明白，什麼都會清楚，因為此時的內心沒有裝入昏沉睡眠，此時的內心已經裝入清淨的境界、解脫的智慧。

婆羅門，就如同湖泊的湖面沒有被大藻或水葫蘆等等水生植物覆蓋、遮蓋，如果這時有一個男子，他想用湖泊中的水來照清楚自己的樣貌，那他是能夠看清楚自己的真實樣貌的，因為湖泊中的水沒有被大藻或水葫蘆等等水生植物遮蓋、掩蓋，在寧靜清澈的湖水中能夠看清楚水中的倒影，同樣的，婆羅門，當內心沒有被昏沉睡眠覆蓋、充滿，沒有被昏沉睡眠束縛捆綁、控制征服的時候，就知道自己修行的目的是為了什麼，就知道自己修行是為了獲得什麼益處，就知道尊重他人的利益，就知道自己與他人兩者的利益是什麼，那麼此時誦讀經文，就能真正體驗、體會到經文中所描述的清淨境界，就能真正明白、清楚經文中所蘊含的法義。這樣誦讀經文才是真正的誦讀經文，因為內心沒有被昏沉睡眠的大藻、水葫蘆等等水生植物覆蓋、遮蓋，能夠真正體驗到清淨的境界，能夠開啟真正的智慧。

婆羅門！當你的內心沒有生起掉悔，當你沒有被掉悔束縛捆綁、控制征服的時候，當你意識到自己已經生起掉悔並通過修行從掉悔中解脫出來的時候，那麼，你就知道自己修行的目的是為了什麼，自己誦讀經文是為了什麼，自己修行是為了獲得什麼益處。當然，你也就

知道尊重他人的利益了，你也會顧及他人的利益了，你也會在乎他人的利益了。當你知道自己與他人兩者的利益是什麼的時候，很明顯你就不會被掉悔控制著去隨心所欲的做事情，你不會因為自己的利益而去損害別人的利益。婆羅門！沒有被掉悔污染、包裹，就算長時間沒有誦讀經文，也能真正體驗、體會到經文中所描述的清淨境界，就算沒有誦讀經文，也能真正明白、清楚經文中所蘊含的法義。

什麼是掉悔呢？「掉」是心浮氣躁，內心混亂、散亂的意思；「悔」是對自己已經做過的事情憂慮不安、後悔不已。

內心沒有掉悔的去誦讀經文，就算用極短的時間誦讀經文，那也是真正的在誦讀經文，什麼都會明白，什麼都會清楚，因為此時的內心沒有裝入掉悔，此時的內心已經裝入清淨的境界、解脫的智慧。

婆羅門，就如同大海沒有被狂風吹起，海面上沒有生起大波大浪，大海沒有變的洶湧澎湃，如果這時有一個男子，他想用大海的海面來照清楚自己的樣貌，那他是能夠看清楚自己的真實樣貌的，因為大海風平浪靜，海面水準如鏡，能夠看清楚海面中的倒影，同樣的，婆羅門，當內心沒有被掉悔搖動、充滿，沒有被掉悔束縛捆綁、控制征服的時候，就知道自己修行的目的是為了什麼，就知道自己修行是為了獲得什麼益處，就知道尊重他人的利益，就知道自己與他人兩者的利益是什麼，那麼此時誦讀經文，就能真正體驗、體會到經文中所描述的清淨境界，就能真正明白、清楚經文中所蘊含的法義。這樣誦讀經文才是真正的誦讀經文，因為內心沒有被掉悔的大波巨浪搖晃的混亂不堪，能夠真正體驗到清淨的境界，能夠開啟真正的智慧。

婆羅門！當你的內心沒有生起疑惑，當你沒有被疑惑束縛捆綁、控制征服的時候，當你意識到自己已經生起疑惑並通過修行從疑惑中解脫出來的時候，那麼，你就知道自己修行的目的是為了什麼，自己誦讀經文是為了什麼，自己修行是為了獲得什麼益處。當然，你也就知道尊重他人的利益了，你也會顧及他人的利益了，你也會在乎他人的利益了。當你知道自己與他人兩者的利益是什麼的時候，很明顯你就不會被疑惑控制著去隨心所欲的做事情，你不會因為自己的利益而去損害別人的利益。婆羅門！沒有被疑惑污染、包裹，就算長時間沒有誦讀經文，也能真正體驗、體會到經文中所描述的清淨境界，就算

沒有誦讀經文，也能眞正明白、淸楚經文中所蘊含的法義。

什麼是「疑惑」呢？「疑惑」就是懷疑、疑慮、狐疑不信、猶豫不決。

內心沒有疑惑的去誦讀經文，就算用極短的時間誦讀經文，那也是眞正的在誦讀經文，什麼都會明白，什麼都會淸楚，因爲此時的內心沒有裝入疑惑，此時的內心已經裝入淸淨的境界、解脫的智慧。

婆羅門，就如同裝滿水的水缸中沒有被混入污泥、泥漿，沒有用力的搖動水缸，沒有讓水與污泥、泥漿混雜在一起，沒有將這缸水放在黑暗的地方，而將這缸水放在光明的地方，如果這時有一個男子，他想用這缸水來照淸楚自己的樣貌，那他是能夠看淸楚自己的眞實樣貌的，因爲這缸水沒有被污泥、泥漿污染，這缸水平靜淸澈，再加上這缸水被放在了光明的地方，這樣就能看淸楚水中的倒影，同樣的，婆羅門，當內心沒有被疑惑混濁、充滿，沒有被疑惑束縛捆綁、控制征服的時候，就知道自己修行的目的是爲了什麼，就知道自己修行是爲了獲得什麼益處，就知道尊重他人的利益，就知道自己與他人兩者的利益是什麼，那麼此時誦讀經文，就能眞正體驗、體會到經文中所描述的淸淨境界，就能眞正明白、淸楚經文中所蘊含的法義。這樣誦讀經文才是眞正的誦讀經文，因爲內心沒有被疑惑的污泥、泥漿污染，沒有渾濁不淸，沒有被疑惑的黑暗包圍，能夠眞正體驗到淸淨的境界，能夠開啓眞正的智慧。

婆羅門！這就是長時間沒有誦讀經文，也能眞正體驗、體會到經文中所描述淸淨境界的原因，這就是沒有誦讀經文也能眞正明白、淸楚經文中所蘊含法義的原因。婆羅門，這才是眞正的誦讀經文。

婆羅門！修習七覺支（七覺支解釋，見第一百二十八章），經常修習七覺支能夠讓內心不被欲望污染，能夠讓內心不被妄想雜念污染，能夠讓內心不被貪欲、渴愛、憤怒、無智愚癡、喜怒哀樂、執著、掛念等等煩惱和痛苦污染。

修習七覺支，經常修習七覺支就能被指引、引導進入明與解脫的狀態、境界之中，就能不被煩惱和痛苦障礙、阻礙，就能不被煩惱和痛苦覆蓋、包裹，就能親身體驗、體會、領悟到淸淨解脫的境界，證悟解脫的果位，從生死輪迴中徹底的解脫出來（生死輪迴解釋，見第

一本書

讀懂所有佛經

一百一十二章），進入沒有煩惱，沒有痛苦，沒有執著，沒有掛念，沒有念想的涅槃清淨境界。

什麼是明呢？就是明白如來所說的正法，開啓了智慧；明白善法、正法、解脫法是什麼，知道自己該幹什麼，不該幹什麼。不會沉迷在各種欲望之中，不會被貪欲、渴愛、憤怒、愚癡等等煩惱包圍、束縛捆綁，不會由執著「我」而生起念想、見解、思想，簡單的說：明就是有智慧，「智慧光明」。

解脫的境界是什麼呢？不執著和掛念眼睛與看見的物質事物，耳朵與聽到的聲音，鼻子與聞到的氣味，舌頭與嘗到的味道，身體與觸摸感覺到的觸覺、領納到的環境變化感覺（冷熱、舒適等等），內心與想到的念想、思想、見解，從眼睛與物質事物，耳朵與聲音，鼻子與氣味，舌頭與味道，身體與觸覺、環境變化感覺，內心與見解、思想、念想中徹底的解脫出來。

熄滅、停止生死輪迴（生死輪迴解釋，見第一百一十二章），解除一切的束縛與捆綁。

熄滅、平息、滅盡貪欲、渴愛、憤怒、無智愚癡、喜怒哀樂、執著、掛念等等煩惱和痛苦，證悟解脫的果位，進入沒有煩惱，沒有痛苦，沒有執著，沒有掛念，沒有念想的涅槃清淨境界。

這就是解脫的境界。

婆羅門！是哪七種覺支呢？即是念覺支、擇法覺支、精進覺支、喜覺支、輕安覺支、定覺支、捨覺支，這七種覺支。

婆羅門，修習，經常修習念覺支、擇法覺支、精進覺支、喜覺支、輕安覺支、定覺支、捨覺支，這七種覺支，就能讓內心不被煩惱和痛苦污染，就能被指引、引導進入明與解脫狀態、境界之中，就能不被煩惱和痛苦障礙、阻礙，就能不被煩惱和痛苦覆蓋、包裹，就能親身體驗、體會、領悟到清淨解脫的境界，證悟解脫的果位，從生死輪迴中徹底的解脫出來（生死輪迴解釋，見第一百一十二章），進入沒有煩惱，沒有痛苦，沒有執著，沒有掛念，沒有念想的涅槃清淨境界。」

佛陀對傷歌邏婆羅門這樣說法的時候，傷歌邏婆羅門感動的對佛陀說：「大德！尊師！您說的太好了，您說的太妙了，我從來都沒有

聽過如此精妙絕倫的說法，您所說的法猶如將歪斜的東西扶正，將隱藏的東西顯現出來，將深奧的義理，淺顯易懂的講說出來，給迷路的人指出正確的道路，在黑暗中點燃火把，讓人能夠看見周圍的事物，避免行走的時候摔倒。尊師、大德、尊敬的老師，您所說的其他法也是這樣的吧，尊師、大德、尊敬的老師，請您讓我皈依您，皈依您的正法，皈依您出家弟子們聚集的僧團吧，我願意從今天開始，終生都按著您所說的正法去修行，我願意終生都成為您的在家修行弟子。」

佛陀點頭接受了傷歌邏婆羅門的皈依，並將手放在他的頭頂上加持他。

第一百三十五章　什麼是不淨觀？

　　有個時候，佛陀住在舍衛城的祇樹林給孤獨園，有一天，佛陀對出家弟子們說：「比丘們（出家人），修習不淨的觀想，經常修習不淨的觀想，能夠證悟解脫的果位，能夠獲得大益處。

　　什麼是不淨的觀想呢？就是觀想自己的身體，或屍體是骯髒、惡臭、腐爛、不乾淨的修行方法。不淨觀分為兩類修行方法，一類是觀想自己死後的身體是不乾淨的，簡稱為：觀屍不淨；一類是觀想自己活著的身體是不乾淨的，簡稱為：觀身不淨。

　　什麼是觀屍不淨呢？就是觀想自己死後的十相：膨脹相、青瘀相、膿爛相、斷壞相、食殘相、散亂相、斬斫離散相、血塗相、蟲聚相、骸骨相，這些就是死後屍體的不乾淨相。

　　什麼是膨脹相？就是死後屍體逐漸的膨脹、腫大，就如同被灌滿氣體鼓脹的皮囊。

　　什麼是青瘀相？就是屍體放置一段時間後，就會逐漸變成暗紅色，而後變成青紫色，最後變成黑青色。

　　什麼是膿爛相？就是屍體皮肉糜爛破損後，流出膿血，惡臭難聞，讓人噁心嘔吐。

　　什麼是斷壞相？就是屍體被解剖開看見內部惡臭腐爛的皮肉器官，或者屍體被肢解，各個部分皮肉相連又沒有完全被肢解，如同藕斷絲連的狀態，看著既噁心，又恐怖。

　　什麼是食殘相？就是屍體暴露在荒郊野嶺，被野狗、豺狼虎豹，禿鷲等等動物啃食，屍體由於被動物啃食而變得殘缺不全。

　　什麼是散亂相？就是身體各個部分已經完全被肢解，腦袋、手臂、大腿、腳趾等等身體部分雜亂無章的被放置在各處。屍體被肢解後，腦袋、手臂、大腿、腳趾等等身體部分被放置的橫七豎八、亂七八糟。

　　什麼是斬斫離散相？就是屍體被刀劍等等利器砍斷分離成不同的

部分，這些被砍斷分離的身體部分雜亂無章、亂七八糟的散布、分散在各處。

什麼是血塗相？就是屍體流出鮮血，鮮血布滿屍體周圍，血腥恐怖。

什麼是蟲聚相？就是屍體上布滿蛆蟲，屍體被蛆蟲啃食。

什麼是骸骨相？屍體的皮肉已經完全腐爛，只剩下一堆白骨。

這就是觀屍不淨的法義。

什麼是觀身不淨呢？就是觀想活著的身體有五種不淨。

第一種是種子不淨，什麼是種子不淨？就是自己是由父母交合而在母親身體中受孕的，是由男女淫欲這種不淨的行為產生的，種子是由淫欲產生的，不淨。

第二種是孕育處不淨，什麼是孕育處不淨？就是母親懷孕期間，自己在母親的子宮裡面孕育，子宮裡面全部都是各種體液、血液、粘膜液等等，自己獲得的養料也是通過這樣的方式進行傳輸的，自己在母親體內孕育的時候，被泡在由身體產生的液體之中，不乾淨。

第三種是身體孔洞產生、排泄出來的東西不乾淨，身體有九孔：眼睛兩孔，耳朵兩孔，鼻子兩孔，口嘴一孔，尿道一孔，肛門一孔，這九孔經常流出，或產生不乾淨的東西，眼睛流出眼淚，產生眼屎；耳朵產生耳屎；鼻子流出鼻涕，產生鼻屎；口嘴流出口水；尿道排尿液；肛門拉大便。

第四種是身體內外組織、器官、排泄物是不乾淨的，身體有三十六個地方不乾淨，這三十六個地方又分成：外相十二物，身器十二物，內含十二物。

什麼是外相十二物呢？就是頭髮、汗毛、指甲、牙齒、眼屎、眼淚、涎、唾、大便、尿液、塵垢、汗液，這些就是外在能夠直接看見的事物。

「唾」與「涎」同為唾液。比較粘稠的為「唾」，比較稀薄的為「涎」。「涎」是由脾臟生起的液體，出自兩頰，質地較清稀；「唾」是由腎臟生起的液體，出自舌下，質地較稠厚。

這就是外相十二物。

什麼是身器十二物？就是皮、膚、血液、肉、韌帶、血管、骨

骼、骨髓、肪、膏、腦漿、膜，這些就是身體內部的組織。

「皮」是表皮的意思，覆蓋在身體表面，直接與外界接觸，也是汗毛生長的地方。而「膚」是皮下的組織，是介於皮與肉之間的組織，如皮下的脂肪、毛囊、汗腺等組織。

「肪」、「膏」指的是脂肪、油脂，他們的區別就是凝聚的叫做「肪」；鬆軟的、流動的就叫做「膏」。

「膜」就是身體內的薄皮形組織，如耳膜、胸膜等等。

這就是身器十二物。

什麼是內含十二物？就是肝臟、膽囊、大腸、小腸、胃、腎臟、心臟、肺臟、生藏、熟藏、赤痰、白痰，這些就是身體內部包含的事物。

「生藏」就是胃內還沒有消化的食物。

「熟藏」就是已經消化完畢，即將成爲糞便的食物殘渣。

「赤痰」就是帶血的痰。

「白痰」就是白色的痰。

這就是內含十二物。

外相十二物，身器十二物，內含十二物。時刻都會分泌、排泄、生出不乾淨的東西，或者時刻都會被不乾淨的東西包裹、粘纏、污染，所以身體也是不乾淨的。

第五種是最終的結局也是不乾淨的，死後屍體如果埋到地下，就會腐爛融入土裡面；屍體如果直接露天放置在大地上，任由風吹日曬，就會被蛆蟲啃食，化成一堆惡臭難聞的爛肉；屍體如果用大火焚燒，就會化爲骨灰。

不管是埋入地下，露天放置，還是大火焚燒，最終的結局都是不乾淨的。埋入地下腐爛的皮肉骨骸融入泥土不乾淨；露天放置被蛆蟲啃食，變成惡臭難聞的爛肉不乾淨；大火焚燒，化成骨灰，骨灰也不乾淨。

這就是觀身不淨的法義。

比丘們，爲什麼修習不淨觀，經常修習不淨觀，能夠證悟解脫果位，獲得大益處呢？

當世間人或眾生依靠修習不淨觀，遠離、熄滅、平息、停止、滅

盡貪欲、渴愛、憤怒、無智愚癡、喜怒哀樂、執著、掛念等等煩惱和痛苦，圓滿完成念覺支、擇法覺支、精進覺支、喜覺支、輕安覺支、定覺支、捨覺支，這七種覺支的修行。

什麼是念覺支呢？就是內心集中專注在清淨的念想上，四念住就屬於念覺支（四念住解釋，見第五十九章），修習四念住就是在修習念覺支。

什麼是擇法覺支呢？就是用已經開啓的智慧，能夠分辨出什麼是善法、正法、解脫法，什麼是邪法、惡法、不善法，能夠判斷出真法與假法，並且能夠選擇正確的法修行，能夠選擇善法、正法、解脫法修習，不選擇邪法、惡法、不善法修習。

什麼是精進覺支呢？就是持之以恆、堅持不懈、勇猛精進的熄滅、平息、滅盡已經生起的惡行、惡言、惡念，持之以恆、堅持不懈、勇猛精進的讓還沒有生起的惡行、惡言、惡念不要再次生起，持之以恆、堅持不懈、勇猛精進的讓還沒有生起的善行、善言、善念生起，持之以恆、堅持不懈、勇猛精進的讓已經生起的善行、善言、善念持續的增長、增進。簡單的說精進覺支，就是持之以恆的修行善法、正法、解脫法，持之以恆的斷惡修善。四正勤就屬於精進覺支（四正勤解釋，見第一百零四章），修習四正勤就是在修習精進覺支。

什麼是喜覺支？就是持之以恆修習善法、正法、解脫法的時候，內心由於修習善法、正法、解脫法而變得光明磊落、坦坦蕩蕩、清淨安寧，由此生起歡喜、喜悅、欣喜。

什麼是輕安覺支？就是由於修行止與觀（止與觀解釋，見第一百一十四章），由於修行善法、正法、解脫法，熄滅、平息、滅盡了煩惱和痛苦，由此內心進入寧靜、安寧、安穩的狀態之中。

什麼是定覺支？就是內心不再混亂、散亂、胡思亂想，內心不會再生起煩惱和妄想，內心已經安住在單個、純一的清淨境界之中。定覺支也被稱為禪定，什麼是禪定呢？就是內心集中專注在某一種物件上，或者內心集中專注在某一種清淨的念想上，讓內心平靜、安寧、清淨，讓內心不混亂、不散亂、不胡思亂想，讓內心安住在單個、純一的清淨境界之中，這就叫做禪定。也就是說內心集中專注在某一種

一本書

讀懂所有佛經

物件上，或者內心集中專注在某一種清淨的念想上就叫做「禪」，讓內心不散亂、不混亂、不胡思亂想，讓內心平靜、安寧、清淨，安住在單個、純一的清淨境界之中，就叫做「定」。

什麼是捨覺支？就是已經不再執著和掛念，內心平等，沒有分別、區別、差別，內心平靜、安寧、寧靜，能夠放下對世間一切事物事情的執著和掛念，既不會陷入回憶過去的念想之中，也不會陷入期待未來的念想之中，更不會陷入現在當前的念想之中，內心平靜、坦蕩。

當世間人或眾生修習不淨觀的時候，親身體驗、體會、領悟到無常，以及由修習不淨觀而生起的各種從低到高的清淨境，由此證悟各種階位的解脫果位，獲得清淨解脫的大益處。

什麼是無常呢？無常就是隨時在變化，無法永遠存在，無法永恆保持不變，無法永遠擁有，這就是無常。

比丘們，修習不淨觀，經常修習不淨觀，能夠預料、預見必將證悟兩種果位，這兩種果位不是同時證悟的，而是證悟這兩種果位中的其中一種果位。是哪兩種果位呢？

修習不淨觀，經常修習不淨觀，在最理想的狀態下能夠證悟完全智。

什麼是完全智？就是完全的明白和理解世間、世界的真相、真諦；完全明白獲得解脫，進入涅槃境界的道理、知識、修行方法。

已經熄滅、停止生死輪回（生死輪回解釋，見第一百一十二章），解除了一切的束縛與捆綁。

已經熄滅、平息、滅盡貪欲、渴愛、憤怒、無智愚癡、喜怒哀樂、執著、掛念等等煩惱和痛苦，證悟解脫的果位，進入沒有煩惱，沒有痛苦，沒有執著，沒有掛念，沒有念想的涅槃清淨境界。

簡單的說「完全智」就是：已經解除一切的束縛捆綁，已經滅盡一切的煩惱和痛苦，已經進入涅槃清淨的境界。

這就是完全智的法義。

如果修習不淨觀，經常修習不淨觀沒有證悟完全智，就證悟還有執著煩惱的殘渣，還有細微執著煩惱的阿那含果位。

什麼是阿那含果位呢？就是除滅了有「我」真實、永遠存在的見

解；滅盡了那些對解脫毫無幫助的苦行、禁戒、禁忌；消除了對如來正法的疑惑，消除了對如來，對如來出家弟子們聚集的僧團，對如來所制定的戒律的疑惑。對如來，對如來的正法，對如來所制定的戒律，對如來的出家弟子們聚集的僧團生起了堅固的信心，滅盡了貪欲、憤怒、疑惑，阿那含果位也稱為三果，這些證悟阿那含果位的聖者，他們也被稱為證悟三果的聖者。證悟阿那含果位的聖者，他們死後不會再投生在欲界，什麼是欲界呢？也就是還有男女淫欲、食欲、睡眠欲等等感官欲望有情眾生居住的地方。證悟阿那含果位的聖者，他們死後直接投生到色界與無色界天界，並在這些天界中滅盡一切煩惱和痛苦，從生死輪回中永遠的解脫出來，證悟不生不滅的涅槃境界，阿那含果位也稱為不還果。什麼是色界天界？也就是沒有男女淫欲、食欲、睡眠欲等等感官的欲望，這些有情眾生的物質身體以及他們住的宮殿等等他們所在地方的物質事物非常的殊勝、精緻、淨妙，他們對這些殊勝、精緻、淨妙的物質事物還有微細的執著和掛念，他們還會被這些這些殊勝、精緻、淨妙的物質事物輕微的束縛捆綁，這就是色界天界，沒有欲望，還有對物質事物的輕微執著和掛念。什麼是無色界天界？也就是沒有男女淫欲、食欲、睡眠欲等等感官欲望，也沒有對物質事物的執著和掛念，但是還有對精神思想、念想的執著和掛念，這就是無色界天界，沒有欲望，沒有對物質事物的執著和掛念，但是還有對精神思想、念想的執著和掛念。

比丘們，修習不淨觀，經常修習不淨觀，是如何證悟完全智與阿那含這兩種果位的呢？

當世間人或眾生依靠修習不淨觀，遠離、熄滅、平息、停止、滅盡貪欲、渴愛、憤怒、無智愚癡、喜怒哀樂、執著、掛念等等煩惱和痛苦，圓滿完成念覺支、擇法覺支、精進覺支、喜覺支、輕安覺支、定覺支、舍覺支，這七種覺支的修行。

當世間人或眾生修習不淨觀的時候，親身體驗、體會、領悟到無常，以及由修習不淨觀而生起的各種從低到高的清淨境界，由此證悟完全智與阿那含這兩種果位。

比丘們，修習不淨觀，經常修習不淨觀能夠獲得大利益；

修習不淨觀，經常修習不淨觀能夠解除世間的束縛捆綁，讓內心

進入安穩、安寧的狀態之中；

修習不淨觀，經常修習不淨觀能夠激起解脫的急迫感，對善法、正法、解脫法生起堅定的信仰心，因為由修習不淨觀明白了世間是無常的，迫切的想要從世間徹底的解脫出來。

修習不淨觀，經常修習不淨觀能夠被指引、引導進入安樂、吉祥、平安、幸福的狀態之中。

比丘們，修習不淨觀，經常修習不淨觀是如何獲得大利益的？是如何解除世間的束縛捆綁，讓內心進入安穩、安寧的狀態之中的？是如何激起解脫的急迫感，對善法、正法、解脫法生起堅定的信仰心，迫切的想要從世間徹底的解脫出來的？是如何被指引、引導進入安樂、吉祥、平安、幸福的狀態之中的？

當世間人或眾生依靠修習不淨觀，遠離、熄滅、平息、停止、滅盡貪欲、渴愛、憤怒、無智愚癡、喜怒哀樂、執著、掛念等等煩惱和痛苦，圓滿完成念覺支、擇法覺支、精進覺支、喜覺支、輕安覺支、定覺支、捨覺支，這七種覺支的修行。

當世間人或眾生修習不淨觀的時候，親身體驗、體會、領悟到無常，以及由修習不淨觀而生起的各種從低到高的清淨境界，由此獲得大利益；由此解除世間的束縛捆綁，讓內心進入安穩、安寧的狀態之中；由此激起解脫的急迫感，對善法、正法、解脫法生起堅定的信仰心，迫切的想要從世間徹底的解脫出來；由此被指引、引導進入安樂、吉祥、平安、幸福的狀態之中。

比丘們，你們也要修習不淨觀，經常修習不淨觀，這樣你們也能獲得大益處，證悟完全智與阿那含這兩種果位，這樣你們也能獲得大利益，解除世間的束縛捆綁，讓內心進入安穩、安寧的狀態之中，激起解脫的急迫感，對善法、正法、解脫法生起堅定的信仰心，迫切的想要從世間徹底的解脫出來，被指引、引導進入安樂、吉祥、平安、幸福的狀態之中。」

佛陀說法後，聽法的比丘們都再次的頂禮佛陀，隨喜讚歎佛陀說法的無量功德，他們都按著佛陀所說的法去修行。

第一百三十六章　什麼是死亡觀？

有個時候，佛陀住在舍衛城的祇樹林給孤獨園，有一天，佛陀對出家弟子們說：「比丘們（出家人），修習死亡的觀想，經常修習死亡的觀想，能夠證悟解脫的果位，能夠獲得大益處。

什麼是死亡的觀想呢？就是觀想自己死亡時會發生的事情，死亡時會發生什麼事情呢？自己的體溫會逐漸降低到與環境的溫度一樣；自己的各種念想、思想、見解會徹底的消失不見；自己的各種感受，快樂、痛苦、不苦不樂的感受會消失不見；自己不會再去做各種行為，身體行為，口說言語會熄滅、平息、消失；自己的各種認識、分別、判斷的會熄滅、平息、消失；自己死後的身體會腐爛，變成一堆白骨，隨著時間的推移，最後連白骨都會徹底的消失不見，自己就這樣完全的從世間消失，幾十年後，幾百年後，幾千年後，幾萬年後，數不清的年分後，世間沒有任何人知道自己曾經是誰？自己曾經做過什麼事情？自己就好像從來都沒有在這個世間出現過一樣，隨著時間的推移一切都會被覆蓋、掩蓋，就如同被大眾踩踏過的沙灘會留下眾人的足跡，當海水多次淹沒沙灘後，這些足跡就會被海水撫平，這些足跡就會被海水沖上來的沙子覆蓋、遮蓋，沙灘會變的平整、平坦，看起來好像從來都沒有被人踩踏過一樣。

又如同商隊經過沙漠的時候，會留下足跡，當沙漠中吹起大風，或是發生沙暴的時候，這些足跡就會被沙子掩蓋、覆蓋，之後走同一條道路的人根本就看不出來，曾經有商隊經過沙漠。

同樣的道理，當自己死亡很長的時間後，隨著時間的推移，自己在世間生活、活動的痕跡也將消失的無影無蹤，就好像自己根本就沒有出現在世間一樣，由此深刻的感受到世間的無常，什麼是無常呢？無常就是隨時在變化，無法永遠存在，無法永恆保持不變，無法永遠擁有，這就是無常。世間任何的人最後都會死去，世間人死後，他們的血肉身體會腐爛消失，變成一堆白骨，最後連白骨都會消失不見。

 一本書

讀懂所有佛經

觀想自己死亡時發生的事情，就能夠深切體會到自己無法青春永駐，無法永遠不死，無法永遠活在世間。自己會死去，自己會腐爛變成白骨，自己會消失不見，由此放下對自己的執著和掛念，放下對世間一切事物的執著和掛念，因為這些事物都不是自己的，自己無法永遠擁有這些事物。修習死亡觀也能熄滅、平息貪欲、渴愛，既然世間一切的事物隨時在變化，無法永遠存在，無法永恆保持不變，無法永遠的擁有，生起貪欲、渴愛又有什麼意義呢？自己最終會失去這些事物，這些事物最終會屬於別人，自己最終也會死去，爭來爭去，貪來貪去，愛來愛去，到頭來還是一場空，到頭來自己還是會死亡，還是會腐爛變成白骨，還是會消失不見。

比丘們，為什麼修習死亡觀，經常修習死亡觀，能夠證悟解脫果位，獲得大益處呢？

當世間人或眾生依靠修習死亡觀，遠離、熄滅、平息、停止、滅盡貪欲、渴愛、憤怒、無智愚癡、喜怒哀樂、執著、掛念等等煩惱和痛苦，圓滿完成念覺支、擇法覺支、精進覺支、喜覺支、輕安覺支、定覺支、捨覺支，這七種覺支的修行。

什麼是念覺支呢？就是內心集中專注在清淨的念想上，四念住就屬於念覺支（四念住解釋，見第五十九章），修習四念住就是在修習念覺支。

什麼是擇法覺支呢？就是用已經開啟的智慧，能夠分辨出什麼是善法、正法、解脫法，什麼是邪法、惡法、不善法，能夠判斷出真法與假法，並且能夠選擇正確的法修行，能夠選擇善法、正法、解脫法修習，不選擇邪法、惡法、不善法修習。

什麼是精進覺支呢？就是持之以恆、堅持不懈、勇猛精進的熄滅、平息、滅盡已經生起的惡行、惡言、惡念，持之以恆、堅持不懈、勇猛精進的讓還沒有生起的惡行、惡言、惡念不要再次生起，持之以恆、堅持不懈、勇猛精進的讓還沒有生起的善行、善言、善念生起，持之以恆、堅持不懈、勇猛精進的讓已經生起的善行、善言、善念持續的增長、增進。簡單的說精進覺支，就是持之以恆的修行善法、正法、解脫法，持之以恆的斷惡修善。四正勤就屬於精進覺支（四正勤解釋，見第一百零四章），修習四正勤就是在修習精進覺

支。

　　什麼是喜覺支？就是持之以恆修習善法、正法、解脫法的時候，內心由於修習善法、正法、解脫法而變得光明磊落、坦坦蕩蕩、清淨安寧，由此生起歡喜、喜悅、欣喜。

　　什麼是輕安覺支？就是由於修行止與觀（止與觀解釋，見第一百一十四章），由於修行善法、正法、解脫法，熄滅、平息、滅盡了煩惱和痛苦，由此內心進入寧靜、安寧、安穩的狀態之中。

　　什麼是定覺支？就是內心不再混亂、散亂、胡思亂想，內心不會再生起煩惱和妄想，內心已經安住在單個、純一的清淨境界之中。定覺支也被稱為禪定，什麼是禪定呢？就是內心集中專注在某一種物件上，或者內心集中專注在某一種清淨的念想上，讓內心平靜、安寧、清淨，讓內心不混亂、不散亂、不胡思亂想，讓內心安住在單個、純一的清淨境界之中，這就叫做禪定。也就是說內心集中專注在某一種物件上，或者內心集中專注在某一種清淨的念想上就叫做「禪」，讓內心不散亂、不混亂、不胡思亂想，讓內心平靜、安寧、清淨，安住在單個、純一的清淨境界之中，就叫做「定」。

　　什麼是捨覺支？就是已經不再執著和掛念，內心平等，沒有分別、區別、差別，內心平靜、安寧、寧靜，能夠放下對世間一切事物事情的執著和掛念，既不會陷入回憶過去的念想之中，也不會陷入期待未來的念想之中，更不會陷入現在當前的念想之中，內心平靜、坦蕩。

　　當世間人或眾生修習死亡觀的時候，親身體驗、體會、領悟到無常，以及由修習死亡觀而生起的各種從低到高的清淨境界，由此證悟各種階位的解脫果位，獲得清淨解脫的大益處。

　　什麼是無常呢？無常就是隨時在變化，無法永遠存在，無法永恆保持不變，無法永遠擁有，這就是無常。

　　比丘們，修習死亡觀，經常修習死亡觀，能夠預料、預見必將證悟兩種果位，這兩種果位不是同時證悟的，而是證悟這兩種果位中的其中一種果位。是哪兩種果位呢？

　　修習死亡觀，經常修習死亡觀，在最理想的狀態下能夠證悟完全智。

一本書

什麼是完全智？就是完全的明白和理解世間、世界的真相、真諦；完全明白獲得解脫，進入涅槃境界的道理、知識、修行方法。

　　已經熄滅、停止生死輪迴（生死輪迴解釋，見第一百一十二章），解除了一切的束縛與捆綁。

　　已經熄滅、平息、滅盡貪欲、渴愛、憤怒、無智愚癡、喜怒哀樂、執著、掛念等等煩惱和痛苦，證悟解脫的果位，進入沒有煩惱，沒有痛苦，沒有執著，沒有掛念，沒有念想的涅槃清淨境界。

　　簡單的說「完全智」就是：已經解除一切的束縛捆綁，已經滅盡一切的煩惱和痛苦，已經進入涅槃清淨的境界。

　　這就是完全智的法義。

　　如果修習死亡觀，經常修習死亡觀沒有證悟完全智，就證悟還有執著煩惱的殘渣，還有細微執著煩惱的阿那含果位。

　　什麼是阿那含果位呢？就是除滅了有「我」真實、永遠存在的見解；滅盡了那些對解脫毫無幫助的苦行、禁戒、禁忌；消除了對如來正法的疑惑，消除了對如來，對如來出家弟子們聚集的僧團，對如來所制定的戒律的疑惑。對如來，對如來的正法，對如來所制定的戒律，對如來的出家弟子們聚集的僧團生起了堅固的信心，滅盡了貪欲、憤怒、疑惑，阿那含果位也稱為三果，這些證悟阿那含果位的聖者，他們也被稱為證悟三果的聖者。證悟阿那含果位的聖者，他們死後不會再投生在欲界，什麼是欲界呢？也就是還有男女淫欲、食欲、睡眠欲等等感官欲望有情眾生居住的地方。證悟阿那含果位的聖者，他們死後直接投生到色界與無色界天界，並在這些天界中滅盡一切煩惱和痛苦，從生死輪迴中永遠的解脫出來，證悟不生不滅的涅槃境界，阿那含果位也稱為不還果。什麼是色界天界？也就是沒有男女淫欲、食欲、睡眠欲等等感官的欲望，這些有情眾生的物質身體以及他們住的宮殿等等他們所在地方的物質事物非常的殊勝、精緻、淨妙，他們對這些殊勝、精緻、淨妙的物質事物還有微細的執著和掛念，他們還會被這些這些殊勝、精緻、淨妙的物質事物輕微的束縛捆綁，這就是色界天界，沒有欲望，還有對物質事物的輕微執著和掛念。什麼是無色界天界？也就是沒有男女淫欲、食欲、睡眠欲等等感官欲望，也沒有對物質事物的執著和掛念，但是還有對精神思想、念想的執著

和掛念，這就是無色界天界，沒有欲望，沒有對物質事物的執著和掛念，但是還有對精神思想、念想的執著和掛念。

比丘們，修習死亡觀，經常修習死亡觀，是如何證悟完全智與阿那含這兩種果位的呢？

當世間人或眾生依靠修習死亡觀，遠離、熄滅、平息、停止、滅盡貪欲、渴愛、憤怒、無智愚癡、喜怒哀樂、執著、掛念等等煩惱和痛苦，圓滿完成念覺支、擇法覺支、精進覺支、喜覺支、輕安覺支、定覺支、舍覺支，這七種覺支的修行。

當世間人或眾生修習死亡觀的時候，親身體驗、體會、領悟到無常，以及由修習死亡觀而生起的各種從低到高的清淨境界，由此證悟完全智與阿那含這兩種果位。

比丘們，修習死亡觀，經常修習死亡觀能夠獲得大利益；

修習死亡觀，經常修習死亡觀能夠解除世間的束縛捆綁，讓內心進入安穩、安寧的狀態之中；

修習死亡觀，經常修習死亡觀能夠激起解脫的急迫感，對善法、正法、解脫法生起堅定的信仰心，因為由修習死亡觀明白了世間是無常的，迫切的想要從世間徹底的解脫出來。

修習死亡觀，經常修習死亡觀能夠被指引、引導進入安樂、吉祥、平安、幸福的狀態之中。

比丘們，修習死亡觀，經常修習死亡觀是如何獲得大利益的？是如何解除世間的束縛捆綁，讓內心進入安穩、安寧的狀態之中的？是如何激起解脫的急迫感，對善法、正法、解脫法生起堅定的信仰心，迫切的想要從世間徹底的解脫出來的？是如何被指引、引導進入安樂、吉祥、平安、幸福的狀態之中的？

當世間人或眾生依靠修習死亡觀，遠離、熄滅、平息、停止、滅盡貪欲、渴愛、憤怒、無智愚癡、喜怒哀樂、執著、掛念等等煩惱和痛苦，圓滿完成念覺支、擇法覺支、精進覺支、喜覺支、輕安覺支、定覺支、舍覺支，這七種覺支的修行。

當世間人或眾生修習死亡觀的時候，親身體驗、體會、領悟到無常，以及由修習死亡觀而生起的各種從低到高的清淨境界，由此獲得大利益；由此解除世間的束縛捆綁，讓內心進入安穩、安寧的狀態之

一本書

讀懂所有佛經

中；由此激起解脫的急迫感，對善法、正法、解脫法生起堅定的信仰心，迫切的想要從世間徹底的解脫出來；由此被指引、引導進入安樂、吉祥、平安、幸福的狀態之中。

比丘們，你們也要修習死亡觀，經常修習死亡觀，這樣你們也能獲得大益處，證悟完全智與阿那含這兩種果位，這樣你們也能獲得大利益，解除世間的束縛捆綁，讓內心進入安穩、安寧的狀態之中，激起解脫的急迫感，對善法、正法、解脫法生起堅定的信仰心，迫切的想要從世間徹底的解脫出來，被指引、引導進入安樂、吉祥、平安、幸福的狀態之中。」

佛陀說法後，聽法的比丘們都再次的頂禮佛陀，隨喜讚歎佛陀說法的無量功德，他們都按著佛陀所說的法去修行。

第一百三十七章　什麼是一乘道？

　　有個時候，佛陀住在毗舍離國的庵羅園中，有一天，佛陀對出家弟子們說：「比丘們（出家人），為了超越憂愁與悲傷，為了熄滅、平息、滅盡憂慮、煩惱、痛苦，為了進入平靜、寧靜的狀態，為了證悟解脫的果位，為了親身體驗、體會、領悟到涅槃的清淨境界，你們要修行一乘道法，什麼是一乘道法呢？一乘道法就是直接到達修行目的地的修行方法。直通修行目的地的修行方法，就如同到某個地方去，直接到達這個地方不走岔路。

　　比丘們，你們要知道一乘道是直通之道，是直達之道，是單行道，但是卻不是唯一的道路，這是什麼意思呢？也就是說一乘道法有很多種修行方法，選擇這些修行方法中的任意一種方法修行都叫做修行一乘道法，比如某個人，他到某一個地方去，可以選擇不同的道路，這些道路都是單行道，都是沒有岔路的道路，都是直通目的地的道路，一旦他選定了這些道路中的任何一條道路行進最終都能不走岔路的直接到達目的地。一乘道法不是專門指某種唯一的修行方法，而是指可以直接到達修行目的地，不走彎路、岔路的修行方法。

　　比丘們，四念住就是一乘道法，修習四念住就能直接進入平靜、寧靜的狀態，就能直達涅槃的清淨境界。當然四念住不是唯一的一種直接進入涅槃清淨境界的修行方法。

　　四念住是哪四種念住呢？即是身念住、受念住、心念住、法念住，這四種念住，什麼是念住呢？就是由集中專注、深切注意某種清淨的念想或物件，而讓內心進入平靜、寧靜狀態，讓內心安住在清淨境界之中的修行方法。「念」是集中專注、深切注意某種清淨的念想或物件。「住」是讓內心進入平靜、寧靜的狀態，讓內心安住在清淨的境界之中。

　　什麼是「身念住」呢？「身念住」就是內心集中專注在身體的行為上，比如內心集中專注在呼吸上，數呼吸的次數，建立對呼吸的深

切注意。又比如：來回在同一條路徑、道路上行走，內心集中專注在走路的行為上，數來回行走的次數，建立對走路的深切注意。用這種對身體行為的集中專注來替換掉內心中的貪欲、渴愛、憤怒、無智愚癡、喜怒哀樂、執著、掛念等等煩惱和痛苦。用對身體行為的深切注意來替換掉內心中的貪欲、渴愛、憤怒、無智愚癡、喜怒哀樂、執著、掛念等等煩惱和痛苦。通過對身體行為的集中專注，通過對身體行為的深切注意，內心不再去想那些會讓自己生起貪欲、渴愛、憤怒、無智愚癡、喜怒哀樂、執著、掛念等等煩惱和痛苦的事物或事情，熄滅、平息、滅盡貪欲、渴愛、憤怒、無智愚癡、喜怒哀樂、執著、掛念等等煩惱和痛苦，這就是身念住。

簡單的說身念住就是：通過集中專注身體行為，通過對身體行為的深切注意，替換掉內心中煩惱和痛苦的念想，熄滅、平息、滅盡內心中煩惱和痛苦的念想。

什麼是「受念住」呢？「受念住」就是內心集中專注在感受上，比如呼吸的時候，內心集中專注在吸氣時，冰冷的氣體進入身體的感受，或者內心集中專注在呼氣時，溫暖的氣體呼出身體的感受，建立對冰冷氣體感受的深切注意，或者建立對溫暖氣體感受的深切注意。又比如：來回在同一條路徑、道路上行走，內心集中專注在腳底板踩在地面上的感受，腳底板的感受是踩在平坦道路上那種高低平等、平整的感受，還是踩在崎嶇山路上那種高低不平、凹凸的感受，建立對腳底板接觸地面感受的深切注意。用這種對感受的集中專注來替換掉內心中的貪欲、渴愛、憤怒、無智愚癡、喜怒哀樂、執著、掛念等等煩惱和痛苦。用對感受的深切注意來替換掉內心中的貪欲、渴愛、憤怒、無智愚癡、喜怒哀樂、執著、掛念等等煩惱和痛苦。通過對感受的集中專注，通過對感受的深切注意，內心不再去想那些會讓自己生起貪欲、渴愛、憤怒、無智愚癡、喜怒哀樂、執著、掛念等等煩惱和痛苦的事物或事情，熄滅、平息、滅盡貪欲、渴愛、憤怒、無智愚癡、喜怒哀樂、執著、掛念等等煩惱和痛苦，這就是受念住。

簡單的說受念住就是：通過集中專注感受，通過對感受的深切注意，替換掉內心中煩惱和痛苦的念想，熄滅、平息、滅盡內心中煩惱和痛苦的念想。

什麼是「心念住」呢？「心念住」就是內心集中專注在念想、思想、見解上，比如內心集中專注在對無常的觀想上，建立對無常的深切注意。

　　什麼是對無常的觀想呢？就是觀想：「世間一切的事物隨時在變化，無法永遠存在，無法永恆保持不變，無法永遠擁有；我的物質身體、感受、念想、行為、認識、分別、判斷也是隨時在變化，無法永遠存在，無法永恆保持不變，無法永遠擁有的。我的物質身體會生病、衰老、死亡；我的感受、念想、行為、認識、分別、判斷會消退、消失。我擁有的物質事物也會破損、衰敗、滅亡、消失，我也無法永遠的擁有物質事物，我也會失去物質事物。

　　我的眼睛、耳朵、鼻子、舌頭、身體、內心隨時在變化，無法永遠存在，無法永恆保持不變，無法永遠擁有，我的眼睛、耳朵、鼻子、舌頭、身體、內心會喪失功能，會衰敗、壞滅。」這就是無常的觀想。用這種對念想、思想、見解的集中專注來替換掉內心中的貪欲、渴愛、憤怒、無智愚癡、喜怒哀樂、執著、掛念等等煩惱和痛苦。用對念想、思想、見解的深切注意來替換掉內心中的貪欲、渴愛、憤怒、無智愚癡、喜怒哀樂、執著、掛念等等煩惱和痛苦。通過對念想、思想、見解的集中專注，通過對念想、思想、見解的深切注意，內心不再去想那些會讓自己生起貪欲、渴愛、憤怒、無智愚癡、喜怒哀樂、執著、掛念等等煩惱和痛苦的事物或事情，熄滅、平息、滅盡貪欲、渴愛、憤怒、無智愚癡、喜怒哀樂、執著、掛念等等煩惱和痛苦，這就是心念住。

　　簡單的說心念住就是：通過集中專注念想、思想、見解，通過對念想、思想、見解的深切注意，替換掉內心中煩惱和痛苦的念想，熄滅、平息、滅盡內心中煩惱和痛苦的念想。

　　什麼是「法念住」呢？「法念住」就是內心集中專注在某種物件上，比如內心集中專注在江河流水上，建立對江河流水的深切注意。又比如：內心集中專注在森林、樹木上，建立對森林、樹木的深切注意。用這種對某種物件的集中專注來替換掉內心中的貪欲、渴愛、憤怒、無智愚癡、喜怒哀樂、執著、掛念等等煩惱和痛苦。用對某種物件的深切注意來替換掉內心中的貪欲、渴愛、憤怒、無智愚癡、喜怒

哀樂、執著、掛念等等煩惱和痛苦。通過對某種物件的集中專注，通過對某種物件的深切注意，內心不再去想那些會讓自己生起貪欲、渴愛、憤怒、無智愚癡、喜怒哀樂、執著、掛念等等煩惱和痛苦的事物或事情，熄滅、平息、滅盡貪欲、渴愛、憤怒、無智愚癡、喜怒哀樂、執著、掛念等等煩惱和痛苦，這就是法念住。

簡單的說法念住就是：通過集中專注某種物件，通過對某種物件的深切注意，替換掉內心中煩惱和痛苦的念想，熄滅、平息、滅盡內心中煩惱和痛苦的念想。

比丘們，簡單的說：內心集中專注在身體、念想、感受、某種物件上，建立起對身體、念想、感受、某種物件的深切注意，讓內心進入平靜、寧靜的狀態，讓內心安住在清淨的境界之中，就是四念住的修行方法。

比丘們，你們要注意，修習四念住的時候，只是選擇身念住、受念住、心念住、法念住，這四種念住中的任意一種念住修行，而不是同時修行兩種或兩種以上的念住，比如：內心集中專注在身體上，或者內心集中專注在念想上，或者內心集中專注在感受上，或者內心集中專注在某種物件上。建立起對身體的深切注意，或者建立起對念想的深切注意，或者建立起對感受的深切注意，或者建立起對某種物件的深切注意。是選擇修習身念住、受念住、心念住、法念住，這四種念住中的任意一種念住，而不是同時修行兩種或兩種以上的念住。

比丘們，世間人或眾生持之以恆、堅持不懈、勇猛精進的修習身念住，保持正知、正念，就能超越憂愁與悲傷，就能熄滅、平息、滅盡貪欲、渴愛、憂慮、煩惱、痛苦，就能讓內心進入平靜、寧靜的狀態，就能證悟解脫的果位，就能親身體驗、體會、領悟到涅槃的清淨境界。

什麼是正知呢？就是內心只集中專注、深切注意當前正在做的行為，只清楚明白當前正在做的行為，活在當下，不想過去、未來的事情，比如行走的時候，只專注行走的行為；吃飯的時候只專注吃飯的行為；喝水的時候，只專注喝水的行為；穿衣服的時候，只專注穿衣服的行為等等。除了專注當前正在做的行為之外，除了清楚明白當前正在做的行為之外，不專注其他任何的事情與念想，這就是正知。

什麼是正念呢？正念就是內心集中專注、深切注意在正確的念想或物件上，這種正確的集中專注、深切注意能夠讓內心進入平靜、寧靜的狀態之中，這種正確的集中專注、深切注意能夠讓內心安住在清淨的境界之中。

　　比丘們，世間人或眾生持之以恆、堅持不懈、勇猛精進的修習受念住，保持正知、正念，就能超越憂愁與悲傷，就能熄滅、平息、滅盡貪欲、渴愛、憂慮、煩惱、痛苦，就能讓內心進入平靜、寧靜的狀態，就能證悟解脫的果位，就能親身體驗、體會、領悟到涅槃的清淨境界。

　　比丘們，世間人或眾生持之以恆、堅持不懈、勇猛精進的修習心念住，保持正知、正念，就能超越憂愁與悲傷，就能熄滅、平息、滅盡貪欲、渴愛、憂慮、煩惱、痛苦，就能讓內心進入平靜、寧靜的狀態，就能證悟解脫的果位，就能親身體驗、體會、領悟到涅槃的清淨境界。

　　比丘們，世間人或眾生持之以恆、堅持不懈、勇猛精進的修習法念住，保持正知、正念，就能超越憂愁與悲傷，就能熄滅、平息、滅盡貪欲、渴愛、憂慮、煩惱、痛苦，就能讓內心進入平靜、寧靜的狀態，就能證悟解脫的果位，就能親身體驗、體會、領悟到涅槃的清淨境界。

　　比丘們，四念住就是能夠讓世間人或眾生超越憂愁與悲傷，熄滅、平息、滅盡貪欲、渴愛、憂慮、煩惱、痛苦，讓內心進入平靜、寧靜狀態，證悟解脫的果位，親身體驗、體會、領悟到涅槃清淨境界的一乘道法。

　　四念住就是能夠讓世間人或眾生的內心直接進入平靜、寧靜狀態，直達涅槃清淨境界的修行方法。

　　比丘們，你們要去修習四念住，這樣你們也能讓內心直接進入平靜、寧靜的狀態，這樣你們也能直達涅槃清淨的境界。」

　　佛陀說法後，聽法的出家弟子們都再次的頂禮佛陀，隨喜讚歎佛陀說法的無量功德，他們都按著佛陀所說的法去修行。

第一百三十八章　十二種讓內心平靜的修行方法

　　有個時候，佛陀住在舍衛城的祇樹林給孤獨園，有一天，某一位出家人來到佛陀的住所，他頂禮佛陀後，就在一旁坐下，這位出家人對佛陀說：「世尊，請您教導給我一個簡要的修行方法，讓我獨自修行的時候，能夠管束好自己的行為、言語、念想，讓我的行為、言語、念想不放逸，讓我不胡作非為、不胡言亂語、不胡思亂想，讓我的內心能夠保持平靜、寧靜，讓我能夠長久的安住在清淨的境界之中，讓我能夠持之以恆、堅持不懈、勇猛精進的去修行，世尊，如果您教導給我的正法能夠讓我這樣的話，那就很好了。」

　　佛陀說：「比丘（出家人），世間有一些人，他們恭敬的到如來這裡來求法，可是當如來為他們說法後，他們自己卻不去實踐的修行，光是跟隨在如來的身邊，這樣對他們來說是沒有什麼用處的。比丘，你要明白：實踐如來所說的修行方法，才能讓你真正的熄滅、平息、滅盡貪欲、渴愛、憤怒、無智愚癡、喜怒哀樂、執著、掛念等等煩惱和痛苦，才能讓你的內心真正的進入平靜、寧靜的狀態，才能讓你真正的證悟解脫的果位，才能讓你真正的最終親身體驗、體會、領悟到涅槃的清淨境界。跟隨如來而不實踐的修行，那是毫無用處的，那是無法獲得任何益處的。」

　　這位比丘說：「世尊，我會實踐您所說的修行方法的，我會按您所說的法去修行的，也許我能成為世尊您正法的繼承人之一。」

　　佛陀說：「比丘，你修行之初，也就是你剛開始修行的時候，要用戒律與正直無私的見解淨化自己的行為、言語、念想，讓戒律與正直無私的見解在你的內心中紮下牢牢的根，讓戒律與正直無私的見解在你的內心中有堅實、穩固的立足點。當你依靠戒律與正直無私的見解遠離惡法、邪法的時候，就可以開始修習四念住了。比丘，戒律與正直無私的見解是修習四念住的基礎，就如同修建房屋最初要打地基

一樣，地基不穩固，房屋就可能會倒塌。

比丘，是哪四種念住呢？即是身念住、受念住、心念住、法念住，這四種念住。

什麼是「身念住」呢？「身念住」就是內心集中專注在身體的行為上，比如內心集中專注在呼吸上，數呼吸的次數，建立對呼吸的深切注意。又比如：來回在同一條路徑、道路上行走，內心集中專注在走路的行為上，數來回行走的次數，建立對行走的深切注意。用這種對身體行為的集中專注來替換掉內心中的貪欲、渴愛、憤怒、無智愚癡、喜怒哀樂、執著、掛念等等煩惱和痛苦。用對身體行為的深切注意來替換掉內心中的貪欲、渴愛、憤怒、無智愚癡、喜怒哀樂、執著、掛念等等煩惱和痛苦。通過對身體行為的集中專注，通過對身體行為的深切注意，內心不再去想那些會讓自己生起貪欲、渴愛、憤怒、無智愚癡、喜怒哀樂、執著、掛念等等煩惱和痛苦的事物或事情，熄滅、平息、滅盡貪欲、渴愛、憤怒、無智愚癡、喜怒哀樂、執著、掛念等等煩惱和痛苦，這就是身念住。

簡單的說身念住就是：通過集中專注身體行為，通過對身體行為的深切注意，替換掉內心中煩惱和痛苦的念想，熄滅、平息、滅盡內心中煩惱和痛苦的念想。

比丘，身念住又分為三種修行方法，是哪三類修行方法呢？

第一類：內心集中專注在自己的身體行為上，比如內心集中專注在自己呼吸的行為上，數吸氣的次數，或者數呼氣的次數，建立對吸氣或呼氣的深切注意。

第二類：觀想自己如同一位旁觀者、局外人、陌生人觀察身體的行為，比如觀想自己是一位旁觀者、局外人、陌生人正在觀察吸氣與呼氣的人，凝視著正在呼吸的那個人，那個人實際上是你自己，不過這時將你自己觀想成一個陌生人，你站在這個陌生人的旁邊觀察他呼吸的行為，觀察他吸氣或呼氣的行為，數他吸氣或呼氣的次數。集中專注、深切注意這個陌生人吸氣或呼氣的行為。

第三類：切換自己與旁觀者、局外人、陌生人這兩種角色，去體驗觀想自己與旁觀者、局外人、陌生人身體行為的不同，集中專注、深切注意切換角色時的身體行為，比如剛開始內心集中專注在自己呼

吸的行為上，數吸氣的次數，或者數呼氣的次數，建立對吸氣或呼氣的深切注意。之後將自己觀想成為旁觀者、局外人、陌生人，凝視著正在呼吸的那個人，那個人實際上是你自己，不過這時將你自己觀想成一個陌生人，你站在這個陌生人的旁邊觀察他呼吸的行為，觀察他吸氣或呼氣的行為，數他吸氣或呼氣的次數，切換自己與旁觀者、局外人、陌生人的角色，去體驗數自己吸氣或呼氣的行為與數旁觀者、局外人、陌生人吸氣或呼氣的行為有什麼不同，集中專注、深切注意自己與旁觀者、局外人、陌生人切換角色時吸氣或呼氣的行為。

簡單的說第三類修行方法就是：切換觀想的角色，去體驗自己與陌生人身體行為的不同，集中專注、深切注意切換不同角色時的身體行為。

比丘，修習身念住這三類修行方法中的任意一種方法都是可以的。也就是選擇修習身念住的第一類，第二類，第三類修行方法中的任意一種修行方法都是可以的。修習身念住的第一類方法，或者修習身念住的第二類方法，或者修習身念住的第三類方法都是可以的。

比丘，你持之以恆、堅持不懈、勇猛精進的修習身念住三類修行方法中的任意一種方法，就能生起、保持正知、正念，就能熄滅、平息、滅盡貪欲、渴愛、憂慮、憤怒、無智愚癡、喜怒哀樂、執著、掛念等等煩惱和痛苦，就能讓內心進入平靜、寧靜的狀態，就能證悟解脫的果位，就能親身體驗、體會、領悟到涅槃的清淨境界。

什麼是正知呢？就是內心只集中專注、深切注意當前正在做的行為，只清楚明白當前正在做的行為，活在當下，不想過去、未來的事情，比如行走的時候，只專注行走的行為；吃飯的時候只專注吃飯的行為；喝水的時候，只專注喝水的行為；穿衣服的時候，只專注穿衣服的行為等等。除了專注當前正在做的行為之外，除了清楚明白當前正在做的行為之外，不專注其他任何的事情與念想，這就是正知。

什麼是正念呢？正念就是內心集中專注、深切注意在正確的念想或物件上，這種正確的集中專注、深切注意能夠讓內心進入平靜、寧靜的狀態之中，這種正確的集中專注、深切注意能夠讓內心安住在清淨的境界之中，這就是正念。

什麼是「受念住」呢？「受念住」就是內心集中專注在感受上，比如呼吸的時候，內心集中專注在吸氣時，冰冷的氣體進入身體的感受，或者內心集中專注在呼氣時，溫暖的氣體呼出身體的感受，建立對冰冷氣體感受的深切注意，或者建立對溫暖氣體感受的深切注意。又比如：來回在同一條路徑、道路上行走，內心集中專注在腳底板踩在地面上的感受，腳底板的感受是踩在平坦道路上那種高低平等、平整的感受，還是踩在崎嶇山路上那種高低不平、凹凸的感受，建立對腳底板接觸地面感受的深切注意。用這種對感受的集中專注來替換掉內心中的貪欲、渴愛、憤怒、無智愚癡、喜怒哀樂、執著、掛念等等煩惱和痛苦。用對感受的深切注意來替換掉內心中的貪欲、渴愛、憤怒、無智愚癡、喜怒哀樂、執著、掛念等等煩惱和痛苦。通過對感受的集中專注，通過對感受的深切注意，內心不再去想那些會讓自己生起貪欲、渴愛、憤怒、無智愚癡、喜怒哀樂、執著、掛念等等煩惱和痛苦的事物或事情，熄滅、平息、滅盡貪欲、渴愛、憤怒、無智愚癡、喜怒哀樂、執著、掛念等等煩惱和痛苦，這就是受念住。

簡單的說受念住就是：通過集中專注感受，通過對感受的深切注意，替換掉內心中煩惱和痛苦的念想，熄滅、平息、滅盡內心中煩惱和痛苦的念想。

比丘，受念住又分為三種修行方法，是哪三類修行方法呢？

第一類：內心集中專注在自己的感受上，比如內心集中專注在自己呼吸的感受上，感覺呼吸時氣體進出身體的感受，吸氣時，冰冷的氣體進入身體的感受，或者呼氣時，溫暖的氣體呼出身體的感受，建立對冰冷氣體感受的深切注意，或者建立對溫暖氣體感受的深切注意。

第二類：觀想自己如同一位旁觀者、局外人、陌生人觀察身體的行為，推測體驗到的感受，比如觀想自己是一位旁觀者、局外人、陌生人正在觀察吸氣與呼氣的人，凝視著正在呼吸的那個人，那個人實際上是你自己，不過這時將你自己觀想成一個陌生人，你站在這個陌生人的旁邊觀察他呼吸的行為，推測他呼吸時的感受，推測他吸氣時，冰冷的氣體進入身體的感受，或者推測他呼氣時，溫暖的氣體呼出身體的感受。集中專注、深切注意由觀察陌生人呼吸行為，推測出

一本書

讀懂所有佛經

的他吸氣或呼氣的感受。

第三類：切換自己與旁觀者、局外人、陌生人這兩種角色，去體驗觀想自己與旁觀者、局外人、陌生人感受的不同，集中專注、深切注意切換角色時的感受，比如剛開始內心集中專注在自己呼吸的感受上，感覺呼吸時氣體進出身體的感受，吸氣時，冰冷的氣體進入身體的感受，或者呼氣時，溫暖的氣體呼出身體的感受，建立對冰冷氣體感受的深切注意，或者建立對溫暖氣體感受的深切注意。之後將自己觀想成為旁觀者、局外人、陌生人，凝視著正在呼吸的那個人，那個人實際上是你自己，不過這時將你自己觀想成一個陌生人，你站在這個陌生人的旁邊觀察他呼吸的行為，推測他呼吸時的感受，推測他吸氣時，冰冷的氣體進入身體的感受，或者推測他呼氣時，溫暖的氣體呼出身體的感受。切換自己與旁觀者、局外人、陌生人的角色，去體驗數自己吸氣或呼氣的感受與數旁觀者、局外人、陌生人吸氣或呼氣的感受有什麼不同，集中專注、深切注意自己與旁觀者、局外人、陌生人切換角色時吸氣或呼氣的感受。

簡單的說第三類修行方法就是：切換觀想的角色，去體驗自己與陌生人感受的不同，集中專注、深切注意切換不同角色時的感受。

比丘，修習受念住這三類修行方法中的任意一種方法都是可以的。也就是選擇修習受念住的第一類，第二類，第三類修行方法中的任意一種修行方法都是可以的。修習受念住的第一類方法，或者修習受念住的第二類方法，或者修習受念住的第三類方法都是可以的。

比丘，你持之以恆、堅持不懈、勇猛精進的修習受念住三類修行方法中的任意一種方法，就能生起、保持正知、正念，就能熄滅、平息、滅盡貪欲、渴愛、憂慮、憤怒、無智愚癡、喜怒哀樂、執著、掛念等等煩惱和痛苦，就能讓內心進入平靜、寧靜的狀態，就能證悟解脫的果位，就能親身體驗、體會、領悟到涅槃的清淨境界。

什麼是正知呢？就是內心只集中專注、深切注意當前正在做的行為，只清楚明白當前正在做的行為，活在當下，不想過去、未來的事情，比如行走的時候，只專注行走的行為；吃飯的時候只專注吃飯的行為；喝水的時候，只專注喝水的行為；穿衣服的時候，只專注穿衣服的行為等等。除了專注當前正在做的行為之外，除了清楚明白當前

正在做的行為之外，不專注其他任何的事情與念想，這就是正知。

　　什麼是正念呢？正念就是內心集中專注、深切注意在正確的念想或物件上，這種正確的集中專注、深切注意能夠讓內心進入平靜、寧靜的狀態之中，這種正確的集中專注、深切注意能夠讓內心安住在清淨的境界之中，這就是正念。

　　什麼是「心念住」呢？「心念住」就是內心集中專注在念想、思想、見解上，比如內心集中專注在對無常的觀想上，建立對無常的深切注意。

　　什麼是對無常的觀想呢？就是觀想：「世間一切的事物隨時在變化，無法永遠存在，無法永恆保持不變，無法永遠擁有；我的物質身體、感受、念想、行為、認識、分別、判斷也是隨時在變化，無法永遠存在，無法永恆保持不變，無法永遠擁有的。我的物質身體會生病、衰老、死亡；我的感受、念想、行為、認識、分別、判斷會消退、消失。我擁有的物質事物也會破損、衰敗、滅亡、消失，我也無法永遠的擁有物質事物，我也會失去物質事物。

　　我的眼睛、耳朵、鼻子、舌頭、身體、內心隨時在變化，無法永遠存在，無法永恆保持不變，無法永遠擁有，我的眼睛、耳朵、鼻子、舌頭、身體、內心會喪失功能，會衰敗、壞滅。」這就是無常的觀想。用這種對念想、思想、見解的集中專注來替換掉內心中的貪欲、渴愛、憤怒、無智愚癡、喜怒哀樂、執著、掛念等等煩惱和痛苦。用對念想、思想、見解的深切注意來替換掉內心中的貪欲、渴愛、憤怒、無智愚癡、喜怒哀樂、執著、掛念等等煩惱和痛苦。通過對念想、思想、見解的集中專注，通過對念想、思想、見解的深切注意，內心不再去想那些會讓自己生起貪欲、渴愛、憤怒、無智愚癡、喜怒哀樂、執著、掛念等等煩惱和痛苦的事物或事情，熄滅、平息、滅盡貪欲、渴愛、憤怒、無智愚癡、喜怒哀樂、執著、掛念等等煩惱和痛苦，這就是心念住。

　　簡單的說心念住就是：通過集中專注念想、思想、見解，通過對念想、思想、見解的深切注意，替換掉內心中煩惱和痛苦的念想，熄滅、平息、滅盡內心中煩惱和痛苦的念想。

　　比丘，心念住又分為三種修行方法，是哪三類修行方法呢？

第一類：內心集中專注在自己的念想、思想、見解上，比如內心集中專注在對無常的觀想上。觀想世間一切的事物事情隨時在變化，無法永遠存在，無法永恆保持不變，無法永遠擁有，建立對無常的深切注意。

　　第二類：觀想自己如同一位旁觀者、局外人、陌生人觀察生起念想、思想、見解的人，推測他會如何的去觀想這種念想、思想、見解，比如觀想自己是一位旁觀者、局外人、陌生人正在觀察生起無常念想的人，凝視著正在生起無常念想的那個人，那個人實際上是你自己，不過這時將你自己觀想成一個陌生人，你站在這個陌生人的旁邊觀察他生起無常的念想，推測他會如何的去觀想無常，集中專注、深切注意這種推測陌生人將會如何去觀想無常的念想。也就是將注意力集中在問自己：陌生人將會如何去觀想無常？去模擬想像陌生人觀想無常時的思維過程。

　　第三類：切換自己與旁觀者、局外人、陌生人這兩種角色，去體驗觀想自己與旁觀者、局外人、陌生人念想、思想、見解的不同，集中專注、深切注意切換角色時的念想、思想、見解，比如剛開始內心集中專注在對無常的觀想上。觀想世間一切的事物事情隨時在變化，無法永遠存在，無法永恆保持不變，無法永遠擁有，建立對無常的深切注意。之後將自己觀想成爲旁觀者、局外人、陌生人，凝視著正在生起無常念想的那個人，那個人實際上是你自己，不過這時將你自己觀想成一個陌生人，你站在這個陌生人的旁邊觀察他生起無常的念想，推測他會如何的去觀想無常，切換自己與旁觀者、局外人、陌生人的角色，去體驗自己生起無常念想與旁觀者、局外人、陌生人生起無常念想有什麼不同，集中專注、深切注意自己與旁觀者、局外人、陌生人切換角色時生起的無常念想。

　　簡單的說第三類修行方法就是：切換觀想的角色，去體驗自己與陌生人念想、思想、見解的不同，集中專注、深切注意切換不同角色時的念想、思想、見解。

　　比丘，修習心念住這三類修行方法中的任意一種方法都是可以的。也就是選擇修習心念住的第一類，第二類，第三類修行方法中的任意一種修行方法都是可以的。修習心念住的第一類方法，或者修習

心念住的第二類方法，或者修習心念住的第三類方法都是可以的。

比丘，你持之以恆、堅持不懈、勇猛精進的修習心念住三類修行方法中的任意一種方法，就能生起、保持正知、正念，就能熄滅、平息、滅盡貪欲、渴愛、憂慮、憤怒、無智愚癡、喜怒哀樂、執著、掛念等等煩惱和痛苦，就能讓內心進入平靜、寧靜的狀態，就能證悟解脫的果位，就能親身體驗、體會、領悟到涅槃的清淨境界。

什麼是正知呢？就是內心只集中專注、深切注意當前正在做的行為，只清楚明白當前正在做的行為，活在當下，不想過去、未來的事情，比如行走的時候，只專注行走的行為；吃飯的時候只專注吃飯的行為；喝水的時候，只專注喝水的行為；穿衣服的時候，只專注穿衣服的行為等等。除了專注當前正在做的行為之外，除了清楚明白當前正在做的行為之外，不專注其他任何的事情與念想，這就是正知。

什麼是正念呢？正念就是內心集中專注、深切注意在正確的念想或物件上，這種正確的集中專注、深切注意能夠讓內心進入平靜、寧靜的狀態之中，這種正確的集中專注、深切注意能夠讓內心安住在清淨的境界之中，這就是正念。

什麼是「法念住」呢？「法念住」就是內心集中專注在某種物件上，比如內心集中專注在江河流水上，建立對江河流水的深切注意。又比如：內心集中專注在森林、樹木上，建立對森林、樹木的深切注意。用這種對某種物件的集中專注來替換掉內心中的貪欲、渴愛、憤怒、無智愚癡、喜怒哀樂、執著、掛念等等煩惱和痛苦。用對某種物件的深切注意來替換掉內心中的貪欲、渴愛、憤怒、無智愚癡、喜怒哀樂、執著、掛念等等煩惱和痛苦。通過對某種物件的集中專注，通過對某種物件的深切注意，內心不再去想那些會讓自己生起貪欲、渴愛、憤怒、無智愚癡、喜怒哀樂、執著、掛念等等煩惱和痛苦的事物或事情，熄滅、平息、滅盡貪欲、渴愛、憤怒、無智愚癡、喜怒哀樂、執著、掛念等等煩惱和痛苦，這就是法念住。

簡單的說法念住就是：通過集中專注某種物件，通過對某種物件的深切注意，替換掉內心中煩惱和痛苦的念想，熄滅、平息、滅盡內心中煩惱和痛苦的念想。

比丘，法念住又分為三種修行方法，是哪三類修行方法呢？

一本書

讀懂所有佛經

第一類：自己的內心集中專注在某種物件上，比如自己的內心集中專注在江河流水上，建立對江河流水的深切注意。

　　第二類：觀想自己如同一位旁觀者、局外人、陌生人，觀察這位將注意力集中在某種物件上的人，推測他專注某種物件時的狀態，比如觀想自己是一位旁觀者、局外人、陌生人正在觀察集中專注、深切注意江河流水的人，凝視著正在專注江河流水的那個人，那個人實際上是你自己，不過這時將你自己觀想成一個陌生人，你站在這個陌生人的旁邊觀察他專注江河流水的行為，推測他集中專注、深切注意江河流水時的狀態是什麼。也就是站在旁觀者、局外人、陌生人的位置去推測這個人集中專注、深切注意江河流水時的狀態是什麼。

　　第三類：切換自己與旁觀者、局外人、陌生人這兩種角色，去體驗觀想自己與旁觀者、局外人、陌生人專注某種物件的不同，集中專注、深切注意切換角色時專注某種物件的狀態，比如剛開始自己的內心集中專注在江河流水上，建立對江河流水的深切注意。之後將自己觀想成為旁觀者、局外人、陌生人，凝視著正在專注江河流水的那個人，那個人實際上是你自己，不過這時將你自己觀想成一個陌生人，你站在這個陌生人的旁邊觀察他專注江河流水的行為，推測他集中專注、深切注意江河流水時的狀態是什麼。切換自己與旁觀者、局外人、陌生人的角色，去體驗自己集中專注江河流水的狀態與旁觀者、局外人、陌生人集中專注江河流水的狀態有什麼不同，集中專注、深切注意自己與旁觀者、局外人、陌生人切換角色時專注江河流水的狀態。

　　簡單的說第三類修行方法就是：切換觀想的角色，去體驗自己與陌生人專注某種物件時，狀態的不同；集中專注、深切注意切換不同角色時對某種物件的專注狀態。

　　比丘，修習法念住這三類修行方法中的任意一種方法都是可以的。也就是選擇修習法念住的第一類，第二類，第三類修行方法中的任意一種修行方法都是可以的。修習法念住的第一類方法，或者修習法念住的第二類方法，或者修習法念住的第三類方法都是可以的。

　　比丘，你持之以恆、堅持不懈、勇猛精進的修習法念住三類修行方法中的任意一種方法，就能生起、保持正知、正念，就能熄滅、平

息、滅盡貪欲、渴愛、憂慮、憤怒、無智愚癡、喜怒哀樂、執著、掛念等等煩惱和痛苦，就能讓內心進入平靜、寧靜的狀態，就能證悟解脫的果位，就能親身體驗、體會、領悟到涅槃的清淨境界。

什麼是正知呢？就是內心只集中專注、深切注意當前正在做的行為，只清楚明白當前正在做的行為，活在當下，不想過去、未來的事情，比如行走的時候，只專注行走的行為；吃飯的時候只專注吃飯的行為；喝水的時候，只專注喝水的行為；穿衣服的時候，只專注穿衣服的行為等等。除了專注當前正在做的行為之外，除了清楚明白當前正在做的行為之外，不專注其他任何的事情與念想，這就是正知。

什麼是正念呢？正念就是內心集中專注、深切注意在正確的念想或物件上，這種正確的集中專注、深切注意能夠讓內心進入平靜、寧靜的狀態之中，這種正確的集中專注、深切注意能夠讓內心安住在清淨的境界之中，這就是正念。

比丘，當你依靠戒律與正直無私的見解，讓戒律與正直無私的見解在你的內心中紮下牢牢的根，讓戒律與正直無私的見解在你的內心中有堅實、穩固的立足點後，你再去修習身念住的三類修行方法，受念住的三類修行方法，心念住的三類修行方法，法念住的三類修行方法。比丘，注意是其中任意一種修行方法，比如或者修習身念住的第一類修行方法，或者修習身念住的第二類方法，或者修習身念住的第三類修行方法；

或者修習受念住的第一類修行方法，或者修習受念住的第二類方法，或者修習受念住的第三類修行方法；

或者修習心念住的第一類修行方法，或者修習心念住的第二類方法，或者修習心念住的第三類修行方法；

或者修習法念住的第一類修行方法，或者修習法念住的第二類方法，或者修習法念住的第三類修行方法；

是在這十二種修行方法中任意選擇一種修習，而不是同時修習兩種或兩種以上的修行方法，比丘，你要特別注意。

當你依靠戒律與正直無私的見解，讓戒律與正直無私的見解在你的內心中紮下牢牢的根，讓戒律與正直無私的見解在你的內心中有堅實、穩固的立足點後，你再去修習身念住、受念住、心念住、法念

一本書

讀懂所有佛經

住，這四種念住十二類修行方法中的任意一種修行方法，就能預見、預料你的善法、正法、解脫法將會日夜的增進、增長，而不是減損、退轉。

什麼是不退轉呢？不退轉就是不會再去行邪法、惡法、不善法，不會再去做惡事，這就叫做不退轉。

簡單的說就是：當你依靠戒律與正直無私的見解，讓戒律與正直無私的見解在你的內心中紮下牢牢的根，讓戒律與正直無私的見解在你的內心中有堅實、穩固的立足點後，你再去修習四念住十二類修行方法中的任意一種修行方法，就能預見、預料你的善法、正法、解脫法將會日夜的增進、增長，而不是減損、退轉。

比丘，如來今天已經詳盡的為你講說了四念住的修行方法，你要按如來今天所說的法去實踐的修行，這樣你才能真正的獲得法益，不要像那些只知道跟隨如來而不去實踐修行的人，如果不親自實踐的修行，就算隨時都在如來的身邊，也無法獲得絲毫的益處。比丘，你如果能夠實踐如來所說的正法，就算不到如來這裡來，不跟隨如來，你也能隨時見到如來，為什麼呢？比丘因為你按如來的正法去修行，你的內心中就會出現如來所描述的各種清淨境界，甚至於出現涅槃的清淨境界，當你進入各種清淨境界的時候，如來的聖弟子們就會出現在你的面前，因為你已經親身體驗、體會、領悟到了各種清淨境界，成為了如來的聖弟子。當你進入涅槃境界的時候，真正的如來就出現了，因為你自己已經成為了如來。

比丘，如來在這裡將各種清淨境界比喻成了如來的聖弟子，將涅槃的清淨境界比喻成了如來，你見到如來的聖弟子，指的就是你進入了各種清淨境界，你見到真正的如來，指的就是你進入了涅槃的境界。實際上是你因為進入了各種清淨境界，自己證悟成為了如來的聖弟子，實際上是你因為進入了涅槃的清淨境界，自己證悟成為了如來。」

佛陀說法後，這位比丘歡喜的再次虔誠恭敬的頂禮佛陀，隨喜讚歎佛陀說法的無量功德，他站起來繞著佛陀向右轉圈，以表示他對佛陀的最高敬意！之後這位比丘就離開了。

這位比丘，他按著佛陀所說的正法獨自的去修行，他管束好了自己的行為、言語、念想，不讓自己胡作非為、胡言亂語、胡思亂想，他按著佛陀所說的法持之以恆、堅持不懈、勇猛精進的去修行，他讓自己的內心保持平靜、寧靜，他讓自己的內心長久的安住在清淨的境界之中，沒過多久，這位比丘就開啓了解脫的智慧，他就證悟了解脫的果位，他自己徹底明白：「從這一世開始已經不會再出生在世間了。行為、言語、念想的修行已經圓滿，應該做的事情已經做好，不會再有喜怒哀樂等等煩惱和痛苦的輪回狀態了，不會再出生在世間了，已經徹底從生死輪回中解脫出來。」

　　這位比丘證悟成為了佛陀阿羅漢弟子中的一員。

一本書

讀懂所有佛經

第一百三十九章　老鷹抓鵪鶉

　　有個時候，佛陀住在舍衛城的祇樹林給孤獨園，有一天佛陀對出家弟子們說：「比丘們，過去有一隻老鷹從天空中突然俯衝下來抓住一隻鵪鶉，那只被抓住的鵪鶉悲傷的說到：『我眞是愚蠢呀，我爲什麼要離開我熟悉的地方到一個陌生的地方去呢？如果我不離開熟悉的地方，我就不會被老鷹抓住了。』

　　老鷹聽到鵪鶉的哭泣聲後就說到：『你熟悉的地方在哪裡？』

　　鵪鶉回答到：『我熟悉的地方就在那片剛耕耘過的田壟間。如果我在那裡的話，你是抓不到我的。』

　　老鷹傲慢的說：『弱者永遠是弱者，你被抓住了還找藉口，你信不信，我現在把你放回你熟悉的地方，你還是會被我抓住，你要知道我可是經驗豐富的獵手！我曾經抓住過無數多的獵物。』

　　鵪鶉說：『既然你是一個經驗豐富的獵手，那你敢把我放回我熟悉的地方，然後再來抓我嗎？由此來證明一下你剛才所言非虛！』

　　老鷹高傲的說到：『那有什麼，放你就放你，我還是能夠抓住你！』

　　老鷹說完就將鵪鶉放了，老鷹對鵪鶉說：『你趕快去你熟悉的地方，你到了你熟悉的地方就通知一下我，你看我怎麼在你熟悉的地方抓住你！讓你看看眞正的霸主強者是怎麼樣的，我獵捕的能力那可不是吹的哦，我可是身經百戰的老將了，趕快！你要怎麼躲都可以。你看我等下怎麼收拾你，哈哈！哈哈！』

　　鵪鶉於是趕快就逃到了田間，它熟悉這個地方，知道哪裡是最適合躲避的地方，於是鵪鶉就站在田間對老鷹大叫：『好了，老鷹，我已經來到我熟悉的地方了，有本事你現在來抓我呀！你居然把我放了，你眞是愚蠢到了極點，還說自己是什麼最好的獵手，我說你就是世間最大的傻子，到口的肉都會放掉，世間沒有比你更傻的動物。』

老鷹聽到鵪鶉的挑釁，火冒三丈：『你小子找死，看我不生吞了你！』

老鷹說完就從空中往鵪鶉的方向俯衝，當老鷹接近地面的時候，鵪鶉立刻就轉了一個大彎躲進了一個大石頭下面，老鷹由於俯衝的速度太快，加上鵪鶉突然轉彎躲到大石頭下面，它一時沒有反應過來，沒有控制住飛行的力度與方向，就直接撞在了地面上。老鷹受了重傷，連走路都成問題，躺在地上奄奄一息。鵪鶉於是就從大石頭下面走出來，在離老鷹比較遠的地方說到：『老鷹，你不是說你在我熟悉的地方，就能抓住我嗎？你知道你為什麼失敗了嗎？那是因為你到了一個自己不熟悉，陌生的地方，你不知道這個陌生地方的環境是什麼，再加上你的傲慢與憤怒，這些就導致了你的失敗，你在這裡慢慢等吧，農夫等下就會到田裡來的，你獵捕別人，也會被別人獵捕，你就慢慢體驗被別人獵捕殺害的感受吧！獵捕殺害別人的人，總有一天會被別人獵捕殺害。』

鵪鶉說完轉頭就離開了。

老鷹最後被農夫抓住並殺死了。

比丘們，那些進入陌生與不當境界的世間人或眾生，也是這樣的，什麼是世間人或眾生陌生與不當的境界呢？進入五種欲與五蓋的境界之中，那就是陌生與不當的境界。什麼是五種欲呢？眼睛看見令人滿意、開心、愉快、喜悅的物質事物生起的欲樂；

耳朵聽見令人滿意、開心、愉快、喜悅的聲音生起的欲樂；

鼻子聞到令人滿意、開心、愉快、喜悅的氣味生起的欲樂；

舌頭嘗到令人滿意、開心、愉快、喜悅的味道生起的欲樂；

身體觸摸感覺到令人滿意、開心、愉快、喜悅的觸覺生起的欲樂，身體領納到令人滿意、開心、愉快、喜悅的環境變化感覺（冷熱、舒適等等）生起的欲樂。

比丘們，這就是五種欲的法義。

什麼是五蓋呢？什麼是蓋呢？「蓋」是修行障礙的意思，遮蔽、掩蓋、覆蓋、包裹內心，阻礙、障礙內心生起善法、正法、解脫法念想、見解、思想的煩惱。

是哪五種蓋呢？貪欲蓋，瞋恚蓋，睡眠蓋，掉悔蓋，疑蓋。

什麼是貪欲蓋呢？執著五欲，陷入五欲的狀態之中，內心被五欲遮蔽、掩蓋、覆蓋、包裹，無法生起善法、正法、解脫法的念想、見解、思想。什麼是五欲？就是由眼睛與物質事物生起的貪欲、渴愛；

　　由耳朵與聲音生起的貪欲、渴愛；

　　由鼻子與氣味生起的貪欲、渴愛；

　　由舌頭與味道生起的貪欲、渴愛；

　　由身體與觸覺，或環境變化感覺（冷熱、舒適等等）生起的貪欲、渴愛。

　　比丘們，這就是五欲。

　　「貪欲蓋」簡單的說就是：貪欲的煩惱障礙、阻礙善法、正法、解脫法的生起。

　　什麼是瞋恚蓋呢？陷入瞋恚的狀態之中，內心被瞋恚遮蔽、掩蓋、覆蓋、包裹，無法生起善法、正法、解脫法的念想、見解、思想。什麼是瞋恚呢？瞋恚就是不如意、反感、怨恨、憤怒。

　　「瞋恚蓋」簡單的說就是：不如意、反感、怨恨、憤怒的煩惱障礙、阻礙善法、正法、解脫法的生起。

　　什麼是睡眠蓋？陷入睡眠的狀態之中，內心被睡眠遮蔽、掩蓋、覆蓋、包裹，無法生起善法、正法、解脫法的念想、見解、思想。什麼是睡眠呢？睡眠是一種比喻，比喻的是沉迷的狀態，陷入沉迷的狀態之中如同熟睡一樣。對某一種境界、狀態入迷、沉醉、著迷、迷戀、陶醉就叫做睡眠。

　　「睡眠蓋」簡單的說就是：沉迷的煩惱障礙、阻礙善法、正法、解脫法的生起。

　　什麼是掉悔蓋？陷入掉悔的狀態之中，內心被掉悔遮蔽、掩蓋、覆蓋、包裹，無法生起善法、正法、解脫法的念想、見解、思想。什麼是掉悔呢？「掉」是心浮氣躁，內心混亂、散亂的意思；「悔」是對自己已經做過的事情憂慮不安、後悔不已。

　　「掉悔蓋」簡單的說就是：心浮氣躁與後悔不安的煩惱障礙、阻礙善法、正法、解脫法的生起。

　　什麼是疑蓋？陷入「疑」的狀態之中，內心被「疑」遮蔽、掩蓋、覆蓋、包裹，無法生起善法、正法、解脫法的念想、見解、思

想。什麼是「疑」呢？「疑」就是懷疑、疑惑、疑慮、狐疑不信、猶豫不決。

「疑蓋」簡單的說就是：疑惑的煩惱障礙、阻礙善法、正法、解脫法的生起。

比丘們，這就是五種蓋的法義。

比丘們，當世間人或眾生進入五種欲與五蓋的陌生、不當境界之中的時候，魔王波旬就出現了，魔王波旬只是一個比喻，比喻的是由五種欲與五蓋生起的貪欲、渴愛、憤怒、無智愚癡、喜怒哀樂、執著、掛念等等煩惱和痛苦。

當世間人或眾生進入五種欲與五蓋的陌生、不當境界之中的時候，魔王波旬會獲得抓住世間人或眾生的機會，各種煩惱和痛苦會獲得拷打、折磨世間人或眾生的機會。

比丘們，你們要到你們熟悉與合適的境界之中去，什麼是熟悉與合適的境界呢？修習四念住就能進入熟悉與合適的境界之中（四念住解釋，見第一百三十七章），是哪四種念住呢？即是身念住、受念住、心念住、法念住，這四種念住。

比丘們，當世間人或眾生修習四念住進入熟悉與合適的境界之中的時候，如來聖弟子、阿羅漢、如來、聖者們就會出現，如來聖弟子、阿羅漢、如來、聖者們是一個比喻，比喻的是由修習四念住而體驗、體會、領悟到的從低到高的各種清淨境界。當進入這些清淨境界之中的時候，過去如來聖弟子、阿羅漢、如來、聖者們的清淨境界就出現了。

當世間人或眾生修習四念住進入熟悉與合適的境界之中的時候，如來聖弟子、阿羅漢、如來、聖者們就會降伏魔王波旬，各種清淨的境界就能熄滅、平息、滅盡貪欲、渴愛、憤怒、無智愚癡、喜怒哀樂、執著、掛念等等煩惱和痛苦。魔王波旬就無法獲得抓住世間人或眾生的機會，各種煩惱和痛苦就無法獲得拷打、折磨世間人或眾生的機會。

比丘們，你們要修習四念住，降伏你們內心煩惱和痛苦的魔王，你們不要到陌生與不當的境界之中去，你們要修習四念住到熟悉與合適的境界之中去。

一本書

讀懂所有佛經

比丘們，所謂魔王波旬，所謂如來聖弟子、阿羅漢、如來、聖者們那都是比喻，並不是世間一些人所說的有大神通與威神力的魔君、神佛。魔王波旬比喻的是貪欲、渴愛、憤怒、無智愚癡、喜怒哀樂、執著、掛念等等煩惱和痛苦，如來聖弟子、阿羅漢、如來、聖者們比喻的是由低到高的各種清淨境界，如果進入了涅槃的清淨境界之中，那麼阿羅漢、如來、聖者們就會出現。

　　「阿羅漢、如來、聖者們就會出現」實際上說的意思就是：阿羅漢、如來、聖者們的清淨境界就會出現。當進入涅槃清淨境界之中的時候，自己就成為了阿羅漢、如來、聖者們。」

　　佛陀說法後，聽法的出家弟子們都再次的頂禮佛陀，隨喜讚歎佛陀說法的無量功德，他們都按著佛陀所說的法去修行。

第一百四十章　猴子被抓住

　　有個時候，佛陀住在舍衛城的祇樹林給孤獨園，有一天佛陀對出家弟子們說：「比丘們，在喜馬拉雅山中住著一群猴子，一些人想要抓住猴子，就在猴子經常出沒的地方設下了粘膠的陷阱，並在粘膠陷阱的周圍放上了很多花生、水果，用來引誘猴子們進入圈套，一些聰明的猴子看見花生、水果後，知道沒有白吃的食物，明白這些花生、水果多半是陷阱，於是他們就遠離了花生、水果擺放的地方。一些貪吃的猴子興高采烈的想要去吃花生、水果，結果還沒有等他們靠近花生、水果，他們的兩隻腳就被牢牢的粘在粘膠上，這些雙腳被粘住的猴子，著急的用雙手拉扯被粘住的雙腳，一不小心，他們的雙手也被粘在了粘膠上面。這時的他們更加的著急了，他們用盡全力的掙扎，想要擺脫粘膠陷阱，結果他們的身體與嘴巴都被粘在了粘膠上，這時這些貪吃的猴子們除了哀嚎、哭泣之外，就只能等待獵人們的抓捕了。

　　獵人們看見這麼多猴子被粘在了粘膠上，開心的拿出事先準備好的繩子將猴子們全部捆綁在了粘膠板上。背著這些猴子準備到集市上去賣個好價錢。

　　比丘們，當進入陌生、不當的境界之中的時候，就會像這些貪吃花生、水果的猴子一樣被抓住。當進入陌生、不當境界之中的時候，就會被魔王抓住，就會成為魔王的獵物，魔王也只是一個比喻而已，比喻的是貪欲、渴愛、憤怒、無智愚癡、喜怒哀樂、執著、掛念等等煩惱和痛苦。

　　比丘們，什麼是陌生、不當的境界呢？進入五欲的境界之中就是陌生、不當的境界。

　　什麼是五欲？就是由眼睛與物質事物生起的貪欲、渴愛；

　　由耳朵與聲音生起的貪欲、渴愛；

　　由鼻子與氣味生起的貪欲、渴愛；

由舌頭與味道生起的貪欲、渴愛；

由身體與觸覺，或環境變化感覺（冷熱、舒適等等）生起的貪欲、渴愛。

比丘們，這就是五欲。

比丘們，當世間人或眾生進入五欲的陌生、不當境界之中的時候，魔王波旬就出現了，魔王波旬只是一個比喻，比喻的是由眼睛與物質事物，耳朵與聲音，鼻子與氣味，舌頭與味道，身體與觸覺，或環境變化感覺（冷熱、舒適等等），內心與念想、思想、見解生起的貪欲、渴愛、憤怒、無智愚癡、喜怒哀樂、執著、掛念等等煩惱和痛苦。

當世間人或眾生進入五欲的陌生、不當境界之中的時候，魔王波旬就會獲得抓住世間人或眾生的機會，各種煩惱和痛苦就會獲得拷打、折磨世間人或眾生的機會。

比丘們，你們要到你們熟悉與合適的境界之中去，什麼是熟悉與合適的境界呢？修習四念住就能進入熟悉與合適的境界之中（四念住解釋，見第一百三十七章），是哪四種念住呢？即是身念住、受念住、心念住、法念住，這四種念住。

比丘們，當世間人或眾生修習四念住進入熟悉與合適的境界之中的時候，如來聖弟子、阿羅漢、如來、聖者們就會出現，如來聖弟子、阿羅漢、如來、聖者們是一個比喻，比喻的是由修習四念住而體驗、體會、領悟到的從低到高的各種清淨境界。當進入這些清淨境界之中的時候，過去如來聖弟子、阿羅漢、如來、聖者們的清淨境界就出現了。

當世間人或眾生修習四念住進入熟悉與合適的境界之中的時候，如來聖弟子、阿羅漢、如來、聖者們就會降伏魔王波旬，各種清淨的境界就能熄滅、平息、滅盡貪欲、渴愛、憤怒、無智愚癡、喜怒哀樂、執著、掛念等等煩惱和痛苦。魔王波旬就無法獲得抓住世間人或眾生的機會，各種煩惱和痛苦就無法獲得拷打、折磨世間人或眾生的機會。

比丘們，你們要修習四念住，降伏你們內心煩惱和痛苦的魔王，你們不要到陌生與不當的境界之中去，你們要修習四念住到熟悉與合

適的境界之中去。

比丘們，所謂魔王波旬，所謂如來聖弟子、阿羅漢、如來、聖者們那都是比喻，並不是世間一些人所說的有大神通與威神力的魔君、神佛。魔王波旬比喻的是貪欲、渴愛、憤怒、無智愚癡、喜怒哀樂、執著、掛念等等煩惱和痛苦，如來聖弟子、阿羅漢、如來、聖者們比喻的是由低到高的各種清淨境界，如果進入了涅槃的清淨境界之中，那麼阿羅漢、如來、聖者們就會出現。

「阿羅漢、如來、聖者們就會出現」實際上說的意思就是：阿羅漢、如來、聖者們的清淨境界就會出現。當進入涅槃清淨境界之中的時候，自己就成為了阿羅漢、如來、聖者。」

佛陀說法後，聽法的出家弟子們都再次的頂禮佛陀，隨喜讚歎佛陀說法的無量功德，他們都按著佛陀所說的法去修行。

第一百四十一章　把握國王的口味

　　有個時候，佛陀住在舍衛城的祇樹林給孤獨園，有一天佛陀對出家弟子們說：「比丘們，如同笨手笨腳、愚蠢、不能幹的廚師為國王或王公大臣們做種種味道的菜肴一樣，他使用各種佐料調製出酸、甜、苦、辣、鹹、鮮、澀等等味道。為什麼說這個廚師笨手笨腳、愚蠢、不能幹呢？因為他不知道自己的主人什麼時候喜歡吃什麼口味的食物。

　　「我認為陛下今天喜歡酸的口味，我今天就做酸的食物給陛下吃」，結果國王今天卻喜歡甜的食物；

　　「我認為陛下今天喜歡甜的口味，我今天就做甜的食物給陛下吃」，結果國王今天卻喜歡苦的食物；

　　「我認為陛下今天喜歡苦的口味，我今天就做苦的食物給陛下吃」，結果國王今天卻喜歡辣的食物；

　　「我認為陛下今天喜歡辣的口味，我今天就做辣的食物給陛下吃」，結果國王今天卻喜歡鹹的食物；

　　「我認為陛下今天喜歡鹹的口味，我今天就做鹹的食物給陛下吃」，結果國王今天卻喜歡鮮的食物；

　　「我認為陛下今天喜歡澀的口味，我今天就做澀的食物給陛下吃」，結果國王今天卻喜歡酸的食物。

　　由於這個廚師的愚笨、無能、不善於把握自己主人的口味，他做出來的這些菜肴就無法得到他主人的認可，他的主人就會厭惡他做的菜肴，他的主人就會扣他的工資，就不會給他獎賞，甚至於還會解除他廚師的職位，把他掃地出門。同樣的道理，比丘們，一些世間人或眾生，他們修習四念住的時候，光是做個樣子，卻不認真的按著如來所說的步驟去實踐的修行，他們的內心散亂、混亂，胡思亂想，雖然表面上、名義上他們是在修習四念住，實際上他們卻已經陷入散亂、混亂、胡思亂想、妄想雜念的心境之中，他們無法讓內心進入平靜、

寧靜、安寧的清淨境界之中，他們無法入定，因此各種貪欲、渴愛、憤怒、無智愚癡、喜怒哀樂、執著、掛念等等煩惱和痛苦就會污染他們的內心，就會折磨、拷打他們的內心。

什麼是「入定」呢？「入定」又被稱為「禪定」，什麼是禪定呢？就是內心集中專注在某一種物件上，或者內心集中專注在某一種清淨的念想上，讓內心平靜、安寧、清淨，讓內心不混亂、不散亂、不胡思亂想，讓內心安住在單個、純一的清淨境界之中，這就叫做禪定。也就是說內心集中專注在某一種物件上，或者內心集中專注在某一種清淨的念想上就叫做「禪」，讓內心不散亂、不混亂、不胡思亂想，讓內心平靜、安寧、清淨，安住在單個、純一的清淨境界之中，就叫做「定」。

有哪四種念住呢？即是身念住、受念住、心念住、法念住，這四種念住。

什麼是四念住呢？就是將自己當前的注意力集中在身體、感受、念想、思索的事物事情上，這樣就不會沉浸在當前的煩惱和痛苦之中，也就是用轉移注意力的方法來除滅已經生起的煩惱和痛苦。

什麼是「身念住」呢？「身念住」就是內心集中專注在身體的行為上，比如內心集中專注在呼吸上，數呼吸的次數，建立對呼吸的深切注意。又比如：來回在同一條路徑、道路上行走，內心集中專注在走路的行為上，數來回行走的次數，建立對行走的深切注意。用這種對身體行為的集中專注來替換掉內心中的貪欲、渴愛、憤怒、無智愚癡、喜怒哀樂、執著、掛念等等煩惱和痛苦。用對身體行為的深切注意來替換掉內心中的貪欲、渴愛、憤怒、無智愚癡、喜怒哀樂、執著、掛念等等煩惱和痛苦。通過對身體行為的集中專注，通過對身體行為的深切注意，內心不再去想那些會讓自己生起貪欲、渴愛、憤怒、無智愚癡、喜怒哀樂、執著、掛念等等煩惱和痛苦的事物或事情，熄滅、平息、滅盡貪欲、渴愛、憤怒、無智愚癡、喜怒哀樂、執著、掛念等等煩惱和痛苦，這就是身念住。

簡單的說身念住就是：通過集中專注身體行為，通過對身體行為的深切注意，替換掉內心中煩惱和痛苦的念想，熄滅、平息、滅盡內心中煩惱和痛苦的念想。

什麼是「受念住」呢？「受念住」就是內心集中專注在感受上，比如呼吸的時候，內心集中專注在吸氣時，冰冷的氣體進入身體的感受，或者內心集中專注在呼氣時，溫暖的氣體呼出身體的感受，建立對冰冷氣體感受的深切注意，或者建立對溫暖氣體感受的深切注意。又比如：來回在同一條路徑、道路上行走，內心集中專注在腳底板踩在地面上的感受，腳底板的感受是踩在平坦道路上那種高低平等、平整的感受，還是踩在崎嶇山路上那種高低不平、凹凸的感受，建立對腳底板接觸地面感受的深切注意。用這種對感受的集中專注來替換掉內心中的貪欲、渴愛、憤怒、無智愚癡、喜怒哀樂、執著、掛念等等煩惱和痛苦。用對感受的深切注意來替換掉內心中的貪欲、渴愛、憤怒、無智愚癡、喜怒哀樂、執著、掛念等等煩惱和痛苦。通過對感受的集中專注，通過對感受的深切注意，內心不再去想那些會讓自己生起貪欲、渴愛、憤怒、無智愚癡、喜怒哀樂、執著、掛念等等煩惱和痛苦的事物或事情，熄滅、平息、滅盡貪欲、渴愛、憤怒、無智愚癡、喜怒哀樂、執著、掛念等等煩惱和痛苦，這就是受念住。

　　簡單的說受念住就是：通過集中專注感受，通過對感受的深切注意，替換掉內心中煩惱和痛苦的念想，熄滅、平息、滅盡內心中煩惱和痛苦的念想。

　　什麼是「心念住」呢？「心念住」就是內心集中專注在念想、思想、見解上，比如內心集中專注在對無常的觀想上，建立對無常的深切注意。

　　什麼是對無常的觀想呢？就是觀想：「世間一切的事物隨時在變化，無法永遠存在，無法永恆保持不變，無法永遠擁有；我的物質身體、感受、念想、行為、認識、分別、判斷也是隨時在變化，無法永遠存在，無法永恆保持不變，無法永遠擁有的。我的物質身體會生病、衰老、死亡；我的感受、念想、行為、認識、分別、判斷會消退、消失。我擁有的物質事物也會破損、衰敗、滅亡、消失，我也無法永遠的擁有物質事物，我也會失去物質事物。

　　我的眼睛、耳朵、鼻子、舌頭、身體、內心隨時在變化，無法永遠存在，無法永恆保持不變，無法永遠擁有，我的眼睛、耳朵、鼻子、舌頭、身體、內心會喪失功能，會衰敗、壞滅。」這就是無常的

觀想。用這種對念想、思想、見解的集中專注來替換掉內心中的貪欲、渴愛、憤怒、無智愚癡、喜怒哀樂、執著、掛念等等煩惱和痛苦。用對念想、思想、見解的深切注意來替換掉內心中的貪欲、渴愛、憤怒、無智愚癡、喜怒哀樂、執著、掛念等等煩惱和痛苦。通過對念想、思想、見解的集中專注，通過對念想、思想、見解的深切注意，內心不再去想那些會讓自己生起貪欲、渴愛、憤怒、無智愚癡、喜怒哀樂、執著、掛念等等煩惱和痛苦的事物或事情，熄滅、平息、滅盡貪欲、渴愛、憤怒、無智愚癡、喜怒哀樂、執著、掛念等等煩惱和痛苦，這就是心念住。

簡單的說心念住就是：通過集中專注念想、思想、見解，通過對念想、思想、見解的深切注意，替換掉內心中煩惱和痛苦的念想，熄滅、平息、滅盡內心中煩惱和痛苦的念想。

什麼是「法念住」呢？「法念住」就是內心集中專注在某種物件上，比如內心集中專注在江河流水上，建立對江河流水的深切注意。又比如：內心集中專注在森林、樹木上，建立對森林、樹木的深切注意。用這種對某種物件的集中專注來替換掉內心中的貪欲、渴愛、憤怒、無智愚癡、喜怒哀樂、執著、掛念等等煩惱和痛苦。用對某種物件的深切注意來替換掉內心中的貪欲、渴愛、憤怒、無智愚癡、喜怒哀樂、執著、掛念等等煩惱和痛苦。通過對某種物件的集中專注，通過對某種物件的深切注意，內心不再去想那些會讓自己生起貪欲、渴愛、憤怒、無智愚癡、喜怒哀樂、執著、掛念等等煩惱和痛苦的事物或事情，熄滅、平息、滅盡貪欲、渴愛、憤怒、無智愚癡、喜怒哀樂、執著、掛念等等煩惱和痛苦，這就是法念住。

簡單的說法念住就是：通過集中專注某種物件，通過對某種物件的深切注意，替換掉內心中煩惱和痛苦的念想，熄滅、平息、滅盡內心中煩惱和痛苦的念想。

如同愚笨、無能、笨手笨腳的廚師不善於把握主人喜歡吃的口味一樣，這些內心陷入散亂、混亂、胡思亂想、妄想雜念心境之中的世間人或眾生，他們不善於把握自己內心的狀態與境界，他們不善於控制、管束自己內心生起的各種念想。

如同聰明賢慧、精明能幹的廚師為國王或王公大臣們做種種味道

的菜肴一樣，他使用各種佐料調製出酸、甜、苦、辣、鹹、鮮、澀等等味道。爲什麼說這個廚師聰明賢慧、精明能幹呢？因爲他知道自己的主人什麼時候喜歡吃什麼口味的食物。

「陛下今天的行爲與表現，讓我猜測出他今天想吃酸口味的食物，我也多次從服侍陛下的侍女那裡得到了陛下今天想吃酸口味食物的確切消息，我今天就做酸口味的食物給陛下吃」，結果國王吃到自己今天喜歡的口味後，就對廚師做的菜肴大加讚賞！

「陛下今天的行爲與表現，讓我猜測出他今天想吃甜口味的食物，我也多次從服侍陛下的侍女那裡得到了陛下今天想吃甜口味食物的確切消息，我今天就做甜口味的食物給陛下吃」，結果國王吃到自己今天喜歡的口味後，就對廚師做的菜肴大加讚賞！

「陛下今天的行爲與表現，讓我猜測出他今天想吃苦口味的食物，我也多次從服侍陛下的侍女那裡得到了陛下今天想吃苦口味食物的確切消息，我今天就做苦口味的食物給陛下吃」，結果國王吃到自己今天喜歡的口味後，就對廚師做的菜肴大加讚賞！

「陛下今天的行爲與表現，讓我猜測出他今天想吃辣口味的食物，我也多次從服侍陛下的侍女那裡得到了陛下今天想吃辣口味食物的確切消息，我今天就做辣口味的食物給陛下吃」，結果國王吃到自己今天喜歡的口味後，就對廚師做的菜肴大加讚賞！

「陛下今天的行爲與表現，讓我猜測出他今天想吃鹹口味的食物，我也多次從服侍陛下的侍女那裡得到了陛下今天想吃鹹口味食物的確切消息，我今天就做鹹口味的食物給陛下吃」，結果國王吃到自己今天喜歡的口味後，就對廚師做的菜肴大加讚賞！

「陛下今天的行爲與表現，讓我猜測出他今天想吃澀口味的食物，我也多次從服侍陛下的侍女那裡得到了陛下今天想吃澀口味食物的確切消息，我今天就做澀口味的食物給陛下吃」，結果國王吃到自己今天喜歡的口味後，就對廚師做的菜肴大加讚賞！

由於這個廚師的聰明、賢慧、能幹，善於把握自己主人的口味，他做出的這些菜肴就會得到他主人的認可和讚賞，他的主人就會喜歡他做的菜肴，他的主人就會長他的工資，給他各種獎賞，甚至於還會提升他的職位，讓他升任更高級別的廚師。同樣的道理，比丘們，一

些世間人或眾生，他們修習四念住的時候，認真的按著如來所說的步驟去實踐的修行，他們修習四念住，讓內心進入平靜、寧靜、安寧的清淨境界之中，他們修習四念住，進入「定」的境界之中，比丘們，進入「定」的境界之中也叫「入定」，他們修習四念住親身體驗、體會、領悟到由低到高的各種清淨境界。

　　他們持之以恆、堅持不懈、勇猛精進的修習身念住、受念住、心念住、法念住，這四種念住中的任意一種念住就能生起、保持正知、正念，就能熄滅、平息、滅盡貪欲、渴愛、憂慮、憤怒、無智愚癡、喜怒哀樂、執著、掛念等等煩惱和痛苦，就能讓內心進入平靜、寧靜的狀態，就能證悟解脫的果位，就能最終親身體驗、體會、領悟到涅槃的清淨境界。

　　也就是他們或者修習身念住，或者修習受念住，或者修習心念住，或者修習法念住，他們選擇修習身念住、受念住、心念住、法念住，這四種念住中的任意一種念住都能生起、保持正知、正念，都能熄滅、平息、滅盡貪欲、渴愛、憂慮、憤怒、無智愚癡、喜怒哀樂、執著、掛念等等煩惱和痛苦，都能讓內心進入平靜、寧靜的狀態，都能證悟解脫的果位，都能最終親身體驗、體會、領悟到涅槃的清淨境界。

　　什麼是正知呢？就是內心只集中專注、深切注意當前正在做的行為，只清楚明白當前正在做的行為，活在當下，不想過去、未來的事情，比如行走的時候，只專注行走的行為；吃飯的時候只專注吃飯的行為；喝水的時候，只專注喝水的行為；穿衣服的時候，只專注穿衣服的行為等等。除了專注當前正在做的行為之外，除了清楚明白當前正在做的行為之外，不專注其他任何的事情與念想，這就是正知。

　　什麼是正念呢？正念就是內心集中專注、深切注意在正確的念想或物件上，這種正確的集中專注、深切注意能夠讓內心進入平靜、寧靜的狀態之中，這種正確的集中專注、深切注意能夠讓內心安住在清淨的境界之中，這就是正念。

　　如同聰明、賢慧、能幹的廚師善於把握主人喜歡吃的口味一樣，這些能夠熄滅、平息、滅盡煩惱和痛苦的世間人或眾生，他們善於把

握自己內心的狀態與境界，善於控制、管束自己內心生起的各種念想。

比丘們，你們要認真的按著如來所說的步驟去實踐的修行四念住，你們要持之以恆、堅持不懈、勇猛精進的修習身念住、受念住、心念住、法念住，這四種念住中的任意一種念住，這樣你們就能生起、保持正知、正念，這樣你們就能熄滅、平息、滅盡貪欲、渴愛、憂慮、憤怒、無智愚癡、喜怒哀樂、執著、掛念等等煩惱和痛苦，這樣你們就能讓內心進入平靜、寧靜的狀態之中，這樣你們就能證悟解脫的果位，最終親身體驗、體會、領悟到涅槃的清淨境界。」

佛陀說法後，聽法的出家弟子們都再次的頂禮佛陀，隨喜讚歎佛陀說法的無量功德，他們都按著佛陀所說的法去修行。

第一百四十二章　以自己為依靠，以自己為皈依！

　　有個時候，佛陀住在毗舍離國的竹林之中，有一天，佛陀對出家弟子們說：「比丘們（出家人），你們到朋友、熟人家結夏安居，或者到朋友、熟人給你們安排的住處結夏安居，而如來就在這片竹林中結夏安居。

　　比丘們，為什麼如來要制定結夏安居的制度呢？比丘們，結夏安居又被叫做雨季安居，因為夏天這三個月經常下暴雨，你們四處走動，可能會比較困難，因為地面泥濘、爛泥淤積、難行、不好走，可能會出現危險，如來考慮到你們在雨季走動困難、不方便，考慮到你們的安全，就制定了在夏天雨季到來的三個月裡不再讓你們四處走動、遊走、行腳的制度。比丘們，在雨季到來的這三個月裡，你們需要找一個固定的地方住下來，或者投靠朋友、熟人到他們家或他們安排的地方住下來，或者自己找一處地方住下來，不要再四處走動、遊走、行腳，待雨季的三個月過去後再走動、遊走、行腳。」

　　出家弟子們聽完佛陀的囑咐後，就對佛陀說：「世尊，我們會按您所說的去做的，請世尊您放心，我們在夏天雨季到來的這三個月中會注意安全的。」

　　出家弟子們，頂禮、隨喜讚歎佛陀後，就各自離開了，他們按照佛陀的囑咐，都投靠自己的朋友、熟人去了，他們就在自己的朋友、熟人家中，或朋友、熟人安排的地方開始結夏安居了。而佛陀就在毗舍離國的竹林中結夏安居。

　　那時，佛陀在結夏安居期間生了重病，佛陀的病情非常的嚴重，甚至於已經到了頻臨死亡的程度。佛陀保持正念、正知，不被病痛煩擾，不被煩惱痛苦的感受污染內心平靜、寧靜的境界。佛陀這時想：「如果如來現在就進入般涅槃是不恰當的，如來應該要先告訴比丘們，如來即將進入般涅槃，如來應該安住在清淨的境界之中，延遲這

個病的惡化，讓如來在世間再多駐留一段時間，這樣也好交待一些後事。」

就這樣，佛陀安住在清淨境界之中，延緩了病情的惡化，讓壽命延長了。沒過多久，佛陀居然熄滅、平息了重病。佛陀的身體完全康復了，佛陀康復後不久，就從住處走出來，坐到竹林之中。這時，阿難尊者來到佛陀的住所，他頂禮佛陀後，就在一旁坐下，阿難尊者對佛陀說：「世尊，我看見您現在的臉色好多了，我聽聞您身患重病，非常的擔心，我的全身像是被麻醉了一樣，我找不到方向了，我的內心混亂不堪，我心亂如麻，我也不知道該怎麼去修行了。不過我轉念想：「世尊，應該會交待完僧團的事情後才會般涅槃的，世尊不會在還沒有交待完後事的情況下就般涅槃的。畢竟世尊已經證悟無上正等正覺，能夠用安住在清淨境界之中的方法，駐留在世間。」想到這裡，我就安心了，於是我就立刻趕到世尊您這裡來了。」

佛陀說：「阿難，僧團中的比丘們不應該對如來有什麼期待，如來教導你們的法沒有內外之分，不管是修習由內心觸發、引發的修行方法，還是修習由外部事物事情觸發、引發的修行方法，都能指引、引導你們進入由低到高的清淨境界之中，都能最終指引、引導你們進入涅槃的清淨境界之中。

阿難，在僧團中沒有高下之分，比丘們都是平等的，在如來的法中，也沒有老師的存在，如來也只是你們的學友而已，如來說法的時候，也沒有任何的保留，如來已經將所有知道的修行方法都告訴了你們，你們問如來的問題，如來也已經全部如實的回答了你們，如來對你們所說的法，就是如來正法的全部，沒有保留，沒有隱藏，你們所知的法就是如來所知的法。按著如來的法去修行就能進入由低到高的清淨境界，就能最終進入涅槃的清淨境界。

阿難，確實有人會這樣想：「如來照顧著僧團中的比丘」，「僧團中的比丘依靠如來修行」，「如來統理、管束、管理著僧團裡的比丘」，「如來確實應該籌畫、負責僧團裡面的事情」，「如來確實應該出來主持僧團，如來確實應該對比丘們宣講關於僧團的事情」，阿難，實際上如來與你們是平等的，沒有高下之分，如來與僧團中的任何一個比丘的地位都是相同的，就算是剛出家修行的新學比丘與如來在僧

團中的地位都是相同的，如來沒有什麼特殊的地位。如來只是將修行方法告訴了你們，就如同一位老學友將自己的學習經驗告訴了你們，僅此而已。既然如此，如來還需要照顧僧團中的比丘嗎？還需要成為僧團比丘們的依靠嗎？還需要統理、管束、管理僧團裡的比丘嗎？還需要籌畫、負責僧團裡面的事情嗎？還需要主持僧團，宣講關於僧團的事情嗎？當然就不需要了，如來和你們是一樣的，如來只是一個修行經驗豐富的老學友，你們不要把如來看的多麼的特殊，如來和你們是一樣，阿難，你看哪個新學比丘會出來管理僧團的事情？僧團裡的比丘們都是因為修行聚集在一起的，大家都是平等的！

阿難，如來現在年紀大了，已經老邁了，如來現在已經是八十歲的老人了。阿難，就如同使用了很久的老貨車一樣，為了讓這個老貨車不散架，會用各種繩子捆綁它不穩固的地方，以此加固老貨車，防止這個老貨車在運行的時候破損散架，讓這個老貨車能夠繼續運貨物。同樣的道理，阿難，如來老邁的身體就如同快散架的老貨車一樣，已經無法在世間駐留多長時間了。

阿難，當如來不執著和掛念世間一切的事物事情，滅盡各種感受，不對世間任何的事物事情生起念想的時候，就能進入無相心定的境界之中，阿難，當如來進入無相心定的境界之中的時候，如來的身體才會稍感安寧、安穩。

阿難，什麼是無相心定呢？就是內心不執著和掛念世間任何的事物事情，由此讓內心進入平靜、寧靜的境界之中，由此讓內心進入單個、純一的清淨境界之中。「無相」就是不執著和掛念的意思，不執著和掛念內心的一切念想，內心不生起任何的念想，不執著和掛念物質事物、物質身體、聲音、氣味、味道、觸覺、環境變化感覺（冷熱、舒適等等）、思想、見解、念想；「心定」就是內心平靜、寧靜，進入單個、純一的清淨境界之中。

阿難，如來曾經說過，只要出生在世間，不管是什麼人，不管是什麼眾生，包括阿羅漢、如來、聖者們在內，他們的身體都如同陶瓷一樣的脆弱，很容易就會被打碎。那些還在在世間弘揚善法、正法、解脫法的阿羅漢、如來、聖者們，他們在世間的時候，他們的內心是一直安住在涅槃境界之中的，但是他們的身體還是會生病、衰老、死

亡，阿難你不要錯將身體當成了阿羅漢、如來、聖者們，那只是由各種條件生起、出現的，當滿足一定的條件，這些阿羅漢、如來、聖者們在世間的身體也會滅沒、消失，只要出生在世間就無法永遠存在，就無法永恆保持不變，就無法永遠擁有，因為世間一切的事物事情隨時都在變化，世間沒有永恆存在的事物。

當在世間弘揚善法、正法、解脫法的阿羅漢、如來、聖者們，他們的身體滅沒、消失的時候，他們就回歸到涅槃的清淨大海之中。對於他們來說身體的滅沒、消失不過是一期弘法條件的滅沒、消失而已。

阿難，也就是說在世間弘法的阿羅漢、如來、聖者們，他們的身體與世間人或眾生沒有什麼不同，他們也會生病、衰老、死亡，但是他們與世間人或眾生不同的地方，就在於他們不會因為生病、衰老、死亡產生煩惱和痛苦，他們不會因為世間的事物事情產生煩惱和痛苦。他們的內心是一直安住在涅槃清淨境界之中的。當然他們另一個與世間人或眾生不同的地方，就是他們明白善法、正法、解脫法，他們明白進入由低到高各種清淨境界的修行方法，他們明白進入涅槃清淨境界的修行方法，並且他們到世間弘法的目的就是將這些修行方法教導給世間人或眾生。

阿難，你與僧團裡的比丘們，要以自己為依靠，要以自己為皈依，不要皈依其他的人或眾生，不要皈依其他的事物，你們要依靠善法、正法、解脫法，你們要以善法、正法、解脫法作為皈依，不要以其他法作為皈依，不要以惡法、邪法、束縛法作為皈依。

阿難，如何修行才是以自己為依靠，以自己為皈依，以善法、正法、解脫法為皈依，不以其他人或眾生為皈依，不以其他事物為皈依，不以其他法為皈依，不以惡法、邪法、束縛法為皈依呢？

阿難，修習四念住，經常修習四念住，就是以自己為依靠，以自己為皈依，以善法、正法、解脫法為皈依，不以其他人或眾生為皈依，不以其他事物為皈依，不以其他法為皈依，不以惡法、邪法、束縛法為皈依！

什麼是四念住呢？就是將自己當前的注意力集中在身體、感受、念想、思索的事物事情上，這樣就不會沉浸在當前的煩惱和痛苦之

中，也就是用轉移注意力的方法來除滅已經生起的煩惱和痛苦。

是哪四種念住呢？即是身念住、受念住、心念住、法念住，這四種念住。

阿難，世間人或眾生持之以恆、堅持不懈、勇猛精進的修習身念住、受念住、心念住、法念住，這四種念住中的任意一種念住就能生起、保持正知、正念，就能熄滅、平息、滅盡貪欲、渴愛、憂慮、憤怒、無智愚癡、喜怒哀樂、執著、掛念等等煩惱和痛苦，就能讓內心進入平靜、寧靜的狀態，就能證悟解脫的果位，就能最終親身體驗、體會、領悟到涅槃的清淨境界。

也就是世間人或眾生或者修習身念住，或者修習受念住，或者修習心念住，或者修習法念住，他們選擇修習身念住、受念住、心念住、法念住，這四種念住中的任意一種念住都能生起、保持正知、正念，都能熄滅、平息、滅盡貪欲、渴愛、憂慮、憤怒、無智愚癡、喜怒哀樂、執著、掛念等等煩惱和痛苦，都能讓內心進入平靜、寧靜的狀態，都能證悟解脫的果位，都能最終親身體驗、體會、領悟到涅槃的清淨境界。

什麼是正知呢？就是內心只集中專注、深切注意當前正在做的行為，只清楚明白當前正在做的行為，活在當下，不想過去、未來的事情，比如行走的時候，只專注行走的行為；吃飯的時候只專注吃飯的行為；喝水的時候，只專注喝水的行為；穿衣服的時候，只專注穿衣服的行為等等。除了專注當前正在做的行為之外，除了清楚明白當前正在做的行為之外，不專注其他任何的事情與念想，這就是正知。

什麼是正念呢？正念就是內心集中專注、深切注意在正確的念想或物件上，這種正確的集中專注、深切注意能夠讓內心進入平靜、寧靜的狀態之中，這種正確的集中專注、深切注意能夠讓內心安住在清淨的境界之中，這就是正念。

什麼是「身念住」呢？「身念住」就是內心集中專注在身體的行為上，比如內心集中專注在呼吸上，數呼吸的次數，建立對呼吸的深切注意。又比如：來回在同一條路徑、道路上行走，內心集中專注在走路的行為上，數來回行走的次數，建立對行走的深切注意。用這種對身體行為的集中專注來替換掉內心中的貪欲、渴愛、憤怒、無智愚

一本書

讀懂所有佛經

癡、喜怒哀樂、執著、掛念等等煩惱和痛苦。用對身體行為的深切注意來替換掉內心中的貪欲、渴愛、憤怒、無智愚癡、喜怒哀樂、執著、掛念等等煩惱和痛苦。通過對身體行為的集中專注，通過對身體行為的深切注意，內心不再去想那些會讓自己生起貪欲、渴愛、憤怒、無智愚癡、喜怒哀樂、執著、掛念等等煩惱和痛苦的事物或事情，熄滅、平息、滅盡貪欲、渴愛、憤怒、無智愚癡、喜怒哀樂、執著、掛念等等煩惱和痛苦，這就是身念住。

簡單的說身念住就是：通過集中專注身體行為，通過對身體行為的深切注意，替換掉內心中煩惱和痛苦的念想，熄滅、平息、滅盡內心中煩惱和痛苦的念想。

什麼是「受念住」呢？「受念住」就是內心集中專注在感受上，比如呼吸的時候，內心集中專注在吸氣時，冰冷的氣體進入身體的感受，或者內心集中專注在呼氣時，溫暖的氣體呼出身體的感受，建立對冰冷氣體感受的深切注意，或者建立對溫暖氣體感受的深切注意。又比如：來回在同一條路徑、道路上行走，內心集中專注在腳底板踩在地面上的感受，腳底板的感受是踩在平坦道路上那種高低平等、平整的感受，還是踩在崎嶇山路上那種高低不平、凹凸的感受，建立對腳底板接觸地面感受的深切注意。用這種對感受的集中專注來替換掉內心中的貪欲、渴愛、憤怒、無智愚癡、喜怒哀樂、執著、掛念等等煩惱和痛苦。用對感受的深切注意來替換掉內心中的貪欲、渴愛、憤怒、無智愚癡、喜怒哀樂、執著、掛念等等煩惱和痛苦。通過對感受的集中專注，通過對感受的深切注意，內心不再去想那些會讓自己生起貪欲、渴愛、憤怒、無智愚癡、喜怒哀樂、執著、掛念等等煩惱和痛苦的事物或事情，熄滅、平息、滅盡貪欲、渴愛、憤怒、無智愚癡、喜怒哀樂、執著、掛念等等煩惱和痛苦，這就是受念住。

簡單的說受念住就是：通過集中專注感受，通過對感受的深切注意，替換掉內心中煩惱和痛苦的念想，熄滅、平息、滅盡內心中煩惱和痛苦的念想。

什麼是「心念住」呢？「心念住」就是內心集中專注在念想、思想、見解上，比如內心集中專注在對無常的觀想上，建立對無常的深切注意。

什麼是對無常的觀想呢？就是觀想：「世間一切的事物隨時在變化，無法永遠存在，無法永恆保持不變，無法永遠擁有；我的物質身體、感受、念想、行為、認識、分別、判斷也是隨時在變化，無法永遠存在，無法永恆保持不變，無法永遠擁有的。我的物質身體會生病、衰老、死亡；我的感受、念想、行為、認識、分別、判斷會消退、消失。我擁有的物質事物也會破損、衰敗、滅亡、消失，我也無法永遠的擁有物質事物，我也會失去物質事物。

　　我的眼睛、耳朵、鼻子、舌頭、身體、內心隨時在變化，無法永遠存在，無法永恆保持不變，無法永遠擁有，我的眼睛、耳朵、鼻子、舌頭、身體、內心會喪失功能，會衰敗、壞滅。」這就是無常的觀想。用這種對念想、思想、見解的集中專注來替換掉內心中的貪欲、渴愛、憤怒、無智愚癡、喜怒哀樂、執著、掛念等等煩惱和痛苦。用對念想、思想、見解的深切注意來替換掉內心中的貪欲、渴愛、憤怒、無智愚癡、喜怒哀樂、執著、掛念等等煩惱和痛苦。通過對念想、思想、見解的集中專注，通過對念想、思想、見解的深切注意，內心不再去想那些會讓自己生起貪欲、渴愛、憤怒、無智愚癡、喜怒哀樂、執著、掛念等等煩惱和痛苦的事物或事情，熄滅、平息、滅盡貪欲、渴愛、憤怒、無智愚癡、喜怒哀樂、執著、掛念等等煩惱和痛苦，這就是心念住。

　　簡單的說心念住就是：通過集中專注念想、思想、見解，通過對念想、思想、見解的深切注意，替換掉內心中煩惱和痛苦的念想，熄滅、平息、滅盡內心中煩惱和痛苦的念想。

　　什麼是「法念住」呢？「法念住」就是內心集中專注在某種物件上，比如內心集中專注在江河流水上，建立對江河流水的深切注意。又比如：內心集中專注在森林、樹木上，建立對森林、樹木的深切注意。用這種對某種物件的集中專注來替換掉內心中的貪欲、渴愛、憤怒、無智愚癡、喜怒哀樂、執著、掛念等等煩惱和痛苦。用對某種物件的深切注意來替換掉內心中的貪欲、渴愛、憤怒、無智愚癡、喜怒哀樂、執著、掛念等等煩惱和痛苦。通過對某種物件的集中專注，通過對某種物件的深切注意，內心不再去想那些會讓自己生起貪欲、渴愛、憤怒、無智愚癡、喜怒哀樂、執著、掛念等等煩惱和痛苦的事物

一本書

讀懂所有佛經

或事情，熄滅、平息、滅盡貪欲、渴愛、憤怒、無智愚癡、喜怒哀樂、執著、掛念等等煩惱和痛苦，這就是法念住。

簡單的說法念住就是：通過集中專注某種物件，通過對某種物件的深切注意，替換掉內心中煩惱和痛苦的念想，熄滅、平息、滅盡內心中煩惱和痛苦的念想。

阿難，你要修習四念住，你要經常四念住，你修習四念住，就是以自己爲依靠，就是以自己爲皈依，就是以善法、正法、解脫法爲皈依，就是不以其他人或眾生爲皈依，就是不以其他事物爲皈依，就是不以其他法爲皈依，就是不以惡法、邪法、束縛法爲皈依！

阿難，不論是現在如來還在世間的時候，還是如來的身體死後，不論什麼時候，你與僧團中的比丘們都要去修習四念住，都要去經常修習四念住，阿難你要明白，死去的只是由各種條件生起、出現的如來，只是如來的身體，如果你將如來的身體當成是如來，那你就陷入了生死輪回念想的陷阱之中，如來在世間所講說的善法、正法、解脫法那才是眞正的法身如來，只要世間人或眾生內心中還有如來所說的善法、正法、解脫法，只要世間人或眾生還在世間宣說講解如來的法，只要世間人或眾生還在按如來的法修行，只要世間人或眾生由修行如來的法，親身體驗、體會、領悟到了由低到高的各種清淨境界，親身體驗、體會、領悟到了涅槃的清淨境界，那麼如來的聖弟子們、阿羅漢、如來、聖者們就會再次的出現。爲什麼呢？因爲如來這裡將如來所說的法比喻成了如來聖弟子、阿羅漢、如來、聖者。宣說、講解、弘揚如來的法，就相當於法身如來正在世間弘揚善法、正法、解脫法；如來也將各種清淨境界、涅槃境界比喻成了如來聖弟子、阿羅漢、如來、聖者，當親身體驗、體會、領悟到各種由低到高的清淨境界的時候，當親身體驗、體會、領悟到涅槃清淨境界的時候，過去如來聖弟子、阿羅漢、如來、聖者們體驗、體會、領悟到的清淨境界就再次出現了，這些親身體驗、體會、領悟到由低到高清淨境界，親身體驗、體會、領悟到涅槃清淨的世間人或眾生，他們自己就成爲了如來聖弟子、阿羅漢、如來、聖者們。

阿難，如來說這些修習四念住，經常修習四念住的世間人或眾生，他們就是眞正持之以恆、堅持不懈、勇猛精進修行如來正法的聖

弟子們，他們就是眞正按如來的正法去修行的聖弟子們，他們就是如來認可的首座聖弟子，他們就是如來認可的能夠最終證悟無上、極致、最高解脫智慧，進入涅槃清淨境界的首席聖弟子！

阿難，你與僧團裡的比丘們，也要去修行四念住，也要經常去修習四念住，這樣你們也能親身體驗、體會、領悟到由低到高的清淨境界，這樣你們也能親身體驗、體會、領悟到涅槃的清淨境界，這樣你們也能成爲未來的阿羅漢、如來、聖者們。」

佛陀說法後，聽法的出家弟子們都再次的頂禮佛陀，隨喜讚歎佛陀說法的無量功德，他們都按著佛陀所說的法去修行。

第一百四十三章　堅固的城市只有一個城門

　　有個時候，佛陀住在那羅犍陀的庵羅園中，有一天，舍利弗尊者來到佛陀的住所，他頂禮佛陀後就在一旁坐下，舍利弗尊者對佛陀說：「世尊，我對您與您所說的正法已經生起堅固的信心，我完全相信：「過去、現在、未來沒有那一位修行人，沒有那一位宗教大師有世尊您所證悟的智慧高，世尊您所說的正法，能夠讓世間人或眾生開啟完全的智慧，他們能夠由得聞您的正法而完全明白世間的真相、真諦，徹底開啟解脫的智慧，最終從生死輪迴中解脫出來，進入涅槃清淨的境界。」

　　佛陀說：「舍利弗，你將如來與如來的正法說的如此的崇高與偉大，實際上那只是一種片面的說法，可能你自己都不知道，你說的這些言語是不是真實可信的。為什麼呢？

　　舍利弗，你仔細認真的想一想，你知道過去的阿羅漢、如來、聖者們，他們教導給世間人或眾生需要受持的戒律是什麼嗎？

　　你知道過去的阿羅漢、如來、聖者們講說過什麼正法嗎？

　　你知道過去的阿羅漢、如來、聖者們證悟了多高的智慧嗎？

　　你知道過去的阿羅漢、如來、聖者們住在什麼地方說法嗎？

　　你知道過去的阿羅漢、如來、聖者們，他們解脫的境界是什麼嗎？」

　　舍利弗尊者回答：「世尊，我確實不知道過去阿羅漢、如來、聖者們的這些事情。」

　　佛陀說：「舍利弗，你仔細認真的想一想，你能夠推測、預料未來的阿羅漢、如來、聖者們，他們將會教導給世間人或眾生需要受持什麼戒律嗎？

　　你能推測、預料未來的阿羅漢、如來、聖者們，他們將會講說什麼正法嗎？

你能推測、預料未來的阿羅漢、如來、聖者們，他們證悟的智慧有多高嗎？

　　你能推測、預料未來的阿羅漢、如來、聖者們，他們將會住在什麼地方說法嗎？

　　你能推測、預料未來的阿羅漢、如來、聖者們，他們解脫的境界是什麼嗎？」

　　舍利弗尊者回答：「世尊，我也確實無法推測、預料未來阿羅漢、如來、聖者們的這些事情。」

　　佛陀說：「舍利弗，你仔細認真的想一想，現在除了曾經給你說法的如來之外，其他的阿羅漢、如來、聖者們，他們教導給世間人或眾生需要受持的戒律是什麼，你知道嗎？

　　你知道現在其他的阿羅漢、如來、聖者們講說了什麼正法嗎？

　　你知道現在其他的阿羅漢、如來、聖者們證悟了多高的智慧嗎？

　　你知道現在其他的阿羅漢、如來、聖者們住在什麼地方說法嗎？

　　你知道現在其他的阿羅漢、如來、聖者們，他們解脫的境界是什麼嗎？」

　　舍利弗尊者回答：「世尊，我確實不知道現在其他阿羅漢、如來、聖者們的這些事情。」

　　佛陀說：「舍利弗，既然如此，你剛才所說的那句話：『過去、現在、未來沒有那一位修行人，沒有那一位宗教大師有世尊您所證悟的智慧高，世尊您所說的正法，能夠讓世間人或眾生開啟完全的智慧，他們能夠由得聞您的正法，而完全明白世間的真相、真諦，徹底開啟解脫的智慧，最終從生死輪迴中解脫出來，進入涅槃清淨的境界。』就是憑空想像出來，毫無根據的言語，你自己都不知道這句話，到底是真實的，還是虛假的，因為你不知道過去、現在、未來的修行者們，他們教導給世間人或眾生需要受持的戒律是什麼？他們講說了什麼正法？他們證悟了多高的智慧？他們住在什麼地方說法？他們解脫的境界是什麼？」

　　舍利弗尊者說：「世尊，我確實不知道過去、現在、未來阿羅漢、如來、聖者們的真實修行狀況，我也不知道過去、現在、未來修行者們，他們教導給世間人或眾生的戒律是什麼？他們講說了什麼

法？他們證悟了多高的智慧？他們住在什麼地方說法？他們解脫的境界是什麼？但是我可以從世尊您所說的正法，類比推測出過去、現在、未來阿羅漢、如來、聖者們的修行狀況，如同我雖然不知道未來春夏秋冬四季氣候的真實狀況是什麼，但是我可以通過曾經經歷的春夏秋冬四季的氣候狀況，類比推測出每一年的四季氣候狀況。每一年的四季氣候狀況雖然會有一些不同，但是大體上的軌跡、規律是相同的，春暖、夏熱、秋涼、冬冷，這些基本上是不變的，同樣的我雖然不知道過去、現在、未來阿羅漢、如來、聖者們的真實狀況，但是我可以通過世尊您所說的正法類比推測出過去、現在、未來阿羅漢、如來、聖者們，他們的修行狀況。

世尊，就猶如在一個國家的邊境城市，為了防止他國的入侵，這座邊境城市修築了高聳堅固的城牆，要想進入這座邊境城市就必須通過厚實牢固的城門，這座城市只有一道城門，並且城門處有精明能幹、武藝超群的武士守衛，他們不讓陌生人和沒有合法證件的人進入城裡，只讓他們熟悉和有合法證件的人進入城裡，他們每天都會巡視檢查城市的整個城牆。高聳堅固的城牆沒有貓狗進出城市的洞口，也沒有各種縫隙、裂口，這些武士們心想：「如果想要進入城市，就必須經過我們把守的城門，城牆高聳堅固沒有任何洞口、縫隙，任何人或動物要想進入城市就必須經過我們守衛的城門，他們需要經過我們的仔細檢查，滿足合格的條件後，才能進入城市。」世尊，同樣的，我可以用您的正法與其他阿羅漢、如來、聖者們的正法做類比：「那些過去、現在、未來的阿羅漢、如來、聖者們，他們都需要熄滅、平息、滅盡污染他們內心，讓他們智慧消退、減弱的五蓋煩惱（五蓋解釋，見第一百二十五章），將他們的內心集中專注在四念住上（四念住解釋，見第一百三十七章），在他們的內心建立四念住的觀想，去實踐的修習七覺支（七覺支解釋，見第一百二十八章），以此來滅盡他們的一切煩惱和痛苦，讓他們進入沒有煩惱，沒有痛苦，沒有執著，沒有掛念，沒有念想的涅槃清淨境界，證悟無上正等正覺。」世尊，您曾經說過「無上正等正覺」就是已經完全證悟明白世間一切的真相、真諦，並由此開啟了圓滿的智慧，從世間徹底的解脫出來。

雖然這些過去、現在、未來的阿羅漢、如來、聖者們，他們對四念住、七覺支修行方法的描述會有言語、詞語的不同，但是要達到的修行目標都是一樣的，就猶如不同地方的人，餓了就會吃不同的食物，有吃米飯的，有吃饅頭的，有吃麵條的，還有吃其他食物的，雖然他們吃的食物不同，但是他們想要達到的共同目的是相同的，是為了達到什麼目的呢？是為了達到填飽肚子的目的。食物雖然不同，但是想要解決的問題都是一樣的，他們想要解決的問題就是肚子餓的問題。

　　又猶如不同的國家可能會有不同的語言，雖然這些語言的發音、寫法、說法會有所不同，但是這些語言最終要解決的問題是相同的，語言產生的目的是為了解決交流溝通的問題，有了語言世間人才能互相進行交流與溝通，不同的語言，雖然發音、寫法、說法會有不同，但是它們要解決的問題是一樣的。

　　世尊，同樣的，過去、現在、未來的阿羅漢、如來、聖者們不管他們說什麼樣的修行方法，他們的目的就是讓世間人或眾生拋棄、除滅惡法、邪法、束縛法，在世間人或眾生的內心中建立善法、正法、解脫法（眾生解釋，見第七十七章），讓世間人或眾生熄滅、平息、滅盡貪欲、渴愛、憤怒、無智愚癡、喜怒哀樂、執著、掛念等等煩惱和痛苦，讓世間人或眾生內心平靜、寧靜，讓世間人或眾生進入清淨的境界之中，解除世間對他們的束縛捆綁，讓他們獲得內心的完全解脫，讓他們最終進入沒有煩惱，沒有痛苦，沒有執著，沒有掛念，沒有念想的涅槃清淨境界。」

　　佛陀說：「舍利弗，你說的非常的好！你的類比非常的恰當，你已經完全明白如來的正法。舍利弗，你要經常對比丘、比丘尼、優婆塞、優婆夷講說今天你與如來的對話內容（比丘解釋：男出家人；比丘尼解釋：女出家人；優婆塞解釋：男在家修行居士；優婆夷解釋：女在家修行居士）。一些世間人或眾生，他們會懷疑如來和如來的正法，他們會對如來和如來的正法生起疑惑。這些世間人或眾生，他們如果聽聞今天如來與你的對話內容後，就能消除他們對如來和如來正法的懷疑，就能徹底的消除他們內心中的疑惑，當他們滅盡對如來和如來正法的懷疑和疑惑後，他們就會持之以恆、堅持不懈、勇猛精進

的去修習如來的正法，這樣就能讓他們滅盡一切的煩惱和痛苦，證悟解脫的果位，從生死輪迴中徹底的解脫出來（生死輪迴解釋，見第一百一十二章），進入涅槃清淨的境界之中。」

佛陀說法後，舍利弗尊者再次虔誠恭敬的頂禮佛陀，隨喜讚歎佛陀說法的無量功德，並按著佛陀所說的法去修行。

第一百四十四章　舍利弗尊者、目犍連尊者般涅槃

　　有個時候，舍利弗尊者、目犍連尊者般涅槃後不久（般涅槃解釋：進入最後的涅槃境界，不再生死輪回；生死輪回解釋，見第一百一十二章），佛陀與僧團共住在跋耆國一個名叫郁迦支羅的地方，這個地方位於恒河邊，有一天，比丘僧眾們圍繞著佛陀，露天而坐，佛陀看見比丘僧眾們沉默不語，就對僧眾們說：「比丘們（出家人），舍利弗、目犍連已經般涅槃，這讓今天的法會變得空蕩蕩的。比丘們，你們不要去關注，不要去在意舍利弗、目犍連曾經坐過的位置。對於如來來說，只要有一位聖弟子來聽如來說法，法會就不是空的。

　　比丘們，過去的阿羅漢、聖者們，他們也會有像舍利弗、目犍連這樣優秀、出色、傑出的聖弟子；未來的阿羅漢、聖者們，他們也必將有像舍利弗、目犍連這樣優秀、出色、傑出的聖弟子。

　　比丘們，對於你們來說，舍利弗、目犍連是世間稀有的尊者，他們遵從如來的教導，嚴格的受持戒律，用他們自己的言行在詮釋如來的正法！你們會讚歎他們的修行不可思議、世間少有，他們也會讓如來的四眾弟子生起修行的信心、歡喜心，他們會受到如來四眾弟子的尊重、敬佩、虔誠供養（四眾弟子解釋：比丘、比丘尼、優婆塞、優婆夷；比丘是受持具足戒的男出家人；比丘尼是受持具足戒的女出家人；具足戒就是受持如來制定的所有戒律，比丘受持二百五十戒，比丘尼受持三百四十八戒；優婆塞是沒有出家，尊敬、供養佛法僧三寶的在家修行男居士；優婆夷是沒有出家，尊敬、供養佛法僧三寶的在家修行女居士。）

　　然而比丘們，舍利弗、目犍連般涅槃之後，如來不會悲傷與憂愁，如來不會因為他們的般涅槃生起喜怒哀樂的煩惱，為什麼呢？

　　比丘們，「世間的一切人或事物都是隨時在變化，無法永遠存在，無法永恆保持不變，無法永遠擁有的；世間一切所愛的、合意的

一本書
讀懂所有佛經

人或事物最終都是會分離、離別的。」

比丘們，世間哪裡有什麼永遠存在的人或事物，世間哪裡有眞正能夠得到的事物。「凡是那些會生起的事物，已經存在的事物，被各種條件支配控制的事物，會衰敗、消退、滅沒的事物，想讓他們在世間永遠存在，永遠保持不變，永遠不壞滅，那是不可能的」。

比丘們，猶如參天大樹最大、最堅固的樹幹也會有斷落的一天，同樣的，比丘僧團裡遵從如來教導，嚴格受持戒律，用言行詮釋如來正法的優秀、出色、傑出聖弟子舍利弗、目犍連也會般涅槃，也會離開你們，世間哪裡有什麼永遠存在的人或事物！那些會生起、存在的事物，那些由條件支配的事物，那些會衰敗、滅沒的事物，最終都是會壞滅、消失的。

因此，比丘們，你們要以自己爲依靠，要以自己爲皈依，不要以其他人或事物爲依靠、爲皈依；你們要以善法、正法、解脫法爲依靠、爲皈依，不要以其他惡法、邪法、束縛法爲依靠、爲皈依。

比丘們，如何修行才是以自己爲依靠、爲皈依，不以其他人或事物爲依靠、爲皈依呢？如何修行才是以善法、正法、解脫法爲依靠、爲皈依，不以其他惡法、邪法、束縛法爲依靠、爲皈依呢？

比丘們，修習四念住，經常修習四念住，就是以自己爲依靠，以自己爲皈依，以善法、正法、解脫法爲依靠、爲皈依，不以其他人或事物爲依靠、爲皈依，不以其他惡法、邪法、束縛法爲依靠、爲皈依。

什麼是四念住呢？就是將自己當前的注意力集中在身體、感受、念想、思索的事物事情上，這樣就不會沉浸在當前的煩惱和痛苦之中，也就是用轉移注意力的方法來除滅已經生起的煩惱和痛苦。

是哪四種念住呢？即是身念住、受念住、心念住、法念住，這四種念住。

比丘們，世間人或眾生持之以恆、堅持不懈、勇猛精進的修習身念住、受念住、心念住、法念住，這四種念住中的任意一種念住就能生起、保持正知、正念，就能熄滅、平息、滅盡貪欲、渴愛、憂慮、憤怒、無智愚癡、喜怒哀樂、執著、掛念等等煩惱和痛苦，就能讓內心進入平靜、寧靜的狀態，就能證悟解脫的果位，就能最終親身體

驗、體會、領悟到涅槃的清淨境界。

也就是世間人或眾生或者修習身念住，或者修習受念住，或者修習心念住，或者修習法念住，他們選擇修習身念住、受念住、心念住、法念住，這四種念住中的任意一種念住都能生起、保持正知、正念，都能熄滅、平息、滅盡貪欲、渴愛、憂慮、憤怒、無智愚癡、喜怒哀樂、執著、掛念等等煩惱和痛苦，都能讓內心進入平靜、寧靜的狀態，都能證悟解脫的果位，都能最終親身體驗、體會、領悟到涅槃的清淨境界。

什麼是正知呢？就是內心只集中專注、深切注意當前正在做的行為，只清楚明白當前正在做的行為，活在當下，不想過去、未來的事情，比如行走的時候，只專注行走的行為；吃飯的時候只專注吃飯的行為；喝水的時候，只專注喝水的行為；穿衣服的時候，只專注穿衣服的行為等等。除了專注當前正在做的行為之外，除了清楚明白當前正在做的行為之外，不專注其他任何的事情與念想，這就是正知。

什麼是正念呢？正念就是內心集中專注、深切注意在正確的念想或物件上，這種正確的集中專注、深切注意能夠讓內心進入平靜、寧靜的狀態之中，這種正確的集中專注、深切注意能夠讓內心安住在清淨的境界之中，這就是正念。

什麼是「身念住」呢？「身念住」就是內心集中專注在身體的行為上，比如內心集中專注在呼吸上，數呼吸的次數，建立對呼吸的深切注意。又比如：來回在同一條路徑、道路上行走，內心集中專注在走路的行為上，數來回行走的次數，建立對行走的深切注意。用這種對身體行為的集中專注來替換掉內心中的貪欲、渴愛、憤怒、無智愚癡、喜怒哀樂、執著、掛念等等煩惱和痛苦。用對身體行為的深切注意來替換掉內心中的貪欲、渴愛、憤怒、無智愚癡、喜怒哀樂、執著、掛念等等煩惱和痛苦。通過對身體行為的集中專注，通過對身體行為的深切注意，內心不再去想那些會讓自己生起貪欲、渴愛、憤怒、無智愚癡、喜怒哀樂、執著、掛念等等煩惱和痛苦的事物或事情，熄滅、平息、滅盡貪欲、渴愛、憤怒、無智愚癡、喜怒哀樂、執著、掛念等等煩惱和痛苦，這就是身念住。

簡單的說身念住就是：通過集中專注身體行為，通過對身體行為的深切注意，替換掉內心中煩惱和痛苦的念想，熄滅、平息、滅盡內心中煩惱和痛苦的念想。

什麼是「受念住」呢？「受念住」就是內心集中專注在感受上，比如呼吸的時候，內心集中專注在吸氣時，冰冷的氣體進入身體的感受，或者內心集中專注在呼氣時，溫暖的氣體呼出身體的感受，建立對冰冷氣體感受的深切注意，或者建立對溫暖氣體感受的深切注意。又比如：來回在同一條路徑、道路上行走，內心集中專注在腳底板踩在地面上的感受，腳底板的感受是踩在平坦道路上那種高低平等、平整的感受，還是踩在崎嶇山路上那種高低不平、凹凸的感受，建立對腳底板接觸地面感受的深切注意。用這種對感受的集中專注來替換掉內心中的貪欲、渴愛、憤怒、無智愚癡、喜怒哀樂、執著、掛念等等煩惱和痛苦。用對感受的深切注意來替換掉內心中的貪欲、渴愛、憤怒、無智愚癡、喜怒哀樂、執著、掛念等等煩惱和痛苦。通過對感受的集中專注，通過對感受的深切注意，內心不再去想那些會讓自己生起貪欲、渴愛、憤怒、無智愚癡、喜怒哀樂、執著、掛念等等煩惱和痛苦的事物或事情，熄滅、平息、滅盡貪欲、渴愛、憤怒、無智愚癡、喜怒哀樂、執著、掛念等等煩惱和痛苦，這就是受念住。

簡單的說受念住就是：通過集中專注感受，通過對感受的深切注意，替換掉內心中煩惱和痛苦的念想，熄滅、平息、滅盡內心中煩惱和痛苦的念想。

什麼是「心念住」呢？「心念住」就是內心集中專注在念想、思想、見解上，比如內心集中專注在對無常的觀想上，建立對無常的深切注意。

什麼是對無常的觀想呢？就是觀想：「世間一切的事物隨時在變化，無法永遠存在，無法永恆保持不變，無法永遠擁有；我的物質身體、感受、念想、行為、認識、分別、判斷也是隨時在變化，無法永遠存在，無法永恆保持不變，無法永遠擁有的。我的物質身體會生病、衰老、死亡；我的感受、念想、行為、認識、分別、判斷會消退、消失。我擁有的物質事物也會破損、衰敗、滅亡、消失，我也無法永遠的擁有物質事物，我也會失去物質事物。

我的眼睛、耳朵、鼻子、舌頭、身體、內心隨時在變化，無法永遠存在，無法永恆保持不變，無法永遠擁有，我的眼睛、耳朵、鼻子、舌頭、身體、內心會喪失功能，會衰敗、壞滅。」這就是無常的觀想。用這種對念想、思想、見解的集中專注來替換掉內心中的貪欲、渴愛、憤怒、無智愚癡、喜怒哀樂、執著、掛念等等煩惱和痛苦。用對念想、思想、見解的深切注意來替換掉內心中的貪欲、渴愛、憤怒、無智愚癡、喜怒哀樂、執著、掛念等等煩惱和痛苦。通過對念想、思想、見解的集中專注，通過對念想、思想、見解的深切注意，內心不再去想那些會讓自己生起貪欲、渴愛、憤怒、無智愚癡、喜怒哀樂、執著、掛念等等煩惱和痛苦的事物或事情，熄滅、平息、滅盡貪欲、渴愛、憤怒、無智愚癡、喜怒哀樂、執著、掛念等等煩惱和痛苦，這就是心念住。

簡單的說心念住就是：通過集中專注念想、思想、見解，通過對念想、思想、見解的深切注意，替換掉內心中煩惱和痛苦的念想，熄滅、平息、滅盡內心中煩惱和痛苦的念想。

什麼是「法念住」呢？「法念住」就是內心集中專注在某種物件上，比如內心集中專注在江河流水上，建立對江河流水的深切注意。又比如：內心集中專注在森林、樹木上，建立對森林、樹木的深切注意。用這種對某種物件的集中專注來替換掉內心中的貪欲、渴愛、憤怒、無智愚癡、喜怒哀樂、執著、掛念等等煩惱和痛苦。用對某種物件的深切注意來替換掉內心中的貪欲、渴愛、憤怒、無智愚癡、喜怒哀樂、執著、掛念等等煩惱和痛苦。通過對某種物件的集中專注，通過對某種物件的深切注意，內心不再去想那些會讓自己生起貪欲、渴愛、憤怒、無智愚癡、喜怒哀樂、執著、掛念等等煩惱和痛苦的事物或事情，熄滅、平息、滅盡貪欲、渴愛、憤怒、無智愚癡、喜怒哀樂、執著、掛念等等煩惱和痛苦，這就是法念住。

簡單的說法念住就是：通過集中專注某種物件，通過對某種物件的深切注意，替換掉內心中煩惱和痛苦的念想，熄滅、平息、滅盡內心中煩惱和痛苦的念想。

比丘們，你們要修習四念住，你們要經常四念住，你們修習四念住，就是以自己為依靠，就是以自己為皈依，就是以善法、正法、解

脫法爲皈依，就是不以其他人或眾生爲皈依，就是不以其他事物爲皈
依，就是不以其他法爲皈依，就是不以惡法、邪法、束縛法爲皈依！

　　比丘們，不論是現在如來還在世間的時候，還是如來的身體死
後，不論什麼時候你們都要去修習四念住，都要去經常修習四念住，
都要以自己爲依靠，以自己爲皈依，以善法、正法、解脫法爲依靠、
爲皈依，不以其他人或事物爲依靠、爲皈依，不以其他惡法、邪法、
束縛法爲依靠、爲皈依。比丘們，你們要明白，死去的只是由各種條
件生起、出現的如來，只是如來的身體，如果你們將如來的身體當成
是如來，那你們就陷入了生死輪回念想的陷阱之中，如來在世間所講
說的善法、正法、解脫法那才是眞正的法身如來，只要世間人或眾生
內心中還有如來所說的善法、正法、解脫法，只要世間人或眾生還在
世間宣說講解如來的法，只要世間人或眾生還在按如來的法修行，只
要世間人或眾生由修行如來的法，親身體驗、體會、領悟到了由低到
高的各種清淨境界，親身體驗、體會、領悟到了涅槃的清淨境界，那
麼如來的聖弟子們、阿羅漢、如來、聖者們就會再次的出現。爲什麼
呢？因爲如來這裡將如來所說的法比喻成了如來聖弟子、阿羅漢、如
來、聖者。宣說、講解、弘揚如來的法，就相當於法身如來正在世間
弘揚善法、正法、解脫法；如來也將各種清淨境界、涅槃境界比喻成
了如來聖弟子、阿羅漢、如來、聖者，當親身體驗、體會、領悟到各
種由低到高的清淨境界，親身體驗、體會、領悟到涅槃清淨境界的時
候，過去如來聖弟子、阿羅漢、如來、聖者們體驗、體會、領悟到的
清淨境界就再次出現了，這些親身體驗、體會、領悟到由低到高清淨
境界，親身體驗、體會、領悟到涅槃清淨境界的世間人或眾生，他們
自己就成爲了如來聖弟子、阿羅漢、如來、聖者們。

　　比丘們，如來說這些修習四念住，經常修習四念住的世間人或眾
生，他們就是眞正持之以恆、堅持不懈、勇猛精進修行如來正法的聖
弟子們，他們就是眞正按如來的正法去修行的聖弟子們，他們就是如
來認可的首座聖弟子，他們就是如來認可的能夠最終證悟無上、極
致、最高解脫智慧，進入涅槃清淨境界的首席聖弟子！

　　比丘們，你們也要去修行四念住，也要經常去修習四念住，這樣
你們也能親身體驗、體會、領悟到由低到高的清淨境界，這樣你們也

能親身體驗、體會、領悟到涅槃的清淨境界，這樣你們也能成爲未來的阿羅漢、如來、聖者們。」

　　佛陀說法後，聽法的出家弟子們都再次的頂禮佛陀，隨喜讚歎佛陀說法的無量功德，他們都按著佛陀所說的法去修行。

第一百四十五章　頭上頂菜油

有個時候，佛陀住在孫巴國一個名叫私達迦的城鎮裡，有一天，佛陀對出家弟子們說：「比丘們（出家人），如同有一個地方有眾多的美女在盡情的唱歌跳舞，無數的人聚集在美女們的周圍觀看她們表演。

這時，國王對一個死囚說：『你現在頭上頂著一個裝滿菜油的碗，從美女們唱歌跳舞的地方經過，你要橫穿人群密集的地區，在你經過這些區域的時候，不能讓你頭頂上的碗漏出一滴菜油，如果漏出一滴菜油，我就讓跟隨你的士兵砍掉你的腦袋！』

比丘們，你們是怎麼想的？那個死囚他會去觀看美女們的表演嗎？他會欣賞美女們國色天香的美貌與婀娜多姿的身材嗎？」

出家弟子們回答：「世尊，這個死囚，他根本就不可能去觀看美女們的表演，他根本不可能去欣賞美女們漂亮的容貌與曼妙的身材，因為他已經將注意力完全集中專注在自己頭頂上的那碗菜油上，他擔心自己會漏出菜油被士兵砍頭，在這種死亡的威脅下，他怎麼可能會去注意其他什麼事情呢？」

佛陀說：「比丘們，如來給你們講的這個故事是一個比喻，裝滿菜油的碗比喻的是「身念住」的修行方法。

什麼是「身念住」呢？「身念住」就是內心集中專注在身體的行為上，比如內心集中專注在呼吸上，數呼吸的次數，建立對呼吸的深切注意。又比如：來回在同一條路徑、道路上行走，內心集中專注在走路的行為上，數來回行走的次數，建立對行走的深切注意。用這種對身體行為的集中專注來替換掉內心中的貪欲、渴愛、憤怒、無智愚癡、喜怒哀樂、執著、掛念等等煩惱和痛苦。用對身體行為的深切注意來替換掉內心中的貪欲、渴愛、憤怒、無智愚癡、喜怒哀樂、執著、掛念等等煩惱和痛苦。通過對身體行為的集中專注，通過對身體行為的深切注意，內心不再去想那些會讓自己生起貪欲、渴愛、憤

怒、無智愚癡、喜怒哀樂、執著、掛念等等煩惱和痛苦的事物或事情，熄滅、平息、滅盡貪欲、渴愛、憤怒、無智愚癡、喜怒哀樂、執著、掛念等等煩惱和痛苦，這就是身念住。

簡單的說身念住就是：通過集中專注身體行為，通過對身體行為的深切注意，替換掉內心中煩惱和痛苦的念想，熄滅、平息、滅盡內心中煩惱和痛苦的念想。

有的比丘可能會疑惑，為什麼裝滿菜油的碗比喻的不是「法念住」的修行方法呢？

什麼是「法念住」呢？「法念住」就是內心集中專注在某種物件上，比如內心集中專注在江河流水上，建立對江河流水的深切注意。又比如：內心集中專注在森林、樹木上，建立對森林、樹木的深切注意。用這種對某種物件的集中專注來替換掉內心中的貪欲、渴愛、憤怒、無智愚癡、喜怒哀樂、執著、掛念等等煩惱和痛苦。用對某種物件的深切注意來替換掉內心中的貪欲、渴愛、憤怒、無智愚癡、喜怒哀樂、執著、掛念等等煩惱和痛苦。通過對某種物件的集中專注，通過對某種物件的深切注意，內心不再去想那些會讓自己生起貪欲、渴愛、憤怒、無智愚癡、喜怒哀樂、執著、掛念等等煩惱和痛苦的事物或事情，熄滅、平息、滅盡貪欲、渴愛、憤怒、無智愚癡、喜怒哀樂、執著、掛念等等煩惱和痛苦，這就是法念住。

簡單的說法念住就是：通過集中專注某種物件，通過對某種物件的深切注意，替換掉內心中煩惱和痛苦的念想，熄滅、平息、滅盡內心中煩惱和痛苦的念想。

比丘們，這些生起疑惑的比丘，他們有這樣的疑惑很正常，因為他們認為死囚集中關注頭頂裝滿菜油的碗，是對某種外部對象的關注，所以他們會認為裝滿菜油的碗比喻的是「法念住」的修行方法。

但是，比丘們，為什麼死囚會集中關注在頭頂上裝滿菜油的碗上呢？那是因為國王說：「如果裝滿菜油的碗漏出一滴菜油，就砍掉死囚的腦袋」，死囚害怕被國王砍頭才會集中專注在頭頂上裝滿菜油的碗上的，死囚是由害怕自己的身體被殺害，才會專注在菜油碗上的。他的這種集中專注的源頭在自己的身體上，是由害怕被砍頭，害怕被殺害身體而建立起來的集中專注，因此裝滿菜油的碗比喻的是「身念

住」的修行方法，簡單的說就是：死囚的集中專注建立在害怕被砍頭，害怕被殺害身體的基礎上的，這種集中專注是由身體引發、觸發的。

如果裝滿菜油的碗比喻的是「法念住」，那麼死囚的集中專注就應該直接建立在對裝滿菜油碗的專注上了，集中專注的源頭就應該是裝滿菜油的碗，而不是他自己的身體了。

「身念住」與「法念住」的區別就在於集中專注的源頭不一樣，在這個故事中：「身念住的源頭是身體，法念住的源頭是裝滿菜油的碗。」

比丘們，你們現在明白爲什麼裝滿菜油的碗比喻的是「身念住」而不是「法念住」了吧。

比丘們，你們可以這樣去修行：「我們要修習身念住，我們要經常修習身念住；我們要將身念住作爲我們到達最終修行目的地的車輛，我們要乘坐身念住的車輛到達涅槃的目的地；我們要將身念住作爲修行的基礎；我們要實踐的去修習身念住，我們要持之以恆、堅持不懈、勇猛精進的去修習身念住；我們要將身念住變成自己的生活習慣，我們要讓修習身念住的行爲如同呼吸、吃飯、睡覺一樣平常，我們要讓身念住的修行行爲融入日常的生活之中。」比丘們，你們就應該這樣去修習身念住。」

佛陀說法後，聽法的出家弟子們都再次的頂禮佛陀，隨喜讚歎佛陀說法的無量功德，他們都按著佛陀所說的法去修行。

第一百四十六章　如何保持正念、正知？

　　有個時候，佛陀住在舍衛城的祇樹林給孤獨園，有一天，佛陀對出家弟子們說：「比丘們（出家人），你們要保持正念、正知，這是如來對你們的教誡。

　　比丘們，如何保持正念呢？修習四念住就能保持正念（四念住解釋，見第一百三十七章），簡單的說就是：你們要將注意力集中專注在身體上，專注在對身體的觀想上，這樣就是有正念，你們這樣精進的修行能夠熄滅、除滅、降伏對世間的貪欲與憂愁；你們要將注意力集中專注在感受上，專注在對感受的觀想上，這樣就是有正念，你們這樣精進的修行能夠熄滅、除滅、降伏對世間的貪欲與憂愁；你們要將注意力集中專注在內心上，專注在對內心的觀想上，這樣就是有正念，你們這樣精進的修行能夠熄滅、除滅、降伏對世間的貪欲與憂愁；你們要將注意力集中專注在念想上，專注在對念想的觀想上，這樣就是有正念，你們這樣精進的修行能夠熄滅、除滅、降伏對世間的貪欲與憂愁。

　　比丘們，如何保持正知呢？當感受生起的時候，知道感受已經生起，並只專注在已經生起的感受上，不專注其他的事物事情；

　　當感受保持延續的時候，知道感受正在保持延續，並只專注在保持延續的感受上，不專注其他的事物事情；

　　當感受消退的時候，知道感受正在消退，並只專注在消退的感受上，不專注其他的事物事情；

　　當感受滅沒消失的時候，知道感受已經滅沒消失，並只專注在滅沒消失的感受上，不專注其他的事物事情；

　　當思索、思量、思考生起的時候，知道思索、思量、思考已經生起，並只專注在已經生起的思索、思量、思考上，不專注其他的事物事情；

當思索、思量、思考保持延續的時候，知道思索、思量、思考正在保持延續，並只專注在保持延續的思索、思量、思考上，不專注其他的事物事情；

當思索、思量、思考消退的時候，知道思索、思量、思考正在消退，並只專注在消退的思索、思量、思考上，不專注其他的事物事情；

當思索、思量、思考滅沒消失的時候，知道思索、思量、思考已經滅沒消失，並只專注在滅沒消失的思索、思量、思考上，不專注其他的事物事情；

當念想、思想、見解生起的時候，知道念想、思想、見解已經生起，並只專注在已經生起的念想、思想、見解上，不專注其他的事物事情；

當念想、思想、見解保持延續的時候，知道念想、思想、見解正在保持延續，並只專注在保持延續的念想、思想、見解上，不專注其他的事物事情；

當念想、思想、見解消退的時候，知道念想、思想、見解正在消退，並只專注在消退的念想、思想、見解上，不專注其他的事物事情；

當念想、思想、見解滅沒消失的時候，知道念想、思想、見解已經滅沒消失，並只專注在滅沒消失的念想、思想、見解上，不專注其他的事物事情；

比丘們，也許你們會覺的剛才如來對「保持正知」的解釋難以理解，你們這樣去理解也可以：什麼是保持正知呢？就是當你們走路前進、後退的時候，只關注前進、後退的身體行為，不關注其他的行為，這樣就是保持正知；

當你們眼睛前看、後看的時候，只關注前看、後看的身體行為，不關注其他的行為，這樣就是保持正知；

當你們的手臂或大腿伸展、收縮的時候，只關注肢體伸展、收縮的身體行為，不關注其他的行為，這樣就是保持正知；

當你們穿法衣、拿飯缽、外出化緣飯食的時候，只關注穿法衣、拿飯缽、外出化緣飯食當前正在做的那個行為，不關注其他的行為，

這樣就是保持正知；

當你們喝水、吃食物、咀嚼食物、嘗味道的時候，只關注喝水、吃食物、咀嚼食物、嘗味道當前正在做的那個行為，不關注其他的行為，這樣就是保持正知；

當你們上廁所解小便、大便的時候，只關注解小便、大便當前正在做的那個行為，不關注其他的行為，這樣就是保持正知；

當你們行走、住宿、坐下、臥躺、清醒、說話、沉默的時候，只關注行走、住宿、坐下、臥躺、清醒、說話、沉默當前正在做的那個行為，不關注其他的行為，這樣就是保持正知；

比丘們，這就是保持正知的法義。

比丘們，你們要保持正念、正知，這就是如來今天對你們的教導。」

佛陀說法後，聽法的出家弟子們都再次的頂禮佛陀，隨喜讚歎佛陀說法的無量功德，他們都按著佛陀所說的法去修行。

一本書

讀懂所有佛經

第一百四十七章　什麼是五根？

　　有個時候，佛陀住在舍衛城的祇樹林給孤獨園，有一天，佛陀對出家弟子們說：「比丘們（出家人），有五種根，是哪五種根呢？即是信根、精進根、念根、定根、慧根，這五根。

　　為什麼稱其為「根」呢？「根」比喻的是堅固不動搖，如同草木的根深深的紮在大地之中，讓草木牢固的佇立在大地之上。「根」還比喻逐漸增加善法、正法的力量，如同草木從根部獲取養料逐漸的長大一樣。

　　什麼是信根呢？「信根」就是對如來，對如來所說的正法，對如來的出家弟子，對如來所制定的戒律生起堅固的信心。對佛、法、僧、戒生起堅固的信心也被稱為四不壞淨。

　　什麼是精進根？「精進根」就是持之以恆、堅持不懈、勇猛精進的修習善法、正法、解脫法。「四正勤」就是精進根的一種。什麼是「四正勤」呢？「四正勤」就是：已經生起的惡行、惡言、惡念，要立刻的斷除、滅盡；還沒有生起的惡行、惡言、惡念，不要再次的生起；還沒有生起的善行、善言、善念，要立刻、經常的生起；已經生起的善行、善言、善念，要繼續的保持，並讓這些善行、善言、善念持續的增進、增長。

　　什麼是念根呢？「念根」就是經常修習四念住不懈怠（四念住解釋，見第一百三十七章），也就是經常選擇修習身念住、受念住、心念住、法念住，這四種念住中的任意一種念住（身念住、受念住、心念住、法念住解釋，見第一百三十七章）。要注意不是同時修習兩種或兩種以上的念住，而是在身念住、受念住、心念住、法念住，這四種念住中任意選擇一種念住去修行，或者修習身念住，或者修習受念住，或者修習心念住，或者修習法念住。

　　什麼是定根呢？「定根」就是讓內心不散亂、不混亂、不胡思亂想，讓內心平靜、寧靜，讓內心進入單個、純一的清淨境界之中。

「四禪」就是定根的一種。什麼是「四禪」呢？「四禪」指的就是初禪、第二禪、第三禪、第四禪（初禪、第二禪、第三禪、第四禪解釋，見第三十五章）。

什麼是慧根呢？「慧根」就是內心安住在清淨境界之中所證悟開啓的智慧。「四聖諦」就是智慧的一種。什麼是「四聖諦」呢？「四聖諦」指的是苦、集、滅、道四種真相、真理，「苦」是指世間有生命的眾生是痛苦的（眾生解釋，見第七十七章），因為世間一切的事物無法永遠存在，無法永遠保持不變，無法永遠擁有，隨時在變化，世間的眾生會衰老、生病、死亡，世間的眾生擁有的事物會破損、衰敗、滅亡、消失，世間的眾生無法隨心所欲，還可能會遇上災難、災禍。幸福快樂的生活無法永遠保持，無法永遠存在。

「集」是指煩惱和痛苦生起的原因是什麼？煩惱和痛苦生起的根源、原因就是貪欲、渴愛，就是因為貪愛，所以失去或是得不到的時候就會產生痛苦，就是因為貪愛，所以就會想盡辦法、不擇手段的去獲取，就會去做惡行，說惡言，生惡念。做惡行，說惡言，生惡念就會造下罪業，就會導致不祥、危險、不幸、煩惱、痛苦的結果。

「滅」是指要滅盡煩惱和痛苦就要先滅盡貪欲、渴愛，滅盡了貪欲、渴愛就能滅盡煩惱和痛苦。

「道」是指滅盡煩惱和痛苦的修行方法，也就是從煩惱和痛苦中解脫出來的方法，這個方法就是修習八正道（八正道解釋，見第五章）。

比丘們，這就是信根、精進根、念根、定根、慧根的法義。」

佛陀說法後，聽法的出家弟子們都再次的頂禮佛陀，隨喜讚歎佛陀說法的無量功德，他們都按著佛陀所說的法去修行。

第一百四十八章　修習五根踏上聖者之道

　　有個時候，佛陀住在舍衛城的祇樹林給孤獨園，有一天，佛陀對出家弟子們說：「比丘們（出家人），有五種根，是哪五種根呢？即是信根、精進根、念根、定根、慧根，這五根（五根解釋，見第一百四十七章）。

　　比丘們，當經常親自實踐的去修習五根的時候，就能最終明白世間的生起、滅沒、甘味、禍患、解脫。

　　比丘們，如何明白世間的生起與滅沒呢？明白了緣起法，你們就明白了世間的生起與滅沒（緣起法解釋，見第十八章、第十九章）。簡單的說就是：世間一切的事物或事情都是由各種條件生起、出現、存續、發展、滅沒、消失的，滿足條件世間的事物或事情就會生起、出現、存續、發展，滿足條件世間的事物或事情也會滅沒、消失。世間的事物或事情是緣生緣滅的，是隨著各種條件變化的。

　　由世間的事物或事情生起快樂、喜悅，這就是世間的甘味；

　　世間的一切事物或事情隨時在變化，無法永遠存在，無法永恆保持不變，無法永遠的擁有，是最終帶來痛苦的，這就是世間的禍患。

　　眼睛、耳朵、鼻子、舌頭、身體、內心是會生病、衰老、喪失功能的，物質事物是會衰敗、滅亡、消失的，物質身體是會生病、衰老、死亡的，聲音、氣味、味道、觸覺、環境變化感覺（冷熱、舒適等等）、思想、見解、念想、眼識、耳識、鼻識、舌識、身識、意識、眼觸、耳觸、鼻觸、舌觸、身觸、意觸是會消退、滅沒、消失的（眼識、耳識、鼻識、舌識、身識、意識解釋，見第四十二章；眼觸、耳觸、鼻觸、舌觸、身觸、意觸解釋，見第四十三章），由眼觸、耳觸、鼻觸、舌觸、身觸、意觸生起的感受是會消退、滅沒、消失的。

就算眼睛、耳朵、鼻子、舌頭、身體、內心、物質事物、物質身體、聲音、氣味、味道、觸覺、環境變化感覺（冷熱、舒適等等）、思想、見解、念想、眼識、耳識、鼻識、舌識、身識、意識、眼觸、耳觸、鼻觸、舌觸、身觸、意觸，由眼觸、耳觸、鼻觸、舌觸、身觸、意觸生起的感受，帶來了快樂，那都是短暫的。世間一切的眼睛、耳朵、鼻子、舌頭、身體、內心、物質事物、物質身體、聲音、氣味、味道、觸覺、環境變化感覺（冷熱、舒適等等）、思想、見解、念想、眼識、耳識、鼻識、舌識、身識、意識、眼觸、耳觸、鼻觸、舌觸、身觸、意觸，由眼觸、耳觸、鼻觸、舌觸、身觸、意觸生起的感受，隨時都在變化，無法永遠的存在，無法永恆的保持不變，無法永遠的擁有。

　　當失去眼睛、耳朵、鼻子、舌頭、身體、內心、物質事物、物質身體、聲音、氣味、味道、觸覺、環境變化感覺（冷熱、舒適等等）、思想、見解、念想、眼識、耳識、鼻識、舌識、身識、意識、眼觸、耳觸、鼻觸、舌觸、身觸、意觸的時候，當眼睛、耳朵、鼻子、舌頭、身體、內心生病、衰老、喪失功能的時候，當物質事物衰敗、滅亡、消失的時候，當物質身體生病、衰老、臨死的時候，當聲音、氣味、味道、觸覺、環境變化感覺（冷熱、舒適等等）、思想、見解、念想、眼識、耳識、鼻識、舌識、身識、意識、眼觸、耳觸、鼻觸、舌觸、身觸、意觸消退、滅沒、消失的時候，當由眼觸、耳觸、鼻觸、舌觸、身觸、意觸生起的感受消退、滅沒、消失的時候，就會帶來痛苦，之前這些眼睛、耳朵、鼻子、舌頭、身體、內心、物質事物、物質身體、聲音、氣味、味道、觸覺、環境變化感覺（冷熱、舒適等等）、思想、見解、念想、眼識、耳識、鼻識、舌識、身識、意識、眼觸、耳觸、鼻觸、舌觸、身觸、意觸，由眼觸、耳觸、鼻觸、舌觸、身觸、意觸生起的感受，帶來了多少的快樂，當失去眼睛、耳朵、鼻子、舌頭、身體、內心、物質事物、物質身體、聲音、氣味、味道、觸覺、環境變化感覺（冷熱、舒適等等）、思想、見解、念想、眼識、耳識、鼻識、舌識、身識、意識、眼觸、耳觸、鼻觸、舌觸、身觸、意觸，由眼觸、耳觸、鼻觸、舌觸、身觸、意觸生起的感受，的時候，當眼睛、耳朵、鼻子、舌頭、身體、內心生病、

衰老、喪失功能的時候，當物質事物衰敗、滅亡、消失的時候，當物質身體生病、衰老、臨死的時候，當聲音、氣味、味道、觸覺、環境變化感覺（冷熱、舒適等等）、思想、見解、念想、眼識、耳識、鼻識、舌識、身識、意識、眼觸、耳觸、鼻觸、舌觸、身觸、意觸，由眼觸、耳觸、鼻觸、舌觸、身觸、意觸生起的感受，消退、滅沒、消失的時候，就會帶來多少痛苦，所以世間的眼睛、耳朵、鼻子、舌頭、身體、內心、物質事物、物質身體、聲音、氣味、味道、觸覺、環境變化感覺（冷熱、舒適等等）、思想、見解、念想、眼識、耳識、鼻識、舌識、身識、意識、眼觸、耳觸、鼻觸、舌觸、身觸、意觸，由眼觸、耳觸、鼻觸、舌觸、身觸、意觸生起的感受，帶來的最終都是痛苦。

同樣的道理，物質事物、物質身體、感受、念想、行為、認識、分別、判斷是最終帶來痛苦的，當物質事物衰敗、滅亡、消失的時候，當物質身體生病、衰老、臨死的時候，當感受、念想、行為、認識、分別、判斷消退、滅沒、消失的時候，就會帶來煩惱和痛苦。

除滅、滅盡由世間事物或事情生起的貪欲、渴愛；不再執著和掛念世間的事物或事情就是明白了世間的解脫是什麼。就是從世間徹底的解脫出來。

比丘們，經常親自實踐的修習五根，由此明白世間的生起、滅沒、甘味、禍患、解脫的世間人或眾生，就被稱為不會墮入惡法、邪法、束縛法的陷阱之中，不會投生到惡道、痛苦不幸的地方，不會投生到地獄、餓鬼、畜生三惡道，已經證悟須陀洹果位的聖弟子。

什麼是須陀洹果位呢？就是除滅了有「我」真實、永遠存在的見解；滅盡了那些對解脫毫無幫助的苦行、禁戒、禁忌；消除了對如來正法的疑惑，消除了對如來，對如來出家弟子們聚集的僧團，對如來所制定的戒律的疑惑。對如來，對如來的正法，對如來所制定的戒律，對如來的出家弟子們聚集的僧團生起了堅固的信心，已經初入聖道，進入聖者之流，須陀洹果位也稱為初果，這些證悟須陀洹果位的出家人、修行人，他們也被稱為證悟初果的聖者。他們不會投生到惡道，不會投生到痛苦不幸的地方，不會投生到地獄、餓鬼、畜生三惡道，最多在天界與人間投生七次就能滅盡一切的煩惱和痛苦（天界解

釋，見第八十三章），從生死輪回中永遠的解脫出來，證悟不生不滅涅槃的境界。

這些已經證悟須陀洹果位，已經踏上聖者的解脫大道，進入聖者之流的聖弟子們，他們必定能夠最終證悟開啓完全的智慧，到達沒有煩惱，沒有痛苦，沒有執著，沒有掛念，沒有念想的涅槃清淨彼岸。」

佛陀說法後，聽法的出家弟子們都再次的頂禮佛陀，隨喜讚歎佛陀說法的無量功德，他們都按著佛陀所說的法去修行。

第一百四十九章　證悟解脫果位的順序

　　有個時候，佛陀住在舍衛城的祇樹林給孤獨園，有一天，佛陀對出家弟子們說：「比丘們(出家人)，有五種根，是哪五種根呢？即是信根、精進根、念根、定根、慧根，這五根（五根解釋，見第一百四十七章）。

　　比丘們，圓滿完成五根的修行就能證悟阿羅漢果位，什麼是阿羅漢果位呢？也就是按如來的正法實踐修行，已經滅盡一切煩惱和痛苦，不再生死輪回（生死輪回解釋，見第一百一十二章），已經進入不生不滅涅槃的境界。這些已經證悟阿羅漢果位的聖者不會再出生在世間，已經永遠的從生死輪回中解脫出來，阿羅漢果位也稱爲四果、不生果，這些證悟阿羅漢果位的聖者也被稱爲無學，也就是他們一切的煩惱和痛苦已經滅盡，應該證悟的清淨解脫境界也都已經一一證悟過了，不需要再繼續的修習了，他們已經達成了修行的目標，從這一世開始他們已經不會再出生在世間了。行爲、言語、念想的修行已經圓滿，應該做的事情已經做好，不會再有喜怒哀樂等等煩惱和痛苦的輪回狀態了，不會再出生在世間了，他們已經徹底從生死輪回中永遠的解脫出來，他們這一世結束後，就將進入不生不滅涅槃的境界。

　　還沒有圓滿完成五根的修行，比阿羅漢果位稍微低一點的果位就是不還果。

　　什麼是不還果呢？證悟不還果位的聖者，他們死後不會再投生在欲界，什麼是欲界呢？也就是還有男女淫欲、食欲、睡眠欲等等感官欲望有情衆生居住的地方。不再投生到欲界，因此被稱爲不還果。

　　不還果也被稱爲阿那含果位，什麼是阿那含果位呢？就是除滅了有「我」眞實、永遠存在的見解；滅盡了那些對解脫毫無幫助的苦行、禁戒、禁忌；消除了對如來正法的疑惑，消除了對如來，對如來出家弟子們聚集的僧團，對如來所制定的戒律的疑惑。對如來，對如來的正法，對如來所制定的戒律，對如來的出家弟子們聚集的僧團生

起了堅固的信心，滅盡了貪欲、憤怒、疑惑。阿那含果位也稱為三果，這些證悟阿那含果位的聖者，他們也被稱為證悟三果的聖者。證悟阿那含果位的聖者，他們死後不會再投生在欲界，證悟阿那含果位的聖者，他們死後直接投生到色界與無色界天界，並在這些天界中滅盡一切煩惱和痛苦（天界解釋，見第八十三章），從生死輪回中永遠的解脫出來，證悟不生不滅的涅槃境界，什麼是色界天界？也就是沒有男女淫欲、食欲、睡眠欲等等感官的欲望，這些有情眾生的物質身體以及他們住的宮殿等等他們所在地方的物質事物非常的殊勝、精緻、淨妙，他們對這些殊勝、精緻、淨妙的物質事物還有微細的執著和掛念，他們還會被這些這些殊勝、精緻、淨妙的物質事物輕微的束縛捆綁，這就是色界天界，沒有欲望，還有對物質事物的輕微執著和掛念。什麼是無色界天界？也就是沒有男女淫欲、食欲、睡眠欲等等感官欲望，也沒有對物質事物的執著和掛念，但是還有對精神思想、念想的執著和掛念，這就是無色界天界，沒有欲望，沒有對物質事物的執著和掛念，但是還有對精神思想、念想的執著和掛念。

　　修習五根證悟比不還果稍微低一點的果位就是一來果。什麼是一來果呢？就是除滅了有「我」真實、永遠存在的見解；滅盡了那些對解脫毫無幫助的苦行、禁戒、禁忌；消除了對如來正法的疑惑，消除了對如來，對如來出家弟子們聚集的僧團，對如來所制定的戒律的疑惑。對如來，對如來的正法，對如來所制定的戒律，對如來的出家弟子們聚集的僧團生起了堅固的信心。這些證悟一來果的聖者，他們的貪欲、憤怒、愚癡很微薄、很細微，一來果也稱為二果，這些證悟一來果的聖者，他們也被稱為證悟二果的聖者。證悟一來果的聖者，他們死後投生到天界（天界解釋，見第八十三章），會再來人間投生一次，就能滅盡一切的煩惱和痛苦，從生死輪回中永遠的解脫出來（生死輪回解釋，見第一百一十二章），證悟不生不滅涅槃的境界，一來果也稱為斯陀含果位。

　　修習五根證悟比一來果稍微低一點的果位就是入流果，什麼是入流果呢？就是除滅了有「我」真實、永遠存在的見解；滅盡了那些對解脫毫無幫助的苦行、禁戒、禁忌；消除了對如來正法的疑惑，消除了對如來，對如來出家弟子們聚集的僧團，對如來所制定的戒律的疑

一本書

讀懂所有佛經

惑。對如來，對如來的正法，對如來所制定的戒律，對如來的出家弟子們聚集的僧團生起了堅固的信心，已經初入聖道，進入聖者之流，入流果也稱為初果，這些證悟初果的出家人、修行人，他們也被稱為證悟初果的聖者。他們不會投生到惡道，不會投生到痛苦不幸的地方，不會投生到地獄、餓鬼、畜生三惡道，最多在天界與人間投生七次就能滅盡一切的煩惱和痛苦，從生死輪回中永遠的解脫出來，證悟不生不滅涅槃的境界，入流果也稱為須陀洹果位。

　　修習五根證悟比入流果稍微低一點的境界就是隨法行者，什麼是隨法行者呢？就是聽聞佛法後開啟了智慧，並按如來所說的正法去實踐修行的世間人或眾生就是隨法行者。隨法行者處於向須陀洹的階段。

　　什麼是向須陀洹呢？就是為了證悟須陀洹果位而修行，想要證悟須陀洹果位。處於向須陀洹境界的世間人或眾生，他們證悟的境界與須陀洹果位證悟的境界非常的接近，但是他們還沒有證悟須陀洹果位。

　　修習五根證悟比隨法行者境界稍微低一點的境界就是隨信行者，什麼是隨信行者呢？就是聽聞佛法後，生起了清淨的信心，對如來的正法生起了堅固的信心。隨信行者處於向須陀洹的階段，但是隨信行者證悟的境界比隨法行者的境界要稍微低一點。

　　比丘們，這就是修習五根證悟的由高到低的境界與果位。如來是從高到低在解說這些境界與果位，實際上你們證悟這些境界與果位的順序是由低到高的，具體證悟這些境界與果位的順序是：先進入隨信行者的境界，然後進入隨法行者的境界，之後依次由低到高的證悟入流果，一來果，不還果，阿羅漢果位，比丘們，這就是證悟解脫果位的順序。」

　　佛陀說法後，聽法的出家弟子們都再次的頂禮佛陀，隨喜讚歎佛陀說法的無量功德，他們都按著佛陀所說的法去修行。

第一百五十章　修行的門外漢

　　有個時候，佛陀住在舍衛城的祇樹林給孤獨園，有一天，佛陀對出家弟子們說：「比丘們(出家人)，有五種根，是哪五種根呢？即是信根、精進根、念根、定根、慧根，這五根（五根解釋，見第一百四十七章）。

　　比丘們，圓滿完成五根的修行就能證悟阿羅漢果位（阿羅漢果位解釋，見第一百四十九章）；

　　修習五根證悟比阿羅漢果位稍微低一點的果位就是向阿羅漢果位。什麼是向阿羅漢果位呢？就是當前證悟的境界比較接近阿羅漢果位的境界，但是還沒有完全證悟阿羅漢果位。為了證悟阿羅漢果位正在持之以恆、堅持不懈、勇猛精進的修習五根。向阿羅漢果位簡單的說就是：當前證悟的境界非常接近阿羅漢果位的境界，但是還沒有證悟阿羅漢果位，正在向證悟阿羅漢果位的方向在努力的修習五根。

　　修習五根證悟比向阿羅漢果位稍微低一點的果位就是不還果（不還果解釋，見第一百四十九章）；

　　修習五根證悟比不還果稍微低一點的果位就是向不還果。什麼是向不還果呢？就是當前證悟的境界比較接近不還果的境界，但是還沒有完全證悟不還果。為了證悟不還果正在持之以恆、堅持不懈、勇猛精進的修習五根。向不還果簡單的說就是：當前證悟的境界非常接近不還果的境界，但是還沒有證悟不還果，正在向證悟不還果的方向在努力的修習五根。

　　修習五根證悟比向不還果稍微低一點的果位就是一來果（一來果解釋，見第一百四十九章）；

　　修習五根證悟比一來果稍微低一點的果位就是向一來果。什麼是向一來果呢？就是當前證悟的境界比較接近一來果的境界，但是還沒有完全證悟一來果。為了證悟一來果正在持之以恆、堅持不懈、勇猛精進的修習五根。向一來果簡單的說就是：當前證悟的境界非常接近

一本書

讀懂所有佛經

一來果的境界，但是還沒有證悟一來果，正在向證悟一來果的方向在努力的修習五根。

修習五根證悟比向一來果稍微低一點的果位就是入流果（入流果解釋，見第一百四十九章）；

修習五根證悟比入流果稍微低一點的果位就是向入流果。什麼是向入流果呢？就是當前證悟的境界比較接近入流果的境界，但是還沒有完全證悟入流果。爲了證悟入流果正在持之以恆、堅持不懈、勇猛精進的修習五根。向入流果簡單的說就是：當前證悟的境界非常接近入流果的境界，但是還沒有證悟入流果，正在向證悟入流果的方向在努力的修習五根。

比丘們，那些不修習五根的世間人或眾生，那些沒有五根的世間人或眾生，如來就說這些世間人或眾生：『他們是世間的凡夫，他們是修行的門外漢，他們還沒有踏上聖者之道，他們不在聖弟子、尊者、如來、聖者們的範圍之內。』

佛陀說法後，聽法的出家弟子們都再次的頂禮佛陀，隨喜讚歎佛陀說法的無量功德，他們都按著佛陀所說的法去修行。

第一百五十一章　什麼是慧解脫、心解脫？

有個時候，佛陀住在舍衛城的祇樹林給孤獨園，有一天，佛陀對出家弟子們說：「比丘們(出家人)，有五種根，是哪五種根呢？即是信根、精進根、念根、定根、慧根，這五根（五根解釋，見第一百四十七章）。

比丘們，經常親自修習五根的世間人或眾生，他們能夠滅盡煩惱和痛苦，證悟解脫的果位，當生就能進入沒有煩惱與痛苦的慧解脫，心解脫境界之中。

什麼是慧解脫呢？就是用智慧滅盡煩惱和痛苦，由此從世間徹底的解脫出來。比如貪愛金錢的時候，就觀想：「世間一切的事物無法永遠存在，無法永遠擁有，無法永遠保持不變，世間的事物隨時在變化，金錢也是如此，金錢也無法永遠存在，無法永遠擁有，無法永遠保持不變。自己也是如此，自己會生病、衰老、死亡，那麼對這些無法永遠存在，無法永遠擁有，無法永遠保持不變，隨時在變化的事物生起貪欲就是非常愚癡的行為。就如同錯將海市蜃樓中的亭臺樓閣當成是真實的事物一樣。金錢就算擁有了，也只是暫時的管理而已。滿足條件就能獲得、擁有金錢，滿足條件也會失去或無法獲得金錢。」這樣觀想後，就能熄滅、平息內心中由金錢生起的貪欲，這就是用智慧滅盡煩惱和痛苦。

什麼是心解脫呢？就是用「入定」的方法來滅盡煩惱和痛苦。

什麼是「入定」呢？「入定」又被稱為「禪定」，什麼是禪定呢？就是內心集中專注在某一種物件上，或者內心集中專注在某一種清淨的念想上，讓內心平靜、安寧、清淨，讓內心不混亂、不散亂、不胡思亂想，讓內心安住在單個、純一的清淨境界之中，這就叫做禪定。也就是說內心集中專注在某一種物件上，或者內心集中專注在某一種清淨的念想上就叫做「禪」，讓內心不散亂、不混亂、不胡思亂

想，讓內心平靜、安寧、清淨，安住在單個、純一的清淨境界之中，就叫做「定」。

四禪、四念住就是「入定」的修行方法（四禪解釋，見第三十五章；四念住解釋，見第一百三十七章），經常修習四禪或者四念住就能最終獲得心解脫。

比丘們，簡單的說：「慧解脫是用智慧滅盡煩惱和痛苦，心解脫是用禪定滅盡煩惱和痛苦。」這兩種修行方法都能讓世間人或眾生滅盡貪欲、渴愛、憂慮、憤怒、無智愚癡、喜怒哀樂、執著、掛念等等一切的煩惱和痛苦，解除他們眼睛與物質事物，耳朵與聲音，鼻子與氣味，舌頭與味道，身體與觸覺、環境變化感覺（冷熱、舒適等等），內心與見解、思想、念想的束縛捆綁，滅盡他們的生死輪回（生死輪回解釋，見第一百一十二章），讓他們從世間徹底完全的解脫出來，讓他們到達沒有煩惱，沒有痛苦，沒有執著，沒有掛念，沒有念想的涅槃解脫彼岸。」

佛陀說法後，聽法的出家弟子們都再次的頂禮佛陀，隨喜讚歎佛陀說法的無量功德，他們都按著佛陀所說的法去修行。

第一百五十二章　人界、天界、魔界是什麼？

有個時候，佛陀住在舍衛城的衹樹林給孤獨園，有一天，佛陀對出家弟子們說：「比丘們(出家人)，有五種根，是哪五種根呢？即是信根、精進根、念根、定根、慧根，這五根（五根解釋，見第一百四十七章）。

比丘們！如果如來過去修習五根的時候，沒有證悟明白世間的生起、滅沒、甘味、禍患、解脫（世間的生起、滅沒、甘味、禍患、解脫解釋，見第一百四十八章），那麼如來就無法證悟無上正等正覺，也就不能在人界、天界、魔界、梵天界等等眾生所處的世間自稱已經證悟了無上正等正覺的佛果（眾生解釋，見第七十七章），世間的普通人、出家人、修行人、天神、魔王、梵天王等等一切的眾生也不會認可如來已經證悟了無上正等正覺，他們也不會接受如來的教導。

什麼是界呢？「界」是領域、範圍的意思，「界」是處於某種境界、狀態之中的意思。

什麼是人界呢？處於欲界之中的人，就在人界之中。

什麼是欲界呢？就是處於感官欲望的境界、狀態之中，處於感官欲望的領域、範圍之內。

什麼是感官欲望呢？

由眼睛與看見的物質事物生起貪欲、渴愛；

由耳朵與聽見的聲音生起貪欲、渴愛；

由鼻子與聞到的氣味生起貪欲、渴愛；

由舌頭與嘗到的味道生起貪欲、渴愛；

由身體與觸摸感覺到的觸覺，或領納到的環境變化感覺（冷熱、舒適等等）生起貪欲、渴愛。

這些就是感官欲望，比如最常見的感官欲望就是男女之間產生的淫欲。一旦生起了感官欲望就會陷入感官欲望的境界、狀態之中，就

會處於感官欲望的領域、範圍之內。

「欲界」簡單的說就是：處於感官欲望的境界、狀態之中。

處於感官欲望境界、狀態之中的人，就在「人界」之中。

什麼是天界呢？就是處於快樂、喜悅、開心的境界、狀態之中，處於快樂、喜悅、開心的領域、範圍之內。處於喜歡、滿意、舒服、合意、快樂、喜悅、開心境界、狀態之中的眾生，就是在天界之中。

天界是由六觸所生起的（六觸就是：眼觸、耳觸、鼻觸、舌觸、身觸、意觸；眼觸、耳觸、鼻觸、舌觸、身觸、意觸解釋，見第八十章），可以將天界稱為六觸天界。比丘們，當眼睛看見物質事物後只讓自己生起了喜歡的念想，當眼睛看見物質事物後只讓自己生起了滿意、舒服、合意的念想，當眼睛看見物質事物後只讓自己生起了快樂、喜悅、開心的念想，當眼睛看見物質事物後只讓自己生起了歡樂、甜蜜、開心、舒暢、高興、愜意、歡快、歡暢等等愉快和幸福的念想，那麼這個時候，就迷失於天界之中，就在六觸天界中沉醉、陷溺、沉淪了，這個天界是由眼睛與物質事物形成的，一旦眼睛看見物質事物生起了喜歡、滿意、舒服、合意、快樂、喜悅、開心的念想，一旦眼睛看見物質事物生起了歡樂、甜蜜、開心、舒暢、高興、愜意、歡快、歡暢等等愉快和幸福的念想，就沉迷於六觸天界之中了。

當耳朵聽到聲音後只讓自己生起了喜歡的念想，當耳朵聽到聲音後只讓自己生起了滿意、舒服、合意的念想，當耳朵聽到聲音後只讓自己生起了快樂、喜悅、開心的念想，當耳朵聽到聲音後只讓自己生起了歡樂、甜蜜、開心、舒暢、高興、愜意、歡快、歡暢等等愉快和幸福的念想，那麼這個時候，就迷失於天界之中，就在六觸天界中沉醉、陷溺、沉淪了，這個天界是由耳朵與聲音形成的，一旦耳朵聽到聲音生起了喜歡、滿意、舒服、合意、快樂、喜悅、開心的念想，一旦耳朵聽到聲音生起了歡樂、甜蜜、開心、舒暢、高興、愜意、歡快、歡暢等等愉快和幸福的念想，就沉迷於六觸天界之中了。

當鼻子聞到氣味後只讓自己生起了喜歡的念想，當鼻子聞到氣味後只讓自己生起了滿意、舒服、合意的念想，當鼻子聞到氣味後只讓自己生起了快樂、喜悅、開心的念想，當鼻子聞到氣味後只讓自己生起了歡樂、甜蜜、開心、舒暢、高興、愜意、歡快、歡暢等等愉快和

幸福的念想，那麼這個時候，就迷失於天界之中，就在六觸天界中沉醉、陷溺、沉淪了，這個天界是由鼻子與氣味形成的，一旦鼻子聞到氣味生起了喜歡、滿意、舒服、合意、快樂、喜悅、開心的念想，一旦鼻子聞到氣味生起了歡樂、甜蜜、開心、舒暢、高興、愜意、歡快、歡暢等等愉快和幸福的念想，就沉迷於六觸天界之中了。

當舌頭嘗到味道後只讓自己生起了喜歡的念想，當舌頭嘗到味道後只讓自己生起了滿意、舒服、合意的念想，當舌頭嘗到味道後只讓自己生起了快樂、喜悅、開心的念想，當舌頭嘗到味道後只讓自己生起了歡樂、甜蜜、開心、舒暢、高興、愜意、歡快、歡暢等等愉快和幸福的念想，那麼這個時候，就迷失於天界之中，就在六觸天界中沉醉、陷溺、沉淪了，這個天界是由舌頭與味道形成的，一旦舌頭嘗到味道生起了喜歡、滿意、舒服、合意、快樂、喜悅、開心的念想，一旦舌頭嘗到味道生起了歡樂、甜蜜、開心、舒暢、高興、愜意、歡快、歡暢等等愉快和幸福的念想，就沉迷於六觸天界之中了。

當身體觸摸感覺到觸覺，領納到環境變化感覺（冷熱、舒適等等）後只讓自己生起了喜歡的念想，當身體觸摸感覺到觸覺，領納到環境變化感覺後只讓自己生起了滿意、舒服、合意的念想，當身體觸摸感覺到觸覺，領納到環境變化感覺後只讓自己生起了快樂、喜悅、開心的念想，當身體觸摸感覺到觸覺，領納到環境變化感覺後只讓自己生起了歡樂、甜蜜、開心、舒暢、高興、愜意、歡快、歡暢等等愉快和幸福的念想，那麼這個時候，就迷失於天界之中，就在六觸天界中沉醉、陷溺、沉淪了，這個天界是由身體與觸覺、環境變化感覺形成的，一旦身體觸摸感覺到觸覺，領納到環境變化感覺生起了喜歡、滿意、舒服、合意、快樂、喜悅、開心的念想，一旦身體觸摸感覺到觸覺，領納到環境變化感覺生起了歡樂、甜蜜、開心、舒暢、高興、愜意、歡快、歡暢等等愉快和幸福的念想，就沉迷於六觸天界之中了。

當內心想到見解、思想、念想後只讓自己生起了喜歡的念想，當內心想到見解、思想、念想後只讓自己生起了滿意、舒服、合意的念想，當內心想到見解、思想、念想後只讓自己生起了快樂、喜悅、開心的念想，當內心想到見解、思想、念想後只讓自己生起了歡樂、甜

蜜、開心、舒暢、高興、愜意、歡快、歡暢等等愉快和幸福的念想，那麼這個時候，就迷失於天界之中，就在六觸天界中沉醉、陷溺、沉淪了，這個天界是由內心與見解、思想、念想形成的，一旦內心想到見解、思想、念想生起了喜歡、滿意、舒服、合意、快樂、喜悅、開心的念想，一旦內心想到見解、思想、念想生起了歡樂、甜蜜、開心、舒暢、高興、愜意、歡快、歡暢等等愉快和幸福的念想，就沉迷於六觸天界之中了。

什麼是魔界呢？就是處於貪欲、渴愛、憂慮、憤怒、無智愚癡、喜怒哀樂、執著、掛念等等煩惱和痛苦的境界、狀態之中，處於貪欲、渴愛、憂慮、憤怒、無智愚癡、喜怒哀樂、執著、掛念等等煩惱和痛苦的領域、範圍之內。生起貪欲、渴愛、憂慮、憤怒、無智愚癡、喜怒哀樂、執著、掛念等等煩惱和痛苦的眾生，就是在魔界之中。

什麼是魔王呢？讓世間眾生生起貪欲、渴愛，讓世間眾生執著和掛念，讓世間眾生沉迷其中，讓世間眾生循環往復產生歡樂、開心、舒暢、安心、期望、憂愁、悲傷、苦悶、憂慮、恐怖、絕望等等喜怒哀樂煩惱和痛苦的事物事情就是魔王、妖魔鬼怪。

比丘們，如果物質事物、物質身體，它們讓世間眾生生起貪欲、渴愛，它們讓世間眾生執著和掛念，它們讓世間眾生沉迷其中，它們讓世間眾生循環往復產生歡樂、開心、舒暢、安心、期望、憂愁、悲傷、苦悶、憂慮、恐怖、絕望等等喜怒哀樂的煩惱和痛苦，那麼這些讓眾生生起貪欲、渴愛，執著掛念，煩惱和痛苦的物質事物、物質身體就是魔王、妖魔鬼怪。

比丘們，同樣的道理，如果感受、念想、行為、認識、分別、判斷，它們讓世間眾生生起貪欲、渴愛，它們讓世間眾生執著和掛念，它們讓世間眾生沉迷其中，它們讓世間眾生循環往復產生歡樂、開心、舒暢、安心、期望、憂愁、悲傷、苦悶、憂慮、恐怖、絕望等等喜怒哀樂的煩惱和痛苦，那麼這些讓眾生生起貪欲、渴愛，執著掛念，煩惱和痛苦的感受、念想、行為、認識、分別、判斷就是魔王、妖魔鬼怪。

什麼是梵天界呢？就是處於初禪的境界、狀態之中，處於初禪的領域、範圍之內。處於初禪境界、狀態之中的眾生，就是在梵天界之中。

　　什麼是初禪呢？遠離欲望，舍離不善法後，就能進入喜樂的清淨境界，在這個清淨境界中還會對外界的事物有細微的分別、區別，這樣的清淨境界就是初禪。

　　初禪屬於色界的範圍，已經遠離欲界，已經熄滅、滅盡欲界中的各種欲望，尤其已經滅盡淫欲，由此進入沒有欲望的寂靜、清淨境界之中。

　　什麼是色界呢？就是已經熄滅、平息了聲欲、嗅欲、味欲、觸欲、淫欲，已經沒有了聲欲、嗅欲、味欲、觸欲、淫欲，但是還有物欲。

　　什麼是物欲、聲欲、嗅欲、味欲、觸欲、淫欲呢？
　　由物質事物、物質身體生起貪欲、渴愛就叫做物欲；
　　由聲音生起貪欲、渴愛就叫做聲欲；
　　由氣味生起貪欲、渴愛就叫做嗅欲；
　　由味道生起貪欲、渴愛就叫做味欲；
　　由觸覺、環境變化感覺（冷熱、舒適等等）生起貪欲、渴愛就叫做觸欲。

　　由男女交合、結合生起貪欲、渴愛就叫做淫欲。

　　在色界的境界、狀態之中，已經沒有聲欲、嗅欲、味欲、觸欲、淫欲，但是還有物欲，還會由物質事物生起貪欲、渴愛，對物質事物的貪愛還存在；對物質事物、物質世界還有執著和掛念，還會分別、區別物質事物、物質世界的不同、存在與否，還處於分辨、識別物質事物、物質世界的境界、狀態之中，還處於區分、辨別物質事物、物質世界的領域、範圍之中，這就是色界的法義。

　　一旦對物質事物生起貪欲、渴愛，一旦執著和掛念物質事物、物質世界就會陷入色界的境界、狀態之中，就會處於色界的領域、範圍之內。

　　「色界」簡單的說就是：已經沒有聲欲、嗅欲、味欲、觸欲、淫欲，還有對物質事物的貪欲，還處於執著和掛念物質事物、物質世界

的境界、狀態之中。

什麼是梵天王呢？引導、指引眾生進入初禪境界、狀態的事物就是梵天王，這個事物可以是人或眾生，也可以是修行方法，還可以是世間任何一種能夠引領眾生進入初禪境界、狀態的物質事物、感受、念想、行爲、認識、分別、判斷。比如四念住、七覺支、八正道就能引導、指引眾生進入初禪的境界、狀態之中（四念住解釋，見第一百三十七章；七覺支解釋，見第一百二十八章；八正道解釋，見第一百一十三章），當然四念住、七覺支、八正道不僅僅只是將眾生引導進入初禪的境界、狀態之中，還能將眾生最終引導進入涅槃的境界之中。

什麼是涅槃呢？滅盡貪欲、渴愛、憂慮、憤怒、無智愚癡、喜怒哀樂、執著、掛念等等一切的煩惱和痛苦，解除眼睛與物質事物，耳朵與聲音，鼻子與氣味，舌頭與味道，身體與觸覺、環境變化感覺（冷熱、舒適等等），內心與見解、思想、念想的束縛捆綁，滅盡生死輪回（生死輪回解釋，見第一百一十二章），從世間徹底完全的解脫出來，到達沒有煩惱，沒有痛苦，沒有執著，沒有掛念，沒有念想的解脫彼岸，這就是涅槃的境界。

什麼是天神呢？在天界中擁有權勢、權力，道德高尚，賞善罰惡，教導眾生走正道，護持善法、正法的眾生就是天神。

天神就是一切護持善道，正道的事物，可以是有生命的眾生，也可以是沒有生命的事物，只要是行善，引導眾生向善，走正道，或者維持正道，善道，保護，扶助，救濟眾生的生命體或者沒有生命的事物都可以稱爲神。讓眾生生存，活命的事物也被稱爲天神，比如天地生養萬億生命，雖然天地是沒有生命的事物，但是也可以認爲是天神，太陽同樣如此，各種利益大眾的善人，也可以稱爲神。生起善念就是神，生起貪欲即是魔。

什麼是鬼？所謂鬼，就是生起傷害眾生之心，生起恐懼之心，或者使眾生生起傷害之心，生起恐懼之心的生命體或無生命的事物也被稱爲鬼。

什麼是無上正等正覺呢？就是已經完全證悟明白世間一切的眞相、眞諦，並由此開啓了圓滿的智慧，從世間徹底的解脫出來。

比丘們，就是因爲如來過去修習五根的時候，已經證悟明白了世間的生起、滅沒、甘味、禍患、解脫，如來才能證悟無上正等正覺，才能在人界、天界、魔界、梵天界等等眾生所處的世間自稱已經證悟了無上正等正覺的佛果，世間的普通人、出家人、修行人、天神、魔王、梵天王等等一切的眾生才會認可如來已經證悟了無上正等正覺，他們才會接受如來的教導。

　　比丘們！如來用開啓的智慧去實踐修行，向所有世間的眾生證明了修習五根可以從世間生死輪回的煩惱和痛苦中永遠的解脫出來（生死輪回解釋，見第一百一十二章），如來已經不會再被世間任何的事物所困擾、迷惑，如來內心已經不會再被世間一切的事物所束縛捆綁，如來已經徹底永遠的從世間解脫出來，如來知道自己這一世是最後一次出生在世間，不會再有喜怒哀樂等等煩惱和痛苦的輪回狀態了，以後不會再投生在世間了，已經徹底從世間的生死輪回中解脫出來。」

　　佛陀說法後，聽法的出家弟子們都再次的頂禮佛陀，隨喜讚歎佛陀說法的無量功德，他們都按著佛陀所說的法去修行。

第一百五十三章　什麼是六根？

　　有個時候，佛陀住在舍衛城的祇樹林給孤獨園，有一天，佛陀對出家弟子們說：「比丘們(出家人)，有六根，是哪六種根呢？即是眼根、耳根、鼻根、舌根、身根、意根，這六根。

　　什麼是「根」呢？「根」是生起的意思，比如草木的根部能夠吸收養料，生長出枝幹、樹葉等等，「根」能夠讓「識」生起。

　　什麼是「識」呢？「識」是辨識、感知、了別的意思。

　　什麼是眼根呢？眼睛看物質事物的時候，能夠生起眼識，這就是眼根。

　　什麼是眼識呢？就是當眼睛與事物相遇的時候，通過光線的傳遞能夠分別出物質事物的存在和不同，這就是眼識。眼識能分別、判斷物質事物的有無、不同。

　　「眼根」能夠產生視覺。比丘們，不能簡單的認爲「眼根」就是眼睛，因爲要有視覺的功能，能夠產生視覺才能稱其爲「眼根」，沒有視覺的功能，不能產生視覺就不能稱其爲「眼根」。

　　什麼是耳根呢？耳朵聽聲音的時候，能夠生起耳識，這就是耳根。

　　什麼是耳識呢？就是當耳朵與聲音相遇的時候，通過各種介質的傳遞就會分別出聲音的存在和不同，這就是耳識。耳識能分別、判斷聲音的有無、不同。

　　「耳根」能夠產生聽覺。比丘們，不能簡單的認爲「耳根」就是耳朵，因爲要有聽覺的功能，能夠產生聽覺才能稱其爲「耳根」，沒有聽覺的功能，不能產生聽覺就不能稱其爲「耳根」。

　　什麼是鼻根呢？鼻子聞氣味的時候，能夠生起鼻識，這就是鼻根。

　　什麼是鼻識呢？就是當鼻子與氣味相遇的時候，通過各種介質的傳遞就會分別出氣味的存在和不同，這就是鼻識。鼻識能分別、判斷

氣味的有無、不同。

「鼻根」能夠產生嗅覺。比丘們，不能簡單的認為「鼻根」就是鼻子，因為要有嗅覺的功能，能夠產生嗅覺才能稱其為「鼻根」，沒有嗅覺的功能，不能產生嗅覺就不能稱其為「鼻根」。

什麼是舌根呢？舌頭嘗味道的時候，能夠生起舌識，這就是舌根。

什麼是舌識呢？就是當舌頭與味道相遇的時候，就會分別出味道的存在和不同，這就是舌識。舌識能分別、判斷味道的有無、不同。

「舌根」能夠產生味覺。比丘們，不能簡單的認為「舌根」就是舌頭，因為要有味覺的功能，能夠產生味覺才能稱其為「舌根」，沒有味覺的功能，不能產生味覺就不能稱其為「舌根」。

什麼是身根呢？身體觸摸到物質事物，或領納到環境變化（冷熱、舒適等等環境）的時候，能夠生起身識，這就是身根。

什麼是身識呢？就是當身體觸摸到物質事物，或領納到環境變化（冷熱、舒適等等環境）的時候，就會分別出物質事物觸摸感覺，或環境變化感覺的存在和不同，這就是身識。身識能分別、判斷物質事物觸摸感覺，環境變化感覺的有無、不同。

「身根」能夠產生觸覺。比丘們，不能簡單的認為「身根」就是身體，因為要有觸覺的功能，能夠產生觸覺才能稱其為「身根」，沒有觸覺的功能，不能產生觸覺就不能稱其為「身根」。

什麼是意根呢？內心思索、思量、思考物質事物、聲音、氣味、味道、觸覺、環境變化感覺、見解、思想、念想的時候，能夠生起意識，這就是意根。

什麼是意識呢？就是內心分別「法境」的存在和不同，什麼是「法」呢？「法」指代的是世間一切的事物，任何有形體，沒有形體的事物，一切真實、虛妄的道理與思想。比如「法」可以指代：物質事物、物質身體、感受、念想、行為、認識、分別、判斷；眼睛與物質事物，耳朵與聲音，鼻子與氣味，舌頭與味道，身體與觸覺、環境變化感覺（冷熱、舒適等等），內心與見解、思想、念想。簡單的說「法」指代的就是：世間一切的事物，包括有形與無形的事物，包括物質事物與精神思想，包括各種事情與事件，各種狀態與情況，各種

現象等等一切的世間事物。

　　什麼是法境呢？就是內心思索、思量、思考的物件，比如物質事物、聲音、氣味、味道、觸覺、環境變化感覺、見解、思想、念想就是內心思索、思量、思考的物件。所謂「法」就是世間一切的事物，所謂「境」就是內心作用的區域、物件，內心思索、思量、思考的區域、物件。

　　「意根」能夠產生思維。比丘們，不能簡單的認為「意根」就是內心，因為要有思維的功能，能夠產生思索、思量、思考才能稱其為「意根」，沒有思維的功能，不能產生思索、思量、思考就不能稱其為「意根」。

　　比丘們，這就是眼根、耳根、鼻根、舌根、身根、意根的法義。」

　　佛陀說法後，聽法的出家弟子們都再次的頂禮佛陀，隨喜讚歎佛陀說法的無量功德，他們都按著佛陀所說的法去修行。

第一百五十四章　六根的生起、滅沒、甘味、禍患、解脫

　　有個時候，佛陀住在舍衛城的祇樹林給孤獨園，有一天，佛陀對出家弟子們說：「比丘們(出家人)，有六根，是哪六種根呢？即是眼根、耳根、鼻根、舌根、身根、意根，這六根（六根解釋，見第一百五十三章）。

　　比丘們，那些完全明白了六根的生起、滅沒、甘味、禍患、解脫的聖弟子們，他們就是證悟入流果的聖弟子們（入流果解釋，見第一百四十九章），他們就是被如來稱為：『不會下墮到惡道、痛苦不幸的地方，已經進入聖者之流，已經證悟入流果位，必定能夠在將來最終開啓完全解脫的智慧，到達沒有煩惱，沒有痛苦，沒有執著，沒有掛念，沒有念想涅槃清淨彼岸的入流聖弟子。』

　　什麼是明白六根的生起與滅沒呢？明白眼根、耳根、鼻根、舌根、身根、意根，這六根的生起與滅沒，就是明白緣起法（緣起法解釋，見第十八章、第十九章）。

　　什麼是明白六根的甘味呢？由眼根、耳根、鼻根、舌根、身根、意根生起快樂、喜悅，這就是眼根、耳根、鼻根、舌根、身根、意根的甘味，明白這個就是明白了六根的甘味。

　　什麼是明白六根的禍患呢？眼根、耳根、鼻根、舌根、身根、意根隨時在變化，無法永遠存在，無法永恆保持不變，無法永遠的擁有，是最終帶來痛苦的，這就是眼根、耳根、鼻根、舌根、身根、意根的禍患。眼睛、耳朵、鼻子、舌頭、身體、內心會生病、衰老、喪失功能，物質身體會生病、衰老、死亡，當眼睛、耳朵、鼻子、舌頭、身體、內心生病、衰老、喪失功能的時候，當物質身體生病、衰老、臨死的時候，就會帶來痛苦。明白了這個就是明白了六根的禍患。

什麼是明白六根的解脫呢？除滅、滅盡由眼根、耳根、鼻根、舌根、身根、意根生起的貪欲、渴愛；不再執著和掛念眼睛與物質事物，耳朵與聲音，鼻子與氣味，舌頭與味道，身體與觸覺、環境變化感覺（冷熱、舒適等等），內心與見解、思想、念想就是從眼根、耳根、鼻根、舌根、身根、意根中解脫出來，明白了這個就是明白了六根的解脫。」

　　佛陀說法後，聽法的出家弟子們都再次的頂禮佛陀，隨喜讚歎佛陀說法的無量功德，他們都按著佛陀所說的法去修行。

第一百五十五章　完全明白六根證悟無上正等正覺

　　有個時候，佛陀住在舍衛城的祇樹林給孤獨園，有一天，佛陀對出家弟子們說：「比丘們(出家人)，有六根，是哪六種根呢？即是眼根、耳根、鼻根、舌根、身根、意根，這六根（六根解釋，見第一百五十三章）。

　　比丘們！如果如來過去修行的時候，沒有證悟明白六根的生起、滅沒、甘味、禍患、解脫（六根的生起、滅沒、甘味、禍患、解脫解釋，見第一百五十四章），那麼如來就無法證悟無上正等正覺，也就不能在人界、天界、魔界、梵天界等等眾生所處的世間自稱已經證悟了無上正等正覺的佛果（眾生解釋，見第七十七章），世間的普通人、出家人、修行人、天神、魔王、梵天王等等一切的眾生也不會認可如來已經證悟了無上正等正覺，他們也不會接受如來的教導。

　　什麼是界呢？「界」是領域、範圍的意思，「界」是處於某種境界、狀態之中的意思。

　　什麼是人界呢？處於欲界之中的人，就在人界之中。

　　什麼是欲界呢？就是處於感官欲望的境界、狀態之中，處於感官欲望的領域、範圍之內。

　　什麼是感官欲望呢？

　　由眼睛與看見的物質事物生起貪欲、渴愛；

　　由耳朵與聽見的聲音生起貪欲、渴愛；

　　由鼻子與聞到的氣味生起貪欲、渴愛；

　　由舌頭與嘗到的味道生起貪欲、渴愛；

　　由身體與觸摸感覺到的觸覺，或領納到的環境變化感覺（冷熱、舒適等等）生起貪欲、渴愛。

　　這些就是感官欲望，比如最常見的感官欲望就是男女之間產生的淫欲。一旦生起了感官欲望就會陷入感官欲望的境界、狀態之中，就

會處於感官欲望的領域、範圍之內。

「欲界」簡單的說就是：處於感官欲望的境界、狀態之中。

處於感官欲望境界、狀態之中的人，就在「人界」之中。

什麼是天界呢？就是處於快樂、喜悅、開心的境界、狀態之中，處於快樂、喜悅、開心的領域、範圍之內。處於喜歡、滿意、舒服、合意、快樂、喜悅、開心境界、狀態之中的眾生，就是在天界之中。

天界是由六觸所生起的（六觸就是：眼觸、耳觸、鼻觸、舌觸、身觸、意觸；眼觸、耳觸、鼻觸、舌觸、身觸、意觸解釋，見第八十章），可以將天界稱為六觸天界。比丘們，當眼睛看見物質事物後只讓自己生起了喜歡的念想，當眼睛看見物質事物後只讓自己生起了滿意、舒服、合意的念想，當眼睛看見物質事物後只讓自己生起了快樂、喜悅、開心的念想，當眼睛看見物質事物後只讓自己生起了歡樂、甜蜜、開心、舒暢、高興、愜意、歡快、歡暢等等愉快和幸福的念想，那麼這個時候，就迷失於天界之中，就在六觸天界中沉醉、陷溺、沉淪了，這個天界是由眼睛與物質事物形成的，一旦眼睛看見物質事物生起了喜歡、滿意、舒服、合意、快樂、喜悅、開心的念想，一旦眼睛看見物質事物生起了歡樂、甜蜜、開心、舒暢、高興、愜意、歡快、歡暢等等愉快和幸福的念想，就沉迷於六觸天界之中了。

當耳朵聽到聲音後只讓自己生起了喜歡的念想，當耳朵聽到聲音後只讓自己生起了滿意、舒服、合意的念想，當耳朵聽到聲音後只讓自己生起了快樂、喜悅、開心的念想，當耳朵聽到聲音後只讓自己生起了歡樂、甜蜜、開心、舒暢、高興、愜意、歡快、歡暢等等愉快和幸福的念想，那麼這個時候，就迷失於天界之中，就在六觸天界中沉醉、陷溺、沉淪了，這個天界是由耳朵與聲音形成的，一旦耳朵聽到聲音生起了喜歡、滿意、舒服、合意、快樂、喜悅、開心的念想，一旦耳朵聽到聲音生起了歡樂、甜蜜、開心、舒暢、高興、愜意、歡快、歡暢等等愉快和幸福的念想，就沉迷於六觸天界之中了。

當鼻子聞到氣味後只讓自己生起了喜歡的念想，當鼻子聞到氣味後只讓自己生起了滿意、舒服、合意的念想，當鼻子聞到氣味後只讓自己生起了快樂、喜悅、開心的念想，當鼻子聞到氣味後只讓自己生起了歡樂、甜蜜、開心、舒暢、高興、愜意、歡快、歡暢等等愉快和

幸福的念想，那麼這個時候，就迷失於天界之中，就在六觸天界中沉醉、陷溺、沉淪了，這個天界是由鼻子與氣味形成的，一旦鼻子聞到氣味生起了喜歡、滿意、舒服、合意、快樂、喜悅、開心的念想，一旦鼻子聞到氣味生起了歡樂、甜蜜、開心、舒暢、高興、愜意、歡快、歡暢等等愉快和幸福的念想，就沉迷於六觸天界之中了。

當舌頭嘗到味道後只讓自己生起了喜歡的念想，當舌頭嘗到味道後只讓自己生起了滿意、舒服、合意的念想，當舌頭嘗到味道後只讓自己生起了快樂、喜悅、開心的念想，當舌頭嘗到味道後只讓自己生起了歡樂、甜蜜、開心、舒暢、高興、愜意、歡快、歡暢等等愉快和幸福的念想，那麼這個時候，就迷失於天界之中，就在六觸天界中沉醉、陷溺、沉淪了，這個天界是由舌頭與味道形成的，一旦舌頭嘗到味道生起了喜歡、滿意、舒服、合意、快樂、喜悅、開心的念想，一旦舌頭嘗到味道生起了歡樂、甜蜜、開心、舒暢、高興、愜意、歡快、歡暢等等愉快和幸福的念想，就沉迷於六觸天界之中了。

當身體觸摸感覺到觸覺，領納到環境變化感覺（冷熱、舒適等等）後只讓自己生起了喜歡的念想，當身體觸摸感覺到觸覺，領納到環境變化感覺後只讓自己生起了滿意、舒服、合意的念想，當身體觸摸感覺到觸覺，領納到環境變化感覺後只讓自己生起了快樂、喜悅、開心的念想，當身體觸摸感覺到觸覺，領納到環境變化感覺後只讓自己生起了歡樂、甜蜜、開心、舒暢、高興、愜意、歡快、歡暢等等愉快和幸福的念想，那麼這個時候，就迷失於天界之中，就在六觸天界中沉醉、陷溺、沉淪了，這個天界是由身體與觸覺、環境變化感覺形成的，一旦身體觸摸感覺到觸覺，領納到環境變化感覺生起了喜歡、滿意、舒服、合意、快樂、喜悅、開心的念想，一旦身體觸摸感覺到觸覺，領納到環境變化感覺生起了歡樂、甜蜜、開心、舒暢、高興、愜意、歡快、歡暢等等愉快和幸福的念想，就沉迷於六觸天界之中了。

當內心想到見解、思想、念想後只讓自己生起了喜歡的念想，當內心想到見解、思想、念想後只讓自己生起了滿意、舒服、合意的念想，當內心想到見解、思想、念想後只讓自己生起了快樂、喜悅、開心的念想，當內心想到見解、思想、念想後只讓自己生起了歡樂、甜

蜜、開心、舒暢、高興、愜意、歡快、歡暢等等愉快和幸福的念想，那麼這個時候，就迷失於天界之中，就在六觸天界中沉醉、陷溺、沉淪了，這個天界是由內心與見解、思想、念想形成的，一旦內心想到見解、思想、念想生起了喜歡、滿意、舒服、合意、快樂、喜悅、開心的念想，一旦內心想到見解、思想、念想生起了歡樂、甜蜜、開心、舒暢、高興、愜意、歡快、歡暢等等愉快和幸福的念想，就沉迷於六觸天界之中了。

什麼是魔界呢？就是處於貪欲、渴愛、憂慮、憤怒、無智愚癡、喜怒哀樂、執著、掛念等等煩惱和痛苦的境界、狀態之中，處於貪欲、渴愛、憂慮、憤怒、無智愚癡、喜怒哀樂、執著、掛念等等煩惱和痛苦的領域、範圍之內。生起貪欲、渴愛、憂慮、憤怒、無智愚癡、喜怒哀樂、執著、掛念等等煩惱和痛苦的眾生，就是在魔界之中。

什麼是魔王呢？讓世間眾生生起貪欲、渴愛，讓世間眾生執著和掛念，讓世間眾生沉迷其中，讓世間眾生循環往復產生歡樂、開心、舒暢、安心、期望、憂愁、悲傷、苦悶、憂慮、恐怖、絕望等等喜怒哀樂煩惱和痛苦的事物事情就是魔王、妖魔鬼怪。

比丘們，如果物質事物、物質身體，它們讓世間眾生生起貪欲、渴愛，它們讓世間眾生執著和掛念，它們讓世間眾生沉迷其中，它們讓世間眾生循環往復產生歡樂、開心、舒暢、安心、期望、憂愁、悲傷、苦悶、憂慮、恐怖、絕望等等喜怒哀樂的煩惱和痛苦，那麼這些讓眾生生起貪欲、渴愛，執著掛念，煩惱和痛苦的物質事物、物質身體就是魔王、妖魔鬼怪。

比丘們，同樣的道理，如果感受、念想、行為、認識、分別、判斷，它們讓世間眾生生起貪欲、渴愛，它們讓世間眾生執著和掛念，它們讓世間眾生沉迷其中，它們讓世間眾生循環往復產生歡樂、開心、舒暢、安心、期望、憂愁、悲傷、苦悶、憂慮、恐怖、絕望等等喜怒哀樂的煩惱和痛苦，那麼這些讓眾生生起貪欲、渴愛，執著掛念，煩惱和痛苦的感受、念想、行為、認識、分別、判斷就是魔王、妖魔鬼怪。

什麼是梵天界呢？就是處於初禪的境界、狀態之中，處於初禪的領域、範圍之內。處於初禪境界、狀態之中的眾生，就是在梵天界之中。

　　什麼是初禪呢？遠離欲望，舍離不善法後，就能進入喜樂的清淨境界，在這個清淨境界中還會對外界的事物有細微的分別、區別，這樣的清淨境界就是初禪。

　　初禪屬於色界的範圍，已經遠離欲界，已經熄滅、滅盡欲界中的各種欲望，尤其已經滅盡淫欲，由此進入沒有欲望的寂靜、清淨境界之中。

　　什麼是色界呢？就是已經熄滅、平息了聲欲、嗅欲、味欲、觸欲、淫欲，已經沒有了聲欲、嗅欲、味欲、觸欲、淫欲，但是還有物欲。

　　什麼是物欲、聲欲、嗅欲、味欲、觸欲、淫欲呢？

　　由物質事物、物質身體生起貪欲、渴愛就叫做物欲；

　　由聲音生起貪欲、渴愛就叫做聲欲；

　　由氣味生起貪欲、渴愛就叫做嗅欲；

　　由味道生起貪欲、渴愛就叫做味欲；

　　由觸覺、環境變化感覺（冷熱、舒適等等）生起貪欲、渴愛就叫做觸欲。

　　由男女交合、結合生起貪欲、渴愛就叫做淫欲。

　　在色界的境界、狀態之中，已經沒有聲欲、嗅欲、味欲、觸欲、淫欲，但是還有物欲，還會由物質事物生起貪欲、渴愛，對物質事物的貪愛還存在；對物質事物、物質世界還有執著和掛念，還會分別、區別物質事物、物質世界的不同、存在與否，還處於分辨、識別物質事物、物質世界的境界、狀態之中，還處於區分、辨別物質事物、物質世界的領域、範圍之中，這就是色界的法義。

　　一旦對物質事物生起貪欲、渴愛，一旦執著和掛念物質事物、物質世界就會陷入色界的境界、狀態之中，就會處於色界的領域、範圍之內。

　　「色界」簡單的說就是：已經沒有聲欲、嗅欲、味欲、觸欲、淫欲，還有對物質事物的貪欲，還處於執著和掛念物質事物、物質世界

的境界、狀態之中。

　　什麼是梵天王呢？引導、指引眾生進入初禪境界、狀態的事物就是梵天王，這個事物可以是人或眾生，也可以是修行方法，還可以是世間任何一種能夠引領眾生進入初禪境界、狀態的物質事物、感受、念想、行為、認識、分別、判斷。比如四念住、七覺支、八正道就能引導、指引眾生進入初禪的境界、狀態之中（四念住解釋，見第一百三十七章；七覺支解釋，見第一百二十八章；八正道解釋，見第一百一十三章），當然四念住、七覺支、八正道不僅僅只是將眾生引導進入初禪的境界、狀態之中，還能將眾生最終引導進入涅槃的境界之中。

　　什麼是涅槃呢？滅盡貪欲、渴愛、憂慮、憤怒、無智愚癡、喜怒哀樂、執著、掛念等等一切的煩惱和痛苦，解除眼睛與物質事物，耳朵與聲音，鼻子與氣味，舌頭與味道，身體與觸覺、環境變化感覺（冷熱、舒適等等），內心與見解、思想、念想的束縛捆綁，滅盡生死輪迴（生死輪迴解釋，見第一百一十二章），從世間徹底完全的解脫出來，到達沒有煩惱，沒有痛苦，沒有執著，沒有掛念，沒有念想的解脫彼岸，這就是涅槃的境界。

　　什麼是天神呢？在天界中擁有權勢、權力，道德高尚，賞善罰惡，教導眾生走正道，護持善法、正法的眾生就是天神。

　　天神就是一切護持善道，正道的事物，可以是有生命的眾生，也可以是沒有生命的事物，只要是行善，引導眾生向善，走正道，或者維持正道，善道，保護，扶助，救濟眾生的生命體或者沒有生命的事物都可以稱為神。讓眾生生存，活命的事物也被稱為天神，比如天地生養萬億生命，雖然天地是沒有生命的事物，但是也可以認為是天神，太陽同樣如此，各種利益大眾的善人，也可以稱為神。生起善念就是神，生起貪欲即是魔。

　　什麼是鬼？所謂鬼，就是生起傷害眾生之心，生起恐懼之心，或者使眾生生起傷害之心，生起恐懼之心的生命體或無生命的事物也被稱為鬼。

　　什麼是無上正等正覺呢？就是已經完全證悟明白世間一切的真相、真諦，並由此開啓了圓滿的智慧，從世間徹底的解脫出來。

比丘們，就是因為如來過去修行的時候，已經證悟明白了六根的生起、滅沒、甘味、禍患、解脫，如來才能證悟無上正等正覺，才能在人界、天界、魔界、梵天界等等眾生所處的世間自稱已經證悟了無上正等正覺的佛果，世間的普通人、出家人、修行人、天神、魔王、梵天王等等一切的眾生才會認可如來已經證悟了無上正等正覺，他們才會接受如來的教導。

　　比丘們！如來用開啟的智慧去實踐修行，向所有世間的眾生證明了按著這樣的方法去修行可以從世間生死輪回的煩惱和痛苦中永遠的解脫出來（生死輪回解釋，見第一百一十二章），如來已經不會再被世間任何的事物所困擾、迷惑，如來內心已經不會再被世間一切的事物所束縛捆綁，如來已經徹底永遠的從世間解脫出來，如來知道自己這一世是最後一次出生在世間，不會再有喜怒哀樂等等煩惱和痛苦的輪回狀態了，以後不會再投生在世間了，已經徹底從世間的生死輪回中解脫出來。」

　　佛陀說法後，聽法的出家弟子們都再次的頂禮佛陀，隨喜讚歎佛陀說法的無量功德，他們都按著佛陀所說的法去修行。

第一百五十六章　衰老、死亡是無法逃避的

　　有個時候，佛陀住在舍衛城的東園鹿母講堂，有一天傍晚的時候，佛陀靜坐禪修完畢後，就獨自坐到講堂之中，陽光照射到佛陀的背上，遠望去佛陀的身上仿佛散發出了耀眼的光芒。

　　這時，阿難尊者來到講堂，看見滿身放光的佛陀，恭敬的頂禮佛陀，就在一旁坐下，阿難尊者對佛陀說：「世尊，真是不可思議呀，您既然全身放光哦。」

　　佛陀說：「阿難，那只是陽光的反射，如來身上並沒有放光，阿難，你跟隨如來這麼久了，什麼時候看見如來展示過神通？」

　　阿難尊者說：「世尊，確實您並沒有向聖弟子們展示過任何神通，世尊，您只是耐心細緻的教導我們該如何的修行以此滅盡煩惱和痛苦。」

　　佛陀說：「阿難，其實沒有什麼神通，神通不過也是教導眾生的一種方法。」

　　阿難尊者說：「世尊，為什麼會沒有神通呢？您不是曾經說過目犍連尊者神通第一嗎？」

　　佛陀說：「阿難，那只是為了吸引那些對神通感興趣的眾生跟隨如來修行，而使用的方便教法。」

　　阿難尊者說：「世尊，那神通到底是什麼呢？」

　　佛陀說：「阿難，神通其實就是過去雜耍藝人使用的障眼法，簡單的說就是魔術，讓觀看表演的人認為好像有一種不可思議的神力在裡面，其實這種神力並不存在。如來說目犍連神通第一，其實意思是說：目犍連施展魔術的手法第一。」

　　阿難尊者說：「世尊，原來是這樣，那為什麼不直接告訴信眾真相呢？」

佛陀說：「阿難，如來曾經告訴過信眾神通的眞相，但是他們並不相信，轉而繼續去信仰那些自稱有神通的教派。目犍連曾經對如來建言：『世尊，信眾既然無法接受神通的眞相，那我們就用神通來吸引他們，待他們接受了世尊您的正法，明白了修行的方法，開啓了智慧，熄滅、平息、滅盡了煩惱和痛苦，他們自然就能明白神通到底是什麼，他們自然就能接受神通並不存在的眞相。』

如來覺得目犍連說的有道理，就接受了他的建議。」

阿難尊者說：「世尊，原來是這樣，神通就是魔術而已，並不是眞實存在的，那些鼓吹有神通的教派不是在欺騙信眾嗎？」

佛陀說：「阿難，確實是如此，但是世間有的眾生就是相信有神通的存在，所以才會被欺騙。」

阿難尊者說：「世尊，如果眞有什麼神通存在的話，世間人或眾生也就不會生病、衰老、死亡了。世尊，您是世間的聖者，然而，世尊您現在也已經衰老了，您的皮膚不像年輕時那樣的潔白、柔嫩了，您的臉上也生起了很多皺紋，您的身體骨骼也變的鬆弛了，您的背也有點駝了，我能夠感覺到您眼睛、耳朵、鼻子、舌頭、身體的變化，它們也已經衰老了，您的視覺、聽覺、嗅覺、味覺、觸覺也沒有年輕時那樣的靈敏了，它們的功能也在衰退。」

佛陀說：「阿難，正是這樣，有年輕的時候就會有衰老的時候，有無病的時候就會有生病的時候，有活著的時候就會有死去的時候，皮膚不再像年輕時那樣的潔白、柔嫩，臉上生起皺紋，身體骨骼變的鬆弛，背部變彎曲變駝，眼睛、耳朵、鼻子、舌頭、身體衰老，視覺、聽覺、嗅覺、味覺、觸覺功能衰退，這是世間人或眾生幾乎都會經歷的人生過程，只要不是早死，生在世間，就會經歷這樣的人生過程。就連世間的聖者也要經歷這個過程包括如來在內。沒有人能夠避免，沒有人能夠不生病，不衰老，死亡，這就是世間的眞相。世間人或眾生在世間的身體就如同陶瓷一樣脆弱，一樣容易被打碎，災禍、意外、疾病、衰老、死亡隨時都威脅著他們的物質身體，他們的物質身體隨時都可能受到傷害，隨時都可能滅沒消失。

衰老了是很可憐的，衰老後會被人遺忘，變的卑微；

一本書

讀懂所有佛經

衰老了皮膚會起皺紋、會變粗糙，眼睛、耳朵、鼻子、舌頭、身體會變形，手腳等等肢體的骨骼會變鬆弛，背部會彎曲變駝，衰老會讓人變得醜陋。

　　年輕時帥氣的臉龐，強壯的身體，年輕時漂亮的臉蛋，迷人的身材都會被衰老打敗，就如同眼睛看見鏡子中年輕漂亮的影像被打碎一樣。

　　就算活到一百多歲，最後還是會死去。

　　死亡是世間任何一個人或眾生都無法逃避的，世間人或眾生沒有誰能夠躲過死亡。

　　死亡的功能就是打碎一切，打碎世間人或眾生的物質身體，打碎各種回憶，打碎各種所謂的擁有，打碎各種感情，打碎各種念想、見解、思想，讓世間人或眾生從世間徹底的消失，讓世間人或眾生從世間被徹底的遺忘。」

　　這時，佛陀說偈言：

「禍哉可憐老，
　老者成為醜，
　暫時可意像。
　因老而破壞，
　譬如活百歲，
　終不免一死。
　老為無可逃，
　一切為破壞。」

　　佛陀說法後，阿難尊者再次虔誠恭敬的頂禮佛陀，隨喜讚歎佛陀說法的無量功德，並按著佛陀所說的法去修行。

第一百五十七章　涅槃的去處、歸處在什麼地方？

　　有個時候，佛陀住在舍衛城的祇樹林給孤獨園，有一天，一位名叫溫那巴的婆羅門來到佛陀的住所，他與佛陀互相問候後，就在一旁坐下，溫那巴婆羅門對佛陀說：「喬達摩大師，眼睛與看見的物質事物，耳朵與聽到的聲音，鼻子與聞到的氣味，舌頭與嘗到的味道，身體與觸摸感覺到的觸覺、領納到的環境變化感覺（冷熱、舒適等等），這五種身體器官與外部物件，如果不執著和掛念它們，應該投歸於什麼地方呢？應該安住在什麼地方呢？

　　喬達摩大師，也就是說：眼睛、耳朵、鼻子、舌頭、身體這五種身體器官與其所能感覺到的物質事物、聲音、氣味、味道、觸覺、環境變化感覺這五種外部事物，如果不執著和掛念它們，應該投歸於什麼地方呢？應該安住在什麼地方呢？」

　　佛陀說：「婆羅門，當不執著和掛念眼睛與物質事物，耳朵與聲音，鼻子與氣味，舌頭與味道，身體與觸覺、環境變化感覺（冷熱、舒適等等）的時候，應該投歸於內心，安住在內心之中。」

　　溫那巴婆羅門說：「喬達摩大師，內心的去處、歸處又在什麼地方呢？」

　　佛陀說：「婆羅門，內心的去處、歸處是念想。」

　　溫那巴婆羅門說：「喬達摩大師，念想的去處、歸處在什麼地方呢？」

　　佛陀說：「婆羅門，念想的去處、歸處是解脫，從念想的束縛捆綁中解脫出來，不再執著和掛念念想就是解脫。」

　　溫那巴婆羅門說：「喬達摩大師，解脫的去處、歸處在什麼地方呢？」

　　佛陀說：「婆羅門，解脫的去處、歸處是進入涅槃境界。在涅槃境界之中不會再生起念想，在涅槃境界之中沒有念想的存在。

一本書

什麼是涅槃呢？滅盡貪欲、渴愛、憂慮、憤怒、無智愚癡、喜怒哀樂、執著、掛念等等一切的煩惱和痛苦，解除眼睛與物質事物，耳朵與聲音，鼻子與氣味，舌頭與味道，身體與觸覺、環境變化感覺（冷熱、舒適等等），內心與見解、思想、念想的束縛捆綁，滅盡生死輪迴（生死輪迴解釋，見第一百一十二章），從世間徹底完全的解脫出來，到達沒有煩惱，沒有痛苦，沒有執著，沒有掛念，沒有念想的解脫彼岸，這就是涅槃的境界。」

　　溫那巴婆羅門說：「喬達摩大師，涅槃的去處、歸處在什麼地方呢？」

　　佛陀說：「婆羅門，你現在問的問題是不恰當的，已經超過了所問問題的範圍，既然連念想都沒有生起，連念想都不存在，還有什麼去處、歸處呢？

　　婆羅門，就如同東邊有個窗戶，早上太陽升起的時候，陽光穿過東邊的窗戶，就會照射到屋內西邊的牆壁上，東邊沒有窗戶，沒有房屋，什麼都沒有，全部都是虛空，太陽出現的時候，陽光會照射到什麼上面呢？」

　　溫那巴婆羅門說：「喬達摩大師，既然全部都是虛空，什麼都不存在，沒有物件，沒有參照物，那方向就不存在了，陽光也就沒有照射的物件了，陽光就會向虛空散發出去。」

　　佛陀說：「婆羅門，同樣的道理，念想都沒有生起，念想都不存在，還有什麼去處、歸處呢？涅槃就是修行的目的地，涅槃就是修行的終點，涅槃就是解脫的彼岸。」

　　佛陀說法後，溫那巴婆羅門非常的歡喜，他虔誠恭敬的頂禮佛陀，站起來繞著佛陀向右轉圈，以表示他對佛陀的最高敬意，之後他就離開了。

第一百五十八章 五根與五力是如何轉換的？

有個時候，佛陀住在沙只城的安闍那鹿苑，有一天佛陀對出家弟子們說：「比丘們（出家人），如來現在要爲你們講解五根與五力的轉換關係，五根即是五力，五力即是五根。你們知道爲什麼嗎？」

聽法的出家弟子們回答：「世尊您是我們的皈依，您是我們的導師，我們按您所說的法去修行，如果世尊您能夠爲我們講解：「五根與五力的轉換關係」我們會在聽您說法後，按您所說的去做的，去修行的，我們會時刻都受持世尊您對我們所說的正法的。」

佛陀說：「比丘們，什麼是五根呢？即是信根、精進根、念根、定根、慧根，這五根。

爲什麼稱其爲「根」呢？「根」比喻的是堅固不動搖，如同草木的根深深的紮在大地之中，讓草木牢固的佇立在大地之上。「根」還比喻逐漸增加善法、正法的力量，如同草木從根部獲取養料逐漸的長大一樣。

什麼是信根呢？「信根」就是對如來，對如來所說的正法，對如來的出家弟子，對如來所制定的戒律生起堅固的信心。對佛、法、僧、戒生起堅固的信心也被稱爲四不壞淨。

什麼是精進根？「精進根」就是持之以恆、堅持不懈、勇猛精進的修習善法、正法、解脫法。「四正勤」就是精進根的一種。什麼是「四正勤」呢？「四正勤」就是：已經生起的惡行、惡言、惡念，要立刻的斷除、滅盡；還沒有生起的惡行、惡言、惡念，不要再次的生起；還沒有生起的善行、善言、善念，要立刻、經常的生起；已經生起的善行、善言、善念，要繼續的保持，並讓這些善行、善言、善念持續的增進、增長。

什麼是念根呢？「念根」就是經常修習四念住不懈怠（四念住解釋，見第一百三十七章），也就是經常選擇修習身念住、受念住、心

念住、法念住，這四種念住中的任意一種念住（身念住、受念住、心念住、法念住解釋，見第一百三十七章）。要注意不是同時修習兩種或兩種以上的念住，而是在身念住、受念住、心念住、法念住，這四種念住中任意選擇一種念住去修行，或者修習身念住，或者修習受念住，或者修習心念住，或者修習法念住。

什麼是定根呢？「定根」就是讓內心不散亂、不混亂、不胡思亂想，讓內心平靜、寧靜，讓內心進入單個、純一的清淨境界之中。「四禪」就是定根的一種。什麼是「四禪」呢？「四禪」指的就是初禪、第二禪、第三禪、第四禪（初禪、第二禪、第三禪、第四禪解釋，見第三十五章）。

什麼是慧根呢？「慧根」就是內心安住在清淨境界之中所證悟開啟的智慧。「四聖諦」就是智慧的一種。什麼是「四聖諦」呢？「四聖諦」指的是苦、集、滅、道四種真相、真理，「苦」是指世間有生命的眾生是痛苦的（眾生解釋，見第七十七章），因為世間一切的事物無法永遠存在，無法永遠保持不變，無法永遠擁有，隨時在變化，世間的眾生會衰老、生病、死亡，世間的眾生擁有的事物會破損、衰敗、滅亡、消失，世間的眾生無法隨心所欲，還可能會遇上災難、災禍。幸福快樂的生活無法永遠保持，無法永遠存在。

「集」是指煩惱和痛苦生起的原因是什麼？煩惱和痛苦生起的根源、原因就是貪欲、渴愛，就是因為貪愛，所以失去或是得不到的時候就會產生痛苦，就是因為貪愛，所以就會想盡辦法、不擇手段的去獲取，就會去做惡行，說惡言，生惡念。做惡行，說惡言，生惡念就會造下罪業，就會導致不祥、危險、不幸、煩惱、痛苦的結果。

「滅」是指要滅盡煩惱和痛苦就要先滅盡貪欲、渴愛，滅盡了貪欲、渴愛就能滅盡煩惱和痛苦。

「道」是指滅盡煩惱和痛苦的修行方法，也就是從煩惱和痛苦中解脫出來的方法，這個方法就是修習八正道（八正道解釋，見第一百一十三章）。

比丘們，這就是信根、精進根、念根、定根、慧根的法義。

比丘們，什麼是五力呢？就是信力、精進力、念力、定力、慧力。也就是實踐去修行信根、精進根、念根、定根、慧根這五根而產

生出來的維持修行、達到解脫的力量。五力能夠破除煩惱和痛苦，五力能夠破除惡法、邪法，五力能夠解除內心對世間一切事物的疑惑、困惑。五力是由循序漸進、實踐的去修行五根而獲得的五種力量，也就是說五力是由五根的持續增長而達成的，五力是持之以恆實踐修行五根的結果。

什麼是信力？就是由信根的增長而破除一切邪信、惡信。比如修行四不壞淨就能破除一切的邪信、惡信（四不壞淨解釋，見第一百零六章）。

什麼是精進力？就是由精進根的增長，破除修行的懶惰、懈怠；斷惡生善，增進善法，破除一切惡法。比如修習四正勤就能增進善法，除滅一切惡法（四正勤解釋，見第一百零四章）。

什麼是念力？就是由念根的增長，安住在集中專注的念想之中，或者進入沒有念想的清淨境界之中，破除一切惡念、邪念，熄滅、平息、滅盡一切的念想、見解、思想。比如修行四念住就能安住在集中專注的念想之中，持之以恆的修習四念住就能進入沒有念想的清淨境界之中（四念住解釋，見第五十九章）。

什麼是定力？就是由定根的增長，破除內心念想的散亂，讓內心不再胡思亂想，保持長久的清淨安寧。比如修行四禪就能讓內心清淨安寧，不再胡思亂想（四禪解釋，見第三十五章）。

什麼是慧力？就是由慧根的增長，解除對世間一切事物的疑惑、困惑，開啟智慧證悟解脫的果位，從世間一切的事物中徹底的解脫出來。簡單的說就是：智慧有消除煩惱和痛苦的力量，比如明白了四聖諦就能開啟解脫的智慧，就不會再去執著和掛念世間一切的事物（四聖諦解釋，見第一百四十七章）。

比丘們！這就是五力的法義。

比丘們，五根就是五力，五力就是五根，它們可以相互轉換。信根就是信力，信力就是信根；精進根就是精進力，精進力就是精進根；念根就是念力，念力就是念根；定根就是定力，定力就是定根；慧根就是慧力，慧力就是慧。比丘們，該如何理解這幾句話的法義呢？

比丘們，如來現在說一個比喻以此來解說剛才幾句話的法義。五

一本書

讀懂所有佛經

根就如同一條由西向東流動的大江，在這條大江流動的過程中會有其他的江河匯入這條大江之中，其他的江河也比喻成五根，如果有另一條河的水流匯入這條大江，那麼在河水匯入的地方就會形成三條水流，以河水匯入點為分界點，假如河水是由北向南流動的，匯入點的北方，也就是河水流動的方向就是一條水流，匯入點的西邊，也就是大江流動的方向就是另一條水流，這就是兩條水流，當兩條水流彙集在一起的時候，匯入點的東邊就變成了彙集後的一條水流，這條由兩條水流彙集而成的第三條水流就比喻成五力。

比丘們，簡單的說：五根與五力的轉換就如同江河的彙集，有時是五根匯入五力，有的時候是五力匯入五根。

你們也可以這樣來理解，比如一個籃子剛開始只裝了一個蘋果，一個蘋果的重量不大，而規定五個蘋果才計為一個重量單位，也就是有五個蘋果才算一個計量單位。沒有到五個蘋果就被稱為五根，因為還沒有到計量的單位。當籃子裡面的蘋果有五個了就達到一個計量單位，就被稱為五力。

如果提高計量單位，比如規定十個蘋果是一個計量單位，那麼就算籃子裡面裝了五個蘋果，也被稱為五根，要裝十個蘋果才能達到一個計量單位，才被稱為五力。

比丘們，在以五個蘋果作為計量單位的條件中，沒有達到五個蘋果就被稱為五根，達到五個蘋果才被稱為五力。

在十個蘋果作為計量單位的條件中，沒有達到十個蘋果就被稱為五根，達到十個蘋果才被稱為五力。

現在如果有五個蘋果，如果用第一種五個蘋果的計量單位作為判斷條件，那麼就被稱為五力，如果用第二種十個蘋果的計量單位作為判斷條件，就被稱為五根。

比丘們，你們現在明白為什麼五根與五力是可以相互轉化了吧，那是因為計量單位的標準不同。

聖弟子們在不同的修行階段，達到五根的標準不相同，達到五力的標準也不相同，如果將修行的階段由低到高分成十二個層次，如果規定第一階段達到第二層次就被稱為五力，如果沒有達到第二層次境界，還在第一層次的境界就稱為五根。

如果規定第二階段達到第三層次就被稱爲五力，如果沒有達到第三層次的境界，還在第一層次的境界或是第二層次的境界，就稱爲五根。

　　按第一階段修行的標準，計量單位，達到第二層級就被稱爲五力，而如果按第二階段的標準，計量單位，達到第二層次只能被稱爲五根，要達到第三層次才能被稱爲五力。

　　比丘們，五根與五力稱謂的不同，那都是因爲不同修行階段的標準和計量單位不同。所以如來說：五根就是五力，五力就是五根，它們可以相互轉換。信根就是信力，信力就是信根；精進根就是精進力，精進力就是精進根；念根就是念力，念力就是念根；定根就是定力，定力就是定根；慧根就是慧力，慧力就是慧根。

　　五根與五力不同的稱謂其實與不同階段修行的標準和計量單位有關。不同修行階段的標準和計量單位不同，因此不同修行階段五根與五力的稱謂也會不相同，也會發生相應的變化。

　　比丘們，經常親自修習五根的世間人或眾生，他們能夠熄滅、平息、滅盡一切的煩惱和痛苦，並由此開啓智慧，證悟解脫的果位，在現在世、當生、這一世就能進入沒有煩惱，沒有痛苦的心解脫、慧解脫境界（心解脫、慧解脫解釋，見第一百五十一章）。」

　　佛陀說法後，聽法的出家弟子們都再次的頂禮佛陀，隨喜讚歎佛陀說法的無量功德，他們都按著佛陀所說的法去修行。

第一百五十九章　經常修習哪種根能夠滅盡煩惱和痛苦？

　　有個時候，佛陀住在舍衛城的東園鹿母講堂，有一天，佛陀對出家弟子們說：「比丘們（出家人），當已經親自實踐的修習幾種根？當已經親自持之以恆、堅持不懈的修習幾種根？就能預料、預見自己一切的煩惱和痛苦最終將會被徹底的滅盡呢？就能預料、預見自己最終將會證悟完全智呢？就能徹底明白：「從這一世開始已經不會再出生在世間了。行為、言語、念想的修行已經圓滿，應該做的事情已經做好，不會再有喜怒哀樂等等煩惱和痛苦的輪迴狀態了，不會再出生在世間了，已經徹底從生死輪迴中解脫出來。」了呢？

　　什麼是完全智呢？就是完全的明白和理解世間、世界的真相、真諦；完全明白獲得解脫，進入涅槃境界的道理、知識、修行方法。

　　已經熄滅、停止生死輪迴（生死輪迴解釋，見第一百一十二章），解除了一切的束縛與捆綁。

　　已經熄滅、平息、滅盡貪欲、渴愛、憤怒、無智愚癡、喜怒哀樂、執著、掛念等等煩惱和痛苦，證悟解脫的果位，進入沒有煩惱，沒有痛苦，沒有執著，沒有掛念，沒有念想的涅槃清淨境界。

　　簡單的說「完全智」就是：已經解除一切的束縛捆綁，已經滅盡一切的煩惱和痛苦，已經進入涅槃清淨的境界之中。

　　這就是完全智的法義。

　　比丘們，簡單的說就是：經常修習幾種根就能滅盡煩惱和痛苦，從生死輪迴中徹底的解脫出來，到達沒有煩惱，沒有痛苦，沒有執著，沒有掛念，沒有念想的涅槃彼岸呢？」

　　聽法的出家弟子們回答：「世尊您是我們的皈依，您是我們的導師，我們按您所說的法去修行，如果世尊您能夠為我們解答：「經常修習幾種根就能滅盡煩惱和痛苦，從生死輪迴中徹底的解脫出來，到達沒有煩惱，沒有痛苦，沒有執著，沒有掛念，沒有念想的涅槃彼

岸」這個問題，我們就會在聽您說法後，按您所說的去做的，去修行的，我們會時刻都受持世尊您對我們所說的正法的。」

佛陀說：「比丘們，當親自實踐的修習一種根，當持之以恆、堅持不懈的修習一種根，就能預料、預見自己一切的煩惱和痛苦最終將會被徹底的滅盡，就能預料、預見自己最終將會證悟完全智，就能徹底明白：「從這一世開始已經不會再出生在世間了。行為、言語、念想的修行已經圓滿，應該做的事情已經做好，不會再有喜怒哀樂等等煩惱和痛苦的輪迴狀態了，不會再出生在世間了，已經徹底從生死輪迴中解脫出來。」

簡單的說就是：經常修習一種根就能滅盡煩惱和痛苦，從生死輪迴中徹底的解脫出來，到達沒有煩惱，沒有痛苦，沒有執著，沒有掛念，沒有念想的涅槃彼岸。

比丘們，是哪一種根呢？

比丘們，這種根就是「慧根」。什麼是慧根呢？「慧根」就是內心安住在清淨境界之中所證悟開啓的智慧。「四聖諦」就是智慧的一種。什麼是「四聖諦」呢？「四聖諦」指的是苦、集、滅、道四種真相、真理，「苦」是指世間有生命的眾生是痛苦的（眾生解釋，見第七十七章），因為世間一切的事物無法永遠存在，無法永遠保持不變，無法永遠擁有，隨時在變化，世間的眾生會衰老、生病、死亡，世間的眾生擁有的事物會破損、衰敗、滅亡、消失，世間的眾生無法隨心所欲，還可能會遇上災難、災禍。幸福快樂的生活無法永遠保持，無法永遠存在。

「集」是指煩惱和痛苦生起的原因是什麼？煩惱和痛苦生起的根源、原因就是貪欲、渴愛，就是因為貪愛，所以失去或是得不到的時候就會產生痛苦，就是因為貪愛，所以就會想盡辦法、不擇手段的去獲取，就會去做惡行，說惡言，生惡念。做惡行，說惡言，生惡念就會造下罪業，就會導致不祥、危險、不幸、煩惱、痛苦的結果。

「滅」是指要滅盡煩惱和痛苦就要先滅盡貪欲、渴愛，滅盡了貪欲、渴愛就能滅盡煩惱和痛苦。

「道」是指滅盡煩惱和痛苦的修行方法，也就是從煩惱和痛苦中解脫出來的方法，這個方法就是修習八正道（八正道解釋，見第一百

一十三章）。

比丘們，對於已經開啓智慧，已經建立起慧根的聖弟子們，隨著他們慧根修習的深入，他們的信根就能隨之建立起來（信根解釋，見第一百五十八章）；

當他們的信根建立起來的時候，隨著他們信根修習的深入，他們的精進根就能隨之建立起來（精進根解釋，見第一百五十八章）；

當他們的精進根建立起來的時候，隨著他們精進根修習的深入，他們的念根就能隨之建立起來（念根解釋，見第一百五十八章）；

當他們的念根建立起來的時候，隨著他們念根修習的深入，他們的定根就能隨之建立起來（定根解釋，見第一百五十八章）。

當他們的定根建立起來的時候，隨著他們定根修習的深入，他們就能最終滅盡煩惱和痛苦，從生死輪回中徹底的解脫出來，進入沒有煩惱，沒有痛苦，沒有執著，沒有掛念，沒有念想的涅槃境界。

比丘們，當親自實踐的修習慧根，當持之以恆、堅持不懈的修習慧根，就能預料、預見自己一切的煩惱和痛苦最終將會被徹底的滅盡，就能預料、預見自己最終將會證悟完全智，就能徹底明白：「從這一世開始已經不會再出生在世間了。行爲、言語、念想的修行已經圓滿，應該做的事情已經做好，不會再有喜怒哀樂等等煩惱和痛苦的輪回狀態了，不會再出生在世間了，已經徹底從生死輪回中解脫出來。」

簡單的說就是：經常修習慧根就能滅盡煩惱和痛苦，從生死輪回中徹底的解脫出來，到達沒有煩惱，沒有痛苦，沒有執著，沒有掛念，沒有念想的涅槃彼岸。」

佛陀說法後，聽法的出家弟子們都再次的頂禮佛陀，隨喜讚歎佛陀說法的無量功德，他們都按著佛陀所說的法去修行。

第一百六十章　修行如同修建宮殿

　　有個時候，佛陀住在末羅國一個名叫郁鞞羅劫波的城鎮之中，有一天，佛陀對出家弟子們說：「比丘們（出家人），只要聖弟子們還沒有證悟聖智，他們的其他四根就沒有確定位置，他們的其他四根就固定不下來；只要聖弟子們證悟了聖智，他們的其他四根就能確定位置，他們的其他四根就能固定下來。

　　比丘們，什麼是聖智呢？聖智簡單的說就是：聖者證悟的智慧，這個智慧不僅僅是明白法理，還要通過實踐的修行親身體驗到各種清淨境界。聖智由低到高證悟的果位有：入流果，一來果，不還果，阿羅漢果位（入流果、一來果、不還果、阿羅漢果位解釋，見第一百四十九章）。

　　聖智由淺入深所處的不同階段，由從低到高的果位體現出來。也即是：

　　進入「一來果」證悟的聖智高於進入「入流果」證悟的聖智；

　　進入「不還果」證悟的聖智高於進入「一來果」證悟的聖智；

　　進入「阿羅漢果位」證悟的聖智高於進入「不還果」證悟的聖智。

　　什麼四根呢？四根指的就是：信根、精進根、念根、定根（信根、精進根、念根、定根解釋，見第一百五十八章）。

　　為什麼這裡沒有慧根呢？比丘們，因為聖智指代的就是慧根。

　　比丘們，也就是說：只要聖弟子們還沒有生起慧根，他們的信根、精進根、念根、定根，這四根就沒有確定位置，他們的信根、精進根、念根、定根，這四根就固定不下來；只要聖弟子們生起了慧根，他們的信根、精進根、念根、定根，這四根就有確定位置，他們的信根、精進根、念根、定根，這四根就能固定下來。

　　比丘們，就如同修建三層樓的宮殿，宮殿的地基還沒有修建起來就無法修建起第一層樓，第一層樓還沒有修建起來，就無法修建起第

二層樓，第二層樓還沒有修建起來就無法修建起第三層樓，第三層樓還沒有修建起來就無法蓋大殿的房頂。

同樣的，比丘們，慧根就如同宮殿地基的建立，信根就如同第一層樓的建立，精進根就如同第二層樓的建立，念根就如同第三層樓的建立，定根就如同蓋大殿的房頂。

比丘們，對於已經開啓智慧，已經建立起慧根的聖弟子們，隨著他們慧根修習的深入，他們的信根就能隨之建立起來（信根解釋，見第一百五十八章）；

當他們的信根建立起來的時候，隨著他們信根修習的深入，他們的精進根就能隨之建立起來（精進根解釋，見第一百五十八章）；

當他們的精進根建立起來的時候，隨著他們精進根修習的深入，他們的念根就能隨之建立起來（念根解釋，見第一百五十八章）；

當他們的念根建立起來的時候，隨著他們念根修習的深入，他們的定根就能隨之建立起來（定根解釋，見第一百五十八章）。

當他們的定根建立起來的時候，隨著他們定根修習的深入，他們就能最終滅盡煩惱和痛苦，從生死輪回中徹底的解脫出來，進入沒有煩惱，沒有痛苦，沒有執著，沒有掛念，沒有念想的涅槃境界（生死輪回解釋，見第一百一十二章）。」

佛陀說法後，聽法的出家弟子們都再次的頂禮佛陀，隨喜讚歎佛陀說法的無量功德，他們都按著佛陀所說的法去修行。

第一百六十一章　什麼是神足？

　　有個時候，佛陀住在舍衛城的祇樹林給孤獨園，有一天，佛陀對出家弟子們說：「比丘們（出家人），有四種神足，當眾生經常修習這四種神足的時候，這四種神足就能指引、引導眾生從充滿煩惱和痛苦的此岸到達沒有煩惱，沒有痛苦，沒有執著，沒有掛念，沒有念想的解脫彼岸（眾生解釋，見第七十七章）。是哪四種神足呢？即是欲三摩地斷行成就神足、心三摩地斷行成就神足、勤三摩地斷行成就神足、觀三摩地斷行成就神足，這四種神足。

　　什麼是欲三摩地斷行成就神足呢？就是由想進入各種清淨境界，想證悟各種解脫果位的欲望而精進努力的修行進入清淨安寧境界的修行方法，比如想要從生死輪回中永遠的解脫出來，證悟阿羅漢果位，就精進的去修行，從而達到沒有煩惱，沒有痛苦，沒有執著，沒有掛念，沒有念想的涅槃清淨境界，證悟阿羅漢果位。由這種想要永遠從生死輪回中解脫出來，證悟阿羅漢果位的欲望而進入涅槃清淨的境界。簡單的說就是由各種想要進入清淨境界，想要證悟各種解脫果位的欲望而努力修行達到清淨安寧境界的修行方法就是欲三摩地斷行成就神足。

　　什麼是心三摩地斷行成就神足呢？就是由控制內心的念想，讓念想單一、純正，或者由熄滅內心的念想，不讓內心的念想生起而精進努力的修行進入清淨安寧境界的修行方法，比如當內心想到各種讓自己煩惱和痛苦的事情的時候，就將注意力集中專注在一片樹葉上，除了觀察樹葉的念想外不再想其他的事情，這樣內心就只有一個觀察樹葉的念想了，念想就變的單個、純一了，由煩惱和痛苦生起的念想就被觀察樹葉的念想替換掉了，煩惱和痛苦也就熄滅、平息、滅盡了。

　　或者當內心想到各種令人煩惱痛苦的事情的時候。就將自己的注意力集中專注在數呼吸的念想上，數吸氣的次數，或者數呼氣的次數，比丘們，這裡要注意，不是同時數吸氣和呼氣的次數，而是在吸

氣和呼氣這兩者中選擇其中一種計數，或者數吸氣的次數，或者數呼氣的次數。這樣去修行就能用集中專注數吸氣次數的念想，或用集中專注數呼氣次數的念想替換掉煩惱痛苦的念想。

又比如內心想到了自己喜歡的黃金、錢財、美女，這個時候就立刻不再去想黃金、錢財、美女，不再內心中生起黃金、錢財、美女的念想，不想的時間一長，自然就進入清淨安寧的境界。簡單的說就是：控制念想，讓念想單一、純正，或者熄滅念想，不生起念想而達到清淨安寧境界的修行方法就是心三摩地斷行成就神足。

什麼是勤三摩地斷行成就神足呢？就是由持續除滅惡行、惡言、惡念的行為，精進努力去生起善行、善言、善念的行為而進入清淨安寧境界的修行方法，比如有個人說謊話欺騙別人，他意識到這樣做是錯誤的，於是他就開誠布公的向別人說明實情，懇請別人原諒他，這個人以後也不再說假話欺騙別人，他由於斷惡修善的緣故讓自己的內心坦坦蕩蕩、光明磊落而進入清淨安寧的境界。簡單的說就是：持續的斷惡修善而達到清淨安寧境界的修行方法就是勤三摩地斷行成就神足。

什麼是觀三摩地斷行成就神足呢？由經常觀想、憶念如來所說正法的法義而進入清淨安寧境界的修行方法，比如有一個修行人，他經常的觀想世間一切的事物隨時在變化，無法永遠的存在，無法永恆的保持不變，無法永遠的擁有，他由此不再執著和掛念世間一切的事物，進入清淨安寧的境界。簡單的說就是：通過經常觀想、憶念如來的正法而達到清淨安寧境界的修行方法就是觀三摩地斷行成就神足。

比丘們！這就是四神足的法義。

比丘們，當眾生持之以恆、堅持不懈的修習欲三摩地斷行成就神足、心三摩地斷行成就神足、勤三摩地斷行成就神足、觀三摩地斷行成就神足，這四種神足的時候，他們就能從煩惱痛苦的此岸到達清淨解脫的彼岸。比丘們，你們要注意，不是同時修習四種神足，而是在欲三摩地斷行成就神足、心三摩地斷行成就神足、勤三摩地斷行成就神足、觀三摩地斷行成就神足，這四種神足中選擇其中一種神足修習，或者修習欲三摩地斷行成就神足，或者修習心三摩地斷行成就神足，或者修習勤三摩地斷行成就神足，或者修習觀三摩地斷行成就神

足。選擇經常修習四種神足中的任意一種神足,都能最終被指引、引導進入沒有煩惱,沒有痛苦,沒有執著,沒有掛念,沒有念想的涅槃彼岸。」

　　佛陀說法後,聽法的出家弟子們都再次的頂禮佛陀,隨喜讚歎佛陀說法的無量功德,他們都按著佛陀所說的法去修行。

第一百六十二章　修習四神足如同搭乘馬車

　　有個時候，佛陀住在舍衛城的祇樹林給孤獨園，有一天，佛陀對出家弟子們說：「比丘們（出家人），如果世間人或眾生修習欲三摩地斷行成就神足、心三摩地斷行成就神足、勤三摩地斷行成就神足、觀三摩地斷行成就神足，這四種神足中的任意一種神足（四神足解釋，見第一百六十一章），就算他們之前從來都沒有聽聞過如來說法，他們也能明白和理解如來的正法，他們也能由此開啓解脫的智慧。解脫智慧的光明也能普照他們，驅散他們所有煩惱和痛苦的黑暗。

　　為什麼呢？比丘們，因為經常修習欲三摩地斷行成就神足、心三摩地斷行成就神足、勤三摩地斷行成就神足、觀三摩地斷行成就神足，這四種神足中的其中一種神足（四神足解釋，見第一百六十一章），就能讓世間人或眾生進入由低到高的清淨境界，在這些清淨境界之中，他們不會再被各種煩惱和痛苦侵擾，他們能夠熄滅、平息、滅盡貪欲、渴愛、憤怒、無智愚癡、喜怒哀樂、執著、掛念等等一切的煩惱和痛苦，他們的內心能夠保持安靜、寧靜、清淨，最終能夠讓他們進入沒有煩惱，沒有痛苦，沒有執著，沒有掛念，沒有念想的涅槃境界。這就是如來對世間人或眾生講說各種正法，想要達到的最終目的。

　　既然經常修習欲三摩地斷行成就神足、心三摩地斷行成就神足、勤三摩地斷行成就神足、觀三摩地斷行成就神足，這四種神足中任意一種神足的世間人或眾生，能夠進入由低到高的各種清淨境界之中，既然他們能夠依靠經常修習欲三摩地斷行成就神足、心三摩地斷行成就神足、勤三摩地斷行成就神足、觀三摩地斷行成就神足，這四種神足中的任意一種神足最終進入涅槃的境界之中，那麼他們修行的目標也就達成了。

比丘們，明白如來的正法，開啓解脫的智慧，其實就是親自體驗到由低到高的各種清淨境界，就是親自體驗到涅槃的境界。所以如來說就算這些修習欲三摩地斷行成就神足、心三摩地斷行成就神足、勤三摩地斷行成就神足、觀三摩地斷行成就神足，這四種神足中任意一種神足的世間人或眾生，他們之前從來都沒有聽過如來說法也能明白和理解如來的正法，也能由此開啓解脫的智慧。解脫智慧的光明也能普照他們，驅散他們所有煩惱和痛苦的黑暗。

就如同有一個人，他要到一個地方去，他不知道如何去這個地方，於是他就問熟悉路況的人，於是熟悉路況的人就告訴這個人到達目的地的行走路線，這個人按著熟悉路況人所說的路線行進，就能到達目的地。比丘們，熟悉路況的人就相當於是如來，如來說法就是告訴不熟悉修行方法的人，該如何達到各種修行的目標，按照如來所說的修行方法去修行的人，就能最終達成修行的目標。

如果現在又有一個人，他也要到一個地方去，他也不知道如何去這個地方，於是他也去問熟悉路況的人，這個熟悉路況的人告訴這個人：『我們也要到這個地方去，你上我們的馬車，我們一起去這個地方。』於是，這個人不用熟悉路況，不用知道路線，搭上熟悉路況人的馬車就能到達目的地。

比丘們，這就相當於經常修習欲三摩地斷行成就神足、心三摩地斷行成就神足、勤三摩地斷行成就神足、觀三摩地斷行成就神足，這四種神足中任意一種神足的世間人或眾生，他們能夠依靠經常修習欲三摩地斷行成就神足、心三摩地斷行成就神足、勤三摩地斷行成就神足、觀三摩地斷行成就神足，這四種神足中的任意一種神足，進入由低到高的各種清淨境界之中，他們能夠依靠經常修習欲三摩地斷行成就神足、心三摩地斷行成就神足、勤三摩地斷行成就神足、觀三摩地斷行成就神足，這四種神足中的任意一種神足最終進入沒有煩惱，沒有痛苦，沒有執著，沒有掛念，沒有念想的涅槃境界之中，就算他們之前從來都沒有聽過如來說法，他們也能明白和理解如來的正法，他們也能由此開啓解脫的智慧。解脫智慧的光明也能普照他們，驅散他們所有煩惱和痛苦的黑暗。因爲他們已經直接進入清淨境界之中了，因爲他們最終會被欲三摩地斷行成就神足、心三摩地斷行成就神足、

勤三摩地斷行成就神足、觀三摩地斷行成就神足，這四種神足中任意一種神足的修行方法指引、引導進入涅槃的境界之中，因為他們最終能達成修行的目標，就如同乘坐熟悉路況人馬車的人，他不用明白路線、路況，就能直接到達目的地一樣。

比丘們，如來現在再來強調一下「修習欲三摩地斷行成就神足、心三摩地斷行成就神足、勤三摩地斷行成就神足、觀三摩地斷行成就神足，這四種神足中任意一種神足」的法義，不是同時去修習欲三摩地斷行成就神足、心三摩地斷行成就神足、勤三摩地斷行成就神足、觀三摩地斷行成就神足，這四種神足中的兩種或兩種以上的神足，而是在欲三摩地斷行成就神足、心三摩地斷行成就神足、勤三摩地斷行成就神足、觀三摩地斷行成就神足，這四種神足中選擇任意一種神足修行，或者修習欲三摩地斷行成就神足，或者修習心三摩地斷行成就神足，或者修習勤三摩地斷行成就神足，或者修習觀三摩地斷行成就神足。」

佛陀說法後，聽法的出家弟子們都再次的頂禮佛陀，隨喜讚歎佛陀說法的無量功德，他們都按著佛陀所說的法去修行。

第一百六十三章　改變恒河的流向可能嗎？

　　有個時候，阿那律尊者住在舍衛城的松林精舍，有一天，阿那律尊者對眾多的出家人說：「學友們，恒河的河水由西向東流動，越往東方恒河的地勢越低，如果這時有一些人，他們拿著挖土的鏟子與裝土的簣子，在恒河裡面深挖河道，想要改變恒河的流向，想要讓恒河的河水由東向西流動，想要讓恒河的河道越往西方地勢越低，想要讓恒河逆流，學友們，你們是怎麼想的？他們能夠辦到嗎？這可能嗎？」

　　出家人們回答：「尊者，這根本是不可能辦到的事情，恒河綿延幾千公里，要想改變恒河河水的流向，讓她由東向西流動，讓她越往西方河道的地勢越低，讓她逆流，那根本是在做白日夢，這些挖掘恒河河道的人是在白費力氣和精力，他們是在浪費時間和體力，他們永遠都無法達成這個妄想荒謬的目標。」

　　阿那律尊者說：「學友們，同樣的道理，經常修習四念住的出家人（四念住解釋，見第一百三十七章），如果世間的國王、王族貴戚、將相、公卿大臣，或是這個出家人的朋友、親人、族人、同鄉，他們帶著豐厚的財物來到這個出家人的身邊，對這個出家人說：『大德，為什麼您要出家呢？為什麼您要穿上破爛不堪的法衣耗費掉您的一生呢？為什麼您要剃光頭髮，拿著飯缽挨家挨戶的化緣難以下嚥的飯食呢？

　　我們看見您生活過得如此的艱辛、困苦實在是於心不忍呀，您如此慈悲的為我們講解世尊的正法，讓我們開啟智慧，讓我們遠離煩惱和痛苦。

　　大德，您看我們今天帶來了如此多的黃金珠寶，有了這些財物您就可以換上嶄新漂亮的衣服，吃上可口的飯菜，住上寬大的宅院了，您還是還俗吧，不要出家修行了，出家修行太苦了，一生都不能結

一本書

讀懂所有佛經

婚，連自己的孩子都沒有，世間任何的欲望都要熄滅，那是非常痛苦的，您想想看什麼欲望都無法享受，這是多麼的痛苦呀。

大德，只要您還俗後只做善事不做壞事，堅持不懈的修習世尊的正法，一樣能夠種植出無數的功德，一樣能證悟解脫的果位呀，為什麼您要如此的折磨自己呢？我們看見您生活過得如此的清苦，簡直不忍心呀！您還是還俗與我們一起來享受世間財富帶來的各種快樂吧！

大德，您為我們講解了那麼多世尊的正法，讓我們明白了那麼多的道理，讓我們開啟了解脫的智慧，我們給您的這點財物簡直是不值一提的，我們對您的這些財物供養就如同大海中的一滴水一樣，您給予我的正法智慧，如同無邊無際的大海，如同廣大無邊的虛空，讓我們從煩惱和痛苦中解脫出來，而我們供養您的這些財物就如同一滴水那樣的微薄，就如同一粒塵埃那樣的微小。

大德還俗吧，與我們共同享用世間財富帶來的各種快樂的感受吧！這樣我們才能心安呀，不然我們住在高大雄偉的宮殿裡面，我們穿著華麗漂亮的衣服，我們享用著美味可口的飯菜，而我們尊敬的老師您，卻過著如此艱苦、困苦的日子，我們一想到這些事情內心就不安，我們的老師最後連一個後代都沒有，就這樣孤獨的離開世間，哎呀，大德請換俗吧，您還俗了一樣是我們的導師，一樣可以為我們講解世尊的正法。』

學友們，就算世間人如此苦口婆心的勸說這些已經出家，正在修行四念住的出家人還俗，這些出家人都不可能還俗回到世俗的世間中去了，為什麼呢？因為這些經常修習四念住的出家人，他們向著遠離煩惱和痛苦的方向前行，他們向著清淨解脫的方向前行，越靠近涅槃的地方，他們的煩惱和痛苦就越少，就如同一位生患重病的人對醫生說：『尊敬的醫生，感謝您為我治病，感謝您讓我遠離病痛的折磨，您看我生病的時候，可以享用到家人給我提供的各種水果、飲食，可以享受到家人無微不至的照顧。尊敬的醫生，您還是與我一樣生重病吧，這樣我就可以將我的水果、飲食分給您，我也可以讓我的家人無微不至的照顧您，醫生我看見您每天如此辛苦的為各種患者治病，內心實在是不忍呀，您還是與我一起生病吧，不要這樣的操勞了，不要這樣勞累了。』

學友們，健康的人不會想要生病，同樣的已經熄滅、平息、滅盡煩惱和痛苦的人，不會想要再次被煩惱和痛苦折磨和拷打。煩惱和痛苦就是內心的疾病。貪欲、渴愛、憤怒、無智愚癡、喜怒哀樂、執著、掛念等等煩惱和痛苦就是內心的疾病。一個已經治癒內心疾病的人，是不會想要再次被內心疾病折磨和拷打的。所以我說：想要讓這些出家修行四念住的出家人還俗那是不可能的。這些拿著豐厚財物的人，他們以為自己拿著的是帶來幸福快樂的源泉，實際上他們拿著的卻是傳染疾病的病菌，是什麼病菌呢？是貪欲、渴愛的病菌。如果這些出家人接受了錢財的供養，就會再次陷入貪欲、渴愛的疾病之中，他們將會繼續被貪欲、渴愛的疾病折磨和拷打。這些手捧著財物，準備供養財物給出家人的人，他們自己的內心都還在被貪欲、渴愛的疾病折磨。將疾病當成是珍貴的禮物，並想用疾病來感謝恩人的人是愚癡的人，是沒有智慧的人。

學友們，世間人或眾生是如何依靠修習四念住而滅盡煩惱和痛苦的呢（眾生解釋，見第七十七章）？

世間人或眾生持之以恆、堅持不懈、勇猛精進的修習身念住（身念住解釋，見第一百三十七章），就能生起、保持正知、正念（正知解釋，見第九十六章；正念解釋，見第九十六章），就能熄滅、平息、滅盡貪欲、渴愛、憂慮、憤怒、無智愚癡、喜怒哀樂、執著、掛念等等煩惱和痛苦，就能讓內心進入平靜、寧靜的狀態，就能證悟解脫的果位，就能親身體驗、體會、領悟到涅槃的清淨境界。

世間人或眾生持之以恆、堅持不懈、勇猛精進的修習受念住（受念住解釋，見第一百三十七章），就能生起、保持正知、正念（正知解釋，見第九十六章；正念解釋，見第九十六章），就能熄滅、平息、滅盡貪欲、渴愛、憂慮、憤怒、無智愚癡、喜怒哀樂、執著、掛念等等煩惱和痛苦，就能讓內心進入平靜、寧靜的狀態，就能證悟解脫的果位，就能親身體驗、體會、領悟到涅槃的清淨境界。

世間人或眾生持之以恆、堅持不懈、勇猛精進的修習心念住（心念住解釋，見第一百三十七章），就能生起、保持正知、正念，就能熄滅、平息、滅盡貪欲、渴愛、憂慮、憤怒、無智愚癡、喜怒哀樂、執著、掛念等等煩惱和痛苦，就能讓內心進入平靜、寧靜的狀態，就

能證悟解脫的果位，就能親身體驗、體會、領悟到涅槃的清淨境界。

世間人或眾生持之以恆、堅持不懈、勇猛精進的修習法念住（法念住解釋，見第一百三十七章），就能生起、保持正知、正念，就能熄滅、平息、滅盡貪欲、渴愛、憂慮、憤怒、無智愚癡、喜怒哀樂、執著、掛念等等煩惱和痛苦，就能讓內心進入平靜、寧靜的狀態，就能證悟解脫的果位，就能親身體驗、體會、領悟到涅槃的清淨境界。

學友們！你們要注意不是同時修習兩種或兩種以上的念住，而是在身念住、受念住、心念住、法念住，這四種念住中任意選擇一種念住去修行，或者修習身念住，或者修習受念住，或者修習心念住，或者修習法念住。

世間人或眾生選擇經常修習身念住、受念住、心念住、法念住，這四種念住中的任意一種念住，就能最終滅盡一切的煩惱、痛苦、欲望，進入沒有煩惱，沒有痛苦，沒有執著，沒有掛念，沒有念想的涅槃清淨境界之中。

學友們，你們也要持之以恆、堅持不懈、勇猛精進的去修習四種念住中的其中一種念住，這樣你們也能生起、保持正知、正念，你們也能熄滅、平息、滅盡貪欲、渴愛、憂慮、憤怒、無智愚癡、喜怒哀樂、執著、掛念等等煩惱和痛苦，你們也能讓內心進入平靜、寧靜的狀態，你們也能證悟解脫的果位，親身體驗、體會、領悟到涅槃的清淨境界。」

阿那律尊者說法後，聽法的出家人們都虔誠的頂禮阿那律尊者，隨喜讚歎阿那律尊者說法的無量功德，他們都按著阿那律尊者所說的法去修行。

第一百六十四章 專注呼吸的修行

有個時候，佛陀住在舍衛城的祇樹林給孤獨園，有一天，佛陀對出家弟子們說：「比丘們（出家人），經常修習一種法，就能獲得極大的功德，就能證悟極高的果位，是哪一種法呢？這種法就是注意力集中專注在呼吸上。簡單的說這種法就是：專注呼吸的修行。

比丘們，如何去專注呼吸，才能獲得大功德，證悟大果位呢？世間人或眾生不管是在山林野地，或是在某個大樹下，或是在某個空屋中，不管身處何處，都盤腿坐下來，挺直身體，先將注意力集中專注在臉上，或者專注在嘴鼻上，或者專注在眼睛上，將注意力集中專注在自己的臉上。然後開始將對臉的專注轉移到對呼吸的專注上，只將注意力集中專注在吸氣與呼氣上。

當吸氣的時間比較長的時候，自己明白：「我這次吸氣的時間比較長」；當呼氣的時間比較長的時候，自己明白：「我這次呼氣的時間比較長」。

當吸氣的時間比較短的時候，自己明白：「我這次吸氣的時間比較短」；當呼氣的時間比較短的時候，自己明白：「我這次呼氣的時間比較短」。

學習體驗吸氣的時候，氣體經由鼻子、喉部、胸部、腹部進入身體時膨脹的整個感覺、感受，也就是體驗吸氣行為的開始，持續的中間過程，一直到結束這段時間內，整個身體的感覺、感受。

同樣的學習體驗呼氣的時候，氣體從腹部、胸部、喉部、鼻子呼出身體之外收縮的整個感覺、感受，也就是體驗呼氣行為的開始，持續的中間過程，一直到結束這段時間內，整個身體的感覺、感受。

學習體驗不做其他行為和動作，只集中專注在呼氣行為時，整個身體由於停止其他行為只專注在呼氣行為上所產生的寧靜、寂靜感覺；同樣的學習體驗不做其他行為和動作，只集中專注在吸氣行為時，整個身體由於停止其他行為只專注在吸氣行為上所產生的寧靜、

一本書

讀懂所有佛經

寂靜感覺。

學習體驗由集中專注吸氣行為進入初禪境界時的感覺，同樣的學習體驗由集中專注呼氣行為進入初禪境界時的感覺。

比丘們，什麼是初禪呢？遠離欲望，捨離不善法後，就能進入有尋、有伺，隔離痛苦，生起喜樂的清淨境界之中，在這種清淨境界中還會對外界的事物有細微的分別、區別，這樣的清淨境界就是初禪。

比丘們，什麼是有尋、有伺呢？什麼是尋、伺呢？就是進入初禪境界的時候，需要將注意力集中在某些不會產生貪欲和喜怒哀樂情緒的清淨事物上，由此替換掉貪欲、渴愛等等煩惱和痛苦。比如將注意力集中在數呼吸的次數上，數吸氣的次數，或者數呼氣的次數。比丘們，注意不是同時數吸氣和呼氣，而是在數呼氣和數吸氣這兩中行為中選擇任意一種。或者數呼氣，或者數吸氣，如果兩個都計數反而無法集中注意力。又比如將注意力集中專注在對一片樹葉的觀察上，除了對這片樹葉的關注不再想其他的事情。

有尋、有伺就是需要用集中專注某種清淨事物的方法來轉移注意力，轉移什麼注意力呢？轉移對貪欲、渴愛等等煩惱和痛苦的注意力。簡單的說有尋、有伺就是：要用注意力集中專注的修行方法。

那麼「尋」與「伺」又有什麼區別呢？「尋」注意力集中專注的範圍要大一點。「伺」注意力集中專注的範圍要小一點。比如：注意力不僅集中專注在對一片樹葉的觀察上，還集中專注在對樹葉上水滴的觀察上，這就集中專注在了兩個事物上，一個事物是樹葉，一個事物是水滴，這就被稱為「尋」，如果只將注意力集中專注在樹葉上，只集中專注一個事物那就是「伺」。

「尋」與「伺」的區別就在於注意力集中專注的範圍上，範圍大的稱為「尋」，範圍小的稱為「伺」。

比丘們，你們要注意：如來在這裡解釋尋、伺時講到的數吸氣次數或數呼氣次數的例子，與如來之前解釋「專注呼吸的修行」時，提到的體驗吸氣和呼氣的感受與感覺的例子是不太相同的。

當數吸氣或呼氣次數的時候，是在數吸氣次數與數呼氣次數中選擇其中一種行為來計數，或者選擇數吸氣的次數來計數，或者選擇數呼氣的次數來計數，二者選擇其一。

當體驗吸氣和呼氣感受與感覺的時候，不需要去數呼吸的次數，只是體驗吸氣和呼吸的感受與感覺，並且這兩種感受與感覺都要去體驗，是兩者都要去體驗，不是二者選其一。如來之前解釋「專注呼吸的修行」時提到的吸氣和呼氣都是要去體驗的，不能任選其中一種，要二者都要去體驗。

比丘們，簡單的說：「專注呼吸的修行」需要同時體驗吸氣與呼氣的感覺與感受；而在數吸氣次數或數呼氣次數的時候，只需要在數吸氣次數和數呼氣次數這兩者中選擇其中一種計數。

「專注呼吸的修行」是吸氣和呼氣都要去體驗。

「數呼吸的次數」要在吸氣和呼氣二者中選擇其中一種行為去計數。

「專注呼吸的修行」是體驗吸氣和呼氣的兩種行為。

「數呼吸的次數」是在數吸氣次數與數呼氣次數中選擇其中一種計數。

比丘們，你們這樣去記憶會更加簡單：「專注呼吸的修行」是專注吸氣和呼氣的兩種行為；「數呼吸的次數」是專注吸氣與呼氣中的其中一種行為。

「專注呼吸的修行」專注的是兩種行為；「數呼吸的次數」專注的是一種行為。

比丘們，學習體驗由集中專注吸氣行為進入二禪境界時的感覺，同樣的學習體驗由集中專注呼氣行為進入二禪境界時的感覺。

比丘們，什麼是二禪呢？進入初禪境界後，平息「尋」與「伺」，平息集中專注的事物，平息對外界事物細微的分別、區別。不再分別、區別外界的事物，將內心安住在一處，安住在一境，不散亂，由此進入注意力不專注事物，內心平靜、安寧、清淨的境界之中，在這個內心單個、純一的清淨境界中會生起清淨的喜樂，這樣的清淨境界就是二禪。

學習體驗由集中專注吸氣行為進入三禪境界時的感覺，同樣的學習體驗由集中專注呼氣行為進入三禪境界時的感覺。

比丘們，什麼是三禪呢？進入二禪後，遠離喜樂的感受，這種喜樂的感受是由身體與外界事物生起的快樂、喜悅、歡喜感受，是由物

質事物生起的快樂、喜悅、歡喜感受，內心歸於平靜、寧靜，保持修行的正念正知（正知、正念解釋，見第一百四十六章），不忘失修行的正知正念，進入清淨的境界，這樣的清淨境界就是三禪。

學習體驗由集中專注吸氣行爲進入四禪境界時的感覺，同樣的學習體驗由集中專注呼氣行爲進入四禪境界時的感覺。

比丘們，什麼是四禪呢？進入三禪後，滅盡快樂、痛苦、憂愁、喜悅等等喜怒哀樂的感受，進入不苦不樂的清淨境界。平靜、寧靜的境界布滿內心，內心安住在念想純淨、純一的清淨境界之中。什麼是念想純淨、純一的清淨境界呢？就是內心的注意力只集中專注在清淨、寧靜這種單一的念想上。念想單一、純正，這樣的清淨境界就是四禪。

學習體驗由集中專注吸氣行爲進入空無邊處境界時的感覺，同樣的學習體驗由集中專注呼氣行爲進入空無邊處境界時的感覺。

比丘們，什麼是空無邊處呢？進入四禪後，不再掛念和執著世間一切的物質事物，不再執著和掛念物質世界，不再執著和掛念由物質事物生起的一切念想，明白虛空是無邊無界的，這時就進入空無邊處的境界。

學習體驗由集中專注吸氣行爲進入識無邊處境界時的感覺，同樣的學習體驗由集中專注呼氣行爲進入識無邊處境界時的感覺。

比丘們，什麼是識無邊處呢？進入空無邊處境界後，明白了虛空是無邊無界的，進一步明白了自己的念想、認識、分別、判斷也如同虛空一樣是無邊無界、永無止境的，這樣就進入了識無邊處的境界。

學習體驗由集中專注吸氣行爲進入無所有處境界時的感覺，同樣的學習體驗由集中專注呼氣行爲進入無所有處境界時的感覺。

比丘們，什麼是無所有處呢？進入識無邊處境界後，明白了無邊無界的虛空，自己無邊無界、永無止境的念想、認識、分別、判斷全部都是虛假不眞實的，全部都是不存在的。其實什麼也沒有，其實什麼也不是眞實存在的，爲什麼呢？因爲世間的一切事物，包括自己的念想、認識、分別、判斷在內都是隨時在變化，無法永遠存在，無法永恆保持不變，無法永遠擁有的，都是由各種條件生起的，世間一切的事物都有滅盡、消失的時候。內心認爲無邊無界的虛空，認爲自己

無邊無界、永無止境的念想、認識、分別、判斷全部都是不存在的，由此就進入了無所有處的境界。

學習體驗由集中專注吸氣行為進入非想非非想處境界時的感覺，同樣的學習體驗由集中專注呼氣行為進入非想非非想處境界時的感覺。

比丘們，什麼是非想非非想處呢？進入無所有處境界後，明白了無邊無界的虛空是不存在的，明白了自己無邊無界、永無止境的念想、認識、分別、判斷也是不存在的，就不會再在內心中生起任何的念想，雖然如此，可是內心中偶爾也會閃出一些微小的雜念，這些雜念非常的微小，就如同大海海面上漂浮著一滴茱油一樣，已經可以忽略不計了。內心除了偶爾出現的極微小的雜念外，已經不會再生起任何的念想，這樣就進入了非想非非想處的境界。

學習體驗由集中專注吸氣行為進入沒有念想、沒有感受、沒有細微雜念的想受滅境界時的感覺，同樣的學習體驗由集中專注呼氣行為進入沒有念想、沒有感受、沒有細微雜念的想受滅境界時的感覺。

比丘們，什麼是想受滅呢？進入非想非非想處的境界後，為了除滅極微小的雜念，就要滅盡一切的因緣條件，就要去修習緣起法（緣起法解釋，見第十八章、第十九章）。也就是：「無明」完全褪去、消除、滅盡的時候，「行」就滅除了。「行」滅盡了，「識」就滅除了。「識」滅盡了，「名色」就滅除了。「名色」滅盡了，「六處」就滅除了。「六處」滅盡了，「觸」就滅除了。「觸」滅盡了，「受」就滅除了。「受」滅盡了，「愛」就滅除了。「愛」滅盡了，「取」就滅除了。「取」滅盡了，「有」就滅除了。「有」滅盡了，「生」就滅除了。「生」滅盡了，憂愁、悲傷、苦悶、憂慮、絕望、衰老、死亡就滅除了。修習緣起法，滅盡一切的因緣條件後，就不會產生任何的感受、念想，連最微細的雜念都不會產生。無念想、無感受、無微細的雜念就不會有任何的煩惱和痛苦，這樣就進入了想受滅的境界，這樣的境界其實就是不生不滅涅槃的境界，由此世間一切的煩惱和痛苦就滅盡了，生死輪迴也由此永遠的滅盡，再也不會出生在世間（生死輪迴解釋，見第一百一十二章）。

比丘們，這樣去修習對呼吸的專注就能獲得極大的功德，就能證悟極高的果位。比丘們，經常修習對呼吸的專注就能最終引導、指引自己進入沒有煩惱，沒有痛苦，沒有執著，沒有掛念，沒有念想的涅槃境界。」

　　佛陀說法後，聽法的出家弟子們都再次的頂禮佛陀，隨喜讚歎佛陀說法的無量功德，他們都按著佛陀所說的法去修行。

第一百六十五章　同一條道路上的不同城市名稱

有個時候，佛陀住在舍衛城的祇樹林給孤獨園，有一天，佛陀對出家弟子們說：「比丘們（出家人），經常修習「對呼吸的專注」能夠獲得大功德，能夠證悟大果位（對呼吸的專注解釋，見第一百六十四章）。

比丘們，為什麼修習「對呼吸的專注」能夠獲得大功德，證悟大果位呢？因為修習「對呼吸的專注」能夠體驗到與修習「七覺支」相同的清淨境界（七覺支解釋，見第一百二十八章）。

比丘們，也就是說修習「對呼吸的專注」與修習「七覺支」可以達到相同的修行效果。

修習「對呼吸的專注」與修習「七覺支」到達最終修行目的地的道路與軌跡是相同的。

比丘們，也許你們會覺的剛才如來說的這句話難以理解，為什麼修習「對呼吸的專注」與修習「七覺支」到達最終修行目的地的道路與軌跡是相同的呢？

比丘們，修習「對呼吸的專注」進入涅槃境界所經歷的軌跡與道路是：初禪境界，二禪境界，三禪境界，四禪境界，空無邊處境界，識無邊處境界，無所有處境界，非想非非想處境界，想受滅境界（初禪境界，二禪境界，三禪境界，四禪境界，空無邊處境界，識無邊處境界，無所有處境界，非想非非想處境界，想受滅境界解釋，見第一百六十四章）。

修習「七覺支」進入涅槃境界所經歷的軌跡與道路是：念覺支，擇法覺支，精進覺支，喜覺支，輕安覺支，定覺支，舍覺支（念覺支，擇法覺支，精進覺支，喜覺支，輕安覺支，定覺支，舍覺支解釋，見第一百二十八章）。

一本書

讀懂所有佛經

比丘們，你們這時可能會問如來：『世尊，修習對呼吸的專注進入涅槃的軌跡與道路是初禪境界，二禪境界，三禪境界，四禪境界，空無邊處境界，識無邊處境界，無所有處境，非想非非想處境界，想受滅境界；

而修習七覺支進入涅槃境界所經歷的軌跡與道路是：念覺支，擇法覺支，精進覺支，喜覺支，輕安覺支，定覺支，捨覺支。

修習「對呼吸的專注」，「七覺支」所經歷軌跡與道路的名稱都不一樣，怎麼能夠說：修習「對呼吸的專注」與修習「七覺支」到達最終修行目的地的道路與軌跡是相同的呢？這不是自相矛盾嗎？』

比丘們，其實並不矛盾，如來這裡做一個類比，你們就明白了，就如同從憍薩羅國首都舍衛城到摩揭陀國首都王舍城有一條直達的馬車道，沿著這條馬車道行進會經歷很多不同的地方，這些地方的名稱都不一樣，如果將修習「對呼吸專注」中所經歷的初禪境界，二禪境界，三禪境界，四禪境界，空無邊處境界，識無邊處境界，無所有處境界，非想非非想處境界，想受滅境界當成是這條馬車道上沿途城市的名字。

將修習「七覺支」中所經歷的念覺支，擇法覺支，精進覺支，喜覺支，輕安覺支，定覺支，捨覺支當成是這條馬車道上沿途城市的名字。

那麼雖然這些不同名稱的城市在馬車道上所處的距離位置不同，但是卻在同一條馬車道上。

簡單說：沿著馬車道行進，從憍薩羅國首都舍衛城到摩揭陀國首都王舍城，就能經過所有的城市。雖然這些城市的名稱不同，但是卻在同一條道路上。

同樣的修習「對呼吸的專注」所經歷的初禪境界，二禪境界，三禪境界，四禪境界，空無邊處境界，識無邊處境界，無所有處境界，非想非非想處境界，想受滅境界，與修習「七覺支」所經歷的念覺支，擇法覺支，精進覺支，喜覺支，輕安覺支，定覺支，捨覺支也在通往涅槃最終目的地的同一條軌跡與道路上。

這就是「修習對呼吸的專注與修習七覺支到達最終修行目的地的道路與軌跡是相同」的法義。

世間人或眾生修習「對呼吸的專注」就能依靠止與觀熄滅、平息、滅盡貪欲、渴愛（止與觀解釋，見第一百一十四章），圓滿的完成念覺支、擇法覺支、精進覺支、喜覺支、輕安覺支、定覺支、舍覺支，這七種覺支的修行，以此來最終進入沒有煩惱，沒有痛苦，沒有執著，沒有掛念，沒有念想的涅槃清淨境界。

　　世間人或眾生修習「對呼吸的專注」就能依靠熄滅、平息、滅盡貪欲、渴愛、憤怒、無智愚癡、喜怒哀樂、執著、掛念等等煩惱和痛苦，以此來圓滿完成念覺支、擇法覺支、精進覺支、喜覺支、輕安覺支、定覺支、舍覺支，這七種覺支的修行，以此來最終進入沒有煩惱，沒有痛苦，沒有執著，沒有掛念，沒有念想的涅槃清淨境界。

　　比丘們，經常修習「對呼吸的專注」就能獲得大功德，就能證悟大果位。」

　　佛陀說法後，聽法的出家弟子們都再次的頂禮佛陀，隨喜讚歎佛陀說法的無量功德，他們都按著佛陀所說的法去修行。

第一百六十六章　修習「對呼吸的專注」證悟七種果位

　　有個時候，佛陀住在舍衛城的祇樹林給孤獨園，有一天，佛陀對出家弟子們說：「比丘們（出家人），經常修習「對呼吸的專注」能獲得大功德，能證悟大果位。

　　比丘們，如何去專注呼吸，才能獲得大功德，證悟大果位呢？世間人或眾生不管是在山林野地，或是在某個大樹下，或是在某個空屋中，不管身處何處，都盤腿坐下來，挺直身體，先將注意力集中專注在臉上，或者專注在嘴鼻上，或者專注在眼睛上，將注意力集中專注在自己的臉上。然後開始將對臉的專注轉移到對呼吸的專注上，只將注意力集中專注在吸氣與呼氣上。

　　當吸氣的時間比較長的時候，自己明白：「我這次吸氣的時間比較長」；當呼氣的時間比較長的時候，自己明白：「我這次呼氣的時間比較長」。

　　當吸氣的時間比較短的時候，自己明白：「我這次吸氣的時間比較短」；當呼氣的時間比較短的時候，自己明白：「我這次呼氣的時間比較短」。

　　學習體驗吸氣的時候，氣體經由鼻子、喉部、胸部、腹部進入身體時膨脹的整個感覺、感受，也就是體驗吸氣行為的開始，持續的中間過程，一直到結束這段時間內，整個身體的感覺、感受。

　　同樣的學習體驗呼氣的時候，氣體從腹部、胸部、喉部、鼻子呼出身體之外收縮的整個感覺、感受，也就是體驗呼氣行為的開始，持續的中間過程，一直到結束這段時間內，整個身體的感覺、感受。

　　學習體驗不做其他行為和動作，只集中專注在呼氣行為時，整個身體由於停止其他行為只專注在呼氣行為上所產生的寧靜、寂靜感覺；同樣的學習體驗不做其他行為和動作，只集中專注在吸氣行為時，整個身體由於停止其他行為只專注在吸氣行為上所產生的寧靜、

寂靜感覺。

學習體驗由集中專注吸氣行為進入初禪境界時的感覺，同樣的學習體驗由集中專注呼氣行為進入初禪境界時的感覺。

比丘們，什麼是初禪呢？遠離欲望，捨離不善法後，就能進入有尋、有伺，隔離痛苦，生起喜樂的清淨境界之中，在這種清淨境界中還會對外界的事物有細微的分別、區別，這樣的清淨境界就是初禪。

比丘們，什麼是有尋、有伺呢？什麼是尋、伺呢？就是進入初禪境界的時候，需要將注意力集中在某些不會產生貪欲和喜怒哀樂情緒的清淨事物上，由此替換掉貪欲、渴愛等等煩惱和痛苦。比如將注意力集中在數呼吸的次數上，數吸氣的次數，或者數呼氣的次數。比丘們，注意不是同時數吸氣和呼氣，而是在數呼氣和數吸氣這兩種行為中選擇任意一種。或者數呼氣，或者數吸氣，如果兩個都計數反而無法集中注意力。又比如將注意力集中專注在對一片樹葉的觀察上，除了對這片樹葉的關注不再想其他的事情。

有尋、有伺就是需要用集中專注某種清淨事物的方法來轉移注意力，轉移什麼注意力呢？轉移對貪欲、渴愛等等煩惱和痛苦的注意力。簡單的說有尋、有伺就是：要用注意力集中專注的修行方法。

那麼「尋」與「伺」又有什麼區別呢？「尋」注意力集中專注的範圍要大一點。「伺」注意力集中專注的範圍要小一點。比如：注意力不僅集中專注在對一片樹葉的觀察上，還集中專注在對樹葉上水滴的觀察上，這就集中專注在了兩個事物上，一個事物是樹葉，一個事物是水滴，這就被稱為「尋」，如果只將注意力集中專注在樹葉上，只集中專注一個事物那就是「伺」。

「尋」與「伺」的區別就在於注意力集中專注的範圍上，範圍大的稱為「尋」，範圍小的稱為「伺」。

比丘們，你們要注意：如來在這裡解釋尋、伺時講到的數吸氣次數或數呼氣次數的例子，與如來之前解釋「專注呼吸的修行」時，提到的體驗吸氣和呼氣的感受與感覺的例子是不太相同的。

當數吸氣或呼氣次數的時候，是在數吸氣次數與數呼氣次數中選擇其中一種行為來計數，或者選擇數吸氣的次數來計數，或者選擇數呼氣的次數來計數，二者選擇其一。

當體驗吸氣和呼氣感受與感覺的時候，不需要去數呼吸的次數，只是體驗吸氣和呼吸的感受與感覺，並且這兩種感受與感覺都要去體驗，是兩者都要去體驗，不是二者選其一。如來之前解釋「專注呼吸的修行」時提到的吸氣和呼氣都是要去體驗的，不能任選其中一種，要二者都要去體驗。

　　比丘們，簡單的說：「專注呼吸的修行」需要同時體驗吸氣與呼氣的感覺與感受；而在數吸氣次數或數呼氣次數的時候，只需要在數吸氣次數和數呼氣次數這兩者中選擇其中一種計數。

　　「專注呼吸的修行」是吸氣和呼氣都要去體驗。

　　「數呼吸的次數」要在吸氣和呼氣二者中選擇其中一種行為去計數。

　　「專注呼吸的修行」是體驗吸氣和呼氣的兩種行為。

　　「數呼吸的次數」是在數吸氣次數與數呼氣次數中選擇其中一種計數。

　　比丘們，你們這樣去記憶會更加簡單：「專注呼吸的修行」是專注吸氣和呼氣的兩種行為；「數呼吸的次數」是專注吸氣與呼氣中的其中一種行為。

　　「專注呼吸的修行」專注的是兩種行為；「數呼吸的次數」專注的是一種行為。

　　比丘們，學習體驗由集中專注吸氣行為進入二禪境界時的感覺，同樣的學習體驗由集中專注呼氣行為進入二禪境界時的感覺。

　　比丘們，什麼是二禪呢？進入初禪境界後，平息「尋」與「伺」，平息集中專注的事物，平息對外界事物細微的分別、區別。不再分別、區別外界的事物，將內心安住在一處，安住在一境，不散亂，由此進入注意力不專注事物，內心平靜、安寧、清淨的境界之中，在這個內心單個、純一的清淨境界中會生起清淨的喜樂，這樣的清淨境界就是二禪。

　　學習體驗由集中專注吸氣行為進入三禪境界時的感覺，同樣的學習體驗由集中專注呼氣行為進入三禪境界時的感覺。

　　比丘們，什麼是三禪呢？進入二禪後，遠離喜樂的感受，這種喜樂的感受是由身體與外界事物生起的快樂、喜悅、歡喜感受，是由物

質事物生起的快樂、喜悅、歡喜感受，內心歸於平靜、寧靜，保持修行的正念正知（正知、正念解釋，見第一百四十六章），不忘失修行的正知正念，進入清淨的境界，這樣的清淨境界就是三禪。

學習體驗由集中專注吸氣行為進入四禪境界時的感覺，同樣的學習體驗由集中專注呼氣行為進入四禪境界時的感覺。

比丘們，什麼是四禪呢？進入三禪後，滅盡快樂、痛苦、憂愁、喜悅等等喜怒哀樂的感受，進入不苦不樂的清淨境界。平靜、寧靜的境界布滿內心，內心安住在念想純淨、純一的清淨境界之中。什麼是念想純淨、純一的清淨境界呢？就是內心的注意力只集中專注在清淨、寧靜這種單一的念想上。念想單一、純正，這樣的清淨境界就是四禪。

學習體驗由集中專注吸氣行為進入空無邊處境界時的感覺，同樣的學習體驗由集中專注呼氣行為進入空無邊處境界時的感覺。

比丘們，什麼是空無邊處呢？進入四禪後，不再掛念和執著世間一切的物質事物，不再執著和掛念物質世界，不再執著和掛念由物質事物生起的一切念想，明白虛空是無邊無界的，這時就進入空無邊處的境界。

學習體驗由集中專注吸氣行為進入識無邊處境界時的感覺，同樣的學習體驗由集中專注呼氣行為進入識無邊處境界時的感覺。

比丘們，什麼是識無邊處呢？進入空無邊處境界後，明白了虛空是無邊無界的，進一步明白了自己的念想、認識、分別、判斷也如同虛空一樣是無邊無界、永無止境的，這樣就進入了識無邊處的境界。

學習體驗由集中專注吸氣行為進入無所有處境界時的感覺，同樣的學習體驗由集中專注呼氣行為進入無所有處境界時的感覺。

比丘們，什麼是無所有處呢？進入識無邊處境界後，明白了無邊無界的虛空，自己無邊無界、永無止境的念想、認識、分別、判斷全部都是虛假不真實的，全部都是不存在的。其實什麼也沒有，其實什麼也不是真實存在的，為什麼呢？因為世間的一切事物，包括自己的念想、認識、分別、判斷在內都是隨時在變化，無法永遠存在，無法永恆保持不變，無法永遠擁有的，都是由各種條件生起的，世間一切的事物都有滅盡、消失的時候。內心認為無邊無界的虛空，認為自己

無邊無界、永無止境的念想、認識、分別、判斷全部都是不存在的，由此就進入了無所有處的境界。

學習體驗由集中專注吸氣行爲進入非想非非想處境界時的感覺，同樣的學習體驗由集中專注呼氣行爲進入非想非非想處境界時的感覺。

比丘們，什麼是非想非非想處呢？進入無所有處境界後，明白了無邊無界的虛空是不存在的，明白了自己無邊無界、永無止境的念想、認識、分別、判斷也是不存在的，就不會再在內心中生起任何的念想，雖然如此，可是內心中偶爾也會閃出一些微小的雜念，這些雜念非常的微小，就如同大海海面上漂浮著的一滴茱油一樣，已經可以忽略不計了。內心除了偶爾出現的極微小的雜念外，已經不會再生起任何的念想，這樣就進入了非想非非想處的境界。

學習體驗由集中專注吸氣行爲進入沒有念想、沒有感受、沒有細微雜念的想受滅境界時的感覺，同樣的學習體驗由集中專注呼氣行爲進入沒有念想、沒有感受、沒有細微雜念的想受滅境界時的感覺。

比丘們，什麼是想受滅呢？進入非想非非想處的境界後，爲了除滅極微小的雜念，就要滅盡一切的因緣條件，就要去修習緣起法（緣起法解釋，見第十八章、第十九章）。也就是：「無明」完全褪去、消除、滅盡的時候，「行」就滅除了。「行」滅盡了，「識」就滅除了。「識」滅盡了，「名色」就滅除了。「名色」滅盡了，「六處」就滅除了。「六處」滅盡了，「觸」就滅除了。「觸」滅盡了，「受」就滅除了。「受」滅盡了，「愛」就滅除了。「愛」滅盡了，「取」就滅除了。「取」滅盡了，「有」就滅除了。「有」滅盡了，「生」就滅除了。「生」滅盡了，憂愁、悲傷、苦悶、憂慮、絕望、衰老、死亡就滅除了。修習緣起法，滅盡一切的因緣條件後，就不會產生任何的感受、念想，連最微細的雜念都不會產生。無念想、無感受、無微細的雜念就不會有任何的煩惱和痛苦，這樣就進入了想受滅的境界，這樣的境界其實就是不生不滅的涅槃境界，由此世間一切的煩惱和痛苦就滅盡了，生死輪迴也由此永遠的滅盡，再也不會出生在世間（生死輪迴解釋，見第一百一十二章）。

比丘們，這樣去修習「對呼吸的專注」就能獲得極大的功德，就能證悟極高的果位。

比丘們，當世間人或眾生經常這樣去修習「對呼吸專注」的時候，就能預見、預料這些經常修習「對呼吸專注」的世間人或眾生，他們將會證悟七種果位，獲得七種功德法益。

比丘們，經常修習「對呼吸專注」的世間人或眾生將會證悟哪七種果位呢？將會獲得哪七種功德法益呢？

在這一生、這一世，出生不久就證悟完全智（完全智解釋，見第一百五十九章），就進入沒有煩惱，沒有痛苦，沒有執著，沒有掛念，沒有念想的涅槃境界之中，或者在聽聞到如來正法的初期，就證悟完全智，就進入沒有煩惱，沒有痛苦，沒有執著，沒有掛念，沒有念想的涅槃境界之中。

如果在這一生、這一世，出生不久沒有證悟完全智，在聽聞到如來正法的初期，沒有證悟完全智，那就在這一生、這一世臨死、死亡的時候就證悟完全智，就進入沒有煩惱，沒有痛苦，沒有執著，沒有掛念，沒有念想的涅槃境界之中。

如果在這一生、這一世，出生不久沒有證悟完全智，在聽聞到如來正法的初期，沒有證悟完全智，在這一生、這一世臨死、死亡的時候沒有證悟完全智，那就在滅盡五下分結的時候，證悟中般涅槃，進入中般涅槃的境界之中（五下分結解釋，見第一百二十六章）。

什麼是中般涅槃呢？就是在死後到下一次投生這一段時間內證悟涅槃的境界。在這一生死後到下一生開始、出生這段時間內證悟涅槃。

什麼是涅槃呢？滅盡貪欲、渴愛、憂慮、憤怒、無智愚癡、喜怒哀樂、執著、掛念等等一切的煩惱和痛苦，解除眼睛與物質事物，耳朵與聲音，鼻子與氣味，舌頭與味道，身體與觸覺、環境變化感覺（冷熱、舒適等等），內心與見解、思想、念想的束縛捆綁，滅盡生死輪迴（生死輪迴解釋，見第一百一十二章），從世間徹底完全的解脫出來，到達沒有煩惱，沒有痛苦，沒有執著，沒有掛念，沒有念想的解脫彼岸，這就是涅槃的境界。

一本書

讀懂所有佛經

如果在這一生、這一世，出生不久沒有證悟完全智，在聽聞到如來正法的初期，沒有證悟完全智，在這一生、這一世臨死、死亡的時候沒有證悟完全智，在滅盡五下分結的時候，沒有證悟中般涅槃，那就在滅盡五下分結的時候，證悟生般涅槃，進入生般涅槃的境界之中。

什麼是生般涅槃？就是在降生、出生的那一刻就證悟完全智。

如果在這一生、這一世，出生不久沒有證悟完全智，在聽聞到如來正法的初期，沒有證悟完全智，在這一生、這一世臨死、死亡的時候沒有證悟完全智，在滅盡五下分結的時候，沒有證悟中般涅槃，也沒有證悟生般涅槃，那就在滅盡五下分結的時候，證悟無行般涅槃，進入無行般涅槃的境界之中。

什麼是無行般涅槃？就是降生、出生後，不需要努力、勤奮、勇猛、精進的修行，不需要勤修，時間長了自然就證悟完全智。

如果在這一生、這一世，出生不久沒有證悟完全智，在聽聞到如來正法的初期，沒有證悟完全智，在這一生、這一世臨死、死亡的時候沒有證悟完全智，在滅盡五下分結的時候，沒有證悟中般涅槃，也沒有證悟生般涅槃和無行般涅槃，那就在滅盡五下分結的時候，證悟有行般涅槃，進入有行般涅槃的境界之中。

什麼是有行般涅槃呢？就是降生、出生後，需要努力、勤奮、勇猛、精進的修行，需要勤修，只有持之以恆、堅持不懈、勇猛精進的修行後才能證悟涅槃。

如果在這一生、這一世，出生不久沒有證悟完全智，在聽聞到如來正法的初期，沒有證悟完全智，在這一生、這一世臨死、死亡的時候沒有證悟完全智，在滅盡五下分結的時候，沒有證悟中般涅槃、生般涅槃、無行般涅槃、有行般涅槃，那就在滅盡五下分結的時候，證悟上流般涅槃，進入上流般涅槃的境界之中。

什麼是上流般涅槃呢？就是先進入低階的色界境界、狀態（色界解釋，見第一百二十六章），逐漸由低到高進入色究竟天的境界、狀態，最後證悟涅槃。

什麼是色究竟天呢？就是色界中最高的境界，是執著和掛念物質事物的臨界點，也就是如果再往上一層境界就不再執著和掛念物質事

物了，再往上一層境界對物質事物的執著和掛念就徹底完全的滅盡了。

色究竟天是色界和無色界的分界點（界、色界、無色界解釋，見第一百二十六章），色究竟天往上是無色界，往下是色界，當然色究竟天仍然屬於色界，只是色究竟天中的眾生對物質事物的執著和掛念非常的細微，色究竟天中的眾生對物質事物的執著和掛念是色界中最微小的（眾生解釋，見第七十七章）。

色究竟天的境界就是第四禪的境界、狀態（第四禪解釋，見第三十五章）。

比丘們，這就是經常修習「對呼吸的專注」，能預見、預料證悟的七種果位，這就是經常修習「對呼吸的專注」能預見、預料獲得的七種功德法益。」

佛陀說法後，聽法的出家弟子們都再次的頂禮佛陀，隨喜讚歎佛陀說法的無量功德，他們都按著佛陀所說的法去修行。

第一百六十七章　對呼吸專注的修行方法與不淨觀的修行方法

有個時候，佛陀住在毘舍離國的大林重閣講堂，有一段時間佛陀用各種不同的方法教導給眾多出家人不淨觀的修行方法，並且大力的讚歎不淨觀的修行方法，稱讚修行不淨觀的聖弟子（不淨觀解釋，見第一百三十五章）。

有一天，佛陀對眾多的出家人說：「比丘們（比丘解釋：出家人），如來將要靜坐禪修一段時間，除了給如來送化緣所得食物的人之外，其他人不要讓他們來見如來，當然如來在靜坐禪修的這段時間裡也不會見你們，你們要好好的按著如來所說的法去修行。」

眾多的出家人回答：「世尊，我們會按您所說的正法去修行的。」

於是，佛陀就開始了長時間的靜坐禪修，出家人們也各自的修行去了。

由於佛陀曾經大力的讚歎不淨觀的修行方法，稱讚修行不淨觀的聖弟子，這些出家人們就非常重視對不淨觀的修行，他們對不淨觀中對身體或屍體的各種骯髒、惡臭、腐爛、不乾淨的形象與狀態做了細緻的實踐觀想。

他們為自己擁有這個骯髒、不乾淨的身體而感到羞愧、慚愧、不安，他們厭惡、討厭自己骯髒、不乾淨的身體，由於佛陀曾經說過自殺會產生巨大的罪業，他們不敢自殺，於是就到處尋找殺手，要求殺手將他們自己殺死，就這樣，剛開始是每天十個出家人自己要求被殺死，之後是每天二十個出家人自己要求被殺死，後來發展成為每天三十個出家人自己要求被殺死。

半個月後，佛陀靜坐禪修完畢後，就召集眾多出家人到自己的身旁。佛陀對阿難尊者說：「阿難，為什麼比丘僧眾的人數變少了呢？」

阿難尊者說：「世尊，是這樣的，您靜坐禪修前對比丘們講說了不淨觀的修行方法，並且大力的讚歎不淨觀的修行方法，稱讚修行不淨觀的比丘，於是很多比丘就非常重視不淨觀的修行方法，他們就非常認真的去修習不淨觀，結果由於他們過於的較真，導致了他們由修行不淨觀而開始厭惡、討厭他們自己骯髒、不乾淨的身體，他們對自己這個骯髒、不乾淨的身體而感到羞愧、慚愧、不安。於是他們就到處尋找殺手，要求殺手將他們自己殺死。

　　世尊，就是因為這個原因導致每天有很多比丘僧要求殺手將他們自己殺死，我和其他尊者也勸阻過他們，可是他們不聽我們的勸說，還是堅持認為自己的做法是正確的。

　　世尊，如果您能夠教導比丘僧眾其他的修行方法，用來取代這個不淨觀的修行方法就好了，教導比丘僧眾另一個能夠指引、引導他們最終證悟完全智的修行方法那就很好了（完全智解釋，見第一百五十九章）。」

　　佛陀說：「阿難，如來明白了。阿難，你現在去召集所有的比丘僧眾到講堂裡來。」

　　阿難尊者說：「世尊，請您稍等片刻，我現在就去召集所有的比丘僧眾到講堂裡來。」

　　沒有過多久，所有跟隨佛陀出家修行的出家人都來到講堂之中坐好。

　　佛陀對眾多的出家人說：「比丘們，如來之前為你們講說不淨觀的修行方法，是為了讓你們熄滅、平息、滅盡對身體的貪欲、渴愛，是為了讓你們放下對身體的執著和掛念。

　　比丘們，雖然身體是骯髒、不乾淨的，但是修行要想有所成就還是要依靠這個身體，不依靠這個身體就無法證悟各種解脫的果位，就如同乘坐航船渡過大海的時候，雖然航船的底部會接觸到海水，會被不乾淨的海水侵泡、污染，航船的表面會被各種污穢的塵土覆蓋，但是不依靠航船就無法到達解脫的彼岸。

　　因此，你們在修行不淨觀的時候，要明白雖然身體是骯髒、不乾淨的，但是放棄了生命，捨棄了這個身體也是無法達到修行的目標的，也是無法證悟各種解脫果位的，不淨觀的修行是讓你們熄滅、平

息、滅盡對身體的貪欲、渴愛，是讓你們放下對身體的執著和掛念，而不是讓你們放棄生命，不是讓你們捨棄身體。

比丘們，自殺的罪業大，要求別人將自己殺死的罪業也很大，不管是自殺還是要求別人將自己殺死都無法獲得解脫，要依靠這個身體去修行才能獲得最終的解脫。

比丘們，你們不要自殺，你們不要要求別人將自己殺死，你們要依靠身體去修行如來的正法，這樣你們就能最終證悟解脫的果位，到達沒有煩惱，沒有痛苦，沒有執著，沒有掛念，沒有念想的涅槃彼岸。

比丘們，現在如來給你們講說另一個修行的方法，這個修行方法就是「對呼吸專注」的修行方法。

比丘們，經常修行「對呼吸專注」的修行方法，就能讓內心進入平靜、寧靜、寂靜、勝妙的清淨境界之中。

經常修行「對呼吸專注」的修行方法就能讓內心不被世間的事物或念想擾動、污染、影響，就能安住在單個、純一的平靜、寧靜境界之中。為什麼呢？因為一旦內心生起邪惡、不善的念想，「對呼吸專注」的修行方法就能將這種邪惡、不善的念想熄滅、平息、滅盡，讓內心進入平靜、寧靜的境界之中。沒有生起邪惡、不善的念想，或者邪惡、不善的念想被滅盡了，就不會去說惡言，就不會去做惡行，滅盡了惡念、惡言、惡行就不會造下罪業，就不會導致不祥、危險、不幸的結果。

比丘們，猶如在夏季炎熱的月分，空中經常因為乾燥而漂浮著無數的塵埃，這時如果天空中下起大雨，那麼這些漂浮在空中的塵埃就將被大雨沖刷到大地上，大雨將會讓這些空中漂浮的塵埃消散，回歸大地，大雨將會淨化天空中漂浮著的塵埃。比丘們，同樣的道理，經常修習「對呼吸的專注」就能淨化內心中念想的塵埃，就能將邪惡、不善的念想熄滅、平息、滅盡，讓內心進入平靜、寧靜的境界之中。沒有生起邪惡、不善的念想，或者邪惡、不善的念想被滅盡了，就不會去說惡言，就不會去做惡行，滅盡了惡念、惡言、惡行就不會造下罪業，就不會導致不祥、危險、不幸的結果。

比丘們，如何修習「對呼吸的專注」才能淨化內心的念想塵埃呢？才能將邪惡、不善的念想熄滅、平息、滅盡，讓內心進入平靜、寧靜的境界之中呢？

　　世間人或眾生不管是在山林野地，或是在某個大樹下，或是在某個空屋中，不管身處何處，都盤腿坐下來，挺直身體，先將注意力集中專注在臉上，或者專注在嘴鼻上，或者專注在眼睛上，將注意力集中專注在自己的臉上。然後開始將對臉的專注轉移到對呼吸的專注上，只將注意力集中專注在吸氣與呼氣上。

　　當吸氣的時間比較長的時候，自己明白：「我這次吸氣的時間比較長」；當呼氣的時間比較長的時候，自己明白：「我這次呼氣的時間比較長」。

　　當吸氣的時間比較短的時候，自己明白：「我這次吸氣的時間比較短」；當呼氣的時間比較短的時候，自己明白：「我這次呼氣的時間比較短」。

　　學習體驗吸氣的時候，氣體經由鼻子、喉部、胸部、腹部進入身體時膨脹的整個感覺、感受，也就是體驗吸氣行為的開始，持續的中間過程，一直到結束這段時間內，整個身體的感覺、感受。

　　同樣的學習體驗呼氣的時候，氣體從腹部、胸部、喉部、鼻子呼出身體之外收縮的整個感覺、感受，也就是體驗呼氣行為的開始，持續的中間過程，一直到結束這段時間內，整個身體的感覺、感受。

　　學習體驗不做其他行為和動作，只集中專注在呼氣行為時，整個身體由於停止其他行為只專注在呼氣行為上所產生的寧靜、寂靜感覺；同樣的學習體驗不做其他行為和動作，只集中專注在吸氣行為時，整個身體由於停止其他行為只專注在吸氣行為上所產生的寧靜、寂靜感覺。

　　比丘們，修習「對呼吸專注」的時候，就應該這樣去體驗吸氣和呼氣的感受與感覺。

　　比丘們，你們要注意修習「對呼吸專注」時，吸氣和呼氣都是要去體驗的，不能任選其中一種，要二者都要去體驗。

　　比丘們，如果你們希望：「遠離欲望，捨離不善法後，進入有尋、有伺，隔離痛苦，生起喜樂的初禪清淨境界之中，並讓內心安住

在初禪的清淨境界之中。」你們就應該重視「對呼吸專注」的修行。比丘們，你們要注意在初禪的境界之中還會對外界的事物有細微的分別、區別。

比丘們，什麼是有尋、有伺呢？什麼是尋、伺呢？就是進入初禪境界的時候，需要將注意力集中在某些不會產生貪欲和喜怒哀樂情緒的清淨事物上，由此替換掉貪欲、渴愛等等煩惱和痛苦。比如將注意力集中在數呼吸的次數上，數吸氣的次數，或者數呼氣的次數。比丘們，注意不是同時數吸氣和呼氣，而是在數呼氣和數吸氣這兩種行為中選擇任意一種。或者數呼氣，或者數吸氣，如果兩個都計數反而無法集中注意力。又比如將注意力集中專注在對一片樹葉的觀察上，除了對這片樹葉的關注不再想其他的事情。

有尋、有伺就是需要用集中專注某種清淨事物的方法來轉移注意力，轉移什麼注意力呢？轉移對貪欲、渴愛等等煩惱和痛苦的注意力。簡單的說有尋、有伺就是：要用注意力集中專注的修行方法。

那麼「尋」與「伺」又有什麼區別呢？「尋」注意力集中專注的範圍要大一點。「伺」注意力集中專注的範圍要小一點。比如：注意力不僅集中專注在對一片樹葉的觀察上，還集中專注在對樹葉上水滴的觀察上，這就集中專注在了兩個事物上，一個事物是樹葉，一個事物是水滴，這就被稱為「尋」，如果只將注意力集中專注在樹葉上，只集中專注一個事物那就是「伺」。

「尋」與「伺」的區別就在於注意力集中專注的範圍上，範圍大的稱為「尋」，範圍小的稱為「伺」。

比丘們，你們要注意：如來在這裡解釋尋、伺時講到的數吸氣次數或數呼氣次數的例子，與如來之前所說的「對呼吸專注」的修行是不太相同的。

當數吸氣或呼氣次數的時候，是在數吸氣次數與數呼氣次數中選擇其中一種行為來計數，或者選擇數吸氣的次數來計數，或者選擇數呼氣的次數來計數，二者選擇其一。

修習「對呼吸的專注」是體驗吸氣和呼氣的感受與感覺，不需要去數呼吸的次數，只是體驗吸氣和呼吸的感受與感覺，並且這兩種感受與感覺都要去體驗，是兩者都要去體驗，不是二者選其一。

比丘們，簡單的說：「對呼吸專注的修行」需要同時體驗吸氣與呼氣的感覺與感受；而在數吸氣次數或數呼氣次數的時候，只需要在數吸氣次數和數呼氣次數這兩者中選擇其中一種計數。

「對呼吸專注的修行」是吸氣和呼氣都要去體驗。

「數呼吸的次數」要在吸氣和呼氣二者中選擇其中一種行為去計數。

「對呼吸專注的修行」是體驗吸氣和呼氣的兩種行為。

「數呼吸的次數」是在數吸氣次數與數呼氣次數中選擇其中一種計數。

比丘們，你們這樣去記憶會更加簡單：「對呼吸專注的修行」是專注吸氣和呼氣的兩種行為；「數呼吸的次數」是專注吸氣與呼氣中的其中一種行為。

「對呼吸專注的修行」專注的是兩種行為；「數呼吸的次數」專注的是一種行為。

比丘們，如果你們希望：「在進入初禪境界後，平息「尋」與「伺」，平息集中專注的事物，平息對外界事物細微的分別、區別。不再分別、區別外界的事物，將內心安住在一處，安住在一境，不散亂，由此進入注意力不專注事物，內心平靜、安寧、清淨的二禪境界之中。」你們就應該重視「對呼吸專注」的修行。比丘們，你們要注意在這個內心單個、純一的二禪清淨境界中會生起清淨的喜樂。

比丘們，如果你們希望：「在進入二禪後，遠離喜樂的感受，讓內心歸於平靜、寧靜，保持修行的正念正知（正知、正念解釋，見第一百四十六章），不忘失修行的正知正念，進入清淨的三禪境界。」你們就應該重視「對呼吸專注」的修行。比丘們，你們要注意如來所說的「在進入二禪後，遠離喜樂的感受」這種喜樂的感受是由身體與外界事物生起的快樂、喜悅、歡喜感受，是由物質事物生起的快樂、喜悅、歡喜感受。

比丘們，如果你們希望：「在進入三禪後，滅盡快樂、痛苦、憂愁、喜悅等等喜怒哀樂的感受，進入不苦不樂的清淨境界。讓平靜、寧靜的境界布滿內心，讓內心安住在念想純淨、純一的四禪清淨境界之中。」你們就應該重視「對呼吸專注」的修行。比丘們，什麼是念

想純淨、純一的清淨境界呢？就是內心的注意力只集中專注在清淨、寧靜這種單一的念想上，念想單一、純正。

比丘們，如果你們希望：「在進入四禪後，不再掛念和執著世間一切的物質事物，不再執著和掛念物質世界，不再執著和掛念由物質事物生起的一切念想，明白虛空是無邊無界的，進入空無邊處的境界之中。」你們就應該重視「對呼吸專注」的修行。

比丘們，如何才能做到「不再掛念和執著世間一切的物質事物，不再執著和掛念物質世界」呢？那就要超越物質事物、物質世界。超越的意思就是內心不會被物質事物、物質世界擾動、影響，不管物質事物、物質世界發生什麼變化，內心都不會隨著物質事物、物質世界的變化而產生波動，發生念想的變化，內心清淨的境界始終保持不變，保持恒定。簡單的說就是：內心的清淨狀態始終保持不變，不會受到物質事物、物質世界的擾動與影響。

比丘們，剛才如來描述的「空無邊處境界」可能有點抽象不太好理解，現在如來用一些具體的方法來描述「空無邊處的境界」。

修習「對呼吸的專注」，用這種對呼吸的集中專注來熄滅、平息、滅盡由於回想過去事情所生起的貪欲、渴愛；

修習「對呼吸的專注」，用這種對呼吸的集中專注來熄滅、平息、滅盡由於沉浸在當前事情上所生起的貪欲、渴愛；

修習「對呼吸的專注」，用這種對呼吸的集中專注來熄滅、平息、滅盡由於期待未來事情所生起的貪欲、渴愛。

比丘們，實際上就是：用集中專注呼吸的念想替換掉了由過去、現在、未來事情所生起的貪欲、渴愛念想。

修習「對呼吸的專注」，用集中專注呼吸的念想熄滅、平息、滅盡不如意、反感、怨恨、憤怒的念想。

修習「對呼吸的專注」，用集中專注呼吸的修行方法熄滅、平息、滅盡眼睛看見物質事物時對內心的擾動、影響，熄滅、平息、滅盡眼睛與物質事物接觸時對內心的撞擊。

修習「對呼吸的專注」，用集中專注呼吸的修行方法熄滅、平息、滅盡耳朵聽到聲音時對內心的擾動、影響，熄滅、平息、滅盡耳朵與聲音接觸時對內心的撞擊。

修習「對呼吸的專注」，用集中專注呼吸的修行方法熄滅、平息、滅盡鼻子聞到氣味時對內心的擾動、影響，熄滅、平息、滅盡鼻子與氣味接觸時對內心的撞擊。

修習「對呼吸的專注」，用集中專注呼吸的修行方法熄滅、平息、滅盡舌頭嘗到味道時對內心的擾動、影響，熄滅、平息、滅盡舌頭與味道接觸時對內心的撞擊。

修習「對呼吸的專注」，用集中專注呼吸的修行方法熄滅、平息、滅盡身體觸摸感覺到觸覺，領納到環境變化感覺（冷熱、舒適等等）時對內心的擾動、影響，熄滅、平息、滅盡身體與觸覺、環境變化感覺時對內心的撞擊。

比丘們，簡單的說就是：修習「對呼吸的專注」，用集中專注呼吸的修行方法熄滅、平息、滅盡自身與外部事物對內心的擾動、影響，熄滅、平息、滅盡自身與外部事物對內心的撞擊。

以不執著和掛念物質事物、物質世界，不對物質事物、物質世界生起念想，而讓內心融入無邊無界的虛空之中。比丘們，你們這裡要注意：虛空是一種對世間現象的類比描述，遙望天空感受到虛空的無邊無界，由此讓內心融入這種由外界虛空類比而在內心中構建產生的虛空境界之中。

比丘們，如果你們希望：「在進入空無邊處境界後，進一步明白念想、認識、分別、判斷也如同虛空一樣是無邊無界、永無止境的，並由此進入識無邊處的境界。」你們就應該重視「對呼吸專注」的修行。

比丘們，如何才能「進入識無邊處的境界」呢？那就要超越空無邊處的境界。就要明白「念想、認識、分別、判斷也如同虛空一樣是無邊無界、永無止境的」的法義。

超越空無邊處境界的意思就是內心不會被空無邊處的境界擾動、影響，不會執著和掛念空無邊處的境界。

比丘們，如何理解「念想、認識、分別、判斷也如同虛空一樣是無邊無界、永無止境的」這句話呢？你們可以這樣去理解：每天內心會生起無數的念想、認識、分別、判斷。

念想、認識、分別、判斷如同虛空一樣無邊無際，沒有盡頭，無有止境，過去曾經生起無數的念想、認識、分別、判斷，現在正在生起的念想、認識、分別、判斷時刻在變化，未來即將生起無數的念想、認識、分別、判斷。

念想、認識、分別、判斷無法長久的保持不變，時刻都在發生變化。

念想、認識、分別、判斷的生起與滅沒無有窮盡，這個念想、認識、分別、判斷剛生起不久，另一個念想、認識、分別、判斷就生起了，另一個念想、認識、分別、判斷生起之後，之前生起的念想、認識、分別、判斷就消失、滅沒了。

比丘們，可能你們會覺的如來的描述很抽象，如來現在舉個例子來說明：比如一個人他外出散步，這時他生起了散步的念想，他散步的時候看見了路旁賣衣服的攤販，就生起了看衣服的念想，他選擇衣服的時候，發現某件衣服很適合他穿，就生起了想要買衣服的念想，於是他就伸手到口袋裡拿錢，就生起了拿錢的念想。結果他發現沒有帶錢，於是就準備回家取錢，就生起了回家取錢的念想，他擔心賣衣服的商販將這件衣服賣給別人，就告訴賣衣服的商販給他預留下這件衣服，就生起了擔心衣服被別人買與想讓商販給他預留衣服的這兩種念想，他趕回家拿買衣服的錢，回到家的時候，他的妻子告訴他，他的老母親生病了，需要去看醫生，於是他就背著老母親去看醫生，他就生起了帶老母親去看醫生的念想，見到醫生後，醫生根據他母親的病情開出了藥方，讓他按著藥方去抓藥，他就到藥鋪去抓藥，就生起了抓藥的念想，抓藥完畢後，他就背著老母親回家，回到家後，他就去為老母親煎藥，就生起了煎藥的念想，藥煎好後，他就拿藥罐盛上藥湯等待藥湯冷卻，就生起了等待藥湯冷卻的念想，藥湯冷卻後，他就端著藥湯來到老母親的床前餵母親吃藥，就生起了餵老母親吃藥的念想。

比丘們，在這個例子中，當這個人遇見不同事情的時候，就生起了很多的念想。這個念想不僅是每天會生起，就是每時每刻也會生起，生起的數量是無法計數的。沒有人知道自己曾經生起過多少的念想，念想的生起與滅沒是無窮無盡、無法計量的。

認識、分別、判斷也是同樣的道理，這些都是由內心所產生的，認識、分別、判斷的生起與滅沒與念想一樣也是無窮無盡、無法計量的。

　　比丘們，這裡如來要來解釋一下什麼是認識、分別、判斷。

　　「認識」是確定某物，知曉，認明的意思，比如認識某個人。

　　「分別」是辨別的意思，對不同的事物在認識上加以區別，比如辯別方向，辨別混雜在一起的各種聲音。

　　「判斷」是對思維物件是否存在、是否具有某種屬性以及事物之間是否具有某種關係的肯定或否定。比如根據某個人的行為判斷出他說的是假話。

　　比丘們，很多時候，生起念想的時候，就會伴隨著生起認識、分別、判斷。

　　比丘們，簡單的說就是：念想、認識、分別、判斷的生起與滅沒如同虛空一樣是無邊無界、永無止境的。

　　比丘們，這就是「念想、認識、分別、判斷也如同虛空一樣是無邊無界、永無止境的」的法義。

　　比丘們，如果你們希望：「在進入識無邊處境界後，明白無邊無界的虛空，自己無邊無界、永無止境的念想、認識、分別、判斷全部都是虛假不真實的，全部都是不存在的。其實什麼也沒有，其實什麼也不是真實存在的，並由此就進入無所有處的境界。」你們就應該重視「對呼吸專注」的修行。

　　比丘們，如何才能「進入無所有處的境界」呢？那就要超越識無邊處的境界。就要明白「無邊無界的虛空，自己無邊無界、永無止境的念想、認識、分別、判斷全部都是虛假不真實的，全部都是不存在的。其實什麼也沒有，其實什麼也不是真實存在」的法義。

　　比丘們，如何理解「無邊無界的虛空，自己無邊無界、永無止境的念想、認識、分別、判斷全部都是虛假不真實的，全部都是不存在的。其實什麼也沒有，其實什麼也不是真實存在的」這句話呢？你們可以這樣去理解：世間的一切事物，包括自己的念想、認識、分別、判斷在內都是隨時在變化，無法永遠存在，無法永恆保持不變，無法永遠擁有的，都是由各種條件生起的，世間一切的事物都有滅盡、消

一本書

讀懂所有佛經

失的時候。無邊無界的虛空，無邊無界、永無止境的念想、認識、分別、判斷隨時都在變化，隨著時間的推移無法保持完全相同的狀態，自己內心生起虛空的概念，生起念想、認識、分別、判斷的概念，生起修飾、限定、形容虛空是無邊無界的概念，生起修飾、限定、形容念想、認識、分別、判斷是無邊無界、永無止境的概念，這些不過是自己內心生起的念想而已，這些不過是世間人創造出來的語言詞語，目的是用來描述、形容、指代某項事物而已，是世間人自己創造出來的詞語，其實這些詞語在世間人誕生之前並不存在，想想你們出生的時候，知道這些詞語、概念嗎？不知道！都是通過各種途徑學習來的，通過別人傳授來的。所以說所謂的「無邊無界的虛空，無邊無界、永無止境的念想、認識、分別、判斷」都是用世間人建立起來的語言詞語表達出來的，在沒有世間人的時候，在世間人還沒有誕生的時候，這些詞語語言根本就不存在，既然不存在，也就不存在什麼虛空、念想、認識、分別、判斷的概念了，也就不存在修飾、限定、形容這些詞語的無邊無界、永無止境的概念了。

「無邊無界的虛空，自己無邊無界、永無止境的念想、認識、分別、判斷全部都是虛假不真實的，全部都是不存在的。其實什麼也沒有，其實什麼也不是真實存在」的意思就是說這些詞語、句子表達出來的意思、概念是建立在世間人的語言文字上的，在世間人還沒有出現的時候，在世間人還沒有誕生的時候這些所謂的名字、詞語、概念描述的句子根本就不存在，這些名字、詞語、概念描述的句子只是世間人指代某些事物、某些事情而創造出來的符號而已。其實這些語言文字的描述符號是世間人自己創造出來的，世間的事物其實是沒有名字的，是世間人取出的名字，世間的事物其實也是沒有詞語、概念、描述語句的說法的，這些也只是世間人自己創造出來用來指代世間事物的符號而已。

簡單的說就是：世間一切的事物本來是沒有名字、概念的，各種名字、概念不過是世間人自己創造出來的語言或文字，各種名字、詞語不過是世間人用來指代世間事物的符號而已。

比丘們，這就是「無邊無界的虛空，自己無邊無界、永無止境的念想、認識、分別、判斷全部都是虛假不真實的，全部都是不存在

的。其實什麼也沒有，其實什麼也不是真實存在」的法義。

比丘們，如果你們希望：「在進入無所有處境界後，內心除了偶爾出現的極微小的雜念外，不再生起任何的念想，進入非想非非想處的境界。」你們就應該重視「對呼吸專注」的修行。

比丘們，如何才能進入「非想非非想處的境界」呢？那就要超越無所有處的境界。就要明白「內心除了偶爾出現的極微小的雜念外，不再生起任何念想」的法義。

超越無所有處境界的意思就是內心不會被無所有處的境界擾動、影響，不會執著和掛念無所有處的境界。

「內心除了偶爾出現的極微小的雜念外，不再生起任何念想」是什麼意思呢？就是當明白了無邊無界的虛空是不存在的，明白了自己無邊無界、永無止境的念想、認識、分別、判斷也是不存在的，明白了這些詞語、概念、句子不過是世間人描述世間萬物所用的語言或文字，明白了這些詞語、概念、句子是世間人用來指代世間事物、事情的符號，其實世間一切的事物本來是沒有名字、概念的，這樣就不會再在內心中生起任何的念想，雖然如此，可是內心中偶爾也會閃出一些微小的雜念，這些雜念非常的微小，就如同大海海面上漂浮著的一滴菜油一樣，已經可以忽略不計了。

比丘們，如果你們希望：「在進入非想非非想處境界後，進入沒有念想、沒有感受、沒有細微雜念的想受滅境界。」你們就應該重視「對呼吸專注」的修行。比丘們，你們要注意想受滅境界就是沒有煩惱，沒有痛苦，沒有執著，沒有掛念，沒有念想的涅槃境界。

比丘們，如何才能進入「想受滅的境界」呢？那就要超越非想非非想處境界。

比丘們，已經持之以恆、堅持不懈修習「對呼吸專注」的如來聖弟子們，當他們感覺到快樂、開心、喜悅的感受的時候，他們就會告訴自己：「這些快樂、開心、喜悅的感受隨時在變化，無法永遠存在，無法永恆保持不變，是會消退、滅盡、消失的。」於是，他們就不會貪愛這些快樂、開心、喜悅的感受，他們就不會執著和掛念這些快樂、開心、喜悅的感受，他們就不會沉浸在這些快樂、開心、喜悅的感受之中，他們知道是不能貪愛、執著、掛念這些快樂、開心、喜

悅的感受的，他們知道是不能沉迷於這些快樂、開心、喜悅的感受之中的。一旦貪愛、執著、掛念這些快樂、開心、喜悅的感受，一旦沉迷於這些快樂、開心、喜悅的感受之中，那麼當這些快樂、開心、喜悅的感受消退、滅盡、消失的時候，當失去這些快樂、開心、喜悅的感受的時候，就會產生煩惱和痛苦，之前這些快樂、開心、喜悅的感受給自己帶來了多大的歡樂和愉快，當這些快樂、開心、喜悅的感受消退、滅盡、消失的時候，當失去這些快樂、開心、喜悅的感受的時候就會給自己帶來多大的煩惱和痛苦。因此他們不會貪愛、執著、掛念這些快樂、開心、喜悅的感受，他們不會沉迷於這些快樂、開心、喜悅的感受之中。

比丘們，已經持之以恆、堅持不懈修習「對呼吸專注」的如來聖弟子們，當他們感覺到痛苦、苦惱、悲傷的感受的時候，他們就會告訴自己：「這些痛苦、苦惱、悲傷的感受隨時在變化，無法永遠存在，無法永恆保持不變，是會消退、滅盡、消失的。」於是，他們就不會執著和掛念這些痛苦、苦惱、悲傷的感受，他們就不會沉浸在這些痛苦、苦惱、悲傷的感受之中，他們知道是不能執著、掛念這些痛苦、苦惱、悲傷的感受的，他們知道是不能沉溺於這些痛苦、苦惱、悲傷的感受之中的，一旦執著、掛念這些痛苦、苦惱、悲傷的感受，一旦沉溺於這些痛苦、苦惱、悲傷的感受之中，就無法從煩惱和痛苦中解脫出來。這些痛苦、苦惱、悲傷的感受是會消退、滅盡、消失的，是隨時在變化，無法永遠存在，無法永恆保持不變的，因此他們不會執著、掛念這些痛苦、苦惱、悲傷的感受，他們不會沉溺於這些痛苦、苦惱、悲傷的感受之中。

比丘們，已經持之以恆、堅持不懈修習「對呼吸專注」的如來聖弟子們，當他們感覺到不苦不樂的感受的時候，他們就會告訴自己：「這些不苦不樂的感受隨時在變化，無法永遠存在，無法永恆保持不變，是會消退、滅盡、消失的。」於是，他們就不會執著和掛念這些不苦不樂的感受，他們就不會沉浸在這些不苦不樂的感受之中，他們知道是不能執著、掛念這些不苦不樂的感受的，他們知道是不能沉迷於這些不苦不樂的感受之中的，一旦執著、掛念這些不苦不樂的感受，一旦沉迷於這些不苦不樂的感受之中，就無法從不苦不樂念想的

煩惱和痛苦中解脫出來，這些不苦不樂的感受是會消退、滅盡、消失的，是隨時在變化，無法永遠存在，無法永恆保持不變的，因此他們不會執著、掛念這些不苦不樂的感受，他們不會沉迷於這些不苦不樂的感受之中。

比丘們，這些已經持之以恆、堅持不懈修習「對呼吸專注」的如來聖弟子們，他們不會被快樂、痛苦、不苦不樂的感受束縛捆綁，他們不會執著和掛念快樂、痛苦、不苦不樂的感受。他們經常去觀想與體驗自己面臨死亡，即將失去生命時的感受，他們會想：「我將要死去了，隨著我身體的衰敗、崩解，隨著我生命的耗盡，我在世間快樂、痛苦、不苦不樂的感受，我在世間一切的感受全部都將熄滅、滅盡、消失，我將進入清涼寂靜的境界之中。」

比丘們！就如同有燈油、燈芯的存在，並且燈芯在合適的位置上，油燈才能被點燃、點亮。如果燈油耗盡了，或者沒有燈芯，或者燈芯不在合適的位置上，那麼油燈的火焰就會熄滅。比丘們！同樣的道理，當如來聖弟子們面臨死亡，即將失去生命的時候，他們會想：「我將要死去了，隨著我身體的衰敗、崩解，隨著我生命的耗盡，我在世間快樂、痛苦、不苦不樂的感受，我在世間一切的感受全部都將熄滅、滅盡、消失，我將進入清涼寂靜的境界之中。」

比丘們，你們這樣去經常的修習「對呼吸的專注」，就能讓內心不被世間的事物或念想擾動、污染、影響，就能安住在單個、純一的平靜、寧靜境界之中。當你們的內心一旦生起邪惡、不善的念想的時候，「對呼吸專注」的修行方法就能將你們內心中的這些邪惡、不善的念想熄滅、平息、滅盡，讓你們的內心進入平靜、寧靜的境界之中，你們沒有生起邪惡、不善的念想，或者你們邪惡、不善的念想被滅盡了，你們就不會去說惡言，你們就不會去做惡行。你們滅盡了惡念、惡言、惡行就不會造下罪業，就不會導致不祥、危險、不幸的結果。」

佛陀說法後，聽法的出家弟子們都再次的頂禮佛陀，隨喜讚歎佛陀說法的無量功德，他們都按著佛陀所說的法去修行。

一本書

讀懂所有佛經

第一百六十八章　修習「對呼吸的專注」，滅盡煩惱和痛苦

　　有個時候，佛陀住在舍衛城的祇樹林給孤獨園，有一天，佛陀對眾多的出家人說：「比丘們（比丘解釋：出家人），經常修習「對呼吸的專注」，就能解除一切的束縛捆綁，就能根除一切的隨眠煩惱（隨眠解釋，見第一百二十四章），就能滅盡一切的煩惱和痛苦，就能最終明白生命的意義是什麼，就能最終明白生命旅途的真正意義是什麼，就能最終明白生死輪迴是什麼（生死輪迴解釋，見第一百一十二章）。

　　比丘們，當完成一種法的修行的時候，就完成了四種法的修行；當完成四種法的修行的時候，就完成了七種法的修行；當完成七種法的修行的時候，就完成了二種法的修行。

　　比丘們，當完成「對呼吸專注」的修行的時候，就完成了四念住的修行；當完成了四念住修行的時候，就完成了七覺支的修行；當完成七覺支修行的時候，就完成了明與解脫的修行。

　　什麼是明與解脫呢？「明」是開啟完全的智慧，滅盡一切煩惱和痛苦的意思。「明」是一個比喻，比喻的是：用智慧的光明，消除、驅散煩惱和痛苦的黑暗。

　　「解脫」就是熄滅、停止生死輪迴（生死輪迴解釋，見第一百一十二章），解除了一切的束縛與捆綁。不執著和掛念眼睛與看見的物質事物，耳朵與聽到的聲音，鼻子與聞到的氣味，舌頭與嘗到的味道，身體與觸摸感覺到的觸覺、領納到的環境變化感覺（冷熱、舒適等等），內心與想到的念想、思想、見解，已經完全解除了世間對自己的束縛捆綁，已經熄滅、平息、滅盡貪欲、渴愛、憤怒、無智愚癡、喜怒哀樂、執著、掛念等等煩惱和痛苦，已經從眼睛與物質事物，耳朵與聲音，鼻子與氣味，舌頭與味道，身體與觸覺、環境變化感覺，內心與見解、思想、念想中徹底的解脫出來。

比丘們，「對呼吸的專注」就是一種法；「四念住」就是四種法；「七覺支」就是七種法；「明」與「解脫」就是二種法。

比丘們，簡單的說就是：完成了「對呼吸專注」的修行，就完成了「四念住」、「七覺支」、「明與解脫」的修行；完成了一種法的修行，就完成了四種法、七種法、二種法的修行。也就是說：只要完成了「對呼吸專注」的修行，就同時完成了「四念住」、「七覺支」、「明與解脫」的修行，只要完成了一種法的修行，就同時完成了四種法、七種法、二種法的修行。

比丘們，如何修習「對呼吸的專注」才能解除一切的束縛捆綁，根除一切的隨眠煩惱，滅盡一切的煩惱和痛苦，最終明白生命的意義是什麼，最終明白生命旅途的真正意義是什麼，最終明白生死輪迴是什麼呢？比丘們，修習「對呼吸的專注」又是如何完成四念住的修行的呢？

比丘們，不管是在山林野地，或是在某個大樹下，或是在某個空屋中，不管身處何處，都盤腿坐下來，挺直身體，先將注意力集中專注在臉上，或者專注在嘴鼻上，或者專注在眼睛上，將注意力集中專注在自己的臉上。然後開始將對臉的專注轉移到對呼吸的專注上，只將注意力集中專注在吸氣與呼氣上。

當吸氣的時間比較長的時候，自己明白：「我這次吸氣的時間比較長」；當呼氣的時間比較長的時候，自己明白：「我這次呼氣的時間比較長」。

當吸氣的時間比較短的時候，自己明白：「我這次吸氣的時間比較短」；當呼氣的時間比較短的時候，自己明白：「我這次呼氣的時間比較短」。

將注意力集中專注在呼吸的身體行為上：深切注意氣體經由鼻子、喉部、胸部、腹部進入身體時，吸入氣體時，身體膨脹的整個吸氣的過程，也就是集中專注吸氣的行為。同樣的，深切注意氣體從腹部、胸部、喉部、鼻子呼出身體之外，身體排出氣體時，身體收縮的整個呼氣的過程，也就是集中專注呼氣的行為。

除了對吸氣與呼氣行為的專注，不專注其他的行為，比丘們，你們要注意是吸氣和呼氣的行為都要去集中的專注，只是集中專注吸氣

和呼氣的行為，只是集中專注吸氣時身體膨脹的行為，呼氣時身體收縮的行為。

比丘們，這其實就是在修習四念住中的身念住。什麼是念住呢？就是由集中專注、深切注意某種清淨的念想或物件，而讓內心進入平靜、寧靜狀態，讓內心安住在清淨境界之中的修行方法。「念」是集中專注、深切注意某種清淨的念想或物件。「住」是讓內心進入平靜、寧靜的狀態，讓內心安住在清淨的境界之中。

四念住是哪四種念住呢？即是身念住、受念住、心念住、法念住，這四種念住。

什麼是「身念住」呢？「身念住」就是內心集中專注在身體的行為上，比如內心集中專注在呼吸的行為上，建立對呼吸行為的深切注意。用這種對身體行為的集中專注來替換掉內心中的貪欲、渴愛、憤怒、無智愚癡、喜怒哀樂、執著、掛念等等煩惱和痛苦。用對身體行為的深切注意來替換掉內心中的貪欲、渴愛、憤怒、無智愚癡、喜怒哀樂、執著、掛念等等煩惱和痛苦。通過對身體行為的集中專注，通過對身體行為的深切注意，內心不再去想那些會讓自己生起貪欲、渴愛、憤怒、無智愚癡、喜怒哀樂、執著、掛念等等煩惱和痛苦的事物或事情，熄滅、平息、滅盡貪欲、渴愛、憤怒、無智愚癡、喜怒哀樂、執著、掛念等等煩惱和痛苦，這就是身念住。

簡單的說身念住就是：通過集中專注身體行為，通過對身體行為的深切注意，替換掉內心中煩惱和痛苦的念想，熄滅、平息、滅盡內心中煩惱和痛苦的念想。

修習內心集中專注呼吸行為的「身念住」後，隨著「身念住」修行的深入將會體驗到初禪、二禪的清淨境界。

依靠專注呼吸行為的「身念住」修行，「遠離欲望，捨離不善法後，進入有尋、有伺，隔離痛苦，生起喜樂的初禪清淨境界之中，並讓內心安住在初禪的清淨境界之中。」在初禪的境界之中還會對外界的事物有細微的分別、區別。

比丘們，什麼是有尋、有伺呢？什麼是尋、伺呢？就是進入初禪境界的時候，需要將注意力集中在某些不會產生貪欲和喜怒哀樂情緒的清淨事物上，由此替換掉貪欲、渴愛等等煩惱和痛苦。比如將注意

力集中專注在呼吸的行為上，又比如將注意力集中專注在對一片樹葉的觀察上，除了對這片樹葉的關注不再想其他的事情。

有尋、有伺就是需要用集中專注某種清淨事物的方法來轉移注意力，轉移什麼注意力呢？轉移對貪欲、渴愛等等煩惱和痛苦的注意力。簡單的說有尋、有伺就是：要用注意力集中專注的修行方法。

那麼「尋」與「伺」又有什麼區別呢？「尋」注意力集中專注的範圍要大一點。「伺」注意力集中專注的範圍要小一點。比如：注意力不僅集中專注在對一片樹葉的觀察上，還集中專注在對樹葉上水滴的觀察上，這就集中專注在了兩個事物上，一個事物是樹葉，一個事物是水滴，這就被稱為「尋」，如果只將注意力集中專注在樹葉上，只集中專注一個事物那就是「伺」。

「尋」與「伺」的區別就在於注意力集中專注的範圍上，範圍大的稱為「尋」，範圍小的稱為「伺」。

比丘們，修習專注呼吸行為的「身念住」要去體驗吸氣和呼氣的行為，吸氣和呼吸這兩種行為都要去體驗。

依靠專注呼吸行為的「身念住」修行，「在進入初禪境界後，平息「尋」與「伺」，平息集中專注的事物，平息對外界事物細微的分別、區別。不再分別、區別外界的事物，將內心安住在一處，安住在一境，不散亂，由此進入注意力不專注事物，內心平靜、安寧、清淨的二禪境界之中。」在這個內心單個、純一的二禪清淨境界中會生起清淨的喜樂。

在進入二禪境界後，進一步修習內心集中專注呼吸感受的「受念住」，隨著「受念住」修行的深入將會體驗到三禪、四禪的清淨境界。

什麼是「受念住」呢？「受念住」就是內心集中專注在感受上，比如呼吸的時候，內心集中專注在吸氣時，冰冷的氣體進入身體的感受，或者內心集中專注在呼氣時，溫暖的氣體呼出身體的感受，建立對冰冷氣體感受的深切注意，或者建立對溫暖氣體感受的深切注意。又比如：來回在同一條路徑、道路上行走，內心集中專注在腳底板踩在地面上的感受，腳底板的感受是踩在平坦道路上那種高低平等、平整的感受，還是踩在崎嶇山路上那種高低不平、凹凸的感受，建立對

腳底板接觸地面感受的深切注意。用這種對感受的集中專注來替換掉內心中的貪欲、渴愛、憤怒、無智愚癡、喜怒哀樂、執著、掛念等等煩惱和痛苦。用對感受的深切注意來替換掉內心中的貪欲、渴愛、憤怒、無智愚癡、喜怒哀樂、執著、掛念等等煩惱和痛苦。通過對感受的集中專注，通過對感受的深切注意，內心不再去想那些會讓自己生起貪欲、渴愛、憤怒、無智愚癡、喜怒哀樂、執著、掛念等等煩惱和痛苦的事物或事情，熄滅、平息、滅盡貪欲、渴愛、憤怒、無智愚癡、喜怒哀樂、執著、掛念等等煩惱和痛苦，這就是受念住。

簡單的說受念住就是：通過集中專注感受，通過對感受的深切注意，替換掉內心中煩惱和痛苦的念想，熄滅、平息、滅盡內心中煩惱和痛苦的念想。

在已經通過「身念住」進入二禪境界的前提下，繼續依靠專注呼吸感受的「受念住」修行，「遠離喜樂的感受，讓內心歸於平靜、寧靜，保持修行的正念正知（正知、正念解釋，見第一百四十六章），不忘失修行的正知正念，進入清淨的三禪境界。」比丘們，你們要注意如來所說的「遠離喜樂的感受」這種喜樂的感受是由身體與外界事物生起的快樂、喜悅、歡喜感受，是由物質事物生起的快樂、喜悅、歡喜感受。

依靠專注呼吸感受的「受念住」修行，「在進入三禪後，滅盡快樂、痛苦、憂愁、喜悅等等喜怒哀樂的感受，進入不苦不樂的清淨境界。讓平靜、寧靜的境界布滿內心，讓內心安住在念想純淨、純一的四禪清淨境界之中。」比丘們，什麼是念想純淨、純一的清淨境界呢？就是內心的注意力只集中專注在清淨、寧靜這種單一的念想上，念想單一、純正。

在進入四禪境界後，進一步修習內心集中專注念想的「心念住」，隨著「心念住」修行的深入將會體驗到空無邊處、識無邊處的清淨境界。

什麼是「心念住」呢？「心念住」就是內心集中專注在念想、思想、見解上，比如內心集中專注在對虛空的觀想上，建立對虛空念想的深切注意。

什麼是對虛空的觀想呢？就是觀想：「虛空是無限大的，虛空是無邊無界的」這就是虛空的觀想。用這種對念想、思想、見解的集中專注來替換掉內心中的貪欲、渴愛、憤怒、無智愚癡、喜怒哀樂、執著、掛念等等煩惱和痛苦。用對念想、思想、見解的深切注意來替換掉內心中的貪欲、渴愛、憤怒、無智愚癡、喜怒哀樂、執著、掛念等等煩惱和痛苦。通過對念想、思想、見解的集中專注，通過對念想、思想、見解的深切注意，內心不再去想那些會讓自己生起貪欲、渴愛、憤怒、無智愚癡、喜怒哀樂、執著、掛念等等煩惱和痛苦的事物或事情，熄滅、平息、滅盡貪欲、渴愛、憤怒、無智愚癡、喜怒哀樂、執著、掛念等等煩惱和痛苦，這就是心念住。

簡單的說心念住就是：通過集中專注念想、思想、見解，通過對念想、思想、見解的深切注意，替換掉內心中煩惱和痛苦的念想，熄滅、平息、滅盡內心中煩惱和痛苦的念想。

在已經通過「受念住」進入四禪境界的前提下，繼續依靠專注虛空觀想的「心念住」修行，「不再掛念和執著世間一切的物質事物，不再執著和掛念物質世界，不再執著和掛念由物質事物生起的一切念想，明白虛空是無邊無界的，進入空無邊處的境界之中。」

比丘們，如何才能做到「不再掛念和執著世間一切的物質事物，不再執著和掛念物質世界」呢？那就要超越物質事物、物質世界。超越的意思就是內心不會被物質事物、物質世界擾動、影響，不管物質事物、物質世界發生什麼變化，內心都不會隨著物質事物、物質世界的變化而產生波動，發生念想的變化，內心清淨的境界始終保持不變，保持恒定。簡單的說就是：內心的清淨狀態始終保持不變，不會受到物質事物、物質世界的擾動與影響。

比丘們，剛才如來描述的「空無邊處境界」可能有點抽象不太好理解，現在如來用一些具體的方法來描述「空無邊處的境界」。

修習「對虛空的觀想」，用這種對虛空觀想的集中專注來熄滅、平息、滅盡由於回想過去事情所生起的貪欲、渴愛；

修習「對虛空的觀想」，用這種對虛空觀想的集中專注來熄滅、平息、滅盡由於沉浸在當前事情上所生起的貪欲、渴愛；

修習「對虛空的觀想」，用這種對虛空觀想的集中專注來熄滅、平息、滅盡由於期待未來事情所生起的貪欲、渴愛。

比丘們，實際上就是：用集中專注虛空的念想替換掉了由過去、現在、未來事情所生起的貪欲、渴愛念想。

修習「對虛空的觀想」，用集中專注虛空的念想熄滅、平息、滅盡不如意、反感、怨恨、憤怒的念想。

修習「對虛空的觀想」，用集中專注虛空觀想的修行方法熄滅、平息、滅盡眼睛看見物質事物時對內心的擾動、影響，熄滅、平息、滅盡眼睛與物質事物接觸時對內心的撞擊。

修習「對虛空的觀想」，用集中專注虛空觀想的修行方法熄滅、平息、滅盡耳朵聽到聲音時對內心的擾動、影響，熄滅、平息、滅盡耳朵與聲音接觸時對內心的撞擊。

修習「對虛空的觀想」，用集中專注虛空觀想的修行方法熄滅、平息、滅盡鼻子聞到氣味時對內心的擾動、影響，熄滅、平息、滅盡鼻子與氣味接觸時對內心的撞擊。

修習「對虛空的觀想」，用集中專注虛空觀想的修行方法熄滅、平息、滅盡舌頭嘗到味道時對內心的擾動、影響，熄滅、平息、滅盡舌頭與味道接觸時對內心的撞擊。

修習「對虛空的觀想」，用集中專注虛空觀想的修行方法熄滅、平息、滅盡身體觸摸感覺到觸覺，領納到環境變化感覺（冷熱、舒適等等）時對內心的擾動、影響，熄滅、平息、滅盡身體與觸覺、環境變化感覺時對內心的撞擊。

比丘們，簡單的說就是：修習「對虛空的觀想」，用集中專注虛空觀想的修行方法熄滅、平息、滅儘自身與外部事物對內心的擾動、影響，熄滅、平息、滅儘自身與外部事物對內心的撞擊。

以不執著和掛念物質事物、物質世界，不對物質事物、物質世界生起念想，而讓內心融入無邊無界的虛空念想之中。比丘們，你們這裡要注意：虛空是一種對世間現象的類比描述，遙望天空感受到虛空的無邊無界，由此讓內心融入這種由外界虛空類比而在內心中構建產生的虛空境界之中。

依靠專注虛空觀想的「心念住」修行，「在進入空無邊處境界後，進一步明白念想、認識、分別、判斷也如同虛空一樣是無邊無界、永無止境的，並由此進入識無邊處的境界。」

　　比丘們，如何才能「進入識無邊處的境界」呢？那就要超越空無邊處的境界。就要明白「念想、認識、分別、判斷也如同虛空一樣是無邊無界、永無止境的」的法義。

　　超越空無邊處境界的意思就是：內心不會被空無邊處的境界擾動、影響，不會執著和掛念空無邊處的境界。

　　比丘們，如何理解「念想、認識、分別、判斷也如同虛空一樣是無邊無界、永無止境的」這句話呢？你們可以這樣去理解：每天內心會生起無數的念想、認識、分別、判斷。

　　念想、認識、分別、判斷如同虛空一樣無邊無際，沒有盡頭，無有止境，過去曾經生起無數的念想、認識、分別、判斷，現在正在生起的念想、認識、分別、判斷時刻在變化，未來即將生起無數的念想、認識、分別、判斷。

　　念想、認識、分別、判斷無法長久的保持不變，時刻都在發生變化。

　　念想、認識、分別、判斷的生起與滅沒無有窮盡，這個念想、認識、分別、判斷剛生起不久，另一個念想、認識、分別、判斷就生起了，另一個念想、認識、分別、判斷生起之後，之前生起的念想、認識、分別、判斷就消失、滅沒了。

　　比丘們，可能你們會覺的如來的描述很抽象，如來現在舉個例子來說明：比如一個人他外出散步，這時他生起了散步的念想，他散步的時候看見了路旁賣衣服的攤販，就生起了看衣服的念想，他選擇衣服的時候，發現某件衣服很適合他穿，就生起了想要買衣服的念想，於是他就伸手到口袋裡拿錢，就生起了拿錢的念想。結果他發現沒有帶錢，於是就準備回家取錢，就生起了回家取錢的念想，他擔心賣衣服的商販將這件衣服賣給別人，就告訴賣衣服的商販給他預留下這件衣服，就生起了擔心衣服被別人買與想讓商販給他預留衣服的這兩種念想，他趕回家拿買衣服的錢，回到家的時候，他的妻子告訴他，他的老母親生病了，需要去看醫生，於是他就背著老母親去看醫生，他

就生起了帶老母親去看醫生的念想，見到醫生後，醫生根據他母親的病情開出了藥方，讓他按著藥方去抓藥，他就到藥鋪去抓藥，就生起了抓藥的念想，抓藥完畢後，他就背著老母親回家，回到家後，他就去為老母親煎藥，就生起了煎藥的念想，藥煎好後，他就拿藥罐盛上藥湯等待藥湯冷卻，就生起了等待藥湯冷卻的念想，藥湯冷卻後，他就端著藥湯來到老母親的床前餵母親吃藥，就生起了餵老母親吃藥的念想。

比丘們，在這個例子中，當這個人遇見不同事情的時候，就生起了很多的念想。這個念想不僅是每天會生起，就是每時每刻也會生起，生起的數量是無法計數的。沒有人知道自己曾經生起過多少的念想，念想的生起與滅沒是無窮無盡、無法計量的。

認識、分別、判斷也是同樣的道理，這些都是由內心所產生的，認識、分別、判斷的生起與滅沒與念想一樣也是無窮無盡、無法計量的。

比丘們，這裡如來要來解釋一下什麼是認識、分別、判斷。

「認識」是確定某物，知曉，認明的意思，比如認識某個人。

「分別」是辨別的意思，對不同的事物在認識上加以區別，比如辨別方向，辨別混雜在一起的各種聲音。

「判斷」是對思維物件是否存在、是否具有某種屬性以及事物之間是否具有某種關係的肯定或否定。比如根據某個人的行為判斷出他說的是假話。

比丘們，很多時候，生起念想的時候，就會伴隨著生起認識、分別、判斷。

比丘們，簡單的說就是：念想、認識、分別、判斷的生起與滅沒如同虛空一樣是無邊無界、永無止境的。

比丘們，這就是「念想、認識、分別、判斷也如同虛空一樣是無邊無界、永無止境」的法義。

在進入識無邊處境界後，進一步修習內心集中專注法理、法義的「法念住」，隨著「法念住」修行的深入將會體驗到無所有處、非想非非想處、想受滅的清淨境界。

什麼是「法念住」呢？「法念住」就是內心集中專注在如來所說的法理、法義上，比如內心集中專注在「無常」的法理、法義上，明白：「世間一切的事物隨時在變化，無法永遠存在，無法永恆保持不變，無法永遠擁有；我的物質身體、感受、念想、行為、認識、分別、判斷也是隨時在變化，無法永遠存在，無法永恆保持不變，無法永遠擁有的。我的物質身體會生病、衰老、死亡；我的感受、念想、行為、認識、分別、判斷會消退、消失。我擁有的物質事物也會破損、衰敗、滅亡、消失，我也無法永遠的擁有物質事物，我也會失去物質事物。

　　我的眼睛、耳朵、鼻子、舌頭、身體、內心隨時在變化，無法永遠存在，無法永恆保持不變，無法永遠擁有，我的眼睛、耳朵、鼻子、舌頭、身體、內心會喪失功能，會衰敗、壞滅。」這就是無常的法理、法義。用這種對如來所說法理、法義的集中專注來替換掉內心中的貪欲、渴愛、憤怒、無智愚癡、喜怒哀樂、執著、掛念等等煩惱和痛苦。用對法理、法義的深切注意來替換掉內心中的貪欲、渴愛、憤怒、無智愚癡、喜怒哀樂、執著、掛念等等煩惱和痛苦。通過對法理、法義的集中專注，通過對法理、法義的深切注意，內心不再去想那些會讓自己生起貪欲、渴愛、憤怒、無智愚癡、喜怒哀樂、執著、掛念等等煩惱和痛苦的事物或事情，熄滅、平息、滅盡貪欲、渴愛、憤怒、無智愚癡、喜怒哀樂、執著、掛念等等煩惱和痛苦，這就是法念住。

　　簡單的說法念住就是：通過集中專注某種法理、法義，通過對某種法理、法義的深切注意，替換掉內心中煩惱和痛苦的念想，熄滅、平息、滅盡內心中煩惱和痛苦的念想。

　　在已經通過「心念住」進入識無邊處的前提下，繼續依靠專注法理、法義的「法念住」修行，「明白無邊無界的虛空，自己無邊無界、永無止境的念想、認識、分別、判斷全部都是虛假不真實的，全部都是不存在的。其實什麼也沒有，其實什麼也不是真實存在的，並由此進入無所有處的境界。」

　　比丘們，如何才能「進入無所有處的境界」呢？那就要超越識無邊處的境界。就要明白「無邊無界的虛空，自己無邊無界、永無止境

的念想、認識、分別、判斷全部都是虛假不真實的，全部都是不存在的。其實什麼也沒有，其實什麼也不是真實存在」的法義。

比丘們，如何理解「無邊無界的虛空，自己無邊無界、永無止境的念想、認識、分別、判斷全部都是虛假不真實的，全部都是不存在的。其實什麼也沒有，其實什麼也不是真實存在的」這句話呢？你們可以這樣去理解：世間的一切事物，包括自己的念想、認識、分別、判斷在內都是隨時在變化，無法永遠存在，無法永恆保持不變，無法永遠擁有的，都是由各種條件生起的，世間一切的事物都有滅盡、消失的時候。無邊無界的虛空，無邊無界、永無止境的念想、認識、分別、判斷隨時都在變化，隨著時間的推移無法保持完全相同的狀態，自己內心生起虛空的概念，生起念想、認識、分別、判斷的概念，生起修飾、限定、形容虛空是無邊無界的概念，生起修飾、限定、形容念想、認識、分別、判斷是無邊無界、永無止境的概念，這些不過是自己內心生起的念想而已，這些不過是世間人創造出來的語言詞語，目的是用來描述、形容、指代某項事物而已，是世間人自己創造出來的詞語，其實這些詞語在世間人誕生之前並不存在，想想你們出生的時候，知道這些詞語、概念嗎？不知道！都是通過各種途徑學習來的，通過別人傳授來的。所以說所謂的「無邊無界的虛空，無邊無界、永無止境的念想、認識、分別、判斷」都是用世間人建立起來的語言詞語表達出來的，在沒有世間人的時候，在世間人還沒有誕生的時候，這些詞語語言根本就不存在，既然不存在，也就不存在什麼虛空、念想、認識、分別、判斷的概念了，也就不存在修飾、限定、形容這些詞語的無邊無界、永無止境的概念了。

「無邊無界的虛空，自己無邊無界、永無止境的念想、認識、分別、判斷全部都是虛假不真實的，全部都是不存在的。其實什麼也沒有，其實什麼也不是真實存在」的意思就是說這些詞語、句子表達出來的意思、概念是建立在世間人的語言文字上的，在世間人還沒有出現的時候，在世間人還沒有誕生的時候這些所謂的名字、詞語、概念描述的句子根本就不存在，這些名字、詞語、概念描述的句子只是世間人指代某些事物、某些事情而創造出來的符號而已。其實這些語言文字的描述符號是世間人自己創造出來的，世間的事物其實是沒有名

字的，是世間人取出的名字，世間的事物其實也是沒有詞語、概念、描述語句的說法的，這些也只是世間人自己創造出來用來指代世間事物的符號而已。

　　簡單的說就是：世間一切的事物本來是沒有名字、概念的，各種名字、概念不過是世間人自己創造出來的語言或文字，各種名字、詞語不過是世間人用來指代世間事物的符號而已。

　　比丘們，這就是「無邊無界的虛空，自己無邊無界、永無止境的念想、認識、分別、判斷全部都是虛假不真實的，全部都是不存在的。其實什麼也沒有，其實什麼也不是真實存在」的法義。

　　依靠專注法理、法義的「法念住」修行，「在進入無所有處境界後，內心除了偶爾出現的極微小的雜念外，不再生起任何的念想，進入非想非非想處的境界。」

　　比丘們，如何才能進入「非想非非想處的境界」呢？那就要超越無所有處的境界。就要明白「內心除了偶爾出現的極微小的雜念外，不再生起任何念想」的法義。

　　超越無所有處境界的意思就是：內心不會被無所有處的境界擾動、影響，不會執著和掛念無所有處的境界。

　　「內心除了偶爾出現的極微小的雜念外，不再生起任何念想」是什麼意思呢？就是當明白了無邊無界的虛空是不存在的，明白了自己無邊無界、永無止境的念想、認識、分別、判斷也是不存在的，明白了這些詞語、概念、句子不過是世間人描述世間萬物所用的語言或文字，明白了這些詞語、概念、句子是世間人用來指代世間事物、事情的符號，其實世間一切的事物本來是沒有名字、概念的，這樣就不會再在內心中生起任何的念想，雖然如此，可是內心中偶爾也會閃出一些微小的雜念，這些雜念非常的微小，就如同大海海面上漂浮著的一滴茱油一樣，已經可以忽略不計了。

　　依靠專注法理、法義的「法念住」修行，「在進入非想非非想處境界後，進入沒有念想、沒有感受、沒有細微雜念的想受滅境界。」比丘們，你們要注意想受滅境界就是沒有煩惱，沒有痛苦，沒有執著，沒有掛念，沒有念想的涅槃境界。

　　比丘們，如何才能進入「想受滅的境界」呢？那就要超越非想非

一本書

讀懂所有佛經

非想處境界。

　　比丘們，已經持之以恆、堅持不懈修習「法念住」的如來聖弟子們，當他們感覺到快樂、開心、喜悅的感受的時候，他們就會告訴自己：「這些快樂、開心、喜悅的感受隨時在變化，無法永遠存在，無法永恆保持不變，是會消退、滅盡、消失的。」於是，他們就不會貪愛這些快樂、開心、喜悅的感受，他們就不會執著和掛念這些快樂、開心、喜悅的感受，他們就不會沉浸在這些快樂、開心、喜悅的感受之中，他們知道是不能貪愛、執著、掛念這些快樂、開心、喜悅的感受的，他們知道是不能沉迷於這些快樂、開心、喜悅的感受之中的。一旦貪愛、執著、掛念這些快樂、開心、喜悅的感受，一旦沉迷於這些快樂、開心、喜悅的感受之中，那麼當這些快樂、開心、喜悅的感受消退、滅盡、消失的時候，當失去這些快樂、開心、喜悅的感受的時候，就會產生煩惱和痛苦，之前這些快樂、開心、喜悅的感受給自己帶來了多大的歡樂和愉快，當這些快樂、開心、喜悅的感受消退、滅盡、消失的時候，當失去這些快樂、開心、喜悅的感受的時候就會給自己帶來多大的煩惱和痛苦。因此他們不會貪愛、執著、掛念這些快樂、開心、喜悅的感受，他們不會沉迷於這些快樂、開心、喜悅的感受之中。

　　比丘們，已經持之以恆、堅持不懈修習「法念住」的如來聖弟子們，當他們感覺到痛苦、苦惱、悲傷的感受的時候，他們就會告訴自己：「這些痛苦、苦惱、悲傷的感受隨時在變化，無法永遠存在，無法永恆保持不變，是會消退、滅盡、消失的。」於是，他們就不會執著和掛念這些痛苦、苦惱、悲傷的感受，他們就不會沉浸在這些痛苦、苦惱、悲傷的感受之中，他們知道是不能執著、掛念這些痛苦、苦惱、悲傷的感受的，他們知道是不能沉溺於這些痛苦、苦惱、悲傷的感受之中的，一旦執著、掛念這些痛苦、苦惱、悲傷的感受，一旦沉溺於這些痛苦、苦惱、悲傷的感受之中，就無法從煩惱和痛苦中解脫出來。這些痛苦、苦惱、悲傷的感受是會消退、滅盡、消失的，是隨時在變化，無法永遠存在，無法永恆保持不變的，因此他們不會執著、掛念這些痛苦、苦惱、悲傷的感受，他們不會沉溺於這些痛苦、苦惱、悲傷的感受之中。

比丘們，已經持之以恆、堅持不懈修習「法念住」的如來聖弟子們，當他們感覺到不苦不樂的感受的時候，他們就會告訴自己：「這些不苦不樂的感受隨時在變化，無法永遠存在，無法永恆保持不變，是會消退、滅盡、消失的。」於是，他們就不會執著和掛念這些不苦不樂的感受，他們就不會沉浸在這些不苦不樂的感受之中，他們知道是不能執著、掛念這些不苦不樂的感受的，他們知道是不能沉迷於這些不苦不樂的感受之中的，一旦執著、掛念這些不苦不樂的感受，一旦沉迷於這些不苦不樂的感受之中，就無法從不苦不樂念想的煩惱和痛苦中解脫出來，這些不苦不樂的感受是會消退、滅盡、消失的，是隨時在變化，無法永遠存在，無法永恆保持不變的，因此他們不會執著、掛念這些不苦不樂的感受，他們不會沉迷於這些不苦不樂的感受之中。

　　比丘們，這些已經持之以恆、堅持不懈修習「法念住」的如來聖弟子們，他們不會被快樂、痛苦、不苦不樂的感受束縛捆綁，他們不會執著和掛念快樂、痛苦、不苦不樂的感受。他們經常去觀想與體驗自己面臨死亡，即將失去生命時的感受，他們會想：「我將要死去了，隨著我身體的衰敗、崩解，隨著我生命的耗盡，我在世間快樂、痛苦、不苦不樂的感受，我在世間一切的感受全部都將熄滅、滅盡、消失，我將進入清涼寂靜的境界之中。」

　　比丘們，就如同有燈油、燈芯的存在，並且燈芯在合適的位置上，油燈才能被點燃、點亮。如果燈油耗盡了，或者沒有燈芯，或者燈芯不在合適的位置上，那麼油燈的火焰就會熄滅。比丘們，同樣的道理，當如來聖弟子們面臨死亡，即將失去生命的時候，他們會想：「我將要死去了，隨著我身體的衰敗、崩解，隨著我生命的耗盡，我在世間快樂、痛苦、不苦不樂的感受，我在世間一切的感受全部都將熄滅、滅盡、消失，我將進入清涼寂靜的境界之中。」

　　比丘們，修習內心集中專注呼吸行為的「身念住」進入初禪、二禪的清淨境界；在進入二禪境界後，進一步修習內心集中專注呼吸感受的「受念住」進入三禪、四禪的清淨境界；在進入四禪境界後，進一步修習內心集中專注念想的「心念住」進入空無邊處、識無邊處的清淨境界；在進入識無邊處境界後，進一步修習內心集中專注法理、

法義的「法念住」進入無所有處、非想非非想處、想受滅的清淨境界。比丘們，想受滅境界就是沒有煩惱，沒有痛苦，沒有執著，沒有掛念，沒有念想的涅槃境界。

比丘們，這就是依靠「對呼吸專注」的修行進入涅槃境界的修行路徑、軌跡。這就是由專注呼吸而觸發四念住修行進入涅槃境界的整個過程。

比丘們，世間人或眾生持之以恆、堅持不懈、勇猛精進的修習集中專注呼吸行為的「身念住」，修習集中專注呼吸感受的「受念住」，修習集中專注念想的「心念住」，修習集中專注法理、法義的「法念住」保持正知、正念，就能超越憂愁與悲傷，就能熄滅、平息、滅盡貪欲、渴愛、憂慮、煩惱、痛苦，就能讓內心進入平靜、寧靜的狀態，就能證悟解脫的果位，就能親身體驗、體會、領悟到涅槃的清淨境界。

比丘們，你們要注意修習「身念住」，「受念住」，「心念住」，「法念住」進入的境界是逐漸深入的，證悟的果位是層層上升的。也就是：修習「身念住」進入初禪、二禪的清淨境界；在進入二禪境界後，進一步修習「受念住」進入三禪、四禪的清淨境界；在進入四禪境界後，進一步修習「心念住」進入空無邊處、識無邊處的清淨境界；在進入識無邊處境界後，進一步修習「法念住」進入無所有處、非想非非想處、想受滅的清淨境界。而想受滅境界就是沒有煩惱，沒有痛苦，沒有執著，沒有掛念，沒有念想的涅槃境界。

什麼是正知呢？就是內心只集中專注、深切注意當前正在做的行為，只清楚明白當前正在做的行為，活在當下，不想過去、未來的事情，比如行走的時候，只專注行走的行為；吃飯的時候只專注吃飯的行為；喝水的時候，只專注喝水的行為；穿衣服的時候，只專注穿衣服的行為等等。除了專注當前正在做的行為之外，除了清楚明白當前正在做的行為之外，不專注其他任何的事情與念想，這就是正知。

什麼是正念呢？正念就是內心集中專注、深切注意在正確的念想或物件上，這種正確的集中專注、深切注意能夠讓內心進入平靜、寧靜的狀態之中，這種正確的集中專注、深切注意能夠讓內心安住在清淨的境界之中。

比丘們，就如同在道路重合的十字路口中間有一個大土堆，各種貨車或馬車從東南西北不同的方向經過十字路口的時候，都能夠將這個土堆壓平、破壞，同樣的修習「身念住」，「受念住」，「心念住」，「法念住」都能夠破壞惡法、邪法、不善法，都能超越憂愁與悲傷，都能熄滅、平息、滅盡貪欲、渴愛、憂慮、煩惱、痛苦，都能讓內心進入平靜、寧靜的狀態。

　　比丘們，「身念住」，「受念住」，「心念住」，「法念住」的區別就在於修行所進入清淨境界的層次不同，證悟果位的階位不同。

　　按著「身念住」，「受念住」，「心念住」，「法念住」的順序修行，所進入清淨境界的層次是由淺入深的，所證悟果位的階位是由低到高的。

　　比丘們，你們要注意，不可打亂「身念住」，「受念住」，「心念住」，「法念住」的修行次序，要按著「身念住」，「受念住」，「心念住」，「法念住」的順序去修行。

　　因為沒有進入低層次的境界，沒有證悟低階位的果位就無法進入高層次的境界，就無法證悟高階位的果位，要循序漸進，按著順序來修行。

　　這就如同一個剛剛出生的嬰兒，無法立刻變成身強力壯的青年一樣。需要經過慢慢的成長才能從嬰兒的狀態變成青年的狀態。

　　如果將「身念住」，「受念住」，「心念住」，「法念住」比喻成世間人成長的過程，那麼「身念住」相當於剛出生的嬰兒到三歲、四歲的孩子；「受念住」相當於五歲到十歲的孩子；「心念住」相當於十一歲到二十歲的年輕人；「法念住」相當於二十一歲到三十歲的成年人。比丘們，你們要注意如來在這裡只是在用世間人的成長來比喻修行「身念住」，「受念住」，「心念住」，「法念住」所進入清淨境界層次的不同，所證悟果位階位的不同。

　　剛出生的嬰兒或幾歲的孩子不可能立刻成為年輕人與成年人。

　　年輕人與成年人也不可能立刻就退轉成為幾歲的孩子或剛出生的嬰兒。

　　同樣的，比丘們，你們不能一來就修習「心念住」，「法念住」，這相當於嬰兒或幾歲的孩子立刻就變成年輕人與成年人，這是不可能

的。

比丘們，你們也不能在處於「心念住」或「法念住」的修行狀態之中而轉向去修習「身念住」或「受念住」，這就相當於年輕人與成年人立刻就退轉成為幾歲的孩子或嬰兒，這也是不可能的。

比丘們，你們要按著「身念住」，「受念住」，「心念住」，「法念住」的順序去修行，也就是先修習「身念住」，在修習「身念住」進入二禪境界後，再進一步修習「受念住」；在修習「受念住」進入四禪境界後，再進一步修習「心念住」；在修習「心念住」進入識無邊處境界後，再進一步修習「法念住」；最後依靠「法念住」的修行進入想受滅境界，也就是最後依靠「法念住」的修行進入沒有煩惱，沒有痛苦，沒有執著，沒有掛念，沒有念想的涅槃境界。

比丘們，修習「身念住」能夠進入初禪、二禪的清淨境界，證悟向入流果、入流果。

什麼是向入流果呢？就是為了證悟入流果而修行，想要證悟入流果。處於向入流果境界的世間人或眾生，他們證悟的境界與入流果證悟的境界非常的接近，但是他們還沒有證悟入流果。

什麼是入流果呢？就是除滅了有「我」真實、永遠存在的見解；滅盡了那些對解脫毫無幫助的苦行、禁戒、禁忌；消除了對如來正法的疑惑，消除了對如來，對如來出家弟子們聚集的僧團，對如來所制定的戒律的疑惑。對如來，對如來的正法，對如來所制定的戒律，對如來的出家弟子們聚集的僧團生起了堅固的信心，已經初入聖道，進入聖者之流，入流果也被稱為初果，這些證悟初果的出家人、修行人，他們也被稱為證悟初果的聖者。他們不會投生到惡道，不會投生到痛苦不幸的地方，不會投生到地獄、餓鬼、畜生三惡道，最多在天界與人間投生七次就能滅盡一切的煩惱和痛苦，從生死輪回中永遠的解脫出來，證悟不生不滅涅槃的境界，入流果也被稱為須陀洹果位（生死輪回解釋，見第一百一十二章）。

修習「受念住」能夠進入三禪、四禪的清淨境界，證悟向一來果、一來果。

什麼是向一來果呢？就是為了證悟一來果而修行，想要證悟一來果。處於向一來果境界的世間人或眾生，他們證悟的境界與一來果證

悟的境界非常的接近，但是他們還沒有證悟一來果。

什麼是一來果呢？就是除滅了有「我」真實、永遠存在的見解；滅盡了那些對解脫毫無幫助的苦行、禁戒、禁忌；消除了對如來正法的疑惑，消除了對如來，對如來出家弟子們聚集的僧團，對如來所制定的戒律的疑惑。對如來，對如來的正法，對如來所制定的戒律，對如來的出家弟子們聚集的僧團生起了堅固的信心。這些證悟一來果的聖者，他們的貪欲、憤怒、愚癡很微薄、很細微，一來果也被稱為二果，這些證悟一來果的聖者，他們也被稱為證悟二果的聖者。證悟一來果的聖者，他們死後投生到天界（天界解釋，見第八十三章），會再來人間投生一次，就能滅盡一切的煩惱和痛苦，從生死輪回中永遠的解脫出來（生死輪回解釋，見第一百一十二章），證悟不生不滅涅槃的境界，一來果也被稱為斯陀含果位。

修習「心念住」能夠進入空無邊處、識無邊處的清淨境界，證悟向不還果、不還果。

什麼是向不還果呢？就是為了證悟不還果而修行，想要證悟不還果。處於向不還果境界的世間人或眾生，他們證悟的境界與不還果證悟的境界非常的接近，但是他們還沒有證悟不還果。

什麼是不還果呢？證悟不還果位的聖者們，他們死後不會再投生在欲界，什麼是欲界呢？也就是還有男女淫欲、食欲、睡眠欲等等感官欲望有情眾生居住的地方。不再投生到欲界，因此被稱為不還果。

不還果也被稱為阿那含果位，什麼是阿那含果位呢？就是除滅了有「我」真實、永遠存在的見解；滅盡了那些對解脫毫無幫助的苦行、禁戒、禁忌；消除了對如來正法的疑惑，消除了對如來，對如來出家弟子們聚集的僧團，對如來所制定的戒律的疑惑。對如來，對如來的正法，對如來所制定的戒律，對如來的出家弟子們聚集的僧團生起了堅固的信心，滅盡了貪欲、憤怒、疑惑。阿那含果位也被稱為三果，這些證悟阿那含果位的聖者，他們也被稱為證悟三果的聖者。證悟阿那含果位的聖者，他們死後不會再投生在欲界，證悟阿那含果位的聖者，他們死後直接投生到色界與無色界天界，並在這些天界中滅盡一切煩惱和痛苦（天界解釋，見第八十三章），從生死輪回中永遠的解脫出來，證悟不生不滅的涅槃境界，什麼是色界天界？也就是沒

有男女淫欲、食欲、睡眠欲等等感官的欲望，這些有情眾生的物質身體以及他們住的宮殿等等他們所在地方的物質事物非常的殊勝、精緻、淨妙，他們對這些殊勝、精緻、淨妙的物質事物還有微細的執著和掛念，他們還會被這些殊勝、精緻、淨妙的物質事物輕微的束縛捆綁，這就是色界天界，沒有欲望，還有對物質事物的輕微執著和掛念。什麼是無色界天界？也就是沒有男女淫欲、食欲、睡眠欲等等感官欲望，也沒有對物質事物的執著和掛念，但是還有對精神思想、念想的執著和掛念，這就是無色界天界，沒有欲望，沒有對物質事物的執著和掛念，但是還有對精神思想、念想的執著和掛念。

修習「法念住」能夠進入無所有處、非想非非想處、想受滅的清淨境界，證悟向阿羅漢果位、阿羅漢果位。想受滅的清淨境界就是沒有煩惱，沒有痛苦，沒有執著，沒有掛念，沒有念想的涅槃境界。

什麼是向阿羅漢果位呢？就是為了證悟阿羅漢果位而修行，想要證悟阿羅漢果位。處於向阿羅漢果位境界的世間人或眾生，他們證悟的境界與阿羅漢果位證悟的境界非常的接近，但是他們還沒有證悟阿羅漢果位。

什麼是阿羅漢果位呢？也就是按如來的正法實踐修行，已經滅盡一切煩惱和痛苦，不再生死輪迴（生死輪迴解釋，見第一百一十二章），已經進入不生不滅涅槃的境界。這些已經證悟阿羅漢果位的聖者不會再出生在世間，已經永遠的從生死輪迴中解脫出來，阿羅漢果位也被稱為四果、不生果，這些證悟阿羅漢果位的聖者也被稱為無學，也就是他們一切的煩惱和痛苦已經滅盡，應該證悟的清淨解脫境界也都已經一一證悟過了，不需要再繼續的修習了，他們已經達成了修行的目標，從這一世開始他們已經不會再出生在世間了。行為、言語、念想的修行已經圓滿，應該做的事情已經做好，不會再有喜怒哀樂等等煩惱和痛苦的輪迴狀態了，不會再出生在世間了，他們已經徹底從生死輪迴中永遠的解脫出來，他們這一世結束後，就將進入不生不滅涅槃的境界。

比丘們，修習「對呼吸的專注」就是這樣完成四念住的修行的。

比丘們，修習「四念住」是如何完成「七覺支」的修行的呢？

比丘們，當世間人或眾生修習內心集中專注呼吸行為的「身念住」，內心集中專注呼吸感受的「受念住」，內心集中專注念想的「心念住」，內心集中專注法理、法義的「法念住」的時候，他們的內心就集中專注在某種清淨的念想上了，當他們的內心經常、長時間的專注在這種清淨的念想上的時候，他們的念覺支就生起了，他們此時就是在修習念覺支了。

　　什麼是念覺支呢？就是內心集中專注在清淨的念想上，四念住就屬於念覺支（四念住解釋，見第五十九章），修習四念住就是在修習念覺支。

　　當世間人或眾生修習念覺支圓滿的時候，他們就能安住在清淨的念想之中，他們就具備、具有、具足了正念（正念解釋，見第九十六章）。

　　當世間人或眾生具備、具有、具足了正念，他們就會用已經具備、具有、具足的正念，去分辨、區別善法與惡法，正法與邪法，解脫法與束縛法，勝妙法與低劣法，那麼此時，他們的擇法覺支就生起了。

　　什麼是擇法覺支呢？就是用已經開啟的智慧，能夠分辨出什麼是善法、正法、解脫法，什麼是邪法、惡法、不善法，能夠判斷出真法與假法，並且能夠選擇正確的法修行，能夠選擇善法、正法、解脫法修習，不選擇邪法、惡法、不善法修習。

　　當世間人或眾生修習擇法覺支圓滿的時候，他們就會生起不退轉的精進，什麼是不退轉的精進呢？不退轉就是不會再去行邪法、惡法、不善法，不會再去做惡事，這就叫做不退轉，不退轉的精進就是不做惡事，持之以恆、堅持不懈、勇猛精進的修習善法、正法、解脫法。

　　當世間人或眾生觸發、生起不退轉精進的時候，他們的精進覺支就生起了。

　　什麼是精進覺支呢？就是持之以恆、堅持不懈、勇猛精進的熄滅、平息、滅盡已經生起的惡行、惡言、惡念，持之以恆、堅持不懈、勇猛精進的讓還沒有生起的惡行、惡言、惡念不要再次生起，持之以恆、堅持不懈、勇猛精進的讓還沒有生起的善行、善言、善念生

起，持之以恆、堅持不懈、勇猛精進的讓已經生起的善行、善言、善念持續的增長、增進。簡單的說精進覺支，就是持之以恆的修行善法、正法、解脫法，持之以恆的斷惡修善。四正勤就屬於精進覺支（四正勤解釋，見第一百零四章），修習四正勤就是在修習精進覺支。

當世間人或眾生修習精進覺支圓滿的時候，他們的內心就會由於光明磊落、光明正大、大公無私、坦坦蕩蕩而生起歡喜、喜悅。

當世間人或眾生由於持之以恆修習善法、正法、解脫法而讓內心生起歡喜、喜悅的時候，他們的喜覺支就生起了。

什麼是喜覺支？就是持之以恆修習善法、正法、解脫法的時候，內心由於修習善法、正法、解脫法而變得光明磊落、坦坦蕩蕩、清淨安寧，由此生起歡喜、喜悅、欣喜。

當世間人或眾生修習喜覺支圓滿的時候，他們的身體與內心就會寧靜、安寧、安穩。

當世間人或眾生的身體與內心寧靜、安寧、安穩的時候，他們的輕安覺支就生起了。

什麼是輕安覺支？就是由於修行止與觀（止與觀解釋，見第一百一十四章），由於修行善法、正法、解脫法，熄滅、平息、滅盡了煩惱和痛苦，由此內心進入寧靜、安寧、安穩的狀態之中。

當世間人或眾生修習輕安覺支圓滿的時候，他們的內心就會安住在清淨的境界之中，他們就會入「定」。

當世間人或眾生安住在清淨境界，入定的時候，他們的定覺支就生起了。

什麼是定覺支？內心不再混亂、散亂、胡思亂想，內心不會再生起煩惱和妄想，內心已經安住在單個、純一的清淨境界之中。定覺支也被稱為禪定，什麼是禪定呢？就是內心集中專注在某一種物件上，或者內心集中專注在某一種清淨的念想上，讓內心平靜、安寧、清淨，讓內心不混亂、不散亂、不胡思亂想，讓內心安住在單個、純一的清淨境界之中，這就叫做禪定。也就是說內心集中專注在某一種物件上，或者內心集中專注在某一種清淨的念想上就叫做「禪」，讓內心不散亂、不混亂、不胡思亂想，讓內心平靜、安寧、清淨，安住在

單個、純一的清淨境界之中，就叫做「定」。

當世間人或眾生修習定覺支圓滿的時候，他們就會成為入定的旁觀者，什麼是入定的旁觀者呢？就如同有一處山林，一群人砍伐這片山林中的樹木，踩踏這片山林中的花草，甚至於燒毀這片山林，作為一個遠道而來的人來說，這片山林不屬於他，不管誰砍伐這片山林中的樹木，踩踏這片山林中的花草，燒毀這片山林中的一切，他都不會在意，因為這片山林不屬於他，他只是一個內心平靜、安寧的旁觀者。

當世間人或眾生成為內心平靜、安寧的旁觀者的時候，他們的舍覺支就生起了。

什麼是舍覺支？就是已經不再執著和掛念，內心平等，沒有分別、區別、差別，內心平靜、安寧、寧靜，能夠放下對世間一切事物事情的執著和掛念，既不會陷入回憶過去的念想之中，也不會陷入期待未來的念想之中，更不會陷入現在當前的念想之中，內心平靜、坦蕩。

當世間人或眾生修習舍覺支圓滿的時候，他們就圓滿完成了七覺支的修行（七覺支解釋，見第一百二十七章）。

比丘們，修習「四念住」就是這樣完成「七覺支」的修行的。

比丘們，修習「七覺支」是如何完成「明與解脫」的修行的呢？

世間人或眾生修習「七覺支」就能依靠「止與觀」熄滅、平息、滅盡貪欲、渴愛（止與觀解釋，見第一百一十四章），圓滿的完成念覺支、擇法覺支、精進覺支、喜覺支、輕安覺支、定覺支、舍覺支，這七種覺支的修行，以此來開啟完全的智慧，滅盡一切的煩惱和痛苦，以此來熄滅、停止生死輪迴（生死輪迴解釋，見第一百一十二章），解除一切的束縛與捆綁，從眼睛與物質事物，耳朵與聲音，鼻子與氣味，舌頭與味道，身體與觸覺、環境變化感覺，內心與見解、思想、念想中徹底的解脫出來，以此來最終進入沒有煩惱，沒有痛苦，沒有執著，沒有掛念，沒有念想的涅槃清淨境界。

世間人或眾生修習「七覺支」就能依靠熄滅、平息、滅盡貪欲、渴愛、憤怒、無智愚癡、喜怒哀樂、執著、掛念等等煩惱和痛苦，以此來圓滿完成念覺支、擇法覺支、精進覺支、喜覺支、輕安覺支、定

覺支、捨覺支，這七種覺支的修行，以此來開啓完全的智慧，滅盡一切的煩惱和痛苦，以此來熄滅、停止生死輪回（生死輪回解釋，見第一百一十二章），解除一切的束縛與捆綁，從眼睛與物質事物，耳朵與聲音，鼻子與氣味，舌頭與味道，身體與觸覺、環境變化感覺，內心與見解、思想、念想中徹底的解脫出來，以此來最終進入沒有煩惱，沒有痛苦，沒有執著，沒有掛念，沒有念想的涅槃清淨境界。

比丘們，修習「七覺支」就是這樣完成「明與解脫」的修行的。

比丘們，這就是「當完成一種法的修行的時候，就完成了四種法的修行；當完成四種法的修行的時候，就完成了七種法的修行；當完成七種法的修行的時候，就完成了二種法的修行。」這句法語的意思。

比丘們，當你們這樣經常的去修習「對呼吸專注」的時候，就能解除一切的束縛捆綁，就能根除一切的隨眠煩惱（隨眠解釋，見第一百二十四章），就能滅盡一切的煩惱和痛苦，就能最終明白生命的意義是什麼，就能最終明白生命旅途的真正意義是什麼，就能最終明白生死輪回是什麼（生死輪回解釋，見第一百一十二章）。」

佛陀說法後，聽法的出家弟子們都再次的頂禮佛陀，隨喜讚歎佛陀說法的無量功德，他們都按著佛陀所說的法去修行。

第一百六十九章 七種善法與四種堅固的信心是什麼？

有個時候，佛陀與比丘僧眾在憍薩羅國遊走說法，他們來到一個名叫竹門的村莊。竹門村的大眾聽說佛陀與比丘僧眾來到了竹門，就都來到佛陀與比丘僧眾居住的地方，他們頂禮佛陀和比丘僧眾後，就在一旁坐下，其中一位長者就對佛陀說：「大德，我們聽憍薩羅國的大眾們說：『您是已經證悟了無上正等正覺的聖者（無上正等正覺解釋：已經完全證悟明白世間一切的真相、真諦，並由此開啟了圓滿的智慧，從世間徹底的解脫出來），您的教導能夠熄滅、平息、滅盡世間人或眾生的煩惱和痛苦，您的教導能夠給世間人或眾生帶來吉祥、平安、幸福，您的教導能夠讓世間人或眾生的內心清淨，獲得完全的解脫（眾生解釋，見第七十七章）。』

大德，我們這些人沒有什麼大的追求，我們都希望：「我們活著的時候，能夠兒孫滿堂，家庭幸福，能夠擁有寬大的房子，享用各種美味佳餚，聞上極品的檀香，佩戴上各種花環，塗抹上各種香膏，擁有用不完的金銀。

我們過世後，能夠投生到好的地方去，能夠投生到幸福快樂的地方去，能夠投生到天界中去（天界解釋，見第八十三章）。」

大德，我們如何去做才能達成這樣的願望呢？大德，可能您會感覺我們所求的東西很俗氣，但是這就是我們這些人心中的真實想法，我們想得到的就是這些東西，我們該如何去做呢？」

佛陀說：「長者，如來現在為你與前來聽法的大眾們，講說一個自通之法，什麼是自通之法呢？就是與你們自己相關聯的修行之法，你們要認真的聽，你們要仔細的思考，如來要開始說法了。」

竹門村的長者對佛陀說：「大德，我們會認真聽您說法的，恭請您為我們說法。」

一本書

讀懂所有佛經

佛陀說：「諸位，這個自通之法如何與自己相關聯呢？你們應該這樣去觀想：「我是想要活命的，我是害怕死亡的；我是想要快樂的，我是厭惡煩惱和痛苦的；就是因為我想要活命，害怕死亡，就是因為我想要快樂，厭惡煩惱和痛苦，如果有人要傷害我，要殺害我，要給我帶來煩惱和痛苦，那我肯定會不開心，那我肯定會仇恨這個想要傷害，殺害，給我帶來煩惱和痛苦的人，那我有機會了肯定想要報復這個想要傷害，殺害，給我帶來煩惱和痛苦的人。

同樣的，別人也是想要活命，害怕死亡的；別人也是想要快樂，厭惡煩惱和痛苦的；如果我去傷害別人，我去殺害別人，我去給別人帶來煩惱和痛苦，那別人肯定也會不開心的，別人也肯定會仇恨我的，別人有機會了肯定也會想要報復我的。

所以凡是那些施加給我，會讓我自己產生厭惡、痛恨、傷心的行為，會讓我產生煩惱和痛苦的行為，我怎麼能夠施加給別人呢？別人同樣也不會喜歡這種強加給他們，讓他們產生厭惡、痛恨、傷心的行為，別人同樣也不會喜歡這種強加給他們，讓他們產生煩惱和痛苦的行為。」這樣去觀想後，自己就不要去做傷害別人的事情，自己就不要去殺生害命，自己就要勸導別人不要去做傷害其他人的事情，勸導別人也不要去做殺生害命的事情，並且要稱讚、讚歎那些愛護生命、保護生命、戒殺放生的世間人或眾生，這樣去修行，就能淨化身體行為，口說言語，內心念想，讓身體行為，口說言語，內心念想保持正行、正言、正念，讓身口意保持清淨。

諸位，你們應該繼續這樣去觀想：「如果別人沒有經過我的允許就偷盜我的財物，或者沒有經過我的允許就抄襲我的文章、作品，這肯定是我不喜歡事情，這肯定是會讓我憤怒、氣憤、傷心的事情；同樣的如果我沒有經過別人的允許，就去偷盜別人的財物，或者沒有經過別人的允許就去抄襲別人的文章、作品，這肯定是別人不喜歡的事情，這肯定是會讓別人憤怒、氣憤、傷心的事情；

所以凡是那些施加給我，會讓我自己產生厭惡、痛恨、傷心的行為，會讓我產生煩惱和痛苦的行為，我怎麼能夠施加給別人呢？別人同樣也不會喜歡這種強加給他們，讓他們產生厭惡、痛恨、傷心的行為，別人同樣也不會喜歡這種強加給他們，讓他們產生煩惱和痛苦的

行為。」這樣去觀想後，自己沒有經過別人的允許，就不要去偷盜別人的財物，自己沒有經過別人的允許，就不要去抄襲別人的文章、作品，要勸導別人沒有經過財物主人的允許，不要去使用財物主人的財物，要勸導別人沒有經過文章、作品作者的允許，不要去使用作者的文章、作品。並且要稱讚、讚歎那些保護財物安全，保護文章、作品不被剽竊的世間人或眾生，這樣去修行，就能淨化身體行為，口說言語，內心念想，讓身體行為，口說言語，內心念想保持正行、正言、正念，讓身口意保持清淨。

諸位，你們應該繼續這樣去觀想：「如果有人與我的妻子發生不正當的男女關係，如果有人與我的妻子淫亂，我肯定會非常憤怒的，我肯定會非常生氣的，同樣的，如果我與別人的妻子發生不正當的男女關係，我與別人的妻子淫亂，別人也會非常的憤怒的，別人也會非常的生氣的。

所以凡是那些施加給我，會讓我自己產生厭惡、痛恨、傷心的行為，會讓我產生煩惱和痛苦的行為，我怎麼能夠施加給別人呢？別人同樣也不會喜歡這種強加給他們，讓他們產生厭惡、痛恨、傷心的行為，別人同樣也不會喜歡這種強加給他們，讓他們產生煩惱和痛苦的行為。」這樣去觀想後，自己就不要去與別人的妻子發生不正當的男女關係，自己就不要去與別人的妻子淫亂，要勸導別人也不要與他妻子之外的女子發生不正當的男女關係，要勸導別人也不要與他妻子之外的女子淫亂。並且要稱讚、讚歎那些對自己的妻子專一、一心一意的世間人或眾生，這樣去修行，就能淨化身體行為，口說言語，內心念想，讓身體行為，口說言語，內心念想保持正行、正言、正念，讓身口意保持清淨。

諸位，你們應該繼續這樣去觀想：「如果有人說假話欺騙我，讓我的利益受到損害，我肯定會痛恨、仇恨這樣的人，如果我說假話欺騙別人，讓別人的利益受到損害，別人也同樣會痛恨、仇恨我。

所以凡是那些施加給我，會讓我自己產生厭惡、痛恨、傷心的行為，會讓我產生煩惱和痛苦的行為，我怎麼能夠施加給別人呢？別人同樣也不會喜歡這種強加給他們，讓他們產生厭惡、痛恨、傷心的行為，別人同樣也不會喜歡這種強加給他們，讓他們產生煩惱和痛苦的

行為。」這樣去觀想後，自己就不要說假話欺騙別人，就不要去損害別人的利益，要勸導別人也不要說假話欺騙其他人，要勸導別人也不要去損害其他人的利益。並且要稱讚、讚歎那些誠實、說真實言語的世間人或眾生，這樣去修行，就能淨化身體行為，口說言語，內心念想，讓身體行為，口說言語，內心念想保持正行、正言、正念，讓身口意保持清淨。

諸位，你們應該繼續這樣去觀想：「如果有人挑撥離間我與朋友之間的和睦關係，讓我與朋友的關係破裂，我肯定會非常的生氣，我肯定會痛恨這個挑撥離間的人，同樣的如果我挑撥離間別人與他朋友之間的和睦關係，讓別人與他朋友的關係破裂，別人也會非常的生氣，別人也會痛恨我的。

所以凡是那些施加給我，會讓我自己產生厭惡、痛恨、傷心的行為，會讓我產生煩惱和痛苦的行為，我怎麼能夠施加給別人呢？別人同樣也不會喜歡這種強加給他們，讓他們產生厭惡、痛恨、傷心的行為，別人同樣也不會喜歡這種強加給他們，讓他們產生煩惱和痛苦的行為。」這樣去觀想後，自己就不要去挑撥離間別人與其他人之間的和睦關係，要去勸導別人，讓他們也不要去挑撥離間其他人之間的和睦關係，這樣去修行，就能淨化身體行為，口說言語，內心念想，讓身體行為，口說言語，內心念想保持正行、正言、正念，讓身口意保持清淨。

諸位，你們應該繼續這樣去觀想：「如果有人用粗暴的言語咒罵我，用惡毒的語言中傷、諷刺、嘲笑我，我肯定會非常的憤怒與傷心的，同樣的如果我用粗暴的言語咒罵別人，用惡毒的語言中傷、諷刺、嘲笑別人，別人也會非常的憤怒與傷心的。

所以凡是那些施加給我，會讓我自己產生厭惡、痛恨、傷心的行為，會讓我產生煩惱和痛苦的行為，我怎麼能夠施加給別人呢？別人同樣也不會喜歡這種強加給他們，讓他們產生厭惡、痛恨、傷心的行為，別人同樣也不會喜歡這種強加給他們，讓他們產生煩惱和痛苦的行為。」這樣去觀想後，自己就不要去說粗暴的言語咒罵別人，自己就不要去說惡毒的語言中傷、諷刺、嘲笑別人，要勸導別人也不要去說粗暴的言語咒罵其他人，要勸導別人也不要去說惡毒的語言中傷、

諷刺、嘲笑其他人，並且要稱讚、讚歎那些說話和善、和藹、平和，說寬慰、鼓勵等等善語的世間人或眾生，這樣去修行，就能淨化身體行為，口說言語，內心念想，讓身體行為，口說言語，內心念想保持正行、正言、正念，讓身口意保持清淨。

諸位，你們應該繼續這樣去觀想：「如果有人在莊重的場合對我和我的妻子說一些無禮淫穢的言語，說一些不正經、浮誇、輕浮的言語，說一些毫無意義的言語，我和我的妻子肯定會非常的生氣的，因為說這些言語的人根本就不尊重我和我的妻子。同樣的，如果我在莊重的場合對別人和他的妻子說無禮淫穢的言語，說不正經、浮誇、輕浮的言語，說毫無意義的言語，別人和他的妻子也會非常的生氣的，因為我根本就不尊重他和他的妻子。

所以凡是那些施加給我，會讓我自己產生厭惡、痛恨、傷心的行為，會讓我產生煩惱和痛苦的行為，我怎麼能夠施加給別人呢？別人同樣也不會喜歡這種強加給他們，讓他們產生厭惡、痛恨、傷心的行為，別人同樣也不會喜歡這種強加給他們，讓他們產生煩惱和痛苦的行為。」這樣去觀想後，自己就不要去說那些無禮淫穢的言語，自己就不要去說那些不正經、浮誇、輕浮的言語，自己就不要去說那些毫無意義的言語，要勸導別人也不要去說那些無禮淫穢的言語，不要去說那些不正經、浮誇、輕浮的言語，不要去說那些毫無意義的言語，並且要稱讚、讚歎那些以禮待人、舉止得體、親善、友好、溫和、謙恭、莊重的世間人或眾生，這樣去修行，就能淨化身體行為，口說言語，內心念想，讓身體行為，口說言語，內心念想保持正行、正言、正念，讓身口意保持清淨。

諸位，你們要具備與踐行四種法，是哪四種法呢？即是生起四種堅固的信心。

第一種堅固的信心：對如來生起堅固的信心：「世尊是已經證悟阿羅漢果位的聖者（阿羅漢果位解釋，見第一百四十九章）；

世尊是已經證悟無上正等正覺的聖者（無上正等正覺解釋：已經完全證悟明白世間一切的真相、真諦，並由此開啟了圓滿的智慧，從世間徹底的解脫出來）；

世尊的智慧與身口意行已經修行達到圓滿的境地（身口意行解釋：身體行為，口說言語，內心念想）；

世尊已經到達解脫的彼岸，不會再沉淪於生死輪回的苦海之中；

世尊知道、明白世間一切的事理；

世尊是善於教導、指引眾生的老師，是善於講解正法、善法、解脫法的老師，是善於引導眾生熄滅、平息、滅盡煩惱和痛苦的老師（眾生解釋，見第七十七章）；

世尊是天界與人界眾生的老師（天界、人界解釋，見第一百五十五章）；

世尊是開啟了完全、圓滿、解脫智慧的聖者，世尊用已經開啟的智慧去教導、指引眾生，讓他們也開啟完全、圓滿、解脫的智慧；

世尊是給眾生帶來吉祥、平安、幸福、清淨、解脫的聖者，世尊是受到眾生尊敬、尊重的覺者（覺者解釋：已經完全開啟解脫智慧的聖者）。」

第二種堅固的信心：對如來所說的法生起堅固的信心：「這個法是世尊親自所說的，這個法是淺顯易懂，很快就能直接明白的道理，應該讓更多的眾生明白這些法理與道理。

明白了世尊所說的法，就能指引、引導眾生離開帶來不祥、危險、不幸、污染、束縛的惡法、邪法、束縛法，就能指引、引導眾生親近帶來吉祥、平安、幸福、清淨、解脫的善法、正法、解脫法。

有智慧的眾生應該知道和明白世尊所說的法，應該實踐的去修行世尊所說的法。」

第三種堅固的信心：對比丘僧眾生起堅固的信心（比丘僧眾解釋：佛陀出家弟子們聚集的僧團）：「世尊的出家弟子們聚集的僧團，是按著世尊所說的法去修行的團體，世尊的出家弟子是按著世尊所說的善法、正法、解脫法修行的實踐者。

世尊的出家弟子們按照正道行事，他們樸實、正直、清淨；世尊的出家弟子是踐行八正道的修行者（八正道解釋，見第一百一十三章）。

世尊的出家弟子們是按著世尊所說的法理去修行的實踐者；

世尊的出家弟子們是按著世尊所說的法去循序漸進修行的行者，他們是四雙八士（四雙八士解釋：證悟八種果位的聖弟子，二種為一雙，八種又被稱為四雙），也即是：世尊的出家弟子們，他們證悟的果位處於：向入流果、入流果、向一來果、一來果、向不還果、不還果、向阿羅漢果位、阿羅漢果位，這八種果位之中（向入流果、向一來果、向不還果、向阿羅漢果位解釋，見第一百五十章；入流果、一來果、不還果、阿羅漢果位解釋，見第一百四十九章）。因此恭敬的供養、讚歎世尊的出家弟子們，就能種植下無量的福田。」

　　第四種堅固的信心：對如來所制定的戒律生起堅固的信心：「受持世尊所制定的戒律，能夠讓持戒者，不被惡法、邪法、束縛法污染，不被惡行、惡言、惡念毀壞，不被各種煩惱和痛苦困擾、折磨、糾纏；

　　受持世尊所制定的戒律，能夠讓持戒者清淨無染，自在解脫；

　　受持世尊所制定的戒律會受到智者們的稱讚，受到大眾的尊敬；

　　受持世尊所制定的戒律，能夠解除眼睛與物質事物，耳朵與聲音，鼻子與氣味，舌頭與味道，身體與觸覺、環境變化感覺，內心與見解、思想、念想的束縛捆綁，放下一切的執著和掛念，引導內心進入平靜、寧靜的狀態之中。」

　　諸位，對如來生起堅固的信心，對如來所說的法生起堅固的信心，對比丘僧眾生起堅固的信心，對如來所制定的戒律生起堅固的信心，具備這四種堅固信心的聖弟子們，他們就是已經證悟入流果的聖者（入流果解釋，見第一百四十九章），這些已經證悟入流果的聖者們不會下墮到惡道、不幸的地方去，不會下墮到充滿煩惱和痛苦，貪欲和渴愛，無智和無知的地方去，他們一定能夠最終開啟完全的解脫智慧，到達解脫的彼岸。

　　諸位，對如來，對如來所說的法，對如來的出家弟子們，對如來所制定的戒律，都生起堅固的信心，就能依靠這種堅固的信心持之以恆、堅持不懈的去修行如來的正法，就能最終解除一切的束縛捆綁，滅盡一切的煩惱和痛苦，到達解脫清淨，沒有煩惱，沒有痛苦，沒有執著，沒有掛念，沒有念想的涅槃彼岸。

諸位，當聖弟子們具備了剛才如來所說的：不殺生害命，不偷盜抄襲，不與妻子之外的女子發生不正當的男女關係，不說假話欺騙人，不挑撥離間破壞別人和睦的關係，不說粗暴惡毒的言語，不說無禮淫穢、不正經、浮誇、輕浮、無意義的言語，這七種善法，並且對如來，對如來所說的法，對如來的出家弟子們，對如來所制定的戒律生起了四種堅固的信心，那麼他們就能自己親自證悟明白：「我投生到地獄的因緣已經被滅盡了（地獄解釋，見第八十三章），我不會投生到地獄，我投生到畜生、餓鬼的因緣已經被滅盡了，我不會投生到畜生道、餓鬼道，我投生到不幸、痛苦、不好、惡劣、艱險、困難、受苦地方的因緣已經被滅盡了，我不會投生到不幸、痛苦、不好、惡劣、艱險、困難、受苦的地方去，我已經是證悟了入流果的聖者（入流果解釋，見第一百四十九章），我不會下墮到惡道、不幸的地方去，我不會下墮到充滿煩惱和痛苦，貪欲和渴愛，無智和無知的地方去，我一定能夠最終開啟完全的解脫智慧，到達解脫的彼岸。

　　諸位，什麼是畜生呢？畜生是一種比喻，世間有些人非常無知，他們沒有智慧，錯亂因果，毫無道德觀念，他們或者為了自己的利益可以踐踏一切的律法與道德，或者建立起一些毫無根據幻想出來的神話理念，他們如同世間那些飛禽走獸一樣愚昧無知，因此稱為畜生，比如，有的人用非法的手段，為自己謀取私利，巧取豪奪別人的財產，以為這是生財之道，結果他們還沒有享受到這些不義之財帶來的快樂就被繩之以法了，還比如一些人，他們生病了不趕快找醫師治療、吃藥，反而去相信什麼巫師、祭司、神漢的假話，吃一些毫無治療效果的東西，結果耽誤了治病。這些都是錯亂因果，沒有智慧的結果，這些錯亂因果，沒有智慧，愚昧無知的世間人或眾生就被稱為畜生。

　　什麼是餓鬼？餓鬼也是一種比喻，比喻的是兩種人，一種是那些吃不飽食物、饑餓的人，一種是那些貪得無厭，貪欲沒有止境的人。在饑荒的時候，很多人都沒有足夠的食物吃，他們那種饑腸轆轆的狀態，他們那種饑餓的狀態就是餓鬼的狀態。貪官污吏，貪污大量財物時，貪欲充滿他們內心時的狀態就是餓鬼的狀態。貪欲永遠都無法滿足的狀態，就猶如永遠都吃不飽的餓鬼一樣。

簡單的說：「畜生」比喻的是沒有智慧、愚昧無知、錯亂因果的人；「餓鬼」比喻的是饑餓的人和貪得無厭的人。」

　　佛陀說法完畢後，竹門村的大眾對佛陀說：「大德！尊師！您說的太好了，您所說的法猶如將歪斜的東西扶正，將隱藏的東西顯現出來，將深奧的義理，淺顯易懂的講說出來，給迷路的人指出正確的道路，在黑暗中點燃火把，讓人能夠看見周圍的事物，避免行走的時候摔倒。尊師、大德、尊敬的老師，您所說的其他法也是這樣的吧，尊師、大德、尊敬的老師，請您讓我們皈依您，皈依您的正法，皈依您出家弟子們聚集的僧團吧，我們願意從今天開始，終生都按著您所說的正法去修行，我們願意終生都成為您的在家修行弟子。」

　　佛陀接受了竹門村大眾的皈依，並依次將手放在他們的頭頂上印證他們的皈依。

　　佛陀說法後，聽法的出家僧眾、竹門村大眾都再次的頂禮佛陀，隨喜讚歎佛陀說法的無量功德，他們都按著佛陀所說的法去修行。

第一百七十章　如何永遠不墮入或投生到惡道？

有個時候，佛陀住在舍衛城的祇樹林給孤獨園，有一天，佛陀對比丘僧眾說：「比丘們（比丘解釋：受持具足戒的男出家人；具足戒解釋：受持如來制定的所有戒律，比丘受持二百五十戒），四大會發生變化，地界、水界、火界、風界會發生變化，但是四大的變動，地界、水界、火界、風界的變動不會影響到具備與踐行四不壞淨的聖弟子，不會讓具備與踐行四不壞淨的聖弟子發生變動。如來這裡說的變動指的是：不管四大如何變化，不管地界、水界、火界、風界如何的變動，具備與踐行四不壞淨的聖弟子都不會墮入或投生到地獄、畜生、餓鬼三惡道中去，他們也不會墮入或投生到不幸、痛苦、不好、惡劣、艱險、困難、受苦的地方去。

簡單的說就是：具備與踐行四不壞淨的聖弟子不會因為四大的變化，不會因為地界、水界、火界、風界的變動就下墮或投生到地獄、畜生、餓鬼三惡道中去，就下墮或投生到不幸、痛苦、不好、惡劣、艱險、困難、受苦的地方去，具備與踐行四不壞淨的聖弟子會進入或投生到善道、天界之中，他們會進入或投生到吉祥、平安、幸福、清淨、解脫的地方去。

比丘們，什麼是四大呢？四大就是構成世間一切事物的四個要素，也就是說世間一切的事物都是由這四種要素組成的，是那四大呢？就是地大、水大、火大、風大。世間的一切事物都是由地大、水大、火大、風大所構成的，它們是世間一切事物構成的四種基本元素。

比丘們，世間有四界，是哪四界呢？就是地界、水界、火界、風界。什麼是地界呢？就是世間具有堅固性質的領域、範圍，地界也被稱為地大，什麼是地大呢？就是具有堅固的性質，有承載保持的作用，比如大地堅固，承載萬物，有保持不動的作用，又比如世間人的

毛髮、指甲、牙齒、皮肉、骨頭等等也具有堅固、承載、保持的作用，也被稱爲人身體上的地大。

什麼是水界呢？就是世間具有濕潤性質的領域、範圍，水界也被稱爲水大，什麼是水大呢？就是具有潮濕的性質，有聚集、凝結的作用，比如世間的雨水滋潤世間萬物，讓萬物濕潤，這些水還能聚集成江河、湖泊、海洋。又比如世間人的血液、淚水、口水、鼻涕、尿液等等也具有潮濕、聚集、滋潤的作用，也被稱爲人身體上的水大。

什麼是火界呢？就是世間具有溫熱性質的領域、範圍，火界也被稱爲火大，什麼是火大呢？就是具有溫暖的性質，有催生、成熟的作用，比如世間春夏的氣候，溫暖讓萬物開始復蘇、生長、成熟。又比如世間人的身體溫度，以及身體中的各種暖氣等等也具有溫暖、催生、成熟的作用，也被稱爲人身體上的火大。

什麼是風界呢？就是世間具有移動、流通性質的領域、範圍，風界也被稱爲風大，什麼是風大呢？就是具有流動的性質，有傳遞、傳播的作用，比如世間的各種風，讓各種氣互相流通，世間萬物因爲氣的流通而得以生長、生存。又比如世間人呼吸空氣，獲取能夠讓自己持續生存下去的氣，由於呼吸而讓身體內的氣與外界的氣流通，也具有流動、傳遞、傳播的作用，也被稱爲人身體上的風大。

比丘們，什麼是地獄呢？地獄是由六觸所生起的（六觸就是：眼觸、耳觸、鼻觸、舌觸、身觸、意觸；眼觸、耳觸、鼻觸、舌觸、身觸、意觸解釋，見第八十章），可以將地獄稱爲六觸地獄。比丘們，當眼睛看見物質事物後只讓自己生起了不喜歡的念想，當眼睛看見物質事物後只讓自己生起了不滿意、不舒服、不合意的念想，當眼睛看見物質事物後只讓自己生起了不快樂、不喜悅、不開心的念想，當眼睛看見物質事物後只讓自己生起了憂愁、悲傷、苦悶、憂慮、恐怖、憤怒、絕望、出生、衰老、死亡等等煩惱和痛苦的念想，那麼這個時候，就墮入地獄之中，就在六觸地獄中被拷打、折磨、煎熬了，這個地獄是由眼睛與物質事物形成的，一旦眼睛看見物質事物生起了不喜歡、不滿意、不舒服、不合意、不快樂、不喜悅、不開心的念想，一旦眼睛看見物質事物生起了憂愁、悲傷、苦悶、憂慮、恐怖、憤怒、絕望、出生、衰老、死亡等等煩惱和痛苦的念想，就墮入六觸地獄中

受苦了。

當耳朵聽到聲音後只讓自己生起了不喜歡的念想，當耳朵聽到聲音後只讓自己生起了不滿意、不舒服、不合意的念想，當耳朵聽到聲音後只讓自己生起了不快樂、不喜悅、不開心的念想，當耳朵聽到聲音後只讓自己生起了憂愁、悲傷、苦悶、憂慮、恐怖、憤怒、絕望、出生、衰老、死亡等等煩惱和痛苦的念想，那麼這個時候，就墮入地獄之中，就在六觸地獄中被拷打、折磨、煎熬了，這個地獄是由耳朵與聲音形成的，一旦耳朵聽到聲音生起了不喜歡、不滿意、不舒服、不合意、不快樂、不喜悅、不開心的念想，一旦耳朵聽到聲音生起了憂愁、悲傷、苦悶、憂慮、恐怖、憤怒、絕望、出生、衰老、死亡等等煩惱和痛苦的念想，就墮入六觸地獄中受苦了。

當鼻子聞到氣味後只讓自己生起了不喜歡的念想，當鼻子聞到氣味後只讓自己生起了不滿意、不舒服、不合意的念想，當鼻子聞到氣味後只讓自己生起了不快樂、不喜悅、不開心的念想，當鼻子聞到氣味後只讓自己生起了憂愁、悲傷、苦悶、憂慮、恐怖、憤怒、絕望、出生、衰老、死亡等等煩惱和痛苦的念想，那麼這個時候，就墮入地獄之中，就在六觸地獄中被拷打、折磨、煎熬了，這個地獄是由鼻子與氣味形成的，一旦鼻子聞到氣味生起了不喜歡、不滿意、不舒服、不合意、不快樂、不喜悅、不開心的念想，一旦鼻子聞到氣味生起了憂愁、悲傷、苦悶、憂慮、恐怖、憤怒、絕望、出生、衰老、死亡等等煩惱和痛苦的念想，就墮入六觸地獄中受苦了。

當舌頭嘗到味道後只讓自己生起了不喜歡的念想，當舌頭嘗到味道後只讓自己生起了不滿意、不舒服、不合意的念想，當舌頭嘗到味道後只讓自己生起了不快樂、不喜悅、不開心的念想，當舌頭嘗到味道後只讓自己生起了憂愁、悲傷、苦悶、憂慮、恐怖、憤怒、絕望、出生、衰老、死亡等等煩惱和痛苦的念想，那麼這個時候，就墮入地獄之中，就在六觸地獄中被拷打、折磨、煎熬了，這個地獄是由舌頭與味道形成的，一旦舌頭嘗到味道生起了不喜歡、不滿意、不舒服、不合意、不快樂、不喜悅、不開心的念想，一旦舌頭嘗到味道生起了憂愁、悲傷、苦悶、憂慮、恐怖、憤怒、絕望、出生、衰老、死亡等等煩惱和痛苦的念想，就墮入六觸地獄中受苦了。

當身體觸摸感覺到觸覺，領納到環境變化感覺（冷熱、舒適等等）後只讓自己生起了不喜歡的念想，當身體觸摸感覺到觸覺，領納到環境變化感覺後只讓自己生起了不滿意、不舒服、不合意的念想，當身體觸摸感覺到觸覺，領納到環境變化感覺後只讓自己生起了不快樂、不喜悅、不開心的念想，當身體觸摸感覺到觸覺，領納到環境變化感覺後只讓自己生起了憂愁、悲傷、苦悶、憂慮、恐怖、憤怒、絕望、出生、衰老、死亡等等煩惱和痛苦的念想，那麼這個時候，就墮入地獄之中，就在六觸地獄中被拷打、折磨、煎熬了，這個地獄是由身體與觸覺、環境變化感覺形成的，一旦身體觸摸感覺到觸覺，領納到環境變化感覺生起了不喜歡、不滿意、不舒服、不合意、不快樂、不喜悅、不開心的念想，一旦身體觸摸感覺到觸覺，領納到環境變化感覺生起了憂愁、悲傷、苦悶、憂慮、恐怖、憤怒、絕望、出生、衰老、死亡等等煩惱和痛苦的念想，就墮入六觸地獄中受苦了。

當內心想到見解、思想、念想後只讓自己生起了不喜歡的念想，當內心想到見解、思想、念想後只讓自己生起了不滿意、不舒服、不合意的念想，當內心想到見解、思想、念想後只讓自己生起了不快樂、不喜悅、不開心的念想，當內心想到見解、思想、念想後只讓自己生起了憂愁、悲傷、苦悶、憂慮、恐怖、憤怒、絕望、出生、衰老、死亡等等煩惱和痛苦的念想，那麼這個時候，就墮入地獄之中，就在六觸地獄中被拷打、折磨、煎熬了，這個地獄是由內心與見解、思想、念想形成的，一旦內心想到見解、思想、念想生起了不喜歡、不滿意、不舒服、不合意、不快樂、不喜悅、不開心的念想，一旦內心想到見解、思想、念想生起了憂愁、悲傷、苦悶、憂慮、恐怖、憤怒、絕望、出生、衰老、死亡等等煩惱和痛苦的念想，就墮入六觸地獄中受苦了。

比丘們，什麼是畜生呢？畜生是一種比喻，世間有些人非常無知，他們沒有智慧，錯亂因果，毫無道德觀念，他們或者為了自己的利益可以踐踏一切的律法與道德，或者建立起一些毫無根據、幻想出來的神話理念，他們如同世間那些飛禽走獸一樣愚昧無知，因此被稱為畜生，比如，有的人用非法的手段，為自己謀取私利，巧取豪奪別人的財產，以為這是生財之道，結果他們還沒有享受到這些不義之財

帶來的快樂就被繩之以法了，還比如一些人，他們生病了不趕快找醫師治療、吃藥，反而去相信什麼巫師、祭司、神漢的假話，吃一些毫無治療效果的東西，結果耽誤了治病。這些都是錯亂因果，沒有智慧的結果，這些錯亂因果，沒有智慧，愚昧無知的世間人或眾生就被稱為畜生。

比丘們，什麼是餓鬼呢？餓鬼也是一種比喻，比喻的是兩種人，一種是那些吃不飽食物、饑餓的人，一種是那些貪得無厭，貪欲沒有止境的人。在饑荒的時候，很多人都沒有足夠的食物吃，他們那種饑腸轆轆的狀態，他們那種饑餓的狀態就是餓鬼的狀態。貪官污吏，貪污大量財物時，貪欲充滿他們內心時的狀態就是餓鬼的狀態。貪欲永遠都無法滿足的狀態，就猶如永遠都吃不飽的餓鬼一樣。

簡單的說：「畜生」比喻的是沒有智慧、愚昧無知、錯亂因果的人；「餓鬼」比喻的是饑餓的人和貪得無厭的人。

比丘們，什麼是天界、天堂呢？天界、天堂也是由六觸所生起的（六觸就是：眼觸、耳觸、鼻觸、舌觸、身觸、意觸；眼觸、耳觸、鼻觸、舌觸、身觸、意觸解釋，見第八十章），可以將天界、天堂稱為六觸天界、六觸天堂。比丘們，當眼睛看見物質事物後只讓自己生起了喜歡的念想，當眼睛看見物質事物後只讓自己生起了滿意、舒服、合意的念想，當眼睛看見物質事物後只讓自己生起了快樂、喜悅、開心的念想，當眼睛看見物質事物後只讓自己生起了歡樂、甜蜜、開心、舒暢、高興、愜意、歡快、歡暢等等愉快和幸福的念想，那麼這個時候，就迷失於天界、天堂之中，就在六觸天界、六觸天堂中沉醉、陷溺、沉淪了，這個天界、天堂是由眼睛與物質事物形成的，一旦眼睛看見物質事物生起了喜歡、滿意、舒服、合意、快樂、喜悅、開心的念想，一旦眼睛看見物質事物生起了歡樂、甜蜜、開心、舒暢、高興、愜意、歡快、歡暢等等愉快和幸福的念想，就沉迷於六觸天界、六觸天堂之中了。

當耳朵聽到聲音後只讓自己生起了喜歡的念想，當耳朵聽到聲音後只讓自己生起了滿意、舒服、合意的念想，當耳朵聽到聲音後只讓自己生起了快樂、喜悅、開心的念想，當耳朵聽到聲音後只讓自己生起了歡樂、甜蜜、開心、舒暢、高興、愜意、歡快、歡暢等等愉快和

幸福的念想，那麼這個時候，就迷失於天界、天堂之中，就在六觸天界、六觸天堂中沉醉、陷溺、沉淪了，這個天界、天堂是由耳朵與聲音形成的，一旦耳朵聽到聲音生起了喜歡、滿意、舒服、合意、快樂、喜悅、開心的念想，一旦耳朵聽到聲音生起了歡樂、甜蜜、開心、舒暢、高興、愜意、歡快、歡暢等等愉快和幸福的念想，就沉迷於六觸天界、六觸天堂之中了。

當鼻子聞到氣味後只讓自己生起了喜歡的念想，當鼻子聞到氣味後只讓自己生起了滿意、舒服、合意的念想，當鼻子聞到氣味後只讓自己生起了快樂、喜悅、開心的念想，當鼻子聞到氣味後只讓自己生起了歡樂、甜蜜、開心、舒暢、高興、愜意、歡快、歡暢等等愉快和幸福的念想，那麼這個時候，就迷失於天界、天堂之中，就在六觸天界、六觸天堂中沉醉、陷溺、沉淪了，這個天界、天堂是由鼻子與氣味形成的，一旦鼻子聞到氣味生起了喜歡、滿意、舒服、合意、快樂、喜悅、開心的念想，一旦鼻子聞到氣味生起了歡樂、甜蜜、開心、舒暢、高興、愜意、歡快、歡暢等等愉快和幸福的念想，就沉迷於六觸天界、六觸天堂之中了。

當舌頭嘗到味道後只讓自己生起了喜歡的念想，當舌頭嘗到味道後只讓自己生起了滿意、舒服、合意的念想，當舌頭嘗到味道後只讓自己生起了快樂、喜悅、開心的念想，當舌頭嘗到味道後只讓自己生起了歡樂、甜蜜、開心、舒暢、高興、愜意、歡快、歡暢等等愉快和幸福的念想，那麼這個時候，就迷失於天界、天堂之中，就在六觸天界、六觸天堂中沉醉、陷溺、沉淪了，這個天界、天堂是由舌頭與味道形成的，一旦舌頭嘗到味道生起了喜歡、滿意、舒服、合意、快樂、喜悅、開心的念想，一旦舌頭嘗到味道生起了歡樂、甜蜜、開心、舒暢、高興、愜意、歡快、歡暢等等愉快和幸福的念想，就沉迷於六觸天界、六觸天堂之中了。

當身體觸摸感覺到觸覺，領納到環境變化感覺（冷熱、舒適等等）後只讓自己生起了喜歡的念想，當身體觸摸感覺到觸覺，領納到環境變化感覺後只讓自己生起了滿意、舒服、合意的念想，當身體觸摸感覺到觸覺，領納到環境變化感覺後只讓自己生起了快樂、喜悅、開心的念想，當身體觸摸感覺到觸覺，領納到環境變化感覺後只讓自

己生起了歡樂、甜蜜、開心、舒暢、高興、愜意、歡快、歡暢等等愉快和幸福的念想，那麼這個時候，就迷失於天界、天堂之中，就在六觸天界、六觸天堂中沉醉、陷溺、沉淪了，這個天界、天堂是由身體與觸覺、環境變化感覺形成的，一旦身體觸摸感覺到觸覺，領納到環境變化感覺生起了喜歡、滿意、舒服、合意、快樂、喜悅、開心的念想，一旦身體觸摸感覺到觸覺，領納到環境變化感覺生起了歡樂、甜蜜、開心、舒暢、高興、愜意、歡快、歡暢等等愉快和幸福的念想，就沉迷於六觸天界、六觸天堂之中了。

當內心想到見解、思想、念想後只讓自己生起了喜歡的念想，當內心想到見解、思想、念想後只讓自己生起了滿意、舒服、合意的念想，當內心想到見解、思想、念想後只讓自己生起了快樂、喜悅、開心的念想，當內心想到見解、思想、念想後只讓自己生起了歡樂、甜蜜、開心、舒暢、高興、愜意、歡快、歡暢等等愉快和幸福的念想，那麼這個時候，就迷失於天界、天堂之中，就在六觸天界、六觸天堂中沉醉、陷溺、沉淪了，這個天界、天堂是由內心與見解、思想、念想形成的，一旦內心想到見解、思想、念想生起了喜歡、滿意、舒服、合意、快樂、喜悅、開心的念想，一旦內心想到見解、思想、念想生起了歡樂、甜蜜、開心、舒暢、高興、愜意、歡快、歡暢等等愉快和幸福的念想，就沉迷於六觸天界、六觸天堂之中了。

比丘們，凡是那些想要聽你們說法的世間人或眾生（眾生解釋，見第七十七章），凡是那些想要聽你們說法的家人，親戚朋友，族人，與你們有血緣關係的人，你們除了要教導他們：成爲入流聖者的四個要素（入流聖者解釋：證悟入流果的聖者；入流果解釋，見第一百四十九章），還要教導他們去修習四不壞淨。

比丘們，成爲入流聖者的四個要素是什麼呢？

第一個要素是：親近善人，與善良的人在一起；

第二個要素是：聽聞善法、正法；

第三個要素是：內心集中專注在某種清淨的事物上，或者內心集中專注在善法、正法上，令行爲、言語、念想保持正行、正言、正念，或者令行爲、言語、念想保持平靜、寧靜的狀態；

第四個要素是：按著如來所說的善法、正法、解脫法循序漸進，有順序，有步驟，按部就班，由低到高，由淺入深的去修行。

比丘們，什麼是四不壞淨呢？就是具備與踐行四種法，是哪四種法呢？即是生起四種堅固的信心。

第一種堅固的信心：對如來生起堅固的信心：「世尊是已經證悟阿羅漢果位的聖者（阿羅漢果位解釋，見第一百四十九章）；

世尊是已經證悟無上正等正覺的聖者（無上正等正覺解釋：已經完全證悟明白世間一切的真相、真諦，並由此開啓了圓滿的智慧，從世間徹底的解脫出來）；

世尊的智慧與身口意行已經修行達到圓滿的境地（身口意行解釋：身體行為，口說言語，內心念想）；

世尊已經到達解脫的彼岸，不會再沉淪於生死輪迴的苦海之中；

世尊知道、明白世間一切的事理；

世尊是善於教導、指引眾生的老師，是善於講解正法、善法、解脫法的老師，是善於引導眾生熄滅、平息、滅盡煩惱和痛苦的老師（眾生解釋，見第七十七章）；

世尊是天界與人界眾生的老師（天界、人界解釋，見第一百五十五章）；

世尊是開啓了完全、圓滿、解脫智慧的聖者，世尊用已經開啓的智慧去教導、指引眾生，讓他們也開啓完全、圓滿、解脫的智慧；

世尊是給眾生帶來吉祥、平安、幸福、清淨、解脫的聖者，世尊是受到眾生尊敬、尊重的覺者（覺者解釋：已經完全開啓解脫智慧的聖者）。」

第二種堅固的信心：對如來所說的法生起堅固的信心：「這個法是世尊親自所說的，這個法是淺顯易懂，很快就能直接明白的道理，應該讓更多的眾生明白這些法理與道理。

明白了世尊所說的法，就能指引、引導眾生離開帶來不祥、危險、不幸、污染、束縛的惡法、邪法、束縛法，就能指引、引導眾生親近帶來吉祥、平安、幸福、清淨、解脫的善法、正法、解脫法。

有智慧的眾生應該知道和明白世尊所說的法，應該實踐的去修行世尊所說的法。」

第三種堅固的信心：對比丘僧眾生起堅固的信心（比丘僧眾解釋：佛陀出家弟子們聚集的僧團）：「世尊的出家弟子們聚集的僧團，是按著世尊所說的法去修行的團體，世尊的出家弟子是按著世尊所說的善法、正法、解脫法修行的實踐者。

　　世尊的出家弟子們按照正道行事，他們樸實、正直、清淨；世尊的出家弟子是踐行八正道的修行者（八正道解釋，見第一百一十三章）。

　　世尊的出家弟子們是按著世尊所說的法理去修行的實踐者；

　　世尊的出家弟子們是按著世尊所說的法去循序漸進修行的行者，他們是四雙八士（四雙八士解釋：證悟八種果位的聖弟子，二種為一雙，八種又被稱為四雙），也即是：世尊的出家弟子們，他們證悟的果位處於：向入流果、入流果、向一來果、一來果、向不還果、不還果、向阿羅漢果位、阿羅漢果位，這八種果位之中（向入流果、向一來果、向不還果、向阿羅漢果位解釋，見第一百五十章；入流果、一來果、不還果、阿羅漢果位解釋，見第一百四十九章）。因此恭敬的供養、讚歎世尊的出家弟子們，就能種植下無量的福田。」

　　第四種堅固的信心：對如來所制定的戒律生起堅固的信心：「受持世尊所制定的戒律，能夠讓持戒者，不被惡法、邪法、束縛法污染，不被惡行、惡言、惡念毀壞，不被各種煩惱和痛苦困擾、折磨、糾纏；

　　受持世尊所制定的戒律，能夠讓持戒者清淨無染，自在解脫；

　　受持世尊所制定的戒律會受到智者們的稱讚，受到大眾的尊敬；

　　受持世尊所制定的戒律，能夠解除眼睛與物質事物，耳朵與聲音，鼻子與氣味，舌頭與味道，身體與觸覺、環境變化感覺，內心與見解、思想、念想的束縛捆綁，放下一切的執著和掛念，引導內心進入平靜、寧靜的狀態之中。」

　　比丘們，四大會發生變化，地界、水界、火界、風界會發生變化，但是四大的變動，地界、水界、火界、風界的變動不會影響到具備與踐行四不壞淨的聖弟子，不會讓具備與踐行四不壞淨的聖弟子發生變動。不管四大如何變化，不管地界、水界、火界、風界如何的變動，具備與踐行四不壞淨的聖弟子都不會墮入或投生到地獄、畜生、

餓鬼三惡道中去，他們也不會墮入或投生到不幸、痛苦、不好、惡劣、艱險、困難、受苦的地方去。

比丘們，具備與踐行四不壞淨的聖弟子不會因為四大的變化，不會因為地界、水界、火界、風界的變動就下墮或投生到地獄、畜生、餓鬼三惡道中去，就下墮或投生到不幸、痛苦、不好、惡劣、艱險、困難、受苦的地方去，具備與踐行四不壞淨的聖弟子會進入或投生到善道、天界之中，他們會進入或投生到吉祥、平安、幸福、清淨、解脫的地方去。

比丘們，凡是你們有緣接觸並教導的世間人或眾生，凡是那些想要聽你們說法的世間人或眾生，凡是那些想要聽你們說法的家人，親戚朋友，族人，與你們有血緣關係的人，你們要教導他們：成為入流聖者的四個要素。你們要教導他們：對如來生起堅固的信心，對如來所說的法生起堅固的信心，對比丘僧眾生起堅固的信心，對如來所制定的戒律生起堅固的信心。你們應該教導他們，讓他們具備與踐行這兩種法。」

佛陀說法後，聽法的出家弟子們都再次的頂禮佛陀，隨喜讚歎佛陀說法的無量功德，他們都按著佛陀所說的法去修行。

第一百七十一章　意外死亡後會投生在什麼地方？

　　有個時候，佛陀住在迦毗羅衛城的尼拘律園之中，有一天，一個名叫摩訶男的釋迦族人來到佛陀的住所，他頂禮佛陀後就在一旁坐下，摩訶男對佛陀說：「世尊，迦毗羅衛城非常的富有、繁盛，大街上人群擁擠，街道上到處都是商鋪、攤販。

　　世尊，我今天到您這裡來，穿過了幾條大街，在這些大街上，有大象、馬車、牛車在運送各種貨物，有各式各樣的人在忙著做他們自己的事情。世尊，我內心總是在爲自己的安全擔心。

　　世尊，您看迦毗羅衛城每天都有這麼多的人簇擁在大街上，每天都有這麼多的大象、馬車、牛車穿行在大街上，如果哪一天我一不小心在大街上摔倒了，被人群踩踏致死，或是被穿行在大街上的大象、馬車、牛車踩踏、碾壓致死，在那種危險的情況下，我可能已經忘失了佛，忘失了佛所說的法，忘失了比丘僧眾（比丘僧眾解釋：佛陀出家弟子們聚集的僧團），在那種危險的情況下，我可能內心中不會浮現出佛，佛所說的法，比丘僧眾的念想。那世尊，在這樣的情況下，我意外死亡後會投生到什麼地方去呢？我未來世的命運會是怎麼樣的呢？」

　　佛陀說：「摩訶男，你不要害怕，你不要恐懼，你的意外死亡是沒有罪業的，你的意外死亡不會給你未來世的命運帶來不好的影響。

　　摩訶男，凡是已經堅持長時間對如來，對如來所說的法，對比丘僧眾，對如來所制定的戒律生起了堅固信心的世間人或眾生（眾生解釋，見第七十七章）；

　　凡是已經堅持長時間受持如來所制定戒律的世間人或眾生；

　　凡是已經堅持長時間聽聞如來講說善法、正法、解脫法的世間人或眾生；

凡是已經堅持長時間不分貧富貴賤平等布施、施捨的世間人或眾生；

　　凡是已經開啓了眾多智慧的世間人或眾生。

　　他們都會向上走，他們都會上升到善道、天界（天界解釋，見第八十三章），他們都會進入或投生到吉祥、平安、幸福、清淨、解脫的地方去，他們都會進入或投生到幸福、快樂、優良、舒適、平安、輕鬆、享福的地方去，甚至於他們還可能滅盡一切的煩惱和痛苦，滅盡生死輪迴（生死輪迴解釋，見第一百一十二章），從世間徹底的解脫出來，進入沒有煩惱，沒有痛苦，沒有執著，沒有掛念，沒有念想的涅槃境界。

　　摩訶男，世間人或眾生這個由父母結合生出來，由米粥、糧食滋養慢慢長大，由四大構成的物質身體是隨時在變化的（四大解釋，見第二十二章），隨著時間的推移世間人或眾生的物質身體會生病、衰老、死亡、腐爛、消失，無法永遠存在，無法永恆保持不變，無法永遠擁有。

　　摩訶男，世間人或眾生的屍體如果暴露在荒郊野嶺，就可能會被野狗、豺狼虎豹、禿鷲、蛆蟲等等動物啃食，變成一堆白骨，隨著時間的推移最後連白骨都會消失不見。

　　然而，不管世間人或眾生這個物質身體如何的變化，不管四大如何的變動，那些已經堅持長時間對如來，對如來所說的法，對比丘僧眾，對如來所制定的戒律生起了堅固信心的世間人或眾生；

　　那些已經堅持長時間受持如來所制定戒律的世間人或眾生；

　　那些已經堅持長時間聽聞如來講說善法、正法、解脫法的世間人或眾生；

　　那些已經堅持長時間不分貧富貴賤平等布施、施捨的世間人或眾生；

　　那些已經開啓了眾多智慧的世間人或眾生。

　　他們都會向上走，他們都會上升到善道、天界（天界解釋，見第八十三章），就算他們的物質身體已經腐爛，或被啃食，或被焚燒，最後消失不見了，他們都會投生到吉祥、平安、幸福、清淨、解脫的地方去，他們都會投生到幸福、快樂、優良、舒適、平安、輕鬆、享

福的地方去，甚至於他們還可能滅盡一切的煩惱和痛苦，滅盡生死輪回（生死輪回解釋，見第一百一十二章），從世間徹底的解脫出來，進入沒有煩惱，沒有痛苦，沒有執著，沒有掛念，沒有念想的涅槃境界。

摩訶男，這就如同將一個裝滿酥油的瓶子丟到湖泊之中，這個瓶子沉到湖底撞擊到石塊破裂後，瓶子的碎片會繼續的留在湖底，而瓶子裡面的酥油會向上浮，會最終上升漂浮在湖面上，同樣的，摩訶男，世間人或眾生的物質身體就如同破碎的瓶子，不管世間人或眾生這個物質身體如何的變化，不管四大如何的變動，就算他們的物質身體已經腐爛，或被啃食，或被焚燒，最後消失不見了，那些已經堅持長時間對如來，對如來所說的法，對比丘僧眾，對如來所制定的戒律生起了堅固信心的世間人或眾生；

那些已經堅持長時間受持如來所制定戒律的世間人或眾生；

那些已經堅持長時間聽聞如來講說善法、正法、解脫法的世間人或眾生；

那些已經堅持長時間不分貧富貴賤平等布施、施捨的世間人或眾生；

那些已經開啟了眾多智慧的世間人或眾生。

他們都會向上走，他們都會上升到善道、天界（天界解釋，見第八十三章），他們都會投生到吉祥、平安、幸福、清淨、解脫的地方去，他們都會投生到幸福、快樂、優良、舒適、平安、輕鬆、享福的地方去，甚至於他們還可能滅盡一切的煩惱和痛苦，滅盡生死輪回（生死輪回解釋，見第一百一十二章），從世間徹底的解脫出來，進入沒有煩惱，沒有痛苦，沒有執著，沒有掛念，沒有念想的涅槃境界。

摩訶男，你不要害怕，你不要恐懼，你的意外死亡是沒有罪業的，你的意外死亡不會給你未來世的命運帶來不好的影響，因為你已經堅持長時間對如來，對如來所說的法，對比丘僧眾，對如來所制定的戒律生起了堅固的信心；

你已經堅持長時間受持了如來所制定的戒律；

你已經堅持長時間聽聞了如來講說善法、正法、解脫法；

你已經堅持長時間不分貧富貴賤的平等布施、施捨；

你已經開啓了眾多的智慧。

摩訶男，如果你意外死亡了會向上走，你會上升到善道、天界（天界解釋，見第八十三章），你會投生到吉祥、平安、幸福、清淨、解脫的地方去，你會投生到幸福、快樂、優良、舒適、平安、輕鬆、享福的地方去，甚至於你還可能滅盡一切的煩惱和痛苦，滅盡生死輪回（生死輪回解釋，見第一百一十二章），從世間徹底的解脫出來，進入沒有煩惱，沒有痛苦，沒有執著，沒有掛念，沒有念想的涅槃境界。」

佛陀說法後，摩訶男再次的頂禮佛陀，隨喜讚歎佛陀說法的無量功德，並按著佛陀所說的法去修行。

第一百七十二章　大樹會向什麼方向倒下？

　　有個時候，佛陀住在迦毗羅衛城的尼拘律園之中，有一天，一個名叫摩訶男的釋迦族人來到佛陀的住所，他頂禮佛陀後就在一旁坐下，摩訶男對佛陀說：「世尊，迦毗羅衛城非常的富有、繁盛，大街上人群擁擠，街道上到處都是商鋪、攤販。

　　世尊，我今天到您這裡來，穿過了幾條大街，在這些大街上，有大象、馬車、牛車在運送各種貨物，有各式各樣的人在忙著做他們自己的事情。世尊，我內心總是在為自己的安全擔心。

　　世尊，您看迦毗羅衛城每天都有這麼多的人簇擁在大街上，每天都有這麼多的大象、馬車、牛車穿行在大街上，如果哪一天我一不小心在大街上摔倒了，被人群踩踏致死，或是被穿行在大街上的大象、馬車、牛車踩踏、碾壓致死，在那種危險的情況下，我可能已經忘失了佛，忘失了佛所說的法，忘失了比丘僧眾（比丘僧眾解釋：佛陀出家弟子們聚集的僧團），在那種危險的情況下，我可能內心中不會浮現出佛，佛所說的法，比丘僧眾的念想。那世尊，在這樣的情況下，我意外死亡後會投生到什麼地方去呢？我未來世的命運會是怎麼樣的呢？」

　　佛陀說：「摩訶男，你不要害怕，你不要恐懼，你的意外死亡是沒有罪業的，你的意外死亡不會給你未來世的命運帶來不好的影響。

　　摩訶男，具備與踐行四種法的聖弟子們，他們會向涅槃的方向傾斜，就如同站在山坡上，山坡會向低矮的地方傾斜，也如同向東方流動的恒河，越往東方恒河的河道地勢越低。具備與踐行四種法的聖弟子們，他們會向涅槃的方向傾斜，他們會向清淨涅槃的方向行進，他們會越來越接近清淨涅槃的境界，他們能最終進入清淨涅槃的境界。

　　摩訶男，是哪四種法呢？即是生起四種堅固的信心。

第一種堅固的信心：對如來生起堅固的信心：「世尊是已經證悟阿羅漢果位的聖者（阿羅漢果位解釋，見第一百四十九章）；

世尊是已經證悟無上正等正覺的聖者（無上正等正覺解釋：已經完全證悟明白世間一切的真相、真諦，並由此開啓了圓滿的智慧，從世間徹底的解脫出來）；

世尊的智慧與身口意行已經修行達到圓滿的境地（身口意行解釋：身體行為，口說言語，內心念想）；

世尊已經到達解脫的彼岸，不會再沉淪於生死輪迴的苦海之中；

世尊知道、明白世間一切的事理；

世尊是善於教導、指引眾生的老師，是善於講解正法、善法、解脫法的老師，是善於引導眾生熄滅、平息、滅盡煩惱和痛苦的老師（眾生解釋，見第七十七章）；

世尊是天界與人界眾生的老師（天界、人界解釋，見第一百五十五章）；

世尊是開啓了完全、圓滿、解脫智慧的聖者，世尊用已經開啓的智慧去教導、指引眾生，讓他們也開啓完全、圓滿、解脫的智慧；

世尊是給眾生帶來吉祥、平安、幸福、清淨、解脫的聖者，世尊是受到眾生尊敬、尊重的覺者（覺者解釋：已經完全開啓解脫智慧的聖者）。」

第二種堅固的信心：對如來所說的法生起堅固的信心：「這個法是世尊親自所說的，這個法是淺顯易懂，很快就能直接明白的道理，應該讓更多的眾生明白這些法理與道理。

明白了世尊所說的法，就能指引、引導眾生離開帶來不祥、危險、不幸、污染、束縛的惡法、邪法、束縛法，就能指引、引導眾生親近帶來吉祥、平安、幸福、清淨、解脫的善法、正法、解脫法。

有智慧的眾生應該知道和明白世尊所說的法，應該實踐的去修行世尊所說的法。」

第三種堅固的信心：對比丘僧眾生起堅固的信心（比丘僧眾解釋：佛陀出家弟子們聚集的僧團）：「世尊的出家弟子們聚集的僧團，是按著世尊所說的法去修行的團體，世尊的出家弟子是按著世尊所說的善法、正法、解脫法修行的實踐者。

世尊的出家弟子們按照正道行事，他們樸實、正直、清淨；世尊的出家弟子是踐行八正道的修行者（八正道解釋，見第一百一十三章）。

世尊的出家弟子們是按著世尊所說的法理去修行的實踐者；

世尊的出家弟子們是按著世尊所說的法去循序漸進修行的行者，他們是四雙八士（四雙八士解釋：證悟八種果位的聖弟子，二種為一雙，八種又被稱為四雙），也即是：世尊的出家弟子們，他們證悟的果位處於：向入流果、入流果、向一來果、一來果、向不還果、不還果、向阿羅漢果位、阿羅漢果位，這八種果位之中（向入流果、向一來果、向不還果、向阿羅漢果位解釋，見第一百五十章；入流果、一來果、不還果、阿羅漢果位解釋，見第一百四十九章）。因此恭敬的供養、讚歎世尊的出家弟子們，就能種植下無量的福田。」

第四種堅固的信心：對如來所制定的戒律生起堅固的信心：「受持世尊所制定的戒律，能夠讓持戒者，不被惡法、邪法、束縛法污染，不被惡行、惡言、惡念毀壞，不被各種煩惱和痛苦困擾、折磨、糾纏；

受持世尊所制定的戒律，能夠讓持戒者清淨無染，自在解脫；

受持世尊所制定的戒律會受到智者們的稱讚，受到大眾的尊敬；

受持世尊所制定的戒律，能夠解除眼睛與物質事物，耳朵與聲音，鼻子與氣味，舌頭與味道，身體與觸覺、環境變化感覺（冷熱、舒適等等），內心與見解、思想、念想的束縛捆綁，放下一切的執著和掛念，引導內心進入平靜、寧靜的狀態之中。」

摩訶男，如果有一棵大樹，它生長的方向向東方傾斜，它東方的樹幹、樹枝更加接近地面，那麼將這棵大樹砍斷後，它會倒向什麼方向呢？」

摩訶男回答：「世尊，如果這棵大樹，它向東方傾斜，它東方的樹幹、樹枝更加接近地面，砍斷這棵大樹後，它當然是倒向東方。」

佛陀說：「摩訶男，同樣的道理，具備與踐行四種法的聖弟子們，他們會向涅槃的方向傾斜，他們會向清淨涅槃的方向行進，他們會越來越接近清淨涅槃的境界，他們能最終進入沒有煩惱，沒有痛苦，沒有執著，沒有掛念，沒有念想的涅槃境界。」

佛陀說法後，摩訶男再次的頂禮佛陀，隨喜讚歎佛陀說法的無量功德，並按著佛陀所說的法去修行。

第一百七十三章　好種子播種在肥沃的田地裡

　　有個時候，佛陀住在迦毗羅衛城的尼拘律園之中，那時，有一個名叫色勒那尼的釋迦族人過世了，佛陀根據他生前的修行狀態，就預見色勒那尼已經證悟了入流果（入流果解釋，見第一百四十九章），就說：「色勒那尼不會投生到到惡道、不幸、受苦的地方去」，就說：「色勒那尼一定能夠最終開啓完全的智慧到達解脫涅槃的彼岸」。

　　佛陀預言色勒那尼死後的去處後不久，一些釋迦族人就不滿意了，他們聚在一起談論關於色勒那尼的事情，他們中的有些人甚至開始譏諷和誹謗佛陀了，這些人說：「色勒那尼怎麼可能證悟入流果呢？這個人沒有戒酒，他經常飲酒，這樣的人怎麼可能證悟入流果！色勒那尼根本就沒有完全受持好戒律，他的修行是不圓滿的。世尊是不是年紀大了，老年癡呆了？還是收了色勒那尼什麼好處，居然說色勒那尼死後不會投生到惡道、不幸、受苦的地方去，還說他一定能夠最終開啓完全的智慧到達解脫涅槃的彼岸。

　　我一想起色勒那尼喝醉酒，醉醺醺的樣子，就知道他根本就沒有好好的修行，他這樣薄弱的修為，怎麼可能證悟入流果。所以我說呀，你們如果想要證悟果位就多去世尊那裡，去的次數多了，就算你們是個混蛋、惡棍、白癡都可以被世尊說成是已經證悟果位的聖者。」

　　摩訶男聽到這些譏諷和誹謗佛陀的言語後，就對這些人說：「諸位，與其在這裡談論色勒那尼的事情，還不如到世尊那裡去問個明白，你們認為自己如此的有道理，就當面去問世尊嘛。看看世尊到底是用什麼標準來預見色勒那尼證悟入流果的。這樣不是既可以解除你們心中的疑惑，又可以多一個權威的人士來解答你們的問題嗎？何樂而不為呢？」

這些人說：「摩訶男，我們可以去，誰去問世尊這個敏感的問題呢？反正我們不會去問世尊這個問題。」

摩訶男說：「諸位，我來問世尊這些問題，你們一起隨我到世尊那裡去就可以了，看看世尊是如何看待這些問題的，看看世尊會怎麼的解答這些問題。」

這些人點頭同意了摩訶男的建議，於是他們就來到了佛陀的住所，他們頂禮佛陀後，就在一旁坐下，摩訶男對佛陀說：「世尊，我現在心中有個疑惑，想要請問世尊，恭請世尊您為我解答。」

佛陀說：「摩訶男，你有什麼疑惑，現在就告訴如來吧。」

摩訶男說：「世尊，您之前預言色勒那尼證悟了入流果，您說他死後不會投生到到惡道、不幸、受苦的地方去，您說他一定能夠最終開啟完全的智慧到達涅槃的彼岸。世尊，您確定您說這些話的時候，您的頭腦是清醒的，不是因為其他的原因導致您說這些言語的？」

佛陀說：「摩訶男，如來說這些言語的時候，很清醒！這些話，也確實是如來所說的。」

摩訶男說：「世尊，那我就有點不明白了，色勒那尼這個人，我們大家都知道，他喜歡喝酒，他經常喝的醉醺醺的，這樣的人，他的修行會很好嗎？這樣的人他的修為會很高嗎？為什麼他這樣的人能夠證悟入流果。世尊，您能為我解答一下嗎？我現在很疑惑。」

佛陀說：「摩訶男，色勒那尼生前做過什麼惡行，說過什麼惡言嗎？」

摩訶男說：「世尊，這到沒有，色勒那尼喜歡自己在家裡喝酒，喝完酒他就呼呼大睡。」

佛陀說：「摩訶男，色勒那尼做過什麼傷害別人的事情嗎？」

摩訶男說：「世尊，色勒那尼除了喜歡喝酒外，好像也沒有做過什麼傷害別人的事情。」

佛陀說：「摩訶男，色勒那尼已經皈依了佛，皈依了法，皈依了僧團，他是已經皈依了三寶的優婆塞（優婆塞解釋：沒有出家，尊敬、供養佛法僧三寶的在家修行男居士）。

他曾經對如來說：『世尊，我最大的愛好就是喝酒，不想在皈依三寶後就戒酒。』

一本書

讀懂所有佛經

如來對他說：『色勒那尼，喝酒，可以，不過你以後在家裡面喝酒，不要到外面去喝酒，因為喝醉酒，頭腦會不清楚，可能會出事情。在家裡喝酒的時候，要有家人陪伴，這樣你如果喝醉酒了，家人能夠幫助到你，當然陪伴你的家人不要喝酒，陪伴你的家人要有攙扶你的力量。

另外，色勒那尼既然你已經皈依了三寶，就要受持好如來制定的戒律。

色勒那尼，對於在家修行居士來說，修行好七種善法，就是受持好了戒律（七種善法解釋，見第一百六十九章）。

色勒那尼，七種善法簡單的說就是：不殺生害命，不偷盜抄襲，不與妻子之外的女子發生不正當的男女關係（或者不與丈夫之外的男子發生不正當的男女關係），不說假話欺騙人，不挑撥離間破壞別人和睦的關係，不說粗暴惡毒的言語，不說無禮淫穢、不正經、浮誇、輕浮、無意義的言語，這七種善法。

色勒那尼，你還要生起四種堅固的信心（四種堅固的信心解釋，見第一百六十九章）。

色勒那尼，四種堅固的信心簡單的說就是：對如來，對如來所說的法，對如來的出家弟子們，對如來所制定的戒律都生起堅固的信心。

色勒那尼你皈依了佛法僧三寶，就要修習七種善法，生起四種堅固的信心，這樣你就能夠證悟入流果，你就不會下墮或投生到惡道、不幸、受苦的地方去，你就一定能夠最終開啟完全的智慧到達解脫涅槃的彼岸。

因為修習七種善法，生起四種堅固的信心，你就不會去做惡行，說惡言，生惡念，既然沒有生起惡行、惡言、惡念，就不會導致不祥、危險、不幸、污染、束縛的惡果。

修習七種善法，生起四種堅固的信心，你就會去做善行，說善言，生善念，既然生起了善行、善言、善念，就會產生吉祥、平安、幸福、清淨、解脫、涅槃的善果。』

摩訶男，色勒那尼皈依了佛法僧三寶，修習七種善法，生起了四種堅固的信心，他生前沒有做惡行，沒有說惡言，沒有生惡念，他死

後會投生到地獄、畜生、餓鬼三惡道中去嗎（地獄、畜生、餓鬼解釋，見第一百七十章）？他死後會投生到不幸、痛苦、不好、惡劣、艱險、困難、受苦的地方去嗎？」

摩訶男說：「世尊，如果色勒那尼修習七種善法，生起了四種堅固的信心，他死後根本不可能投生到地獄、畜生、餓鬼三惡道中去，他根本不可能投生到不幸、痛苦、不好、惡劣、艱險、困難、受苦的地方去。

世尊，請您原諒我剛才用語的不敬。」

佛陀說：「摩訶男，那些對如來，對如來所說的法，對比丘僧眾，對如來所制定的戒律，都專一淨信，都一心一意深信，都一心一路絕對堅信的聖弟子們，他們會這樣去觀想：「世尊是已經證悟阿羅漢果位的聖者（阿羅漢果位解釋，見第一百四十九章）；

世尊是已經證悟無上正等正覺的聖者（無上正等正覺解釋：已經完全證悟明白世間一切的真相、真諦，並由此開啓了圓滿的智慧，從世間徹底的解脫出來）；

世尊的智慧與身口意行已經修行達到圓滿的境地（身口意行解釋：身體行為，口說言語，內心念想）；

世尊已經到達解脫的彼岸，不會再沉淪於生死輪迴的苦海之中；

世尊知道、明白世間一切的事理；

世尊是善於教導、指引眾生的老師，是善於講解正法、善法、解脫法的老師，是善於引導眾生熄滅、平息、滅盡煩惱和痛苦的老師（眾生解釋，見第七十七章）；

世尊是天界與人界眾生的老師（天界、人界解釋，見第一百五十五章）；

世尊是開啓了完全、圓滿、解脫智慧的聖者，世尊用已經開啓的智慧去教導、指引眾生，讓他們也開啓完全、圓滿、解脫的智慧；

世尊是給眾生帶來吉祥、平安、幸福、清淨、解脫的聖者，世尊是受到眾生尊敬、尊重的覺者（覺者解釋：已經完全開啓解脫智慧的聖者）。」

「這個法是世尊親自所說的，這個法是淺顯易懂，很快就能直接明白的道理，應該讓更多的眾生明白這些法理與道理。

一本書

讀懂所有佛經

明白了世尊所說的法，就能指引、引導眾生離開帶來不祥、危險、不幸、污染、束縛的惡法、邪法、束縛法，就能指引、引導眾生親近帶來吉祥、平安、幸福、清淨、解脫的善法、正法、解脫法。

　　有智慧的眾生應該知道和明白世尊所說的法，應該實踐的去修行世尊所說的法。」

　　「世尊的出家弟子們聚集的僧團，是按著世尊所說的法去修行的團體，世尊的出家弟子是按著世尊所說的善法、正法、解脫法修行的實踐者。

　　世尊的出家弟子們按照正道行事，他們樸實、正直、清淨；世尊的出家弟子是踐行八正道的修行者（八正道解釋，見第一百一十三章）。

　　世尊的出家弟子們是按著世尊所說的法理去修行的實踐者；

　　世尊的出家弟子們是按著世尊所說的法去循序漸進修行的行者，他們是四雙八士（四雙八士解釋：證悟八種果位的聖弟子，二種爲一雙，八種又被稱爲四雙），也即是：世尊的出家弟子們，他們證悟的果位處於：向入流果、入流果、向一來果、一來果、向不還果、不還果、向阿羅漢果位、阿羅漢果位，這八種果位之中（向入流果、向一來果、向不還果、向阿羅漢果位解釋，見第一百五十章；入流果、一來果、不還果、阿羅漢果位解釋，見第一百四十九章）。因此恭敬的供養、讚歎世尊的出家弟子們，就能種植下無量的福田。」

　　「受持世尊所制定的戒律，能夠讓持戒者，不被惡法、邪法、束縛法污染，不被惡行、惡言、惡念毀壞，不被各種煩惱和痛苦困擾、折磨、糾纏；

　　受持世尊所制定的戒律，能夠讓持戒者清淨無染，自在解脫；

　　受持世尊所制定的戒律會受到智者們的稱讚，受到大眾的尊敬；

　　受持世尊所制定的戒律，能夠解除眼睛與物質事物，耳朵與聲音，鼻子與氣味，舌頭與味道，身體與觸覺、環境變化感覺（冷熱、舒適等等），內心與見解、思想、念想的束縛捆綁，放下一切的執著和掛念，引導內心進入平靜、寧靜的狀態之中。」

　　他們由此立刻、快速的開啓了解脫的智慧，並用已經開啓的解脫智慧滅盡了一切的貪欲、渴愛、憤怒、無智愚癡、喜怒哀樂、執著、

掛念等等煩惱和痛苦，獲得了完全的解脫，那麼這些聖弟子就證悟了阿羅漢果位，他們就能在今生、這一世就進入沒有煩惱和痛苦的心解脫、慧解脫境界（心解脫、慧解脫解釋，見第一百五十一章），他們就從地獄、畜生、餓鬼的狀態中解脫出來了（地獄、畜生、餓鬼解釋，見第一百七十章），他們就從痛苦、惡道、惡劣、不幸、艱險、困難的地方解脫出來了。

摩訶男，那些對如來，對如來所說的法，對比丘僧眾，對如來所制定的戒律，都專一淨信，都一心一意深信，都一心一路絕對堅信的聖弟子們，他們會這樣去觀想：「世尊是已經證悟阿羅漢果位的聖者（阿羅漢果位解釋，見第一百四十九章）；

世尊是已經證悟無上正等正覺的聖者（無上正等正覺解釋：已經完全證悟明白世間一切的真相、真諦，並由此開啟了圓滿的智慧，從世間徹底的解脫出來）；

世尊的智慧與身口意行已經修行達到圓滿的境地（身口意行解釋：身體行為，口說言語，內心念想）；

世尊已經到達解脫的彼岸，不會再沉淪於生死輪迴的苦海之中；

世尊知道、明白世間一切的事理；

世尊是善於教導、指引眾生的老師，是善於講解正法、善法、解脫法的老師，是善於引導眾生熄滅、平息、滅盡煩惱和痛苦的老師（眾生解釋，見第七十七章）；

世尊是天界與人界眾生的老師（天界、人界解釋，見第一百五十五章）；

世尊是開啟了完全、圓滿、解脫智慧的聖者，世尊用已經開啟的智慧去教導、指引眾生，讓他們也開啟完全、圓滿、解脫的智慧；

世尊是給眾生帶來吉祥、平安、幸福、清淨、解脫的聖者，世尊是受到眾生尊敬、尊重的覺者（覺者解釋：已經完全開啟解脫智慧的聖者）。」

「這個法是世尊親自所說的，這個法是淺顯易懂，很快就能直接明白的道理，應該讓更多的眾生明白這些法理與道理。

明白了世尊所說的法，就能指引、引導眾生離開帶來不祥、危險、不幸、污染、束縛的惡法、邪法、束縛法，就能指引、引導眾生

親近帶來吉祥、平安、幸福、清淨、解脫的善法、正法、解脫法。

有智慧的眾生應該知道和明白世尊所說的法，應該實踐的去修行世尊所說的法。」

「世尊的出家弟子們聚集的僧團，是按著世尊所說的法去修行的團體，世尊的出家弟子是按著世尊所說的善法、正法、解脫法修行的實踐者。

世尊的出家弟子們按照正道行事，他們樸實、正直、清淨；世尊的出家弟子是踐行八正道的修行者（八正道解釋，見第一百一十三章）。

世尊的出家弟子們是按著世尊所說的法理去修行的實踐者；

世尊的出家弟子們是按著世尊所說的法去循序漸進修行的行者，他們是四雙八士（四雙八士解釋：證悟八種果位的聖弟子，二種為一雙，八種又被稱為四雙），也即是：世尊的出家弟子們，他們證悟的果位處於：向入流果、入流果、向一來果、一來果、向不還果、不還果、向阿羅漢果位、阿羅漢果位，這八種果位之中（向入流果、向一來果、向不還果、向阿羅漢果位解釋，見第一百五十章；入流果、一來果、不還果、阿羅漢果位解釋，見第一百四十九章）。因此恭敬的供養、讚歎世尊的出家弟子們，就能種植下無量的福田。」

「受持世尊所制定的戒律，能夠讓持戒者，不被惡法、邪法、束縛法污染，不被惡行、惡言、惡念毀壞，不被各種煩惱和痛苦困擾、折磨、糾纏；

受持世尊所制定的戒律，能夠讓持戒者清淨無染，自在解脫；

受持世尊所制定的戒律會受到智者們的稱讚，受到大眾的尊敬；

受持世尊所制定的戒律，能夠解除眼睛與物質事物，耳朵與聲音，鼻子與氣味，舌頭與味道，身體與觸覺、環境變化感覺，內心與見解、思想、念想的束縛捆綁，放下一切的執著和掛念，引導內心進入平靜、寧靜的狀態之中。」

他們由此立刻、快速的開啓了解脫的智慧，並用已經開啓的解脫智慧熄滅、平息了一些、部分的貪欲、渴愛、憤怒、無智愚癡、喜怒哀樂、執著、掛念等等煩惱和痛苦，他們還沒有完全滅盡煩惱和痛苦，他們還沒有獲得完全的解脫，但是他們已經滅盡了五下分結（五

下分結解釋，見第一百二十六章），那麼他們死後或者會證悟成為中般涅槃者，或者會證悟成為生般涅槃者，或者會證悟成為無行般涅槃者，或者會證悟成為有行般涅槃者，或者會證悟成為上流般涅槃者（中般涅槃、生般涅槃、無行般涅槃、有行般涅槃、上流般涅槃解釋，見第一百六十六章），摩訶男，這些聖弟子，他們也從地獄、畜生、餓鬼的狀態中解脫出來，他們也從痛苦、惡道、惡劣、不幸、艱險、困難的地方解脫出來。

摩訶男，那些對如來，對如來所說的法，對比丘僧眾，對如來所制定的戒律，都專一淨信，都一心一意深信，都一心一路絕對堅信的聖弟子們，他們會這樣去觀想：「世尊是已經證悟阿羅漢果位的聖者（阿羅漢果位解釋，見第一百四十九章）；

世尊是已經證悟無上正等正覺的聖者（無上正等正覺解釋：已經完全證悟明白世間一切的真相、真諦，並由此開啟了圓滿的智慧，從世間徹底的解脫出來）；

世尊的智慧與身口意行已經修行達到圓滿的境地（身口意行解釋：身體行為，口說言語，內心念想）；

世尊已經到達解脫的彼岸，不會再沉淪於生死輪迴的苦海之中；

世尊知道、明白世間一切的事理；

世尊是善於教導、指引眾生的老師，是善於講解正法、善法、解脫法的老師，是善於引導眾生熄滅、平息、滅盡煩惱和痛苦的老師（眾生解釋，見第七十七章）；

世尊是天界與人界眾生的老師（天界、人界解釋，見第一百五十五章）；

世尊是開啟了完全、圓滿、解脫智慧的聖者，世尊用已經開啟的智慧去教導、指引眾生，讓他們也開啟完全、圓滿、解脫的智慧；

世尊是給眾生帶來吉祥、平安、幸福、清淨、解脫的聖者，世尊是受到眾生尊敬、尊重的覺者（覺者解釋：已經完全開啟解脫智慧的聖者）。」

「這個法是世尊親自所說的，這個法是淺顯易懂，很快就能直接明白的道理，應該讓更多的眾生明白這些法理與道理。

一本書

讀懂所有佛經

明白了世尊所說的法，就能指引、引導眾生離開帶來不祥、危險、不幸、污染、束縛的惡法、邪法、束縛法，就能指引、引導眾生親近帶來吉祥、平安、幸福、清淨、解脫的善法、正法、解脫法。

有智慧的眾生應該知道和明白世尊所說的法，應該實踐的去修行世尊所說的法。」

「世尊的出家弟子們聚集的僧團，是按著世尊所說的法去修行的團體，世尊的出家弟子是按著世尊所說的善法、正法、解脫法修行的實踐者。

世尊的出家弟子們按照正道行事，他們樸實、正直、清淨；世尊的出家弟子是踐行八正道的修行者（八正道解釋，見第一百一十三章）。

世尊的出家弟子們是按著世尊所說的法理去修行的實踐者；

世尊的出家弟子們是按著世尊所說的法去循序漸進修行的行者，他們是四雙八士（四雙八士解釋：證悟八種果位的聖弟子，二種為一雙，八種又被稱為四雙），也即是：世尊的出家弟子們，他們證悟的果位處於：向入流果、入流果、向一來果、一來果、向不還果、不還果、向阿羅漢果位、阿羅漢果位，這八種果位之中（向入流果、向一來果、向不還果、向阿羅漢果位解釋，見第一百五十章；入流果、一來果、不還果、阿羅漢果位解釋，見第一百四十九章）。因此恭敬的供養、讚歎世尊的出家弟子們，就能種植下無量的福田。」

「受持世尊所制定的戒律，能夠讓持戒者，不被惡法、邪法、束縛法污染，不被惡行、惡言、惡念毀壞，不被各種煩惱和痛苦困擾、折磨、糾纏；

受持世尊所制定的戒律，能夠讓持戒者清淨無染，自在解脫；

受持世尊所制定的戒律會受到智者們的稱讚，受到大眾的尊敬；

受持世尊所制定的戒律，能夠解除眼睛與物質事物，耳朵與聲音，鼻子與氣味，舌頭與味道，身體與觸覺、環境變化感覺，內心與見解、思想、念想的束縛捆綁，放下一切的執著和掛念，引導內心進入平靜、寧靜的狀態之中。」

他們沒有立刻、快速的開啟解脫的智慧，沒有完全滅盡煩惱和痛苦，沒有獲得完全的解脫，但是他們已經滅盡了三結，他們的貪欲、

渴愛、不如意、反感、怨恨、憤怒、無智愚癡、沉迷煩惱已經非常的細微、薄弱、輕微了，他們已經證悟了一來果（一來果解釋，見第一百四十九章），他們會再來人間投生一次，就能滅盡一切的煩惱和痛苦，從生死輪回中永遠的解脫出來（生死輪回解釋，見第一百一十二章），進入最終的涅槃境界。摩訶男，這些聖弟子，他們也從地獄、畜生、餓鬼的狀態中解脫出來，他們也從痛苦、惡道、惡劣、不幸、艱險、困難的地方解脫出來。

什麼是三結呢？就是身見、戒取、疑，這三種束縛捆綁。

什麼是身見呢？就是執著有永遠存在、永恆不變的「我」，對「我」執著掛念。由執著「我」生起各種見解、思想、念想。簡單的說身見就是：對「自我」的執著和掛念。

什麼是戒取呢？執著堅持對解脫毫無幫助、毫無益處的禁戒、禁忌，比如不穿衣服裸露身體，以爲這樣就能獲得解脫；不吃飯、餓自己以爲這樣就能獲得解脫；早晚用恒河水洗澡，以爲這樣就能獲得解脫；學習動物的各種行爲以爲這樣就能獲得解脫；用各種苦行來折磨、摧殘自己的身體，以爲這樣就能獲得解脫等等，這些就是對解脫毫無幫助、毫無益處的禁戒、禁忌。簡單的說戒取就是：執著堅持對修行解脫毫無幫助，毫無意義的禁戒、禁忌。

什麼是「疑」呢？就是懷疑、疑惑、疑慮、狐疑不信、猶豫不決。對善法、正法、解脫法懷疑、疑惑、疑慮、狐疑不信，對佛法僧三寶懷疑、疑惑、疑慮、狐疑不信。簡單的說「疑」就是：對善法、正法、解脫法懷疑、疑惑、疑慮、狐疑不信。

摩訶男，那些對如來，對如來所說的法，對比丘僧眾，對如來所制定的戒律，都專一淨信，都一心一意深信，都一心一路絕對堅信的聖弟子們，他們會這樣去觀想：「世尊是已經證悟阿羅漢果位的聖者（阿羅漢果位解釋，見第一百四十九章）；

世尊是已經證悟無上正等正覺的聖者（無上正等正覺解釋：已經完全證悟明白世間一切的眞相、眞諦，並由此開啓了圓滿的智慧，從世間徹底的解脫出來）；

世尊的智慧與身口意行已經修行達到圓滿的境地（身口意行解釋：身體行爲，口說言語，內心念想）；

世尊已經到達解脫的彼岸，不會再沉淪於生死輪回的苦海之中；

世尊知道、明白世間一切的事理；

世尊是善於教導、指引眾生的老師，是善於講解正法、善法、解脫法的老師，是善於引導眾生熄滅、平息、滅盡煩惱和痛苦的老師（眾生解釋，見第七十七章）；

世尊是天界與人界眾生的老師（天界、人界解釋，見第一百五十五章）；

世尊是開啓了完全、圓滿、解脫智慧的聖者，世尊用已經開啓的智慧去教導、指引眾生，讓他們也開啓完全、圓滿、解脫的智慧；

世尊是給眾生帶來吉祥、平安、幸福、清淨、解脫的聖者，世尊是受到眾生尊敬、尊重的覺者（覺者解釋：已經完全開啓解脫智慧的聖者）。」

「這個法是世尊親自所說的，這個法是淺顯易懂，很快就能直接明白的道理，應該讓更多的眾生明白這些法理與道理。

明白了世尊所說的法，就能指引、引導眾生離開帶來不祥、危險、不幸、污染、束縛的惡法、邪法、束縛法，就能指引、引導眾生親近帶來吉祥、平安、幸福、清淨、解脫的善法、正法、解脫法。

有智慧的眾生應該知道和明白世尊所說的法，應該實踐的去修行世尊所說的法。」

「世尊的出家弟子們聚集的僧團，是按著世尊所說的法去修行的團體，世尊的出家弟子是按著世尊所說的善法、正法、解脫法修行的實踐者。

世尊的出家弟子們按照正道行事，他們樸實、正直、清淨；世尊的出家弟子是踐行八正道的修行者（八正道解釋，見第一百一十三章）。

世尊的出家弟子們是按著世尊所說的法理去修行的實踐者；

世尊的出家弟子們是按著世尊所說的法去循序漸進修行的行者，他們是四雙八士（四雙八士解釋：證悟八種果位的聖弟子，二種為一雙，八種又被稱為四雙），也即是：世尊的出家弟子們，他們證悟的果位處於：向入流果、入流果、向一來果、一來果、向不還果、不還果、向阿羅漢果位、阿羅漢果位，這八種果位之中（向入流果、向一

來果、向不還果、向阿羅漢果位解釋，見第一百五十章；入流果、一來果、不還果、阿羅漢果位解釋，見第一百四十九章）。因此恭敬的供養、讚歎世尊的出家弟子們，就能種植下無量的福田。」

「受持世尊所制定的戒律，能夠讓持戒者，不被惡法、邪法、束縛法污染，不被惡行、惡言、惡念毀壞，不被各種煩惱和痛苦困擾、折磨、糾纏；

受持世尊所制定的戒律，能夠讓持戒者清淨無染，自在解脫；

受持世尊所制定的戒律會受到智者們的稱讚，受到大眾的尊敬；

受持世尊所制定的戒律，能夠解除眼睛與物質事物，耳朵與聲音，鼻子與氣味，舌頭與味道，身體與觸覺、環境變化感覺，內心與見解、思想、念想的束縛捆綁，放下一切的執著和掛念，引導內心進入平靜、寧靜的狀態之中。」

他們沒有立刻、快速的開啟解脫的智慧，沒有完全滅盡煩惱和痛苦，沒有獲得完全的解脫，但是他們已經滅盡了三結，他們已經證悟了入流果（入流果解釋，見第一百四十九章），他們不會下墮到惡道、不幸的地方去，他們不會下墮到充滿煩惱和痛苦，貪欲和渴愛，無智和無知的地方去，他們一定能夠最終開啟完全的解脫智慧，到達解脫的彼岸。摩訶男，這些聖弟子，他們也從地獄、畜生、餓鬼的狀態中解脫出來，他們也從痛苦、惡道、惡劣、不幸、艱險、困難的地方解脫出來。

摩訶男，那些對如來，對如來所說的法，對比丘僧眾，對如來所制定的戒律，還沒有完全專一淨信，還沒有完全一心一意深信，還沒有完全一心一路絕對堅信的聖弟子們，他們沒有立刻、快速的開啟解脫的智慧，沒有完全滅盡煩惱和痛苦，沒有獲得完全的解脫，但是他們已經持之以恆、堅持不懈的修習了信根、精進根、念根、慧根（信根、精進根、念根、慧根解釋，見第一百五十八章），隨著他們修行的深入，他們會逐漸的明白如來所說善法、正法、解脫法的法義，並在他們自己的認真思考中，在他們自己的深思中，逐漸的開啟解脫的智慧，接受如來所說的善法、正法、解脫法。摩訶男，這些聖弟子，他們也從地獄、畜生、餓鬼的狀態中解脫出來，他們也從痛苦、惡道、惡劣、不幸、艱險、困難的地方解脫出來。

一本書

讀懂所有佛經

摩訶男，那些對如來，對如來所說的法，對比丘僧眾，對如來所制定的戒律，還沒有完全專一淨信，還沒有完全一心一意深信，還沒有完全一心一路絕對堅信的聖弟子們，他們沒有立刻、快速的開啓解脫的智慧，沒有完全滅盡煩惱和痛苦，沒有獲得完全的解脫，但是他們已經持之以恆、堅持不懈的修習了信根、精進根、念根、慧根（信根、精進根、念根、慧根解釋，見第一百五十八章），他們對如來有足夠的信心，他們非常的尊敬、敬仰、愛戴如來。摩訶男，這些聖弟子，他們也從地獄、畜生、餓鬼的狀態中解脫出來，他們也從痛苦、惡道、惡劣、不幸、艱險、困難的地方解脫出來。

　　摩訶男，如同在雜草叢生、貧瘠惡劣的田地裡，播下已經被毀壞，腐爛，無法發芽的種子，又遇到大旱，天不下雨，那這些播種在惡劣田地裡的壞種子能夠長出果實來嗎？」

　　摩訶男回答：「世尊，將壞種子播種在惡劣的田地裡，又遇上大旱天，這些種子肯定是無法長出果實的。」

　　佛陀說：「摩訶男，同樣的道理，惡法、邪法、束縛法就是雜草叢生、貧瘠惡劣的田地，深信、迷信惡法、邪法、束縛法，做惡行，說惡言，生惡念的世間人或眾生，他們就是壞種子。善於講說善法、正法、解脫法的老師、尊者、聖者、如來就是風調雨順的氣候，不接受老師、尊者、聖者、如來所說善法、正法、解脫法風調雨順氣候的滋潤澆灌，世間人或眾生怎麼可能收穫吉祥、平安、幸福、清淨、解脫的果實？」

　　摩訶男回答：「世尊，確實是這樣的，惡法、邪法、束縛法會導致不祥、危險、不幸、污染、束縛的惡果。」

　　佛陀說：「摩訶男，如同在已經除盡雜草、富饒肥沃的田地裡，在適當的季節播下優良的種子，從播種到收穫這段時間裡又風調雨順，那這些播種在肥沃田地裡的好種子能夠長出豐厚的果實來嗎？」

　　摩訶男回答：「世尊，將好種子在適當的季節播種在肥沃的田地裡，氣候又風調雨順，這些好種子肯定能夠長出豐厚的果實來的。」

　　佛陀說：「摩訶男，同樣的道理，善法、正法、解脫法就是已經除盡雜草、富饒肥沃的田地，深信、堅信善法、正法、解脫法，做善行，說善言，生善念的世間人或眾生，他們就是優良的種子，善於講

說善法、正法、解脫法的老師、尊者、聖者、如來就是風調雨順的氣候，接受了老師、尊者、聖者、如來所說善法、正法、解脫法風調雨順氣候的滋潤澆灌，世間人或眾生就能收穫吉祥、平安、幸福、清淨、解脫的豐厚果實！」

摩訶男回答：「世尊，確實是這樣的，善法、正法、解脫法會產生吉祥、平安、幸福、清淨、解脫、涅槃的善果。」

佛陀說：「摩訶男，世間任何的人或眾生（眾生解釋，見第七十七章），如果他們能夠分辨什麼是善行與惡行，什麼是善言與惡言，什麼是善念與惡念，什麼是善法、正法、解脫法與惡法、邪法、束縛法。

他們能夠根除惡法、邪法、束縛法，滅盡惡行、惡言、惡念，他們能夠修習善法、正法、解脫法，生起善行、善言、善念。

他們能夠持之以恆、堅持不懈的修行，以此讓沒有生起的惡法不再生起，讓已經生起的惡法斷除、滅盡，讓沒有生起的善法生起，讓已經生起的善法保持、增長、擴大、圓滿。

那麼如來就會說：這些世間人或眾生是好種子播種在了肥沃的田地裡，他們接受老師、尊者、聖者、如來所說善法、正法、解脫法風調雨順氣候的滋潤澆灌，他們能夠證悟入流果，他們不會下墮或投生到惡道、不幸、受苦的地方去，他們一定能夠最終開啓完全的智慧到達解脫涅槃的彼岸。

更何況釋迦族人色勒那尼已經皈依了佛法僧三寶，他已經修習了七種善法，生起了四種堅固的信心，他確實已經持之以恆、堅持不懈的按如來所說的法去學習過了，去修行過了。他也是優良的種子，他也播種在了肥沃的田地裡，他也接受了如來所說善法、正法、解脫法風調雨順氣候的滋潤澆灌，至於他喝酒的行為，並沒有傷害到別人，也沒有讓他生起惡行、惡言、惡念。他也算是受持好了戒律，因為如來制定戒律的目的就是為了讓世間人或眾生不做惡行，不說惡言，不生惡念，就是為了讓世間人或眾生做善行，說善言，生善念。色勒那尼沒有做惡行，沒有說惡言，沒有生惡念，色勒那尼做善行，說善言，生善念，那他就完全受持好了戒律，那他的修行就是圓滿的，如來預見，說他證悟了入流果，死後不會投生到惡道、不幸、受苦的地

方去，並且一定能夠最終開啓完全的智慧到達解脫涅槃的彼岸，又有什麼不正確呢？」

　　佛陀說法後，摩訶男和聽法的大眾再次的頂禮佛陀，隨喜讚歎佛陀說法的無量功德，他們都按著佛陀所說的法去修行。

第一百七十四章　如何寬慰身患重病即將離世的人

　　有個時候，佛陀住在迦毗羅衛城的尼拘律園之中，那時眾多的比丘僧眾在製作法衣（比丘解釋：受持具足戒的男出家人；具足戒解釋：受持如來制定的所有戒律，比丘受持二百五十戒），他們製作法衣的材料都來自於破衣服、舊衣服、別人丟棄掉的衣服。這些別人不要的衣服，經過裁剪、縫製、漂洗、染色後就成爲了法衣。

　　三個月後，製作法衣的工作就完成了，於是佛陀就準備外出遊走說法了。釋迦族人摩訶男聽說佛陀要外出遊走說法的事情後，就來到佛陀的住所，他頂禮佛陀後，就在一旁坐下，摩訶男對佛陀說：「世尊，我聽說，法衣製作完畢後，您就準備外出遊走說法了。我現在還有一個問題，想要請問您，恭請您爲我說法。」

　　佛陀說：「摩訶男，如來確實準備在法衣製作完畢後，就外出遊走說法去了。你有什麼問題就直接告訴如來。」

　　摩訶男說：「世尊，優婆塞面對身患重病的人該如何去教導他們呢（優婆塞簡單解釋：已經皈依佛法僧三寶，但是沒有出家，尊敬、供養佛法僧三寶的在家修行男居士）？」

　　佛陀說：「摩訶男，優婆塞面對身患重病的人，除了盡自己的力量想辦法爲他們尋找良醫、良藥治療他們的疾病外，還要用四種法去安慰他們。是哪四種安慰法呢？即是：鼓勵他們生起四種堅固的信心。

　　摩訶男，你可以對這些身患重病的人說：『對世尊生起堅固的信心，對世尊所說的法生起堅固的信心，對比丘僧眾生起堅固的信心，對世尊所制定的戒律生起堅固的信心，就能成爲世間的尊者，成爲了世間的尊者就能獲得無量的福德、功德，具備了無量的福德、功德，如果你還與人世間有緣，那麼你的病痛就會緩解，你的病情就會逐漸好轉，你的身體就會康復。如果你與人世間的緣分已盡，那麼你死後

一本書

讀懂所有佛經

就能憑藉這些無量的福德、功德投生到善道、天界（天界解釋，見第八十三章），甚至於憑藉這些無量的福德、功德滅盡一切的煩惱和痛苦，從生死輪回中徹底的解脫出來，到達沒有煩惱，沒有痛苦，沒有執著，沒有掛念，沒有念想的涅槃彼岸（生死輪回解釋，見第一百一十二章）。

你應該這樣去觀想：「世尊是已經證悟阿羅漢果位的聖者（阿羅漢果位解釋，見第一百四十九章）；

世尊是已經證悟無上正等正覺的聖者（無上正等正覺解釋：已經完全證悟明白世間一切的真相、真諦，並由此開啟了圓滿的智慧，從世間徹底的解脫出來）；

世尊的智慧與身口意行已經修行達到圓滿的境地（身口意行解釋：身體行為，口說言語，內心念想）；

世尊已經到達解脫的彼岸，不會再沉淪於生死輪回的苦海之中；

世尊知道、明白世間一切的事理；

世尊是善於教導、指引眾生的老師，是善於講解正法、善法、解脫法的老師，是善於引導眾生熄滅、平息、滅盡煩惱和痛苦的老師（眾生解釋，見第七十七章）；

世尊是天界與人界眾生的老師（天界、人界解釋，見第一百五十五章）；

世尊是開啟了完全、圓滿、解脫智慧的聖者，世尊用已經開啟的智慧去教導、指引眾生，讓他們也開啟完全、圓滿、解脫的智慧；

世尊是給眾生帶來吉祥、平安、幸福、清淨、解脫的聖者，世尊是受到眾生尊敬、尊重的覺者（覺者解釋：已經完全開啟解脫智慧的聖者）。」

「這個法是世尊親口所說的，這個法是淺顯易懂，很快就能直接明白的道理，應該讓更多的眾生明白這些法理與道理。

明白了世尊所說的法，就能指引、引導眾生離開帶來不祥、危險、不幸、污染、束縛的惡法、邪法、束縛法，就能指引、引導眾生親近帶來吉祥、平安、幸福、清淨、解脫的善法、正法、解脫法。

有智慧的眾生應該知道和明白世尊所說的法，應該實踐的去修行世尊所說的法。」

「世尊的出家弟子們聚集的僧團，是按著世尊所說的法去修行的團體，世尊的出家弟子是按著世尊所說的善法、正法、解脫法修行的實踐者。

世尊的出家弟子們按照正道行事，他們樸實、正直、清淨；世尊的出家弟子是踐行八正道的修行者（八正道解釋，見第一百一十三章）。

世尊的出家弟子們是按著世尊所說的法理去修行的實踐者；

世尊的出家弟子們是按著世尊所說的法去循序漸進修行的行者，他們是四雙八士（四雙八士解釋：證悟八種果位的聖弟子，二種為一雙，八種又被稱為四雙），也即是：世尊的出家弟子們，他們證悟的果位處於：向入流果、入流果、向一來果、一來果、向不還果、不還果、向阿羅漢果位、阿羅漢果位，這八種果位之中（向入流果、向一來果、向不還果、向阿羅漢果位解釋，見第一百五十章；入流果、一來果、不還果、阿羅漢果位解釋，見第一百四十九章）。因此恭敬的供養、讚歎世尊的出家弟子們，就能種植下無量的福田。」

「受持世尊所制定的戒律，能夠讓持戒者，不被惡法、邪法、束縛法污染，不被惡行、惡言、惡念毀壞，不被各種煩惱和痛苦困擾、折磨、糾纏；

受持世尊所制定的戒律，能夠讓持戒者清淨無染，自在解脫；

受持世尊所制定的戒律會受到智者們的稱讚，受到大眾的尊敬；

受持世尊所制定的戒律，能夠解除眼睛與物質事物，耳朵與聲音，鼻子與氣味，舌頭與味道，身體與觸覺、環境變化感覺（冷熱、舒適等等），內心與見解、思想、念想的束縛捆綁，放下一切的執著和掛念，引導內心進入平靜、寧靜的狀態之中。」』

摩訶男，對身患重病的人教導完四種安慰法後，就要問這些人：『你對父母還有牽掛、掛念嗎？』

如果他們這樣回答：『我怎麼不牽掛，不掛念我的父母呢？是他們給了我生命，是他們含辛茹苦的養育我長大！我是擔心，萬一我的病情惡化導致我死去了，我的父母該怎麼辦呢？我都還沒有報答他們的養育之恩，我的死會給他們帶來鑽心的痛苦呀。一想到這裡，我的內心就非常不安。』他們這樣回答後，摩訶男，你就這樣的對他們

說：『你不要想那麼多，也不要這樣的憂慮，如果你真的與人世間的緣分盡了，你真的將要死去了，那麼你牽掛、掛念父母，你也會死去，你不牽掛，不掛念父母你也會死去，既然如此，死亡的結果都一樣，為什麼不放下牽掛、掛念的煩惱呢？況且你現在憂慮、煩惱的樣子更會讓你的父母產生痛苦，如果你能夠用一種積極的心態來面對死亡，你父母的痛苦也將被減輕。不要給你自己太多的憂慮和痛苦，在這段時間內儘量想辦法安頓好父母，盡自己的力量去寬慰父母，不要讓父母過度的傷心，讓他們看見快樂、平靜、安寧的你，安排好自己的後事，死亡也不是什麼大不了的事情，世間每個人都會死去，連聖者都會死去，何況是你呢。請你保持一種樂觀向上的心態，不要為父母而憂慮，給你的父母最後留下一個美好的回憶，放下對父母的牽掛、掛念，有緣的時候，再回報他們的養育之恩。』

摩訶男，你應該繼續問這些身患重病的人：『你對妻子、孩子還有牽掛、掛念嗎？』

如果他們這樣回答：『我怎麼不牽掛，不掛念我的妻子、孩子呢？我深愛著我的妻子，她也深愛著我，如果我不幸死去了，將會給她帶來巨大的痛苦，家庭生活的重擔就將由她一個人承擔了，我的孩子也將失去父親，沒有父親的照顧他們該怎麼辦呢？我還沒有盡到一個父親的責任，一想到這些，我就內心不安呀。』他們這樣回答後，摩訶男，你就這樣對他們說：『你不要想那麼多，也不要這樣的憂慮，如果你真的與人世間的緣分盡了，你真的將要死去了，那麼你牽掛、掛念妻子、孩子，你也會死去，你不牽掛，不掛念妻子、孩子你也會死去，既然如此，死亡的結果都一樣，為什麼不放下牽掛、掛念的煩惱呢？況且你現在憂慮、煩惱的樣子更會讓你的妻子、孩子產生痛苦，如果你能夠用一種積極的心態來面對死亡，你妻子、孩子的痛苦也將被減輕。不要給你自己太多的憂慮和痛苦，在這段時間內儘量想辦法安頓好妻子、孩子，盡自己的力量去寬慰妻子、孩子，不要讓妻子、孩子過度的傷心，讓他們看見快樂、平靜、安寧的你，安排好自己的後事，死亡也不是什麼大不了的事情，世間每個人都會死去，連聖者都會死去，何況是你呢。請你保持一種樂觀向上的心態，不要為妻子、孩子而憂慮，給你的妻子、孩子最後留下一個美好的回憶，

放下對妻子、孩子的牽掛、掛念，有緣的時候，你會再次與他們相遇的。』

摩訶男，你應該繼續問這些身患重病的人：『你對五欲還有牽掛、掛念嗎？

什麼是五欲呢？就是由眼睛與物質事物生起的貪欲、渴愛；

由耳朵與聲音生起的貪欲、渴愛；

由鼻子與氣味生起的貪欲、渴愛；

由舌頭與味道生起的貪欲、渴愛；

由身體與觸覺，或環境變化感覺（冷熱、舒適等等）生起的貪欲、渴愛。

這就是五欲。』

如果他們這樣回答：『我怎麼不牽掛，不掛念五欲呢？我這一生都在追求五欲呀，五欲能夠給我帶來快樂呀！看見漂亮寬大的房子，我就想擁有呀，如果我擁有了漂亮寬大的房子，我的家人就能住進去享福了。

美妙的音樂我也喜歡聽呀，那些天籟之音能夠讓我的內心產生快樂的感受。

各種高級的檀香我也喜歡聞呀，那些香氣讓我感覺仿佛置身於仙境之中。

美味佳餚我也喜歡吃呀，那種清爽可口、回味無窮的感覺，讓我內心愉悅。

當我的手摸著那些昂貴的裘皮大衣，那種毛絨綿軟、柔軟的感覺，那種溫暖的感覺，讓我感覺非常的舒服。當我在寬大的浴池裡面洗澡的時候，身體泡在溫暖的熱水之中，那種舒服的感覺也讓我非常的開心。』他們這樣回答後，摩訶男，你就這樣對他們說：『你剛才說的這些人界中的五欲快樂，其實都算不上什麼，天界中享受到的五欲，更加的讓人快樂、舒服、愉悅（天界、人界解釋，見第一百五十五章）。我來做個類比，你就清楚了，比如波斯匿王富有一國，他住在金碧輝煌的王宮之中，穿著華貴的衣服，有漂亮的王妃相伴，有無數的侍從服侍他，他能吃到幾乎所有的美味佳餚、山珍海味。波斯匿王享受到的五欲快樂，對於一般的民眾來說，那是他們一生的最高追

一本書

讀懂所有佛經

求，但是如果用波斯匿王享受到的五欲快樂與天界中享受到的五欲快樂相比，那就差的太遠了，天界中的眾生看見波斯匿王享受到的五欲快樂，就如同看見一隻螞蟻吃到了地上的一粒米所產生的快樂。對於螞蟻來說找到一粒米，吃到一粒米是非常快樂的事情，但是對於福報遠遠大於螞蟻的人來說，人對於螞蟻吃到米粒的那種快樂，簡直是不屑一顧、不值一提的。天界眾生享受到的五欲快樂與波斯匿王享受到的五欲快樂的差距就如同世間人與螞蟻的差距，並且天界還分成了不同的階位，階位越高享受到的五欲快樂就幾十倍、幾百倍、幾千倍、幾萬倍、無數倍的增長。是人世間的眾生無法想像的。

你現在牽掛、掛念這些微小的人界五欲快樂幹什麼呢？你為什麼要像螞蟻一樣，為一粒米而牽腸掛肚呢？放下你對人界五欲快樂的牽掛、掛念吧，對世尊，對世尊所說的法，對比丘僧眾，對世尊所制定的戒律，生起堅固的信心吧，這樣你就能在死後投生到天界之中，你到天界中慢慢的去享受比人界高出幾萬倍、幾十萬倍、無數倍的五欲快樂吧！放下你對人界五欲快樂的牽掛、掛念吧。』

如果他們這樣回應：『好的！好的！我不要做人界的螞蟻。我聽你的，我不牽掛，不掛念人界中的五欲快樂。我要對世尊，對世尊所說的法，對比丘僧眾，對世尊所制定的戒律，都生起堅固的信心，我要投生到天界中去享受最高級別的五欲快樂。』那麼，摩訶男，你就這樣對他們說：『當你投生到各種階位的天界之中，你就會明白，就算是投生到了最高階位的天界之中，享受到了最高級別的五欲快樂，這種快樂也是隨時在變化，無法永遠存在，無法永恆保持不變，無法永遠擁有的，這種快樂也是無常的。因為天界中的眾生最終也會死去，他們也無法永遠不死，當他們死去的時候，那種五欲帶來的快樂也就停止、消失了。所以天界中的快樂也不堅固，所謂不堅固就是無法永遠存在，無法永遠享受五欲帶來的快樂。

天界中的眾生，明白這個道理，所以他們中有智慧的眾生，就會繼續的修行，他們會經常去觀想自己死亡時的感覺，他們會這樣觀想：「當我將要死亡的時候，隨著我身體的衰敗、崩解，隨著我生命的耗盡，我在世間快樂、痛苦、不苦不樂的感受，我在世間一切的感受全部都將熄滅、滅盡、消失，我將進入清涼寂靜的境界之中。」他

們由此能夠讓內心進入平靜、寧靜、寂靜的狀態之中。他們能夠由觀想死亡時的感覺而讓內心保持平靜、寧靜、寂靜的狀態。如果你也能夠放下對天界五欲快樂的牽掛、掛念，你也能夠經常觀想死亡時的感覺，讓自己的內心保持平靜、寧靜、寂靜的狀態，那就非常好了。』

如果他們這樣回應：『哦，我們明白了，就算是投生在天界之中，最終也會死去。看來，在天界中所享受到的五欲快樂也不是長久的，在天界中享受到的五欲快樂也無法永遠持續的存在，連天界中的眾生都要繼續的修行，讓內心保持平靜、寧靜、寂靜的狀態，那我也去觀想死亡時的感覺吧，我也去用這種觀想來讓內心進入平靜、寧靜、寂靜的境界之中吧。』那麼，摩訶男你就這樣對他們說：『如果你能夠經常去觀想死亡時的感覺，讓內心進入平靜、寧靜、寂靜的境界，那你就是獲得了心解脫的優婆塞（心解脫解釋，見第一百五十一章），你就與那些已經滅盡煩惱和痛苦，從世間徹底解脫出來，證悟阿羅漢果位的比丘沒有差別，你與這些證悟阿羅漢果位的聖者都被稱爲：解脫者！你當然也證悟了阿羅漢果位。你與他們都從生死輪回的煎熬中永遠的解脫了出來（生死輪回解釋，見第一百一十二章）。』」

佛陀說法後，摩訶男再次的頂禮佛陀，隨喜讚歎佛陀說法的無量功德，並按著佛陀所說的法去修行。

第一百七十五章　什麼是四聖諦？

有個時候，佛陀住在舍衛城的祇樹林給孤獨園，有一天，佛陀對眾多的出家人說：「比丘們（比丘解釋：受持具足戒的男出家人；具足戒解釋：受持如來制定的所有戒律，比丘受持二百五十戒），你們要經常修習入「定」的方法，什麼是「定」呢？「定」就是將注意力集中專注在某一種清淨的事物上，或者將注意力集中專注在單個、純一的境界之中，以此讓內心保持平靜、寧靜的狀態。比如將注意力集中專注在一片樹葉上，除了對這片樹葉的關注外，不關注其他任何的事物，除了對這片樹葉生起念想外，不生起其他任何的念想，不想其他任何的事情、事物。又比如將注意力集中專注在內心平靜、寧靜的境界上，除了對內心平靜、寧靜境界的專注外，不再專注其他任何的事物、事情、境界，除了對內心平靜、寧靜念想的專注外，不再專注其他任何的念想、見解、思想。

比丘們，「入定」的修行方法，有四念住、七覺支、四禪、無相定（四念住解釋，見第五十九章、第一百三十七章；七覺支解釋，見第一百二十七章；四禪解釋，見第三十五章；無相定解釋，見第五十九章），你們修行其中任何一種方法都能夠「入定」，你們或者選擇修習四念住，或者選擇修習七覺支，或者選擇修習四禪，或者選擇修習無相定，都能夠「入定」，也就是說：你們在四念住、七覺支、四禪、無相定，這四種修行方法中任意選擇其中一種修行方法都能夠「入定」。

「入定」簡單的說就是讓內心進入平靜、寧靜、寂靜的狀態，在這種狀態中，內心除了對平靜、寧靜、寂靜狀態的專注外，不專注其他任何的事物、事情、念想、思想、見解，只專注平靜、寧靜、寂靜這種單個、純一的境界，當你們進入「深定」狀態的時候，連平靜、寧靜、寂靜的境界都不再關注，都不再執著和掛念，那種狀態就是不生念想，沒有煩惱，沒有痛苦，沒有執著，沒有掛念，沒有念想的涅

槃狀態。

　　比丘們，你們除了修習「入定」的方法外，還要明白四聖諦，什麼是四聖諦呢？即是：苦諦、集諦、滅諦、道諦。

　　什麼是苦諦呢？就是出生在世間的眾生是很痛苦的（眾生解釋，見第七十七章）。

　　「苦」又分為二苦、三苦、四苦、八苦、十八苦、六苦等等類別。

　　什麼是二苦呢？由物質身體與內心引起、觸發的痛苦稱為「內苦」，比如身體生病、衰老、死亡，這是內苦，又比如內心生起貪欲、渴愛、不如意、反感、怨恨、憤怒、無智愚癡、憂愁、嫉妒、內疚、悲傷、苦悶、憂慮、恐怖、絕望等等煩惱和痛苦，這也是內苦。

　　由世間外界事物、事情引起、觸發的痛苦稱為「外苦」，比如被惡人、強盜、賊寇、老虎、豺狼傷害產生的痛苦，這是外苦。又比如被風、雨、寒冷、酷熱等等氣候、災難傷害產生的痛苦，這也是外苦。

　　什麼是三苦呢？即是苦苦、壞苦、行苦。

　　什麼是「苦苦」？由身體與內心產生的痛苦。「苦苦」與「二苦」中的「內苦」相同。

　　什麼是「壞苦」？當事物損壞、毀滅帶來的痛苦，或者當快樂的感受結束、消失帶來的痛苦。比如地震讓房屋垮塌，讓房屋的主人失去房子，給房屋的主人帶來痛苦，這是壞苦。又比如本來其樂融融和睦的家庭，突然遇上災禍，妻子、孩子不幸死去，丈夫獨自活在世間，那種家庭祥和快樂的日子結束、消失帶來的痛苦，這也是壞苦。

　　什麼是「行苦」？無常帶來的痛苦，也就是隨時在變化，無法永恆保持不變，無法永遠存在，無法永遠擁有所帶來的痛苦。世間一切的事物、事情、現象，都是由各種條件生起、發展、滅沒、消失的。世間一切的事物、事情、現象都受到條件的制約、壓迫、控制，都是受生滅所制約、壓迫、控制，無法永遠保持不變，無法永遠擁有，無法永遠存在，隨時在變化的。比如房屋無法永遠存在，隨著時間的推移，房屋在逐漸的老化，最後會損壞、垮塌、消失，當房屋隨著時間的推移損壞、垮塌、消失的時候，就會給房屋的主人帶來痛苦。又比

如人的身體無法永遠健康，無法永遠長生不死，隨著時間的推移人的身體會生病、衰老、死亡，當身體隨著時間的推移生病，逐漸衰老，臨死的時候就會給身體的主人帶來痛苦。

什麼是四苦呢？即是生苦、老苦、病苦、死苦。

胎兒在母親子宮內孕育的時候，在狹窄的空間內，如同坐監牢，被血水、體液包裹，無法自由活動，非常的痛苦，這是生苦，誕生孕育所受的痛苦。

身體會由盛轉衰，當身體逐漸衰老的時候，力氣會逐漸變弱，精力也會逐漸的衰退減弱，直至老年的時候，身體老化，皮膚鬆弛，渾身無力，精神渙散，這是老苦，身體器官逐漸衰老所受的痛苦。

身體生病，或者內心患上憂慮、苦悶、悲傷、恐懼等等煩惱的疾病，這是病苦，身體或內心生病所受的痛苦。身體的疾病或者是由於四大不調和造成的（四大解釋，見第二十二章），或者是由外界的事物、事情所造成的，比如被刀斧砍傷，被棍棒打傷等等，這就是由外界的事物、事情所造成的病。內心的疾病是由錯誤、不正確的念想、見解、思想引起的。

臨死的時候，面對死亡那種恐懼的痛苦，即將失去一切所擁有的財物、事物的痛苦，身體器官徹底衰竭致死的痛苦，或者被疾病折磨致死的痛苦，或者遇到強盜、匪徒、惡人殘害致死的痛苦，或者自殺身死的痛苦，或者被水災、火災等等災禍、災難傷害致死的痛苦，這是死苦，死亡時所受的痛苦。

什麼是八苦呢？即是：生苦、老苦、病苦、死苦、愛別離苦、怨憎會苦、求不得苦、五盛蘊苦。

「八苦」中的生苦、老苦、病苦、死苦指的就是「四苦」。

什麼是愛別離苦呢？就是與自己喜歡、愛慕的親人、朋友等等眾生分離時所產生的痛苦。比如與自己所愛的父母分離，與自己所愛的妻子、孩子分離。與自己喜歡的朋友分離。這種分離，又分成三種分離，第一種是暫時與自己喜歡、愛慕的親人、朋友等等眾生分離；第二種是長時間與自己喜歡、愛慕的親人、朋友等等眾生分離；第三種是永遠與自己喜歡、愛慕的親人、朋友等等眾生分離，永遠分離的意思就是分別以後到死都不再相見。永遠分離還有一種意思就是生離死

別，比如自己所愛的妻子死去了，以後永遠都無法見面了，這就叫做生離死別。愛別離苦說簡單點就是：與自己所愛、所喜歡眾生分離時所產生的痛苦（眾生解釋，見第七十七章）。

什麼是怨憎會苦？就是與自己厭惡、討厭、怨恨、憎惡的眾生在一起生活或共事所產生的痛苦，本來是想要遠離這些讓自己厭惡的眾生，可是卻被迫與他們在一起生活或共事，比如被迫娶自己不喜歡的仇人之女爲妻，天天被她打罵、侮辱、諷刺、折磨，卻無法逃離，被迫與她在一起生活。怨憎會苦簡單的說就是：與自己厭惡、怨恨的眾生聚集在一起產生的痛苦。

什麼是求不得苦？就是自己想要得到的事物，就算經過了自己的最大努力了，還是無法獲得所產生的痛苦。比如想要賺錢，卻賺不到錢；想要當官卻當不上官；想要娶到漂亮的妻子，卻娶不上；想要考上理想的學校，卻考不上；這就是求不得苦。求不得苦就是：自己想要的東西，自己想要獲得的事物，就算經過了努力，也無法得到，也無法滿足自己內心的欲望，這種所求無法得到滿足所產生的痛苦就是求不得苦。簡單的說就是：所求得不到滿足所產生的痛苦。

什麼是五盛蘊苦？「蘊」指的是五蘊。五蘊就是：物質身體，感受，念想，行爲，認識、分別、判斷。

物質身體，感受，念想，行爲，認識、分別、判斷，這五蘊就如同一個容器，容納下了生苦、老苦、病苦、死苦、愛別離苦、怨憎會苦、求不得苦，這七種苦。眾生的痛苦就是依靠物質身體，感受，念想，行爲，認識、分別、判斷，這五蘊表現出來的。就是因爲物質身體，感受，念想，行爲，認識、分別、判斷，這五蘊有容納的功能，有盛放生苦、老苦、病苦、死苦、愛別離苦、怨憎會苦、求不得苦，這七種痛苦的功能，所以在這裡「五」字就被提到「盛」字之前被稱爲五盛蘊，「五盛蘊」的意思就是：用物質身體，感受，念想，行爲，認識、分別、判斷，這五種容器，容納、盛放生苦、老苦、病苦、死苦、愛別離苦、怨憎會苦、求不得苦，這七種痛苦。一旦眾生執著和掛念物質身體，感受，念想，行爲，認識、分別、判斷，就會被生苦、老苦、病苦、死苦、愛別離苦、怨憎會苦、求不得苦，這七種痛苦拷打、折磨、惱害、煎熬。

五盛蘊苦簡單的說就是：一旦執著和掛念物質身體，感受，念想，行為，認識、分別、判斷，就會被其中所盛裝的生苦、老苦、病苦、死苦、愛別離苦、怨憎會苦、求不得苦，這七種痛苦折磨、惱害。

　　什麼是十八苦呢？即是：憂苦、悲苦、苦苦、惱苦、大苦聚、無明苦、行苦、識苦、名色苦、六入苦、觸苦、受苦、愛苦、取苦、有苦、生苦、老死苦。

　　其中「憂苦、悲苦、惱苦」屬於「內苦」，而「內苦」屬於「苦苦」，也就是說「苦苦」包含了「憂苦、悲苦、惱苦」、「內苦」。如來之前已經給你們講說過「苦苦」的法義了。

　　什麼是大苦聚呢？就是各種痛苦聚集在一起形成更大的痛苦，比如一個人不僅生病了，他所愛的妻子、孩子還離他而去，他就有了兩種苦，一種是病苦，另一種是愛別離苦，這兩種苦聚集在一起就會形成更大的痛苦，就會讓他更加的痛苦，這就是大苦聚。又比如生苦、老苦、病苦、死苦、愛別離苦、怨憎會苦、求不得苦聚集在一起，就會形成更大的痛苦。大苦聚簡單的說就是：各種痛苦彙聚在一起形成更大的痛苦。

　　無明苦、行苦、識苦、名色苦、六入苦、觸苦、受苦、愛苦、取苦、有苦、生苦、老死苦被稱爲十二緣起產生的痛苦（十二緣起解釋，見第十八章、第十九章）。

　　爲什麼十二緣起會產生痛苦呢？因爲十二緣起是無常的，無常就是苦。無常就是隨時在變化，無法永遠存在，無法永恆保持不變，無法永遠擁有的意思。

　　爲什麼無常就是苦呢？因爲物質事物、物質身體、感受、念想、行爲、認識、分別、判斷是隨時在變化，無法永遠存在，無法永恆保持不變，無法永遠擁有的。物質事物是會衰敗、滅亡、消失的，物質身體是會生病、衰老、死亡的，感受、念想、行爲、認識、分別、判斷是會消退、滅沒、消失的。

　　物質事物、物質身體最終帶來的是痛苦，爲什麼這麼說呢？因爲就算物質事物、物質身體帶來了快樂，那都是短暫的。世間一切的物質事物、物質身體隨時都在變化，無法永遠的存在，無法永恆的保持

不變，無法永遠的擁有，當失去這些物質事物的時候，當這些物質事物衰敗、滅亡、消失的時候，當物質身體生病、衰老、臨死的時候，就會帶來痛苦，之前這些物質事物、物質身體帶來了多少的快樂，當失去這些物質事物的時候，當這些物質事物衰敗、滅亡、消失的時候，當物質身體生病、衰老、臨死的時候，就會帶來多少痛苦，所以世間的物質事物、物質身體帶來的最終都是痛苦。

感受、念想、行為、認識、分別、判斷最終帶來的是痛苦，為什麼這麼說呢？因為就算感受、念想、行為、認識、分別、判斷帶來了快樂，那都是短暫的。世間一切的感受、念想、行為、認識、分別、判斷隨時都在變化，無法永遠的存在，無法永恆的保持不變，無法永遠的擁有，當失去這些讓世間人、眾生滿意、開心、快樂的感受、念想、行為、認識、分別、判斷的時候，當這些讓世間人、眾生滿意、開心、快樂的感受、念想、行為、認識、分別、判斷消退、滅沒、消失的時候，當感受、念想、行為、認識、分別、判斷讓世間人、眾生不滿意、不開心、不快樂的時候，就會帶來痛苦，之前這些讓世間人、眾生滿意、開心、快樂的感受、念想、行為、認識、分別、判斷帶來了多少的快樂，當失去這些讓世間人、眾生滿意、開心、快樂的感受、念想、行為、認識、分別、判斷的時候，當這些讓世間人、眾生滿意、開心、快樂的感受、念想、行為、認識、分別、判斷消退、滅沒、消失的時候，當感受、念想、行為、認識、分別、判斷讓世間人、眾生不滿意、不開心、不快樂的時候，就會帶來多少痛苦，所以世間的感受、念想、行為、認識、分別、判斷帶來的最終都是痛苦。

同樣的道理，眼睛、耳朵、鼻子、舌頭、身體、內心、物質事物、物質身體、聲音、氣味、味道、觸覺、環境變化感覺（冷熱、舒適等等）、思想、見解、念想、眼識、耳識、鼻識、舌識、身識、意識、眼觸、耳觸、鼻觸、舌觸、身觸、意觸，由眼觸、耳觸、鼻觸、舌觸、身觸、意觸生起的感受最終帶來的是痛苦，為什麼這麼說呢（眼識、耳識、鼻識、舌識、身識、意識解釋，見第四十二章；眼觸、耳觸、鼻觸、舌觸、身觸、意觸解釋，見第四十三章）？因為眼睛、耳朵、鼻子、舌頭、身體、內心是會生病、衰老、喪失功能的，物質事物是會衰敗、滅亡、消失的，物質身體是會生病、衰老、死亡

的，聲音、氣味、味道、觸覺、環境變化感覺（冷熱、舒適等等）、思想、見解、念想、眼識、耳識、鼻識、舌識、身識、意識、眼觸、耳觸、鼻觸、舌觸、身觸、意觸是會消退、滅沒、消失的，由眼觸、耳觸、鼻觸、舌觸、身觸、意觸生起的感受是會消退、滅沒、消失的。

就算眼睛、耳朵、鼻子、舌頭、身體、內心、物質事物、物質身體、聲音、氣味、味道、觸覺、環境變化感覺（冷熱、舒適等等）、思想、見解、念想、眼識、耳識、鼻識、舌識、身識、意識、眼觸、耳觸、鼻觸、舌觸、身觸、意觸，由眼觸、耳觸、鼻觸、舌觸、身觸、意觸生起的感受，帶來了快樂，那都是短暫的。世間一切的眼睛、耳朵、鼻子、舌頭、身體、內心、物質事物、物質身體、聲音、氣味、味道、觸覺、環境變化感覺（冷熱、舒適等等）、思想、見解、念想、眼識、耳識、鼻識、舌識、身識、意識、眼觸、耳觸、鼻觸、舌觸、身觸、意觸，由眼觸、耳觸、鼻觸、舌觸、身觸、意觸生起的感受，隨時都在變化，無法永遠的存在，無法永恆的保持不變，無法永遠的擁有。

當失去眼睛、耳朵、鼻子、舌頭、身體、內心、物質事物、物質身體、聲音、氣味、味道、觸覺、環境變化感覺（冷熱、舒適等等）、思想、見解、念想、眼識、耳識、鼻識、舌識、身識、意識、眼觸、耳觸、鼻觸、舌觸、身觸、意觸的時候，當眼睛、耳朵、鼻子、舌頭、身體、內心生病、衰老、喪失功能的時候，當物質事物衰敗、滅亡、消失的時候，當物質身體生病、衰老、臨死的時候，當聲音、氣味、味道、觸覺、環境變化感覺（冷熱、舒適等等）、思想、見解、念想、眼識、耳識、鼻識、舌識、身識、意識、眼觸、耳觸、鼻觸、舌觸、身觸、意觸消退、滅沒、消失的時候，當由眼觸、耳觸、鼻觸、舌觸、身觸、意觸生起的感受消退、滅沒、消失的時候，就會帶來痛苦，之前這些眼睛、耳朵、鼻子、舌頭、身體、內心、物質事物、物質身體、聲音、氣味、味道、觸覺、環境變化感覺（冷熱、舒適等等）、思想、見解、念想、眼識、耳識、鼻識、舌識、身識、意識、眼觸、耳觸、鼻觸、舌觸、身觸、意觸，由眼觸、耳觸、鼻觸、舌觸、身觸、意觸生起的感受，帶來了多少的快樂，當失去眼

睛、耳朵、鼻子、舌頭、身體、內心、物質事物、物質身體、聲音、氣味、味道、觸覺、環境變化感覺（冷熱、舒適等等）、思想、見解、念想、眼識、耳識、鼻識、舌識、身識、意識、眼觸、耳觸、鼻觸、舌觸、身觸、意觸，由眼觸、耳觸、鼻觸、舌觸、身觸、意觸生起的感受，的時候，當眼睛、耳朵、鼻子、舌頭、身體、內心生病、衰老、喪失功能的時候，當物質事物衰敗、滅亡、消失的時候，當物質身體生病、衰老、臨死的時候，當聲音、氣味、味道、觸覺、環境變化感覺（冷熱、舒適等等）、思想、見解、念想、眼識、耳識、鼻識、舌識、身識、意識、眼觸、耳觸、鼻觸、舌觸、身觸、意觸，由眼觸、耳觸、鼻觸、舌觸、身觸、意觸生起的感受，消退、滅沒、消失的時候，就會帶來多少痛苦，所以世間的眼睛、耳朵、鼻子、舌頭、身體、內心、物質事物、物質身體、聲音、氣味、味道、觸覺、環境變化感覺（冷熱、舒適等等）、思想、見解、念想、眼識、耳識、舌識、身識、意識、眼觸、耳觸、鼻觸、舌觸、身觸、意觸，由眼觸、耳觸、鼻觸、舌觸、身觸、意觸生起的感受，帶來的最終都是痛苦。

比丘們，這就是苦諦的法義。

什麼是集諦呢？「集」是集起、起因、根源的意思，「集諦」就是痛苦集起、生起的原因是什麼？痛苦產生的根源是什麼？痛苦是怎麼生起、聚集起來的？

痛苦集起、生起的原因就是生起了貪欲、渴愛。痛苦產生的根源就是貪欲、渴愛。痛苦就是由貪欲、渴愛的生起而產生出來的。比如一個人想要賺錢，就是因為他喜歡錢、貪財才會想要賺錢，如果他努力後沒有賺到錢，他就會產生痛苦，這個痛苦就是由他自己的貪心所導致產生的。又比如一個人愛他的妻子、孩子，如果他的妻子、孩子出現意外或者死去了，他就會產生痛苦，因為他愛他的妻子、孩子。還比如一個人擁有一個價值連城的翡翠花瓶，如果這個翡翠花瓶被打碎了，這個人就會產生痛苦，他為什麼會產生痛苦呢？因為他喜愛這個翡翠花瓶。所以愛的越多，貪的越多，痛苦就會越多，當自己得不到所愛所貪的事物的時候，或者當自己失去所愛所貪的事物的時候，就會產生痛苦。

比丘們，這就是集諦的法義。

什麼是滅諦呢？就是只有滅盡了貪欲、渴愛，才能滅盡痛苦。比丘們，如來在這裡做個類比你們就明白了，比如如果是一個陌生人他做生意虧錢破產了，你們會感覺到痛苦嗎？你們肯定不會產生痛苦，因為他虧損的錢財都不是你們自己的，不是你們破產，你們當然不會產生痛苦，你們沒有生起貪欲、渴愛。又比如如果一個陌生人，他的妻子、孩子不幸死去了，你們會產生痛苦嗎？你們肯定不會產生痛苦，因為不是你們的妻子、孩子死去了，你們沒有生起貪欲、渴愛。當然你們已經出家跟隨如來修行了，也談不上家庭的事情了，如來這裡做這種類比是為了讓你們更加深入的理解滅諦的法義。對於一個素昧平生的陌生人，當他和他的家人生病、衰老、死亡的時候，你們可能會同情他們的遭遇，卻不會產生痛苦，因為不是你們的家人生病、衰老、死亡了，你們沒有生起貪欲、渴愛。

比丘們，這就是滅諦的法義。

什麼是道諦呢？就是滅盡痛苦的大道是什麼？滅盡痛苦的修行方法是什麼？沿著什麼樣的大道前行就能最終滅盡痛苦。滅盡痛苦的大道就是踐行八正道，滅盡痛苦的修行方法就是修習八正道，沿著八正道前行就能最終滅盡痛苦。

什麼是八正道呢？正見、正志、正語、正業、正命、正方便、正念、正定，這八種正道就是八正道。

什麼是正見呢？就是明白四聖諦，也即是明白苦、集、滅、道這四種聖諦的法義，並由此開啟了智慧。苦、集、滅、道四聖諦的法義是什麼呢？出生在世間的眾生是很痛苦的，這就是苦聖諦的法義；痛苦的根源是貪愛，這就是苦集聖諦的法義；只有先滅除了貪愛才能滅除痛苦，這就是苦滅聖諦的法義；滅除痛苦的方法就是修習八正道，這就是道聖諦的法義。比丘們，明白四聖諦就是具有正見的人。

什麼是正志呢？遠離欲望的意向和願望，遠離貪欲、渴愛的意向和願望；沒有惡意的意向和願望，沒有加害的意向和願望。比丘們，這就是正志的法義。

什麼是正語呢？不說假話欺騙人，不說虛假不真實的言語，不說挑撥離間的言語，不說粗暴、惡毒、誹謗、中傷的言語，不說輕浮、

浮誇、無禮、淫穢、不正經、毫無意義的言語，比丘們，這就是正語的法義。

什麼是正業呢？不殺生害命；不偷盜，不搶劫，不剽竊抄襲；不與妻子之外的女子發生不正當的男女關係（或者不與丈夫之外的男子發生不正當的男女關係），沒有正式結婚不與未婚的男子或女子發生不正當的關係，沒有正式結婚不與未婚的男子或女子淫亂；不喝酒，不吃有迷醉作用的藥物、毒品。不做任何傷害別人或自己的惡事，不做任何不清淨的行為，比丘們，這就是正業的法義。

什麼是正命呢？不做非法、不正當的工作或事業謀生、生活；做合法、正當的工作或事業謀生、生活，比丘們，這就是正命的法義。

什麼是正方便呢？正方便也叫做正精進，也就是四正勤的意思，什麼是四正勤呢？就是精進努力的除滅已經生起的惡行、惡言、惡念，精進努力的不讓還沒有生起的惡行、惡言、惡念再次生起，精進努力的讓還沒有生起的善行、善言、善念生起，精進努力的讓已經生起的善行、善言、善念持續的增長、增進。比丘們，這就是四正勤的法義，這就是正精進、正方便的法義。

什麼是正念呢？就是將注意力集中專注在身體上，專注在對身體的觀想上，這樣就是有正念，這樣精進的修行能夠熄滅、除滅、降伏對世間的貪欲與憂愁；將注意力集中專注在感受上，專注在對感受的觀想上，這樣就是有正念，這樣精進的修行能夠熄滅、除滅、降伏對世間的貪欲與憂愁；將注意力集中專注在內心上，專注在對內心的觀想上，這樣就是有正念，這樣精進的修行能夠熄滅、除滅、降伏對世間的貪欲與憂愁；將注意力集中專注在念想上，專注在對念想的觀想上，這樣就是有正念，這樣精進的修行能夠熄滅、除滅、降伏對世間的貪欲與憂愁。比丘們，這就是正念的法義，這也被叫做四念住（四念住解釋，見第五十九章、第一百三十七章）。

什麼是正定呢？修行人除滅貪欲、渴愛、不善法，遠離欲望、不善法後，內心集中專注在清淨的念想上，就能進入喜樂清淨的初禪境界（初禪境界解釋，見第七十二章）；修行人在初禪境界的基礎上平息、熄滅多個集中專注的清淨念想，內心只集中專注單個、純一的清淨念想，就能進入喜樂清淨的二禪境界（二禪境界解釋，見第七十三

章）；修行人在二禪境界的基礎上熄滅、平息由禪定生起的喜樂，並保持正知、正念（正知、正念解釋，見第九十六章），就能進入清淨的三禪境界（三禪境界解釋，見第七十四章），尊者們就會稱這些進入三禪境界的修行人為：「他們是集中專注修行，讓自己的內心平靜寂靜，安住在清淨境界之中的修行人」；修行人在三禪境界的基礎上平息、熄滅厭惡憎恨，滅盡厭惡、不喜歡，讓內心安住在不苦不樂的境界之中，讓內心平靜的集中專注在單個、一種、純淨的清淨念想之中，就能進入清淨的四禪境界，也就是在四禪境界中苦悶、快樂、喜悅、憂愁等等喜怒哀樂的煩惱都被平息、熄滅了。比丘們，這就是正定的法義。

比丘們，這就是八正道的法義，這就是道諦的法義。

比丘們，你們不僅要經常選擇四念住、七覺支、四禪、無相定，這四種「入定」方法中的任意一種方法修習，經常憶念四聖諦的法義，還要持之以恆、堅持不懈的去修習八正道，這樣你們就能滅盡一切的煩惱和痛苦，從生死輪迴中徹底的解脫出來，最終到達沒有煩惱，沒有痛苦，沒有執著，沒有掛念，沒有念想的涅槃彼岸（生死輪迴解釋，見第一百一十二章）。」

佛陀說法後，聽法的出家弟子們都再次的頂禮佛陀，隨喜讚歎佛陀說法的無量功德，他們都按著佛陀所說的法去修行。

第一百七十六章　什麼是三轉十二行相？

有個時候，佛陀住在波羅奈的鹿野苑，有一天，佛陀對五位比丘說：「比丘們（比丘解釋：受持具足戒的男出家人；具足戒解釋：受持如來制定的所有戒律，比丘受持二百五十戒），有兩種極端的修行方法，你們不應該去踐行，是哪兩種極端的修行方法呢？第一種極端的修行方法就是沉迷在各種欲望之中，享受各種欲望帶來的快樂感受，以爲滿足欲望，享受各種快樂就是修行，這種極端的修行方法是惡劣、粗俗的，用這樣的修行方法去修行的人，他們還是凡夫，他們不是聖者，這樣的修行方式對於開啓智慧和解脫也是毫無益處的，也是沒有什麼好處的。

第二種極端的修行方法就是用折磨自己身體與內心的方法來修行，比如不吃食物，以爲饑餓就是修行；不穿衣服，以爲裸露身體就是修行；殘害身體，燒自己的手指，砍自己的手臂以爲這樣就是修行；將釘子敲入自己的身體，以爲這樣就是修行；獨自來到猛獸出沒的山林，以爲給自己製造恐怖的氣氛就是修行；獨自夜晚到墳地，以爲與死人爲伍就是修行；學動物的各種行爲，吃動物的各種食物，以爲這樣就是修行；站在獨立的木樁上一整天，以爲這樣就是修行；跳入火坑之中，以爲這樣就是修行；等等殘害自己身體和內心的苦行。這些苦行，會讓修行者陷入痛苦之中，聖者是不會這樣修行的，這樣的苦行對於開啓智慧和解脫也是毫無益處的，也是沒有什麼好處的。

比丘們，你們不要去踐行這兩種極端的修行方法，如來過去修行的時候，通過實踐的修行已經知道了一種中道的修行方法，如來就是修行這種中道的修行方法才證悟無上正等正覺的（無上正等正覺解釋：已經完全證悟明白世間一切的眞相、眞諦，並由此開啓了圓滿的智慧，從世間徹底的解脫出來），這種中道的修行方法就如同眼睛一樣，能夠看見腳下的路，能夠看見周圍的事物，不讓自己摔倒。這種

中道的修行方法也如同嚮導一樣，能夠給你們指出正確的方向，讓你們擁有正確的修行智慧。這種修行方法能夠引導你們的內心進入平靜、寧靜的狀態，能夠說明你們開啓智慧，證悟解脫的果位，能夠引導你們最終開啓無上正等正覺，到達沒有煩惱，沒有痛苦，沒有執著，沒有掛念，沒有念想的涅槃彼岸。

比丘們，這種讓如來證悟無上正等正覺，像眼睛，像嚮導，帶來正確修行智慧，能夠引導你們的內心進入平靜狀態，證悟解脫果位，能夠最終讓你們開啓無上正等正覺，到達涅槃彼岸的中道修行方法是什麼呢？這種中道的修行方法就是八正道，也即是：正見、正志、正語、正業、正命、正方便、正念、正定，這八種正道（八正道解釋，見第一百七十五章）。

比丘們，八正道就是讓如來證悟無上正等正覺，像眼睛，像嚮導，帶來正確修行智慧，能夠引導你們的內心進入平靜狀態，證悟解脫果位，能夠最終讓你們開啓無上正等正覺，到達涅槃彼岸的中道修行方法。

比丘們，你們還要明白四聖諦的法義。什麼是四聖諦呢？即是：苦諦、集諦、滅諦、道諦，這四種聖諦。

什麼是苦諦呢？出生會帶來痛苦，衰老會帶來痛苦，生病會帶來痛苦，死亡會帶來痛苦；與自己不喜歡、厭惡、討厭、不愛的人在一起共事、生活、結婚會帶來痛苦；與自己喜歡、迷戀、親密、深愛的人離別、分開會帶來痛苦；自己想要得到的事物無法獲得，自己追求的夢想無法實現會帶來痛苦；簡單的說就是：執著和掛念物質事物、物質身體、感受、念想、行為、認識、分別、判斷就會帶來痛苦；貪愛物質事物、物質身體、感受、念想、行為、認識、分別、判斷就會帶來痛苦。

什麼是集諦呢？就是痛苦聚集產生的原因、根源。這個根源是什麼呢。這個根源就是貪欲、渴愛。為了獲得自己喜歡、喜愛的事物，為了享受到帶來快樂、歡喜的感受，為了滿足自己欲望的需要，就會去追求、貪求這些自己喜歡、喜愛，給自己帶來快樂、歡喜的事物，就會去追求、貪求這些能夠滿足自己欲望的事物。貪欲、渴愛又分成

三種：欲愛、有愛、無有愛。

　　什麼是欲愛呢？就是對五欲的貪愛，也就是眼睛看見物質事物，耳朵聽到聲音，鼻子聞到氣味，舌頭嘗到味道，身體觸摸感覺到觸覺，領納到環境變化感覺（冷熱、舒適等等）之後，對物質事物、聲音、氣味、味道、觸覺、環境變化感覺（冷熱、舒適等等）生起了貪欲、渴愛。

　　什麼是有愛呢？就是對存在的貪愛，對擁有的貪愛，對生存的貪愛，對生命的貪愛。

　　什麼是無有愛呢？就是對不想存在於世間死亡的貪愛，對獲得完全解脫的貪愛，對滅盡生死輪回的貪愛（生死輪回解釋，見第一百一十二章），對證悟解脫果位的貪愛，對進入涅槃境界的貪愛。

　　比丘們，這就是三種貪欲、渴愛。

　　什麼是滅諦呢？就是熄滅、平息、滅盡貪欲、渴愛就能滅盡痛苦。捨棄、斷除、不執著、不掛念貪欲、渴愛就能滅盡痛苦，就能獲得徹底的解脫。

　　什麼是道諦呢？滅盡痛苦的軌跡、道路就是踐行八正道，滅盡痛苦的修行方法就是八正道。是哪八種正道呢？即是：正見、正志、正語、正業、正命、正方便、正念、正定，這八種正道（八正道解釋，見第一百七十五章）。

　　比丘們，你們要對四聖諦做三轉十二行相的修習，什麼是三轉十二行相呢？「轉」是階段的意思，「三轉」就是修習四聖諦的三個階段。「行相」是修行內容、情況、狀況的意思。「十二行相」就是修行四聖諦三個階段時的十二種修行內容和狀況。

　　修習四聖諦的第一轉，第一個階段，是知道的階段，知道有四聖諦，知道四聖諦是由苦諦、集諦、滅諦、道諦，這四種聖諦組成，知道四聖諦的法義，但是還沒有通過修習八正道親自印證四聖諦。知道了四聖諦的法義，就能讓自己被智慧的光明普照，就如同睜開雙眼，借助陽光的照耀就能看見世間的萬物。

　　在第一轉中有四種行相：

　　第一種行相，知道苦諦的法義；

　　第二種行相，知道集諦的法義；

一本書

讀懂所有佛經

第三種行相，知道滅諦的法義；

第四種行相，知道道諦的法義。

修習四聖諦的第二轉，第二個階段，是勉勵自己修習八正道印證四聖諦，勸說自己持之以恆、堅持不懈的修習八正道，以此印證四聖諦，徹底弄明白四聖諦的法義。在這個階段中，還沒有完全印證四聖諦，還沒有徹底弄明白四聖諦的法義，還處於修行證悟的階段。在實踐修行、證悟、印證四聖諦的階段，也能讓自己被智慧的光明普照。

在第二轉中有四種行相：

第一種行相，勉勵、勸說自己持之以恆、堅持不懈的修習八正道以此來熄滅、平息貪欲、渴愛，以此來熄滅、平息煩惱和痛苦，以此讓自己印證苦諦，以此讓自己徹底弄明白苦諦的法義。當自己的貪欲、渴愛被滅盡的時候，自己的煩惱和痛苦也就被滅盡了，這時就親自印證了苦諦，這時就徹底的明白了苦諦的法義；

第二種行相，勉勵、勸說自己持之以恆、堅持不懈的修習八正道以此來熄滅、平息貪欲、渴愛，以此來熄滅、平息煩惱和痛苦，以此讓自己印證集諦，以此讓自己徹底弄明白集諦的法義。當自己的貪欲、渴愛被滅盡的時候，自己的煩惱和痛苦也就被滅盡了，這時就親自印證了集諦，這時就徹底的明白了集諦的法義；

第三種行相，勉勵、勸說自己持之以恆、堅持不懈的修習八正道以此來熄滅、平息貪欲、渴愛，以此來熄滅、平息煩惱和痛苦，以此讓自己印證滅諦，以此讓自己徹底弄明白滅諦的法義。當自己的貪欲、渴愛被滅盡的時候，自己的煩惱和痛苦也就被滅盡了，這時就親自印證了滅諦，這時就徹底的明白了滅諦的法義；

第四種行相，勉勵、勸說自己持之以恆、堅持不懈的修習八正道以此來熄滅、平息貪欲、渴愛，以此來熄滅、平息煩惱和痛苦，以此讓自己印證道諦，以此讓自己徹底弄明白道諦的法義。當自己的貪欲、渴愛被滅盡的時候，自己的煩惱和痛苦也就被滅盡了，這時就親自印證了道諦，這時就徹底的明白了道諦的法義；

修習四聖諦的第三轉，第三個階段，是已經親自通過修習八正道印證了四聖諦，已經徹底弄明白了四聖諦的法義。在這個階段中已經證悟了解脫的果位。在這個階段同樣能讓自己被智慧的光明普照。

在第三轉中有四種行相：

第一種行相，已經通過修習八正道，親自印證了苦諦，徹底弄明白了苦諦的法義，並已經證悟了解脫的果位。滅盡了一切的貪欲、渴愛，滅盡了一切的煩惱和痛苦就被稱爲「已經印證了苦諦」，就被稱爲「已經徹底弄明白了苦諦的法義」，就被稱爲「已經證悟了解脫的果位」。

第二種行相，已經通過修習八正道，親自印證了集諦，徹底弄明白了集諦的法義，並已經證悟了解脫的果位。滅盡了一切的貪欲、渴愛，滅盡了一切的煩惱和痛苦就被稱爲「已經印證了集諦」，就被稱爲「已經徹底弄明白了集諦的法義」，就被稱爲「已經證悟了解脫的果位」。

第三種行相，已經通過修習八正道，親自印證了滅諦，徹底弄明白了滅諦的法義，並已經證悟了解脫的果位。滅盡了一切的貪欲、渴愛，滅盡了一切的煩惱和痛苦就被稱爲「已經印證了滅諦」，就被稱爲「已經徹底弄明白了滅諦的法義」，就被稱爲「已經證悟了解脫的果位」。

第四種行相，已經通過修習八正道，親自印證了道諦，徹底弄明白了道諦的法義，並已經證悟了解脫的果位。滅盡了一切的貪欲、渴愛，滅盡了一切的煩惱和痛苦就被稱爲「已經印證了道諦」，就被稱爲「已經徹底弄明白了道諦的法義」，就被稱爲「已經證悟了解脫的果位」。

比丘們，這就是三轉十二行相的法義。

比丘們！如果如來過去沒有去持之以恆、堅持不懈的修習三轉十二行相，那麼如來就無法證悟無上正等正覺，也就不能在人界、天界、魔界、梵天界等等眾生所處的世間自稱已經證悟了無上正等正覺的佛果（人界、天界、魔界、梵天界解釋，見第一百五十五章；眾生解釋，見第七十七章），世間的普通人、出家人、修行人、天神、魔王、梵天王等等一切的眾生也不會認可如來已經證悟了無上正等正覺（天神、魔王、梵天王解釋，見第一百五十五章），他們也不會接受如來的教導。

比丘們，就是因為如來過去持之以恆、堅持不懈的修習了三轉十二行相，如來才能證悟無上正等正覺，才能在人界、天界、魔界、梵天界等等眾生所處的世間自稱已經證悟了無上正等正覺的佛果，世間的普通人、出家人、修行人、天神、魔王、梵天王等等一切的眾生才會認可如來已經證悟了無上正等正覺，他們才會接受如來的教導。

　　比丘們！如來用開啓的智慧去實踐修行，向所有世間的眾生證明了按著這樣的方法去修行可以從世間生死輪回的煩惱和痛苦中永遠的解脫出來（生死輪回解釋，見第一百一十二章），如來已經不會再被世間任何的事物所困擾、迷惑，如來內心已經不會再被世間一切的事物所束縛捆綁，如來已經徹底永遠的從世間解脫出來，如來知道自己這一世是最後一次出生在世間，不會再有喜怒哀樂等等煩惱和痛苦的輪回狀態了，以後不會再投生在世間了，已經徹底從世間的生死輪回中解脫出來。」

　　佛陀說法後，聽法的五位比丘都歡喜的再次頂禮佛陀，隨喜讚歎佛陀說法的無量功德，這時，憍陳如尊者對佛陀說：「世尊，我明白了，凡是那些會生起、出現的法，都是會滅沒、消失的法。有聚集生起、出現的時候，就會有滅沒、消失的時候。世間的一切事物、事情、現象都是如此，無法永遠存在，無法永恆保持不變，無法永遠擁有，隨時在變化。執著和掛念這些生滅變化的事物、事情、現象就會產生痛苦。明白了這個道理，知道了世間一切的事物、事情、現象都是無常的（無常解釋：無法長久的保持不變，隨時在變化，無法永遠存在，無法永恆保持不變，無法永遠擁有），放下對世間事物、事情、現象的執著和掛念，就能從生死輪回中徹底的解脫出來，感謝世尊您對我們說法。」

　　佛陀說：「憍陳如，你已經開悟了，你已經明白了如來剛才所說的法，從現在開始，應該稱你為：阿若憍陳如（阿若解釋：已經明白，已經開悟；阿若憍陳如解釋：已經明白佛陀所說的法，並開啓了解脫智慧的憍陳如；阿若憍陳如簡解：已經開悟的憍陳如）。」

　　從此以後，憍陳如尊者就有了阿若憍陳如的尊稱。

第一百七十七章　衣服、頭髮著火了怎麼辦？

有個時候，佛陀住在舍衛城的祇樹林給孤獨園，有一天，佛陀對眾多的出家人說：「比丘們（比丘解釋：受持具足戒的男出家人；具足戒解釋：受持如來制定的所有戒律，比丘受持二百五十戒），當身上的衣服，或者頭髮燃起大火的時候，應該做什麼呢？」

其中一位長老比丘回答到：「世尊，當身上的衣服，或者頭髮燃起大火的時候，應該快速、趕緊的將身上、或頭髮上燃起的大火撲滅，不能有半點遲疑、畏縮，不能被大火嚇住，要勇敢、勇猛，盡自己的最大努力，想盡辦法將大火快速的撲滅，要將注意力全部集中在撲滅大火的動作行爲上，如果不這樣去做，就會被大火燒傷。」

佛陀說：「比丘們，同樣的，當貪欲、渴愛的大火在內心中燃起來的時候，你們就要快速、趕緊的用四聖諦將身上、或頭髮上燃起的貪愛大火撲滅（四聖諦解釋，見第一百七十五章），你們不能有半點遲疑、畏縮，不能沉迷於欲望之中，不能被貪愛的大火引誘、迷惑、奴役，要勇敢、勇猛，盡自己的最大努力，想盡辦法踐行四聖諦將貪愛的大火快速的撲滅，要將注意力全部集中在修習四聖諦熄滅、平息、滅盡貪愛的修行上，如果不這樣去做，就會被貪愛大火所觸發的歡樂、開心、舒暢、安心、期望、憂愁、悲傷、苦悶、憂慮、恐怖、絕望等等喜怒哀樂的煩惱和痛苦燒傷。

是哪四種聖諦呢？即是：苦聖諦、苦集聖諦、苦滅聖諦、滅苦之道聖諦，這四種聖諦（四聖諦解釋，見第一百七十五章）。

「出生在世間的眾生是很痛苦的」這是「苦聖諦」的法義（眾生解釋，見第七十七章）；

「痛苦的根源是貪愛」這是「苦集聖諦」的法義；

「只有先滅除了貪愛才能滅除痛苦」這是「苦滅聖諦」的法義；

「滅除痛苦的方法就是修習八正道（八正道解釋，見第一百七十五章）」這是「滅苦之道聖諦」的法義。

　　比丘們，你們要徹底弄明白四聖諦的法義，你們要持之以恆、堅持不懈的去憶念、回想四聖諦，你們要按著道諦中滅盡苦的方法去修行（道諦中滅盡苦的方法解釋，即是八正道；八正道解釋，見第一百七十五章）。」

　　佛陀說法後，聽法的出家弟子們都再次的頂禮佛陀，隨喜讚歎佛陀說法的無量功德，他們都按著佛陀所說的法去修行。

第一百七十八章　每天被紅纓槍刺穿三百次

有個時候，佛陀住在舍衛城的祇樹林給孤獨園，有一天，佛陀對眾多的出家人說：「比丘們（比丘解釋：受持具足戒的男出家人；具足戒解釋：受持如來制定的所有戒律，比丘受持二百五十戒），如果有一個男子，他有一百歲的壽命，他能夠活一百歲，這時有一個軍官命令他的手下說：『你們趕快把這個人抓住，我要懲罰他，你們早上用紅纓槍刺穿他一百次，中午用紅纓槍刺穿他一百次，晚上再用紅纓槍刺穿他一百次，你們記住不要將他刺死了，要讓他受盡折磨，你們就這樣堅持每天早中晚用紅纓槍刺穿他三百次，一直這樣折磨他，直到他一百歲壽命耗盡爲止，直到他活到一百歲爲止，記住中途不要將他刺死了，我要讓他這一生都受盡折磨。』

比丘們，如果你們是那個被紅纓槍穿刺的男子，你們能夠接受這樣長時間的酷刑嗎？」

其中一位長老比丘說：「世尊，這太可怕了，既然每天早中晚都要被紅纓槍刺穿三百次，想想都感覺身體很痛，而且還要折磨到一百歲的壽命耗盡，簡直是無法想像那種被折磨的痛苦感受，我們當然是無法接受的，這樣話，還不如早點死了好，省得活受罪。」

佛陀說：「比丘們，其實眾生每天都在被歡樂、開心、舒暢、安心、期望、憂愁、悲傷、苦悶、憂慮、恐怖、絕望等等喜怒哀樂的紅纓槍刺穿，他們每天都在被這些喜怒哀樂的煩惱和痛苦折磨，直到他們壽命耗盡，直到他們離開這個世間（眾生解釋，見第七十七章）。其實就算眾生已經死亡了，如果他們沒有滅盡貪欲、渴愛的話，那麼他們還會投生在世間，還會被喜怒哀樂的紅纓槍刺穿，去承受無盡的煩惱和痛苦，因爲生死輪回是沒有起點和終點的，是沒有開始和結束的（生死輪回解釋，見第一百一十二章）。比丘們，也就是說眾生如果不熄滅、平息、滅盡貪欲、渴愛，他們就會被出生、衰老、疾病、

一本書
讀懂所有佛經

832

死亡、歡樂、開心、舒暢、安心、期望、憂愁、悲傷、苦悶、憂慮、恐怖、絕望等等的紅纓槍循環往復、持續不斷的刺穿，他們就會去承受循環往復、持續不斷生起的煩惱和痛苦。

比丘們，只有知道、明白了四聖諦，只有按著四聖諦去修習，才能逐漸的減少出生、衰老、疾病、死亡、歡樂、開心、舒暢、安心、期望、憂愁、悲傷、苦悶、憂慮、恐怖、絕望等等紅纓槍穿刺的次數，才能逐漸的減輕煩惱和痛苦，才能最終讓出生、衰老、疾病、死亡、歡樂、開心、舒暢、安心、期望、憂愁、悲傷、苦悶、憂慮、恐怖、絕望等等的紅纓槍徹底停止穿刺，才能最終滅盡煩惱和痛苦（四聖諦解釋，見第一百七十五章）。

比丘們，是哪四種聖諦呢？即是：苦聖諦、苦集聖諦、苦滅聖諦、滅苦之道聖諦，這四種聖諦（四聖諦解釋，見第一百七十五章）。

「出生在世間的眾生是很痛苦的」這是「苦聖諦」的法義（眾生解釋，見第七十七章）；

「痛苦的根源是貪愛」這是「苦集聖諦」的法義；

「只有先滅除了貪愛才能滅除痛苦」這是「苦滅聖諦」的法義；

「滅除痛苦的方法就是修習八正道（八正道解釋，見第一百七十五章）」這是「滅苦之道聖諦」的法義。

比丘們，你們要徹底弄明白四聖諦的法義，你們要持之以恆、堅持不懈的去憶念、回想四聖諦，你們要按著道諦中滅盡苦的方法去修行（道諦中滅盡苦的方法解釋，即是八正道；八正道解釋，見第一百七十五章）。」

佛陀說法後，聽法的出家弟子們都再次的頂禮佛陀，隨喜讚歎佛陀說法的無量功德，他們都按著佛陀所說的法去修行。

第一百七十九章　聖者的智慧光明普照世間

有個時候，佛陀住在舍衛城的祇樹林給孤獨園，有一天，佛陀對眾多的出家人說：「比丘們（比丘解釋：受持具足戒的男出家人；具足戒解釋：受持如來制定的所有戒律，比丘受持二百五十戒），如果這個世間沒有太陽，沒有月亮，那麼這個世間就會陷入黑暗之中，這個世間就會被黑暗籠罩，就不會有大光明的出現，這個世間的眾生就無法被大光明普照（眾生解釋，見第七十七章）。既然沒有太陽、月亮的存在，既然沒有太陽、月亮的升起，就沒有了白天、黑夜的區別，年、月、日、時、分、秒也就變得毫無意義。因為這個世間的眾生，他們用年、月、日、時、分、秒記錄季節、時節的變化，主要是為了抓住耕種糧食的最佳時機，主要是為了安排好適當的時間進行農事耕種與日常生活，他們主要是為了農事和日常生活而建立起年、月、日、時、分、秒各種記錄時間變化的曆法的。

沒有了太陽、月亮，就沒有了白天、黑夜的區別，就不會有春夏秋冬季節的變化，各種記錄時間變化的曆法就變的毫無意義。這樣，世間的眾生就不會再去區分年、月、日、時、分、秒，他們也不會有季節變化的概念了。

比丘們，這個世間存在太陽、月亮，就會有大光明的出現，這個世間的眾生就能被大光明普照。當太陽、月亮升起的時候，這個世間就不會陷入黑暗之中，這個世間就不會被黑暗籠罩。既然這個世間有太陽、月亮的存在，既然有太陽、月亮的升起，這個世間就有白天、黑夜的區別，年、月、日、時、分、秒也就變得有意義了。因為有太陽、月亮的存在，有太陽、月亮的升起就會有春夏秋冬季節的變化，這個世間的眾生就可以通過記錄、整理年、月、日、時、分、秒來記錄季節、時節的變化，以此抓住耕種糧食的最佳時機，以此安排好適當的時間進行農事耕種與日常生活，這樣年、月、日、時、分、秒各

種記錄時間變化的曆法就變的非常的重要了，這樣這個世間的眾生就會去區分年、月、日、時、分、秒了，他們就會有季節變化的概念了。

比丘們，同樣的道理，當阿羅漢、如來、已經證悟無上正等正覺的聖者沒有在世間出現的時候（阿羅漢解釋，見第一百四十九章；無上正等正覺解釋：已經完全證悟明白世間一切的眞相、眞諦，並由此開啓了圓滿的智慧，從世間徹底的解脫出來），那麼這個世間就不會有智慧大光明的出現，這個世間的眾生就無法被智慧的大光明所普照（眾生解釋，見第七十七章），這個世間就會陷入無知、無智的黑暗之中，這個世間的眾生就會被貪欲、渴愛、不如意、反感、怨恨、憤怒、無智愚癡、憂愁、嫉妒、內疚、悲傷、苦悶、憂慮、恐怖、絕望等等煩惱和痛苦的黑暗籠罩，他們會在這些煩惱和痛苦的黑暗中掙扎、煎熬，受盡折磨，在這個充滿煩惱和痛苦的黑暗世間，不會有尊者會建立、教導、講解、解析、闡述、解釋四聖諦的法義（四聖諦解釋，見第一百七十五章）。

當阿羅漢、如來、已經證悟無上正等正覺的聖者在世間出現的時候，智慧的大光明就會在這個世間出現，這個世間的眾生就能被智慧的大光明所普照，這個世間就不會陷入無知、無智的黑暗之中，這個世間修習阿羅漢、如來、已經證悟無上正等正覺聖者所說的善法、正法、解脫法的眾生就不會被貪欲、渴愛、不如意、反感、怨恨、憤怒、無智愚癡、憂愁、嫉妒、內疚、悲傷、苦悶、憂慮、恐怖、絕望等等煩惱和痛苦的黑暗籠罩。阿羅漢、如來、已經證悟無上正等正覺的聖者會在眾生的內心中建立起對四聖諦的堅固信心，阿羅漢、如來、已經證悟無上正等正覺的聖者會對眾生教導、講解、解析、闡述、解釋四聖諦的法義，並鼓勵、勸說他們親自去修習、印證四聖諦，以此熄滅、平息、滅盡他們貪欲、渴愛、不如意、反感、怨恨、憤怒、無智愚癡、憂愁、嫉妒、內疚、悲傷、苦悶、憂慮、恐怖、絕望等等的煩惱和痛苦，驅散他們煩惱和痛苦的陰雲，不讓他們陷入煩惱和痛苦的掙扎、煎熬、折磨之中。阿羅漢、如來、已經證悟無上正等正覺的聖者會照亮、普照這個充滿煩惱和痛苦的黑暗世間，讓這個世間的眾生變的智慧光明。

比丘們，知道和明白了四聖諦就能被智慧的光明普照，親自實踐的去修習四聖諦就能逐漸的熄滅、平息、滅盡一切的煩惱和痛苦。就能刺破無知、無智的黑暗包裹，從煩惱和痛苦的煎熬、拷打、折磨中解脫出來。比丘們，是哪四種聖諦呢？即是：苦聖諦、苦集聖諦、苦滅聖諦、滅苦之道聖諦，這四種聖諦（四聖諦解釋，見第一百七十五章）。

　　「出生在世間的眾生是很痛苦的」這是「苦聖諦」的法義（眾生解釋，見第七十七章）；

　　「痛苦的根源是貪愛」這是「苦集聖諦」的法義；

　　「只有先滅除了貪愛才能滅除痛苦」這是「苦滅聖諦」的法義；

　　「滅除痛苦的方法就是修習八正道（八正道解釋，見第一百七十五章）」這是「滅苦之道聖諦」的法義。

　　比丘們，你們要徹底弄明白四聖諦的法義，你們要持之以恆、堅持不懈的去憶念、回想四聖諦，你們要按著道諦中滅盡苦的方法去修行（道諦中滅盡苦的方法解釋，即是八正道；八正道解釋，見第一百七十五章）。」

　　佛陀說法後，聽法的出家弟子們都再次的頂禮佛陀，隨喜讚歎佛陀說法的無量功德，他們都按著佛陀所說的法去修行。

一本書

讀懂所有佛經

第一百八十章　大熱惱地獄在什麼地方？

　　有個時候，佛陀住在舍衛城的祇樹林給孤獨園，有一天，佛陀對眾多的出家人說：「比丘們（比丘解釋：受持具足戒的男出家人；具足戒解釋：受持如來制定的所有戒律，比丘受持二百五十戒），世間有一個名叫大熱惱的地獄，你們想知道這個大熱惱地獄在什麼地方嗎？你們想去看看嗎？」

　　其中一位長老比丘說：「世尊，既然是地獄，那肯定是比較恐怖的地方，雖然我們比較好奇，想去看看，但是又害怕掉入這個地獄之中，還是比較矛盾。世尊，如果您帶我們去的時候，不讓我們受到傷害的話，我們到是可以去看看。」

　　佛陀說：「比丘們，你們不要害怕，也不要擔心，這個大熱惱地獄，其實你們可能曾經去過，只是你們自己不知道而已，你們過去也可能掉入到這個地獄中受過苦，只是你們並沒有意識到掉入的是大熱惱地獄。比丘們，你們要認真的聽，你們要仔細的思考，如來現在為你們示現大熱惱地獄。」

　　比丘們回答：「世尊，我們會認真聽您說法的，我們會仔細的思考的，恭請世尊您為我們說法。」

　　佛陀說：「眼睛看見那些令眾生厭煩、憎恨、討厭的物質事物，並讓自己的內心生起了不如意、反感、怨恨、憤怒、憂愁、嫉妒、內疚、悲傷、苦悶、憂慮、恐怖、絕望等等的負面情緒，就墮入了大熱惱地獄之中（眾生解釋，見第七十七章）。

　　耳朵聽到那些令眾生厭煩、憎恨、討厭的聲音，並讓自己的內心生起了不如意、反感、怨恨、憤怒、憂愁、嫉妒、內疚、悲傷、苦悶、憂慮、恐怖、絕望等等的負面情緒，就墮入了大熱惱地獄之中。

　　鼻子聞到那些令眾生厭煩、憎恨、討厭的氣味，並讓自己的內心生起了不如意、反感、怨恨、憤怒、憂愁、嫉妒、內疚、悲傷、苦

悶、憂慮、恐怖、絕望等等的負面情緒，就墮入了大熱惱地獄之中。

舌頭嘗到那些令眾生厭煩、憎恨、討厭的味道，並讓自己的內心生起了不如意、反感、怨恨、憤怒、憂愁、嫉妒、內疚、悲傷、苦悶、憂慮、恐怖、絕望等等的負面情緒，就墮入了大熱惱地獄之中。

身體觸摸感覺到令眾生厭煩、憎恨、討厭的觸覺，或是身體領納到令眾生厭煩、憎恨、討厭的環境變化感覺（冷熱、舒適等等），並讓自己的內心生起了不如意、反感、怨恨、憤怒、憂愁、嫉妒、內疚、悲傷、苦悶、憂慮、恐怖、絕望等等的負面情緒，就墮入了大熱惱地獄之中。

內心想到那些令眾生厭煩、憎恨、討厭的念想、思想、見解，並讓自己的內心生起了不如意、反感、怨恨、憤怒、憂愁、嫉妒、內疚、悲傷、苦悶、憂慮、恐怖、絕望等等的負面情緒，就墮入了大熱惱地獄之中。

比丘們，所謂大熱惱地獄，就是眼睛、耳朵、鼻子、舌頭、身體、內心接觸令眾生厭煩、憎恨、討厭的物質事物、聲音、氣味、味道、觸覺、環境變化感覺（冷熱、舒適等等）、念想、思想、見解，而引發內心生起了不如意、反感、怨恨、憤怒、憂愁、嫉妒、內疚、悲傷、苦悶、憂慮、恐怖、絕望等等的負面情緒，這些負面情緒所產生的痛苦讓眾生的身體發熱，內心煩惱，讓眾生從快樂的高處或是無煩惱的平地，跌落到煩惱和痛苦聚集的低處，猶如被關進了深不見底黑暗的監獄之中。」

佛陀說到這裡的時候，一位長老比丘激動的說：「世尊，原來地獄就在自己的內心之中呀，生起了煩惱和痛苦就掉入了地獄之中，我現在明白了：地獄並是那些外教徒所描述的帶有神化色彩的地獄，而是內心煩惱和痛苦的地獄。」

佛陀說：「比丘，確實如此，地獄是由六觸所生起的（六觸就是：眼觸、耳觸、鼻觸、舌觸、身觸、意觸；眼觸、耳觸、鼻觸、舌觸、身觸、意觸解釋，見第八十章），可以將地獄稱爲六觸地獄。比丘們，當眼睛看見物質事物後只讓自己生起了不喜歡的念想，當眼睛看見物質事物後只讓自己生起了不滿意、不舒服、不合意的念想，當眼睛看見物質事物後只讓自己生起了不快樂、不喜悅、不開心的念

想，當眼睛看見物質事物後只讓自己生起了憂愁、悲傷、苦悶、憂慮、恐怖、憤怒、絕望、出生、衰老、死亡等等煩惱和痛苦的念想，那麼這個時候，就墮入地獄之中，就在六觸地獄中被拷打、折磨、煎熬了，這個地獄是由眼睛與物質事物形成的，一旦眼睛看見物質事物生起了不喜歡、不滿意、不舒服、不合意、不快樂、不喜悅、不開心的念想，一旦眼睛看見物質事物生起了憂愁、悲傷、苦悶、憂慮、恐怖、憤怒、絕望、出生、衰老、死亡等等煩惱和痛苦的念想，就墮入六觸地獄中受苦了。

當耳朵聽到聲音後只讓自己生起了不喜歡的念想，當耳朵聽到聲音後只讓自己生起了不滿意、不舒服、不合意的念想，當耳朵聽到聲音後只讓自己生起了不快樂、不喜悅、不開心的念想，當耳朵聽到聲音後只讓自己生起了憂愁、悲傷、苦悶、憂慮、恐怖、憤怒、絕望、出生、衰老、死亡等等煩惱和痛苦的念想，那麼這個時候，就墮入地獄之中，就在六觸地獄中被拷打、折磨、煎熬了，這個地獄是由耳朵與聲音形成的，一旦耳朵聽到聲音生起了不喜歡、不滿意、不舒服、不合意、不快樂、不喜悅、不開心的念想，一旦耳朵聽到聲音生起了憂愁、悲傷、苦悶、憂慮、恐怖、憤怒、絕望、出生、衰老、死亡等等煩惱和痛苦的念想，就墮入六觸地獄中受苦了。

當鼻子聞到氣味後只讓自己生起了不喜歡的念想，當鼻子聞到氣味後只讓自己生起了不滿意、不舒服、不合意的念想，當鼻子聞到氣味後只讓自己生起了不快樂、不喜悅、不開心的念想，當鼻子聞到氣味後只讓自己生起了憂愁、悲傷、苦悶、憂慮、恐怖、憤怒、絕望、出生、衰老、死亡等等煩惱和痛苦的念想，那麼這個時候，就墮入地獄之中，就在六觸地獄中被拷打、折磨、煎熬了，這個地獄是由鼻子與氣味形成的，一旦鼻子聞到氣味生起了不喜歡、不滿意、不舒服、不合意、不快樂、不喜悅、不開心的念想，一旦鼻子聞到氣味生起了憂愁、悲傷、苦悶、憂慮、恐怖、憤怒、絕望、出生、衰老、死亡等等煩惱和痛苦的念想，就墮入六觸地獄中受苦了。

當舌頭嘗到味道後只讓自己生起了不喜歡的念想，當舌頭嘗到味道後只讓自己生起了不滿意、不舒服、不合意的念想，當舌頭嘗到味道後只讓自己生起了不快樂、不喜悅、不開心的念想，當舌頭嘗到味

道後只讓自己生起了憂愁、悲傷、苦悶、憂慮、恐怖、憤怒、絕望、出生、衰老、死亡等等煩惱和痛苦的念想，那麼這個時候，就墮入地獄之中，就在六觸地獄中被拷打、折磨、煎熬了，這個地獄是由舌頭與味道形成的，一旦舌頭嘗到味道生起了不喜歡、不滿意、不舒服、不合意、不快樂、不喜悅、不開心的念想，一旦舌頭嘗到味道生起了憂愁、悲傷、苦悶、憂慮、恐怖、憤怒、絕望、出生、衰老、死亡等等煩惱和痛苦的念想，就墮入六觸地獄中受苦了。

當身體觸摸感覺到觸覺，領納到環境變化感覺（冷熱、舒適等等）後只讓自己生起了不喜歡的念想，當身體觸摸感覺到觸覺，領納到環境變化感覺後只讓自己生起了不滿意、不舒服、不合意的念想，當身體觸摸感覺到觸覺，領納到環境變化感覺後只讓自己生起了不快樂、不喜悅、不開心的念想，當身體觸摸感覺到觸覺，領納到環境變化感覺後只讓自己生起了憂愁、悲傷、苦悶、憂慮、恐怖、憤怒、絕望、出生、衰老、死亡等等煩惱和痛苦的念想，那麼這個時候，就墮入地獄之中，就在六觸地獄中被拷打、折磨、煎熬了，這個地獄是由身體與觸覺、環境變化感覺形成的，一旦身體觸摸感覺到觸覺，領納到環境變化感覺生起了不喜歡、不滿意、不舒服、不合意、不快樂、不喜悅、不開心的念想，一旦身體觸摸感覺到觸覺，領納到環境變化感覺生起了憂愁、悲傷、苦悶、憂慮、恐怖、憤怒、絕望、出生、衰老、死亡等等煩惱和痛苦的念想，就墮入六觸地獄中受苦了。

當內心想到見解、思想、念想後只讓自己生起了不喜歡的念想，當內心想到見解、思想、念想後只讓自己生起了不滿意、不舒服、不合意的念想，當內心想到見解、思想、念想後只讓自己生起了不快樂、不喜悅、不開心的念想，當內心想到見解、思想、念想後只讓自己生起了憂愁、悲傷、苦悶、憂慮、恐怖、憤怒、絕望、出生、衰老、死亡等等煩惱和痛苦的念想，那麼這個時候，就墮入地獄之中，就在六觸地獄中被拷打、折磨、煎熬了，這個地獄是由內心與見解、思想、念想形成的，一旦內心想到見解、思想、念想生起了不喜歡、不滿意、不舒服、不合意、不快樂、不喜悅、不開心的念想，一旦內心想到見解、思想、念想生起了憂愁、悲傷、苦悶、憂慮、恐怖、憤怒、絕望、出生、衰老、死亡等等煩惱和痛苦的念想，就墮入六觸地

獄中受苦了。」

　　這位長老比丘說：「世尊，我曾經墮入過您所說的大熱惱地獄，只是那時的我並沒有將它與地獄聯繫起來，在我過去的認識中，地獄應該是那種神話故事中描述出來的場景：各種刀山，各種油鍋，各種血海，各種刑具，各種折磨眾生的方法，想不到真正的地獄卻是內心的煩惱和痛苦，這是我過去想不到的，外教徒那些胡編亂造出來的神化地獄，真是害人不淺，讓我忽視了真正地獄所在的地方。我有時內心生起煩惱和痛苦的時候，身心就處於地獄之中，卻不知道，真是太愚癡了。我今天知道了地獄是什麼，知道了地獄在什麼地方，那我就不會再去迷信什麼神化的地獄了，那我就會盡可能的不讓自己墮入由眼睛與物質事物，耳朵與聲音，鼻子與氣味，舌頭與味道，身體與觸覺、或環境變化感覺（冷熱、舒適等等），內心與念想、思想、見解，構建出來的煩惱地獄之中。

　　世尊，有比大熱惱地獄更恐怖的地方嗎？」

　　佛陀說：「比丘們，有比大熱惱地獄更恐怖的地方，什麼地方比大熱惱地獄更恐怖呢？

　　比丘們，那些不知道、不明白四聖諦的眾生，那些不知道、不明白苦聖諦、苦集聖諦、苦滅聖諦、滅苦之道聖諦，這四種聖諦的眾生（眾生解釋，見第七十七章），他們會去尋求、追求那些會導致出生的歡樂、喜悅、快樂。什麼是會導致出生的歡樂、喜悅、快樂呢？就是會導致出現、顯現、產生、發生的歡樂、喜悅、快樂，比如有個人，他尋求、追求錢財，他認為錢財能夠給他帶來歡樂、喜悅、快樂，於是他就去做掙錢的行為，或者做生意，或者做工作，為了尋求、追求錢財帶來的歡樂、喜悅、快樂，就去做掙錢的行為，這樣他掙錢的行為就出現、產生、發生了，這就是「尋求、追求那些會導致出生的歡樂、喜悅、快樂」的法義。

　　他們會去尋求、追求那些會導致衰老的歡樂、喜悅、快樂，什麼是會導致衰老的歡樂、喜悅、快樂呢？就是會導致消退、衰敗、蕭條、老化的歡樂、喜悅、快樂，比如有個人，他尋求、追求花錢享受，他認為花錢享受能夠給他帶來歡樂、喜悅、快樂，於是他就去做花錢享受的行為，或者吃喝玩樂，或者到處旅遊，為了尋求、追求花

錢享受帶來的歡樂、喜悅、快樂，就去做花錢享受的行為，這樣他的錢財數量就會在消費享受中逐漸的減少、消退、消減，這就是「尋求、追求那些會導致衰老的歡樂、喜悅、快樂」的法義。

他們會去尋求、追求那些會導致死亡的歡樂、喜悅、快樂。什麼是會導致死亡的歡樂、喜悅、快樂呢？就是會導致滅沒、消失、消散、消逝的歡樂、喜悅、快樂，比如有個人，他尋求、追求花錢享受，他認為花錢享受能夠給他帶來歡樂、喜悅、快樂，於是他就去做花錢享受的行為，或者吃喝玩樂，或者到處旅遊，為了尋求、追求花錢享受帶來的歡樂、喜悅、快樂，就去做花錢享受的行為，這樣他最終會花光自己的錢財，他的錢財最終會在消費享受中用完、消散、消失，這就是「尋求、追求那些會導致死亡的歡樂、喜悅、快樂」的法義。

他們會去尋求、追求那些會導致憂愁、悲傷、苦悶、憂慮、絕望的歡樂、喜悅、快樂，什麼是會導致憂愁、悲傷、苦悶、憂慮、絕望的歡樂、喜悅、快樂呢？就是會導致內心情緒負面變化的歡樂、喜悅、快樂，比如有個人，他尋求、追求花錢享受，他認為花錢享受能夠給他帶來歡樂、喜悅、快樂，於是他就去做花錢享受的行為，或者吃喝玩樂，或者到處旅遊，為了尋求、追求花錢享受帶來的歡樂、喜悅、快樂，就去做花錢享受的行為，當他花錢後卻沒有達到他心中所願，沒有滿足他欲望需求的時候，他就會產生憂愁、悲傷、苦悶、憂慮、絕望的情緒，當他花錢後卻被欺騙、詐騙的時候，他就會產生憂愁、悲傷、苦悶、憂慮、絕望的情緒。本來他花錢是為了享受到歡樂、喜悅、快樂，但是他花錢卻給自己帶來了憂愁、悲傷、苦悶、憂慮、絕望的情緒，這就是「尋求、追求那些會導致憂愁、悲傷、苦悶、憂慮、絕望的歡樂、喜悅、快樂」的法義。

這些眾生，他們持續的去尋求、追求那些會導致出生的歡樂、喜悅、快樂，那麼這就會導致出生循環往復的出現、顯現、產生、發生。「出生循環往復的出現、顯現、產生、發生」是什麼意思呢？比如有個人，他持續不斷的尋求、追求錢財，他認為錢財能夠給他帶來歡樂、喜悅、快樂，於是他就去持續不斷的做掙錢的行為，或者持續不斷的做生意，或者持續不斷的做工作，為了尋求、追求錢財帶來的

歡樂、喜悅、快樂，就去持續不斷的做掙錢的行為，這樣他掙錢的行為就循環往復的出現、產生、發生了，這就是「出生循環往復的出現、顯現、產生、發生」的法義。簡單的說就是：為了尋求、追求歡樂、喜悅、快樂，而導致某種行為持續不斷、循環往復的造作、出現、產生、發生。

這些眾生，他們持續的去尋求、追求那些會導致衰老的歡樂、喜悅、快樂，那麼這就會導致衰老循環往復的出現、顯現、產生、發生。「衰老循環往復的出現、顯現、產生、發生」是什麼意思呢？比如有個人，他尋求、追求花錢享受，他認為花錢享受能夠給他帶來歡樂、喜悅、快樂，於是他就去做花錢享受的行為，或者吃喝玩樂，或者到處旅遊，為了尋求、追求花錢享受帶來的歡樂、喜悅、快樂，就去做花錢享受的行為，這樣他的錢財數量就會在消費享受中逐漸的減少、消退、消減，當他的錢財用完的時候，他又會去賺錢，賺到錢後，他又會去花錢享受，他的錢財數量會再一次的在消費享受中逐漸的減少、消退、消減，如此他的錢財就循環往復的減少、消退、消減了，這就是「衰老循環往復的出現、顯現、產生、發生」的法義。簡單的說就是：為了尋求、追求歡樂、喜悅、快樂，而導致某種事物持續不斷、循環往復的減少、消退、消減。

這些眾生，他們持續的去尋求、追求那些會導致死亡的歡樂、喜悅、快樂，那麼這就會導致死亡循環往復的出現、顯現、產生、發生。「死亡循環往復的出現、顯現、產生、發生」是什麼意思呢？比如有個人，他尋求、追求花錢享受，他認為花錢享受能夠給他帶來歡樂、喜悅、快樂，於是他就去做花錢享受的行為，或者吃喝玩樂，或者到處旅遊，為了尋求、追求花錢享受帶來的歡樂、喜悅、快樂，就去做花錢享受的行為，這樣他最終會花光自己的錢財，他的錢財最終會在消費享受中用完、消散、消失，當他花光錢後，又去掙錢，掙到錢後，他又去花錢享受，他的錢又一次在消費享受中用完、消散、消失，如此他的錢財就循環往復的用完、消散、消失了，這就是「死亡循環往復的出現、顯現、產生、發生」的法義。簡單的說就是：為了尋求、追求歡樂、喜悅、快樂，而導致某種事物持續不斷、循環往復的滅沒、消失、消散、消逝。

這些眾生，他們持續的去尋求、追求那些會導致憂愁、悲傷、苦悶、憂慮、絕望的歡樂、喜悅、快樂，那麼這就會導致憂愁、悲傷、苦悶、憂慮、絕望循環往復的出現、顯現、產生、發生。「憂愁、悲傷、苦悶、憂慮、絕望循環往復的出現、顯現、產生、發生」是什麼意思呢？比如有個人，他尋求、追求花錢享受，他認爲花錢享受能夠給他帶來歡樂、喜悅、快樂，於是他就去做花錢享受的行爲，或者吃喝玩樂，或者到處旅遊，爲了尋求、追求花錢享受帶來的歡樂、喜悅、快樂，就去做花錢享受的行爲，當他花錢後卻沒有達到他心中所願，沒有滿足他欲望需求的時候，他就會產生憂愁、悲傷、苦悶、憂慮、絕望的情緒，當他花錢後卻被欺騙、詐騙的時候，他就會產生憂愁、悲傷、苦悶、憂慮、絕望的情緒。當他花錢後持續不斷、循環往復的沒有獲得心中所願，沒有滿足自己各種欲望需求的時候，當他花錢後持續不斷、循環往復被欺騙、詐騙的時候，他的內心中就會循環往復的生起憂愁、悲傷、苦悶、憂慮、絕望的情緒，這就是「憂愁、悲傷、苦悶、憂慮、絕望循環往復的出現、顯現、產生、發生」的法義。簡單的說就是：爲了尋求、追求歡樂、喜悅、快樂，而導致憂愁、悲傷、苦悶、憂慮、絕望的情緒持續不斷、循環往復的生起、出現、顯現、產生。

　　這些眾生，他們重複的去尋求、追求那些會導致出生的歡樂、喜悅、快樂，當尋求、追求的次數達到一定的數量後，他們就會墮入循環往復出生的陷阱之中無法自拔，他們就會被出生的大火煩惱焚燒受盡各種煩惱和痛苦的折磨、拷打、煎熬，然而這些煩惱和痛苦都是他們自己給自己帶來的，他們的這些煩惱和痛苦都是他們的貪欲、渴愛帶來的。循環往復出生的陷阱是什麼意思呢？比如有個人，他持續不斷的尋求、追求錢財，他認爲錢財能夠給他帶來歡樂、喜悅、快樂，於是他就去持續不斷的做掙錢的行爲，或者持續不斷的做生意，或者持續不斷的做工作，爲了尋求、追求錢財帶來的歡樂、喜悅、快樂，就去持續不斷的做掙錢的行爲，這樣他掙錢的行爲就循環往復的出現、產生、發生了，這個人就墮入了循環往復掙錢行爲的陷阱之中，這就是「循環往復出生陷阱」的法義。簡單的說就是：爲了尋求、追求歡樂、喜悅、快樂，而導致某種行爲持續不斷、循環往復的造作、

出現、產生、發生，眾生這種持續不斷、循環往復的行為會將他們束縛捆綁起來，會讓他們墮入循環往復的行為陷阱之中，會讓他們被出生的大火煩惱焚燒。

這些眾生，他們重複的去尋求、追求那些會導致衰老的歡樂、喜悅、快樂，當尋求、追求的次數達到一定的數量後，他們就會墮入循環往復衰老的陷阱之中無法自拔，他們就會被衰老的大火煩惱焚燒受盡各種煩惱和痛苦的折磨、拷打、煎熬，然而這些煩惱和痛苦都是他們自己給自己帶來的，他們的這些煩惱和痛苦都是他們的貪欲、渴愛帶來的。循環往復衰老的陷阱是什麼意思呢？比如有個人，他尋求、追求花錢享受，他認為花錢享受能夠給他帶來歡樂、喜悅、快樂，於是他就去做花錢享受的行為，或者吃喝玩樂，或者到處旅遊，為了尋求、追求花錢享受帶來的歡樂、喜悅、快樂，就去做花錢享受的行為，這樣他的錢財數量就會在消費享受中逐漸的減少、消退、消減，當他的錢財用完的時候，他又會去賺錢，賺到錢後，他又會去花錢享受，他的錢財數量會再一次的在消費享受中逐漸的減少、消退、消減，如此他的錢財就循環往復的減少、消退、消減了，這個人就墮入了循環往復錢財消減的陷阱之中，這就是「循環往復衰老陷阱」的法義。簡單的說就是：為了尋求、追求歡樂、喜悅、快樂，而導致某種事物持續不斷、循環往復的減少、消退、消減，這種事物持續不斷、循環往復的減少、消退、消減會將眾生束縛捆綁起來，會讓眾生墮入循環往復的事物消減陷阱之中，會讓眾生被衰老的大火煩惱焚燒。

這些眾生，他們重複的去尋求、追求那些會導致死亡的歡樂、喜悅、快樂，當尋求、追求的次數達到一定的數量後，他們就會墮入循環往復死亡的陷阱之中無法自拔，他們就會被死亡的大火煩惱焚燒受盡各種煩惱和痛苦的折磨、拷打、煎熬，然而這些煩惱和痛苦都是他們自己給自己帶來的，他們的這些煩惱和痛苦都是他們的貪欲、渴愛帶來的。循環往復死亡的陷阱是什麼意思呢？比如有個人，他尋求、追求花錢享受，他認為花錢享受能夠給他帶來歡樂、喜悅、快樂，於是他就去做花錢享受的行為，或者吃喝玩樂，或者到處旅遊，為了尋求、追求花錢享受帶來的歡樂、喜悅、快樂，就去做花錢享受的行為，這樣他最終會花光自己的錢財，他的錢財最終會在消費享受中用

完、消散、消失，當他花光錢後，又去掙錢，掙到錢後，他又去花錢享受，他的錢又一次在消費享受中用完、消散、消失，如此他的錢財就循環往復的用完、消散、消失了，這個人就墮入了循環往復錢財耗盡的陷阱之中，這就是「循環往復死亡陷阱」的法義。簡單的說就是：為了尋求、追求歡樂、喜悅、快樂，而導致某種事物持續不斷、循環往復的滅沒、消失、消散、消逝，這種事物持續不斷、循環往復的滅沒、消失、消散、消逝會將眾生束縛捆綁起來，會讓眾生墮入循環往復的事物滅沒、消散陷阱之中，會讓眾生被死亡的大火煩惱焚燒。

這些眾生，他們重複的去尋求、追求那些會導致憂愁、悲傷、苦悶、憂慮、絕望的歡樂、喜悅、快樂，當尋求、追求的次數達到一定的數量後，他們就會墮入循環往復憂愁、悲傷、苦悶、憂慮、絕望的陷阱之中無法自拔，他們就會被憂愁、悲傷、苦悶、憂慮、絕望的大火煩惱焚燒受盡各種煩惱和痛苦的折磨、拷打、煎熬，然而這些煩惱和痛苦都是他們自己給自己帶來的，他們的這些煩惱和痛苦都是他們的貪欲、渴愛帶來的。循環往復憂愁、悲傷、苦悶、憂慮、絕望的陷阱是什麼意思呢？比如有個人，他尋求、追求花錢享受，他認為花錢享受能夠給他帶來歡樂、喜悅、快樂，於是他就去做花錢享受的行為，或者吃喝玩樂，或者到處旅遊，為了尋求、追求花錢享受帶來的歡樂、喜悅、快樂，就去做花錢享受的行為，當他花錢後卻沒有達到他心中所願，沒有滿足他欲望需求的時候，他就會產生憂愁、悲傷、苦悶、憂慮、絕望的情緒，當他花錢後卻被欺騙、詐騙的時候，他就會產生憂愁、悲傷、苦悶、憂慮、絕望的情緒。當他花錢後持續不斷、循環往復的沒有獲得心中所願，沒有滿足自己各種欲望需求的時候，當他花錢後持續不斷、循環往復被欺騙、詐騙的時候，他的內心中就會循環往復的生起憂愁、悲傷、苦悶、憂慮、絕望的情緒，這樣此人就墮入了循環往復生起的情緒陷阱之中，這就是「循環往復憂愁、悲傷、苦悶、憂慮、絕望陷阱」的法義。簡單的說就是：為了尋求、追求歡樂、喜悅、快樂，而導致憂愁、悲傷、苦悶、憂慮、絕望的情緒持續不斷、循環往復的生起、出現、顯現、產生，眾生持續不斷、循環往復的生起負面情緒，會將他們束縛捆綁起來，會讓他們墮

入循環往復的情緒陷阱之中，會讓他們被憂愁、悲傷、苦悶、憂慮、絕望的大火煩惱焚燒。

如來就說：『這些墮入循環往復行為陷阱之中的眾生，這些墮入循環往復事物消減陷阱之中的眾生，這些墮入循環往復事物滅沒、消散陷阱之中的眾生，這些墮入循環往復情緒陷阱之中的眾生，這些被出生大火煩惱焚燒的眾生，這些被衰老大火煩惱焚燒的眾生，這些被死亡大火煩惱焚燒的眾生，這些被憂愁、悲傷、苦悶、憂慮、絕望大火煩惱焚燒的眾生，他們無法從出生、衰老、死亡、憂愁、悲傷、苦悶、憂慮、絕望中解脫出來，他們被出生、衰老、死亡、憂愁、悲傷、苦悶、憂慮、絕望的監牢關押，無法被釋放出來。』，如來說：『這些眾生無法從煩惱和痛苦中解脫出來，他們被關押進了煩惱和痛苦的牢獄，無法被釋放出來。』

比丘們，那些知道、明白四聖諦的眾生，那些知道、明白苦聖諦、苦集聖諦、苦滅聖諦、滅苦之道聖諦，這四種聖諦的眾生（眾生解釋，見第七十七章），他們不會去尋求、追求那些會導致出生的歡樂、喜悅、快樂。

他們不會去尋求、追求那些會導致衰老的歡樂、喜悅、快樂。

他們不會去尋求、追求那些會導致死亡的歡樂、喜悅、快樂。

他們不會去尋求、追求那些會導致憂愁、悲傷、苦悶、憂慮、絕望的歡樂、喜悅、快樂。

這些眾生，他們不會持續的去尋求、追求那些會導致出生的歡樂、喜悅、快樂，那麼這就不會導致出生循環往復的出現、顯現、產生、發生。

這些眾生，他們不會持續的去尋求、追求那些會導致衰老的歡樂、喜悅、快樂，那麼這就不會導致衰老循環往復的出現、顯現、產生、發生。

這些眾生，他們不會持續的去尋求、追求那些會導致死亡的歡樂、喜悅、快樂，那麼這就不會導致死亡循環往復的出現、顯現、產生、發生。

這些眾生，他們不會持續的去尋求、追求那些會導致憂愁、悲傷、苦悶、憂慮、絕望的歡樂、喜悅、快樂，那麼這就不會導致憂

愁、悲傷、苦悶、憂慮、絕望循環往復的出現、顯現、產生、發生。

這些眾生，他們不會重複的去尋求、追求那些會導致出生的歡樂、喜悅、快樂，他們就不會墮入循環往復出生的陷阱之中無法自拔，他們就不會被出生的大火煩惱焚燒受盡各種煩惱和痛苦的折磨、拷打、煎熬，他們熄滅、平息、滅盡了貪欲、渴愛，或者他們沒有生起貪欲、渴愛，就不會給他們帶來煩惱和痛苦。

這些眾生，他們不會重複的去尋求、追求那些會導致衰老的歡樂、喜悅、快樂，他們就不會墮入循環往復衰老的陷阱之中無法自拔，他們就不會被衰老的大火煩惱焚燒受盡各種煩惱和痛苦的折磨、拷打、煎熬，他們熄滅、平息、滅盡了貪欲、渴愛，或者他們沒有生起貪欲、渴愛，就不會給他們帶來煩惱和痛苦。

這些眾生，他們不會重複的去尋求、追求那些會導致死亡的歡樂、喜悅、快樂，他們就不會墮入循環往復死亡的陷阱之中無法自拔，他們就不會被死亡的大火煩惱焚燒受盡各種煩惱和痛苦的折磨、拷打、煎熬，他們熄滅、平息、滅盡了貪欲、渴愛，或者他們沒有生起貪欲、渴愛，就不會給他們帶來煩惱和痛苦。

這些眾生，他們不會重複的去尋求、追求那些會導致憂愁、悲傷、苦悶、憂慮、絕望的歡樂、喜悅、快樂，他們就不會墮入循環往復憂愁、悲傷、苦悶、憂慮、絕望的陷阱之中無法自拔，他們就不會被憂愁、悲傷、苦悶、憂慮、絕望的大火煩惱焚燒受盡各種煩惱和痛苦的折磨、拷打、煎熬，他們熄滅、平息、滅盡了貪欲、渴愛，或者他們沒有生起貪欲、渴愛，就不會給他們帶來煩惱和痛苦。

如來就說：『這些沒有墮入循環往復行為陷阱之中的修行者，這些沒有墮入循環往復事物消滅陷阱之中的修行者，這些沒有墮入循環往復事物滅沒、消散陷阱之中的修行者，這些沒有墮入循環往復情緒陷阱之中的修行者，這些沒有被出生大火煩惱焚燒的修行者，這些沒有被衰老大火煩惱焚燒的修行者，這些沒有被死亡大火煩惱焚燒的修行者，這些沒有被憂愁、悲傷、苦悶、憂慮、絕望大火煩惱焚燒的修行者，他們能夠最終從出生、衰老、死亡、憂愁、悲傷、苦悶、憂慮、絕望中解脫出來，他們不會被出生、衰老、死亡、憂愁、悲傷、苦悶、憂慮、絕望的監牢永遠關押，他們最終會被釋放出來。』，如

來說：『這些修行者能夠從煩惱和痛苦中解脫出來，他們不會被永遠的關押在煩惱和痛苦的牢獄之中，他們最終會被釋放出來。』

比丘們，是哪四種聖諦呢？即是：苦聖諦、苦集聖諦、苦滅聖諦、滅苦之道聖諦，這四種聖諦（四聖諦解釋，見第一百七十五章）。

「出生在世間的眾生是很痛苦的」這是「苦聖諦」的法義（眾生解釋，見第七十七章）；

「痛苦的根源是貪愛」這是「苦集聖諦」的法義；

「只有先滅除了貪愛才能滅除痛苦」這是「苦滅聖諦」的法義；

「滅除痛苦的方法就是修習八正道（八正道解釋，見第一百七十五章）」這是「滅苦之道聖諦」的法義。

比丘們，你們要徹底弄明白四聖諦的法義，你們要持之以恆、堅持不懈的去憶念、回想四聖諦，你們要按著道諦中滅盡苦的方法去修行（道諦中滅盡苦的方法解釋，即是八正道；八正道解釋，見第一百七十五章）。」

佛陀說法後，聽法的出家弟子們都再次的頂禮佛陀，隨喜讚歎佛陀說法的無量功德，他們都按著佛陀所說的法去修行。

第一百八十一章　修行如同修建樓閣

　　有個時候，佛陀住在舍衛城的祇樹林給孤獨園，有一天，佛陀對眾多的出家人說：「比丘們（比丘解釋：受持具足戒的男出家人；具足戒解釋：受持如來制定的所有戒律，比丘受持二百五十戒），如果有眾生這樣說：『我不知道、不明白四聖諦是什麼，我不知道、不明白苦聖諦、苦集聖諦、苦滅聖諦、滅苦之道聖諦，這四種聖諦是什麼，我沒有親自的去實踐修習八正道印證四聖諦所顯現出來的法義，我也能夠滅盡一切的煩惱和痛苦，我也能夠讓煩惱和痛苦永遠的停止、結束。』這根本是不可能的（眾生解釋，見第七十七章；四聖諦、苦聖諦、苦集聖諦、苦滅聖諦、滅苦之道聖諦解釋，見第一百七十五章；八正道解釋，見第一百七十五章）。

　　比丘們，就猶如某個眾生這樣說：『我要修建六層的樓閣，因為我喜歡站在六層樓閣的頂端眺望遠方的風景，但是呢，我覺的六層以下的五層、四層、三層、二層、一層，包括地基在內全部都是多餘的，我只需要第六層，其他的樓層和地基我都不需要，我不修建地基和第一層到第五層的樓閣，我只修建第六層的頂部樓閣，這樣既省錢又省時間。』這是做不到的，再優秀的建築師也不可能不修建地基，不修建下層的樓臺就修建上層的樓臺。同樣的，比丘們，不知道、不明白四聖諦的法義，不知道、不明白苦聖諦、苦集聖諦、苦滅聖諦、滅苦之道聖諦，這四種聖諦的法義，沒有親自的去實踐修習八正道印證四聖諦所顯現出來的法義，就不可能滅盡一切的煩惱和痛苦，就不可能讓煩惱和痛苦徹底完全的停止、結束。比丘們，知道和明白四聖諦的法義，知道和明白苦聖諦、苦集聖諦、苦滅聖諦、滅苦之道聖諦，這四種聖諦的法義，就如同已經畫出了修建樓閣的建設圖紙。親自去實踐修習八正道印證四聖諦所顯現出來的法義，就如同按照建設圖紙上的規劃，動手開工去建設樓閣，去真正的用各種建築材料建造樓閣。光有規劃圖紙不去施工建設，也沒有辦法建成樓閣。光是知道

和明白四聖諦的法義，光是知道和明白苦聖諦、苦集聖諦、苦滅聖諦、滅苦之道聖諦，這四種聖諦的法義，而不去親自實踐的修習八正道印證四聖諦所顯現出來的法義，也無法滅盡一切煩惱和痛苦，也無法讓煩惱和痛苦徹底完全的停止、結束。

比丘們，如果有眾生這樣說：『我知道、明白四聖諦是什麼，我知道、明白苦聖諦、苦集聖諦、苦滅聖諦、滅苦之道聖諦，這四種聖諦是什麼，我已經親自的去實踐修習了八正道，並印證了四聖諦所顯現出來的法義，我能夠滅盡一切的煩惱和痛苦，我能夠讓煩惱和痛苦永遠的停止、結束。』這是可能的，這是能夠做到的（眾生解釋，見第七十七章；四聖諦、苦聖諦、苦集聖諦、苦滅聖諦、滅苦之道聖諦解釋，見第一百七十五章；八正道解釋，見第一百七十五章）。

比丘們，就猶如某個眾生這樣說：『我要修建六層的樓閣，因為我喜歡站在六層樓閣的頂端眺望遠方的風景，我先打好樓閣的地基，然後從下往上，逐級的修建好第一層、第二層、第三層、第四層、第五層、第六層的樓閣，雖然建設樓閣會花費很多時間和錢財，但是這樣修建起來的六層樓閣會非常的穩固，我能夠放心的站在樓閣的頂端欣賞遠方的風景。』這是能夠做到的，先修建地基，再從下到上逐級的修建各個樓層，這是現在建築師們修建樓閣的通行做法。同樣的，比丘們，知道、明白四聖諦的法義，知道、明白苦聖諦、苦集聖諦、苦滅聖諦、滅苦之道聖諦，這四種聖諦的法義，已經親自的去實踐修習了八正道，並印證了四聖諦所顯現出來的法義，就能夠滅盡一切的煩惱和痛苦，就能夠讓煩惱和痛苦徹底完全的停止、結束。比丘們，知道和明白四聖諦的法義，知道和明白苦聖諦、苦集聖諦、苦滅聖諦、滅苦之道聖諦，這四種聖諦的法義，就如同已經畫出了修建樓閣的建設圖紙。親自去實踐修習八正道印證四聖諦所顯現出來的法義，就如同按照建設圖紙上的規劃，動手開工去建設樓閣，去真正的用各種建築材料建造樓閣。光有規劃圖紙不去施工建設，也沒有辦法建成樓閣。光是知道和明白四聖諦的法義，光是知道和明白苦聖諦、苦集聖諦、苦滅聖諦、滅苦之道聖諦，這四種聖諦的法義，而不去親自實踐的修習八正道印證四聖諦所顯現出來的法義，也無法滅盡一切煩惱和痛苦，也無法讓煩惱和痛苦徹底完全的停止、結束。

比丘們，是哪四種聖諦呢？即是：苦聖諦、苦集聖諦、苦滅聖諦、滅苦之道聖諦，這四種聖諦（四聖諦解釋，見第一百七十五章）。

　　「出生在世間的眾生是很痛苦的」這是「苦聖諦」的法義（眾生解釋，見第七十七章）；

　　「痛苦的根源是貪愛」這是「苦集聖諦」的法義；

　　「只有先滅除了貪愛才能滅除痛苦」這是「苦滅聖諦」的法義；

　　「滅除痛苦的方法就是修習八正道（八正道解釋，見第一百七十五章）」這是「滅苦之道聖諦」的法義。

　　比丘們，你們要徹底弄明白四聖諦的法義，你們要持之以恆、堅持不懈的去憶念、回想四聖諦，你們要按著道諦中滅盡苦的方法去修行（道諦中滅盡苦的方法解釋，即是八正道；八正道解釋，見第一百七十五章）。」

　　佛陀說法後，聽法的出家弟子們都再次的頂禮佛陀，隨喜讚歎佛陀說法的無量功德，他們都按著佛陀所說的法去修行。

第一百八十二章　射中兩百米外的頭髮絲

　　有個時候，佛陀住在毗舍城的大林重閣講堂，有一天，阿難尊者中午的時候，穿好法衣，拿著飯缽，到毗舍城中化緣飯食。阿難尊者在化緣飯食的過程中，看見有眾多的離車族少年正在射箭場練習騎馬射箭，箭靶是一個圓環，這個圓環大約有普通人的耳朵那麼大。阿難尊者看見這些少年射出的箭，基本上都穿過了圓環，他心中就想：「早就聽說離車族人擅長騎馬射箭，看來果然是真的，這些少年如此的年輕，射箭的技術既然這樣的好，那個遠處的圓環，多次被他們射出的羽箭貫穿，不簡單，他們肯定是經常練習射箭，才能如此嫻熟的掌握射箭技巧，才可能射箭射的這樣的准。」

　　阿難尊者吃完化緣來的飯食後，就來到佛陀的住所，他頂禮佛陀後，就在一旁坐下。阿難尊者對佛陀說：「世尊，我今天中午外出化緣飯食的時候，看見離車族少年正在射箭場練習騎馬射箭，他們中的大部分人能夠將羽箭準確的射過圓環形的箭靶，這個箭靶大概有普通人耳朵那麼大，我那時心中就想：這些離車族少年多半是經常在練習射箭，這樣他們才能嫻熟的掌握射箭的技巧，這樣他們才能將箭射的這樣的准。」

　　佛陀說：「阿難，如果將頭髮絲分成七段，取其中一段放在兩百米之外，然後用弓箭射這段頭髮絲，是射穿耳朵大圓環的難度大，還是射中兩百米外這段頭髮絲的難度大呢？」

　　阿難尊者說：「世尊，將分成七段的頭髮絲放在兩百米之外的地方，看都看不見吧，頭髮絲那樣的細，還會隨風飄舞，怎麼可能射的中，難度太大了。耳朵大的圓環至少還能看見呀，而且圓環中間是空的，羽箭容易貫穿，頭髮絲難度太大，眼睛都看不見，那就談不上射不射的中的問題了。當然是射兩百米外的頭髮絲難度大了！我認為要射中這個頭髮絲根本就是不可能的。這已經超過了世間人的能力。」

佛陀說：「阿難，同樣的道理，知道和明白四聖諦的法義，知道和明白苦聖諦、苦集聖諦、苦滅聖諦、滅苦之道聖諦，這四種聖諦的法義難度不是太大，就如同射穿耳朵大的圓環那樣（四聖諦、苦聖諦、苦集聖諦、苦滅聖諦、滅苦之道聖諦解釋，見第一百七十五章），然而要真正弄明白四聖諦，要真正弄明白苦聖諦、苦集聖諦、苦滅聖諦、滅苦之道聖諦，這四種聖諦就非常難了，要親自通過修習八正道印證四聖諦，要親自通過修習八正道印證苦聖諦、苦集聖諦、苦滅聖諦、滅苦之道聖諦，這四種聖諦就非常難了，就如同射中兩百米外七分之一段的頭髮絲（八正道解釋，見第一百七十五章）。

　　阿難，什麼情形才是真正弄明白了四聖諦，才是真正弄明白了苦聖諦、苦集聖諦、苦滅聖諦、滅苦之道聖諦，這四種聖諦，才是真正親自印證了四聖諦，才是真正印證了苦聖諦、苦集聖諦、苦滅聖諦、滅苦之道聖諦，這四種聖諦呢？

　　當親自修習八正道，滅盡了自己的一切貪欲、渴愛，滅盡了自己的一切煩惱和痛苦的時候，就真正弄明白了四聖諦，就真正弄明白了苦聖諦、苦集聖諦、苦滅聖諦、滅苦之道聖諦，這四種聖諦，就真正親自印證了四聖諦，就真正印證了苦聖諦、苦集聖諦、苦滅聖諦、滅苦之道聖諦，這四種聖諦。

　　阿難，「出生在世間的眾生是很痛苦的」這是「苦聖諦」的法義（眾生解釋，見第七十七章）；

　　「痛苦的根源是貪愛」這是「苦集聖諦」的法義；

　　「只有先滅除了貪愛才能滅除痛苦」這是「苦滅聖諦」的法義；

　　「滅除痛苦的方法就是修習八正道（八正道解釋，見第一百七十五章）」這是「滅苦之道聖諦」的法義。

　　阿難，你要徹底弄明白四聖諦的法義，你要持之以恆、堅持不懈的去憶念、回想四聖諦，你要按著道諦中滅盡苦的方法去修行（道諦中滅盡苦的方法解釋，即是八正道；八正道解釋，見第一百七十五章）。」

　　佛陀說法後，阿難尊者再次的頂禮佛陀，隨喜讚歎佛陀說法的無量功德，並按著佛陀所說的法去修行。

一本書

讀懂所有佛經

第一百八十三章　不要跌入黑暗的深淵之中

　　有個時候，佛陀住在舍衛城的祇樹林給孤獨園，有一天，佛陀對眾多的出家人說：「比丘們（比丘解釋：受持具足戒的男出家人；具足戒解釋：受持如來制定的所有戒律，比丘受持二百五十戒），雖然太陽、月亮能夠照亮世間，能夠普照世間萬物，但是世間仍然有一些地方終年不見天日，無法被陽光、月光普照，這些地方要麼是深藏在山林或大地之中的洞穴，要麼是廣闊海洋的深處，連太陽、月亮散發出來的大光明也無法普照這些地方。」

　　佛陀說到這裡的時候，有一位長老比丘說：「世尊，無法被陽光、月光普照的地方，就會陷入黑暗之中，在這些黑暗的環境中生存、生活，那是很讓人恐懼的事情，黑暗總是會讓人想入非非，在內心中創造出各種令人緊張、恐怖、焦慮的幻想，就算能夠用油燈、火把等等照明器具照亮這些地方，但是畢竟這些照明設備的光照範圍有限，無法與太陽、月亮的大光明相提並論。世尊，在這種極度黑暗的地方生存、生活是很令人恐懼的。」

　　佛陀說：「比丘們，有比這些極度黑暗地方更黑暗，更恐怖的地方。」

　　這位長老比丘說：「世尊，什麼地方比剛才您說的這些極度黑暗的地方還黑暗，還恐怖呢？」

　　「比丘們，那些不知道、不明白四聖諦的眾生，那些不知道、不明白苦聖諦、苦集聖諦、苦滅聖諦、滅苦之道聖諦，這四種聖諦的眾生（眾生解釋，見第七十七章），他們會去尋求、追求那些會導致出生的歡樂、喜悅、快樂。什麼是會導致出生的歡樂、喜悅、快樂呢？就是會導致出現、顯現、產生、發生的歡樂、喜悅、快樂，比如有個人，他尋求、追求錢財，他認為錢財能夠給他帶來歡樂、喜悅、快樂，於是他就去做掙錢的行為，或者做生意，或者做工作，為了尋

求、追求錢財帶來的歡樂、喜悅、快樂，就去做掙錢的行為，這樣他掙錢的行為就出現、產生、發生了，這就是「尋求、追求那些會導致出生的歡樂、喜悅、快樂」的法義。

他們會去尋求、追求那些會導致衰老的歡樂、喜悅、快樂，什麼是會導致衰老的歡樂、喜悅、快樂呢？就是會導致消退、衰敗、蕭條、老化的歡樂、喜悅、快樂，比如有個人，他尋求、追求花錢享受，他認為花錢享受能夠給他帶來歡樂、喜悅、快樂，於是他就去做花錢享受的行為，或者吃喝玩樂，或者到處旅遊，為了尋求、追求花錢享受帶來的歡樂、喜悅、快樂，就去做花錢享受的行為，這樣他的錢財數量就會在消費享受中逐漸的減少、消退、消減，這就是「尋求、追求那些會導致衰老的歡樂、喜悅、快樂」的法義。

他們會去尋求、追求那些會導致死亡的歡樂、喜悅、快樂。什麼是會導致死亡的歡樂、喜悅、快樂呢？就是會導致滅沒、消失、消散、消逝的歡樂、喜悅、快樂，比如有個人，他尋求、追求花錢享受，他認為花錢享受能夠給他帶來歡樂、喜悅、快樂，於是他就去做花錢享受的行為，或者吃喝玩樂，或者到處旅遊，為了尋求、追求花錢享受帶來的歡樂、喜悅、快樂，就去做花錢享受的行為，這樣他最終會花光自己的錢財，他的錢財最終會在消費享受中用完、消散、消失，這就是「尋求、追求那些會導致死亡的歡樂、喜悅、快樂」的法義。

他們會去尋求、追求那些會導致憂愁、悲傷、苦悶、憂慮、絕望的歡樂、喜悅、快樂，什麼是會導致憂愁、悲傷、苦悶、憂慮、絕望的歡樂、喜悅、快樂呢？就是會導致內心情緒負面變化的歡樂、喜悅、快樂，比如有個人，他尋求、追求花錢享受，他認為花錢享受能夠給他帶來歡樂、喜悅、快樂，於是他就去做花錢享受的行為，或者吃喝玩樂，或者到處旅遊，為了尋求、追求花錢享受帶來的歡樂、喜悅、快樂，就去做花錢享受的行為，當他花錢後卻沒有達到他心中所願，沒有滿足他欲望需求的時候，他就會產生憂愁、悲傷、苦悶、憂慮、絕望的情緒，當他花錢後卻被欺騙、詐騙的時候，他就會產生憂愁、悲傷、苦悶、憂慮、絕望的情緒。本來他花錢是為了享受到歡樂、喜悅、快樂，但是他花錢卻給自己帶來了憂愁、悲傷、苦悶、憂

慮、絕望的情緒，這就是「尋求、追求那些會導致憂愁、悲傷、苦悶、憂慮、絕望的歡樂、喜悅、快樂」的法義。

這些眾生，他們持續的去尋求、追求那些會導致出生的歡樂、喜悅、快樂。那麼這就會導致出生循環往復的出現、顯現、產生、發生。「出生循環往復的出現、顯現、產生、發生」是什麼意思呢？比如有個人，他持續不斷的尋求、追求錢財，他認為錢財能夠給他帶來歡樂、喜悅、快樂，於是他就去持續不斷的做掙錢的行為，或者持續不斷的做生意，或者持續不斷的做工作，為了尋求、追求錢財帶來的歡樂、喜悅、快樂，就去持續不斷的做掙錢的行為，這樣他掙錢的行為就循環往復的出現、產生、發生了，這就是「出生循環往復的出現、顯現、產生、發生」的法義。簡單的說就是：為了尋求、追求歡樂、喜悅、快樂，而導致某種行為持續不斷、循環往復的造作、出現、產生、發生。

這些眾生，他們持續的去尋求、追求那些會導致衰老的歡樂、喜悅、快樂。那麼這就會導致衰老循環往復的出現、顯現、產生、發生。「衰老循環往復的出現、顯現、產生、發生」是什麼意思呢？比如有個人，他尋求、追求花錢享受，他認為花錢享受能夠給他帶來歡樂、喜悅、快樂，於是他就去做花錢享受的行為，或者吃喝玩樂，或者到處旅遊，為了尋求、追求花錢享受帶來的歡樂、喜悅、快樂，就去做花錢享受的行為，這樣他的錢財數量就會在消費享受中逐漸的減少、消退、消滅，當他的錢財用完的時候，他又會去賺錢，賺到錢後，他又會去花錢享受，他的錢財數量會再一次的在消費享受中逐漸的減少、消退、消滅，如此他的錢財就循環往復的減少、消退、消滅了，這就是「衰老循環往復的出現、顯現、產生、發生」的法義。簡單的說就是：為了尋求、追求歡樂、喜悅、快樂，而導致某種事物持續不斷、循環往復的減少、消退、消滅。

這些眾生，他們持續的去尋求、追求那些會導致死亡的歡樂、喜悅、快樂。那麼這就會導致死亡循環往復的出現、顯現、產生、發生。「死亡循環往復的出現、顯現、產生、發生」是什麼意思呢？比如有個人，他尋求、追求花錢享受，他認為花錢享受能夠給他帶來歡樂、喜悅、快樂，於是他就去做花錢享受的行為，或者吃喝玩樂，或

者到處旅遊，為了尋求、追求花錢享受帶來的歡樂、喜悅、快樂，就去做花錢享受的行為，這樣他最終會花光自己的錢財，他的錢財最終會在消費享受中用完、消散、消失，當他花光錢後，又去掙錢，掙到錢後，他又去花錢享受，他的錢又一次在消費享受中用完、消散、消失，如此他的錢財就循環往復的用完、消散、消失了，這就是「死亡循環往復的出現、顯現、產生、發生」的法義。簡單的說就是：為了尋求、追求歡樂、喜悅、快樂，而導致某種事物持續不斷、循環往復的滅沒、消失、消散、消逝。

這些眾生，他們持續的去尋求、追求那些會導致憂愁、悲傷、苦悶、憂慮、絕望的歡樂、喜悅、快樂。那麼這就會導致憂愁、悲傷、苦悶、憂慮、絕望循環往復的出現、顯現、產生、發生。「憂愁、悲傷、苦悶、憂慮、絕望循環往復的出現、顯現、產生、發生」是什麼意思呢？比如有個人，他尋求、追求花錢享受，他認為花錢享受能夠給他帶來歡樂、喜悅、快樂，於是他就去做花錢享受的行為，或者吃喝玩樂，或者到處旅遊，為了尋求、追求花錢享受帶來的歡樂、喜悅、快樂，就去做花錢享受的行為，當他花錢後卻沒有達到他心中所願，沒有滿足他欲望需求的時候，他就會產生憂愁、悲傷、苦悶、憂慮、絕望的情緒，當他花錢後卻被欺騙、詐騙的時候，他就會產生憂愁、悲傷、苦悶、憂慮、絕望的情緒。當他花錢後持續不斷、循環往復的沒有獲得心中所願，沒有滿足自己各種欲望需求的時候，當他花錢後持續不斷、循環往復被欺騙、詐騙的時候，他的內心中就會循環往復的生起憂愁、悲傷、苦悶、憂慮、絕望的情緒，這就是「憂愁、悲傷、苦悶、憂慮、絕望循環往復的出現、顯現、產生、發生」的法義。簡單的說就是：為了尋求、追求歡樂、喜悅、快樂，而導致憂愁、悲傷、苦悶、憂慮、絕望的情緒持續不斷、循環往復的生起、出現、顯現、產生。

這些眾生，他們重複的去尋求、追求那些會導致出生的歡樂、喜悅、快樂，當尋求、追求的次數達到一定的數量後，他們就會墮入循環往復出生的陷阱之中無法自拔，他們就會跌入出生的黑暗深淵之中，被煩惱和痛苦的黑暗吞噬受盡折磨、拷打、煎熬，然而這些煩惱和痛苦都是他們自己給自己帶來的，他們的這些煩惱和痛苦都是他們

一本書

讀懂所有佛經

的貪欲、渴愛帶來的。循環往復出生的陷阱是什麼意思呢？比如有個人，他持續不斷的尋求、追求錢財，他認為錢財能夠給他帶來歡樂、喜悅、快樂，於是他就去持續不斷的做掙錢的行為，或者持續不斷的做生意，或者持續不斷的做工作，為了尋求、追求錢財帶來的歡樂、喜悅、快樂，就去持續不斷的做掙錢的行為，這樣他掙錢的行為就循環往復的出現、產生、發生了，這個人就墮入了循環往復掙錢行為的陷阱之中，這就是「循環往復出生陷阱」的法義。簡單的說就是：為了尋求、追求歡樂、喜悅、快樂，而導致某種行為持續不斷、循環往復的造作、出現、產生、發生，眾生這種持續不斷、循環往復的行為會將他們束縛捆綁起來，會讓他們墮入循環往復的行為陷阱之中，會讓他們被出生的黑暗煩惱包裹吞噬。

　　這些眾生，他們重複的去尋求、追求那些會導致衰老的歡樂、喜悅、快樂，當尋求、追求的次數達到一定的數量後，他們就會墮入循環往復衰老的陷阱之中無法自拔，他們就會跌入衰老的黑暗深淵之中，被煩惱和痛苦的黑暗吞噬受盡折磨、拷打、煎熬，然而這些煩惱和痛苦都是他們自己給自己帶來的，他們的這些煩惱和痛苦都是他們的貪欲、渴愛帶來的。循環往復衰老的陷阱是什麼意思呢？比如有個人，他尋求、追求花錢享受，他認為花錢享受能夠給他帶來歡樂、喜悅、快樂，於是他就去做花錢享受的行為，或者吃喝玩樂，或者到處旅遊，為了尋求、追求花錢享受帶來的歡樂、喜悅、快樂，就去做花錢享受的行為，這樣他的錢財數量就會在消費享受中逐漸的減少、消退、消減，當他的錢財用完的時候，他又會去賺錢，賺到錢後，他又會去花錢享受，他的錢財數量會再一次的在消費享受中逐漸的減少、消退、消減，如此他的錢財就循環往復的減少、消退、消減了，這個人就墮入了循環往復錢財消減的陷阱之中，這就是「循環往復衰老陷阱」的法義。簡單的說就是：為了尋求、追求歡樂、喜悅、快樂，而導致某種事物持續不斷、循環往復的減少、消退、消減，這種事物持續不斷、循環往復的減少、消退、消減會將眾生束縛捆綁起來，會讓眾生墮入循環往復的事物消減陷阱之中，會讓眾生被衰老的黑暗煩惱包裹吞噬。

這些眾生，他們重複的去尋求、追求那些會導致死亡的歡樂、喜悅、快樂，當尋求、追求的次數達到一定的數量後，他們就會墮入循環往復死亡的陷阱之中無法自拔，他們就會跌入死亡的黑暗深淵之中，被煩惱和痛苦的黑暗吞噬受盡折磨、拷打、煎熬，然而這些煩惱和痛苦都是他們自己給自己帶來的，他們的這些煩惱和痛苦都是他們的貪欲、渴愛帶來的。循環往復死亡的陷阱是什麼意思呢？比如有個人，他尋求、追求花錢享受，他認爲花錢享受能夠給他帶來歡樂、喜悅、快樂，於是他就去做花錢享受的行爲，或者吃喝玩樂，或者到處旅遊，爲了尋求、追求花錢享受帶來的歡樂、喜悅、快樂，就去做花錢享受的行爲，這樣他最終會花光自己的錢財，他的錢財最終會在消費享受中用完、消散、消失，當花光錢後，又去掙錢，掙到錢後，他又去花錢享受，他的錢又一次在消費享受中用完、消散、消失，如此他的錢財就循環往復的用完、消散、消失了，這個人就墮入了循環往復錢財耗盡的陷阱之中，這就是「循環往復死亡陷阱」的法義。簡單的說就是：爲了尋求、追求歡樂、喜悅、快樂，而導致某種事物持續不斷、循環往復的滅沒、消失、消散、消逝，這種事物持續不斷、循環往復的滅沒、消失、消散、消逝會將眾生束縛捆綁起來，會讓眾生墮入循環往復的事物滅沒、消散陷阱之中，會讓眾生被死亡的黑暗煩惱包裹吞噬。

　　這些眾生，他們重複的去尋求、追求那些會導致憂愁、悲傷、苦悶、憂慮、絕望的歡樂、喜悅、快樂，當尋求、追求的次數達到一定的數量後，他們就會墮入循環往復憂愁、悲傷、苦悶、憂慮、絕望的陷阱之中無法自拔，他們就會跌入憂愁、悲傷、苦悶、憂慮、絕望的黑暗深淵之中，被煩惱和痛苦的黑暗吞噬受盡折磨、拷打、煎熬，然而這些煩惱和痛苦都是他們自己給自己帶來的，他們的這些煩惱和痛苦都是他們的貪欲、渴愛帶來的。循環往復憂愁、悲傷、苦悶、憂慮、絕望的陷阱是什麼意思呢？比如有個人，他尋求、追求花錢享受，他認爲花錢享受能夠給他帶來歡樂、喜悅、快樂，於是他就去做花錢享受的行爲，或者吃喝玩樂，或者到處旅遊，爲了尋求、追求花錢享受帶來的歡樂、喜悅、快樂，就去做花錢享受的行爲，當他花錢後卻沒有達到他心中所願，沒有滿足他欲望需求的時候，他就會產生

憂愁、悲傷、苦悶、憂慮、絕望的情緒，當他花錢後卻被欺騙、詐騙的時候，他就會產生憂愁、悲傷、苦悶、憂慮、絕望的情緒。當他花錢後持續不斷、循環往復的沒有獲得心中所願，沒有滿足自己各種欲望需求的時候，當他花錢後持續不斷、循環往復被欺騙、詐騙的時候，他的內心中就會循環往復的生起憂愁、悲傷、苦悶、憂慮、絕望的情緒，這樣此人就墮入了循環往復生起的情緒陷阱之中，這就是「循環往復憂愁、悲傷、苦悶、憂慮、絕望陷阱」的法義。簡單的說就是：為了尋求、追求歡樂、喜悅、快樂，而導致憂愁、悲傷、苦悶、憂慮、絕望的情緒持續不斷、循環往復的生起、出現、顯現、產生，眾生持續不斷、循環往復的生起負面情緒，會將他們束縛捆綁起來，會讓他們墮入循環往復的情緒陷阱之中，會讓他們被憂愁、悲傷、苦悶、憂慮、絕望的黑暗煩惱包裹吞噬。

如來就說：『這些墮入循環往復行為陷阱之中的眾生，這些墮入循環往復事物消滅陷阱之中的眾生，這些墮入循環往復事物滅沒、消散陷阱之中的眾生，這些墮入循環往復情緒陷阱之中的眾生，這些跌入出生黑暗深淵的眾生，這些跌入衰老黑暗深淵的眾生，這些跌入死亡黑暗深淵的眾生，這些跌入憂愁、悲傷、苦悶、憂慮、絕望黑暗深淵的眾生，他們無法從出生、衰老、死亡、憂愁、悲傷、苦悶、憂慮、絕望中解脫出來，他們被出生、衰老、死亡、憂愁、悲傷、苦悶、憂慮、絕望的監牢關押，無法被釋放出來。』，如來說：『這些眾生無法從煩惱和痛苦中解脫出來，他們被關押進了煩惱和痛苦的牢獄，無法被釋放出來。』

比丘們，那些知道、明白四聖諦的眾生，那些知道、明白苦聖諦、苦集聖諦、苦滅聖諦、滅苦之道聖諦，這四種聖諦的眾生（眾生解釋，見第七十七章），他們不會去尋求、追求那些會導致出生的歡樂、喜悅、快樂。

他們不會去尋求、追求那些會導致衰老的歡樂、喜悅、快樂。

他們不會去尋求、追求那些會導致死亡的歡樂、喜悅、快樂。

他們不會去尋求、追求那些會導致憂愁、悲傷、苦悶、憂慮、絕望的歡樂、喜悅、快樂。

這些眾生，他們不會持續的去尋求、追求那些會導致出生的歡樂、喜悅、快樂。那麼這就不會導致出生循環往復的出現、顯現、產生、發生。

　　這些眾生，他們不會持續的去尋求、追求那些會導致衰老的歡樂、喜悅、快樂。那麼這就不會導致衰老循環往復的出現、顯現、產生、發生。

　　這些眾生，他們不會持續的去尋求、追求那些會導致死亡的歡樂、喜悅、快樂。那麼這就不會導致死亡循環往復的出現、顯現、產生、發生。

　　這些眾生，他們不會持續的去尋求、追求那些會導致憂愁、悲傷、苦悶、憂慮、絕望的歡樂、喜悅、快樂。那麼這就不會導致憂愁、悲傷、苦悶、憂慮、絕望循環往復的出現、顯現、產生、發生。

　　這些眾生，他們不會重複的去尋求、追求那些會導致出生的歡樂、喜悅、快樂，他們就不會墮入循環往復出生的陷阱之中無法自拔，他們就不會跌入出生的黑暗深淵之中，他們就不會被煩惱和痛苦的黑暗吞噬受盡折磨、拷打、煎熬，他們熄滅、平息、滅盡了貪欲、渴愛，或者他們沒有生起貪欲、渴愛，就不會給他們帶來煩惱和痛苦。

　　這些眾生，他們不會重複的去尋求、追求那些會導致衰老的歡樂、喜悅、快樂，他們就不會墮入循環往復衰老的陷阱之中無法自拔，他們就不會跌入衰老的黑暗深淵之中，他們就不會被煩惱和痛苦的黑暗吞噬受盡折磨、拷打、煎熬，他們熄滅、平息、滅盡了貪欲、渴愛，或者他們沒有生起貪欲、渴愛，就不會給他們帶來煩惱和痛苦。

　　這些眾生，他們不會重複的去尋求、追求那些會導致死亡的歡樂、喜悅、快樂，他們就不會墮入循環往復死亡的陷阱之中無法自拔，他們就不會跌入死亡的黑暗深淵之中，他們就不會被煩惱和痛苦的黑暗吞噬受盡折磨、拷打、煎熬，他們熄滅、平息、滅盡了貪欲、渴愛，或者他們沒有生起貪欲、渴愛，就不會給他們帶來煩惱和痛苦。

這些眾生，他們不會重複的去尋求、追求那些會導致憂愁、悲傷、苦悶、憂慮、絕望的歡樂、喜悅、快樂，他們就不會墮入循環往復憂愁、悲傷、苦悶、憂慮、絕望的陷阱之中無法自拔，他們就不會跌入憂愁、悲傷、苦悶、憂慮、絕望的黑暗深淵之中，他們就不會被煩惱和痛苦的黑暗吞噬受盡折磨、拷打、煎熬，他們熄滅、平息、滅盡了貪欲、渴愛，或者他們沒有生起貪欲、渴愛，就不會給他們帶來煩惱和痛苦。

　　如來就說：『這些沒有墮入循環往復行為陷阱之中的修行者，這些沒有墮入循環往復事物消滅陷阱之中的修行者，這些沒有墮入循環往復事物滅沒、消散陷阱之中的修行者，這些沒有墮入循環往復情緒陷阱之中的修行者，這些沒有跌入出生黑暗深淵的修行者，這些沒有跌入衰老黑暗深淵的修行者，這些沒有跌入死亡黑暗深淵的修行者，這些沒有跌入憂愁、悲傷、苦悶、憂慮、絕望黑暗深淵的修行者，他們能夠最終從出生、衰老、死亡、憂愁、悲傷、苦悶、憂慮、絕望中解脫出來，他們不會被出生、衰老、死亡、憂愁、悲傷、苦悶、憂慮、絕望的監牢永遠關押，他們最終會被釋放出來。』，如來說：『這些修行者能夠從煩惱和痛苦中解脫出來，他們不會被永遠的關押在煩惱和痛苦的牢獄之中，他們最終會被釋放出來。』

　　比丘們，是哪四種聖諦呢？即是：苦聖諦、苦集聖諦、苦滅聖諦、滅苦之道聖諦，這四種聖諦（四聖諦解釋，見第一百七十五章）。

　　「出生在世間的眾生是很痛苦的」這是「苦聖諦」的法義（眾生解釋，見第七十七章）；

　　「痛苦的根源是貪愛」這是「苦集聖諦」的法義；

　　「只有先滅除了貪愛才能滅除痛苦」這是「苦滅聖諦」的法義；

　　「滅除痛苦的方法就是修習八正道（八正道解釋，見第一百七十五章）」這是「滅苦之道聖諦」的法義。

　　比丘們，你們要徹底弄明白四聖諦的法義，你們要持之以恆、堅持不懈的去憶念、回想四聖諦，你們要按著道諦中滅盡苦的方法去修行（道諦中滅盡苦的方法解釋，即是八正道；八正道解釋，見第一百七十五章）。」

佛陀說法後，聽法的出家弟子們都再次的頂禮佛陀，隨喜讚歎佛陀說法的無量功德，他們都按著佛陀所說的法去修行。

第一百八十四章　人身難得，聽聞正法難得

　　有個時候，佛陀住在舍衛城的祇樹林給孤獨園，有一天，佛陀對眾多的出家人說：「比丘們（比丘解釋：受持具足戒的男出家人；具足戒解釋：受持如來制定的所有戒律，比丘受持二百五十戒），假如我們這個世間沒有陸地，全部都被海洋覆蓋，如果在大海中投入一個頭部大小的木板，這個木板中有一個手掌大小的孔洞，東風來的時候，這塊木板會往西邊漂動，西風來的時候，這塊木板會往東邊漂動，北風來的時候，這塊木板會往南方漂動，南風來的時候，這塊木板會往北方漂動，在大海之中，有一隻雙目失明的盲海龜，它每一百年才會從海底浮出海面一次，那麼這隻盲海龜每一百年浮出海面恰巧將頭伸入木板孔洞中的機會有多大呢？它每百年浮出海面恰巧將頭伸入木板孔洞的難度大不大呢？」

　　其中一位長老比丘回答：「世尊，海洋如此的廣闊，木板和海龜都如同一粒沙那樣的微小，盲海龜看不見東西，並且它一百年才浮出海面一次，如果不是巧合，或是刻意的安排，這隻盲海龜根本就不太可能在浮出海面的時候將頭伸入木板的孔洞之中，這種機會是非常小的，幾乎是不存在的機率，難度也是非常大的，難度大到無法推測和規劃，幾乎被偶然的因素所左右。」

　　佛陀說：「比丘們，同樣的道理，能夠投生成為人，能夠獲得人身，那也是非常難的，能夠成為人，獲得人身的機會也是非常微小的。在成為人，獲得人身的狀態下，還能聽聞到阿羅漢、如來、已經證悟無上正等正覺的聖者們所講說的善法、正法、解脫法，那就更難了，機會就更微小了（阿羅漢解釋，見第一百四十九章；無上正等正覺解釋：已經完全證悟明白世間一切的真相、真諦，並由此開啓了圓滿的智慧，從世間徹底的解脫出來），這比盲海龜每一百年從海底浮出海面將頭伸入木板孔洞的難度還要大上千百倍，機會還要少上千百

倍，你們要珍惜當前聽聞如來說法的機會，你們要去實踐的修習如來所說的善法、正法、解脫法。

比丘們，阿羅漢、如來、已經證悟無上正等正覺的聖者們能夠出現在世間是非常難得的，這樣的機會是非常微小的。阿羅漢、如來、已經證悟無上正等正覺的聖者們所宣說的善法、正法、解脫法普照世間，那就更加的難得了，機會就更加的微小了。

比丘們，你們要抓住難得的機會，你們要接受阿羅漢、如來、已經證悟無上正等正覺聖者們的教導，親自去持之以恆、堅持不懈的修習善法、正法、解脫法。

比丘們，人身難得，得見阿羅漢、如來、已經證悟無上正等正覺的聖者們出現在世間難得，聽聞到阿羅漢、如來、已經證悟無上正等正覺的聖者們宣講善法、正法、解脫法難得，世間被善法、正法、解脫法普照難得。現在，你們已經得人身，並得見如來，在如來的身邊修行，又聽聞到了如來說法，如來的正法已經普照你們的內心，你們應該抓住這個難得的機會努力的去修行，以此滅盡你們自己的一切貪欲、渴愛，以此滅盡你們自己的一切煩惱和痛苦，從生死輪回中徹底的解脫出來（生死輪回解釋，見第一百一十二章），證悟解脫的果位，最終到達沒有煩惱，沒有痛苦，沒有執著，沒有掛念，沒有念想的涅槃彼岸。

比丘們，你們要知道和明白四聖諦，是哪四種聖諦呢？即是：苦聖諦、苦集聖諦、苦滅聖諦、滅苦之道聖諦，這四種聖諦（四聖諦解釋，見第一百七十五章）。

「出生在世間的眾生是很痛苦的」這是「苦聖諦」的法義（眾生解釋，見第七十七章）；

「痛苦的根源是貪愛」這是「苦集聖諦」的法義；

「只有先滅除了貪愛才能滅除痛苦」這是「苦滅聖諦」的法義；

「滅除痛苦的方法就是修習八正道（八正道解釋，見第一百七十五章）」這是「滅苦之道聖諦」的法義。

比丘們，你們要徹底弄明白四聖諦的法義，你們要持之以恆、堅持不懈的去憶念、回想四聖諦，你們要按著道諦中滅盡苦的方法去修行（道諦中滅盡苦的方法解釋，即是八正道；八正道解釋，見第一百

一本書

讀懂所有佛經

七十五章）。」

　　佛陀說法後，聽法的出家弟子們都再次的頂禮佛陀，隨喜讚歎佛陀說法的無量功德，他們都按著佛陀所說的法去修行。

第一百八十五章　滅盡如同喜馬拉雅大雪山那樣多的煩惱

有個時候，佛陀住在舍衛城的祇樹林給孤獨園，有一天，佛陀對眾多的出家人說：「比丘們（比丘解釋：受持具足戒的男出家人；具足戒解釋：受持如來制定的所有戒律，比丘受持二百五十戒），如果有一個男子，他將七顆綠豆大小的小石粒放在喜馬拉雅大雪山的山腳下，你們是怎麼想的？是這七顆綠豆大的小石粒大，數量多，還是喜馬拉雅大雪山上的石頭大，數量多？」

其中一位長老比丘回答：「世尊，當然是喜馬拉雅大雪山上的石頭大，數量多哦，這七顆小石粒根本就無法與喜馬拉雅大雪山上的石頭大小和數量相比較。光是看高聳如雲、蔓延幾千里的喜馬拉雅大雪山就知道這七顆小石粒，它們連喜馬拉雅大雪山上石頭大小和數量的零頭都比不上。」

佛陀說：「比丘們，同樣的道理，那些具有正確見解，已經證悟初果的聖弟子們（初果解釋，見第二十章），他們已經熄滅、平息、滅盡的煩惱和痛苦就如同喜馬拉雅大雪山上的石頭那樣的多，他們殘留的煩惱和痛苦就如同七顆綠豆大的小石粒那樣的少，這些已經證悟初果的聖弟子們，他們最多在人間和天界往返七次，就能永遠的從生死輪回中解脫出來（天界解釋，見第一百五十五章；生死輪回解釋，見第一百一十二章），也就是說已經證悟初果的聖弟子們，他們最多再有七次的生死輪回，就能除滅一切的煩惱和痛苦，就能從這個世間永遠的解脫出來，就能從生死輪回中永遠的解脫出來，到達沒有煩惱，沒有痛苦，沒有執著，沒有掛念，沒有念想的涅槃彼岸。

比丘們，這些已經證悟初果的聖弟子們，他們知道和明白四聖諦，他們知道和明白苦聖諦、苦集聖諦、苦滅聖諦、滅苦之道聖諦，這四種聖諦。

一本書

讀懂所有佛經

他們知道和明白：「出生在世間的眾生是很痛苦的」這是「苦聖諦」的法義；

他們知道和明白：「痛苦的根源是貪愛」這是「苦集聖諦」的法義；

他們知道和明白：「只有先滅除了貪愛才能滅除痛苦」這是「苦滅聖諦」的法義；

他們知道和明白：「滅除痛苦的方法就是修習八正道（八正道解釋，見第一百七十五章）」這是滅苦之道聖諦的法義。

比丘們，你們要徹底弄明白四聖諦的法義，你們要持之以恆、堅持不懈的去憶念、回想四聖諦，你們要按著道諦中滅盡苦的方法去修行（道諦中滅盡苦的方法解釋，即是八正道；八正道解釋，見第一百七十五章）。」

佛陀說法後，聽法的出家弟子們都再次的頂禮佛陀，隨喜讚歎佛陀說法的無量功德，他們都按著佛陀所說的法去修行。

國家圖書館出版品預行編目資料

一本書讀懂所有佛經／妙真著. －初版.－臺中
市：白象文化事業有限公司，2021.8
　　面；　公分
ISBN 978-986-5488-81-9（平裝）

1. 佛教教理 2. 佛教修持
220.1　　　　　　　　　　　110009460

一本書讀懂所有佛經

作　　者　妙真

校　　對　妙真

專案主編　黃麗穎

出版編印　林榮威、陳逸儒、黃麗穎

設計創意　張禮南、何佳諠

經銷推廣　李莉吟、莊博亞、劉育姍、李如玉

經紀企劃　張輝潭、徐錦淳、黃姿虹

營運管理　林金郎、曾千熏

發 行 人　張輝潭

出版發行　白象文化事業有限公司

　　　　　412台中市大里區科技路1號8樓之2（台中軟體園區）

　　　　　出版專線：（04）2496-5995　　傳真：（04）2496-9901

　　　　　401台中市東區和平街228巷44號（經銷部）

　　　　　購書專線：（04）2220-8589　　傳真：（04）2220-8505

印　　刷　基盛印刷工場

初版一刷　2021 年 8 月

定　　價　850 元

白象文化　印書小舖　出版・經銷・宣傳・設計

www.ElephantWhite.com.tw　f 自費出版的領導者　購書 白象文化生活館